Benkel

Der Versicherungsverein auf Gegenseitigkeit

Der Versicherungsverein auf Gegenseitigkeit

Das Gesellschaftsrecht
der großen konzernfreien VVaG

von

Dr. Gert Andreas Benkel
Rechtsanwalt in Oberursel (Taunus)

Verlag C. H. Beck München 2002

Die Deutsche Bibliothek – CIP-Einheitsaufnahme

Benkel, Gert Andreas:
Der Versicherungsverein auf Gegenseitigkeit / von Gert Andreas Benkel. – München : Beck
Zugl.: Darmstadt, Techn. Univ., Diss., 1994

Das Gesellschaftsrecht der großen konzernfreien VVaG. – 2. Aufl. – 2002
ISBN 3 406 40104–X

ISBN 3 406 40104 X

Wilhelmstraße 9, 80801 München
Druck: Druckhaus „Thomas Müntzer" GmbH,
Neustädter Straße 1–4, 99947 Bad Langensalza

Satz: Druckerei C. H. Beck, Nördlingen

Umschlaggestaltung: Bruno Schachtner, Graphik-Werkstatt, Dachau

Gedruckt auf säurefreiem, alterungsbeständigem Papier
(hergestellt aus chlorfrei gebleichtem Zellstoff)

Vorwort

Die Vorauflage des Werks wurde von der Technischen Universität Darmstadt am 30. Juni 1994 als Dissertation angenommen und mit Unterstützung des Verlags als Promotionsauflage herausgebracht. Meinem verehrten Doktorvater Herrn Universitätsprofessor Dr. jur. Uwe H. Schneider spreche ich für die Betreuung der Arbeit meinen ganz herzlichen Dank aus. Bei Herrn Universitätsprofessor Dr. jur. Wolfram Reiß bedanke ich mich herzlich für die Übernahme des Koreferats. Dem Verlag C.H.Beck danke ich für die Hilfestellung bei der Herstellung der Promotionsauflage. Ganz besonders danken möchte ich meiner Frau. Sie gab mir trotz meiner umfangreichen beruflichen Verpflichtungen immer wieder den Freiraum, nach der 1990 erfolgten Veröffentlichung des ALB- und BUZ-Kommentars zur Berufsunfähigkeits- und Lebensversicherung nunmehr auch dieses gesellschaftsrechtliche Werk zu schaffen.

Die 2. Auflage des Werks berücksichtigt die seit 1994 eingetretenen Entwicklungen in der Gesetzgebung, die sich auch auf das Gesellschaftsrecht der großen Versicherungsvereine auf Gegenseitigkeit ausgewirkt haben. Zu nennen sind vor allem das Versicherungsbilanzrichtlinie-Gesetz vom 24. Juni 1994, das Dritte Gesetz zur Durchführung versicherungsrechtlicher Richtlinien des Rates der Europäischen Gemeinschaft (Drittes Durchführungsgesetz/EWG zum VAG) vom 21. Juli 1994, das Gesetz für kleine Aktiengesellschaften und zur Deregulierung des Aktienrechts vom 2. August 1994, das Gesetz zur Bereinigung des Umwandlungsrechts vom 28. Oktober 1994, das Gesetz zur Kontrolle und Transparenz im Unternehmensbereich (KonTraG) vom 27. April 1998, das Gesetz zur Einführung des Euro vom 9. Juni 1998, das Gesetz zur Änderung des Versicherungsaufsichtsgesetzes, insbesondere zur Durchführung der EG-Richtlinie 98/78/EG vom 27. Oktober 1998 über die zusätzliche Beaufsichtigung der einer Versicherungsgruppe angehörenden Versicherungsunternehmen sowie zur Umstellung von Vorschriften auf Euro vom 21. Dezember 2000, das Gesetz zur Namensaktie und zur Erleichterung der Stimmrechtsausübung (Namensaktiengesetz – NaStraG) vom 18. Januar 2001 und das Gesetz zur Reform der gesetzlichen Rentenversicherung und zur Förderung eines kapitalgedeckten Altersvorsorgevermögens (Altersvermögensgesetz – AVmG) vom 26. Juni 2001. Im Rahmen der Überarbeitung der Promotionsauflage konnten Rechtsprechung und Schrifttum bis zum 31. Dezember 2001 und in einigen Teilen bis zur Drucklegung Beachtung finden.

Oberursel (Taunus), im Januar 2002 Gert A. Benkel

Inhaltsübersicht

Inhaltsverzeichnis IX
Abkürzungsverzeichnis XXIII
Literaturverzeichnis XXVII
Einleitung (Abdruck aus der Promotionsauflage) 1
Würdigung (Abdruck aus der Promotionsauflage) 3

Erster Abschnitt: Wirtschaftliche Bedeutung und historische Entwicklung des Versicherungsvereins auf Gegenseitigkeit

Kapitel 1: Wirtschaftliche Bedeutung des Versicherungsvereins auf Gegenseitigkeit 5
Kapitel 2: Historische Entwicklung des Versicherungsvereins auf Gegenseitigkeit 20

Zweiter Abschnitt: Die Rechtsform des Versicherungsvereins auf Gegenseitigkeit

Kapitel 3: Der Versicherungsverein auf Gegenseitigkeit als Rechtsform sui generis des Gesellschaftsrechts 40
Kapitel 4: Das Verhältnis von privatrechtlichem Organisationsrecht und Aufsichtsrecht als Strukturmerkmal des Versicherungsvereins auf Gegenseitigkeit 64
Kapitel 5: Das Verhältnis von Gesetz und Satzung beim Versicherungsverein auf Gegenseitigkeit 68
Kapitel 6: Organisationstypen des Versicherungsvereins auf Gegenseitigkeit 75
Kapitel 7: Die Auseinandersetzung um die Organisationstypen 89

Dritter Abschnitt: Die Entstehung des Versicherungsvereins auf Gegenseitigkeit

Kapitel 8: Die Gründung des Versicherungsvereins auf Gegenseitigkeit 105
Kapitel 9: Erteilung der Konzession 111

Vierter Abschnitt: Die Entscheidungsorganisation des Versicherungsvereins auf Gegenseitigkeit

Kapitel 10: Die Rechts- und Pflichtenstellung des Mitglieds 113
Kapitel 11: Der Vorstand 147
Kapitel 12: Der Aufsichtsrat 163
Kapitel 13: Die oberste Vertretung 177
Kapitel 14: Der Beirat, Treuhänder, Verantwortliche Aktuar, Abschlußprüfer, Ehrenämter 187
Kapitel 15: Verhältnis von Entscheidung, Information und Kontrolle 196

Fünfter Abschnitt: Die Finanzverfassung des Versicherungsvereins auf Gegenseitigkeit

Kapitel 16: Die Finanzierung durch Eigenkapital 205
Kapitel 17: Die Finanzierung mit Fremdkapital 221
Kapitel 18: Die Verwendung des Jahresergebnisses 230
Kapitel 19: Die Rechnungslegung 257

Sechster Abschnitt: Die Satzung des Versicherungsvereins auf Gegenseitigkeit

Kapitel 20: Die Satzung 272

Siebenter Abschnitt: Strukturänderungen und Auflösung des Versicherungsvereins auf Gegenseitigkeit

Kapitel 21: Umwandlung des Versicherungsvereins auf Gegenseitigkeit in eine Aktiengesellschaft 287
Kapitel 22: Verschmelzung von Versicherungsvereinen auf Gegenseitigkeit 293
Kapitel 23: Vermögensübertragung auf Aktiengesellschaften 301
Kapitel 24: Bestandsübertragung 307
Kapitel 25: Die Auflösung des Versicherungsvereins auf Gegenseitigkeit 317

Achter Abschnitt: Die Weiterentwicklung des Versicherungsvereins auf Gegenseitigkeit

Kapitel 26: Die Europäische Gegenseitigkeitsgesellschaft 320
Kapitel 27: Die österreichische VAG-Novelle 1991 323

Anhang 327
Sachregister 345

Inhaltsverzeichnis

Abkürzungsverzeichnis XXIII
Literaturverzeichnis XXVII
Einleitung (Abdruck aus der Promotionsauflage) 1
Würdigung (Abdruck aus der Promotionsauflage) 3

Erster Abschnitt: Wirtschaftliche Bedeutung und historische Entwicklung des Versicherungsvereins auf Gegenseitigkeit

Kapitel 1: Wirtschaftliche Bedeutung des Versicherungsvereins auf Gegenseitigkeit 5
I. Marktstellung der Versicherungsvereine auf Gegenseitigkeit im Vergleich zu anderen Marktteilnehmern 5
1. Rechtsformvergleich 5
2. Marktanteil nach Beitragseinnahme 7
II. Bildung von Versicherungsgruppen 9
1. Spartentrennung durch Unternehmenstrennung 9
2. Unternehmensinterne Spartentrennung 13
III. Ausweitung der Geschäftstätigkeit auf den Bankensektor 14
1. Änderung der Branchenstrategie 14
2. Beteiligung an Kreditinstituten 15
a) Kapitalanlagegesellschaften 15
b) Kreditinstitute 16
c) Bausparkassen 16
IV. Ausweitung des Dienstleistungsangebots auf andere Unternehmensbereiche 17
V. Erweiterung der Unternehmenstätigkeit auf das Ausland 17
VI. Holdingbildungen 18
VII. Konzentrationstendenzen 19

Kapitel 2: Historische Entwicklung des Versicherungsvereins auf Gegenseitigkeit 20
I. Situation bis Anfang des 19. Jahrhunderts 20
II. Entstehung der Gegenseitigkeitsgesellschaften im 19. Jahrhundert 21
III. Entwicklung der Rechtsform des Versicherungsvereins auf Gegenseitigkeit 24
1. Rechtsgrundlagen im 19. Jahrhundert 24
2. Versicherungsaufsichtsgesetz vom 12. Mai 1901 25
3. Aktiengesetz 1937 26
4. Aktiengesetz vom 6. September 1965 27
5. Publizitätsgesetz vom 15. August 1969 27
6. Umwandlungsgesetz vom 15. August 1969 28

7. Mitbestimmungsgesetz vom 4. Mai 1976 ... 28
8. Bilanzrichtlinien-Gesetz vom 19. Dezember 1985 ... 28
9. Versicherungsbilanzrichtlinie-Gesetz vom 24. Juni 1994 ... 28
10. Drittes Gesetz zur Durchführung versicherungsrechtlicher Richtlinien des Rates der Europäischen Gemeinschaft (Drittes Durchführungsgesetz/EWG zum VAG) vom 21. Juli 1994 ... 29
11. Gesetz für kleine Aktiengesellschaften und zur Deregulierung des Aktienrechts vom 2. August 1994 ... 29
12. Gesetz zur Bereinigung des Umwandlungsrechts vom 28. Oktober 1994 ... 30
13. Gesetz zur Kontrolle und Transparenz im Unternehmensbereich (KonTraG) vom 27. April 1998 ... 31
a) Einführung ... 31
b) Auswirkungen des KonTraG auf den großen VVaG ... 33
14. Gesetz zur Einführung des Euro (Euro-Einführungsgesetz – Euro-EG) vom 9. Juni 1998 ... 35
15. Gesetz zur Änderung des Versicherungsaufsichtsgesetzes, insbesondere zur Durchführung der EG-Richtlinie 98/78/EG vom 27. Oktober 1998 über die zusätzliche Beaufsichtigung der einer Versicherungsgruppe angehörenden Versicherungsunternehmen sowie zur Umstellung von Vorschriften auf Euro vom 21. Dezember 2000 ... 36
16. Gesetz zur Namensaktie und zur Erleichterung der Stimmrechtsausübung (Namensaktiengesetz – NaStraG) vom 18. Januar 2001 ... 38
17. Gesetz zur Reform der gesetzlichen Rentenversicherung und zur Förderung eines kapitalgedeckten Altersvorsorgevermögens (Altersvermögensgesetz – AVmG) vom 26. Juni 2001 ... 38

Zweiter Abschnitt: Die Rechtsform des Versicherungsvereins auf Gegenseitigkeit

Kapitel 3: Der Versicherungsverein auf Gegenseitigkeit als Rechtsform sui generis des Gesellschaftsrechts ... 40

I. Rechtsgrundlagen ... 40
1. Die gesetzliche Regelung der Rechtsform ... 40
2. Kritik der gesetzlichen Regelung ... 41
II. Begriff des Versicherungsvereins auf Gegenseitigkeit ... 42
1. Legaldefinition des Versicherungsvereins auf Gegenseitigkeit ... 42
2. Grundsatz der Gegenseitigkeit ... 42
a) Unternehmertheorie ... 43
b) Schadentragungstheorie ... 44
c) Zweckvermögenstheorie ... 45
d) Theorie von der Solidargemeinschaft ... 46
e) Gleichsetzung mit dem genossenschaftlichen Prinzip ... 47
f) Theorie der Risiko- oder Gefahrengemeinschaft ... 49
g) Gegenseitigkeitsprinzip contra Erwerbsprinzip ... 51
h) Gleichsetzung mit der Versicherungsbedarfsdeckung ... 54

i) Leitbildtheorie ... 56
j) Beziehungstheorie ... 57
k) Bestimmung des Hauptzwecks und Kennzeichnung der Rechtsform ... 57
III. Die Rechtsnatur des Versicherungsvereins auf Gegenseitigkeit ... 58
1. Gesellschaft im weiteren Sinne ... 58
2. Juristische Person, Körperschaft ... 58
3. Wirtschaftlicher Verein ... 59
4. Abgrenzung zu anderen Rechtsformen ... 59
5. Handelsgesellschaft, Kaufmann ... 60

Kapitel 4: Das Verhältnis von privatrechtlichem Organisationsrecht und Aufsichtsrecht als Strukturmerkmal des Versicherungsvereins auf Gegenseitigkeit ... 64
I. Unterwerfung unter die Marktzugangskontrolle ... 64
1. Konzessionszwang ... 64
2. Rechtsformzwang ... 65
II. Einschränkung der Verwendungsmöglichkeit der Rechtsform ... 65
III. Begrenzung des Gesellschaftszwecks ... 66
IV. Beschränkung der organisatorischen Unternehmensautonomie ... 67

Kapitel 5: Das Verhältnis von Gesetz und Satzung beim Versicherungsverein auf Gegenseitigkeit ... 68
I. Die Satzungsfreiheit des Versicherungsvereins auf Gegenseitigkeit ... 68
1. Die Bedeutung des § 17 VAG ... 68
2. Vergleich mit § 23 Abs. 5 AktG ... 69
3. Satzungskontrolle durch die Aufsichtsbehörde ... 70
II. Notwendiger Inhalt der Satzung ... 70
1. Muß-Vorschriften ... 70
2. Soll- und Kann-Vorschriften ... 70
3. Bedeutung der Verweisung auf das Aktiengesetz ... 71
III. Das gesetzliche Leitbild ... 71
1. Entscheidungsorganisation nach dem Vorbild der Aktiengesellschaft 71
2. Mitglieder als Unternehmensträger ... 72
3. Konzernfestigkeit des Versicherungsvereins auf Gegenseitigkeit ... 73

Kapitel 6: Organisationstypen des Versicherungsvereins auf Gegenseitigkeit ... 75
I. Die Grundtypen des großen Versicherungsvereins auf Gegenseitigkeit 75
II. Der Versicherungsverein auf Gegenseitigkeit mit Mitgliedervertreterversammlung ... 75
1. Ausgangslage ... 75
2. Zusammensetzung der Mitgliedervertreterversammlung ... 76
a) Anzahl und Bezeichnung der Mitgliedervertreter ... 76
b) Voraussetzungen der Wählbarkeit ... 77
c) Amtsdauer ... 78

3. Durchführung der Wahl der Mitgliedervertreter 79
a) Wahl- und Wahlvorschlagsverfahren 79
b) Urwahlverfahren 80
c) Einspruchssystem 81
d) Kooptation 84
e) Das gemischte System 84
f) Benennung durch Nichtvereinsmitglieder 85
g) Losverfahren 86
4. Rechtsstellung der Mitgliedervertreter 86
a) Bestellung 86
b) Anstellung 87
c) Haftung 87
III. Der Versicherungsverein auf Gegenseitigkeit mit Mitgliederversammlung 88

Kapitel 7: Die Auseinandersetzung um die Organisationstypen 89
I. Einwände gegen die Mitgliederversammlung 89
II. Die Diskussion um die Mitgliedervertreterversammlung 91
1. Meinungsstand vor der gesetzlichen Einführung 91
2. Gesetzgebungsverfahren 92
3. Haltung der Aufsichtsbehörde 93
4. Meinungsstand nach der gesetzlichen Einführung 93
III. Die Auseinandersetzung um die Wahlverfahren für die Mitgliedervertreterversammlung 95
1. Urwahl 95
2. Einspruchssystem 96
3. Kooptationsverfahren 97
a) Sicht des Gesetzgebers 97
b) Haltung der Aufsichtsbehörde 98
c) Kritische Stimmen 98
IV. Die Zulässigkeit des Kooptationsverfahrens 99
1. Ausgangslage 99
2. Anwendbarkeit vereinsrechtlicher Vorschriften 99
3. Vereinbarkeit mit den Grundprinzipien des Vereinsrechts 100
a) Unübertragbarkeit des Demokratieprinzips 100
b) Sachkundige Repräsentation 101
4. Einschränkung des Selbstverwaltungsrechts 104

Dritter Abschnitt: Die Entstehung des Versicherungsvereins auf Gegenseitigkeit

Kapitel 8: Die Gründung des Versicherungsvereins auf Gegenseitigkeit .. 105
I. Entstehung durch Neugründung 105
II. Der Ablauf der Gründung 105
1. Feststellung der Satzung durch die Gründungsmitglieder 105
a) Form 105
b) Anzahl der Gründer 105

c) Rechtsnatur der Satzung ... 106
d) Gründungsmängel ... 107
2. Zeichnung des Gründungsstocks ... 107
3. Bestellung der Organe ... 108
4. Anmeldung der Gesellschaft ... 108
5. Gerichtliche Prüfung der Anmeldung ... 109
6. Eintragung und Bekanntmachung ... 110
III. Die Rechtsverhältnisse des Vor-VVaG und die Kontinuität zwischen Vor-VVaG und Versicherungsverein auf Gegenseitigkeit ... 110
1. Vor-VVaG ... 110
2. Haftung der Handelnden ... 110
3. Identität zwischen Vor-VVaG und VVaG ... 110

Kapitel 9: Erteilung der Konzession ... 111
I. Antrag ... 111
II. Geschäftsplan ... 111
III. Antragsprüfung ... 111
IV. Erteilung der Erlaubnis und Erlangung der Rechtsfähigkeit ... 112

Vierter Abschnitt: Die Entscheidungsorganisation des Versicherungsvereins auf Gegenseitigkeit

Kapitel 10: Die Rechts- und Pflichtenstellung des Mitglieds ... 113
I. Erwerb der Mitgliedschaft ... 113
1. Die Mitgliedschaft ... 113
2. Beteiligung an der Gründung ... 114
3. Nachträglicher Beitritt ... 114
4. Rechtsnachfolge ... 114
II. Aufnahmeregelungen ... 115
1. Beitrittsvoraussetzungen ... 115
2. Aufnahmeanspruch ... 115
III. Ende der Mitgliedschaft ... 115
IV. Das Rechtsverhältnis zwischen dem Mitglied und dem Versicherungsverein auf Gegenseitigkeit ... 116
1. Mehrheitstheorie ... 116
2. Gesellschaftsvertragstheorie ... 117
3. Versicherungsvertragstheorie ... 118
4. Mitgliedschaftstheorie ... 119
5. Rückkehr zur Mehrheitstheorie? ... 123
a) Gesellschaftsrechtliche Beziehung ... 124
b) Schuldrechtliche Beziehung ... 124
V. Rechte und Pflichten des Mitglieds aus dem Versicherungsvertrag ... 125
1. Der Versicherungsvertrag ... 125
2. Beitragspflicht ... 127
a) Preisgestaltung ... 127
b) Preiskontrolle ... 127

VI. Organisationsvertragliche Pflichten und Rechte des Mitglieds 128
1. Finanzierungspflicht 128
a) Ausgangslage 128
b) Beschränkung der Finanzierungspflicht auf den Versicherungsbeitrag 129
c) Nachschußpflicht 129
d) Umlage 130
e) Aufrechnungsverbot 131
f) Ausschluß der Haftung für Verbindlichkeiten des Vereins 131
2. Recht auf Gleichbehandlung 132
3. Teilhaberechte 133
a) Ausgestaltung als Einzel- und Kollektivrechte 133
b) Satzungsgemäße Rechte der Mitglieder 134
4. Informationsrecht 138
a) Versicherungsvertragliches Auskunftsrecht 138
b) Mitgliedschaftsrechtliches Informationsrecht 138
5. Sonderrechte (Vorzugsrechte) 140
6. Wertrechte 140
7. Schutzrechte 141
a) Einzel- und Minderheitsrechte 141
b) Nichtigkeitsklage 142
c) Anfechtungsklage 142
d) Schadensersatzklage 144
e) Beschwerde bei der Aufsichtsbehörde 145
8. Treuepflicht des Mitglieds und Schädigungsverbot 145
a) Treuepflicht des Mitglieds 145
b) Verbot des Strebens nach Sondervorteilen 146
c) Schädigungsverbot des § 117 AktG 146

Kapitel 11: Der Vorstand 147

I. Die Pflichtenstellung 147
1. Leitungspflicht 147
2. Aufsichtspflicht 148
3. Interessenwahrnehmungs- und Treuepflicht 149
II. Die Geschäftsführungsaufgaben 151
1. Umfang der Aufgaben 151
2. Ständige Aufgaben 151
3. Erfüllung der Publizitätspflichten 151
a) Pflichten gemäß externer Rechnungslegung 151
b) Pflichten gemäß der internen Rechnungslegung 152
4. Vertretung des Versicherungsvereins auf Gegenseitigkeit 152
5. Organisation der rechtlichen Beziehungen 153
III. Bestellung und Abberufung 154
1. Voraussetzungen 154
a) Gesetzliche und statutarische Voraussetzungen 154
b) Aufsichtsrechtliche Anforderungen 155

2. Bestellung ... 155
3. Abberufung von Vorstandsmitgliedern ... 156
IV. Anstellung der Vorstandsmitglieder ... 157
1. Abgrenzung zur Bestellung ... 157
2. Abschluß und Beendigung ... 158
3. Bezüge der Vorstandsmitglieder ... 158
V. Innere Ordnung des Vorstands ... 160
1. Geschäftsordnung ... 160
2. Geschäftsverteilung ... 161
VI. Die Ersatzpflicht der Vorstandsmitglieder ... 161
1. Pflichtverletzung ... 161
2. Verstoß gegen das Wettbewerbsverbot ... 162

Kapitel 12: Der Aufsichtsrat ... 163

I. Bildung des Aufsichtsrats ... 163
II. Aufgaben des Aufsichtsrats ... 163
1. Bestellung und Abberufung der Vorstandsmitglieder ... 163
2. Vertretung der Gesellschaft ... 164
3. Kontroll- und Beratungspflicht des Aufsichtsrats ... 165
a) Kontrolle des Vorstands ... 165
b) Beratung des Vorstands ... 166
4. Laufende Aufgaben ... 166
5. Informationsrechte ... 167
6. Verschwiegenheitspflicht ... 168
III. Bestellung und Abberufung ... 168
1. Persönliche Voraussetzungen ... 168
2. Wahl der Aufsichtsratsmitglieder ... 170
3. Abberufung der Aufsichtsratsmitglieder ... 171
IV. Rechtsverhältnis mit dem Versicherungsverein auf Gegenseitigkeit ... 171
1. Kraft Organbestellung ... 171
2. Vergütung ... 171
3. Beratungsverträge ... 172
V. Organisation des Aufsichtsrats ... 172
1. Wahlen ... 172
2. Sitzungen ... 173
3. Sitzungsniederschrift ... 173
4. Beschlußfassung ... 173
5. Ausschüsse ... 174
VI. Sorgfaltspflicht und Haftung ... 175
1. Die gesetzliche Regelung ... 175
2. Sorgfalts- und Haftungsmaßstab ... 175
VII. Ersatzmitglieder des Aufsichtsrats ... 176

Kapitel 13: Die oberste Vertretung ... 177

I. Das oberste Organ des Versicherungsvereins auf Gegenseitigkeit ... 177
II. Willensbildungs- und Beschlußgremium der Mitglieder ... 177

III. Wahrnehmung der Vereinsautonomie und Satzungshoheit 178
IV. Gesetzliche Entscheidungskompetenzen 178
1. Einflußentscheidungen 178
2. Finanzentscheidungen 179
3. Strukturentscheidungen 180
V. Verfahren der obersten Vertretung 181
1. Einberufung 181
2. Bekanntmachung der Einberufung 182
a) Formvorschriften 182
b) Bekanntmachung von Bedingungsangelegenheiten 183
c) Verletzung der Einberufungsfrist 183
3. Oppositionsanträge 184
4. Ablauf der Versammlung 184
VI. Das Auskunftsrecht der Mitglieder der obersten Vertretung 185
VII. Beschlußfassung durch die oberste Vertretung 186
1. Beschlußfähigkeit 186
2. Abstimmung 186

Kapitel 14: Der Beirat, Treuhänder, Verantwortliche Aktuar, Abschlußprüfer, Ehrenämter 187
I. Beirat 187
II. Treuhänder 188
1. Treuhänder für den Deckungsstock 188
2. Unabhängiger Treuhänder 189
a) Bestellung 189
b) Funktion im Unternehmen 189
III. Verantwortliche Aktuar 191
1. Bestellung 191
2. Funktion im Unternehmen 192
a) Aufgaben in der Lebensversicherung 192
b) Aufgaben in der Krankenversicherung 193
3. Haftung 193
IV. Abschlußprüfer 194
V. Ehrenämter 194
1. Ehrenvorsitzender 194
2. Ernennungskompetenz 194
3. Rechte und Pflichten des Ehrenvorsitzenden 195

Kapitel 15: Verhältnis von Entscheidung, Information und Kontrolle 196
I. Gewaltenteilung im Versicherungsverein auf Gegenseitigkeit 196
II. Vorstand und oberste Vertretung 196
1. Abgrenzung der Kompetenzen 196
2. Geschäftsführungsautonomie des Vorstands 197
3. Regelungen über das Unternehmensziel und den Unternehmensgegenstand 197
a) Unternehmenszielregelung 197
b) Unternehmensgegenstandsregelung 198

4. Faktische Satzungsänderung ... 198
5. Befragung der obersten Vertretung ... 199
6. Mitspracherecht der obersten Vertretung ... 200
III. Aufsichtsrat und Vorstand ... 202
1. Zustimmungsvorbehalte ... 202
2. Bestimmte Arten von Geschäften ... 203

Fünfter Abschnitt: Die Finanzverfassung des Versicherungsvereins auf Gegenseitigkeit

Kapitel 16: Die Finanzierung durch Eigenkapital ... 205

I. Begriff des Eigenkapitals ... 205
II. Funktionen des Eigenkapitals ... 206
1. Finanzierungsfunktion ... 206
2. Garantiefunktion ... 207
3. Sicherheitsfunktion ... 208
III. Beaufsichtigung der Höhe des Eigenkapitals durch die Aufsichtsbehörde ... 208
1. Kontrolle der Eigenkapitalausstattung ... 208
2. Bildung und Nachweis freier unbelasteter Eigenmittel ... 209
3. Eigenkapitalausstattung bei Konzernbildung ... 210
4. Bewertung des Solvabilitätssystems ... 210
IV. Eigenkapitalausstattung der großen Versicherungsvereine auf Gegenseitigkeit ... 211
1. Einfluß des Prinzips der Gegenseitigkeit ... 211
2. Externe Eigenkapitalaufbringung ... 212
3. Interne Eigenkapitalaufbringung ... 213
a) Verlustrücklage ... 213
b) Andere Gewinnrücklagen ... 213
c) Steuerbelastung thesaurierter Gewinne ... 213
4. Eigenkapitalquote ... 214
a) Ermittlung der Durchschnittsquote nach Sparten ... 214
b) Durchschnittsquote über alle Sparten ... 214
c) Kennzahlen des BAV zur Eigenkapitalausstattung ... 214
V. Sicherung des Eigenkapitals ... 215
VI. Vorschläge zur dauerhaften Verbesserung der Eigenkapitalausstattung der Versicherungsvereine auf Gegenseitigkeit ... 215
1. Gesellschaftsrechtliche Lösungen ... 215
a) Eintrittszahlungen ... 215
b) Tilgungsfreier Gründungsstock ... 216
c) Zeichnung von Geschäftsanteilen ... 216
d) Ausgabe von Geschäftsanteilen an Vereinsmitglieder ... 217
e) Einführung eines Grundkapitals ... 217
f) Auflegung eines Gewährsstocks ... 218
g) Gegenseitigkeitswertrecht ... 219

2. Steuerrechtliche Lösungen ... 219
a) Steuerstundung ... 219
b) Steuerbefreiung ... 220
3. Ausblick ... 220

Kapitel 17: Die Finanzierung mit Fremdkapital ... 221
I. Die versicherungstechnischen Rückstellungen ... 221
II. Aufnahme von Krediten ... 222
III. Gründungsstock ... 223
IV. Finanzierung mit Genußrechtskapital ... 224
1. Zulässigkeit der Ausgabe von Genußrechten ... 224
2. Zurechnung zu den Eigenmitteln ... 225
3. Eigenkapitalcharakter des Genußrechtskapitals ... 226
4. Bezugsrecht der Mitglieder des Versicherungsvereins auf Gegenseitigkeit ... 227
5. Rechtsnatur des Genußrechtsvertrags ... 227
6. Rechte der Genußscheininhaber ... 228
7. Verwendung des Genußrechtskapitals ... 229
8. Geschäftsbericht und Bilanzierung des Genußrechtskapitals ... 229
9. Steuerliche Behandlung des Genußrechtskapitals ... 229
a) Versteuerung der Ausschüttungen an die Genußscheininhaber ... 229
b) Steuerbelastung des Versicherungsvereins auf Gegenseitigkeit ... 230

Kapitel 18: Die Verwendung des Jahresergebnisses ... 230
I. Ermittlung und Verwendung des Jahresergebnisses ... 230
1. Ermittlung des Rohüberschusses ... 230
2. Verwendung des Rohüberschusses ... 231
II. Verwendung des Jahresergebnisses für die Beitragsrückerstattung in der Lebensversicherung ... 231
1. Externe und interne Rechnungslegung ... 231
2. Ermittlung des Rohüberschusses in der Lebensversicherung ... 232
3. Verwendung des Rohüberschusses in der Lebensversicherung ... 232
4. Verwendung für die Überschußbeteiligung der Versicherten (Alt- und Zwischenbestand) ... 233
a) Ausgangslage ... 233
b) Rechtsnatur des Lebensversicherungsvertrages mit Überschußbeteiligungsklausel ... 235
c) Reform des VVG ... 249
5. Verwendung für die Überschußbeteiligung der Versicherten (Neubestand) ... 251
III. Beitragsrückerstattung in der Krankenversicherung ... 253
IV. Beitragsrückerstattung in der Sachversicherung ... 254
V. Dotierung der Rücklagen ... 256
VI. Verwendung des Bilanzgewinns ... 256

Kapitel 19: Die Rechnungslegung ... 257
I. Rechtsentwicklung ... 257
1. EG-Richtlinien ... 257

2. Anpassung der deutschen Rechnungslegung 258
3. Internationalisierung der Rechnungslegung 258
4. Verlautbarungen des IDW 260
II. Aufstellung des Jahresabschlusses und des Lageberichts 262
1. Pflicht zur Aufstellung 262
2. Bilanz 263
3. Gewinn- und Verlustrechnung 263
4. Bilanzanhang 263
5. Lagebericht 264
III. Prüfung des Jahresabschlusses und des Lageberichts 264
1. Bestellung des Abschlußprüfers 264
2. Prüfungsbericht 265
a) PrüfV 265
b) VAG 266
3. Bestätigungsvermerk 267
4. Vorlage des Prüfungsberichts an den Aufsichtsrat 267
IV. Feststellung des Jahresabschlusses 267
1. Vorlage des Jahresabschlusses an den Aufsichtsrat 267
2. Prüfung des Jahresabschlusses durch den Aufsichtsrat 267
3. Feststellung des Jahresabschlusses durch den Aufsichtsrat 268
4. Feststellung des Jahresabschlusses durch die oberste Vertretung 268
V. Offenlegung des Jahresabschlusses 268
1. Offenlegung gegenüber der Aufsichtsbehörde 268
a) Externe Rechnungslegung 268
b) Interne Rechnungslegung 268
2. Publizität des Jahresabschlusses 269
3. Offenlegung des Jahresabschlusses gegenüber den Versicherten 270
VI. Rechtsbehelfe 270
1. Nichtigkeit des Jahresabschlusses 270
2. Sonderprüfung wegen Unterbewertung 271

Sechster Abschnitt: Die Satzung des Versicherungsvereins auf Gegenseitigkeit

Kapitel 20: Die Satzung 272

I. Inhalt und Grenzen der Satzungsautonomie 272
II. Einräumung von Sonderrechten an Mitglieder und von Rechten an Dritte 272
1. Besetzung des Leitungsorgans und des Kontrollorgans 272
2. Satzungsänderung 273
III. Genehmigungsvorbehalt und Änderungsrecht der Aufsichtsbehörde .. 274
IV. Organisationsrechtlicher Inhalt der Satzung 275
1. Bedeutung der Versicherungssparte 275
2. Firma und Sitz 275
3. Unternehmenszweck und Unternehmensgegenstand 276
4. Organe 276

V. Einführung und Änderung von Allgemeinen Versicherungsbedingungen ... 277
1. Satzungsbestandteil ... 277
2. Grundsatzkompetenz der obersten Vertretung ... 277
3. Eilzuständigkeit des Aufsichtsrats ... 277
4. Kompetenzänderung ... 278
VI. Befugnis zur einseitigen Änderung bestehender Versicherungsverträge 279
1. Änderungskompetenz ... 279
2. Ausformung des Änderungsrechts in den Satzungen ... 279
3. Änderungsklausel in den Allgemeinen Versicherungsbedingungen .. 281
VII. Inhaltskontrolle der Satzung ... 283
1. Inhaltskontrolle gemäß § 242 BGB ... 283
2. Anwendung des AGB-Gesetzes ... 284

Siebenter Abschnitt: Strukturänderungen und Auflösung des Versicherungsvereins auf Gegenseitigkeit

Kapitel 21: Umwandlung des Versicherungsvereins auf Gegenseitigkeit in eine Aktiengesellschaft ... 287
I. Rechtsentwicklung ... 287
II. Form der Umwandlung ... 287
III. Umwandlungsbericht ... 288
IV. Einberufung der Versammlung der obersten Vertretung ... 289
V. Umwandlungsbeschluß ... 289
VI. Widerspruch gegen den Umwandlungsbeschluß ... 289
VII. Prüfung der Umwandlung ... 290
VIII. Genehmigung der Aufsichtsbehörde ... 290
IX. Anmeldung und Eintragung der Umwandlung ... 291
X. Bekanntmachung der Umwandlung ... 292
XI. Rechtsbehelfe der Vereinsmitglieder ... 292
XII. Fortbestand der Versicherungsverhältnisse ... 292
XIII. Umwandlung aus steuerrechtlicher Sicht ... 293

Kapitel 22: Verschmelzung von Versicherungsvereinen auf Gegenseitigkeit ... 293
I. Rechtsentwicklung ... 293
1. Die Rechtslage bis 1969 ... 293
2. Gesetz vom 15. 8. 1969 ... 293
3. Fusionsbesteuerungsrichtlinie vom 23. 7. 1990 ... 293
4. Umwandlungsgesetz (UmwG) vom 28. 10. 1994 ... 294
II. Arten der Verschmelzung ... 294
1. Verschmelzung durch Aufnahme ... 294
2. Verschmelzung durch Neugründung ... 295
III. Verschmelzungsvertrag ... 295
IV. Verschmelzungsbericht ... 295
V. Einberufung der Versammlung der obersten Vertretung ... 296
VI. Verschmelzungsbeschluß ... 296

VII. Genehmigung der Aufsichtsbehörde ... 297
VIII. Anmeldung und Eintragung der Verschmelzung ... 297
IX. Übergang der Anstellungsverträge der Vorstandsmitglieder ... 297
X. Anfechtungsklage gegen den Verschmelzungsbeschluß ... 298
1. Frist ... 298
2. Anfechtungsgründe ... 298
3. Anfechtungsbefugnis ... 298
4. Registersperre ... 299
5. Einwand des Rechtsmißbrauchs ... 300
XI. Fortbestand der Versicherungsverhältnisse ... 300
XII. Verschmelzung aus steuerrechtlicher Sicht ... 300

Kapitel 23: Vermögensübertragung auf Aktiengesellschaften ... 301
I. Arten der Vermögensübertragung ... 301
II. Gewährung und Verteilung der Gegenleistung ... 301
1. Bestimmung der Gegenleistung ... 301
2. Art der Gegenleistung ... 301
3. Angemessene Gegenleistung ... 302
4. Treuhänder ... 302
5. Verteilung der Gegenleistung ... 303
6. Gerichtliche Überprüfung ... 303
III. Übertragungsvertrag ... 304
IV. Vermögensübertragungsbericht ... 304
V. Einberufung der Versammlung der obersten Vertretung ... 304
VI. Zustimmungsbeschluß der obersten Vertretung des Versicherungsvereins auf Gegenseitigkeit ... 305
VII. Zustimmungsbeschluß der Hauptversammlung der übernehmenden Aktiengesellschaft ... 305
VIII. Genehmigung der Aufsichtsbehörde ... 305
IX. Anmeldung und Eintragung der Vermögensübertragung ... 306
X. Unterrichtung der Mitglieder ... 306
XI. Fortbestand der Versicherungsverhältnisse ... 306
XII. Vermögensübertragung aus steuerrechtlicher Sicht ... 307

Kapitel 24: Bestandsübertragung ... 307
I. Abgrenzung zum UmwG ... 307
II. Zweck der Übertragung eines Versicherungsbestandes ... 307
1. Sanierungsmaßnahme ... 307
2. Strukturmaßnahme ... 308
III. Bestandsübertragungsvertrag ... 308
1. Form ... 308
2. Inhalt des Vertrages ... 309
3. Eintritt der Rechtswirksamkeit ... 309
4. Rechtsübergang der Versicherungsverhältnisse ... 309
IV. Zustimmung der obersten Vertretung des übertragenden Versicherungsvereins auf Gegenseitigkeit ... 310
1. Beschluß ... 310

2. Abstimmungsmodus ... 310
3. Rechtswirkung des Beschlusses ... 310
V. Zustimmung der obersten Vertretung des übernehmenden Versicherungsvereins auf Gegenseitigkeit ... 311
1. Anwendbarkeit des § 44 VAG ... 311
2. Satzungsmäßiger Zustimmungsvorbehalt ... 311
3. Aufnahme eines neuen Versicherungszweigs ... 311
4. Begründung von Mitgliedschaftsverhältnissen ... 312
VI. Genehmigung der Aufsichtsbehörde ... 312
1. Wahrung der Belange der Versicherten ... 312
a) Gesetzliche Ausgangslage ... 312
b) Gesamtbestandsübertragung ... 313
c) Teilbestandsübertragung ... 313
d) Sanierung ... 314
2. Solvabilitätsnachweis ... 315
3. Wahrung der sozialen Belange der Beschäftigten ... 315
4. Rechtsmittel gegen die Genehmigung der Aufsichtsbehörde ... 316
a) Rechtsmittel der Mitglieder ... 316
b) Rechtsmittel der Versicherten ... 316
c) Rechtsmittel der Arbeitnehmer ... 316
VII. Die Bestandsübertragung aus steuerrechtlicher Sicht ... 316

Kapitel 25: Die Auflösung des Versicherungsvereins auf Gegenseitigkeit 317
I. Auflösungstatbestände ... 317
II. Anmeldung der Auflösung ... 317
III. Verteilung des Vermögens ... 317
IV. Konkurs ... 318
1. Konkursantrag ... 318
2. Konkurssicherungsfonds ... 318

Achter Abschnitt: Die Weiterentwicklung des Versicherungsvereins auf Gegenseitigkeit

Kapitel 26: Die Europäische Gegenseitigkeitsgesellschaft ... 320
I. Die Vorgeschichte ... 320
II. Die Grundzüge der Europäischen Gegenseitigkeitsgesellschaft ... 322
III. Berücksichtigung der Belange der großen Versicherungsvereine auf Gegenseitigkeit ... 323

Kapitel 27: Die österreichische VAG-Novelle 1991 ... 323
I. Inhalt der Novelle ... 323
II. Konsequenzen der Reform ... 324
III. Chancen eines deutschen Reformmodells ... 325

Übersicht Anhänge ... 327
Sachregister ... 345

Abkürzungsverzeichnis

a. A.	anderer Ansicht
aaO	am angegebenen Ort
AblEG	Amtsblatt der Europäischen Gemeinschaften
Abs.	Absatz
AcP	Archiv für die civilistische Praxis
a. F.	alte Fassung
a. M.	anderer Meinung
AG	Die Aktiengesellschaft (Zeitschrift), Aktiengesellschaft
AGB	Allgemeine Geschäftsbedingungen
AGBG	Gesetz zur Regelung des Rechts der Allgemeinen Geschäftsbedingungen
AISAM	Association internationale des sociétés d'assurance mutuelle
AktG	Aktiengesetz
AktG 1937	Gesetz über Aktiengesellschaften und Kommanditgesellschaften auf Aktien vom 30. 1. 1937
AktG 1965	Aktiengesetz vom 6. September 1965
ALB	Musterbedingungen für die Großlebensversicherung
Anm.	Anmerkung
Art.	Artikel
AVB	Allgemeine Versicherungsbedingungen
BAG	Bundesarbeitsgericht
BAKred	Bundesaufsichtsamt für das Kreditwesen
BAnz.	Bundesanzeiger
BayObLG	Bayerisches Oberstes Landesgericht
BAV	Bundesaufsichtsamt für das Versicherungswesen
BB	Der Betriebs-Berater (Zeitschrift)
Bd.	Band
ber.	berichtigt
BeschlKE BAV	Beschlußkammer-Entscheidung des BAV
BetrVG 1952	Betriebsverfassungsgesetz vom 11. Oktober 1952
BDSG	Bundesdatenschutzgesetz
BFH	Bundesfinanzhof
BGB	Bürgerliches Gesetzbuch
BGBl.	Bundesgesetzblatt
BGH	Bundesgerichtshof
BGHZ	Amtliche Entscheidungssammlung des Bundesgerichtshofs in Zivilsachen
BiRiLiG	Gesetz zur Durchführung der 4., 7. und 8. Richtlinie des Rates der EG zur Koordinierung des Gesellschaftsrechts (Bilanzrichtliniengesetz) vom 19. 12. 1985
BKartA	Bundeskartellamt
BMF	Bundesminister der Finanzen
BRAK-Mitt.	Mitteilungen der Bundesrechtsanwaltskammer
BR-Drucks.	Bundesratsdrucksache
BStBl.	Bundessteuerblatt
BT	Bundestag(s)
BT-Drucks.	Bundestagsdrucksache
BUZ	Berufsunfähigkeits-Zusatzversicherung
BV	Berufsunfähigkeitsversicherung
BVerfG	Bundesverfassungsgericht
BVerfGE	Amtliche Entscheidungssammlung des Bundesverfassungsgerichts

BVerwG	Bundesverwaltungsgericht
bzw.	beziehungsweise
CEA	Comité Européen des Assurances
D&O-Versicherung	Directors and Officers Liability Insurance
DB	Der Betrieb (Zeitschrift)
d. h.	das heißt
Diss.	Dissertation
DJT	Deutscher Juristentag
DNotZ	Deutsche Notar-Zeitschrift
DWiR	Deutsche Zeitschrift für Wirtschaftsrecht
EDV	Elektronische Datenverarbeitung
eG	eingetragene Genossenschaft
EG	Europäische Gemeinschaft
EGBGB	Einführungsgesetz zum BGB
Einl.	Einleitung
EStG	Einkommensteuergesetz
EuGH	Europäischer Gerichtshof
EUGGES	Europäische Gegenseitigkeitsgesellschaft
EuroEG	Euro-Einführungsgesetz
EuZW	Europäische Zeitschrift für Wirtschaftsrecht
EWG	Europäische Wirtschaftsgemeinschaft
EWiR	Entscheidungen zum Wirtschaftsrecht
EWIV	Europäische wirtschaftliche Interessenvereinigung
f, ff	folgende (r)
FG	Finanzgericht
FLV	Fondsgebundene Lebensversicherung
Fn.	Fußnote
GB BAV	Geschäftsbericht des Bundesaufsichtsamtes für das Versicherungswesen
GDV	Gesamtverband der Deutschen Versicherungswirtschaft e. V.
GenG	Gesetz betreffend die Erwerbs- und Wirtschaftsgenossenschaften vom 1. Mai 1889
GG	Grundgesetz für die Bundesrepublik Deutschland
ggf.	gegebenenfalls
GmbH	Gesellschaft mit beschränkter Haftung
GmbHG	Gesetz betreffend die Gesellschaften mit beschränkter Haftung
GmbHR	GmbH-Rundschau (Zeitschrift)
HFA	Hauptfachausschuß des Instituts der Wirtschaftsprüfer
HGB	Handelsgesetzbuch
Hrsg.	Herausgeber
IAIS	International Association of Insurance Supervisors
IDW	Institut der Wirtschaftsprüfer
JZ	Juristenzeitung
KAGG	Gesetz über Kapitalanlagegesellschaften
Kap.	Kapitel
KapAEG	Kapitalaufnahmeerleichterungsgesetz
KapCoRiLiG	Kapitalgesellschaften- und Co-Richtlinie-Gesetz
KG	Kammergericht, Kommanditgesellschaft
KO	Konkursordnung
Komm.	Kommentar (zum)
KonTraG	Gesetz zur Kontrolle und Transparenz im Unternehmensbereich
krit.	kritisch

KStG	Körperschaftsteuergesetz
KWG	Gesetz über das Kreditwesen
LG	Landgericht
lit.	litera
LV	Lebensversicherung
MDR	Monatsschrift für Deutsches Recht
Mio.	Million(en)
m. Nachw.	mit Nachweisen
MRD	Milliarden
m. w. Nachw.	mit weiteren Nachweisen
Mutualité	Publikation der AISAM
Nachw.	Nachweise
NaStraG	Gesetz zur Namensaktie und zur Erleichterung der Stimmrechtsausübung (Namensaktiengesetz – NaStraG)
n. F.	neue Fassung
NJW	Neue Juristische Wochenschrift
NJW-RR	NJW-Rechtsprechungs-Report
Nr.	Nummer
NVersZ	Neue Zeitschrift für Versicherung und Recht
NZG	Neue Zeitschrift für Gesellschaftsrecht
OECD	Organization for Economic Cooperation and Development
OLG	Oberlandesgericht
öVAG	Versicherungsaufsichtsgesetz (Österreich)
PflVG	Gesetz über die Pflichtversicherung für Kraftfahrzeughalter (Pflichtversicherungsgesetz)
PKV	Private Krankenversicherung
PSVaG	Pensionssicherungsverein auf Gegenseitigkeit
PublG	Gesetz über die Rechnungslegung von bestimmten Unternehmen und Konzernen (Publizitätsgesetz 1969)
R	Rundschreiben des Bundesaufsichtsamtes
RdA	Recht der Arbeit
Rdn.	Randnummer
Rdnr.	Randnummer
Rdz.	Randziffer
RechVUVO	Verordnung über die Rechnungslegung der Versicherungsunternehmen
RefE	Referentenentwurf
RegE	Regierungsentwurf
RfB	Rückstellung für Beitragsrückerstattung
RFH	Reichsfinanzhof
RGBl.	Reichsgesetzblatt
RGZ	Entscheidung des Reichsgerichts in Zivilsachen
RIW	Recht der internationalen Wirtschaft
Rn.	Randnummer
RStBl.	Reichssteuerblatt
S.	Seite
s.a.	siehe auch
s. o.	siehe oben
sog.	sogenannt(e, -er, -es, -en)
str.	streitig
s. u.	siehe unten
StückAG	Stückaktiengesetz

TarifVO	Tarifverordnung
TO	Tagesordnung
Tz.	Textziffer
u.	und
u. a.	und andere; unter anderem
UmwG	Umwandlungsgesetz
UmwStG	Umwandlungssteuergesetz
unstr.	unstreitig
u. U.	unter Umständen
VAG	Versicherungsaufsichtsgesetz
VerAfP	Veröffentlichungen des Reichsaufsichtsamtes für Privatversicherung
VerBAV	Veröffentlichungen des Bundesaufsichtsamtes für das Versicherungswesen
VersR	Versicherungsrecht (Zeitschrift)
VersRdsch	Die Versicherungsrundschau
VersRiLiG	Versicherungsbilanzrichtlinie-Gesetz
VerwArch	Verwaltungsarchiv
VersWissArch	Versicherungswissenschaftliches Archiv
VG	Verwaltungsgericht
VGH	Verwaltungsgerichtshof
vgl.	vergleiche
VO	Verordnung
VVaG	Versicherungsverein auf Gegenseitigkeit
VVG	Versicherungsvertragsgesetz
VW	Versicherungswirtschaft (Zeitschrift)
WM	Wertpapier-Mitteilungen (Zeitschrift)
WPg	Die Wirtschaftsprüfung (Zeitschrift)
WuB	Entscheidungssammlung zum Wirtschafts- und Bankrecht
z. B.	zum Beispiel
ZfbF	Schmalenbachs Zeitschrift für betriebswirtschaftliche Forschung
ZfdgStW	Zeitschrift für die gesamte Staatswissenschaft
ZfgG	Zeitschrift für das gesamte Genossenschaftswesen
ZfV	Zeitschrift für Versicherungswesen
ZGR	Zeitschrift für Unternehmens- und Gesellschaftsrecht
ZHR	Zeitschrift für das gesamte Handels- und Wirtschaftsrecht
Ziff.	Ziffer
ZIP	Zeitschrift für Wirtschaftsrecht
ZPO	Zivilprozeßordnung
ZRP	Zeitschrift für Rechtspolitik
ZVersWiss	Zeitschrift für die gesamte Versicherungswissenschaft
z. T.	zum Teil
zutr.	zutreffend

Literaturverzeichnis

Abrahams, Peter/Lorsch, Michael: Die Beschwerdebearbeitung des Bundesaufsichtsamtes für das Versicherungswesen, in: 100 Jahre materielle Versicherungsaufsicht in Deutschland, herausgegeben von Helmut Müller, Joachim-Friedrich Golz, Elke Washausen-Richter, Michael Trommeshauser, Bonn, Bundesaufsichtsamt für das Versicherungswesen, 2001, S. 413

Ackermann, Peter: Überschußbeteiligung auf einen Blick. Zum Ausweis der Direktgutschrift in der Gewinn- und Verlustrechnung der Lebensversicherungsunternehmen, VW 1983, 1344
- Die Rückgewährquote der Lebensversicherungsunternehmen, Berlin, Duncker & Humblot, 1985

Adams, Heinz W./Johannsen, Dirk: Das „gerichtsfeste" Produktionsunternehmen, BB 1996, 1017

Adams, Michael: Die Usurpation von Aktionärsbefugnissen mittels Ringverflechtung in der „Deutschland AG" – Vorschläge für Reformen im Wettbewerbs-, Steuer- und Unternehmensrecht –, AG 1994, 148
- Bankenmacht und Deutscher Juristentag, ZIP 1996, 1590
- Die Kapitallebensversicherung als Anlegerschädigung, ZIP 1997, 1857
- Revolution im Versicherungsgewerbe, ZIP 1997, 1224
- Nochmals: Die Kapitallebensversicherung als Anlegerschädigung!, ZIP 1999, 1386
- Vorschläge zu einer Reform der kapitalbildenden Lebensversicherungen, NVersZ 2000, 49
- Reform des Kostenersatzrechts bei Aktionärsklagen mit Drittwirkung, AG 2000, 396

Adler, Hans/Düring, Walther/Schmaltz, Kurt: Rechnungslegung und Prüfung der Unternehmen, Kommentar zum HGB, AktG, GmbHG, PublG nach den Vorschriften des Bilanzrichtliniengesetzes, 5. Auflage, Stuttgart, Loseblattsammlung, Stand November 1989

Albach, Horst: Strategische Unternehmensplanung und Aufsichtsrat, ZGR 1997, 32

Albrecht, Peter: Gewinn und Sicherheit als Ziele der Versicherungsunternehmung: Bernoulli-Prinzip vs. Safety first-Prinzip, in: Dieter Farny und die Versicherungswissenschaft, herausgegeben von Robert Schwebler und den Mitgliedern des Vorstands des Deutschen Vereins für Versicherungswissenschaft, Karlsruhe, VVW, 1994, S. 1
- Aktuarielle Ansätze für Finanz-Risiken und Entwicklungstendenzen der quantitativ gestützten Kapitalanlage, VW 1997, 669

Albrecht, Peter/Maurer, Raimond/Schradin, Heinrich R.: Die Kapitallebensversicherung als Anlegerschädigung? Anmerkungen zu dem Beitrag von M. Adams, ZIP 1997, 1857, unter aktuariellen und ökonomischen Gesichtspunkten, ZIP 1999, 1381

Altenburger, Otto A.: Vorschläge für eine aussagekräftige und willkürfreie Erfolgsrechnung der Versicherungsunternehmen, ZVersWiss 82 (1993), 545
- Die deutschen Jahresabschlußformblätter für Versicherungsunternehmen – Detailmängel und Verbesserungsvorschläge, in: Dieter Farny und die Versicherungswissenschaft, herausgegeben von Robert Schwebler und den Mitgliedern des Vorstands des Deutschen Vereins für Versicherungswissenschaft, Karlsruhe, VVW, 1994, S. 19
- Rückversicherung aus institutionenökonomischer Sicht, ZVersWiss 86 (1997), 157

Alther, Peter: Die Überschußbeteiligung im Versicherungsvertrag. Unter besonderer Berücksichtigung der schweizerischen Lebensversicherung, Diss. Zürich 1946, Aarau, 1947

Altmeppen, Holger: Die systematische Einordnung der Rechtsprechung zum qualifiziert faktischen Konzern nach „TBB", DB 1994, 1912
- Zur Vermögensbindung in der faktisch abhängigen AG, ZIP 1996, 693
- Ausgliederung zwecks Organschaftsbildung gegen die Sperrminorität, DB 1998, 49
- Zum richtigen Verständnis der neuen §§ 293 a–293 g AktG zu Bericht und Prüfung beim Unternehmensvertrag, ZIP 1998, 1853
- Die Haftung des Managers im Konzern, München, Beck, 1998
- Die Auswirkungen des KonTraG auf die GmbH, ZGR 1999, 291
- Neutralitätspflicht und Pflichtangebot nach dem neuen Übernahmerecht, ZIP 2001, 1073
- Grundlegend Neues zum „qualifiziert faktischen" Konzern und zum Gläubigerschutz in der Einmann-GmbH – Zugleich Besprechung des Urteils des BGH vom 17. 9. 2001 – II ZR 178/99 „Bremer Vulkan", ZIP 2001, 1874 –, ZIP 2001, 1837

Ament, Heinrich: Abzug der Versichertendividende von den Sonderausgaben, ZfV 1960, 56
Ammeter, Hans: Das Kostenproblem in der privaten Lebensversicherung, ZVersWiss 62 (1973), 205
Andresen, Boy-Jürgen: Pensionsfonds als neue Gestaltungsform für Unternehmen – mehr Wettbewerb in der betrieblichen Altersversorgung, BetrAV 2001, 444
Andreßen, Rüdiger: Birgt der § 292 a HGB Ausstiegspotenzial aus der HGB-Rechnungslegung in sich?, DB 2001, 2561
Angerer, August: Die Aufsicht über Schaden-Versicherungsunternehmen nach der Ersten EG-Koordinierungsrichtlinie, ZfV 1974, 326
– Information durch Rechnungslegung, in: Sorgen, Vorsorgen, Versichern, Festschrift für Heinz Gehrhardt zum 70. Geburtstag, herausgegeben von Hans Kalwar, Karlsruhe, VVW, 1975, S. 5
– Zur Solvabilität der Lebensversicherungsunternehmen, in: Wirtschaftsprüfung und Wirtschaftsrecht, Beiträge zum 75-jährigen Bestehen der Treuhand-Vereinigung Aktiengesellschaft, Stuttgart, 1980, S. 11
– Versicherungsaufsicht in der Europäischen Gemeinschaft, ZfV 1982, 582
– Dienstleistungen zwischen verbundenen (Versicherungs-) Unternehmen, VW 1982, 1456
– Beteiligungen im Vermögen von Versicherungsunternehmen, ZfV 1983, 134
– Geld der Versicherten?, ZfV 1983, 353
– Aufsichtsrechtliche Probleme bei Versicherungsgruppen und -konzernen, Frankfurter Vorträge zum Versicherungswesen, Heft 7, Karlsruhe, VVW, 1984, S. 5
– Neuere Entwicklungen in der deutschen Versicherungsaufsicht, Die Versicherungsrundschau 1984, 313
– Wettbewerb auf den Versicherungsmärkten aus der Sicht der Versicherungsaufsichtsbehörde, ZVersWiss 74 (1985), 221
– Aufsichtsrechtliche Ausgangspunkte der Dienstleistungsfreiheit für Versicherungsunternehmen im Gemeinsamen Markt, VW 1987, 418 und ZVersWiss 76 (1987), 211
– Rechnungslegung, in: Handwörterbuch der Versicherung, 1988, S. 593
– Versicherungsaufsicht auf dem Prüfstand, in: Assekuranz im Wandel. Eine Festschrift aus Anlaß des 125jährigen Bestehens der Concordia Versicherungs-Gesellschaft auf Gegenseitigkeit Hannover 1864–1989, herausgegeben von Peter Koch, Karlsruhe, VVW, 1989, S. 21
– Erfahrung mit Versicherungsaufsicht, ZVersWiss 78 (1989), 107
– Zur Abzinsung der Rückstellung für noch nicht abgewickelte Versicherungsfälle, in: Dieter Farny und die Versicherungswissenschaft, herausgegeben von Robert Schwebler und den Mitgliedern des Vorstands des Deutschen Vereins für Versicherungswissenschaft, Karlsruhe, VVW, 1994, S. 35
Angerer, Hans-Peter: Genußrechte bzw. Genußscheine als Finanzierungsinstrument, Regensburg, Roderer, 1993
Angermayer, Birgit: Investmentfonds als Instrument der Kapitalanlagepolitik von Versicherungsunternehmen – Überblick zur aufsichtsrechtlichen Zulässigkeit und bilanziellen Behandlung, VW 1996, 683 ff
Angermayer, Birgit/Oser, Peter: Die Rechnungslegung im Versicherungskonzern – Veränderung der rechtlichen Rahmenbedingungen und geschäftszweigspezifische Problembereiche –, WPg 1996, 457
– Konzernrechnungslegung von Versicherungsunternehmen – Eine systematische Betrachtung vor dem Hintergrund des Versicherungsbilanzrichtlinie-Gesetzes –, VW 1996, 887 (I), 955 (II)
Angermayer, Birgit/Dietz, Jürgen/Scharpf, Paul: Einsatz derivativer Finanzinstrumente bei Versicherungsunternehmen, VW 1996, 107 (I), 164 (II)
Apel, Walter: Der Deckungsstock und sein Verzeichnis, ZVersWiss 36 (1936), 121
Arheit, Günter: Allfinanzkonzepte – eine mögliche Antwort auf den Verdrängungswettbewerb?, in: Versicherungen in Europa heute und morgen, Geburtstags-Schrift für Georg Büchner, herausgegeben von Franz Wilhelm Hopp und Georg Mehl, Karlsruhe, VVW, 1991, S. 711
Arnold, Hans: Verfügungsbeschränkungen zugunsten des Treuhänders (§§ 70 ff VAG) bei dinglich gesicherten Deckungsstockanlagen mehrerer Gläubiger, VerBAV 1953, 272
– Zur Begrenzung des Tätigkeitsbereichs eines Lebensversicherungsunternehmens durch den Geschäftsplan, VerBAV 1954, 9
– Über die Aufgaben des Treuhänders von Lebensversicherungsunternehmen, VerBAV 1954, 171

– Die Rechtspflicht zur Gleichbehandlung der Versicherten, VerBAV 1954, 146
– Zur Bearbeitung von Geschäftsplanänderungen von Lebensversicherungsunternehmen, VerBAV 1955, 79

Arnold, Markus S.: Lohnsteuerliche Behandlung von Stock Options – Ein Überblick über die Praxis, NZG 2001, 215

Arnoldussen, Ludger: Finanzwirtschaftliche Effekte von Rückversicherungsverträgen in der Schaden- und Unfallversicherung, Teil 1: Textteil, Teil 2: Tabellen- und Abbildungsteil, Bergisch Gladbach/Köln, Eul, 1991

Arps, Ludwig: Auf sicheren Pfeilern – Deutsche Versicherungswirtschaft vor 1914, Göttingen, 1965
– Durch unruhige Zeiten, I. Teil, Karlsruhe, 1970, II. Teil, Karlsruhe, 1976
– Die Prämienrückgewähr in versicherungspolitischer und versicherungsgeschichtlicher Sicht, VW 1966, 569
– Assekuranz und Inflation – Erfahrungen und Erkenntnisse, ZVersWiss 60 (1971), 421

August, J.: Die Gleichheit der Kontrahenten und die Gerechtigkeit im Versicherungsvertrage, Annalen des Deutschen Reichs für Gesetzgebung, Verwaltung und Volkswirtschaft, begründet von Georg Hirth und Max von Seydel, herausgegeben von Karl Theodor Eheberg und Anton Dyroff, Jahrgang 1902, S. 672, 770

Bachem, Wilfried: Bilanzierung und Besteuerung eigenkapitalersetzender Maßnahmen, DB 1994, 1055

Bachmann, Gregor: Die Geschäftsordnung der Hauptversammlung, AG 1999, 210
– Namensaktie und Stimmrechtsvertretung, WM 1999, 2100

Bachmann, Michael: Planung und Kontrolle mit Kennzahlen im Versicherungsunternehmen, VW 1977, 1048

Baeck, Ulrich/Diller, Martin: Arbeitsrechtliche Probleme bei Aktienoptionen und Belegschaftsaktien, DB 1998, 1405

Bähre/Schneider: KWG-Kommentar: Kreditwesengesetz mit den wichtigsten Ausführungsbestimmungen, begründet von Johannes Consbruch und Annemarie Möller, in 2. Auflage fortgeführt von Inge Lore Bähre und Manfred Schneider, 3., völlig neubearbeitete Auflage von Manfred Schneider, München, Beck, 1986

Baer, Alfred: Die Rückstellungen und die Beitragsrückerstattung in der Lebensversicherung, in: Die versicherungstechnischen Rückstellungen im Steuerrecht, herausgegeben von Erich Prölss, Ernst von der Thüsen, Günter Ziegler, 3. Auflage, Karlsruhe, 1973

Bälz, Ulrich: Verbundene Unternehmen, AG 1992, 277

Bär, Fred G.: Die Schranken der inneren Vereinsautonomie – historisch-dogmatische Überlegungen zu einem Vereinsgesetz, Diss. Berlin 1995, Berlin, Berlin Verlag Arno Spitz, 1996

Bärwaldt, Roman: Mitwirkung des Prokuristen bei der Handelsregisteranmeldung der ihm erteilten Prokura, NJW 1997, 1404

Bärwaldt, Roman/Hadding, Ulrich: Die Bindung des Prokuristen an die Mitwirkung des Prinzipals, NJW 1998, 1103

Bätge, Frank: Kooperationen zwischen Versicherungsunternehmen innerhalb der Europäischen Union – unter besonderer Berücksichtigung deutscher Beteiligung –, Karlsruhe, VVW, 1995

Baetge, Jörg/Beermann, Thomas: Vergleichende Bilanzanalyse von Abschlüssen nach IAS/US-GAAP und HGB, BB 2000, 2088

Baetge, Jörg/Thiele, Stefan/Plock, Marcus: Die Restrukturierung des International Accounting Standards Committee – Das IASC auf dem Weg zum globalen Standardsetter?, DB 2000, 1033

Baetge, Jörg/Krumnow, Jürgen/Noelle, Jennifer: Das „Deutsche Rechnungslegungs Standards Committee" (DRSC) – Standortbestimmung und Zukunftsperspektiven der Konzernrechnungslegung –, DB 2001, 769

Bäumer, Arno Paul: Mehr Wettbewerb – und viele Fragezeichen, in: Versicherungen in Europa heute und morgen, Geburtstags-Schrift für Georg Büchner, herausgegeben von Franz Wilhelm Hopp und Georg Mehl, Karlsruhe, VVW, 1991, S. 237

Balleer, Martin: Aktuare und Aufsicht – ein Miteinander, in: 100 Jahre materielle Versicherungsaufsicht in Deutschland, herausgegeben von Helmut Müller, Joachim-Friedrich Golz, Elke Washausen-Richter, Michael Trommeshauser, Bonn, Bundesaufsichtsamt für das Versicherungswesen, 2001, S. 941

Balleer, Martin/Claaßen, Jürgen: Analytische Betrachtungen zur Gewinnbeteiligung in der Lebensversicherung, Schriftenreihe Angewandte Versicherungsmathematik, Heft 10, Karlsruhe, VVW, 1979

Bannier, Rudolf: Bestandsübertragung und Fusion von Versicherungsunternehmungen unter besonderer Berücksichtigung der Fusion von Versicherungsvereinen auf Gegenseitigkeit, Diss. Rostock, 1936
Bar, Christian von: Gleichordnungskonzerne und Kartellverbot, BB 1980, 1185
Baran, Peter: Die Fortführung des Betriebes von Versicherungsvereinen durch Aktiengesellschaften, Die Versicherungsrundschau 1992, 76
Barbitsch, Christian E./Simeonoff, Peter: Die Umstellung auf den Euro in Versicherungsunternehmen, ZfV 1998, 87
Bargen, Malte von: Bereitstellung von Risikokapital durch Versicherungsunternehmen, in: Staat, Wirtschaft, Assekuranz und Wissenschaft, Festschrift für Robert Schwebler, herausgegeben von Rudolf Henn und Walter F. Schickinger, Karlsruhe, 1986, S. 585
Barger, Richard D.: Versicherungsaufsicht in den USA, VW 1998, 40
Barner, Friedrich: Die Entlastung als Institut des Verbandsrechts, Berlin, Duncker & Humblot, 1990
Baroch Castellvi, Manuel: Unwirksamkeit der Regelungen zu Abschlußkosten, Rückkaufswert und Beitragsfreistellung – Ende der Unklarheiten?, NVersZ 2001, 529
Barth, Hans/Hohensteiner, Christian/Gerhardt, Jens: IT-Controlling: Überschaubarkeit und Kostentransparenz bei Projekten, VW 2000, 790
Barthel, Carl W.: Unternehmenswert: Die zuschlagsorientierten Bewertungsverfahren – Vom Buchwert-Zuschlagsverfahren zur strategischen Unternehmensbewertung –, DB 1996, 1349
Bartl, Harald: „Jahr-2000-Problem" und Anwenderpflichten, NJW 1999, 2144
Bartodziej, Peter: Reform des Umwandlungsrechts und Mitbestimmung, ZIP 1994, 580
Barz, Carl Hans: Abhängigkeitsausschlußvertrag bei der Aktiengesellschaft, in: Recht und Wirtschaft in Geschichte und Gegenwart, Festschrift für Johannes Bärmann zum 70. Geburtstag, herausgegeben von Marcus Lutter, Helmut Kollhosser und Winfried Trusen, München, Beck, 1975, S. 185
Basedow, Jürgen: Die Kapitallebensversicherung als partiarisches Rechtsverhältnis – Eine zivilistische Konstruktion der Überschußbeteiligung –, ZVersWiss 81 (1992), 419
Baudisch, Matthias/Götz, Alexander: Nochmals: Neutralitätspflicht des Vorstands und Entscheidungsbefugnis der Hauptversammlung im Übernahmerecht, AG 2001, 251
Bauer, Jobst-Hubertus: Rechtliche und taktische Probleme bei der Beendigung von Vorstandsverhältnissen, DB 1992, 1413
– Indirekte Wettbewerbsverbote, DB 1995, 426
Bauer, Jobst-Hubertus/Diller, Martin: Karenzentschädigung und bedingte Wettbewerbsverbote bei Organmitgliedern, BB 1995, 1134
– Koppelung von Abberufung und Kündigung bei Organmitgliedern. Zulässige Gestaltung oder sittenwidrige Falle?, GmbHR 1998, 809
Bauer, Jobst-Hubertus/Gragert, Nicola: Der GmbH-Geschäftsführer zwischen Himmel und Hölle, ZIP 1997, 2177
Bauer, Jobst-Hubertus/Steinau-Steinrück, Robert von: Widerruf von Versorgungszusagen, ZGR 1999, 314
Bauer, Jobst-Hubertus/Göpfert, Burkard/Steinau-Steinrück, Robert von: Aktienoptionen bei Betriebsübergang, ZIP 2001, 1129
Baukelmann, Peter: Entwurf eines Gesetzes zur Einführung des Euro (Euro-Einführungsgesetz – EuroEG), BRAK-Mitt. 1998, 2
Baumann, Horst: Versicherungswirtschaft, Kartellrecht und Gesamtrechtsordnung, ZHR 139 (1975), 291
– Der Versicherungsverein auf Gegenseitigkeit mit kooptierter Vertreterversammlung: Typenvermischung von Körperschaft und Stiftung, VVW, Karlsruhe, 1986
– Unternehmenspolitik und Rechtsstrukturen des VVaG – Allfinanz-Konzeptionen durch Kooperation und Konzern, Frankfurter Vorträge zum Versicherungswesen, Heft 15, Karlsruhe, VVW, 1988, S. 3
– Überschußbeteiligung, rechtliche Grundlagen, in: Handwörterbuch der Versicherung, herausgegeben von Dieter Farny, Elmar Helten, Peter Koch, Reimer Schmidt, Karlsruhe, VVW, 1988, S. 895
– Allgemeine Versicherungsbedingungen und Deregulierung im Rahmen der EG-Dienstleistungsfreiheit, in: Versicherungen in Europa heute und morgen, Geburtstags-Schrift für Georg Büchner, herausgegeben von Franz Wilhelm Hopp und Georg Mehl, Karlsruhe, VVW, 1991, S. 271
– Rechtliche Grundprobleme der Umstrukturierung von Versicherungsvereinen auf Gegenseitigkeit in Versicherungs-Aktiengesellschaften, VersR 1992, 905

– Die Kapitallebensversicherung mit Überschußbeteiligung als partiarisches Versicherungsverhältnis und ihre Bedeutung bei der Umstrukturierung von Versicherungsgruppen, Karlsruhe, VVW, 1993
– Re-Mutualisierung des VVaG: Neue gesellschaftsrechtliche Modelle gesucht: Die VVaG & Co. KGaA – eine Skizze aus wissenschaftlicher Sicht, VW 2000, 1117
Baumbach, Adolf/Duden, Konrad/Hopt, Klaus J.: Handelsgesetzbuch mit GmbH & Co., Recht der Allgemeinen Geschäftsbedingungen und Handelsklauseln, Bank- und Börsenrecht, Transportrecht (ohne Seerecht), Kommentar, 28., neubearbeitete und erweiterte Auflage, München, Beck, 1989
Baumgartl, Wolf-Dieter: Synergieeffekte durch die Bildung von Versicherungsgruppen, in: Versicherungen in Europa heute und morgen, Geburtstags-Schrift für Georg Büchner, herausgegeben von Franz Wilhelm Hopp und Georg Mehl, Karlsruhe, VVW, 1991, S. 765
Baums, Philipp A.: Der Ausschluss von Minderheitsaktionären nach § 327 a ff. AktG n. F. – Einzelfragen –, WM 2001, 1843
Baums, Theodor: Entwurf eines allgemeinen Handelsgesetzbuches für Deutschland (1848/49), ZHR 1982, Abhandlungen aus dem gesamten Bürgerlichen Recht, Handelsrecht und Wirtschaftsrecht 54, Bonn/Heidelberg, 1982
– Der fehlerhafte Aufsichtsratsbeschluß, ZGR 1983, 300
– Besprechung von Hartmut Hockemeier, Die Auswirkung der Verschmelzung von Kapitalgesellschaften auf die Anstellungsverhältnisse der Geschäftsleiter, ZHR 156 (1992), 248
– Zuständigkeit für Abschluß, Änderung und Aufhebung von Anstellungsverträgen – Besprechung der Entscheidungen BGHZ 113, 237 und BGH WM 1991, 852 –, ZGR 1993, 141
– Der Aufsichtsrat – Aufgaben und Reformfragen, ZIP 1995, 11
– Vollmachtsstimmrecht der Banken – Ja oder Nein?, AG 1996, 11
– Empfiehlt sich eine Neuregelung des aktienrechtlichen Anfechtungs- und Organhaftungsrechts, insbesondere der Klagemöglichkeiten von Aktionären?, Gutachten F zum 63. Deutschen Juristentag, München, Beck, 2000
Baums, Theodor/Fraune, Christian: Institutionelle Anleger und Publikumsgesellschaft: Eine empirische Untersuchung, AG 1995, 97
Baums, Theodor/Randow, Philipp von: Der Markt für Stimmrechtsvertreter, AG 1995, 145
Baums, Theodor/Steck, Kai-Uwe: Bausparkassen als Konzerntöchter – Konzern- und bankenaufsichtsrechtliche Fragen einer Vertriebsausgliederung –, WM 1998, 2261
Baums, Theodor/Vogel, Hans-Gert/Tacheva, Maja: Rechtstatsachen zur Beschlußkontrolle im Aktienrecht, ZIP 2000, 1649
Bayer, Walter: Kein Abschied vom Minderheitenschutz durch Information – Plädoyer für eine restriktive Anwendung des § 16 Abs. 3 UmwG –, ZGR 1995, 613
– Aktionärsklagen de lege lata und de lege ferenda, NJW 2000, 2609
Bea, Franz Xaver/Scheurer, Steffen: Die Kontrollfunktion des Aufsichtsrats, DB 1994, 2145
– Institutionalisierung der Kontrolle bei der GmbH durch einen Beirat, DB 1996, 1193
Beater, Axel: Beratungsvergütungen für Aufsichtsratsmitglieder (§§ 113, 114 AktG), ZHR 157 (1993), 420
Becker, Dietrich: Verhaltenspflichten des Vorstands der Zielgesellschaft bei feindlichen Übernahmen, ZHR 165 (2001), 280
Becker, Horst: Die Sicherung der Gewinnbeteiligung in der Lebensversicherung. Die Mehrfachfunktion der RfB als besonderes Problem, VW 1989, 1572
Becker-Laurich, Franz: Die wirthschaftlichen Unternehmungsformen in ihrer Anwendbarkeit auf das Versicherungswesen, Diss. Jena, 1883
Beck'scher Bilanz-Kommentar: Der Jahresabschluß nach Handels- und Steuerrecht. Das Dritte Buch des HGB, bearbeitet von Wolfgang Dieter Budde, Hermann Clemm, Max Pankow, Manfred Sarx, 2. Auflage, München Beck, 1990
Behnke, Thorsten: Die Stimmrechtsvertretung in Deutschland, Frankreich und England, NZG 2000, 665
Behr, Volker: Teilnahmerecht und Mitwirkungsmöglichkeit des Aufsichtsratsmitglieds bei der Aufsichtsratssitzung, AG 1984, 281
Behr, Volker/Kindl, Johann: Zur Vertretung der Aktiengesellschaft gegenüber ehemaligen Vorstandsmitgliedern, DStR 1999, 119
Behrend, R.: Der Entwurf eines Reichsgesetzes über den Versicherungsvertrag, ZHR 55 (1904), 1
Behrends, Okko Hendrik: Einberufung der Hauptversammlung gem. § 121 IV AktG (mittels eingeschriebenem Brief) trotz abweichender Satzungsbestimmung, NZG 2000, 578
Behrens, Peter: Die Europäisierung des Gesellschaftsrechts, GmbHR 1993, 129

Beine, Frank: Überleitung vom HGB-Abschluß zu US-GAAP Statements, BB 1998, 995
– Ausländische Einkünfte in der Unternehmensbewertung, BB 1999, 1967
Beisse, Heinrich: Normqualität und Normstruktur von Bilanzvorschriften und Standards, BB 1999, 2180
Bell, Rainer: Sind Zahlungen zum Reservefonds eines VVaG körperschaftsteuerpflichtig?, VersR 1953, 128
Belser, Peter Michael: Versicherungsgenossenschaften. Eine Studie ihrer rechtlichen Besonderheiten, Diss. Zürich, 1975
Bender, Karl: Fortbildung des Aktienrechts: Verbesserung der Funktionsfähigkeit der Gesellschaftsorgane notwendig, DB 1994, 1965
Bendix, L.: Der Gründungsfonds bei Versicherungsvereinen auf Gegenseitigkeit nach deutschem Versicherungsprivatrechte, in: Ehrenzweigs Assekuranz-Jahrbuch 26 (1905), 111
Benecke, Martina: Der Ausschluß aus dem Verein – Zum Konflikt zwischen „Vereinsautonomie" und Individualinteresse –, WM 2000, 1173
Benkel, Gert Andreas/Hirschberg, Günther: Berufsunfähigkeits- und Lebensversicherung, ALB- und BUZ-Kommentar, München, Beck, 1990
Benkel, Gert A.: Die Verwendung des Überschusses in der Lebensversicherung, VersR 1994, 509
Benner-Heinacher, Jella: Kollidiert die Auskunftspflicht des Vorstands mit dem Insidergesetz?, DB 1995, 765
Berens, Wolfgang/Brauner, Hans U.: Due Diligence bei Unternehmensakquisitionen, 2. Auflage, Stuttgart, Schäffer-Poeschel, 1999
Bergsträßer: Zur Überschußbeteiligung der Versicherten bei Lebensversicherungsunternehmen, VerBAV 1957, 211
Berliner, Ludwig/Fromm, Gerhard Erich: Gesetz über die Beaufsichtigung der privaten Versicherungsunternehmungen und Bausparkassen vom 6. Juni 1931, 4. Auflage, München, 1932
Bernatzik, Edmund: Über den Begriff der juristischen Person. Kritische Studien über den Begriff der juristischen Person und über die juristische Persönlichkeit der Behörden insbesondere, Wien/New York, Springer, 1996
Berner, Con: Outsourcing als strategischer Erfolgsfaktor. Studie zur Auslagerung betrieblicher Funktionen und Leistungsbereiche in der Versicherungsbranche, ZfV 1998, 363
Bernhard, Ulrich: Solvabilität europäischer Lebensversicherer, VW 1998, 356
Bernhardt, Wolfgang: Aufsichtsrat – die schönste Nebensache der Welt?, ZHR 159 (1995), 310
– Unternehmensführung und Hauptversammlung – Holzmüller und die Folgen –, DB 2000, 1873
Bernreuther, Friedrich: Zum Maßstab der Auslegung von AGB und dem Transparenzgebot, BB 1993, 1823
Bernuth, Wolf H. v.: Harte Patronatserklärungen in der Klauselkontrolle, ZIP 1999, 1501
Berrar, Carsten: Die zustimmungspflichtigen Geschäfte nach § 111 Abs. 4 AktG im Lichte der Corporate Governance-Diskussion, DB 2001, 2181
Berzel, Wilhelm/Gugumus, Jakob: Zur Angemessenheit der Beitragsrückerstattung in der Lebensversicherung, ZfV 1981, 34
Beseler, Georg: Volksrecht und Juristenrecht, Leipzig, 1843
Bettin, Erik: Zur Berücksichtigung aufgelöster Rücklagen bei der Bemessung der dividendenabhängigen Vorstandstantieme, DB 2000, 263
Beusch, Karl: Die Aktiengesellschaft – eine Kommanditgesellschaft in der Gestalt einer juristischen Person? Betrachtungen zum sogenannten Holzmüller-Urteil des Bundesgerichtshofs, in: Festschrift für Winfried Werner zum 65. Geburtstag am 17. Oktober 1984, Handelsrecht und Wirtschaftsrecht in der Bankpraxis, herausgegeben von Walther Hadding, Ulrich Immenga, Hans-Joachim Mertens, Klemens Pleyer, Uwe H. Schneider, Berlin/New York, Walter de Gruyter, 1984, S. 1
– Rücklagenbildung im Konzern, in: Bilanz- und Konzernrecht, Festschrift zum 65. Geburtstag von Reinhard Goerdeler, herausgegeben von Hans Havermann, Düsseldorf, IDW-Verlag, 1987, S. 25
Beuthien, Volker: Die eingetragene Genossenschaft als verbundenes Unternehmen, in: Das Gesellschaftsrecht der Konzerne im internationalen Vergleich, herausgegeben von Ernst-Joachim Mestmäcker und Peter Behrens, Baden-Baden, Nomos, 1991
– Konzernbildung und Konzernleitung kraft Satzung, ZIP 1993, 1589
– Zeit für eine Genossenschaftsrechtsreform, DB 2000, 1161
Beuthien, Volker/Ernst, Astrid: Die Gesellschaft bürgerlichen Rechts als Mitglied einer eingetragenen Genossenschaft, ZHR 156 (1992), 227

Beuthien, Volker/Gätsch, Andreas: Vereinsautonomie und Satzungsrechte Dritter. Statutarischer Einfluß Dritter auf die Gestaltung von Körperschaftssatzungen, ZHR 156 (1992), 459
- Einfluß Dritter auf die Organbesetzung und Geschäftsführung bei Vereinen, Kapitalgesellschaften und Genossenschaften, ZHR 157 (1993), 483

Bezzenberger, Gerold: Die Geschäftsordnung der Hauptversammlung, ZGR 1998, 352

Bezzenberger, Tilman: Der Vorstandsvorsitzende der Aktiengesellschaft, ZGR 1996, 661

BGB – RGRK: Das Bürgerliche Gesetzbuch mit besonderer Berücksichtigung der Rechtsprechung des Reichsgerichts und des Bundesgerichtshofes, Kommentar, herausgegeben von Mitgliedern des Bundesgerichtshofes, 12., neubearbeitete Auflage, Band I §§ 1–240, bearbeitet von Kurt Herbert Johannsen, Gerda Krüger-Nieland, Wilhelm Kregel, Henning Piper, Erich Steffen, Berlin/New York, Walter de Gruyter, 1982

Biehler, Gernot: Multinationale Konzerne und die Abhaltung einer Hauptversammlung nach deutschem Recht im Ausland, NJW 2000, 1243

Biener, Herbert: Die Möglichkeiten und Grenzen berufsständischer Empfehlungen zur Rechnungslegung, in: Bilanz- und Konzernrecht, Festschrift zum 65. Geburtstag von Reinhard Goerdeler, herausgegeben von Hans Havermann, Düsseldorf, IDW-Verlag, 1987, S. 45
- Rückstellungen für drohende Verluste aus schwebenden Geschäften bei Dauerrechtsverhältnissen, in: Handelsrecht und Steuerrecht, Festschrift für Georg Döllerer, herausgegeben von Brigitte Knobbe-Keuk, Franz Klein und Adolf Moxter, Düsseldorf, IDW-Verlag, 1988, S. 45

Biewer, Anja: Die Umwandlung eines Versicherungsvereins auf Gegenseitigkeit in eine Aktiengesellschaft, Diss. Hamburg 1998, Karlsruhe, VVW, 1998

Bihr, Dietrich: Due Diligence: Geschäftsführungsorgane im Spannungsfeld zwischen Gesellschafts- und Gesellschafterinteressen, BB 1998, 1198

Binder, Julius: Das Problem der juristischen Persönlichkeit, Leipzig, 1907

Binge, Christoph: Gesellschafterklagen gegen Maßnahmen der Geschäftsführer in der GmbH, Köln u. a., Heymann, 1994

Binz, Mark K./Freudenberg, Götz: Ist die Rechtsform der Genossenschaft noch zeitgemäß? – Ein Rechtsformvergleich zwischen Genossenschaft und Aktiengesellschaft –, DB 1991, 2473

Bischof, Stefan/Oser, Peter: Zweifelsfragen zur Teilnahmepflicht des Abschlußprüfers an der Bilanzsitzung des Aufsichtsrats – Zugleich ein Plädoyer für eine obligatorische Teilnahme –, WPg 1998, 539

Bischoff, Harald: Die Angemessenheit von Leistung und Gegenleistung unter Versicherungsaufsicht. Rechtsvergleichend nach schwedischem und deutschen Recht, Diss. Hamburg, 1969

Bischoff, Karl: Überschußverteilung und Beitragsrückerstattung bei Gegenseitigkeitsunternehmen der Sachversicherung vor Bilanzerstellung, VerBAV 1953, 15
- Körperschaftsteuerpflicht für Wiederauffüllung eines VVaG-Reservefonds?, VersR 1953, 223
- Die Umschmelzung des Gründungsstocks in die Verlustrücklage. Ein Beitrag zur Unternehmerleistung beim VVaG, VersR 1956, 137
- Sondervergütungen und Begünstigungsverträge in der Sachversicherung, VerBAV 1957, 283
- Vorstände kleinerer Versicherungsvereine. Bestellung und Abberufung, VerBAV 1960, 214
- Die Beitragssysteme beim Versicherungsverein auf Gegenseitigkeit der Schadenversicherung, VW 1960, 699
- Die oberste Vertretung beim kleineren Versicherungsverein auf Gegenseitigkeit – Möglichkeiten und Grenzen –, VersR 1961, 97

Bitter, Bernhard/Grashoff, Dietrich: Anwendungsprobleme des Kapitalgesellschaften- und Co-Richtlinie-Gesetzes, DB 2000, 833

Bitter, Walter/Bitter, Georg: Alles klar im qualifiziert faktischen Konzern? Oder: Die Ausweitung der BGH-Rechtsprechung durch das BAG. Anmerkungen zum Konzernhaftungsrecht aus Anlaß der Entscheidung des BAG vom 1. 8. 1995, BB 1996, 2153

Blaesius, Stefan: Die Bewertung von Lebensversicherungsverträgen aus der Sicht der Nachfrager. Ein Beitrag zum Leistungsvergleich von Lebensversicherungen, Berlin, Duncker & Humblot, 1988

Blanck, Wilhelm: Der Erwerb der Mitgliedschaft bei Versicherungsvereinen a. G., namentlich bei kleineren Vereinen, ZVersWiss 28 (1928), 355

Blanke, Gernot: Praktische Erleichterungen für die Tätigkeit von Vorständen nicht börsennotierter Aktiengesellschaften – Zu den Vorteilen in der Unternehmenspraxis durch das Gesetz für kleine Aktiengesellschaften und zur Deregulierung des Aktienrechts –, BB 1995, 681

Blass, Guido: Risk Management nach dem KonTraG speziell in gemischtwirtschaftlichen Entsorgungsunternehmen aus umweltrechtlicher Sicht, ZfV 1999, 297

Blies, Peter: Board-Überwachung japanischer Aktiengesellschaften, DB 1999, 1969
Blomeyer, Wolfgang: Auf dem Weg zur (E)europäischen Genossenschaft. Im Blickpunkt: Vorschläge zur Verbesserung der Kapitalversorgung von Genossenschaften auf der Grundlage des Statutenentwurfs der EG-Kommission, BB 2000, 1741
– Neue arbeitsrechtliche Rahmenbedingungen für die Betriebsrente, BetrAV 2001, 430
– Der Entgeltumwandlungsanspruch des Arbeitnehmers in individual- und kollektivrechtlicher Sicht, BetrAV 2001, 501
Blumers, Wolfgang/Schmidt, Michael: Die neuen Tauschgrundsätze und ihre subsidiäre Geltung, DB 1998, 392
Blumhardt: Der Einfluß des kanonischen Wucherverbots auf die Entwicklung der Assekuranz, ZVersWiss 11 (1911), 66
Bockslaff, Klaus: Die eventuelle Verpflichtung zur Errichtung eines sicherungstechnischen Risikomanagements durch das KonTraG, NVersZ 1999, 104
Bode, Karl-Josef: Der Verantwortliche Aktuar nach neuem Versicherungsaufsichtsgesetz, BetrAV 1993, 269
– Der neu geregelte Aufgabenbereich des Verantwortlichen Aktuars, BetrAV 1995, 20
Böckem, Hanne: Die Durchsetzung von Rechnungslegungsstandards in Deutschland – Zur Notwendigkeit institutioneller Neuerungen –, DB 2000, 1185
Böcking, Hans-Joachim: IAS für Konzern- und Einzelabschluss?, WPg 2001,1433
Böcking, Hans-Joachim/Benecke, Birka: Der Entwurf des DRSC zur Segmentberichterstattung „E-DRS 3“: Eine Orientierung an dem Standard SFAS 131 des FASB und/oder an dem Standard IAS 14 revised des IASC?, WPg 1999, 839
Böcking, Hans-Joachim/Orth, Christian: Kann das „Gesetz zur Kontrolle und Transparenz im Unternehmensbereich (KonTraG)“ einen Beitrag zur Verringerung der Erwartungslücke leisten? – Eine Würdigung auf Basis von Rechnungslegung und Kapitalmarkt, WPg 1998, 351
– Offene Fragen und Systemwidrigkeiten bei den neuen Rechnungslegungs- und Prüfungsvorschriften des KonTraG und des KapAEG – Folgen eines kapitalmarktinduzierten Reformzwangs und die Rolle des DRSC –, DB 1998, 1873
Böcking, Hans-Joachim/Orth, Christian/Brinkmann, Ralph: Die Anwendung der International Standards on Auditing (ISA) im Rahmen der handelsrechtlichen Konzernabschlußprüfung und deren Berücksichtigung im Bestätigungsvermerk, WPg 2000, 216
Boetius, Jan: Problematische Mitteilungsfristen (§§ 125, 126 AktG), DB 1968, 1845
– Handbuch der versicherungstechnischen Rückstellungen, Handels- und Steuerbilanzrecht der Versicherungsunternehmen, Köln, O. Schmidt, 1996
Böhm, Ottmar: Rückwirkung von Satzungs-, Bedingungs- und Tarifänderungen in rechtstheoretischer Sicht. Ein Beitrag zur Reform des VAG, VersR 1954, 473
Bohn, Klaus: Gibt es die gerechte Beitragsrückerstattung wirklich nicht?, VW 1986, 151
Bohnet, Uwe: Die Mitwirkungskompetenz der Hauptversammlung von Holding-Gesellschaften bei der Veräußerung von Unternehmensbeteiligungen – Insbesondere nach den Grundsätzen der Holzmüller-Entscheidung –, DB 1999, 2617
Bokelmann Gunther: Eintragung eines Beschlusses: Prüfungskompetenz des Registerrichters bei Nichtanfechtung, rechtmißbräuchlicher Anfechtungsklage und bei Verschmelzung, DB 1994, 1341
Bolte, Christian: Squeeze-out: Eröffnung neuer Umgehungstatbestände durch die §§ 327 a ff. AktG? – Herbeiführen des Squeeze-out mittels Zwischenschaltens einer BGB-Gesellschaft bzw. eines Treuhänders? –. DB 2001, 2587
Bork, Reinhard: Materiell-rechtliche und prozeßrechtliche Probleme des Organstreits zwischen Vorstand und Aufsichtsrat einer Aktiengesellschaft, ZGR 1989, 1
– Beschlußverfahren und Beschlußkontrolle nach dem Referentenentwurf eines Gesetzes zur Bereinigung des Umwandlungsrechts, ZGR 1993, 343
– Die Prozeßführung durch Aktionärsvereinigungen im Lichte des Rechtsberatungsgesetzes, AG 1994, 159
– Zuständigkeitsprobleme im Spruchverfahren, ZIP 1998, 550
Borries, Reimer von/Repplinger-Hach, Renate: Auf dem Weg zur „Euro-Verordnung“ – Rechtsfragen der Einführung der europäischen Währung –, NJW 1996, 3111
Boss, Peter: Systeme der Staatsaufsicht über Versicherungsunternehmungen, Berlin, Duncker & Humblot, 1955
Bosshart, Walter: Die „modernen“ Versicherungsvereine auf Gegenseitigkeit in der Schweiz, in: Grundlagen des Versicherungsvereins auf Gegenseitigkeit, verfaßt und veröffentlicht aus

Anlaß des 175 jährigen Bestehens der Gothaer Versicherungsbank VVaG, Köln, am 2. Juli 1995, herausgegeben von Wolfgang Peiner, Köln/Göttingen, Gothaer Versicherungen, 1995, S. 42

Boujong, Karlheinz: Rechtsmißbräuchliche Aktionärsklagen vor dem Bundesgerichtshof. Eine Zwischenbilanz, in: Festschrift für Alfred Kellermann zum 70. Geburtstag am 29. November 1990, herausgegeben von Reinhard Goerdeler, Peter Hommelhoff, Marcus Lutter, Walter Odersky, Herbert Wiedemann, Berlin/New York, Walter de Gruyter, 1991, S. 1

– Zur Auslegung und Fortbildung des GmbH-Rechts in der neueren Judikatur des Bundesgerichtshofs, GmbHR 1992, 207

– Rechtliche Mindestanforderungen an eine ordnungsgemäße Vorstandskontrolle und -beratung. Konsequenzen aus den Entscheidungen des Bundesgerichtshofs BGHZ 114, 127 und BGHZ 124, 111, AG 1995, 203

Boyens: Welche Stellung ist in dem zu erwartenden Versicherungsgesetz den Versicherungsgesellschaften auf Gegenseitigkeit zu gewähren?, Deutsche Juristen-Zeitung 1898, III. Jahrgang, S. 369

Braa, Peter: Die Rückgewährquote (R-Quote) in der Lebensversicherung, VerBAV 1980, 298

Brachmann, Harald: Der Nachschuss im Rahmen der Beitragspflicht beim VVaG, ZfV 2001, 116

Braeß, Paul: Prämiengerechtigkeit aus wirtschaftswissenschaftlicher Sicht, VersArch 1958, 257

– Die Bedeutung des Eigenkapitals in der Versicherungswirtschaft, ZVersWiss 53 (1964), 1

– Finanzplanung in Versicherungsunternehmen, ZVersWiss 54 (1965), 19

– Die „Schwankungsrückstellung" in betriebswirtschaftlicher und steuerlicher Sicht, ZVersWiss 56 (1967), 1

– Betriebswirtschaftliche Aspekte der „Solvabilitäts"-Vorschriften nach dem Vorschlag für eine erste Richtlinie des Rates zur Koordinierung der die Aufnahme und Ausübung der Direktversicherung (außer Lebensversicherung) betreffenden Rechts- und Verwaltungsvorschriften, in: Ausblick und Rückblick, Erich R. Prölss zum 60. Geburtstag, herausgegeben von Emil Frey, Hans Möller, Reimer Schmidt, Jürgen Sasse und Bayerische Rückversicherung Aktiengesellschaft, München, Beck, 1967, S. 95

– Über die Wettbewerbskonzeption der Versicherungswirtschaft, Die Versicherungsrundschau 1968, 29

Braeß, Paul/Karten, Walter: Kapital- und Gewinnströme bei verflochtenen Kapitalgesellschaften, ZVersWiss 56 (1967), 261

Brandes, Helmut: Ersatz von Gesellschafts- und Gesellschafterschaden, in: Festschrift für Fleck zum 70. Geburtstag, herausgegeben von Reinhard Goerdeler, Marcus Lutter, Walter Odersky, Herbert Wiedemann, 1988, S. 13

– Grundsätze der Kapitalerhaltung im Vertragskonzern, in: Festschrift für Alfred Kellermann zum 70. Geburtstag am 29. November 1990, herausgegeben von Reinhard Goerdeler, Peter Hommelhoff, Marcus Lutter, Walter Odersky, Herbert Wiedemann, Berlin/New York, Walter de Gruyter, 1991, S. 25

– Die Rechtsprechung des Bundesgerichtshofs zur Aktiengesellschaft, WM 1994, 2177

– Die Rechtsprechung des Bundesgerichtshofs zur Aktiengesellschaft, WM 1997, 2281

– Die Rechtsprechung des Bundesgerichtshofs zur Aktiengesellschaft, WM 2000, 53

Brandi, Axel: Ermittlungspflicht des Aufsichtsrates über die wirtschaftliche Situation des Unternehmens „am Vorstand vorbei"?, ZIP 2000, 173

Brandi-Dohrn, Anselm/Donle, Christian: Die Preisauszeichnung während der Umstellung von DM auf Euro, BB 1998, 2121

Brandner, Hans Erich: Schranken der Inhaltskontrolle. Zur Kontrollfähigkeit der Leistungsbeschreibung in AGB, in: Festschrift für Fritz Hauß zum 70. Geburtstag, herausgegeben von Ernst von Caemmerer, Robert Fischer, Karl Nüßgens, Reimer Schmidt, Karlsruhe, VVW, 1978, S. 1

– Zur gerichtlichen Vertretung der Gesellschaft gegenüber ausgeschiedenen Vorstandsmitgliedern/Geschäftsführern, in: Festschrift für Karlheinz Quack zum 65. Geburtstag am 3. Januar 1991, herausgegeben von Harm Peter Westermann und Wolfgang Rosener, Berlin/New York, Walter de Gruyter, 1991, S. 201

– Geschäftsführungsbefugnis, Unternehmensgegenstand und Unternehmenszweck, in: Festschrift für Heinz Rowedder zum 75. Geburtstag, herausgegeben von Gerd Pfeiffer, Günther Wiese, Klaus Zimmermann, München, Beck, 1994, S. 41

Brands, Heinrich: Umwelthaftpflichtversicherung und risikopolitische Instrumente eines VVaG, in: Festschrift für Dieter Farny zur Vollendung seines 60. Lebensjahres von seinen Schülern, herausgegeben von Hans-Peter Mehring, Volker Wolff, Karlsruhe, VVW, 1994, S. 265

– Umwelthaftpflichtversicherung und risikopolitische Instrumente eines Versicherungsvereins auf Gegenseitigkeit, in: Grundlagen des Versicherungsvereins auf Gegenseitigkeit, verfaßt und veröffentlicht aus Anlaß des 175jährigen Bestehens der Gothaer Versicherungsbank VVaG, Köln, am 2. Juli 1995, herausgegeben von Wolfgang Peiner, Köln/Göttingen, Gothaer Versicherungen, 1995, S. 261

Braun, Heinrich: Geschichte der Lebensversicherung und der Lebensversicherungstechnik, 2. Auflage, Berlin, Duncker & Humblot, 1963

Braunbehrens, Otto von: Ehrenmitglied des Aufsichtsrats, BB 1981, 2100

Brebeck, Frank/Herrmann, Dagmar: Zur Forderung des KonTraG-Entwurfs nach einem Frühwarnsystem und zu den Konsequenzen für die Jahres- und Konzernabschlußprüfung, WPg 1997, 381

Breith, C.-O.: Der Grundsatzgeschäftsplan für die Überschußbeteiligung in der Lebensversicherung, VW 1978, 928

Bremkamp, Volker: Kundenorientierte Unternehmensstruktur – eine Weichenstellung für die Zukunft, in: Versicherungen in Europa heute und morgen, Geburtstags-Schrift für Georg Büchner, herausgegeben von Franz Wilhelm Hopp und Georg Mehl, Karlsruhe, VVW, 1991, S. 627

Brendle, Carl: Der „neue" Treuhänder in der Lebensversicherung, VW 1993, 1498

Brenzel, Jürgen: Der Versicherungsverein auf Gegenseitigkeit. Unternehmensform und Rechtsstruktur im Wandel, Karlsruhe, VVW, 1975

– Eigenkapitalbildung im VVaG/Gewinnverteilungsmaßstäbe (§ 38 VAG) – Zwei Diskussionsbeiträge –, Frankfurter Vorträge zum Versicherungswesen, Heft 13, Karlsruhe, VVW, 1986, S. 28

Bresser, Rudi K./Kirchner, Christian: Reformansätze für eine Verwaltungsmachtkontrolle von Großunternehmen, AG 1977, 145

Bridgewater, Allan: The Modern Mutual Insurance Company in Britain, in: Grundlagen des Versicherungsvereins auf Gegenseitigkeit, verfaßt und veröffentlicht aus Anlaß des 175jährigen Bestehens der Gothaer Versicherungsbank VVaG, Köln, am 2. Juli 1995, herausgegeben von Wolfgang Peiner, Köln/Göttingen, Gothaer Versicherungen, 1995, S. 27

Brieger-Lutter, Jörgen: Urheberrechtsschutz für Versicherungsbedingungen? Betrachtungen zur künftigen Rolle der Produktinnovation in der Versicherungswirtschaft, ZfV 1992, 604; ZfV 1993, 8; ZfV 1993, 36

Brinckmann, C. H. L.: Würdigung des Entwurfes eines allgemeinen Handelsgesetzbuches für Deutschland, welchen die durch das Reichsministerium der Justiz niedergesetzte Kommission veröffentlicht hat, Archiv für die Civilistische Praxis 32 (1849), 356

Brinkmann, Tomas: Unternehmensziele im Aktienrecht – Besprechung der gleichnamigen Abhandlung von Adolf Großmann –, AG 1982, 122

Brinkschmidt, Johannes Justus: Protokolle des Aufsichtsrats und seiner Ausschüsse, Heidelberg, Decker & Müller, 1992

Broecker: Die Gewinnbeteiligung der Versicherten bei den im Deutschen Reiche arbeitenden Lebensversicherungs-Gesellschaften, Kongreßbeitrag des Kaiserlichen Aufsichtsamts für Privatversicherung, Heft 10 der Veröffentlichungen des deutschen Vereins für Versicherungs-Wissenschaft, Berlin, 1906

Brödermann, Eckart: Der Euro kommt, MDR 1997, 1096

Bronisch, O.: Handelsgesellschaften und VVaG als Vermittler, VW 1949, 472

Brooks, Jermyn P.: Die Bedeutung der OECD-Konvention gegen internationale Korruption für den Aufsichtsrat, Vorstand und Abschlußprüfer einer deutschen Aktiengesellschaft, in: Festschrift für Martin Peltzer zum 70. Geburtstag, herausgegeben von Marcus Lutter, Manfred Scholz, Walter Sigle, Köln, O. Schmidt, 2001, S. 27

Bruck, Ernst: Das Privatversicherungsrecht, Mannheim/Berlin/Leipzig, 1930

Bruck-Möller-Winter: Kommentar zum Versicherungsvertragsgesetz und zu den Allgemeinen Versicherungsbedingungen unter Einschluß des Versicherungsvermittlerrechtes, begründet von Ernst Bruck, 8. Auflage, herausgegeben von Hans Möller, Karl Sieg, Ralf Johannsen, Fünfter Band, Zweiter Halbband, Lebensversicherung (§§ 159–178 VVG) einschließlich Berufsunfähigkeitsversicherung von Gerrit Winter, Berlin, Walter de Gruyter, 1988

Brücher, Horst: Ist der Aufsichtsrat einer Gesellschaft befugt, gegen den Vorstand oder die Geschäftsführung zu klagen?, AG 1989, 190

Brunn, Gerfried Erich: Die privatrechtliche Gegenseitigkeitsversicherung in sechs Mitgliedstaaten der EWG, Karlsruhe, VVW, 1973

Buchner, Herbert: Aufgaben des Arbeitsdirektors in der Konzernobergesellschaft, in: Entwicklungen im Arbeitsrecht und Arbeitsschutzrecht, Festschrift für Otfried Wlotzke zum 70. Geburtstag, herausgegeben von Rudolf Anzinger, Rolf Wank, München, Beck, 1996, S. 227

Buchner, Herbert/Weigl, Gerald: Die Haftung im qualifizierten faktischen Konzern – Zu den Haftungsrisiken des beherrschenden Gesellschafters einer Kapitalgesellschaft –, DNotZ 1994, 580

Budde, Wolfgang Dieter: Die Rechnungslegung der deutschen Versicherungsunternehmen nach dem Entwurf einer EG-Versicherungsbilanzrichtlinie, Frankfurter Vorträge zum Versicherungswesen, Heft 23, Karlsruhe, VVW, 1990, S. 24

Budde, Wolfgang Dieter/Steuber, Elgin: Rückwirkung des Konzernabschlusses auf den Einzelabschluß, BB 2000, 971
- Globaler Kapitalmarkt und unternehmerische Rechenschaftslegung, in: Festschrift für Martin Peltzer zum 70. Geburtstag, herausgegeben von Marcus Lutter, Manfred Scholz, Walter Sigle, Köln, O. Schmidt, 2001, S. 39

Büchner, Franz: Die Entwicklung der deutschen Gesetzgebung über die Versicherungsaufsicht bis zum Bundesgesetz vom 31. Juli 1951, in: 50 Jahre materielle Versicherungsaufsicht nach dem Gesetz vom 12. Mai 1901, herausgegeben von Walter Rohrbeck, Erster Band: Allgemeine Fragen des Versicherungsrechts und der Versicherungswirtschaft, Berlin, Duncker & Humblot, 1952, S. 1
- Zur Geschichte der Versicherung, VersArch 1957, 1
- Der Begriff der „Gegenseitigkeit“ und seine mehrfache Bedeutung im Versicherungswesen, ZVersWiss 54 (1965), 435 und ZfV 1964, 435
- Geschichtliche Betrachtungen zum Begriff der Versicherung, in: Grundprobleme des Versicherungsrechts, Festgabe für Hans Möller zum 65. Geburtstag, herausgegeben von Reimer Schmidt und Karl Sieg, Karlsruhe, VVW, 1972, S. 111
- Zum Begriff und zum Beginn der Versicherung, in: Festschrift für Karl Sieg, herausgegeben von Horst Baumann, Helmut Schirmer, Reimer Schmidt, Karlsruhe, VVW, 1976, S. 111
- Versicherungsgeschichtliche Betrachtungen zum Begriff „Gefahrengemeinschaft“, ZVersWiss 67 (1978), 579

Büchner, Georg: Wettbewerb auf den Versicherungsmärkten aus der Sicht der Anbieter, ZVersWiss 74 (1985), 611
- Banken und Versicherungen. Partner, Konkurrenten?, in: Geld, Banken und Versicherungen, 1987/Band I, Beiträge zum 4. Symposium Geld, Banken und Versicherungen an der Universität Karlsruhe vom 9.–12. Dezember 1987, herausgegeben von W.-R. Heilmann, u. a., Karlsruhe, VVW, 1988, S. 3
- Unternehmenspolitik, in: Handwörterbuch der Versicherung, herausgegeben von Dieter Farny, Elmer Helten, Peter Koch, Reimer Schmidt, Karlsruhe, VVW, 1988, S. 925
- Die Gruppenfreistellungen der EG-Kommission im Versicherungsbereich – insbesondere die Tatbestandsgruppe der „Muster allgemeiner Versicherungsbedingungen“, in: Dieter Farny und die Versicherungswissenschaft, herausgegeben von Robert Schwebler und den Mitgliedern des Vorstands des Deutschen Vereins für Versicherungswissenschaft, Karlsruhe, VVW, 1994, S. 45

Bühler, Wolfgang: Der Grundsatz der gleichmäßigen Behandlung der Versicherten – Seine Bedeutung für die Prämienpolitik und die Prämienkalkulation in der modernen Individualversicherung, Diss. Tübingen, 1959

Bühnemann, Bernt: Der Umfang des Ermessens bei der Zulassung von Versicherungsunternehmen – Eine Skizze zur Rechtslage in den Mitgliedstaaten der EWG –, VersR 1967, 299

Bühner, Rolf: Management-Holding in der Praxis – Eine empirische Untersuchung deutscher Unternehmen –, DB 1993, 285

Bürger, Albrecht: Genußrechte als Mittel zur Verbesserung der Eigenkapitalausstattung von Unternehmen, insbesondere von Kreditinstituten, Diss. Augsburg, 1987

Bütow, Paul: Die Versicherung auf Gegenseitigkeit, Diss. Berlin, 1883

Buhleier, Claus/Helmschrott, Harald: Auf dem Weg zu den Weltstandards bei der Konzernrechnungslegung? Zur Anwendbarkeit der IAS und US-GAAP, BB 1997, 775

Buhr, Martina/Radtke, Stefanie: Internationale Aktienoptionspläne und deren arbeitsrechtliche Behandlung in Deutschland, DB 2001, 1882

Bundschuh, Karl Dietrich: Tendenzen der Rechtsprechung in Bank- und Versicherungssachen, Münsteraner Reihe, Heft 11, Karlsruhe, VVW, 1992

Bungert, Hartwin: Hauptversammlungen deutscher Aktiengesellschaften und Auslandsbezug, AG 1995, 26

– Die Treupflicht des Minderheitsaktionärs – Besprechung des BGH-Urteils vom 20. 3. 1995, DB 1995 S. 1064 –, DB 1995, 1749
– Konzernbildungskontrolle – Eine Rezension von vier Dissertationen –, VersR 1997, 27
– Konsequenzen der Centros-Entscheidung des EuGH für die Sitzanknüpfung des deutschen internationalen Gesellschaftsrechts, DB 1999, 1841
Bunte, Hermann-Josef (Hrsg.): Lexikon des Rechts – Versicherungsrecht, Neuwied/Kriftel, Luchterhand, 1998
Burgard, Ulrich: Die Offenlegung von Beteiligungen, Abhängigkeits- und Konzernlagen bei der Aktiengesellschaft, Berlin, Duncker & Humblot, 1990
– Die Offenlegung von Beteiligungen bei der Aktiengesellschaft, AG 1992, 41
– Kapitalmarktrechtliche Lehren aus der Übernahme Vodafone-Mannesmann – Zur Verletzung der Mitteilungspflicht nach §§ 21 Abs. 1, 22 Abs. 1 Nr. 6 WpHG und den sich daraus ergebenden Folgerungen für ein Viertes Finanzmarktförderungsgesetz –, WM 2000, 611
Burger, Anton/Buchhart, Anton: Bietet eine investorientierte Rechnungslegung den besseren Gläubigerschutz?, BB 2000, 2197
Burger, Dirk: Der Einfluß der wirtschaftlichen, sozialen und politischen Entwicklungen auf die Entfaltung der Versicherungsaufsicht im neunzehnten und zwanzigsten Jahrhundert. Eine Betrachtung für den Bereich der Individualversicherung, Köln, Müller Botermann, 1988
Busch, Ralf: Aktienoptionspläne – arbeitsrechtliche Fragen, BB 2000, 1294
Busch, Torsten: Genußkapital als Eigenmittel von Versicherungsunternehmen, Diss. Hamburg, Frankfurt am Main/Berlin/Bern/New York/Paris/Wien, Lang, 1992
– Der Zinsanspruch des Aktionärs bei unangemessenen Bar-Kompensationsansprüchen gem. §§ 304 Abs. 3 S. 3, 305 Abs. 5 S. 2 AktG, AG 1993, 1
– Schadensersatzansprüche von Genußrechtsinhabern als Eigenkapitalgebern? Anmerkungen zum Urteil des BGH vom 5. 10. 1992 (Klöckner), AG 1993, 163
– Aktienrechtliche Probleme der Begebung von Genußrechten zwecks Eigenkapitalverbreiterung, AG 1994, 93
– Aktien- und börsenrechtliche Aspekte von Force Majeure-Klauseln in Aktienübernahmeverträgen, WM 2001, 1277
Bydlinski, Peter: Zentrale Änderungen des HGB durch das Handelsrechtsreformgesetz, ZIP 1998, 1169
Cahn, Andreas: Verlustübernahme und Einzelausgleich im qualifizierten faktischen Konzern, ZIP 2001, 2159
Canaris, Claus-Wilhelm: Gesamtunwirksamkeit und Teilgültigkeit rechtsgeschäftlicher Regelungen, in: Festschrift für Ernst Steindorff zum 70. Geburtstag am 13. März 1990, herausgegeben von Jürgen F. Baur, Klaus J. Hopt, K. Peter Mailänder, Berlin/New York, Walter de Gruyter, 1990, S. 519
– Die Reichweite der Expertenhaftung gegenüber Dritten, ZHR 163 (1999), 206
Claus, Gottfried: Die Beitragsrückerstattung in der Lebensversicherung unter dem Gesichtspunkt der Wahrung der Belange der Versicherten, VerBAV 1980, 111
– Aktuelle Probleme der Lebensversicherung, VerBAV 1980, 22
– Der Geschäftsplan für die Großlebensversicherung, VerBAV 1986, 239, 283
– Die Direktgutschrift in der Lebensversicherung, VerBAV 1988, 259
– Die Mindestbeteiligung der Versicherten am Überschuß in der Lebensversicherung, VerBAV 1989, 225, 262
– Lebensversicherungsaufsicht nach der Dritten EG-Richtlinie. Was bleibt? Was ändert sich?, ZfV 1994, 110, 139
Clausius, Kurt: Vertragskontinuität und Anpassungsbedarf, NJW 1998, 3148
Claussen, Carsten Peter: Über die Vertraulichkeit im Aufsichtsrat, AG 1981, 57
– Abgestufte Überwachungspflicht des Aufsichtsrats?, AG 1984, 20
– Der Genußschein und seine Einsatzmöglichkeiten, in: Festschrift für Winfried Werner zum 65. Geburtstag am 17. Oktober 1984, Handelsrecht und Wirtschaftsrecht in der Bankpraxis, herausgegeben von Walther Hadding, Ulrich Immenga, Hans-Joachim Mertens, Klemens Pleyer, Uwe H. Schneider, Berlin/New York, Walter de Gruyter, 1984, S. 81
– Genuß ohne Reue, AG 1985, 77
– Zum Stellenwert des § 264 Abs. 2 HGB, in: Bilanz- und Konzernrecht, Festschrift zum 65. Geburtstag von Reinhard Goerdeler, herausgegeben von Hans Havermann, Düsseldorf, IDW-Verlag, 1987, S. 79
– Perspektiven der Kapitalanlagepolitik von Versicherungsunternehmen in: Assekuranz im Wandel. Eine Festschrift aus Anlaß des 125 jährigen Bestehens der Concordia Versiche-

rungs-Gesellschaft auf Gegenseitigkeit Hannover 1864–1989, herausgegeben von Peter Koch, Karlsruhe, VVW, 1989, S. 177
– Aktienrechtsreform 1997, AG 1996, 481
– Wie ändert das KonTraG das Aktiengesetz?, DB 1998, 177
– Kapitalflußrechnung und Segmentberichterstattung, ZGR 1999, 499
– Hauptversammlung und Internet, AG 2001, 161
Claussen, Carsten P./Bröcker, Norbert: Corporate-Governance-Grundsätze in Deutschland – nützliche Orientierungshilfe oder regulatorisches Übermaß?, AG 2000, 481
Claussen, Carsten P./Korth, H.-Michael: Anforderungen an ein Risikomanagementsystem aus der Sicht des Aufsichtsrates, in: Festschrift für Marcus Lutter zum 70. Geburtstag, Deutsches und europäisches Gesellschafts-, Konzern- und Kapitalmarktrecht, herausgegeben von Uwe H. Schneider, Peter Hommelhoff, Karsten Schmidt, Wolfram Timm, Barbara Grunewald, Tim Drygala, Köln, O. Schmidt, 2000, S. 327
Clemm, Hermann: Unternehmerische Rechnungslegung – Aufgaben, Möglichkeiten und Grenzen –, in: Bilanz- und Konzernrecht, Festschrift zum 65. Geburtstag von Reinhard Goerdeler, herausgegeben von Hans Havermann, Düsseldorf, IDW-Verlag, 1987, S. 93
Clemm, Hermann/Clemm, Thomas: Die körperschaftsteuerliche Behandlung von Aufsichtsratsvergütungen ist sinn-, system- und verfassungswidrig: Ein (wiederholender) Appell zur unverzüglichen Abschaffung des Abzugsverbots gem. § 10 Nr. 4 KStG, BB 2001, 1873
Coenen, Erich: Unternehmenspolitische Alternativen zum Allfinanzkonzept, Frankfurter Vorträge zum Versicherungswesen, Heft 18, Karlsruhe, VVW, 1989, S. 41
– Allfinanz und europäische Integration, Frankfurter Vorträge zum Versicherungswesen, Heft 21, Karlsruhe, VVW, 1990, S. 9
Coenenberg, Adolf G.: Audit Committees – Ein Instrument zur Unternehmensüberwachung? – Reformdiskussion im Spiegel einer Befragung der Vorstände deutscher Unternehmen –, DB 1997, 989
Coenenberg, Adolf G./Mattner, Gerhard R.: Segment- und Wertberichterstattung in der Jahresabschlußanalyse – das Beispiel Siemens, BB 2000, 1827
Cohn, Ernst: Der Grundsatz der gleichmäßigen Behandlung aller Mitglieder im Verbandsrecht, AcP 132 (1930), 129
Colbe, Walther Busse von: Der Konzernabschluß als Bemessungsgrundlage für die Gewinnverwendung, in: Bilanz- und Konzernrecht, Festschrift zum 65. Geburtstag von Reinhard Goerdeler, herausgegeben von Hans Havermann, Düsseldorf, IDW-Verlag, 1987, S. 61
– Zwischenberichterstattung nach dem E-DRS 6, BB 2000, 2194
– Eigenkapitalveränderungsrechnung nach dem E-DRS 7, BB 2000, 2405
– Ist die Bilanzierung des Firmenwerts nach dem Nonamortization-Impairment-Ansatz des SFAS-Entwurfs von 2001 mit § 292 a HGB vereinbar?, DB 2001, 877
Colhoun, Wilhelm Hans Werner: Die Aktiengesellschaft und der Versicherungsverein auf Gegenseitigkeit als Unternehmungsformen bei den Spezialversicherungsunternehmungen in der deutschen Privatversicherung, Diss. Köln, 1935
Conrad, Albert: Grenzen der Aussagefähigkeit des Konzernabschlusses bei Versicherungsgruppen, ZfV 1967, 176, 205
Cornish, Gordon: Aktuelle Entwicklungen im englischen Rückversicherungsrecht, ZfV 1998, 630
Crezelius, Georg: Jahresabschlußpublizität bei deutscher Kapitalgesellschaft – Besprechung der Entscheidung EuGH DB 1997, 2598 – „Daihatsu" –, ZGR 1999, 252
Crome, Carl: Die partiarischen Rechtsgeschäfte nach römischem und heutigem Reichsrecht nebst Beiträgen zur Lehre der verschiedenen Arbeitsverträge, Freiburg/Leipzig/Tübingen, Mohr, 1897
Dageförde, Carsten: Umstrukturierung von Versicherungskonzernen durch Übertragung von Lebensversicherungsbeständen, NJW 1994, 2528
Dautel, Ralph: Besteuerung von Mitarbeiterbeteiligungen, BB 2000, 1757
David, Werner: Die Bezeichnung der Versicherungsgesellschaften als Versicherungsbanken, ZVersWiss 31 (1931), 194
– Prüfer und Treuhänder in der Lebensversicherung, ZVersWiss 36 (1936), 59
Decher, Christian E.: Personelle Verflechtungen im Aktienkonzern, Loyalitätskonflikt und qualifizierter faktischer Konzern, Diss. Köln, 1989, Heidelberg, Verlag Recht und Wirtschaft, 1990
– Neues zum qualifizierten faktischen GmbH-Konzern – Anmerkungen zum Urteil des BGH vom 20. 2. 1989, II ZR 167/88, DB 1989 S. 816 –, DB 1989, 965
– Die Zulässigkeit des qualifizierten faktischen Aktienkonzerns, DB 1990, 2005
– Information im Konzern und Auskunftsrecht der Aktionäre gem. § 131 Abs. 4 AktG, ZHR 158 (1994), 473

Deckert, Martina R.: Klagemöglichkeiten einzelner Aufsichtsratsmitglieder, AG 1994, 457
– Effektive Überwachung der AG-Geschäftsführung durch Ausschüsse des Aufsichtsrates, ZIP 1996, 985
– Organschaftliche und vertragliche Beratungspflichten des Aufsichtsratsmitglieds, AG 1997, 109
Dehmer, Hans: Umwandlungsrecht – Umwandlungssteuerrecht. Umwandlung – Verschmelzung – Spaltung – Einbringung, München, Beck, 1994
– Umwandlungssteuererlaß 1998, Erläuterungsbuch für die Steuerpraxis, herausgegeben von Hans Dehmer, erläutert von Hans Dehmer, Robert Hörtnagl, Joachim Schmitt, Rolf-Christian Stratz unter Mitwirkung von Hellmut Götz und Wolfgang Walter, München, Beck, 1998
Dehner, Walter: Inhaltskontrolle allgemeiner Versicherungsbedingungen, NJW 1993, 2961
Deilmann, Barbara: Die Stellung des Aufsichtsrates der Aktiengesellschaft nach Inkrafttreten des KonTraG, in: Festschrift für Otto Sandrock, 2000, S. 165
Deisenhofer, August: Erfordert beim Gegenseitigkeitsverein (VVaG) die Einführung neuer, einen Teil der AVB bildender Tarife einen Beschluß der obersten Vertretung?, VersR 1969, 1059
Delisle, Eduard: Absatz, in: Handwörterbuch der Versicherung, herausgegeben von Dieter Farny, Elmar Helten, Peter Koch, Reimer Schmidt, Karlsruhe, VVW, 1988, S. 1
Delp, Udo A.: Namensaktien und Aktienbücher – eine steuerliche „Gefahr" für Aktionäre?, BB 2000, 1765
Denffer, Herbert von: Lebensversicherung und Inflation – international gesehen, ZVersWiss 62 (1973), 195
Depenheuer, Otto: Zufall als Rechtsprinzip? Der Losentscheid im Rechtsstaat, JZ 1993, 171
Dethier, Alfons: Die Umsatzsteuerpflicht bei Bestandsübertragung, VW 1962, 839
Deutsch, Erwin: Versicherungsvertragsrecht, Ein Grundriß, 4., neu bearbeitete Auflage unter Mitarbeit von Christoph Deutsch, Karlsruhe, VVW, 2000
Dieckmann, Ernst: Der Anspruch auf die Gewinnanteile in der Lebensversicherung, VersR 1963, 1005
Diehl, Frank S.: Auswirkungen des KonTraG und des KapAEG auf VVaG, VersR 1998, 1465
– VVaG & Co. KGaA – Wirklich eine Alternative für VVaG-Konzerne?, VW 2000, 110
– Übertragung von Versicherungsbeständen im Konzern unter Beteiligung von VVaG, VersR 2000, 268
Diel, Herbert: Der Organisationsfonds bei der Gründung einer Versicherungs-AG, VW 1959, 508
– Gedanken zur Unternehmenspolitik der Concordia Versicherungsgruppe, in: Assekuranz im Wandel. Eine Festschrift aus Anlaß des 125jährigen Bestehens der Concordia Versicherungs-Gesellschaft auf Gegenseitigkeit Hannover 1864–1989, herausgegeben von Peter Koch, Karlsruhe, VVW, 1989, S. 121
Diemer, Frank/Hasselbach, Kai: Öffentliche Übernahmeangebote in Italien, NZG 2000, 824
Dierdorf, Josef: Neugestaltung der Währungsverfassung, NJW 1998, 3145
Dietz, Rolf/Richardi, Reinhard: Betriebsverfassungsgesetz, Band 2, Kommentar, München, Beck, 1982
Dimke, Andreas W./Heiser, Kristian J.: Neutralitätspflicht, Übernahmegesetz und Richtlinienvorschlag 2000, NZG 2001, 241
Dittrich, Alfred: Der Entwurf des Gesetzes zur Einführung des Euro, NJW 1998, 1269
Dittrich, Arthur: Die rechtliche Natur der Versicherung auf Gegenseitigkeit, Diss. Leipzig, Borna-Leipzig, 1905
Djanani, Christiana/Brähler, Gernot/Zölch, Sandra: § 8 Abs. 4 KStG und § 12 Abs. 3 Satz 2 UmwStG: Die Verlustfallen bei der Umstrukturierung von Konzernen?, BB 2000, 1497
Doehring, Karl: Zwangsarbeit und Reparationen, AG 2000, 69
Döllerer, Georg: Die Rechtsprechung des Bundesfinanzhofs zum Steuerrecht der Unternehmen, ZGR 1993, 567
Dörner, Dietrich: Erfüllen Aufsichtsrat und Wirtschaftsprüfer ihre Aufgaben? – Zugleich ein Plädoyer für eine bessere Zusammenarbeit von Aufsichtsrat und Wirtschaftsprüfern –, DB 1995, 1085
– Ändert das KonTraG die Anforderungen an den Abschlußprüfer?, DB 1998, 1
– Von der Wirtschaftsprüfung zur Unternehmensberatung, WPg 1998, 302
– Zusammenarbeit von Aufsichtsrat und Wirtschaftsprüfer im Lichte des KonTraG – Schlüssel zur Verbesserung der Corporate Governance –, DB 2000, 101
Dörner, Dietrich/Bischof, Stefan: Zweifelsfragen zur Berichterstattung über die Risiken der künftigen Entwicklung im Lagebericht, WPg 1999, 445

Doerry, Astrid: Zum Begriff von Funktionsausgliederungen und Betriebsteilausgliederungen, VersR 1989, 1133
- Versicherungskonzerne, in: Handwörterbuch der Versicherung, herausgegeben von Dieter Farny, Elmar Helten, Peter Koch, Reimer Schmidt, Karlsruhe, VVW, 1988, S. 1035

Dötsch, Ewald/Pung, Alexandra: Steuersenkungsgesetz: Die Änderungen bei der Körperschaftsteuer und bei der Anteilseignerbesteuerung, Beilage Nr. 10/2000 zu DB Heft Nr. 34 vom 25. 8. 2000

Doherty, Neil A.: Rückwirkende Preisregulierung: Vorgeschriebene Überschußausschüttung und angemessene Eigenkapitalrendite, ZVersWiss 74 (1985), 21

Dollinger, Franz W./Skopp, Hanns R.: Die Besteuerung bislang unbesteuerter Lebensversicherungserträge durch die Quellensteuer – Stellungnahme zu § 20 Abs. 1 Nr. 6 EStG a.F. und n.F. –, DB 1988, 2381

Domizlaff, Karl: Die Gewinnbeteiligung der Mitglieder größerer deutscher Feuerversicherungs-Vereine auf Gegenseitigkeit, ZVersWiss 7 (1907), 30

Donath, Roland: Der Anspruch auf Überschußbeteiligung – Eine bürgerlichrechtliche Untersuchung zur Kapitallebensversicherung –, AcP 193 (1993), 279
- Erbschaftsteuer und bilanzielle stille Reserven der Lebensversicherungsunternehmen – Überlegungen zur Zustimmung des Bundesrates zum Versicherungsbilanzrichtlinie-Gesetz, BB 1993, 1839

Dotevall, Rolf: Versicherungsgesellschaften auf Gegenseitigkeit im schwedischen Recht, VersR 1991, 1106

Drechsler, Wolfgang: Genuß-Scheine – ein neues Instrument für Kapitalbeteiligungen von Mitarbeitern, ZfgesKW 1981, 347

Dreger, Joachim: Die Bedeutung des Geschäftsplans in der Versicherungsaufsicht, Stuttgart, 1956

Dreher, Meinrad: Die Zulässigkeit von Unternehmensverträgen unter Beteiligung von Versicherungsaktiengesellschaften, ZVersWiss 77 (1988), 619
- Interessenkonflikte bei Aufsichtsratsmitgliedern von Aktiengesellschaften, JZ 1990, 896
- Konkurssicherungsfonds statt Wirtschaftsaufsicht? – Zu den Schranken des Vorrangs der privatautonomen Selbstverwaltung der Wirtschaft, in: Festschrift für Fritz Rittner zum 70. Geburtstag, herausgegeben von Manfred Löwisch, Christian Schmidt-Leithoff, Burkhard Schmiedel, München, Beck, 1991, S. 93
- Die Versicherung als Rechtsprodukt. Die Privatversicherung und ihre rechtliche Gestaltung, Tübingen, Mohr, 1991
- Die persönliche Verantwortlichkeit von Geschäftsleitern nach außen und innengesellschaftliche Aufgabenteilung, ZGR 1992, 22
- Sicherungseinrichtungen im Kreditsektor zwischen Instituts-, Einlagen- und Herrschaftssicherung, ZIP 1992, 1597
- Versicherungskonzernrecht nach der Aufsichtsderegulierung – Das Beispiel der Unternehmensverträge mit Versicherungsaktiengesellschaften –, DB 1992, 2605
- Inhalt und Grenzen einer künftigen Mißstandsaufsicht des VAG – Überlegungen zu einem neuen § 81 VAG –, VersR 1993, 1443
- Treuepflichten zwischen Aktionären und Verhaltenspflichten bei der Stimmrechtsbündelung, ZHR 157 (1993), 150
- Die einzelstaatliche Regulierung des Wettbewerbs und das europäische Recht – Das Beispiel der deutschen Provisionsabgabeverbote nach dem Meng-Urteil des EuGH –, WuW 1994, 193
- Das Ermessen des Aufsichtsrats. Der Aufsichtsrat in der Aktiengesellschaft zwischen Verbandsautonomie und Richterkontrolle, ZHR 158 (1994), 614
- Nochmals: Das unternehmerische Ermessen des Aufsichtsrats – Antwort auf Markus Lutter, ZIP 1995, 441 –, ZIP 1995, 628
- Die Quersubventionierung bei Versicherungsunternehmen nach europäischem und deutschem Versicherungsrecht, ZVersWiss 85 (1996), 499
- Die neue deutsche Einlagensicherung im Bereich der privaten Banken und das Europarecht, ZIP 1998, 1777
- Die versicherungsaufsichtsrechtliche Zulässigkeit der internen Selbstversicherung durch Versicherungsunternehmen, in: Festschrift für Horst Baumann, Karlsruhe, VVW, 1999, S. 21
- Die Besteuerung der Prämienleistungen bei gesellschaftsfinanzierten Directors and Officers-Versicherungen, DB 2001, 996
- Der Abschluss von D&O-Versicherungen und die aktienrechtliche Zuständigkeitsordnung, ZHR 165 (2001), 293

– Aufsicht über Kreditinstitute durch Private? – Das Beispiel der Prüfungsbefugnis Privater nach § 9 EAG, in: Festschrift für Martin Peltzer zum 70. Geburtstag, herausgegeben von Marcus Lutter, Manfred Scholz, Walter Sigle, Köln, O. Schmidt, 2001, S. 69

Dreissig, Hildegard: Verlegung der Geschäftsleitung einer deutschen Kapitalgesellschaft ins Ausland, DB 2000, 893

Drews, Norbert: Nochmals: Prüfungsmaßstab des unabhängigen Treuhänders in der privaten Krankenversicherung nach § 178 g Abs. 2 VVG – Stellungnahme zum Aufsatz von Küntzel Vers 96, 148 –, VersR 1996, 422

Drobnig, Ulrich/Becker, Michael/Remien, Oliver: Verschmelzung und Koordinierung von Verbänden. Innerstaatliche, internationale und innerdeutsche Integration, Tübingen, Mohr, 1991

Drüke, Heiner: Die Haftung der Muttergesellschaft für Schulden der Tochtergesellschaft. Eine Untersuchung nach deutschem und US-amerikanischem Recht, Köln/Berlin/Bonn/München, Heymann, 1990

Druey, Jean Nicolas: Empfiehlt es sich, das Recht faktischer Unternehmensverbindungen – auch im Hinblick auf das Recht anderer EG-Staaten – neu zu regeln?, Gutachten G zum 59. Deutschen Juristentag Hannover 1992, München, Beck, 1992

Drukarczyk, Jochen: Unternehmensbewertung, unter Mitarbeit von Bernhard Schwetzler, 2., überarbeitete und erweiterte Auflage, München, Vahlen, 1998

Drygala, Tim: Konzernhaftung und Einmann-Richtlinie, ZIP 1992, 1528

– Verhaltenshaftung im faktischen GmbH-Konzern, GmbHR 1993, 317

– Anwendbarkeit des AGB-Gesetzes auch auf Gesellschaftsverträge – eine Nebenwirkung der Richtlinie über mißbräuchliche Klauseln in Verbraucherverträgen?, ZIP 1997, 968

– Die neue deutsche Übernahmeskepsis und ihre Auswirkungen auf die Vorstandspflichten nach § 33 WpÜG, ZIP 2001, 1861

Drygala, Tim/Drygala, Anja: Wer braucht ein Frühwarnsystem?, ZIP 2000, 297

Dürr, Wolfram: Bankgeschäftsleiter – Risikoerfahrung contra Stabserfahrung, WM 1993, 1918

Duvinage, Angela: Die Vorgeschichte und die Entstehung des Gesetzes über den Versicherungsvertrag, Karlsruhe, VVW, 1987

Dwinger, Jörg-Thieß: Die Mitgliedervertreterversammlung bei dem Versicherungsverein auf Gegenseitigkeit und der Genossenschaft, Diss. Würzburg, 1971

Ebel, Friedrich: Die Anfänge der rechtswissenschaftlichen Behandlung der Versicherung, ZVersWiss 69 (1980), 7

– Rechtsgeschichtliche Entwicklung der Versicherung, in: Handwörterbuch der Versicherung, herausgegeben von Dieter Farny, Elmar Helten, Peter Koch, Reimer Schmidt, Karlsruhe, VVW, 1988, S. 617

– Quellennachweis und Bibliographie zur Geschichte des Versicherungsrechts in Deutschland, Karlsruhe, VVW, 1993

Ebel, Wilhelm: Das Versicherungswesen als geistesgeschichtliche Erscheinung, VersWissArch 1959, 277

– Glücksvertrag und Versicherung. Zur Geschichte der rechtstheoretischen Erfassung des Versicherungsverhältnisses, ZVersWiss 51 (1962), 53

Ebeling, Ralf Michael: Aufstellung des Konzernabschlusses und Konsolidierungskreis nach dem E-DRS 10, BB 2001, 1399

Ebenroth/Boujong/Joost: Handelsgesetzbuch, herausgegeben von Karlheinz Boujong, Carsten Thomas Ebenroth, Detlev Joost, München, Beck/Vahlen, 2001

Ebenroth, Carsten Thomas: Die Kompetenzen des Vorstands und der Aktionärsschutz in der Konzernobergesellschaft, AG 1988, 1

– Die qualifiziert faktische Konzernierung und ihre körperschaftsteuerrechtliche Auswirkung, AG 1990, 188

Ebenroth, Carsten Thomas/Müller, Andreas: Die Beeinträchtigung der Aktionärsinteressen beim teilweisen Bezugsrechtsausschluß auf Genußrechte, BB 1993, 509

– Vorratsgründungen im Kapitalgesellschaftsrecht zwischen ökonomischen Bedürfnissen und der Registereintragung, DNotZ 1994, 75

Ebenroth, Carsten Thomas/Wilken, Oliver: Beweislast und Gesellschafterhaftung im qualifizierten faktischen GmbH-Konzern, ZIP 1993, 558

– Zum Auskunftsrecht des Aktionärs im Konzern, BB 1993, 1818

Eberhartinger, Eva/Engelsing, Lutz: Zur steuerrechtlichen Behandlung von Aktienoptionen bei den optionsberechtigten Führungskräften, WPg 2001, 99

Ebers, Martin: Die Überschußbeteiligung in der Lebensversicherung, Baden-Baden, Nomos, 2001

Eberstadt, Gerhard: Die Assekuranz und Investmentfonds – künftige Entwicklungen, Frankfurter Vorträge zum Versicherungswesen, Heft 18, Karlsruhe, VVW, 1989, S. 43
Ebke, Werner F.: Keine Dritthaftung des Pflichtprüfers für Fahrlässigkeit nach den Grundsätzen des Vertrages mit Schutzwirkung für Dritte, BB 1997, 1731
– Abschlußprüfer, Bestätigungsvermerk und Drittschutz, JZ 1998, 991
– Unternehmensrechtsangleichung in der Europäischen Union: Brauchen wir ein European Law Institute?, in: Festschrift für Bernhard Großfeld zum 65. Geburtstag, herausgegeben von Ulrich Hübner und Werner F. Ebke, Heidelberg, Verlag Recht und Wirtschaft, 1999, S. 189
– Der Deutsche Standardisierungsrat und das Deutsche Rechnungslegungs Standards Committee: Aussichten für eine professionelle Entwicklung von Rechnungslegungsgrundsätzen, ZIP 1999, 1193
– Das Schicksal der Sitztheorie nach dem Centros-Urteil des EuGH, JZ 1999, 656
Ebke, Werner F./Jurisch, Ann-Veruschka: Der unerwünschte Abschlußprüfer: Ersetzungsverfahren (§ 318 Abs. 3 HGB) versus Anfechtungsklage (§ 243 Abs. 1 HGB), AG 2000, 208
Eckardt, Ulrich: Rechtsfragen zum ersten Aufsichtsrat einer Aktiengesellschaft, in: Strukturen und Entwicklungen im Handels-, Gesellschafts- und Wirtschaftsrecht, Festschrift für Wolfgang Hefermehl zum 70. Geburtstag am 18. September 1976, München, Beck, 1976, S. 245
Eckert, Franz: Die Einbringung von Versicherungsbetrieben aus Versicherungsvereinen auf Gegenseitigkeit in Versicherungs-Aktiengesellschaften gem. §§ 61 a bis 61 c österr. VAG – Beitrag zur Erhaltung oder friedliches Ende der Versicherungsvereine auf Gegenseitigkeit? –, VersR 1993, 392
Eckhardt, Walter: Die Regelung der körperschaftsteuerlichen Organschaft, BB 1969, 925
Edenfeld, Stefan/Neufang, Sebastian: Die Haftung der Arbeitnehmervertreter im Aufsichtsrat, AG 1999, 49
Eggemann, Gerd/Konradt, Thomas: Risikomanagement nach KonTraG aus dem Blickwinkel des Wirtschaftsprüfers, BB 2000, 503
Eggers, Bernd/Schmid, Helmut: Strategieorientierte Werbung der Versicherungsunternehmung, ZVersWiss 81 (1992), 631
Ehrenberg, Richard: Studien zur Entwickelungsgeschichte der Versicherung, ZVersWiss 1 (1901), 101, 368; ZVersWiss 2 (1902), 35, 123
Ehrenberg, Victor: Die juristische Natur der Lebensversicherung, ZHR 32 (1886), 409 und ZHR 33 (1887), 1
– Versicherungsrecht, Erster Band, Leipzig, Duncker & Humblot, 1893
– Welche Stellung ist in dem zu erwartenden Versicherungsgesetz den Versicherungs-Gesellschaften auf Gegenseitigkeit zu gewähren?, in: Verhandlungen des 24. Deutschen Juristen-Tages, Band I, Berlin, 1897, S. 63
– Zum Entwurf eines Gesetzes über die privaten Versicherungsunternehmungen, Deutsche Juristen-Zeitung 4 (1899), 120
– Diskussionsbeitrag, in: Verhandlungen des 25. Deutschen Juristen-Tages, Band III, Berlin, 1901, S. 40
Eichacker, Hans: Finanzplanung im Versicherungsunternehmen, Karlsruhe, VVW, 1981
Eichholz, Rainer: Das Recht konzerninterner Darlehen, Berlin, Duncker & Humblot, 1993
Eichler, Hermann: Versicherungsrecht, 2. Auflage, Karlsruhe, VVW, 1976
– Versicherung als Geschäftsbesorgung, in: Festschrift für Hans Carl Nipperdey zum 70. Geburtstag 21. Januar 1965, herausgegeben von Rolf Dietz und Heinz Hübner, München und Berlin, 1965, Band I, S. 237
Einhauser, Robert: Entwurf eines Reichsgesetzes über die privaten Versicherungsunternehmungen, Zeitschrift für die ges. Staatswissensch. 1899, S. 287
Eilers, Wolfgang/Labes, Hubertus W.: Solvent Scheme of Arrangement – Ein englisches Modell für die beschleunigte Liquidation einer Versicherungs- bzw. Rückversicherungsgesellschaft, ZfV 1998, 625
Eisen, Roland/Müller, Wolfgang/Zweifel, Peter: Unternehmerische Versicherungswirtschaft: Konsequenzen der Deregulierung für Wettbewerbsordnung und Unternehmensführung, Wiesbaden, Gabler, 1990
Eisenhardt, Ulrich: Gesellschaftsrecht, 8., ergänzte und überarbeitete Auflage, München, Beck, 1999
Eisolt, Dirk: Konzernrechnungslegungspflicht nach HGB und US-amerikanischen Vorschriften, WPg 1993, 344
Eisolt, Dirk/Verdenhalven, Werner: Kurzerläuterung des RegE zum Steuersenkungsgesetz (StSenkG-Entwurf), NZG 2000, 527

Eisolt, Dirk/Wickinger, Solveig: Überblick über die Neuregelungen durch das Steuersenkungsgesetz (StSenkG), NZG 2000, 971
Ekkenga, Jens: Vorzüge und Nachteile der nennwertlosen Aktie, WM 1997, 1645
– Neuordnung des Europäischen Bilanzrechts für börsennotierte Unternehmen: Bedenken gegen die Strategie der EG-Kommission, BB 2001, 2362
Ellenbürger, Frank/Horbach, Lothar/Kölschbach, Joachim: Ausgewählte Einzelfragen zur Rechnungslegung von Versicherungsunternehmen nach neuem Recht, WPg 1996, 41 (Teil I), 113 (Teil II)
Ellerbusch, Martin: Bilanzsteuerrechtliche Auswirkungen der Europäischen Währungsunion – Einführung einer „Euroumrechnungsrücklage" (§ 6d EStG/E) –, DB 1997, 2085
Elster, Ludwig: Die Lebensversicherung in Deutschland. Ihre volkswirtschaftliche Bedeutung und die Notwendigkeit ihrer gesetzlichen Regelung, Halle, 1880
Emde, Achim: Der Genußschein als Finanzierungsinstrument. Eine gesellschaftsrechtliche, kapitalmarktrechtliche und steuerrechtliche Untersuchung, Diss. Bochum, 1987
– Die handels- und steuerbilanzielle Behandlung einer Emission von Genußrechten, BB 1988, 1214
– Die Auswirkungen von Veränderungen des Unternehmenskapitals auf Bestand und Inhalt von Genußrechten, DB 1989, 209
Emde, Raimond: Das Sonderwissen des Aufsichtsratsmitglieds und die Pflicht zur Informationsweitergabe, DB 1999, 1486
– Restitutionsansprüche nach Heilung gemäß § 242 Abs. 2 AktG? Gedanken zum Verständnis des § 242 Abs. 2 AktG nach dem Urteil BGH ZIP 2000, 1294, ZIP 2000, 1753
Emmerich, Volker: Das Konzernrecht der Personengesellschaften – Rückblick und Ausblick, in: Festschrift für Walter Stimpel zum 68. Geburtstag am 29. November 1985, herausgegeben von Marcus Lutter, Hans-Joachim Mertens, Peter Ulmer, Berlin/New York, Walter de Gruyter, 1985, S. 743
Emmerich, Volker/Sonnenschein, Jürgen: Konzernrecht. Das Recht der verbundenen Unternehmen bei Aktiengesellschaft, GmbH, Personengesellschaften und Genossenschaft, Verein und Stiftung, 5. Auflage, München, Beck, 1993
Emminghaus, Arwed: Geschichte der Lebensversicherungsbank für Deutschland zu Gotha zur Feier der fünfzigsten Wiederkehr des Tages der Begründung der Bank, Weimar, 1877
– Ernst Wilhelm Arnoldi – Leben und Schöpfungen eines deutschen Kaufmanns –, Weimar, 1878
– Das oberste Organ der Versicherungsvereine auf Gegenseitigkeit, ZVersWiss 3 (1903), 211
– Die Austrittsbeschränkung der Mitglieder des Versicherungsvereins auf Gegenseitigkeit nach § 20 des Ges. vom 12. Mai 1901, Leipziger Zeitschrift 1908, Spalte 517
Endres, Michael: Organisation der Unternehmensleitung aus der Sicht der Praxis, ZHR 163 (1999), 441
Enneccerus-Nipperdey: Allgemeiner Teil des Bürgerlichen Rechts, Erster Halbband, vierzehnte, neubearbeitete Auflage von Hans Carl Nipperdey, Tübingen, 1952
Engeländer, Stefan: Die Bedeutung der Bestandsgruppe 140 nach Anlage 1 Abschnitt D BerVersV, Der Aktuar 2001, 14
Entzian, Tobias: Versicherungsfremde Geschäfte: Die Geschäftskreisbeschränkung der Versicherungsunternehmen, Karlsruhe, VVW, 1999
Entzian, Tobias/Linden, Michael: Vertragskontinuität und Währungsunion – Zu den Auswirkungen des Euro auf bestehende Versicherungsverträge –, VersR 1997, 1182
Entzian, Tobias/Schleifenbaum, Thekla: Bestandsübertragung und neues Umwandlungsgesetz, ZVersWiss 85 (1996), 521
Erkenbrecher, Hans: Ernst Wilhelm Arnoldi 1778–1841, Köln/Göttingen, Gothaer Versicherungen, 1995
Erle, Bernd: Das Vetorecht des Vorstandsvorsitzenden in der AG, AG 1987, 7
Erman: Handkommentar zum Bürgerlichen Gesetzbuch, herausgegeben von Harm Peter Westermann, 9. Auflage, 1. Band, 1993
Ernst, Christoph: KonTraG und KapAEG sowie aktuelle Entwicklungen zur Rechnungslegung und Prüfung in der EU, WPg 1998, 1025
– EU-Verordnungsentwurf zur Anwendung von IAS: Europäisches Bilanzrecht vor weitreichenden Änderungen, BB 2001, 823
– Bilanzrecht: quo vadis? – Die kommende Reform des europäischen Bilanzrechts und mögliche Auswirkungen auf die deutsche Rechnungslegung –, WPg 2001, 1440
Ernst, Tassilo: Der Genußschein als Kapitalbeschaffungsmittel, AG 1967, 75

Eschbach, Werner: Anmerkungen zum DRSC-Positionspapier „Bilanzierung von Aktienoptionsplänen und ähnlichen Entlohnungsformen", DB 2001, 1373
Escher-Weingart, Christina: Die gewandelte Rolle des Wirtschaftsprüfers als Partner des Aufsichtsrats nach den Vorschriften des KonTraG, NZG 1999, 909
Eszler, Erwin: Die Prämie als Preis der Leistung des Versicherers, VW 1997, 150
Everling, Ulrich: Die Einbeziehung der Versicherungsvereine auf Gegenseitigkeit in die Regelungen des EWG-Vertrages, VersR 1959, 401
Eyles, Uwe: Die Auslagerung unternehmensübergreifender Aktivitäten auf rechtsfähige Vereine, NJW 1996, 1994
- Funktionsauslagerung (Outsourcing) bei Kredit- und Finanzdienstleistungsinstituten – Bank- und wertpapieraufsichtsrechtliche Rahmenbedingungen –, WM 2000, 1217

Fabricius, Fritz: Erweiterung der Arbeitnehmer-Beteiligung im Aufsichtsrat einer Aktiengesellschaft gem. § 76 BetrVG 1952 auf rechtsgeschäftlicher Grundlage, in: Festschrift für Marie Luise Hilger und Hermann Stumpf, herausgegeben von Thomas Dieterich, Franz Gamillscheg und Herbert Wiedemann, München, Beck, 1983, S. 155
Fahr, Ulrich: Die Umsetzung der Versicherungsrichtlinien der dritten Generation in deutsches Recht, VersR 1992, 1033
Fahr/Kaulbach: Versicherungsaufsichtsgesetz – VAG – und Gesetz über die Errichtung eines Bundesaufsichtsamtes für das Versicherungswesen – BAG –, Kommentar von Ulrich Fahr und Detlef Kaulbach, 2., völlig neubearbeitete Auflage, München, Beck, 1997
Farny, Dieter: Die Finanzierung von Versicherungsunternehmen, ZVersWiss 53 (1964), 437 und ZfV 1964, 821
- Unternehmerische Ziel- und Mittelentscheidungen in der Versicherungswirtschaft, ZVersWiss 55 (1966), 129
- Die Finanzwirtschaft der Versicherungsunternehmen, Die Versicherungsrundschau 1966, 277
- Gewinn und Sicherheit als Ziele von Versicherungsunternehmen, ZVersWiss 56 (1967), 49
- Absatz und Absatzpolitik des Versicherungsunternehmens, ZVersWiss 60 (1971), 155
- Konzentration und Kooperation in der Versicherungswirtschaft in betriebswirtschaftlicher Sicht, VW 1973, 14
- Zielkonflikte in Entscheidungsinstanzen des Versicherungsunternehmens, VW 1974, 1238
- Der Beitrag des Versicherungsvereins auf Gegenseitigkeit zur Versicherung in Vergangenheit und Zukunft, VW 1975, 90
- Die Entwicklung der Versicherung auf Gegenseitigkeit von der Spezial- zur Generalversicherung, Mutualité 1/1977, 78
- Die Versicherungswirtschaft im Wettbewerbskonzept der Marktwirtschaft, ZVersWiss 68 (1979), 31
- Aufgaben, Bedeutung und Zukunft der mittelgroßen Versicherungsunternehmen, VW 1980, 34
- Entwicklungslinien, Stand und wirtschaftliche Bedeutung des Versicherungswesens in Deutschland, VW 1980, 942
- Publizitätsempfänger und Informationsinteressen in der Versicherungswirtschaft, in: Geld und Versicherung, Festgabe für Wilhelm Seuß, herausgegeben von Michael Jung, Ralph René Lucius, Werner G. Seifert, Karlsruhe, VVW, 1981, S. 13
- Die Beteiligung der Mitglieder an der Willensbildung in Versicherungsunternehmen auf Gegenseitigkeit, Mutualité 1982, S. 150
- Zur Rentabilität langfristiger gemischter Lebensversicherungen (Stand 1983), ZVersWiss 72 (1983), 363
- Organisation der Risikopolitik im Versicherungsunternehmen aus theoretischer Sicht, ZVersWiss 72 (1983), 313
- Solvabilität und Solvabilitätspolitik der Versicherungsunternehmen, ZVersWiss 73 (1984), 35
- Auslandsaktivitäten deutscher Versicherungsunternehmen, VW 1984, 31
- Die Mitwirkung der Mitglieder im Versicherungsverein auf Gegenseitigkeit und ausgewählte Fragen der Unternehmenspolitik von Versicherungsvereinen auf Gegenseitigkeit, ZVersWiss 73 (1984), 337
- Versicherungsbetriebslehre, Karlsruhe, VVW, 1989
- Ein Konkurssicherungsfonds in der Versicherungswirtschaft, Ei des Kolumbus oder Windei?, in: Mannheimer Vorträge zur Versicherungswissenschaft, Heft 50, Karlsruhe, VVW, 1990
- Über mögliche Unternehmensstrategien deutscher Erstversicherer im deregulierten Versicherungsmarkt, in: Risiko, Versicherung, Markt, Festschrift für Walter Karten zur Vollen-

dung des 60. Lebensjahres, herausgegeben von Dieter Hesberg, Martin Nell, Winfried Schott, Karlsruhe, VVW, 1994, S. 245
– Die Gestaltung von Versicherungsprodukten im Marketing von Versicherungsunternehmen, ZVersWiss 84 (1995), 79
– Versicherungsbetriebslehre, 2. Auflage, Karlsruhe, VVW, 1995
– Konzentrationsszenarien in der deutschen Versicherungswirtschaft, in: Festschrift für Horst Baumann, Karlsruhe, VVW, 1999, S. 47
– Versicherungsbetriebslehre, 3. Auflage, Karlsruhe, VVW, 2000
Farr, Wolf-Michael: Aufstellung, Prüfung und Offenlegung des Anhangs im Jahresabschluß der AG – Aktualisierte Checkliste unter Berücksichtigung des KonTraG, KapAEG und EuroEG, AG 2000, 1
Farreres Bochaca, Ambrosio: Die Gegenseitigkeitsversicherung in Spanien, Mutualité 1992/1, S. 91
Fastrich, Lorenz: Richterliche Inhaltskontrolle im Privatrecht, München, Beck, 1992
Feddersen, Christoph: Die Dritthaftung des Wirtschaftsprüfers nach § 323 HGB – Zugleich Anmerkung zum Urteil des LG Hamburg vom 22. 6. 1998 (WM 1999, 139 ff.) –, WM 1999, 105
Feddersen, Dieter: Nochmals – Die Pflichten des Vorstands zur Unternehmensplanung, ZGR 1993, 114
– Aktienoptionsprogramme für Führungskräfte aus kapitalmarktrechtlicher und steuerlicher Sicht, ZHR 161 (1997), 269
– Neue gesetzliche Anforderungen an den Aufsichtsrat, AG 2000, 385
Feddersen, Dieter/Knauth, Klaus-Wilhelm: Eigenkapitalbildung durch Genußscheine, 2. Auflage, Frankfurt am Main, 1992
Feddersen, Dieter/Meyer-Landrut, Andreas: Mehr Rechtssicherheit für Genußscheine, ZGR 1993, 312
Feddersen, Dieter/Hommelhoff, Peter/Schneider, Uwe H. (Hrsg.): Corporate Governance: Optimierung der Unternehmensführung und der Unternehmenskontrolle im deutschen und amerikanischen Aktienrecht, Köln, O. Schmidt, 1996
Feddersen, Dieter/Pohl, Marcus: Die Praxis der Mitarbeiterbeteiligung seit Einführung des KonTraG, AG 2001, 26
Fehns, Gundula: Versicherungsrechtliche Fragen zum Pensions-Sicherungs-Verein, Karlsruhe, VVW, 1995
Feige, Helmut/Ruffert, Dietmar: Zur Bedeutung der Ausnahmeregelung des § 286 Abs. 4 HGB – Möglichkeiten und Grenzen für eine Befreiung von der Angabepflicht zu den Gesamtbezügen von Organmitgliedern nach § 285 Nr. 9 a und b HGB –, DB 1995, 637
Feilmeier, Manfred/Reichel, Georg: Unternehmensplanung und Finanzierbarkeitsnachweis in der Lebensversicherung, ZVersWiss 72 (1983), 175
Feilmeier, Manfred/Junker, Michael: Überschußfinanzierung in der Lebensversicherung, in: Handwörterbuch der Versicherung, herausgegeben von Dieter Farny, Elmar Helten, Peter Koch, Reimer Schmidt, Karlsruhe, VVW, 1988, S. 905
Feldhoff, Patricia: Der neue IDW-Standard zur Unternehmensbewertung: Ein Fortschritt?, DB 2000, 1237
Fey, Gerd: Prüfung kapitalmarktorientierter Unternehmensberichte – Erweiterungen der Abschlußprüfung nach nationalen und internationalen Prüfungsgrundsätzen, WPg 2000, 1097
Fillmann, Andreas: Treuepflichten der Aktionäre, Frankfurt am Main/Bern/New York/Paris, Lang, 1991
Finke, Gerd: Bedeutung, Aufstellung und Aussage des Konzernabschlusses der Versicherungsaktiengesellschaften, Berlin, Duncker & Humblot, 1971
Finsinger, Jörg: Wettbewerb im Markt für Lebensversicherungen. Eine Analyse systematischer Leistungsunterschiede, ZfB 1982, 186
– Versicherungsmärkte, Frankfurt/New York, Campus, 1983
– Zur Methode der Widerlegung einer empirischen Arbeit, ZfB 1985, 187
– Konkurssicherungsfonds und optimale Sicherheitsregulierung, in: Geld, Banken und Versicherungen, 1987/Band II, Beiträge zum 4. Symposium Geld, Banken und Versicherungen an der Universität Karlsruhe vom 9.–12. Dezember 1987, herausgegeben von W.-R. Heilmann u. a., Karlsruhe, VVW, 1988, S. 1213
– Lebensversicherungsvergleiche. Kritik an den bisherigen Methoden und Vorschlag zweier neuer Kennzahlen für das Rating, VW 1997, 208
– Die Bewertung von Versicherungsunternehmen und ihren Produkten. Praktisch wichtige Anforderungen an Rating Systeme – zugleich eine Auseinandersetzung mit aktuellen Ratings in Finanztest und Capital, VW 1998, 1042

Fischer, Hans-Jörg: Zulässigkeit und Grenzen des Betriebsausgabenabzugs der inländischen Tochtergesellschaft bei der Umsetzung internationaler Stock Option-Pläne in Deutschland, DB 2001, 1003
Fischer, Michael: Aufgaben des Risk Managers nach KonTraG, ZfV 1999, 292
– Der Entscheidungsspielraum des Aufsichtsrats bei der Geltendmachung von Regreßansprüchen gegen Vorstandsmitglieder, BB 1996, 225
Fischer, Reinfrid: Die Gewährung von Genußrechten durch öffentlichrechtliche Kreditinstitute, in: Recht und Praxis der Genußscheine, Band 16 der Schriften zum deutschen und ausländischen Geld-, Bank- und Börsenrecht, herausgegeben von Karl Dietrich Bundschuh, Walther Hadding und Uwe H. Schneider, Frankfurt am Main, 1987, S. 83
Fischer, Thomas M./Vielmeyer, Uwe: Bilanzierung der Aufwendungen für die Erstellung von Internetauftritten nach US-GAAP, IAS und HGB, BB 2001, 1294
Fischer, Thomas M./Wenzel, Julia: Wertaufholung nach handels-, steuerrechtlichen und internationalen Rechnungslegungsvorschriften, WPg 2001, 597
Fischer, Ulrich: Wettbewerbsverbot im internationalen Konzern bei Ausübung von Aktienoptionen durch Arbeitnehmer, DB 1999, 1702
Fitting, Karl/Wlotzke, Otfried/Wißmann, Hellmut: Mitbestimmungsgesetz mit Wahlordnungen, Kommentar, 2. Auflage, München, Vahlen, 1978
Fitting, Karl: Betriebsverfassungsgesetz, Handkommentar, begründet von Karl Fitting, 17. Auflage, neubearbeitet von Fritz Auffarth, Friedrich Heither, Heinrich Kaiser, Gerd Engels, München, Vahlen, 1992
Fleck, Hans-Joachim: Das Organmitglied – Unternehmer oder Arbeitnehmer?, in: Festschrift für Marie Luise Hilger und Hermann Stumpf, herausgegeben von Thomas Dieterich, Franz Gamillscheg und Herbert Wiedemann, München, Beck, 1983, S. 197
– Eigengeschäfte eines Aufsichtsratsmitglieds, in: Festschrift für Theodor Heinsius zum 65. Geburtstag am 25. September 1991, herausgegeben von Friedrich Kübler, Hans-Joachim Mertens, Winfried Werner, Berlin/New York, Walter de Gruyter, 1991, S. 89
– Das Dienstverhältnis der Vorstandsmitglieder und Geschäftsführer in der Rechtsprechung des BGH, WM 1994, 1957
Fleischer, Holger: Konzernrechtliche Vertrauenshaftung, ZHR 163 (1999), 461
– Gegenwartsprobleme der Patronatserklärung im deutschen und europäischen Privatrecht, WM 1999, 666
– Informationspflichten der Geschäftsleiter beim Management Buyout im Schnittfeld von Vertrags-, Gesellschafts- und Kapitalmarktrecht, AG 2000, 309
– Zum Begriff des öffentlichen Angebots im Wertpapiererwerbs- und Übernahmegesetz, ZIP 2001, 1653
– Unternehmensspenden und Leitungsermessen des Vorstands im Aktienrecht, AG 2001, 171
Fleischer, Holger/Körber, Torsten: Der Rückerwerb eigener Aktien und das Wertpapiererwerbs- und Übernahmegesetz, BB 2001, 2589
Fleischhauer, Jens: Hauptversammlung und Neue Medien, ZIP 2001, 1133
Fleischmann, Michael: Der Zusammenschluß der Daimler Benz AG und der Chrysler Corp. zur DaimlerChrysler AG aus steuerlicher Sicht, DB 1998, 1883
Fleischmann, Rudolf: Zur Frage der Verschmelzung, Vermögensübertragung und Umwandlung von Versicherungsunternehmen, ZfV 1968, 357
Flick, Herbert: Beitragsrückgewähr und Dauerschulden im Gewerbesteuerrecht, VersR 1951, 252
– Nochmals: Beitragsrückgewähr und Dauerschulden im Gewerbesteuerrecht, VersR 1955, 471
Flore, Ingo: Verschwiegenheitspflicht der Aufsichtsratsmitglieder, BB 1993, 133
Flume, Werner: Allgemeiner Teil des Bürgerlichen Rechts, Erster Band/Erster Teil, Die Personengesellschaft, Berlin/Heidelberg/New York, Springer, 1977
– Allgemeiner Teil des Bürgerlichen Rechts, Erster Band/Zweiter Teil, Die juristische Person, Berlin/Heidelberg/New York/Tokyo, Springer, 1983
– Die Vereinsautonomie und ihre Wahrnehmung durch die Mitglieder hinsichtlich der Selbstverwaltung der Vereinsangelegenheiten und der Satzungsautonomie, in: Europäisches Rechtsdenken in Geschichte und Gegenwart, Festschrift für Helmut Coing zum 70. Geburtstag, Band II, herausgegeben von Norbert Horn in Verbindung mit Klaus Luig und Alfred Söllner, München, Beck, 1982, S. 97
– Der nichtrechtsfähige Verein, ZHR 148 (1984), 503
– Vereinsautonomie und kirchliche oder religiöse Vereinigungsfreiheit und das Vereinsrecht – Zu den Entscheidungen des BVerfG 2 BvR 263/86 vom 5. 2. 1991 und des LG Oldenburg 5 T 374/91 vom 22. 8. 1991, JZ 1992, 238

– Das Video-Urteil als eine Entscheidung des II. Senats des BGH aus dessen Selbstverständnis der Innehabung gesetzgeberischer Gewalt, ZIP 1992, 817
– Das Video-Urteil und das GmbH-Recht, DB 1992, 25
Focke, Heinrich: Der Allfinanzkunde in Europa – Eine Bestandsaufnahme, ZfV 1993, 242
Förster, Guido/Lange, Carsten: Steuerliche Aspekte der Gründung einer Europäischen Aktiengesellschaft (SE), DB 2002, 288
Förterer, Dirk: Ertrags- und Risikosteuerung von Lebensversicherern aus finanzmarkttheoretischer Sicht – Ein Ansatz zum Asset/Liability Management –, Karlsruhe, VVW, 2000
Fonk, Hans-Joachim: Die betriebliche Altersversorgung für Vorstandsmitglieder von Aktiengesellschaften, in: Festschrift für Johannes Semler zum 70. Geburtstag am 28. April 1993, Unternehmen und Unternehmensführung im Recht, herausgegeben von Marcus Bierich, Peter Hommelhoff und Bruno Kropff, Berlin/New York, Walter de Gruyter, 1993, S. 139
Forster, Karl-Heinz: Überlegungen zur Bildung von Rückstellungen für drohende Verluste aus Gewinnabführungsverträgen, in: Festschrift für Walter Stimpel zum 68. Geburtstag am 29. November 1985, herausgegeben von Marcus Lutter, Hans-Joachim Mertens, Peter Ulmer, Berlin/New York, Walter de Gruyter, 1985, S. 759
– Zur Bestellung und Abberufung des Abschlußprüfers, in: Festschrift für Johannes Semler zum 70. Geburtstag am 28. April 1993, Unternehmen und Unternehmensführung im Recht, herausgegeben von Marcus Bierich, Peter Hommelhoff, Bruno Kropff, Berlin/New York, Walter de Gruyter, 1993, S. 819
– MG, Schneider, Balsam und die Folgen – was können Aufsichtsräte und Abschlußprüfer gemeinsam tun?, AG 1995, 1
– Abschlußprüfung nach dem Regierungsentwurf des KonTraG, WPg 1998, 41
– Zum Zusammenspiel von Aufsichtsrat und Abschlußprüfer nach dem KonTraG, AG 1999, 193
Forsthoff, Ulrich: Rechts- und Parteifähigkeit ausländischer Gesellschaften mit Verwaltungssitz in Deutschland? – Die Sitztheorie vor dem EuGH, DB 2000, 1109
Fourie, Dirk: Internationale Vergleichbarkeit von Jahresabschlüssen in der Versicherungswirtschaft, ZfV 1999, 777 (I) und 818 (II)
Fox, Thomas/Hüttche, Tobias/Lechner, Florian: Mitarbeiterbeteiligung an der GmbH, GmbHR 2000, 521
Frantzen, Christopher: Genußscheine. Zugleich eine Analyse der Genußscheinbedingungen deutscher Unternehmen, Köln/Berlin/Bonn/München, Heymann, 1993
Freitag, Robert: Zur Ermittlung des Gesellschaftsstatus bei Nichtexistenz eines effektiven Verwaltungssitzes, NZG 2000, 357
Frels, Gerhard: Versicherungsvereine auf Gegenseitigkeit und das Aktiengesetz, ZVersWiss 37 (1937), 251
– Zur Angleichung des Versicherungsaufsichtsgesetzes an das Aktiengesetz, ZVersWiss 38 (1938), 46
– Die oberste Vertretung des großen Versicherungsvereins auf Gegenseitigkeit nach den Satzungen der bedeutendsten Unternehmungen, in: Entwicklungslinien und Grundgedanken deutscher Versicherung, Festgabe zum 80. Geburtstag von Karl Samwer am 17. April 1941, S. 61, in Heft 68 der Veröffentlichungen des Deutschen Vereins für Versicherungswissenschaft, Berlin, 1941, S. 53
Frels, Harro: Das Rechtsverhältnis zwischen Mitgliedervertreter und VVaG, VersR 1958, 430
– Sonderorgane nach § 30 BGB im Aktienrecht, AG 1958, 79
– Die Geschäftsverteilung im Vorstand der Aktiengesellschaft, ZHR 122 (1959), 8
– Überweisung von Vertretungsmacht an einzelne Mitglieder des Vorstands der Aktiengesellschaft, ZHR 122 (1959), 173
– Zur Behauptungs- und Beweislast bei § 84 Abs. 2 AktG, AG 1960, 296
– Zum Recht des Versicherungsvereins auf Gegenseitigkeit: Die Haftung der Mitgliedervertreter gegenüber dem VVaG, VersR 1962, 1032
– Erstattung von Aufwendungen der Mitgliedervertreter durch den VVaG oder durch dessen Mitglieder?, VersR 1962, 1126
– Stellvertretende Vorstandsmitglieder der Aktiengesellschaft und des Versicherungsvereins auf Gegenseitigkeit, VersR 1963, 898
– Mitgliedschaftliche Versicherung gegen festen Beitrag bei Versicherungsvereinen auf Gegenseitigkeit?, VersR 1965, 202
– Der große deutsche Versicherungsverein auf Gegenseitigkeit, Mutualité 1/1966, 13
– Konzernrechtliche Probleme des VVaG nach dem neuen Aktiengesetz, VersR 1966, 993

– Zur Verschmelzung zweier VVaG durch Neubildung, VersR 1969, 675
– Konzernrechnungslegungspflicht von VVaG, VersR 1969, 771
– Besprechung des Kurzkommentars Prölss/Schmidt/Sasse, Versicherungsaufsichtsgesetz, 6. Auflage, München, 1971, ZVersWiss 60 (1971), 589
– Entwicklungslinien des deutschen VVaG in den letzten 20 Jahren, Mutualité 1979, 11
– Die Organe des Versicherungsvereins auf Gegenseitigkeit sowie die Wahlverfahren zur Mitgliedervertretung, in: Grundlagen des Versicherungsvereins auf Gegenseitigkeit, verfaßt und veröffentlicht aus Anlaß des 175 jährigen Bestehens der Gothaer Versicherungsbank VVaG, Köln, am 2. Juli 1995, herausgegeben von Wolfgang Peiner, Köln/Göttingen, Gothaer Versicherungen, 1995, S. 130

Frerk, Peter: Praktische Gedanken zur Optimierung der Kontrollfunktion des Aufsichtsrates, AG 1995, 212

Freund, Torsten: Die Änderung Allgemeiner Geschäftsbedingungen in bestehenden Verträgen, Frankfurt am Main u. a., Lang, 1998

Frey, Emil: Der Stand der Angleichung der Unternehmensformen in der deutschen Versicherungswirtschaft, VersArch 1957, 21
– Ein Vergleich zwischen Lebens- und Schadensversicherung, VW 1965, 1273

Frey, Peter: Gibt es eine Rechtspflicht zur Gleichbehandlung der bei einer Versicherungsaktiengesellschaft Versicherten?, Diss. Heidelberg 1958, Stuttgart, 1959
– Gleichbehandlung im Privatrecht und besonders im Versicherungsrecht, VersR 1959, 88
– Versicherungsaufsicht, VW 1986, 756, 819, 898
– Die Messung und Steuerung der Performance eines Versicherungsunternehmens aus der Sicht eines primär renditeorientierten Investors, ZVersWiss 80 (1991), 67

Freytag, Fritz Werner: Die Behandlung der Versicherungsvereine auf Gegenseitigkeit in der deutschen staatlichen Steuer-Gesetzgebung, Diss. Würzburg, 1920

Freytag, Kurt: Gewinnbeteiligung bei Kollektivverträgen in der Lebensversicherung, ZfV 1964, 324
– Gewinnbeteiligungssysteme in der Lebensversicherung, VW 1972, 450

Fricke, Friedrich: Die Darstellung der Vermögens- und Ertragslage im Bericht über die Abschlußprüfung bei Versicherungsunternehmen, WPg 1984, 537

Fricke, Martin: Schutz neuer Versicherungsprodukte vor Nachahmung?, VersR 1997, 162
– Gesetzgeberischer und autonomer Verbraucherschutz im Widerstreit, VersR 1996, 1449
– Die VAG-Novelle 2000 – Ein kurzer Überblick über die wichtigsten Änderungen, NVersZ 2001, 97

Friedeberg, Edmund: Die Versicherung auf Gegenseitigkeit in England, ZVersWiss 5 (1905), 358

Friedemann, Jens: Finanzdienstleistungen im Jahr 2000, in: Versicherungen in Europa heute und morgen, Geburtstags-Schrift für Georg Büchner, herausgegeben von Franz Wilhelm Hopp und Georg Mehl, Karlsruhe, VVW, 1991, S. 725

Friedlaender, Martin: Der Gründungsfonds bei Versicherungsvereinen auf Gegenseitigkeit, Diss. Rostock, 1904

Friedrich, Lorenz: Versicherungsaktiengesellschaften und Versicherungs-Vereine auf Gegenseitigkeit in ihrer volkswirtschaftlichen Bedeutung unter Berücksichtigung der Verstaatlichung beider Organisationsformen, Diss. Würzburg, 1922

Fritz, Ernst: Beitragsgerechtigkeit in der Privatversicherung vom Standpunkt der Aufsichtsführung, VersArch 1958, 269

Fröhlich, Christoph/Hanke, Michael: Zur Berücksichtigung des impliziten Verwässerungseffekts bei der Bewertung virtueller Optionsprogramme, WPg 2000, 647

Fromm, Gerhard Erich: Gegenseitigkeitsverein, in: Handwörterbuch des Versicherungswesens, Band 1, Darmstadt, 1958. Spalte 762

Fromm, G. E./Goldberg, A.: Versicherungsaufsichtsgesetz und Bundesaufsichtsgesetz, Kommentar, Berlin, 1966

Frommknecht, Heinrich: Zur Geschichte der berufsständischen Versicherungsvereine auf Gegenseitigkeit, in: Grundlagen des Versicherungsvereins auf Gegenseitigkeit, verfaßt und veröffentlicht aus Anlaß des 175 jährigen Bestehens der Gothaer Versicherungsbank VVaG, Köln, am 2. Juli 1995, herausgegeben von Wolfgang Peiner, Köln/Göttingen, Gothaer Versicherungen, 1995, S. 76

Frotscher, Gerrit: Tendenzen im Recht der Verdeckten Gewinnausschüttung, GmbHR 1998, 23
– Die körperschaftsteuerliche Übergangsregelung nach dem Steuersenkungsgesetz, BB 2000, 2280

Frotz, Stephan: Zur Genossenschaftsautonomie, in: Aktuelle Probleme des Unternehmensrechts, Festschrift Gerhard Frotz zum 65. Geburtstag, herausgegeben von Michael Enzinger, Hanns F. Hügel, Walter Dillenz, Wien, Manz, 1993

Frühauf, Martin: Geschäftsleitung in der Unternehmenspraxis, ZGR 1998, 407

Fuchs, Andreas: Aktienoptionen für Führungskräfte und bedingte Kapitalerhöhung – Anmerkungen zur geplanten Neuregelung nach dem Referentenentwurf zur Änderung des Aktiengesetzes („KonTraG") –, DB 1997, 661

Fuchs, Markus: Anwendungshinweise zu IAS 12 „Income Taxes", DB 2000, 1925

Fülbier, Rolf Uwe: Entwurf eines DRS 4 zur Bilanzierung von Unternehmenserwerben im Konzernabschluß, DB 2000, 1341

Fürhoff, Jens: Insiderrechtliche Behandlung von Aktienoptionsprogrammen und Management Buy-Outs, AG 1998, 83

Fürst, Max: Die Besonderheiten der Versicherungs-Aktiengesellschaft, Diss. Erlangen, Borna – Leipzig, 1907

Fürstenwerth, Frank von: EG-Gruppenfreistellungsverordnungen für die Versicherungswirtschaft, WM 1994, 365

– Das Versicherungskartellrecht nach der 6. GWB-Novelle, in: Festschrift für Horst Baumann, Karlsruhe, VVW, 1999, S. 77

Füser, Karsten/Gleißner, Werner/Meier, Günter: Risikomanagement (KonTraG) – Erfahrungen aus der Praxis, DB 1999, 753

Fuld, L.: Welche Stellung ist in dem zu erwartenden Versicherungsgesetz den Versicherungs-Gesellschaften auf Gegenseitigkeit zu gewähren?, in: Verhandlungen des 25. Deutschen Juristentages, Berlin, 1901, Band III, S. 33

– Das Individualrecht an der Prämienreserve bei Gegenseitigkeitsgesellschaften, Leipziger Zeitschrift 1908, Spalte 194

Funke, Rainer: Aktienrechtsreform 1997: Aufsichtsrat und Abschlußprüfer, ZIP 1996, 1602

– Wert ohne Nennwert – Zum Entwurf einer gesetzlichen Regelung über die Zulassung nennwertloser Aktien, AG 1997, 385

Fuß, Falk: Risikogerechte Eigenkapitalausstattung und Solvabilitätssystem der Schadenversicherungsdirektive – eine betriebswirtschaftliche Untersuchung, Karlsruhe, VVW, 1971

Gäbelein, Wolfgang: Definition eines qualifizierten faktischen Konzerns, AG 1990, 185

– Ende der Haftungsgrenzen im Konzern? Video-Urteil des BGH vom 23. 9. 1991 – 11 ZR 135/90, GmbHR 1992, 273

Gach, Bernt/Pfüller, Markus: Die Vertretung der GmbH gegenüber ihrem Geschäftsführer, GmbHR 1998, 64

Gärtner, Rudolf: Das aufsichtsbehördliche Begünstigungsverbot für die Sachversicherung und die Praxis der Gewährung von Konkurrenzrabatten, VW 1967, 1088

– Zur Zulässigkeit von Sondervergütungen in der Sachversicherung, unter besonderer Berücksichtigung der Rechtslage bei firmeneigenen Vermittlungsgesellschaften, VersR 1967, 1118

– Substanzerhaltung und Wirtschaftsaufsicht, BB 1971, 499

– Wettbewerb im Versicherungswesen?, DB 1972, 2447

– Privatversicherungsrecht, 2. Auflage, Darmstadt, Luchterhand, 1980

– Prämienangleichungsklauseln und Aufsichtsrecht, BB 1980, 448

– Neuere Entwicklungen der Vertragsgerechtigkeit im Versicherungsrecht, in: Münsteraner Reihe, herausgegeben von Helmut Kollhosser, Heft 9, Karlsruhe, VVW, 1991

Ganske, Joachim: Umwandlung von Unternehmen – Neuere Entwicklungen im Gesellschaftsrecht –, DB 1992, 125

– Reform des Umwandlungsrechts – Ein Bericht –, WM 1993, 1117

Gansweid, Wolfgang: Zur gerichtlichen Überprüfung der angemessenen Barabfindung nach § 305 AktG, AG 1977, 334

Gast, Wolfgang/Wissmann, Manfred: Mitarbeiterbeteiligung durch Genußrechte auf der Grundlage des Fünften Vermögensbildungsgesetzes, BB Beilage 17/1987 zu Heft 26/1987, 1

Gattineau, Peter: Die Gegenleistung bei Übergang von Versicherungsverträgen eines VVaG auf einen anderen Versicherer im Wege der Teilbestandsübertragung, Marburg, Tectum Verlag, 1999

Gebauer, Max: Die sogenannte Lebensversicherung, Jena, 1895

Gebhard, Rüdiger: Gefahren für die finanzielle Stabilität der auf dem deutschen Markt vertretenen Lebensversicherer im Zuge des europäischen Binnenmarktes, Karlsruhe, VVW, 1995

– Zinsderivate in der Versicherungswirtschaft: eine Kritik, ZVersWiss 86 (1997), 627

Geffken, Rolf: Zielvereinbarungen – Eine Herausforderung für Personalwesen und Arbeitsrecht, NZA 2000, 1033

Gehrhardt, Heinz: Das genossenschaftliche Prinzip, ein Grundelement moderner Wirtschafts- und Gesellschaftsgestaltung im Sinne von Vershofen, in: Seiner Zeit voraus, Erinnerungsschrift an Wilhelm Vershofen zu seinem 85. Geburtstag am 25. 12. 1963, herausgegeben von der Wilhelm-Vershofen-Gesellschaft e. V., 1963, S. 35
– Versicherungsvereine auf Gegenseitigkeit im Gemeinsamen Markt, VW 1964, 755
– Versicherungsgesellschaften auf Gegenseitigkeit in der Bundesrepublik, Die öffentliche Wirtschaft 1965, 79
Gehrlein, Markus: Der Anspruch auf Einsicht in ein Hauptversammlungsprotokoll – eine gesetzesferne, aber interessengerechte Rechtsschöpfung, WM 1994, 2054
– Der Girmes-Komplex: Ein Beispiel für die Grenzen zulässiger Rechtsberatung, NJW 1995, 487
– Gerichtlicher Prüfungsmaßstab für die Wirksamkeit von Vereinsausschlüssen: Eine Besprechung des Urteils des Bundesgerichtshofs vom 9. Juni 1997, ZIP 1997, 1591 – „Hansa-Art“
Geib, Gerd: Wie mißt man stille Reserven? Ausgewählte Fragen zur Offenlegung des Zeitwertes von Kapitalanlagen nach Umsetzung der Versicherungsbilanzrichtlinie, VW 1997, 1143
Geib, Gerd/Ellenbürger, Frank/Kölschbach, Joachim: Ausgewählte Fragen zur EG-Versicherungsbilanzrichtlinie (VersBiRiLi), WPg 1992, 221 (Teil II)
Geib, Gerd/Kölschbach, Joachim: Zur Bewertung und zum Ausweis von Wertpapieren und Namensschuldverschreibungen im Jahresabschluß der Versicherungsunternehmen (IDW ERS VFA 1), WPg 1999, 54
Geiger, Herbert: Europäischer Binnenmarkt und Allfinanzangebote im Urteil der Verbraucher, VW 1990, 212
Geiger, Hermann: Der Schutz der Versicherten im Europäischen Binnenmarkt, Konstanz, Hartung-Gorre, 1992
– Der Euro in der Rückversicherung, VersR 1997, 1436
– Unternehmensüberwachung, Kapitalmarkt und Abschlußprüfung – Anmerkungen zum Entwurf eines Gesetzes zur Kontrolle und Transparenz im Unternehmensbereich, VW 1998, 594
Geilhardt, Joachim: Steuerliche Beurteilung von Gewinnanteilen aus Lebensversicherungsverträgen, BB 1960, 583
Geißler, Markus: Klagerechte des GmbH-Aufsichtsrats gegen die Geschäftsführung, GmbHR 1998, 1114
Geithe, Reinhard: Verschmelzung zweier VVaG mit Gesamtrechtsnachfolge, VersR 1958, 503
– Zur Reform des Versicherungsvereins auf Gegenseitigkeit, VW 1971, 454
Gelhausen, Hans Friedrich/Hönsch, Henning: Bilanzierung aktienkursabhängiger Entlohnungsformen, WPg 2001, 69
Gelhausen, Wolf/Mujkanovic, Robin: Der Entwurf eines Kapitalaufnahmeerleichterungsgesetzes – Bedeutung für die Rechnungslegung, Prüfung und Offenlegung –, AG 1997, 337
Gerathewohl, Klaus: Gedanken zur Interdependenz von Versicherungsgeschäft und Allgemeinem Geschäft aus der Sicht eines Rückversicherers, VW 1984, 1281
Gerlach, Rudolf: Zur Zulässigkeit aufsichtsbehördlicher Provisionsabgabeverbote, VerBAV 1972, 149
Gerwins, Theodor: Die Beitragsrückerstattung in der PKV, VW 1982, 1311
– Zur Rechtsgrundlage einer Beitragsanpassung in der privaten Krankenversicherung, NVersZ 1999, 53
– Anmerkungen zur Prüfung der Zumutbarkeit von Prämiensteigerungen bei älteren Versicherten in der privaten Krankenversicherung, NVersZ 2000, 353
Gessler, Ernst: Der Betriebsführungsvertrag im Licht der aktienrechtlichen Zuständigkeitsordnung, in: Strukturen und Entwicklungen im Handels-, Gesellschafts- und Wirtschaftsrecht, Festschrift für Wolfgang Hefermehl zum 70. Geburtstag am 18. September 1976, herausgegeben von Robert Fischer, Ernst Gessler, Wolfgang Schilling, Rolf Serick, Peter Ulmer, München, Beck, 1976, S. 263
– Einberufung und ungeschriebene Hauptversammlungszuständigkeiten, in: Festschrift für Walter Stimpel zum 68. Geburtstag am 29. November 1985, herausgegeben von Marcus Lutter, Hans-Joachim Mertens, Peter Ulmer, Berlin/New York, Walter de Gruyter, 1985, S. 771
Geßler, Ernst/Hefermehl, Wolfgang/Eckardt, Ulrich/Kropff, Bruno: Aktiengesetz, Kommentar, München, Vahlen, 1973 ff
Gessner, Peter: Analyse der Gewinnreserve eines Lebensversicherungsunternehmens, VW 1977, 20

– Die Finanzierung der Gewinnbeteiligung in der Lebensversicherung, WPg 1978, 474
– Die Finanzierung der Gewinnbeteiligung in der Lebensversicherung, VW 1978, 479, 969
– Überschußkraft und Gewinnbeteiligung in der Lebensversicherung, Schriftenreihe Angewandte Versicherungsmathematik, Heft 7, Karlsruhe, VVW, 1978
– Vorsorge nach privatwirtschaftlichen Grundsätzen, in: Geld und Versicherung, Festgabe für Wilhelm Seuß, herausgegeben von Michael Jung, Ralph René Lucius, Werner G. Seifert, Karlsruhe, VVW, 1981, S. 33

Gessner, Peter/Weippert, Georg: Lebensversicherungsverwaltung im Umbruch. Notwendigkeit eines strategischen EDV-Managements für die Neugestaltung der Verwaltungssysteme, VW 1991, 1275

Geyrhalter, Volker: Auswirkungen der Einführung des EURO zum 1. 1. 1999 auf das GmbHG – Eine kritische Auseinandersetzung mit dem Gesetzentwurf der Bundesregierung zum EuroEG –, BB 1998, 905

Gierke, Julius von: Versicherungsrecht unter Ausschluß der Sozialversicherung, Zweite Hälfte, Stuttgart, 1947
– Die öffentlichen Versicherungsanstalten (des sog. Privatversicherungsrechts), ZHR 109 (1942), 157
– Die Versicherungsvereine auf Gegenseitigkeit nach deutschem Recht, Stuttgart, 1942
– Zur Reform der gesetzlichen Vorschriften über die Versicherungsvereine auf Gegenseitigkeit, ZHR 116 (1953), 29
– Die „Gesellschaft im weiteren Sinn", ZHR 119 (1956), 141

Gierke, Otto von: Das deutsche Genossenschaftsrecht, Erster Band, Rechtsgeschichte der deutschen Genossenschaft, Berlin, 1868, Nachdruck Darmstadt, 1954
– Die Genossenschaftstheorie und die deutsche Rechtsprechung, Berlin, 1887, Nachdruck Berlin/Hildesheim, 1963
– Deutsches Privatrecht. Erster Band, Allgemeiner Teil und Personenrecht, Leipzig, 1895, Nachdruck München/Leipzig, 1936

Gies, Helmut: Versicherungskonzerne – Versicherungen in Konzernen. Versuch einer Strukturanalyse, Frankfurter Vorträge zum Versicherungswesen, Heft 10, 1985, S. 23
– Möglichkeiten und Grenzen von Allfinanzkonzepten aus der Sicht eines Allfinanzunternehmens, Münsteraner Reihe, Heft 5, Karlsruhe, VVW, 1990, S. 1
– Kritische Anmerkungen zum Begriff „Allfinanz", in: Versicherungen in Europa heute und morgen, Geburtstags-Schrift für Georg Büchner, herausgegeben von Franz Wilhelm Hopp und Georg Mehl, Karlsruhe, VVW, 1991, S. 731

Giese, Rolf: Die Prüfung des Risikomanagementsystems einer Unternehmung durch den Abschlußprüfer gemäß KonTraG, WPg 1998, 451

Giessmann, Claus-D.: Genußrechtskapital – nicht nur der Solvabilität wegen. Grenzen und Möglichkeiten eines neuen Finanzierungsinstruments bei Versicherungsunternehmen, VW 1987, 1162
– Funktionen der RfB, VW 1989, 1574
– VVaG-Perspektiven: Gestaltungsvielfalt einer Rechtsform, VW 1999, 426

Glauber, Volker: Wandlungen im Recht der geschäftsplanmäßigen Erklärung, VersR 1993, 12

Glaum, Martin/Förschle, Gerhart: Rechnungslegung für Finanzinstrumente und Risikomanagement: Ergebnisse einer empirischen Untersuchung, DB 2000, 1525

Gleißner, Werner: Risikopolitik und Strategische Unternehmensführung, DB 2000, 1625

Gleißner, Werner/Füser, Karsten: Moderne Frühwarn- und Prognosesysteme für Unternehmensplanung und Risikomanagement, DB 2000, 933

Godin-Wilhelmi: Aktiengesetz, 4. Auflage, Berlin/New York, Walter de Gruyter, 1971

Goedecke, Claus/Heuser, Friederike: NaStraG: Erster Schritt zur Öffnung des Aktienrechts für moderne Kommunikationstechniken, BB 2001, 369

Göhner, Frank: Zur Anwendung der neuen Größenklassenkriterien nach dem Gesetzentwurf der Bundesregierung zum KapCoRiLiG, BB 1999, 1914

Gohdes, Alfred/Haferstock, Bernd/Schmidt, Rainer: Pensionsfonds nach dem AVmG aus heutiger Sicht, DB 2001, 1558 = BetrAV 2001, 496

Görg, Werner: Steuerliche Sonderprobleme von Versicherungsvereinen auf Gegenseitigkeit, in: Grundlagen des Versicherungsvereins auf Gegenseitigkeit, verfaßt und veröffentlicht aus Anlaß des 175 jährigen Bestehens der Gothaer Versicherungsbank VVaG, Köln, am 2. Juli 1995, herausgegeben von Wolfgang Peiner, Köln/Göttingen, Gothaer Versicherungen, 1995, S. 235
– Gegenseitigkeitsvereine brauchen eine spartenadjustierte Gewinnermittlung – Auswirkungen der steuerbilanziellen Reduzierung von technischen Rückstellungen auf die so genannte verdeckte Gewinnausschüttung bei VVaG, VW 2001, 1733

Görg, Werner/Kölschbach, Joachim: Konzernabschluß des VVaG-Gleichordnungskonzerns – neue Perspektiven nach dem KapCoRiLiG, BB 2000, 607
Göthel, Stephan R.: Europäisches Bilanzrecht im Umbruch, DB 2001, 2057
Goette, Wulf: Zur Verteilung der Darlegungs- und Beweislast der objektiven Pflichtwidrigkeit bei der Organhaftung, ZGR 1995, 648
Götz, Heinrich: Zustimmungsvorbehalte des Aufsichtsrates der Aktiengesellschaft, ZGR 1990, 633
– Die Überwachung der Aktiengesellschaft im Lichte jüngerer Unternehmenskrisen, AG 1995, 337
– Die Pflicht des Aufsichtsrats zur Haftbarmachung von Vorstandsmitgliedern – Besprechung des ARAG-Urteils des BGH –, NJW 1997, 3275
– Organhaftpflichtprozesse in der Aktiengesellschaft – Eine Entgegnung auf Kallmeyer, AG 1997, 107 ff –, AG 1997, 219
– Leitungssorgfalt und Leitungskontrolle der Aktiengesellschaft hinsichtlich abhängiger Gesellschaften, ZGR 1998, 524
Götz, Jürgen: Der Entherrschungsvertrag im Aktienrecht, Diss. Frankfurt (Main), 1991, Frankfurt am Main/Bern/New York/Paris, Lang, 1991
Götz, Ralf-Joachim: Institutionelle Bedingungen und Anlageverhalten der Lebensversicherungen auf dem Aktien- und Rentenmarkt, Diss. Ffm, Frankfurt am Main, Knapp, 1991
Götze, Cornelius: Auskunftserteilung durch GmbH-Geschäftsführer im Rahmen der Due Diligence beim Beteiligungserwerb, ZGR 1999, 202
Göz, Philipp: Statusverfahren bei Änderungen in der Zusammensetzung des Aufsichtsrats, ZIP 1998, 1523
Goldberg, Alfred/Müller, Helmut: Versicherungsaufsichtsgesetz und Bundesaufsichtsgesetz, Kommentar, Berlin/New York, Walter de Gruyter, 1980
Goldschmidt, Levin: Handbuch des Handelsrechts, Erster Band, Erste Abtheilung: Universalgeschichte des Handelsrechts, 3. Auflage, Stuttgart, Enke, 1891, unveränderter Nachdruck 1957
Goll/Gilbert/Steinhaus: Handbuch der Lebensversicherung, 11. Auflage, Karlsruhe, VVW, 1992
Gose, Günther: Deckungsmittel für die Gewinnbeteiligung in der Lebensversicherung, VW 1978, 660
Gottschalk, Alfred: Die Rechte der Versicherungsnehmer bei Bestandsübernahme und Fusion der Versicherungsgesellschaft, Leipzig, 1930
– Bedeutung der deutschen Aktienrechtsreform für die Versicherung, ZVersWiss 31 (1931), 14
Graf, Helmut Andreas: Die Kapitalgesellschaft & Co. KG auf Aktien. Gesichtspunkte der Unternehmensformwahl und Zulässigkeit der Gesellschaftsrechtsform, Heidelberg, Müller, 1993
Gres, Joachim: Unternehmensrechtsreform, WM 1996, 1672
Greve, Volker: Weitere Entwicklung des Aufsichtsrechts, neue Kapitalanlagevorschriften für die Direktversicherung, Pensionskasse und Pensionsfonds, BetrAV 2001, 448
Grezelius, Georg: Steuersenkungsgesetz: § 8b Abs. 3 Satz 2 KStG 2001 – ein steuergesetzliches Verwirrspiel, DB 2000, 1631
Grieger: Keine Gewinnrealisierung bei der Verschmelzung von Genossenschaften und Versicherungsvereinen auf Gegenseitigkeit, BB 1962, 1364
Groh, Manfred: Genußrechtskapital und Maßgeblichkeitsgrundsatz, BB 1995, 559
– Shareholder Value und Aktienrecht, DB 2000, 2153
Gromann, Hans-Georg: Die Gleichordnungskonzerne im Konzern- und Wettbewerbsrecht, Köln/Berlin/Bonn/München, Heymann, 1979
– Die Staatsaufsicht über Versicherungskonzerne nach dem Versicherungsaufsichtsgesetz, AG 1981, 241
Grooterhorst, Johannes: Die ARAG/Garmenbeck-Prozesse – eine Gesamtschau im Rückblick, ZIP 1999, 1117
Gross, Gerhard: Das Institut der Wirtschaftsprüfer als ein Partner des Bundesaufsichtsamtes für das Versicherungswesen, in: 100 Jahre materielle Versicherungsaufsicht in Deutschland, herausgegeben von Helmut Müller, Joachim-Friedrich Golz, Elke Washausen-Richter, Michael Trommeshauser, Bonn, Bundesaufsichtsamt für das Versicherungswesen, 2001, S. 961
Gross, Werner: Deliktische Außenhaftung des GmbH-Geschäftsführers, ZGR 1998, 551
Gross, Wolfgang: Zuständigkeit der Hauptversammlung bei Erwerb und Veräußerung von Unternehmensbeteiligungen, AG 1994, 266
Groß, Wolfgang: Informations- und Auskunftsrecht des Aktionärs, AG 1997, 97
Großer, Christina: Sollen nach International Accounting Standards Abschlußaufwendungen aktiviert und eine Schwankungsrückstellung passiviert werden?, ZVersWiss 2000, 301

Großfeld, Bernhard: Allgemeine Versicherungsbedingungen und Gesetz gegen Wettbewerbsbeschränkungen, in: Festschrift für Reimer Schmidt, herausgegeben von Fritz Reichert-Facilides, Fritz Rittner, Jürgen Sasse, Karlsruhe, VVW, 1976, S. 637
– Anmerkung zu OLG Hamburg vom 5. 9. 1980 (JZ 1981, 231), JZ 1981, 234
– Der Versicherungsverein auf Gegenseitigkeit im System der Unternehmensformen, Tübingen, Mohr, 1985
– Zur Stellung des Kleinaktionärs im Wirtschaftssystem, AG 1985, 1
– Bilanzrecht, 2. Auflage, Heidelberg, Müller, 1990
– Internationales Umwandlungsrecht, AG 1996, 302
– Internationale Standards der Rechnungslegung, NZG 1999, 1143
– Internationalisierung und internationale Rechnungslegung als Führungsaufgabe, AG 1999, 155
– Wirtschaftsprüfer und Globalisierung: Zur Zukunft des Bilanzrechts, WPg 2001, 129

Großfeld, Bernhard/Aldejohann, Matthias: Der Gleichbehandlungsgrundsatz im Genossenschaftsrecht, BB 1987, 2377

Großfeld, Bernhard/Berndt, Joachim: Die eingetragene Genossenschaft im Konzern, AG 1998, 116

Großfeld, Bernhard/Brondics, Klaus: Die Aktionärsklage – nun auch im deutschen Recht – Anmerkung zum Urteil des Bundesgerichtshofes vom 25. 2. 1982 – II ZR 174/80, JZ 1982, 589

Großfeld, Bernhard/Ebke, Werner: Probleme der Unternehmensverfassung in rechtshistorischer und rechtsvergleichender Sicht, AG 1977, 57 und 92

Großfeld, Bernhard/Lehmann, Ulrike: Die Sieben im Gesellschaftsrecht, AG 1992, 216

Großfeld, Bernhard/Merdausl, Claudia: Der Versicherungsverein auf Gegenseitigkeit im System der Unternehmensformen, in: Grundlagen des Versicherungsvereins auf Gegenseitigkeit, verfaßt und veröffentlicht aus Anlaß des 175 jährigen Bestehens der Gothaer Versicherungsbank VVaG, Köln, am 2. Juli 1995, herausgegeben von Wolfgang Peiner, Köln/Göttingen, Gothaer Versicherungen, 1995, S. 107

Großfeld, Bernhard/Möhlenkamp, Andreas: Zum Auskunftsrecht des Aktionärs – Eine Besprechung des „Allianz"-Beschlusses des Kammergerichts vom 30. Juni 1994, ZIP 1994, 1267 –, ZIP 1994, 1425

Großfeld, Bernhard/Reemann, Jörg L.: Die neue Genossenschaftsbilanz, in: Bilanz- und Konzernrecht, Festschrift zum 65. Geburtstag von Reinhard Goerdeler, herausgegeben von Hans Havermann, Düsseldorf, IDW-Verlag, 1987, S. 149

Großfeld, Bernhard/Spennemann, Gert: Die Teilnahmeberechtigung mehrerer gesetzlicher Vertreter von Gesellschaften in Mitgliederversammlungen von Kapitalgesellschaften und Genossenschaften, AG 1979, 128

Großfeld, Bernhard/Schemmann, Thomas: Versicherungsunternehmen im Reorganisations- und Liquidationsverfahren, ZIP 1985, 1180

Großfeld, Bernhard/Stermann, Helmut: Die Haftung der ehrenamtlichen Mitglieder des Vorstandes einer Genossenschaft, in: Genossenschaften und Genossenschaftswissenschaft, Freundesgabe für Erik Boettcher, herausgegeben von Wilhelm Jäger und Hans Pauli, Wiesbaden, DG-Verlag, 1984, S. 233

Großfeld, Bernhard/Weber, Klaus-Peter: Genossenschaftswesen und Insider-Handeln, AG 1993, 201

Großkomm. AktG: Aktiengesetz Großkommentar, Dritte, neu bearbeitete Auflage von Barz, Brönner, Klug, Mellerowicz, Meyer-Landrut, Schilling, Wiedemann, Würdinger, Berlin/New York, Walter de Gruyter, 1971/1973/1975

Grossmann, Marcel: Ausdehnung des Geschäftsbereiches und Betriebsgröße in der Versicherung, ZVersWiss 49 (1960), 1
– Sicherheitsstreben und Gewinnstreben in der Versicherungswirtschaft, ZVersWiss 56 (1967), 83

Grotherr, Siegfried: Der Anteilstausch als gesellschaftsrechtlicher Einbringungsvorgang nach Umsetzung der Fusionsrichtlinie durch das StÄndG 1992, BB 1992, 2259
– Zur gegenwärtigen Bedeutung der Organschaft in der Konzernsteuerplanung, BB 1993, 1986
– Das neue Körperschaftsteuersystem mit Anteilseignerentlastung bei der Besteuerung von Einkünften aus Beteiligungen, Regierungsentwurf zum Steuersenkungsgesetz 2000, BB 2000, 849

Gruber, Thomas/Kühnberger, Manfred: Umstellung der Rechnungslegung von HGB auf US-GAAP: Bilanzrechtliche und bilanzpolitische Aspekte eines Systemwechsels, DB 2001, 1733

Grüner, Michael: Zeitliche Einschränkung des Rede- und Fragerechts auf Hauptversammlungen – zugleich Besprechung der BVerfG-Entscheidung „Wenger/Daimler-Benz“, NZG 2000, 192 –, NZG 2000, 770
Grumann, Marc-Olaf/Soehlke, Raphael: Namensaktie und Hauptversammlung – Die Änderungen des Aktiengesetzes durch das NaStraG im Zusammenhang mit der Vorbereitung und Durchführung von Hauptversammlungen –, DB 2001, 576
Grundmann, Stefan: Europäisches Handelsrecht – vom Handelsrecht des laissez faire im Kodex des 19. Jahrhunderts zum Handelsrecht der sozialen Verantwortung –, ZHR 163 (1999), 635
Grunewald, Barbara: Rechtsschutz gegen fehlerhafte Maßnahmen der Geschäftsführung, DB 1981, 407
– Wissenszurechnung bei juristischen Personen, in: Festschrift für Karl Beusch zum 68. Geburtstag am 31. Oktober 1993, herausgegeben von Heinrich Beisse, Marcus Lutter, Heribald Närger, Berlin/New York, Walter de Gruyter, 1993, S. 301
– Die Haftung von Organmitgliedern nach Deliktsrecht, ZHR 157 (1993), 451
– Gesellschaftsrecht, Tübingen, Mohr, 1994
– Die Haftung des Abschlußprüfers gegenüber Dritten – Besprechung des Urteils des BGH ZIP 1998, 826 –, ZGR 1999, 583
– Europäisierung des Übernahmerechts, AG 2001, 288
Grunewald, Barbara/Müller, Hans-Friedrich: Die Entwicklung des Gesellschaftsrechts 1995/1996, JZ 1997, 698
Gruschinske, Günther: Der Überschuß und seine Verwendung bei Lebensversicherungsunternehmen, VerBAV 1970, 260
– Überschußbeteiligung in der Lebensversicherung in Diskussion, ZfV 1989, 642
– Kontrolle der Eigenmittelausstattung, in: 100 Jahre materielle Versicherungsaufsicht in Deutschland, herausgegeben von Helmut Müller, Joachim-Friedrich Golz, Elke Washausen-Richter, Michael Trommeshauser, Bonn, Bundesaufsichtsamt für das Versicherungswesen, 2001, S. 271
Grussendorf, Werner: Soll bei großen Aktiengesellschaften eine Vertreterversammlung eingeführt werden?, AG 1961, 275
Güldner, Wilhelm: Der Begriff der Leistung des Versicherers, Diss. Köln, 1939
Günkel, Manfred: Die Prüfung der steuerlichen Verrechnungspreise durch den Abschlußprüfer, WPg 1996, 839
Günther, Rolf: Unternehmensbewertung: Kapitalisierungszinssatz nach Einkommensteuer bei Risiko und Wachstum im Phasenmodell, BB 1998, 1834
Günther, Thomas/Beyer, Dirk: Value Based Reporting – Entwicklungspotenziale der externen Unternehmensberichterstattung, BB 2001, 1623
Gürtler, Max: Dynamik in der Versicherungswirtschaft, in: Wirtschaft und Recht der Versicherung, Festschrift für Paul Braeß zum 66. Geburtstag, herausgegeben von Dieter Farny, Karlsruhe, VVW, 1969, S. 99
Gustavus, Eckhart: Die Neuregelungen im Gesellschaftsrecht nach dem Regierungsentwurf eines Handelsrechtsreformgesetzes, GmbHR 1998, 17
Haas, Gerhard: Mitunternehmer durch Genußrechte, BB 1982, 1537
Haasen, Uwe: Das Recht auf den Überschuß bei den privaten Versicherungsgesellschaften, Stuttgart, 1955
Habermann, Gregor: Mitteilungs- und Bekanntmachungspflichten im Zusammenhang mit Konzernumstrukturierungsmaßnahmen im Versicherungsbereich, VersR 1998, 801
Habersack, Mathias: Genußrechte und sorgfaltswidrige Geschäftsführung. Ein Beitrag zum Schutz der Inhaber von Genußrechten mit Eigenkapitalcharakter, ZHR 155 (1991), 378
– Patronatserklärungen ad incertas personas, ZIP 1996, 257
– Die Mitgliedschaft – subjektives und „sonstiges“ Recht, Tübingen, Mohr, 1996
– Der Finanzplatz Deutschland und die Rechte der Aktionäre. Bemerkungen zur bevorstehenden Einführung des „Squeeze Out“, ZIP 2001, 1230
– Aktienrecht und Internet, ZHR 165 (2001), 172
Habersack, Mathias/Lüssow, Björn: Vorbelastungshaftung, Vorbelastungsbilanz und Unternehmensbewertung – Plädoyer für ein zweistufiges Vorbelastungs-Konzept –, NZG 1999, 629
Hachmeister, Dirk: Der Discounted Cash Flow als Maß der Unternehmenswertsteigerung, 2., durchgesehene Auflage, Frankfurt am Main u. a., Lang, 1998
Hacker, Bernd/Dobler, Michael: Empirische Untersuchung der Segmentpublizität in Deutschland, WPg 2000, 811

Hadding, Walther: Verfügungen über Mitgliedschaftsrechte, in: Festschrift für Ernst Steindorff zum 70. Geburtstag am 13. März 1990, herausgegeben von Jürgen F. Baur, Klaus J. Hopt und K. Peter Mailänder, Berlin/New York, Walter de Gruyter, 1990, S. 31
– Korporationsrechtliche oder rechtsgeschäftliche Grundlagen des Vereinsrechts?, in: Festschrift für Robert Fischer, herausgegeben von Marcus Lutter, Walter Stimpel, Herbert Wiedemann, Berlin/New York, Walter de Gruyter, 1979, S. 165
– Zur gesellschaftsrechtlichen Vereinbarkeit von stillen Vermögenseinlagen und Genußrechten mit dem Förderungszweck eingetragener Kreditgenossenschaften, ZIP 1984, 1295
– Ergibt die Vereinsmitgliedschaft „quasi-vertragliche" Ansprüche, „erhöhte Treue- und Förderpflichten" sowie ein „sonstiges Recht" im Sinne des § 823 Abs. 1 BGB? Besprechung der Entscheidung BGHZ 110, 323, in: Festschrift für Alfred Kellermann zum 70. Geburtstag am 29. November 1990, herausgegeben von Reinhard Goerdeler, Peter Hommelhoff, Marcus Lutter, Walter Odersky, Herbert Wiedemann, Berlin/New York, Walter de Gruyter, 1991, S. 91
– Actio pro socio in der eingetragenen Genossenschaft?, ZfgG 43 (1993), 306

Häusele, Stefan: Aufsicht über Finanzkonglomerate, ZVersWiss 83 (1994), 563
– „Investor Relations": Grundlagen und Bedeutung in der Versicherungswirtschaft, ZVersWiss 86 (1997), 131

Hafke, Heinz Christian: Rechtliche Fragen von Wertsicherungsvereinbarungen vor und nach Eintritt in die Währungsunion, WM 1997, 693

Hagelschuer, Paul B.: Lebensversicherung, 2. Auflage, Wiesbaden, 1987

Hagen, Otto: Haben die Versicherungsvereine auf Gegenseitigkeit Kaufmannseigenschaft?, Blätter für Rechtspflege im Bezirk des Kammergerichts, 13. Jahrgang, 1902, 57
– Versicherungsrecht, in: Handbuch des gesamten Handelsrechts, herausgegeben von Victor Ehrenberg, Achter Band, I. Abteilung, Erstes und Zweites Buch, Leipzig, 1922
– Zum Begriffe der Gegenseitigkeit, Iherings Jahrbücher 78, 227

Hager, Johannes: Die Vertretung der Aktiengesellschaft im Prozeß mit ihren früheren Vorstandsmitgliedern, NJW 1992, 352
– Schutz einer Handelsgesellschaft gegen die Analyse ihrer Jahresabschlüsse im Lichte der Grundrechte – Zugleich eine Besprechung von BGH 8. 2. 1994 VI ZR 286/93 und BVerfG 3. 5. 1994 1 BvR 737/94 –, ZHR 158 (1994), 675

Hahn, Jürgen: „Kleine AG", eine rechtspolitische Idee zum unternehmerischen Erfolg, DB 1994, 1659

Hakelmacher, Sebastian: Hält die Holding, was von ihr gehalten wird? WPg 1992, 122

Hakenberg, Michael: Das Euro-Einführungsgesetz, BB 1998, 1491

Haller, Matthias: Gefahrengemeinschaft oder Sicherungsteam? Zur Entwicklung eines Sinnmodells der Versicherung im Zeichen des Servicegedankens, St. Gallen, IVW, 1985
– Versicherer oder Bankier? – Zum Berufsverständnis des Lebensversicherers angesichts der Markturbulenzen, in: Staat, Wirtschaft, Assekuranz und Wissenschaft, Festschrift für Robert Schwebler, herausgegeben von Rudolf Henn und Walter F. Schickinger, Karlsruhe, VVW, 1986, S. 627
– Risiko-Management und Risiko-Dialog, in: Risiko und Wagnis. Die Herausforderung der industriellen Welt, herausgegeben von Mathias Schüz, Gerling Akademie, Pfullingen, Verlag Günther Neske, Erster und Zweiter Band, 1990, Erster Band, S. 229

Haller, Matthias/Ackermann, Walter: Versicherungswirtschaft – kundenorientiert, 1. Auflage, Zürich, Verlag des Schweizerischen Kaufmännischen Verbandes, 1992

Halm, Dirk: „Squeeze-Out" heute und morgen: Eine Bestandsaufnahme nach dem künftigen Übernahmerecht, NZG 2000, 1162

Hammen, Horst: Offene Fragen beim Recht der Genußscheine, BB 1990, 1917
– Unzulässigkeit aktiengleicher Genußrechte?, DB 1988, 2549
– Zur bankaufsichtsrechtlichen Beurteilung von Genußrechtskapital nach dem novellierten Kreditwesengesetz, in: Recht und Praxis der Genußscheine, Band 16 der Schriften zum deutschen und ausländischen Geld-, Bank- und Börsenrecht, herausgegeben von Karl Dietrich Bundschuh, Walther Hadding und Uwe H. Schneider, Frankfurt am Main, Knapp, 1987, S. 69
– Zur Begründung von (organschaftlichen) Rechten Dritter im Gesellschaftsvertrag einer GmbH – Zugleich ein Beitrag zur Anwendung von § 328 Abs. 1 BGB im Kapitalgesellschaftsrecht –, WM 1994, 765
– Zur geplanten Neuregelung des Depotstimmrechts, ZIP 1995, 1301
– Das Vollmachtsstimmrecht der Banken in der Aktienrechtsreform, WM 1997, 1221

– Zweigniederlassungsfreiheit europäischer Gesellschaften und Mitbestimmung der Arbeitnehmer auf Unternehmensebene, WM 1999, 2487
– Steuerrechtliche Anreize statt staatlicher Reglementierung – Der Entwurf des § 8b Abs. 2 KStG n. F. und die Auswirkungen des Urteils des EuGH vom 20. 4. 1999, WM 2000, 738 ff –, WM 2000, 941

Hammers-Strizek, Gisela: Peer Review – Zur Einführung einer externen Überwachung der Qualität in der deutschen Wirtschaftsprüferpraxis, WPg 1999, 911

Hanau, Peter: Schlankere Betriebs- und Unternehmensverfassung, in: Arbeitsrecht in der Bewährung, Festschrift für Otto Rudolf Kissel zum 65. Geburtstag, herausgegeben von Meinhard Heinze, Alfred Söllner, München, Beck, 1994, S. 347
– Gemeinsame Betriebe und Betriebsteile bei der Umstrukturierung und Zusammenführung von Versicherungsvereinen auf Gegenseitigkeit, in: Grundlagen des Versicherungsvereins auf Gegenseitigkeit, verfaßt und veröffentlicht aus Anlaß des 175 jährigen Bestehens der Gothaer Versicherungsbank VVaG, Köln, am 2. Juli 1995, herausgegeben von Wolfgang Peiner, Köln/Göttingen, Gothaer Versicherungen, 1995, S. 220

Hanekopf, Stefan: Einlagenversicherung in der unternehmerischen Bank- und Versicherungswirtschaft, Diss. Göttingen 1997, Wiesbaden, Gabler, 1998

Hanloser, Stefan: Proxy-Voting, Remote-Voting und Online-HV: § 134 III 3 AktG nach dem NaStraG, NZG 2001, 355

Hansen, Herbert: Die unbefriedigende Kapitalstruktur deutscher Unternehmen, GmbHR 1996, 327
– Der deutsche Aktienmarkt – Entwicklungen, Veränderungen, Strukturen –, Sonderheft AG, Oktober 1996

Happ, Wilhelm: Namensaktiengesetz – NaStraG oder: Der Einzug der Informationstechnologie in das Aktienrecht, WM 2000, 1795

Happ, Wilhelm/Freitag, Angelika: Die Mitternachtsstund als Nichtigkeitsgrund?, AG 1998, 493

Harms, Jens E./Küting, Karlheinz: Ermittlung und Ausweis des Eigenkapitals nach dem Bilanzrichtlinie-Gesetz, DB 1983, 1449

Harder, Peter C. von: Kooperationen von Versicherungen und Banken – Sichten und Aussichten, in: Versicherungen in Europa heute und morgen, Geburtstags-Schrift für Georg Büchner, herausgegeben von Franz Wilhelm Hopp und Georg Mehl, Karlsruhe, VVW, 1991, S. 735

Harder, Nils/Ruter, Rudolf X.: Die Mitglieder des Aufsichtsrats einer GmbH mit öffentlichrechtlichem Anteilseigner – ihre Rechte und Pflichten, GmbHR 1995, 813

Harnacke, Ulrich M./Jorde, Thomas R.: Gesellschaft in der Krise – Beratung durch Aufsichtsratsmitglieder?, BB 1999, 489

Hartmann, Lutz: Die französische Société par Actions Simplifiée: eine zukunftsweisende Gesellschaftsform, WM 2000, 1530

Hasselbach, Kai/Schumacher, Stephan: Hauptversammlung im Internet, ZGR 2000, 258

Hauth, Wolfram: Unternehmensverfassungsrechtliche Probleme des Versicherungsvereins auf Gegenseitigkeit, Frankfurt am Main/Bern/New York/Nancy, Lang, 1984

Havermann, Hans: Konzernrechnungslegung – quo vadis?, WPg 2000, 121

Hax, Karl: Ist der Versicherungsverein auf Gegenseitigkeit noch eine geeignete Rechtsform für die große Versicherungsunternehmung?, in: Wirtschaft und Recht der Versicherung, Festschrift für Paul Braeß zum 66. Geburtstag, herausgegeben von Dieter Farny, Karlsruhe, 1969, S. 139
– Unternehmensgröße und Konzentration in der Versicherungswirtschaft, in: Grundprobleme des Versicherungsrechts, Festgabe für Hans Möller zum 65. Geburtstag, herausgegeben von Reimer Schmidt und Karl Sieg, Karlsruhe, VVW, 1972, S. 261

Haymann, Franz: Leistung und Gegenleistung im Versicherungsvertrag. Eine Grundfrage des Privatversicherungsrechts, Berlin und Leipzig, Walter de Gruyter, 1933

Hecking, Joseph: Ungelöste Fragen im Recht der Versicherungsvereine auf Gegenseitigkeit, ZfV 1965, 103

Heckroth, Klaus: Die Anforderungen der Jahr-2000-Anpassung an Geschäftsleitung und Abschlußprüfer, DB 1999, 702

Heckschen, Heribert: Die Entwicklung des Umwandlungsrechts aus Sicht der Rechtsprechung und Praxis, DB 1998, 1385

Hedemann, Wolfgang: Eigeninteresse der Mitgliedervertreter eines VVaG bei Teilnahme an der Mitgliedervertreterversammlung?, VW 1962, 319

Hedrich, Carl-Christoph/Stedler, Heinrich: Die Renaissance des Genußrechtskapitals, ZfgK 1987, 192

Heermann, Peter W.: Stimmrechtsvertretung in der Hauptversammlung und Schadensersatzhaftung – Zugleich eine Besprechung des Urteils des OLG Düsseldorf vom 17. Mai 1994, ZIP 1994, 878 („Girmes/Effekten-Spiegel"), ZIP 1994, 1243
– Interessenkonflikte von Bankenvertretern in Aufsichtsräten bei (geplanten) Unternehmensübernahmen, WM 1997, 1689
– Unternehmerisches Ermessen, Organhaftung und Beweislastverteilung, ZIP 1998, 761
– Wie weit reicht die Pflicht des Aufsichtsrats zur Geltendmachung von Schadensersatzansprüchen gegen Mitglieder des Vorstands?, AG 1998, 201
Hefermehl, Wolfgang: Umfang und Grenzen des Auskunftsrechts des Aktionärs in der Hauptversammlung, in: Festschrift für Konrad Duden zum 70. Geburtstag, herausgegeben von H.-M. Pawlowski, Günther Wiese, Günther Wüst, München, Beck, 1977, S. 109
Heidel, Thomas: Squeeze-out ohne hinreichenden Eigentumsschutz, DB 2001, 2031
Heidelbach, Anne: Der kleinere Versicherungsverein auf Gegenseitigkeit unter besonderer Berücksichtigung der gesellschaftsrechtlichen Probleme, Frankfurt am Main/Berlin/Bonn/New York/Paris/Wien, Lang, 1994
Heidelberger Kommentar zum HGB: Kommentar zum Handelsgesetzbuch mit den Rechnungslegungsvorschriften nach dem Bilanzrichtlinien-Gesetz und den Steuern der kaufmännischen Personenunternehmen von Peter Glanegger, Georg Güroff, Stefan Kusterer, Jochen Niedner, Monika Peuker, Werner Ruß, Johannes Selder, Ulrich Stuhlfelner, 5. Auflage, Heidelberg, C. F. Müller, 1999
Heider, Karsten: Einführung der nennwertlosen Aktie in Deutschland anläßlich der Umstellung des Gesellschaftsrechts auf den Euro, AG 1998, 1
Heidinger, Andreas: Die Euroumstellung beim Formwechsel von Kapitalgesellschaften, NZG 2000, 532
Heilmann, Wolf-Rüdiger: Die Rolle des Mathematikers in der Versicherungswirtschaft, VW 1993, 239
Hein, Jan von: Grundfragen des europäischen Übernahmekollisionsrechts, AG 2001, 213
Heinrich, Herbert: § 7 Abs. 2 S. 1 VAG – ein gesetzliches Verbot?, VersR 1997, 1169
Heinrichs, Helmut: Die Entwicklung des Rechts der Allgemeinen Geschäftsbedingungen im Jahre 1993, NJW 1994, 1380
Heinsius, Theodor: Zur Bestellung von Ersatzmitgliedern für den Aufsichtsrat durch die Hauptversammlung – Suspendierung der Ersatzmitgliedschaft während der Amtszeit im Aufsichtsrat? – ZGR 1982, 232
– Haftungsfragen im faktischen GmbH-Konzern, AG 1986, 99
Heintzen, Markus: EU-Verordnungsentwurf zur Anwendung von IAS: Kein Verstoß gegen Unionsverfassungsrecht, BB 2001, 825
Heinze, Meinhard: Ein neuer Lösungsweg für die Europäische Aktiengesellschaft, AG 1997, 289
Heitmann, Lars: Neueste Entwicklungen der Managerhaftung und die D&O-Versicherung, VW 1999, 1076
Held, Gunter: Beteiligungsverhältnisse in der deutschen Versicherungswirtschaft, ZfV 1999, 458 (I) und 497 (II)
Heller, Arne: Unternehmensführung und Unternehmenskontrolle unter besonderer Berücksichtigung der Gesamtverantwortung des Vorstands, Heidelberg, v. Decker, 1998
Hellermann, Johannes: Private Standardsetzung im Bilanzrecht – öffentlich-rechtlich gesehen, NZG 2000, 1097
Hellner, Thorwald: Quo vadis AGB-Recht?, in: Festschrift für Ernst Steindorff zum 70. Geburtstag am 13. März 1990, herausgegeben von Jürgen F. Baur, Klaus J. Hopt, K. Peter Mailänder, Berlin/New York, Walter de Gruyter, 1990, S. 573
Hellwig, Hans-Jürgen: Beratungsverträge des Abschlußprüfers – Genehmigungspflicht analog § 114 AktG und Publizitätspflicht analog § 125 Abs. 1 Satz 3 AktG, ZIP 1999, 2117
Helm, Johann Georg: AGB-Gesetz und Allgemeine Versicherungsbedingungen, NJW 1978, 129
Helmer, Georg: Die Gegenseitigkeitsversicherung, eine Schöpfung germanischer Völker, Schriftenreihe der Österreichischen Gesellschaft für Versicherungsfachwissen, Heft 21, Wien, 1937
– Grundlinien der Geschichte der Versicherung, in: Internationales Versicherungsrecht, Festschrift für Albert Ehrenzweig, herausgegeben von Hans Möller, Karlsruhe, 1955, S. 57
Helmers, Dietrich: Anforderungen an die persönliche Eignung des Treuhänders für den Dekkungsstock gemäß § 71 Abs. 2 VAG, VersR 1958, 820
Helten, Elmar: Versicherung – Solidarhilfe oder Glücksspiel? Gedanken zum Selbstverständnis und Ansehen der Versicherung, in: Staat, Wirtschaft, Assekuranz und Wissenschaft, Festschrift

für Robert Schwebler, herausgegeben von Rudolf Henn und Walter F. Schickinger, Karlsruhe, VVW, 1986, S. 233

Hemeling, Peter: Die Beteiligungen von Versicherungsunternehmen an Unternehmen anderer Wirtschaftszweige nach dem Versicherungsaufsichtsrecht, Diss. Göttingen, 1989

Hendricks, Michael: Der D&O-Prozeß: Haftungsfragen einer neuen Haftpflichtpolice, VW 1996, 566

– D&O: Was noch zu klären und zu ergänzen ist, VW 1997, 1520ff

– D&O-Policen auf dem Prüfstand, VW 2001, 1041ff

Hengeler, Hans/Hoffmann-Becking, Michael: Insolvenz im Vertragskonzern, in: Strukturen und Entwicklungen im Handels-, Gesellschafts- und Wirtschaftsrecht, Festschrift für Wolfgang Hefermehl zum 70. Geburtstag am 18. September 1976, herausgegeben von Robert Fischer, Ernst Gessler, Wolfgang Schilling, Rolf Serick, Peter Ulmer, München, Beck, 1976, S. 283

Henke, Joachim: Die Novelle zum Gesetz über das Kreditwesen, WM 1985, 41

Henn, Günter: Handbuch des Aktienrechts, 4. Auflage, Heidelberg, Müller, 1991

Hennerkes, Brun-Hagen/Kögel, Rainer: Eine Geschäftsordnung für die Hauptversammlung, DB 1999, 81

Hennerkes, Brun-Hagen/Schiffer, K. Jan: Ehrenvorsitzender oder Ehrenmitglied eines Aufsichtsrats – Ernennung und Kompetenzen, DB 1992, 875

Henning, Friedrich-Wilhelm: Die Unternehmensfinanzierung in der Bundesrepublik Deutschland von 1952 bis 1965, unter besonderer Berücksichtigung einiger Industrie-Aktiengesellschaften, in: Zur Geschichte der Unternehmensfinanzierung, herausgegeben von Dietmar Petzina, Berlin, Duncker & Humblot, 1990, S. 99

Henning, Peter: Die Zwangsliquidation von Versicherungsunternehmen. Die Koordinierung der Rechts- und Verwaltungsvorschriften in der Europäischen Union am Beispiel von Deutschland, dem Vereinigten Königreich und Frankreich, Karlsruhe, VVW, 2000

Hennrichs, Joachim: Funktionsauslagerung (Outsourcing) bei Kreditinstituten – Bericht über den Bankrechtstag 2000 der Bankrechtlichen Vereinigung e.V. am 30. Juni 2000 in Wien –, WM 2000, 1561

– Stille Reserven und Lebensversicherung, NVersZ 2002, 5

Henssler, Martin: Das Anstellungsverhältnis der Organmitglieder, RdA 1992, 289

– Gewerbe, Kaufmann und Unternehmen – Herkunft und Zukunft der subjektiven Anknüpfung des Handelsrechts –, ZHR 161 (1997), 13

– Die phasengleiche Aktivierung von Gewinnansprüchen im GmbH-Konzern, JZ 1998, 701

– Die Betriebsaufspaltung – Konzernrechtliche Durchgriffshaftung im Gleichordnungskonzern? Besprechung des Urteils BAG ZIP 1999, 723, ZGR 2000, 479

Henssler, Martin/Slota, Christian: Der Befreiungstatbestand des § 292a HGB – Nur eine Zwischenlösung?, NZG 1999, 1133

Hentzen, Matthias: Der Entherrschungsvertrag im Aktienrecht, ZHR 157 (1993), 65

Henze, Hartwig: Zur Treupflicht unter Aktionären, in: Festschrift für Alfred Kellermann zum 70. Geburtstag am 29. November 1990, herausgegeben von Reinhard Goerdeler, Peter Hommelhoff, Marcus Lutter, Walter Odersky, Herbert Wiedemann, Berlin/New York, Walter de Gruyter, 1991, S. 141

– Die „zweistufige" Konzernverschmelzung, AG 1993, 341

– Die Treupflicht im Aktienrecht – Gedanken zur Rechtsprechung des Bundesgerichtshofes von „Kali und Salz" über „Linotype" und „Kochs Adler" bis zu „Girmes" –, BB 1996, 489

– Prüfungs- und Kontrollaufgaben des Aufsichtsrates in der Aktiengesellschaft – Die Entscheidungspraxis des Bundesgerichtshofes, NJW 1998, 3309

– Treupflichten der Gesellschafter im Kapitalgesellschaftsrecht, ZHR 162 (1998), 186

– Leitungsverantwortung des Vorstands – Überwachungspflicht des Aufsichtsrats, BB 2000, 209

– Entwicklungen der Rechtsprechung des BGH im GmbH-Recht – Freud und Leid der Kommentatoren, GmbHR 2000, 1069

– Aktuelle Rechtsprechung des BGH zum Aktienrecht, BB 2000, 2053

Herdegen, Matthias: Das deutsche Einlagensicherungs- und Entschädigungsgesetz aus europarechtlicher Perspektive, WM 1999, 1541

Herfs-Röttgen, Ebba: Arbeitnehmerbeteiligung in der Europäischen Aktiengesellschaft, NZA 2001, 424

Hermann, Johannes: KonTraG: Keimzelle für ein ertragsorientiertes Risikomanagement?, VW 1999, 1069

Herrmann, Armin: Der Genußschein aus genossenschaftlicher Sicht, Der langfristige Kredit 1988, 625

Herrmannsdorfer, Fritz: Versicherungsunternehmungen und Konzentration. Eine Studie über die Stellung der Versicherungsunternehmungen im heutigen Wirtschaftsleben, Veröffentlichungen des Deutschen Vereins für Versicherungs-Wissenschaft, Heft 37, Berlin, 1926

Hertel, Achim: Über einige offene Fragen und „Ungereimtheiten" der Solvabilitätsvorschriften in der EG-Richtlinie zur Lebensversicherung, VW 1981, 436

– Die Solvabilität deutscher Lebensversicherungsunternehmen, Frankfurt am Main/Bern/New York/Nancy, Lang, 1984

– Über die Sicherheit der vertraglichen Ansprüche der Versicherungsnehmer in der Lebensversicherung durch Solvabilität – zugleich eine empirische Untersuchung der Solvabilitätsverhältnisse 1982, ZVersWiss 73 (1984), 409

Herzig, Norbert/Dautzenberg, Norbert/Heyeres, Ralf: System und Schwächen der Fusionsrichtlinie, BB Beilage Nr. 12/91 zu Heft Nr. 41 vom 11. Oktober 1991, S. 3

Herzig, Norbert/Förster, Guido: Steueränderungsgesetz 1992: Die Umsetzung der Fusionsrichtlinie in deutsches Steuerrecht, DB 1992, 916, 959

Herzig, Norbert/Lochmann, Uwe: Bilanzierung von Aktienoptionsplänen und ähnlichen Entlohnungsformen – Stellungnahme zum Positionspapier des DRSC –, WPg 2001, 82

– Der Besteuerungszeitpunkt von Stock Options – Zugleich Anmerkung zu den BFH-Urteilen vom 24. 1. 2001 I R 100/98 und I R 119/98 –, DB 2001, 1436

Herzig, Norbert/Rieck, Ulrich: Die Rückstellung für drohende Verluste aus schwebenden Geschäften im Steuerrecht – Übergangsfragen und Grundsätzliches –, BB 1998, 311

Hesberg, Dieter: Anmerkungen zur Ausstattung der deutschen Schaden-Versicherungsunternehmen mit Sicherheitskapital nach der Novellierung des Versicherungsaufsichtsgesetzes durch das Erste Durchführungsgesetz/EWG zum VAG, ZVersWiss 65 (1976), 379

– Publizitätsziele und Rechnungslegung der Versicherungsunternehmen – Selbstporträt mit geschlossenem Visier?, ZVersWiss 66 (1977), 539

– Solvabilität als Gegenstand der Risikopolitik, ZVersWiss 72 (1983), 255

– Finanzierung, in: Handwörterbuch der Versicherung, herausgegeben von Dieter Farny, Elmar Helten, Peter Koch, Reimer Schmidt, Karlsruhe, VVW, 1988, S. 195

– Ist die Externe Rechnungslegung der Versicherungsunternehmen überflüssig? Zur Gestaltung der Rechnungslegung von Versicherungsunternehmen auf deregulierten Versicherungsmärkten aus der Sicht der Versicherungsnehmer, in: Risiko, Versicherung, Markt, Festschrift für Walter Karten zur Vollendung des 60. Lebensjahres, herausgegeben von Dieter Hesberg, Martin Nell, Winfried Schott, Karlsruhe, VVW, 1994, S. 523

– Zur Zweckmäßigkeit der Vertragsaufspaltung im Rechnungswesen aus ökonomischer Sicht, in: Lebensversicherung und Geschäftsbesorgung, Kolloquium in memoriam Karl Sieg am 30. September 1998, herausgegeben von Walter Karten, Manfred Werber und Gerrit Winter, Karlsruhe, VVW, 1998, S. 122

Hesberg, Walter: Genußrechtskapital für Hypothekenbanken?, Wertpapier 1985, 989

Hetmeier, Heinz: Sicherheit der Ansprüche an die Lebensversicherung im künftigen Binnenmarkt, VW 1991, 1191

Heubeck, Klaus: Pensionsfonds – Grenzen und Möglichkeiten, in: Aktuelle Entwicklungen in der betrieblichen Altersversorgung, Beilage Nr. 5/2001 zu Heft Nr. 24 vom 15. 6. 2001, S. 2

Heurung, Rainer: Kapitalkonsolidierungsmethoden für verbundene Unternehmen im Vergleich zwischen IAS und US-GAAP, DB 2000, 1773

– Latente Steuerabgrenzung im Konzernabschluß im Vergleich zwischen HGB, IAS und US-GAAP, AG 2000, 538

Heussen, Benno/Damm, Maximilian: Millenium Bug: Manager- und Beraterhaftung bei unterlassener Systemprüfung und Notfallplanung, BB 1999, 481

Heyll, Jens: Die Anwendung von Arbeitsrecht auf Organmitglieder, Frankfurt am Main/Berlin/Bern/New York/Paris/Wien, Lang, 1994

Hicks, Wolfgang: Die Bewertung von Lebensversicherungen, DB 1992, 1374

Hjort, Jens Peter: Der notwendige Inhalt eines Verschmelzungsvertrags aus arbeitsrechtlicher Sicht, NJW 1999, 750

Hinrichs: Die Lebensversicherung, ihre wirthschaftliche und rechtliche Natur, ZHR 20 (1875), 339

Hippel, Eike von: Gewinnbeteiligung und Verbraucherschutz in der Lebensversicherung, JZ 1989, 663

– Fortschritte beim Verbraucherschutz im Versicherungswesen, JZ 1990, 730

– Banken im Kreuzfeuer, BB 1995, 785

– Rechtlose Versicherungsnehmer? – Zur Überschußbeteiligung in der Lebensversicherung, NJW 1995, 566

Hirsch, Hendrik: Voraussetzungen für den Widerruf eines Bestätigungsvermerks – Anmerkungen zur Entscheidung des Kammergerichts Berlin vom 19. 9. 2000 –, WPg 2001, 606

Hirte, Heribert: Genußscheine mit Eigenkapitalcharakter in der Aktiengesellschaft, ZIP 1988, 477
- Genußscheine und Kapitalherabsetzung, ZIP 1991, 1461
- Der qualifizierte faktische Konzern, RWS-Dokumentation 12, Köln, 1992
- Die Behandlung unbegründeter oder mißbräuchlicher Gesellschafterklagen im Referentenentwurf eines Umwandlungsgesetzes – Die Regelung der vorläufigen Eintragung einer Umwandlung –, DB 1993, 77
- Die Entwicklung des Unternehmens- und Gesellschaftsrechts in Deutschland in den Jahren 1991–1995, NJW 1996, 2827 (I), 3392 (II)
- Die Entwicklung des Unternehmens- und Gesellschaftsrechts in Deutschland in den Jahren 1996 und 1997, NJW 1998, 2943
- Die Entwicklung des Unternehmens- und Gesellschaftsrechts in Deutschland in den Jahren 1998 und 1999, NJW 2000, 3321

Hockemeier, Hartmut: Die Auswirkung der Verschmelzung von Kapitalgesellschaften auf die Anstellungsverhältnisse der Geschäftsleiter, Berlin, Duncker & Humblot, 1990

Hoefeld, Ludwig: Steuer und Rechnungsabschluß in der Versicherungswirtschaft, Berlin, Dunker & Humblot, 1965

Höfer, Reinhold: Die Neuregelung des Betriebsrentenrechts durch das Altersvermögensgesetz (AVmG), DB 2001, 1145 = BetrAV 2001, 314

Höhn, Reinhard: Pflicht des Aufsichtsrats zur Beratung der GmbH-Geschäftsführer?, GmbHR 1993, 777
- Die verweigerte Zustimmung des Aufsichtsrats – Fehlverhalten der Geschäftsführer, GmbHR 1994, 604
- Die gesetzwidrige Teilüberwachung der Geschäftsführung durch den Aufsichtsrat, GmbHR 1995, 861

Hölters, Wolfgang: Die zustimmungspflichtigen Geschäftsführungsmaßnahmen im Spannungsfeld zwischen Satzungs- und Aufsichtsratsautonomie, BB 1978, 640

Hoepfner, Helmut: Die Gewinnbeteiligung der Versicherungsnehmer bei der Prämienversicherung, Diss. Königsberg i. Pr., 1928

Hoerdemann, Christiane: Aktienrechtsreform und kein Ende – Bedarf es der Verschärfung der Aufsichtsratshaftung?, ZRP 1997, 44

Hoeren, Thomas: Der englische Versicherungs-Ombudsman – ein Modell auch für die deutsche Versicherungswirtschaft?, ZVersWiss 81 (1992), 487
- Der Bankenombudsmann in der Praxis, NJW 1994, 362
- Selbstregulierung im Banken- und Versicherungsrecht, Karlsruhe, VVW, 1995

Hötzel, Oliver/Beckmann, Klaus: Einfluß der Unternehmenssteuerreform 2001 auf die Unternehmensbewertung, WPg 2000, 696

Hofmann, Edgar: Privatversicherungsrecht, 4. Auflage, München, Beck, 1998

Hofmann, Rolf: Corporate Governance: Überwachungseffizienz und Führungskompetenz in Kapitalgesellschaften, München/Wien, Oldenbourg, 1998

Hoffmann. Dietrich: Der Aufsichtsrat. Ein Handbuch für die Praxis, 3. Auflage, München, Beck, 1994

Hoffmann, Dietrich/Preu, Peter: Der Aufsichtsrat: Ein Leitfaden für Aufsichtsräte, 4., neu bearbeitete und ergänzte Auflage, München, Beck, 1999

Hoffmann, Dietrich/Kirchhoff, Wolfgang: Beratungsverträge mit Aufsichtsratsmitgliedern. Stellungnahme zum Urteil des BGH vom 25. März 1991, WPg 1991, 592
- Zur Abberufung von Aufsichtsratsmitgliedern durch das Gericht nach § 103 Abs. 3 S. 1 AktG, in: Festschrift für Karl Beusch zum 68. Geburtstag am 31. Oktober 1993, herausgegeben von Heinrich Beisse, Marcus Lutter, Heribald Närger, Berlin/New York, Walter de Gruyter, 1993, S. 377

Hoffmann, Jochen: Neue Möglichkeiten zur identitätswahrenden Sitzverlegung in Europa? Der Richtlinienvorentwurf zur Verlegung des Gesellschaftssitzes innerhalb der EU, ZHR 164 (2000), 43

Hoffmann, Wolf-Dieter: Ergebnisabhängige Geschäftsführer-Tantieme – Probleme der rechnerischen und sprachlichen Genauigkeit –, GmbHR 1994, 239
- Zur phasenkongruenten Vereinnahmung von Dividenden – Zugleich eine Konfrontation oberster Gerichtshöfe mit der Praxis der Rechnungslegung –, BB 1995, 1075
- Das deutsche Bilanzrechtsverständnis auf dem Prüfstand des EuGH. Zwei oberste deutsche „Bilanzgerichte“ auf der „Anklagebank“ des EuGH-Generalanwaltes, BB 1996, 1051

– Phasengleiche Vereinnahmung von Dividenden – Anmerkung zum Berichtigungsbeschluß des EuGH vom 10. 7. 1997 in Sachen Waltraud Tomberger ./. Gebr. von der Wettern GmbH, BB 1997 S. 1577 –, BB 1997, 1679
– Lehren aus der bayerischen Großbanken-Fusion für die Bilanzierungs- und Prüfungspraxis in Deutschland – mit Seitenblick auf Holzmann –, DB 2000, 485
– Steuersenkungsgesetz: Die Bilanzierung von Beteiligungen an Kapitalgesellschaften, DB 2000, 1931

Hoffmann-Becking, Michael: Zum einvernehmlichen Ausscheiden von Vorstandsmitgliedern. Bemerkungen im Anschluß an die Entscheidung BGHZ 79, 38 „Poullain/WestLB“, in: Festschrift für Walter Stimpel zum 68. Geburtstag am 29. November 1985, herausgegeben von Marcus Lutter, Hans-Joachim Mertens, Peter Ulmer, Berlin/New York, Walter de Gruyter, 1985, S. 589
– Vorstands-Doppelmandate im Konzern, ZHR 150 (1986), 570
– Nachvertragliche Wettbewerbsverbote für Vorstandsmitglieder und Geschäftsführer, in: Festschrift für Karlheinz Quack zum 65. Geburtstag am 3. Januar 1991, herausgegeben von Harm Peter Westermann und Wolfgang Rosener, Berlin/New York, Walter de Gruyter, 1991, S. 273
– Das erweiterte Auskunftsrecht des Aktionärs nach § 131 Abs. 4 AktG, in: Festschrift für Heinz Rowedder zum 75. Geburtstag, herausgegeben von Gerd Pfeiffer, Günther Wiese, Klaus Zimmermann, München, Beck, 1994, S. 155
– Der Einfluß schuldrechtlicher Gesellschaftervereinbarungen auf die Rechtsbeziehungen in der Kapitalgesellschaft, ZGR 1994, 442
– Der Aufsichtsrat im Konzern, ZHR 159 (1995), 325
– Gesetz zur „kleinen AG“ – unwesentliche Randkorrekturen oder grundlegende Reform?, ZIP 1995, 1
– Zur rechtlichen Organisation der Zusammenarbeit im Vorstand der AG, ZGR 1998, 497
– Gestaltungsmöglichkeiten bei Anreizsystemen, NZG 1999, 797

Hohlfeld, Knut: Die Zukunft des Verbraucherschutzes im Privatkundengeschäft der Versicherungen, VW 1991, 1494
– Was bleibt von der materiellen Versicherungsaufsicht nach Vollendung des Binnenmarktes?, Münsteraner Reihe, Heft 10, Karlsruhe, VVW, 1992
– Finanzaufsicht und Rechnungslegung auf dem Versicherungssektor nach der Deregulierung, in: Dieter Farny und die Versicherungswissenschaft, herausgegeben von Robert Schwebler und den Mitgliedern des Vorstands des Deutschen Vereins für Versicherungswissenschaft, Karlsruhe, VVW, 1994, S. 229
– Die deutsche Lebensversicherung im EG-Binnenmarkt unter aufsichtsrechtlichen Gesichtspunkten, in: Recht und Ökonomie der Versicherung, Festschrift für Egon Lorenz zum 60. Geburtstag, Karlsruhe, VVW, 1994, S. 295
– Kooperation/Konzernbildung zwischen Kreditinstituten und Versicherungsgesellschaften, VW 1995, 564

Hohmann, Harald: Haftung der Softwarehersteller für das „Jahr 2000“-Problem, NJW 1999, 521

Hollerbach, Tobias/Kapp, Thomas: Fehlentwicklungen der wettbewerbsrechtlichen Rechtsprechung zum Social Sponsoring, DB 1998, 1501

Holmsen, R. D.: Wie können die Mitglieder vermehrt am Schicksal ihrer Gesellschaft interessiert werden?, Mutuatité 1971, 46

Holst, Jonny/Holtkamp, Willy: Risikoquantifizierung und Frühwarnsystem auf Basis der Value at Risk-Konzeption, BB 2000, 815

Holthöfer, Hugo: Die eingetragene Genossenschaft und der Versicherungsverein auf Gegenseitigkeit, Ein juristischer Vergleich, Diss. Heidelberg, Borna/Leipzig, 1906

Holtkamp, Werner: Die Genossenschaft als herrschendes Unternehmen im Konzern, Frankfurt am Main/Berlin/Bern/New York/Paris/Wien, Lang, 1994

Holzapfel, H.: Echte und unechte Mitgliedschaft beim Versicherungsverein auf Gegenseitigkeit, Marburg, 1915

Holzer, H. Peter/Makowski, Andreas: Corporate Governance, DB 1997, 688

Holzheu, Thomas: Größenvorteile in der Assekuranz. Ein Argument im Spannungsfeld von Versicherungsaufsicht und Deregulierung, VW 1992, 111

Hommel, Michael: Neue Goodwillbilanzierung – das FASB auf dem Weg zur entobjektivierten Bilanz?, BB 2001,1943

Hommel, Michael/Berndt, Thomas: Neue Entwicklungen in der Jahresabschlußrichtlinie: Bewertung zum Fair Value, BB 2000, 1184

Hommel, Michael/Braun, Inga/Schmotz, Thomas: Neue Wege in der Unternehmensbewertung? – Kritische Würdigung des neuen IDW-Standards (IDW S 1) zur Unternehmensbewertung –, DB 2001, 341
Hommelhoff, Peter: Der aktienrechtliche Organstreit – Vorüberlegungen zu den Organkompetenzen und ihrer gerichtlichen Durchsetzbarkeit –, ZHR 143 (1979), 288
– Die Konzernleitungspflicht, Köln/Berlin/Bonn/München, Heymann, 1982
– Satzungsmäßige Eignungsvoraussetzungen für Vorstandsmitglieder einer Aktiengesellschaft, BB 1977, 322
– Zur Kreditüberwachung im Aufsichtsrat, in: Festschrift für Winfried Werner zum 65. Geburtstag am 17. Oktober 1984, Handelsrecht und Wirtschaftsrecht in der Bankpraxis, herausgegeben von Walther Hadding, Ulrich Immenga, Hans-Joachim Mertens, Klemens Pleyer, Uwe H. Schneider, Berlin/New York, Walter de Gruyter, 1984, S. 315
– Eigenkapital-Ersatz im Konzern und in Beteiligungsverhältnissen, WM 1984, 1105
– Zur Anteils- und Beteiligungsüberwachung im Aufsichtsrat, in: Festschrift für Walter Stimpel zum 68. Geburtstag am 29. November 1985, herausgegeben von Marcus Lutter, Hans-Joachim Mertens, Peter Ulmer, Berlin/New York, Walter de Gruyter, 1985, S. 603
– Gesellschaftsformen als Organisationselemente im Konzernaufbau, in: Das Gesellschaftsrecht der Konzerne im internationalen Vergleich, herausgegeben von Ernst-Joachim Mestmäcker und Peter Behrens, Baden-Baden, Nomos, 1991, S. 91
– Empfiehlt es sich, das Recht faktischer Unternehmensverbindungen – auch im Hinblick auf das Recht anderer EG-Staaten – neu zu regeln?, Gutachten H zum 59. Deutschen Juristentag Hannover 1992, München, Beck, 1992
– Konzernpraxis nach „Video" – zugleich Erwiderung auf eine Urteilsschelte –, DB 1992, 309
– Minderheitenschutz bei Umstrukturierungen, ZGR 1993, 452
– Die qualifizierte faktische Unternehmensverbindung: ihre Tatbestandsmerkmale nach dem TBB-Urteil und deren rechtsdogmatisches Fundament, ZGR 1994, 395
– Grundsätze ordnungsgemäßer Kontrolle der Beteiligungsverwaltung des Konzernvorstands durch den Konzernaufsichtsrat, AG 1995, 225
– Die „Société fermée européenne" – eine supranationale Gesellschaftsform für kleine und mittlere Unternehmen im Europäischen Binnenmarkt –, WM 1997, 2101
– Abschlußprüfung und Abschlußberatung – Besprechung der Entscheidung BGH ZIP 1997, 1162 – „Allweiler" –, ZGR 1997, 550
– Die neue Position des Abschlußprüfers im Kraftfeld der aktienrechtlichen Organisationsverfassung BB 1998, 2567 (Teil I), BB 1998, 2625 (Teil II)
– Einige Bemerkungen zur Organisationsverfassung der Europäischen Aktiengesellschaft, AG 2001, 279
Hommelhoff, Peter/Mattheus, Daniela: Corporate Governance nach dem KonTraG, AG 1998, 249
Hommelhoff, Peter/Timm, Wolfram: Anmerkung zum Urteil des LG Köln vom 13. 7. 1976 (AG 1976, 329), AG 1976, 330
Hommelhoff, Peter/Witt, Carl-Heinz: Bemerkungen zum deutschen Übernahmegesetz nach dem Scheitern der Richtlinie, RIW 2001, 561
Honsell, Heinrich (Hrsg.): Berliner Kommentar zum Versicherungsvertragsgesetz, Berlin/Heidelberg/New York, Springer, 1999
Hoor, Gerd: Das Centros-Urteil des EuGH und seine Auswirkungen auf die Anknüpfung des Gesellschaftsstatuts, NZG 1999, 984
Hoppmann, Carsten: Vorstandskontrolle im Versicherungsverein auf Gegenseitigkeit, Diss. Osnabrück, Frankfurt am Main/Berlin/Bern/Bruxelles/New York/Oxford/Wien, Lang, 2000
Hopt, Klaus J.: Risikokapital, Nebenbörsen und Anlegerschutz, WM 1985, 793
– Aktionärskreis und Vorstandsneutralität, ZGR 1993, 534
– Handels- und Gesellschaftsrecht, Band II. Gesellschaftsrecht, 4. Auflage, München, Beck, 1996
– Europäisches Gesellschaftsrecht – Krise und neue Anläufe, ZIP 1998, 96
– Gemeinsame Grundsätze der Corporate Governance in Europa? Überlegungen zum Einfluß der Wertpapiermärkte auf Unternehmen und ihre Regulierung und zum Zusammenwachsen von common law und civil law im Gesellschafts- und Kapitalmarktrecht, ZGR 2000, 779
– Verhaltenspflichten des Vorstands der Zielgesellschaft bei feindlichen Übernahmen – Zur aktien- und übernahmerechtlichen Rechtslage in Deutschland und Europa –, in: Festschrift für Marcus Lutter zum 70. Geburtstag, Deutsches und europäisches Gesellschafts-, Konzern- und Kapitalmarktrecht, herausgegeben von Uwe H. Schneider, Peter Hommelhoff,

Karsten Schmidt, Wolfram Timm, Barbara Grunewald, Tim Drygala, Köln, O. Schmidt, 2000, S. 1361
– Handelsgesetzbuch mit GmbH & Co., Handelsklauseln, Bank- und Börsenrecht, Transportrecht (ohne Seerecht), bearbeitet von Klaus J. Hopt, 30. Auflage, München, Beck, 2000
Horlemann Heinz-Gerd: Lebensversicherungen als Betriebs- oder Privatvermögen?, DB 1993, 2096
– Die Kapitallebensversicherung und ihre Erträge im deutschen Einkommensteuersystem, BB 1993, 2129, 2201, 2273
Hormuth, Heinrich: Ausschluß eines VN aus einem VVaG, VersR 1976, 912
Horn, Norbert: Die Haftung des Vorstands der AG nach § 93 AktG und die Pflichten des Aufsichtsrats – Zugleich Besprechung der Urteile des Bundesgerichtshofs vom 21. April 1997, ZIP 1997, 883, und des OLG Düsseldorf vom 28. November 1996, ZIP 1997, 27, im Fall ARAG/Garmenbeck –, ZIP 1997, 1129
Hoß, Dirk/Laschet, Remo: Die Einführung des Euro in der vertrags- und wettbewerbsrechtlichen Praxis, MDR 1999, 726
Houben, Eike: Die Gestaltung des Pflichtangebots unter dem Aspekt des Minderheitenschutzes und der effizienten Allokation der Unternehmenskontrolle, WM 2000, 1873
Huber, Herwart: Die „geplant beschlußlose" Hauptversammlung, ZIP 1995, 1740
Huber, Ulrich: Entstehungsgeschichte und aktuelle Auslegungsprobleme des § 241 Nr. 3 AktG, in: Europäisches Rechtsdenken in Geschichte und Gegenwart, Festschrift für Helmut Coing zum 70. Geburtstag, Band II, herausgegeben von Norbert Horn in Verbindung mit Klaus Luig und Alfred Söllner, München, Beck, 1982, S. 167
Hübner, Ulrich: Die Ausgliederung von Unternehmensteilen in aktien- und aufsichtsrechtlicher Sicht, in: Festschrift für Walter Stimpel zum 68. Geburtstag am 29. November 1985, herausgegeben von Marcus Lutter, Hans-Joachim Mertens, Peter Ulmer, Berlin/New York, Walter de Gruyter, 1985, S. 791
– Strukturunterschiede zwischen Versicherungsverein auf Gegenseitigkeit (VVaG) und Versicherungs-Aktiengesellschaft (AG), Frankfurter Vorträge zum Versicherungswesen, Heft 13 (Karlsruhe 1986), S. 5
– Die Reform des Versicherungswesens auf Gegenseitigkeit in Frankreich – ein Denkanstoß für die Versicherungsvereine auf Gegenseitigkeit in Deutschland?, VersR 1987, 729
– Versicherer als Anbieter von Finanzdienstleistungen – neuere Entwicklungen und Rechtsprobleme in der Bundesrepublik Deutschland, Die Versicherungsrundschau 1989, 97
– „Der gerechte Preis", Preisfreiheit und rechtliche Instrumente der Preiskontrolle in der sozialen Marktwirtschaft, in: Festschrift für Ernst Steindorff zum 70. Geburtstag, herausgegeben von Jürgen F. Baur, Klaus J. Hopt, K. Peter Mailänder, Berlin/New York, Walter de Gruyter, 1990, S. 589
– Entwicklungen des Rechts, ZVersWiss 81 (1992), 103
– Managerhaftung, Rechtsgrundlagen und Risikopotentiale einer persönlichen Inanspruchnahme der Unternehmensleiter von Kapitalgesellschaften, München, Beck, 1992
– Zum interdisziplinären Charakter der Versicherungswissenschaften – Wirtschaftliche Folgefragen der Mitgliedschaftsbeendigung bei Lebensversicherungsvereinen auf Gegenseitigkeit durch Bestandsübertragung, in: Dieter Farny und die Versicherungswissenschaft, herausgegeben von Robert Schwebler und den Mitgliedern des Vorstands des Deutschen Vereins für Versicherungswissenschaft, Karlsruhe, VVW, 1994, S. 239
– Zur Einordnung von Mitgliedschaft und Versicherungsverhältnis beim Versicherungsverein auf Gegenseitigkeit, in: Grundlagen des Versicherungsvereins auf Gegenseitigkeit, verfaßt und veröffentlicht aus Anlaß des 175 jährigen Bestehens der Gothaer Versicherungsbank VVaG, Köln, am 2. Juli 1995, herausgegeben von Wolfgang Peiner, Köln/Göttingen, Gothaer Versicherungen, 1995, S. 158
Hübner-Weingarten, Rudolf M.: Rechtsprobleme beim Outsourcing von Service-Abteilungen in der Konzernpraxis – Hier dargestellt am Beispiel von Patentabteilungen –, DB 1997, 2593
Hucke, Anja: Geschäftsführer – Unternehmensleiter oder Geleitete? – Eine empirische Untersuchung zur Gestaltung von Leistungsanreizen für Manager –, AG 1994, 397
Hueck, Götz: Der Grundsatz der gleichmäßigen Behandlung im Privatrecht, München/Berlin, Beck, 1958
– Bemerkungen zum Anstellungsverhältnis von Organmitgliedern juristischer Personen, in: Festschrift für Marie Luise Hilger und Hermann Stumpf, herausgegeben von Thomas Dieterich, Franz Gamillscheg und Herbert Wiedemann, München, Beck, 1983, S. 365

– Gesellschaftsrecht, 19., völlig neubearbeitete Auflage des von Alfred Hueck begründeten Werkes, München, Beck, 1991

Hüffer, Uwe: Zur gesellschaftsrechtlichen Treupflicht als richterrechtlicher Generalklausel, in: Festschrift für Ernst Steindorff zum 70. Geburtstag am 13. März 1990, herausgegeben von Jürgen F. Baur, Klaus J. Hopt, K. Peter Mailänder, Berlin/New York, Walter de Gruyter, 1990, S. 59

– Minderheitsbeteiligungen als Gegenstand aktienrechtlicher Auskunftsbegehren, ZIP 1996, 401

– Aktienbezugsrechte als Bestandteil der Vergütung von Vorstandsmitgliedern und Mitarbeitern – gesellschaftsrechtliche Analyse, ZHR 161 (1997), 214

– Gesellschaftsrecht, 5., völlig neubearbeitete Auflage, München, Beck, 1998

– Aktiengesetz, 4., neubearbeitete Auflage, München, Beck, 1999

Hügel, Hanns-F.: Verschmelzung und Einbringung, Unternehmensübertragung auf verbandsrechtlicher Grundlage im österreichischen und deutschen Gesellschafts-, Bilanz- und Ertragsteuerrecht der Kapitalgesellschaften, Köln, O. Schmidt, 1993

Hügi, Ernst: Die rechtliche Natur der Versicherung auf Gegenseitigkeit unter Berücksichtigung der ausländischen Gesetzgebung und der Sonderbestimmungen über die Versicherungsgenossenschaften im dritten Entwurf des revidierten Obligationenrechts, Diss. Bern 1934, Solothurn 1935

Hümmerich, Klaus: Grenzfall des Arbeitsrechts: Kündigung des GmbH-Geschäftsführers, NJW 1995, 1177

Huep, Tobias: Die Renaissance der Namensaktie – Möglichkeiten und Probleme im geänderten aktienrechtlichen Umfeld –, WM 2000, 1623

Hüther, Mario: Namensaktien, Internet und die Zukunft der Stimmrechtsvertretung, AG 2001, 68

Hüttemann, Rainer: Der Entherrschungsvertrag im Aktienrecht. Zulässiges Gestaltungsinstrument oder Verstoß gegen die aktienrechtliche Kompetenzordnung?, ZHR 156 (1992), 314

– Unternehmensbewertung als Rechtsproblem, ZHR 162 (1998), 563

Hütten, Christoph/Brakensiek, Sonja: „Deutsche US-GAAP" ohne eine SEC – Auto ohne Bremsen?, BB 2000, 870

Huffer, Henning: Das partiarische Geschäft als Rechtstypus, Diss. München, 1970

Ihlas, Horst: Organhaftung und Haftpflichtversicherung, Berlin, Duncker & Humblot, 1997

Imberg, Thomas: Die rechtlichen Unterschiede zwischen den deutschen und französischen Versicherungsunternehmen auf Gegenseitigkeit, Diss. Köln, 1963

Imelmann: Versicherungsaufsichtsrechtliche Fragen der Allfinanzkonzeption, Diss. Hamburg 1996, Frankfurt am Main u. a., Lang, 1996

Innami, Hirokichi: Das Äquivalenzprinzip in der Versicherungswirtschaft, ZVersWiss 55 (1966), 17

Ipsen, Hans Peter: Rechtsstaatliche Grenzen der Versicherungsaufsicht, DÖV 1975, 805

Jacob, Hans-Joachim: KonTraG und KapAEG – die neuen Entwürfe des Hauptfachausschusses zum Risikofrüherkennungssystem, zum Bestätigungsvermerk und zum Prüfungsbericht, WPg 1998, 1043

– Die Transformation der International Standards on Auditing in deutsche Grundsätze ordnungsmäßiger Abschlussprüfung, WPg 2001, 237

Jäger, Alfred: Fusion zweier Versicherungsvereine auf Gegenseitigkeit, VW 1954, 287

Jaeger, Carsten: Beraterverträge mit Aufsichtsratsmitgliedern – Anmerkungen zur Entscheidung des Bundesgerichtshofs vom 4. Juli 1994, ZIP 1994, 1216 –, ZIP 1994, 1759

– Die Europäische Aktiengesellschaft – europäischen oder nationalen Rechts, Baden-Baden, Nomos, 1994

– Aufsichtsratsausschüsse ohne Arbeitnehmervertreter? – Zugleich Besprechung der Urteile des OLG Hamburg vom 15. September 1995, ZIP 1995, 1673 und des OLG München vom 27. Januar 1995, ZIP 1995, 1753 –, ZIP 1995, 1735

Jaeger, Carsten/Trölitzsch, Thomas: Unternehmerisches Ermessen des Aufsichtsrats bei der Geltendmachung von Schadensersatzansprüchen gegenüber Vorstandsmitgliedern – Zugleich Besprechung des Urteils des OLG Düsseldorf vom 22. Juni 1995, ZIP 1995, 1183 – ARAG/Garmenbeck –, ZIP 1995, 1157

Jaeger, Gerold: Kapitalgesellschaften in der EU – dauerhaft Niederlassungsberechtigte zweiter Klasse?, NZG 2000, 918

Jäger–v. Ehrenstein, Bernd: Bilanzierung und Bewertung der versicherungsspezifischen Beitragsüberträge im Spiegelbild der statischen und der dynamischen Bilanzauffassung, ZVersWiss 85 (1996), 443

Jahn, Andreas: Vorstandswechsel in deutschen Erstversicherungsunternehmen. Eine empirische Untersuchung, ZVersWiss 85 (1996), 103
Jahn, Andreas/Herfs-Röttgen, Ebba: Die Europäische Aktiengesellschaft – Societas Europaea, DB 2001, 631
Jäkel, H. K.: Die erfolgsabhängige Beitragsrückerstattung in der privaten Krankenversicherung, VW 1978, 235
Janberg, Hans/Oesterlink, Hans-Christian: Gäste im Aufsichtsrat, AG 1960, 240
Jannott, Edgar: Versicherungsvermittlung, Recht der, in: Handwörterbuch der Versicherung, herausgegeben von Dieter Farny, Elmar Helten, Peter Koch, Reimer Schmidt, Karlsruhe, VVW, 1988, S. 1159
Jannott, Horst K.: Eigenkapitalbedarf und Eigenkapitalausstattung der Rückversicherer, in: Festschrift für Ernst Klingmüller, herausgegeben von Fritz Hauss und Reimer Schmidt, Karlsruhe, VVW, 1974, S. 185
– Zufallsrisiko – Änderungsrisiko, in: Festschrift für Reimer Schmidt, herausgegeben von Fritz Reichert-Facilides, Fritz Rittner, Jürgen Sasse, Karlsruhe, VVW, 1976, S. 407
– Interdependenz von versicherungstechnischem und Allgemeinem Geschäft, in: Staat, Wirtschaft, Assekuranz und Wissenschaft, Festschrift für Robert Schwebler, herausgegeben von Rudolf Henn und Walter F. Schickinger, Karlsruhe, VVW, 1986, S. 253
– Rückversicherungspolitik, in: Handwörterbuch der Versicherung, herausgegeben von Dieter Farny, Elmar Helten, Peter Koch, Reimer Schmidt, Karlsruhe, VVW, 1988, S. 715
– Rechnungslegung der Versicherungsunternehmen – Überlegungen zur EG-Versicherungsbilanzrichtlinie –, ZVersWiss 80 (1991), 83
Janotta-Simons, Frank: Neue Grundsätze zur Schlußüberschußbeteiligung in der Lebensversicherung, VerBAV 1985, 427
– Die versicherungsmathematischen Prinzipien der Dritten EG-Lebensversicherungsrichtlinie und die künftige Rolle des Versicherungsmathematikers, ZfV 1992, 598; ZfV 1993, 2; ZfV 1993, 30
Jörns, Maria-Beate: Die Umwandlung eines Versicherungsvereins auf Gegenseitigkeit in eine Aktiengesellschaft, Karlsruhe, VVW, 1974
Joost, Detlev: Mitbestimmung in der kapitalistischen Kommanditgesellschaft auf Aktien, ZGR 1998, 334
– „Holzmüller 2000" vor dem Hintergrund des Umwandlungsgesetzes, ZHR 163 (1999), 164
Jost, Werner F.: Spendenrecht 2000, DB 2000, 1248
Joussen, Edgar: Die Generalvollmacht im Handels- und Gesellschaftsrecht, WM 1994, 273
Joussen, Peter: Der Auskunftsanspruch des Aktionärs, AG 2000, 241
Jud, Waldemar: Partizipations- und Ergänzungskapital als neuer Weg zum Kapitalmarkt für Versicherungsunternehmungen, VersRdsch 1988, 65
– Die Einbringung des Versicherungsbetriebes eines Versicherungsvereins auf Gegenseitigkeit in eine Versicherungs-Aktiengesellschaft im System der versicherungsaufsichtsrechtlichen Strukturmaßnahmen, in: Kontinuität und Wandel, Beiträge zum Unternehmensrecht, in: Festschrift für Walther Kastner zum 90. Geburtstag, herausgegeben von Peter Doralt und Christian Nowotny unter Mitarbeit von Martin Löffler und Axel Reidlinger, Wien, Orac, 1992, S. 199
Jüngst, Ulrich: Der „Ehrenvorsitzende" in der Aktiengesellschaft, BB 1984, 1583
Jula, Rocco: Die Bildung besonderer Konzernorgane, Karlsruhe, VVW, 1995
– Gedanken zur Reichweite des Versicherungsschutzes der D&O-Police am Beispiel des GmbH-Geschäftsführers, in: Festschrift für Horst Baumann, Karlsruhe, VVW, 1999, S. 119
Jula, Rocco/Breitbarth, Carmen: Liquiditätsausgleich im Konzern durch konzerninterne Darlehen, AG 1997, 256
Jung, Peter: Firmen von Personenhandelsgesellschaften nach neuem Recht, ZIP 1998, 677
Jungblut, Tim P./Meßmer, Daniel: KonTraG, Technisches Risk Management und D&O-Versicherung, ZfV 2001, 705
Kästner, Karin: Aktienrechtliche Probleme der D & O-Versicherung, AG 2000, 113
– Abzugsfähigkeit von D&O-Prämien für Aufsichtsratsmitglieder als Betriebsausgaben, DStR 2001, 422
– Steuerrechtliche Probleme der D&O-Versicherung, DStR 2001, 195
Kagelmacher, Jürgen: Dienstleistungsverträge und Funktionsausgliederungen im Versicherungsaufsichtsrecht, Diss Hamburg, Karlsruhe, VVW, 1989
– Begrenzung der Rückstellung für Beitragsrückerstattung, VersR 1990, 805

Kahlert, Günter: Verdeckte Gewinnausschüttungen an Nichtgesellschafter im Gesellschaftsrecht, Frankfurt am Main u. a., Lang, 1994
Kaiser, Dagmar: Reform des Kaufmannsbegriffs – Verunsicherung des Handelsverkehrs?, JZ 1999, 495
Kajüter, Peter: Risikoberichterstattung: Empirische Befunde und der Entwurf des DRS 5, DB 2001, 105
– Der Entwurf des DRS 5 zur Risikoberichterstattung, WPg 2001, 205
Kakies, Peter: Zur Finanzierung der Gewinnbeteiligung in der Lebensversicherung, VW 1978, 912
Kalbaum, Günter: Acht Jahrzehnte Vermögensanlagepolitik der deutschen Lebensversicherungswirtschaft, in: Staat, Wirtschaft, Assekuranz und Wissenschaft, Festschrift für Robert Schwebler, herausgegeben von Rudolf Henn und Walter F. Schickinger, Karlsruhe, VVW, 1986, S. 653
Kalle, Michael: Steuerrechtliche Betriebsaufspaltung und das Recht der verbundenen Unternehmen, Frankfurt am Main/Bern/New York/Paris, Lang, 1991
Kallmeyer, Harald: Die Reform des Umwandlungsrechts, DB 1993, 367
– Pflichten des Vorstands der Aktiengesellschaft zur Unternehmensplanung, ZGR 1993, 104
– Organhaftpflichtprozesse in der Aktiengesellschaft – Verteidigung der Neufassung des § 147 AktG gemäß Entwurf des BMJ vom 22. 11. 1996 eines Gesetzes zur Kontrolle und Transparenz im Unternehmensbereich (KonTraG), AG 1997, 107
– Umwandlungsgesetz, Kommentar, Verschmelzung, Spaltung und Formwechsel bei Handelsgesellschaften, bearbeitet von Dirk Dirksen, Harald Kallmeyer, Reinhard Marsch-Barner, Welf Müller, Burkhardt W. Meister, Ingo Klöcker, Heinz Josef Willemsen, Norbert Zimmermann, Köln, O. Schmidt, 2. Auflage, 2001
– Die Ausübung von Aktionärsrechten in der Hauptversammlung durch „Form-Aktionäre“, AG 1998, 123
– Neutralitätspflicht des Vorstands und Entscheidungsbefugnis der Hauptversammlung im Übernahmerecht, AG 2000, 553
– Kapitalmarktrechtliche Corporate Governance-Regeln, in: Festschrift für Martin Peltzer zum 70. Geburtstag, herausgegeben von Marcus Lutter, Manfred Scholz, Walter Sigle, Köln, O. Schmidt, 2001, S. 205
Kalwar, Hans: Der Konzernbegriff in der Versicherungswirtschaft, VerBAV 1964, 208
– Probleme der Konzernrechnungslegung in der Versicherungswirtschaft, in: Sorgen – Vorsorgen – Versichern, Festschrift für Heinz Gehrhardt zum 70. Geburtstag, herausgegeben von Hans Kalwar, Karlsruhe, VVW, 1991, S. 199
– Probleme der Kapitalbildung bei den Versicherungsvereinen auf Gegenseitigkeit, Frankfurter Vorträge zum Versicherungswesen, Heft 5 (Karlsruhe 1982), S. 4
– Der Versicherungsverein auf Gegenseitigkeit in der Bundesrepublik Deutschland. Historische Entwicklung, wirtschaftliche Bedeutung und zukünftige Tendenzen, Mutualité 1984/2, 79
Kalwar, Hans/Stöhr, Jochen: 75 Jahre Verbraucherschutz durch Versicherungsaufsicht – Zugleich eine Replik auf Gärtner, Privatversicherungsrecht –, VW 1976, 680
Kalwar, Hans/Weigel, Hanns-Jürgen: Überlegungen zur Eigenkapitalbildung der Schadenversicherungsunternehmen nach Einführung der Solvabilitätsspanne unter besonderer Berücksichtigung des Versicherungsvereins auf Gegenseitigkeit – eine Arbeitsstudie –, ZVersWiss 69 (1980), 583
Karten, Walter: Grundsätzliche Bemerkungen zur neuen Schwankungsrückstellung, VW 1966, 1038, 1089
– Grundlagen eines risikogerechten Schwankungsfonds für Versicherungsunternehmen, Berlin, Duncker & Humblot, 1966
– Zur Begründung einer sachgerechten Schwankungsrückstellung in: Sorgen – Vorsorgen – Versichern, Festschrift für Heinz Gehrhardt zum 70. Geburtstag, herausgegeben von Hans Kalwar, Karlsruhe, VVW, 1975, S. 215
– Grundlagen einer versicherungstechnischen Risikopolitik, in: Geld und Versicherung, Festgabe für Wilhelm Seuß, herausgegeben von Michael Jung, Ralph René Lucius, Werner G. Seifert, Karlsruhe, VVW, 1981, S. 135
– Versicherung – Gefahrengemeinschaft oder Marktleistung? VW 1981, 1604
– Grundlagen der Risikopolitik – Überblick, ZVersWiss 72 (1983), 213
– Prämientrennung in der Lebensversicherung – Verbraucherschutz oder Scheinproblem?, in: Staat, Wirtschaft, Assekuranz und Wissenschaft, Festschrift für Robert Schwebler, herausgegeben von Rudolf Henn und Walter F. Schickinger, Karlsruhe, VVW, 1986, S. 279

– Ökonomische Grundlagen und Konsequenzen des Gesetzentwurfs, in: Lebensversicherung und Geschäftsbesorgung, Kolloquium in memoriam Karl Sieg am 30. September 1998, herausgegeben von Walter Karten, Manfred Werber und Gerrit Winter, Karlsruhe, VVW, 1998, S. 44

Karup, W.: Handbuch der Lebensversicherung, Leipzig, 1885

Kassner, Dietrich: Zur liquidationslosen Verschmelzung zweier VVaG, VersR 1954, 338

Kasten, Hans-H.: Kommunikation und Werbung in der Versicherungswirtschaft, ZVersWiss 86 (1997), 449

Kastner, Olaf: Genußscheine – ein geeignetes Außenfinanzierungsinstrument für Versicherungsvereine auf Gegenseitigkeit?, VW 1986, 307

Katschinski, Ralf: Die Begründung eines Doppelsitzes bei Verschmelzung, ZIP 1997, 620

Katz, Wilhelm: Zinsfuß und Überschußbildung in der Lebensversicherung, ZVersWiss 26 (1926), 320

Kau, Wolfgang M./Kukat, Klaus: Haftung von Vorstands- und Aufsichtsratsmitgliedern bei Pflichtverletzungen nach dem Aktiengesetz, BB 2000, 1045

– Aktienoptionspläne und Mitbestimmung des Betriebsrats, BB 1999, 2505

Kaufmann, Jürgen F./Gebhardt, Christian: Systemwechsel in der Körperschaftsteuer – ein Beitrag zur Harmonisierung der Steuern in der Europäischen Union?, GmbHR 2000, 1034

Kaulbach, Detlef: Zur Qualifikation der Vorstandsmitglieder von Versicherungsunternehmen, ZVersWiss 65 (1976), 697

– Wirtschaftsaufsicht – Neuere Rechtsprechung zu KWG und VAG –, VersR 1981, 702

– Gesetz über die Beaufsichtigung der Versicherungsunternehmen (Versicherungsaufsichtsgesetz – VAG) mit Erläuterungen von Detlef Kaulbach, Sonderdruck aus: Das Deutsche Bundesrecht, 1. Auflage, Baden-Baden, 1988

– Holdingbildung in der Versicherungswirtschaft, ZfV 1989, 178

– Bestandsübertragung, ZfV 1992, 198

– Patronatserklärungen in der Versicherungsaufsicht, VersR 1997, 286

– Der Gesetzentwurf aus aufsichtsrechtlicher Sicht, in: Lebensversicherung und Geschäftsbesorgung, Kolloquium in memoriam Karl Sieg am 30. September 1998, herausgegeben von Walter Karten, Manfred Werber und Gerrit Winter, Karlsruhe, VVW, 1998, S. 112

– Der Versicherungsverein auf Gegenseitigkeit – Trouvaillen und Eigenes, in: Festschrift für Horst Baumann, Karlsruhe, VVW, 1999, S. 129

– Die aufsichtsrechtliche Generalklausel des § 81 VAG, in: 100 Jahre materielle Versicherungsaufsicht in Deutschland, herausgegeben von Helmut Müller, Joachim-Friedrich Golz, Elke Washausen-Richter, Michael Trommeshauser, Bonn, Bundesaufsichtsamt für das Versicherungswesen, 2001, S. 169

Kaven: Banken und Versicherungen, ZfgK 1987, 148

Keller, Thomas: Die Einrichtung einer Holding: Bisherige Erfahrungen und neuere Entwicklungen, DB 1991, 1633

Kellner, Mathias: „Phasengleiche" Aktivierung der Gewinne von Tochtergesellschaften im Jahresabschluß der Muttergesellschaft, WM 2000, 229

Keltenich, Manfred: Die Überschußbeteiligung der Versicherungsnehmer in der Lebensversicherung als nachträgliche und endgültige Preisbestimmung des Versicherungsschutzes. Ein Beitrag zur Preisbildung in der Deutschen Privatversicherung, Diss. Frankfurt am Main, 1958

Kempter, Fritz: Zum Recht des Vorstands, keine Angaben über die Gesamtbezüge von Organen der Gesellschaft zu machen – Ein Beitrag zur Auslegung von § 286 HGB und § 131 AktG –, BB 1996, 419

Kern, Holger: „Is big really beautiful?" – Alternativen zur Merger-Mania im Versicherungssektor, VW 1999, 218

Kerschbaum, Ulrich: Probleme der Umwandlung eines Versicherungsvereins auf Gegenseitigkeit in eine Aktiengesellschaft, Diss. Tübingen, 1927

Kersting, Christian: Societas Europaea: Gründung und Vorgesellschaft, DB 2001, 2079

Kessler, Manfred H.: Interessen- und Kompetenzkonflikte in einer Aktiengesellschaft aus juristischer und betriebswirtschaftlicher Sicht, AG 1993, 252

– Die Leitungsmacht des Vorstandes einer Aktiengesellschaft AG 1995, 61 (I), 120 (II)

Keßler, Jürgen: Der GmbH-Konzern nach dem „Video-Urteil" des BGH: Möglichkeiten einer Haftungsvermeidung, GmbHR 1992, 249

– Die aktienrechtliche Organhaftung im Lichte der „business judgement rule" – eine rechtsvergleichende Betrachtung zum deutschen und US-amerikanischen Recht, in: Festschrift für Horst Baumann, Karlsruhe, VVW, 1999, S. 153

Ketzscher, Egon: Berücksichtigung der Körperschaftsteuer bei der Abfindung der Mitglieder eines VVaG – Stellungnahme zum Beitrag von Stuirbrink, Gelb und Axer, WPg 1991, 241
Kiem, Roger: Die Eintragung der angefochtenen Verschmelzung: Aktienrechtliche und registerrechtliche Auswirkungen von Verschmelzungsblockaden, Köln/Berlin/Bonn/München, Heymann 1991
– Das neue Umwandlungsrecht und die Vermeidung „räuberischer" Anfechtungsklagen, AG 1992, 430
– Der Hauptversammlungsentscheid zur Legitimation von Abwehrmaßnahmen nach dem neuen Übernahmegesetz, ZIP 2000, 1509
Kieninger, Eva-Maria: Niederlassungsfreiheit als Rechtswahlfreiheit – Besprechung der Entscheidung EuGH EuZW 1999, 216 – Centros Ltd. ./. Erhvervs- og Selskabsstyrelesen –, ZGR 1999, 724
Kiethe, Kurt; Vorstandshaftung aufgrund fehlerhafter Due Diligence beim Unternehmenskauf, NZG 1999, 976
– Ansprüche der Aktiengesellschaft bei Schädigung durch herrschende Unternehmen und Leitungsorgane, WM 2000, 1182
Kiethe, Kurt/Groeschke, Peer: Darlegungs- und Beweislast für die Haftung im qualifizierten faktischen Konzern, BB 1994, 2149
– Haftungsverstärkung infolge der sog. „Ingerenz" als Anwendungsfall der mißbräuchlichen Ausübung der Leitungsmacht im qualifizierten faktischen Konzern, BB 1997, 1957
Killinger, Wolfgang: Nochmals: Steuerliche Abzugsfähigkeit von Verlusten der Genußscheininhaber, BB 1989, 2376
– Der Übergang stiller Reserven in einbringungsgeborenen Anteilen – Nachfolgende Umstrukturierungsmaßnahmen im Sinne von § 21 Abs. 1 Satz 1 des Umwandlungssteuergesetzes, BB 1998, 981
Kimball, Spencer L.: Versicherungsaufsicht in föderativen Staatssystemen – insbesondere im Hinblick auf Allgemeine Versicherungsbedingungen, ZVersWiss 53 (1964), 233
Kimpler, Frank: Die Abgrenzung der Zuständigkeiten von Hauptversammlung und Vorstand bei der Kapitalerhöhung, Frankfurt am Main/Berlin/Bern/New York/Paris/Wien, Lang, 1994
Kind, Sandra: Darf der Vorstand einer AG Spenden an politische Parteien vergeben?, NZG 2000, 567
Kindl, Johann: Die Teilnahme an der Aufsichtsratssitzung, Heymann, 1993
– Die Geltendmachung von Mängeln bei aktienrechtlichen Aufsichtsratsbeschlüssen und die Besetzung von Ausschüssen in mitbestimmten Gesellschaften, DB 1993, 2065
– Analoge Anwendung der §§ 241 ff AktG auf aktienrechtliche Aufsichtsratsbeschlüsse?, AG 1993, 153
– Die Notwendigkeit einer einheitlichen Entscheidung über aktienrechtliche Anfechtungs- und Nichtigkeitsklagen – Besprechung des Urteils BGH WM 1999, 730 –, ZGR 2000, 166
Kindler, Peter: Karlsruhe und das Europäische Gesellschaftsrecht – Kritisches zur Nichtannahme der Verfassungsbeschwerde gegen das Video-Urteil, NJW 1993, 3120
– Die Aktiengesellschaft für den Mittelstand – Das Gesetz für kleine Aktiengesellschaften und zur Deregulierung des Aktienrechts –, NJW 1994, 3041
– Unternehmerisches Ermessen und Pflichtenbindung – Voraussetzungen und Geltendmachung der Vorstandshaftung in der Aktiengesellschaft –, ZHR 162 (1998), 101
– Hauptfragen des Konzernrechts in der internationalen Diskussion, ZGR 1997, 449
– Der Aktionär in der Informationsgesellschaft, NJW 2001, 1678
Kirchhof, Ferdinand: Private Rechtsetzung, Berlin, Duncker und Humblot, 1987
Kirchhof, Paul: Die Genossenschaft im Schnittpunkt von Gesellschaftsrecht und Steuerrecht – Zur Qualifikation der Mitgliederförderung als Betriebsausgabe oder verdeckte Gewinnausschüttung, in: Genossenschaften und Genossenschaftswissenschaft, Freundesgabe für Erik Boettcher, herausgegeben von Wilhelm Jäger und Hans Pauli, Wiesbaden, DG-Verlag, 1984, S. 119
Kirchmann, Karl: Fusion von Versicherungsunternehmungen nach dem geltenden deutschen Rechte, Stuttgart, 1911
Kirchner, Christian: Neutralitäts- und Stillhaltepflicht des Vorstands der Zielgesellschaft im Übernahmerecht, AG 1999, 481
– Managementpflichten bei „feindlichen" Übernahmeangeboten, WM 2000, 1821
Kirsch, Hanno: Segmentberichterstattung nach IAS 14 als Basis eines kennzahlengestützten Unternehmenscontrolling, DB 2001, 1513

Kisch, Wilhelm: Das Recht des Mitglieds auf den Überschußanteil beim Versicherungsverein auf Gegenseitigkeit, ZVersWiss 26 (1926), 392
– Obligatorische Nachschußpflicht beim Gegenseitigkeitsverein?, JRPV 1930, 69
– Die Ethik im Versicherungswesen, ZVersWiss 35 (1935), 277
– Das Recht des Versicherungsvereins auf Gegenseitigkeit, Berlin, Duncker & Humblot, 1951
Klanten, Thomas: Zahlung mit Euro, NJW 1998, 3152
Klaue, Siegfried: Zur Abgrenzung von Kartellaufsicht und Fachaufsicht im Bereich des Versicherungswesens, ZVersWiss 75 (1986), 1
– Strategische Allianzen zwischen Wettbewerbern, BB 1991, 1573
Klaus, Hans: Eigenkapitalersetzende Gesellschafterdarlehen in der Handelsbilanz der verpflichteten GmbH, BB 1994, 680
Klein, A. Wilhelm: Konzentration oder Kooperation – was bringt das strategische Vertriebskonzept eines Allfinanzverbunds?, VW 1988, 826
– Der VVaG im Euro-Markt, VW 1993, 686
Kleindiek, Detlef: Strukturvielfalt im Personengesellschafts-Konzern, Köln/Berlin/Bonn/München, Heymann, 1991
– Geschäftsleitertätigkeit und Geschäftsleitungskontrolle: Treuhänderische Vermögensverwaltung und Rechnungslegung, ZGR 1998, 466
Kley, Karl-Ludwig: Die Fair Value-Bilanzierung in der Rechnungslegung nach den International Accounting Standards (IAS), DB 2001, 2257
Klingmüller, Ernst: Zum urheberrechtlichen Schutz neuer Versicherungsbedingungen, in: Festschrift für Hans Carl Nipperdey zum 70. Geburtstag am 21. Januar 1965, herausgegeben von Rolf Dietz und Heinz Hübner, München und Berlin, Beck, 1965, Band I, S. 471
Klunzinger, Eugen: Grundzüge des Gesellschaftsrechts, 11., überarbeitete Auflage, München, Vahlen, 1999
Kluth, Winfried: Bundesverfassungsgericht und wirtschaftslenkende Gesetzgebung, ZHR 162 (1998), 657
Knauth, Klaus-Wilhelm: Versicherungsombudsmann – private Streitbeilegung für Verbraucher –, WM 2001, 2325
Knobbe-Keuk, Brigitte: Gewinnausschüttungen auf Genußrechte, BB 1987, 341
– Bilanz- und Unternehmenssteuerrecht, 9. Auflage, Köln, Otto Schmidt, 1993
– Zum Erdbeben „Video", DB 1992, 1461
Knocks, Erika: Möglichkeiten und Grenzen verdeckter Gewinnausschüttungen bei Versicherungsvereinen auf Gegenseitigkeit, WPg 1979, 128
– Nochmals: Verdeckte Gewinnausschüttungen bei Versicherungsvereinen aG, WPg 1980, 245
Knoppe, Helmut: Der Genußschein, seine wirtschaftliche und steuerliche Bedeutung, BB 1966, 281
Knospe, Jörg: Konkurssicherungsfonds überflüssig, VW 1998, 986
Koch, Frank A.: Haftung der Unternehmensleitung für verspätete Datums- und Euroumstellung, ZIP 1998, 1748
Koch, Jürgen: Geschäftsleiterkontrolle, in: 100 Jahre materielle Versicherungsaufsicht in Deutschland, herausgegeben von Helmut Müller, Joachim-Friedrich Golz, Elke Washausen-Richter, Michael Trommeshauser, Bonn, Bundesaufsichtsamt für das Versicherungswesen, 2001, S. 341
Koch, Peter: Geschichte der Versicherung, in: Handwörterbuch der Versicherung, herausgegeben von Dieter Farny, Elmar Helten, Peter Koch, Reimer Schmidt, Karlsruhe, VVW, 1988, S. 223
– Rückversicherung, in: Handwörterbuch der Versicherung, herausgegeben von Dieter Farny, Elmar Helten, Peter Koch, Reimer Schmidt, Karlsruhe, VVW, 1988, S. 689
– Zur theoretischen Grundlegung der Versicherungsaufsicht im 18. und 19. Jahrhundert, in: Versicherungen in Europa heute und morgen, Geburtstags-Schrift für Georg Büchner, herausgegeben von Franz Wilhelm Hopp und Georg Mehl, Karlsruhe, VVW, 1991, S. 387
– Die Behandlung des Versicherungsvertrages im preußischen Allgemeinen Landrecht – Gedanken zum 200jährigen Jubiläum des Allgemeinen Landrechts –, VersR 1994, 629
– Die historische Entwicklung des Versicherungsvereins auf Gegenseitigkeit, in: Grundlagen des Versicherungsvereins auf Gegenseitigkeit, verfaßt und veröffentlicht aus Anlaß des 175jährigen Bestehens der Gothaer Versicherungsbank VVaG, Köln, am 2. Juli 1995, herausgegeben von Wolfgang Peiner, Köln/Göttingen, Gothaer Versicherungen, 1995, S. 13
– Geschichte der Versicherungswissenschaft in Deutschland, herausgegeben vom Deutschen Verein für Versicherungswissenschaft e. V. aus Anlaß seines 100jährigen Bestehens, Karlsruhe, VVW, 1998

Koch, Ulrich: Maßnahmen zur Verbesserung der Eigenkapitalausstattung der Unternehmen, ZRP 1984, 233
Köbele, Günter St.: Die Versicherungsaktiengesellschaft zwischen Aktiengesellschaft und Versicherungsverein auf Gegenseitigkeit, Diss. Freiburg, 1965
Kögel, Steffen: Der nach Art und Umfang in kaufmännischer Weise eingerichtete Geschäftsbetrieb – eine unbekannte Größe, DB 1998, 1802
– Neues Firmenrecht und alte Zöpfe: Die Auswirkungen der HGB-Reform, BB 1998, 1645
– Der Sitz der GmbH und seine Bezugspunkte, GmbHR 1998, 1108
Köhler, Günther: Harmonisierung der Kapitalanlagevorschriften in der EG, in: Versicherungen in Europa heute und morgen, Geburtstags-Schrift für Georg Büchner, herausgegeben von Franz Wilhelm Hopp und Georg Mehl, Karlsruhe, VVW, 1991, S. 67
Köhler, Helmut: Fortbestand handelsrechtlicher Vollmachten bei Betriebsübergang?, BB 1979, 912
– Rückwirkende Vertragsanpassung bei Dauerschuldverhältnissen?, in: Festschrift für Ernst Steindorff zum 70. Geburtstag am 13. März 1990, herausgegeben von Jürgen F. Baur, Klaus J. Hopt, K. Peter Mailänder, Berlin/New York, Walter de Gruyter, 1990, S. 611
Kölling, Lars: Namensaktien im Wandel der Zeit – „NaStraG", NZG 2000, 631
– Der qualifizierte faktische GmbH-Konzern, NZG 2000, 8
Kölner Kommentar zum Aktiengesetz: Herausgegeben von Wolfgang Zöllner, Köln/Berlin/Bonn/München, 1985, 2. Auflage seit 1986
Kölschbach, Joachim: Versicherungsbilanzen: Zeitwerte auf dem Vormarsch. Zur Anpassung der International Accounting Standards an Versicherungsunternehmen, VW 2000, 432
König, Alexander: Ansätze zur Risikoanalyse und Risikobewältigung in der Lebensversicherung. Eine Untersuchung vor dem Hintergrund der Umsetzung der Dritten Lebensversicherungsrichtlinie der Europäischen Union, Karlsruhe, VVW, 1997
König, Hans-Joachim: Der Verein im Verein. Eine Untersuchung zur Rechtsnatur der nachgeordneten Organisationseinheiten von Großvereinen, Frankfurt am Main/Berlin/Bern/New York/Paris/Wien, Lang, 1992
König, Jochen: Doppelsitz einer Kapitalgesellschaft – Gesetzliches Verbot oder zulässiges Mittel der Gestaltung einer Fusion?, AG 2000, 18
Koenige/Petersen: Privatversicherungsgesetz: Gesetz über die privaten Versicherungsunternehmungen vom 12. Mai 1901, Textausgabe mit Anmerkungen und Sachregister von Heinrich Koenige, 3. Auflage, Berlin und Leipzig, Walter de Gruyter, 1927
Köppen, Kurt: Müssen neue Tarife eines Versicherungsvereins auf Gegenseitigkeit (VVaG) der obersten Vertretung zur Genehmigung vorgelegt werden?, VersR 1970, 292
Körber, Karl-Otto: Lebensversicherung und Gesellschaft, Plädoyer für eine Sozialgeschichte der deutschen Lebensversicherung, ZVersWiss 86 (1997), 491
Körner, Marita: Die Neuregelung der Übernahmekontrolle nach deutschem und europäischem Recht – insbesondere zur Neutralitätspflicht des Vorstands, DB 2001, 367
Kösters, Friedrich: Das Unbedenklichkeitsverfahren nach § 16 Abs. 3 UmwG, WM 2000, 1921
Köstler, Roland/Kittner, Michael/Zachert, Ulrich: Aufsichtsratspraxis, Handbuch für die Arbeitnehmervertreter im Aufsichtsrat, 6. Auflage, Frankfurt am Main, Bund-Verlag, 1999
Kötter, Hans-Wilhelm: Vom ‚Alter Ego' des Prinzipals zur gemischten „halbseitigen" Gesamtprokura?, in: Strukturen und Entwicklungen im Handels-, Gesellschafts- und Wirtschaftsrecht, Festschrift für Wolfgang Hefermehl zum 70. Geburtstag am 18. September 1976, herausgegeben von Robert Fischer, Ernst Gessler, Wolfgang Schilling, Rolf Serick, Peter Ulmer, München, Beck, 1976, S. 75
Kohl, Reinhard: Aller guten Dinge sind drei: Bemerkungen zum „Video"-Urteil des BGH vom 23. 9. 1991, GmbHR 1992, 204
Kohl, Torsten/Schulte, Jörn: Ertragswertverfahren und DCF-Verfahren – Ein Überblick vor dem Hintergrund der Anforderungen des IDW S 1 –, WPg 2000, 1147
Kohler, Klaus: Stock Options für Führungskräfte aus der Sicht der Praxis, ZHR 161 (1997), 246
Kohler, Stefan: Mitgliedschaftliche Regelungen in Vereinsordnungen, Heidelberg, Recht und Wirtschaft, 1992
Koller/Roth/Morck: Handelsgesetzbuch, Kommentar von Ingo Koller, Wulf-Henning Roth, Winfried Morck, 2. Auflage, München, Beck, 1999
Koller, Ingo: Das Transparenzgebot als Kontrollmaßstab Allgemeiner Geschäftsbedingungen, in: Festschrift für Ernst Steindorff zum 70. Geburtstag am 13. März 1990, herausgegeben von Jürgen F. Baur, Klaus J. Hopt, K. Peter Mailänder, Berlin/New York, Walter de Gruyter, 1990, S. 667

Konow, Karl-Otto: Zum Tätigkeitsbereich der Beiräte bei Aktiengesellschaften, DB 1966, 332
– Das Verbot der Überkreuzverflechtung, DB 1966, 849
Konrath, Norbert: Solvabilitätsregeln auf dem Prüfstand, VW 1979, 1509
Kopp, Beate: Stückaktie und Euro-Umstellung – Handlungsbedarf für die Hauptversammlungssaison 1998?, BB 1998, 701
Koppensteiner, Hans-Georg: Über wirtschaftliche Abhängigkeit, in: Festschrift für Walter Stimpel zum 68. Geburtstag am 29. November 1985, herausgegeben von Marcus Lutter, Hans-Joachim Mertens, Peter Ulmer, Berlin/New York, Walter de Gruyter, 1985, S. 811
Korn, Jochen Heinrich: Schwankungsreserven im handelsrechtlichen Jahresabschluß von Schaden- und Unfallversicherungsunternehmen: Zugleich ein Beitrag zur pauschalierten Bewertung rückstellungsbegründeter Tatbestände, Diss. Mannheim, Karlsruhe, VVW, 1997
Kort, Michael: Zum Begriff des Kaufmanns im deutschen und französischen Handelsrecht, AcP 193 (1993), 453
– Rechte und Pflichten des Vorstands der Zielgesellschaft bei Übernahmeversuchen, in: Festschrift für Marcus Lutter zum 70. Geburtstag, Deutsches und europäisches Gesellschafts-, Konzern- und Kapitalmarktrecht, herausgegeben von Uwe H. Schneider, Peter Hommelhoff, Karsten Schmidt, Wolfram Timm, Barbara Grunewald, Tim Drygala, Köln, O. Schmidt, 2000, S. 1421
Kotsch, Harald: Größenvorteile von Versicherungsunternehmen und Versicherungsaufsicht. Ein Property-Rights-Ansatz zur wirtschaftspolitischen Diskussion um den gemeinsamen Versicherungsmarkt in Europa ab 1993, Karlsruhe, 1991
Kowalski, André: „TBB“ – Rückkehr zu „Autokran“?, GmbHR 1993, 253
Kraft, Alfons/Kreutz, Peter: Gesellschaftsrecht, 9. Auflage, Neuwied/Kriftel/Berlin, Metzner, 1992
Kraft, Gerhard: Schlußfolgerungen aus der Entscheidung des Großen Senats des Bundesfinanzhofs zur phasengleichen Dividendenaktivierung für die Rechnungslegungspraxis, WPg 2001, 2
Kraus, Heinz: Versicherungsaufsichtsrecht. Eine Studie zum deutschen und zum österreichischen Recht, Wien/New York, 1971
Krause, Hartmut: Die geplante Takeover-Richtlinie der Europäischen Union mit Ausblick auf das geplante deutsche Übernahmegesetz, NZG 2000, 905
– Zur „Pool- und Frontenbildung“ im Übernahmekampf und zur Organzuständigkeit für Abwehrmaßnahmen gegen „feindliche“ Übernahmeangebote, Überlegungen zu LG Düsseldorf vom 14. 12. 1999 – 10 O 495/99 Q – „Mannesmann“, AG 2000, 217
Krawitz, Norbert: Quotenkonsolidierung für Gemeinschaftsunternehmen nach E-DRS 9, BB 2001, 668
Krawitz, Norbert/Albrecht, Christian/Büttgen, Dagmar: Internationalisierung der deutschen Konzernrechnungslegung aus Sicht deutscher Mutterunternehmen – Ergebnisse einer empirischen Studie zur Anwendung und zur Folgeregelung von § 292 a HGB –, WPg 2000, 541
Krawitz, Norbert/Klotzbach, Daniela: Anwendungsvoraussetzungen und Aussagefähigkeit der Fresh-Start-Methode bei der Bilanzierung von Unternehmenszusammenschlüssen, WPg 2000, 1164
Kremers, Curt: Die Doppelstellung der Mitglieder der Versicherungs-Vereine auf Gegenseitigkeit in rechtlicher Hinsicht, Diss. Köln, 1925
Kreuz, Werner/Diedrichs, Eva: Was trotz des Übernahmefiebers nie außer acht gelassen werden sollte. Umfassende Prüfung vor der Fusion oder Übernahme erleichtert das aufwendige Nachbessern, FAZ Nr. 296 vom 21. 12. 1998, S. 29
Krieger, Gerd: Kann die Praxis mit TBB leben?, ZGR 1994, 375
– Aktionärsklage zur Kontrolle des Vorstands- und Aufsichtsratshandelns, ZHR 163 (1999), 343
Krome, Almuth: Ertragsteuerliche Behandlung des Sponsoring – Hinweise für die Praxis, DB 1999, 2030
Kromschröder, Bernhard/Lück, Wolfgang: Grundsätze risikoorientierter Unternehmensüberwachung, DB 1998, 1573
Kropp, Dieter: Die Vergleichbarkeit spartenbezogener Deckungsbeiträge im Versicherungskonzern, VW 1997, 617
Kropff, Bruno: Konzerneingangskontrolle bei der qualifiziert konzerngebundenen Aktiengesellschaft, in: Bilanz- und Konzernrecht, Festschrift zum 65. Geburtstag von Reinhard Goerdeler, herausgegeben von Hans Havermann, Düsseldorf, IDW-Verlag, 1987, S. 259
– Zur Wirksamkeit bilanzpolitisch motivierter Rechtsgeschäfte, ZGR 1993, 41
– Das TBB-Urteil und das Aktienkonzernrecht, AG 1993, 485

– Wann endet der Wertaufhellungszeitraum?, WPg 2000, 1137
– Der „Jahresabschluß“: Ist er ein Jahresabschluß? Eine terminologische Betrachtung, in: Festschrift für Martin Peltzer zum 70. Geburtstag, herausgegeben von Marcus Lutter, Manfred Scholz, Walter Sigle, Köln, O. Schmidt, 2001, S. 219
Kroschel, Jörg: Zum Zeitpunkt der Besteuerung von Arbeitnehmer-Aktienoptionen, BB 2000, 176
Krüger, Burkhard: Nichtigkeit des D&O-Versicherungsvertrages bei fehlender Genehmigung durch die Hauptversammlung, NVersZ 2001, 8
Krüger, Emil: Die Gewinnverteilung in der Lebensversicherung, Frankfurt a. Main, 1904
Krumbholz, Gerhard: Der Dividendenanspruch des Versicherungsnehmers in der privaten Lebensversicherung, Diss. Hamburg, 1950
Krummel, Christoph/Küttner, Wolfdieter: Dienst- und Werkverträge mit Aufsichtsratsmitgliedern nach § 114 AktG, DB 1996, 193
Kudert, Stephan: Angaben zu nahe stehenden Personen nach dem E-DRS 13, BB 2001, 1891
Kübler, Friedrich: Unternehmensstruktur und Kapitalmarktfunktion – Überlegungen zur Krise der Aktiengesellschaft, AG 1981, 5
– Erwerbschancen und Organpflichten. Überlegungen zur Entwicklung der Lehre von den „corporate opportunities“, in: Festschrift für Winfried Werner zum 65. Geburtstag am 17. Oktober 1984, Handelsrecht und Wirtschaftsrecht in der Bankpraxis, herausgegeben von Walther Hadding, Ulrich Immenga, Hans-Joachim Mertens, Klemens Pleyer, Uwe H. Schneider, Berlin/New York, Walter de Gruyter, 1984, S. 437
– Haftungstrennung und Gläubigerschutz im Recht der Kapitalgesellschaften – Zur Kritik der „Autokran“ – Doktrin des Bundesgerichtshofes –, in: Festschrift für Theodor Heinsius zum 65. Geburtstag am 25. September 1991, herausgegeben von Friedrich Kübler, Hans-Joachim Mertens, Winfried Werner, Berlin/New York, Walter de Gruyter, 1991, S. 397
– Gesellschaftsrecht. Die privatrechtlichen Ordnungsstrukturen und Regelungsprobleme von Verbänden und Unternehmen, 4. Auflage, Heidelberg, Müller, 1994
Kühlein, Bernd: Die Liquidation von Versicherungsunternehmen, VW 1994, 102
Kühlmann, Knut: Die Beteiligung der Versicherungsnehmer an der Ertrags- und Wertentwicklung der Vermögensanlagen in der gemischten Lebensversicherung, Diss. Hohenheim, 1975
Kühn, Wolfgang: Probleme mit Minderheitsaktionären in der Aktiengesellschaft, BB 1992, 291
Kühnberger, Manfred/Keßler, Jürgen: Stock option incentives – betriebswirtschaftliche und rechtliche Probleme eines anreizkompatiblen Vergütungssystems, AG 1999, 453
Kühnberger, Manfred/Schmidt, Thorsten: Der identische Gewinnausweis in Einzel- und Konzernabschluß – Zugleich Anmerkungen zum Beitrag von Küting in BB 1998 S. 887ff, 938ff –, BB 1998, 1627
Küntzel, Wolfram: Prüfungsmaßstab des unabhängigen Treuhänders in der privaten Krankenversicherung nach § 178g Abs. 2 VVG, VersR 1996, 148
Künzel, Rudolf: Rechtsschutzbedürfnis bei aktienrechtlichen Anfechtungsklagen, in: Festschrift für Theodor Heinsius zum 65. Geburtstag am 25. September 1991, herausgegeben von Friedrich Kübler, Hans-Joachim Mertens, Winfried Werner, Berlin/New York, Walter de Gruyter, 1991, S. 425
Kürble, Gunter: Der Exodus der amerikanischen Lebensversicherer aus Deutschland – Die Tontine und die Vorgeschichte des Jahres 1894 –, ZVersWiss 79 (1990), 583
Kurzwelly, Jens-Peter: Die Rechtsprechung des Bundesgerichtshofes zur Aktiengesellschaft in den Jahren 1998 und 1999, AG 2000, 337
Küspert, Klaus: Phasenkongruente Vereinnahmung von Dividenden – Handelsrecht und Bilanzpolitik contra Steuerrecht –, BB 1997, 877
Küster, Utz/Köhler, Hansjoachim: Zur Nutzung körperschaftsteuerlicher Verlustvorträge in Organschaftsfällen, BB 1998, 2401
Küting, Karlheinz: Die Darstellung der Erfolgsverwendung im Konzernabschluß – Eine Bestandsaufnahme in Theorie und Praxis unter besonderer Berücksichtigung der IAS- und US-GAAP-Bilanzierung in Deutschland –, BB 1998, 887 (I), 938 (II)
– Perspektiven der externen Rechnungslegung – Auf dem Wege zu einem umfassenden Business Reporting –, BB 2000, 451
Küting, Karlheinz/Dawo, Sascha/Heiden, Matthias: Rechnungslegung und Wirtschaftsprüfung im Internet-Zeitalter, BB 2001, 615
Küting, Karlheinz/Eidel, Ulrike: Performance-Messung und Unternehmensbewertung auf Basis des EVA, WPg 1999, 829

Küting, Karlheinz/Hütten, Christoph: Die Lageberichterstattung über Risiken der künftigen Entwicklung – Annäherung an die geplante Änderung der §§ 289, 315 HGB durch das KonTraG –, AG 1997, 250

Küting, Karlheinz/Kessler, Harald/Harth, Hans-Jörg: Genußrechtskapital in der Bilanzierungspraxis – Eine empirische Untersuchung zur Resonanz der HFA-Stellungnahme 1/1994 unter Berücksichtigung bilanzpolitischer Gesichtspunkte –, BB Beilage 4 zu Heft 8/1996

Küting, Karlheinz/Lorson, Peter: Erfolgs(potential)orientiertes Konzernmanagement – Eine Analyse erfolgsorientierter Controlling-Konzepte und -Instrumente –, BB Beilage 8 zu Heft 20/1997

– Grundsätze eines Konzernsteuerungskonzepts auf „externer" Basis, BB 1998, 2251 (I), 2303 (II)

Küting, Karlheinz/Müller, Wolfgang/Pilhofer, Jochen: ‚Reverse Acquisitions' als Anwendungsfall einer ‚Reverse Consolidation' bei der Erstellung von Konzernabschlüssen nach US-GAAP und IAS – ein Leitbild für die deutsche Rechnungslegung?, WPg 2000, 257

Küting, Karlheinz/Weber, Claus-Peter: Handbuch der Rechnungslegung, Kommentar zur Bilanzierung und Prüfung, 3. Auflage, Stuttgart, 1990

– Handbuch der Konzernrechnungslegung, Kommentar zur Bilanzierung und Prüfung, Stuttgart, 1989

– Der Konzernabschluß: Lehrbuch und Fallstudie zur Praxis der Konzernrechnungslegung, 5. Auflage, Stuttgart, Schäffer-Poeschel, 1999

– Die Bilanzanalyse: Lehrbuch zur Beurteilung von Einzel- und Konzernabschlüssen, 4. Auflage, Stuttgart, Schäffer-Poeschel, 1999

Küting, Karlheinz/Zündorf, Horst: Die konzerninterne Verschmelzung und ihre Abbildung im konsolidierten Abschluß, BB 1994, 1383

Kugler, Felix: Die Unternehmungsformen in der deutschen Privatversicherung, Diss. Erlangen, 1937

Kuhl, Karin/Nickel, Johann-Peter: Risikomanagement im Unternehmen – Stellt das KonTraG neue Anforderungen an die Unternehmen?, DB 1999, 133

Kuntze, Wolfgang: Möglichkeiten und Grenzen von Allfinanzkonzepten aus der Sicht des Kreditaufsichtsrechts, Münsteraner Reihe, Heft 5, Karlsruhe, VVW, 1990, S. 37

Kuntz, Klaus: Der Ombudsmann im neuen Licht, ZfV 1993, 102

Kunz, Jürgen: Betriebs- und Geschäftsgeheimnisse und Wettbewerbsverbot während der Dauer und nach Beendigung des Anstellungsverhältnisses, DB 1993, 2482

Kupsch, Peter: Die Auswirkungen einer fehlenden Schlußerklärung nach § 312 Abs. 3 AktG im Lagebericht auf den Bestätigungsvermerk des Abschlußprüfers, DB 1993, 493

Kurz, Martin: Die Konkurrenz zwischen Bank und Versicherung in der Schweiz. Eine Stärken-/Schwächen-Analyse aus der Sicht der Assekuranz, Diss. St. Gallen, 1987

Kurze, Bruno/Wurm-Schönert, Gerhard: Strukturkosten steuern: Verbesserte Deckungsbeitragsrechnung mit detaillierten Kosteninformationen, VW 2000, 758

Kurzendörfer, Volker: Einführung in die Lebensversicherung, 3. Auflage, Karlsruhe, VVW, 2000

Laaß, Wolfgang: Die neuen Rechnungslegungsvorschriften für Versicherungsunternehmen, WPg 1988, 353 und VW 1988, 119

– Die Publizitätsvorschriften für inländische Versicherungsunternehmen (VU) nach Berücksichtigung der künftigen Richtlinie des Rates über den Jahresabschluß und den konsolidierten Abschluß von VU, WPg 1991, 582

Laband, Paul: Zur Lehre von der Versicherungs-Gesellschaft auf Gegenseitigkeit, ZHR 24 (1879), 66

– Beiträge zur Dogmatik der Handelsgesellschaften, ZHR 30 (1885), 469

– Die juristische Natur der Lebens- und Rentenversicherung, in: Festgabe zum Doctor-Jubiläum des Herrn Geh. Justizrath Prof. Dr. Heinrich Thöl, Straßburg, Trübner, 1879, S. 1

Labes, Hartmut W.: Rückversicherungsformen, in: Handwörterbuch der Versicherung, herausgegeben von Dieter Farny, Elmar Helten, Peter Koch, Reimer Schmidt, Karlsruhe, VVW, 1988, S. 703

Lamprecht, Philipp: Haftung des Aktionärs für die treupflichtwidrige Stimmabgabe seines Stimmrechtsvertreters?, ZIP 1996, 1372

Land, Volker: Das neue deutsche Wertpapiererwerbs- und Übernahmegesetz – Anmerkungen zum Regierungsentwurf –, DB 2001, 1707

Land, Volker/Hasselbach, Kai: Das neue deutsche Übernahmegesetz – Einführung und kritische Anmerkungen zum Diskussionsentwurf des BMF –, DB 2000, 1747

Lang, Joachim: Besteuerung der Unternehmen in Staaten der Europäischen Union, in: Unternehmensbesteuerung in EU-Staaten, herausgegeben von Joachim Lang, Köln, Schmidt, 1994, S. 295

Lang, Johann: Genossenschaftsgesetz, Kommentar, 32. Auflage, Berlin/New York, de Gruyter 1988

Lang, Martin: Das ergebnisorientierte Zielsystem des Versicherungsvereins auf Gegenseitigkeit (VVaG), ZfV 1990, 146

Lange, Knut Werner: Grundsätzliche und unbegrenzte Pflicht zur Berichterstattung im Lagebericht?, BB 1999, 2447

Lange, Oliver: Zulässigkeitsvoraussetzungen einer gesellschaftsfinanzierten Aufsichtsrats-D&O-Versicherung, ZIP 2001, 1524

Langenberg, Gudrun: Eine „unternehmerische" Kapitalbeteiligung für Führungskräfte. Kautelarjuristische Prüfung praktizierter Kapitalbeteiligungsmodelle sowie eine Analyse der gesellschafts-, arbeits- und steuerrechtlichen Problemstellungen eines neuen Konzeptes, Diss. Bielefeld, Frankfurt am Main/Bern/New York/Paris, Lang, 1991

Langenbucher, Günther/Blaum, Ulf: Audit Committees – Ein Weg zur Überwindung der Überwachungskrise?, DB 1994, 2197

Lattwein, Alois/Krüger, Burkhard: D&O: Von der Ablehnung wegen Unmoral bis zum Verbandskonzept – Die Entwicklung der Haftpflichtversicherung für Manager am deutschen Markt –, VW 1997, 1366
– D&O-Versicherung – Das Ende der Goldgräberstimmung?, NVersZ 2000, 365

Leffson, Ulrich: Die beiden Generalnormen, in: Bilanz- und Konzernrecht, Festschrift zum 65. Geburtstag von Reinhard Goerdeler, herausgegeben von Hans Havermann, Düsseldorf, IDW-Verlag, 1987, S. 315

Lehmann, Axel: Dienstleistungsmanagement zwischen industriell-orientierter Produktion und zwischenmenschlicher Interaktion – Reflexe in der Versicherung, Diss. St. Gallen, IVW-Schriftenreihe, Band 23, St. Gallen, 1989

Lehmann, Jürgen: Zur Wahl von Ersatzmitgliedern des Aufsichtsrats, DB 1983, 485
– Die groben und die feinen Maschen des § 126 AktG, in: Festschrift für Karlheinz Quack zum 65. Geburtstag am 3. Januar 1991, herausgegeben von Harm Peter Westermann und Wolfgang Rosener, Berlin/New York, Walter de Gruyter, 1991, S. 287
– Der qualifizierte faktische Konzern – ein Phantom?, in: Festschrift für Karl Beusch zum 68. Geburtstag am 31. Oktober 1993, herausgegeben von Heinrich Beisse, Marcus Lutter, Heribald Närger, Berlin/New York, Walter de Gruyter, 1993, S. 479

Lehmann, Michael: Schranken der beschränkten Haftung. Zur ökonomischen Legitimation des Durchgriffs bei der GmbH, GmbHR 1992, 200

Lehmann, Werner/Schäfer, Otto/Cirpka, Ekkehard: Bausparkassengesetz und Bausparkassenverordnung unter Berücksichtigung des Gesetzes über das Kreditwesen, Kommentar, 4. Auflage, Bonn, Domus, 1992

Lehner, Otto: Die rechtliche Stellung der Mitglieder einer Versicherungsgesellschaft auf Gegenseitigkeit, Diss. Tübingen, Stuttgart, 1897

Leibl, K.: Das Recht der Versicherungsunternehmungen, Berlin und Leipzig, 1913

Leible, Stefan: Bilanzpublizität und Effektivität des Gemeinschaftsrechts, ZHR 162 (1998), 594

Leimkühler, Claudia: Ist die öffentliche Kritik am deutschen Aufsichtsratssystem gerechtfertigt? – Empirische Untersuchung über die personellen Verflechtungen zwischen den Vorständen und Aufsichtsräten der in Deutschland börsennotierten Aktiengesellschaften –, WPg 1996, 305

Leister, Kurt: Die Stellung der Versicherungsnehmer bei Fusionen und Bestandsübertragung von Versicherungs-A.-G. Der besondere Fall der Frankfurter Allgemeinen Versicherungs-A.-G., Diss. Göttingen, 1930

Leker, Jens/Cratzius, Michael: Erfolgsanalyse von Holdingkonzernen, BB 1998, 362

Lembke, Mark: Die Ausgestaltung von Aktienoptionsplänen in arbeitsrechtlicher Hinsicht, BB 2001, 1469

Lenz, Hansrudi: Unabhängigkeit des Abschlußprüfers und Non-Audit Services – Neue Vorschriften der SEC, BB 2001, 299

Lenz, Hansrudi/Ostrowski, Markus: Kontrolle und Transparenz im Unternehmensbereich durch die Institution Abschlußprüfung – Eine Beurteilung der Regelungen im Referentenentwurf eines Gesetzes zur Kontrolle und Transparenz im Unternehmensbereich aus ökonomischer Sicht –, BB 1997, 1523

Lenz, Marcus/Schäfferling, Klaus-Dieter: Deckungsbeitragsrechnung – Ein Ansatz aus der Sicht der Lebensversicherung, VW 1997, 995

Lenz, Tobias: Die Kulanzleistung des Versicherers, Karlsruhe, VVW, 1993
Lettl, Tobias: Wirtschaftliche Betätigung und Umstrukturierung von Ideal-Vereinen, DB 2000, 1449
Letzel, Hans-Joachim: Das Pflichtangebot nach dem Übernahmekodex – mit Vorausschau auf das Pflichtangebot nach dem ÜbG, NZG 2001, 260
Leuering, Dieter: Das Aktienbuch, ZIP 1999, 1745
– Die Erteilung von Abschriften an Aktionäre, ZIP 2000, 2053
Leverenz, Kent: Zu den Einwänden gegen die Prämiengestaltung in der Unfallversicherung, VersR 1997, 652
Lewis, William: Lehrbuch des Versicherungsrechts, Stuttgart, Enke, 1889
Liebscher, Thomas: Das Übernahmeverfahren nach dem neuen Übernahmegesetz, ZIP 2001, 853
Lier, Monika: Das KonTraG läßt viel Raum für Interpretationen – selbst der Trend zum Airbag ist ein Risiko. Von einer Veranstaltung des VVaG-Kompetenzzentrums der Gothaer Rückversicherung AG, VW 1999, 962
Lindermann, Edgar: Doppelmandat gleich Haftungsdurchgriff?, AG 1987, 225
Lingemann, Stefan/Diller, Martin/Mengel, Anja: Aktienoptionen im internationalen Konzern – ein arbeitsrechtsfreier Raum?, NZA 2000, 1191
Lingemann, Stefan/Wasmann, Dirk: Mehr Kontrolle und Transparenz im Aktienrecht: Das KonTraG tritt in Kraft, BB 1998, 853
Linnhoff, Ulrich/Pellens, Bernhard: Kreditwürdigkeitsprüfung mit den neuen Jahresabschlußkennzahlen des Bundesaufsichtsamts für das Versicherungswesen (BAV), DB 1994, 589
Linscheidt, Astrid: Die steuerliche Behandlung des Genußrechtskapitals der Kapitalgesellschaft, DB 1992, 1852
Linsingen, Detlev Freiherr von: Technik als Motor für die Kooperation von Banken und Versicherungen, VW 1988, 755
– Zukunftsorientierte Planung von Verwaltungssystemen in der Lebensversicherung, VW 1990, 834
– Strukturen von DV-Anwendungen in Versicherungsunternehmen, VW 1992, 1276
Lipperheide, Manfred: Geldentwertung und Prämienpolitik der Versicherungsunternehmen, ZVersWiss 62 (1973), 155
Lippert, Hans-Dieter: Zulässigkeit und Aufgaben von Beiräten in Aktiengesellschaften – LG Köln, AG 1976, 329, JuS 1978, 90
Littbarski, Sigurd: Die kapitalbildende Lebensversicherung im Visier des Verbraucherschutzes, NJW 2001, 3315
Lobeck, Fritz Ernst Richard: Das oberste Organ beim Versicherungsverein auf Gegenseitigkeit, Diss. Leipzig, 1924
Lobscheid, Hans Gert: Die Stellung des Treuhänders in der Versicherungswirtschaft, VersR 1956, 462
– Der Treuhänder für das Deckungskapital privater Versicherungsunternehmen, Befugnisse und Rechtsstellung, Berlin, Duncker & Humblot, 1963
Löcke, Jürgen: Mitwirkung des Abschlußprüfers an der Erstellung des Jahresabschlusses, GmbHR 1997, 1052
Loehr, Helmut: Die Aktionärspräsenz auf deutschen Hauptversammlungen muß wieder steigen, WM 1995, 2093
Löffler, Eugen: Der Konzern als Finanzintermediär, Wiesbaden, Gabler, 1991
Loewenstein, Karl: Kooptation und Zuwahl. Über die autonome Bildung privilegierter Gruppen, Frankfurt am Main, Metzner, 1973
Look, Frank van: Vereinsstrafen als Vertragsstrafen. Ein Beitrag zum inneren Vereinsrecht, Diss. Mainz 1988/89, Berlin, Duncker & Humblot, 1990
– Zum Anlegerschutz bei Genußrechten, in: Recht und Praxis der Genußscheine, Band 16 der Schriften zum deutschen und ausländischen Geld-, Bank- und Börsenrecht, herausgegeben von Karl Dietrich Bundschuh, Walther Hadding und Uwe H. Schneider, Frankfurt am Main, 1987, S. 35
Loos, Gerold: Die steuerliche Behandlung der Spaltung von Kapitalgesellschaften, DB 1990, 1359
Lorch, Manfred: Publizitätsorientierte Gestaltung der Rechnungslegungsvorschriften für Versicherungsunternehmen, Karlsruhe, VVW, 1974
– Steuern und Versicherungsunternehmen, in: Handwörterbuch der Versicherung, herausgegeben von Dieter Farny, Elmar Helten, Peter Koch, Reimer Schmidt, Karlsruhe, VVW, 1988, S. 835

Lorenz, Egon: Gefahrengemeinschaft und Beitragsgerechtigkeit aus rechtlicher Sicht, in: 25 Jahre Karlsruher Forum, Jubiläumsausgabe 1983, Beiträge zum Haftungs- und Versicherungsrecht, herausgegeben von Fritz Hauß, Wolfgang Freiherr Marschall von Bieberstein, Fritz Reichert-Facilides, Karlsruhe, VVW, 1983, S. 162
- Die Auskunftsansprüche des Versicherten zur Überschußbeteiligung in der Lebensversicherung, Karlsruhe, VVW, 1983
- Ausgewählte Fragen zur Unternehmenspolitik von Versicherungsvereinen auf Gegenseitigkeit (Stellungnahme zu der Untersuchung von Dieter Farny), ZVersWiss 73 (1984), 367
- Besprechung der Dissertation von Hauth, ZVersWiss 75 (1986), 303
- Besprechung der Schrift von Baumann, ZVersWiss 77 (1988), 671
- Versicherungsverein auf Gegenseitigkeit, in: Handwörterbuch der Versicherung, herausgegeben von Dieter Farny, Elmar Helten, Peter Koch, Reimer Schmidt, Karlsruhe, VVW, 1988, S. 1147
- Rechtsfragen zur Überschußbeteiligung in der Kapitallebensversicherung, ZVersWiss 82 (1993), 283
- Ist das „Gesetz für kleine Aktiengesellschaften und zur Deregulierung des Aktienrechts" nach § 36 VAG auch auf die Versicherungsvereine auf Gegenseitigkeit anzuwenden?, VersR 1995, 514
- Vorbehalt zur Änderung der AVB für bestehende Verträge in der Satzung eines VVaG, VersR 1996, 1206

Lorenz-Liburnau, Hans: Die Rechtsordnung des Versicherungsvereines auf Gegenseitigkeit (VVaG), Die Versicherungsrundschau 1984, 48

Lorson, Peter: Shareholder Value-Ansätze – Zweck, Konzepte und Entwicklungstendenzen –, DB 1999, 1329

Loskant, Karl Adolf: Allfinanz und Vertrieb, in: Versicherungen in Europa heute und morgen, Geburtstags-Schrift für Georg Büchner, herausgegeben von Franz Wilhelm Hopp und Georg Mehl, Karlsruhe, VVW, 1991, S. 747

Ludewig, Rainer: Gedanken zur Berichterstattung des Abschlußprüfers nach der Neufassung des § 321 HGB, WPg 1998, 595
- KonTraG – Aufsichtsrat und Abschlußprüfer, DB 2000, 634

Lück, Wolfgang: Gewinnbeteiligung in der Lebensversicherungswirtschaft, DB 1981, 1049
- Grundsätze ordnungsmäßiger Aufsichtsratstätigkeit – ein Diskussionspapier –, herausgegeben vom Arbeitskreis „Externe und interne Überwachung der Unternehmung" der Schmalenbach-Gesellschaft/Deutsche Gesellschaft für Betriebswirtschaft e. V. unter der Leitung von Wolfgang Lück, DB 1995, 1
- Elemente eines Risiko-Managementsystems – Die Notwendigkeit eines Risiko-Managementsystems durch den Entwurf eines Gesetzes zur Kontrolle und Transparenz im Unternehmensbereich (KonTraG) –, DB 1998, 8
- Die Professionalisierung des Aufsichtsrats ist das Gebot der Stunde – Die Verantwortung von Aufsichtsräten für die Zukunftssicherung der Unternehmen, FAZ 23. 11. 1998 Nr. 272/Seite 39
- Der Umgang mit unternehmerischen Risiken durch ein Risikomanagementsystem und durch ein Überwachungssystem – Anforderungen durch das KonTraG und Umsetzung in der betrieblichen Praxis –, DB 1998, 1925
- Audit Committees – Prüfungsausschüsse zur Sicherung und Verbesserung der Unternehmensüberwachung in deutschen Unternehmen – Fehlende Effizienz betrieblicher Überwachung in deutschen Unternehmen: Überlegungen zur Sicherung und Verbesserung durch die Einrichtung von Audit-Committees –, DB 1999, 441
- Risikomanagementsysteme und Überwachungssysteme einrichten – Neue Anforderungen an Vorstand, Aufsichtsrat, Interne Revision und Abschlußprüfer durch das KonTraG –, FAZ 25. 1. 1999 Nr. 20/Seite 29
- Überwachung von Maßnahmen zur Qualitätssicherung in der Wirtschaftsprüferpraxis – Entwicklungstendenzen der Quality Control –, DB 2000, 333
- Managementrisiken im Risikomanagementsystem, DB 2000, 1473
- Anforderungen an die Redepflicht des Abschlußprüfers, BB 2001, 404
- Das Going-Concern-Prinzip in Rechnungslegung und Jahresabschlussprüfung, DB 2001, 1945

Lüderitz, Hagen: Effizienz als Maßstab für die Größe des Aufsichtsrats, in: Festschrift für Ernst Steindorff zum 70. Geburtstag am 13. März 1990, herausgegeben von Jürgen F. Baur, Klaus J. Hopt, K. Peter Mailänder, Berlin/New York, Walter de Gruyter, 1990, S. 113

Lüderssen, Klaus: Mißbräuchliche aktienrechtliche Anfechtungsklagen und Strafrecht – Vorüberlegungen und Materialien, in: Festschrift für Theodor Heinsius zum 65. Geburtstag am 25. September 1991, herausgegeben von Friedrich Kübler, Hans-Joachim Mertens, Winfried Werner, Berlin/New York, Walter de Gruyter, 1991, S. 457

Lüer, Hans-Jochem: Corporate Governance im VVaG und im VVaG-Konzern, VersR 2000, 407

Lüke, Wolfgang/Blenske, Holger: Die Schiedsfähigkeit von Beschlußmängelstreitigkeiten – Möglichkeiten und Grenzen der Rechtsgestaltung –, ZGR 1998, 253

Lukarsch, Gerhard: Die Kapitalanlage-Politik der privaten Lebensversicherungs-Unternehmungen im Hinblick auf die Erstellung kaufkraft-äquivalenter Versicherungsleistungen, Berlin, Duncker & Humblot, 1959

Lutter, Marcus: Der Stimmbote, in: Festschrift für Konrad Duden zum 70. Geburtstag, herausgegeben von H.-M. Pawlowski, Günther Wiese, Günther Wüst, München, Beck, 1977, S. 269

– Wirkung von Zustimmungsvorbehalten nach § 111 Abs. 4 Satz 2 AktG auf nahestehende Gesellschaften, in: Festschrift für Robert Fischer, herausgegeben von Marcus Lutter, Walter Stimpel, Herbert Wiedemann, Berlin/New York, Walter de Gruyter, 1979, S. 419

– Theorie der Mitgliedschaft – Prolegomena zu einem Allgemeinen Teil des Korporationsrechts –, AcP 180 (1980), 84

– Die zivilrechtliche Haftung in der Unternehmensgruppe, ZGR 1982, 244

– Ehrenämter im Aktien- und GmbH-Recht, ZIP 1984, 645

– Organzuständigkeiten im Konzern, in: Festschrift für Walter Stimpel zum 68. Geburtstag am 29. November 1985, herausgegeben von Marcus Lutter, Hans-Joachim Mertens, Peter Ulmer, Berlin/New York, Walter de Gruyter, 1985, S. 825

– Rücklagenbildung im Konzern, in: Bilanz- und Konzernrecht, Festschrift zum 65. Geburtstag von Reinhard Goerdeler, herausgegeben von Hans Havermann, Düsseldorf, IDW-Verlag, 1987, S. 327

– Zur Vorbereitung und Durchführung von Grundlagenbeschlüssen in Aktiengesellschaften, in: Festschrift für Hans-Joachim Fleck zum 70. Geburtstag am 30. Januar 1988, herausgegeben von Reinhard Goerdeler, Peter Hommelhoff, Marcus Lutter, Herbert Wiedemann, Berlin/New York, Walter de Gruyter, 1988, S. 169

– Ausgabe von Genußrechten und Jahresabschluß, in: Handelsrecht und Steuerrecht, Festschrift für Georg Döllerer, herausgegeben von Brigitte Knobbe-Keuk, Franz Klein und Adolf Moxter, Düsseldorf, IDW-Verlag, 1988, S. 383

– Der qualifizierte faktische Konzern, AG 1990, 179

– Die entschlußschwache Hauptversammlung, in: Festschrift für Karlheinz Quack zum 65. Geburtstag am 3. Januar 1991, herausgegeben von Harm Peter Westermann und Wolfgang Rosener, Berlin/New York, Walter de Gruyter, 1991, S. 301

– Unternehmensplanung und Aufsichtsrat, in: Unternehmensdynamik, Festschrift für Horst Albach zum 60. Geburtstag, herausgegeben von Klaus-Peter Kistner und Reinhart Schmidt, Wiesbaden, Gabler, 1991

– Das Recht der faktischen Unternehmensverbindungen und die Beschlüsse des 59. Deutschen Juristentages, DB 1992, 2429

– Der doppelte Wirtschaftsprüfer, in: Festschrift für Johannes Semler zum 70. Geburtstag am 28. April 1993, Unternehmen und Unternehmensführung im Recht, herausgegeben von Marcus Bierich, Peter Hommelhoff, Bruno Kropff, Berlin/New York, Walter de Gruyter, 1993, S. 835

– Die Unwirksamkeit von Mehrfachmandaten in den Aufsichtsräten von Konkurrenzunternehmen, in: Festschrift für Karl Beusch zum 68. Geburtstag am 31. Oktober 1993, herausgegeben von Heinrich Beisse, Marcus Lutter, Heribald Närger, Berlin/New York, Walter de Gruyter, 1993, S. 509

– Genußrechtsfragen – Besprechung der Entscheidungen BGH ZIP 1992, 1542 (Klöckner) und BGH ZIP 1992, 1728 (Bremer Bankverein), ZGR 1993, 291

– Zur Bilanzierung von Genußrechten, DB 1993, 2441

– Zur persönlichen Haftung des Geschäftsführers aus deliktischen Schäden im Unternehmen, ZHR 157 (1993), 464

– Der Aufsichtsrat: Konstruktionsfehler, Inkompetenz seiner Mitglieder oder normales Risiko?, AG 1994, 176

– Das neue „Gesetz für kleine Aktiengesellschaften und zur Deregulierung des Aktienrechts", AG 1994, 429

– Macht der Banken, NJW 1995, 2766

– Hilfspersonen von Aufsichtsratsmitgliedern, DB 1995, 257

– Professionalisierung der Aufsichtsräte, NJW 1995, 1133
– Zum unternehmerischen Ermessen des Aufsichtsrats, ZIP 1995, 441
– Das Girmes-Urteil, JZ 1995, 1053
– Grundsätze ordnungsmäßiger Aufsichtsratstätigkeit, DB 1995, 1925
– Defizite für eine effiziente Aufsichtsratstätigkeit und gesetzliche Möglichkeiten der Verbesserung, ZHR 159 (1995), 287
– Europäisches Unternehmensrecht. Grundlagen, Stand und Entwicklung nebst Texten und Materialien zur Rechtsangleichung, 4., vollständig überarbeitete und erweiterte Auflage, Berlin/New York, Walter de Gruyter, 1996
– Treupflichten und ihre Anwendungsprobleme, ZHR 162 (1998), 164
– Das Europäische Unternehmensrecht im 21. Jahrhundert, ZGR 2000, 1
– Aktionärs-Klagerechte, JZ 2000, 837
– Grenzen zulässiger Einflußnahme im faktischen Konzern – Nachbetrachtung zum Mannesmann/Vodafone-Takeover, in: Festschrift für Martin Peltzer zum 70. Geburtstag, herausgegeben von Marcus Lutter, Manfred Scholz, Walter Sigle, Köln, O. Schmidt, 2001, S. 241
– Europäische Aktiengesellschaft – Rechtsfigur mit Zukunft?, BB 2002, 1

Lutter, Marcus/Bezzenberger, Tilman: Für eine Reform des Spruchverfahrens im Aktien- und Umwandlungsrecht, AG 2000, 433

Lutter, Marcus/Drygala, Tim: Grenzen der Personalverflechtung und Haftung im Gleichordnungskonzern, ZGR 1995, 557
– Grenzen der Personalverflechtung und Haftung im Gleichordnungskonzern, in: Grundlagen des Versicherungsvereins auf Gegenseitigkeit, verfaßt und veröffentlicht aus Anlaß des 175jährigen Bestehens der Gothaer Versicherungsbank VVaG, Köln, am 2. Juli 1995, herausgegeben von Wolfgang Peiner, Köln/Göttingen, Gothaer Versicherungen, 1995, S. 202

Lutter, Marcus/Grossmann, Adolf: Zur Teilnahme des Aufsichtsrats an Sitzungen des Vorstands einer Aktiengesellschaft, AG 1976, 203

Lutter, Marcus/Kremer, Thomas: Die Beratung der Gesellschaft durch Aufsichtsratsmitglieder – Bemerkungen zur Entscheidung BGHZ 114, 127ff –, ZGR 1992, 87

Lutter, Marcus/Krieger, Gerd: Rechte und Pflichten des Aufsichtsrats, 3. Auflage, Freiburg i. Br., Haufe, 1993

Lutter, Marcus/Leinekugel, Rolf: Kompetenzen von Hauptversammlung und Gesellschafterversammlung beim Verkauf von Unternehmensteilen, ZIP 1998, 225
– Der Ermächtigungsbeschluß der Hauptversammlung zu grundlegenden Strukturmaßnahmen – zulässige Kompetenzübertragung oder unzulässige Selbstentmachtung?, ZIP 1998, 805

Lutter, Marcus/Schneider, Uwe H.: Mitbestimmung im mehrstufigen Konzern, BB 1977, 553

Luttermann, Claus: Anlegerschutz und Bezugsrechtsausschluß bei Genußrechten – Anmerkungen zu den BGH-Urteilen vom 5. 10. 1992 (II ZR 172/91, Klöckner AG) und vom 9. 11. 1992 (II ZR 230/91, Bankverein Bremen AG) –, DB 1993, 1809
– International Accounting Standards in der Europäischen Union – Sieben Kernaspekte für das Bilanzrecht auch in Deutschland angesichts des Reformvorschlags der Europäischen Kommission vom 13. Juni 2000 –, ZIP 2000, 1318
– Bewertungsrecht im Internetzeitalter. Über Finanzkommunikation: Börsenkurs, Wahrscheinlichkeit und „virtuelle“ Aktiengesellschaft, AG 2000, 459

Maasjost, Bernhard: Beitragspolitik, Überschußentstehung und -verwendung bei Versicherungsvereinen auf Gegenseitigkeit, Köln, 1987

Machek, Erich: Die formwechselnde Umwandlung von Versicherungsvereinen auf Gegenseitigkeit in Aktiengesellschaften, in: Wirtschaftspraxis und Rechtswissenschaft, Festschrift für Walther Kastner zum 70. Geburtstag, herausgegeben von Edwin Loebenstein, Johann Mayer, Gerhard Frotz, Peter Doralt, Wien, 1972, S. 269

Mäger, Stefan: Vergütung des Aufsichtsrats – Welchen Spielraum gibt das Aktienrecht?, BB 1999, 1389

Maier-Reimer, Georg: Verhaltenspflichten des Vorstands der Zielgesellschaft bei feindlichen Übernahmen, ZHR 165 (2001), 258

Manes, Alfred: Versicherungswesen, Erster Band, Allgemeine Versicherungslehre, 3. Auflage, Leipzig und Berlin, 1922

Manes-Hagen: Das Reichsgesetz über die privaten Versicherungsunternehmungen vom 12. Mai 1901 – mit Erläuterungen – von Alfred Manes, 2. Auflage, bearbeitet von Otto Hagen, Tübingen, Mohr, 1909

Marlow, Sven: Neuere Aspekte zur Zulässigkeit von Beitragsanpassungsklauseln in Versicherungsverträgen – Beliebigkeit durch Lösungsrecht?, in: Festschrift für Horst Baumann, Karlsruhe, VVW, 1999, S. 209
Marsch-Barner, Reinhard: Treupflicht und Sanierung, ZIP 1996, 853
– Neuere Entwicklungen im Vollmachtsstimmrecht der Banken, in: Festschrift für Martin Peltzer zum 70. Geburtstag, herausgegeben von Marcus Lutter, Manfred Scholz, Walter Sigle, Köln, O. Schmidt, 2001, S. 261
Marten, Kai-Uwe: Bestellung und Abberufung des Abschlußprüfers in Deutschland, Europa und den USA, RIW 1994, 749
– Peer Review im US-amerikanischen Berufsstand der Wirtschaftsprüfer, BB 1999, 1594
Marten, Kai-Uwe/Köhler, Annette G.: 4. WPO-Novelle: Anstoß zu einer externen Qualitätskontrolle von Wirtschaftsprüfern in Deutschland, BB 2000, 867
Martens, Klaus-Peter: Die Entscheidungsautonomie des Vorstands und die „Basisdemokratie" in der Aktiengesellschaft, ZHR 147 (1983), 377
– Vertretungsorgan und Arbeitnehmerstatus in konzernabhängigen Gesellschaften, in: Festschrift für Marie Luise Hilger und Hermann Stumpf, herausgegeben von Thomas Dieterich, Franz Gamillscheg und Herbert Wiedemann, München, Beck, 1983, S. 437
– Die außerordentliche Beendigung von Organ- und Anstellungsverhältnis, in: Festschrift für Winfried Werner zum 65. Geburtstag am 17. Oktober 1984, Handelsrecht und Wirtschaftsrecht in der Bankpraxis, herausgegeben von Walther Hadding, Ulrich Immenga, Hans-Joachim Mertens, Klemens Pleyer, Uwe H. Schneider, Berlin/New York, Walter de Gruyter, 1984, S. 495
– Der Grundsatz gemeinsamer Vorstandsverantwortung, in: Festschrift für Hans-Joachim Fleck zum 70. Geburtstag am 30. Januar 1988, herausgegeben von Reinhard Goerdeler, Peter Hommelhoff, Marcus Lutter, Herbert Wiedemann, Berlin/New York, Walter de Gruyter, 1988, S. 191
– Aktienrechtliche Probleme eines Ausstiegs aus der Kernenergie, in: Festschrift für Alfred Kellermann zum 70. Geburtstag am 29. November 1990, herausgegeben von Reinhard Goerdeler, Peter Hommelhoff, Marcus Lutter, Walter Odersky, Herbert Wiedemann, Berlin/New York, Walter de Gruyter, 1991, S. 271
– Die Organisation des Konzernvorstands, in: Festschrift für Theodor Heinsius zum 65. Geburtstag am 25. September 1991, herausgegeben von Friedrich Kübler, Hans-Joachim Mertens, Winfried Werner, Berlin/New York, Walter de Gruyter 1991, S. 523
– Leitfaden für die Leitung der Hauptversammlung einer Aktiengesellschaft, Köln, O. Schmidt, 1992
– Der Einfluß von Vorstand und Aufsichtsrat auf Kompetenzen und Struktur der Aktionäre – Unternehmensverantwortung contra Neutralitätspflicht, in: Festschrift für Karl Beusch zum 68. Geburtstag am 31. Oktober 1993, herausgegeben von Heinrich Beisse, Marcus Lutter, Heribald Närger, Berlin/New York, Walter de Gruyter, 1993, S. 529
– Stimmrechtsbeschränkung und Stimmbindungsvertrag im Aktienrecht, AG 1993, 495
– Der Aufsichtsrat im Konzern, ZHR 159 (1995), 567
Maser, Harald: Läßt sich das Rechnungswesen eines Versicherungsunternehmens auf einen Dritten übertragen? Die Funktionsausgliederung und ihre aufsichtsrechtliche Grenze, VW 1997, 1149
– Konzernrechnungslegung von Versicherungsunternehmen nach Internationalen Accounting Standards: Was können Rechnungsleger und Öffentlichkeit von § 292 a HGB (neu) erwarten?, VW 1998, 876 (I), 976 (II)
– Was dürfen konzerninterne Dienstleistungen kosten?, VW 1998, 286
– Es kommt auf die Transferpreise an. Die Kontrolle von Entgelten für grenzüberschreitende Konzerndienstleistungen und -lieferungen bei Versicherungsunternehmen durch die U. S.-Steuerbehörde, VW 1999, 772
– Kostenumlageverträge bei international verbundenen Versicherungsunternehmen. Neues BMF-Schreiben: Vorteile auch für national kooperierende Unternehmen ohne Konzernverbund, VW 2000, 381
– Aufteilung der Einkünfte bei Betriebsstätten international tätiger VU. Anmerkungen zu den Betriebsstätten-Verwaltungsgrundsätzen vom 24. 12. 1999, VW 2000, 437
Masius, Ernst Albert: Lehre der Versicherung und statistische Nachweisung aller Versicherungs-Anstalten in Deutschland; nebst Hinweisung auf den hohen Einfluß dieser Institute auf Nationalwohlstand, und die Gesetze darüber in den verschiedenen Staaten, Leipzig, 1846
Matschke, Manfred Jürgen/Hering, Thomas: Unendliche Probleme bei der Unternehmensbewertung? – Erwiderung zu Kruschwitz/Löffler, DB 1998 S. 1041 –, DB 1999, 920

Mattheus, Daniela: Die gewandelte Rolle des Wirtschaftsprüfers als Partner des Aufsichtsrats nach dem KonTraG, ZGR 1999, 682

Matthießen, Volker: Stimmrecht und Interessenkollision im Aufsichtsrat, Diss. Hamburg 1988, Köln/Berlin/Bonn/München, Heymann, 1989

Maul, Karl-Heinz: Offene Probleme der Bewertung von Unternehmen durch Wirtschaftsprüfer, DB 1992, 1253

Maul, Silja: Zur Ausgabe von Namensaktien, NZG 2001, 585

„Mawt": Die Direktgutschrift in der Lebensversicherung als besondere Form der Gewinnbeteiligung, ZfV 1988, 239

Maydell, Bernd Baron von: Die geplante europäische Gegenseitigkeitsgesellschaft – Gesellschaftsrecht als Instrument für eine grenzüberschreitende Krankenversicherung, in: Unternehmen, Recht und Wirtschaftsordnung, Festschrift für Peter Raisch zum 70. Geburtstag, herausgegeben von Karsten Schmidt, Eberhard Schwark, Köln, Heymann, 1995, S. 433

Mayer-Maly, Theo: Handelsrechtliche Verbotsgesetze, in: Strukturen und Entwicklungen im Handels-, Gesellschafts- und Wirtschaftsrecht, Festschrift für Wolfgang Hefermehl zum 70. Geburtstag am 18. September 1976, herausgegeben von Robert Fischer, Ernst Gessler, Wolfgang Schilling, Rolf Serick, Peter Ulmer, München, Beck, 1976, S. 103

Mechlem, Hans-Peter/Melms, Christopher: Verfall- und Rückzahlungsklauseln bei Aktienoptionsplänen, DB 2000, 1614

Medicus, Dieter: Die interne Geschäftsverteilung und die Außenhaftung von GmbH-Geschäftsführern, GmbHR 1998, 9

– Deliktische Außenhaftung der Vorstandsmitglieder und Geschäftsführer, ZGR 1998, 570

Meerkatz, Hermann: Die Mitgliedschaft im Versicherungsverein auf Gegenseitigkeit, Diss. Leipzig, Berlin, 1910

Meerscheidt-Hüllessem, von: Gemischte Verträge und Verträge eigener Art, Deutsche Juristen-Zeitung 1910, 854

Mehring, Hans-Peter: Substanzerhaltung von Versicherungsunternehmen, Diss. Köln 1987, Berlin, Duncker & Humblot, 1989

Meik, Frank: Der Konzern im Arbeitsrecht und die Wahl des Konzernbetriebsrats im Schnittbereich zur Wahl des Aufsichtsrats, BB 1991, 2441

Meilicke, Heinz: Welchen Genuß gewährt der Genußschein? Eine Analyse einiger Genußscheinbedingungen, BB 1987, 1609

– Inwieweit können Verluste aus Genußscheinen steuerlich geltend gemacht werden, BB 1989, 465

Meilicke, Wienand: Zum Vorschlag der Europäischen Kommission für die 14. EU-Richtlinie zur Koordinierung des Gesellschaftsrechts – Sitzverlegungsrichtlinie, GmbHR 1998, 1053

– Auswirkungen der „Centros-Entscheidung" auf die 14. EU-Sitzverlegungs-Richtlinie, GmbHR 1999, 896

– Sitztheorie versus Niederlassungsfreiheit? Besprechung des Vorlagebeschlusses des BGH vom 30. 3. 2000 – VII ZR 370/98, GmbHR 2000, 715 –, GmbHR 2000, 693

Meincke, Eberhard: Geheimhaltungspflichten im Wirtschaftsrecht, WM 1998, 749

Merdausl, Claudia: Der Europäische Versicherungsverein auf Gegenseitigkeit, Münster, Lit Verlag, 2000

Merkt, Hanno: Verhaltenspflichten des Vorstands der Zielgesellschaft bei feindlichen Übernahmen, ZHR 165 (2001), 224

Mertens, Hans-Joachim: Stimmabgabe abwesender Aufsichtsratsmitglieder nach § 108 Abs. 3 AktG, AG 1977, 210

– Zur Berichtspflicht des Vorstands gegenüber dem Aufsichtsrat, AG 1980, 67

– Zur Auslegung und zum Verhältnis von § 76 Abs. 1 und § 58 AktG im Hinblick auf uneigennützige soziale Aktivitäten der Aktiengesellschaft, in: Bilanz- und Konzernrecht, Festschrift zum 65. Geburtstag von Reinhard Goerdeler, herausgegeben von Hans Havermann, Düsseldorf, IDW-Verlag, 1987, S. 349

– Die gesetzlichen Einschränkungen der Disposition über Ersatzansprüche der Gesellschaft durch Verzicht und Vergleich in der aktien- und konzernrechtlichen Organhaftung, in: Festschrift für Hans-Joachim Fleck zum 70. Geburtstag am 30. Januar 1988, herausgegeben von Reinhard Goerdeler, Peter Hommelhoff, Marcus Lutter, Herbert Wiedemann, Berlin/New York, Walter de Gruyter, 1988, S. 209

– Beratungsverträge mit Aufsichtsratsmitgliedern, in: Festschrift für Ernst Steindorff zum 70. Geburtstag am 13. März 1990, herausgegeben von Jürgen F. Baur, Klaus J. Hopt, K. Peter Malländer, Berlin/New York, Walter de Gruyter, 1990, S. 173

– Zur Geltung des Stand-alone-Prinzips für die Unternehmensbewertung bei der Zusammenführung von Unternehmen, AG 1992, 321
– Satzungs- und Organisationsautonomie im Aktien- und Konzernrecht, ZGR 1994, 426
– Das Minderheitsrecht nach § 122 Abs. 2 AktG und seine Grenzen, AG 1997, 481
– Der Vorstand darf zahlen. Zur Beteiligung von Aktiengesellschaften an der Stiftungsinitiative der Deutschen Wirtschaft: „Erinnerung, Verantwortung und Zukunft", AG 2000, 157
– Bedarf der Abschluß einer D&O Versicherung durch die Aktiengesellschaft der Zustimmung der Hauptversammlung?, AG 2000, 447
– Rechtsfortbildungsbereinigung bei § 112 AktG?, in: Festschrift für Marcus Lutter zum 70. Geburtstag, Deutsches und europäisches Gesellschafts-, Konzern- und Kapitalmarktrecht, herausgegeben von Uwe H. Schneider, Peter Hommelhoff, Karsten Schmidt, Wolfram Timm, Barbara Grunewald, Tim Drygala, Köln, O. Schmidt, 2000, S. 523

Mertens, Kai: Zur Universalsukzession in einem neuen Umwandlungsrecht, AG 1994, 66

Messer, Herbert: Der Vertreter des verhinderten Leiters der Hauptversammlung in der mitbestimmten AG, in: Festschrift für Alfred Kellermann zum 70. Geburtstag am 29. November 1990, herausgegeben von Reinhard Goerdeler, Peter Hommelhoff, Marcus Lutter, Walter Odersky, Herbert Wiedemann, Berlin/New York, Walter de Gruyter, 1991, S. 299
– Die Kausalität von Mängeln des Verschmelzungsberichts als Voraussetzung für die Anfechtbarkeit des Verschmelzungsbeschlusses, in: Festschrift für Karlheinz Quack zum 65. Geburtstag am 3. Januar 1991, herausgegeben von Harm Peter Westermann und Wolfgang Rosener, Berlin/New York, Walter de Gruyter, 1991, S. 321

Meßmer, Daniel: Wirtschaftsprüferhaftung und KonTraG: Fluch oder Segen für den Berufshaftpflichtversicherer?, VW 1998, 1133

Meßmer, Daniel/Saliger, Michaela: Die Änderung des AktG durch das KonTraG und ihre Auswirkungen auf die Haftungsverhältnisse in AG, GmbH und Genossenschaft, VersR 1999, 539

Meßmer, Daniel/Keßler, Dirk: Rechtsanwälte und Due Diligence – Zulässigkeit, Haftung und versicherungsrechtliche Betrachtung, NVersZ 2000, 110

Metzler, Marco: Wertorientierte Jahresabschlußanalyse deutscher Schaden- und Unfallversicherungsunternehmen, ZfV 2000, 459 (I) und 509 (II)

Meyer, Carsten: Der Rückkaufswert in der Lebensversicherung. Eine Untersuchung aktueller Kritik an dem Recht des Lebensversicherungsvertrages unter Berücksichtigung des AGB-Gesetzes und des Aufsichtsrechts, Diss. Hamburg 1988, Frankfurt am Main/Bern/New York/Paris, Lang, 1989

Meyer, Claus: Geschäftsbericht: Ein Leitfaden für Aufstellung, Gestaltung und Offenlegung, 2. Auflage, Stuttgart, Schäffer-Poeschel, 1997

Meyer, Hans Dieter: Wem gehören 800 Milliarden Mark? Eine Kritik an den rechtlichen und wirtschaftlichen Grundlagen des Versicherungswesens, ZRP 1990, 424
– Schutz der Privatautonomie der Verbraucher durch Beseitigung ihrer Informationsunterlegenheit als Aufgabe des Gesetzgebers und der staatlichen Versicherungsaufsicht, in: 100 Jahre materielle Versicherungsaufsicht in Deutschland, herausgegeben von Helmut Müller, Joachim-Friedrich Golz, Elke Washausen-Richter, Michael Trommeshauser, Bonn, Bundesaufsichtsamt für das Versicherungswesen, 2001, S. 827

Meyer, Justus: Neue und alte Mäntel im Kapitalgesellschaftsrecht, ZIP 1994, 1661

Meyer, Lothar: Die Gesamtbewertung von Versicherungsunternehmungen – Ein Beitrag zur Theorie der Gesamtbewertung, Karlsruhe, VVW, 1975

Meyer-Blücher, Joachim: Mitgliedschaft ohne Stimmrecht bei Körperschaften privaten Rechts, Diss. Göttingen, 1955

Meyer-Ladewig, Jens: Die neuen handelsrechtlichen Vorschriften über die Änderung der Unternehmensform und ihre Bedeutung für das deutsche Gesellschaftsrecht, BB 1969, 1005

Meyer-Landrut, Joachim: Zur Suspendierung eines Vorstandsmitglieds, in: Festschrift für Robert Fischer, herausgegeben von Marcus Lutter, Walter Stimpel, Herbert Wiedemann, Berlin/New York, Walter de Gruyter, 1979, S. 477

Meyer-Meulenbergh: Genossenschaftsgesetz, 11. Auflage, München, 1970

Meyer-Scharenberg, Dirk: Finanzierung mit Lebensversicherungen, München, Beck, 1993

Michaels, Bernd: Staatsaufsicht über Versicherungsunternehmen und Kreditinstitute. Vergleichende juristische Überlegungen, Diss. Hamburg, 1967
– Geschäftsbesorgung und Lebensversicherung aus der Sicht der Versicherungswirtschaft, in: Lebensversicherung und Geschäftsbesorgung, Kolloquium in memoriam Karl Sieg am 30. September 1998, herausgegeben von Walter Karten, Manfred Werber und Gerrit Winter, Karlsruhe, VVW, 1998, S. 93

Michalski, Lutz/Zeidler, Finn: Die Ausgleichshaftung im qualifiziert faktischen Konzern – Eine Analyse für die Praxis, NJW 1996, 224
Miederhoff, Markus: Bankaufsichtsrechtliche Beurteilung von Unternehmensverträgen unter vergleichender Berücksichtigung des Versicherungsaufsichtsrechts, WM 2001, 2041
Mielke, Werner: Die Leitung der unverbundenen Aktiengesellschaft. Aktienrechtliche Probleme dezentraler Unternehmensorganisationen, Frankfurt am Main/Bern/New York/Paris, Lang, 1990
Miersch, Gerald: Versicherungsaufsicht nach den Dritten Richtlinien, Karlsruhe, VVW, 1996
Mies, Josef: Offene und verdeckte Gewinnausschüttungen bei Versicherungsvereinen auf Gegenseitigkeit und ihre körperschaftsteuerliche Behandlung, WPg 1980, 213
Milde, Thomas: Der Gleichordnungskonzern im Gesellschaftsrecht, Berlin, Duncker & Humblot, 1996
Minz, Fritz/Koll, Willi: Über die Zuweisung zu freien Rücklagen im Jahresabschluß eines Versicherungsvereins auf Gegenseitigkeit, WPg 1968, 145
Minz, Günter/Richter, Horst: Prüfung von Versicherungsunternehmen, in: Handwörterbuch der Versicherung, herausgegeben von Dieter Farny, Elmar Helten, Peter Koch, Reimer Schmidt, Karlsruhe, VVW, S. 581
Mizushima, Kazuya: Der Marktzugang und seine Auswirkungen auf den Wettbewerb in der Versicherungswirtschaft, ZVersWiss 55 (1966), 173
– Der wirtschaftliche Charakter des großen Versicherungsvereins auf Gegenseitigkeit und die neue Idee der Gegenseitigkeitsversicherung, in: Praxis und Theorie der Versicherungsbetriebslehre, Festgabe für H. L. Müller-Lutz, herausgegeben von Paul Braeß, Dieter Farny und Reimer Schmidt, Karlsruhe, 1972, S. 283
Möller, Andreas/Pötzsch, Thorsten: Das neue Übernahmerecht – Der Regierungsentwurf vom 11. Juli 2001, ZIP 2001, 1256
Möller, Hans: Rechtsprobleme des Versicherungsvereines auf Gegenseitigkeit, in: Festschrift Karl Haff zum Siebzigsten Geburtstag dargebracht, herausgegeben von Kurt Bussmann, Nikolaus Grass, Innsbruck, 1950, S. 305
– Reform des Versicherungsaufsichtsrechts?, VersR 1955, 3
– Rechtsordnung und Rationalisierung des Versicherungswesens, ZVersWiss 49 (1960), 169
– Allgemeine Grundlagen, Versicherungsaufsichts- und Versicherungsvertragsrecht, ZVersWiss 63 (1974), 9
Möllers, Thomas M. J.: Professionalisierung des Aufsichtsrates. Zu einer differenzierten Verantwortung der einzelnen Aufsichtsratsmitglieder, ZIP 1995, 1725
– Kapitalmarkttauglichkeit des deutschen Gesellschaftsrechts – Kritik am sachlichen und persönlichen Anwendungsbereich der Novellierung von AktG und HGB im Bereich von Rechnungslegung, Corporate Governance und Transparenz –, AG 1999, 433
Mösbauer, Heinz: Staatliche Aufsicht über Versicherungsunternehmen, DÖV 1985, 811
– Der Betrieb von inländischen Direktversicherungsgeschäften durch ausländische Versicherungsunternehmen, RIW 1985, 862
– Die Unternehmensaufsicht im Bereich der Versicherungswirtschaft – Wirtschaftsaufsicht oder Wirtschaftslenkung?, BB 1987, 1688
– Staatsaufsicht über die Wirtschaft, Köln/Berlin/Bonn/München, Heymann, 1990
Möschel, Wernhard: Eigenkapitalbegriff und KWG-Novelle von 1984, ZHR 149 (1985), 206
– Banken und Wettbewerb, in: Unternehmen, Recht und Wirtschaftsordnung, Festschrift für Peter Raisch zum 70. Geburtstag, herausgegeben von Karsten Schmidt, Eberhard Schwark, Köln, Heymann, 1995, S. 469
Mohr, Paul Günther: Zahl der Aufsichtsratsmitglieder bei einem VVaG, VersR 1954, 44
– Auswirkungen der Aktienrechtsreform auf das Recht des Versicherungsvereins auf Gegenseitigkeit, VersR 1961, 5
– Festsetzung und Änderung von AVB durch die Gesellschaftsorgane bei Versicherungsvereinen auf Gegenseitigkeit, VersR 1961, 964
– Die Versicherungsvereine auf Gegenseitigkeit und die EWG, ZfV 1964, 787
– Auswirkungen der Aktienrechtsreform auf das Recht des Versicherungsvereins auf Gegenseitigkeit, VersR 1965, 917
– Zur Bildung von Rücklagen bei VVaG, VersR 1967, 202
– Diskussionsbeitrag Dr. Mohr auf der Generalversammlung der AISAM in Bern 16. Oktober 1970, Mutualité 1971, 72
– Der Mitgliedervertreter als Repräsentant der Mitglieder eines Versicherungsvereins auf Gegenseitigkeit, Frankfurter Vorträge zum Versicherungswesen, Heft 13, Karlsruhe, VVW, 1986, S. 35

– Der Gleichordnungskonzern bei Versicherungsvereinen auf Gegenseitigkeit, VW 1987, 560
– Entwicklungen und Wandlungen im Recht des VVaG, VW 1990, 162
– Versicherungsnehmer, Mitglied und Genußscheininhaber bei VVaG, VW 1990, 1117
– Finanzdienstleistungen – Allfinanzangebote in rechtlicher Sicht, VW 1992, 862
– Aspekte der rechtlichen Regelung des deutschen Versicherungsvereins auf Gegenseitigkeit, in: Grundlagen des Versicherungsvereins auf Gegenseitigkeit, verfaßt und veröffentlicht aus Anlaß des 175jährigen Bestehens der Gothaer Versicherungsbank VVaG, Köln, am 2. Juli 1995, herausgegeben von Wolfgang Peiner, Köln/Göttingen, Gothaer Versicherungen, 1995, S. 115
– Der VVaG braucht eine neue Rechtsform – Versicherungsvereine auf Gegenseitigkeit unter neuem Blickpunkt, VW 1999, 150
– Der VVaG braucht eine neue Rechtsform – Ein Diskussionsbeitrag zum Vortrag des BAV-Präsidenten, VW 2000, 546

Moldenhauer, Paul: Die Aufsicht über die privaten Versicherungsunternehmungen auf Grund des Reichsgesetzes vom 12. Mai 1901, Leipzig, 1903

Moltke, Heinrich von: Gegenseitigkeitsvereine werden „hoffähig" am europäischen Kapitalmarkt, VW 1992, 359
– Zum Statut der Europäischen Gegenseitigkeitsgesellschaft, VW 1993, 688
– Zukunftsentwicklungen – Der Entwurf der Kommission zum Statut der Europäischen Gegenseitigkeitsgesellschaft, in: Grundlagen des Versicherungsvereins auf Gegenseitigkeit, verfaßt und veröffentlicht aus Anlaß des 175jährigen Bestehens der Gothaer Versicherungsbank VVaG, Köln, am 2. Juli 1995, herausgegeben von Wolfgang Peiner, Köln/Göttingen, Gothaer Versicherungen, 1995, S. 285

Monti, Mario: Statut der Europäischen Aktiengesellschaft, WM 1997, 607

Moser, Hans Friedrich: Der Versicherungsvertrag mit Gewinnbeteiligung, Diss. Bern, Berlin, 1928, und ZVersWiss 28 (1928), 404

Motive zum VAG: Motive zum Versicherungsaufsichtsgesetz, herausgegeben vom Bundesaufsichtsamt für das Versicherungswesen, Berlin, 1963

Moxter, Adolf: Eigenkapitalmessung – Möglichkeiten und Grenzen, in: Eigenkapital und Kapitalmarkt, Schriftenreihe des Instituts für Kapitalmarktforschung an der J. W. Goethe-Universität, Frankfurt am Main, herausgegeben von Georg Bruns und Karl Häuser, Kolloquien – Beiträge 17, Frankfurt am Main, 1978, S. 80
– Zur Abgrenzung von unzulässiger Mitwirkung und gebotener Einwirkung des Abschlußprüfers bei der Abschlußerstellung. Eine kritische Würdigung der Entscheidung des OLG Karlsruhe vom 23. November 1995 zu § 319 Abs. 2 Nr. 5 HGB, BB 1996, 683
– Die Vorschriften zur Rechnungslegung und Abschlußprüfung im Referentenentwurf eines Gesetzes zur Kontrolle und Transparenz im Unternehmensbereich, BB 1997, 722
– Rückstellungen nach IAS: Abweichungen vom geltenden deutschen Bilanzrecht, BB 1999, 519
– Phasengleiche Dividendenaktivierung: Der Große Senat des BFH im Widerstreit zu den handelsrechtlichen GoB, DB 2000, 2333
– Rechnungslegungsmythen, BB 2000, 2143
– Die Zukunft der Rechnungslegung? – Anmerkungen zu den Thesen eines Arbeitskreises der Schmalenbach-Gesellschaft –, DB 2001, 605

Mudrack, Olaf: Genußrechtskapital als „freie unbelastete Eigenmittel" bei Versicherungsunternehmen, zugleich ein Beitrag zum Eigenmittelbegriff des Versicherungsaufsichtsgesetzes und zum Eigenkapitalbegriff der EG-Koordinierungsrichtlinien betreffend die Direktversicherung, BB 1986, Beilage 5 zu Heft 18 (Supplement Finanz-Berater), S. 16
– Kapitalbeschaffung durch Genußscheine: Besonderheiten bei Versicherungsunternehmen, BB 1988, 1268
– Zur Behandlung stiller Reserven bei Bestandsübertragungen von Lebensversicherern, BB 1989, Beilage 14 (Supplement Finanz-Berater), S. 26
– Ein Milliardengeschäft? Die Übertragung des Bestands eines Lebensversicherungsvereins a. G. auf eine Aktiengesellschaft, BB 1991, Beilage zu BB 32/1991 (Supplement Finanz-Berater), S. 10
– Zu den EG-Koordinierungsrichtlinien der dritten Generation für die Schaden- und Lebensversicherung. Der Einfluß auf die Sicherheit der deutschen Versicherungsunternehmen, RIW 1992, 1012
– Zur Mehrfachbelegung der Eigenmittel in Finanzkonglomeraten, ZfgesKW 1993, 560
– Annäherung von Banken- und Versicherungsaufsicht?, ZfV 1995, 626

Mülbert, Peter O.: Unternehmensbegriff und Konzernorganisationsrecht. Bemerkungen zum BGH-Beschluß vom 17. 3. 1997 – II ZB 3/96 (VW/Niedersachsen), ZHR 163 (1999), 1
– Dem Aufsichtsrat vergleichbare in- und ausländische Kontrollgremien von Wirtschaftsunternehmen (§ 125 Abs. 1 Satz 3 2. Halbs. AktG n. F.), WM 2000, 1665
– Übernahmerecht zwischen Kapitalmarktrecht und Aktien(konzern)recht –, die konzeptionelle Schwachstelle des RegE WpÜG, ZIP 2001, 1221
Mülbert, Peter O./Birke, Max: Das übernahmerechtliche Behinderungsverbot – Die angemessene Rolle der Verwaltung einer Zielgesellschaft in einer feindlichen Übernahme –, WM 2001, 705
Mueller, Eckart: Die Lebensversicherung im Konkurs des Versicherungsnehmers, VW 1971, 522
Müller, Gerd: Gesellschafts- und Gesellschafterschaden, in: Festschrift für Alfred Kellermann zum 70. Geburtstag am 29. November 1990, herausgegeben von Reinhard Goerdeler, Peter Hommelhoff, Marcus Lutter, Walter Odersky, Herbert Wiedemann, Berlin/New York, Walter de Gruyter 1991, S. 317
Müller, Hans-Peter: Bilanzrecht und Organverantwortung, in: Festschrift für Karlheinz Quack zum 65. Geburtstag am 3. Januar 1991, herausgegeben von Harm Peter Westermann und Wolfgang Rosener, Berlin/New York, Walter de Gruyter, 1991, S. 345
– Bilanzrecht und materieller Konzernschutz. Anmerkungen zum BGH-Urteil vom 15. 11. 1993 – II ZR 235/92 (AG 1994, 124), AG 1994, 410
Müller, Helmut: Die EWG-Rechtsschutzversicherungs-Richtlinie und ihre Auswirkungen, VW 1988, 1354
– Möglichkeiten und Grenzen von Allfinanzkonzepten aus der Sicht des Versicherungsaufsichtsrechts, Münsteraner Reihe, Heft 5, Karlsruhe, VVW, 1990, S. 20
– Produktkontrolle gestern, heute, morgen, ZfV 1991, 625 und ZfV 1992, 4
– Die zukünftige Rolle des Bundesaufsichtsamtes für das Versicherungswesen, VW 1993, 548
– Versicherungsbinnenmarkt: Die europäische Integration im Versicherungswesen, Diss. Universität Münster (Westfalen) 1995, München, Beck, 1995
– Aktuelle Entwicklungen der Solvabilität von Versicherungsunternehmen, Versicherungsgruppen und Finanzkonglomeraten aus Sicht der Versicherungsaufsicht, ZfV 1997, 382, 435
– Erste Überlegungen zu einer Neuordnung der europäischen Solvabilitätsanforderungen an Versicherungsunternehmen, VW 1996, 358 (I), 424 (II)
– Aufsicht über Versicherungsgruppen, in: Festschrift für Horst Baumann, Karlsruhe, VVW, 1999, S. 229
– Zur aktuellen wirtschaftlichen Lage der deutschen Versicherungsunternehmen aus aufsichtsbehördlicher Sicht, Mannheimer Vorträge zur Versicherungswissenschaft, Heft 72, Karlsruhe, VVW, 1999
– Kommt erst die Stunde des VVaG?, VW 2000, 110
– Der Versicherungsverein auf Gegenseitigkeit – Chancen und Risiken aus der Sicht eines Versicherungsaufsehers, Frankfurter Vorträge zum Versicherungswesen, Heft 30, Karlsruhe, VVW, 2000
– Materielle Versicherungsaufsicht – Eine Standortbestimmung, in: 100 Jahre materielle Versicherungsaufsicht in Deutschland, herausgegeben von Helmut Müller, Joachim-Friedrich Golz, Elke Washausen-Richter, Michael Trommeshauser, Bonn, Bundesaufsichtsamt für das Versicherungswesen, 2001, S. 155
Müller, Klaus J.: Gestattung der Due Diligence durch den Vorstand der Aktiengesellschaft, NJW 2000, 3452
Müller, Klaus J./Nelißen, Bernd: Das Namensaktiengesetz – Einstieg von Gesellschaften in das Internetzeitalter, GmbHR 6/2001, R 97 f
Müller, Paul: Das Gegenseitigkeitsprinzip im Versicherungswesen besonders in der Lebensversicherung, Berlin, 1905
Mueller, R.: Das Pfandrecht an den Rechten aus einem Lebensversicherungsvertrag, ZVersWiss 11 (1911), 13
Müller, Steffen/Schaaf, Harald: Managerhaftung und Managerhaftpflichtversicherung bei öffentlich-rechtlichen Körperschaften, VW 1997, 1593
Müller, Thomas/Reinke, Rüdiger: Behandlung von Genußrechten im Jahresabschluß – Eine kritische Bestandsaufnahme –, WPg 1995, 569
Müller, Udo: Die Asset Management Gesellschaft im Versicherungswesen – Gestaltungsmöglichkeiten, Problemfelder, ZVersWiss 2000, 65

Müller, Wolfgang: Finanzierungstheoretische Analyse der Versicherungsunternehmen und Versicherungsmärkte, ZVersWiss 72 (1983), 535
– Verwalter oder Unternehmer? – Thesen zur Entwicklung der Versicherungswirtschaft, VW 1989, 1348
Müller, Welf: Die Änderung von Jahresabschlüssen, Möglichkeiten und Grenzen, in: Festschrift für Karlheinz Quack zum 65. Geburtstag am 3. Januar 1991, herausgegeben von Harm Peter Westermann und Wolfgang Rosener, Berlin/New York, Walter de Gruyter, 1991, S. 359
– Verdeckte Gewinnausschüttungen im Zivil- und Steuerrecht, in: Grundfragen der Unternehmensbesteuerung, herausgegeben im Auftrag der Deutschen Steuerjuristischen Gesellschaft e. V. von Franz Wassermeyer, Band 17, Köln, O. Schmidt, 1994, S. 289
– Ist nach dem TBB-Urteil des Bundesgerichtshofs eine Verlustübernahmeverpflichtung im qualifiziert faktischen Konzern noch begründbar?, in: Festschrift für Heinz Rowedder zum 75. Geburtstag, herausgegeben von Gerd Pfeiffer, Günther Wiese, Klaus Zimmermann, München, Beck, 1994, S. 277
Müllereisert, Klaus: Steuerliche Abzugsfähigkeit von Beitragsrückerstattungen bei Lebensversicherungsunternehmen, DB 2000, 2038
Müller-Erzbach, Rudolf: Das private Recht der Mitgliedschaft als Prüfstein eines kausalen Rechtsdenkens, Weimar, 1948
– Das Erfassen des Rechts aus den Elementen des Zusammenlebens, veranschaulicht am Gesellschaftsrecht, AcP 154 (1955), 299
Müller-Lutz, Heinz Leo: Allfinanz – Pro und Kontra –, Frankfurter Vorträge zum Versicherungswesen, Heft 24, Karlsruhe, VVW, 1992
Müller-Magdeburg, Thomas: Die Bestandsübertragung nach § 14 VAG, Diss. FU Berlin 1996, Aachen, Shaker, 1998
Müller-Wiedenhorn, Andreas: Versicherungsvereine auf Gegenseitigkeit im Unternehmensverbund. Eine Untersuchung zum Recht und zu konzentrationsrechtlichen Fragen des Versicherungsvereins auf Gegenseitigkeit, Karlsruhe, VVW, 1993
Münchener Handbuch des Gesellschaftsrechts: Band 4 Aktiengesellschaft, herausgegeben von Michael Hoffmann-Becking, 2. Auflage, München, Beck, 1999
Münchener Kommentar zum BGB: Band 1: Einleitung und Allgemeiner Teil (§§ 1–240), 3. Auflage, München, Beck, 1993
Münchener Kommentar zum Bürgerlichen Gesetzbuch: Band 1. Allgemeiner Teil: §§ 1–240, AGB-Gesetz, Redakteur: Franz Jürgen Säcker, 4. Auflage, München, Beck, 2001
Münchener Kommentar zum HGB: Band 1, herausgegeben von Karsten Schmidt, München, Beck/Vahlen, 1996
Münchener Vertragshandbuch: Band 1. Gesellschaftsrecht, herausgegeben von Martin Heidenhain und Burkhardt W. Meister, 3., neubearbeitete und erweiterte Auflage, München, Beck, 1992
Mujkanovic, Robin: Die Vorschläge des Deutschen Standardisierungsrats (DSR) zur Segmentberichterstattung, AG 2000, 122
– Die Vorschläge des Deutschen Standardisierungsrates zur Abbildung von Unternehmenserwerben im Konzernabschluß – Zwei Schritte vor, ein Schritt zurück? –, WPg 2000, 637
Mummenhoff, Winfried: Gründungssysteme und Rechtsfähigkeit. Die staatliche Mitwirkung bei der Verselbständigung des bürgerlichrechtlichen Vereins, Köln/Berlin/Bonn/München, Heymann, 1979
Mutter, Stefan/Mikus, Rudolf: Das „Stuttgarter Modell“: Steueroptimierte Stock Options-Programme ohne Beschluss der Hauptversammlung, ZIP 2001, 1949
Nägele, Stefan/Nestel, Fred: Entlastung des GmbH-Geschäftsführers und des AG-Vorstands – Chancen und Risiken in der Praxis, BB 2000, 1253
Naumann, Klaus-Peter/Tielmann, Sandra: Die Anwendung der IAS im Kontext der deutschen Corporate Governance, WPg 2001, 1445
Naumann, Thomas K.: Standardentwurf zur Segmentberichterstattung, BB 1999, 2288
Neubeck, Johannes: Neue Besteuerung der Altersversorgung durch Lebensversicherungen im Rahmen der geplanten Quellensteuer, BB 1988, 455
Neufang, Bernd: Steuersenkungsgesetz aus Sicht der Praxis, BB 2000, 1913
Neugebauer, Ralph: Versicherungsrecht vor dem Versicherungsvertragsgesetz. Zur Entwicklung des modernen Binnenversicherungsrechts im 19. Jahrhundert, Frankfurt am Main, Klostermann, 1990
Neumann: Welche Stellung ist in dem zu erwartenden Versicherungsgesetz den Versicherungs-Gesellschaften auf Gegenseitigkeit zu gewähren?, in: Neumanns Vereinsblatt für deutsches Versicherungswesen, Band 25 (1897), S. 322

Neumann, Nicola: Abschlußprüfung und Beratung nach der Allweiler-Entscheidung des BGH, ZIP 1998, 1338
Neumann, Renate: Rechtliche Möglichkeiten der Mitglieder zur Teilnahme an der Willensbildung in der eingetragenen Genossenschaft, Tübingen, Mohr, 1982
Neumayer, Jochen: Werbung der Versicherungen. Grenzen zulässiger Werbung von Versicherungsunternehmen nach nationalem und europäischem Recht, Baden-Baden, Nomos, 1993
Neye, Hans-Werner: Verschmelzung und Vermögensübertragung bei Versicherungsvereinen nach neuem Recht, VersR 1983, 1001
– Der Regierungsentwurf zur Reform des Umwandlungsrechts, ZIP 1994, 165
– Die Änderungen im Umwandlungsrecht nach den handels- und gesellschaftsrechtlichen Reformgesetzen in der 13. Legislaturperiode, DB 1998, 1649
– Der gemeinsame Standpunkt des Rates zur 13. Richtlinie – ein entscheidender Schritt auf dem Weg zu einem europäischen Übernahmerecht, AG 2000, 289
– Die EU-Übernahmerichtlinie auf der Zielgeraden, ZIP 2001, 1120
Neye/Limmer/Frenz/Harnacke: Materialienband zum Handbuch der Unternehmensumwandlung, herausgegeben von Hans-Werner Neye, Peter Limmer, Norbert Frenz, Ulrich M. Harnacke, bearbeitet von Hans-Werner Neye und Andrea Bilitewski, Herne/Berlin, Verlag für die Rechts- und Anwaltspraxis, 1999
Nicklisch, Fritz: Gesetzliche Anerkennung und Kontrolle von Verbandsmacht – Zur rechtspolitischen Diskussion um ein Verbandsgesetz, in: Festschrift für Gerhard Schiedermair zum 70. Geburtstag, herausgegeben von Gerhard Lüke, Othmer Jauernig, München, 1976, S. 459
– Inhaltskontrolle von Verbandsnormen, Heidelberg, Müller, 1982
Nicolaysen, Gert: Die Veräußerung der Hamburger Feuerkasse und die Verwendung des Erlöses, VersR 1994, 633
Niederleithinger, Ernst: Handels- und Wirtschaftsrecht in der 13. Legislaturperiode, ZIP 1995, 597
Niehues, Karl: Unternehmensbewertung bei Unternehmenstransaktionen, BB 1993, 2241
Niehues, Michael: EU-Rechnungslegungsstrategie und Gläubigerschutz, WPg 2001, 1209
Niehus, Rudolf J.: Reform des Audit Committees gemäß den US-Börsenbestimmungen – Denkanstöße auch für eine deutsche Gestaltung? –, DB 1999, 1765
– Peer Review in der deutschen Abschlußprüfung, DB 2000, 1133
– Die Zukunft der Standards des DRSC, DB 2001, 53
– „Auch für Einzelabschlüsse gelten grundsätzlich die IAS"? – Ein Beitrag zu den (möglichen) Grenzen einer „Internationalisierung" der Rechnungslegung im Einzelabschluss –, WPg 2001, 737
Niermann, Walter: Die Neuregelung der betrieblichen Altersversorgung durch das Altersvermögensgesetz (AVmG) aus steuerlicher Sicht, BetrAV 2001, 511
Nies, H.: Die besonderen Bestimmungen des KStG 1977 für Lebensversicherungsunternehmen, VW 1977, 113
Niethammer, Frank: Erfahrungen mit dem Holding-Prinzip, in: Festschrift für Johannes Semler zum 70. Geburtstag am 28. April 1993, Unternehmen und Unternehmensführung im Recht, herausgegeben von Marcus Bierich, Peter Hommelhoff, Bruno Kropff, Berlin/New York, Walter de Gruyter, 1993, S. 741
Niethammer, Georg: Der Versicherungsverein auf Gegenseitigkeit im deutschen Steuerrecht, Hamburg, 1935
Nietzer, Wolf M./Stadie, Volker: Das „Jahr-2000-Problem" und seine Haftungsrisiken, MDR 1999, 396
Niewiarra, Manfred: Risikokapitalbeschaffung durch Mitarbeiterbeteiligung. Anmerkungen zu Reuter, NJW 1984, S. 1849ff, BB 1984, 1652
– Verträge zwischen Vorstand und Aktionär, BB 1998, 1961
Nirk, Rudolf: Der Verschmelzungsbericht nach § 340a AktG. Gedanken zur Harmonisierung des Gesellschaftsrechts in Europa, in: Festschrift für Ernst Steindorff zum 70. Geburtstag am 13. März 1990, herausgegeben von Jürgen F. Baur, Klaus J. Hopt, K. Peter Mailänder, Berlin/New York, Walter de Gruyter, 1990, S. 187
Noack, Ulrich: Moderne Kommunikationsformen vor den Toren des Unternehmensrechts, ZGR 1998, 592
– Hauptversammlung und Neue Medien, BB 1998, 2533
– Neues Recht für die Namensaktie – Zum Referentenentwurf eines NaStraG, ZIP 1999, 1993
– Die Namensaktie – Dornröschen erwacht, DB 1999, 1306

– Das Freigabeverfahren bei Umwandlungsbeschlüssen – Bewährung und Modell, ZHR 164 (2000), 274
– Namensaktie und Aktienregister: Einsatz für Investor Relations und Produktmarketing – Rechtslage nach Inkrafttreten des Namensaktiengesetzes, DB 2001, 27
Nolla, Paul: Die praktischen Unterschiede zwischen Gegenseitigkeitsvereinen und Versicherungs-Aktiengesellschaften, ZfV 1983, 592
Nordemann: Innovationsschutz für Versicherungsprodukte, ZVersWiss 84 (1995), 129
Novotny, Hans/Besold, Karlheinz/Gründler-Mundt, Heino/Haß, Peter: Die „indirekte“ Umwandlung eines großen Versicherungsvereins auf Gegenseitigkeit (VVaG) in eine Versicherungs-AG, DB 1974, 448
Nowak, Erich: Unternehmensverbindung und Spartentrennung in der Sicht der Aufsichtsbehörde, VW 1966, 1358
– Die Übertragung des Versicherungsbestandes auf eine neugegründete Aktiengesellschaft, in: Ausblick und Rückblick, Erich R. Prölss zum 60. Geburtstag, herausgegeben von Emil Frey, Hans Möller, Reimer Schmidt, Jürgen Sasse und Bayerische Rückversicherung Aktiengesellschaft, München, Beck, 1967, S. 251
– Wettbewerb und Kartellfragen in der Versicherungswirtschaft, Die Versicherungspraxis 1971, 67
– Der Aufsichtsrat in Gesetz und Praxis, VW 1978, 1154
Nowotny, Christian: Bewertungsverantwortung bei Fusionen, in: Kontinuität und Wandel, Beiträge zum Unternehmensrecht, Festschrift für Walther Kastner zum 90. Geburtstag, herausgegeben von Peter Doralt und Christian Nowotny unter Mitarbeit von Martin Löffler und Axel Reidlinger, Wien, Orac, 1992, S. 329
Nüßlein, Georg: Konzernkonstituierende Leitung: Zugleich ein Vergleich des juristischen und betriebswirtschaftlichen Konzernverständnisses, Aachen, Shaker, 1998
Obermüller, W./Werner, W./Winden, K.: Wahl eines Ehrenvorsitzers des Aufsichtsrates, DB 1964, 1327
Oechsler, Jürgen: Die Anwendung des Konzernrechts auf Austauschverträge mit organisationsrechtlichem Bezug, ZGR 1997, 464
Oehmke, Ralf Helmut: Gläubigerschutz durch Insolvenzsicherungsfonds in einem deregulierten Versicherungsmarkt, Karlsruhe, VVW, 1990
Oestreicher, Andreas/Spengel, Christoph: Der Einfluß der Bemessungsgrundlagen und Steuerbelastungen auf die vergleichende Analyse internationaler Jahresabschlüsse, DB 1997, 1725
Oetker, Hartmut: Der Wandel vom Ideal- zum Wirtschaftsverein, NJW 1991, 385
– Das Recht der Unternehmensmitbestimmung im Spiegel der neueren Rechtsprechung, ZGR 2000, 19
Oletzky, Torsten/Schulenburg, J.-Matthias Graf von der: Shareholder Value Management Strategie in Versicherungsunternehmen, ZVersWiss 1998, 65
Opfermann, Rudolf: Beiträge zur Lehre vom Lebensversicherungs-Vertrag, Diss Erlangen, Borna/Leipzig, 1911
Oppenländer, Frank: Grenzen der Auskunftserteilung durch Geschäftsführer und Gesellschafter beim Verkauf von GmbH-Geschäftsanteilen, GmbHR 2000, 535
Oser, Peter: Bilanzrechtliche Implikationen qualifiziert faktischer Konzernierung im Spiegel des „TBB“-Urteils des BGH, WPg 1994, 312
Oser, Peter/Vater, Hendrik: Bilanzierung von Stock Options nach US-GAAP und IAS, DB 2001, 1261
Otto, Hans-Jochen: Die Verteilung der Kontrollprämie bei Übernahme von Aktiengesellschaften und die Funktion des Höchststimmrechts, AG 1994, 167
– Gebundene Aktien: Vertragliche Beschränkungen der Ausübung und Übertragbarkeit von Mitgliedschaftsrechten zugunsten der AG, AG 1991, 369
Overrath, Hans-Peter: Die Stimmrechtsbindung, Köln/Berlin/Bonn/München, Heymanns, 1973
Palandt: Bürgerliches Gesetzbuch, bearbeitet von Bassenge, Brudermüller, Diederichsen, Edenhofer, Heinrichs, Heldrich, Putzo, Sprau, Thomas, Weidenkaff, 61., neubearbeitete Auflage, München, Beck, 2002
Palmberger, Herbert/Seoane, Sonsoles/Verkhovskoy, Pierre/de Voghel, Benoit/Trip, Hans: Demutualisierung von Versicherungsvereinen auf Gegenseitigkeit in Europa, VW 1999, 920 (I) und VW 1999, 1012 (II)
Pape, Ulrich: Theoretische Grundlagen und praktische Umsetzung wertorientierter Unternehmensführung, BB 2000, 711

– Kapitalmarktorientierte Ausschüttungspolitik am Beispiel der Daimler-Benz AG: Sonderausschüttung und Kapitalerhöhung, BB 1998, 1783
Paschke, Marian: Die kommunalen Unternehmen im Lichte des GmbH-Konzernrechts, ZHR 152 (1988), 263
Pataki, Tibor S.: Der Geschäftsbesorgungsgedanke im Versicherungsvertragsrecht, Karlsruhe, VVW, 1998
– Geschäftsbesorgung im Versicherungsvertragsrecht allgemein, in: Lebensversicherung und Geschäftsbesorgung, Kolloquium in memoriam Karl Sieg am 30. September 1998, herausgegeben von Walter Karten, Manfred Werber und Gerrit Winter, Karlsruhe, VVW, 1998, S. 145
Patzig, A.: Prinzipien der Gewinnbeteiligung in der Lebensversicherung, Habilitationsschrift Frankfurt a. M., 1914
– Die Gewinnbeteiligung im Versicherungsgeschäft, Neumann's Zeitschrift für Versicherungswesen 1931, 97
Paulick, Heinz/Blaurock, Uwe: Handbuch der stillen Gesellschaft, 4. Auflage, Köln, O. Schmidt, 1988
Peemöller, Volker H./Finsterer, Hans/Mahler, Tanja: Verbesserung der Unternehmensüberwachung durch den „Management Letter", DB 1999, 1565
Peemöller, Volker H./Weichert, Sven: Zwischenergebniseliminierung nach US-GAAP, DB 2000, 1973
Peiner, Wolfgang: Neustrukturierung der Vertriebskonzepte von Banken und Versicherungen, Frankfurter Vorträge zum Versicherungswesen, Heft 16, Karlsruhe, VVW, 1988, S. 22
– Banken und Versicherungen – Partner oder Gegner?, in: Versicherungen in Europa heute und morgen, Geburtstags-Schrift für Georg Büchner, herausgegeben von Franz Wilhelm Hopp und Georg Mehl, Karlsruhe, VVW, 1991, S. 753
– Einflüsse in- und ausländischer Finanzdienstleister auf die Produktgestaltung in der Lebensversicherung, ZVersWiss 80 (1991), 267
– Konzernstrukturen von Versicherungsvereinen auf Gegenseitigkeit, VW 1992, 920
– Probleme der Konzernbildung bei VVaG, VW 1993, 697
– Probleme der Konzernbildung bei Versicherungsvereinen auf Gegenseitigkeit, in: Grundlagen des Versicherungsvereins auf Gegenseitigkeit, verfaßt und veröffentlicht aus Anlaß des 175jährigen Bestehens der Gothaer Versicherungsbank VVaG, Köln, am 2. Juli 1995, herausgegeben von Wolfgang Peiner, Köln/Göttingen, Gothaer Versicherungen, 1995, S. 185
– Aufbruch in ein neues Wettbewerbszeitalter: Der Zusammenschluß von Versicherern im deregulierten Markt und die Auswirkungen auf Geschäftsstellen- und Vermittlerorganisationen, VW 1998, 226
– Der Gegenseitigkeitsverein als die personenbezogene Alternative zur Kapitalgesellschaft, VW 1999, 148
– Die Weiterentwicklung des Gegenseitigkeitsgedankens im europäischen Umfeld, VW 2000, 1844
– Der Gegenseitigkeitsgedanke im deutschen Versicherungswesen, in: 100 Jahre materielle Versicherungsaufsicht in Deutschland, herausgegeben von Helmut Müller, Joachim-Friedrich Golz, Elke Washausen-Richter, Michael Trommeshauser, Bonn, Bundesaufsichtsamt für das Versicherungswesen, 2001, S. 617
Pellens, Bernhard/Tomaszewski, Claude/Weber, Nicolas: Wertorientierte Unternehmensführung in Deutschland – Eine empirische Untersuchung der DAX 100-Unternehmen –, DB 2000, 1825
Pellens, Bernhard/Sellhorn, Thorsten: Neue Goodwill-Bilanzierung nach US-GAAP – Der Impairment-Only Approach der FASB –, DB 2001, 713
– Goodwill-Bilanzierung nach SFAS 141 und 142 für deutsche Unternehmen, DB 2001, 1681
Peltzer, Martin: Rechtsprobleme beim unfreiwilligen vorzeitigen Ausscheiden von Vorstandsmitgliedern von Aktiengesellschaften und Geschäftsführern von Gesellschaften mbH, BB 1976, 1249
– Haftungsgeneigte Personalentscheidungen des Aufsichtsrats, in: Festschrift für Johannes Semler zum 70. Geburtstag am 28. April 1993, Unternehmen und Unternehmensführung im Recht, herausgegeben von Marcus Bierich, Peter Hommelhoff, Bruno Kropff, Berlin/New York, Walter de Gruyter, 1993, S. 261
– Probleme bei der Kreditgewährung der Kapitalgesellschaft an ihre Leitungspersonen – ein Beitrag zu § 43 a GmbH-Gesetz –, in: Festschrift für Heinz Rowedder zum 75. Geburtstag, herausgegeben von Gerd Pfeiffer, Günther Wiese, Klaus Zimmermann, München, Beck, 1994, S. 325

– Die Vertretung der Aktionäre in Hauptversammlungen von Publikumsgesellschaften, AG 1996, 26
– Steuer- und Rechtsfragen bei der Mitarbeiterbeteiligung und der Einräumung von Aktienoptionen (Stock Options), AG 1996, 307
– Wider den „greed" – Betrachtungen zu §§ 86 und 87 AktG, in: Festschrift für Marcus Lutter zum 70. Geburtstag, Deutsches und europäisches Gesellschafts-, Konzern- und Kapitalmarktrecht, herausgegeben von Uwe H. Schneider, Peter Hommelhoff, Karsten Schmidt, Wolfram Timm, Barbara Grunewald, Tim Drygala, Köln, O. Schmidt, 2000, S. 571
Peltzer, Martin/Werder, Axel v.: Der „German Code of Corporate Governance (GCCG)" des Berliner Initiativkreises, AG 2001, 1
Perdikas, Panayotis: Die Entstehung der Versicherung im Mittelalter. Geschichtliche Grundlagen im Verhältnis zu Seedarlehen, Überseekauf, commenda und Bodmerei, ZVersWiss 55 (1966), 425
– Die Palermo-Verträge und ihre Bedeutung für die Entstehung der Versicherung, ZVersWiss 59 (1970), 151
Peters, Hans: Zu den Grenzen der staatlichen Versicherungsaufsicht, in: Das deutsche Privatrecht in der Mitte des 20. Jahrhunderts, Festschrift für Heinrich Lehmann zum 80. Geburtstag, herausgegeben in Gemeinschaft mit den Mitarbeitern von H. C. Nipperdey, II. Band, Berlin/Tübingen/Frankfurt a. M., 1956, S. 894
Petersen, Adolf: Die Änderung der deutschen Versicherungs-Staatsaufsicht, ZVersWiss 31 (1931), 1
Pfalzgraf, Heinrich/Meyer, Bernd: Ist die kapitalbildende Lebensversicherung als Finanzierungsinstrument noch zu retten?, DB 1993, 2353
Pfeiffer, Gerd: Die Belange der Versicherer als Kriterium bei der Auslegung von AVB, in: Staat, Wirtschaft, Assekuranz und Wissenschaft, Festschrift für Robert Schwebler, herausgegeben von Rudolf Henn und Walter F. Schickinger, Karlsruhe, VVW, 1986, S. 399
Pflugradt, Michael: Leistungsklagen zur Erzwingung rechtmäßigen Vorstandsverhaltens in der Aktiengesellschaft. Ein Beitrag zum aktienrechtlichen Organstreit und zur Aktionärsklage, München, Beck, 1990
Pfund, Adolf: Die Unternehmungsformen in der privaten Lebensversicherung, Diss. München, 1925
Philipp, Wolfgang: Darf der Vorstand zahlen? Die Zwangsarbeiter und das Aktienrecht, AG 2000, 62
– Entschädigung von Zwangsarbeitern im rechtsfreien Raum? Notizen zu einem Gesetzentwurf, AG 2000, 353
Picot, Arnold (Hrsg.): Corporate Governance: Unternehmensüberwachung auf dem Prüfstand, Stuttgart, Schäffer-Poeschel, 1995
Piltz, Detlev J.: Die Unternehmensbewertung in der Rechtsprechung, 3. Auflage, Düsseldorf, IDW-Verlag, 1994
Platz, Alfred: Das Grundkapital der Aktiengesellschaft und der Gründungsfonds des Versicherungsvereins auf Gegenseitigkeit. Ein Vergleich. Diss. Heidelberg, Borna/Leipzig, 1912
Plewka, Harald/Schmidt, Florian H. W.: Auswirkungen des Euro im Steuerrecht, NJW 1998, 3171
Plück, Ralf/Lattwein, Alois: Haftungsrisiken für Manager, Deckungskonzepte und Praxisbeispiele für Geschäftsführer und Vorstände, Wiesbaden, Gabler, 2000
Plückebaum, Rudolf: Welche rechtlichen Möglichkeiten bestehen, um bei Großgenossenschaften das Verhältnis der Genossen zur Genossenschaft enger zu gestalten?, Diss. Münster, 1955
Plümer, Egon: Öffentlich-rechtliche Risiken und Versicherungsverein auf Gegenseitigkeit, in: Grundlagen des Versicherungsvereins auf Gegenseitigkeit, verfaßt und veröffentlicht aus Anlaß des 175jährigen Bestehens der Gothaer Versicherungsbank VVaG, Köln, am 2. Juli 1995, herausgegeben von Wolfgang Peiner, Köln/Göttingen, Gothaer Versicherungen, 1995, S. 253
Pluskat, Sorika: Das Scheitern der europäischen Übernahmerichtlinie, WM 2001, 1937
Pötzsch, Thorsten/Möller, Andreas: Das künftige Übernahmerecht – Der Diskussionsentwurf des Bundesministeriums der Finanzen zu einem Gesetz zur Regelung von Unternehmensübernahmen und der Gemeinsame Standpunkt des Rates zur europäischen Übernahmerichtlinie –, Sonderbeilage Nr. 2/2000 zu WM Nr. 31 vom 5. 8. 2000
Pohl, Hans: Versicherungsgeschichte – Wirtschaftsgeschichte – Versicherungspraxis, ZVersWiss 67 (1978), 163
Pollanz, Manfred: Due Diligence als künftiges Instrument einer risikoorientierten Abschlußprüfung?, BB 1997, 1351
– Ganzheitliches Risikomanagement im Kontext einer wertorientierten Unternehmensführung (Risk Adjusted Balanced Scorecarding), DB 1999, 1277

Poseck, Roman: Die Klage des Aufsichtsrats gegen die Geschäftsführung des Vorstands, DB 1996, 2165
Potthoff, Erich: Ein Kodex für den Aufsichtsrat!, DB 1995, 163
Potthoff, Erich/Trescher, Karl: Das Aufsichtsratsmitglied. Ein Handbuch für seine Aufgaben, Rechte und Pflichten, 4. Auflage, Stuttgart, Schäffer-Poeschel, 1999
Pougin, Erwin: Genußrechte, in: Festschrift für Walter Oppenhoff zum 80. Geburtstag, herausgegeben von Walter Jagenburg, Georg Maier-Reimer, Thomas Verhoeven, München, Beck, 1985, S. 275
Prahl, Reinhard: Bilanzierung und Prüfung von Financial Instruments in Industrie- und Handelsunternehmen, WPg 1996, 830
Prase, Oliver: Financial Reinsurance – Entwicklungstendenzen und Konsequenzen für die deutsche Versicherungsaufsicht, VW 1996, 156
Präve, Peter: Aufsichtsrechtliche Aspekte zu Bestandsübertragungen von einem Versicherungsverein auf Gegenseitigkeit auf eine Aktiengesellschaft, ZfV 1991, 494
- Verbraucherschutz und Versicherung – Zur Kritik von Hans Dieter Meyer –, ZVersWiss 80 (1991), 383
- Die Bedeutung der Überschußbeteiligung des Versicherungsnehmers bei der Lebensversicherungs-AG für die Umbildung von Versicherungsgruppen, ZfV 1992, 334
- Möglichkeiten und Grenzen versicherungsaufsichtsbehördlicher Öffentlichkeitsarbeit, ZfV 1992, 110
- Das Recht der Europäischen Gegenseitigkeitsgesellschaft. Bemerkungen zum Vorschlag der EG-Kommission für ein Statut der EUGGES, ZfV 1992, 466, 554, 577
- Änderung von allgemeinen Versicherungsbedingungen in bestehenden Verträgen, ZfV 1992, 221
- Die AGB-Banken als Vorbild für eine Einführung geänderter AVB in bestehende Verträge?, ZfV 1993, 214
- Einführung eines versicherungsaufsichtsbehördlichen Klagerechts in das AGB-Gesetz?, NJW 1993, 970
- Das Dritte Durchführungsgesetz/EWG zum VAG – Ausgewählte Fragen des neuen Aufsichts- und Vertragsrechts, ZfV 1994, 168, 199, 227, 255
- Das neue Aufsichtsrecht, VW 1994, 800
- Versicherungsaufsicht, Treuhänder und Verantwortlicher Aktuar, VersR 1995, 733
- Auswirkungen der europäischen Währungsunion auf die Versicherungswirtschaft, Karlsruhe, VVW, 1996
- AVB-Änderungsvorbehalte in Satzungen von Versicherungsvereinen auf Gegenseitigkeit, RuS 1996, 249
- Die Versicherungswirtschaft im Vorfeld der Europäischen Währungsunion, VW 1997, 298
- Beaufsichtigung von Lebensversicherern nach neuem Recht, ZfV 1997, 5
- Versicherungen und der Holocaust, VW 1997, 902
- Versicherungsbedingungen und AGB-Gesetz, München, Beck, 1998
- Reichweite und Funktion der Inhaltskontrolle von Allgemeinen Versicherungsbedingungen, in: Festschrift für Horst Baumann, Karlsruhe, VVW, 1999, S. 249
- Globalisierung und Versicherung, VW 1999, 6
- Die VAG-Novelle 2000/2001, VersR 2001, 133
- Produktkontrolle, in: 100 Jahre materielle Versicherungsaufsicht in Deutschland, herausgegeben von Helmut Müller, Joachim-Friedrich Golz, Elke Washausen-Richter, Michael Trommeshauser, Bonn, Bundesaufsichtsamt für das Versicherungswesen, 2001, S. 201

Prechtl, Manfred: Allfinanzgeschäfte: Konfrontation oder Kooperation?, in: Versicherungen in Europa heute und morgen, Geburtstags-Schrift für Georg Büchner, herausgegeben von Franz Wilhelm Hopp und Georg Mehl, Karlsruhe, VVW, 1991, S. 761
Predöhl, Max: Begriff und Wesen des Lebensversicherungsvertrages nebst abhängigen Fragen, ZHR 22 (1877), 441
Preis, Ulrich: Der persönliche Anwendungsbereich der Sonderprivatrechte: Zur systematischen Abgrenzung von Bürgerlichem Recht, Verbraucherrecht und Handelsrecht, ZHR 158 (1994), 567
Priester, Hans-Joachim: Drittbindung des Stimmrechts und Satzungsautonomie, in: Festschrift für Winfried Werner zum 65. Geburtstag am 17. Oktober 1984, Handelsrecht und Wirtschaftsrecht in der Bankpraxis, herausgegeben von Walther Hadding, Ulrich Immenga, Hans-Joachim Mertens, Klemens Pleyer, Uwe H. Schneider, Berlin/New York, Walter de Gruyter, 1984, S. 657

– Sind eigenkapitalersetzende Gesellschafterdarlehen Eigenkapital?, DB 1991, 1917
– Bilanzierung bei schwebender Verschmelzung, BB 1992, 1594
– Die eigene GmbH als fremder Dritter. Eigensphäre der Gesellschaft und Verhaltenspflichten ihrer Gesellschafter, ZGR 1993, 512
– Stimmverbot des GmbH-Gesellschafters bei Entlastungsbeschlüssen – Reichweite und satzungsmäßige Abdingbarkeit, in: Festschrift für Heinz Rowedder zum 75. Geburtstag, herausgegeben von Gerd Pfeiffer, Günther Wiese, Klaus Zimmermann, München, Beck, 1994, S. 369
– Die kleine AG – ein neuer Star unter den Rechtsformen?, BB 1996, 333
Prölss, Erich R.: Zur Anwendung des Versicherungsrechts, VersR 1950, 137
– Aufgaben des Treuhänders (§ 70 VAG), VersR 1956, 669
– Das Eigenkapital der Versicherungsunternehmen, VersArch 1957, 399
– Wandlungen des Versicherungsaufsichtsrechts, ZVersWiss 50 (1961), 109
– Die Spartentrennung. Diskussionsbericht, ZVersWiss 53 (1964), 281
– Formulierungsprobleme in der VAG-Novelle (§ 37 EGAktG 1965), VW 1965, 1279
– Aktuelle Fragen des Versicherungsaufsichtsrechts (II), VW 1966, 459
Prölss, Jürgen: Der Versicherer als „Treuhänder der Gefahrengemeinschaft" – Zur Wahrnehmung kollektiver Belange der Versicherungsnehmer durch den Privatversicherer, in: Festschrift für Karl Larenz zum 80. Geburtstag am 23. April 1983, herausgegeben von Claus-Wilhelm Canaris, Uwe Diederichsen, München, Beck, 1983, S. 487
Prölss/Martin: Versicherungsvertragsgesetz, Kommentar, 26. völlig neu bearbeitete Auflage, München, Beck, 1998
Prölss/Schmidt/Frey: Versicherungsaufsichtsgesetz, Kommentar, 10. Auflage, München, 1989
Prölss/Schmidt: Versicherungsaufsichtsgesetz mit Europäischem Gemeinschaftsrecht und Recht der Bundesländer von Peter Frey, Helmut Kollhosser, Ursula Lipowsky, Hans-Wolf Mayer, Reimer Schmidt, Hanns-Jürgen Weigel, 11., völlig neu bearbeitete Auflage, herausgegeben von Reimer Schmidt, München, Beck, 1997
Prölss/v. d. Thüsen/Ziegler: Die versicherungstechnischen Rückstellungen im Steuerrecht, 3. Auflage, Karlsruhe, VVW, 1973
Puskás, Géza von: Verwandtschaftliche Beziehungen zwischen Vorstands- und Aufsichtsratsmitgliedern, ZHR 143 (1979), 409
– Versicherungsaufsichtsrecht im Umbruch, VW 1984, 358; VW 1984, 432
Quack, Karlheinz: Unrichtige Auskünfte und das Erzwingungsverfahren des § 132 AktG, in: Festschrift für Karl Beusch zum 68. Geburtstag am 31. Oktober 1993, herausgegeben von Heinrich Beisse, Marcus Lutter, Heribald Närger, Berlin/New York, Walter de Gruyter, 1993, S. 663
– Zur „Globalwahl" von Aufsichtsratsmitgliedern der Anteilseigner, in: Festschrift für Heinz Rowedder zum 75. Geburtstag, herausgegeben von Gerd Pfeiffer, Günther Wiese, Klaus Zimmermann, München, Beck, 1994, S. 387
Quick, Reiner: Die Haftung des handelsrechtlichen Abschlußprüfers, BB 1992, 1675
Raber, Hans Georg: Zur Umsetzung der Körperschaftsteuerreform – Europarechtliche und verfassungsrechtliche Aspekte, DB 1999, 2596
Rader, Jürgen: Verdeckte Gewinnausschüttungen bei Stiftungen, Vereinen und Betrieben gewerblicher Art von juristischen Personen des öffentlichen Rechts?, BB 1977, 1441
Radtke, Michael: Die Aufgaben des Aktuars bei Unternehmenszusammenschlüssen, VW 1999, 221
Radu, Magnus: Der Mißbrauch der Anfechtungsklage durch den Aktionär, ZIP 1992, 303
Raisch, Peter: Zum Begriff und zur Bedeutung des Unternehmensinteresses als Verhaltensmaxime von Vorstands- und Aufsichtsratsmitgliedern, in: Strukturen und Entwicklungen im Handels-, Gesellschafts- und Wirtschaftsrecht, Festschrift für Wolfgang Hefermehl zum 70. Geburtstag am 18. September 1976, herausgegeben von Robert Fischer, Ernst Gessler, Wolfgang Schilling, Rolf Serick, Peter Ulmer, München, Beck, 1976, S. 347
Raiser, Ludwig: Demokratisierung der Versicherungswirtschaft? – Eine Replik, VW 1949, 173
– Verschmelzung von Versicherungsvereinen auf Gegenseitigkeit, VersR 1952, 329
– Der Gleichheitsgrundsatz im Privatrecht, ZHR 111, 75
– Die Zulässigkeit des Kooptationssystems bei der Bildung von Mitgliedervertretungen großer Versicherungsvereine auf Gegenseitigkeit, ZVersWiss 54 (1965), 465
– Der Gegenseitigkeitsverein im Unternehmensrecht, VW 1977, 1272
Raiser, Rolf: Die Kulanzleistung des Versicherers, VersR 1967, 312
– Rechtsfragen der Umstellung von Versicherungsbeständen, ZVersWiss 56 (1967), 201

Raiser, Thomas: Das Unternehmensinteresse, in: Festschrift für Reimer Schmidt, herausgegeben von Fritz Reichert-Facilides, Fritz Rittner, Jürgen Sasse, Karlsruhe, VVW, 1976, S. 101
- Die Zukunft des Unternehmensrechts, in: Festschrift für Robert Fischer, herausgegeben von Marcus Lutter, Walter Stimpel, Herbert Wiedemann, Berlin/New York, Walter de Gruyter, 1979, S. 561
- Das Unternehmen in der verfassungsrechtlichen Ordnung der Bundesrepublik nach dem Mitbestimmungsurteil des Bundesverfassungsgerichts, JZ 1979, 489
- Unternehmensziele und Unternehmensbegriff, ZHR 144 (1980), 206
- Organklagen zwischen Aufsichtsrat und Vorstand. Bemerkungen zum Opel-Urteil des BGH, AG 1989, 185
- Führungsstruktur und Mitbestimmung in der Europäischen Aktiengesellschaft nach dem Verordnungsvorschlag der Kommission vom 25. August 1989, in: Festschrift für Ernst Steindorff zum 70. Geburtstag am 13. März 1990, herausgegeben von Jürgen F. Baur, Klaus J. Hopt, K. Peter Mailänder, Berlin/New York, Walter de Gruyter, 1990, S. 201
- Recht der Kapitalgesellschaften, 3. Auflage, Vahlen, 2001
- Die Europäische Aktiengesellschaft und die nationalen Aktiengesetze, in: Festschrift für Johannes Semler zum 70. Geburtstag am 28. April 1993, Unternehmen und Unternehmensführung im Recht, herausgegeben von Marcus Bierich, Peter Hommelhoff, Bruno Kropff, Berlin/New York, Walter de Gruyter, 1993, S. 277
- Konzernhaftung und Unterkapitalisierungshaftung – Besprechung der Entscheidung BGH AG 1994, 179 (EDV-Peripherie) –, ZGR 1995, 156
- Pflicht und Ermessen von Aufsichtsratsmitgliedern. Zum Urteil des OLG Düsseldorf im Fall ARAG/Garmenbeck, NJW 1996, 552
- Empfehlen sich gesetzliche Regelungen zur Einschränkung des Einflusses der Kreditinstitute auf Aktiengesellschaften?, NJW 1996, 2257

Ramm, Joachim: Gegenantrag und Vorschlagsliste – Zur Gestaltung des aktienrechtlichen Verfahrens für die Wahlen zum Aufsichtsrat, NJW 1991, 2753

Randow, Philipp von: Stimmrechtsvertretung nach Art des Hauses – Eine Besprechung des Urteils des LG Baden-Baden vom 29. 4. 1998, ZIP 1998, 1308 – SdK/Deutsche Telekom –, ZIP 1998, 1564

Rappich, Patrick: Der Verantwortliche Aktuar in der Lebensversicherung – Bemerkungen zu seiner Qualifikation und Stellung im deutschen und englischen Recht –, VersR 1996, 413

Rasch, Harold: Deutsches Konzernrecht, 5. Auflage, Köln/Berlin/Bonn/München, Heymann, 1974

Rauhut, Burkhard: Theorie und Empirie auf Versicherungsmärkten. Besprechung, Anmerkungen und Ergänzungen zum Buch „Versicherungsmärkte“ von Jörg Finsinger, ZfB 1984, 894

Raupach, Arndt: Einfluß der Unternehmensorganisation auf die Besteuerung, in: Handelsrecht und Steuerrecht, Festschrift für Georg Döllerer, herausgegeben von Brigitte Knobbe-Keuk, Franz Klein und Adolf Moxter, Düsseldorf, IDW-Verlag, 1988, S. 495

Rechenberg, Wolf-Georg Frhr. von: Die Hauptversammlung als oberstes Organ der Aktiengesellschaft, Heidelberg, 1986
- Zustimmungsvorbehalte des Aufsichtsrats für die Unternehmensplanung, BB 1990, 1356

Reckhenrich, Stefan: Versicherungsunternehmen auf Gegenseitigkeit in Frankreich. Ein Vergleich mit dem deutschen Versicherungsverein auf Gegenseitigkeit, Karlsruhe, VVW, 1987

Rehbein, Dieter: Die Einführung des Euro aus der Sicht bankgeschäftlicher Unternehmenspraxis, WM 1998, 997

Rehbinder, Eckard: Ausgründung und Erwerb von Tochtergesellschaften und Rechte der Aktionäre, in: Europäisches Rechtsdenken in Geschichte und Gegenwart, Festschrift für Helmut Coing zum 70. Geburtstag, Band II, herausgegeben von Norbert Horn in Verbindung mit Klaus Luig und Alfred Söllner, München, Beck, 1982, S. 423
- Zum konzernrechtlichen Schutz der Aktionäre einer Obergesellschaft. Besprechung der Entscheidung BGHZ 83, 122 „Holzmüller“, ZGR 1983, 92
- Minderheiten- und Gläubigerschutz im faktischen GmbH-Konzern, AG 1986, 85

Rehm, Hermann: Reichsgesetz über die privaten Versicherungsunternehmungen vom 12. Mai 1901 (Versicherungsaufsichtsgesetz), 3. Auflage, München, Beck, 1911

Reichert, Bernhard: Handbuch des Vereins- und Verbandsrechts, 7., vollständig überarbeitete Auflage, Neuwied/Kriftel/Berlin, Luchterhand, 1999

Reichert, Jochem/Schlitt, Michael: Konkurrenzverbot für Aufsichtsratsmitglieder. Geltendes Recht – statuarische Gestaltungsmöglichkeiten – Reformüberlegungen –, AG 1995, 241

Reichert, Jochem/Harbarth, Stephan: Stimmrechtsvollmacht, Legitimationszession und Stimmrechtsausschlußvertrag in der AG, AG 2001, 447
Reichert/van Look, Handbuch des Vereins- und Verbandsrechts, 6. Auflage, Neuwied/Kriftel/Berlin, Luchterhand, 1995
Reichert-Facilides, Fritz: Aktienrechtsreform und Versicherungsunternehmensrecht. Ein Tagungsbericht, ZVersWiss 50 (1961), 363
Reimnitz, Christoph: Der deutsche Eigenkapitalbegriff als Qualitätsbegriff – Eine grundlegende Analyse des § 10 KWG vor dem Hintergrund internationaler Harmonisierungsbestrebungen, Wiesbaden, Gabler, 1992
Reinecke, Gerhard: Klagen von Geschäftsführern und Vorstandsmitgliedern vor den Arbeitsgerichten, ZIP 1997, 1525
Rellermeyer, Klaus: Aufsichtsratsausschüsse, Köln/Berlin/Bonn/München, Heymann, 1986
– Der Aufsichtsrat – Betrachtungen zur neueren Rechtsprechung des Bundesgerichtshofs –, ZGR 1993, 77
Rendenbach, Hans-Georg: Deckungsbeitragsrechnung und Decision-Support-System für Versicherungsunternehmen, VW 1997, 512
Renger, Reinhard: Über den Treuhänder in der Krankenversicherung, VersR 1994, 1257
– Die Lebens- und Krankenversicherung im Spannungsfeld zwischen Versicherungsvertragsrecht und Versicherungsaufsichtsrecht, VersR 1995, 866
– Die Umstellung von Schuldverschreibungen – Bemerkungen zum Entwurf eines Gesetzes über die Umstellung von Schuldverschreibungen auf Euro –, WM 1997, 1873
Reusch, Peter: Zur Einordnung der Genußrechte zwischen Vorzugsaktie und Gewinnschuldverschreibung, in: Recht und Praxis der Genußscheine, Band 16 der Schriften zum deutschen und ausländischen Geld-, Bank- und Börsenrecht, herausgegeben von Karl Dietrich Bundschuh, Walther Hadding und Uwe H. Schneider, Frankfurt am Main, Knapp, 1987, S. 21
– Die stille Gesellschaft als Publikumspersonengesellschaft, Diss. TH Darmstadt, Berlin, Duncker & Humblot, 1989
– Eigenkapital und Eigenkapitalersatz im Rahmen der stillen Gesellschaft, BB 1989, 2358
Reuter, Alexander: Das Auskunftsrecht des Aktionärs – Neuere Rechtssprechung zu § 131 AktG, DB 1988, 2615
– Die Konzerndimension des KonTraG und ihre Umsetzung in Konzernobergesellschaften, DB 1999, 2250
– Unternehmensbewertung bei Sacheinlagen: Der neue IDW-Standard S 1 auf dem Prüfstand des Kapitalaufbringungsrechts, BB 2000, 2298
– Börsenkurs und Unternehmenswertvergleich aus Eignersicht – Gleichbehandlung der Aktionäre, Synergie und die Lage bei Verschmelzungen nach BGH – DAT/Altana –, DB 2001, 2483
Reuter, Dieter: Zur Abgrenzung von Vereins- und Gesellschaftsrecht – Besprechung der Entscheidung des BGH vom 2. 4. 1979 –, ZGR 1981, 364
– Die Verfassung des Vereins gem. § 25 BGB, ZHR 148 (1984), 523
– Der Partizipationsschein als Form der Mitarbeiterbeteiligung, in: Festschrift für Robert Fischer, herausgegeben von Marcus Lutter, Walter Stimpel, Herbert Wiedemann, Berlin/New York, Walter de Gruyter, 1979, S. 605
– Welche Maßnahmen empfehlen sich, insbesondere im Gesellschafts- und Kapitalmarktrecht, um die Eigenkapitalausstattung der Unternehmen langfristig zu verbessern?, Gutachten B für den 55. Deutschen Juristentag, München, 1984
– Verbesserung der Risikokapitalausstattung der Unternehmen durch Mitarbeiterbeteiligung?, NJW 1984, 1849
– Genuß ohne Reue?, AG 1985, 104
– Möglichkeiten und Grenzen gesellschaftsrechtlicher und kapitalmarktrechtlicher Maßnahmen mit dem Ziel einer verbesserten Eigenkapitalversorgung der deutschen Wirtschaft. Eine Nachlese zum 55. Deutschen Juristentag, in: Festschrift für Walter Stimpel zum 68. Geburtstag am 29. November 1985, herausgegeben von Marcus Lutter, Hans-Joachim Mertens, Peter Ulmer, Berlin/New York, Walter de Gruyter, 1985, S. 645
– Der Beirat der Personengesellschaft, in: Festschrift für Ernst Steindorff zum 70. Geburtstag am 13. März 1990, herausgegeben von Jürgen F. Baur, Klaus J. Hopt, K. Peter Mailänder, Berlin/New York, Walter de Gruyter, 1990, S. 229
Richter, Horst: Rechnungslegung der Versicherungsunternehmen im Wandel, in: Assekuranz im Wandel, Eine Festschrift aus Anlaß des 125 jährigen Bestehens der Concordia Versicherungs-

Gesellschaft auf Gegenseitigkeit Hannover 1864–1989, herausgegeben von Peter Koch, Karlsruhe, VVW, 1989, S. 189
– Bilanzielle Besonderheiten des Versicherungsvereins auf Gegenseitigkeit, in: Grundlagen des Versicherungsvereins auf Gegenseitigkeit, verfaßt und veröffentlicht aus Anlaß des 175 jährigen Bestehens der Gothaer Versicherungsbank VVaG, Köln, am 2. Juli 1995, herausgegeben von Wolfgang Peiner, Köln/Göttingen, Gothaer Versicherungen, 1995, S. 171
Rid-Niebler, Eva-Maria: Genußrechte als Instrument zur Eigenkapitalbeschaffung über den organisierten Kapitalmarkt für die GmbH, Köln, 1989
Riebesell, Paul: Grundsätze für die Zahlung von Nachschüssen bei Versicherungsvereinen a. G., ZVersWiss 17 (1917), 224
Rieger, Harald: Gesetzeswortlaut und Rechtswirklichkeit im Aktiengesetz, in: Festschrift für Martin Peltzer zum 70. Geburtstag, herausgegeben von Marcus Lutter, Manfred Scholz, Walter Sigle, Köln O. Schmidt, 2001, S. 339
Rieger, Walter: Versicherungsaufsicht in neuer Entwicklungsphase, VW 1976, 764
– Aktuelle Versicherungsfragen aus der Sicht der Aufsichtsbehörde, VP 1981, 163
– Innovation in der Privaten Versicherungswirtschaft und Aufsichtsrecht, in: Geld und Versicherung, Festgabe für Wilhelm Seuß, herausgegeben von Michael Jung, Ralph René Lucius, Werner G. Seifert, Karlsruhe, VVW, 1981, S. 181
Rieger-Goroncy, Michael: Rechtsentwicklungen in den USA und Großbritannien und ihr Einfluß auf die Unternehmensleiterhaftpflichtversicherung (D&O) in Deutschland, NVersZ 1999, 247
Riegger, Bodo: Hauptversammlung und Internet, ZHR 165 (2001), 204
Riegger, Bodo/Mutter, Stefan: Wann muß der Vorstand einer beherrschten AG den Beherrschungsvertrag kündigen?, DB 1997, 1603
– Zum Einsatz neuer Kommunikationsmedien in Hauptversammlungen von Aktiengesellschaften, ZIP 1998, 637
Riehmer, Klaus/Schröder, Oliver: Der Entwurf eines Übernahmegesetzes im Lichte von Vodafone/Mannesmann, NZG 2000, 820
– Praktische Aspekte bei der Planung, Durchführung und Abwicklung eines Übernahmeangebots, Beilage 5/Heft 20, BB 2001, 1
Riepl, Franz: Zur Frage der steuerlichen Behandlung von Kapitalerhöhungen bei Versicherungsvereinen auf Gegenseitigkeit, Deutsche Steuer-Rundschau 1951, 130
– Steuerfreie Eintrittsgelder beim Versicherungsverein a. G., ZfV 1953, 323
– Bestandsübertragung und Verschmelzung (Fusion) von Versicherungsvereinen auf Gegenseitigkeit im Steuerrecht, WPg 1956, 73
– Verdeckte Gewinnausschüttung oder nicht?, ZfV 1962, 37
– Zur steuerlichen Behandlung der Erwerbskosten, ZfV 1962, 131
Riesenfeld, Stefan-Albrecht: Das Problem des gemischten Rechtsverhältnisses im Körperschaftsrecht unter besonderer Berücksichtigung der Versicherungsvereine auf Gegenseitigkeit, Berlin, 1932
Rittner, Fritz: Die Verschwiegenheitspflicht der Aufsichtsratsmitglieder nach BGHZ 64, 325, in: Strukturen und Entwicklungen im Handels-, Gesellschafts- und Wirtschaftsrecht, Festschrift für Wolfgang Hefermehl zum 70. Geburtstag am 18. September 1976, herausgegeben von Robert Fischer, Ernst Gessler, Wolfgang Schilling, Rolf Serick, Peter Ulmer, München, Beck, 1976, S. 365
– Begründungsdefizite im Mitbestimmungsurteil des Bundesverfassungsgerichts?, JZ 1979, 743
– Die Versicherungsaufsicht nach dem D. A. S.-Urteil des Bundesverwaltungsgerichts, VersR 1982, 205
– Irrtümer und Irrlehren zu § 7 Abs. 2 VAG – Zugleich ein Beitrag zur VAG-Novelle –, VersR 1994, 5
– Der Widerruf des Abschlußprüfers (§ 318 Abs. 3 HGB) bei mittelständischen Gemeinschaftsunternehmen, in: Festschrift für Heinz Rowedder zum 75. Geburtstag, herausgegeben von Gerd Pfeiffer, Günther Wiese, Klaus Zimmermann, München, Beck, 1994, S. 411
Rodewald, Jörg: Zur Ausgestaltung von Verschmelzungs- und Verschmelzungsprüfungsbericht, Transparenzgebot versus Unternehmensschutz, BB 1992, 237
– Lagebericht als Investor-Relations-Instrument – Möglichkeiten und Grenzen aus rechtlicher Sicht, BB 2001, 2155
Röder, Gerhard/Gneiting, Jürgen: Besetzung des Aufsichtsrats nach dem Betriebsverfassungsgesetz 1952 bei der Gründung von Aktiengesellschaften, DB 1993, 1618
Röder, Gerhard/Haußmann, Katrin: Die Geltung von Gesamtbetriebsvereinbarungen nach einer Umwandlung, DB 1999, 1754

Röder, Gerhard/Lingemann, Stefan: Schicksal von Vorstand und Geschäftsführer bei Unternehmensumwandlungen und Unternehmensveräußerungen, DB 1993, 1341
Röhricht, Volker: Beratung und Abschlußprüfung, WPg 1998, 153
Röhricht/Graf von Westphalen: Handelsgesetzbuch, herausgegeben von Volker Röhricht, Friedrich Graf von Westphalen, Köln, O. Schmidt, 1998
Röhricht/Graf von Westphalen: Handelsgesetzbuch, herausgegeben von Volker Röhricht, Friedrich Graf von Westphalen, 2. Auflage, Köln, O. Schmidt, 2001
Röller, Wolfgang: Versicherungen und Banken – Partner, Kunden, Konkurrenten, in: Staat, Wirtschaft, Assekuranz und Wissenschaft, Festschrift für Robert Schwebler, herausgegeben von Rudolf Henn und Walter F. Schickinger, Karlsruhe, VVW, 1986, S. 787
– Quo vadis Aufsichtsrat, AG 1994, 333
Römer, Wolfgang: Für eine gesetzliche Regelung zur Anpassung Allgemeiner Versicherungsbedingungen, VersR 1994, 125
Römer/Langheid: Versicherungsvertragsgesetz VVG mit Pflichtversicherungsgesetz (PflVG) und Kraftfahrzeug-Pflichtversicherungsverordnung (KfzPflVV), Kommentar von Wolfgang Römer und Theo Langheid, München, Beck, 1997
Rohde-Liebenau, Wolfram: Spartentrennung als Ordnungsprinzip der Versicherungsaufsicht, Diss. Berlin, 1973
– Spartentrennung als Ordnungsprinzip der Versicherungsaufsicht, ZVersWiss 62 (1973), 509
Rohleder, Michael: Die Übertragbarkeit von Kompetenzen auf GmbH-Beiräte, Diss. Giessen 1990, Köln, O. Schmidt, 1991
Rohrbeck, Walter: Das Preisproblem in der Individualversicherung, ZVersWiss 33 (1933), 207
– Die Versicherungsunternehmung, ihr wirtschaftlicher Sinn und ihr organisatorischer Aufbau, Leipzig/Berlin, 1936
– Die kleineren Versicherungsvereine in Deutschland. Ein Beitrag zur Frage der optimalen Betriebsgröße, in: Zeit- und Forschungsfragen der Versicherungswirtschaft, Heft 5, Weißenburg/Bayern, 1950, S. 7
Roitzsch, Frank: Der Minderheitenschutz im Verbandsrecht, Königstein/Taunus, Hanstein, 1981
Rolffs, Friedrich: Der Begriff der sog. kleinen Vereine nach dem Reichsgesetze über die privaten Versicherungsunternehmungen vom 12. Mai 1901, Diss. Göttingen, 1902
Roschmann, Christian/Frey, Johannes: Geheimhaltungsverpflichtungen der Vorstandsmitglieder von Aktiengesellschaften bei Unternehmenskäufen, AG 1996, 449
Rosenbaum, Dirk: Beratung und Unternehmensbewertung bei Unternehmenstransfers, DB 1999, 1613
Rosenow, Jörg/Schaffelhuber, Kai: Neues zur Transparenzkontrolle im AGB-Recht – Zugleich Besprechung der beiden BGH-Urteile vom 9. 5. 2001 zur Intransparenz allgemeiner Versicherungsbedingungen (BGH ZIP 2001, 1052 und BGH ZIP 2001, 1062) –, ZIP 2001, 2211
Rosenstiel, Lutz von/Regnet, Erika/Domsch, Michael E.: Führung von Mitarbeitern: Handbuch für erfolgreiches Personalmanagement, 4. Auflage, Stuttgart, Schäffer-Poeschel, 1999
Ross, Leon: Materielle Kontrolle des Verschmelzungsbeschlusses bei der Verschmelzung von Aktiengesellschaften, Diss. Hamburg 1996, Frankfurt am Main u. a., Lang, 1997
Roß, Norbert/Pommerening, Sylke: Bilanzierung von Mitarbeiterbeteiligungsprogrammen auf Basis von Wandelanleihen, WPg 2001, 644
Roth, Günter H.: Handels- und Gesellschaftsrecht, Das Recht des kaufmännischen Unternehmens, 5. Auflage, München, Vahlen, 1998
Roth, Wulf-Henning: Internationales Versicherungsvertragsrecht, Tübingen, Mohr, 1985
– „Centros“: Viel Lärm um Nichts? Besprechung der Entscheidung EuGH EuZW 1999, 216 – Centros Ltd. ./. Erhvervs- og Selskabsstyrelsen, ZGR 2000, 311
– Die Sitzverlegung vor dem EuGH, ZIP 2000, 1597
Rottnauer, Achim E.: Konstituierung der HV durch einen „unterbesetzten Vorstand“, Kommentar zu OLG Dresden, NZG 2000, 426 („Sachsenmilch“), NZG 2000, 414
Roussos, Kleanthis: Ziele und Grenzen bei der Bestellung von Ersatzmitgliedern des Aufsichtsrats, AG 1987, 239
Rozijn, Michael: Geheimhaltungspflichten und Kapitalschutz beim Abschluss von M&A-Dienstleistungsverträgen, NZG 2001, 494
Rüdiger, Adolf: Die Rechtslehre vom Lebensversicherungsvertrag aus den wirtschaftlichen Grundlagen des Geschäfts entwickelt und unter besonderer Berücksichtigung der Ergebnisse der Rechtsprechung bearbeitet, Berlin, 1885
– Die Rechte der Versicherungs-Gesellschaften auf Gegenseitigkeit, Wien, 1887

- Das Versicherungswesen, sein Zustand und seine Stellung in Wirtschaft, Gesetzgebung und Wissenschaft, ZVersWiss 1 (1901), 1
- Aphorismen über den Entwurf eines Gesetzes über die privaten Versicherungsunternehmungen, ZVersWiss 1 (1901), 164

Rühland, Philipp: Die Abfindung von aus der Aktiengesellschaft ausgeschlossenen Minderheitsaktionären – Ein Diskussionsbeitrag zum Entwurf eines Übernahmegesetzes des Bundesministeriums der Finanzen vom 29. 6. 2000, WM 2000, 1884
- Der squeezeout nach dem RefE zum Wertpapiererwerbs- und Übernahmegesetz vom 12. 3. 2001, NZG 2001, 448

Rürup, Lebrecht: Möglichkeiten verbesserter Kontrolle und Beratung der Geschäftsführung durch den Aufsichtsrat mit Hilfe des Wirtschaftsprüfers, AG 1995, 219

Rützel, Stefan: Die gesellschaftsrechtliche Beschlußfeststellungsklage, ZIP 1996, 1961

Ruhe, Manfred: Eingliederung eines Versicherungsvereins auf Gegenseitigkeit in einen Konzern nach § 44 b VAG, VW 1972, 104

Ruhnke, Klaus: Erstellung einer internen Konzernrichtlinie, DB 1994, 893

Ruhnke, Klaus/Schmidt, Martin/Seidel, Thorsten: Einbeziehungswahlrechte und -verbote im IAS-Konzernabschluss, DB 2001, 657

Rupprecht, Gerhard: Die Auswirkungen der Währungsunion auf die deutsche Lebensversicherung, VW 1997, 306

Rutenfranz, Winfried: Der „Beirat" im Gesellschaftsrecht, NJW 1965, 238

Ruth: Eintritt und Austritt von Mitgliedern, ZHR 88 (1926), 454

Ruwe, Wolfgang: Die BGB-Gesellschaft als Unternehmen i.S. des Aktienkonzernrechts, DB 1988, 2037

Saage, Gustav: Die Haftung des Aufsichtsrats für wirtschaftliche Fehlentscheidungen des Vorstandes nach dem Aktiengesetz, DB 1973, 115

Sachsse, Friedrich: Eignet sich die Generalversammlung als oberstes Organ der großen Versicherungsvereine auf Gegenseitigkeit?, Leipziger Zeitschrift 1911, 210

Säcker, Franz-Jürgen: Vorkehrungen zum Schutz der gesetzlichen Verschwiegenheitspflicht und gesellschaftsrechtliche Treuepflicht der Aufsichtsratsmitglieder, in: Festschrift für Robert Fischer, herausgegeben von Marcus Lutter, Walter Stimpel, Herbert Wiedemann, Berlin/New York, Walter de Gruyter, 1979, S. 635
- Inhaltskontrolle von Satzungen mitbestimmter Unternehmen durch das Registergericht, in: Festschrift für Walter Stimpel zum 68. Geburtstag am 29. November 1985, herausgegeben von Marcus Lutter, Hans-Joachim Mertens, Peter Ulmer, Berlin/New York, Walter de Gruyter, 1985, S. 867
- Probleme der Repräsentation von Großvereinen, München, Beck, 1986
- Zur Problematik von Mehrfachfunktionen im Konzern, ZHR 151 (1987), 59

Saenger, Ingo: Beteiligung Dritter bei Beschlußfassung und Kontrolle im Gesellschaftsrecht, Berlin, Duncker & Humblot, 1990
- Hinzuziehung von Stellvertreter oder Beistand bei Beschlußfassung und Kontrolle im Gesellschaftsrecht, NJW 1992, 348
- Zum Auskunftsanspruch des Aktionärs über Minderheitsbeteiligungen, DB 1997, 145

Salzmann, Hans: Zur Abfassung von Rückversicherungsverträgen, in: Festschrift für Reimer Schmidt, herausgegeben von Fritz Reichert-Facilides, Fritz Rittner, Jürgen Sasse, Karlsruhe, VVW, 1976, S. 937

Samwer: Welche Stellung ist in dem zu erwartenden Versicherungsgesetz den Versicherungsgesellschaften auf Gegenseitigkeit zu gewähren?, Bericht auf dem 25. Deutschen Juristentag, in Verhandlungen des 25. Deutschen Juristentages, Berlin, 1901, Band III, S. 24

Samwer, Karl: Die Versicherungsgesellschaften auf Gegenseitigkeit vor dem Forum des deutschen Juristentages, ZVersWiss 1 (1901), 91
- Ein Überblick über die Geschichte der Gothaer Lebensversicherungsbank, in: Hundert Jahre Gothaer Lebensversicherungsbank auf Gegenseitigkeit, Gotha, 1927
- Gegenseitigkeitsverein, in: Versicherungslexikon. Ein Nachschlagewerk für alle Wissensgebiete der gesamten Individual- und Sozial-Versicherung, herausgegeben von Alfred Manes, Dritte Auflage, Berlin, 1930, Spalte 617

Samwer, Hans/Mohr, Paul Günther/Frels, Harro/Pophal, Roger: Neue Entwicklungen im Recht des VVaG, in: Sorgen-Vorsorgen-Versichern, Festschrift für Heinz Gehrhardt zum 70. Geburtstag, herausgegeben von Hans Kalwar, Karlsruhe, VVW, 1975, S. 349

Sandmann, Bernd: Zur haftungsrechtlichen Verantwortlichkeit des „Prokuristen" bei gemischter Gesamtvertretung, NZA 1999, 457

Sandrock, Otto: Der Euro und sein Einfluß auf nationale und internationale privatrechtliche Verträge, Beilage 9 zu BB Heft 31 vom 31. 7. 1997
– Centros: Ein Etappensieg für die Überlagerungstheorie, BB 1999, 1337
Sasse, Jürgen: Ausschluß eines Mitgliedes aus einem Versicherungsverein a. G., VersR 1956, 75
– Das neue Verfahren in der Versicherungsaufsicht, VW 1960, 187
– Bemerkungen zur Transformierung der EG-Schadenversicherungs-Richtlinien, ZVersWiss 64 (1975), 55
– Überlegungen zur Überschußverteilung beim Versicherungsverein auf Gegenseitigkeit, ZVersWiss 64 (1975), 565
– Unternehmensverträge bei Unternehmensverbindungen in der Versicherungswirtschaft. Eine Bestandsaufnahme, in: Festschrift für Karl Sieg, herausgegeben von Horst Baumann, Helmut Schirmer und Reimer Schmidt, Karlsruhe, VVW, 1976, 435
– Weitere Überlegungen zur Kapitalausstattung, VW 1980, 657
Sastre, Christian: La Coopération Internationale dans l'Assurance Mutuelle, in: Grundlagen des Versicherungsvereins auf Gegenseitigkeit, verfaßt und veröffentlicht aus Anlaß des 175 jährigen Bestehens der Gothaer Versicherungsbank VVaG, Köln, am 2. Juli 1995, herausgegeben von Wolfgang Peiner, Köln/Göttingen, Gothaer Versicherungen, 1995, S. 297
Sauter, Thomas/Heurung, Rainer/Fischer, Wolfgang-Wilhelm: Erfassung von latenten Steuern im Konzernabschluss nach E-DRS 12, BB 2001, 1783
Sauter, Eugen/Schweyer, Gerhard: Der eingetragene Verein, 16., neubearbeitete Auflage, München, Beck, 1997
Sauter/Schweyer/Waldner: Der eingetragene Verein. Eine gemeinverständliche Erläuterung des Vereinsrechts unter besonderer Berücksichtigung der neuesten Rechtsprechung. Begründet von Eugen Sauter, von der 7. bis 14. Auflage fortgeführt von Gerhard Schweyer, nun bearbeitet von Wolfram Waldner, 17., neubearbeitete Auflage, München, Beck, 2001
Sax, Ulrich: Die Darstellung und Erläuterung der Überschußbeteiligung in der Lebensversicherung, VerBAV 1987, 531 und VerBAV 1989, 47
Saxer, Otto: Die Gegenseitigkeitsversicherung in internationaler Sicht, in: Assekuranz im Wandel, Eine Festschrift aus Anlaß des 125 jährigen Bestehens der Concordia Versicherungs-Gesellschaft auf Gegenseitigkeit Hannover 1864–1989, herausgegeben von Peter Koch, Karlsruhe, VVW, 1989, S. 87
– Die Gegenseitigkeitsversicherung in internationaler Sicht, in: Grundlagen des Versicherungsvereins auf Gegenseitigkeit, verfaßt und veröffentlicht aus Anlaß des 175 jährigen Bestehens der Gothaer Versicherungsbank VVaG, Köln, am 2. Juli 1995, herausgegeben von Wolfgang Peiner, Köln/Göttingen, Gothaer Versicherungen, 1995, S. 65
Schaaf, Andreas: Publikumshauptversammlung und Rederecht, ZIP 1997, 1324
– Die Geschäftsordnung der AG-Hauptversammlung – eine praktische Notwendigkeit?, ZIP 1999, 1339
Schad, Peter: Eingetragener Verein oder Wirtschaftsverein?, NJW 1998, 2411
Schäfer, Carsten: Die harte Patronatserklärung – Vergebliches Streben nach Sicherheit? Zum Bestimmtheitsproblem und zur dogmatischen Einordnung, WM 1999, 153
Schäfer, Frank A.: Genußscheine mit Eigenkapitalcharakter. Besprechung der Entscheidung OLG Düsseldorf WM 1991, 1375, WM 1991, 1941
Schaffland, Hans-Jürgen: Die Europäische Genossenschaft – Eine neue Rechtsform, DWiR 1991, 18
– Novellierung des Genossenschaftsgesetzes, NJW 1994, 503
Schanbacher, Dietmar: Actio pro socio – Zur Dogmatik der Gesellschafterklage, AG 1999, 21
Schander, Albert A./Posten, Olaf H.: Zu den Organpflichten bei Unternehmensübernahmen, ZIP 1997, 1534
Schanz, Kay-Michael: Mitarbeiterbeteiligungsprogramme, NZA 2000, 626
– Feindliche Übernahmen und Strategien der Verteidigung, NZG 2000, 337
Scharpf, Paul/Luz, Günther: Risikomanagement, Bilanzierung und Aufsicht von Finanzderivaten, 2. Auflage, Stuttgart, Schäffer-Poeschel, 2000
Scharping, Friedrich-Karl: Die Bestandsübertragung im Versicherungsrecht, Hamburg, 1964
Schedlbauer, Thomas: Aufsicht von Lebensversicherungsprodukten und Versicherungsvermittlern in ausgewählten europäischen Ländern, Karlsruhe, VVW, 1995
Schedlbauer, Thomas/Scully, Mark: Ein Vergleich von Versicherungs-Ratingagenturen und -verfahren in den USA, VW 1997, 664
Scheel, Waldemar: Der Vorstand des Versicherungsvereins auf Gegenseitigkeit nach dem Reichsgesetz über die privaten Versicherungsunternehmungen vom 12. Mai 1901, Diss. Göttingen, 1911

Scheffler, Eberhard: Konzernleitung aus betriebswirtschaftlicher Sicht, DB 1985, 2005
- Zur Problematik der Konzernleitung, in: Bilanz- und Konzernrecht, Festschrift zum 65. Geburtstag von Reinhard Goerdeler, herausgegeben von Hans Havermann, Düsseldorf, IDW-Verlag, 1987, S. 469
- Der qualifizierte faktische Konzern. Versuch einer betriebswirtschaftlichen Definition, AG 1990, 173
- Konzernmanagement. Betriebswirtschaftliche und rechtliche Grundlagen der Konzernführungspraxis, München, Beck, 1992
- Der Aufsichtsrat – nützlich oder überflüssig?, ZGR 1993, 63
- Die Überwachungsaufgabe des Aufsichtsrats im Konzern, DB 1994, 793
- Betriebswirtschaftliche Überlegungen zur Entwicklung von Grundsätzen ordnungsmäßiger Überwachung der Geschäftsführung durch den Aufsichtsrat, AG 1995, 207
- Aufsichtsrat wird man ohne Ansehen der Person, FAZ Nr. 246 vom 22. Oktober 1994, S. 16
- Auswirkungen des Euro im Bilanzrecht, NJW 1998, 3174
- Zum Rollenverständnis der Aufsichtsräte, DB 2000, 433
- Zur Entwicklung der Rechnungslegung in Deutschland, in: Festschrift für Marcus Lutter zum 70. Geburtstag, Deutsches und europäisches Gesellschafts-, Konzern- und Kapitalmarktrecht, herausgegeben von Uwe H. Schneider, Peter Hommelhoff, Karsten Schmidt, Wolfram Timm, Barbara Grunewald, Tim Drygala, Köln, O. Schmidt, 2000, S. 1613

Schefold, Dietrich: Die Europäischen Verordnungen über die Einführung des Euro, Sonderbeilage Nr. 4/1996 zu WM Nr. 47 vom 23. 11. 1996
- Referenzzinssätze und die Einführung des Euro, NJW 1998, 3155

Schelosky, Paul: Zur Körperschaftsteuerpflicht der Kapitalzuführungen bei Versicherungsvereinen auf Gegenseitigkeit, WPg 1950, 218

Scherer, Günter: Schutz der Gläubiger- und Schuldnerinteressen der Versicherten in der Individualversicherung, Diss. Köln, 1975

Scherpe, Jens M.: Der Bankenombudsmann – Zu den Änderungen der Verfahrensordnung seit 1992 –, WM 2001, 2321

Scherrer, Gerhard: Grundzüge der anstehenden Reform des Schweizerischen Aktienrechts, AG 1984, 113

Scherzberg, Hans-Joachim: Ausgliederung der Versicherungsbestände nach unten, verbunden mit Restmitgliedschaft im Versicherungsverein auf Gegenseitigkeit, in: Grundlagen des Versicherungsvereins auf Gegenseitigkeit, verfaßt und veröffentlicht aus Anlaß des 175jährigen Bestehens der Gothaer Versicherungsbank VVaG, Köln, am 2. Juli 1995, herausgegeben von Wolfgang Peiner, Köln/Göttingen, Gothaer Versicherungen, 1995, S. 231

Scheunemann, Ralf Bodo: Aufsicht über die Solvabilität von Versicherungsunternehmen und -konzernen in Deutschland und Singapur, Karlsruhe, VVW, 1999

Schewe, Dieter: Die „Erfindung" der Versicherung und die Bedingungen für ihre Entwicklung in den letzten 150 Jahren, ZVersWiss 80 (1991), 155
- Die Gilde nach dem Kapitular Karls des Großen aus dem Jahre 779 – eine Untersuchung zu Gilden als frühe Versicherungen, in: Recht und Ökonomie der Versicherung, Festschrift für Egon Lorenz zum 60. Geburtstag, herausgegeben von Ulrich Hübner, Elmar Helten, Peter Albrecht, Karlsruhe, VVW, 1994, S. 515
- Geschichte der sozialen und privaten Versicherung im Mittelalter in den Gilden Europas, Berlin, Duncker & Humblot, 2000

Schick, Werner: Das Genußrechtskapital bei Kreditinstituten – Ein neues Instrument der Eigenkapitalbildung, BB 1985, 2137

Schieber, Jörg: Entwicklungslinien des internationalen Finanzaufsichtsrechts, WM 1999, 2286

Schieren, Wolfgang: Unternehmensfinanzierung und Assekuranz, in: Staat, Wirtschaft, Assekuranz und Wissenschaft, Festschrift für Robert Schwebler, herausgegeben von Rudolf Henn und Walter F. Schickinger, Karlsruhe, VVW, 1986, S. 795

Schiessl, Maximilian: Die Ersatzpflicht des herrschenden Unternehmens im qualifizierten faktischen Konzern, AG 1985, 184
- Gesellschafts- und mitbestimmungsrechtliche Probleme der Spartenorganisation Divisionalisierung), ZGR 1992, 64
- Ist das deutsche Aktienrecht kapitalmarkttauglich?, AG 1999, 442

Schildbach, Thomas: Der Konzernabschluß als Ausschüttungsgrundlage, WPg 1993, 53 (Teil I), WPg 1993, 94 (Teil II)

– Externe Rechnungslegung und Kongruenz – Ursache für die Unterlegenheit deutscher verglichen mit angelsächsischer Bilanzierung?, DB 1999, 1813
– Rechnungslegung nach US-GAAP: Hoffnung und Wirklichkeit, BB 1999, 359 (I), 411 (II)
Schilling, Florian: Der Aufsichtsrat ist für die Katz, FAZ 27. 8. 1994 Nr. 199/Seite 11
– Der internationale Druck auf die deutschen Aufsichtsräte verstärkt sich. Institutionelle Investoren erwarten von Aufsichtsräten eine deutlich professionellere Mandatswahrnehmung, FAZ 10. 5. 1999 Nr. 107/Seite 35
Schilling, Joseph: Managerhaftung: Die Regulierung von Haftungsfällen in der D&O-Versicherung, VW 1999, 1074
Schilling, Wolfgang: Rechtsform und Unternehmen. Ein Beitrag zum Verhältnis von Gesellschafts- und Unternehmensrecht, in: Festschrift für Konrad Duden zum 70. Geburtstag, herausgegeben von H.-M. Pawlowski, Günther Wiese, Günther Wüst, München, Beck, 1977, S. 537
– Die Rechtsstellung des Aufsichtsratsmitglieds in unternehmensrechtlicher Sicht, in: Festschrift für Robert Fischer, herausgegeben von Marcus Lutter, Walter Stimpel, Herbert Wiedemann, Berlin/New York, Walter de Gruyter, 1979, S. 679
– Die Überwachungsaufgabe des Aufsichtsrats – Besprechung der gleichnamigen Schrift von Johannes Semler –, AG 1981, 341
Schimetschek, Herbert: Erfahrungen mit der neuen VVaG-Gesetzgebung in Österreich, VW 1993, 701
Schimetschek, Herbert/Weiser, Harald: Zukunftsentwicklungen – Österreichisches Modell, in: Grundlagen des Versicherungsvereins auf Gegenseitigkeit, verfaßt und veröffentlicht aus Anlaß des 175jährigen Bestehens der Gothaer Versicherungsbank VVaG, Köln, am 2. Juli 1995, herausgegeben von Wolfgang Peiner, Gothaer Versicherungen, Köln/Göttingen, 1995, S. 316
Schindler, Joachim/Rabenhorst, Dirk: Auswirkungen des KonTraG auf die Abschlußprüfung, BB 1998, 1886 (Teil I), 1939 (Teil II)
Schinzler, Hans-Jürgen: Rückversicherung: Zahlungsströme und Anlagepolitik, in: Staat, Wirtschaft, Assekuranz und Wissenschaft, Festschrift für Robert Schwebler, herausgegeben von Rudolf Henn und Walter F. Schickinger, Karlsruhe, VVW, 1986, S. 803
– Die Bedeutung der Rückversicherung für den Erstversicherer, in: Festschrift der Alten Leipziger Versicherung Aktiengesellschaft zum 175jährigen Jubiläum, 1994, S. 155
Schinzler, Veronika: Die teileingezahlte Namensaktie als Finanzierungsinstrument der Versicherungswirtschaft, Karlsruhe, VVW, 1999
Schirmer, Helmut: Die Kontrolle Allgemeiner Versicherungsbedingungen durch die Rechtsprechung, in: Assekuranz im Wandel, Eine Festschrift aus Anlaß des 125 jährigen Bestehens der Concordia Versicherungs-Gesellschaft auf Gegenseitigkeit Hannover 1864–1989, herausgegeben von Peter Koch, Karlsruhe, VVW, 1989, S. 35
– Überlegungen zur Fortentwicklung der Rechtsform des VVaG, in: Dieter Farny und die Versicherungswissenschaft, herausgegeben von Robert Schwebler und den Mitgliedern des Vorstands des Deutschen Vereins für Versicherungswissenschaft, Karlsruhe, VVW, 1994, S. 391
Schlechtriem, Peter: Schadenersatzhaftung der Leitungsorgane von Kapitalgesellschaften, in: Die Haftung der Leitungsorgane von Kapitalgesellschaften, herausgegeben von Karl Kreuzer, Baden-Baden, Nomos, 1991
Schlegelberger: Handelsgesetzbuch, Kommentar von Ernst Geßler, Wolfgang Hefermehl, Klaus-Peter Martens, Karsten Schmidt und Georg Schröder, 5. Auflage, Band III/2. Halbband, München, Vahlen
Schlemmer, Dieter: Der Pensionssicherungsverein – Beispiel für die Lösung von sozialpolitischen Zukunftsaufgaben, in: Grundlagen des Versicherungsvereins auf Gegenseitigkeit, verfaßt und veröffentlicht aus Anlaß des 175jährigen Bestehens der Gothaer Versicherungsbank VVaG, Köln, am 2. Juli 1995, herausgegeben von Wolfgang Peiner, Köln/Göttingen, Gothaer Versicherungen, 1995, S. 269
Schloeßmann, Ernst-Rudolf: Die Rechtsform in der deutschen Lebensversicherung, Aktiengesellschaft und Gegenseitigkeitsverein, Diss. Erlangen, 1936
Schloßmacher, Stefan: Mehr Spielraum für den VVaG: Die VVaG & Co. KGaA, VW 1999, 1758
– Verdeckte Gewinnausschüttung bei einem Versicherungsverein auf Gegenseitigkeit wegen Verzicht auf kostendeckende Beiträge, DB 1999, 1573
– Ein Weg zur Börsenplatzierung des VVaG, VW 2000, 179
Schlüter, Rolf: Die Eigenkapitalausstattung der deutschen Lebensversicherer, Versicherungskaufmann 1994, 55

Schmeiser, Hato: Risikomanagement von Versicherungsunternehmen nach KonTraG, ZVersWiss 2001, 139

Schmid, Christoph: Das umwandlungsrechtliche Unbedenklichkeitsverfahren und die Reversibilität registrierter Verschmelzungsbeschlüsse – Neue Waffen im Kampf gegen die Räuber –, ZGR 1997, 493

Schmidbauer, Rainer: Die Bilanzierung latenter Steuern nach HGB unter Berücksichtigung von E-DRS 12 sowie nach IAS auf Basis der Änderungen der Steuergesetze, DB 2001, 1569

Schmidt, Curt: Die Organisation des Versicherungsvereins auf Gegenseitigkeit unter Hinweis auf das Aktienrecht und das Recht der eingetragenen Genossenschaft, Diss. Würzburg, 1922

Schmidt, Günter: Organisation der Risikopolitik im Versicherungsunternehmen aus praktischer Sicht, ZVersWiss 72 (1983), 307

Schmidt, Karsten: Fehlerhafte Beschlüsse in Gesellschaften und Vereinen, AG 1977, 205 und 243

- „Insichprozesse" durch Leistungsklagen in der Aktiengesellschaft, ZIP 92 (1979), 212
- Der bürgerlich-rechtliche Verein mit wirtschaftlicher Tätigkeit, AcP 182 (1982), 1
- Insolvenzprophylaxe durch Wirtschaftsaufsicht?, DB 1982, 1044
- Systemfragen des Vereinsrechts, ZHR 147 (1983), 43
- Die Eigenkapitalausstattung der Unternehmen als rechtspolitisches Problem, JZ 1984, 771
- Die Beschlußanfechtungsklage bei Vereinen und Personengesellschaften. Ein Beitrag zur Institutionenbildung im Gesellschaftsrecht, in: Festschrift für Walter Stimpel zum 68. Geburtstag am 29. November 1985, herausgegeben von Marcus Lutter, Hans-Joachim Mertens, Peter Ulmer, Berlin/New York, Walter de Gruyter, 1985, S. 217
- Handelsrecht, 3., neu bearbeitete Auflage, Köln/Berlin/Bonn/München, Heymann, 1987
- Quasi-Eigenkapital als haftungsrechtliches und als bilanzrechtliches Problem, in: Bilanz- und Konzernrecht, Festschrift zum 65. Geburtstag von Reinhard Goerdeler, herausgegeben von Hans Havermann, Düsseldorf, IDW-Verlag, 1987, S. 487
- Erlöschen eines eingetragenen Vereins durch Fortfall aller Mitglieder?, JZ 1987, 394
- Die Vereinsmitgliedschaft als Grundlage von Schadensersatzansprüchen, JZ 1991, 157
- Gleichordnung im Konzern: terra incognita?, ZHR 155 (1991), 417
- Wider eine „lex Holzmüller" – §§ 251, 252 des Diskussionsentwurfs eines neuen Umwandlungsrechts in der Kritik –, in: Festschrift für Theodor Heinsius zum 65. Geburtstag am 25. September 1991, herausgegeben von Friedrich Kübler, Hans-Joachim Mertens, Winfried Werner, Berlin/New York, Walter de Gruyter, 1991, S. 715
- Konzentrationsprivileg und Gleichordnungsvertragskonzern – Kartellrechtsprobleme des Gleichordnungskonzerns –, in: Festschrift für Fritz Rittner zum 70. Geburtstag, herausgegeben von Manfred Löwisch, Christian Schmidt-Leithoff, Burkhard Schmiedel, München, Beck, 1991, S. 561
- Abhängigkeit und faktischer Konzern als Aufgaben der Rechtspolitik – Zu den Juristentagsgutachten von Druey und Hommelhoff –, JZ 1992, 856
- „Konzernhaftung" nach dem TBB-Urteil – Versuch einer Orientierung, ZIP 1993, 549
- Bemerkungen und Vorschläge zur Überarbeitung des Handelsgesetzbuchs – Vom Recht des „Handelsstands" (Erstes Buch) zum Recht der „Unternehmen" –, DB 1994, 515
- Gläubigerschutz bei Umstrukturierungen – zum Referentenentwurf eines Umwandlungsgesetzes –, ZGR 1993, 366
- Die wundersame Karriere des Unternehmensbegriffs im Reich der Konzernhaftung. Überlegungen über Rechtsfortbildung und Begriffsjurisprudenz, AG 1994, 189
- Konzernhaftung von freiberuflichen Mehrfachgesellschaftern? Zur Einordnung des Urteils des Bundesgerichtshofs vom 19. September 1994, ZIP 1994, 1690, in die kapitalgesellschaftsrechtliche Haftungsdiskussion, ZIP 1994, 1741
- Woher – wohin? ADHGB, HGB und die Besinnung auf den Kodifikationsgedanken, ZHR 161 (1997), 2
- HGB-Reform im Regierungsentwurf, ZIP 1997, 909
- Gesellschaftsrecht, 3., völlig neu bearbeitete und erweiterte Auflage, Köln/Berlin/Bonn/München, Heymanns, 1997
- Das Handelsrechtsreformgesetz, NJW 1998, 2161
- Entziehung der Rechtsfähigkeit bei unrechtmäßig eingetragenen Wirtschaftsvereinen, NJW 1998, 1124
- „Deklaratorische" und „konstitutive" Registereintragungen nach §§ 1 ff HGB. Neues Handelsrecht: einfach oder kompliziert?, ZHR 163 (1999), 87
- Handelsrecht, 5., neubearbeitete Auflage, Köln/Berlin/Bonn/München, Heymanns, 1999

– Rechtsfortbildung im Unternehmens- und Gesellschaftsrecht durch die Rechtsprechung des BGH, NJW 2000, 2927
– Gesellschafterhaftung und „Konzernhaftung" bei der GmbH: Bemerkungen zum „Bremer Vulkan"-Urteil des BGH vom 17. 9. 2001, NJW 2001, 3577
Schmidt, Reimer: Materielle Staatsaufsicht über Versicherungsunternehmen und Körperschaftsrecht, VersR 1954, 441
– Zur rechtlichen Lage der Versicherungswirtschaft nach dem Gesetz gegen Wettbewerbsbeschränkungen, Berlin, Duncker & Humblot, 1960
– Die Spartentrennung – eine juristische Analyse, ZVersWiss 53 (1964), 265
– Zur Frage des Urheberrechtsschutzes für Allgemeine Versicherungsbedingungen – ein Bericht, ZVersWiss 53 (1964), 319
– Zur Niederlassungsfreiheit der Lebensversicherer im Gemeinsamen Markt, ZVersWiss 55 (1966), 219
– Konzentration und Kooperation in der Versicherungswirtschaft, Die Versicherungsrundschau 1971, 1
– Konzentration und Kooperation in der Versicherungswirtschaft, in: Festschrift für Karl Larenz zum 70. Geburtstag, herausgegeben von Gotthard Paulus, Uwe Diederichsen, Claus-Wilhelm Canaris, München, 1973, S. 329
– Weitere Überlegungen zur Lehre von den Unternehmensformen der Individualversicherung, in: Festschrift für Ernst Klingmüller, herausgegeben von Fritz Hauss und Reimer Schmidt, Karlsruhe, VVW, 1974, S. 391
– Versicherungsaufsichtsrecht, in: Versicherungsenzyklopädie, herausgegeben von Walter Große, Heinz-Leo Müller-Lutz und Reimer Schmidt, Band 2, Wiesbaden, 1976, S. 2053
– Studien zum Versicherungsunternehmensrecht (3), in: Festschrift für Karl Sieg, herausgegeben von Horst Baumann, Helmut Schirmer und Reimer Schmidt, Karlsruhe, VVW, 1976, S. 495
– Die Bedeutung der Finanzkraft von Versicherungsunternehmen für den Wettbewerb, VW 1978, 1150
– Auslandstätigkeit von Versicherungsunternehmen – aktuelle Bemerkungen, Die Versicherungsrundschau 1980, 140
– Überlegungen zu Strukturveränderungen der Versicherungsaufsicht, VW 1984, 350
– Rechtsfragen zum Konkurs von Versicherungsunternehmen – unter besonderer Berücksichtigung der Konkursabwendung, in: Staat, Wirtschaft, Assekuranz und Wissenschaft, Festschrift für Robert Schwebler, herausgegeben von Rudolf Henn und Walter F. Schickinger, Karlsruhe, 1986, S. 419
– Versicherungsrecht, in: Handwörterbuch der Versicherung, herausgegeben von Dieter Farny, Elmar Helten, Peter Koch, Reimer Schmidt, Karlsruhe, VVW, 1988, S. 1115
– Die Finanzaufsicht über Versicherungsunternehmen unter besonderer Berücksichtigung der für den Versicherungsbetrieb erforderlichen Eigenmittel, ZVersWiss 78 (1989), 479
– Kernfragen der Finanzaufsicht über Versicherungsunternehmen, VersR 1990, 921
– Versicherungsunternehmensrecht, in: Versicherungswirtschaftliches Studienwerk, herausgegeben von Heinz-Leo Müller-Lutz und Reimer Schmidt, 3. Auflage, 1982 (überarbeitet 1991)
Schmidt, Ludwig/Müller, Thomas/Stöcker, Ernst E.: Die Organschaft im Körperschaftsteuer-, Gewerbesteuer- und Umsatzsteuerrecht, 4. Auflage, 1993
Schmidt, Stefan: Empfehlungen des Panels on Audit Effectiveness zur Verbesserung der Qualität der Abschlußprüfung, WPg 2000, 793 ff
Schmidtmeier, Susanne: Vereinbarkeit von Prüfung und (Steuer-)Beratung durch denselben Wirtschaftsprüfer – Zugleich eine Anmerkung zum BGH-Urteil vom 21. 4. 1997 II ZR 317/95 – DB 1998, 1625
Schmidt-Kessel, Martin: Euro und AGB – Einige Fragen zu Verbrauchergeschäften, WM 1997, 1732
Schmidt-Räntsch, Jürgen: Vertragsrechtsfragen der Euro-Einführung, ZIP 1998, 2041
– Wertsicherungsklauseln nach dem Euro-Einführungsgesetz, NJW 1998, 3166
Schmidt-Rimpler, Walter: Zum Begriff der Versicherung, VersR 1963, 493
– Die Gegenseitigkeit bei einseitig bedingten Verträgen, insbesondere beim Versicherungsvertrag. Zugleich ein Beitrag zur Lehre vom Synallagma, Stuttgart, Enke, 1968
Schmidt-Salzer, Joachim: Massenproduktion, lean production und Arbeitsteilung – organisationssoziologisch und -rechtlich betrachtet. Haftungs- und Strafrecht als Mittel zur Konkretisierung und Verdeutlichung der Organisation von Unternehmen und Unternehmensgruppen, BB 1992, 1866
Schmits, Volker: Die Vertretung der Aktiengesellschaft gegenüber ausgeschiedenen Vorstandsmitgliedern, AG 1992, 149

Schmitt, Joachim/Hörtnagl, Robert/Stratz, Rolf-Christian: Umwandlungsgesetz, Umwandlungssteuergesetz, begründet von Hans Dehmer, 3., völlig neubearbeitete Auflage, München, Beck, 2001
Schmitt-Lermann, Hans: Der Versicherungsgedanke im deutschen Geistesleben des Barock und der Aufklärung, München, 1954
Schmitz, Horst: Gegenseitigkeitsvereine wollen fusionieren und umwandeln können, ZfV 1968, 109
Schmitz, Jochen: Auswirkungen der Europäischen Währungsunion auf die Bilanzierung – Analyse des Berichts der EU-Kommission über die „Einführung des Euro in der Rechnungslegung" und des Referentenentwurfs des Bundesministeriums der Justiz zur „Anpassung bilanzrechtlicher Vorschriften anläßlich der Einführung des Euro" –, DB 1997, 1480
Schmitz, Jürgen: Innere Vereinsfreiheit, Diss. Köln, 1976
Schmitz-Herscheidt, Friedhelm: Wahlen zur Vertreterversammlung von Genossenschaften, in: Genossenschaften und Genossenschaftswissenschaft, Freundesgabe für Erik Boettcher, herausgegeben von Wilhelm Jäger und Hans Pauli, Wiesbaden, DG-Verlag, 1984, S. 221
Schneider, Dieter: Grundsätze ordnungsmäßiger Rechnungslegung über Gewinnprognosen, dargestellt am Problem der Beispielrechnungen für Gewinnbeteiligungen in der Lebensversicherung, Zeitschrift für betriebswirtschaftliche Forschung 32 (1980), 238
– Amtlich gebilligte Gewinnversprechungen entgegen den Grundsätzen ordnungsmäßiger Buchführung, WPg 1981, 134
– Unternehmenserhaltung und Gewinnverwendung in der Versicherungswirtschaft, ZVersWiss 73 (1984), 253
– Messung des Eigenkapitals als Risikokapital, DB 1987, 185
Schneider, E./Schlaus W.: Das neue Umwandlungsrecht (IV), DB 1970, 621
Schneider, Helga: Die Verfassungsentwicklung der Versicherungsvereine auf Gegenseitigkeit im 19. Jahrhundert, Diss. Göttingen, 1963
Schneider, Stefan: „Dienstleistungsgeschäfte" von Rückversicherern: Modelle und Typologien, ZVersWiss 81 (1992), 315
Schneider, Uwe H.: Antragsberechtigung des außenstehenden Aktionärs nach den §§ 304, 305 AktG, NJW 1971, 1109
– Über die Notwendigkeit, neben der SE und der internationalen Fusion, weitere gesellschaftsrechtliche Formen zur Zusammenfassung europäischer Unternehmen zu schaffen, AG 1971, 209
– Die Haftung von Mitgliedern des Beirats einer Personengesellschaft. Ein Beitrag zur rechtlichen Stellung des Beirates und seiner Mitglieder, DB 1973, 953
– Das Verhältnis von obligatorischem Aufsichtsrat und Beirat bei der GmbH. Zur Begrenzung der Satzungsautonomie durch unternehmensrechtliche Normen, BB 1973, 1464
– Mitbestimmung im mehrstufigen Konzern. Überlegungen zur These vom Konzern im Konzern, BB 1977, 553
– Die Inhaltskontrolle von Gesellschaftsverträgen, ZGR 1978, 1
– Bankenaufsicht im Konzern, WM 1978, 1250
– Geheime Abstimmung im Aufsichtsrat, in: Festschrift für Robert Fischer, herausgegeben von Marcus Lutter, Walter Stimpel, Herbert Wiedemann, Berlin/New York, Walter de Gruyter, 1979, S. 727
– Konzernbildung, Konzernleitung und Verlustausgleich im Konzernrecht der Personengesellschaften – Zugleich ein Beitrag zur Bedeutung des Gervais-Urteils für die Entwicklung des Konzernrechts –, ZGR 1980, 511
– Konzernleitung als Rechtsproblem. Überlegungen zu einem Konzernverfassungsrecht, BB 1981, 249
– Unentgeltliche Zuwendungen durch Unternehmen, AG 1983, 205
– Das Recht der Konzernfinanzierung, ZGR 1984, 497
– Haftungsmilderung für Vorstandsmitglieder und Geschäftsführer bei fehlerhafter Unternehmensleitung?, in: Festschrift für Winfried Werner zum 65. Geburtstag am 17. Oktober 1984, Handelsrecht und Wirtschaftsrecht in der Bankpraxis, herausgegeben von Walther Hadding, Ulrich Immenga, Hans-Joachim Mertens, Klemens Pleyer, Uwe H. Schneider, Berlin/New York, Walter de Gruyter, 1984, S. 795
– Die Fortentwicklung des Handelsregisters zum Konzernregister, WM 1986, 181
– Die vertragliche Ausgestaltung der Konzernverfassung. Zur Anpassung von Gesellschaftsverträgen, Geschäftsordnungen, Stimmbindungsverträgen und Konsortialverträgen an die Konzernlage, BB 1986, 1993

– Genußrechte an Konzernunternehmen, in: Bilanz- und Konzernrecht, Festschrift zum 65. Geburtstag von Reinhard Goerdeler, herausgegeben von Hans Havermann, Düsseldorf, IDW-Verlag, 1987, S. 511
– Die rechtlichen Möglichkeiten und Schranken für eine übergreifende Tätigkeit zwischen den verschiedenen Sektoren des Finanzbereichs, insbesondere der Banken und Versicherungen und für die Konzernbildung in diesem Bereich. – Eine Studie zum kooperativen Vertrieb von Finanzdienstleistungen, zu den Allfinanz-Konzernen und zu den Mischkonzernen mit Finanzdienstleistungs-Teilkonzernen, 1987, unveröffentlicht
– Die Firma des Konzerns und der Konzernunternehmen, BB 1989, 1985
– Die Sanierung von Kreditinstituten und die Angleichung des aufsichtsrechtlichen Sanierungsrechts in der Europäischen Gemeinschaft, in: Festschrift für Ernst Steindorff zum 70. Geburtstag am 13. März 1990, herausgegeben von Jürgen F. Baur, Klaus J. Hopt, K. Peter Mailänder, Berlin/New York, Walter de Gruyter, 1990, S. 1393
– Gesetzliches Verbot für Stimmrechtsbeschränkungen bei der Aktiengesellschaft? Zugleich ein Beitrag zur statutarischen Konzerngründungsklausel bei der abhängigen Aktiengesellschaft, AG 1990, 56
– Allfinanz – tatsächliche Entwicklungen und rechtliche Rahmenbedingungen, in: Der europäische Binnenmarkt 1992 – Auswirkungen für die deutsche Finanzwirtschaft – herausgegeben von Hans E. Büschgen und Uwe H. Schneider – Beiträge zum Wirtschafts- und Bankrecht, Band 2, Frankfurt am Main, WM, 1990, S. 95
– Das Aufsichtsrecht der Allfinanz-Konzerne, WM 1990, 1649
– Europäisches Bankenaufsichtsrecht und internationale Einlagensicherung, EuZW 1990, Editorial
– Der Konzern als Rechtsform für Unternehmen – Zum Regelungsgegenstand eines Konzernverfassungsrechts –, in: Das Gesellschaftsrecht der Konzerne im internationalen Vergleich, herausgegeben von Ernst-Joachim Mestmäcker und Peter Behrens, Baden-Baden, Nomos, 1991, S. 563
– Europäischer und globaler Wettbewerb der Bankensysteme, in: Festschrift für Theodor Heinsius zum 65. Geburtstag am 25. September 1991, herausgegeben von Friedrich Kübler, Hans-Joachim Mertens, Winfried Werner, Berlin/New York, Walter de Gruyter, 1991, S. 733
– Europäischer Verein, Europäische Genossenschaft, Europäische Gegenseitigkeitsgesellschaft, EuZW 7/1992, Editorial
– Die Wahrnehmung öffentlich-rechtlicher Pflichten durch den Geschäftsführer. Zum Grundsatz der Gesamtverantwortung bei mehrköpfiger Geschäftsführung in der konzernfreien GmbH und im Konzern, in: Festschrift 100 Jahre GmbH-Gesetz, herausgegeben von Marcus Lutter, Peter Ulmer, Wolfgang Zöllner, Köln, O. Schmidt, 1992, S. 473
– Der Anstellungsvertrag des Geschäftsführers einer GmbH im Konzern. Überlegungen zum Vertragspartner, zur Rechtsnatur und zum Inhalt des Konzern-Anstellungsvertrags, GmbHR 1993, 10
– Gibt es einen Anspruch des Gesellschafter-Geschäftsführers einer GmbH auf Gehaltserhöhung?, in: Festschrift für Johannes Semler zum 70. Geburtstag am 28. April 1993, Unternehmen und Unternehmensführung im Recht, herausgegeben von Marcus Bierich, Peter Hommelhoff, Bruno Kropff, Berlin/New York, Walter de Gruyter, 1993, S. 347
– Neues zum qualifizierten faktischen GmbH-Konzern: Das „TBB"-Urteil – Anmerkung zu BGH WM 1993, 687 –, WM 1993, 782
– Gesellschaftsrechtliche und öffentlich-rechtliche Anforderungen an eine ordnungsgemäße Unternehmensorganisation – Zur Überlagerung des Gesellschaftsrechts durch öffentlich-rechtliche Verhaltenspflichten und öffentlich-rechtliche Strukturnormen –, DB 1993, 1909
– Wettbewerbsverbot für Aufsichtsratsmitglieder einer Aktiengesellschaft? 12 Thesen zu einer rechtspolitischen Diskussion, BB 1995, 365
– Die Anpassung des Aktienrechts bei Einführung der Europäischen Währungsunion, DB 1996, 817
– Die Vereinbarung und die Erfüllung von Geldschulden in Euro – Zugleich ein Beitrag zum Übergang zu einer europäischen Währungsverfassung –, DB 1996, 2477
– Aktienoptionen als Bestandteil der Vergütung von Vorstandsmitgliedern – Vertragsrechtliche, gesellschaftsrechtliche und kapitalmarktrechtliche Probleme –, ZIP 1996, 1769
– Doppelte Preisauszeichnung bei Einführung des Euro?, DB 1997, 1265
– Die Anpassung des GmbH-Rechts bei Einführung des Euro, NJW 1998, 3158

– Mitbestimmung im Gleichordnungskonzern, in: Festschrift für Bernhard Großfeld zum 65. Geburtstag, herausgegeben von Ulrich Hübner und Werner F. Ebke, Heidelberg, Verlag Recht und Wirtschaft, 1999, S. 1045
– Kapitalmarktorientierte Corporate Governance-Grundsätze, DB 2000, 2413
– Der Auskunftsanspruch des Aktionärs im Konzern – Ein Beitrag zum Konzernverfassungsrecht, in: Festschrift für Marcus Lutter zum 70. Geburtstag, Deutsches und europäisches Gesellschafts-, Konzern- und Kapitalmarktrecht, herausgegeben von Uwe H. Schneider, Peter Hommelhoff, Karsten Schmidt, Wolfram Timm, Barbara Grunewald, Tim Drygala, Köln, O. Schmidt, 2000, S. 1193
– Geheime Abstimmung in der Hauptversammlung einer Aktiengesellschaft, in: Festschrift für Martin Peltzer zum 70. Geburtstag, herausgegeben von Marcus Lutter, Manfred Scholz, Walter Sigle, Köln, O. Schmidt, 2001, S. 425

Schneider, Uwe H./Burgard, Ulrich: Maßnahmen zur Verbesserung der Präsenz auf der Hauptversammlung einer Aktiengesellschaft – Überlegungen auf dem Weg in den Pensionskassenkorporatismus –, in: Festschrift für Karl Beusch zum 68. Geburtstag, herausgegeben von Heinrich Beisse, Marcus Lutter, Heribald Närger, Berlin/New York, Walter de Gruyter, 1993, S. 783
– Übernahmeangebote und Konzerngründung – Zum Verhältnis von Übernahmerecht, Gesellschaftsrecht und Konzernrecht, DB 2001, 963

Schneider, Uwe H./Ihlas, Horst: Die Vermögensschaden-Haftpflichtversicherung des Geschäftsführers einer GmbH, DB 1994, 1123

Schneider, Uwe H./Strenger, Christian: Die „Corporate Governance-Grundsätze" der Grundsatzkommission Corporate Governance (German Panel on Corporate Governance), AG 2000, 106

Schnelle, Ulrich: Wettbewerbsverbot für Gesellschafter-Geschäftsführer bei Unternehmensverkauf, GmbHR 2000, 599

Schnepper, Hans-Otto: Grundprobleme der Willensbildung, dargestellt an Versicherungsvereinen auf Gegenseitigkeit unter besonderer Berücksichtigung der großen, Diss. Köln, 1957

Schockenhoff, Martin: Informationsrechte der HV bei Veräußerung eines Tochterunternehmens – Zugleich Besprechung der Altana/Milupa-Entscheidung des BGH, NZG 2001, 921

Schön, Wolfgang: Gibt es das partiarische Darlehen?, ZGR 1993, 210
– Entwicklung und Perspektiven des Handelsbilanzrechts: vom ADHGB zum IASC, ZHR 161 (1997), 133

Schöne, Torsten: Haftung des Aktionärs-Vertreters für pflichtwidrige Stimmrechtsausübung – Anmerkungen zu LG Düsseldorf WM 1991, 1955 –, WM 1992, 209

Scholz, Christian: Bestandsübertragung nach dem VAG, VersR 1997, 1070

Scholz, Ingo: Aktienoptionen und Optionspläne beim grenzüberschreitenden Unternehmenserwerb, ZIP 2001, 1341

Scholz, Rupert: Versicherungsaufsicht und Amtshaftung, NJW 1972, 1217
– Verfassungsrechtliche Strukturfragen der Versicherungsaufsicht, ZVersWiss 73 (1984), 1

Scholz: Kommentar zum GmbH-Gesetz, begründet von Franz Scholz, bearbeitet von Georg Crezelius, Volker Emmerich, Hans-Joachim Priester, Karsten Schmidt, Uwe H. Schneider, Klaus Tiedemann, Harm Peter Westermann, Heinz Winter, I. Band §§ 1–44, II. Band §§ 45–85, 9. Auflage, Köln, Otto Schmidt, 2000

Schorkopf, Frank: Die Einführung des Euro: der europäische und deutsche Rechtsrahmen, NJW 2001, 3734

Schrader, Nikolaus: Wettbewerbsrechtlicher Unterlassungs- und Beseitigungsanspruch gegen Vorstandsmitglieder oder gegen die Aktiengesellschaft? – Zur Problematik der „Opel/VW-Entscheidung des OLG Frankfurt vom 16. 12. 1993 (DB 1994 S. 522), DB 1994, 2221

Schrage, Christoph: Zur Übertragung eines Versicherungsbestandes von einer Versicherungs-AG auf einen VVaG, ZfV 1992, 86

Schramm, Peter A.: Nochmals: Prüfungsmaßstab des unabhängigen Treuhänders in der privaten Krankenversicherung nach § 178g Abs. 2 VVG – Stellungnahme zum Aufsatz von Küntzel VersR 96, 148 –, VersR 1996, 424

Schreyögg, Georg: Der Aufsichtsrat als Steuerungsinstrument des Vorstands – die Verwaltung der Aktiengesellschaft im Lichte der neueren Managementlehre, AG 1983, 278

Schreyögg, Georg/Papenheim-Tockhorn, Heike: Kooptation und Kooperation: Eine Längsschnittstudie zu Stabilität und Motiven personeller Verflechtungen zwischen deutschen Kapitalgesellschaften, AG 1994, 381

Schroeder, Ulrich: Darf der Vorstand der Aktiengesellschaft dem Aktienkäufer eine Due Diligence gestatten?, DB 1997, 2161

Schroer, Georg Hartwig: Der Verantwortliche Aktuar in der Lebensversicherung – Entwicklung, Stellung und Haftung –, Diss. Bonn 1998/1999, Karlsruhe, VVW, 2000

Schröer, Henning: Vorschläge für Hauptversammlungsbeschlüsse zur Umstellung auf Stückaktie und Euro, ZIP 1998, 306

– Vorschläge für Hauptversammlungsbeschlüsse zur Euro-Umstellung bei Nennbetragsaktien, ZIP 1998, 529

– Angabe von Aufsichtsmandaten im Anhang des Jahresabschlusses nach dem KonTraG, ZIP 1999, 1163

Schucht, Frauke: Die Aussagefähigkeit der Gewinn- und Verlustrechnung von Lebensversicherungsunternehmen: Überschneidungsprobleme aus versicherungsmathematischer und betriebswirtschaftlicher Sicht, Bergisch-Gladbach/Köln, 1991

Schudt, Helmut: Der Genußschein als genossenschaftliches Finanzierungsinstrument, Göttingen, 1974

Schüler, Wolfgang: Sparen in der Lebensversicherung? Terminologische Anmerkungen zu Leistung und Erfolg von Lebensversicherungsunternehmen, ZVersWiss 81 (1992), 235

Schünemann, Wolfgang B.: Überschußbeteiligung und Synallagma in der Kapitallebensversicherung – Zugleich Besprechung von BGH, BB 1985 S. 423, BB 1995, 417

– Rechtsnatur und Pflichtenstruktur des Versicherungsvertrages, JZ 1995, 430

– Der Versicherungsvertrag das unbekannte Wesen – BGHZ 128, 54, JuS 1995, 1062

– Geschäftsbesorgung in der Lebensversicherung und der Gesetzentwurf vom 2. Juli 1997 – Perspektiven eines Befürworters des Entwurfs, in: Lebensversicherung und Geschäftsbesorgung, Kolloquium in memoriam Karl Sieg am 30. September 1998, herausgegeben von Walter Karten, Manfred Werber und Gerrit Winter, Karlsruhe, VVW, 1998, S. 26

– Gesetzliche Ermächtigung zu einseitigen Vertragsänderungen? Zum vertragsdogmatischen Grundverständnis des § 172 Abs. 2 VVG, JZ 2002, 134

Schulz, Ewald: Der Dividendenanspruch bei Bezugsberechtigung, ZfV 1963, 843

Schulze, Ernst-Wilhelm: Wem gehören 800 Milliarden Mark?, ZRP 1991, 311

Schulze-Osterloh, Joachim: Der Umfang der Prüfungspflicht des aktienrechtlichen Abschlußprüfers, in: Strukturen und Entwicklungen im Handels-, Gesellschafts- und Wirtschaftsrecht, Festschrift für Wolfgang Hefermehl zum 70. Geburtstag am 18. September 1976, herausgegeben von Robert Fischer, Ernst Gessler, Wolfgang Schilling, Rolf Serick, Peter Ulmer, München, Beck, 1976, S. 405

– Vermeidung der Konzernhaftung nach dem TBB-Urteil durch ordnungsmäßige Buchführung, ZIP 1993, 1838

– Bilanzierung nach dem Referentenentwurf eines Gesetzes zur Bereinigung des Umwandlungsrechts, ZGR 1993, 420

– Unternehmensüberwachung und Prüfung des Jahresabschlusses durch den Aufsichtsrat, ZIP 1998, 2129

Schüppen, Matthias: Haftung im qualifiziert faktischen GmbH-Konzern und 12. EG-Richtlinie – Anmerkungen zum europarechtlichen Teil der „TBB"-Entscheidung des BGH (DB 1993 S. 825) –, DB 1993, 969

– Aktuelle Fragen der Wirtschaftsprüfer-Haftung, DB 1998, 1317

– Übernahmegesetz ante portas! – Zum Regierungsentwurf eines „Gesetzes zur Regelung von öffentlichen Angeboten zum Erwerb von Wertpapieren und von Unternehmensübernahmen" –, WPg 2001, 958

Schürmann, Thomas: Die Anpassung des Gesellschaftsrechts bei Einführung des Euro – Zum Referentenentwurf eines gesellschaftsrechtlichen Umstellungsgesetzes –, DB 1997, 1381

– Euro und Aktienrecht, NJW 1998, 3162

Schuster, Leo: Möglichkeiten der Zusammenarbeit zwischen Banken und Versicherungsunternehmen, in: Assekuranz im Wandel, eine Festschrift aus Anlaß des 125jährigen Bestehens der Concordia Versicherungs-Gesellschaft auf Gegenseitigkeit Hannover 1864–1989, herausgegeben von Peter Koch, Karlsruhe, VVW, 1989, S. 217

Schütt, Peter: Stiftung Warentest – Der starke Partner kritischer Verbraucher, in: 100 Jahre materielle Versicherungsaufsicht in Deutschland, herausgegeben von Helmut Müller, Joachim-Friedrich Golz, Elke Washausen-Richter, Michael Trommeshauser, Bonn, Bundesaufsichtsamt für das Versicherungswesen, 2001, S. 813

Schwab, Martin: Der Standardisierungsvertrag für das DRSC – Eine kritische Würdigung, BB 1999, 731 (I), 783 (II)

– Der Deutsche Rechnungslegungs-Standard Nr. 7 im Widerspruch zum geltenden deutschen Bilanzrecht, DB 2001, 880

Schwake, Edmund: Die Problematik der Bewertung von Versicherungsverträgen durch Dienstleistungstests – Dargestellt am Beispiel der Lebensversicherung und Privaten Krankenversicherung, ZVersWiss 72 (1983), 343
Schwark, Eberhard: Spartenorganisation in Großunternehmen und Unternehmensrecht, ZHR 142 (1978), 203
– Zum Haftungsmaßstab der Aufsichtsratsmitglieder einer AG, in: Festschrift für Winfried Werner zum 65. Geburtstag am 17. Oktober 1984, Handelsrecht und Wirtschaftsrecht in der Bankpraxis, herausgegeben von Walther Hadding, Ulrich Immenga, Hans-Joachim Mertens, Klemens Pleyer, Uwe H. Schneider, Berlin/New York, Walter de Gruyter, 1984, S. 841
Schwarz, Günter Christian: Empfiehlt sich eine Neuregelung des aktienrechtlichen Anfechtungs- und Organhaftungsrechts, insbesondere der Klagemöglichkeiten von Aktionären?, ZRP 2000, 330
– Zum Statut der Europäischen Aktiengesellschaft, ZIP 2001, 1847
Schwebler, Robert: Kampf der Giganten oder neues Stadium in der Kooperation von Banken und Versicherungen?, VW 1986, 6
– Ertragsmessung in der Vermögensanlage der Lebensversicherungsunternehmen, in: Versicherungen in Europa heute und morgen, Geburtstags-Schrift für Georg Büchner, herausgegeben von Franz Wilhelm Hopp und Georg Mehl, Karlsruhe, VVW, 1991, S. 533
– Banken und Versicherungen: im Zweifel für die Kooperation, bank und markt, Heft 8, August 1993, S. 5
– Allfinanz und Versicherung – ein vorläufiges Fazit, in: Dieter Farny und die Versicherungswissenschaft, herausgegeben von Robert Schwebler und den Mitgliedern des Vorstands des Deutschen Vereins für Versicherungswissenschaft, Karlsruhe, VVW, 1994, S. 457
Schwedhelm, Rolf: Die Unternehmensumwandlung: Verschmelzung, Spaltung, Formwechsel, Einbringung, 3. aktualisierte und erweiterte Auflage, Köln, O. Schmidt, 1999
– Aktuelle Probleme der verdeckten Gewinnausschüttung, BB 2000, 693
Schwegler, Iren: Die Stellung des Wirtschaftsprüfers zu den Organen Hauptversammlung, Aufsichtsrat und Vorstand, BB 1995, 1683
Schwetzler, Bernhard: Gespaltene Besteuerung, Ausschüttungssperrvorschriften und bewertungsrelevante Überschüsse bei der Unternehmensbewertung, WPg 1998, 695
Schwilling, Werner: Tariffreigabe in der deutschen Kraftfahrzeug-Haftpflichtversicherung: Erfolgswirtschaftliche Kompensationsmöglichkeiten bei verschärften Preiswettbewerb, ZVersWiss 81 (1992), 261
Schwintowski, Hans-Peter: Der private Versicherungsvertrag zwischen Recht und Markt – zugleich eine Analyse der Konstruktionsprinzipien des privaten Versicherungsvertrages unter Berücksichtigung des Wettbewerbsrechts und des Europäischen Rechts –, Baden-Baden, Nomos, 1987
– Die Marktöffnung der Kfz-Versicherung – Herausforderung für Rechtsprechung und Praxis –, VersR 1994, 646
– Gesellschaftsrechtliche Bindungen für entsandte Aufsichtsratsmitglieder in öffentlichen Unternehmen, NJW 1995, 1316
– Die Rechtsnatur des Versicherungsvertrages, JZ 1996, 702
– Transparenz in der Lebensversicherung, NVersZ 2001, 337
Seetzen, Uwe: Die Bestimmung des Verschmelzungswertverhältnisses im Spruchstellenverfahren, WM 1994, 45
Segitz, Oswald: Ist Unternehmereinheit bei Versicherungsvereinen auf Gegenseitigkeit möglich?, VW 1962, 203
Segna, Ulrich: Bundesligavereine und Börse, ZIP 1997, 1901
Seibert, Ulrich: Kontrolle und Transparenz im Unternehmensbereich (KonTraG) – Der Referenten-Entwurf zur Aktienrechtsnovelle –, WM 1997, 1
– Stimmrecht und Hauptversammlung – eine rechtspolitische Sicht, BB 1998, 2536
– OECD Principles of Corporate Governance – Grundsätze der Unternehmensführung und -kontrolle für die Welt – Vorbemerkungen –, AG 1999, 337
– Der Regierungsentwurf zum Namensaktiengesetz (NaStraG), ZIP 2000, 937
– Aus dem Gesetzgebungsverfahren zur Änderung des § 67 AktG – Entwurf eines Gesetzes zur Namensaktie und zur Erleichterung der Stimmrechtsausübung (Namensaktiengesetz – NaStraG), in: Festschrift für Martin Peltzer zum 70. Geburtstag, herausgegeben von Marcus Lutter, Manfred Scholz, Walter Sigle, Köln, O. Schmidt, 2001, S. 469
– Transparenz- und Publizitätsgesetz, ZIP 2001, 2192

Seidel, Rudolph Eduard: Wieviel Geld sollte ein Versicherungsunternehmen für seine Informationsverarbeitung ausgeben? Eine Methode zur Darstellung des Nutzens der Informationsverarbeitung für Versicherungsunternehmen in betriebswirtschaftlichen Meßgrößen, VW 1998, 1410
– Was darf die real-existierende Informationsverarbeitung eines Versicherungsunternehmens kosten? Ein methodischer Ansatz zur Optimierung der Kosten, VW 1999, 598
Selch, Barbara: Die Entwicklung der gesetzlichen Regelungen zum Lagebericht seit dem Aktiengesetz von 1965 bis zum KapCoRiLiG von 2000, WPg 2000, 357
Sellhorn, Thorsten: Ansätze zur bilanziellen Behandlung des Goodwill im Rahmen einer kapitalmarktorientierten Rechnungslegung, DB 2000, 885
Semler, Johannes: Die Überwachungsaufgabe des Aufsichtsrats, Köln/Berlin/Bonn/München, Heymann, 1981
– Aufgaben und Funktionen des aktienrechtlichen Aufsichtsrats in der Unternehmenskrise, AG 1983, 141
– Einschränkung der Verwaltungsbefugnisse in einer Aktiengesellschaft, BB 1983, 1566
– Abgestufte Überwachungspflicht des Aufsichtsrats?, AG 1984, 21
– Doppelmandats-Verbund im Konzern – Sachgerechte Organisationsform oder rechtlich unzulässige Verflechtung? –, in: Festschrift für Ernst C. Stiefel zum 80. Geburtstag, herausgegeben von Marcus Lutter, Walter Oppenhoff, Otto Sandrock, Hanns Winkhaus, München, Beck, 1987, S. 719
– Fehlerhafte Geschäftsführung in der Einmann-GmbH, in: Bilanz- und Konzernrecht, Festschrift zum 65. Geburtstag von Reinhard Goerdeler, herausgegeben von Hans Havermann, Düsseldorf, IDW-Verlag, 1987, S. 551
– Ausschüsse des Aufsichtsrats, AG 1988, 60
– Rechtsfragen der divisionalen Organisationsstruktur in der unabhängigen Aktiengesellschaft, in: Handelsrecht und Steuerrecht, Festschrift für Georg Döllerer, herausgegeben von Brigitte Knobbe-Keuk, Franz Klein und Adolf Moxter, Düsseldorf, IDW-Verlag, 1988, S. 571
– Zur Leitungsbefugnis des Vorstands und ihren Grenzen. Kompetenzen in der eigenständigen Aktiengesellschaft und in der Konzernobergesellschaft, in: Kontinuität und Wandel, Beiträge zum Unternehmensrecht, Festschrift für Walther Kastner zum 90. Geburtstag, herausgegeben von Peter Doralt und Christian Nowotny unter Mitarbeit von Martin Löffler und Axel Reidlinger, Wien, 1992, S. 397
– Unternehmensrechtliche Fragen der divisionalen Organisationsstruktur in der unabhängigen Aktiengesellschaft, in: Festschrift für Karl Beusch zum 68. Geburtstag, herausgegeben von Heinrich Beisse, Marcus Lutter, Heribald Närger, Berlin/New York, Walter de Gruyter, 1993, S. 805
– Geschäfte einer Aktiengesellschaft mit Mitgliedern ihres Vorstands – Gedanken zu § 112 AktG –, in: Festschrift für Heinz Rowedder zum 75. Geburtstag, herausgegeben von Gerd Pfeiffer, Günther Wiese, Klaus Zimmermann, München, Beck, 1994, S. 441
– Vom Gesellschaftsrecht zum Unternehmensrecht – Versuch einer Orientierung –, in: Unternehmen, Recht und Wirtschaftsordnung, Festschrift für Peter Raisch zum 70. Geburtstag, herausgegeben von Karsten Schmidt, Eberhard Schwark, Köln, Heymann, 1995, S. 291
– Arbeitshandbuch für Aufsichtsratsmitglieder, herausgegeben von Johannes Semler, bearbeitet von Peter Doralt, Hans-Joachim Fonk, Bruno Kropff, Reinhard Marsch-Barner, Kersten von Schenck, Wolfgang Scholz, Johannes Semler, Ulf R. Siebel, München, Beck/Vahlen, 1999
– Rechtsvorgabe und Realität der Organzusammenarbeit in der Aktiengesellschaft, in: Festschrift für Marcus Lutter zum 70. Geburtstag, Deutsches und europäisches Gesellschafts-, Konzern- und Kapitalmarktrecht, herausgegeben von Uwe H. Schneider, Peter Hommelhoff, Karsten Schmidt, Wolfram Timm, Barbara Grunewald, Tim Drygala, Köln, O. Schmidt, 2000, S. 721
– Grundsätze ordnungsmäßiger Überwachung?, in: Festschrift für Martin Peltzer zum 70. Geburtstag, herausgegeben von Marcus Lutter, Manfred Scholz, Walter Sigle, Köln, O. Schmidt, 2001, S. 489
Servatius, Bernhard: Ordnungsgemäße Vorstandskontrolle und vorbereitende Personalauswahl durch den Aufsichtsratsvorsitzenden, AG 1995, 223
Sethe, Rolf: Genußrechte: Rechtliche Rahmenbedingungen und Anlegerschutz, AG 1993, 293 (I), 351 (II)
– Die Berichtserfordernisse beim Bezugsrechtsausschluß und ihre mögliche Heilung am Beispiel der Emission junger Aktien und Genußrechte, AG 1994, 342
– Die aktienrechtliche Zulässigkeit der sogenannten „Teilentlastung“, ZIP 1996, 1321

– Aufsichtsratsreform mit Lücken. Die Einbeziehung der Kommanditgesellschaft auf Aktien in die gegenwärtige Reformdiskussion, AG 1996, 289
– Europarechtswidrige Kollusion von Gesetzgeber und Bankwirtschaft?, ZIP 1999, 1461

Seuß, Wilhelm: Mögliche Methoden des Nachweises der Finanzierbarkeit der Überschußbeteiligung in der Lebensversicherung, Frankfurter Vorträge zum Versicherungswesen vom 10. 12. 1979, Heft 1, Karlsruhe, VVW, S. 7
– Verwehte Worte, in: Dieter Farny und die Versicherungswissenschaft, herausgegeben von Robert Schwebler und den Mitgliedern des Vorstands des Deutschen Vereins für Versicherungswissenschaft, Karlsruhe, VVW, 1994, S. 467

Shin-ichi Nishio: The „Modern" Mutual Insurance Company in Japan, in: Grundlagen des Versicherungsvereins auf Gegenseitigkeit, verfaßt und veröffentlicht aus Anlaß des 175 jährigen Bestehens der Gothaer Versicherungsbank VVaG, Köln, am 2. Juli 1995, herausgegeben von Wolfgang Peiner, Köln/Göttingen, Gothaer Versicherungen, 1995, S. 50

Siebel, Ulf R.: Der Ehrenvorsitzende – Anmerkungen zum Thema Theorie und Praxis im Gesellschaftsrecht, in: Festschrift für Martin Peltzer zum 70. Geburtstag, herausgegeben von Marcus Lutter, Manfred Scholz, Walter Sigle, Köln, O. Schmidt, 2001, S. 519

Siebelt, Johannes: Allfinanzunternehmen im Währungs- und Aufsichtsrecht, WM 1989, 1269

Sieben, Günter: Offene Fragen bei der Erstellung und Prüfung des Lageberichts, in: Bilanz- und Konzernrecht, Festschrift zum 65. Geburtstag von Reinhard Goerdeler, herausgegeben von Hans Havermann, Düsseldorf, IDW-Verlag, 1987, S. 581
– Zur Ermittlung des Gesamtwertes von Lebensversicherungsgesellschaften – eine Analyse aus Sicht der Unternehmensbewertungstheorie, in: Dieter Farny und die Versicherungswissenschaft, herausgegeben von Robert Schwebler und den Mitgliedern des Vorstands des Deutschen Vereins für Versicherungswissenschaft, Karlsruhe, VVW, 1994, S. 479

Sieg, Karl: Vorschläge zur Verbesserung des Insolvenzrechts der Versicherungsunternehmen, BB 1971, 1536
– Der finanzielle Schutz des Versicherungsnehmers gegen und bei Insolvenz des Versicherers, in: Grundprobleme des Versicherungsrechts, Festgabe für Hans Möller zum 65. Geburtstag, herausgegeben von Reimer Schmidt und Karl Sieg, Karlsruhe, VVW, 1972, S. 463
– Rechtsfragen zur Überschußverwendung beim Versicherungsverein auf Gegenseitigkeit, in: Festschrift für Reimer Schmidt, herausgegeben von Fritz Reichert-Facilides, Fritz Rittner, Jürgen Sasse, Karlsruhe, VVW, 1976, S. 593
– Kompetenzgrenzen der Versicherungsaufsicht unter dem Aspekt des Wettbewerbs, ZVersWiss 68 (1979), 91
– Materiell-rechtliche und prozessuale Wirkungen der Bestandsübertragung, VersR 1979, 485
– Übergang der Versicherungsverhältnisse bei der Bestandsübertragung – privat-, verwaltungs- und europarechtliche Überlegungen, ZVersWiss 69 (1980), 1
– Bemerkungen zur „Gefahrengemeinschaft", ZVersWiss 74 (1985), 321
– Private Unfallversicherung im Visier des Verbraucherschutzes, VersR 1990, 1215
– Die Bedeutung der EG-Richtlinie über mißbräuchliche Klauseln in Verbraucherverträgen für die AVB, VersR 1993, 1305
– Versicherungsfragen zur Haftung von Arbeitnehmern und Organwaltern gegenüber den Geschäftspartnern ihres Unternehmens, BB 1996, 71

Sieger, Jürgen J./Hasselbach, Kai: Die Holzmüller-Entscheidung im Unterordnungskonzern, AG 1999, 241
– Die Kapitalerhöhung im „Schütt-aus-hol-zurück"-Verfahren bei der GmbH: Offene Fragen nach der Entscheidung BGHZ 135, 381 = GmbHR 1997, 788
– Break Fee-Vereinbarung bei Unternehmenskäufen. Im Blickpunkt: Zulässigkeit und Vertragsgestaltung nach deutschem Gesellschaftsrecht, BB 2000, 625
– Ausschluss von Minderheitsaktionären (Squeeze-out) im ausländischen Recht, NZG 2001, 926

Siems, Mathias: Der RegE für ein Gesetz zur Namensaktie und zur Erleichterung der Stimmrechtsausübung (NaStraG), NZG 2000, 626

Siepe, Günter/Dörschell, Andreas/Schulte, Jörn: Der neue IDW Standard: Grundsätze zur Durchführung von Unternehmensbewertungen (IDW S 1), WPg 2000, 946

Siepelt, Stefan: Das Rederecht des Aktionärs und dessen Beschränkung, AG 1995, 254

Sievers, E.: Der Versicherungsverein auf Gegenseitigkeit im Entwurfe eines Reichsgesetzes über die privaten Versicherungs-Unternehmungen, ZHR 48 (1899), 521
– Der Vorsicherungsverein auf Gegenseitigkeit im Reichsgesetze über die privaten Versicherungsunternehmungen vom 12. Mai 1901, ZHR 51 (1902), 329

Sigloch, Jochen/Egner, Thomas: Bilanzierung von Aktienoptionen und ähnlichen Entlohnungsformen: Stellungnahme zum Positionspapier der DSR-Arbeitsgruppe „Stock Options", BB 2000, 1878
Simon, Hermann: Kollision der Kulturen, managermagazin 1999, 96
Simon, Jürgen: Der „verschwundene" Aktionär. Ein Sonderfall des Rechts auf Auskunft in der Hauptversammlung, AG 1996, 540
Simons, Dirk: Erfolgsneutrale oder erfolgswirksame Buchung von Aktienoptionsprogrammen? – Eine gegenüberstellende Bewertung anhand eines Beispiels –, WPg 2001, 90
Sina, Peter: Das Recht des Gesellschafters auf Anwesenheit eines Beraters in der Gesellschafterversammlung, GmbHR 1993, 136
Singhof, Bernd: Die Amtsniederlegung durch das Aufsichtsratsmitglied einer Aktiengesellschaft, AG 1998, 318
Slottko, Sven-Michael: Die Gründung von Versicherungsgesellschaften durch Banken, ZfgesKW 1992, 626
Soergel/Leptien: Bürgerliches Gesetzbuch, Band 1, Allgemeiner Teil, 12. Auflage, 1988
Soergel: Kommentar zum Bürgerlichen Gesetzbuch mit Einführungsgesetz und Nebengesetzen, Band 1, Allgemeiner Teil 1, §§ 1–103 BGB, Stand: Frühjahr 2000, Stuttgart/Berlin/Köln, Kohlhammer, 2000
Sörgel, Michael: Körperschaftsteuerliche Auswirkungen der „Centros"-Entscheidung des EuGH – Anmerkung zum EuGH-Urteil vom 2. 3. 1999 Rs. C-212/97 –, DB 1999, 2236
Sönnichsen, Christoph: Rating-Systeme am Beispiel der Versicherungswirtschaft, Diss. Köln, Berlin, Duncker & Humblot, 1992
Sontheimer, Jürgen: Die steuerliche Behandlung von Genußrechten, BB 1984, Beilage 19 zu Heft 30/1984, S. 1
Spanheimer, Jürgen: Spezifische Problemfelder des gesetzlichen Standardisierungsauftrages an den DSR gemäß § 342 Abs. 1 Nr. 1 HGB, WPg 2000, 997
Spanier, Günter: Freie Wahl des Wirtschaftsprüfers für Genossenschaften? – Anmerkungen zu Hucke, WPg 2001, S. 558 ff. –, WPg 2001, 767
Spindler, Gerald: Recht und Konzern, Interdependenzen der Rechts- und Unternehmensentwicklung in Deutschland und den USA zwischen 1870 und 1933, Tübingen, Mohr, 1993
– Deregulierung des Aktienrechts?, AG 1998, 53
– Internet und Corporate Governance – ein neuer virtueller (T)Raum? – Zum Entwurf des NaStraG –, ZGR 2000, 420
– Unternehmensorganisationspflichten – Zivilrechtliche und öffentlich-rechtliche Regelungskonzepte, Köln/Berlin/Bonn/München, Heymanns, 2001
Spinnarke, Jürgen: Die Beteiligung der Mitglieder an der Willensbildung beim großen Versicherungsverein auf Gegenseitigkeit, Diss. Tübingen, 1972
Spitze, Peter Alexander/Diekmann, Hans: Verbundene Unternehmen als Gegenstand des Interesses von Aktionären – Inhalt des Auskunftsanspruchs nach § 131 Abs. 1 Satz 1 und 2 AktG, ZHR 158 (1994), 447
Staat, Ludger: Das Eigenkapital der Versicherungsunternehmungen unter besonderer Berücksichtigung der Versicherungsvereine auf Gegenseitigkeit, Diss. Köln, 1970
Stahn, Frank: Der Deutsche Rechnungslegungsstandard Nr. 2 (DRS 2) zur Kapitalflußrechnung aus praktischer und analytischer Sicht, DB 2000, 233
Starke, Otto-Ernst: Keine Gründungsprüfung bei Versicherungsvereinen auf Gegenseitigkeit, VersR 1950, 46
– Kündigung und Ende der Mitgliedschaft in einem VVaG bei Bestehen mehrerer Tarife, VersR 1950, 142
– Schriftliche Beschlußfassung in der Mitgliedervertreterversammlung von kleineren VVaG, VersR 1950, 29
– Die Entwicklungslinien der materiellen Staatsaufsicht in der ersten Hälfte des 20. Jahrhunderts, in: 50 Jahre materielle Versicherungsaufsicht nach dem Gesetz vom 12. Mai 1901, herausgegeben von Walter Rohrbeck, Dritter Band, Berlin, Duncker & Humblot, 1955, S. 11
– Die Neuregelung der Bankenaufsicht und ihre Bedeutung für die Versicherungswirtschaft, ZVersWiss 49 (1960), 15
– Zusätzlicher Schutz gegen Insolvenz von Versicherungsunternehmen?, VW 1976, 155
– Der Bericht über die Verhandlungen der Unternehmensrechtskommission aus versicherungswirtschaftlicher Sicht, VW 1980, 713
Staudinger, Julius: Die Rechtslehre vom Lebensversicherungsvertrag, Diss. Erlangen, 1858

Staudinger, Julius von: Kommentar zum Bürgerlichen Gesetzbuch mit Einführungsgesetz und Nebengesetzen, Band I, 12., neubearbeitete Auflage, Berlin, 1980

Stebut, Dietrich von: Geheimnisschutz und Verschwiegenheitspflicht im Aktienrecht, Köln/Berlin/Bonn/München, Heymann, 1972

Steding, Ralf/Meyer, Guido: Outsourcing von Bankdienstleistungen: Bank- und datenschutzrechtliche Probleme der Aufgabenverlagerung von Kreditinstituten auf Tochtergesellschaften und sonstige Dritte, BB 2001, 1693

Steding, Rolf: Mitgliederorientierte Demokratie – ein tragendes Segment der Architektur des Genossenschaftsrechts. Eine Betrachtung zur Demokratie als Merkmal der genossenschaftlichen Rechtsform, BB 1992, 937
- Die AG – rechtsförmliche Alternative zur eG? – Reflexionen über die Annäherung der eG an die AG, JZ 1995, 591
- Die Produktivgenossenschaften und ihre Stellung im Gesellschaftsrecht, NZG 2000, 617
- Das Gesellschaftsrecht der EU zwischen Erwartung und Enttäuschung, NZG 2000, 913
- Zulässigkeit und Begrenzung des Einsatzes der GbR und des Vereins für wirtschaftliche Tätigkeit, NZG 2001, 721

Steffen, Klaus-Joachim: Liquidität und Liquiditätspolitik des Versicherungsunternehmens, Karlsruhe, VVW, 1970

Stein, Ursula: Die Grenzen vollmachtloser Vertretung der Gesellschaft gegenüber Vorstandsmitgliedern und Geschäftsführern, AG 1999, 28
- Rechtsschutz gegen gesetzeswidrige Satzungsnormen bei Kapitalgesellschaften, ZGR 1994, 472
- Die neue Dogmatik der Wissensverantwortung bei der außerordentlichen Kündigung von Organmitgliedern der Kapitalgesellschaften – Besprechung der Entscheidung BGH ZIP 1998, 1269 –, ZGR 1999, 264

Steinbeck, Claudia: Überwachungspflicht und Einwirkungsmöglichkeiten des Aufsichtsrats in der Aktiengesellschaft, Diss. Münster 1991, Berlin, Duncker & Humblot, 1992

Steinhaus, Hans-Joachim: Rechtsgrundsätze der privaten Personenversicherung, ZVersWiss 72 (1983), 41

Steinle, Claus/Eggers, Bernd: Zukunftssicherung durch strategische Planung und Kontrolle – Grundlagen und Umsetzungshinweise für die Versicherungsunternehmung, ZVersWiss 78 (1989), 691

Steinmann, Horst/Klaus, Hans: Zur Rolle des Aufsichtsrates als Kontrollorgan, AG 1987, 29

Stelkens, Paul: Rechtsgrundlagen der Überschußbeteiligung in der privaten Lebensversicherung, Diss Köln, 1965

Steuer, Stephan: Das Gesetz zur Umsetzung der EG-Einlagensicherungs- und Anlegerentschädigungsrichtlinie und seine Umsetzung in der Praxis, WM 1998, 2449

Stiefel, Erwin: Die liquidationslose Verschmelzung von Versicherungsvereinen auf Gegenseitigkeit, Diss. Tübingen, 1958
- Zur Verschmelzung von Versicherungsvereinen auf Gegenseitigkeit, VersArch 1959, 75

Stimpel, Walter: „Durchgriffshaftung" bei der GmbH: Tatbestände, Verlustausgleich, Ausfallhaftung, in: Bilanz- und Konzernrecht, Festschrift zum 65. Geburtstag von Reinhard Goerdeler, herausgegeben von Hans Havermann, Düsseldorf, IDW-Verlag, 1987, S. 601
- Die Rechtsprechung des Bundesgerichtshofes zur Innenhaftung des herrschenden Unternehmens im GmbH-Konzern, AG 1986, 117

Stodolkowitz, Heinz Dieter: Die Haftung im qualifizierten faktischen GmbH-Konzern nach der Rechtsprechung des Bundesgerichtshofs, ZIP 1992, 1517

Stöber: Handbuch zum Vereinsrecht von Kurt Stöber, 7., völlig überarbeitete und erweiterte Auflage, Köln, O. Schmidt, 1997

Stöckbauer, Lothar: Versicherung und Wirtschaftsordnung. Ein Beitrag zur vergleichenden Wirtschaftsforschung auf dem Gebiete des Versicherungswesens, Berlin, Duncker & Humblot, 1978

Stöhr, Jochen: Beteiligte bei Anträgen auf Genehmigung von Geschäftsplanänderungen und Bestandsübertragungen, VerBAV 1970, 345

Stoffels, Markus: Grenzen der Informationsweitergabe durch den Vorstand einer Aktiengesellschaft im Rahmen einer „Due Diligence", ZHR 165 (2001), 362

Storck, Hans: Beurteilungskriterien zur Gewinnbeteiligung in der Lebensversicherung, VW 1978, 598

Stracke, Guido/Geitner, Dirk: Finanzdienstleistungen. Handbuch über den Markt und die Anbieter, Heidelberg, Recht und Wirtschaft, 1992

Stratmann, Alexander: Private und öffentliche Unternehmungen in der deutschen Privatversicherung, Diss. Köln, 1933
Streck, Michael: Körperschaftsteuergesetz, 5. Auflage, München, Beck, 1997
Strenger, Christian: Das deutsche Übernahmegesetz – Ausgewogenheit zwischen Unternehmens- und Anlegerinteressen als Pflichtprogramm –, WM 2000, 952
Streyl, Annedore: Zur konzernrechtlichen Problematik von Vorstands-Doppelmandaten, Diss. Bonn 1991, Heidelberg, Verlag Recht und Wirtschaft, 1992
Strieder, Thomas: Der Lagebericht bei Kapitalgesellschaften und Genossenschaften – insbesondere seine Unterzeichnung, DB 1998, 1677
Strieder, Thomas/Graf, Michael: Zusammenarbeit zwischen Abschlußprüfer und Aufsichtsrat. Annäherung des Aktiengesetzes an das Genossenschaftsgesetz durch den Referentenentwurf des Gesetzes zur Kontrolle und Transparenz im Unternehmensbereich (KonTraG), BB 1997, 1943
Strobel, Wilhelm: Der Entwurf eines „Einklang"-Standards des DSR, BB 1999, 1647
– Deutsches Rechnungslegungs Standards Committee: Der Standardentwurf E-DRS 3 zur Segmentberichterstattung, DB 1999, 2017
– Die GmbH & Co. KG als Bilanzkonzern nach dem Regierungsentwurf des „KapCoRiLiG", GmbHR 1999, 1117
– Die Neuerungen des KapCoRiLiG für den Einzel- und Konzernabschluß, DB 2000, 53
Strohn, Lutz: Die Verfassung der Aktiengesellschaft im faktischen Konzern, Köln/Berlin/Bonn/München, Heymann, 1977
Stuckert, Anton: Satzungsfragen bei Gegenseitigkeitsvereinen, VW 1949, 421
Stuirbrink, Wolfgang/Geib, Gerd/Axer, Jochen: Die Abfindung der Mitglieder eines Lebens-VVaG – bei Beendigung der Mitgliedschaft durch Umstrukturierung –, WPg 1991, 29 (Teil I), 68 (Teil II)
– Fehlendes Anrechnungsverfahren beim VVaG und Abfindungsbemessung – Erwiderung zur Stellungnahme von Ketzscher –, WPg 1991, 242
Stumpf, Cordula: Das Handelsregister nach der HGB-Reform, BB 1998, 2380
Süchting, Joachim: Banken und Versicherungsunternehmen, in: Handwörterbuch der Versicherung, herausgegeben von Dieter Farny, Elmar Helten, Peter Koch, Reimer Schmidt, Karlsruhe, VVW, 1988, S. 37
– Zur Risikoposition von Banken und Versicherungen – auch ein Beitrag zur Diskussion ihrer Aufsichtssysteme, in: Dieter Farny und die Versicherungswissenschaft, herausgegeben von Robert Schwebler und den Mitgliedern des Vorstands des Deutschen Vereins für Versicherungswissenschaft, Karlsruhe, VVW, 1994, S. 537
Sünner, Eckart: Aktionärsschutz und Aktienrecht. Anmerkungen zur Seehafenbetriebe-Entscheidung BGH, AG 1983, 169
– Aktionärsklage zur Kontrolle des Vorstands- und Aufsichtsratshandelns, ZHR 163 (1999), 364
– Effizienz von Unternehmensorganen als Grundsatz der Corporate Governance, AG 2000, 492
Surminski, Arno: Wem gehören die stillen Reserven?, ZfV 1980, 117
– Vorgezogene Überschußbeteiligung, ZfV 1983, 146
– Die Versichertenbelange in der Lebensversicherung, ZfV 1987, 366
– Das Überleben der Versicherungsvereine, ZfV 2000, 636
Swalef, Gijsbert J.: Eureko ein neues Kooperationskonzept für europäische Versicherungsgesellschaften, in: Grundlagen des Versicherungsvereins auf Gegenseitigkeit, verfaßt und veröffentlicht aus Anlaß des 175jährigen Bestehens der Gothaer Versicherungsbank VVaG, Köln, am 2. Juli 1995, herausgegeben von Wolfgang Peiner, Köln/Göttingen, Gothaer Versicherungen, 1995, S. 293
Tänzer, Arnulf: Aktuelle Geschäftsführervergütung in der kleinen GmbH, GmbHR 2000, 596
Taxis, H.: Gegenseitigkeitsvereine wollen fusionieren und umwandeln können, ZfV 1968, 208
Teichmann, Arndt: Strukturüberlegungen zum Streit zwischen Organen in der Aktiengesellschaft, in: Festschrift für Otto Mühl zum 70. Geburtstag am 10. Oktober 1981, herausgegeben von Jürgen Damrau, Alfons Kraft, Walther Fürst, Stuttgart/Berlin/Köln/Mainz, Kohlhammer, 1981, S. 663
– Die Spaltung von Rechtsträgern als Akt der Vermögensübertragung, ZGR 1993, 396
Telgenbüscher, Franz R.: Rückstellungen für drohende Verluste bei Versicherungsunternehmen, WPg 1995, 582
Tenora, Karin: Die Beaufsichtigung von Versicherungsunternehmen einer Versicherungsgruppe: Stand der Diskussionen auf europäischer Ebene nach Verabschiedung des gemeinsamen Standpunktes, VW 1998, 870 (I), 972 (II)

Teubner, Gunther: Organisationsdemokratie und Verbandsverfassung, Tübingen, 1978
Thaeter, Ralf: Zur Abwehr feindlicher Übernahmeversuche im RegE eines Gesetzes zur Regelung von öffentlichen Angeboten zum Erwerb von Wertpapieren und von Unternehmensübernahmen (WÜG-RegE), NZG 2001, 789
Thaeter, Ralf/Barth, Daniel: RefE eines Wertpapiererwerbs- und Übernahmegesetzes, NZG 2001, 545
Thamm, Manfred: Die persönliche Haftung bzw. Verantwortlichkeit von Führungskräften und Mitarbeitern im Unternehmen, DB 1994, 1021
Than, Jürgen: Auf dem Weg zur virtuellen Hauptversammlung – Eine Bestandsaufnahme, in: Festschrift für Martin Peltzer zum 70. Geburtstag, herausgegeben von Marcus Lutter, Manfred Scholz, Walter Sigle, Köln, O. Schmidt, 2001, S. 577
Thees, Hans: Demokratisierung der Versicherungswirtschaft?, VW 1949, 172
Theile, Carsten: Ausweisfragen beim Jahresabschluß der GmbH & Co. KG nach neuem Recht, BB 2000, 555
Theile, Carsten/Köhler, Günther: Kapitalumstellung auf den Euro durch minimale Kapitalerhöhung, GmbHR 1999, 516
Theisen, Manuel René: Der Konzern. Betriebswirtschaftliche und rechtliche Grundlagen der Konzernunternehmung, Stuttgart, Poeschel, 1991
- Rücklagenbildung im Konzern, ZHR 156 (1992), 174
- Die Rechtsprechung zum Mitbestimmungsgesetz 1976 – eine dritte Zwischenbilanz, AG 1993, 49
- Notwendigkeit, Chancen und Grenzen der Zusammenarbeit von Wirtschaftsprüfer und Aufsichtsrat, WPg 1994, 809
- Grundsätze ordnungsgemäßer Kontrolle und Beratung der Geschäftsführung durch den Aufsichtsrat, AG 1995, 193
- Grundsätze einer ordnungsmäßigen Informationsversorgung des Aufsichtsrats, 2. Auflage, Stuttgart, Schäffer-Poeschel, 1996
- Die Rechtsprechung zum Mitbestimmungsgesetz 1976 – eine vierte Zwischenbilanz, AG 1998, 153
- Der Konzern im Umbruch – Organisation, Besteuerung, Finanzierung und Überwachung, Stuttgart, Schäffer-Poeschel, 1998
- Vergabe und Konkretisierung des WP-Prüfungsauftrags durch den Aufsichtsrat – Bedeutung, Funktion und Umsetzung des § 111 Abs. 2 Satz 3 AktG i. d. F. 1998 –, DB 1999, 341
- Zusammensetzung und Struktur der Vergütungen für den Aufsichtsrat nach dem KonTraG, DB 1999, 1665

Theisen, Manuel R./Salzberger, Wolfgang: Die Berichterstattung des Aufsichtsrats – Eine empirische Analyse der Überwachungsberichte von 1984 bis 1994 –, DB 1997, 105
Theler, Hans: Die teilgezahlte Versicherungsaktie, ZVersWiss 31 (1931), 35
Thiel, Jochen: Im Grenzbereich zwischen Eigen- und Fremdkapital – Ein Streifzug durch die ertragsteuerrechtlichen Probleme der Gesellschafter-Fremdfinanzierung, GmbHR 1992, 20
- Die Neuordnung des Spendenrechts, DB 2000, 392

Thode, Bernd: Veräußerung öffentlich-rechtlicher Versicherungsunternehmen in der Bundesrepublik Deutschland unter Berücksichtigung vergleichbarer Probleme bei öffentlichrechtlichen Sparkassen und Landesbanken, Hamburg, 1994
- Zur Wahrung der sozialen Belange der Beschäftigten bei einer Bestandsübertragung, VersR 1994, 793
- Anwendbarkeit der Normen des Versicherungsaufsichtsgesetzes zur Bestandsübertragung auf öffentlich-rechtliche Versicherer, ZfV 1994, 322

Thomas, Jürgen: Rücklagenbildung im Konzern, ZGR 1985, 365
Thümmel, Roderich C.: Manager- und Aufsichtsratshaftung nach dem Referentenentwurf zur Änderung des AktG und des HGB, DB 1997, 261
- Zu den Pflichten des Aufsichtsrats bei der Verfolgung von Haftungsansprüchen gegenüber dem Vorstand der AG – Zugleich Besprechung der Entscheidung des BGH vom 21. 4. 1997 – III ZR 175/95, DB 1997 S. 1068 ff. „ARAG/Garmenbeck" –, DB 1997, 1117
- Aufsichtsräte in der Pflicht? – Die Aufsichtsratshaftung gewinnt Konturen, DB 1999, 885
- Aufsichtsräte in Unternehmen der öffentlichen Hand – professionell genug?, DB 1999, 1891
- Haftungsrisiken von Vorständen und Aufsichtsräten bei der Abkehr von Übernahmeversuchen, DB 2000, 461

Thümmel, Roderich C./Sparberg, Michael: Haftungsrisiken der Vorstände, Geschäftsführer, Aufsichtsräte und Beiräte sowie deren Versicherbarkeit – Anmerkungen zu Director's und Officer's Policen in Deutschland –, DB 1995, 1013
Thünnesen, Dieter: Genußscheine als Finanzierungsmittel in der deutschen Wirtschaftsgeschichte und in der heutigen Unternehmenspraxis, in: Recht und Praxis der Genußscheine, Band 16 der Schriften zum deutschen und ausländischen Geld-, Bank- und Börsenrecht, herausgegeben von Karl Dietrich Bundschuh, Walther Hadding und Uwe H. Schneider, Frankfurt am Main, 1987, S. 9
Thürmann, Dagmar: Beteiligungen im Vermögen von Versicherungsunternehmen, VW 1983, 445
Thüsen, Ernst von der: Aktienrechtsreform und Versicherungsaktiengesellschaften, ZVersWiss 37 (1937), 234
– Wandlungen der deutschen Versicherungsaufsicht 1931–1937, ZVersWiss 38 (1938), 73
Thüsing, Rolf: Zur Frage der Zulässigkeit gesellschaftsvertraglicher Ausweitung der Arbeitnehmervertretung im Aufsichtsrat nach dem Betriebsverfassungsgesetz 1952 bei der GmbH, in: Festschrift für Winfried Werner zum 65. Geburtstag am 17. Oktober 1984, Handelsrecht und Wirtschaftsrecht in der Bankpraxis, herausgegeben von Walther Hadding, Ulrich Immenga, Hans-Joachim Mertens, Klemens Pleyer, Uwe H. Schneider, Berlin/New York, 1984, S. 893
Tielmann, Sandra: Durchsetzung ordnungsmäßiger Rechnungslegung – Fortentwicklung der Vorschläge des IDW zur Umsetzung der Empfehlungen der Regierungskommission „Corporate Governance" zur Schaffung eines deutschen Review Panel –, DB 2001, 1625
Tigges, Michael: Geschichte und Entwicklung der Versicherungsaufsicht, Diss. Münster 1984, Karlsruhe, VVW, 1985
Timm, Wolfram: Hauptversammlungskompetenzen und Aktionärsrechte in der Konzernspitze – Zugleich Überlegungen zum Urteil des LG Hamburg vom 1. 10. 1979 –, AG 1980, 172
– Der Mißbrauch des Auflösungsbeschlusses durch den Mehrheitsgesellschafter –Zugleich Anmerkung zu BGH JZ 1980, 335 –, JZ 1980, 665
– Anmerkung zum Urteil des OLG Hamm vom 9. 6. 1980, BB 1980, 1655
– Zur Sachkontrolle von Mehrheitsentscheidungen im Kapitalgesellschaftsrecht – dargestellt am Beispiel „strukturverändernder Entscheidungen", ZGR 1987, 403
– Grundfragen des „qualifizierten" faktischen Konzerns im Aktienrecht. Bemerkungen zur „Banning"-Entscheidung des OLG Hamm vom 3. 11. 1986, NJW 1987, 977
– Minderheitenschutz und unternehmerische Entscheidungsfreiheit im Mutterunternehmen, ZHR 153 (1989), 60
– Das Recht der faktischen Unternehmensverbindungen im Umbruch, NJW 1992, 2185
– Neuere Entwicklungen im GmbH-(Vertrags-)Konzernrecht, GmbHR 1992, 213
Tönnies, Ralf: Inhaltskontrolle nach AGBG und Richterrecht – Eine Gegenüberstellung gesetzlicher Tatbestandsmerkmale und richterlich angewandter Kriterien –, VersR 1989, 1023
Tormyn, Georg: Die Rundschreiben-Praxis des Bundesaufsichtsamtes für das Versicherungswesen, Karlsruhe, VVW, 1992
Trabant, Artur: Die Rechte und Pflichten der Mitglieder der Versicherungsvereine auf Gegenseitigkeit, Diss. Erlangen, Gelnhausen, 1935
Trakies, Arnold: Kontrolle der Rechnungslegung, in: 100 Jahre materielle Versicherungsaufsicht in Deutschland, herausgegeben von Helmut Müller, Joachim-Friedrich Golz, Elke Washausen-Richter, Michael Trommeshauser, Bonn, Bundesaufsichtsamt für das Versicherungswesen, 2001, S. 307
Trescher, Karl: Aufsichtsratshaftung zwischen Norm und Wirklichkeit, DB 1995, 661
– Warum keine Reform des genossenschaftlichen Aufsichtsrats?, DB 1997, 1551
Treuberg, Hubert Graf von/Angermayer, Birgit: Die Ausgestaltung des Prüfungsberichts des Abschlußprüfers von Versicherungsunternehmen nach der neuen Prüfungsberichteverordnung, WPg 1998, 839
Trittmann, Rolf: Die Auswirkungen des Schiedsverfahrens-Neuregelungsgesetzes auf gesellschaftsrechtliche Streitigkeiten, ZGR 1999, 340
Tröbliger, Alfred: Der Leistungsvergleich in der Lebensversicherung, ZfV 1983, 658
– Die Aktualisierung der Überschußverteilung in der Lebensversicherung, ZfV 1983, 374; ZfV 1983, 410
Tröger, Tobias: Vorbereitung von Zustimmungsbeschlüssen bei Strukturmaßnahmen, ZIP 2001, 2029
Tröndle, Bernd: Systemtheorie und Versicherung, ZVersWiss 64 (1975), 337
Trojan-Limmer, Ursula: Die geänderten Vorschläge für ein Statut der Europäischen Aktiengesellschaft (SE), RIW 1991, 1010

Trost, Martin/Zwiesler, Hans-Joachim: Nachrangige Darlehen und Genußscheine als rechtsformunabhängige Möglichkeit der Eigenkapitalbeschaffung von Versicherungen und Banken, ZVersWiss 85 (1996), 341

Trouet, Klaus: Die Hauptversammlung – Organ der Aktiengesellschaft oder Forum der Aktionäre?, NJW 1986, 1302

Turner, George: Die eingetragene Genossenschaft im System des Gesellschaftsrechts – Zugleich ein Beitrag zur Wahl der Unternehmensform insbesondere in den neuen Bundesländern, Göttingen, Vandenhoeck & Ruprecht, 1992
- GmbH oder Genossenschaft. Vergleich der Rechtsformen und der Zweckmäßigkeit, GmbHR 1993, 390

Ullmann, Heinz: Die rechtliche Stellung des Vorstandes der Versicherungsvereine auf Gegenseitigkeit, Diss. Leipzig, 1929

Ullmann, Helmut: Die Versicherungsvereine auf Gegenseitigkeit in unserer Zeit, VW 1969, 97 (I), VW 1969, 165 (II)

Ullrich, Götz: Die Bildung des obersten Organs der großen Versicherungsvereine auf Gegenseitigkeit, Diss. Göttingen, 1951

Ullrich, Hans: Bedeutung der deutschen Aktienrechtsreform für die Versicherungsunternehmungen auf Gegenseitigkeit, ZVersWiss 31 (1931), 29

Ulmer, Peter: Aufsichtsratsmandat und Interessenkollision, NJW 1980, 1603
- Begründung von Rechten für Dritte in der Satzung einer GmbH?, in: Festschrift für Winfried Werner zum 65. Geburtstag am 17. Oktober 1984, Handelsrecht und Wirtschaftsrecht in der Bankpraxis, herausgegeben von Walther Hadding, Ulrich Immenga, Hans-Joachim Mertens, Klemens Pleyer, Uwe H. Schneider, Berlin/New York, Walter de Gruyter, 1984, S. 911
- Zur Haftung der anordnenden Körperschaft nach § 31 BGB für Sorgfaltsverstöße des von ihr benannten Aufsichtsratsmitglieds, in: Festschrift für Walter Stimpel zum 68. Geburtstag am 29. November 1985, herausgegeben von Marcus Lutter, Hans-Joachim Mertens, Peter Ulmer, Berlin/New York, Walter de Gruyter, 1985, S. 705
- Der Gläubigerschutz im GmbH-Konzern, WPg 1986, 685
- Entwicklungen im Kapitalgesellschaftsrecht 1975 bis 1999 – Zum Einfluß von Gesetzgebung, Rechtsprechung, Wissenschaft und Kautelarpraxis auf die Fortbildung des Aktien- und GmbH-Rechts –, ZGR 1999, 751
- Die Aktionärsklage als Instrument zur Kontrolle des Vorstands- und Aufsichtsratshandelns, ZHR 163 (1999), 290
- Schutzinstrumente gegen die Gefahren aus der Geschäftstätigkeit inländischer Zweigniederlassungen von Kapitalgesellschaften mit fiktivem Auslandssitz, JZ 1999, 662
- Von „TBB" zu „Bremer Vulkan" – Revolution oder Evolution? Zum Bestandsschutz der abhängigen GmbH gegen existenzgefährdende Eingriffe ihres Alleingesellschafters, ZIP 2001, 2021

Ulmer/Brandner/Hensen: AGB-Gesetz, Kommentar zum Gesetz zur Regelung des Rechts der Allgemeinen Geschäftsbedingungen von Peter Ulmer, Hans Erich Brandner, Horst-Diether Hensen, Harry Schmidt, 9. umfassend überarbeitete Auflage, Köln, O. Schmidt, 2001

Utecht, Eberhard: Die Nachfrage nach Lebensversicherungsschutz, Berlin, Duncker & Humblot, 1973

Vagts, Detlev: Das Gefälle bei den Gehältern von Spitzenmanagern – Amerika gegen den Rest der Welt –, in: Festschrift für Marcus Lutter zum 70. Geburtstag, Deutsches und europäisches Gesellschafts-, Konzern- und Kapitalmarktrecht, herausgegeben von Uwe H. Schneider, Peter Hommelhoff, Karsten Schmidt, Wolfram Timm, Barbara Grunewald, Tim Drygala, Köln, O. Schmidt, 2000, S. 767

Valcárcel, Dagmar: Der Euro – Vertragskontinuität und Vertragsfreiheit der Parteien, VW 1997, 1069

Valcárcel, Sylvia: Ermittlung und Beurteilung des „strategischen Zuschlags" als Brücke zwischen Unternehmenswert und Marktpreis, DB 1992, 589

Van den Berghe, Lutgart: Solvabilität von Finanzkonglomeraten und Versicherungsgruppen: Notwendigkeit einer neuen Richtlinie, ZVersWiss 86 (1997), 251

Van Hulle, Karel: Die Zukunft der europäischen Rechnungslegung im Rahmen einer sich ändernden internationalen Rechnungslegung, WPg 1998, 138

Vassel, Klaus: Gefährdet die geschäftsplanmäßige Erklärung für die Unterstellung der Rücklage für Beitragsrückerstattungen unter einen Treuhänder die steuerliche Abzugsfähigkeit dieser Rücklage?, VW 1960, 631

– Diskussionsbeitrag zur Schwankungsrückstellungs-AO 65, VerBAV 1967, 112
– Zur Reform des VVaG – weitere Gedanken –, ZfV 1971, 501
Vater, Hendrik: Bilanzielle und körperschaftsteuerliche Behandlung von Stock Options, DB 2000, 2177
Versicherungsjahrbuch 2001: 44. Auflage, Darmstadt, Hoppenstedt, 2000
Versicherungsreport 1998: Jahrbuch der Versicherungswirtschaft, herausgegeben von Karl-Heinz Rehnert, Karlsruhe, VVW, 1999
Vetter, Eberhard: Der Grundsatz der Gleichbehandlung in den privaten Versicherungsunternehmungen, Diss. Hamburg, 1947
Vetter, Eberhard: Aktienrechtliche Probleme der D&O Versicherung, AG 2000, 453
– Squeeze-out in Deutschland, Anmerkungen zum Diskussionsentwurf eines gesetzlichen Ausschlusses von Minderheitsaktionären, ZIP 2000, 1817
– Squeeze-out nur durch Hauptversammlungsbeschluss?, DB 2001, 743
Vockerath, Heinrich: Der Einzelversicherer und die Versicherung auf gesellschaftlicher Grundlage. Verschiedenheiten im Wesen und Aufbau dieser beiden Versicherungsformen. Eine vergleichende Betrachtung. Diss. Göttingen, Göttingen, 1941
Völker, Günter: Die wirtschaftliche Bedeutung des deutschen Versicherungsvereins auf Gegenseitigkeit, in: Grundlagen des Versicherungsvereins auf Gegenseitigkeit, verfaßt und veröffentlicht aus Anlaß des 175 jährigen Bestehens der Gothaer Versicherungsbank VVaG, Köln, am 2. Juli 1995, herausgegeben von Wolfgang Peiner, Köln/Göttingen, Gothaer Versicherungen, 1995, S. 89
Vogel, Frank: Aktienoptionsprogramme für nicht börsennotierte AG – Anforderungen an Hauptversammlungsbeschlüsse, BB 2000, 937
Vogel, Wolfgang/Lehmann, Rolf: Die Überschußbeteiligung in der Lebensversicherung, VerBAV 1982, 328
Vogel, Wolfgang: Der Gesamtgeschäftsplan für die Überschußbeteiligung, VerBAV 1986, 450
Vogelsang, Harald: Der Einlagensicherungsfonds des Bundesverbandes deutscher Banken im Lichte des Versicherungsrechts, Diss. Hamburg 1990, Karlsruhe, VVW, 1990
Vogler, Matthias/Engelhard, Sven/Gundert, Martin: Risikomanagementsysteme – Stand der Umsetzung, DB 2000, 1425
Vogler, Matthias/Gundert, Martin: Einführung von Risikomanagementsystemen – Hinweise zur praktischen Ausgestaltung –, DB 1998, 2377
Voit, Wolfgang: Die Bewertung der Kapitallebensversicherung im Zugewinnausgleich, Berlin, Duncker & Humblot, 1992
Vollenweider, Heinz: Probleme der finanziellen Konzernführung in Versicherung und Rückversicherung, Diss. Zürich, 1971
Vollmer, Lothar: Der Genußschein – Ein Instrument für mittelständische Unternehmen zur Eigenkapitalbeschaffung an der Börse, ZGR 1983, 445
– Eigenkapitalbeschaffung für die GmbH durch Börsenzugang, GmbHR 1984, 329
– Die Verteilung der Finanzierungskompetenzen bei der Aktiengesellschaft, AG 1991, 94
– Der Europäische Verein, ZHR 157 (1993), 373
– Die Gewinnbeteiligung von konzernleitenden Vorstandsmitgliedern, in: Festschrift für Bernhard Großfeld zum 65. Geburtstag, herausgegeben von Ulrich Hübner und Werner F. Ebke, Heidelberg, Verlag Recht und Wirtschaft, 1999, S. 1269
Vollmer, Lothar/Lorch, Bernhard: Der Ausschluß des Bezugsrechts von Minderheitsaktionären auf Genußscheine und andere stimmrechtslose Titel – Verwässerungsgefahren und notwendige Schutzmechanismen –, DB 1991, 1313
Vollmer, Lothar/Maurer, Torsten: Beratung durch Aufsichtsratsmitglieder oder Abschlußprüfer aufgrund von Zusatzaufträgen. Sinnvolle Ergänzung gesetzlicher Kontroll- und Prüfpflichten oder unzulässige Aufgabenhäufung?, BB 1993, 591
Voormann, Volker: Der Beirat im Gesellschaftsrecht, 2. Auflage, Köln/Berlin/Bonn/München, Heymann, 1990
Vonnemann, Wolfgang: Organisations- und Informationspflichten der Unternehmensleitung einer AG oder GmbH im Zusammenhang mit dem Jahr-2000-Problem, DB 1999, 1049
Vorwold, Gerhard: Gewinn-Mangement in den USA – Beobachtungen aus deutscher Sicht –, DB 1999, 2321
Wackerbarth, Ulrich: Von golden shares und poison pills: Waffengleichheit bei internationalen Übernahmeangeboten, WM 2001, 1741
Wagner, Franz W.: Aufgabe der Maßgeblichkeit bei einer Internationalisierung der Rechnungslegung? – Eine Analyse der ökonomischen Wirkungen des Bilanzsteuerrechts –, DB 1998, 2073

Wagner, Fred: Solvabilitätspolitik als Unternehmenspolitik von Kompositversicherungsunternehmen, Berlin, Duncker & Humblot, 1992
– Internationalisierung und Globalisierung – Strategien für deutsche Erstversicherer?, VW 1998, 732 (I), 811 (II)
Wagner, Jürgen: Aufgabenwahrnehmung und Vergütung des Aufsichtsrats, NZG 1999, 1092
Wagner, Klaus-R./Sommer, Birgit: Zutreffende Rechtsprechung von BGH und BVerfG zum Persönlichkeitsschutz und zur wirtschaftlichen Betätigungsfreiheit von Unternehmen, AG 1995, 452
Wagner, Norbert Berthold: Von der Deutschen Mark zum Euro, NJW 2001, 3743
Wagner, Philipp J.: Die Bildung von Allfinanzkonzernen. Grundlagen und Ansatzpunkte der Integration von Bank und Versicherung in einem Allfinanzkonzern, Bern/Berlin/Frankfurt am Main/New York/Paris, Lang, 1991
Wagner, Wolfgang: Beitrag Deutschland/Gesellschaftsrecht, in: Handbuch der Quellen und Literatur der neueren europäischen Privatrechtsgeschichte, herausgegeben von Helmut Coing, Band III, 3. Teilband, München, Beck, 1986, S. 2969
Waigel, Theo: Ein verbindlicher rechtlicher Rahmen für den Euro, WM 1997, 1322
Wank, Rolf: Richterliche Rechtsfortbildung und Verfassungsrecht, ZGR 1988, 314
Wardenbach, Frank: Mißbrauch des Anfechtungsrechts und „nachträglicher" Aktienerwerb – Zu den Grenzen der Anfechtungsrechte des Aktionärs bei Rechtsmißbrauch und bei Erwerb der Aktien nach Ankündigung der Hauptversammlung –, ZGR 1992, 563
– Niederlegung des Aufsichtsratsmandats bei Interessenkollisionen, Entgegnung auf Singhof (AG 1998, 318 ff), AG 1999, 74
Wassermeyer, Franz: Einige grundsätzliche Überlegungen zur verdeckten Gewinnausschüttung, DB 1987, 1113
– Tausch und Einlage von Anteilen an Kapitalgesellschaften über die Grenze, DB 1990, 855
– Eigenkapitalersetzende Leistungen aus der Sicht des Steuerrechts – Hintergrundinformationen zu den BFH-Urteilen vom 5. 2. 1992 –, ZGR 1992, 639
– Der Fremdvergleich als Tatbestandsmerkmal der verdeckten Gewinnausschüttung, DB 1994, 1105
Watermeyer, Heinrich Jürgen: Bilanzierungshilfen in der Handels- und Steuerbilanz, Frankfurt am Main/Bern/New York/Paris, Lang, 1991
– Pflicht zur phasengleichen Bilanzierung über „Tomberger" hinaus?, GmbHR 1998, 1061
Watrin, Christoph: Sieben Thesen zur künftigen Regulierung der Rechnungslegung – Anmerkungen zu den Vorschlägen des Arbeitskreises Externe Rechnungslegung der Schmalenbach-Gesellschaft –, DB 2001, 933
Weber, Martin: Die Haftung des Abschlußprüfers gegenüber Dritten, NZG 1999, 1
– Die Entwicklung des Kapitalmarktrechts 1998–2000: Publizität, Insiderrecht und Kapitalmarktaufsicht, NJW 2000, 3461
– Der Eintritt des Aktienrechts in das Zeitalter der elektronischen Medien – Das NaStraG in seiner verabschiedeten Fassung, NZG 2001, 337
Weber, Nils: Die Demutualisierung von Versicherungsvereinen – Vom Vereinsmitglied zum Aktionär –, VW 1998, 1274
Weber, Robert: Ursprung und Wandel der Bestandsübertragung, ZVersWiss 84 (1995), 429
Weber, Werner: Die Versicherungsaufsicht in der gegenwärtigen Rechtsentwicklung, ZVersWiss 50 (1961), 333
– Verfassungsprobleme der Versicherungsaufsicht, ZVersWiss 57 (1968), 227
Weber, Ulrich/Burmester, Antje: Die Zuständigkeitsverteilung zwischen der Zivil- und Arbeitsgerichtsbarkeit bei Streitigkeiten von Organvertretern mit „ihrer" juristischen Person, GmbHR 1997, 778
Weber-Grellet, Heinrich: Der Maßgeblichkeitsgrundsatz im Lichte aktueller Entwicklungen, BB 1999, 2659
– Aktuelle bilanzsteuerliche Probleme nach dem Steuerentlastungsgesetz, BB 2000, 1024
– Rechtsprechung des BFH zum Bilanzsteuerrecht im Jahre 2000, BB 2001, 35
Weber-Rey, Daniela/Krecek, Thomas: Aufsichtsrechtliche Aspekte der Übernahme von Versicherungsunternehmen, NVersZ 2000, 105
Weber-Rey, Daniela/Schütz, Bernhard G.: Zum Verhältnis von Übernahmerecht und Umwandlungsrecht, AG 2001, 325
Wedler, Wilfried: Die unabhängigen Treuhänder in der Krankenversicherung, VW 1997, 447
Weiand, Neil George: Das Schreiben des Bundesministeriums der Finanzen vom 9. 7. 1997 zur ertragsteuerlichen Behandlung des Sponsoring (BB 1997, 1570), BB 1998, 344

Weidenfeld, Gerd/Will, Reiner: Ein Rating-Verfahren für Schaden- und Unfallversicherer, VW 1998, 361

Weigel, Hanns-Jürgen: Die Assekuranz als Refinanzierer der Kreditwirtschaft, Der langfristige Kredit 1984, 722
- Was bringt die Kooperation Banken/Versicherung?, bank und markt 1987, 5
- Die Kapitalanlagen der deutschen Lebensversicherer im Spannungsverhältnis zwischen Mathematik, Rendite und Anlagequalität, in: Versicherungen in Europa heute und morgen, Geburtstags-Schrift für Georg Büchner, herausgegeben von Franz Wilhelm Hopp und Georg Mehl, Karlsruhe, VVW, 1991, S. 539
- Die Holding in der Assekuranz – was kann sie leisten?, ZfdgesKW 1993, 219
- Möglichkeiten der Konzernentwicklung und Kapitalbildung beim VVaG, VW 1993, 690
- Möglichkeiten der Konzernentwicklung und Eigenkapitalbildung beim VVaG, VersR 1993, 1429
- Neue Kapitalmarktinstrumente für die Kapitalanlage der Versicherungsunternehmen, Frankfurter Vorträge zum Versicherungswesen, Heft 25, Karlsruhe, VVW, 1993, S. 5
- Der Einfluß von Bewertungsvorschriften auf das Anlageverhalten in der deutschen Versicherungswirtschaft, in: Festschrift der Alten Leipziger Versicherung Aktiengesellschaft zum 175jährigen Jubiläum, 1994, S. 185
- Eigenkapitalbildung von Versicherungsvereinen auf Gegenseitigkeit, in: Grundlagen des Versicherungsvereins auf Gegenseitigkeit, verfaßt und veröffentlicht aus Anlaß des 175jährigen Bestehens der Gothaer Versicherungsbank VVaG, Köln, am 2. Juli 1995, herausgegeben von Wolfgang Peiner, Köln/Göttingen, Gothaer Versicherungen, 1995, S. 141
- Die Zukunft der Gegenseitigkeitsversicherung, VW 1996, 1472

Weigel, Hanns-Jürgen/Baer, Alfred: Der Versicherungsverein auf Gegenseitigkeit – Ein Stiefkind des Steuerrechts?, VersR 1993, 777

Weiler, Lothar/Meyer, Ingo: Heranziehung des Börsenkurses zur Unternehmensbewertung bei Verschmelzungen, ZIP 2001, 2153

Weiler, Wolfgang: Grundprobleme einer Finanzierungstheorie der Versicherungsaktiengesellschaft, Diss. Köln, 1980

Weimer-Hablitzel, Jürgen: Grundzüge der EG-Koordinierungs-Richtlinie für die Lebensversicherung, VW 1979, 236

Weirich, Siegfried: Der Konzernprüfungsbericht nach dem Bilanzrichtlinien-Gesetz, in: Bilanz- und Konzernrecht, Festschrift zum 65. Geburtstag von Reinhard Goerdeler, herausgegeben von Hans Havermann, Düsseldorf, IDW-Verlag, 1987, S. 649

Weißenberger, Barbara E.: Wider die erzwungene Rotation des Abschlußprüfers. Eine institutionenökonomische Analyse der Regelung zum Prüferwechsel innerhalb des Referentenentwurfs zum KonTraG, BB 1997, 2315

Weißhaupt, Frank: Der „eigentliche" Holzmüller-Beschluß. Über Dogmatik und Anforderungen eines Instruments aktienrechtlicher Zuständigkeitsordnung, NZG 1999, 804

Weitekamp, Katja: Chancen-/Risikomanagement als Führungsaufgabe aus Sicht der Internen Revision, VW 1997, 1756

Weitnauer, Hermann: Zivilrechtliche Grundstrukturen im Betriebsverfassungsrecht, in: Festschrift für Konrad Duden zum 70. Geburtstag, herausgegeben von H.-M. Pawlowski, Günther Wiese, Günther Wüst, München, Beck, 1977, S. 705

Wellkamp, Ludger: Die Haftung von Geschäftsleitern im Konzern, WM 1993, 2155
- Der Gleichordnungskonzern – Ein Konzern ohne Abhängigkeit?, DB 1993, 2517
- Vorstand, Aufsichtsrat und Aktionär, 2. Auflage, Bonn, 2000
- Rechtliche Zulässigkeit einer aktienkursorientierten Vergütung von Aufsichtsräten, WM 2001, 489

Wels, Justus: Das Umwandlungsteuergesetz 1969 und seine Bedeutung für die Versicherungswirtschaft, VW 1969, 977

Welter, Reinhard: Rechtsfragen der steuerlichen Behandlung von Genußrechten, in: Recht und Praxis der Genußscheine, Band 16 der Schriften zum deutschen und ausländischen Geld-, Bank- und Börsenrecht, herausgegeben von Karl Dietrich Bundschuh, Walther Hadding und Uwe H. Schneider, Frankfurt am Main, Knapp, 1987, S. 49

Welzel, Hans-Joachim: Versicherungsbilanzen im Umbruch, ZVersWiss 77 (1988), 573
- Rückstellungen, Versicherungstechnische, in: Handwörterbuch der Versicherung, herausgegeben von Dieter Farny, Elmar Helten, Peter Koch, Reimer Schmidt, Karlsruhe, VVW, 1988, S. 685

– Das Vorsichtsmotiv im EG-Versicherungsbilanzrecht, in: Risiko, Versicherung, Markt, Festschrift für Walter Karten zur Vollendung des 60. Lebensjahres, herausgegeben von Dieter Hesberg, Martin Nell, Winfried Schott, Karlsruhe, VVW, 1994, S. 501

Wenning, Joachim: Aufsicht, Wettbewerb und Verbraucherschutz in der deutschen Lebensversicherung nach der EU-Liberalisierung 1994, Karlsruhe, VVW, 1995

Werber, Manfred: Zur Sonderbehandlung von Versicherungsnehmern und den Grundlagen ihrer Beurteilung, in: Festschrift für Karl Sieg, herausgegeben von Horst Baumann, Helmut Schirmer, Reimer Schmidt, Karlsruhe, VVW, 1976, S. 541

– Zur Begründung und aktuellen Tragweite eines Gleichbehandlungsgebots im Versicherungswesen, VW 1981, 1378

– Differenzierung nach Schutzbedürftigkeit des Versicherungsnehmers im Versicherungsrecht, in: Festschrift für Horst Baumann, Karlsruhe, VVW, 1999, S. 359

Werder, Axel von: Management: Mythos oder regelgeleitete Kunst des Möglichen? – Plädoyer für die Formulierung von Grundsätzen ordnungsmäßiger Unternehmensführung (GoU) –, DB 1995, 2177

– Shareholder Value-Ansatz als (einzige) Richtschnur des Vorstandshandelns?, ZGR 1998, 69

– Grundsätze ordnungsmäßiger Unternehmensleitung in der Arbeit des Aufsichtsrats, DB 1999, 2221

Werner, Rüdiger: Haftungsrisiken bei Unternehmensakquisitionen: die Pflicht des Vorstands zur Due Diligence, ZIP 2000, 989

– Zum Anwendungsbereich von § 52 AktG nach der Neufassung durch das NaStraG, ZIP 2001, 1403

Werner, Winfried: Der erste Kommentar zum neuen Aktiengesetz, AG 1967, 107, 122

– Aufsichtsratstätigkeit von Bankenvertretern, ZHR 145 (1981), 252

– Zuständigkeitsverlagerungen in der Aktiengesellschaft durch Richterrecht? Besprechung der Entscheidung BGHZ 83 S. 122ff, ZHR 147 (1983), 429

– Gewinnverwendung im Konzern, in: Festschrift für Walter Stimpel zum 68. Geburtstag am 29. November 1985, herausgegeben von Marcus Lutter, Hans-Joachim Mertens, Peter Ulmer, Berlin/New York, Walter de Gruyter, 1985, S. 935

– Schwerpunkte der Novellierung des Kreditwesengesetzes, ZHR 149 (1985), 236

– Bekanntmachung der Tagesordnung und bekanntmachungsfreie Anträge – Ein Beitrag zur Auslegung des § 124 AktG, in: Festschrift für Hans-Joachim Fleck zum 70. Geburtstag am 30. Januar 1988, herausgegeben von Reinhard Goerdeler, Peter Hommelhoff, Marcus Lutter, Herbert Wiedemann, Berlin/New York, Walter de Gruyter, 1988, S. 401

– Vertretung der Aktiengesellschaft gegenüber Vorstandsmitgliedern – Ein Beitrag zur Auslegung des § 112 AktG –, ZGR 1989, 369

– Die Behandlung von Verbundeffekten bei Abfindungen nach den §§ 305 und 320 AktG, in: Festschrift für Ernst Steindorff zum 70. Geburtstag am 13. März 1990, herausgegeben von Jürgen F. Baur, Klaus J. Hopt, K. Peter Mailänder, Berlin/New York, Walter de Gruyter, 1990, S. 303

– Fehlentwicklungen in aktienrechtlichen Auskunftsstreitigkeiten – Zugleich ein Beitrag über die Zulässigkeit negativer Feststellungsanträge im Auskunftserzwingungsverfahren –, in: Festschrift für Theodor Heinsius zum 65. Geburtstag am 25. September 1991, herausgegeben von Friedrich Kübler, Hans-Joachim Mertens, Winfried Werner, Berlin/New York, Walter de Gruyter, 1991, S. 911

Westerfelhaus, Herwarth: Stärkere Kooperation von Aufsichtsrat und Abschlußprüfer, DB 1998, 2078

– IDW-Unternehmensbewertung verkennt Anforderungen der Praxis, NZG 2001, 673

Westermann, Harry: Das Gesellschaftsrecht als Gegenstand der Lehre, in: Strukturen und Entwicklungen im Handels-, Gesellschafts- und Wirtschaftsrecht, Festschrift für Wolfgang Hefermehl zum 70. Geburtstag am 18. September 1976, herausgegeben von Robert Fischer, Ernst Gessler, Wolfgang Schilling, Rolf Serick, Peter Ulmer, München, Beck, 1976, S. 21

– Die Bedeutung der Anerkennung der „Grundsatzzuständigkeit“ der Mitgliederversammlung bezüglich der Geschäftsführung der AG durch richterliche Rechtsfortbildung für das Genossenschaftsrecht, in: Genossenschaften und Genossenschaftswissenschaft, Freundesgabe für Erik Boettcher, herausgegeben von Wilhelm Jäger und Hans Pauli, Wiesbaden, DG-Verlag, 1984, S. 203

Westermann, Harm Peter: Unternehmensverfassung und Gesellschaftsrecht, in: Festschrift für Harry Westermann zum 65. Geburtstag, herausgegeben von Wolfgang Hefermehl, Rudolf Gmür, Hans Brox, Karlsruhe, C. F. Müller, 1974, S. 563

– Das Transparenzgebot – ein neuer Oberbegriff der AGB-Inhaltskontrolle?, in: Festschrift für Ernst Steindorff zum 70. Geburtstag am 13. März 1990, herausgegeben von Jürgen F. Baur, Klaus J. Hopt, K. Peter Mailänder, Berlin/New York, Walter de Gruyter, 1990, S. 817
– Zwecke der AGB-Kontrolle im Bankvertragsrecht in: Festschrift für Theodor Heinsius zum 65. Geburtstag am 25. September 1991, herausgegeben von Friedrich Kübler, Hans-Joachim Mertens, Winfried Werner, Berlin/New York, Walter de Gruyter, 1991, S. 931
– Individualrechte und unternehmerische Handlungsfreiheit im Aktienrecht, ZHR 156 (1992), 203
– Die Zweckmäßigkeit der Verschmelzung als Gegenstand des Verschmelzungsberichts, der Aktionärsentscheidung und der Anfechtungsklage, in: Festschrift für Johannes Semler zum 70. Geburtstag am 28. April 1993, Unternehmen und Unternehmensführung im Recht, herausgegeben von Marcus Bierich, Peter Hommelhoff, Bruno Kropff, Berlin/New York, Walter de Gruyter, 1993, S. 651
– Das TBB-Urteil – ein Neuansatz bei der Haftung wegen qualifizierter faktischer Konzernierung?, ZIP 1993, 554
– Freistellungserklärungen für Organmitglieder im Gesellschaftsrecht, in: Festschrift für Karl Beusch zum 68. Geburtstag, herausgegeben von Heinrich Beisse, Marcus Lutter, Heribald Närger, Berlin/New York, Walter de Gruyter, 1993, S. 871

Westphalen, Friedrich Graf von: Wirtschaftsprüfung – Serienschaden – Haftungsbegrenzung, DB 2000, 861

Westphalen, Stefanie von: Derivatgeschäfte, Risikomanagement und Aufsichtsratshaftung, Baden-Baden, Nomos, 2000

Weyl: Welche Stellung ist in dem zu erwartenden Versicherungsgesetze den Versicherungsgesellschaften auf Gegenseitigkeit zu gewähren?, Gutachten. Verhandlungen des 25. Deutschen Juristentages, Berlin, 1900, Erster Band, S. 3

Wichmann, Gerd: Das gesetzesadäquate Verständnis der verdeckten Gewinnausschüttung, BB 1995, 433

Wick, Hansjochim von/Greve, Volker: Status des kleineren Versicherungsvereins und Einzelfragen, VerBAV 1993, 288

Widhofer-Mohnen, Elgin: Die Übernahme eines VVaG durch einen VVaG oder durch eine Versicherungsaktiengesellschaft, VersR 1972, 236

Wiedemann, Herbert: Verbandssouveränität und Außeneinfluß: in: Gesellschaftsrecht und Unternehmensrecht, Festschrift für Wolfgang Schilling zum 65 Geburtstag am 5. Juni 1973, herausgegeben von Robert Fischer und Wolfgang Hefermehl, Berlin/New York, Walter de Gruyter, 1973, S. 105
– Grundfragen der Unternehmensverfassung, ZGR 1975, 385
– Die Zukunft des Gesellschaftsrechts, in: Festschrift für Robert Fischer, herausgegeben von Marcus Lutter, Walter Stimpel, Herbert Wiedemann, Berlin/New York, Walter de Gruyter, 1979, S. 883
– Gesellschaftsrecht. Ein Lehrbuch des Unternehmens- und Verbandsrechts, Band I, Grundlagen, München, 1980
– Die Unternehmensgruppe im Privatrecht. Methodische und sachliche Probleme des deutschen Konzernrechts, Tübingen, Mohr, 1988
– Organverantwortung und Gesellschafterklagen in der Aktiengesellschaft, Opladen, Westdeutscher Verlag, 1989
– Zu den Treuepflichten im Gesellschaftsrecht, in: Festschrift für Theodor Heinsius zum 65. Geburtstag am 25. September 1991, herausgegeben von Friedrich Kübler, Hans-Joachim Mertens, Winfried Werner, Berlin/New York, Walter de Gruyter, 1991, S. 949
– Entwicklungen im Kapitalgesellschaftsrecht, DB 1993, 141
– Eigenkapital und Fremdkapital – Eine gesellschaftsrechtliche Zwischenbilanz, in: Festschrift für Karl Beusch zum 68. Geburtstag, herausgegeben von Heinrich Beisse, Marcus Lutter, Heribald Närger, Berlin/New York, Walter de Gruyter, 1993, S. 893
– Organverantwortung in der Aktiengesellschaft – Doppel- und Mehrfachorgane, ZIP 1997, 1565
– Identität beim Rechtsformwechsel, ZGR 1999, 568

Wiedmann, Harald: Bilanzrecht, Kommentar zu den §§ 238 bis 342 a HGB, München, Beck, 1999

Wiegand, Annette: Die „Sachwalterhaftung" als richterliche Rechtsfortbildung, Diss. Göttingen, Berlin, Duncker & Humblot, 1991

Wiese, Götz Tobias: Verantwortlichkeit des Aufsichtsrats – Aktuelle Entwicklungen im Bereich der Corporate Governance, DB 2000, 1901

Wiese, Götz Tobias/Demisch, Dominik: Unternehmensführung bei feindlichen Übernahmeangeboten, DB 2001, 849

Wiesner, Georg: Zum Beginn der Ausschlußfrist des § 626 Abs. 2 BGB bei Kenntniserlangung durch Organmitglieder, BB 1981, 1533

Wiesner, Peter M.: Europäisches Unternehmensrecht, Stand und Entwicklung, ZIP 2000, 1792
- Aktuelle Entwicklungen im Europäischen Unternehmensrecht, BB Beilage 8 zu Heft 44/2001

Wiethölter, Rudolf: Interessen und Organisation der Aktiengesellschaft im amerikanischen und deutschen Recht, Karlsruhe, C. F. Müller, 1961

Wilde, Christian: Informationsrechte und Informationspflichten im Gefüge der Gesellschaftsorgane, ZGR 1998, 423

Wilke, Hans-Joachim: Das Umwandlungsgesetz in der Sicht der Versicherungswirtschaft, VW 1969, 907

Will, Reiner: Innovationswirkung der Dritten Lebensversicherungsrichtlinie, in: Festschrift für Dieter Farny zur Vollendung seines 60. Lebensjahres von seinen Schülern, herausgegeben von Hans-Peter Mehring, Volker Wolff, Karlsruhe, VVW, 1994, S. 305

Will, Reiner/Weidenfeld, Gerd: Erfolgswirtschaftliche Wirkungen des geänderten Ausweises der Betriebsaufwendungen in der Gewinn- und Verlustrechnung von Schaden-/Unfallversicherungsunternehmen, WPg 1996, 431

Willemer, Christian: Die Neubestellung von Vorstandsmitgliedern vor Ablauf der Amtsperiode, AG 1977, 130

Willemsen, Arnold: Das deutsche Körperschaftsteuerrecht im gemeinsamen europäischen Markt – Standortbestimmung und Entwicklungsperspektiven, in: Festschrift für Karl Beusch zum 68. Geburtstag, herausgegeben von Heinrich Beisse, Marcus Lutter, Heribald Närger, Berlin/New York, Walter de Gruyter, 1993, S. 915

Windbichler, Christine: Die Rechte der Hauptversammlung bei Unternehmenszusammenschlüssen durch Vermögensübertragung – Anmerkung zum Urteil des OLG Hamm vom 9. 6. 1980 –, AG 1981, 169
- Arbeitsrecht im Konzern, München, Beck, 1989

Winter, Gerrit: Zur offenen und verdeckten Kooptation im Gesellschaftsrecht, in: Festschrift für Reimer Schmidt, herausgegeben von Fritz Reichert-Facilides, Fritz Rittner, Jürgen Sasse, Karlsruhe, VVW, 1976, S. 121
- Ausgewählte Rechtsfragen der Lebensversicherung, ZVersWiss 80 (1991), 203
- Öffentliches Übernahmeangebot bei Versicherungsunternehmen – Aufsichtsrechtliche Überlegungen –, VersR 2000, 1453
- Die Geschäftsbesorgungskomponente im Versicherungsvertrag – Überlegungen insbesondere zur Schadensversicherung, in: Festschrift für Horst Baumann, Karlsruhe, VVW, 1999, S. 379
- Geschäftsbesorgung, Treuhandverhältnis und Lebensversicherung – Vertragsrechtliche Erwägungen, in: Lebensversicherung und Geschäftsbesorgung, Kolloquium in memoriam Karl Sieg am 30. September 1998, herausgegeben von Walter Karten, Manfred Werber und Gerrit Winter, Karlsruhe, VVW, 1998, S. 58

Winter, Martin: Mitgliedschaftliche Treuebindungen im GmbH-Recht. Rechtsformspezifische Aspekte eines allgemeinen gesellschaftsrechtlichen Prinzips, München, Beck, 1988

Winter, Willi: Steuerliche Behandlung von Genußrechten, GmbHR 1993, 31

Wissmann, Manfred/Ost, Konrad: Im Blickpunkt: Der Beratungsvertrag mit der Sozietät eines Aufsichtsratsmitglieds – Zugleich eine Anmerkung zu LG Stuttgart, BB 1998, 1549 –, BB 1998, 1957

Witt, Carl-Heinz: Regelmäßige „Wasserstandsmeldungen" – Unverzichtbarer Bestandteil eines künftigen Übernahmegesetzes, NZG 2000, 809
- Das Informationsrecht des Aktionärs und seine Durchsetzung in den USA, Großbritannien und Frankreich – Funktionale Gesamtbetrachtung im Vergleich zum deutschen Recht, AG 2000, 257

Witte, Jürgen: Diskussionsentwurf zur Regelung von Unternehmensübernahmen: Abwehrmöglichkeiten des Vorstands der Zielgesellschaft, BB 2000, 2161

Wohlgemuth, Michael/Radde, Jens: Der Bewertungsmaßstab „Anschaffungskosten" nach HGB und IAS – Darstellung der Besonderheiten und kritische Gegenüberstellung –, WPg 2000, 903

Wohlleben, Hermann Peter: Informationsrechte des Gesellschafters, Köln/Berlin/Bonn/München, Heymann, 1989

Wohlwend, Corrado: Die Neufassung der Satzung börsennotierter Aktiengesellschaften im Lichte des Namensaktiengesetzes, NJW 2001, 3170

Wolf, Harry: Vermögenserträge in der Versicherungswirtschaft. Entstehung und Anspruchsberechtigung, ZVersWiss 61 (1972), 75

Wolf, Manfred/Horn, Norbert/Lindacher, Walter F.: AGB-Gesetz, Kommentar, 4., völlig neubearbeitete Auflage, München, Beck, 1999

Wollmert, Peter: Zur Bilanzierung von Genußrechten. Die Verrechnung von Gewinn- und Verlustbeteiligungen in der Gewinn- und Verlustrechnung, BB 1992, 2106

– Die Konzernrechnungslegung von Versicherungsunternehmen als Informationsinstrument: Eine Analyse der Aussagefähigkeit sowie Ansatzpunkte einer zweckorientierten Reform, Marburg, 1992

Wollmert, Peter/Oser, Peter: Befreiender internationaler Konzernabschluß (§ 292a HGB), DB 2000, 729

Wörner, Gerhard: Der Versicherungsverein auf Gegenseitigkeit. Nach dem Reichsgesetz über die privaten Versicherungsunternehmungen vom 12. Mai 1901, Leipzig/Reudnitz, 1904

– Das Recht auf Offenlegung der Mitgliederliste eines Versicherungsvereins a. G., Leipziger Zeitschrift 1908, Sp. 291

Wolsztynski, Christian/Hüsgen, Thomas: Kritische Anmerkungen zur Reform des Spenden- und des Stiftungssteuerrechts, BB 2000, 1809

Woltereck, Richard: Auslandsgeschäft, in: Handwörterbuch der Versicherung, herausgegeben von Dieter Farny, Elmar Helten, Peter Koch, Reimer Schmidt, Karlsruhe, VVW, 1988, S. 13

Wünsch, Horst: Der Genußschein iSd. § 174 AktG als Instrument der Verbriefung privatrechtlicher Ansprüche. Ein Beitrag zur Lehre von den Genußrechten, in: Möglichkeiten und Grenzen der Rechtsordnung, Festschrift Rudolf Strasser zum 60. Geburtstag, herausgegeben von Walter Schwarz, Karl Spielbüchler, Oswin Martinek, Konrad Grillberger, Peter Jabornegg, Wien, 1983, S. 871

Würdinger in RGR Komm. z. HGB: Kommentar zum Handelsgesetzbuch, früher herausgegeben von Mitgliedern des Reichsgerichts, Erster Band (§§ 1–104 HGB; und Gesetz über die Kaufmannseigenschaft von Handwerkern), bearbeitet von Hans Würdinger, zweite Auflage, Berlin, Walter de Gruyter, 1953

Würdinger, Hans: Aktien- und Konzernrecht. Eine systematische Darstellung, 2. Auflage, Karlsruhe, C. F. Müller, 1966

Wüst, Günther: Gestaltungsfreiheit und Typenkatalog im Gesellschaftsrecht, in: Festschrift für Konrad Duden zum 70. Geburtstag, herausgegeben von H.-M. Pawlowski, Günther Wiese, Günther Wüst, München, Beck, 1977, S. 749

Wysocki, Klaus v.: DRS 2: Neue Regeln des Deutschen Rechnungslegungs Standards Committee zur Aufstellung von Kapitalflußrechnungen, DB 1999, 2373

Zätzsch, Jörg/Gröning, Moritz: Neue Medien im deutschen Aktienrecht: Zum RefE des NaStraG, NZG 2000, 393

Zech, Jürgen: Geschäftspolitik und Verwaltungsstruktur, VW 1977, 1043

– Außendienst, in: Handwörterbuch der Versicherung, herausgegeben von Dieter Farny, Elmar Helten, Peter Koch, Reimer Schmidt, Karlsruhe, VVW, 1988, S. 23

– Unternehmensstrategien vor dem Hintergrund des europäischen Binnenmarktes, in: Assekuranz im Wandel. Eine Festschrift aus Anlaß des 125jährigen Bestehens der Concordia Versicherungs-Gesellschaft auf Gegenseitigkeit Hannover 1864–1989, herausgegeben von Peter Koch, Karlsruhe, VVW, 1989, S. 139

Zerwas, Herbert/Hanten, Mathias: Outsourcing bei Kredit- und Finanzdienstleistungsinstituten – Zum neuen § 25a Abs. 2 KWG –, WM 1998, 1110

Zetzsche, Dirk: NaStraG – ein erster Schritt in Richtung Virtuelle Hauptversammlung für Namens- und Inhaberaktien, ZIP 2001, 682

Ziebe, Jürgen: Der Genußschein als kapitalmarktpolitisches Instrument zur Verbesserung der Eigenkapitalausstattung von Unternehmen, BB 1984, 2210

– Kapitalbeschaffung durch Genußscheine, BB 1988, 225

– Rechtsnatur und Ausgestaltung von Genußrechten, DStR 1991, 1594

Ziegler, Günter: Die Bilanzierung der Schadenrückstellungen, in: Prölss/v. d. Thüsen/Ziegler, Die versicherungstechnischen Rückstellungen im Steuerrecht, 3. Auflage, Karlsruhe, 1973, S. 100

– Möglichkeiten und Grenzen der Bilanzpolitik der Versicherungsunternehmen, VW 1974, 1463

– Die versicherungstechnischen Rückstellungen – Bilanzierungs- und Bewertungsfragen –, in: Assekuranz im Wandel, Eine Festschrift aus Anlaß des 125jährigen Bestehens der Concor-

dia Versicherungs-Gesellschaft auf Gegenseitigkeit Hannover 1864–1989, herausgegeben von Peter Koch, Karlsruhe, VVW, 1989, S. 205
Ziegler, Jutta/Müller, Hubert: Die Solvabilität deutscher Lebensversicherer, VW 1997, 764
Zielke, Carsten: Bewertung von Versicherungsunternehmen im Euroland. Ein quantitativer Ansatz zur Messung des Shareholder Value, VW 1999, 420
– VVaG: Keine Angst vor den Kapitalmärkten, VW 2000, 399
– Wachstumskurs macht den Unterschied: Demutualisierung erhöht die Rentabilität von Versicherungsunternehmen, VW 2000, 1466
Ziemons, Hildegard: Die Weitergabe von Unternehmensinterna an Dritte durch den Vorstand einer Aktiengesellschaft, AG 1999, 492
– Erteilung des Prüfungsauftrages an den Abschlußprüfer einer Aktiengesellschaft durch einen Aufsichtsratsausschuß?, DB 2000, 77
Zier, Klaus: Die eingetragene Genossenschaft und der Versicherungsverein auf Gegenseitigkeit, Diss. Würzburg, 1968
Zietsch, Udo A./Holzborn, Timo: Freibrief für pflichtsangebotsfreie Unternehmensübernahmen? – Anmerkungen zur Frage des Erfordernisses einer ergänzenden Regelung im neuen Übernahmegesetz (WpÜG) zur Vermeidung der Umgehung der Verpflichtung des Bieters zur Abgabe von Pflichtangeboten – WM 2001, 1753
Zimmer, Daniel: Das Gesetz zur Kontrolle und Transparenz im Unternehmensbereich. Ein „Omnibus-Gesetz“ bringt die Aktienrechtsnovelle 1998 und weitere wichtige Neuerungen für das Handels- und Wirtschaftsrecht, NJW 1998, 3521
– Mysterium „Centros“ – Von der schwierigen Suche nach der Bedeutung eines Urteils des Europäischen Gerichtshofes –, ZHR 164 (2000), 23
– Internationales Gesellschaftsrecht und Niederlassungsfreiheit: Das Rätsel vor der Lösung?, BB 2000, 1361
Zimmer, Daniel/Eckhold, Thomas: Das Kapitalgesellschaften & Co.-Richtlinie-Gesetz, NJW 2000, 1361
Zimmer, Lutz: Die Ausgabe von Optionsrechten an Mitglieder des Aufsichtsrats und externe Berater, DB 1999, 999
Zimmerer, Maximilian: Die Ausgliederung von Betriebsteilen im Versicherungsaufsichtsrecht, Karlsruhe, VVW, 1989
Zimmermann, Jochen: Rechtssystematische Überlegungen zum Ansatz der Schadenrückstellung in Handels- und Steuerbilanz, ZVersWiss 80 (1991), 337
Zimmermann, Klaus: Vereinbarungen über die Erledigung von Ersatzansprüchen gegen Vorstandsmitglieder von Aktiengesellschaften, in: Festschrift für Konrad Duden zum 70. Geburtstag, herausgegeben von H.-M. Pawlowski, Günther Wiese, Günther Wüst, München, Beck, 1977, S. 773
– Vertrauensentzug durch die Hauptversammlung und Stimmrechtsausübung, in: Festschrift für Heinz Rowedder zum 75. Geburtstag, herausgegeben von Gerd Pfeiffer, Günther Wiese, Klaus Zimmermann, München, Beck, 1994, S. 593
Zinnert, Mario: Gewinnverteilung an Versicherungsnehmer von Versicherungs-Aktiengesellschaften, Diss. Hamburg, 1982
Zinser, Alexander: Der RefE eines „Gesetzes zur Regelung von öffentlichen Angeboten zum Erwerb von Wertpapieren und von Unternehmensübernahmen“ vom 12. 3. 2001, NZG 2001, 391
– Der Entwurf eines Übernahmegesetzes, ZRP 2001, 363
– Das neue Gesetz zur Regelung von öffentlichen Angeboten zum Erwerb von Wertpapieren und von Unternehmensübernahmen vom 1. Januar 2002, WM 2002, 15
Zischka, Sabine: Bundesversicherungsaufsichtsamt (BAV) Aufgaben und Kompetenzen – unter besonderer Berücksichtigung der laufenden Aufsicht –, München, Beck, 1997
Zittwitz, Fritz: Die Versicherungsvereine auf Gegenseitigkeit und das Handelsrecht, Diss. Leipzig, 1914
Zitzelsberger, Siegfried: Ist die 4. EG-Richtlinie noch zeitgemäß?, WPg 1998, 799
Zitzewitz, Jens: Konzernrechtliche Probleme bei Stock Options, NZG 1999, 698
Zloch, Bernhard: Eigenkapitalausstattung von Versicherungsunternehmen, in: Festschrift für Dieter Farny zur Vollendung seines 60. Lebensjahres von seinen Schülern, herausgegeben von Hans-Peter Mehring, Volker Wolff, Karlsruhe, VVW, 1994, S. 183
Zöllner, Wolfgang: Die Schranken mitgliedschaftlicher Stimmrechtsmacht bei den privatrechtlichen Personenverbänden, München/Berlin, Beck, 1963
– Der Große Versicherungsverein auf Gegenseitigkeit und die Aktienrechtsreform, ZVersWiss 53 (1964), 295

– Inhaltsfreiheit bei Gesellschaftsverträgen, in: Festschrift 100 Jahre GmbH-Gesetz, herausgegeben von Marcus Lutter, Peter Ulmer, Wolfgang Zöllner, Köln, O. Schmidt, 1992, S. 85
– Bestätigung anfechtbarer Hauptversammlungsbeschlüsse während des Revisionsverfahrens, in: Festschrift für Karl Beusch zum 68. Geburtstag, herausgegeben von Heinrich Beisse, Marcus Lutter, Heribald Närger, Berlin/New York, Walter de Gruyter, 1993, S. 973
– Bemerkungen zu allgemeinen Fragen des Referentenentwurfs eines Umwandlungsgesetzes, ZGR 1993, 334
– Aktienrechtsreform in Permanenz – Was wird aus den Rechten des Aktionärs?, AG 1994, 336
– Treuepflichtgesteuertes Aktienkonzernrecht, ZHR 162 (1998), 235
– Zur Problematik der aktienrechtlichen Anfechtungsklage, AG 2000, 145 ff
– Stimmrechtsvertretung der Kleinaktionäre, in: Festschrift für Martin Peltzer zum 70. Geburtstag, herausgegeben von Marcus Lutter, Manfred Scholz, Walter Sigle, Köln, O. Schmidt, 2001, S. 661

Zollikofer, Werner Th.: Die Systeme der Gewinnbeteiligung in der schweizerischen Lebensversicherung, Diss. Zürich, 1931

Zugehör, Horst: Berufliche „Dritthaftung" – insbesondere der Rechtsanwälte, Steuerberater, Wirtschaftsprüfer und Notare – in der deutschen Rechtsprechung, NJW 2000, 1601

Zülow/Schubert/Rosiny: Die Besteuerung der Genossenschaften, erläutert von Rolf Schubert, Alex Rosiny, 7. Auflage, München, Vahlen, 1985

Einleitung

(Abdruck aus der Promotionsauflage)

Der Versicherungsverein auf Gegenseitigkeit ist zwar als Rechtsform schon seit fast 200 Jahren bekannt, wird aber in der vereins- und gesellschaftsrechtlichen Literatur kaum behandelt. Dies mag daran liegen, daß das Organisationsrecht des Versicherungsvereins auf Gegenseitigkeit im Versicherungsaufsichtsgesetz geregelt ist und die Zahl der Versicherungsvereine auf Gegenseitigkeit gegenüber den Personen- und Kapitalgesellschaften auf alle Branchen gesehen weniger ins Gewicht fällt.

Es ist nun das Anliegen dieser Arbeit, das Gesellschaftsrecht der großen konzernfreien Versicherungsvereine auf Gegenseitigkeit in den aus der Sicht der Praxis relevanten Bereichen darzustellen und allein schon dadurch die rechtspolitische Weiterentwicklung der großen Versicherungsvereine auf Gegenseitigkeit zu fördern. Hierbei wird nicht übersehen, daß große Versicherungsvereine auf Gegenseitigkeit Konzerne gebildet haben. Viele Hinweise in dieser Arbeit machen dies deutlich. Eine Darstellung der Konzernlagen muß indes einer späteren Untersuchung vorbehalten bleiben. Dies gilt gleichermaßen für das Recht der kleineren Versicherungsvereine auf Gegenseitigkeit.

Zur Erfassung der rechtstatsächlichen Lage der großen Versicherungsvereine auf Gegenseitigkeit wurden zahlreiche Satzungen ausgewertet. Quellenangaben blieben jedoch auf das verwertete Material beschränkt, das veröffentlicht ist. Damit der Umfang der Arbeit einen bestimmten Rahmen nicht überschreitet, mußten in vielen Teilen vertiefende Ausführungen unterbleiben. Soweit älteres Schrifttum nicht allgemein zugänglich ist, wurde vielfach mit ausführlichen Zitaten gearbeitet. Dies sei zum Verständnis des nachstehend aufgezeigten Gangs der Untersuchung vorausgeschickt.

Im ersten Abschnitt der Arbeit wird die wirtschaftliche Bedeutung und historische Entwicklung des Versicherungsvereins auf Gegenseitigkeit betrachtet und aufgezeigt, welchen Herausforderungen des Marktes er sich stellen muß.

Der Versicherungsverein auf Gegenseitigkeit als Rechtsform sui generis des Gesellschaftsrechts und seine Organisationstypen sind im zweiten Abschnitt dargestellt.

Die Entstehung des Versicherungsvereins auf Gegenseitigkeit ist Gegenstand des dritten Abschnitts.

Einen Schwerpunkt der Arbeit bildet der vierte Abschnitt, der sich mit der Entscheidungsorganisation des Versicherungsvereins auf Gegenseitigkeit befaßt. Von besonderer Bedeutung ist die Darstellung der Rechts- und Pflichtenstellung des Mitglieds im Versicherungsverein auf Gegenseitigkeit.

Im fünften Abschnitt wird die Finanzverfassung des Versicherungsvereins auf Gegenseitigkeit dargestellt, die von der Idee her auf der Innenfinanzierung aufbaut.

Der sechste Abschnitt ist der Satzung gewidmet. Von besonderer Bedeutung sind die Einwirkungsmöglichkeiten der Körperschaft auf die mit den Mitgliedern bestehenden Schuldverhältnisse.

Der siebte Abschnitt befaßt sich mit Strukturänderungen und der Auflösung des Versicherungsvereins auf Gegenseitigkeit. Die Auswirkungen solcher Maßnahmen auf die Rechte der Mitglieder stehen im Mittelpunkt der Überlegungen.

Der letzte Abschnitt der Arbeit zeigt die Ansätze für eine Weiterentwicklung des Versicherungsvereins auf Gegenseitigkeit auf und geht auf die Europäische Gegenseitigkeitsgesellschaft und das österreichische Reformmodell ein.

In den Anhängen vermitteln ausgewählte Daten einen gewissen Überblick über die organisationsrechtliche und wirtschaftliche Situation der Versicherungsvereine auf Gegenseitigkeit.

Würdigung

(Abdruck aus der Promotionsauflage)

Ziel dieser Arbeit war es, zu verdeutlichen, daß sich der große Versicherungsverein auf Gegenseitigkeit in der Praxis bewährt hat und sich in der Rechtswirklichkeit als weitgehend konfliktfrei darstellt.

Gewiß sieht sich der Versicherungsverein auf Gegenseitigkeit in der modernen Gesellschaftsordnung neuen Herausforderungen ausgesetzt. Der Versicherungsverein auf Gegenseitigkeit steht dabei im Wettbewerb mit anderen Rechtsformen.

Hier zeigt er seine besonderen Stärken. Hierzu gehört insbesondere die Chance der Anbindung des Versicherungsnehmers an sein ihn betreuendes Unternehmen. Dazu gehört die Ausgewogenheit der Entscheidungsorganisation.

Während es bei der Aktiengesellschaft zu erheblichen Unzuträglichkeiten gekommen ist, zu erinnern sei an das Problem der räuberischen Aktionäre und den Mißbrauch der Hauptversammlung durch politische Querulanten und die abnehmende Präsenz, ist demgegenüber beim Versicherungsverein auf Gegenseitigkeit die Lösung durch die Mitgliedervertreterversammlung gefunden. Die rechtliche Ausgestaltung der Versicherungsvereine auf Gegenseitigkeit kann von daher befruchtend auf die Entwicklung des Aktienrechts einwirken. Zu dieser Diskussion will diese Arbeit beitragen.

Auf der anderen Seite ist nicht zu übersehen, daß die fehlende Börsenfähigkeit des Versicherungsvereins auf Gegenseitigkeit die Praxis vor Schwierigkeiten stellt. Schon das geltende Recht erlaubt aber in vielfältiger Weise über die Hürden hinwegzukommen. Es war ein weiteres Ziel dieser Arbeit, dies darzutun.

Wer verantwortlich an der Fortentwicklung des Rechts des Versicherungsvereins auf Gegenseitigkeit mitwirkt, sollte auch offen gegenüber Überlegungen sein, wie man die Eigenkapitalausstattung der Versicherungsvereine auf Gegenseitigkeit erleichtert. Rechtspolitisch sind dabei die vielfältigsten Gestaltungen denkbar.

Es konnte nicht die Aufgabe sein, diese Vorschläge im einzelnen zu bewerten. Vielmehr war es das Ziel dieser Arbeit, der Praxis deutlich die Chancen und Möglichkeiten der Versicherungsvereine auf Gegenseitigkeit vor Augen zu führen. Dies gilt für den nationalen Bereich und aber auch für den internationalen Bereich. Auch vor dem Hintergrund zunehmender Globalisierung und dem sich daraus ergebenden grenzüberschreitenden Institutionenwettbewerb wird sich der Versicherungsverein auf Gegenseitigkeit bewähren.

Erster Abschnitt
Wirtschaftliche Bedeutung und historische Entwicklung des Versicherungsvereins auf Gegenseitigkeit

Kapitel 1
Wirtschaftliche Bedeutung des Versicherungsvereins auf Gegenseitigkeit

I. Marktstellung der Versicherungsvereine auf Gegenseitigkeit im Vergleich zu anderen Marktteilnehmern

1. Rechtsformvergleich

Im Jahre 1990 unterstanden der Landesaufsicht 1874 Versicherungsunternehmen[1]. Bei den unter Landesaufsicht stehenden Versicherungsunternehmen handelt es sich um 32 öffentlich-rechtliche Anstalten bzw. Versorgungseinrichtungen und 1842 kleinere Versicherungsvereine auf Gegenseitigkeit[2]. Unter Bundesaufsicht standen 1990 785 Versicherungsunternehmen, von denen 51 am Jahresende ohne Geschäftstätigkeit waren[3]. Bei den 734 Unternehmen mit Geschäftstätigkeit in 1990 handelt es sich um[4]:

107	Lebensversicherer
153	Pensionskassen
65	Sterbekassen
56	Krankenversicherer
324	Schaden- und Unfallversicherer
29	Rückversicherer
734	Versicherungsunternehmen

Ohne Geschäftstätigkeit waren am 31. 12. 1990 51 Unternehmen, und zwar[5]:

15 Lebensversicherer
6 Pensionskassen
5 Sterbekassen
1 Krankenversicherer
22 Schaden- und Unfallversicherer
2 Rückversicherer

Die 785 Lebensversicherer, Pensionskassen, Sterbekassen, Krankenversicherer, Schaden- und Unfallversicherer und Rückversicherer unter Bundesaufsicht traten in 1990 am Markt mit folgenden Rechtsformen auf[6]:

---

[1] GB BAV 1990, 11.

[2] GB BAV 1990, 11; *Rohrbeck,* in: Zeit- und Forschungsfragen der Versicherungswirtschaft, 1950, S. 7, spricht noch von 6000 bis 7000 kleineren Versicherungsvereinen auf Gegenseitigkeit und *Emil Frey,* VersArch 1957, 21, 35, erwähnt für 1955 9142 kleinere VVaG.

[3] GB BAV 1990, 11.

[4] GB BAV 1990, Tabelle 010.

[5] GB BAV 1990, Tabelle 011.

[6] GB BAV 1990, Tabelle 010 und Tabelle 011.

Lebensversicherer

74 Aktiengesellschaften
25 große Versicherungsvereine auf Gegenseitigkeit
17 öffentlich-rechtliche Versicherungsunternehmen
6 Niederlassungen

122 Versicherungsunternehmen

Pensionskassen

5 große Versicherungsvereine auf Gegenseitigkeit
154 kleinere Versicherungsvereine auf Gegenseitigkeit

159 Versicherungsunternehmen

Sterbekassen

70 kleinere Versicherungsvereine auf Gegenseitigkeit

Krankenversicherer

18 Aktiengesellschaften
16 große Versicherungsvereine auf Gegenseitigkeit
22 kleinere Versicherungsvereine auf Gegenseitigkeit
1 Niederlassung

57 Versicherungsunternehmen

Schaden- und Unfallversicherer

170 Aktiengesellschaften
41 große Versicherungsvereine auf Gegenseitigkeit
34 kleinere Versicherungsvereine auf Gegenseitigkeit
8 öffentlich-rechtliche Versicherungsunternehmen
93 Niederlassungen

346 Versicherungsunternehmen

Rückversicherer

29 Aktiengesellschaften
1 großer Versicherungsverein auf Gegenseitigkeit
1 öffentlich-rechtliches Unternehmen

31 Versicherungsunternehmen

Hieraus ergibt sich, daß die einzelnen Rechtsformen der unter Bundesaufsicht stehenden Versicherungsunternehmen in 1990 wie folgt vertreten sind:

291 Aktiengesellschaften
88 große Versicherungsvereine auf Gegenseitigkeit[7]
280 kleinere Versicherungsvereine auf Gegenseitigkeit
26 öffentlich-rechtliche Versicherungsunternehmen
100 Niederlassungen ausländischer Versicherungsunternehmen

785 Versicherungsunternehmen

---

[7] Demgegenüber gab es am 31. 12. 1989 nach Aussage des statistischen Jahrbuches für die BRD 1990, S. 126f, nur 27 Kommanditgesellschaften auf Aktien, aber 2508 Aktiengesellschaften und 401 687 Gesellschaften mit beschränkter Haftung.

Demgegenüber standen 1970 810 Versicherungsunternehmen unter Bundesaufsicht[8], die folgende Rechtsformen aufwiesen[9]:

170	Aktiengesellschaften
112	große Versicherungsvereine auf Gegenseitigkeit
452	kleinere Versicherungsvereine auf Gegenseitigkeit
23	öffentlich-rechtliche Versicherungsunternehmen
3	sonstige Rechtsformen
50	ausländische Unternehmen
810	Versicherungsunternehmen

Die Anzahl der unter Bundesaufsicht stehenden Versicherungsunternehmen entwickelte sich weiter zurück. In 1998 standen unter Bundesaufsicht nur noch 719 Versicherungsunternehmen, von denen 47 keine Geschäftstätigkeit ausübten und die sich auf die Rechtsformen wie folgt verteilen[10]:

350	Aktiengesellschaften
91	große Versicherungsvereine auf Gegenseitigkeit
231	kleinere Versicherungsvereine auf Gegenseitigkeit
24	öffentlich-rechtliche Versicherungsunternehmen
16	Niederlassungen ausländischer Versicherungsunternehmen
6	Gesellschaften mit beschränkter Haftung
1	Staatliche Versicherung der DDR
719	Versicherungsunternehmen

2. Marktanteil nach Beitragseinnahme

Für die Marktstellung der 88 großen Versicherungsvereine auf Gegenseitigkeit und die 280 kleineren Versicherungsvereine auf Gegenseitigkeit ist das Beitragsaufkommen von Bedeutung. Vergleicht man dieses Beitragsaufkommen mit dem Beitragsaufkommen der Versicherungsaktiengesellschaften, so zeigt sich folgendes Bild in der Lebensversicherung, Krankenversicherung und Schaden- und Unfallversicherung sowie bei den Pensions- und Sterbekassen für 1990[11]:

Lebensversicherung

Aktiengesellschaften	36,782 Mrd. DM
Große Versicherungsvereine auf Gegenseitigkeit	10,279 Mrd. DM

Krankenversicherung

Aktiengesellschaften	8,612 Mrd. DM
Große Versicherungsvereine auf Gegenseitigkeit	9,174 Mrd. DM
Kleinere Versicherungsvereine auf Gegenseitigkeit	148,540 Mill. DM

[8] GB BAV 1970, Tabelle 1 und 2.
[9] GB BAV 1970, Tabelle 1 und 2.
[10] Vgl. GB BAV 1998 Teil B Tabelle 010 und 011.
[11] GB BAV 1990, Tabelle 030.

Schaden- und Unfallversicherung

Aktiengesellschaften	46,933 Mrd. DM
Große Versicherungsvereine auf Gegenseitigkeit	11,917 Mrd. DM
Kleinere Versicherungsvereine auf Gegenseitigkeit	63,363 Mill. DM

Pensionskassen

Große Versicherungsvereine auf Gegenseitigkeit	2,525 Mrd. DM
Kleinere Versicherungsvereine auf Gegenseitigkeit	1,931 Mrd. DM

Sterbekassen

Kleinere Versicherungsvereine auf Gegenseitigkeit	93,724 Mill. DM

Für 1998 sehen die Vergleichszahlen wie folgt aus[12]:

Lebensversicherung

Aktiengesellschaften	76,122 Mrd. DM
Große Versicherungsvereine auf Gegenseitigkeit	18,142 Mrd. DM

Krankenversicherung

Aktiengesellschaften	19,365 Mrd. DM
Große Versicherungsvereine auf Gegenseitigkeit	18,434 Mrd. DM
Kleinere Versicherungsvereine auf Gegenseitigkeit	98,641 Mill. DM

Schaden- und Unfallversicherung

Aktiengesellschaften	78,131 Mrd. DM
Große Versicherungsvereine auf Gegenseitigkeit	16,203 Mrd. DM
Kleinere Versicherungsvereine auf Gegenseitigkeit	83,886 Mill. DM

Pensionskassen

Große Versicherungsvereine auf Gegenseitigkeit	1,571 Mrd. DM
Kleinere Versicherungsvereine auf Gegenseitigkeit	2,155 Mrd. DM

Sterbekassen

Kleinere Versicherungsvereine auf Gegenseitigkeit	122,498 Mill. DM

Die Daten zum Beitragsaufkommen machen deutlich, daß die kleineren Versicherungsvereine auf Gegenseitigkeit ihren Schwerpunkt bei den Pensions- und Sterbekassen haben. Die großen Versicherungsvereine auf Gegenseitigkeit liegen in der Krankenversicherung nicht mehr vor den Aktiengesellschaften. In der Lebensversicherung und der Schaden- und Unfallversicherung beherrschen die Versicherungsaktiengesellschaften das Marktgeschehen.

[12] Vgl. GB BAV 1998 Teil B Tabelle 030; zur wirtschaftlichen Entwicklung siehe *Helmut Müller*, Der Versicherungsverein auf Gegenseitigkeit – Chancen und Risiken aus der Sicht eines Versicherungsaufsehers, Frankfurter Vorträge zum Versicherungswesen, Heft 30, 2000, S. 7, der u. a. eine Abnahme des Marktanteils der VVaG am Gesamtgeschäft von 24,8% auf 22,8% mitteilt, wenn man die Brutto-Beitragseinnahmen der Jahre 1990 mit denen der Jahre bis 1998 vergleicht. Siehe ferner *Helmut Müller*, Zur aktuellen wirtschaftlichen Lage der deutschen Versicherungsunternehmen aus aufsichtsbehördlicher Sicht, 1999, S. 1 ff.

II. Bildung von Versicherungsgruppen

1. Spartentrennung durch Unternehmenstrennung

Zahlreiche Versicherungsvereine auf Gegenseitigkeit haben Versicherungsgruppen gebildet. Der Hauptgrund für die Bildung von Versicherungskonzernen liegt in der vom Gesetzgeber zum Schutz der Versicherungsnehmer angeordneten „Spartentrennung durch Unternehmenstrennung“[13]. Will man in den Versicherungsmärkten gleichwohl ein Allbranchenangebot bieten, läßt sich dieses Ziel über die Bildung von Versicherungsgruppen verwirklichen, wobei es sich dabei regelmäßig um Unterordnungskonzerne handelt[14].

Die Spartentrennung zwang auch die Versicherungsvereine auf Gegenseitigkeit die Lebensversicherung, Krankenversicherung[15], Kompositversicherung, Rechtsschutzversicherung[16] sowie die Kredit- und Kautionsversicherung von einander getrennt in rechtlich selbständigen Unternehmen zu betreiben. Für den Bereich der Kredit- und Kautionsversicherung sowie der Rechtsschutzversicherung wurde die Spartentrennung zum 1. 7. 1990 aufgehoben.

Als Folge der Spartentrennung hielten zum Beispiel im Jahre 1990 unmittelbar oder mittelbar Mehrheitsbeteiligungen

a) an Kompositversicherern
  - Alte Leipziger Lebensversicherungsgesellschaft auf Gegenseitigkeit[17],
  - Barmenia Krankenversicherung a. G.[18]
  - Bayerische Beamten Lebensversicherung a. G.[19],
  - Berlin-Kölnische Lebensversicherung a. G.[20]
  - Lebensversicherung von 1871 auf Gegenseitigkeit[21]
  - Stuttgarter Lebensversicherung a. G.[22]
  - WWK Lebensversicherung auf Gegenseitigkeit[23]

---

[13] *Farny,* Versicherungsbetriebslehre, 2000, S. 114, 115; vgl. ferner *Elster,* 1880, S. 96; *Stratmann,* 1933, S. 46; *Reimer Schmidt,* ZVersWiss 53 (1964), 265 ff; *Nowak,* VW1966, 1358 ff; *Conrad,* ZfV 1967, 176, 177; *Braeß,* Die Versicherungsrundschau 1968, 33; *Hax,* in: Festschrift für Paul Braeß, 1969, S. 141; *Finke,* 1971, S. 13; *Rohde-Liebenau,* 1973, S. 44; *derselbe,* ZVersWiss 62 (1973), 509 ff; *Ludwig Raiser,* VW 1977, 1276; *Farny,* VW 1980, 34; *Goldberg/Müller,* 1980, § 8 VAG Rdn. 33; *Gies,* 1985, S. 23 f; *Doerry,* in: Handwörterbuch der Versicherung, 1988, S. 1035; *Reimer Schmidt,* in: Handwörterbuch der Versicherung, 1988, S. 1125; *Hetmeier,* VW 1991, 1191, 1192: „Verhinderung der Quersubventionierung der riskoreicheren Schadenversicherung durch Beiträge aus der Lebensversicherung“; *Spindler,* 1993, S. 183 ff; *Schirmer,* in: Dieter Farny und die Versicherungswissenschaft, 1994, S. 400 f; *Miederhoff,* WM 2001, 2041, 2046.

[14] Vgl. *Starke,* in: 50 Jahre materielle Versicherungsaufsicht, 1955, S. 89 f; *Reimer Schmidt,* in: Festschrift für Karl Sieg, 1976, S. 497; *Weiler,* 1980, S. 24; zu den Beteiligungsverhältnissen in der deutschen Versicherungswirtschaft siehe *Held,* ZfV 1999, 458 (I) und 497 (II).

[15] Siehe hierzu *Erich R. Prölss,* ZVersWiss 53 (1964), 291; kritisch zur Spartentrennung zwischen Lebens- und Krankenversicherung: *Scherer,* 1975, S. 141.

[16] Zu den Marktanteilen bei Rechtsschutzversicherungen siehe bank und markt, Heft 4, April 1994, S. 38; zur EWG-Rechtsschutzversicherungsrichtlinie siehe *Helmut Müller,* VW 1988, 1354 ff.

[17] *Hoppenstedt* – Versicherungs-Jahrbuch 1993, S. 78.

[18] *Hoppenstedt* – Versicherungs-Jahrbuch 1993, S. 135.

[19] Geschäftsbericht BBV, 1990, S. 29.

[20] *Hoppenstedt* – Versicherungs-Jahrbuch 1993, S. 181.

[21] Geschäftsbericht LV 1871, 1990, S. 49.

[22] Geschäftsbericht Stuttgarter, 1990, S. 26.

[23] Geschäftsbericht WWK, 1990, S. 28.

b) an Krankenversicherern
  - Bayerische Beamten Lebensversicherung a. G.[24]
  - Landwirtschaftlicher Versicherungsverein Münster a. G.[25]
  - HUK-Coburg[26]

c) an Lebensversicherern
  - HUK Coburg[27]
  - KRAVAG-SACH Versicherung des Deutschen Kraftverkehrs VaG[28]
  - Landwirtschaftlicher Versicherungsverein Münster a. G.[29]
  - Signal Krankenversicherung a. G.[30]

d) und an Rechtsschutzversicherern
  - Alte Leipziger Lebensversicherungsgesellschaft auf Gegenseitigkeit[31]
  - DEVK Deutsche Eisenbahn-Versicherung Sach- und HUK-Versicherungsverein a. G. Betriebliche Sozialeinrichtung der DB[32]
  - HUK-Coburg[33]
  - Landwirtschaftlicher Versicherungsverein Münster a. G.[34].

Diese Versicherungsgruppen sind als Unterordnungskonzerne in Form von Vertragskonzernen[35] und faktischen Konzernen[36] organisiert. Außerdem sind Gleichordnungskonzerne[37] anzutreffen. Gleichordnungskonzerne haben z. B. gebildet:

- Barmenia Krankenversicherung a. G. und Barmenia Lebensversicherung a. G.[38]
- GOTHAER Gruppe[39]
- IDUNA/NOVA-Gruppe seit Beginn des Jahres 1987[40]
- Berlin-Kölnische Lebensversicherung a. G. und Berlin-Kölnische Krankenversicherung a. G.[41]
- Münchener Verein Krankenversicherung a. G. und Münchener Verein Lebensversicherung a. G.[42]

---

[24] Geschäftsbericht BBV, 1990, S. 29.
[25] Geschäftsbericht LVM, 1990, S. 31.
[26] Geschäftsbericht HUK-Coburg, 1990, S. 28.
[27] Geschäftsbericht HUK-Coburg, 1990, S. 28.
[28] Geschäftsbericht KRAVAG-SACH, 1990, S. 13.
[29] Geschäftsbericht LVM, 1990, S. 31.
[30] *Hoppenstedt* – Versicherungs-Jahrbuch 1993, S. 940.
[31] *Hoppenstedt* – Versicherungs-Jahrbuch 1993, S. 78.
[32] Geschäftsbericht DEVK, 1990, S. 32.
[33] Geschäftsbericht HUK-Coburg, 1990, S. 28.
[34] Geschäftsbericht LVM, 1990, S. 31.
[35] Zur Bildung von Vertragskonzernen siehe die Übersicht bei *Sasse,* in: Festschrift für Karl Sieg, 1976, S 442 ff.
[36] Wirtschaftliche Abhängigkeit genügt nicht, vgl. BGHZ 90, 381, 395 ff; zustimmend *Koppensteiner,* in: Festschrift für Walter Stimpel, 1985, S. 811.
[37] Hierzu *Gromann,* 1979, S. 14 f; *Mohr,* VW 1987, 560 ff; *Peiner,* VW 1992, 920 ff; *Schirmer,* in: Dieter Farny und die Versicherungswissenschaft, 1994, S. 407 ff; zur Zusammenschlußkontrolle bei Gleichordnungskonzernen siehe *Karsten Schmidt,* in: Festschrift für Fritz Rittner, 1991, S. 561 ff; BGH, Urteil vom 8. 12. 1998, AG 1999, 181, 182 („Pirmasenser Zeitung"); dazu *Kurzwelly,* AG 2000, 337.
[38] *Hoppenstedt* – Versicherungs-Jahrbuch 1993, S. 135.
[39] *Hoppenstedt* – Versicherungs-Jahrbuch 1993, S. 460.
[40] Geschäftsbericht IDUNA Vereinigte Lebensversicherung aG für Handwerk, Handel und Gewerbe, 1990, S. 9.
[41] *Hoppenstedt* – Versicherungs-Jahrbuch 1993, S. 178, 181.
[42] *Hoppenstedt* – Versicherungs-Jahrbuch 1993, S. 724, 726.

- Signal Krankenversicherung a. G. und Signal Unfallversicherung a. G.[43]
- Universa Krankenversicherung a. G. und Universa Lebensversicherung a. G.[44].

Die Signal Unfallversicherung a. G. und die Vereinigte Haftpflichtversicherung V. a. G. (VHV) bildeten mit Wirkung ab 1. 8. 1992 einen Gleichordnungskonzern[45]. Der Zusammenschluß wurde beendet[46]. Einen Gleichordnungskonzern haben ferner am 28. 6. 1993 die beiden Hamburger Versicherungsgruppen Hanse-Merkur und Kravag unterzeichnet[47], aber inzwischen aufgelöst[48]. Nach dem Motto[49]: „Big is beautiful" oder „Wer zur Spitzengruppe zählen will, muß sich zusammentun – sonst wird er schnell zum Nischenanbieter" fusionierten die Gothaer Gruppe und die Berlin-Kölnische Gruppe im Juli 1997 zum Parion-Konzern[50]. In 1999 fusionierten die Iduna/Nova-Gruppe und die Signal-Gruppe zur neuen Signal-Iduna-Gruppe durch Verschmelzung der Lebensversicherer der beiden Gruppen zur Iduna Vereinigte Leben aG für Handwerk und der Krankenversicherer rückwirkend zum 1. 1. 1999 zur Signal Krankenversicherung a. G.[51]. Anfang Mai 1999 gaben HDI und HUK-Coburg ihre Fusionsabsicht bekannt[52]. Der neue Versicherungsverein sollte Vion VVaG heißen[53]. Der Verschmelzungsvertrag der beiden Unternehmen war mit Zustimmung beider Aufsichtsräte von den Unternehmen der HUK-Coburg und des HDI am 16. 6. 1999 unterzeichnet worden[54]. Der Verschmelzungsvertrag wurde jedoch von der Mitgliedervertreterversammlung der HUK-Coburg nicht genehmigt[55]. Diese Entscheidung der obersten Vertretung der HUK-Coburg fand in der Presse ein lebhaftes Echo[56].

Als Organisationsform für den Gleichordnungskonzern ist die Gesellschaft bürgerlichen Rechts gemäß den §§ 705 ff BGB anzutreffen[57]. Sie tritt z. B. als Gothaer Konzerngesellschaft bR am Markt in Erscheinung[58]. Als Vorstufe zum Gleichordnungskonzern findet sich die organschaftlich verstärkte Kooperation, die z. B. vom Unternehmensverbund Alte Leipziger Lebensversicherungsgesellschaft auf Gegenseitigkeit/Hallesche Nationale Krankenversicherung a. G. auf

---

[43] *Hoppenstedt* – Versicherungs-Jahrbuch 1993, S. 940, 946.

[44] *Hoppenstedt* – Versicherungs-Jahrbuch 1993, S. 1012, 1014.

[45] Vgl. Börsenzeitung vom 30. Juni 1992.

[46] Vgl. ZfV 1993, 124. Die VHV bildet zum 1. 1. 2002 mit der Inter-Gruppe einen Gleichordnungskonzern, vgl. ZfV 2001, 848 f.

[47] Vgl. ZfV 1993, 357.

[48] Vgl. ZfV 1994, 12.

[49] *Peiner*, VW 1998, 226, 230.

[50] Vgl. VW 1999, 978.

[51] Vgl. *Arno Surminski*, Zwei Fusionen: Wie sich deutsche Versicherungsvereine zusammentun, ZfV 1999, 448 f.

[52] Vgl. VW 1999, 730.

[53] Vgl. VW 1999, 968.

[54] Vgl. VW 1999, 730.

[55] Vgl. VW 1999, 1129.

[56] Vgl. ZfV 1999, 489 f.

[57] *Wüst*, in: Festschrift für Konrad Duden, 1977, S. 767; dazu ferner Ruwe, DB 1988, 2037 ff; *Harro Frels*, VersR 1966, 993. 998; *Lüer*, VersR 2000, 407, 411 ff; *Peiner*, in: Festschrift 100 Jahre materielle Versicherungsaufsicht in Deutschland, 2001, S. 617, 634; zu Konsortialabsprachen siehe *Hoffmann-Becking*, ZGR 1994, 442 ff.

[58] Geschäftsbericht Gothaer Lebensversicherung a G., 1990, S. 12. Seit Einführung von § 105 Abs. 2 Satz 1 HGB durch Art. 3 Nr. 24 a) des am 1. 7. 1998 in Kraft getretenen Handelsrechtsreformgesetzes vom 22. 6. 1998 (BGBl I 1998, 1474) tritt der Gleichordnungskonzern der Gothaer und Berlin-Kölnischen VVaG am Markt als Parion OHG auf, vgl. *Lüer*, VersR 2000, 407, 413.

der Grundlage eines seit 1972 bestehenden und 1989 erweiterten Kooperationsabkommens bis zur Bildung des Gleichordnungskonzerns praktiziert wurde[59].

Bei den faktischen Konzernen[60] kann sich bei bestimmten Konstellationen die Frage stellen, inwieweit auf sie im Einzelfall die Merkmale eines qualifizierten faktischen Konzerns zutreffen[61]. Soweit Doppelmandate in den Vorständen der Versicherungskonzerne bestehen[62], vermag dieser Umstand allein nicht schon einen qualifizierten faktischen Konzern zu begründen[63]. Und zwar auch dann

---

[59] Vgl. Geschäftsbericht Alte Leipziger Leben, 1990, S. 73.

[60] Zur Rechtslage und zur Neuregelung siehe *Hommelhoff,* Gutachten zum 59. DJT, 1992, G 11 ff; *Druey,* Gutachten zum 59. DJT, 1992, H 3 ff; zu den Beschlüssen des 59. DJT siehe *Lutter,* DB 1992, 2429.

[61] Zum Begriff, zur Zulässigkeit und zum Haftungssystem siehe OLG Karlsruhe, Urteil vom 7. 8. 1992–15 U 123/91 („Schotterkleber"), AG 1993, 89, 91 f; BAG, Urteil vom 28. 4. 1992, AG 1993, 380; BAG, Urteil vom 6. 10. 1992, NJW 1993, 954 ff = AG 1993, 382; BAG, Urteil vom 14. 12. 1993, DB 1994, 1147 = ZIP 1994, 729 = AG 1994, 279; BGH, Urteil vom 29. 3. 1993, AG 1993, 371 = ZIP 1993, 589 ff („TBB") = NJW 1993, 1200 ff; BGH, Urteil vom 13. 12. 1993, NJW 1994, 446 = AG 1994, 179; BAG, Urteil vom 8. 3. 1994, ZIP 1994, 1378 = DB 1994, 1780; BVerfG, Beschluß vom 20. 8. 1993, NJW 1993, 2600 = BB 1993, 2035 = DB 1993, 1917; *Lutter,* ZGR 1982, 244, 263 ff; *Emmerich,* in: Festschrift für Walter Stimpel, 1985, S. 752 ff, *Schiessl,* AG 1985, 184 ff; *Heinsius,* AG 1986, 99 ff; *Rehbinder,* AG 1986, 85 ff; *Stimpel,* AG 1986, 117 ff; *Ulmer,* WPg 1986, 689 ff; *Kropff,* in: Festschrift für Reinhard Goerdeler, 1987, S. 264 ff; *Semler,* in: Festschrift für Reinhard Goerdeler, 1987, S. 551 ff; *Stimpel,* in: Festschrift für Reinhard Goerdeler, 1987, S. 601 ff; *Decher,* DB 1989, 965 ff; *derselbe,* DB 1990, 2005 ff, *Oetker;* Diskussionsbericht, AG 1990, 206 ff; *Gäbelein,* AG 1990, 185 ff; *Boujong,* GmbHR 1992, 207; *Drygala,* ZIP 1992, 1528 ff; *Flume,* ZIP 1992, 817; *derselbe,* DB 1992, 25 ff; *Gäbelein,* GmbHR 1992, 273 ff; *Hommelhoff,* DB 1992, 309 ff; *Keßler,* GmbHR 1992, 249 ff; *Kohl,* MDR 1992, 204 ff; *Knobbe-Keuk,* DB 1992, 1461 ff; *Michael Lehmann,* GmbHR 1992, 200, *Stodolkowitz,* ZIP 1992, 1517 ff; *Timm,* GmbHR 1992, 213 ff; *derselbe,* NJW 1992, 2185 ff; *Ebenroth/Wilken,* ZIP 1993, 558 ff; *Kropff,* AG 1993, 485 ff; *Kindler,* NJW 1993, 3120 f; *Kübler,* NJW 1993, 1204 ff; *Jürgen Lehmann,* in: Festschrift für Karl Beusch, 1993, S. 479 ff; *Karsten Schmidt,* ZIP 1993, 549 ff; *Uwe H. Schneider,* WM 1993, 782 ff; *Schüppen,* DB 1993, 969 ff; *Schulze-Osterloh,* ZIP 1993, 1838 ff; *Harm Peter Westermann,* ZIP 1993, 554 ff; *Oser,* WPg 1994, 312 ff; *Welf Müller,* in: Festschrift für Heinz Rowedder, 1994, S. 277 ff; *Altmeppen,* DB 1994, 1912 ff; *Buchner/Weigl,* DNotZ 1994, 580 ff; *Hommelhoff,* ZGR 1994, 395 ff; *Kiethe/Groeschke,* BB 1994, 2149 ff; *Krieger,* ZGR 1994, 375 ff; *Karsten Schmidt,* ZIP 1994, 1741 ff; *Bitter/Bitter,* BB 1996, 2153 ff; *Hirte,* NJW 1996, 3392, 3395 f; *Michalski/Zeidler,* NJW 1996, 224 ff; *Kiethe/Groeschke,* BB 1997, 1957 ff; *Kindler,* ZGR 1997, 449, 454 ff; *Oechsler,* ZGR 1997, 464, 482 ff; *Henssler,* ZGR 2000, 479 ff; *Kölling,* NZG 2000, 8 ff; „Bremer Vulkan"-Urteil des BGH vom 17. 9. 2001, NJW 2001, 3622 ff = ZIP 2001, 1874 ff; dazu *Altmeppen,* ZIP 2001, 1837 ff; *Cahn,* ZIP 2001, 2159 ff; *Karsten Schmidt,* NJW 2001, 3577 ff; *Ulmer,* ZIP 2001, 2021 ff; ferner *Hirte,* Dokumentation: Der qualifizierte faktische Konzern.

[62] Zur Personalverflechtung in der Versicherungsbranche siehe Bühner, DB 1993, 289 f; zur grundsätzlichen Zulässigkeit von Doppelmandaten vgl. *Hoffmann-Becking,* ZHR 150 (1986), 574.

[63] Vgl. *Uwe H. Schneider,* ZGR 1980, 545: „Eine Personenidentität in den Führungsorganen ist weder Voraussetzung noch ausreichend."; *Semler,* in: Festschrift für Ernst C. Stiefel, 1987, S. 755: „Ein Doppelmandats-Verbund im Konzern kann für sich allein das faktische Konzernverhältnis nicht zu einem qualifizierten Verhältnis verdichten."; ebenso *Lindermann,* AG 1987, 235; *Timm,* NJW 1987, 987; *Huber,* ZHR 152 (1988), Fußnote 32, 130; *Lutter,* AG 1990, 183; *Scheffler,* AG 1990, 173, 178; *Drüke,* 1990, S. 159; ausdrücklich verneinend für Versicherungskonzerne *Streyl,* 1992, S. 145 ff; zustimmend *Kropff,* AG 1993, 197; *Kowalski,* GmbHR 1993, 255 f; *Drygala,* GmbHR 1993, 322; *Krieger,* in: Münchener Hdb. AG, 1999, § 69 Rdn. 120; auch die Rechtsprechung sieht Vorstands-Doppelmandate als unbedenklich an, vgl. BGH, NJW 1980, 1629; BGH, NJW 1989, 1800, 1803; OLG Köln, Urteil vom 24. 11. 1992–22 U 72/92, AG 1993, 86, 89; dagegen führt nach *Säcker,* ZHR 151 (1987), 59, 65 ff, Personenidentität grundsätzlich in den qualifizierten faktischen Konzern; ebenso *Ulmer,* NJW 1986, 1579, 1584; *Wiedemann,* ZIP 1986, 1293, 1303; *Paschke,* ZHR 152 (1988), 284; *Burgard,* 1990, S. 104; *Ebenroth,* AG 1990, 188, 190 f; *Emmerich/Sonnenschein,* 1993, S. 402 f; ebenso, aber im Ergebnis im Hinblick auf die Spartentren-

nicht, wenn Tochter- oder Enkelgesellschaften mit der Muttergesellschaft Funktionsausgliederungs- oder Dienstleistungsverträge mangels eigener Personal- und Sachmittel abgeschlossen haben. Die Versicherungsaufsicht hat zu Recht den auf dem 59. Deutschen Juristentag vorgetragenen Vorschlag von Hommelhoff[64] nicht aufgegriffen, wonach der Gesetzgeber für den Vorstand der (konzern-)abhängigen Gesellschaft vorgeben sollte, „daß dieser sich zu mehr als seiner Hälfte aus Mitgliedern zusammensetzen muß, die nicht dem herrschenden Unternehmen angehören: weder dessen Leitungsorgan noch sonstwie".

Im Gleichordnungskonzern sind die Versicherungsvereine auf Gegenseitigkeit mit dem Umsatzsteuerproblem bei Leistungsaustausch belastet[65]. Die Problematik der Risikoausgleichspflicht im Falle der qualifizierten Gleichordnung kann bei Vorliegen einschlägiger Sachverhalte Bedeutung erlangen[66].

2. Unternehmensinterne Spartentrennung

Grundgedanke der unternehmensinternen Spartentrennung ist, daß jede Versicherungssparte und jeder Versicherungszweig mit sich selbst tragenden Versicherungsbeiträgen arbeiten soll[67], zumindest mittel- bis langfristig[68]. Andauernde Verluste einzelner Versicherungssparten sollen nicht von den Versicherungsnehmern anderer Versicherungssparten getragen werden[69]. Es könne „nicht Aufgabe der Assekuranz sein, auf die Dauer einzelnen Industriegruppen Subventionen auf Kosten ihrer übrigen Versicherten zu gewähren[70]".

Der Grundsatz der Aufsichtsbehörde lautet daher, daß jeder Versicherungszweig sich auf Dauer selbst tragen soll[71]. Darüber hinaus geht es auch um die grundsätzliche Aufgabe der Verrechnung und Vergütung von Dienstleistungen im Konzern[72].

---

nung für Versicherungskonzerne offen lassend: *Decher,* 1990, S. 85 f; ähnlich wie *Decher*: Dreher, DB 1992, Fußnote 122, S. 2612.

[64] Vgl. *Hommelhoff,* 1992, Gutachten zum 59. DJT, 1992, G 84; hierzu *Karsten Schmidt,* JZ 1992, 861: „Die Besetzung der Hälfte des Tochtervorstands mit Organträgern des herrschenden Unternehmens gilt schon bisher als bedenklich, so daß *Hommelhoffs* Vorschlag nicht eben einer Revolution gleichkommt."

[65] Dazu *Segitz,* VW 1962, 203 ff; *Peiner,* VW 1992, 923 ff; *Weigel/Baer,* VersR 1993, 778, 784; *Schirmer,* in: *Dieter Farny* und die Versicherungswissenschaft, 1994, S. 409 ff; *Peiner,* in: Grundlagen des Versicherungsvereins auf Gegenseitigkeit, 1995, S. 185, 191 ff; *Gießmann,* VW 1999, 426; *Merdausl,* 2000, S. 127 f.

[66] Siehe dazu *Karsten Schmidt,* ZHR 155 (1991), 444; *derselbe,* AG 1994, 195; *Peiner,* VW 1993, 699 f; *Lutter/Drygala,* in: Grundlagen des Versicherungsvereins auf Gegenseitigkeit, 1995, S. 202 ff; *dieselben,* ZGR 1995, 557 ff; *Thomas Raiser,* ZGR 1995, 156, 160 f; OLG Dresden vom 27. 10. 1999, NZG 2000, 598, 599 f m. Anm. *Grüner,* NZG 2000, 601 ff; ablehnend für die Genossenschaften *Großfeld/Berndt,* AG 1998, 116, 123.

[67] *Conrad,* ZfV 1967, 176, 177; *Gürtler,* in: Festschrift für Paul Braeß, 1969, S. 126; kritisch dazu: *Farny,* ZVersWiss 60 (1971), 171; *Karten,* VW 1981, 1614; *Gärtner,* DB 1972, 2451: „Es gibt dafür weder eine betriebswirtschaftliche noch eine juristische Stütze."

[68] Vgl. *Horst K. Jannott,* in: Festschrift für Robert Schwebler, 1986, S. 269, 271.

[69] *Gürtler,* in: Festschrift für Paul Braeß, 1969, S. 126; *Rohde-Liebenau,* 1973, S. 37 f; *Jürgen Prölss,* in: Festschrift für Karl Larenz, 1983, S. 527.

[70] *Gürtler,* in: Festschrift für Paul Braeß, 1969, S. 126.

[71] BAV, in: GB BAV 1960, 29; GB BAV 1963, 40; GB BAV 1964, 33; GB BAV 1967, 58; GB BAV 1980, 49 f; GB BAV 1981, 48 f; GB BAV 1982, 50.

[72] Dazu *Kraus,* 1971, S. 129 und dort insbesondere Fußnote 127; *Angerer,* VW 1982, 1462; *derselbe,* Die Versicherungsrundschau 1984, 326 ff; *derselbe,* Aufsichtsrechtliche Probleme, 1984,

Farny[73] kritisiert den Grundsatz der „kleinen Spartentrennung“: „Der Grundsatz erweist sich allerdings betriebswirtschaftlich als unzweckmäßig, soweit Kundenbeziehungen nicht auf einzelne Versicherungszweige beschränkt sind, sondern ganze Portefeuilles von Versicherungen umfassen, die als Ganzes zu gestalten und zu beurteilen sind“.

III. Ausweitung der Geschäftstätigkeit auf den Bankensektor

1. Änderung der Branchenstrategie

Bis Anfang der achtziger Jahre herrschte unter Banken, Versicherungen und Bausparkassen weitgehend Arbeitsteilung[74]. Diese Arbeitsteilung schloß aber eine Zusammenarbeit nicht aus. Banken, Versicherer und Bausparkassen arbeiteten z. B. in der Refinanzierung, Bau-, Gewerbe- und Praxisfinanzierung über Kooperationsabkommen zusammen[75]. Mit Entstehen der Auffassung, daß zur optimalen Nutzung und Sicherung der Kundenbeziehungen und zur Stärkung der eigenen Vertriebswege dem Kunden neben einem kompletten Angebot für den gesamten Versicherungsbedarf auch Finanzprodukte aus dem eigenen Haus geboten werden müßten, führte die Änderung der Branchenstrategie zur Aufkündigung der traditionellen Arbeitsteilung zwischen Versicherungs- und Kreditbranche[76]. Sie veranlaßte große Versicherer, sich an Kreditinstituten mehrheitlich zu beteiligen[77], und Banken, Versicherer zu gründen[78] oder sich an Versicherungsunternehmen zu beteiligen[79]. Strategische Bündnisse zwischen Versicherern und Ban-

---

S. 20; *von Puskas,* VW 1984, 435 ff; *Raupach,* in: Festschrift für Georg Döllerer, 1988, S. 508 ff; *Kagelmacher,* 1989, S. 38; *Zimmerer,* 1989, S. 18 ff, 152 ff; *Wellkamp,* WM 1993, 2157; *Maser,* VW 1998, 286 ff; Grundsätze des BAV zur Kostenverteilung, VerBAV 1979, 136; Verlautbarung des BAV über Dienstleistungsverträge, VerBAV 1985, 170 ff; GB BAV 1981, 48; GB BAV 1987, 52; Schreiben des BMF vom 23. 2. 1983 betreffend Grundsätze für die Prüfung der Einkunftsabgrenzung bei international verbundenen Unternehmen (Verwaltungsgrundsätze), BStBl. I 1983, 217 ff; siehe hierzu auch BGH vom 15. 11. 1993, NJW 1994, 520 ff = WM 1994, 22 ff = ZIP 1993, 1862 ff; *Günkel,* WPg 1996, 839 ff; *Maser,* VW 1999, 772 ff; *derselbe,* VW 2000, 381 ff; *derselbe,* VW 2000, 437 ff. Zu den Kosten der Informationsverarbeitung und zum durchschnittlichen DV-Kostensatz vgl. *Seidel,* VW 1998, 1410 ff; *derselbe,* VW 1999, 598 ff; zum IT-Controlling vgl. *Barth/Hohensteiner/Gerhardt,* VW 2000, 790 ff; zur Deckungsbeitragsrechnung siehe *Kropp,* VW 1997, 617 f; *Lenz/Schäfferling,* VW 1997, 995 ff; *Rendenbach,* VW 1997, 512 ff; *Kurze/Wurm-Schönert,* VW 2000, 758 ff.

[73] *Farny,* Versicherungsbetriebslehre, 1989, S. 99; derselbe, ZVersWiss 60 (1971), 155, 171; *Scherer,* 1975, S. 220.

[74] *Jens Friedemann,* in: Geburtstags-Schrift für Georg Büchner, 1991, S. 725.

[75] Dazu *Weigel,* Der langfristige Kredit 1984, 722 ff; *derselbe,* bank und markt, Heft 8, August 1987, S. 5 ff; *Haller,* in: Festschrift für Robert Schwebler, 1986, S. 627 ff; *Röller,* in: Festschrift für Robert Schwebler, 1986, S. 787 ff; *Schwebler,* VW 1986, 6 ff; *Georg Büchner,* in: Geld, Banken und Versicherungen, 1987/Band I, S. 3 ff; *von Linsingen,* VW 1988, 755; *Süchting,* in: Handwörterbuch der Versicherung, 1988, S. 37 ff; *Hübner,* Die Versicherungsrundschau 1989, 97 ff, *Siebelt,* WM 1989, 1312; *Peiner,* in: Geburtstags-Schrift für Georg Büchner, 1991, S. 753; *Bätge,* 1995, S. 2 ff.

[76] *Jens Friedemann,* in: Geburtstags-Schrift für Georg Büchner, 1991, S. 725.

[77] Siehe die Beteiligung der Aachener und Münchener an der BfG; Iduna an Bankhaus Donner.

[78] Gründung der DB-Lebensversicherung durch die Deutsche Bank AG. Dazu *Slottko,* ZfdgesKW 1992, 626 ff; *Georg Krupp,* Bankstrategien im Versicherungsgeschäft, Die Bank 1993, 332 ff.

[79] Beteiligung der Deutsche Bank AG an Gerling und Herold; Beteiligung der Commerzbank AG an DBV, vgl. ZfV 1989, 355.

ken wurden durch Minderheitsbeteiligungen verstärkt[80]. Im Ergebnis ist der Trend festzustellen, zu Allfinanz-Konzernen zu kommen[81]. Die Konzernstrategie gewinnt gegenüber der Kooperationsstrategie an Bedeutung[82].

Die Auflösung der traditionellen Arbeitsteilung und Zusammenarbeit zwischen Banken und Versicherungsunternehmen ist Gegenstand zahlreicher Veröffentlichungen[83]. Im Tenor wird die Änderung der Branchenstrategie mit der Erwartungshaltung gerechtfertigt, daß künftig der „persönliche Vermögens- und Einkommensschutz des Kunden" im Mittelpunkt stehe[84]. Zur Deckung des Bedarfs des Kunden an Versicherungs- und Finanzdienstleitungen müsse der Versicherer eine komplette Produktpalette anbieten können[85].

Es wird aber auch angemerkt, daß der Kunde kein „gläserner Kunde" sein wolle[86]. Ein Allfinanzangebot verlange vom Vermittler umfassende Kompetenz in Bank- und Versicherungsprodukten[87]. Es gebe nicht den „omnipotenten Fachberater", der die „ganze Palette von Bank-, Bauspar- und Versicherungsprodukten samt den zugehörigen steuer- und sozialrechtlichen Bestimmungen" beherrsche[88]. Die Umsetzung der Allfinanzstrategie dürfe betriebswirtschaftliche Erkenntnisse nicht unbeachtet lassen[89]. So müßten z.B. Kapitalanlagegesellschaften ein Mindestfondsvolumen von 1,5 bis 2 Mrd. DM erreichen, um „dauerhaft in den Bereich der Wirtschaftlichkeit" zu gelangen[90].

2. Beteiligung an Kreditinstituten

a) Kapitalanlagegesellschaften. In Umsetzung des Allfinanzgedankens haben einige der großen Versicherungsvereine auf Gegenseitigkeit Kapitalanlagegesellschaften gegründet oder sich an ihnen beteiligt. Erworben wurden auch Bankbeteiligungen. Nicht neu ist das Halten von Beteiligungen an Bausparkassen.

---

[80] Beteiligung der Allianz an der Dresdner Bank; zum Kartellcharakter siehe Klaue, BB 1991, 1573ff.

[81] Vgl. die Übersicht „Allfinanz-Anbieter in der Bundesrepublik Deutschland", abgedruckt bei *Stracke/Geitner,* 1992, S. 44ff; *Grossmann,* ZVersWiss 49 (1960), 4; zum Aufsichtsrecht der Allfinanz-Konzerne siehe *Uwe H. Schneider,* WM 1978, 1250ff; *derselbe,* WM 1990, 1649ff.

[82] Siehe hierzu *Reimer Schmidt,* Die Versicherungsrundschau 1971, 1ff; *Schuster,* in: Festschrift 125 Jahre CONCORDIA, 1989, S. 221f; *Gies,* 1990, S. 11ff; *Gies,* in: Geburtstags-Schrift für Georg Büchner, 1991, S. 733; *Philipp J. Wagner,* 1991, S. 86ff; kritisch dazu: *Schwebler,* bank und markt, Heft 8, August 1993, S. 5ff; *derselbe,* in: *Dieter Farny* und die Versicherungswissenschaft, 1994, S. 457ff.

[83] Vgl. *Coenen,* 1989, S. 41f; *derselbe,* 1990, S. 9ff; *Herbert Geiger,* VW 1990, 212ff; *Kuntze,* 1990, S. 40ff; *Helmut Müller,* 1990, S. 26ff; *Uwe H. Schneider,* in: Der Europäische Binnenmarkt 1992, 1990, S. 98; *Baumgartl,* in: Geburtstags-Schrift für Georg Büchner, 1991, S. 765ff; *Peiner,* ZVersWiss 80 (1991), 267ff; *Prechtl,* in: Geburtstags-Schrift für Georg Büchner, 1991, S. 761ff; *Mohr,* VW 1992, 862ff; *Hohlfeld,* VW 1995, 564ff.

[84] *Jens Friedemann,* in: Geburtstags-Schrift für Georg Büchner, 1991, S. 730.

[85] Vgl. *Reimer Schmidt,* in: Festschrift für Karl Sieg, 1976, S. 495, 497; *Klein,* VW 1988, 826, 828; *Peiner,* 1988, S. 23; *Focke,* ZfV 1993, 242ff; kritisch zum Allfinanzgedanken *Müller-Lutz,* 1992, S. 12ff; zur Situation in Amerika siehe *Kurz,* 1987, S. 3ff; zur Allfinanzstrategie siehe ferner *Claussen,* in: Festschrift 125 Jahre CONCORDIA, 1989, S. 185ff.

[86] *Farny* auf einer Seminarveranstaltung; Michaels, Handelsblatt vom 2. 2. 1994.

[87] Dazu *Loskant,* in: Geburtstags-Schrift für Georg Büchner, 1991, S. 749.

[88] *Arheit,* in: Geburtstags-Schrift für Georg Büchner, 1991, S. 715f; siehe dazu auch *Holzheu,* VW 1992, 114.

[89] Siehe hierzu von *Harder,* in: Geburtstags-Schrift für Georg Büchner, 1991, S. 738.

[90] *Eberstadt,* 1989, S. 53.

aa) Inländische Kapitalanlagegesellschaften. Vorreiter beim Erwerb einer Beteiligung an einer Kapitalanlagegesellschaft war die Iduna. Sie gründete 1969 die HANSAINVEST Hanseatische Investment-Gesellschaft mbH, die per 31. 12. 1990 über ein Stammkapital von 20 Mio. DM verfügte[91]. Die Signal Unfallversicherung a. G. ist am Investmenttrust der Schweizerischen Bankgesellschaft Intrag Deutschland GmbH mit 26% am Stammkapital von 5 Mio. DM beteiligt[92]. Die Alte Leipziger zog 1986 mit einer Gemeinschaftsgründung mit der BHF-BANK nach[93].

Die Continentale Versicherung auf Gegenseitigkeit in Dortmund gehört zu den Gründern der Münchener Kapitalanlage AG. Im Jahre 1991 beteiligten sich die WWK Lebensversicherung auf Gegenseitigkeit, München, und die Universa Lebensversicherung auf Gegenseitigkeit, Nürnberg, an der Münchener Kapitalanlage AG[94]. Die Mecklenburgische Versicherungs-Gesellschaft auf Gegenseitigkeit trat 1992 als vierte Versicherung in den Aktionärskreis ein. Das Vermögen der von der Münchener Kapitalanlage AG gemanagten Publikumsfonds soll 1991 den Betrag von 1 Mrd. DM überschritten haben. Die Anzahl der betreuten Kundendepots soll mehr als 142000 betragen.

bb) Ausländische Fondsgesellschaften. Am BAVARIAN Bond Fund, Dublin, ist die Bayerische Beamten Lebensversicherung a. G. beteiligt[95]. In 1990 erwarb die Hannoversche Lebensversicherung a. G. eine 100%ige Beteiligung an der Kapitalanlagegesellschaft Top Company, Dublin, Irland[96]. Die WWK Lebensversicherung auf Gegenseitigkeit ist zu 100% an der Martlus Investment Company, Dublin beteiligt[97].

b) Kreditinstitute. Das Bankhaus Conrad Hinrich Donner KG mit einem Kommanditkapital von 30 Mio. DM ist seit 1. 11. 1990 eine 100%ige Beteiligung der IDUNA Vereinigte Lebensversicherung aG für Handwerk, Handel und Gewerbe[98]. Die Concordia Versicherungs-Gesellschaft auf Gegenseitigkeit hält eine wesentliche Beteiligung am Privatbankhaus Löbbecke, Berlin/Braunschweig[99].

c) Bausparkassen. Einige große Versicherungsvereine sind an Bausparkassen beteiligt[100]. Eine 74%ige Beteiligung hält die IDUNA Vereinigte Lebensversicherung aG für Handwerk, Handel und Gewerbe an der IDUNA Bausparkasse AG, die mit einem Grundkapital von 20 Mio. DM ausgestattet ist[101]. Die restlichen

---

[91] Geschäftsbericht IDUNA, 1990, S. 11.
[92] Geschäftsbericht Signal 1990, S. 20.
[93] *Hoppenstedt* – Versicherungs-Jahrbuch 1993, S. 78.
[94] AG-Report, AG 3/1992, R 88.
[95] Geschäftsbericht BBV, 1990, S. 29.
[96] Geschäftsbericht Hannoversche, 1990, S. 29.
[97] Geschäftsbericht WWK, 1990, S. 28.
[98] Vgl. Geschäftsbericht IDUNA 1990, S. 11; Das Wertpapier 1991, 1210.
[99] So *Diel*, in: Festschrift 125 Jahre CONCORDIA, 1989, S. 122.
[100] Zur Zulässigkeit der Ausgliederung des Vertriebs einer konzernangehörigen Bausparkasse auf ein verbundenes Unternehmen siehe *Baums/Steck*, WM 1998, 2261 ff. Zur Auslagerung von Funktionen siehe *Zerwas/Hanten*, WM 1998, 1110 ff; *Eyles*, WM 2000, 1217 ff; *Hennrichs*, WM 2000, 1561 ff; *Udo Müller*, ZVersWiss 89 (2000), 65 ff; *Steding/Meyer*, BB 2001, 1693 ff. Zur Bedeutung des Bausparprodukts siehe *Heinz Benölken*, Der Bausparmarkt im vernetzten Finanzdienstleistungsmarkt: Aus der 2. BUB-Bausparkassen-Studie, VW 1999, 429 ff.
[101] Geschäftsbericht IDUNA 1990, S. 11.

26% liegen bei der Signal Unfallversicherung a. G.[102]. Der Debeka Lebensversicherungsverein a. G. ist mehrheitlich am Grundkapital der Debeka Bausparkasse AG von 26,0 Mio. DM mit 25,0 Mio. DM beteiligt[103].

IV. Ausweitung des Dienstleistungsangebots auf andere Unternehmensbereiche

Zur Unterstützung des Sachversicherungsgeschäfts haben sich die Versicherungsvereine auf Gegenseitigkeit an Dienstleistungsgesellschaften beteiligt, die die Kunden z. B. bei der Risikoanalyse unterstützen. So hat sich die KRAVAG-SACH Versicherung des Deutschen Kraftverkehrs VaG an der KRAVAG Umweltschutz und Sicherheitstechnik GmbH beteiligt[104]. Die Alte Leipziger Lebensversicherungsgesellschaft auf Gegenseitigkeit hält eine 100%ige Beteiligung am Institut für betriebliche Altersversorgung GmbH[105]. Diese Gesellschaft berät Firmenkunden z. B. in Fragen der betrieblichen Altersversorgung und erstellt versicherungsmathematische Gutachten.

V. Erweiterung der Unternehmenstätigkeit auf das Ausland

Einige große Versicherungsvereine auf Gegenseitigkeit haben ihre Geschäftstätigkeit schon früh auf das Ausland ausgedehnt[106].

Der Haftpflichtverband der Deutschen Industrie Versicherungsverein auf Gegenseitigkeit unterhält Vertretungen in Belgien, Frankreich, Großbritannien, Niederlande, Österreich, Schweiz, Spanien, Argentinien, Brasilien und USA[107]. Die Gothaer Versicherungsbank VVaG verfügt über Stützpunkte in Belgien, Dänemark, Frankreich, Griechenland, Großbritannien, Italien, Niederlande, Österreich, Portugal, Schweiz, Spanien, Tschechoslowakei, Türkei, Ungarn und USA[108]. Die Bayerische Beamten Lebensversicherung a. G. hält Mehrheitsbeteiligungen an der BBV Italia S. p. A., Rom, Bayerische S. p. A. Compagnia di Assicurazione sulla Vita, Rom, und der Ambroslana Compagnia Italiana di Assicurazioni S. p. A., Mailand[109].

Die Alte Leipziger Lebensversicherungsgesellschaft auf Gegenseitigkeit war mittelbar an Gesellschaften in Frankreich, Irland, Litauen und Rußland beteiligt[110]. Die Signal Unfallversicherung a. G. hat eine Tochtergesellschaft in Ungarn gegründet[111]. Die nicht im Ausland engagierten Versicherungsvereine auf Gegen-

---

[102] Geschäftsbericht Signal 1990, S. 20.

[103] Geschäftsbericht Debeka 1990, S. 19. Die Bausparkasse will die Debeka zur Baufinanzierungsbank ausbauen, vgl. FAZ Nr. 127 vom 2. 6. 2000, S. 20.

[104] Geschäftsbericht KRAVAG, 1990, S. 44.

[105] Geschäftsbericht Alte Leipziger, 1990, S. 68.

[106] Zu den Organisations- und Rechtsformen siehe *Uwe H. Schneider,* AG 1971, 209 ff; *Reimer Schmidt,* Die Versicherungsrundschau 1980, 140 ff; *Woltereck,* in: Handwörterbuch der Versicherung, 1988, S. 18 f; *Sastre,* in: Grundlagen des Versicherungsvereins auf Gegenseitigkeit, 1995, S. 297 ff; *Swalef,* in: Grundlagen des Versicherungsvereins auf Gegenseitigkeit, 1995, S. 293 ff; *Wagner,* VW 1998, 732, 736.

[107] Geschäftsbericht HDI, 1990, S. 10.

[108] Geschäftsbericht Gothaer, 1990, S. 14 f

[109] Geschäftsbericht BVV, 1990, S. 29.

[110] *Hoppenstedt* – Versicherungs-Jahrbuch 1993, S. 85.

[111] FAZ vom 16. 9. 1993, Nr. 215.

seitigkeit überprüfen vor dem Hintergrund des europäischen Binnenmarktes ihre Unternehmensstrategie[112].

VI. Holdingbildungen

Dem Trend zur Holdingbildung bei den von Versicherungs-Aktiengesellschaften geführten Versicherungsgruppen[113] haben sich auch die Versicherungsvereine auf Gegenseitigkeit nicht verschlossen[114]. Einige Versicherungsvereine auf Gegenseitigkeit haben ihren Beteiligungsbesitz ganz oder teilweise einer Zwischenholding übertragen. Mit der Zwischenholding in der Rechtsform der Aktiengesellschaft ist den Versicherungsvereinen auf Gegenseitigkeit über die Ausgabe von Genußrechten hinaus der Zugang zum Kapitalmarkt geöffnet[115].

Die Bildung einer Zwischenholding ist im wesentlichen steuerneutral durchführbar. Denn die Einbringung des Beteiligungsbesitzes ist im Wege der Sacheinlage zu Buchwerten ohne Aufdeckung der stillen Reserven möglich[116].

So haben die Gothaer Versicherungsbank VVaG und die Gothaer Lebensversicherung a. G. Beteiligungen in der Gothaer Finanzholding AG zusammengefaßt und sind an dieser Aktiengesellschaft mit jeweils 45% beteiligt[117]. Laut Geschäftsbericht[118] ermöglicht diese Holding „eine übergeordnete einvernehmliche Finanz- und Beteiligungspolitik im In- und Ausland".

Ferner haben sich die Hanse-Merkur Krankenversicherung a. G. 1989 mit der Hanse-Merkur Holding AG[119] und die Alte Leipziger Lebensversicherungsgesellschaft auf Gegenseitigkeit 1990 mit der Alte Leipziger Holding AG[120] eine Zwischenholding zugelegt. Die Concordia Versicherungsgesellschaft auf Gegenseitigkeit hat ihre Beteiligungen an der Concordia Lebensversicherungs-AG, Concordia Krankenversicherungs-AG und Concordia Rechtsschutz-Versicherungs-AG in die Concordia Anlage- und Beteiligungs-AG eingebracht[121]. Im Dezember 1999 gründete die Stuttgarter Versicherungsgruppe die Stuttgarter Versi-

---

112 Siehe dazu *Farny,* VW 1984, 31 ff; *Georg Büchner,* in: Handwörterbuch der Versicherung, 1988, S. 927; Zech, in: Festschrift 125 Jahre CONCORDIA, 1989, S. 139 ff; *Bätge,* 1995, S. 2 ff.

113 Vgl. *Victoria,* ZfV 1989, 274.

114 Vgl. *Keller,* DB 1991, 1633 ff; zum Holding-Prinzip siehe *Frank Niethammer,* in: Festschrift für Johannes Semler, 1993, S. 741 ff; humorvoll kritisch zur Holding *Hakelmacher,* WPg 1992, 122 ff.

115 Siehe dazu *Mohr,* VW 1990, 164; *Peiner,* VW 1992, 924; *Weigel,* ZfgesKW 1993, 220; *derselbe,* VersR 1993, 1436 f; *Schirmer,* in: Dieter Farny und die Versicherungswissenschaft, 1994, S. 395; *Schloßmacher,* VW 1999, 1758; *Zielke,* VW 2000, 399.

116 Vgl. BFH-Gutachten vom 16. 12. 1958 – I D 1/57 S, BStBl. III 1959, 30 = BB 1960, 71 = DB 1959, 71; dazu Loos, DB 1990, 1360; *Wassermeyer,* DB 1990, 855 ff; *Grotherr,* BB 1992, 2259. Zur Frage der Organschaft siehe BFH-Urteil vom 26. 4. 1989, BStBl. II 1989, 668; BFH-Urteil vom 17. 12. 1969, BStBl. II 1970, 257; BFH-Urteil vom 21. 1. 1970, BStBl. II 1970, 348; *Eckhardt,* BB 1969, 925 ff; *Grotherr,* BB 1993, 1986 ff; *Schmidt/Müller/Stöcker,* 1993, S. 293 f, 314 ff; BMF-Schreiben vom 9. 2. 1998 – IV B 2 – S 1909–5/98, BStBl. I 1998, 163 = WPg 1998, 388 ff: Tausch von Anteilen an Kapitalgesellschaften; Grundsätze für die Anwendung des sog. Tauschgutachtens des BFH vom 16. Dezember 1958 – BStBl. III 1959, 30; dazu *Blumers/ Schmidt,* DB 1998, 392 ff.

117 Gruppenbericht Gothaer, 1990, S. 9.

118 Geschäftsbericht Gothaer Versicherungsbank VVaG, 1990, S. 18.

119 *Hoppenstedt* – Versicherungs-Jahrbuch 1993, S. 521.

120 *Hoppenstedt* – Versicherungs-Jahrbuch 1993, S. 73.

121 Vgl. AG 6/1992, R 238, R 241.

cherung Holding AG, deren Grundkapital vollständig von der Stuttgarter Lebensversicherung a. G. gehalten wird[122].

VII. Konzentrationstendenzen

Der Kostendruck hat auch in der Versicherungswirtschaft strategische Überlegungen gefördert, über Fusionen zu Größenvorteilen, sog. „economies of scale", bzw. Verbundvorteilen, sog. „economies of scope", und damit zu besseren Unternehmensergebnissen zu kommen[123]. Es wird aber auch gesehen, daß Markterfolge über eine klare Positionierung und durch Konzentration auf die ureigenen Kernkompetenzen erzielt werden können[124].

---

[122] Beispielhaft ist die verlautbarte Begründung für die Holdingbildung (zitiert nach AG 2000, R 64): „Unter dem Dach der neuen Holding sollen sämtliche Beteiligungen angesiedelt und die Steuerung der Gruppe durchgeführt werden. Durch die Holding soll die Unabhängigkeit der Gruppe gesichert und die Beschaffung von Mitteln am Kapitalmarkt erleichtert werden. Im laufenden Jahr sollen die Mäntel von jeweils einem Schadens- und Lebensversicherer erworben und aktiviert werden. Der neue Lebensversicherer soll sich dem Mengengeschäft besonders widmen, während der Versicherungsverein auf Gegenseitigkeit sich mehr dem Maklergeschäft zuwenden wird. Künftig wird die Gruppe aus drei Lebensversicherern, zwei Schadensversicherern und einer Reihe von Tochtergesellschaften in der Rechtsform der GmbH bestehen."

[123] Vgl. *Kern,* VW 1999, 218; sigma-Studie von Swiss Re, zitiert nach ZfV 1999, 810f. Zur Erfolgsanalyse von Holdingkonzernen vgl. *Leker/Cratzius*, BB 1998, 362ff; zur Organisation der Unternehmensleitung eingehend *Endres*, ZHR 163 (1999), 441, 443ff; zur phasengleichen Aktivierung von Gewinnen der Tochtergesellschaften vgl. *Hoffmann*, BB 1995, 1075ff; *derselbe*, BB 1996, 1051ff; *derselbe*, BB 1997, 1679ff; *Küspert*, BB 1997, 877ff; *Henssler*, JZ 1998, 701ff; *Kühnberger/Schmidt*, BB 1998, 1627ff; *Watermeyer*, GmbHR 1998, 1061ff; IDW: Zur phasengleichen Vereinnahmung von Erträgen aus Beteiligungen an Kapitalgesellschaften nach dem Urteil des BGH vom 12. 1. 1998, WPg 1998, 427ff; *Weber-Grellet*, BB 1999, 2659, 2665; *derselbe*, BB 2000, 1024, 1025f; IDW: Phasengleiche Aktivierung von Dividendenansprüchen, WPg 2000, 1129; *Kellner*, WM 2000, 229ff; BFH, Beschluß vom 7. 8. 2000 – GrS 2/99, NJW 2000, 3804ff = BB 2000, 2247ff = GmbHR 2000, 1106ff m. Anm. *Hoffmann*, GmbHR 2000, 1113ff; *Moxter*, DB 2000, 2333ff; *Wassermeyer*, GmbHR 2000, 1111ff; BMF-Schreiben vom 1. 11. 2000, DB 2000, 2298 = BB 2000, 2409; *Kraft*, WPg 2001, 2ff; *Weber-Grellet*, BB 2001, 35; BFH, Urteil vom 31. 10. 2000 – VIII R 85/94, BB 2001, 459ff; zum „Schütt-aus-hol-zurück"-Verfahren siehe *Pape*, BB 1998, 1783ff; *Sieger/Hasselbach*, GmbHR 1999, 205ff; zum Outsourcing von Service-Abteilungen vgl. *Hübner-Weingarten*, DB 1997, 2593ff; *Berner*, ZfV 1998, 363ff; zur Steuerungs- bzw. Ergebnisrechnung für unternehmerische Geschäftseinheiten (Konzernsteuerungskonzept) siehe *Küting/Lorson*, BB 1998, 2251ff (I), 2303ff (II); zur Nutzung körperschaftsteuerlicher Verlustvorträge in Organschaftsfällen siehe *Küster/Köhler*, BB 1998, 2401ff; *Djanani/Brähler/Zölch*, BB 2000, 1497ff.

[124] Eingehend hierzu *Kern*, VW 1999, 218ff.

Kapitel 2
Historische Entwicklung des Versicherungsvereins auf Gegenseitigkeit

I. Situation bis Anfang des 19. Jahrhunderts

Als Vorläufer der Gegenseitigkeitsversicherung und damit der Versicherungsvereine auf Gegenseitigkeit werden vor allem die auf freiwilligem Zusammenschluß beruhenden Gilden genannt[1]. Diese Ansicht wird vor allem auf ein Kapitulare Karls des Großen von 779 gestützt[2]. In diesem Kapitulare wird den Gildebrüdern die eidliche Bekräftigung ihrer Zusammenschlüsse zur gegenseitigen Unterstützung bei Brand, Schiffbruch und anderen Gefahren verboten[3]. Bei *Braun*[4] liest man hierzu: „Faßt man die Zwecke dieser Gilden – von den religiösen abgesehen – in heutiger Ausdrucksweise zusammen, so kann man sie als Einrichtungen zum Zwecke des Rechtsschutzes und der gegenseitigen Versicherung auf den Todesfall, gegen Krankheit, Reiseunfälle, Seetransport und Brandschäden und gegen Diebstahl ansehen." Zweifel sind allerdings angebracht, ob der Begriff der Versicherung als erfüllt angesehen werden kann[5]. Denn in „wirtschaftlich noch unausgereiften oder rechtlich unvollendeten Vertragsformen" sind keine „vollentwickelte Versicherung" zu erblicken[6] oder gar Rechtsinstitutionen, in denen „der Assekuranzgedanke sich ausschließlich hätte verkörpern können"[7]. *Otto von Gierke*[8] schrieb schon

---

[1] Vgl. *Goldschmidt,* 1891, S. 356; *Rüdiger,* ZVersWiss 1 (1901), 1f; *Wörner,* Versicherungsverein, 1904, S. 9f; *Kremers,* 1925, S. 1; *Trabant,* 1935, S. 9; *Julius von Gierke,* Versicherungsverein, 1942, S. 6; *Alther,* 1947, S. 41; *Boss,* 1955, S. 10; *Zier,* 1968, S. 27f; *Franz Büchner,* in: Festgabe für Hans Möller, 1972, S. 123ff; *Farny,* VW 1980, 945; *Helten,* in: Festschrift für Robert Schwebler, 1986, S. 233; *Farny,* Versicherungsbetriebslehre, 2000, S. 189; *Peter Koch,* in: Grundlagen des Versicherungsvereins auf Gegenseitigkeit, 1995, S. 13, 14ff; *Frommknecht,* in: Grundlagen des Versicherungsvereins auf Gegenseitigkeit, 1995, S. 76; *Völker,* in: Grundlagen des Versicherungsvereins auf Gegenseitigkeit, 1995, S. 89; zu Großbritannien vgl. *Bridgewater,* in: Grundlagen des Versicherungsvereins auf Gegenseitigkeit, 1995, S. 27ff; zu Frankreich vgl. *Hübner,* VersR 1987, 729; zu Spanien vgl. *Farreres Bochaca,* Mutualite 1992/1, S. 91. *Elster,* 1880, S. 11, betrachtet die Gilden als Vorläufer des Versicherungswesens schlechthin, ebenso *Victor Ehrenberg,* 1893, S. 26; *Richard Ehrenberg,* ZVersWiss 2 (1902), 35; *Rohrbeck,* 1936, S. 7

[2] Vgl. *Helmer,* in: Festschrift für Albert Ehrenzweig, 1955, S. 58; *Braun,* 1963, S. 13; *Franz Büchner,* in: Festschrift für Karl Sieg, 1976, S. 120. Kritisch dazu *Schewe,* ZVersWiss 80 (1991), Fußnote 1, S. 155; *derselbe,* in: Festschrift für Egon Lorenz, 1994, S. 515ff; *derselbe,* 2000, S. 32ff.

[3] *Peter Koch,* in: Handwörterbuch der Versicherung, 1988, S. 225f; *derselbe,* in: Grundlagen des Versicherungsvereins auf Gegenseitigkeit, 1995, S. 13, 14; das Kapitulare ist zitiert bei *Elster,* 1880, Fußnote 1, S. 11; siehe hierzu auch *Helmer,* 1937, S. 3, 6f; *Mummenhoff,* 1979, S. 29; *Reichert,* 1999, Rdn. 18, S. 5.

[4] *Braun,* 1963, S. 14; Pohl, ZVersWiss 67 (1978), 171; kritisch dazu *Richard Ehrenberg,* ZVersWiss 1 (1901), 101ff, 368ff.

[5] Vgl. *Wilhelm Ebel,* VersWissArch 1959, 280; *Perdikas,* ZVersWiss 55 (1966), 426; *Franz Büchner,* in: Festschrift für Karl Sieg, 1976, S. 124; *Friedrich Ebel,* ZVersWiss 69 (1980), 7f; *Neugebauer,* 1990, Fußnote 28, S. 6.

[6] *Perdikas,* ZVersWiss 59 (1970), 153.

[7] *Blumhardt,* ZVersWiss 11 (1911), 71f; Nachweise über Brandgilden in Schleswig-Holstein siehe bei *Friedrich Ebel,* 1993, S. 404ff.

[8] *Otto von Gierke,* Genossenschaftsrecht, 1868, S. 230.

1868: „Rein privatrechtliche Versicherungsvereine, wie unsere Assekuranzkompagnien, waren indeß diese Gilden nie."

Zur Gründung von Gegenseitigkeitsgesellschaften in Deutschland kommt es mit den Anfängen des Kapitalismus am Ende der Neuzeit, wobei sich die Gründer an bestehenden englischen Gegenseitigkeitsgesellschaften orientierten[9].

II. Entstehung der Gegenseitigkeitsgesellschaften im 19. Jahrhundert

Die erste privatrechtliche Gegenseitigkeitsgesellschaft wurde in Großbritannien 1762 gegründet[10]. Sie trug den Namen „The Equitable Society for the Assurance of Life and Survivorships" und wurde mit ihrem Gesellschaftsvertrag 1765 beim Court of King's Bench eingetragen[11]. Sie gilt als der älteste, noch existierende Lebensversicherer auf Gegenseitigkeit[12].

Braun[13] berichtet zu dieser Gesellschaft, sie sei nach der „Gesellschaftsverfassung" eine „Gesellschaft auf Gegenseitigkeit, bei der jeder Versicherte am Gewinn in gleicher Weise (equally) teilnimmt". Er schreibt weiter: „Der Geschäftsgewinn wird von Zeit zu Zeit ermittelt (durch valuations) und 1/3 des reinen Überschusses der Sicherheitsreserve zugewiesen, während 2/3 unter die Versicherten verteilt und zur Vermehrung der Versicherungssumme verwendet wurde". Es ist zu dieser Gesellschaft bei *Braun*[14] weiter nachzulesen: „Am 31. Dezember 1799 besaß die Gesellschaft 5124 Mitglieder und ein Gesamtvermögen von nahezu 1 Million Pfund Sterling."

In der Zeit bis 1825 entstanden in England weitere Gegenseitigkeitsgesellschaften, nämlich die London Life Association (1806), Norwich Union (1808), Scottish Widows Fund (1815) und 1823 die Economic[15].

Die Entwicklung in Großbritannien führte auch in Deutschland zur Gründung von Gegenseitigkeitsgesellschaften. Ernst Wilhelm Arnoldi (1778–1841) gründete 1820 die Gothaer Feuerversicherungsbank und 1827 die Gothaer Lebensversicherungsbank[16].

Im Jahre 1830 folgte in Leipzig die Gründung der „Lebensversicherungs-Gesellschaft zu Leipzig" durch Johann Friedrich August Olearius, geb. 28. 2. 1789, einem Kenner des britischen Versicherungsmarktes[17].

Zu dieser Zeit war schon das 1826 in London veröffentlichte Werk von *Charles Babbage* „A comparative view of the various Institutions for the assurance of Li-

---

[9] Vgl. *Friedeberg*, ZVersWiss 5 (1905), 362; *Helmer*, 1937, S. 27; *Franz Büchner*, in: 50 Jahre materielle Versicherungsaufsicht, 1952, S. 2; *Hax*, in: Festschrift für Paul Braeß, 1969, S. 146; *Friedrich Ebel*, in: Handwörterbuch der Versicherung, 1988, S. 623; *Neugebauer*, 1990, S. 17f, S. 19.

[10] *Helmer*, 1937, S. 27; *Franz Büchner*, VersWissArch 1957, 12.

[11] Vgl. *Karup*, 1885, S. 17f; *Gebauer*, 1895, S. 75; *Richard Ehrenberg*, ZVersWiss 2 (1902), 128; *Braun*, 1963, S. 148.

[12] Dazu der Bericht in ZfV 1993, 124.

[13] *Braun*, 1963, S. 148.

[14] *Braun*, 1963, S. 149.

[15] Vgl. *Karup*, 1885, S. 44f; *Braun*, 1963, S. 207.

[16] Dazu *Braun*, 1963, S. 213f; *Erkenbrecher*, 1995, S. 53ff; *Peter Koch*, in: Grundlagen des Versicherungsvereins auf Gegenseitigkeit, 1995, S. 13, 22ff; *Peiner*, in: Festschrift 100 Jahre materielle Versicherungsaufsicht in Deutschland, 2001, S. 617, 619.

[17] *Braun*, 1963, S. 215.

ves" 1827 unter dem Titel „Vergleichende Darstellung der verschiedenen Lebens-Assecuranz-Gesellschaften" in Weimar erschienen[18]. Diese Ausgabe war *Arnoldi* gewidmet[19].

In der Lebensversicherung kam es in der Folgezeit sehr schnell zu weiteren Gründungen. Von besonderem Interesse ist die Entwicklung der Gegenseitigkeitsgesellschaften im Vergleich zu den Aktiengesellschaften.

Mit *Paul Müller*[20] lassen sich sechs Gründungsperioden unterscheiden, die unter Berücksichtigung der Zahl der Gründungen und der Entwicklung der Geschäftstätigkeit folgendes Bild zeigen:

1. Periode (1827–1851): Dominanz der Gegenseitigkeitsgesellschaften
2. Periode (1852–1863): Vordringen der Aktiengesellschaften
3. Periode (1864–1873): Weiteres Aufholen der Aktiengesellschaften
4. Periode (1874–1886): Gründungswelle von Gegenseitigkeitsgesellschaften
5. Periode (1887–1897): Gleichziehen der Aktiengesellschaften mit den Gegenseitigkeitsgesellschaften
6. Periode (seit 1898): Dominanz der Aktiengesellschaften

Aus der Vielzahl der Gründungen sollen folgende Gegenseitigkeitsgesellschaften besonders hervorgehoben werden, die bis 1900 entstanden[21]:

- Allgemeine Lebensversicherungsanstalt für das Königreich Hannover (1. Juni 1831),
- Allgemeine Rentenanstalt zu Stuttgart (1833),
- Allgemeine Versorgungsanstalt im Grossherzogthum Baden zu Carlsruhe (1835),
- Lebensversicherungs-Societät Hammonia (1. Juli 1845),
- Stuttgarter Lebensversicherungs- und Ersparnissbank (22. 3. 1854),
- Lebens-, Pensions- und Leibrentenversicherungsgesellschaft Iduna (26. 4. 1854),
- Bremer Lebensversicherungsbank zu Bremen (1867),
- Norddeutsche Lebensversicherungsbank (1868),
- Deutsche Lebens-, Pensions- und Renten-Versicherungs-Gesellschaft zu Potsdam (1869),
- Gegenseitige Lebens-, Invaliditäts- und Unfall-Versicherungs-Gesellschaft Prometheus (1872),
- Lebensversicherungsanstalt für die Armee und Marine (1872),
- Vesta Lebensversicherungsbank auf Gegenseitigkeit zu Posen (1873),
- Allgemeine Deutsche Versicherungs-Verein in Stuttgart (1875),
- Badische Militärversicherungs-Anstalt (später Badische Lebensversicherungs-Anstalt genannt) zu Karlsruhe (1875),
- Sächsische Militärversicherungs-Verein zu Dresden (1875),
- Preussische Beamten-Verein in Hannover (1875),
- Adler, Hessische Versicherungsbank auf Gegenseitigkeit in Darmstadt (1900).

---

[18] Vgl. *Masius,* 1846, S. 481, 506; *Arwed Emminghaus,* 1877, S. 42; *Karup,* 1885, S. 76; *Braun,* 1963, S. 213, 231.

[19] *Arwed Emminghaus,* 1878, S. 273.

[20] Vgl. *Paul Müller,* 1905, S. 27 ff, 43 ff, 58 ff, 73 ff, 85 ff, 97 ff; zum Markteintritt amerikanischer Lebensversicherer siehe *Kürble,* ZVersWiss 79 (1990), 583, 602 ff.

[21] Siehe *Arwed Emminghaus,* 1877, S. 244, 253, 269, 272, 288, 289, 293, 296, 298, 300, 301, 305, 306, 310 ff; *Paul Müller,* 1905, S. 27 ff.

Einige dieser Gegenseitigkeitsgesellschaften bestehen heute noch, wenn auch unter teilweise anderer Firmierung.

Als eingetragene Genossenschaften nahmen 1873 die Saechsische Lebensversicherungs- und Sparbank in Dresden und 1876 die Süddeutsche Lebens-, Unfall- und Rentenversicherungs-Anstalt ihren Geschäftsbetrieb auf[22]. Die erste Gesellschaft mußte 1877 und die zweite Gesellschaft 1876 zur Liquidation schreiten[23].

Weitere Gegenseitigkeitsgesellschaften stellten bald nach ihrer Gründung den Geschäftsbetrieb wieder ein. Die 1873 entstandene Atropos Lebensversicherungs-Gesellschaft zu Leipzig wurde nach erfolgter Liquidation 1901 mit der Augusta-Berlin verschmolzen, die ebenfalls 1873 gegründete Nationale Lebensversicherungs-Gesellschaft auf Gegenseitigkeit zu Berlin ging 1882 in Liquidation[24]. Die 1874 gegründete Lebens- und Unfall-Versicherungsbank auf Gegenseitigkeit in Hamburg wurde 1876 und die ebenfalls 1874 gegründete Europäische Lebensversicherungs- und Rentenbank in Stuttgart wurde 1875 liquidiert[25]. Die 1876 gegründete Mitteldeutsche Lebens- und Unfallversicherungs-Anstalt zu Dresden stellte im Jahre 1877 ihren Geschäftsbetrieb ein, die 1877 gegründete Fortuna Lebensversicherungsgesellschaft zu Dresden noch im Gründungsjahr und die 1877 gegründete Allgemeine Lebensversicherungs-Anstalt zu Leipzig in 1880[26].

Zu nennen sind von den heute noch am Markt operierenden großen Lebensversicherungsvereinen auf Gegenseitigkeit vor allem folgende Versicherungsvereine:

- Gothaer Lebensversicherung a. G. (1827),
- Alte Leipziger Lebensversicherungsgesellschaft auf Gegenseitigkeit (1830),
- DEVK Deutsche Eisenbahn Versicherung Lebensversicherungsverein a. G. (1847),
- UNIVERSA Lebensversicherung a. G. (1857),
- KÖLNER POSTVERSICHERUNG V. V. a.G. (1862),
- Hannoversche Lebensversicherung a. G. (1875),
- WWK Lebensversicherung a. G. (1884),
- Continentale Lebensversicherung a. G. (1892),
- BERLIN-KÖLNISCHE Lebensversicherung auf Gegenseitigkeit (1895).

Nach der Jahrhundertwende sind bis 1945 z.B. folgende noch heute bestehende Lebens- und Kranken-Versicherungsvereine gegründet worden oder haben in dieser Zeit ihren Ursprung:

- Bayerische Beamten Lebensversicherung a. G. (1902),
- Barmenia Krankenversicherung a. G. (1904),
- Debeka Krankenversicherungsverein a. G. (1905),
- Nova Krankenversicherung a. G. (1906),
- Signal Krankenversicherung a. G. (1907),
- Stuttgarter Lebensversicherung a. G. (1908),
- INTER Lebensversicherung aG (1910),
- Iduna Vereinigte Lebensversicherung aG für Handwerk, Handel und Gewerbe (1914),
- VOLKSWOHL-BUND Lebensversicherung a. G. (1914),
- MÜNCHENER VEREIN Krankenversicherung a. G. (1922),
- R+V Lebensversicherung a. G. (1922),

---

[22] Vgl. *Arwed Emminghaus,* 1877, S. 307, 310.

[23] Siehe *Paul Müller,* 1905, S. 63, 73, 75.

[24] Vgl. *Paul Müller,* 1905, S. 63.

[25] Siehe *Paul Müller,* 1905, S. 75.

[26] Vgl. *Paul Müller,* 1905, S. 77.

- Familienfürsorge Lebensversicherung auf Gegenseitigkeit im Raum der Kirchen (1923),
- DEUTSCHER RING Krankenversicherungsverein auf Gegenseitigkeit (1925),
- Continentale Krankenversicherung a. G. (1926),
- INTER Krankenversicherung aG (1926),
- Landeskrankenhilfe V. V. a.G. (1926),
- SDK-Lebensversicherung a. G. (1926),
- Süddeutsche Krankenversicherung a. G. (1926),
- ALTE OLDENBURGER Landvolk-Krankenversicherung VVaG (1927),
- MÜNCHENER VEREIN Lebensversicherung a. G. (1927),
- Barmenia Lebensversicherung a. G. (1928),
- Berlin-Kölnische Krankenversicherung auf Gegenseitigkeit (1936),
- Hallesche-Nationale Krankenversicherung aG (1936).

Nach 1945 starteten zwei Lebensversicherungsvereine, nämlich 1947 der Debeka Lebensversicherungsverein a. G. und 1983 der INTEGRA Lebensversicherung VaG.

Von besonderer sozialpolitischer Bedeutung ist die am 7. 10. 1974 erfolgte Gründung des Pensions-Sicherungs-Verein Versicherungsverein auf Gegenseitigkeit. Seine Aufgabe besteht darin, aufgrund des am 22. 12. 1974 in Kraft getretenen Gesetzes zur Verbesserung der betrieblichen Altersversorgung laufende Versorgungsleistungen und unverfallbare Versorgungsanwartschaften von Arbeitnehmern gegen die Gefahr der Insolvenz des Arbeitgebers zu sichern.

III. Entwicklung der Rechtsform des Versicherungsvereins auf Gegenseitigkeit

1. Rechtsgrundlagen im 19. Jahrhundert

Der Versicherungsverein auf Gegenseitigkeit ist kein Kind des Gesetzgebers, sondern hat sich aus der Praxis heraus entwickelt. Im Zeitpunkt der Entstehung der ersten Gegenseitigkeitsgesellschaften gab es keine speziellen gesetzlichen Regelungen für die Versicherungsvereine auf Gegenseitigkeit. Das Privatrecht dieser Gesellschaftsform[27] wurde vielmehr durch die allgemeinen Vorschriften des bürgerlichen Rechts über Korporationen und Gesellschaften geprägt[28]. Die Gegenseitigkeitsgesellschaften mußten wie die Aktiengesellschaften „in dem Staat ihrer Gründung um die Bestätigung ihrer Statuten nachsuchen, um die Korporationsrechte zu erhalten und in den Genuß staatlicher Privilegien zu kommen“[29]. Die Bestätigung wurde durch den Landesherrn „im Wege eines Einzelgesetzes, des sogenannten Octroi,“ erteilt[30]. Voraussetzung für die Erlangung der Konzession war, daß die „Gesellschaft einem fortdauernden gemeinnützigen Zweck diente“[31].

---

[27] *Kirchmann*, 1911, Fußnote 3, S. 3.

[28] Vgl. *Boyens*, Deutsche Juristen-Zeitung 1898, 369; *Kirchmann*, 1911, S. 3; *Curt Schmidt*, 1922, S. 11 f.

[29] *Tigges*, 1985, S. 39; *Masius*, 1846, S. 386; ähnlich *Staudinger*, 1858, S. 72 f; vgl. ferner hierzu *Elster*, 1880, S. 72; *Bütow*, 1883, S. 43; *Enneccerus-Nipperdey*, 1952, S. 416; *Reichert*, 1999, Rdn. 2994, S. 1076 f.

[30] *Tigges*, 1985, S. 18 f, 26; vgl. ferner *Großfeld/Ebke*, AG 1977, 57, 62; *Peter Koch*, in: Geburtstags-Schrift für Georg Büchner, 1991, S. 391; *derselbe*, VersR 1994, 629, 630.

[31] *Tigges*, 1985, S. 19, 26.

Mit der Erteilung der Konzession erlangte die Gegenseitigkeitsgesellschaft ihre Rechtsfähigkeit[32] und den Status einer juristischen Person. *Staudinger*[33] schildert die damalige Rechtssituation sehr anschaulich in den Fällen der Iduna und Stuttgarter LVBank:

„So erhielt z. B. laut der den Statuten vorgedruckten Patente die Gesellschaft Iduna durch Königl. preußische Kab.=Ordre vom 26. April 1854 und die Stuttgarter LVBank durch kgl. würtemb. Entschließung vom 22. März 1854 concessionsweise Corporationsrechte beigelegt. Durch einen solchen Act der Staatsgewalt bekommt dann die betreffende Gesellschaft den Charakter einer Privatcorporation. Demnach steht sie nach Außen als Einpersönlichkeit mit der vollständigen Rechtssubjectivität da, die überhaupt einer juristischen Person zukommt."

Ansätze einer organisationsrechtlichen Entwicklung des Versicherungsvereins auf Gegenseitigkeit finden sich in Elsaß-Lothringen und Sachsen[34]. In Elsaß-Lothringen galt die aufgrund des Gesetzes vom 24. Juli 1867[35] erlassene Verordnung betreffend die Errichtung und Verwaltung der sociétées d'assurances mutuelles vom 22. Januar 1868[36], die in ihrem zweiten Teil die Versicherungsgesellschaften auf Gegenseitigkeit behandelte, und in Sachsen das Gesetz vom 15. Juni 1868[37], betreffend die juristischen Personen, das Bestimmungen für solche Gegenseitigkeitsgesellschaften enthielt, die durch Eintragung in das Vereinsregister die Rechte juristischer Personen erlangen konnten.

Einige Versicherungsvereine auf Gegenseitigkeit unterstellten sich dem preußischen Genossenschaftsgesetz von 1867[38]. Umstritten war allerdings die Eintragungsfähigkeit[39].

2. Versicherungsaufsichtsgesetz vom 12. Mai 1901

Erst das Reichsgesetz vom 12. Mai 1901[40], das am 1. Januar 1902 in Kraft trat, regelte die Versicherungsvereine auf Gegenseitigkeit als Rechtsform gesetzlich und schaffte damit eine einheitliche Regelung[41]. Deswegen bezeichnet Reimer Schmidt den Gegenseitigkeitsverein als „Kind" des Aufsichtsgesetzes[42]. Die Entwicklung lief demnach anders als etwa in der Schweiz. Dort wurde der Gegenseitigkeitsversicherung keine eigene Rechtsform zur Verfügung gestellt, sondern diese auf das Organisationsrecht der Genossenschaften verwiesen[43].

---

[32] Vgl. *Reichert,* 1999, Rdn. 2994, S. 1076 f.

[33] *Staudinger,* 1858, S. 155; vgl. ferner *Laband,* ZHR 30 (1885), Fußnote 2, S. 471; *Staudinger-Coing,* 1980, Einl 60 zu §§ 21–89 BGB.

[34] Vgl. *Sievers,* ZHR 48 (1899), 527 f; Motive zum VAG, 1963, S. 29.

[35] Bull. des lois Serie XI Nr. 15328, zitiert nach *Koenige-Petersen,* 1927, Abschnitt III Einleitung, S. 285.

[36] Bull. des lois Serie XI Nr. 15787, zitiert nach *Koenige-Petersen,* 1927, Abschnitt III Einleitung, S. 285.

[37] Gesetz- und Verordnungsblatt für das Königreich Sachsen vom Jahre 1868 1. Abteilung, 12. Stück, S. 315; siehe auch Art. 166 EGBGB.

[38] Vgl. *Curt Schmidt,* 1922, S. 12.

[39] Zum damaligen Theorienstreit siehe *Holthöfer,* 1906, S. 9.

[40] RGBl I 139.

[41] *Curt Schmidt,* 1922, S. 9.

[42] *Reimer Schmidt,* VersR 1954, 441.

[43] Vgl. *Belser,* 1975, S. 41 ff; *Kalwar/Weigel,* ZVersWiss 69 (1980), 607 f; *Bosshart,* in: Grundlagen des Versicherungsvereins auf Gegenseitigkeit, 1995, S. 42, 44. In Japan wurde dagegen nach dem Vorbild des deutschen Versicherungsaufsichtsgesetzes und der Gothaer Versicherungsverei-

Bei der Regelung der Organisationsstruktur der großen Versicherungsvereine auf Gegenseitigkeit trug das Gesetz dem Umstand Rechnung, daß sich die großen Versicherungsvereine auf Gegenseitigkeit in ihrer Verfassung mehr und mehr der Verfassung der Aktiengesellschaften angepaßt hatten[44]. Diese Entwicklung ist verständlich, wenn man sich vergegenwärtigt, daß auch die Aktiengesellschaft vom Verein abgeleitet ist[45]. Der Gesetzgeber schrieb deshalb die Bildung von drei Organen, nämlich eines Vorstandes, eines Aufsichtsrats und eines sogenannten obersten Organs vor[46]. „Die Art der Bildung des zur Vertretung der Gesamtinteressen der Mitglieder berufenen obersten Organs“ stellte er jedoch „in das Belieben der Satzung“[47]. Insoweit war es die Absicht des Gesetzggebers, das in älteren Satzungen unter den verschiedensten Namen (Bankausschuß, Bankvorstand u. dergl.) vorkommende Vertretungsorgan, „dessen Mitglieder entweder ein- für allemal mit dem Rechte der Kooptation durch die Satzung ernannt sind oder durch die Versicherten oder gewisse Gruppen derselben gewählt werden, so daß den Vereinsmitgliedern als solchen weitere Rechte als dies Wahlrecht nicht zustehen“, auch künftig zu gestatten[48].

3. Aktiengesetz 1937

Die Aktienrechtsreform von 1937 hatte für die großen Versicherungsvereine auf Gegenseitigkeit die „Verlagerung der Macht von der obersten Vertretung zum Vorstand“ zur Folge[49]. Denn die Leitung der Gesellschaft wurde dem Vorstand „unter eigener Verantwortung“ übertragen (§ 70 Abs. 1 AktG 1937). In Anwendung des sog. Führerprinzips erhielt der Vorstandsvorsitzende das Entscheidungsrecht bei Meinungsverschiedenheiten innerhalb des Vorstands[50].

Anlaß für die Stärkung der Kompetenzen des Vorstands war die auch auf die großen Versicherungsvereine auf Gegenseitigkeit übertragbare Überlegung, „daß die Mitglieder der Hauptversammlung meistens nicht genügend Einblick in die Geschäfte und den Stand der Gesellschaft hätten, um die oberste Macht der Geschäftsführung in Händen zu haben“[51]. Konsequent sah der Gesetzgeber vor, daß der Vorstand in seiner Geschäftsführung nicht mehr durch Beschlüsse des obersten Organs beschränkt werden konnte (§ 74 AktG 1937 im Gegensatz zu § 235 HGB 1897). Fragen der Geschäftsführung konnte das oberste Organ nur noch entscheiden, wenn der Vorstand es verlangte, § 103 Abs. 2 AktG 1937.

Einen weiteren Kompetenzverlust erlitt das oberste Organ mit dem Übergang des Rechts, den Vorstand zu bestellen, in die alleinige Kompetenz des Aufsichtsrats[52].

---

ne auf Gegenseitigkeit der Versicherungsverein auf Gegenseitigkeit neben der Aktiengesellschaft als Rechtsform für Versicherungsgesellschaften etabliert, vgl. *Shin-ichi Nishio*, in: Grundlagen des Versicherungsvereins auf Gegenseitigkeit, 1995, S. 50, 52.

[44] Motive zum VAG, 1963, S. 41.

[45] *Meyer-Landrut,* in: Großkomm. AktG, 1973, § 1 Anm. 4.

[46] Motive zum VAG, 1963, S. 41.

[47] Motive zum VAG, 1963, S. 41.

[48] Motive zum VAG, 1963, S. 42.

[49] Vgl. *Gerhard Frels,* ZVersWiss 37 (1937), 255; vgl. für die AG: *Matthießen,* 1988, S. 182.

[50] Vgl. *Gerhard Frels,* ZVersWiss 37 (1937), 255 f; *Geßler/Hefermehl/Eckardt/Kropff,* Komm. AktG, 1973, Vorb Anm. 14.

[51] *Gerhard Frels,* ZVersWiss 37 (1937), 252.

[52] *Gerhard Frels,* ZVersWiss 37 (1937), 256.

Die Rechtsstellung der Mitglieder der obersten Vertretung wurde durch die Einräumung eines Auskunftsrechts über Angelegenheiten der Gesellschaft gestärkt, § 112 AktG 1937[53].

4. Aktiengesetz vom 6. September 1965

Die Aktienrechtsreform von 1965[54] führte auch zu einer Änderung des Organisationsrechts der großen Versicherungsvereine auf Gegenseitigkeit. Die Anpassung der einschlägigen Vorschriften des Versicherungsaufsichtsgesetzes erfolgte durch § 37 des Einführungsgesetzes zum Aktiengesetz.

Beseitigt wurde das Recht des Vorstandsvorsitzenden, gegen die Mehrheit des Vorstandes allein zu entscheiden (§ 77 Abs. 1 AktG). Klargestellt wurde, daß ein wichtiger Grund für den Widerruf der Bestellung zum Vorstandsmitglied durch den Aufsichtsrat auch der Vertrauensentzug durch die oberste Vertretung ist, soweit dieser nicht aus offensichtlich unsachlichen Gründen erfolgt (§ 84 Abs. 3 AktG).

Der obersten Vertretung wurde bei Meinungsverschiedenheiten zwischen Vorstand und Aufsichtsrat über bestimmte Geschäftsführungsmaßnahmen, die der Zustimmung des Aufsichtsrats bedürfen, Entscheidungskompetenz zuerkannt. Gemäß § 111 AktG kann der Vorstand einen Beschluß der obersten Vertretung verlangen, wenn der Aufsichtsrat seine Zustimmung verweigert.

Das Auskunftsrecht der Mitglieder der obersten Vertretung wurde durch die Neufassung des § 131 AktG erweitert.

Die Aktienrechtsreform von 1965 führte auch zu einer Regelung des Konzernrechts. Es zeigte sich, daß ein großer Versicherungsverein auf Gegenseitigkeit konzernrechtlich zwar als herrschendes Unternehmen aber nur schwerlich als beherrschtes Unternehmen vorstellbar ist[55].

5. Publizitätsgesetz vom 15. August 1969

Mit Inkrafttreten des Publizitätsgesetzes vom 15. 8. 1969[56] wurden auch die unter der Leitung eines großen Versicherungsvereins auf Gegenseitigkeit stehenden Konzerne konzernrechnungslegungspflichtig, wenn die vom Publizitätsgesetz aufgestellten Größenmerkmale erfüllt sind[57]. Von der Einbeziehung von Konzernunternehmen in die Konzernrechnungslegung durfte allerdings abgesehen werden, wenn die Einbeziehung den Aussagewert des Konzernabschlusses beeinträchtigen würde. Von daher wurde die Nichteinbeziehung von Lebensversicherungsvereinen auf Gegenseitigkeit in den Konzernabschluß als rechtlich zulässig angesehen[58].

---

[53] *Gerhard Frels,* ZVersWiss 37 (1937), 268.

[54] BGBl I 1089; zur Reformgeschichte siehe *Reichert-Facilides,* ZVersWiss 50 (1961), 363ff.

[55] Dazu *Harro Frels,* VersR 1966, 996ff; *derselbe,* Mutualité 1979, 15f; *Ludwig Raiser,* VW 1977, 1276.

[56] BGBl I 1189, berichtigt 1213.

[57] Dazu *Harro Frels,* VersR 1969, 771ff.

[58] Vgl. *Harro Frels,* Mutualité 1979, 18.

6. Umwandlungsgesetz vom 15. August 1969

Durch das Umwandlungsgesetz vom 15. 8. 1969[59] wurde erstmals die liquidationslose Verschmelzung[60] großer Versicherungsvereine auf Gegenseitigkeit durch Aufnahme oder durch Neubildung (§ 44a VAG), die liquidationslose Vermögensübertragung eines großen Versicherungsvereins auf Gegenseitigkeit auf eine Aktiengesellschaft (§ 44b VAG) oder auf ein öffentlich-rechtliches Versicherungsunternehmen (§ 44c VAG) sowie die Umwandlung eines Versicherungsvereins auf Gegenseitigkeit in eine Aktiengesellschaft (§§ 385 d–l AktG) gesetzlich geregelt. Bis dahin war nur durch § 360 AktG die liquidationslose Vermögensübertragung von einer Aktiengesellschaft auf einen Versicherungsverein auf Gegenseitigkeit geregelt. Die Verschmelzung zweier Versicherungsvereine auf Gegenseitigkeit durch Aufnahme war bis dahin lediglich durch die aufsichtsrechtliche Praxis unter weitgehender Zustimmung von Literatur und Rechtsprechung zugelassen worden[61].

7. Mitbestimmungsgesetz vom 4. Mai 1976

Eine Beteiligung von Arbeitnehmern im Aufsichtsrat eines Versicherungsvereins auf Gegenseitigkeit ist seit dem Inkrafttreten des Betriebsverfassungsgesetzes vom 14. 10. 1952 vorgeschrieben. Hingegen finden die Regelungen des am 4. 5. 1976 in Kraft getretenen Mitbestimmungsgesetzes[62] auf Versicherungsvereine auf Gegenseitigkeit keine Anwendung. Die Nichteinbeziehung der Versicherungsvereine auf Gegenseitigkeit in die paritätische Mitbestimmung wird mit der Überlegung gerechtfertigt, daß „es bei ihnen im Gegensatz zu den von der paritätischen Mitbestimmung erfaßten Kapitalgesellschaften an dem Gegensatz zwischen Kapital und Arbeit fehlt“[63].

8. Bilanzrichtlinien-Gesetz vom 19. Dezember 1985

Das Bilanzrichtlinien-Gesetz vom 19. 12. 1985[64] beeinflußte die Rechnungslegung von Konzernen, die unter der Leitung eines Lebensversicherungsvereins auf Gegenseitigkeit stehen. Diese Vereine sind nunmehr zwingend verpflichtet, einen Konzernabschluß aufzustellen.

9. Versicherungsbilanzrichtlinie-Gesetz vom 24. Juni 1994

Das Organisationsrecht der Versicherungsvereine auf Gegenseitigkeit wird auch in Zukunft durch EG-Rechtsangleichungsmaßnahmen verändert werden[65]. Eine besondere Bedeutung kommt der Richtlinie des Rates vom 19. 12. 1991 über

---

[59] BGBl I 1171; dazu *Wilke,* VW 1969, 907 ff.

[60] Ausführlich dazu *Harro Frels,* VersR 1969, 675 ff.

[61] Dazu *Ludwig Raiser,* VersR 1952, 329 ff; *Julius von Gierke,* ZHR 116 (1953), 36; *Hecking,* ZfV 1965, 103 ff.

[62] BGBl I 1153.

[63] Ausführlich dazu *Harro Frels,* Mutualité 1979, 20 f; *derselbe,* in: Grundlagen des Versicherungsvereins auf Gegenseitigkeit, 1995, S. 130, 133.

[64] BGBl I 2355.

[65] Siehe hierzu *Assmann,* in: Großkomm. AktG, 1992, Einl Rdn. 227 ff; *Behrens,* GmbHR 1993, 129 ff.

den Jahresabschluß und den konsolidierten Abschluß von Versicherungsunternehmen zu, die u.a. vorsieht, daß die Versicherungsunternehmen zu Angaben über ihre stillen Reserven verpflichtet werden[66]. Die Umsetzung dieser Richtlinie in deutsches Recht erfolgte durch das Gesetz zur Durchführung der Richtlinie des Rates der Europäischen Gemeinschaften über den Jahresabschluß und den konsolidierten Abschluß von Versicherungsunternehmen (Versicherungsbilanzrichtlinie-Gesetz – VersRiLiG) vom 24. 6. 1994[67] und das Dritte Gesetz zur Durchführung versicherungsrechtlicher Richtlinien des Rates der Europäischen Gemeinschaft (Drittes Durchführungsgesetz/EWG zum VAG) vom 21. 7. 1994[68].

10. Drittes Gesetz zur Durchführung versicherungsrechtlicher Richtlinien des Rates der Europäischen Gemeinschaft (Drittes Durchführungsgesetz/EWG zum VAG) vom 21. 7. 1994

Mit dem Dritten Gesetz zur Durchführung versicherungsrechtlicher Richtlinien des Rates der Europäischen Gemeinschaft (Drittes Durchführungsgesetz/EWG zum VAG) vom 21. 7. 1994 wurde § 11a VAG eingeführt[69]. § 11a Abs. 1 VAG bestimmt, daß jedes Lebensversicherungsunternehmen einen Verantwortlichen Aktuar zu bestellen hat[70].

11. Gesetz für kleine Aktiengesellschaften und zur Deregulierung des Aktienrechts vom 2. August 1994

Das „Gesetz für kleine Aktiengesellschaften und zur Deregulierung des Aktienrechts" vom 2. 8. 1994 ist am 3. 8. 1994 in Kraft getreten[71]. Durch dieses Gesetz wurde eine Reihe von Vorschriften des AktG geändert und ergänzt, die gemäß § 36 VAG auf die oberste Vertretung eines VVaG „entsprechend" anzuwenden sind. Bei diesen Vorschriften handelt es sich um die bisherigen §§ 121 Abs. 1 bis 3 und 4 Satz 1, 124, 130, 241, 242 und 256 AktG, die vor allem die Einberufung[72] und die notarielle Beurkundung der Hauptversammlung sowie die Rechtsfolgen einiger Einberufungs- und Beschlußmängel betreffen. Im Gegensatz zu früheren Änderungen und Ergänzungen des AktG wird die für VVaG bedeutsame Verweisungsbestimmung des § 36 VAG in den Materialien des Gesetzes und im Gesetz selbst nicht angesprochen. Da die unterlassene Anpassung des § 36 VAG auf einem offensichtlichen Versehen des Gesetzgebers beruht, sind die in § 36 VAG erwähnten Vorschriften des AktG, die durch das neue Gesetz geändert oder ergänzt wurden, in ihrer neuen Fassung auf die oberste Vertretung eines VVaG ent-

[66] 91/674/EWG, ABlEG Nr. L 374 vom 31. 12 1991 S. 7–31 – Versicherungsbilanzrichtlinie.

[67] BGBl I 1994, 1377; dazu *Welzel*, in: Festschrift für Walter Karten, 1994, S. 501, 509ff; *Horst Richter*, in: Grundlagen des Versicherungsvereins auf Gegenseitigkeit, 1995, S. 171ff; *Angermayer*/Oser, WPg 1996, 457ff; *dieselben*, VW 1996, 887 (I), 955 (II); *Ellenbürger/Horbach/Kölschbach*, WPg 1996, 41ff, 113ff; *Geib*, VW 1997, 1143ff; *Fourie*, ZfV 1999, 777ff, 818ff.

[68] BGBl I 1994, 1630.

[69] BGBl I 1994, 1630.

[70] Siehe hierzu Kap. 14.

[71] BGBl I 1994, 1961. Siehe dazu *Hahn*, DB 1994, 1659ff; *Kindler*, NJW 1994, 3041ff; *Lutter*, AG 1994, 429ff; *Zöllner*, AG 1994, 336, 340ff; *Blanke*, BB 1995, 681ff; *Hoffmann-Becking*, ZIP 1995, 1ff; *Priester*, BB 1996, 333ff; *Weigel*, in: Prölss/ Schmidt, 1997, § 36 VAG Rdn. 1.

[72] Vgl. für die AG: *Behrends*, NZG 2000, 578ff.

sprechend anzuwenden[73]. Zu Recht wird aber eine Klarstellung durch den Gesetzgeber gefordert[74]. Der Gesetzgeber sollte ferner bei einer Neufassung der Verweisungsvorschrift des § 36 VAG erwägen, große Versicherungsvereine auf Gegenseitigkeit mit Blick auf ihre Bilanzsummen und ihre Stellung im Markt „entsprechend" den börsennotierten Aktiengesellschaften zu behandeln. Um wie bei der Aktiengesellschaft[75] institutionell zu gewährleisten, daß die gesetzlichen Vorschriften im Zuge der Abhaltung der Versammlung der obersten Vertretung beachtet und die Beschlüsse nach den gesetzlichen Vorgaben gefaßt werden, sollten die für nicht börsennotierte Aktiengesellschaften vorgesehenen Einschränkungen des Erfordernisses einer notariellen Beurkundung der Hauptversammlung durch § 130 Abs. 1 Satz 3 AktG für große Versicherungsvereine auf Gegenseitigkeit nicht zum Tragen kommen. Diesem Anliegen hat der Gesetzgeber im Rahmen der VAG-Novelle 2000/2001 Rechnung getragen.

12. Gesetz zur Bereinigung des Umwandlungsrechts vom 28. Oktober 1994

Bis zum Inkrafttreten des Gesetzes zur Bereinigung des Umwandlungsrechts vom 28. 10. 1994[76] war die Verschmelzung von großen Versicherungsvereinen auf Gegenseitigkeit und die Übertragung des Vermögens eines großen Versicherungsvereins auf Gegenseitigkeit auf eine Aktiengesellschaft oder ein öffentlich-rechtliches Versicherungsunternehmen in den §§ 44a, 44b und 44c VAG geregelt. Diese Vorschriften wurden durch Art. 8 Nr. 2 des Gesetzes zur Bereinigung des Umwandlungsrechts vom 28. 10. 1994 aufgehoben. Die Verschmelzung von Versicherungsvereinen auf Gegenseitigkeit ist nunmehr in den §§ 109ff UmwG geregelt. Neu eingeführt wurde die Möglichkeit der Verschmelzung eines Versicherungsvereins auf Gegenseitigkeit mit einer Aktiengesellschaft (§ 109 Satz 2 UmwG)[77]. Die Übertragung des Vermögens eines VVaG auf eine Versicherungs-AG oder ein öffentlich-rechtliches Versicherungsunternehmen ist jetzt Regelungsgegenstand der §§ 174, 180ff UmwG.

§ 385d Abs. 1 AktG a.F. ermöglichte dem großen Versicherungsverein auf Gegenseitigkeit die Erlangung der Rechtsform einer Versicherungs-AG unter Wahrung der Identität des Rechtsträgers und ohne Vermögensübergang. Diese Regelung wird jetzt in den Vorschriften der §§ 190, 291 UmwG fortgeführt. Seit Einführung des Gesetzes über die Zulassung von Stückaktien (Stückaktiengesetz – StückAG) vom 25. 3. 1998[78] und der hiermit verbundenen Änderung des § 291 Abs. 2 UmwG setzt der Formwechsel voraus, daß auf jedes Mitglied des großen Versicherungsvereins auf Gegenseitigkeit, das an der Aktiengesellschaft beteiligt wird, mindestens eine volle Aktie entfällt (§ 291 Abs. 2 UmwG).

Eine Neuheit des UmwG ist die Spaltung. § 151 Satz 1 UmwG ermöglicht die Spaltung eines Versicherungsvereins auf Gegenseitigkeit in der Weise, daß Teile

[73] Ebenso *Lorenz*, VersR 1995, 514, 516.

[74] Vgl. *Lorenz*, VersR 1995, 514, 516; *Präve*, ZfV 1996, 58, 66.

[75] Vgl. *Hüffer*, 1999, § 130 AktG Rdn. 1.

[76] BGBl I 1994, 3210, ber. BGBl I 1995, 428; dazu *Hirte*, NJW 1996, 2827, 2828.

[77] Zu den Gründen für den seit 1996 zu verzeichnenden Anstieg von Verschmelzungen im Bereich des Versicherungswesen siehe *Venohr/Naujois/Zinke*, VW 1998, 1120ff.

[78] BGBl I 1998, 590; dazu *Ekkenga*, WM 1997, 1645ff; *Funke*, AG 1997, 385ff; *Kopp*, BB 1998, 701ff; *Schröer*, ZIP 1998, 306ff; *derselbe*, ZIP 1998, 529ff; *V. Schinzler*, 1999, S. 187ff.

des übertragenden VVaG von einem bestehenden oder neu gegründeten VVaG oder einer bestehenden Versicherungs-AG übernommen werden[79]. Gemäß § 151 Satz 2 UmwG ist die Ausgliederung eines Vermögensteils eines VVaG nur auf eine bestehende oder neue GmbH zulässig, sofern damit keine Übertragung von Versicherungsverträgen verbunden ist. Die Ausgliederung eines Vermögensteils eines VVaG auf eine Aktiengesellschaft ist nach dem ausdrücklichen Wortlaut des Gesetzes ausgeschlossen[80].

13. Gesetz zur Kontrolle und Transparenz im Unternehmensbereich (KonTraG) vom 27. April 1998

a) Einführung. Das Gesetz zur Kontrolle und Transparenz im Unternehmensbereich (KonTraG) vom 27. 4. 1998 wurde am 30. 4. 1998 im Bundesgesetzblatt verkündet und trat am Tag nach seiner Verkündung am 1. 5. 1998 in Kraft[81]. Das KonTraG will das Recht der Aktiengesellschaften und das Handelsrecht an internationale Standards[82] anpassen und das Überwachungssystem in den einzelnen Gesellschaften verbessern. Nach den Vorstellungen des Gesetzgebers, die im Schrifttum vor[83] und nach Erlaß des Gesetzes[84] eingehend behandelt worden sind, sollen die Ziele des Gesetzes erreicht werden durch[85]:

- Verbesserung der Aufsichtsratsarbeit,
- Erhöhung der Transparenz,
- Verbesserte Kontrolle durch die Hauptversammlung,
- Schaffung von Stimmrechtsgleichheit,
- Begrenzung der Rechte der Banken aus ihrem Beteiligungsbesitz,
- Anpassung an im Ausland bekannte Finanzierungs- und Vergütungsmechanismen,

---

[79] Vgl. *Hübner*, in: Lutter (Hrsg.), UmwG, 2000, § 151 UmwG Rdn. 2.

[80] Ebenso *Biewer*, 1998, S. 8; *Hübner*, in: Lutter (Hrsg.), UmwG, 2000, § 151 UmwG Rdn. 1.

[81] BGBl I 1998, 786; siehe hierzu den Abdruck des Referentenentwurfs in ZIP 1996, 2129, 2193 und dazu *Seibert*, WM 1997, 1 ff; siehe ferner den Abdruck des SPD-Entwurfs zur Reform des Aktienrechts in ZIP 1995, 332.

[82] Siehe die OECD Principles of Corporate Governance, abgedruckt in AG 1999, 340 ff, und hierzu *Seibert*, AG 1999, 337 ff. Grundlegend zur Aufstellung von Grundsätzen ordnungsmäßiger Unternehmensführung *v. Werder*, DB 1995, 2177 ff.

[83] Vgl. *Adams*, AG 1994, 148 ff; *Baums/Fraune*, AG 1995, 97 ff; *Hammen*, ZIP 1995, 1301 ff; *von Hippel*, BB 1995, 785 ff; *Adams*, AG 1996, 11 ff; *derselbe*, ZIP 1996, 1590 ff; *Claussen*, AG 1996, 481 ff; *Funke*, ZIP 1996, 1602 ff; *Gres*, WM 1996, 1672 f; *Peltzer*, AG 1996, 26 ff; *Brebeck/Herrmann*, WPg 1997, 381 ff; *Götz*, AG 1997, 219 ff; *Hammen*, WM 1997, 1221 ff; *Hoerdemann*, ZRP 1997, 44 ff; *Kallmeyer*, AG 1997, 107 ff; *Küting/Hütten*, AG 1997, 250 ff; *Lenz/Ostrowski*, BB 1997, 1523 ff; *Moxter*, BB 1997, 722 ff; *Pollanz*, BB 1997, 1351; *Strieder/Graf*, BB 1997, 1943 ff; *Thümmel*, DB 1997, 261 ff; *Trescher*, DB 1997, 1551 ff; *Weißenberger*, BB 1997, 2315 ff; *Bezzenberger*, ZGR 1998, 352 ff; *Claussen*, DB 1998, 177 ff; *Forster*, WPg 1998, 41 ff; *Geiger*, VW 1998, 594 ff; *Hoffmann-Becking*, ZGR 1998, 497, 513 f; *Lück*, DB 1998, 8 ff; *Wilde*, ZGR 1998, 423, 452 ff.

[84] Vgl. *Böcking/Orth*, WPg 1998, 351 ff; *Ernst*, WPg 1998, 1025 ff; *Lingemann/ Wasmann*, BB 1998, 853 ff; *Zimmer*, NJW 1998, 3521 ff; *Meßmer/Saliger*, VersR 1999, 539 ff; *Möllers*, AG 1999, 433 ff; *Feddersen*, AG 2000, 385 ff.

[85] GDV, in: KonTraG, Hinweise zur Umsetzung des Gesetzes in der Versicherungswirtschaft, 2. Auflage, 1999, S. 6; siehe ferner Arbeitskreis „Externe und Interne Überwachung der Unternehmung" der Schmalenbach-Gesellschaft für Betriebswirtschaft e. V.: Auswirkungen des KonTraG auf die Unternehmensüberwachung, Beilage Nr. 11/2000 zu DB Heft Nr. 37 vom 15. 9. 2000.

- Erhöhung der Qualität der Abschlußprüfung und
- Verbesserung der Zusammenarbeit zwischen Aufsichtsrat und Abschlußprüfer.

Vor und nach Erlaß des KonTraG wurden die Themen Corporate governance[86] und insbesondere die Rolle und Haftung des Aufsichtsrats[87] und der Abschlußprüfer[88] einschließlich Fragen der D & O-Versicherung[89] im Schrifttum ausführlich erörtert. Seit das KonTraG in § 91 Abs. 2 AktG die Pflichten des Vorstands

---

[86] Vgl. monographisch bzw. als Sammelbände: *Picot* (Hrsg.), Corporate Governance, 1995; *Feddersen/Hommelhoff/Uwe H. Schneider* (Hrsg.), Corporate Governance, 1996; *Hofmann*, Corporate Governance, 1998; ferner *Bender*, DB 1994, 1965 ff; *Holzer/Makowski*, DB 1997, 688 ff; *Hommelhoff/Mattheus*, AG 1998, 249 ff; *Spindler*, AG 1998, 53 ff; *Hopt*, ZGR 2000, 779 ff; *Wiese*, DB 2000, 1901 ff; vgl. für den VVaG *Lüer*, VersR 2000, 407 ff; zur japanischen Corporate Governance vgl. *Blies*, DB 1999, 1969 ff; zur Einrichtung von Audit Committees siehe *Langenbucher*/Blaum, DB 1994, 2197 ff; Coenenberg/*Reinhart/Schmitz*, DB 1997, 989 ff; *Lück*, DB 1999, 441 ff; *Niehus*, DB 1999, 1765 ff; Arbeitskreis „Externe und interne Überwachung der Unternehmung" der Schmalenbach-Gesellschaft für Betriebswirtschaft e. V., Prüfungsausschüsse in deutschen Aktiengesellschaften, DB 2000, 2281 ff. Inzwischen hat die Grundsatzkommission Corporate Governance, bestehend aus den Herren Prof. Dr. *Theodor Baums*, Prof. Dr. *Dieter Feddersen*, *Ulrich Hartmann*, *Robert Koehler*, *Ulrich Hocker*, Prof. Dr. *Rolf Nonnenmacher*, Prof. Dr. *Rüdiger von Rosen*, *Kim Schindelhauer*, Prof. Dr. *Uwe H. Schneider*, *Christian Strenger*, Corporate Governance-Grundsätze („Code of Best Practice") für börsennotierte Gesellschaften im Januar 2000 verlautbart (abgedruckt NZG 2000, 333 ff = WM 2000, 492 ff = DB 2000, 238 ff = AG 2000, 109 ff) und durch *Uwe H. Schneider/Strenger*, AG 2000, 106 ff, kommentiert. Ferner hat der Berliner Initiativkreis German Code of Corporate Governance am 6. 6. 2000 den German Code of Corporate Governance (GCCG) vorgelegt (abgedruckt DB 2000, 1573 ff) und durch *Peltzer/v. Werder*, AG 2001, 1 ff, kommentiert. Zur rechtlichen Einordnung der Corporate Governance-Grundsätze siehe *Claussen/Bröcker*, AG 2000, 481 ff. Zum Zweck der Corporate Governance-Grundsätze eingehend *Uwe H. Schneider*, DB 2000, 2413 ff; *Kallmeyer*, in: Festschrift für Martin Peltzer, 2001, S. 205 ff. Aus der Sicht der Unternehmenspraxis siehe *Sünner*, AG 2000, 492 ff. Zum Fragenkatalog der Regierungskommission „Corporate Governance: Unternehmensführung – Unternehmenskontrolle – Modernisierung des Aktienrechts" siehe die Stellungnahme des IDW, WPg 2000, 1027 ff, und des Deutschen Anwaltsvereins e. V., NZG 2001, 181 ff.

[87] Vgl. *Röller*, AG 1994, 333 ff; *Scheffler*, FAZ Nr. 246 vom 22. 10. 1994, S. 16; *Schilling*, FAZ Nr. 199 vom 27. 8. 1994, S. 11; *Theisen*, WPg 1994, 809 ff; *Baums*, ZIP 1995, 11 ff; *Bernhardt*, ZHR 159 (1995), 310 ff; *Lück* u. a., Grundsätze ordnungsmäßiger Aufsichtsratstätigkeit – ein Diskussionspapier, DB 1995, 1 ff; *Lutter*, DB 1995, 1925 f; *Potthoff*, DB 1995, 163 f; *Rürup*, AG 1995, 219 ff; *Theisen*, AG 1995, 193 ff; *Trescher*, DB 1995, 661 ff; *Deckert*, ZIP 1996, 985 ff; *Thomas Raiser*, NJW 1996, 552 ff; *Sethe*, AG 1996, 289 ff; *Albach*, ZGR 1997, 32 ff; *Theisen/Salzberger*, DB 1997, 105 ff; *Thümmel*, DB 1997, 1117 ff; *Lück*, FAZ Nr. 272 vom 23. 11. 1998, S. 39; *Keßler*, in: Festschrift für Horst Baumann, 1999, S. 153 ff; *Reuter*, DB 1999, 2250 ff; *Schiessl*, AG 1999, 442, 448 f; *Schilling*, FAZ Nr. 107 vom 10. 5. 1999, S. 35; *Theisen*, DB 1999, 341 ff; *Thümmel*, DB 1999, 885 ff; *Ulmer*, ZGR 1999, 751, 761 ff; *von Werder*, DB 1999, 2221 ff; *Deilmann*, in: Festschrift für Otto Sandrock, 2000, S. 165 ff; *Henze*, BB 2000, 209 ff; *Kau/Kukat*, BB 2000, 1045 ff; *Scheffler*, DB 2000, 433 ff; *Thümmel*, DB 2000, 461 ff.

[88] Vgl. *Theisen*, WPg 1994, 809 ff; *Dörner/Oser*, DB 1995, 1085 ff; *Forster*, AG 1995, 1 ff; *Schwegler*, BB 1995, 1683 ff; *Bischof/Oser*, WPg 1998, 539 ff; *Dörner*, DB 1998, 1 ff; *derselbe*, WPg 1998, 302 ff; *Hommelhoff*, BB 1998, 2567 (I), 2625 (II); *Ludewig*, WPg 1998, 595 ff; *Meßmer*, VW 1998, 1133 ff; *Schindler/Rabenhorst*, BB 1998, 1886 (I), 1939 (II); *Schüppen*, DB 1998, 1317 ff; *Westerfelhaus*, DB 1998, 2078 f; *Escher-Weingart*, NZG 1999, 909 ff; *Forster*, AG 1999, 193 ff; *Mattheus*, ZGR 1999, 682 ff; *Peemöller/Finsterer/Mahler*, DB 1999, 1565 ff; *Dörner*, DB 2000, 101 ff; *Hoffmann*, DB 2000, 485, 489 f; *Ludewig*, DB 2000, 634 ff; *Lück*, DB 2000, 333 ff; *Ziemons*, DB 2000, 77 ff.

[89] *Thümmel/Sparberg*, DB 1995, 1013 ff; *Hendricks*, VW 1996, 566 ff; *derselbe*, VW 1997, 1520 ff; *Sieg*, BB 1996, 71, 74; *Lattwein/Krüger*, VW 1997, 1366 ff; *Müller/Schaaf*, VW 1997, 1593 ff; *Heitmann*, VW 1999, 1076 ff; *Jula*, in: Festschrift für Horst Baumann, 1999, S. 119 ff; *Rieger-Goroncy*, NVersZ 1999, 247 ff; *Schilling*, VW 1999, 1074 f; *Feddersen*, AG 2000, 385, 394; *Kästner*, AG 2000, 113 ff; *Lattwein/Krüger*, NVersZ 2000, 365 ff; *Mertens*, AG 2000, 447 ff; Vetter, AG 2000, 453 ff; *Hendricks*, VW 2001, 1041 ff; *Jungblut/Meßmer*, ZfV 2001, 705 ff.

um die Errichtung eines Systems zur frühzeitigen Erkennung unternehmensbedrohender Risiken erweitert hat, erfreuen sich die Themen Frühwarnsystem[90] und Risikomanagement[91] steigenden Interesses. Die Aufsichtsbehörden verlautbarten die ersten Hinweise[92]. Mit Einführung des § 297 Abs. 1 Satz 2 HGB durch das KonTraG befaßt sich das Schrifttum zunehmend mit der Kapitalflußrechnung und der Segmentberichterstattung[93].

b) Auswirkungen des KonTraG auf den großen VVaG. Für Versicherungsvereine auf Gegenseitigkeit, die nicht kleinere Vereine im Sinne des § 53 Abs. 1 Satz 1 VAG sind, gelten einige, aber nicht alle neuen Vorschriften des Aktiengesetzes aufgrund von Verweisungen der §§ 34 bis 36b VAG. Diese Verweisungsvorschriften sind zu beachten, auch wenn der Gesetzgeber im Gesetzgebungsverfahren zum KonTraG die Rechtswirkungen auf die Versicherungsvereine auf Gegenseitigkeit nicht erörtert hat[94].

Nach § 35 Abs. 3 VAG sind insbesondere die Vorschriften über die Doppelanrechnung von Aufsichtsratsvorsitzen auf die Höchstzahl von Aufsichtsratsmandaten und über die Beauftragung des Abschlußprüfers (§§ 100 Abs. 2, 111 Abs. 2 AktG) zu beachten.

Hinsichtlich der Anzahl der Aufsichtsratssitzungen (§ 110 Abs. 3 AktG) ergeben sich grundsätzlich keine Änderungen gegenüber der bisherigen Rechtslage, da eine analoge Anwendung der Regelung für börsennotierte Gesellschaften auf große VVaG ausscheidet[95].

Ferner sind gemäß § 36 VAG auch die geänderten Vorschriften über Hinweise in der Mitteilung zur Einberufung der Hauptversammlung (§§ 124 Abs. 3 Satz 3 und 125 Abs. 1 AktG) entsprechend anwendbar.

---

[90] *Jacob*, WPg 1998, 1043ff; *Endres*, ZHR 163 (1999), 441, 451f; Drygala/*Drygala*, ZIP 2000, 297ff; *Gleißner/Füser*, DB 2000, 933ff; *Holst/Holtkamp*, BB 2000, 815ff.

[91] Vgl. *Weitekamp*, VW 1997, 1756ff; *Giese*, WPg 1998, 451ff; *Kromschröder/Lück*, DB 1998, 1573ff; *Lück*, DB 1998, 1925ff; *Vogler/Gundert*, DB 1998, 2377ff; *Blass*, ZfV 1999, 297ff; *Bockslaff*, NVersZ 1999, 104ff; *Endres*, ZHR 163 (1999), 441, 452; *Fischer*, ZfV 1999, 292ff; *Füser/Gleißner/Meier*, DB 1999, 753; *Hermann*, VW 1999, 1069ff; *Kuhl/Nickel*, DB 1999, 133ff; *Lück*, FAZ Nr. 20 vom 25. 1. 1999, S. 29; *Pollanz*, DB 1999, 1277ff; *Claussen/Korth*, in: Festschrift für Marcus Lutter, 2000, S. 327ff; *Eggemann/Konradt*, DB 2000, 503ff; *Lück*, DB 2000, 1473ff; *Vogler/Engelhard/Gundert*, DB 2000, 1425ff; *Weber*, BB 2000, 1931, 1934f; *Brooks*, in: Festschrift für Martin Peltzer, 2001, S. 27ff.

[92] Vgl. die Verlautbarung des BAV zur Auswirkung vertraglicher Abweichungen von § 172 VVG auf die Kalkulation der Deckungsrückstellung und das interne Kontrollsystem in der Lebensversicherung, VerBAV 2000, 63. Siehe auch die Anfrage des BAV vom 28. 7. 1998, abgedruckt in VerBAV 1998, 183, betreffend das Rundschreiben des BAV R 1/98 vom 5. 1. 1998 (VerBAV 1998, 3) zur EDV-Umstellung zum Jahrhundertwechsel („Jahr-2000-Problem"). Dieses Problem fand im Schrifttum große Beachtung, vgl. z. B. *Koch*, ZIP 1998, 1748ff; *Bartl*, NJW 1999, 2144ff; *Endres*, ZHR 163 (1999), 441, 453; *Heckroth*, DB 1999, 702ff; *Heussen/Damm*, BB 1999, 481ff; *Hohmann*, NJW 1999, 521ff; *Nietzer/Stadie*, MDR 1999, 396; *Vonnemann*, DB 1999, 1049ff. Das BAV verlangte daher mit Rundschreiben R 4/99 vom 30. 11. 1999, daß von den unter seiner Aufsicht stehenden Versicherungsunternehmen mit Blick auf das sog. Jahr-2000-Problem alle Störungen angezeigt werden (VerBAV 2000, 3).

[93] Zur Auswirkung für die Versicherer siehe *Claussen*, ZGR 1999, 499, 522, 532. Siehe ferner *Böcking/Orth*, DB 1998, 1873, 1874f; *Böcking/Benecke*, WPg 1999, 839ff; *Naumann*, BB 1999, 2288ff; *Strobel*, DB 1999, 2017ff; *v. Wysocki*, DB 1999, 2373ff; *Coenenberg/Mattner*, BB 2000, 1827ff; *Hacker/Dobler*, WPg 2000, 811ff; *Mujkanovic*, AG 2000, 122ff; *Stahn*, DB 2000, 233ff; *Kirsch*, DB 2001, 1513.

[94] Siehe hierzu *Diehl*, VersR 1998, 1465ff.

[95] Vgl. GDV, in: KonTraG aaO (Fn. 85), S. 11f; a. A. *Diehl*, VersR 1998, 1465, 1468.

Seit der Neufassung des § 129 Abs. 1 AktG, auf den § 36 VAG unverändert verweist, kann sich die oberste Vertretung eine Geschäftsordnung geben[96].

Die erleichterte Geltendmachung von Ersatzansprüchen (§ 147 Abs. 3 AktG) gilt für Versicherungsvereine auf Gegenseitigkeit gemäß § 36 VAG in der Modifikation des § 36b VAG.

Weiterhin gelten über die Verweisungskette der §§ 16 VAG, 341a Abs. 4 HGB die Änderungen der §§ 170, 171 AktG und nach §§ 16 VAG, 341k Abs. 1 HGB auch § 321 Abs. 5 Satz 2 HGB, wonach künftig der Aufsichtsrat zur Entgegennahme des Jahresabschlußberichts zuständig ist und der Jahresabschlußprüfer an der entsprechenden Sitzung des Aufsichtsrats oder eines Ausschusses teilzunehmen hat.

§ 337 Abs. 1 AktG (Vorlage des Konzernabschlusses an den Aufsichtsrat und Aushändigung an die einzelnen Aufsichtsratsmitglieder) gilt nach §§ 16 VAG, 341j Abs. 3 HGB.

Für die Neuregelungen im Bereich der Rechnungslegung enthält § 16 VAG eine allgemeine Verweisungsnorm.

Die weiteren gesellschaftsrechtlichen Neuerungen des KonTraG sind mangels Verweisungsvorschriften nicht auf Versicherungsvereine auf Gegenseitigkeit anwendbar. Dies gilt gleichermaßen für die die Aktiengesellschaften betreffenden gesellschaftsrechtlichen Neuerungen des Gesetzes zur Verbesserung der Wettbewerbsfähigkeit deutscher Konzerne an Kapitalmärkten und zur Erleichterung der Aufnahme von Gesellschafterdarlehen (Kapitalaufnahmeerleichterungsgesetz – KapAEG), das am 25. 4. 1998 in Kraft trat[97]. Seit Inkrafttreten des KapAEG können deutsche börsennotierte Kapitalgesellschaften ihren Konzernabschluß gemäß dem neuen § 292a HGB auch nach entsprechenden internationalen Vorschriften aufstellen[98]. Auch nicht börsennotierte Gesellschaften haben nach dem am 9. 3. 2000 in Kraft getretenen Gesetz zur Durchführung der Richtlinie des Rates der Europäischen Union zur Änderung der Bilanz- und der Konzernbilanzrichtlinie hinsichtlich ihres Anwendungsbereiches (90/605/EWG), zur Verbesserung der Offenlegung von Jahresabschlüssen und zur Änderung anderer handelsrechtlicher Bestimmungen (Kapitalgesellschaften- und Co-Richtlinie-Gesetz – KapCoRiLiG) vom 16. 12. 1999[99] unter den aufgezeigten Voraussetzungen die Möglichkeit, einen Konzernabschluß mit befreiender Wir-

---

[96] Siehe dazu für die AG: *Seibert*, BB 1998, 2536, 2537; *Bachmann*, AG 1999, 210ff; *Hennerkes/Kögel*, DB 1999, 81ff; *Schaaf*, ZIP 1999, 1339ff.

[97] BGBl I 1998, 707. Dazu *Gelhausen/Mujkanovic*, AG 1997, 337ff; *Oestreicher/ Spengel*, DB 1997, 1725ff; *Ernst*, WPg 1998, 1025ff; *Heider*, AG 1998, 1ff.

[98] Siehe hierzu *Buhleier/Helmschrott*, BB 1997, 775ff; *Schön*, ZHR 161 (1997), 133ff; *Beine/Porstmann*, BB 1998, 995ff; *Maser*, VW 1998, 876ff (I), 976ff (II); *Van Hulle*, WPg 1998, 138ff; *Beisse*, BB 1999, 2180ff; *Großfeld*, NZG 1999, 1143ff; *Henssler/Slota*, NZG 1999, 1133ff; *Schildbach*, DB 1999, 1813ff; *Strobel*, BB 1999, 1647ff; *Baetge/Thiele/Plock*, DB 2000, 1033ff; *Böcking/Orth/Brinkmann*, WPg 2000, 216ff; *Hütten/Brakensiek*, BB 2000, 870ff; *Kölschbach*, VW 2000, 432ff; *Küting*, BB 2000, 451ff; *Küting/Müller/Pilhofer*, WPg 2000, 257ff; *Weber*, NJW 2000, 3461f; *Wollmert/Oser*, DB 2000, 729ff; IDW Stellungnahme zur Rechnungslegung: Einzelfragen zur Anwendung von IAS (IDW RS HFA 2), WPg 1999, 591ff; WPg 2000, 240ff.

[99] BGBl I 2000, 154. Zum Gesetzentwurf siehe *Göhner*, BB 1999, 1914ff; *Strobel*, GmbHR 1999, 1117ff; *Theile*, BB 2000, 555ff.

kung nach international anerkannten Grundsätzen aufzustellen[100]. Große Versicherungsvereine auf Gegenseitigkeit werden, wenn die gesetzlichen Voraussetzungen erfüllt werden können, von diesen Erleichterungen je nach geschäftspolitischer Notwendigkeit Gebrauch machen, insbesondere wenn dies internationale Verflechtungen gebieten[101].

14. Gesetz zur Einführung des Euro (Euro-Einführungsgesetz – EuroEG) vom 9. Juni 1998

Die „Verordnung über die Einführung des Euro"[102], die am 1. 1. 1999 in Kraft trat, bildet das gesetzliche Rahmenwerk dafür, daß seit dem 1. 1. 1999 der Euro die Währung der elf teilnehmenden Mitgliedstaaten[103] ist[104]. Die Umrechnungs- und Rundungsregeln für die Umstellung von der bisherigen nationalen Währung, z.B. der DM, auf den Euro sind durch die Euro-Vorbereitungs-Verordnung[105] festgelegt. Bei der Umstellung von der DM auf den Euro handelt es sich um keine Währungsreform, sondern um eine Währungsumstellung[106]. Die Einführung des Euro erweitert die Marktchancen und führt damit zu einer Intensivierung des Wettbewerbs[107]. Mit dem Gesetz zur Einführung des Euro (Euro-Einführungsgesetz – EuroEG) vom 9. 6. 1998 wurden in Deutschland die rechtlichen Voraussetzungen für die Einführung der Eurowährung geschaffen[108]. Die Einführung des Euro hat vielfältige Auswirkungen, z.B. auf die vertraglichen Schuldverhältnisse[109], die

---

[100] Vgl. *Bitter/Grashoff*, DB 2000, 833, 836; *Strobel*, DB 2000, 53, 59; *Weber*, NJW 2000, 3461, 3462; *Zimmer/Eckhold*, NJW 2000, 1361, 1366.

[101] Vgl. *Görg/Kölschbach*, BB 2000, 607ff.

[102] Verordnung (EG) Nr. 974/98 des Rates vom 3. 5. 1998 über die Einführung des Euro, AblEG Nr. L 139 vom 11. 5. 1998, S. 30 = EuZW 1998, 402ff; zur Vorgeschichte siehe *von Borries/Repplinger-Hach*, NJW 1996, 3111ff; *Schefold*, Sonderbeilage Nr. 4/1996 zu WM Nr. 47 vom 23. 11. 1996; *Uwe H. Schneider*, DB 1996, 2477ff; *Schorkopf*, NJW 2001, 3734ff; *Wagner*, NJW 2001, 3743ff.

[103] Bei den Mitgliedstaaten handelt es sich um Belgien, Deutschland, Finnland, Frankreich, Irland, Italien, Luxemburg, Niederlande, Österreich, Portugal und Spanien.

[104] Die Einführung des Euro wird sich in drei Phasen vollziehen: Am 1. 1. 1999 verlieren die nationalen Währungen der teilnehmenden Mitgliedstaaten ihren Status als autonome Währungen und existieren nur noch als nationale Denominationen der einheitlichen Währung Euro fort. In einer Übergangsphase bis zum 31. 12. 2001 ist eine parallele Verwendung von Euro und dessen nationalen Denominationen möglich. Spätestens ab dem 1. 1. 2002 ist das Buchgeld vollständig auf Euro umgestellt. Die Umstellung beim Bargeldumlauf erfolgt bis zum 30. 6. 2002. Siehe dazu *Brödermann*, MDR 1997, 1096ff; *Waigel*, WM 1997, 1322ff; *Dierdorf*, NJW 1998, 3145ff; *Klanten*, NJW 1998, 3152ff. Zur Verfassungsmäßigkeit der Euro-Einführung vgl. den Beschluß des BVerfG vom 31. 3. 1998–2 BvR 1877/97 und 2 BvR 50/98, ZIP 1998, 733ff.

[105] Verordnung (EG) Nr. 1103/97 des Rates vom 17. 6. 1996 über bestimmte Vorschriften im Zusammenhang mit der Einführung des Euro, AblEG Nr. L 162 vom 19. 6. 1997, S. 1; zur Vorgeschichte siehe *von Borries/Repplinger-Hach*, NJW 1996, 3111ff; *Schefold*, Sonderbeilage Nr. 4/1996 zu WM Nr. 47 vom 23. 11. 1996; *Uwe H. Schneider*, DB 1996, 2477ff; *IDW*, WPg 1998, 69ff.

[106] Vgl. *Scheffler*, NJW 1998, 3174.

[107] Vgl. *Präve*, Auswirkungen der europäischen Währungsunion auf die Versicherungswirtschaft, 1996, S. 25; *derselbe*, VW 1999, 6, 10.

[108] BGBl I 1998, 1242; dazu und zur Vorgeschichte siehe *Baukelmann*, BRAK-Mitt. 1998, 2ff; *Dierdorf*, NJW 1998, 3145ff; *Dittrich*, NJW 1998, 1269ff; *Geyrhalter*, BB 1998, 905ff; *Hakenberg*, BB 1998, 1491ff; *Rehbein*, WM 1998, 997ff.

[109] Siehe dazu *Entzian/Linden*, VersR 1997, 1182ff; *Geiger*, VersR 1997, 1436ff; *Hafke*, WM 1997, 693ff; *Renger*, WM 1997, 1873ff; *Präve*, VW 1997, 298, 300ff; *Rupprecht*, VW 1997, 306, 308f; *Sandrock*, Beilage 9 zu BB Heft 31 vom 31. 7. 1997; *Valcárcel*, VW 1997, 1069f; *Clausius*,

Rechnungslegung einschließlich Steuerrecht[110], das Gesellschaftsrecht[111] und die Produktgestaltung[112].

15. Gesetz zur Änderung des Versicherungsaufsichtsgesetzes, insbesondere zur Durchführung der EG-Richtlinie 98/78/EG vom 27. Oktober 1998 über die zusätzliche Beaufsichtigung der einer Versicherungsgruppe angehörenden Versicherungsunternehmen sowie zur Umstellung von Vorschriften auf Euro vom 21. Dezember 2000

Das Gesetz zur Änderung des Versicherungsaufsichtsgesetzes, insbesondere zur Durchführung der EG-Richtlinie 98/78/EG vom 27. Oktober 1998 über die zusätzliche Beaufsichtigung der einer Versicherungsgruppe angehörenden Versicherungsunternehmen sowie zur Umstellung von Vorschriften auf Euro vom 21. Dezember 2000 wurde am 27. Dezember 2000 im Bundesgesetzblatt verkündet und trat mit Ausnahme der Änderung der §§ 54, 54a VAG sowie der die Umstellung von Zwangs- und Bußgeldern auf Euro betreffenden Vorschriften, die erst zum 1. Januar 2002 in Kraft treten, am Tag nach seiner Verkündung am 28. Dezember 2000 in Kraft[113]. Kernstück des Artikelgesetzes ist die Änderung des Versicherungsaufsichtsgesetzes zwecks Umsetzung der im Titel (des Gesetzes) genannten EG-Richtlinie (sog. Gruppenrichtlinie)[114]. Mit der VAG-Novelle 2000/2001 hat der Gesetzgeber aber auch weitere für das Gesellschaftsrecht der VVaG bedeutsame Änderungen beschlossen.

Während es bisher genügte, die Bestellung eines Geschäftsleiters der Aufsichtsbehörde unverzüglich unter Angabe der Tatsachen, die für die Beurteilung der Zuverlässigkeit und fachlichen Eignung wesentlich sind, anzuzeigen, löst nunmehr bereits die Absicht, einen Geschäftsleiter bestellen zu wollen, die Anzeigepflicht aus (vgl. § 13d Nr. 1 VAG). Dies gilt gleichermaßen für den Entzug der Befugnis zur Vertretung des Versicherungsunternehmens (so nunmehr § 13d Nr. 2 VAG). Der Gesetzgeber hat damit die Geschäftsleiterkontrolle verschärft[115].

Mit der VAG-Novelle 2000/2001 hat der Gesetzgeber die Befugnisse der Aufsichtsbehörde für den Fall erweitert, daß ein Versicherungsunternehmen einen Bedingungsänderungstreuhänder einsetzen will. Künftig muß der Aufsichtsbe-

---

NJW 1998, 3148ff; *Schefold*, NJW 1998, 3155ff; *Schmidt-Räntsch*, ZIP 1998, 2041ff; *derselbe*, NJW 1998, 3166.

[110] Siehe dazu z.B. Positionspapier des HFA zu wesentlichen Rechnungslegungsfragen im Zusammenhang mit der Einführung des Euro, WPg 1997, 400ff; Erläuterungen der Europäischen Kommission zur Einführung des Euro in der Rechnungslegung, WPg 1997, 450ff; *Ellerbusch*, DB 1997, 2085ff; *Schmitz*, DB 1997, 1480ff; *Plewka/Schmidt*, NJW 1998, 3171ff; *Scheffler*, NJW 1998, 3174ff.

[111] Siehe dazu *Uwe H. Schneider/Sünner*, DB 1996, 817ff; *Schürmann*, DB 1997, 1381ff; *Uwe H. Schneider*, NJW 1998, 3158ff; *Schürmann*, NJW 1998, 3162ff; *Theile/Köhler*, GmbHR 1999, 516ff; *Heidinger*, NZG 2000, 532f.

[112] Siehe dazu *Schmidt-Kessel*, WM 1997, 1732ff; *Barbitsch/Simeonoff*, ZfV 1998, 87ff. Zur Preisauszeichnung während der Währungsumstellung siehe *Uwe H. Schneider*, DB 1997, 1265ff; *Brandi-Dohrn/Donle*, BB 1998, 2121ff; *Hoß/Laschet*, MDR 1999, 726ff.

[113] BGBl I 2000, 1857; dazu *Fricke*, NVersZ 2001, 97ff; eingehend *Präve*, VersR 2001, 133ff.

[114] So die Begründung zum Gesetzentwurf der Bundesregierung, Bundesrat-Drucksache 534/00, S. 1.

[115] Zutreffend *Präve*, VersR 2001, 133, 136.

hörde auch ein Bedingungsänderungstreuhänder vor seiner Bestellung angezeigt werden. Unter bestimmten Voraussetzungen kann die Aufsichtsbehörde sogar die Bestellung einer anderen Person verlangen bzw. die Bestellung des Bedingungsänderungstreuhänders selbst vornehmen (§§ 11b Satz 3, 12b Abs. 4 Satz 2 bis 4 VAG).

In Bereinigung einer redaktionellen Auslassung des Dritten Durchführungsgesetzes/EWG zum VAG wird die Bestellung und Entlassung des Verantwortlichen Aktuars von der Zustimmung des Aufsichtsrats abhängig gemacht[116]. Die Zustimmung des Aufsichtsrats erweist sich vergleichbar dem Treuhänder für den Deckungsstock als notwendig, damit nicht der Vorstand über die Personalauswahl einen der Funktion des Verantwortlichen Aktuars zuwiderlaufenden Einfluß nehmen kann[117], Der Gesetzgeber will damit der Kontrollfunktion des Verantwortlichen Aktuars Rechnung tragen[118].

§ 36 VAG hat der Gesetzgeber an die durch das Gesetz für kleine Aktiengesellschaften und zur Deregulierung des Aktienrechts geänderte Rechtslage angepaßt[119]. Die durch dieses Gesetz neu eingefügten und für alle Aktiengesellschaften geltenden Absätze von § 121 AktG sind auch einer entsprechenden Anwendung auf die oberste Vertretung eines Versicherungsvereins auf Gegenseitigkeit zugänglich, deren Mitglieder den Aktionären insoweit gleich stehen[120].

Aufgrund des Gesetzes für kleine Aktiengesellschaften und zur Deregulierung des Aktienrechts waren Versicherungsvereine auf Gegenseitigkeit durch eine Ergänzung des § 130 AktG infolge der in § 36 VAG enthaltenen Bezugnahme in eine Regelung einbezogen worden, wonach für den Beschluß der Hauptversammlung einer Aktiengesellschaft, deren Aktien nicht zum Börsenhandel zugelassen sind, statt einer notariellen Niederschrift eine vom Vorsitzenden des Aufsichtsrats zu unterzeichnende Niederschrift ausreicht[121]. Diese durch das Gesetz für kleine Aktiengesellschaften und zur Deregulierung des Aktienrechts erfolgte Ergänzung des § 130 AktG hat der Gesetzgeber nunmehr für große Versicherungsvereine auf Gegenseitigkeit eingeschränkt, da diese Regelung für die oberste Vertretung großer Versicherungsvereine auf Gegenseitigkeit nicht paßt, da mit der damaligen Neuregelung lediglich erreicht werden sollte, daß nur kleine, nicht börsennotierte Aktiengesellschaften in den Genuß gewisser Erleichterungen kommen sollten[122]. Mit der jetzt erfolgten Einschränkung der Bezugnahme auf § 130 AktG in § 36 VAG hat der Gesetzgeber verdeutlicht, daß lediglich bei kleineren Versicherungsvereinen auf Gegenseitigkeit eine notarielle Beurkundung der Versammlungen der obersten Vertretung nicht erforderlich ist (§ 53 Abs. 2 VAG i.V.m. § 32 BGB)[123].

---

[116] Vgl. die Begründung zum Gesetzentwurf der Bundesregierung, BR-Drucks. 534/00, S. 71.
[117] So die Begründung zum Gesetzentwurf der Bundesregierung, BR-Drucks. 534/00, S. 71/72.
[118] Vgl. die Begründung zum Gesetzentwurf der Bundesregierung, BR-Drucks. 534/00, S. 71.
[119] So die Begründung zum Gesetzentwurf der Bundesregierung, BR-Drucks. 534/00, S. 77.
[120] Vgl. die Begründung zum Gesetzentwurf der Bundesregierung, BR-Drucks. 534/00, S. 77.
[121] Vgl. die Begründung zum Gesetzentwurf der Bundesregierung, BR-Drucks. 534/00, S. 77.
[122] Vgl. die Begründung zum Gesetzentwurf der Bundesregierung, BR-Drucks. 534/00, S. 77.
[123] Vgl. die Begründung zum Gesetzentwurf der Bundesregierung, BR-Drucks. 534/00, S. 77.

16. Gesetz zur Namensaktie und zur Erleichterung der Stimmrechtsausübung (Namensaktiengesetz – NaStraG) vom 18. Januar 2001

Das Gesetz zur Namensaktie und zur Erleichterung der Stimmrechtsausübung (Namensaktiengesetz – NaStraG) vom 18. Januar 2001 wurde am 18. Januar 2001 im Bundesgesetzblatt verkündet und trat mit Ausnahme von Artikel 1 Nr. 3, der mit Wirkung vom 1. Januar 2000 in Kraft tritt, am 25. Januar 2001 in Kraft[124]. Das NaStraG ist in erster Linie von Bedeutung für große Versicherungsvereine auf Gegenseitigkeit, die an Aktiengesellschaften beteiligt sind.

Durch die Änderungen des Aktienrechts, die hier nicht in aller Vollständigkeit dargestellt werden sollen, werden veraltete Regelungen zur Namensaktie den heutigen technischen Erfordernissen der Girosammelverwahrung, der elektronischen Führung von Aktienregistern und den datenschutzrechtlichen Erfordernissen zum Aktienregister angepaßt. Hinsichtlich der Stimmrechtsausübung werden Inhaber- und Namensaktie weitgehend gleichgestellt. Das Aktienrecht wird zugleich für neue Informationstechnologien, die unter anderem Erleichterungen der Stimmrechtsausübung und der Vollmachtserteilung betreffen, geöffnet.

Unmittelbare Bedeutung hat hingegen die Änderung des § 108 Abs. 4 AktG, da diese Vorschrift kraft Verweisung in § 35 Abs. 3 VAG auch für den großen Versicherungsverein auf Gegenseitigkeit gilt. Aufgrund der Neufassung des § 108 Abs. 4 AktG sind schriftliche, fernmündliche oder andere vergleichbare Formen der Beschlußfassung des Aufsichtsrats und seiner Ausschüsse vorbehaltlich einer näheren Regelung durch die Satzung oder eine Geschäftsordnung des Aufsichtsrats nur zulässig, wenn kein Mitglied diesem Verfahren widerspricht. Die Umsetzung der neuen Vorschrift wird durch den unklaren Wortlaut erschwert. Geht man vom Gesetzeswortlaut aus, ist es nicht zulässig, das Widerspruchsrecht des einzelnen Aufsichtsratsmitglieds organisationsrechtlich einzuschränken.

17. Gesetz zur Reform der gesetzlichen Rentenversicherung und zur Förderung eines kapitalgedeckten Altersvorsorgevermögens (Altersvermögensgesetz – AVmG) vom 26. Juni 2001

Das Gesetz zur Reform der gesetzlichen Rentenversicherung und zur Förderung eines kapitalgedeckten Altersvorsorgevermögens (Altersvermögensgesetz – AVmG) vom 26. Juni 2001 wurde am 29. Juni 2001 im Bundesgesetzblatt verkündet und trat am 1. Januar 2002 in Kraft, soweit in Artikel 35 Absatz 2 bis 8 nicht etwas anderes bestimmt ist[125]. Durch das Altersvermögensgesetz wurde ein

[124] BGBl I 2001, 123; dazu *Goedecke/Heuser*, BB 2001, 369ff; *Noack*, DB 2001, 27ff. Zur Vorgeschichte siehe den Entwurf zum NaStraG, abgedruckt ZIP 2000, 938ff, und erläutert von *Seibert*, ZIP 2000, 937f. Zu diesem Gesetzentwurf siehe die Stellungnahme des Handelsrechtsausschusses des Deutschen Anwaltsvereins e.V., abgedruckt NZG 2000, 443ff, und ferner *Zätzsch/Gröning*, NZG 2000, 393ff; *Hüther*, AG 2001, 68ff; *Müller/Nelißen*, GmbHR 6/2001, R 97f.

[125] BGBl I 2001, 1310; zu den Zielen und Inhalten des Gesetzes siehe aus dem umfangreichen Schrifttum vor allem *Andresen*, BetrAV 2001, 444ff; *Blomeyer*, BetrAV 2001, 430ff; *derselbe*, BetrAV 2001, 501ff; *Gohdes/Haferstock/Schmidt*, DB 2001, 1558ff = BetrAV 2001, 496ff; *Greve*, BetrAV 2001, 448ff; *Heubeck*, in: Aktuelle Entwicklungen in der betrieblichen Altersversorgung, Beilage Nr. 5/2001 zu Heft Nr. 24 vom 15. 6. 2001, S. 2ff; *Höfer*, DB 2001, 1145ff = BetrAV 2001, 314ff; *Niermann*, BetrAV 2001, 511ff.

neuer Durchführungsweg der betrieblichen Altersversorgung in Gestalt der Pensionsfonds eingeführt (vgl. Artikel 10 AVmG). Als mögliche Rechtsformen des Pensionsfonds sind nur die Aktiengesellschaft und der Pensionsfondsverein auf Gegenseitigkeit vorgesehen (§ 113 Abs. 2 Nr. 3 VAG 2001). Der vom Gesetz den Pensionsfonds zugeteilte Charakter eines versicherungsförmigen Durchführungsweges bestätigt den Eindruck, daß die als Vorbild angesehenen US-amerikanischen Pensionsfonds mit dem neuen „Produkt" wenig gemeinsam haben[126].

---

[126] So wörtlich *Blomeyer,* BetrAV 2001, 430, 433.

Zweiter Abschnitt
Die Rechtsform des Versicherungsvereins auf Gegenseitigkeit

Kapitel 3
Der Versicherungsverein auf Gegenseitigkeit als Rechtsform sui generis des Gesellschaftsrechts

I. Rechtsgrundlagen

1. Die gesetzliche Regelung der Rechtsform

Gegenstand des Rechts des Versicherungsvereins auf Gegenseitigkeit sind die großen und die kleineren Versicherungsvereine auf Gegenseitigkeit. Diese Versicherungsvereine haben ihre Rechtsgrundlagen in besonderen bundesgesetzlichen Vorschriften, die sich für den großen Versicherungsverein auf Gegenseitigkeit in den §§ 15 bis 52 VAG und den kleineren Versicherungsverein auf Gegenseitigkeit in den §§ 53 bis 53b VAG finden.

Der Unterschied zwischen beiden Unternehmensformen besteht darin, daß der kleinere Versicherungsverein auf Gegenseitigkeit „bestimmungsgemäß einen sachlich, örtlich oder dem Personenkreise nach eng begrenzten Wirkungskreis" hat, vgl. § 53 Abs. 1 Satz 1 VAG[1].

Der Gesetzgeber stellt mit dem großen und kleineren Versicherungsverein auf Gegenseitigkeit eine „Rechtsform eigener Art für Versicherungsgeschäfte" zur Verfügung[2].

Kennzeichnend für den großen Versicherungsverein auf Gegenseitigkeit ist, daß vor allem solche Vorschriften des Aktiengesetzes für den großen Versicherungsverein auf Gegenseitigkeit entsprechend gelten, die die Entscheidungsorganisation betreffen. In Anlehnung an eine Formulierung, die Karsten Schmidt[3] zu verdanken ist, kann von der „AG-Ähnlichkeit" der Verbandsorganisation und Beschlußprozedur des großen Versicherungsvereins auf Gegenseitigkeit gesprochen werden.

Ob über die speziellen Vorschriften im VAG hinaus auf den großen Versicherungsverein auf Gegenseitigkeit die bürgerlichrechtlichen Vorschriften des Vereinsrechts anzuwenden sind, wird bezweifelt[4]. Das übrige Schrifttum geht davon aus, daß neben den speziellen Vorschriften der §§ 15 VAG bis 52 VAG die vereinsrechtlichen Bestimmungen der §§ 21 BGB bis 53 BGB gelten, soweit das VAG nicht selbst schon vorrangige Regelungen enthält[5]. Insoweit wird zutref-

---

[1] Siehe dazu *von Wick/Greve*, VerBAV 1993, 288 ff; *Heidelbach*, 1994, S. 27 ff.

[2] So *Farny*, Mutualité 1/1977, 81; *derselbe*, VW 1975, 91.

[3] Siehe *Karsten Schmidt*, in: Festschrift für Walter Stimpel, 1985, S. 231; ähnlich *Geithe*, VersR 1958, 503.

[4] *Bruck*, 1930, S. 91.

[5] Vgl. *Sievers*, ZHR 48 (1899), 576; *Wörner*, Leipziger Zeitschrift 1908, Sp. 293; *Manes-Hagen*, 3. Auflage, 1909, § 15 Anm. 4; *Meerkatz*, 1910, S. 8; *R. Mueller*, ZVersWiss 11 (1911), 16; *Rehm*,

fend hervorgehoben, daß der Personenverein die Grundform des Versicherungsvereins auf Gegenseitigkeit sei[6].

Allerdings ist eine hilfsweise Anwendung des Vereinsrechts auf den großen Versicherungsverein auf Gegenseitigkeit nur in dem Umfang vorstellbar, in dem diese Vorschriften hilfsweise auch bei den Aktiengesellschaften herangezogen werden. Von daher gilt auch für den großen Versicherungsverein auf Gegenseitigkeit der Grundsatz, daß die Vorschriften des Vereinsrechts nur Anwendung finden, soweit die für die Handelsgesellschaften, Genossenschaften und die Versicherungsvereine auf Gegenseitigkeit geltenden einschlägigen Sondergesetze (AktG, GmbHG, GenG, VAG) Lücken enthalten[7].

Vor einer hilfsweisen Anwendung des Vereinsrechts steht jedoch die Heranziehung der Vorschriften des Genossenschaftsgesetzes an. Daß diese Vorschriften für den großen Versicherungsverein auf Gegenseitigkeit eine zwar subsidiäre, aber vorrangige Bedeutung vor den Vorschriften des Vereinsrechts haben, ergibt sich aus der Rechtsformähnlichkeit der Genossenschaften.

2. Kritik der gesetzlichen Regelung

Die gesetzliche Regelung der Versicherungsvereine auf Gegenseitigkeit stieß in der Vergangenheit immer wieder auf Kritik. So findet sich bei *Julius von Gierke*[8] folgende Feststellung:

> „Das Recht der VVaG ist im heutigen deutschen Recht inhaltlich im allgemeinen zutreffend normiert. Einige Einzelheiten sind allerdings verbesserungsbedürftig. Um so schwerwiegender ist der Vorwurf, daß die Regelung in der äußeren Ausgestaltung durchaus verunglückt ist. Und zwar leidet sie an Verweisungen, wie sie in ähnlicher Weise kaum bei einem anderen Gesetze vorkommen."

Bühler[9] schlägt deshalb ein Sondergesetz für den Versicherungsverein auf Gegenseitigkeit vor, um eine bessere Übersichtlichkeit zu erreichen. *Hax*[10] fordert ebenfalls ein Sondergesetz für Versicherungsvereine auf Gegenseitigkeit analog zu den Sondergesetzen über die Aktiengesellschaft, die Gesellschaft mit beschränkter Haftung und die Genossenschaft. Er sieht die besonderen Bedürfnisse des Versicherungsvereins auf Gegenseitigkeit als einer eigenständigen Unternehmensform nicht berücksichtigt, solange das Recht des Versicherungsvereins auf Gegenseitigkeit lediglich im Rahmen des Versicherungsaufsichtsgesetzes behandelt wird.

Und *Lorenz-Liburnau*[11] bemerkt zur aufgezeigten Rechtslage:

> „Das Recht des VVaG bildet – als Teil des privaten Gesellschaftsrechtes – einen Fremdkörper im VAG, dessen Vorschriften sonst öffentlich-rechtlichen Charakter haben".

1911, S. 96; *Platz,* 1912, S. 4; *Hagen,* in: Handbuch des gesamten Handelsrechts, 1922, S. 102; *Kremers,* 1925, S. 5; *Trabant,* 1935, S. 10; *Bannier,* 1936, S. 42; *Böhm,* VersR 1954, 475; *Schnepper,* 1957, S. 29; *Fromm-Goldberg,* 1966, § 15 VAG Anm. 1; *Goldberg/Müller,* 1980, § 15 VAG Rdn. 1; *Reichert,* 1999, Rdn. 22, S. 7.

[6] *Reichert,* 1999, Rdn. 22, S. 7 unter Berufung auf BGH, NJW 1991, 1727, 1729.

[7] Vgl. *Palandt/Heinrichs,* 2002, Einf v § 21 BGB Rn 15.

[8] *Julius von Gierke,* Versicherungsverein, 1942, S. 114; *derselbe,* ZHR 116 (1953), 29f.

[9] *Bühler,* 1959, Fußnote 68, S. 38; ähnlich *Müller-Wiedenhorn,* 1993, S. 7.

[10] *Hax,* in Festschrift für Paul Braeß, 1969, S. 159; so früher schon *Julius von Gierke,* ZHR 116 (1953), 29ff.

[11] *Lorenz-Liburnau,* Die Versicherungsrundschau 1984, 48; ähnlich *Möller,* VersR 1955, 3; *Peter Frey,* 1959, S. 1.

Kaulbach[12] formuliert es etwas provokanter, wenn bei ihm zu lesen ist:

„Warum der Gesetzgeber das Recht einer bestimmten Unternehmungsform, des VVaG, ausgerechnet mitten im VAG regelt, ist nicht nachvollziehbar."

Im Hinblick darauf, daß die Rechtsform des Versicherungsvereins auf Gegenseitigkeit nur Unternehmen wählen können, die Versicherungsgeschäfte nach dem Grundsatz der Gegenseitigkeit betreiben wollen, erscheint es gleichwohl sachgerecht, diese Rechtsform im VAG zu regeln.

Hierdurch wird verdeutlicht, daß diese Rechtsform eigener Art gegenüber sonstigen durch eigene Sondergesetze geregelte Rechtsformen in besonderem Maße unter Staatsaufsicht steht.

II. Begriff des Versicherungsvereins auf Gegenseitigkeit

1. Legaldefinition des Versicherungsvereins auf Gegenseitigkeit

In § 15 VAG ist der Versicherungsverein auf Gegenseitigkeit als ein Verein definiert, „der die Versicherung seiner Mitglieder nach dem Grundsatz der Gegenseitigkeit betreiben will", und der dadurch rechtsfähig wird, „daß ihm die Aufsichtsbehörde erlaubt, als „Versicherungsverein auf Gegenseitigkeit" Geschäfte zu betreiben".

Mit der in § 15 VAG enthaltenen Regelung umschreibt der Gesetzgeber den Zweck des Versicherungsvereins auf Gegenseitigkeit. Hierauf weist auch die Begründung zum Entwurf eines Gesetzes über die privaten Versicherungsunternehmungen vom 14. 11. 1900 hin[13]:

„Der Zweck des Vereins ist der Betrieb der Versicherung seiner Mitglieder nach dem Grundsatze der Gegenseitigkeit."

Bei der Aktiengesellschaft, deren Organisationsrecht in hohem Maße auf die großen Versicherungsvereine auf Gegenseitigkeit Anwendung findet, ist dagegen der Zweck nicht gesetzlich vorgeschrieben. Der Gesellschaftszweck der Aktiengesellschaft ist auf Gewinnerzielung gerichtet, sofern die Satzung keine abweichende Regelung enthält[14].

2. Grundsatz der Gegenseitigkeit

Aufgrund der ausdrücklichen Erwähnung in § 15 VAG kommt dem Grundsatz der Gegenseitigkeit für die Festlegung des Zwecks des Versicherungsvereins auf Gegenseitigkeit Bedeutung zu. Das für den Versicherungsverein auf Gegenseitigkeit geltende Sondergesetz, das VAG, enthält nun aber keine explizite Beschreibung des Grundsatzes der Gegenseitigkeit. Im Laufe der Jahrzehnte erfuhr deshalb dieser Grundsatz eine mannigfaltige Interpretation.

---

[12] *Kaulbach*, 1988, S. 67; wegen der seinerzeit bestehenden Bedenken siehe *Kirchmann*, 1911, Fußnote 3, S. 3. Zur Begründung im Regierungsentwurf des VAG für die Kodifizierung des VVaG im VAG siehe *Kaulbach*, in: Festschrift für Horst Baumann, 1999, S. 129, 130f.

[13] Motive zum Versicherungsaufsichtsgesetz, 1963, S. 36.

[14] *Martens*, in Festschrift für Alfred Kellermann, 1991, S. 274.

a) Unternehmertheorie. Seit Entstehung der Gegenseitigkeitsvereine läßt sich für die nähere Umschreibung des Grundsatzes der Gegenseitigkeit eine Vorstellung nachweisen, die man als Unternehmertheorie bezeichnen könnte. Werden doch in früheren Quellen die Vereinsmitglieder als Unternehmer und Teilhaber bezeichnet. So kann man bei *Masius*[15] nachlesen:

„Die Gegenseitigkeitsanstalten beruhen auf gegenseitiger (wechselseitiger) Versicherung der Theilnehmer unter sich. Die Unternehmer und die Versicherten unterscheiden sich hier nicht von einander, sondern sind eins. Ihre Absicht (man verwechsele die Verwaltungsbeamten nicht mit der Anstalt) kann daher auch nicht auf Gewinn Einzelner, sondern nur auf Ersparung gerichtet sein. Um diese zu erlangen, vereinigen sich die Theilnehmer unter einander, und verpflichten sich, nach dem Verhältnis der Summe, womit sie dem Vereine beitreten, zu gleichmäßiger Uebertragung aller in demselben, während ihrer Mitgliedschaft, vorkommenden rechtlichen Schadenansprüche und Verwaltungskosten."

Staudinger[16] berichtet, daß § 2 der Statuten der Stuttgarter Lebensversicherungsbank das Prinzip der Gegenseitigkeit dahin beschrieben habe, daß „die Gesammtheit der Theilhaber die Stelle der Unternehmer einnimmt, und eben damit auch der Gewinn der Gesammtheit wieder zu Gute kommt".

Auch *Gebauer*[17] hebt hervor, daß die Vereinsmitglieder selbst die Unternehmer seien.

Ähnlich wird über die Feuerversicherungsbank für Deutschland berichtet. So heißt es bei *Emminghaus*[18]:

„Was endlich *die Vertheilung der Ueberschüsse* anbelangt, so geschah es hier zum ersten Male, daß den Betheiligten *alle* Ueberschüsse, d.h. Alles, was nach Deckung der Schäden und nach Bestreitung der Verwaltungskosten von den Einnahmen des Jahres übrig blieb, ganz und ohne Einschränkungen zugesprochen wurden, daß also ausgängig die Theilhaber nichts, als den eigentlichen Geschäftsbedarf, zu bestreiten hatten".

Die Unternehmertheorie wird verständlich, wenn man sich vergegenwärtigt, daß ausweislich der Begründung zum Entwurf eines Gesetzes über die privaten Versicherungsunternehmungen vom 14. 11. 1900 „sich die Rechtsverhältnisse der Gegenseitigkeitsanstalten nach den allgemeinen Vorschriften des bürgerlichen Rechtes über Korporationen und Gesellschaften" richteten, soweit nicht von der Form der Genossenschaft Gebrauch gemacht wurde, und daneben „zahlreiche Versicherungsgesellschaften auf Gegenseitigkeit ohne Korporationsrechte" bestanden[19].

Mit Inkrafttreten des VAG verliert die Unternehmertheorie an Bedeutung. Denn jetzt steht im gesamten Reich der Versicherungsverein auf Gegenseitigkeit als Rechtsform zur Verfügung. Der Versicherungsnehmer ist nicht mehr „Theilhaber" oder „Unternehmer", sondern Mitglied eines Vereins. Die im VAG ihren Abschluß findende Entwicklung wird deutlich, wenn man bei *Victor Ehrenberg*[20] liest:

---

[15] *Masius,* 1846, S. 4f; zur Lebensgeschichte von Ernst Albert Masius siehe *Baldur Graf,* Ein Vater der Assekuranz-Publizistik, Ernst Albert Masius – der Gründer der ersten großen Vieh-Versicherungs-Anstalt wurde vor 200 Jahren geboren, VW 1997, 739f.

[16] *Staudinger,* 1858, S. 33.

[17] *Gebauer,* 1895, S. 166.

[18] *Emminghaus,* 1878, S. 202; siehe hierzu auch *Helga Schneider,* 1963, S. 10; *Schmitt-Lermann,* 1954, S. 138.

[19] Motive zum Versicherungsaufsichtsgesetz, 1963, S. 29.

[20] *Victor Ehrenberg,* 1893, S. 16.

„Die durch identische Gefahren bedrohten Personen können sich selber zu einem Verein organisieren, welcher von jedem Mitgliede den Beitrag erhebt *(Princip der Gegenseitigkeit)*, oder es kann ein Unternehmer für eigene Rechnung die Aufbringung der nötigen Mittel durch die gefährdeten Personen bewirken *(Princip der Erwerbsversicherung)*."

Es steht nunmehr der Gedanke der gemeinsamen Schadentragung in einer neuen Organisationsform im Vordergrund. Diese Entwicklung wurde sicherlich dadurch begünstigt, daß sich die Versicherungswirtschaft um die Klärung des Begriffs der Versicherung und der Rechtsnatur des Versicherungsvertrages intensiv bemühte.

b) Schadentragungstheorie. Der Gesetzgeber griff die Überlegungen von Victor Ehrenberg auf und stellte für die Gegenseitigkeitsversicherung den Versicherungsverein auf Gegenseitigkeit als Rechtsform zur Verfügung. Die Überlegungen des Gesetzgebers zum Grundsatz der Gegenseitigkeit könnte man als Schadentragungstheorie bezeichnen. Heißt es doch in der Begründung zum Entwurf eines Gesetzes über die privaten Versicherungsunternehmungen vom 14. 11. 1900[21]:

„Der Zweck des Vereins ist der Betrieb der Versicherung seiner Mitglieder nach dem Grundsatze der Gegenseitigkeit. Er geht dahin, den aus einem gefährdenden Ereignisse bestimmter Natur für das einzelne Mitglied erwachsenen Nachtheil in der Weise zu decken, daß er verhältnismäßig von der Gesammtheit der Mitglieder, also unter Betheiligung des von dem Ereignisse selbst Betroffenen, getragen wird. Wesentlich ist hiernach für die Gegenseitigkeitsversicherung, daß ein jedes Vereinsmitglied in einem Versicherungsverhältnisse zu dem Vereine steht (§ 20)."

Und weiter heißt es in den Motiven zu § 38 VAG[22]:

„Dem Wesen der Gegenseitigkeitsversicherung entspricht es ferner, daß ein Ueberschuß den Mitgliedern wieder zu gute kommt, durch deren zu hohe Beiträge er hervorgerufen ist. Der Entwurf schreibt daher eine Vertheilung an die Mitglieder vor, soweit nicht die Satzung eine anderweite Verwendung zu bestimmten Zwecken, zur Bildung des Reservefonds oder sonstiger Rücklagen, zur Vertheilung von Tantiemen oder zur Uebertragung auf das nächste Geschäftsjahr, vorsieht (Abs. 1)."

Auch *Sachsse*[23] hebt hervor, daß der Versicherungsverein auf Gegenseitigkeit „nur Versicherung, Schädenausgleich gewähren" will. Er schreibt weiter[24]:

„Sein Betrieb beruht auf dem Gedanken, dass der Verein von seinen Mitgliedern soviel einzunehmen hat, wie er an sie oder für sie auszuzahlen hat. Was den Mitgliedern zurückvergütet wird als sog. Gewinn, Ueberschuss oder Dividende, ist nichts weiter, als was sie eigentlich zu viel eingezahlt haben."

Auch nach *Schloeßmann*[25] „entspricht es dem Wesen dieser Rechtsform, daß ein Überschuß den Mitgliedern zugute kommen muß, denn er kann grundsätzlich nur dadurch hervorgerufen sein, daß zu reichlich bemessene Beiträge erhoben worden sind".

Nach *Koenige-Petersen*[26] besteht der Zweck des Versicherungsvereins auf Gegenseitigkeit darin, „den aus einem unter Versicherung gestellten Ereignis dem

---

[21] Motive zum Versicherungsaufsichtsgesetz, 1963, S. 36; ähnlich früher schon *Laband*, ZHR 24 (1879), 66, 71.

[22] Motive zum Versicherungsaufsichtsgesetz, 1963, S. 44.

[23] *Sachsse*, Leipziger Zeitschrift 1911, Spalte 211.

[24] *Sachsse*, Leipziger Zeitschrift 1911, Spalte 211.

[25] *Schloeßmann*, 1936, S. 73.

[26] *Koenige-Petersen* Privatversicherungsgesetz, 3. Auflage, 1927, § 15 Anm. 1; ähnlich früher schon *Manes-Hagen*, 2. Auflage, 1909, § 15 VAG Anm. 1 und Anm. 3; *Hagen*, in: Handbuch des gesamten Handelsrechts, 1922, S. 103.

einzelnen Mitglied erwachsenden Schaden verhältnismäßig von allen Mitgliedern, einschließlich des von dem Ereignis selbst betroffenen, also nach dem Grundsatz der Gegenseitigkeit, tragen zu lassen". Charakteristisch sei, „daß die Überschüsse an die Versicherten zurückfließen, etwaige Ausfälle aber von ihnen aufgebracht werden müssen".

Mit der Schadentragungstheorie kann der Grundsatz der Gegenseitigkeit nicht erklärt werden. Versicherungsvereine auf Gegenseitigkeit unterliegen wie die Versicherungs-Aktiengesellschaften dem Zwang, Versicherungsschutz zu wettbewerbsfähigen Versicherungsbeiträgen und Versicherungsleistungen anzubieten. Hier wie dort sorgen die Versicherungsnehmer dafür, daß mit ihren Versicherungsbeiträgen der dem einzelnen Versicherungsnehmer entstehende Schaden ausgeglichen wird.

Auch in der Verwendung der Überschüsse steht der Versicherungsverein auf Gegenseitigkeit in keiner anderen Wettbewerbssituation als die Versicherungs-Aktiengesellschaft. Soweit Überschüsse nicht unter Beachtung der Wettbewerbsfähigkeit zu den Aktiengesellschaften für die Beitragsrückerstattung verwendet werden, thesauriert sie der Versicherungsverein auf Gegenseitigkeit zum Zwecke der Eigenkapitalbildung. Wie bei der Versicherungs-Aktiengesellschaft fließen dann in diesem Fall nicht alle Überschüsse den Versicherungsnehmern und damit den Mitgliedern des Versicherungsvereins auf Gegenseitigkeit zu.

c) **Zweckvermögenstheorie.** Aufgrund der aufgezeigten Wettbewerbssituation der Versicherungsvereine auf Gegenseitigkeit zu den Versicherungs-Aktiengesellschaften verdient die Auffassung von *Wörner* Beachtung. *Wörner*[27] sieht im Versicherungsverein auf Gegenseitigkeit begrifflich einen „Verein, welcher unter rechtsgleicher Behandlung seiner Mitglieder die Versicherung derselben ausschließlich mit Mitteln des Vereinsvermögens betreibt".

Richtig an dieser Formel ist, daß die Versicherung der Mitglieder mit Mitteln betrieben wird, die aus den Versicherungsbeiträgen aufgebracht werden und die im Wege der Thesaurierung zu Vereinsvermögen werden, soweit sie nicht für die Beitragsrückerstattung verwendet werden Wörner beschreibt damit den Vorgang der Umsatzfinanzierung[28]. Die Umsatzfinanzierung ist aber bei allen Rechtsformen der Versicherungswirtschaft anzutreffen und vermag von daher den Grundsatz der Gegenseitigkeit nicht zu konkretisieren.

Wörner gibt mit seiner Begriffsdeutung aber den gedanklichen Anstoß für die Erkenntnis, daß der Versicherungsverein auf Gegenseitigkeit von seiner Struktur her darauf angelegt ist, sich aus den Beitragsumsätzen selbst zu finanzieren.

Die Idee der Selbstfinanzierung zeigt sich in der dem Versicherungsverein auf Gegenseitigkeit gesetzlich obliegenden Pflicht zur Rückzahlung des Gründungsstocks, § 22 VAG. Die Auferlegung der Rückzahlungspflicht läßt erkennen. daß der Gesetzgeber dem Versicherungsverein auf Gegenseitigkeit eine hohe innere Finanzierungskraft zubilligt.

Diese Finanzierungskraft kann in der Theorie von der Möglichkeit des Versicherungsvereins auf Gegenseitigkeit abgeleitet werden, finanzbedarfsgerechte Versicherungsbeiträge von den versicherungnehmenden Mitgliedern erheben zu

---

[27] *Wörner*, Versicherungsverein, 1904, S. 18.

[28] Zu den Finanzierungsformen siehe *Farny*, Versicherungsbetriebslehre, 2000, S. 779 ff.

können. Feste, im voraus erhobene laufende oder einmalige Versicherungsbeiträge müssen dann versicherungstechnisch so kalkuliert werden, daß der Finanzierungsbedarf für den Schaden- und Verwaltungsaufwand sowie für den Rückzahlungsaufwand für den Gründungsstock und für den Eigenkapitalbildungsaufwand abgedeckt werden kann.

Solange Versicherer einen auskömmlichen gesetzlichen Preisschutz für ihre Produkte erhalten, mag die Vorstellung des Gesetzgebers realistisch sein. Auch im Falle des Umlageverfahrens, so wie es z.B. bei einem Spezialversicherer, dem Pensions-Sicherungs-Verein Versicherungsverein auf Gegenseitigkeit praktiziert wird[29], stimmt der Gedanke von der Ausrichtung der Versicherungsvereine auf Gegenseitigkeit auf die Selbstfinanzierung. Läßt aber der Wettbewerb vorübergehend oder für eine längere Zeit nicht zu, daß der Versicherungsverein auf Gegenseitigkeit Versicherungsschutz zu bedarfsgerechten Versicherungsbeiträgen anbieten kann, ergibt sich die Frage, auf welche Weise der Versicherungsverein auf Gegenseitigkeit ein dem Risikoumfang seiner Geschäfte gerecht werdendes Haftkapital bereitstellen kann, um zugleich den Solvabilitätsanforderungen Rechnung tragen zu können.

d) Theorie von der Solidargemeinschaft. Ihren wichtigsten Vertreter hat die Theorie der Solidargemeinschaft in *Alfred Manes*. Er erklärt den Begriff der Gegenseitigkeit mit der einprägsamen Formel: „Einer für alle, alle für einen"[30]. Die Wahl eines soziologischen und emotionalen Ansatzes zur Begriffsklärung sollte vielleicht eine Abgrenzung zu den Versicherungsaktiengesellschaften bewirken und den Versicherungsverein auf Gegenseitigkeit als besonders gemeinnützig herausstellen. *Kugler* ist diesem Gedanken gefolgt. Er ordnet ausdrücklich das Gemeinnützigkeitsprinzip dem Versicherungsverein auf Gegenseitigkeit und das Erwerbsprinzip der Aktiengesellschaft zu[31].

Die Theorie von der Solidargemeinschaft beruht auf der Vorstellung, daß sich die Masse der Vereinsmitglieder zusammenschließt, um füreinander bei Versicherungsfällen einzustehen[32]. Solche Vorstellungen erinnern an politische Programme.

Sie mögen stimmen, wenn ein Spezialversicherer wie der Pensions-Sicherungsverein Versicherungsverein auf Gegenseitigkeit einen öffentlichen Auftrag mit Zwangsmitgliedschaft der Arbeitgeber erfüllt (vgl. § 10 BetrAVG). Zutreffend spricht der Bundesfinanzhof in diesem Zusammenhang von einer Solidargemeinschaft der Arbeitgeber[33].

Der Gedanke der Solidargemeinschaft mag auch bei dem einen oder anderen kleineren Versicherungsverein auf Gegenseitigkeit Motiv für die Gründung oder

---

[29] Siehe hierzu BFH-Urteil vom 13. 11. 1991–1 R 102/88 – DB 1992, 867, 869.

[30] *Manes,* Versicherungswesen, Band I, 5. Auflage, 1930, S. 2f; ebenso *Holthöfer,* 1906, S. 9; *Friedrich,* 1922, S. 43; *Kremers,* 1925, S. 1; *Trabant,* 1935, S. 9; *Schlemmer,* in: Grundlagen des Versicherungsvereins auf Gegenseitigkeit, 1995, S. 269ff; zur Lebensgeschichte von Alfred Manes siehe *Peter Koch,* 100 Jahre Deutscher Verein für Versicherungswissenschaft, VW 1999, 282, 287f.

[31] *Kugler,* 1937, S. 17.

[32] Siehe dazu sehr anschaulich *Holthöfer,* 1906, S. 2.

[33] Vgl. BFH-Urteil vom 13. 11. 1991–1 R 102/88 – DB 1992, 867, 870; in diesem Zusammenhang sind auch die Kommunalversicherer zu nennen, die sich als VVaG organisiert haben, nämlich die Württembergische Gemeinde-Versicherung a. G. in Stuttgart und der Versicherungsverband für Gemeinden und Gemeindeverbände VVaG in Köln, vgl. hierzu *Plümer,* in: Grundlagen des Versicherungsvereins auf Gegenseitigkeit, 1995, S. 253, 254.

auch für spätere Beitritte gewesen sein. Bei großen Versicherungsvereinen auf Gegenseitigkeit mit seinen hohen Mitgliederzahlen sind solche Annahmen dagegen „unrealistisch“[34]. Auch die Kunden der Versicherungsvereine suchen Versicherungsschutz am Markt zu aus ihrer Sicht annehmbaren Preisen und sehen nur ihr Versicherungsverhältnis[35]. Die beim Versicherungsverein auf Gegenseitigkeit mit der Versicherungsnahme verbundene Mitgliedschaft nehmen die Kunden in der Regel nicht zur Kenntnis[36]. Schon gar nicht sehen sie sich in einer Rechtsbeziehung, die sie verpflichten könnte, anderen Mitgliedern Beistand leisten zu müssen. Und sie haben damit auch das Gesetz auf ihrer Seite. Denn die Mitglieder haften untereinander nicht (vgl. § 19 VAG).

Gegen den Versuch, mit der Theorie der Solidargemeinschaft den Grundsatz der Gegenseitigkeit zu erklären, spricht ferner, daß auch bei der Aktiengesellschaft oder dem öffentlichrechtlichen Versicherer jeder Versicherungszweig oder jeder Abrechnungsverband in der Lebensversicherung als Solidargemeinschaft bezeichnet werden könnte. Denn alle Versicherungsnehmer haben ein Interesse daran, daß nur die berechtigten Forderungen aus eingetretenen Versicherungsfällen befriedigt werden. Nur so fällt für alle Versicherungsnehmer eine dem Schadenverlauf angemessene Beitragsrückerstattung an und können Beitragssteigerungen in Versicherungszweigen vermieden werden, die eine Beitragsanpassung tarifmäßig erlauben. Aus diesem Interesse kann sich ein Gemeinschaftsempfinden im Sinne einer Solidargemeinschaft ergeben. Dieses Gemeinschaftsempfinden läßt sich aber nicht dem Versicherungsverein auf Gegenseitigkeit allein zuordnen und vermag von daher den Grundsatz der Gegenseitigkeit nicht zu erklären[37].

e) Gleichsetzung mit dem genossenschaftlichen Prinzip. Über 50 Jahre nach Gründung der ersten Gegenseitigkeitsgesellschaften werden die Versicherungsvereine auf Gegenseitigkeit mit den Genossenschaften in Verbindung gebracht. Einer der ersten Autoren war *Elster*. Er hielt die Gegenseitigkeitsgesellschaft für eine Genossenschaft[38]. Wiederum gut 50 Jahre später hob *Julius von Gierke*[39] hervor, daß der Versicherungsverein auf Gegenseitigkeit „auf dem großen deutschen Gedanken genossenschaftlicher Selbsthilfe“ beruhe. Nach dem 2. Weltkrieg griff *Haasen*[40] diesen Gedanken mit dem Hinweis auf, daß der Versicherungsverein auf Gegenseitigkeit in „genossenschaftlichen Gedankengut“ wurzele. Und nach *Gehrhardt*[41] findet sich das genossenschaftliche Prinzip in seiner „reinen

---

[34] Siehe *Farny*, Versicherungsbetriebslehre, 2000, S. 191.

[35] *Taxis*, ZfV 1968, 208, 209; *Sieg*, ZVersWiss 74 (1985), 321, 326.

[36] *Sievers*, ZHR 48 (1899), 550; *Einhauser*, ZfdgStW 1899, 287, 298; *Karl Samwer*, ZVersWiss 1 (1901), 91, 94; *Emminghaus*, Leipziger Zeitschrift 1908, Spalte 517, 518; *Gerhard Frels*, in: Festgabe Karl Samwer, 1941, S. 69; *Müller-Erzbach*, 1948, S. 38; *Möller*, in: Festschrift Karl Haff, 1950, S. 307; *Starke*, VersR 1950, 142, 143; *Zöllner*, ZVersWiss 53 (1964), 300; *Ludwig Raiser*, ZVersWiss 54 (1965), 472; *Brunn*, 1973, S. 95; *Nicklisch*, in: Festschrift für Gerhard Schiedermair, 1976, S. 459, 467; *Ludwig Raiser*, VW 1977, 1290; *Surminski*, ZfV 2000, 636.

[37] Ähnlich *Kisch*, Versicherungsverein, 1951, S. 12; *Reckhenrich*, 1987, S. 54; *Farny*, Versicherungsbetriebslehre, 2000, S. 191.

[38] *Elster*, 1880, S. 35.

[39] *Julius von Gierke*, Versicherungsverein, 1942, S. 4; ebenso *Zier*, 1968, S. 12; ähnlich *Vetter*, 1947, S. 7; *Ludwig Raiser*, VW 1977, 1272.

[40] *Haasen*, 1955, S. 2; ähnlich *Stratmann*, 1933, S. 1; *Peter Koch*, in: Grundlagen des Versicherungsvereins auf Gegenseitigkeit, 1995, S. 13.

[41] *Gehrhardt*, in: Erinnerungsschrift an Wilhelm Vershofen, 1963, S. 40.

Form" bei den Versicherungsvereinen auf Gegenseitigkeit. Auch *Mohr*[42] bezeichnet den Gegenseitigkeitsverein als „eine dem Versicherungswesen eigentümliche Unternehmensform, die auf genossenschaftlichen Grundsätzen beruht". *Samwer/Mohr/Frels/Pophal*[43] positionieren sich ähnlich: „Das Wesen des VVaG und damit der Gegenseitigkeitsversicherung liegt im genossenschaftlichen Prinzip".

Aus gesellschaftsrechtlicher Sicht ist festzustellen, daß die Versicherungsvereine auf Gegenseitigkeit als eigene Rechtsform schon vor den Genossenschaften festzustellen sind. Der Gesetzgeber hat den Grundsatz der Gegenseitigkeit nicht in der Rechtsform der Genossenschaft verwirklicht wissen wollen, denn er hat die Versicherungsvereine auf Gegenseitigkeit nicht als Genossenschaften weiterexistieren lassen. Anders als in der Schweiz hat der Gesetzgeber den Versicherungsverein auf Gegenseitigkeit mit Beschränkung auf den Versicherungsbetrieb als eigene Rechtsform in den §§ 15ff VAG ausdrücklich anerkannt. Den Genossenschaften hat er dagegen verwehrt, ins Versicherungsgeschäft einzusteigen. Die Begründung zum Entwurf eines Gesetzes über die privaten Versicherungsunternehmungen sagt hierzu[44]:

> „Im Gegentheile dürfte es im Interesse einer gesunden Entwickelung des Genossenschaftswesens gelegen sein, wenn die Genossenschaften, denen durch das Genossenschaftsgesetz auf anderen Gebieten ein weites Wirkungsfeld eröffnet ist, davor bewahrt bleiben, durch Uebernahme des mit eigenartigen Gefahren verknüpften Versicherungsbetriebs die Erfüllung ihrer sonstigen wirthschaftlichen Aufgaben in Frage zu stellen."

Zutreffend hebt *Bruck*[45] hervor, daß der Versicherungsverein „in der ausschließlichen Förderung der Interessen der Mitglieder" der Genossenschaft zwar ähnelt, aber rechtlich erheblich von ihr abweicht. Die Richtigkeit dieser Aussage zeigt sich darin, daß bei den Genossenschaften die Funktion des Ehrenamtes in den Verwaltungsorganen, insbesondere im Vorstand der Genossenschaft, als „in hohem Maße für die Genossenschaft typusbestimmend" angesehen wird[46] und als „unverzichtbares Element des Grundsatzes der Selbsthilfe" gilt[47].

Renate Neumann[48] weist ausdrücklich darauf hin, daß das Ehrenamt in den Verwaltungsorganen „Ausdruck der Selbsthilfe und Selbstverwaltung" sei, „wobei ein Verzicht auf das Ehrenamt in auch nur einem der in Frage kommenden Organe, insbesondere aber im Vorstand, eine erhebliche Einbuße an Mitgliederorientiertheit der Verwaltung, an Mitgliederpräsenz und -einfluß auf die Politik der Genossenschaft mit sich brächte und damit eine Beeinträchtigung der genannten genossenschaftlichen Prinzipien bedeutete".

Im Gegensatz zu den Genossenschaften ist beim Versicherungsverein auf Gegenseitigkeit eine ehrenamtliche Tätigkeit von Mitgliedern des Vereins in den Verwaltungsorganen gesetzlich nicht vorgesehen. Von daher fehlt es an einem wesentlichen Strukturelement, so daß es gesellschaftsrechtlich betrachtet nicht zulässig ist, beim großen Versicherungsverein auf Gegenseitigkeit das Prin-

---

[42] *Mohr,* ZfV 1964, 787; *derselbe,* Mutualité 1971, 72.
[43] *Samwer/Mohr/Frels/Pophal,* in: Festschrift für Gehrhardt, 1975, S. 361; ähnlich *Keltenich,* 1958, S. 85; *Belser,* 1975, S. 51; *Zinnert,* 1982, S. 35.
[44] Siehe hierzu Motive zum Versicherungsaufsichtsgesetz, 1963, S. 33.
[45] *Bruck,* 1930, Fußnote 2, S. 89; ähnlich *Manes,* 1922, S. 76.
[46] *Großfeld,* ZfgG 29 (1979), 223.
[47] *Renate Neumann,* 1982, S. 13.
[48] *Renate Neumann,* 1982, S. 13.

zip der Gegenseitigkeit mit dem genossenschaftlichen Prinzip ohne weiteres gleichzusetzen.

Zuzustimmen ist deshalb *Farny*[49], wenn er sagt: „Die Idee des VVaG liegt der der Genossenschaft nahe“. Auch die Motive zum Versicherungsaufsichtsgesetz enthalten keine Hinweise darauf, daß der Gesetzgeber das Prinzip der Gegenseitigkeit mit dem genossenschaftlichen Prinzip gleichsetzen wollte.

f) Theorie der Risiko- oder Gefahrengemeinschaft. Der erste Ansatz für die Theorie der Risiko- oder Gefahrengemeinschaft ist bei *Moldenhauer* zu finden. Moldenhauer[50] versteht unter der Versicherung auf Gegenseitigkeit, daß einzelne Personen zur Bildung einer Gefahrengemeinschaft zusammentreten. *Dittrich*[51] sieht den Zweck des Versicherungsvereins „in der gegenseitigen gerechten Ausgleichung gewisser im voraus bestimmter wirtschaftlicher Nachteile zu Lasten der Gesamtheit der Vereinsmitglieder“.

Meerkatz[52] definiert im Anschluß an Dittrich den Begriff des Versicherungsvereins auf Gegenseitigkeit dahin, daß er ein privater rechtsfähiger Verein sei, „der auf Grund der mit den einzelnen Mitgliedern abgeschlossenen Verträge im Wege gegenseitiger Ausgleichung unter der Gesamtheit der Mitglieder gewisse im Voraus bestimmte wirtschaftliche Nachteile zu seinen Lasten übernimmt“.

Bruck[53] ist ebenfalls zu den Verfechtern dieser Theorie zu rechnen, ist doch bei ihm zu lesen:

> „Gegenseitigkeit bedeutet, daß die Gefahr von allen Mitgliedern getragen wird, mithin auch die durch den Versicherungsfall ausgelösten Leistungen verhältnismäßig von allen Mitgliedern einschließlich dem Betroffenen selbst aufzubringen sind: der Versicherungsnehmer ist auch Versicherer, während sich sonst Versicherungsnehmer und Versicherer rechtlich und wirtschaftlich gegenüberstehen. Das Versicherungsverhältnis ist grundsätzlich unlösbar mit der Mitgliedschaft verbunden. Das Entgelt, das das Mitglied als Versicherungsnehmer an den Verein zahlt, ist gleichzeitig Mitgliedsbeitrag. Aus dem Grundsatz der Gegenseitigkeit ergibt sich ferner die Gleichheit von Entgelt und Versicherungsleistung bei gleichen Voraussetzungen und die Beteiligung des Mitgliedes an den wirtschaftlichen Ergebnissen des Vereins: das Entgelt hat regelmäßig den Charakter des Vorschusses, reicht es zur Deckung der Ausgaben nicht aus, so hat das Mitglied Nachschüsse zu leisten; andererseits fließen ihm die Ueberschüsse anteilsmäßig zu.“

Für *Riesenfeld*[54] bedeutet „die Gegenseitigkeitsversicherung eine Risikoverteilung“, die Prämienversicherung der AG „im Grunde eine Risikoabwälzung“. Und für *Bannier*[55] ist für den Begriff der Gegenseitigkeit charakteristisch, „daß die Gefahr von allen Mitgliedern gemeinsam getragen wird, und daß jede Leistung von der Gesamtheit der Mitglieder einschließlich der Fordernden selbst aufgebracht werden muß“.

Julius von Gierke[56] hat den Gedanken der Risikoverteilung zum Prinzip der Gegenseitigkeit erklärt:

> „Die Mitglieder oder die durch sie betreuten Dritten sind zu einer Gefahrengemeinschaft zusammengefaßt in der Weise, daß unter ihnen eine Ausgleichsgemeinschaft kraft der Mitglied-

[49] *Farny,* Versicherungsbetriebslehre, 2000, S. 189; ähnlich *Ludwig Raiser,* VW 1977, 1281.
[50] *Moldenhauer,* 1903, S. 2.
[51] *Dittrich,* 1905, S. 33.
[52] *Meerkatz,* 1910, S. 11.
[53] *Bruck,* 1930, S. 89f.
[54] *Riesenfeld,* 1932, S. 136.
[55] *Bannier,* 1936, S. 42.
[56] *Julius von Gierke,* Versicherungsverein, 1942, S. 2.

schaft in bezug auf einen sie bedrohenden Gefahrenkreis besteht. Dieses ist das *Prinzip der Gegenseitigkeit* (vgl. § 15 VAG), im Gegensatz zur Prämienversicherung."

Eigenart des Versicherungsvereins auf Gegenseitigkeit sei, so *Julius von Gierke*[57], daß er „nicht auf *Gewinn,* sondern auf Ausgleichung" abgestellt sei.

Nach *Fromm-Goldberg*[58] liegt die „Eigenart des VVaG" darin, „daß grundsätzlich die Versicherten zugleich Mitglieder sind und, wie der Name besagt, gegenseitig füreinander einstehen. Dies hat im Gegensatz zu den Erwerbsgesellschaften (Aktiengesellschaften usw.) – bei denen Dritte (Aktionäre usw.) sich zusammentun, um die Gefahren des Versicherungsgeschäfts zu tragen –, zur Folge, daß die Mitglieder der Gegenseitigkeitsvereine selbst in ihrer Gesamtheit das Risiko tragen, andererseits ihnen aber etwaige Überschüsse wieder zugute kommen".

Der Ausgleich der Risiken der versicherten Mitglieder wird auch von Reckhenrich als typisch für den Versicherungsverein auf Gegenseitigkeit gesehen[59]. Und erst kürzlich haben noch *Eisen/Müller/Zweifel* den Versicherungsverein auf Gegenseitigkeit als die klassische Rechtsform für die Institutionalisierung des Gefahrengemeinschaftskonzepts bezeichnet[60].

Eisen/Müller/Zweifel folgen damit der Auffassung von *Samwer/Mohr/Frels/Pophal*[61], die hervorheben, der Versicherungsverein auf Gegenseitigkeit „entspreche seiner Rechtsform nach unmittelbar dem Gedanken der Gefahrtragungsgemeinschaft, der dem Versicherungswesen zugrunde liege".

Gegen die Auffassung der Anhänger der Risiko- oder Gefahrengemeinschaftstheorie spricht, daß der Risiko- oder Gefahrengemeinschaft Bedeutung für alle Versicherer, und nicht nur für den Versicherungsverein auf Gegenseitigkeit, zukommt. Denn die Gefahrengemeinschaft gehört zum Wesen der Versicherung[62]. Die Gefahrengemeinschaftstheorie, die von einer Gemeinschaft der Versicherten ausgeht, hebt nur das Gefahrenmoment stärker hervor als die anderen zum Begriff der Versicherung vertretenen Theorien[63].

Gefahrengemeinschaften sind Bestandteil der Produktionstechniken aller Versicherer und damit auch der Versicherungsvereine auf Gegenseitigkeit[64]. Dies schließt aus, daß die Gefahrengemeinschaft eine „Eigenart" des Versicherungsvereins auf Gegenseitigkeit wäre, wie noch *Julius von Gierke*[65] meinte. *Karten*[66] hat sich daher zu Recht gegen eine weitere Verwendung des Begriffs der Gefahrengemeinschaft zur Erläuterung des Grundsatzes der Gegenseitigkeit ausgesprochen[67].

---

[57] *Julius von Gierke,* Versicherungsverein, 1942, S. 4; ebenso *Brenzel,* 1975, S. 7, 13; *Dwinger,* 1971, S. 2.

[58] *Fromm-Goldberg,* 1966, § 15 VAG Anm. 1.

[59] *Reckhenrich,* 1987, S. 51; ebenso *Jud,* in: Festschrift für Walther Kastner, 1992, S. 200.

[60] *Eisen/Müller/Zweifel,* 1990, S. 17f.; ähnlich *Lang,* ZfV 1990, 146.

[61] *Samwer/Mohr/Frels/Pophal,* in: Festschrift für Gehrhardt, 1975, S. 367.

[62] Vgl. *Erich R. Prölss,* VersR 1950, 137; *Franz Büchner,* ZVersWiss 67 (1978), 584; *Ludwig Raiser,* VW 1977, 1273f; *Werber,* VW 1981, 1378; kritisch dazu *Karten,* VW 1981, 1606.

[63] *Eichler,* in: Festschrift für Hans Carl Nipperdey, 1965, S. 241.

[64] Dazu *Haller,* S. 21; *Axel Lehmann,* S. 268f; *Lorenz,* ZVersWiss 73 (1984), 373f; *Sieg,* ZVersWiss 74 (1985), 322.

[65] *Julius von Gierke,* Versicherungsverein, 1942, S. 2, 4.

[66] *Karten,* VW 1981, 1610.

[67] Ebenso *Emil Frey,* VersArch 1957, 21, 44f; *Kalwar/Weigel,* ZVersWiss 69 (1980), 600; *Lorenz,* ZVersWiss 73 (1984), 373; *Reckhenrich,* 1987, S. 55; *Farny,* Versicherungsbetriebslehre, 2000, S. 191.

g) Gegenseitigkeitsprinzip contra Erwerbsprinzip. Als besonderes Merkmal der Gegenseitigkeitsversicherung wird herausgestellt, daß das Gegenseitigkeitsprinzip der Versicherungsvereine auf Gegenseitigkeit dem Erwerbsprinzip der Aktiengesellschaften gegenüberstehe[68]. Das Erwerbsprinzip ist dabei im Sinne des Gewinnprinzips der Aktiengesellschaften zu verstehen.

So hat schon *Beseler*[69] 1843 ausgeführt, daß die gegenseitige Versicherung „von dem Einzelnen einen zu befürchtenden Schaden abwenden, aber keinen Gewinn abwerfen" soll. Nach dem Prinzip der Gegenseitigkeit werde häufig die Versicherung gegen Feuer- und Hagelschaden betrieben, finde sich aber auch bei Lebensversicherungsgesellschaften[70]. *Victor Ehrenberg*[71] stellt dagegen mehr auf die mitgliedschaftliche Position des Versicherungsnehmers ab:

„Eine Gegenseitigkeitsversicherung kann schlechterdings nicht zu Gewinn führen, weil die Mitglieder der Gesellschaft – wie man es gewöhnlich ausdrückt – zugleich Versicherte und Versicherer sind, d. h. *weil die Einnahmen der Gesellschaft ausschließlich von ihnen selber herrühren.*"

Auch die Begründung zum Entwurf eines Gesetzes über die privaten Versicherungsunternehmungen vom 14. 11. 1900 enthält die Aussage, daß „der Versicherungsverein auf Gegenseitigkeit als solcher keine Gewinnerzielung bezweckt"[72].

Ähnlich sieht es *Platz*[73]:

„Der Verein bedarf keines Kapitals, da Gewinnerzielung nicht seine Aufgabe ist. Er will nur gewisse Nachteile, die einzelnen Mitgliedern drohen, auf die Schultern aller abwälzen."

Auch *Riesenfeld*[74] hebt hervor, daß im Gegensatz zur Aktiengesellschaft der Versicherungsverein auf Gegenseitigkeit nicht auf Gewinn eingestellt sei:

„Aus der Gefahr der einzelnen soll niemand, namentlich kein „Dritter" einen Vorteil ziehen können, es gibt keinen Unternehmergewinn."

Und *Julius von Gierke*[75] sieht es als kennzeichnend für den Versicherungsverein auf Gegenseitigkeit an, daß ihm die Absicht fehle, Gewinn zu erzielen.

Harald Bischoff[76] nimmt gar an, daß bei Gegenseitigkeitsvereinen „die Gewinnerzielung grundsätzlich ausgeschlossen ist".

Braeß geht nicht ganz so weit. Er meint, daß der Versicherungsverein auf Gegenseitigkeit „schon verfassungsmäßig sicher nicht allein den Grundsatz der Ge-

---

[68] Vgl. *Paul Müller,* 1905, S. 9; *Freytag,* 1920, S. 8ff; *Hügi,* 1934, S. 10f; *Reckhenrich,* 1987, S. 51; *Jud,* in: Festschrift für Walther Kastner, 1992, S. 200; *Körber,* ZVersWiss 86 (1997), 491, 507. Andererseits wird zu den juristischen Personen, die einen Erwerbszweck gemäß Art. 58 EWGV verfolgen, auch der große VVaG gerechnet, vgl. *Everling,* VersR 1959, 401, 405; Gehrhardt, VW 1964, 755.

[69] *Beseler,* 1843, S. 167; ebenso *Lewis,* 1889, S. 142; so früher schon die Auffassung von *Büsch,* des Lehrers von Ernst Wilhelm Arnoldi, siehe hierzu *Schmitt-Lermann,* 1954, S. 138, 140.

[70] *Beseler,* 1843, S. 167.

[71] *Victor Ehrenberg,* 1893, S. 76.

[72] Motive zum Versicherungsaufsichtsgesetz, 1963, S. 36.

[73] *Platz,* 1912, S. 45f.

[74] *Riesenfeld,* 1932, S. 136.

[75] *Julius von Gierke,* Versicherungsverein, 1942, S. 5, 49; so früher schon *Samwer,* in: Verhandlungen des 25. Deutschen Juristentages, 1901, S. 25; *Rolffs,* 1902, S. 2; *Wörner,* Versicherungsverein, 1904, S. 91; *Meerkatz,* 1910, S. 11; *Moser,* 1928, S. 42; ebenso *Alther,* 1947, S. 2; *Haasen,* 1955, S. 2; *Meyer-Blücher,* 1955, S. 3; *Harro Frels,* Mutualite 1/1966, 19; *Brunn,* 1973, S. 22, 161f; *Brenzel,* Versicherungsverein, 1975, S. 17.

[76] *Harald Bischoff,* 1969, S. 5.

winnerzielung, geschweige denn einer -maximierung verfolgen" könne[77]. Auch *Grunewald*[78] betont, daß der VVaG nicht auf Gewinnmaximierung angelegt sei. Dies wäre nicht sinnvoll, da Gewinne nur wieder den Versicherungsnehmern als Mitgliedern zugute kämen.

Auch *Gehrhardt*[79] hebt die fehlende Gewinnerzielungsabsicht hervor:

„Aus dem Schaden, den der einzelne an Leben, Gesundheit oder Vermögen erleidet, soll für eine beschränkte Zahl privater Kapitalgeber kein Gewinn entstehen. Dieser mit der Versicherungseinrichtung in der Form der Gegenseitigkeit verfolgte Zweck ergibt sich aus dem Willen der Träger des Gegenseitigkeitsvereins und findet in den Vereinssatzungen sichtbaren Ausdruck.

Hiernach soll sich die Versicherungsgemeinschaft unter bewußtem Verzicht auf die Mitwirkung fremden Kapitals und jeglichen persönlichen Gewinnstrebens für den Fall des Todes, der Krankheit oder der Vermögenseinbuße gegenseitig helfen. Nur der Zweck der gegenseitigen Hilfe wird durchgeführt. Keiner „verdient" etwas am anderen, auch kein Dritter „verdient" an der Gesamtheit. Der einzelne Genosse stellt nur die Mittel zur Verfügung, die zum Funktionieren des Versicherungszweckes notwendig sind. Das ist abgemachter allseitiger Wille. In der Lebensversicherung und später auch in anderen Versicherungszweigen hat sich aus dieser Form der Beteiligung die Beitragsrückerstattung entwickelt. Die auf Grund der Vorkalkulation zuviel erhobenen Beiträge werden den Versicherten in voller Höhe zurückgegeben. Nur die Selbstkosten, die die Durchführung des Versicherungsbetriebs erfordert, haben die Genossen, wie das bei einer Bedarfsdeckungswirtschaft üblich ist, zu tragen."

Ähnlich äußern sich *Samwer/Mohr/Frels/Pophal*[80]:

„In der Auseinandersetzung zwischen kapitalistischer und sozialistischer Wirtschaftsordnung kommt dem nach Vereinsrecht strukturierten Gegenseitigkeitsverein besondere Bedeutung zu, weil er einerseits nicht auf Gewinnmaximierung, sogar nicht einmal auf die Erwirtschaftung eines Gewinns angelegt ist, sondern auf den Vereinszweck im Interesse aller Mitglieder, andererseits in seinen Organen durch die privatrechtliche Organisation eine autonome Willensbildung aller Mitglieder gewährleistet ist."

Eine besonders eindrucksvolle Formel hat *Großfeld*[81] gefunden. Für ihn ist der Versicherungsverein auf Gegenseitigkeit „Ausdruck des Gedankens, daß die Versicherung nicht durch ein auf Gewinn gerichtetes Unternehmen betrieben werden soll, sondern durch die Gemeinschaft der Versicherten selbst. Fremdes Unglück soll nicht eine Quelle gewerblichen Gewinns sein *(Arnoldi)*".

Die These, daß zum Grundsatz der Gegenseitigkeit gehöre, daß der Versicherungsverein auf Gegenseitigkeit nicht nach Gewinn strebe, wird nicht allenthalben geteilt. Schon *Elster*[82] betonte, daß „die Gegenseitigkeitsanstalten das Geschäft nicht minder gewerbsmäßig und nicht minder spekulativ betreiben" würden als Aktiengesellschaften. Und *Gebauer*[83] hob hervor, daß die Versicherungsvereine nicht minder gewerbsmäßig das Geschäft betreiben als die Versicherungs-Aktiengesellschaften. Auch die Versicherungsvereine würden „nach möglichst hohem Gewinne streben"[84]. *Dittrich*[85] führt an, daß sowohl die Aktiengesellschaft

[77] *Braeß*, Die Versicherungsrundschau 1968, 36.
[78] *Grunewald*, Gesellschaftsrecht, 1994, S. 386, Rdz. 1
[79] *Gehrhardt*, in: Erinnerungsschrift an Wilhelm Vershofen, 1963, S. 40.
[80] *Samwer/Mohr/Frels/Pophal*, in: Festschrift für Heinz Gehrhardt, 1975, S. 365; ähnlich *Kalwar/Weigel*, ZVersWiss 69 (1980), 602.
[81] *Großfeld*, Versicherungsverein, 1985, S. 1.
[82] *Elster*, 1880, S. 36.
[83] *Gebauer*, 1895, S. 168.
[84] *Gebauer*, 1895, S. 173.
[85] *Dittrich*, 1905, S. 43; ähnlich *Hoepfner*, 1928, S. 19; *Ludwig Raiser*, VW 1977, 1273; *Reckhenrich*, 1987, S. 56f.

als auch der Versicherungsverein „tatsächlich die Erzielung von Überschüssen, und diese sind der Gewinn," erstreben. Der Unterschied bestehe – und darin ist *Dittrich*[85] voll zuzustimmen – darin, „daß dieser Gewinn bei den Versicherungsaktiengesellschaften den Aktionären, also dritten Personen, bei den Versicherungsvereinen a.G. wie bei den Erwerbs- und Wirtschaftsgenossenschaften den Mitgliedern, also bei den Gegenseitigkeitsvereinen den Versicherten selbst zufließt".

Zu Recht wird darauf hingewiesen, daß der große Versicherungsverein auf Gegenseitigkeit in einem natürlichen Sinne nach Gewinn strebt[86]. Er muß Gewinn erzielen, um im Wege der Thesaurierung versteuerter Gewinne Eigenkapital bilden, wachsen und im Wettbewerb bestehen zu können[87]. Farny[88] bezeichnet deshalb zu Recht den großen Versicherungsverein auf Gegenseitigkeit als den „Prototyp des Versicherers", „dessen oberstes Unternehmensziel in der Deckung von Versicherungsbedarf besteht, was das Streben nach Gewinn und Wachstum nicht ausschließt". Nur wenn der große Versicherungsverein auf Gegenseitigkeit ausreichende Gewinne einkalkuliert[89], kann er die Gewinne erzielen, die er erzielen muß, um die Solvabilitätsvorschriften einhalten zu können[90]. Die Erzielung bestmöglicher Überschüsse zum Zwecke der Ausschüttung an die Mitglieder (Versicherungsnehmer) ist ein weiteres Gewinnziel des großen Versicherungsvereins auf Gegenseitigkeit[91]. Vor allem große Lebensversicherungsvereine auf Gegenseitigkeit müssen danach streben, unter Beachtung der aufsichtsrechtlichen Anlagevorschriften hohe Erträge aus den Kapitalanlagen zu erwirtschaften. Das Streben nach Gewinn steht von daher durchaus im Einklang mit dem Grundsatz der Gegenseitigkeit. Auch bei den Genossenschaften wird von der Absicht der Erzielung von Gewinnen ausgegangen, die – und so verhält es sich auch beim großen Versicherungsverein auf Gegenseitigkeit – allerdings satzungsgemäß verwendet werden müssen[92].

Im Steuerrecht wird schon lange von der Gewinnerzielungsabsicht der großen Versicherungsvereine auf Gegenseitigkeit ausgegangen. Seit dem Körperschaft-

[86] *Zinnert*, 1982, S. 25; vgl. auch *Albrecht*, in: *Dieter Farny* und die Versicherungswissenschaft, 1994, S. 2: „Gewinn- und Sicherheitsstreben gelten übereinstimmend als die beiden vorrangigen Ziele der Versicherungsunternehmung."; ebenso schon *Tröndle*, ZVersWiss 64 (1975), 337, 339.

[87] Vgl. *Farny*, ZVersWiss 55 (1966), 139; *Steffen*, 1970, S. 122; *Sasse*, ZVersWiss 64 (1975), 565, 570, *Scherer*, 1975, S. 115; *Lothar Meyer*, 1975, S. 113; *Stöckbauer*, 1978, S. 91f; *Lorenz*, ZVersWiss 73 (1984), 376; *Maasjost*, 1987, S. 22f; *Farny*, Versicherungsbetriebslehre, 2000, S. 199; *Wolfgang Müller*, VW 1989, S. 1349; *Sönnichsen*, 1992, S. 239; *Zloch*, in: Festschrift für Dieter Farny, 1994, S. 188; *Görg*, VW 2001, 1733.

[88] *Farny*, Versicherungsbetriebslehre, 2000, S. 192; ähnlich *Grossmann*, ZVersWiss 56 (1967), 97; *Hax*, in: Festgabe für Hans Möller, 1972, S. 270.

[89] Vgl. *Kastner*, VW 1986, 308.

[90] Vgl. *Konrath*, VW 1979, 1514; *Jahn*, ZVersWiss 85 (1996), 103, 104.

[91] *Zinnert*, 1982, S. 26; ähnlich *Mizushima*, in: Festgabe für H.L. Müller-Lutz, 1972, S. 287f; *Farny*, Mutualité 1/1977, 90; *Baumann*, in: Frankfurter Vorträge zum Versicherungswesen, Heft 15, 1987, S. 11.

[92] Vgl. *Hadding*, ZIP 1984, 1301f. Es wird aber auch betont, daß bei der eG „der Förderzweck nicht auf die Erzielung einer Kapitalrendite, sondern auf die persönliche Förderung des Erwerbs oder der Wirtschaft der Mitglieder gerichtet" sei, vgl. *Steding*, JZ 1995, 591, 593. Der Förderzweck verpflichte die eG, „stets der wirtschaftlichen Förderung ihrer Mitglieder zu dienen und nicht das Gewinnstreben – gewissermaßen als Selbstzweck – in den Vordergrund zu stellen", vgl. *Steding*, NZG 2000, 617. Letztlich wird mithin auch von *Steding* anerkannt, daß die eG Gewinne erzielt.

steuergesetz 1934 sind die großen Versicherungsvereine auf Gegenseitigkeit den Versicherungsunternehmen mit anderer Rechtsform gleichgestellt[93]. Die bis dahin geltenden Steuerprivilegien für Versicherungsvereine auf Gegenseitigkeit, die nur das Mitgliedergeschäft betrieben, wurden mit der bei Reinhardt[94] nachzulesenden Begründung abgeschafft, daß sich die Versicherungsunternehmen der verschiedenen Rechtsformen im Laufe der Zeit in ihren Betriebsformen stark angeglichen hätten. So hätten Versicherungsvereine auf Gegenseitigkeit im Laufe der Zeit ihr Kapital derart gestärkt, daß sie auf die Nachschüsse verzichten, und auch Fremde, also Nicht-Vereinsmitglieder, versichern könnten. Eine ähnliche Entwicklung hätten die öffentlichrechtlichen Versicherungsanstalten genommen. Andererseits seien die Versicherungsaktiengesellschaften vielfach dazu übergegangen, den Versicherungsnehmern Gewinnanteile zurückzuvergüten. „Der Grundsatz gleicher Wettbewerbsverhältnisse bedingt, daß alle Unternehmen, die Versicherungsgeschäfte betreiben, steuerlich gleichmäßig behandelt werden. Diese Behandlung erstreckt sich nur auf den tatsächlich erzielten Gewinn“[94].

Von daher ist nicht auszuschließen, daß die Interpretation des Gegenseitigkeitsprinzips einen steuerrechtlichen Hintergrund hatte. Immerhin wurden die Versicherungsvereine auf Gegenseitigkeit, die das Mitgliedergeschäft betrieben, bis 1934 vom Gesetzgeber nicht zu den Erwerbsgesellschaften gerechnet und wurden insbesondere nicht als Gewerbebetriebe angesehen[95]. Aufgrund zahlreicher Befreiungsvorschriften hatten sie nur unter bestimmten Voraussetzungen und auch nur in einem eingeschränkten Umfang Einkünfte aus Grundbesitz und Kapitalvermögen zu versteuern[96]. So schreibt *Samwer*[97] noch 1930, daß der Versicherungsverein auf Gegenseitigkeit nicht auf die Erzielung von Gewinn ausgerichtet sei. Er sei deshalb kein Erwerbsunternehmen und unterliege nicht der Gewerbesteuer. Körperschaftsteuer werde von ihm nur in beschränktem Umfang erhoben.

h) Gleichsetzung mit der Versicherungsbedarfsdeckung. Andere Autoren stellen zur Erklärung des Grundsatzes der Gegenseitigkeit in den Vordergrund, daß der Versicherungsverein auf Gegenseitigkeit auf die Deckung des Versicherungsbedarfs ausgerichtet sei. So kann man schon bei Manes[98] lesen:

> „Der deutsche Versicherungsverein auf Gegenseitigkeit ist eine mit Rechtsfähigkeit ausgestattete private Personenvereinigung mit regelmäßig nicht geschlossener Mitgliederzahl und dem Zweck der Befriedigung eines Versicherungsbedürfnisses unter den Mitgliedern, welche in einem Versicherungsverhältnis zum Verein stehen müssen. Die Gesellschafter und der Versicherungsnehmer sind hier also identisch. Gewinn oder Verlust der Gesamtheit ist auch Gewinn oder Verlust des Einzelnen.“

Auch *Keltenich*[99] sieht den Zweck der Gegenseitigkeitsvereine darin, „ihren Mitgliedern den Versicherungsschutz durch die Erzielung möglichst hoher Über-

---

[93] Vgl. *Albert Kennerknecht,* Kommentar zum Körperschaftssteuergesetz vom 19. 10. 1934, Köln, 1934, Anm. 19, S. 55; *Schelosky,* WPg 1950, 219; *Riepl,* ZfV 1962, 38; *Knocks,* WPg 1979, 131 f; *Mies,* WPg 1980, 215; *Görg,* VW 2001, 1733.

[94] Vgl. *Fritz Reinhardt,* Die neuen Steuergesetze, Berlin, 1934, S. 177.

[95] Vgl. *Freytag,* 1920, S. 158; *Maasjost,* 1987, S. 62.

[96] Vgl. *Freytag,* 1920, S. 42; *Hoefeld,* 1965, S. 14.

[97] *Karl Samwer,* in: Versicherungslexikon, 1930, Spalte 618 f.

[98] *Manes,* 1922, S. 77.

[99] *Keltenich,* 1958, S. 87.

schüsse möglichst preiswert bieten zu können". Hervorgehoben wird im Schrifttum, daß der Zweck des Gegenseitigkeitsvereins nicht auf Gewinnmaximierung ausgerichtet sei, sondern auf Förderung der Mitglieder durch Gewährung optimalen Versicherungsschutzes[100] im Sinne der „Bereitstellung von gutem und preiswertem Versicherungsschutz"[101]. Die Arbeitsweise der Gegenseitigkeitsvereine sei mithin durch den Begriff des Förderungsprinzips gekennzeichnet[102].

Nach *Hax*[103] handelt es „sich dabei um eine besondere Erscheinungsform des Erwerbsprinzips (Minimierung der Versicherungskosten), die dem bei Aktiengesellschaften wirksamen Prinzip der Maximierung des (Kapital-)Gewinnes entspricht".

Ähnlich argumentierte früher schon *Haasen*. Nach seiner Auffassung[104] ist der Versicherungsverein „keine Erwerbs-, sondern eine Förderungsgemeinschaft, in der sich die VN zu gegenseitiger Hilfeleistung zusammengeschlossen haben".

Besonders eindrucksvoll hat *Gehrhardt*[105] den Bedarfsdeckungsgedanken mit dem Prinzip der Gegenseitigkeit in Verbindung gebracht:

> „Der Dienst am Versicherten ist die tragende Idee für das gesamte Marktverhalten der Versicherungsvereine auf Gegenseitigkeit. Die Tätigkeit der Gesellschaften wird von dem Bestreben einer sicheren und ertragbringenden Anlage der von den Versicherten geleisteten Beiträge und möglichst geringer Kosten bei der Durchführung des Versicherungsbetriebes beherrscht. Alles dies geschieht ausschließlich im Interesse der Versicherten, denen ein möglichst preiswerter Versicherungsschutz geboten werden soll.
>
> Versicherungsvereine auf Gegenseitigkeit haben also einen bestimmten marktwirtschaftlichen Stil, der nicht privatkapitalistisch und nicht erwerbswirtschaftlich ausgerichtet ist, sondern sich vielmehr durch eine ausschließliche Berücksichtigung der persönlichen Belange der Versicherten auszeichnet. Diese Eigenart der Gegenseitigkeit, nicht auf Erwerb ausgerichtet zu sein, hat im übrigen die gesamte deutsche Individualversicherung und ganz besonders die private Lebensversicherung allgemein befruchtet. So gewähren auch die Lebensversicherungs-Aktiengesellschaften beispielsweise heute ihren Aktionären in der Regel nur eine angemessene Verzinsung des Kapitals. Sicherlich haben auch die „wohltuenden Kräfte des Wettbewerbs" dazu beigetragen, daß sich die Versicherungs-Aktiengesellschaften einer Charakterwandlung unterwarfen, indem sie durch die Konkurrenz der Gegenseitigkeitsvereine veranlaßt wurden, in der Dividendenpolitik das kapitalistische Prinzip zu modifizieren und sich insofern den Gegenseitigkeitsvereinen weitgehend anzugleichen.
>
> Der Gegenseitigkeitsgedanke stellt sich also in der Individualversicherung als eine zugleich abwehrende wie auch schöpferische Kraft dar. Er beinhaltet eine klare Absage an einseitiges schrankenloses Gewinnstreben zugunsten einiger weniger. Seine schöpferische Kraft liegt in der Bejahung und Erhaltung der individuellen Freiheit des einzelnen im Rahmen einer zweckgebundenen wirtschaftlichen Vereinigung."

Die Deckung des Versicherungsbedarfs, oft auf Selbstkostenbasis, war Motiv für die Gründung der Versicherungsvereine auf Gegenseitigkeit[106].

---

[100] Siehe *Spinnarke,* 1972, S. 42; ähnlich *Nolla,* ZfV 1983, 593; *Maasjost,* 1987, S. 25f; ebenso *Hemeling,* 1989, S. 61.

[101] *Farny,* Mutualite 1/1977, 97; *Mehring,* 1989, S. 47; *Reif,* in: Bunte (Hrsg.), Lexikon des Rechts (Versicherungsrecht), 1998, S. 246.

[102] *Hax,* in: Festschrift für Paul Braeß, 1969, S. 149; *Lorenz,* ZVersWiss 1984, 370; *derselbe,* ZVersWiss 1986, 304; ähnlich *Saxer,* in: Festschrift 125 Jahre CONCORDIA, 1989, S. 91; *Emil Frey,* VersArch 1957, 21, 42 spricht vom Fürsorgeprinzip.

[103] *Hax,* in: Festschrift für Paul Braeß, 1969, S. 149.

[104] *Haasen,* 1955, S. 2.

[105] *Gehrhardt,* in: Erinnerungsschrift an Wilhelm Vershofen, 1963, S. 41.

[106] Vgl. *Lothar Meyer,* 1975, S. 216f; *Fred Wagner,* 1992, S. 51.

Zutreffend weist aber *Lothar Meyer*[107] darauf hin, daß für die großen Versicherungsvereine auf Gegenseitigkeit die Bedarfsdeckung als ausschließliche Zielsetzung nur noch historischen Charakter habe. Im Vordergrund stehe auch hier wie bei den Aktiengesellschaften das Gewinnstreben. Lediglich in kleineren Versicherungsvereinen, die ausschließlich sachlich oder regional eng begrenzten Versicherungsbedarf deckten, dominiere die Bedarfsdeckung auch heute noch.

Und *Fred Wagner*[108] verweist zutreffend darauf, daß Bedarfsdeckung heute „als ein Element des multiplen Zielbündels von Versicherungsunternehmen sämtlicher Rechtsformen" anzutreffen sei.

Auch in anderen Branchen wird ein Interesse des Kunden an einer qualitativ und quantitativ hochstehenden Marktleistung zu günstigen Preisen, termingerechter Belieferung, Kundendienst und Beratung gesehen[109].

i) Leitbildtheorie. Die neuere Literatur sieht im Grundsatz der Gegenseitigkeit eine Kurzformel für die die Rechtsform aus ihrer Sicht kennzeichnenden Merkmale. Diese Auffassung könnte man als Leitbildtheorie bezeichnen. Wegbereiter dieser Theorie ist Franz Büchner[110]. Für ihn sind folgende Gesichtspunkte für die Anwendung des Begriffs der Gegenseitigkeit von Bedeutung:

„1. Die Rechtsbeziehungen zwischen dem Versicherungsverein a. G. und seinen Mitgliedern beruhen auf einer Mitgliedschaft, die sowohl ein Versicherungsverhältnis wie ein genossenschaftliches Verhältnis einheitlich umschließt.
2. Die Mittel für den Versicherungsbetrieb bringen die Mitglieder selbst auf, Gewinne und Verluste werden auf die Mitglieder verteilt.
3. Oberstes Organ des Versicherungsvereins a. G. ist eine Versammlung der Mitglieder oder eine Versammlung von Vertretern der Mitglieder. Sie wählt den Aufsichtsrat, der seinerseits den Vorstand bestellt. (Zu den in § 53 VAG geregelten Besonderheiten für „kleinere Vereine" gehört es, daß bei ihnen die Bestellung eines Aufsichtsrates nicht zwingend vorgeschrieben, aber zulässig ist.)."

Großfeld[111] definiert den Begriff der Gegenseitigkeit ähnlich:

„1. Der Versicherungsverein versichert seine Mitglieder. Das Mitgliedschaftsverhältnis umfaßt zugleich ein Versicherungsverhältnis; Mitgliedstellung und Versichertenstellung fallen zusammen.
2. Die Mitglieder bringen die Mittel für den Versicherungsbetrieb auf; sie tragen gemeinsam Gewinn und Verlust.
3. Die Mitglieder üben in der „obersten Vertretung" (§ 29 VAG) die Kontrolle über die Unternehmensführung aus; sie haben die letzte Entscheidungsgewalt über die Grundfragen der Geschäftspolitik."

Auch *Prölss/Schmidt/Frey*[112] versuchen sich an einem Leitbild zu orientieren, wenn sie das Wesen des Versicherungsvereins auf Gegenseitigkeit und damit den Grundsatz der Gegenseitigkeit wie folgt kennzeichnen:

---

[107] *Lothar Meyer*, 1975, S. 217.
[108] *Fred Wagner*, 1992, S. 51.
[109] *Manfred H. Kessler*, AG 1993, 262.
[110] *Franz Büchner*, ZVersWiss 54 (1965), 446; ebenso *Brenzel*, Versicherungsverein, 1975, S. 19; *Reckhenrich*, 1987, S. 55.
[111] *Großfeld*, Versicherungsverein, 1985, S. 4; *Merdausl*, 2000, S. 4.
[112] *Prölss/Schmidt/Frey*, 1989, § 15 VAG Rdn. 1.

„Ein Versicherungsverein auf Gegenseitigkeit ist ein privates Versicherungsunternehmen (§ 1 I) in der Form eines rechtsfähigen Vereins, bei dem dessen Mitglieder die Versicherten sind, dergestalt, daß das wirtschaftliche Risiko des gesamten Betriebes – nicht nur das des Versicherungsbetriebes (§ 24 III 2) – von den Versicherten selbst getragen wird, so daß sie Verluste durch Beiträge, Umlagen, Nachschüsse dem Verein gegenüber decken müssen (§§ 19, 50 I), andererseits aber Ansprüche auf einen Anteil an dem jährlichen Uberschuß (§ 38) und dem Liquidationsüberschuß (§ 48 II) haben und an der Verwaltung teilnehmen."

Die von den Vertretern der Leitbildtheorie vorgenommene Interpretation des Grundsatzes der Gegenseitigkeit trägt nicht. Denn die von ihnen getroffenen Aussagen sind auch dann denkbar, wenn in § 15 VAG die Worte: „nach dem Grundsatz der Gegenseitigkeit" gestrichen werden würden. Ihre Aussagen sprechen nur die organisationsrechtlichen und schuldrechtlichen Beziehungen zwischen dem Versicherungsverein und seinen Mitgliedern an, die der Gesetzgeber außerhalb des § 15 VAG geregelt hat.

j) Beziehungstheorie. Zur Erklärung des Grundsatzes der Gegenseitigkeit stellt *Farny* ausschließlich auf die Rechtsbeziehungen zwischen dem Versicherungsverein auf Gegenseitigkeit und seinen Mitgliedern ab. Diese Auffassung könnte man Beziehungstheorie nennen. Denn *Farny*[113] sagt:

„Gegenseitigkeit als Merkmal der Versicherung durch VVaG sollte zweckmäßigerweise nur mit den Beziehungen zwischen den Mitgliedern und der juristischen Person und Institution des VVaG gekennzeichnet werden. Diese Beziehungen sind doppelgleisig angelegt, nämlich
(1) als mitgliedschaftliche (körperschaftliche) Beziehung und
(2) als versicherungsvertragsrechtliche und wirtschaftliche Beziehung als Folge einer autonomen marktwirtschaftlichen Entscheidung, ein bestimmtes Risiko gegen Zahlung eines Beitrags auf den VVaG zu übertragen und zu diesem Zweck ein Mitgliedschaftsverhältnis einzugehen."

Seine Aussage wäre aber auch dann noch von Bedeutung, wenn in § 15 VAG die Worte: „nach dem Grundsatz der Gegenseitigkeit" gestrichen werden würden. Allein mit dem Hinweis auf die Rechtsbeziehungen zwischen Mitglied und Versicherungsverein auf Gegenseitigkeit, die außerhalb § 15 VAG geregelt sind, ist der Grundsatz der Gegenseitigkeit nicht zu erklären.

k) Bestimmung des Hauptzwecks und Kennzeichnung der Rechtsform. Im Vereinsrecht fehlt eine gesetzliche Bestimmung, die den Zweck eines Vereins ausdrücklich regelt. Aus § 705 BGB wird jedoch mit Wirkung für alle Verbandsformen und auch für den Verein die Regel abgeleitet, „daß sich die Mitglieder durch den Gesellschaftsvertrag der Gesellschaft bzw. die Satzung der Körperschaft verpflichten, die Erreichung des gemeinsam verabredeten Zwecks in der vertraglich bedungenen Weise zu fördern"[114]. Von daher liegt es nahe, in dem Grundsatz der Gegenseitigkeit die einprägsame Formel des Gesetzgebers dafür zu sehen, daß Hauptzweck des Versicherungsvereins auf Gegenseitigkeit die Versicherung der Mitglieder ist und die Mitglieder gegenseitig verpflichtet sind, diesen Zweck so zu fördern, wie dies die Satzung des Versicherungsvereins auf Gegenseitigkeit festlegt, und daß alle Überschüsse an die Mitglieder (Versicherungsnehmer) auszuschütten sind, soweit sie nicht zur Eigenkapitalbildung zu thesaurieren sind. Zudem wird mit dieser Formel in Anlehnung an die historische Entwicklung der Versicherungsverein auf Gegenseitigkeit als Rechtsform eigener Art für Versiche-

---

[113] *Farny,* Versicherungsbetriebslehre, 2000, S. 191.
[114] Vgl. *Lutter,* AcP 180 (1980), 84, 102f; *Drobnig/Becker/Remien,* 1991, S. 18.

rungsgeschäfte mit seinen Mitgliedern als Unternehmensträgern gekennzeichnet, der sich dem gesetzlichen Unternehmensleitbild zu folgen als verpflichtet ansieht. Hierzu gehören vor allem die Gleichbehandlung der Mitglieder in der Versicherungstechnik mit der Folge, daß eine risikoadäquate Beteiligung an Schaden, Kosten und Überschuß gewährleistet ist.

III. Die Rechtsnatur des Versicherungsvereins auf Gegenseitigkeit

1. Gesellschaft im weiteren Sinne

Der große Versicherungsverein auf Gegenseitigkeit ist Gesellschaft im weiteren Sinne[115] und gehört dem Privatrecht an[116]. Schon bei *Binder*[117] steht zu lesen: „Die Vereine sind Gesellschaften, aber nicht alle Gesellschaften sind Vereine.“ Auch der rechtsfähige Verein ist eine Gesellschaft; nur allerdings eine besondere Art von Gesellschaft[118]. *Hueck*[119] rechnet den Versicherungsverein auf Gegenseitigkeit zu den Erwerbsgesellschaften.

Hieraus folgt, daß das Organisationsrecht der großen Versicherungsvereine auf Gegenseitigkeit dem Gesellschaftsrecht zuzuordnen ist[120]. Zweifelhaft ist, ob die Zurechnung auch für das Handelsgesellschaftsrecht gilt[121]. Für eine Zuordnung zum Handelsgesellschaftsrecht spricht, daß sich große Versicherungsvereine auf Gegenseitigkeit am Markt wie die Formkaufleute, insbesondere wie die Versicherungs-Aktiengesellschaften, bewegen.

In der Diskussion um das Unternehmensrecht spielt der große Versicherungsverein auf Gegenseitigkeit bislang keine Rolle, obwohl er als Unternehmen weniger als eine Veranstaltung von Eigentümern, sondern mehr als eine „zu wirtschaftlichen Leistungen bestimmte Organisation personeller Kräfte und sachlicher Mittel“ anzusehen ist[122].

2. Juristische Person, Körperschaft

Der große Versicherungsverein auf Gegenseitigkeit ist unstrittig juristische Person[123] und kann als Unternehmen Grundrechtsschutz gegen Eingriffe des

---

[115] *Julius von Gierke*, Versicherungsverein, 1942, S. 1; *derselbe*, ZHR 119 (1956), 141 ff; *Karsten Schmidt*, Gesellschaftsrecht, 1997, § 3 I 1, S. 46 f; *Kübler*, Gesellschaftsrecht, 1994, S. 1 ff.

[116] *Wörner*, Versicherungsverein, 1904, S. 18; *Holthöfer*, 1906, S. 7; *Rehm*, 1911, S. 95; *Heinz Ullmann*, 1929, S. 10; *von Gierke*, Versicherungsverein, 1942, S. 1; *Imberg*, 1963, S. 19; *Goldberg/Müller*, 1980, § 19 VAG Rdn. 1; *Farny*, Versicherungsbetriebslehre, 2000, S. 190.

[117] *Binder*, 1907, S. 99.

[118] *Binder*, 1907, S. 112.

[119] *Hueck*, Gesellschaftsrecht, 1991, § 1 III, S. 4; a. A. *Schelosky*, WPg 1950, 218.

[120] *Karsten Schmidt*, Gesellschaftsrecht, 1997, § 1 I 1 a), S. 4; *Grunewald*, Gesellschaftsrecht, 1994, S. 1, Rdz. 1.

[121] Siehe hierzu *Harry Westermann*, in: Festschrift für Wolfgang Hefermehl, 1976, S. 22.

[122] Vgl. zum Unternehmensbegriff *Thomas Raiser*, in: Festschrift für Robert Fischer, 1979, S. 577.

[123] *Moldenhauer*, 1903, S. 6; *Wörner*, Versicherungsverein, 1904, S. 19; *Platz*, 1912, S. 6; *Heinz Ullmann*, 1929, S. 10; *Trabant*, 1935, S. 11; *Colhoun*, 1935, S. 9; *Kisch*, Versicherungsverein, 1951, S. 22; *Schnepper*, 1957, S. 6, 28; *Imberg*, 1963, S. 18; *Brunn*, 1973, S. 22; *Goldberg/Müller*, 1980, § 15 VAG Rdn. 2, § 19 VAG Rdn. 1; *Wiedemann*, Gesellschaftsrecht, 1980, § 1 I 1 a), S. 5; *Hauth*, 1984, S. 84; *Farny*, Versicherungsbetriebslehre, 2000, S. 190; *Karsten Schmidt*, Gesellschaftsrecht, 1997, § 42 II 1, S. 1276.

Staates in seine Autonomie und wirtschaftliche Bewegungsfreiheit in Anspruch nehmen[124]. Er ist Körperschaft und wird rechtssystematisch im allgemeinen der Kategorie der Vereine zugerechnet[125]. Gemeint sind damit die Vereine des Handelsrechts, zu denen neben der AG, KGaA, GmbH und Genossenschaft auch der VVaG gerechnet wird[126].

3. Wirtschaftlicher Verein

Der Versicherungsverein auf Gegenseitigkeit wird als rechtsfähiger Verein[127], und zwar als eine Sonderform des wirtschaftlichen Vereins im Sinne des § 22 Satz 1 BGB angesehen[128]. Im Hinblick auf die anbietende Tätigkeit des Versicherungsvereins ist dieser Zuordnung zu folgen[129].

Er unterliegt dem Konzessionssystem[130]. Seine Rechtsfähigkeit erlangt der Versicherungsverein auf Gegenseitigkeit erst durch die Erteilung der behördlichen Erlaubnis zum Geschäftsbetrieb (§ 15 VAG).

4. Abgrenzung zu anderen Rechtsformen

Im Schrifttum wird zwar betont, daß der Versicherungsverein auf Gegenseitigkeit eine starke genossenschaftliche Komponente habe[131]. Es ist aber anerkannt, daß der Versicherungsverein auf Gegenseitigkeit gegenüber der Genossenschaft einen eigenständigen Charakter hat[132] und nicht zu den Genossenschaften zu rechnen ist[133]. Er soll vielmehr strukturell wesentliche Eigenschaften des Vereins aufweisen[134].

Zöllner[135] stellt hierzu die Grundsatzfrage, „ob der große VV überhaupt noch als Verein, als Personenverband anzuerkennen ist oder ob der durch die Rechtswirklichkeit vollzogene Strukturwandel nicht dazu geführt hat, daß unter falscher

---

[124] Siehe dazu BGH, Beschluß vom 8. 11. 1993, AG 1994, 184; *Thomas Raiser*, JZ 1979, 489ff; *Rittner*, JZ 1979, 743ff; zum allgemeinen Persönlichkeitsrecht vgl. BGH, Urteil vom 8.2. 1994, NJW 1994, 1281 = WM 1994, 641; BVerfG, Beschluß vom 3.5. 1994, DB 1994, 1350; dazu *Hager*, ZHR 158 (1994), 675ff; *Wagner/Sommer*, AG 1995, 452ff.

[125] *Wörner*, Versicherungsverein, 1904, S. 18; *Trabant*, 1935, S. 11; *Julius von Gierke*, Versicherungsverein, 1942, S. 1f; *Kisch*, Versicherungsverein, 1951, S. 24; *Wiedemann*, Gesellschaftsrecht, 1980, § 1 I 1 a, S. 5; *Karsten Schmidt*, Gesellschaftsrecht, 1997, § 3 1 2, S. 47.

[126] *Erman – Harm-Peter Westermann*, 1993, Vor § 21 BGB Rdz. 14.

[127] *Wörner*, Versicherungsverein, 1904, S. 19; *Holthöfer*, 1906, S. 16; *Goldberg/Müller*, 1980, § 15 VAG Rdn. 1.

[128] *Bruck*, 1930, S. 90; *Julius von Gierke*, Versicherungsverein, 1942, S. 2, 4 und 16; *Brenzel*, 1975, S. 39f; *Sieg*, in: Festschrift für Reimer Schmidt, 1976, S. 595; *Goldberg/Müller*, 1980, § 15 VAG Rdn. 12; *Flume*, Die juristische Person, 1983, § 4 I, S. 100; *Hauth*, 1984, S. 101f; *Großfeld*, Versicherungsverein, 1985, S. 4, 70; *Baumann*, Versicherungsverein, 1986, S. 9; *Farny*, Versicherungsbetriebslehre, 2000, S. 190; *Karsten Schmidt*, Gesellschaftsrecht, 1997, § 42 II 1, S. 1275; *Kohler*, 1992, S. 203.

[129] Vgl. zu diesem Kriterium *Karsten Schmidt*, ZHR 147 (1983), 59.

[130] *Holthöfer*, 1906, S. 26; *Großfeld*, Versicherungsverein, 1985, S. 35; *Karsten Schmidt*, Gesellschaftsrecht, 1997, § 42 II 1, S. 1275.

[131] Vgl. *Farny*, Versicherungsbetriebslehre, 2000, S. 189.

[132] *Großfeld*, Versicherungsverein, 1985, S. 34.

[133] *Victor Ehrenberg*, 1893, S. 104.

[134] *Großfeld*, Versicherungsverein, 1985, S. 71.

[135] *Zöllner*, ZVersWiss 53 (1964), 302; vgl. für die Anlagegesellschaft Wiedemann, ZGR 1975, 392.

Bezeichnung ein eigenständiges privatrechtliches Gebilde lebt, das in Wahrheit den Charakter einer Anstalt trägt". Die Einstufung des großen Versicherungsvereins auf Gegenseitigkeit als Anstalt[136] findet im Schrifttum Widerspruch[137]. Zu Recht wird geltend gemacht, daß unserer Rechtsordnung privatrechtliche Anstalten unbekannt sind[138].

Ein interessanter Strukturvergleich ist bei *Baumann*[139] zu finden. Nach seiner Meinung stellt der Versicherungsverein auf Gegenseitigkeit mit kooptierter Vertreterversammlung eine Typenvermischung von Körperschaft und Stiftung dar. Ähnlich wie die Publikums-GmbH & Co KG begrifflich eine Personengesellschaft sei, strukturell aber zur Körperschaft hin tendiere[140], stelle sich der Versicherungsverein auf Gegenseitigkeit mit kooptierter Vertreterversammlung begrifflich als Körperschaft dar, tendiere aber strukturell hin zur Stiftung[141].

Mohr[142] lehnt die Auffassung von *Baumann* ab. Sie sei angesichts der Gesetzesbegründung nicht zutreffend. Er führt weiter aus: „Eine Gleichsetzung mit einer Stiftung oder einer Körperschaft wäre in Anbetracht einer abzusehenden Deregulierung auch bedenklich, wenn sich daraus eine besondere aufsichtsrechtliche Funktion in bezug auf die Struktur von VVaG herleitete, wie dies in der Natur einer Stiftung oder einer Körperschaft öffentlichen Rechts läge".

5. Handelsgesellschaft, Kaufmann

Der Versicherungsverein auf Gegenseitigkeit unterliegt dem Handelsrecht (§ 16 VAG), sofern er nicht zu den kleineren Vereinen mit sachlich, örtlich oder dem Personenkreis nach eng begrenztem Wirkungskreis gehört (§ 53 VAG). Anwendung finden nach § 16 VAG die §§ 8–104, 238–335, 341–341 o, 343–475 h HGB[143]. Der Versicherungsverein wird als Handelsgesellschaft behandelt[144], soll aber keine Handelsgesellschaft sein[145], was im Hinblick darauf, daß der große Versicherungsverein auf Gegenseitigkeit wie ein Formkaufmann am Versicherungsmarkt auftritt, nicht überzeugt. Dies zeigt auch die Behandlung der Frage, ob der große Versicherungsverein auf Gegenseitigkeit Kaufmann ist.

---

[136] Dazu *Julius von Gierke,* ZHR 109 (1942), 157 ff.

[137] *Ludwig Raiser,* ZVersWiss 54 (1965), 473; *Brenzel,* Versicherungsverein, 1975, S. 37 f; *Gerrit Winter,* in: Festschrift für *Reimer Schmidt,* 1976, Fußnote 14, S. 128; *Großfeld,* Versicherungsverein, 1985, S. 71.

[138] *Baumann,* Versicherungsverein, 1986, S. 27; *Hauth,* 1984, S. 85.

[139] *Baumann,* Versicherungsverein, 1986, S. 28; *derselbe,* in: Frankfurter Vorträge zum Versicherungswesen, Heft 15, 1987, S. 7.

[140] *Reusch,* Publikumspersonengesellschaft, 1989, S. 27.

[141] *Baumann,* Versicherungsverein, 1986, S. 29.

[142] *Mohr,* VW 1990, 163.

[143] *Karsten Schmidt,* in: Münchener Kommentar HGB, 1996, § 6 HGB Rdn. 8; *Röhricht,* in: Röhricht/Graf von Westphalen, HGB, 1998, § 1 HGB Rdn. 45; *Hopt,* HGB, 30. Aufl. 2000, § 6 HGB Rdn. 1; *Kindler,* in: Ebenroth/Boujong/Joost, HGB, 2001, vor § 1 HGB Rdn. 129. Bei *Ruß,* in: Heidelberger Kommentar HGB, 1999, § 1 HGB Rdn. 16, findet sich hingegen nur der Hinweis auf § 16 VAG, wonach für VVaG Teile des HGB anzuwenden sind. Ähnlich *Roth,* in: Koller/Roth/Morck, HGB, 2. Aufl. 1999, § 6 HGB Rdn. 5.

[144] *Julius von Gierke,* Versicherungsverein, 1942, Fußnote 15, S. 5; a. A. *Victor Ehrenberg,* 1893, Fußnote 16, S. 76 f.

[145] *Wiedemann,* Gesellschaftsrecht, 1980, § 2 I 2 a, S. 96; *Röhricht,* in: Röhricht/Graf von Westphalen, HGB, 2001, § 6 HGB Rdn. 7; *Kindler,* in: Ebenroth/Boujong/Joost, HGB, 2001, § 6 HGB Rdn. 13.

Soweit es um den kleineren Versicherungsverein auf Gegenseitigkeit geht, soll er die Kaufmannseigenschaft schon deshalb nicht erwerben können, weil er die Nichtmitgliederversicherung nicht betreiben darf[146].

Der große Versicherungsverein auf Gegenseitigkeit soll dagegen die Kaufmannseigenschaft gemäß § 1 Abs. 2 Ziff. 3 HGB immer schon dann haben, wenn er außer Mitgliedern auch Nichtmitglieder versichert[147]. Zweifelhaft ist, ob der große Versicherungsverein auf Gegenseitigkeit auch dann als Kaufmann zu behandeln ist, wenn er nur Mitglieder versichert.

Schon *Zittwitz*[148] vertrat in Anschluß an *Holthöfer*[149] die Auffassung, daß der große Versicherungsverein auf Gegenseitigkeit auch im Mitgliedergeschäft Kaufmann sei. Sein ganzer Betrieb und sein Auftreten im Geschäftsverkehr seien typisch kaufmännisch. Ein Dritter, der zu solch einem Unternehmen in Beziehungen trete, müsse sich ohne weiteres darauf verlassen können, daß hier auch die Wirkungen der Kaufmannseigenschaft wirklich einträten.

Auch *Julius von Gierke*[150] sieht den großen Versicherungsverein auf Gegenseitigkeit ausnahmslos als Kaufmann an. *Julius von Gierke*[151] meint, daß sich der Erwerb der Vollkaufmannseigenschaft bei den Versicherungsvereinen auf Gegenseitigkeit nach eigenen Grundsätzen vollziehe. Nur deshalb seien in § 16 VAG die vom Erwerb der Vollkaufmannseigenschaft handelnden Vorschriften ausgenommen. § 16 VAG weise aber auf die Geltung aller sonstigen Vorschriften für den Vollkaufmann hin[152].

Nach *Hofmann*[153] ist der große Versicherungsverein auf Gegenseitigkeit „gemäß § 16 VAG ohne Rücksicht auf den Umfang der Versicherung von Nichtmitgliedern Kaufmann nach § 1 Abs. 2 Ziff. 3 HGB". *Wiedemann*[154] sieht den großen Versicherungsverein auf Gegenseitigkeit als „(Form)Kaufmann qua Rechtsform" an. Und *Rehm*[155] meinte schon 1911, daß „der große VVaG in seiner *praktischen* Form hätte allerdings dem HGB § 2 unterworfen werden können".

Die herrschende Meinung steht dagegen auf dem Standpunkt, daß der Versicherungsverein auf Gegenseitigkeit, der nur Mitglieder versichert, kein Kaufmann

---

[146] *Prölss/Schmidt/Frey,* 1989, § 16 VAG Anm. 8.

[147] *Rehm,* 1911, S. 100; *Freytag,* 1920, S. 12; *Hagen,* in: Handbuch des gesamten Handelsrechts, 1922, S. 94; *Heinz Ullmann,* 1929, S. 12 unter Berufung auf RGZ 28, 314; *Bruck,* 1930, S. 91; *Trabant,* 1935, S. 14; *Bannier,* 1936, S. 43; *Möller,* in: Festschrift Karl Haff, 1950, S. 309; *Kisch,* Versicherungsverein, 1951, S. 28; *Harro Frels,* Mutualite 1/1966, 20; *Zier,* 1968, S. 11; *Brunn,* 1973, S. 25; *Brenzel,* 1975, S. 8; *Hauth,* 1984, Fußnote 2, S. 95; *Großfeld,* Versicherungsverein, 1985, S. 5; *Reckhenrich,* 1987, S. 64; *Prölss/Schmidt/Frey,* 1989, § 16 VAG Anm. 1; *Fehns,* 1995, S. 15; *Karsten Schmidt,* in: Münchener Kommentar HGB, 1996, § 1 HGB Rdn. 79, beschränkt die Kaufmannseigenschaft des VVaG auf das Nichtmitgliedergeschäft. Für *Röhricht,* in: Röhricht/Graf von Westphalen, HGB, 1998, § 1 HGB Rdn. 45, ist die Streitfrage, ob der große VVaG, wenn er die Risiken von Nichtmitgliedern versichert, nur bezüglich dieser Geschäfte oder für das ganze Unternehmen Kaufmann ist, angesichts der für die größeren VVaG ohnehin vorgesehenen entsprechenden Anwendbarkeit der wichtigsten Vorschriften des HGB von nur geringer Tragweite.

[148] *Zittwitz,* 1914, S. 19.

[149] *Holthöfer,* 1906, S. 19.

[150] *Julius von Gierke,* Versicherungsverein, 1942, S. 5, 50; ebenso *Imberg,* 1963, S. 20.

[151] *Julius von Gierke,* Versicherungsverein, 1942, S. 5.

[152] So früher schon *Zittwitz,* 1914, S. 16.

[153] *Hofmann,* 1983, S. 27; a. A. *Karsten Schmidt,* Handelsrecht, 1987, § 10 IV 4, S. 276.

[154] *Wiedemann,* Gesellschaftsrecht, 1980, § 2 1 2, S. 96.

[155] *Rehm,* 1911, S. 100.

sei[156]. Er gelte auch nicht als Kaufmann[157]. Der Versicherungsverein auf Gegenseitigkeit werde nur in mancher Hinsicht wie ein Kaufmann behandelt[158]. § 16 VAG lege lediglich eine sachgemäße Gleichbehandlung fest, spreche dagegen nicht die volle Kaufmannseigenschaft zu[159].

Andere Autoren verneinen die Kaufmannseigenschaft darüber hinaus mit der Begründung, daß der Geschäftsbetrieb des „reinen" VVaG kein Handelsgewerbe sei, weil die Gewinnerzielungsabsicht fehle[160]. Das Fehlen jeglicher Erwerbsabsicht ergebe sich aus dem Prinzip der Gegenseitigkeit[161]. Dem Versicherungsverein auf Gegenseitigkeit gehe jeglicher spekulativer Charakter ab, so daß auch kein gewerbliches Unternehmen vorliegen könne; die Erhebung von Beiträgen sei keine Tätigkeit im Sinne des § 1 Abs. 2 Ziff. 3 HGB[162]. Und lassen wir noch *Kisch*[163] zu Wort kommen, warum der Versicherungsverein auf Gegenseitigkeit kein Kaufmann sein soll:

> „Denn wenn auch sein Unternehmen nach Art und Umfang einen in kaufmännischer Weise eingerichteten Geschäftsbetrieb erfordert, so ist es doch kein gewerbliches Unternehmen, da er nicht auf Gewinn gerichtet ist; der Verein will nicht auf Kosten der Versicherten sich selbst bereichern, sondern ihnen den erzielten Gewinn wiederzuführen".

Die gesetzliche Regelung und die Auffassung der herrschenden Meinung ist nur aus der Historie des § 16 VAG heraus zu verstehen.

Der Entwurf eines allgemeinen Handelsgesetzbuches für Deutschland aus dem Jahre 1849 bestimmte in Art. 1 Ziff. 7: „Kaufmann ist, wer gewerbsmäßig Versicherungen gegen Prämie übernimmt"[164]. Die gegenseitigen Versicherungen sollten dieser Vorschrift nicht unterfallen, „da sie nur bezwecken, den Verlust des Einen auf mehrere Andere zu verteilen, nicht der Absicht des Gewinnes unterliegen und sie daher gar nicht geeignet sind, gewerbsmäßig betrieben zu werden"[165].

Gegenüber dieser Auffassung wurde schon seinerzeit von *Brinckmann* vorgebracht, daß „auch bei den gegenseitigen Versicherungen die Absicht, zu gewin-

---

[156] *Victor Ehrenberg,* 1893, S. 108; *Rehm,* 1911, S. 100; *Bruck,* 1930, S. 91; *Bannier,* 1936, S. 43; *Kraus,* 1971, S. 167; *Brunn,* 1973, S. 24, *Brenzel,* 1975, S. 8; *Eichler,* 1976, Fußnote 8, S. 69; *Kaulbach,* 1988, S. 68; *Reckhenrich,* 1987, S. 64f; *Prölss/Schmidt/Frey,* 1989, § 16 VAG Anm. 2; *Baumbach/Duden/Hopt,* 1989, § 1 HGB Anm. 8 C.

[157] *Brunn,* 1973, S. 24; *Goldberg/Müller,* 1980, § 16 VAG Rdn. 1; *Prölss/Schmidt/Frey,* 1989, § 16 VAG Anm. 2; kritisch dazu früher schon *Sievers,* ZHR 48 (1899), 535.

[158] *Wörner,* Versicherungsverein, 1904, S. 78f; *Leibl,* 1913, S. 53f; *Schloeßmann,* 1936, S. 40; *Bannier,* 1936, S. 43; *Zier,* 1968, S. 11; *Kraus,* 1971, S. 167; *Eichler,* 1976, Fußnote 8, S. 69; *Goldberg/Müller,* 1980, § 16 VAG Rdn. 1; *Farny,* Versicherungsbetriebslehre, 2000, S. 190; *Prölss/Schmidt/Frey,* 1989, § 16 VAG Anm. 2.

[159] *Köbele,* 1965, S. 37f.

[160] *Kirchmann,* 1911, Fußnote 1, S. 3; *Rehm,* 1911, S. 100; *Leibl,* 1913, S. 53; *Freytag,* 1920, S. 11f; *Curt Schmidt,* 1922, S. 17; *Kremers,* 1925, S. 5; *Karl Samwer,* in: Versicherungslexikon, 1930, Spalte 620; *Schloeßmann,* 1936, S. 38; *Fromm-Goldberg,* § 16 VAG Anm. 1; *Harro Frels,* Mutualité 1/1966, 19; *Brunn,* 1973, S. 24; *Goldberg/Müller,* 1980, § 16 VAG Rdn. 1. A.A. *Hopt,* HGB, 20. Aufl. 2000, § 6 HGB Rdn. 1, der zutreffend anmerkt, daß beim VVaG das Vorliegen einer Gewerbetätigkeit zu Unrecht wegen mangelnder Gewinnerzielungsabsicht verneint werde.

[161] *Bruck,* 1930, S. 91; *Bannier,* 1936, S. 43; ähnlich *Trabant,* 1935, S. 12.

[162] *Heinz Ullmann,* 1929, S. 11; *Trabant,* 1935, S. 11; *Schloeßmann,* 1936, S. 38; ähnlich früher schon *Victor Ehrenberg,* 1893, S. 76.

[163] *Kisch,* Versicherungsverein, 1951, S. 28; zustimmend *Würdinger,* in: RGR Komm. z. HGB, 1953, § 1 Anm. 33, S. 81.

[164] *Baums,* S. 60ff.

[165] Motive zu Art. 1 Ziff. 7 bei *Baums,* S. 74; ähnlich *Lewis,* 1889, S. 29f.

nen, vorhanden" sei, und verlangt, alle Versicherungen zu den Handelsgeschäften zu rechnen[166].

Die These von der fehlenden Gewinnerzielungsabsicht der Versicherungsvereine auf Gegenseitigkeit hat jedoch für „ein halbes Jahrhundert als anerkanntes Prinzip des Versicherungsrechts gegolten"[167]. Aber schon *Victor Ehrenberg*[168] meinte, daß die Versicherungsvereine auf Gegenseitigkeit die Kaufmannseigenschaft erhalten müßten.

Die Versicherungsvereine auf Gegenseitigkeit wurden den Kaufleuten aber nur in dem aus dem Gesetz ersichtlichen Umfang gleichgestellt. Ausschlaggebend war hierfür die Auffassung vom Mangel der Erwerbsabsicht und Gewinnerzielung und die Rücksichtnahme auf die steuerliche Behandlung[169]. Und bei *Hagen*[170] heißt es weiter zu § 16 VAG:

> „Diese Regelung ist einigermaßen künstlich und unglücklich ausgefallen. Rein wirtschaftlich und geschäftlich betrachtet, stehen die VV. a. G. den Versicherungsaktiengesellschaften durchaus gleich. Die gleichmäßige Behandlung beider Unternehmungsformen und die Unterstellung unter die gleichen Normen wäre danach nicht mehr als recht und billig. Trotz des Wortlauts des Gesetzes ist es deshalb praktisch das einzig Richtige, die VV. a. G. den sog. Form-Kaufleuten gleichzustellen, d. h. den Aktiengesellschaften, den Gesellschaften mit beschränkter Haftung und den Genossenschaften, für die die Kaufmannseigenschaft in den maßgebenden Gesetzesstellen unmittelbar vorgeschrieben wird. Nach der Entstehungsgeschichte des Gesetzes ist dies auch offenbar die Absicht gewesen."

Die Überlegungen von *Hagen* sind von unveränderter Aktualität, zumal auch Versicherungsvereine auf Gegenseitigkeit nach Gewinn streben und wie die Versicherungs-Aktiengesellschaft der Körperschaftsteuer und der Gewerbesteuer unterliegen. Mit Rücksicht auf die Sicherheit des Rechtsverkehrs ist der große Versicherungsverein auf Gegenseitigkeit dem Handelsrecht zu unterstellen und schon allein aufgrund seiner Rechtsform als Formkaufmann anzusehen[171]. Im übrigen ist im Rahmen der Fortbildung des geltenden Handelsrechts zu einem zeitgemäßen Unternehmensrecht zu erwarten, daß wegen Wegfalls des überholten Merkmals der Gewinnerzielungsabsicht auch der große Versicherungsverein auf Gegenseitigkeit vom Gesetzgeber den Versicherungs-Aktiengesellschaften handelsrechtlich gleichgestellt werden wird[172]. Zu berücksichtigen ist in diesem Zusammenhang, daß bei Stadt- und Kreissparkassen, der Bundesbank sowie kommunalen Versorgungsbetrieben, die Überschüsse erzielen wollen, die Kaufmannseigenschaft bejaht wird[173]. Im Rahmen des am 22. 6. 1998 beschlossenen Gesetzes zur Neuregelung des Kaufmanns- und Firmenrechts und zur Änderung anderer handels- und gesellschaftsrechtlicher Vorschriften (Handelsrechtsreform-

---

166 *Brinckmann,* AcP 32 (1849), 388.

167 *Duvinage,* 1987, S. 18; ebenso früher schon *Behrend,* ZHR 55 (1904), Fußnote 9, S. 5.

168 *Victor Ehrenberg,* 1893, S. 109.

169 *Hagen,* Blätter für Rechtspflege 1902, 57.

170 *Hagen,* in: Handbuch des gesamten Handelsrechts, 1922, S. 111 f.

171 Vgl. *Kort,* AcP 193 (1993), 454 f. A. A. *Röhricht,* in: Röhricht/Graf von Westphalen, HGB, 2001, § 1 HGB Rdn. 6.

172 Siehe dazu *Thomas Raiser,* ZHR 144 (1980), 206 ff; *Karsten Schmidt,* DB 1994, 515 ff; vgl. aber die Reformvorschläge der Bund-Länder-Arbeitsgruppe „Handelsrecht und Handelsregisterrecht", ZIP 1994, 1407, 1409, die es beim hergebrachten Gewerbebegriff belassen will. Die Unternehmensrechtskommission konnte in ihrem Bericht 1979 den VVaG aus zeitlichen Gründen nicht in ihre Untersuchungen einbeziehen, vgl. *Starke,* VW 1980, 713, 714 f.

173 Vgl. *Preis,* ZHR 158 (1994), 567, 588.

gesetz – HRefG)[174] wurde § 16 VAG nicht geändert. Nach diesem Gesetz entfällt die bisherige Regelung über den Muß-, Soll- und Minderkaufmann. Statt dessen wird ein einheitlicher Kaufmannsbegriff in § 1 Abs. 1 i.V.m. Abs. 2 HGB eingeführt, nach dem jeder, der ein gewerbliches Unternehmen betreibt, das einen kaufmännisch eingerichteten Geschäftsbetrieb erfordert, Kaufmann ist (Art. 3 Nr. 1, 2). Neben der Gruppe der Kaufleute kraft Handelsgewerbes gibt es die Gruppe der Kaufleute kraft Rechtsform[175]. Kaufleute kraft Rechtsform sind die Aktiengesellschaft (§ 3 AktG), die Kommanditgesellschaft auf Aktien (§§ 278 Abs. 3, 3 AktG), die Gesellschaft mit beschränkter Haftung (§ 13 Abs. 3 GmbH) und die eingetragene Genossenschaft (§ 17 Abs. 2 GenG)[176]. Die Formkaufmannseigenschaft setzt die Eintragung in das Handelsregister bzw. in das Genossenschaftsregister voraus[177]. Bildet man mit *Karsten Schmidt*[178] § 5 HGB zu einer Rechtsregel fort, die besagt, daß nach bzw. analog § 5 HGB jeder im Handelsregister eingetragene Rechtsträger Kaufmann ist, läßt sich über diesen Weg für den im Handelsregister eingetragenen großen VVaG die Formkaufmannseigenschaft bejahen. Unabhängig hiervon ist rechtspolitisch zu fordern, daß der Gesetzgeber den großen VVaG ausdrücklich als Kaufmann kraft Rechtsform anerkennt.

Kapitel 4
Das Verhältnis von privatrechtlichem Organisationsrecht und Aufsichtsrecht als Strukturmerkmal des Versicherungsvereins auf Gegenseitigkeit

I. Unterwerfung unter die Marktzugangskontrolle

Versicherungsvereine auf Gegenseitigkeit unterliegen aufsichtsrechtlich der Marktzugangskontrolle. Die Marktzugangskontrolle ist über den Konzessions- und Rechtsformzwang gewährleistet.

1. Konzessionszwang

Versicherungsunternehmen bedürfen zum Geschäftsbetrieb der Erlaubnis der Aufsichtsbehörde[1]. Das Versicherungsaufsichtsgesetz bezeichnet als Versicherungsunternehmen solche Unternehmen, die den Betrieb von Versicherungsgeschäften zum Gegenstand haben und nicht Träger der Sozialversicherung sind[2]. Das in § 5 VAG zum Ausdruck kommende Prinzip des Konzessionszwangs ist

---

174 BGBl I 1998, 1474; dazu und zum RegE *Henssler*, ZHR 161 (1997), 13, 44 ff; *Karsten Schmidt*, ZIP 1997, 909 ff; *derselbe*, ZHR 161 (1997), 2, 11 f; *Bydlinski*, ZIP 1998, 1169 ff; *Gustavus*, GmbHR 1998, 17 ff; *Hirte*, NJW 1998, 2943; *Jung*, ZIP 1998, 677 ff; *Kögel*, BB 1998, 1645 ff; *derselbe*, DB 1998, 1802 ff; *Karsten Schmidt*, NJW 1998, 2161 ff; *Kaiser*, JZ 1999, 495 ff; *Karsten Schmidt*, ZHR 163 (1999), 87 ff.

175 Vgl. *Karsten Schmidt*, Handelsrecht, 1999, § 9 II, S. 278.

176 Vgl. *Karsten Schmidt*, Handelsrecht, 1999, § 10 II 2 a), S. 295.

177 Vgl. *Karsten Schmidt*, Handelsrecht, 1999, § 10 II 2 b), S. 296.

178 Vgl. *Karsten Schmidt*, Handelsrecht, 1999, § 10 III 1 b), S. 299.

1 Vgl. § 5 Abs. 1 VAG. Zur Versicherungsaufsicht in den USA siehe *Kimball*, ZVersWiss 53 (1964), 233 ff; *Barger*, VW 1998, 40.

2 Siehe § 1 Abs. 1 VAG.

außer Diskussion. Im Hinblick auf die soziale Verantwortung der Versicherungswirtschaft ist eine präventive Marktzugangskontrolle gerechtfertigt[3].

2. Rechtsformzwang

Über das Konzessionssystem hinaus herrscht in der Erstversicherung Rechtsformzwang. Die Erlaubnis zum Geschäftsbetrieb darf nämlich nur Aktiengesellschaften, Versicherungsvereinen auf Gegenseitigkeit sowie Körperschaften und Anstalten des öffentlichen Rechts erteilt werden[4]. Die Beschränkung des Versicherungsgeschäfts auf die genannten juristischen Personen ist unter Kapitalsicherungsaspekten und unter den Gesichtspunkten unternehmensrechtlicher Publizität grundsätzlich unbedenklich[5].

II. Einschränkung der Verwendungsmöglichkeit der Rechtsform

Die Verwendungsmöglichkeit der Rechtsform der Versicherungsvereine auf Gegenseitigkeit ist im Gegensatz zu anderen Rechtsnormen gesetzlich eingeschränkt.

Der Gesellschaftszweck der Versicherungsvereine auf Gegenseitigkeit ist auf den Betrieb von Versicherungsgeschäften beschränkt. Eine anderweitige wirtschaftliche Betätigung ist dem Versicherungsverein auf Gegenseitigkeit nicht erlaubt[6]. Dies wird durch § 15 VAG herausgestellt, der als Zweck des Versicherungsvereins auf Gegenseitigkeit die Versicherung seiner Mitglieder festlegt.

Der Gesetzgeber läßt aber zu, daß Zweck des großen Versicherungsvereins auf Gegenseitigkeit auch der Betrieb von Versicherungsgeschäften mit Nichtmitgliedern sein darf, soweit es die 5atzung ausdrücklich gestattet (vgl. § 21 Abs. 2 VAG). Allerdings ist aus § 15 VAG einerseits und § 21 Abs. 2 VAG andererseits zu schließen, daß Hauptzweck des Versicherungsvereins auf Gegenseitigkeit die Mitgliederversicherung sein soll und die Nichtmitgliederversicherung beim großen Versicherungsverein auf Gegenseitigkeit nur Nebenzweck sein darf. Der große Versicherungsverein auf Gegenseitigkeit würde seinen gesetzlich festgelegten Charakter als Mitgliederversicherer verlieren, wenn die Geschäftstätigkeit aus der Nichtmitgliederversicherung gegenüber der Mitgliederversicherung überwiegen würde oder gleichrangig wäre[7]. Insoweit wird zutreffend dargelegt, daß die Nichtmitgliederversicherung Nebenbetrieb bleiben müsse[8] und sich aus dem Charakter des Versicherungsvereins auf Gegenseitigkeit als Versicherungsunternehmen ergebe, daß er die Versicherung als Hauptzweck betreiben müsse und daß Geschäfte, die außerhalb des Geschäftsplans lägen (versicherungsfremde Ge-

---

[3] Vgl. *Scholz,* ZVersWiss 73 (1984), 28f.

[4] Siehe § 7 Abs. 1 VAG. Zur aufsichtsrechtlichen Zulässigkeit der VVaG & Co. KGaA siehe *Diehl,* VW 2000, 110; *Schloßmacher,* VW 2000, 179.

[5] Vgl. *Wiedemann,* ZGR 1975, 420; *Scholz,* ZVersWiss 73 (1984), 29, jedoch zweifelnd wegen Ausschlusses der GmbH.

[6] Vgl. *Hueck,* Gesellschaftsrecht, 1991, § 4 III 1 b), S. 34.

[7] Siehe hierzu *Bannier,* 1936, S. 44: Nichtmitgliederversicherung verletzt den Grundsatz der Gegenseitigkeit.

[8] *Zier,* 1968, S. 10; *Lorenz,* ZVersWiss 1984, 381; *Großfeld,* Versicherungsverein, 1985, S. 4; *Prölss/Schmidt/Frey,* 1989, § 21 VAG Rdn. 9.

schäfte), ebensowenig wie bei anderen Unternehmensformen betrieben werden dürften[9].

III. Begrenzung des Gesellschaftszwecks

Der Gesellschaftszweck des Versicherungsvereins auf Gegenseitigkeit ist auf den Betrieb von Versicherungsgeschäften beschränkt. Er darf – wie andere Versicherungsunternehmen auch – „neben Versicherungsgeschäften nur solche Geschäfte betreiben, die hiermit in unmittelbarem Zusammenhang stehen"[10]. Das Verbot versicherungsfremder Geschäfte soll über das Erfordernis der aufsichtsbehördlichen Satzungsgenehmigung durchgesetzt werden[11].

Eine Definition der versicherungsfremden Geschäfte enthält das Versicherungsaufsichtsgesetz nicht[12]. Von daher ist es nicht überraschend, wenn sich Vertreter der Aufsichtsbehörde für eine enge Auslegung des § 7 Abs. 2 VAG aussprechen[13]. Ein unmittelbarer Zusammenhang mit Versicherungsgeschäften wird bejaht, wenn der Versicherer als Vermittler für andere Sparten fungiert oder über seinen Außendienst Bauspar- und Investmentprodukte vertreibt oder Beratungsleistungen auf dem Gebiet der betrieblichen Altersversorgung erbringt[14].

Soweit der Versicherer über Tochter- oder Enkelgesellschaften Geschäfte betreibt, die ihm selbst als versicherungsfrende Geschäfte nicht erlaubt wäre zu betreiben, steht § 7 Abs. 2 VAG grundsätzlich nicht entgegen[15]. Erforderlich ist jedoch, daß die Anlagevorschriften die Beteiligung zulassen. Der Aufsichtsbehörde ist dann die Untersagung der Beteiligung nur noch im Rahmen des § 82 VAG möglich. Ein Beteiligungsverbot nach dieser Vorschrift setzt allerdings voraus, daß die betreffende Beteiligung die Versicherungsunternehmung gefährdet.

Ob im Sinne des § 7 Abs. 2 VAG ein versicherungsfremdes Geschäft schon dann vorliegen kann, wenn das Versicherungsunternehmen auf Grund der Beteiligungsverhältnisse die Geschäftspolitik einer anderen Gesellschaft derart beeinträchtigt, daß es die Geschäfte der Gesellschaft praktisch selbst betreibt, ist zweifelhaft[16]. Aufsichtsrechtlich ist es nämlich nicht untersagt, ein Versicherungsunternehmen ohne eigenes Personal zu betreiben, das von Vorstandsmitgliedern geleitet wird, die in einem anderen Versicherungsunternehmen einer an-

---

[9] *Zier,* 1968, S. 5; *Prölss/Schmidt/Frey,* 1989, § 15 VAG Rdn. 5.

[10] Vgl. § 7 Abs. 2 VAG; kritisch zur richtlinienkonformen Umsetzung dieser Vorschrift *Rittner,* VersR 1994, 5 ff; *Heinrich,* VersR 1997, 1169, 1170.

[11] *Präve,* ZfV 1994, 175.

[12] *Prölss/Schmidt/Frey,* 1989, § 7 VAG Rdn. 4; *Dreher,* in: Festschrift für Horst Baumann, 1999, S. 21, 30.

[13] *Helmut Müller,* 1990, S. 21 f.

[14] Siehe dazu *Bronisch,* VW 1949, 472; *Helmut Müller,* 1990, S. 22.

[15] Vgl. aber LG Düsseldorf, Urteil vom 7. 4. 1994, DB 1994, 1028 = AG 1994, 330 („ARAG").

[16] So aber *Goldberg/Müller,* 1980, § 7 VAG Rdn. 5. Das BAV hält Patronatserklärungen (zur harten und zur weichen Patronatserklärung siehe *Habersack,* ZIP 1996, 257 ff; *v. Bernuth,* ZIP 1999, 1501 ff; *Endres,* ZHR 163 (1999), 441, 444; *Fleischer,* ZHR 163 (1999), 461, 468 ff; *derselbe,* WM 1999, 666, 667 ff; Schäfer, WM 1999, 153 ff), die ein Versicherungsunternehmen gegenüber Dritten zugunsten versicherungsfremder Tochtergesellschaften abgibt, für versicherungsfremde Geschäfte, vgl. VerBAV 1996, 284. Kritisch dazu *Kaulbach,* VersR 1997, 286 ff; *Entzian,* 1999, S. 141 ff. Zur Anzeigepflicht gemäß §§ 13 d Nr. 4 und 5 VAG, 104 Abs. 1 und Abs. 3 VAG vgl. R 4/98 – Hinweise zur Kontrolle von Inhabern einer bedeutenden Beteiligung am Versicherungsunternehmen (Aktionärskontrolle) vom 11. 8. 1998, VerBAV 1998, 203; *Habermann,* VersR 1998, 801, 807 ff.

deren Sparte, das die Mehrheitsbeteiligung hält, Mitglied des dortigen Vorstands sind, mithin als Vorstandsmitglieder ein Doppelmandat ausüben.

IV. Beschränkung der organisatorischen Unternehmensautonomie

Das Recht der freien unternehmensmäßigen Organisation ist versicherungsaufsichtsrechtlich für Erstversicherer stark eingeschränkt. Die Einschränkung der prinzipiellen Freiheit der gesellschaftsrechtlichen Unternehmensorganisation zeigt sich besonders in dem Erfordernis, daß die Satzung und Änderungen der Satzung der Genehmigung der Aufsichtsbehörde bedürfen[17].

Darüber hinaus unterliegen Unternehmensverträge der in den §§ 291 und 292 des Aktiengesetzes bezeichneten Art[18] sowie Verträge, durch die der Vertrieb, die Bestandsverwaltung, die Leistungsbearbeitung, das Rechnungswesen, die Vermögensanlage oder die Vermögensverwaltung eines Versicherungsunternehmens ganz oder zu einem wesentlichen Teil einem anderen Unternehmen auf Dauer übertragen werden soll (Funktionsausgliederung), der Genehmigung der Aufsichtsbehörde im Rahmen der Entscheidung über den Antrag auf Erteilung der Erlaubnis zum Geschäftsbetrieb[19].

In die organisatorische Autonomie des Versicherungsunternehmens greift besonders tief die in § 81 Abs. 2a) VAG vorgesehene Aufsichtsmaßnahme ein. Nach dieser Vorschrift kann die Aufsichtsbehörde auf Grund der §§ 81 oder 89 VAG einen Sonderbeauftragten „zur Wahrung der Belange der Versicherten" bestellen, dem sie alle Rechte übertragen kann, die den Organen des Unternehmens nach Gesetz oder Satzung zustehen.

Besondere Rechte stehen der Aufsichtsbehörde bei der Bestellung des Treuhänders für den Deckungsstock zu. Nicht nur muß der Treuhänder vor der Bestellung benannt werden[20]. Er kann sogar von der Aufsichtsbehörde selbst bestellt werden, wenn das Versicherungsunternehmen den Bedenken der Aufsichtsbehörde nicht Rechnung trägt[21].

Nach den gesetzlichen Vorschriften ist vorgesehen, daß die in Aussicht genommenen Personen vor ihrer Bestellung zu Vorstandsmitgliedern der Aufsichtsbehörde benannt werden[22]. Eine weitere Einschränkung der Bestellungskompetenz des Aufsichtsrats versucht die Aufsichtsbehörde mit einer Verlautbarung zu erreichen, wonach zwecks Vermeidung von Interessenkollisionen durch enge familiäre Beziehungen zwischen Aufsichtsrats- und Vorstandsmitgliedern die Bestellung eines Vorstandsmitglieds unterbleiben soll, das in einem Verwandt-

---

[17] Siehe § 5 Abs. 3 Nr. 1 VAG, § 8 Abs. 1 VAG, § 13 Abs. 1 VAG; *Reimer Schmidt*, VersR 1954, 441.

[18] Vgl. § 5 Abs. 3 Nr. 3 VAG, § 8 Abs. 1 VAG, § 13 Abs. 1 VAG; dazu R 3/66 vom 20. 5. 1966, VerBAV 1966, 94; *Sasse*, in: Festschrift für Karl Sieg, 1976, S. 435ff; *Gromann*, AG 1981, 243ff.

[19] Vgl. § 5 Abs. 3 Nr. 4 VAG, § 8 Abs. 1 VAG, § 13 Abs. 1a) VAG. Zur Übertragung des Rechnungswesens vgl. *Maser*, VW 1997, 1149ff.

[20] Siehe § 71 Abs. 2 Satz 1 VAG.

[21] Vgl § 71 Abs. 2 Satz 2 und 3 VAG.

[22] § 5 Abs. 5 Nr. 5 VAG; § 13d Nr. 1 VAG. Hierzu ausführlich *Prölss/Schmidt/Frey*, 1989, § 8 VAG Rdn. 18; zur fachlichen Eignung gemäß § 33 KWG siehe *Dürr*, WM 1993, 1918 und zum Vieraugenprinzip vgl. BVerwG-Urteil vom 1. 12. 1987, WM 1988, 695, 697.

schaftsverhältnis ersten oder zweiten Grades im Sinne des § 1590 BGB zu einem Aufsichtsratsmitglied steht[23]. Eine Aufsichtspraxis, die wegen der fehlenden gesetzlichen Grundlage zu Recht auf Kritik gestoßen ist[24].

Über die organisationsrechtlichen Aufsichtsmittel hinaus verfügt die Versicherungsaufsichtsbehörde über eine breite Palette von Aufsichtsmitteln, die hier im einzelnen nicht darzustellen sind[25]. Beispielhaft sei hervorgehoben, daß die Aufsichtsbehörde die Vorlage eines Plans zur Wiederherstellung gesunder Finanzverhältnisse (Solvabilitätsplan) verlangen kann, wenn die Eigenmittel eines Versicherungsunternehmens geringer als die Solvabilitätsspanne sind[26].

Kapitel 5
Das Verhältnis von Gesetz und Satzung beim Versicherungsverein auf Gegenseitigkeit

I. Die Satzungsfreiheit des Versicherungsvereins auf Gegenseitigkeit

1. Die Bedeutung des § 17 VAG

Nach § 17 Abs. 1 VAG wird die Verfassung eines Versicherungsvereins auf Gegenseitigkeit durch die Satzung bestimmt, soweit sie nicht auf den folgenden Vorschriften beruht. Diese Regelung ist zwingend[1]. Sie ist vom Wortlaut her mit § 25 BGB vergleichbar, der für die Verfassung des rechtsfähigen Vereins bestimmt: „Die Verfassung eines rechtsfähigen Vereins wird, soweit sie nicht auf den nachfolgenden Vorschriften beruht, durch die Vereinssatzung bestimmt."

Die Bedeutung des § 25 BGB besteht in erster Linie darin, die Satzungsautonomie des Vereins festzuschreiben[2]. Im Hinblick auf die inhaltliche Übereinstimmung des § 17 VAG mit § 25 BGB steht fest, daß der Gesetzgeber dem Versicherungsverein auf Gegenseitigkeit die Befugnis eingeräumt hat, sein Organisationsrecht autonom zu gestalten[3], soweit nicht im VAG selbst zwingende Vorschriften über die Verfassung erlassen sind[4], die als spezialgesetzliche Nor-

---

[23] R 2/74 vom 26. 3. 1974, VerBAV 1974, 50; *Koch,* in: Festschrift 100 Jahre materielle Versicherungsaufsicht in Deutschland, 2001, S. 341, 349.

[24] Vgl. *Scholz,* ZVersWiss 73 (1984), 30 f; *Prölss/Schmidt/Frey,* 1989, § 8 VAG Rdn. 18.

[25] Siehe hierzu *Mösbauer,* BB 1987, 1688 ff; *Karsten Schmidt,* DB 1982, 1044 f; *Kaulbach,* in: Festschrift 100 Jahre materielle Versicherungsaufsicht in Deutschland, 2001, S. 169 ff; zur Zulässigkeit von Marktinformationen, insbesondere zur Verlautbarung von Warnungen und Empfehlungen siehe ausführlich *Präve,* ZfV 1992, 110 ff.

[26] Siehe § 81 b Abs. 1 VAG. Zur Neuordnung der europäischen Solvabilitätsanforderungen siehe *Mudrack,* ZfV 1995, 626 ff; *Helmut Müller,* VW 1996, 358 (I) und 424 (II); *derselbe,* ZfV 1997, 383 (I) und 435 (II); *Bernhard,* VW 1998, 356 ff; *Schieber,* WM 1999, 2286 ff; *Helmut Müller,* in: Festschrift 100 Jahre materielle Versicherungsaufsicht in Deutschland, 2001, S. 155, 166, spricht die Möglichkeit der Ablösung des bestehenden Solvabilitätssystems durch interne Risikomodelle an.

[1] Vgl. *Sievers,* ZHR 51 (1902), 333.

[2] So *Karsten Schmidt,* Gesellschaftsrecht, 1997, § 24 III 1 a), S. 688; vgl. ferner *Soergel-Hadding,* 2000, § 25 BGB Rz. 3

[3] Vgl. für den rechtsfähigen Verein: *Karsten Schmidt,* Gesellschaftsrecht, 1997, § 24 III 1 a), S. 689.

[4] *Karl Bischoff,* VerBAV 1960, 214.

mativbestimmungen anzusehen sind[5]. Die Satzung des Versicherungsvereins auf Gegenseitigkeit muß jedoch eine Grundordnung aufweisen[6].

Zu dieser Grundordnung gehören zumindest die Zusammensetzung und die Funktionen der Organe sowie die Rechtsstellung der Mitglieder, soweit deren Kernbereich berührt ist[7].

Innerhalb der gesetzlichen Grenzen bleibt es dem Versicherungsverein auf Gegenseitigkeit als einzelnem Verband überlassen, seine Verhältnisse in der Weise zu regeln, wie es seinen besonderen Zwecken entspricht[8].

2. Vergleich mit § 23 Abs. 5 AktG

Bei der (Versicherungs-)Aktiengesellschaft ist das Verhältnis von Gesetz und Satzung nach dem Prinzip der formellen Satzungsstrenge geregelt[9]. In § 23 Abs. 5 AktG heißt es:

> „Die Satzung kann von den Vorschriften dieses Gesetzes nur abweichen, wenn es ausdrücklich zugelassen ist. Ergänzende Bestimmungen der Satzung sind zulässig, es sei denn, daß dieses Gesetz eine abschließende Regelung enthält."

Der Satzungsfreiheit sind von daher bei der Aktiengesellschaft durch das Aktiengesetz von 1965 enge Grenzen gezogen[10]. Die Einschränkung der Satzungsautonomie bezweckt den Schutz von Gläubigern und künftigen Aktionären[11].

Die unterschiedliche Ausgestaltung der Satzungsfreiheit bei Versicherungs-Aktiengesellschaften und Versicherungsvereinen auf Gegenseitigkeit läßt sich darauf zurückführen, daß bei den Versicherungsvereinen auf Gegenseitigkeit die Mitglieder des Versicherungsvereins als Versicherungsnehmer selbst die Gläubiger des Vereins sind.

Soweit das Mitglied aufgrund der im Recht der Versicherungsvereine auf Gegenseitigkeit geltenden Mehrheitsherrschaft schon unmittelbar nach seinem Beitritt mit umfassenden Satzungsänderungen konfrontiert werden kann, ist es durch das Austrittsrecht geschützt[12]. Das Austrittsrecht kann das Mitglied dadurch ausüben, daß es den Versicherungsvertrag kündigt. Denn die Mitgliedschaft endigt, soweit die Satzung nichts anderes bestimmt, wenn das Versicherungsverhältnis aufhört (vgl. § 20 Satz 3 VAG).

Darüber hinaus sind die Mitglieder des Versicherungsvereins auf Gegenseitigkeit aufsichtsrechtlich geschützt. Sowohl die Satzung der Versicherungs-Aktiengesellschaft als auch die Satzung des Versicherungsvereins auf Gegenseitigkeit bedürfen der aufsichtsrechtlichen Genehmigung[13]. Im Rahmen des Ge-

---

[5] Vgl. *Karsten Schmidt,* AcP 182 (1982), 1, 38

[6] Vgl. für den rechtsfähigen Verein: *Dieter Reuter,* ZHR 148 (1984), 523, 527; *Karsten Schmidt,* Gesellschaftsrecht, 1997, § 24 III 1 a), S. 689.

[7] Vgl. *Karsten Schmidt,* Gesellschaftsrecht, 1997, § 24 III 1 a), S. 689.

[8] So *Holthöfer,* 1906, S. 21.

[9] Vgl. zur Kommanditgesellschaft auf Aktien: *Graf,* 1993, S. 144 ff.

[10] *Uwe H. Schneider/Ulrich Burgard,* in: Festschrift für Karl Beusch, 1993, S. 791; *Mertens,* ZGR 1994, 426, 439.

[11] *Hüffer,* 1999, § 23 AktG Rn 34.

[12] *Dieter Reuter,* in: Münchener Kommentar, 1993, § 25 BGB Rdn. 5.

[13] Vgl. § 5 Abs. 3 Nr. 1 VAG, § 8 Abs. 1 VAG, § 13 Abs. 1 VAG.

nehmigungsverfahrens muß die Aufsichtsbehörde u.a. prüfen, ob die Belange der Versicherten ausreichend gewahrt sind[14].

3. Satzungskontrolle durch die Aufsichtsbehörde

Für den Versicherungsverein auf Gegenseitigkeit hat die Genehmigungsbedürftigkeit der Satzung zur Folge, daß die Aufsichtsbehörde aufgrund ihrer Befugnisse eine Satzungskontrolle ausüben kann, die sich an den Rechtsgrundsätzen zur Inhaltskontrolle bei Publikumsgesellschaften und Vereinen ausrichten wird[15].

Bei zugelassenen Versicherungsvereinen auf Gegenseitigkeit ist die Satzungskontrolle jedoch auf die Teile der Satzung beschränkt, zu denen ein Änderungs- oder Ergänzungsantrag gestellt ist. Hinsichtlich der unveränderten Teile der Satzung besteht Bestandsschutz[16].

II. Notwendiger Inhalt der Satzung

1. Muß-Vorschriften

Die Satzung muß Regelungen über die Firma und den Sitz des Vereins (§ 18 Abs. 1 VAG) enthalten. Sie muß erkennen lassen, daß Versicherung auf Gegenseitigkeit betrieben wird (§ 18 Abs. 2 Satz 2 VAG).

Die Satzung muß ferner Regelungen über die Bildung eines Gründungsstocks (§ 22 VAG), zur Beitragspflicht (§ 24 VAG), über die Bekanntmachungen des Vereins (§ 28 VAG), über die Bildung der Organe (§ 29 VAG), über die Minderheitsrechte (§ 36b VAG), über die Verlustrücklage (§ 37 VAG) und die Überschußverwendung (§ 38 VAG) enthalten.

Die Muß-Vorschriften stellen zwingendes Gesetzesrecht dar, das den Gestaltungsrahmen für die Satzung bestimmt[17] und bei der Genehmigung der Satzung durch die Aufsichtsbehörde zu beachten ist.

2. Soll- und Kann-Vorschriften

Die Satzung soll die einzelnen Versicherungszweige, auf die sich der Geschäftsbetrieb erstreckt, und die Grundsätze für die Vermögensanlage festsetzen; sie soll auch bestimmen, ob das Versicherungsgeschäft nur unmittelbar oder zugleich auch mittelbar (durch Rückversicherung) betrieben werden soll (vgl. § 9 VAG). Ferner soll die Satzung Bestimmungen über den Beginn der Mitgliedschaft enthalten (§ 20 Satz 1 VAG). Weitere Soll-Vorschriften betreffen die Regelung von Einzelheiten zum Gründungsstock (vgl. § 22 Abs. 1 Satz 2 VAG) sowie die Ausschreibung und Einziehung von Umlagen und Nachschüssen (§ 27 VAG).

Kann-Vorschriften lassen z.B. zu, daß die Satzung oder die oberste Vertretung den Aufsichtsrat ermächtigen kann, bei dringendem Bedürfnis die allgemeinen Versicherungsbedingungen vorläufig zu ändern (vgl. § 41 Abs. 2 Satz 1 VAG).

---

[14] Vgl. § 8 Abs. 1 Nr. 2 VAG.
[15] Siehe hierzu ausführlich *Karsten Schmidt,* Gesellschaftsrecht, 1997, § 5 III 4, S. 127ff.
[16] Dazu *Soergel-Hadding,* 2000, § 25 BGB Rz. 5.
[17] Vgl. *Karl Bischoff,* VersR 1961, 97, *Soergel-Hadding,* 2000, § 25 BGB Rz. 3.

Die Soll- und Kann-Vorschriften stellen dispositives Gesetzesrecht dar[18], das aber gleichwohl einen Regelungsrahmen für den Fall vorgibt, daß diese Vorschriften umgesetzt werden.

3. Bedeutung der Verweisung auf das Aktiengesetz

Nach einigen Bestimmungen des Versicherungsaufsichtsgesetzes, die den Inhalt der Satzung des großen Versicherungsvereins auf Gegenseitigkeit regeln, gelten einzelne Vorschriften des Aktiengesetzes entsprechend, und zwar insbesondere solche, bei denen es um die Entscheidungsorganisation des Versicherungsvereins auf Gegenseitigkeit (vgl. §§ 34 ff VAG) und die Minderheitsrechte der Mitglieder (vgl. § 36 b VAG) geht.

Mit der Verweisung auf Vorschriften des Aktiengesetzes wird eine Ergänzung der betreffenden Bestimmungen des Versicherungsaufsichtsgesetzes erreicht. Soweit die Verweisung in Muß-Vorschriften des Versicherungsaufsichtsgesetzes enthalten ist, sind die in diesen Muß-Vorschriften im einzelnen genannten Bestimmungen des Aktiengesetzes ebenfalls zwingend.

Bei der Anwendung und Auslegung der aktienrechtlichen Normen ist von einer sinngemäßen Übertragung dieser Vorschriften auf den Versicherungsverein auf Gegenseitigkeit auszugehen und von daher auf den Sinn und Zweck der Norm abzustellen, die die Geltung von Vorschriften des Aktiengesetzes vorschreibt.

Die Aufzählung der entsprechend anwendbaren aktienrechtlichen Vorschriften ist grundsätzlich als abschließend zu betrachten[19]. Dies hat aber nicht zwangsläufig zu bedeuten, daß nicht im Einzelfall doch Vorschriften des Aktiengesetzes analog gelten können.

Letztlich wird über die Verweisung auf Vorschriften des Aktiengesetzes erreicht, daß hierdurch die Grundordnung des großen Versicherungsvereins auf Gegenseitigkeit geprägt wird.

III. Das gesetzliche Leitbild

Die gesetzlichen Vorschriften zur Gestaltung der Satzung des Versicherungsvereins auf Gegenseitigkeit lassen erkennen, von welchen Vorstellungen sich der Gesetzgeber bei der Rechtsform des Versicherungsvereins auf Gegenseitigkeit hat leiten lassen.

1. Entscheidungsorganisation nach dem Vorbild der Aktiengesellschaft

Für den Versicherungsverein auf Gegenseitigkeit ist die große Zahl der Mitglieder typisch, wobei im Gegensatz zur Genossenschaft eine Mindestzahl an Mitgliedern nicht vorgeschrieben ist[20]. Bei solchen Verbänden fehlt das Verhaltensregulativ des engen „sozialen Kontakts, so daß auf typisierte Kontrollsysteme zurückzugreifen ist“[21].

---

[18] Dazu *Soergel-Hadding*, 2000, § 25 BGB Rz 3.

[19] Vgl. für die GmbH: *Scholz-Uwe H. Schneider*, GmbHG, 6. Aufl. 1978/1983, § 52 GmbHG Anm. 43.

[20] Vgl. § 4 GenG: „Die Zahl der Genossen muß mindestens 7 betragen.“ Für eine Absenkung auf drei Personen: *Beuthien*, DB 2000, 1161.

[21] *Wüst*, in: Festschrift für Konrad Duden, 1977, S. 768 f.

Kennzeichnend ist denn auch für den großen Versicherungsverein auf Gegenseitigkeit als Satzungsgesellschaft, daß seine Satzung zu bestimmen hat, „wie ein Vorstand, ein Aufsichtsrat und eine oberste Vertretung (oberstes Organ; Versammlung von Mitgliedern oder von Vertretern der Mitglieder) zu bilden sind", § 29 Abs. 1 VAG.

Der Versicherungsverein auf Gegenseitigkeit weist damit die „drei klassischen Elemente jeder Unternehmensorganisation" auf: das Grundlagenorgan (Mitgliederversammlung bzw. Mitgliedervertreterversammlung) sowie das Geschäftsführungs- (Vorstand) und das Kontrollorgan (Aufsichtsrat)[22]. Dabei spielt die „Treuhänderfunktion für fremde Vermögensinteressen"[23], die die Organmitglieder ausüben, gerade beim Versicherungsverein auf Gegenseitigkeit eine bedeutsame Rolle.

2. Mitglieder als Unternehmensträger

Die Satzung muß ferner der gesetzlichen Vorgabe entsprechen, wonach die Mitglieder zugleich die Versicherungsnehmer des Versicherungsvereins auf Gegenseitigkeit sind (§ 20 VAG). Kennzeichnend ist mithin für den Versicherungsverein, daß seine Mitglieder als Versicherungsnehmer zugleich seine Kunden sind[24]. Im Schrifttum wird von daher hervorgehoben, daß die Mitglieder die Träger des unternehmerischen Risikos und am Existenzrisiko des Versicherungsvereins auf Gegenseitigkeit beteiligt seien[25]. Dagegen ist einzuwenden, daß die Mitglieder als Unternehmer nur dann angesehen werden können, wenn sie „voll im Kapitalrisiko" stehen[26]. Dies ist aber gerade beim Versicherungsverein nicht vorgesehen. Es besteht eine „partielle Verknüpfung der wirtschaftlichen Interessen der Mitglieder mit dem wirtschaftlichen Schicksal des Vereins" nur über die Zahlung der Versicherungsbeiträge und deren Höhe[27].

Zutreffend wird denn auch in diesem Zusammenhang darauf hingewiesen, daß sich die Mitglieder ihrer Eigenschaft als Unternehmensträger meist gar nicht bewußt seien[28], so daß man das Desinteresse der Mitglieder als ein Strukturmerkmal des großen VVaG ansehen kann[29]. Dies versteht sich mit Rücksicht auf den Ausschluß ihrer persönlichen Haftung (vgl. § 19 VAG) und die unterschiedliche Möglichkeit der Mitglieder am Willensbildungsprozeß im Versicherungsverein teilnehmen zu können[30].

---

[22] *Wolfgang Schilling,* in: Festschrift für Konrad Duden, 1977, S. 547.

[23] *Wüst,* in: Festschrift für Konrad Duden, 1977, S. 769.

[24] Vgl. für die eG: *Beuthien,* in: Das Gesellschaftsrecht der Konzerne im internationalen Vergleich, 1991, S. 134.

[25] Vgl. *Moldenhauer,* 1903, S. 3, 78; *Broecker,* 1906, S. 3; *Hans Ullrich,* ZVersWiss 31 (1931), 32; *Stratmann,* 1933, S. 1; *Schloeßmann,* 1936, S. 42; *Kisch,* Versicherungsverein, 1951, S. 10; *Karl Bischoff,* VersR 1953, 223; *Emil Frey,* VersArch 1957, 21, 37; *Imberg,* 1963, S. 17; *Hax,* in: Festschrift für Paul Braeß, 1969, S. 147; *Jörns,* 1974, S. 3; *Farny,* Mutualité 1/1977, 81; *Goldberg/Müller,* 1980, § 15 VAG Rdn. 3; *Finsinger,* 1983, S. 21; *Hofmann,* 1983, S. 26; *Lorenz,* ZVersWiss 73 (1984), 387; *Großfeld,* Versicherungsverein, 1985, S. 9; *Farny,* Versicherungsbetriebslehre, 2000, S. 193; *Jud,* in: Festschrift für Walther Kastner, 1992, S. 200; *Saxer,* in: Grundlagen des Versicherungsvereins auf Gegenseitigkeit, 1995, S. 65, 67.

[26] Vgl. *Wolfgang Schilling,* in: Festschrift für Konrad Duden, 1977, S. 543 f.

[27] Vgl. *Dieter Reuter,* ZGR 1981, 367.

[28] *Kerschbaum,* 1927, S. 24; *Farny,* in: Festgabe für Wilhelm Seuß, 1981, S. 19.

[29] Vgl. für die Anlagegesellschaften *Wiedemann,* ZGR 1975, 392.

[30] Siehe hierzu die Kapitel 6 und 7.

Wenn auch von daher je nach Satzungswirklichkeit die Mitwirkungsbefugnisse der Mitglieder unterschiedlich ausgeprägt sein können, ist indes *Großfeld*[31] zuzugeben, daß „der Idee nach bei dem Versicherungsverein auf Gegenseitigkeit unternehmensintern nur Versicherteninteressen zur Geltung kommen können". Die Durchsetzung der Versicherteninteressen soll nach den gesetzlichen Ordnungsvorstellungen durch die Beachtung der Prinzipien der Selbstverwaltung und der Selbstverantwortung sichergestellt werden, deren Grundlage in den §§ 17, 20 und 29 VAG zu finden ist. Diese Prinzipien sind kennzeichnend für den Versicherungsverein auf Gegenseitigkeit[32], bei dem „historisch der Gedanke der Selbsthilfe im Vordergrund steht"[33].

Daß nur Versicherteninteressen zur Geltung kommen, soll auch durch den Gleichbehandlungsgrundsatz des § 21 Abs. 1 VAG gewährleistet werden[34]. Der allgemeine Gleichbehandlungsgrundsatz des Vereins- und Gesellschaftsrechts, der auch für den Versicherungsverein auf Gegenseitigkeit gilt, wird durch § 21 Abs. 1 VAG für Mitgliederbeiträge und Vereinsbeiträge „konkretisiert – nicht erst konstituiert"[35], wenn der Gesetzgeber für die Mitglieder eines Versicherungsvereins auf Gegenseitigkeit in § 21 Abs. 1 VAG zwingend anordnet: „Mitgliederbeiträge und Vereinsleistungen an die Mitglieder dürfen bei gleichen Voraussetzungen nur nach gleichen Grundsätzen bemessen werden."

Nach *Werber*[36] ist „in dieser Vorschrift die speziell genossenschaftsrechtliche Ausprägung eines Grundgedankens zu sehen, der für alle Versicherungsunternehmen gleich welcher Unternehmensform aus der Natur der Sache und des von ihnen betriebenen Geschäfts heraus – als der Versicherung schlechthin immanent – ohnehin bestimmend ist". Für *Peter Frey*[37] dagegen gehört der Gleichbehandlungsgrundsatz nur zu den Geschäftsprinzipien des Versicherungsgewerbes. Und *Rolf Raiser*[38] betont, daß „für die Aktiengesellschaft ein Gleichbehandlungsgrundsatz nur im Sinne einer nach Tunlichkeit zu wahrenden, von Fall zu Fall auch einmal hintansetzbaren geschäftpolitischen Maxime anzuerkennen" sei. *Peter Frey* und *Rolf Raiser* verneinen daher für die Versicherungsaktiengesellschaften eine Rechtspflicht zur allgemeinen Gleichbehandlung ihrer Versicherten[39].

3. Konzernfestigkeit des Versicherungsvereins auf Gegenseitigkeit

Die dem Versicherungsverein auf Gegenseitigkeit vorgegebene Finanzverfassung sieht, wenn man vom zurückzuzahlenden Gründungsstock einmal absieht, keine Außenfinanzierung vor, die einen Einfluß auf die Entscheidungsorgani-

---

[31] *Großfeld*, Versicherungsverein, 1985, S. 6; *Großfeld/Merdausl*, in: Grundlagen des Versicherungsvereins auf Gegenseitigkeit, 1995, S. 107, 108; ähnlich *Lorenz*, ZVersWiss 73 (1984), 387.

[32] *Dwinger*, 1971, S. 12; *Belser*, 1975, S. 11.

[33] *Großfeld*, Versicherungsverein, 1985, S. 5.

[34] Vgl. für die AG § 53a AktG: „Aktionäre sind unter gleichen Voraussetzungen gleich zu behandeln."

[35] *Großfeld*, Versicherungsverein, 1985, S. 15.

[36] *Werber*, in: Festschrift für Karl Sieg, 1976, S. 555.

[37] *Peter Frey*, 1959, S. 60; ähnlich *von der Thüsen*, ZVersWiss 38 (1938), 83: „... ein Grundsatz, der auch bei Lebensversicherungsaktiengesellschaften praktisch geübt zu werden pflegt."

[38] *Rolf Raiser*, VersR 1967, 317; *derselbe* ZVersWiss 56 (1967), 205.

[39] *Peter Frey*, 1959, S. 60; *Rolf Raiser*, VersR 1967, Fußnote 46, S. 317; *derselbe*, ZVersWiss 56 (1967), 205; ebenso *Gärtner*, VersR 1967, 1122; *derselbe*, VW 1967, 1092; *Karten*, VW 1981, 1612.

sation des Versicherungsvereins auf Gegenseitigkeit eröffnen könnte. Insoweit ist auch eine andere Gestaltung durch die Satzung ausgeschlossen. Im Hinblick auf diese besondere Struktur des Versicherungsvereins auf Gegenseitigkeit wird deutlich, daß mit dem Versicherungsverein auf Gegenseitigkeit eine Unternehmensform geschaffen wurde, die im Gegensatz zur (Versicherungs-) Aktiengesellschaft in hohem Maße konzernfest ist[40], aber mit der Aktiengesellschaft die „Unsterblichkeit" gemeinsam hat[41]. Der Versicherungsverein muß infolgedessen nicht erst durch Aufnahme einer „qualifizierten Konzerngründungsklausel" in der Satzung zur konzernfesten Gesellschaft ausgestaltet werden[42]. Diese Konzernfestigkeit gehört mit zum gesetzlichen Leitbild des Versicherungsvereins auf Gegenseitigkeit. Die Konzentrationsfestigkeit des Versicherungsvereins auf Gegenseitigkeit ist auch von großer praktischer Bedeutung, da ohne den Versicherungsverein auf

---

[40] *Lorenz*, ZVersWiss 75 (1986), 305; *Hübner*, Frankfurter Vorträge zum Versicherungswesen, Heft 13, 1986, S. 10; *Jud*, in: Festschrift für Walther Kastner, 1992, S. 202f; *Peiner*, VW 1999, 148; *Lüer*, VersR 2000, 407, 408. Zu den Konzentrationsmotiven siehe *Farny*, in: Festschrift für Horst Baumann, 1999, S. 47, 53ff. Von daher sind die VVaG von den Bestrebungen, das europäische Übernahmerecht voranzubringen, nicht betroffen. Zur Entwicklung des Übernahmerechts siehe den Gemeinsamen Standpunkt des Rates im Hinblick auf den Erlaß der Richtlinie des Europäischen Parlaments und des Rates auf dem Gebiet des Gesellschaftsrechts betreffend Übernahmeangebote vom 19. 6. 2000, AblEG Nr. C 23 vom 24. 1. 2001, S. 1; auch abgedruckt bei *Neye*, AG 2000, 289ff; ferner den Übernahmekodex i.d.F. vom 28. 11. 1997, abgedruckt NZG 2000, 390ff, und den Entwurf eines Gesetzes zur Regelung von Unternehmensübernahmen (Übernahmegesetz – ÜG), abgedruckt in NZG 2000, 844ff, der auch eine Regelung zum Ausschluß von Minderheitsaktionären (Squeeze-out-Verfahren) enthält; siehe hierzu *Baums*, WM 2001, 1843ff; *Burgard*, WM 2000, 611ff; *Diemer/Hasselbach*, NZG 2000, 824ff; *Halm*, NZG 2000, 1162ff; *Houben*, WM 2000, 1873ff; *Kallmeyer*, AG 2000, 553f; *Kiem*, ZIP 2000, 1509ff; *Krause*, NZG 2000, 905ff; *Land/Hasselbach*, DB 2000, 1747ff; *Letzel*, NZG 2001, 260ff; *Pötzsch/Möller*, Sonderbeilage Nr. 2/2000 zu WM Nr. 31 vom 5. 8. 2000; *Riehmer/Schröder*, NZG 2000, 820ff; *Rühland*, WM 2000, 1884ff; *Strenger*, WM 2000, 952f; *Vetter*, ZIP 2000, 1817ff; *Witt*, NZG 2000, 809ff; *Witte*, BB 2000, 2161ff; *Körner*, DB 2001, 367ff. Seit 12. 3. 2001 liegt der Entwurf eines „Gesetzes zur Regelung von öffentlichen Angeboten zum Erwerb von Wertpapieren und von Unternehmensübernahmen" vor, siehe hierzu *Altmeppen*, ZIP 2001, 1073ff; *Dimke/Heiser*, NZG 2001, 241ff; *Grunewald*, AG 2001, 288ff; *Liebscher*, ZIP 2001, 853ff; *Mülbert/Birke*, WM 2001, 705ff; *Riehmer/Schröder*, BB Beilage 5 zu Heft 20, 2001, S. 1ff; *Rühland*, NZG 2001, 448ff; *Schneider/Burgard*, DB 2001, 963ff; *Thaeter/Barth*, NZG 2001, 545ff; *Vetter*, DB 2001, 743ff; *Wiese/Demisch*, DB 2001, 849ff; *Zinser*, NZG 2001, 391ff; Stellungnahme des Handelsrechtsausschusses des DAV e.V. vom April 2001, NZG 2001, 420ff. Am 11. 7. 2001 verabschiedete das Bundeskabinett den Entwurf des Übernahmegesetzes, abgedruckt ZIP 2001, 1262ff; siehe hierzu die Stellungnahme des DAV-Handelsrechtsausschusses, ZIP 2001, 1736ff, und des Bundesrats, ZIP 2001, 1787f; ferner *Drygala*, ZIP 2001, 1861ff; *Fleischer*, ZIP 2001, 1653ff; *Fleischer/Körber*, BB 2001, 2589ff; *Habersack*, ZIP 2001, 1230ff; *Heidel/Lochner*, DB 2001, 2031ff; *Land*, DB 2001, 1707ff; *Möller/Pötzsch*, ZIP 2001, 1256ff; *Mülbert*, ZIP 2001, 1221ff; *Pluskat*, WM 2001, 1937ff; *Schüppen*, WPg 2001, 958ff; *Thaeter*, NZG 2001, 789ff; *Zietsch/Holzborn*, WM 2001, 1753ff; *Zinser*, ZRP 2001, 363ff. Voraus ging die Verabschiedung der EU-Übernahmerichtlinie am 6. 6. 2001 durch den gemeinsamen Vermittlungsausschuss des Europaparlaments und des Ministerrats, siehe hierzu *Neye*, ZIP 2001, 1120ff. Diese EU-Übernahmerichtlinie wurde jedoch vom Europäischen Parlament abgelehnt, vgl. *Hommelhoff/Witt*, RIW 2001, 561; *Pluskat*, WM 2001, 1937. Siehe ferner zum Übernahmerecht und zum squeeze-out *Winter*, VersR 2000, 1453ff; *Baudisch/Götz*, AG 2001, 251ff; *Busch*, WM 2001, 1277ff; *Heidel*, DB 2001, 2031ff; *von Hein*, AG 2001, 213ff; *Hommelhoff/Witt*, RIW 2001, 561ff; *Kallmeyer*, Gastkommentar DB 2001, Heft 26 vom 29. 6. 2001; *Sieger/Hasselbach*, NZG 2001, 926ff; *Wackerbarth*, WM 2001, 1741ff; *Weber-Rey/Schütz*, AG 2001, 325ff. Das WpÜG wurde vom Bundestag am 15. 11. 2001 und vom Bundesrat am 30. 11. 2001 beschlossen. Es tritt zum 1. 1. 2002 in Kraft. Hierzu *Bolte*, DB 2001, 2587ff.

[41] Vgl. *Großfeld/Ebke*, AG 1977, 57, 63f.

[42] Vgl. für die AG: *Uwe H. Schneider*, AG 1990, 61ff.

Gegenseitigkeit der Konzentrationsgrad in der deutschen Versicherungswirtschaft höher wäre[43].

Kapitel 6 Organisationstypen des Versicherungsvereins auf Gegenseitigkeit

I. Die Grundtypen des großen Versicherungsvereins auf Gegenseitigkeit

Das Recht der Versicherungsvereine auf Gegenseitigkeit kennt zwei Organisationstypen des großen Versicherungsvereins auf Gegenseitigkeit, nämlich den Versicherungsverein auf Gegenseitigkeit mit Mitgliederversammlung und den Versicherungsverein auf Gegenseitigkeit mit Mitgliedervertreterversammlung, vgl. § 29 VAG. Der Gesetzgeber hat die Mitgliedervertreterversammlung der Mitgliederversammlung von Anfang an gleichberechtigt gegenübergestellt[1].

Die Verweisung auf das Recht der Aktiengesellschaft in § 36 VAG offenbart sich sehr anschaulich, wenn das oberste Organ in der Satzung als „Hauptversammlung“ bezeichnet wird, wobei es sich hierbei sowohl um eine Mitgliederversammlung[2] als auch um eine Mitgliedervertreterversammlung handeln kann[3]. Mitunter wird die Mitgliedervertreterversammlung in Satzungen auch als Abgeordnetenversammlung“[4], „Delegiertenversammlung“[5] oder Mitgliedervertretung“[6] bezeichnet.

II. Der Versicherungsverein auf Gegenseitigkeit mit Mitgliedervertreterversammlung

1. Ausgangslage

Für die großen Versicherungsvereine auf Gegenseitigkeit bestehen keine speziellen Vorschriften für die Zusammensetzung und Bildung der Mitgliedervertreterversammlung. § 29 VAG beschränkt sich auf den Hinweis, daß die Satzung zu bestimmen hat, wie die Versammlung von Vertretern der Mitglieder zu bilden ist.

Götz Ullrich[7] meint, daß die Zurückhaltung des Gesetzgebers darauf beruht habe, daß die Fragen der Bildung des obersten Organs damals weder theoretisch noch praktisch genügend geklärt noch in ihren künftigen Konsequenzen ausrei-

---

[43] *Großfeld,* Versicherungsverein, 1985, S. 30.

[1] *Großfeld,* Versicherungsverein, 1985, S. 73.

[2] Vgl. Tagesordnung der VHV Vereinigte Haftpflichtversicherung VVaG, Bundesanzeiger Nr. 113 vom 23. 6. 1993, S. 5759.

[3] Vgl. Tagesordnung der Hanse-Merkur Krankenversicherung a. G., Bundesanzeiger Nr. 91 vom 15. 5. 1993, S. 4556.

[4] Vgl. Tagesordnung der Stuttgarter Lebensversicherung a. G., Bundesanzeiger Nr. 97 vom 26. 5. 1990, S. 2785.

[5] Vgl. Tagesordnung der KRAVAG-SACH Versicherung des Deutschen Kraftverkehrs VaG, Bundesanzeiger Nr. 100 vom 30. 5. 1992, S. 4418 f.

[6] Vgl. § 8 der Satzung der UNIVERSA Lebensversicherung a. G., Bundesanzeiger Nr. 110 vom 16. 6. 1992, S. 4790.

[7] *Götz Ullrich,* 1951, S. 67.

chend zu übersehen gewesen seien. Gegen diese Annahme spricht, daß im Jahre 1845 12 große Versicherungsvereine eine Mitgliedervertreterversammlung und 21 eine Mitgliederversammlung hatten[8]. Und *Otto von Gierke*[9] schreibt im Jahre 1887, daß „die Regel, dass als das im Bereiche des Körperschaftslebens souveräne Organ die Mitgliederversammlung fungiert", „an sich beliebiger Abänderung fähig" sei. Und weiter heißt es bei ihm[10]:

„Das Statut kann nicht nur das Stimmrecht beliebig abstufen, sondern auch dassel-be einem engeren Kreise von Mitgliedern vorbehalten; es kann an Stelle der Generalversammlung eine Versammlung gewählter Repräsentanten setzen; es kann einem sich selbst ergänzenden Ausschuß oder sogar einer Einzelperson die höchste Gewalt übertragen und der Mitgliederversammlung nur sekundäre Befugnisse ertheilen oder überhaupt die Mitgliederversammlung ganz streichen (wie dies z.B. bei den Genossenschaften des Sächs. R. durch die Fassung des § 11 Z. 10 als möglich vorgesehen ist und bei Versicherungsgenossenschaften auf Gegenseitigkeit vielfach vorkommt)."

Bis zur Jahrhundertwende änderte sich das Bild. Außer den Gothaer Bankausschüssen gab es nur wenige Gegenseitigkeitsvereine mit Mitgliedervertreterversammlung; die ganz überwiegende Mehrheit der Versicherungsvereine hatte eine Mitgliederversammlung[11]. Im Laufe der Jahrzehnte haben sich sodann immer mehr große Versicherungsvereine für die Mitgliedervertreterversammlung als oberstes Organ entschieden. Heute ist die Mitgliederversammlung nur noch in der Sachversicherung häufiger anzutreffen[12].

2. Zusammensetzung der Mitgliedervertreterversammlung

a) Anzahl und Bezeichnung der Mitgliedervertreter. Mangels gesetzlicher Vorgaben kann im Rahmen der Satzungsautonomie die Zahl der Mitgliedervertreter durch Satzungsrecht festgelegt werden. Zulässig ist es danach, wenn manche Satzungen nur eine Mindestzahl und andere eine Höchstzahl von Mitgliedervertretern vorsehen. Es findet sich aber zulässigerweise auch in den Satzungen die Festlegung einer Mindest- und zugleich einer Höchstzahl von Mitgliedervertretern oder eine feste Zahl von Mitgliedervertretern. Anzutreffen ist auch die Wahl von Ersatzmitgliedern für jeden Mitgliedervertreter[13], wobei teilweise bestimmt ist, daß die doppelte Anzahl von Ersatzmitgliedern zu wählen ist. Nach dem derzeit bekannten Satzungsstand bewegt sich die Zahl der Mitgliedervertreter je nach Festlegung der Satzung zwischen 5 bis 60 Mitgliedervertretern. Die heutigen Satzungsregelungen erfüllen daher die Forderung, daß die Mitgliedervertreterversammlung aus mindestens vier Mitgliedervertretern bestehen müsse, damit die Mitgliedervertreterversammlung in den gesetzlich bestimmten Fällen mit Dreiviertelmehrheit beschließen könne[14].

---

[8] Vgl. *Gerhard Frels,* in: Festgabe für Karl Samwer, 1941, S. 62, der sich auf *Masius* beruft.

[9] *Otto von Gierke,* Genossenschaftstheorie, 1887 (Nachdruck 1963), S. 687.

[10] *Otto von Gierke,* Genossenschaftstheorie, 1887 (Nachdruck 1963), Fußnote 5, S. 687 f.

[11] Vgl. *Emminghaus,* ZVersWiss 3 (1903), 211, 214, *Gerhard Frels,* in: Festgabe für *Karl Samwer,* 1941, S. 62, der sich für die Lebensversicherung auf Neumanns Jahrbuch 1900 beruft.

[12] Vgl. die Übersichten in den Anhängen.

[13] Vgl. Tagesordnung der Neuharlingersieler Versicherungs-Gesellschaft auf Gegenseitigkeit, Bundesanzeiger Nr. 33 vom 18. 2. 1992, S. 1086.

[14] *Schloeßmann,* 1936, S. 61; *Gerhard Frels,* in: Festgabe für Karl Samwer, 1941, S. 70; *Brunn,* 1973, S. 85.

In einigen Satzungen werden die Mitgliedervertreter als „Delegierte“[15] oder als „Abgeordnete“[16] bezeichnet.

b) Voraussetzungen der Wählbarkeit. Aufgrund der Bedeutung des Amtes des Mitgliedervertreters ist es unbedenklich, wenn die Satzungen die Voraussetzungen der Wählbarkeit im einzelnen regeln[17]. Allerdings ist dabei zu berücksichtigen, daß das passive Wahlrecht, also das Recht, zum Mitgliedervertreter gewählt zu werden, grundsätzlich jedem Mitglied zusteht[18]. Personen, die nicht Mitglied des Versicherungsvereins auf Gegenseitigkeit sind, können nicht gewählt werden[19]. Eine hiervon abweichende Regelung ist mit dem Gegenseitigkeitsprinzip und dem Gedanken der Repräsentation nicht zu vereinbaren[20]. In der Regel wird in den Satzungen ohnehin vorausgesetzt, daß nur ein Vereinsmitglied gewählt werden kann. Soweit Körperschaften des öffentlichen und privaten Rechts Mitglieder des Versicherungsvereins auf Gegenseitigkeit sind, kann in der Satzung vorgesehen werden, daß die Inhaber von Ämtern in der Körperschaft zu Mitgliedervertretern gewählt werden können. Entsprechende Satzungsbestimmungen hat die Aufsichtsbehörde schon genehmigt.

Mitunter bestimmen Satzungen von Versicherungsvereinen ausdrücklich, daß Abschlußprüfer, Treuhänder, Mitglieder des Aufsichtsrates und des Vorstandes nicht zu Mitgliedervertretern gewählt werden können. Derartige Bestimmungen tragen der Auffassung Rechnung, daß zum Beispiel Aufsichtsratsmitglieder nicht gleichzeitig Mitglieder der Mitgliedervertreterversammlung sein könnten. § 43 a Abs. 2 GenG schaffe insoweit für die Genossenschaften eine eindeutige Inkompatibilität, die auch für den Versicherungsverein auf Gegenseitigkeit gelten müsse[21]. Daß Mitglieder des Aufsichtsrats zugleich das Amt des Mitgliedervertreters innehaben, ist heute die Ausnahme und die Anzahl der Doppelmandate ist beschränkt.

Nicht durchgängig sehen die Satzungen vor, daß Personen nicht wählbar sind, die in einem Arbeitsverhältnis zum Verein oder einer seiner Tochtergesellschaften stehen oder die an der Verwaltung oder Vertretung eines anderen Versicherungsunternehmens beteiligt sind. Diese Inkompatibilitätsvorschriften sind mitunter auch so gefaßt, daß die Mitgliedervertreterversammlung die Wahl widerrufen kann, wenn ein Mitgliedervertreter in die Dienste oder in ein Aufsichtsorgan eines mit dem Verein im Wettbewerb stehenden Versicherungsunternehmens tritt.

---

[15] Vgl. Tagesordnung der Neuharlingersieler Versicherungs-Gesellschaft auf Gegenseitigkeit, Bundesanzeiger Nr. 33 vom 18. 2. 1992, S. 1086.

[16] Vgl. Tagesordnung der Hanse-Merkur Krankenversicherung a. G. und der Stuttgarter Lebensversicherung a. G., Bundesanzeiger Nr. 91 vom 15. 5. 1993, S. 4556.

[17] Siehe hierzu *Sauter/Schweyer/Waldner,* 2001, Rdn. 218, S. 151; *Reichert,* 1999, Rdn. 2790, S. 983.

[18] Vgl. *Reichert,* 1999, Rdn. 2790, S. 983.

[19] *Kisch,* Versicherungsverein, 1951, S. 102; *Zier,* 1968, S. 179; *Dwinger,* 1971, S. 85; *Goldberg/Müller,* 1980, § 29 VAG Rdn. 6; *Großfeld,* Versicherungsverein, 1985, S. 57.

[20] *Großfeld,* Versicherungsverein, 1985, S. 57. *Großfeld* will außerdem § 43 a Abs. 2 GenG analog zur Abstützung anwenden (aaO).

[21] *Baumann,* Versicherungsverein, 1986, S. 45; BAV, GB BAV 1967, 34.

Im KAAG wird für die Mitglieder des Aufsichtsrats ausdrücklich Sachkunde verlangt[22]. Von daher ist die Anregung von *Dwinger*[23] von Interesse, daß zu Mitgliedervertretern sachverständige und gewissenhafte Personen gewählt werden sollten, die besondere Kenntnisse im Versicherungswesen oder auf dem Gebiet der Vermögensverwaltung besitzen. Insoweit finden sich in Satzungen vereinzelt nur Bestimmungen, die sicherstellen sollen, daß die Mitgliedervertretung das Mitgliederspektrum widerspiegelt, nicht aber, daß eine bestimmte fachliche Qualifikation verlangt wird.

Zunehmend finden sich jetzt Satzungsbestimmungen, wonach zum Mitgliedervertreter nur gewählt werden kann, wer ein Mindestalter nicht unter- und ein Höchstalter nicht überschreitet. So wird z. B. Volljährigkeit oder ein Mindestalter von 25 Jahren verlangt. Zum Höchstalter wird bestimmt, daß eine Wahl oder Wiederwahl nicht erfolgen soll, wenn der Bewerber zum Zeitpunkt der Wahl das 70. Lebensjahr vollendet hat[24]. Mitunter ist sogar ausdrücklich angeordnet, daß nur das Mitglied wählbar ist, das am Wahltag nicht älter als 64 Jahre ist[25]. Nach anderen Bestimmungen ist nur das Mitglied wählbar, das das 65. Lebensjahr, nach einer anderen Satzung das 70. Lebensjahr noch nicht vollendet hat. Manchmal ist vorgesehen, daß das Amt des Mitgliedervertreters mit dem Ende der ordentlichen Mitgliedervertreterversammlung des Kalenderjahres erlischt, in dem der Mitgliedervertreter sein 72. Lebensjahr vollendet.

Selten wird in Satzungen ausdrücklich verlangt, daß der Kandidat im Besitz der bürgerlichen Ehrenrechte sein muß, in den letzten fünf Jahren die eidesstattliche Versicherung über seine Vermögensverhältnisse nicht abgegeben haben darf, oder bestimmt, daß das Amt des Mitgliedervertreters erlischt, wenn über das Vermögen des Mitgliedervertreters der Konkurs eröffnet wird.

Zulässig ist auch, wenn nach manchen Satzungen nur Mitglieder gewählt werden können, die schon drei Monate, ein, zwei oder drei Jahr(e) Mitglieder des Versicherungsvereins sind. Mitunter müssen sie zugleich Versicherungsnehmer sein und dürfen nicht mit der Beitragszahlung im Rückstand stehen. In Abhängigkeit vom festgelegten Wahlverfahren wird zuweilen verlangt, daß der Bewerber in einem der in der Wahlordnung festgelegten Wahlbezirke wohnen muß.

c) Amtsdauer. Die Satzungen sehen für die Amtsdauer der Mitgliedervertreter einen Zeitraum von bis zu neun Jahren vor. Meistens kann der Mitgliedervertreter vor Ablauf der Amtszeit abberufen werden oder erlischt sein Amt spätestens zum Ende der Wahlperiode, wenn er die Wählbarkeitsvoraussetzungen nicht mehr erfüllt.

---

[22] Vgl. § 4 Abs. 1 KAGG: Die Mitglieder des Aufsichtsrats sollen ihrer Persönlichkeit und ihrer Sachkunde nach die Wahrung der Interessen der Anteilinhaber gewährleisten.

[23] *Dwinger,* 1971, S. 86; früher schon *Kisch,* Versicherungsverein, 1951, S. 102; ebenso *Belser,* 1975, S. 163.

[24] Beim Treuhänder erwartet das BAV, daß der Vertrag mit dem Treuhänder so abgeschlossen wird, daß er spätestens mit Vollendung des 70. Lebensjahres endet, vgl. Tz. 1.8 des Rundschreibens R 2/81, VerBAV 1981, 247 ff = *Prölss/Schmidt/Frey,* 1989, S. 752. An dieser Vorstellung des BAV scheinen sich die Versicherungsvereine ausgerichtet zu haben, die in ihren Satzungen Altersgrenzen eingeführt haben.

[25] Vgl. § 11 der Satzung der Sach- und Haftpflichtversicherung des Bäckerhandwerks VVaG, Bundesanzeiger Nr. 86 vom 8. 5. 1993, S. 4392.

Nach *Reichert*[26] ist im Hinblick auf § 43a Abs. 4 Satz 3 GenG und § 58 Abs. 2 SGB/IV eine „Bestelldauer von drei bis vier Jahren“ nicht zu beanstanden. *Sauter/Schweyer/Waldner*[27] meinen, daß eine dreijährige Amtsdauer möglichst nicht überschritten werden sollte. *Roitzsch*[28] hält in Anlehnung an § 8 Abs. 1 Satz 2 PartG eine maximale Amtszeit von zwei Jahren für zulässig. *Hauth*[29] schlägt vor, die Amtsperiode der obersten Vertretung auf eine überschaubare Zeit zu begrenzen und verweist auf den sechsjährigen Turnus für die Sozialwahlen nach § 58 Abs. 2 SGB IV. Demgegenüber sprechen sich *Brenzel* und *Dwinger* für eine Höchstgrenze von 10 Jahren aus[30].

Bei allen diesen Überlegungen muß man sich vergegenwärtigen, daß es maßgeblich auf das Selbstbestimmungsrecht der Versicherungsvereine ankommt. Der Gesetzgeber hat den Versicherungsvereinen insoweit keine Beschränkungen auferlegt, wie sie im Wege des Satzungsrechts die Amtsdauer regeln. Aufgrund entsprechender Genehmigungen der Aufsichtsbehörde hat sich zudem eine Genehmigungspraxis ausgebildet, die in den genannten Satzungsbestimmungen zutreffend keine Verletzung der Belange der Versicherten erkennt.

3. Durchführung der Wahl der Mitgliedervertreter

a) Wahl- und Wahlvorschlagsverfahren. Im Rahmen der Satzungsautonomie haben sich bei den großen Versicherungsvereinen auf Gegenseitigkeit als Wahlverfahren das System der Urwahl, das Einspruchssystem, die Kooptation und das gemischte System ausgebildet. Eine im Wege der Urwahl zustandegekommene Mitgliedervertreterversammlung besitzt formal das größtmögliche Maß an Legitimation durch die Mitglieder[31].

Alle diese Wahlsysteme sehen einen Wahlvorschlag vor, der für den Ausgang der Wahl von entscheidender Bedeutung ist. Bei *Großfeld*[32] ist hierzu zu lesen:

> „Wer als Kandidat aufgestellt ist, wird im allgemeinen gewählt. Die formelle Wahl ist im wahrsten Sinne des Wortes Formsache. Der Sache nach handelt es sich bei allen Verfahren um Kooptationsverfahren.“

Von Bedeutung ist daher, wer die Befugnis hat, Wahlvorschläge zu unterbreiten. Hierzu finden sich in den Satzungen der Versicherungsvereine unterschiedliche Regelungen.

Eine der in den Satzungen anzutreffenden Regelungen sieht vor, daß Wahlvorschläge von den Organen des Vereins gemacht werden können. Andere Satzungen weisen dem Aufsichtsrat die Aufgabe zu, in Abstimmung mit dem Vorstand den Wahlvorschlag zu unterbreiten. Nach einer anderen Version liegt die Kompetenz für die Aufstellung des Wahlvorschlags nur beim Aufsichtsrat. Nach einigen Satzungen unterbreitet ein aus Mitgliedern des Vorstandes, des Aufsichtsrates und der Mitgliedervertreterversammlung bestehender Wahlausschuß einen Vorschlag. Andere Satzungen kennen die Regelung, daß die von den Organen und

---

[26] *Reichert,* 1999, Rdn. 2788, S. 982.
[27] *Sauter/Schweyer/Waldner,* 2001, Rdn. 219, S. 151.
[28] *Roitzsch,* 1981, S. 116.
[29] *Hauth,* 1984, Fußnote 5, S. 147.
[30] *Brenzel,* Versicherungsverein, 1975, S. 63; *Dwinger,* 1971, S. 108.
[31] *Hauth,* 1984, S. 143.
[32] *Großfeld,* Versicherungsverein, 1985, S. 62, 63.

den Mitgliedern unterbreiteten Wahlvorschläge von einem Ausschuß beraten werden, der die Beschlüsse der Mitgliedervertreterversammlung vorbereitet.

In allen Satzungen, ggf. den Wahlordnungen, wird den Mitgliedern das Recht eingeräumt, Wahlvorschläge für die im nächsten Jahr anstehende Mitgliedervertreterversammlung unterbreiten zu können. Mitunter muß dies bis zum 31. Dezember, in einem anderen Fall bis zum 31. Januar eines jeden Jahres geschehen. Meist ist Schriftform vorgeschrieben. Ferner wird in der Regel verlangt, daß die Vorschläge je nach Satzung von einem Mitglied, 30, 50, 100, 200, 250 oder 500 Mitgliedern unterzeichnet sein müssen.

Mitunter ist vorgesehen, daß das Wahlvorschlagsrecht auch Filialdirektionen und bestimmten Generalagenturen zusteht.

Um den Einfluß der Mitglieder zu stärken, hat *Hauth*[33] gefordert, daß dem Wahlausschuß keine Vorstands- und Aufsichtsratsmitglieder angehören dürfen. *Brenzel*[34] verlangt, daß stets ein Wahlausschuß gebildet wird, dem als stimmberechtigt die Mitgliedervertreter und mit beratender Funktion Vorstand und Aufsichtsrat angehören, damit der Einfluß der Verwaltung auf die Aufstellung der Kandidatenliste eingeschränkt wird. Insoweit ist die Wahlordnung eines Versicherungsvereins zu erwähnen, nach deren Wahlordnung sich der Wahlausschuß aus vier Vereinsmitgliedern, zwei Aufsichtsratsmitgliedern und einem Vorstandsmitglied zusammensetzt, die von der Mitgliedervertreterversammlung berufen werden. Dieser Wahlausschuß beschließt mit einfacher Mehrheit.

b) Urwahlverfahren. Beim Urwahlverfahren räumen die Versicherungsvereine jedem Mitglied des Versicherungsvereins auf Gegenseitigkeit das Recht ein, sich an der Wahl der Mitgliedervertreter mit seiner Stimme zu beteiligen[35]. Die Bestimmungen über das Wahlverfahren orientieren sich häufig an den für die Genossenschaften geltenden Regelungen.

Bei den Genossenschaften werden die Vertreter der Genossen von den Genossen gewählt (§ 43 a Abs. 3 Satz 1 GenG), und zwar „in allgemeiner, unmittelbarer, gleicher und geheimer Wahl" (§ 43 a Abs. 4 Satz 1 1. Halbsatz GenG). Ein bestimmtes Wahlverfahren schreibt das Genossenschaftsgesetz nicht vor. Nähere Bestimmungen über das Wahlverfahren können in einer von Vorstand und Aufsichtsrat gemeinsam zu beschließenden Wahlordnung getroffen werden, die der Zustimmung der Generalversammlung bedarf (§ 43 a Abs. 4 Satz 6 GenG). Unzulässig wäre es jedoch, „die Mitgliedervertreter nach dem Einspruchsprinzip bestimmen zu lassen"[36]. In der Praxis haben sich zwei Verfahren zur Wahl der Vertreterversammlung durchgesetzt: die Listenwahl und die Bezirkswahl[37]. Die Mitglieder können eigene Wahllisten mit Wahlvorschlägen aufstellen, deren Zulassung von der Voraussetzung abhängig gemacht werden kann, daß sie von mindestens 300 Mitgliedern unterzeichnet worden sind[38].

---

[33] *Hauth*, 1984, S. 147.

[34] *Brenzel*, Versicherungsverein, 1975, S. 64; ähnlich *Mohr*, Mitgliedervertreter, 1986, S. 36; siehe auch BAV, GB BAV 1954/55, 35.

[35] *Dwinger*, 1971, S. 85; *Großfeld*, Versicherungsverein, 1985, S. 58.

[36] *Schmitz-Herscheidt*, in: Freundesgabe für Erik Boettcher, 1984, S. 223.

[37] *Metz*, in: Lang/Weidmüller, 1988, § 43 a GenG Rdn. 50.

[38] *Werhahn/Hoppert*, in: Münchener Vertragshandbuch, 1992, Anm. 4 zu Form. VI.7, S. 888; Muster einer Wahlordnung zur Vertreterversammlung (Listenwahl), ebenda, S. 885 ff.

In Anlehnung an diese Regelungen sieht z.B. eine Satzung eines Versicherungsvereins auf Gegenseitigkeit vor, daß die Mitgliedervertreterversammlung aus den von den Mitgliederversammlungen der Bezirksvereine als Delegierten gewählten Mitgliedern des Vereines besteht[39]. Eine andere Satzung sieht vor, daß die Mitgliedervertreter für fünf aufeinanderfolgende ordentliche Hauptversammlungen von einer Mitgliederversammlung gewählt werden, die zu dieser Mitgliederversammlung nach näherer Bestimmung der Satzung einzuladen sind.

c) Einspruchssystem. Beim Einspruchssystem nimmt das Mitglied nicht unmittelbar an der Wahl der Mitgliedervertreter teil. Vielmehr gelten die von dem Wahlausschuß vorgeschlagenen Kandidaten als gewählt, wenn nach näherer Bestimmung der Wahlordnung kein Wahlvorschlag eingereicht wird. Sehr anschaulich ergibt sich dieses Wahlverfahren aus einer Bekanntmachung der UNIVERSA Lebensversicherung a. G.[40]:

uniVersa

Lebensversicherung a. G.

8500 Nürnberg, Sulzbacher Str. 1–7

Wahl der Mitgliedervertreter

Nach § 4 der Satzung findet eine Urwahl zur Mitgliedervertretung statt. Die Wahlordnung liegt bei der Hauptverwaltung und allen Bezirksdirektionen zur Einsichtnahme aus.

Der vom Aufsichtsrat berufene Wahlausschuß hat gemäß der Wahlordnung das Geschäftsgebiet des Vereins in Wahlbezirke eingeteilt, die Zahl der zu wählenden Abgeordneten (Mitgliedervertreter) und Ersatzabgeordneten auf die Wahlbezirke verteilt. Für jeden dieser Wahlbezirke wird ein Wahlvorschlag aufgestellt werden.

Von den für den obengenannten Verein zu wählenden 12 Abgeordneten (Mitgliedervertreter) und Ersatzabgeordneten entfallen auf die einzelnen Wahlbezirke:

Wahlbezirk 1 5 Abgeordnete

(BD = Bezirksdirektion)
BD Fürth, BD Regensburg, BD Nürnberg,
BD Würzburg, BD Saarbrücken, BD Frankfurt,
BD Mainz, BD Gießen, BD Köln,
BD Koblenz, BD Trier, BD Bayreuth

Wahlbezirk 2 2 Abgeordnete

BD Augsburg, BD München, BD Reutlingen

Wahlbezirk 3 2 Abgeordnete

BD Karlsruhe, BD Freiburg, BD Stuttgart,
BD Mannheim

Wahlbezirk 4 3 Abgeordnete

BD Hannover, BD Kiel, BD Bremen,
BD Hamburg, BD Kassel, BD Dortmund,
BD Hamm, BD Mönchengladbach,
BD Düsseldorf, BD Berlin-West,

---

[39] §§ 15, 25 ff der Satzung der Vereinigten Hagelversicherung VVaG, Bundesanzeiger Nr. 67 vom 7. 4. 1993, S. 3441 f.

[40] Vgl. Bundesanzeiger Nr. 34 vom 19. 2. 1992, S. 1133.

BD Neubrandenburg, BD Potsdam,
BD Berlin-Ost, BD Magdeburg, BD Leipzig,
BD Dresden, BD Chemnitz, BD Erfurt.

Für jeden Abgeordneten (Mitgliedervertreter) wird ein Ersatzabgeordneter gewählt.

Wir fordern die Mitglieder hiermit auf, Wahlvorschläge einzureichen und zu richten an den Wahlausschuß der
UNIVERSA Lebensversicherung a. G.,
8500 Nürnberg, Sulzbacher Str. 1–7.

Die eingereichten Wahlvorschläge sind nur dann gültig, wenn sie folgenden Bedingungen genügen:

1. Sie müssen bis zu einem bestimmten, in der Bekanntmachung im Bundesanzeiger genannten Tag dem Wahlausschuß zugegangen sein. Dieser Tag darf nicht früher liegen als 3 Wochen nach Veröffentlichung dieser Bekanntmachung im Bundesanzeiger;
2. sie dürfen nur Namen solcher Mitglieder enthalten, die gemäß § 4 der Satzung der UNIVERSA Lebensversicherung a.G, 8500 Nürnberg, wählbar sind und in dem Wahlbezirk wohnen;
3. die Wahlvorschläge dürfen höchstens soviel Kandidaten benennen, wie in den betreffenden Wahlbezirken Abgeordnete (Mitgliedervertreter) und Ersatzabgeordnete zu wählen sind;
4. die Kandidaten sind nach Namen, Vornamen, Geburtstag, Beruf, Wohnsitz (genaue Anschrift) und Versicherungsschein-Nr. zu bezeichnen;
5. der Wahlvorschlag muß von mindestens 50 Mitgliedern des Wahlbezirks eigenhändig und unter Angabe der Anschrift und Versicherungsschein-Nr. unterzeichnet sein;
6. es muß die schriftliche Erklärung des Kandidaten vorliegen, im Falle seiner Wahl die Wahl anzunehmen.

Wird für einen Wahlbezirk kein Wahlvorschlag nach Maßgabe der vorstehenden Bestimmungen eingereicht, gelten die von dem Wahlausschuß vorgeschlagenen Kandidaten als gewählt. Das Wahlergebnis wird durch Aushang bei der Hauptverwaltung und in den Bezirksdirektionen bekanntgegeben.

Nürnberg, den 19. Februar 1992

Der Wahlausschuß
Hartmut Wehr
Vorsitzender

Liegen dagegen „für einen Wahlbezirk zwei oder mehr gültige Wahlvorschläge vor, so werden die Mitglieder dieses Bezirkes zur Abstimmung schriftlich aufgerufen“[41].

Eine weitere Bekanntmachung, diesmal der VTV VEREINIGTE TIERVERSICHERUNG Gesellschaft a. G.[42] rückt das Einspruchsrecht der Mitglieder stärker in den Vordergrund:

Neuwahl unserer Mitgliedervertreter

Als oberstes Organ vertritt die Mitgliedervertretung unserer Gesellschaft die Gesamtheit unserer Mitglieder. Die Amtszeit aller derzeit amtierenden Mitgliedervertreter endet mit Schluß der ordentlichen Vertreterversammlung dieses Jahres.

Es ist daher gemäß den Bestimmungen der Satzung (insbesondere in § 13) und der Wahlordnung eine Urwahl der Mitgliedervertreter durch unsere wahlberechtigten Mitglieder erforderlich.

Satzung und Wahlordnung können durch unsere Mitglieder in den Geschäftsräumen unserer Direktion sowie unserer Filialdirektionen eingesehen werden.

---

[41] Vgl. Wahlaufruf der MÜNCHENER VEREIN Krankenversicherung a. G. und MÜNCHENER VEREIN Lebensversicherung a. G., Bundesanzeiger Nr. 68 vom 7. 4. 1992, S. 2978.

[42] Vgl. Wahlaufruf der VTV VEREINIGTE TIERVERSICHERUNG Gesellschaft a. G., Bundesanzeiger Nr. 63 vom 1. 4. 1993, S. 3240f.

Im einzelnen geben wir folgende Hinweise.

1. Wahlrecht:
Wahlberechtigt und wählbar ist jedes volljährige Mitglied ohne Beitragsrückstand, dessen Vertrag eine mindestens zweijährige Laufzeit hat und ungekündigt ist. Das Wahlrecht versicherter juristischer Personen wird durch deren Organe ausgeübt.

2. Wahlbezirke:
Der nach den Vorschriften der Wahlordnung berufene Wahlausschuß hat folgende Wahlbezirke festgelegt und den Wahlbezirken die nachstehend ersichtliche Anzahl von Mitgliedervertretern zugeteilt:

Wahlbezirk (= Filialdirektion)	**Anschrift**	**Mitglieder-vertreter**
Berlin/West/Ost	Ernst-Reuter-Platz 3–5 1000 Berlin 10	1
Frankfurt	Eschborner Landstraße 55 6000 Frankfurt 90	2
Hannover/Magdeburg	Niedersachsenring 13 3000 Hannover	3
Karlsruhe	Steinhäuserstraße 12 7500 Karlsruhe	1
Kassel/Erfurt	Ständeplatz 2 3500 Kassel	1
Hamburg/Schwerin	Domstraße 15 2000 Hamburg	2
Koblenz	Ferdinand-Sauerbruch-Straße 11 5400 Koblenz	1
Köln	Innere Kanalstraße 95 5000 Köln 30	2
Ludwigshafen/Saarbrücken	Lichtenberger Straße 16 6700 Ludwigshafen	1
München	Elsenheimer Straße 48 8000 München 21	1
Münster	Mecklenburger Straße 229 4400 Münster	2
Oldenburg	Moslestraße 7 2900 Oldenburg	1
Stuttgart	Mittlerer Pfad 24 7000 Stuttgart 31	1
Nürnberg	Südliche Fürther Straße 18–20 8500 Nürnberg	1
Dresden	Sosaer Straße 41 O-8017 Dresden	1

3. Wahlvorschläge:
Der Wahlausschuß schlägt gleichzeitig folgende Kandidaten als Mitgliedervertreter vor:

Berlin West/Ost	Kurt Becker, Berlin 19
Frankfurt	1. Klaus Wittlich, Neuberg 2 2. Dr. Reinhard Grantke, Gießen
Hannover/Magdeburg	1. Cuno Götz von Olenhusen, Rittergut Olenhusen 2. Hans Doescher, Cuxhaven-Altenbruch 3. Horst Lüking, Steimbke
Karlsruhe	Herbert Heininger, 6950 Mosbach
Kassel/Erfurt	Wolfgang Heckmann, Felsberg 1
Hamburg/Schwerin	1. Peter Thomsen, Lindewitt 2. Gerd-Heinrich Kröchert, Neubrandenburg
Koblenz	Willi Schneider, Laubach

Köln	1. Adolf Mannheims, Langenfeld
	2. Wilhelm Schüring, Hünxe 1
Ludwigshafen/Saarbrücken	Ulrich Tettenborn, Haßloch
München	Anton Gessler, Wertingen
Münster	1. Anton Meyer zu Halingdorf, Melle 1
	2. Karl-Heinz Hüggelmeyer, Bad Rothenfelde
Oldenburg	Bernhard Meinardus, Butjadingen
Stuttgart	Prof. Dr. Alfred Jung, Reutlingen
Nürnberg	Willi Neuser, Pressath
Dresden	Vet.-Ing. Andreas Lorenz, Biesern

4. Wahl:
Die vom Wahlausschuß vorgeschlagenen Kandidaten gelten als gewählt, wenn die Mitglieder gegen diesen Vorschlag nicht bis zum Freitag, dem 30. 04. 1993, Einspruch beim Wahlausschuß einlegen. Mit ihrem Einspruch können die Mitglieder gleichzeitig einen neuen Vorschlag verbinden.
Wird ein Wahlvorschlag des Wahlausschusses durch mindestens $1/20$ der Mitglieder des Wahlbezirks innerhalb der für einen Einspruch bestimmten Frist schriftlich abgelehnt, gilt der vorgeschlagene Mitgliedervertreter als nicht gewählt. Der Wahlausschuß stellt in diesem Wahlbezirk innerhalb einer Frist von einer weiteren Woche einen neuen Kandidaten zur Wahl. Auch für dieses Wahlverfahren gelten die Vorschriften der Wahlordnung entsprechend.

5. Wahlperiode:
Die Mitgliedervertreter werden in der Weise auf neun Jahre gewählt, daß nach Ablauf von drei Jahren nach der Urwahl turnusmäßig jeweils ein Drittel und nach weiteren drei Jahren jeweils die Hälfte der gewählten verbliebenen Mitgliedervertreter durch Los ausscheidet. Für die ausgeschiedenen Mitgliedervertreter wählt die Vertreterversammlung Ersatzmitglieder für die restlichen Amtszeiten.

6. Ergebnis:
Das Ergebnis der Wahl wird von dem Wahlausschuß nach Durchführung des Wahlverfahrens festgestellt und durch Aushang in den Geschäftsräumen der Direktion und den Wahlbezirken bekanntgegeben.

7. Beanstandungen:
Beanstandungen wegen des Wahlablaufs sind spätestens zwei Wochen nach der Wahl an den Leiter des Wahlausschusses, Herrn Notar Günther Niegel, Bahnhofstraße 26, 6200 Wiesbaden, zu richten, unter dessen Vorsitz der Wahlausschuß entscheidet.

Der Wahlausschuß

Versicherungsvereine auf Gegenseitigkeit, die sich für das Einspruchssystem entschieden haben, müssen beachten, daß das Quorum für einen erfolgreichen Einspruch nicht zu hoch angesetzt werden darf, damit die festgesetzte Mindestzahl nicht faktisch den Ausschluß des Einspruchsrechts zur Folge hat[43].

d) Kooptation. Bei diesem Wahlsystem ist die erste Mitgliedervertreterversammlung aus einer Urwahl hervorgegangen[44]. Die aus dieser Urwahl hervorgegangene Mitgliedervertreterversammlung wählt die späteren Mitgliedervertreter selbst. Sieht die Satzung das Kooptationsverfahren nicht von Anfang an vor, kann es durch satzungsändernden Beschluß der Mitgliederversammlung eingeführt werden[45]. Inzwischen haben sich viele Versicherungsvereine auf Gegenseitigkeit für dieses Wahlverfahren entschieden.

e) Das gemischte System. Das gemischte System stellt eine Verbindung zwischen Urwahlverfahren und Kooptation bzw. Einspruchssystem und Kooptation

---

[43] Vgl. *Hauth*, 1984, S. 147.
[44] *Großfeld*, Versicherungsverein, 1985, S. 58.
[45] *Brunn*, 1973, S. 86.

dar. Die Mitgliedervertreter werden bei diesem Wahlsystem von der Gesamtheit der Mitglieder eines Versicherungsvereins auf Gegenseitigkeit für einen verhältnismäßig langen Zeitraum, meist neun Jahre, im Wege der Urwahl, häufiger noch nach dem Einspruchssystem gewählt. Mitgliedervertreter, die in der Zeit zwischen zwei Wahlen ausscheiden, werden durch Kooptation ersetzt[46]. Grund des Ausscheidens ist häufig Tod oder die Beendigung des Versicherungsverhältnisses und damit der Mitgliedschaft. Mitunter sieht die Satzung vor, daß ein seinerzeit gewählter Stellvertreter automatisch nachrückt.

Dwinger[47] hält das gemischte System als das am besten geeignete Wahlverfahren zur Bildung der Mitgliedervertreterversammlung eines Versicherungsvereins auf Gegenseitigkeit. Dieses System habe den großen Vorteil, daß es der Gesamtheit der Vereinsmitglieder die Möglichkeit gewähre, ihr Mitverwaltungsrecht in Form des Wahlrechts auszuüben. Das Einspruchsprinzip trage dem mangelnden Interesse der Mitglieder Rechnung und berücksichtige in gehörigem Umfange die sich aus dem Kooptationsprinzip ergebenden praktischen Vorteile.

f) Benennung durch Nichtvereinsmitglieder. Die Satzungen der großen Versicherungsvereine auf Gegenseitigkeit sehen nicht vor, daß Nichtmitglieder Mitgliedervertreter für die Mitgliedervertretung benennen können. Diese Satzungspraxis trägt dem Streit Rechnung, ob eine Benennung von Mitgliedervertretern durch Dritte rechtlich zulässig ist.

Ein Teil des Schrifttums erachtet ein Benennungsrecht für Außenstehende ohne Einschränkungen für zulässig[48]. Andere halten die Berufung von Mitgliedervertretern durch vereinsfremde Institutionen dann für vereinbar mit dem Gedanken der Selbstverwaltung, wenn nur ein Teil der Mitgliedervertreter auf diese Art bestimmt wird, die Mehrheit hingegen von den Mitgliedern oder durch Kooptation von den Mitgliedervertretern gewählt wird[49].

Frels[50] dagegen ist zu Recht der Ansicht, daß die Benennung durch außenstehende Organisationen „mit dem Gedanken der Selbstverwaltung und der Souveränität der Mitglieder bzw. der Mitgliedervertretung" schlechthin unvereinbar sei. Damit würden „organschaftliche Befugnisse auf außerhalb der Organe des Vereins stehende Personen" delegiert; das sei ohne ausdrückliche gesetzliche Grundlage gesellschaftsrechtlich unzulässig. Als solche gesetzlichen Grundlagen für die Übertragung organschaftlicher Befugnisse führt *Frels* § 22 Abs. 1 VAG für die Mitverwaltungsrechte der Garanten, §§ 35 Abs. 2 VAG, 76, 77 BetrVG 1952 für die Wahl der Arbeitnehmervertreter und § 101 Abs. 2 AktG für im Aktienrecht mögliche Entsendungsrechte einzelner Aktionäre zum Aufsichtsrat an.

Auch *Brenzel*[51] hält die Nominierung der Mitgliedervertreter durch vereinsfremde Organisationen für unzulässig. Die oberste Vertretung sei als Repräsentativorgan der Mitglieder nicht mehr legitimiert, wenn die Mitgliedervertreter von

---

[46] *Großfeld,* Versicherungsverein, 1985, S. 58.

[47] *Dwinger,* 1971, S. 108, 109.

[48] *Rehm,* 1911, § 29 VAG Anm. 6; *Kisch,* JRPV 1933, 213, 214; *derselbe,* Versicherungsverein, 1951, S. 102; *Götz Ullrich,* 1951, S. 36; *Zöllner,* ZVersWiss 53 (1964), 304.

[49] Vgl. BAV, GB BAV 1971, 54; *Gerrit Winter,* in: Festschrift für Reimer Schmidt, 1976, S. 136; *Prölss/Schmidt/Frey,* 1989, § 29 VAG Rdn. 5.

[50] *Harro Frels,* ZVersWiss 60 (1971), 593.

[51] *Brenzel,* Versicherungsverein, 1975, S. 56.

Außenstehenden benannt würden. Die Mitgliedervertreter seien dann nur noch als Repräsentanten der benennenden Institution anzusehen. Für *Mohr*[52] ist ein Entsendungsrecht in die Mitgliedervertretung des Versicherungsvereins auf Gegenseitigkeit mit dem Wesen des Versicherungsvereins auf Gegenseitigkeit nicht zu vereinbaren. Dieser Ansicht ist zuzustimmen.

g) Losverfahren. Das Losverfahren wird für die Urwahl der Mitgliedervertreter von den Versicherungsvereinen auf Gegenseitigkeit nicht praktiziert. Bei Anwendung des Losverfahrens würden die Mitgliedervertreter durch Auslosung aus den Mitgliedern des Versicherungsvereins auf Gegenseitigkeit ermittelt werden.

Ein derartiges Wahlverfahren wird als rechtlich unbedenklich angesehen[53]. Es ist aber nicht praktikabel. Mit dem Losverfahren kann nicht gewährleistet werden, daß sachkundige Interessenvertreter gefunden werden[54]. Außerdem bleibt bis zum Ende des Wahlverfahrens offen, ob die durch Losverfahren ermittelten Mitglieder ihr Amt als Mitgliedervertreter annehmen. Diesem Umstand könnte aber über eine ausreichend große Nachrückerliste Rechnung getragen werden.

4. Rechtsstellung der Mitgliedervertreter

a) Bestellung. Seine Rechtsstellung als Mitgliedervertreter erlangt der Mitgliedervertreter durch Wahl. Je nach Wahlverfahren beteiligen sich alle Vereinsmitglieder an dieser Wahl oder erfolgt die Wahl durch die Mitgliedervertreterversammlung.

In allen diesen Fällen werden die Mitgliedervertreter durch einen körperschaftsrechtlichen Bestellungsakt zu Mitgliedern der Mitgliedervertreterversammlung, wenn sie ihre Wahl annehmen[55]. Mit der Annahme der Wahl erlangt der Mitgliedervertreter eine Organstellung[56] und wird Teil der Organamtsverwaltung[57]. Der Mitgliedervertreter vertritt die Mitgliedergesamtheit und ist als gewählter oder sonst bestellter Vertreter Weisungen nicht unterworfen[58]. Er hat sein Amt als „Sachwalter aller Mitglieder" wahrzunehmen[59]. Ein Widerruf der Bestellung vor Ablauf der Wahlperiode ist zulässig, soweit dies die Satzung ausdrücklich zuläßt[60]. Unberührt bleibt das Recht auf Widerruf der Bestellung bei Vorliegen eines wichtigen Grundes.

---

[52] *Mohr,* Mitgliedervertreter, 1986, S. 44.

[53] *Brenzel,* Versicherungsverein, 1975, S. 58.

[54] *Brenzel,* Versicherungsverein, 1975, S. 58.

[55] Vgl. *Harro Frels,* VersR 1958, 430, 432; *Hedemann,* VW 1962, 320; Zier, 1968, S. 182; *Dwinger,* 1971, S. 137; *Brunn,* 1973, S. 86; *Brenzel,* Versicherungsverein, 1975, S. 30; *Hauth,* 1984, Fußnote 1, S. 21; *Mohr,* Mitgliedervertreter, 1986, S. 46; ähnlich für die Wahl der Vertreter zur Vertreterversammlung bei der Genossenschaft *Plückebaum,* 1955, S. 89, der von einem „körperschaftlichen Gesamtwillensakt" spricht.

[56] Vgl. *Säcker,* Probleme der Repräsentation von Großvereinen, 1986, S. 23; *Reichert,* 1999, Rdn. 2796, S. 984.

[57] Siehe dazu *Beuthien,* ZIP 1993, 1595; *Beuthien/Gätsch,* ZHR 157 (1993), 484; *Hammen,* WM 1994, 765, 767.

[58] Vgl. *Säcker,* Probleme der Repräsentation von Großvereinen, 1986, S. 23; *Sauter/Schweyer/Waldner,* 2001, Rdn. 220, S. 151; *Reichert,* 1999, Rdn. 2782, S. 978, ferner Rdn. 2798, S. 985; RGZ 155, 21, 25; BGH, NJW 1980, 2707, 2708.

[59] *Ludwig Raiser,* ZVersWiss 54 (1965), 477.

[60] *Goldberg/Müller,* 1980, § 29 VAG Rdn 10.

b) Anstellung. Der durch die Wahl zum Mitgliedervertreter vorgenommenen Bestellung folgt nicht ein Anstellungsverhältnis, das mit dem Anstellungsverhältnis vergleichbar wäre, das mit Vorstandsmitgliedern abgeschlossen wird[61].

Bei dem Rechtsverhältnis zwischen Mitgliedervertreter und großem Versicherungsverein auf Gegenseitigkeit handelt es sich vielmehr um ein Auftragsverhältnis (§§ 662ff BGB), wenn das Amt als Mitgliedervertreter unentgeltlich ausgeübt wird; erhält der Mitgliedervertreter eine Vergütung ist das Rechtsverhältnis als ein auf eine Geschäftsbesorgung gerichteter Dienstvertrag (§ 675 BGB in Verbindung mit §§ 611ff BGB) anzusehen[62]. Früher wurde noch das Bestehen eines Rechtsverhältnisses zwischen dem großen Versicherungsverein auf Gegenseitigkeit und den Mitgliedervertretern bestritten und darauf hingewiesen, daß die Mitgliedervertreter nur für ihre eigene Person handeln würden[63].

Unabhängig von der rechtlichen Einordnung ist der Mitgliedervertreter aufgrund seines Amtes verpflichtet, an den Sitzungen der Mitgliedervertreterversammlung teilzunehmen und seine Aufgaben als Mitgliedervertreter wahrzunehmen[64]. Der Versicherungsverein auf Gegenseitigkeit ist demgegenüber verpflichtet, dem Mitgliedervertreter die im Zusammenhang mit der Amtsausübung entstehenden Kosten zu erstatten[65], soweit die Satzung hierzu eine entsprechende Regelung enthält. Diese Kosten sind als Betriebsausgaben absetzbar[66].

c) Haftung. Die Haftung der Mitgliedervertreter ist gesetzlich nicht ausdrücklich geregelt. Auch im Genossenschaftsrecht, das ebenfalls die Vertreterversammlung kennt (vgl. § 43a GenG), hat der Gesetzgeber die Haftungsfrage nicht behandelt.

In den Satzungen finden sich in der Regel keine Bestimmungen, inwieweit Mitgliedervertreter für ihre Tätigkeit einzustehen haben.

Der Vertreter der Genossen haftet nach einer in der genossenschaftsrechtlichen Literatur vertretenen Auffassung nach den allgemeinen Regeln für Schäden, die der Genossenschaft aus einer schuldhaften Pflichtverletzung entstehen. Maß der

---

[61] So aber *Harro Frels,* VersR 1958, 430, 432.

[62] Vgl. *Dittrich,* 1905, S. 68; *Harro Frels,* VersR 1958, 430, 432; *Hedemann,* VW 1962, 322; *Zier,* 1968, S. 182; *Dwinger,* 1971, S. 137; *Goldberg/Müller,* 1980, § 29 VAG Rdn. 10; *Mohr,* Mitgliedervertreter, 1986, S. 46; *Reichert,* 1999, Rdn. 2796, S. 984; FG Münster 17. 12. 1959 EFG 1960, 356; BFH 21. 11. 1961 VersR 1962, 241. Auch der Stimmrechtsvertreter wird in der Hauptversammlung der AG auf der Grundlage eines Geschäftsbesorgungs- und Auftragsverhältnisses mit den vertretenen Aktionären tätig, vgl. *Heermann,* ZIP 1994, 1243, 1246; *Lamprecht,* ZIP 1996, 1372, 1374. Zur Stimmrechtsvertretung bei der AG siehe ferner *Baums/v. Randow,* AG 1995, 145ff; *Loehr,* WM 1995, 2093; *Niederleithinger,* ZIP 1995, 597, 601; *Bachmann,* WM 1999, 2100ff; *Behnke,* NZG 2000, 665ff; *Marsch-Barner,* in: Festschrift für Martin Peltzer, 2001, S. 261ff; *Reichert/Harbarth,* AG 2001, 447ff; *Than,* in: Festschrift für Martin Peltzer, 2001, S. 577, 584, 590ff; *Zöllner,* in: Festschrift für Martin Peltzer, 2001, S. 661ff.

[63] *Wörner,* 1904, S. 120; *Lobeck,* 1924, S. 13.

[64] *Harro Frels,* VersR 1958, 430, 432; *Hedemann,* VW 1962, 322; *Dwinger,* 1971, S. 149; *Säcker,* Probleme der Repräsentation von Großvereinen, 1986, S. 68; *Sauter/Schweyer/Waldner,* 2001, Rdn. 220, S. 151; *Reichert,* 1999, Rdn. 2799, S. 985; OLG Frankfurt, WM 1985, 1466, 1470.

[65] *Hedemann,* VW 1962, 322; *Dwinger,* 1971, S. 149; *Reichert,* 1999, Rdn. 2797, S. 984f.

[66] *Harro Frels,* VersR 1958, 430, 432; *derselbe,* VersR 1962, 1126ff; *Hedemann,* VW 1962, 323; *Goldberg/Müller,* 1980, § 29 VAG Rdn. 13; *Mohr,* Mitgliedervertreter, 1986, S. 37; BFH, VerBAV 1962, 140; BFH vom 24. 8. 1983, BStBl. 1984 II, S. 273; BMF-Erlaß vom 28. 12. 1984, BStBl 1984 I, S. 591; bei einer Kostenerstattung an Mitglieder liegt nach Auffassung der Finanzbehörden eine verdeckte Gewinnausschüttung vor, vgl. BFH vom 13. 11. 1991, BStBl. 1992 II, S. 431.

anzuwendenden Sorgfalt sei wohl (sinngemäß wie bei Vorstand oder Aufsichtsrat) die Sorgfalt eines ordentlichen und gewissenhaften Vertreters einer Genossenschaft[67].

Auch in der versicherungsvereinsrechtlichen Literatur wird die Auffassung vertreten, daß die Mitgliedervertreter bei ihrer Tätigkeit die erforderliche Sorgfalt eines ordentlichen und gewissenhaften Mitgliedervertreters anzuwenden haben und für Pflicht- und Vertragsverletzungen dem VVaG als Gesamtschuldner haften[68]. Auf die Haftung der Mitgliedervertreter fänden die Grundsätze der §§ 93 und 116 AktG entsprechende Anwendung[69]. Die Mitgliedervertreter würden mithin dem Versicherungsverein auf Gegenseitigkeit nicht nur unter den Voraussetzungen des § 35a VAG i.V.m. § 117 AktG haften, sondern auch dann, wenn sie in Ansehung ihres Amtes die Sorgfalt eines ordentlichen und gewissenhaften Amtsträgers (Mitgliedervertreters) pflichtwidrig und schuldhaft verletzen und dem Versicherungsverein daraus ein Schaden entsteht[70]. Der Mitgliedervertreter müsse, wenn die objektive Pflichtwidrigkeit seines Verhaltens feststehe, darlegen und ggf. beweisen, daß ihm keine Vorwerfbarkeit, d.h. Verschulden zur Last falle[71]. Ansprüche des Versicherungsvereins auf Gegenseitigkeit aus positiver Vertragsverletzung würden analog den aktienrechtlichen Verjährungsvorschriften entgegen § 195 BGB bereits nach fünf Jahren verjähren[72].

Sicherlich hat ein Mitgliedervertreter sein Amt im Hinblick auf seine Sachwalterstellung pflichtgemäß auszuüben. Nicht übersehen darf dabei aber, daß seine Tätigkeit ehrenamtlich ist. Gewiß mit Blick hierauf hat der Gesetzgeber davon abgesehen, im Rahmen aller bisherigen Novellierungen des Versicherungsaufsichtsgesetzes spezielle Haftungsregeln für den Mitgliedervertreter zu schaffen. Hierbei ist auch berücksichtigt, daß die Übernahme derartiger Ämter nicht durch Schaffung besonderer Haftungsvorschriften erschwert werden darf. Von daher ist eine Ausweitung der Haftungsgrundsätze durch analoge Anwendung der aktienrechtlichen Vorschriften nicht zulässig.

III. Der Versicherungsverein auf Gegenseitigkeit mit Mitgliederversammlung

Die Mitgliederversammlung ist heute nur noch bei wenigen großen Versicherungsvereinen auf Gegenseitigkeit als oberstes Organ anzutreffen. Von den großen Lebensversicherungsvereinen hat einzig die Hannoversche Lebensversicherung a.G. die Mitgliederversammlung beibehalten. Die großen Krankenversicherungsvereine kennen nur noch die Mitgliedervertreterversammlung als oberste Vertretung. Lediglich bei den großen Sach- und Unfallversicherungsvereinen ist die Mitgliederversammlung häufiger anzutreffen. Darunter befinden sich immerhin so mitgliederstarke Versicherungsvereine wie der Landwirtschaftliche Versicherungsverein Münster a.G. (LVM) und VHV-Vereinigte Haftpflichtversicherung V.a.G.

---

[67] *Metz*, in: Lang/Weidmüller, 1988, § 43a GenG Rdn. 12.
[68] *Harro Frels*, VersR 1962, 1032, 1034; ebenso *Dwinger*, 1971, S. 150; *Brunn*, 1973, S. 86.
[69] *Zier*, 1968, S. 183; *Goldberg/Müller*, 1980, § 29 VAG Rdn. 10; *Mohr*, Mitgliedervertreter, 1986, S. 46; *Prölss/Schmidt/Frey*, 1989, § 29 VAG Rdn. 12; *Lüer*, VersR 2000, 407, 410.
[70] *Goldberg/Müller*, 1980, § 29 VAG Rdn. 10; *Mohr*, Mitgliedervertreter, 1986, S. 46f.
[71] *Dwinger*, 1971, S. 155.
[72] *Harro Frels*, VersR 1962, 1032, 1034; *Dwinger*, 1971, S. 154.

Von Bedeutung ist die Regelung der Teilnahme, Stimmberechtigung und Bevollmächtigung. Anschaulich zeigt dies die Tagesordnung des LVM[73]:

„Zur Teilnahme an der Mitgliederversammlung ist jedes Mitglied berechtigt. Jedes Mitglied hat eine Stimme. Die Teilnahme an der Mitgliederversammlung ist spätestens am 3. Werktag vor ihrer Abhaltung, unter Angabe der Nummer des Versicherungsscheines, beim Verein anzumelden.

Das Stimmrecht kann auch durch einen Bevollmächtigten, der selbst Mitglied des Vereins sein muß, ausgeübt werden. Die Bevollmächtigten müssen eine vom Vertretenen eigenhändig unterschriebene Vollmacht vorlegen, in der die Nummer des Versicherungsscheins angegeben ist. Ein Bevollmächtigter kann höchstens drei andere Mitglieder vertreten. Der Verein ist von der Ausstellung der Vollmacht spätestens drei Werktage vor der Mitgliederversammlung zu unterrichten.

Die Mitglieder haben sich bei Betreten des Versammlungsraumes in die Anwesenheitsliste einzutragen."

Anhaltspunkte dafür, daß die Funktionsfähigkeit der Mitgliederversammlungen der angesprochenen Versicherungsvereine auf Gegenseitigkeit jemals in Frage gestanden hätte, sind nicht gegeben. Bei diesen Versicherungsvereinen hat sich das System der Mitgliederselbstverwaltung[74] bewährt.

Kapitel 7
Die Auseinandersetzung um die Organisationstypen

I. Einwände gegen die Mitgliederversammlung

Von den Befürwortern der Mitgliedervertreterversammlung wurde die satzungsmäßige Möglichkeit der Bildung einer Mitgliederversammlung schon vor Inkrafttreten des Versicherungsaufsichtsgesetzes kritisiert.

Hinrichs[1] sah in der Mitgliederversammlung ein Herrschaftsorgan der Minorität der am Sitz der Gesellschaft wohnenden Versicherten, die die ihnen obliegenden Funktionen gar nicht ausüben könnten.

Auch *Victor Ehrenberg*[2] führt an, daß gerade bei größeren Gesellschaften die der Aktiengesellschaft nachgebildete Gestaltung nicht sehr glücklich sei, und schreibt weiter:

„Denn die nicht am Sitze der Verwaltung wohnenden Versicherten haben meist ein zu geringes Interesse am Schicksal der Gesellschaft, um Zeit und Geld lediglich für die Ausübung ihres Stimmrechtes in der Generalversammlung zu opfern, und eine geringe Minorität bekommt daher die höchste Gewalt in die Hände."

Ausdrücklich begrüßt *Victor Ehrenberg*[3], daß der Gesetzgeber „die Organisation der Gegenseitigkeitsgesellschaften nicht einfach in die Schablone der Aktiengesellschaft gepreßt, sondern als „oberstes Organ" auch eine andere Gestaltung als die völlig unbrauchbare „Generalversammlung" zugelassen hat".

---

[73] Bundesanzeiger Nr. 102 vom 4. 6. 1993, S. 5152.

[74] Vgl. zur Personengesellschaft: *Beuthien*, ZIP 1993, 1595.

[1] *Hinrichs*, ZHR 20 (1875), 460; *Raiser*, VW 1949, 173, betont die Gefahr für den Verein, von Zufallsmehrheiten oder von kleinen, aber aktiven Gruppen von Mitgliedern abhängig zu werden; *Brunn*, 1973, S. 96.

[2] *Victor Ehrenberg*, 1893, S. 121.

[3] *Victor Ehrenberg*, Deutsche Juristenzeitung 4 (1899), 123; *derselbe*, in: Verhandlungen des 25. Deutschen Juristentages, 1901, S. 40 ff.

Fuld[4] wendet unter Unterstützung der Auffassung von *Sievers* hiergegen ein, daß das Argument der notorischen Interesselosigkeit der Mitglieder nicht gegen die Mitgliederversammlung und für die Mitgliedervertreterversammlung spreche. Wäre dieses Argument richtig, müßte die Hauptversammlung bei der Aktiengesellschaft, die Mitgliederversammlung beim eingetragenen Verein u. s. w. auch abgeschafft werden. Die Mitgliederversammlung entspreche jedoch dem Wesen jeder Gesellschaft, so daß sie auch beim Versicherungsverein auf Gegenseitigkeit ausschließlich in Frage komme.

Auch *Samwer*[5], sonst ein Verfechter der Mitgliedervertreterversammlung, räumte ein, daß die Mitgliederversammlung das ideale oberste Organ des Versicherungsvereins auf Gegenseitigkeit sei, da durch sie die abstrakte Gerechtigkeit und das absolute Gegenseitigkeitsprinzip am besten verwirklicht werde.

Die Kritiker der Mitgliederversammlung konnten sich nicht durchsetzen. Der Gesetzgeber entschloß sich für die Beibehaltung der Mitgliederversammlung, stellte es aber den Versicherungsvereinen auf Gegenseitigkeit frei, auch die Mitgliedervertreterversammlung einzuführen.

Die Kritik an der Mitgliederversammlung verstummte aber auch nach Inkrafttreten des Versicherungsaufsichtsgesetzes nicht. *Sachsse*[6] warf dem Gesetzgeber vor, übersehen zu haben, daß Mitgliederversammlungen mit 100 000 und mehr Teilnehmern nicht durchführbar seien. Der Mißstand werde auch nicht dadurch gemildert, daß tatsächlich nur ca. 100 Teilnehmer kämen.

In jüngerer Zeit hat dagegen *Großfeld*[7] bemerkt, die Mitgliederversammlung mit gleichem Stimmrecht aller Mitglieder erscheine „auf den ersten Blick am ehesten geeignet, die Mitgliederinteressen zu formulieren". Aber die Praxis hätte gezeigt, daß dem nicht notwendig so sei. Großfeld begründet dies wie folgt[8]:

> „Die Probleme liegen darin, daß die Zahl der erscheinenden Mitglieder häufig gering ist[9]. Die jeweils Anwesenden wechseln, was die Kontinuität erschwert.
>
> Es besteht weiter die Gefahr, daß die Interessen der Mitgliedergesamtheit nicht mit denen der tatsächlich anwesenden Personen übereinstimmt[10]. Denn eine geringe Anzahl von Anwesenden kann evtl. ihre Sonderinteressen zur Geltung bringen[11]. Das gilt für bestimmte Kundengruppen, für Arbeitnehmer des Unternehmens, Versicherungsvermittler und u. U. Banken (über die in § 36 S. 3 VAG, § 134 Abs. 3 AktG zugelassene Bevollmächtigung). Sie könnten nicht in erster Linie wegen ihrer Versicherteninteressen kommen, sondern um „Druck" auf die Verwaltung in bestimmter Richtung (Arbeitnehmerinteressen, Interessen des Außendienstes) zur Geltung zu bringen. Die Verwaltung kann auch ihr gewogene Mitglieder zum Erscheinen veranlassen[12]. Man könnte dem zwar durch ein Quorum, also durch das Erfordernis einer Mindestpräsensquote begegnen, aber dann besteht die Gefahr der Beschlußunfähigkeit. Hinzu kommt, daß die – nicht Sonderinteressen verfolgenden – Mitglieder für ihre Entscheidungsaufgabe u. U. nur schwach qualifiziert sind[13].

---

[4] *Fuld,* in: Verhandlungen des 25. Deutschen Juristentages, 1900, Band III, S. 35 ff.
[5] *Samwer,* in: Verhandlungen des 25. Deutschen Juristentages, 1900, Band III, S. 28; *derselbe,* ZVersWiss 1 (1901), 91, 94.
[6] *Sachsse,* Leipziger Zeitschrift 1911, Sp. 212.
[7] *Großfeld,* Versicherungsverein, 1985, S. 55.
[8] *Großfeld,* Versicherungsverein, 1985, S. 55, 56.
[9] Ebenso *Sievers,* ZHR 48 (1899), 550; *Sachsse,* Leipziger Zeitschrift 1911, Sp. 212; *Brunn,* 1973, S. 96; *Reimer Schmidt,* in: Festschrift für Ernst Klingmüller, 1974, S. 400.
[10] Ebenso *Sachsse,* Leipziger Zeitschrift 1911, Sp. 212.
[11] Ähnlich *Sachsse,* Leipziger Zeitschrift 1911, Sp. 212; *Raiser,* VW 1949, 173; *Brunn,* 1973, S. 96.
[12] Ebenso *Sachsse,* Leipziger Zeitschrift 1911, Sp. 212.
[13] *Pfund,* 1925, S. 33; ähnlich *Brunn,* 1973, S. 96.

Die Mitgliederversammlung ist bei hohen Mitgliederzahlen häufig nicht effektiv durchführbar[14]. Es fehlen entsprechende Tagungsräume[15], es entstehen hohe Kosten[16] für Einladung, Reisen, Unterbringung (auf eigene Kosten wird ein Mitglied ohne Sonderinteressen kaum anreisen – warum sollte es auch für alle eine finanzielle Sonderleistung erbringen?), es ergeben sich Probleme der Anwesenheitskontrolle.

Der Gesetzgeber hat dieses Problem für die Genossenschaften gesehen und aufgegriffen. Deshalb hat er für Genossenschaften mit mehr als 1500 Mitgliedern eine Vertreterversammlung zugelassen (§ 43a Abs. 1 S. 2 GenG), mit mehr als 3000 Mitgliedern zwingend vorgeschrieben (§ 43a Abs. 1 S. 2 GenG). Eine solche Vorschrift gibt es für Versicherungsvereine auf Gegenseitigkeit nicht."

Die Kritik an der Mitgliederversammlung hat den Gesetzgeber auch in der Folgezeit nicht veranlaßt, entsprechend der Regelung für die Genossenschaften auch für Versicherungsvereine auf Gegenseitigkeit die Zwangsvertretung einzuführen. Er hat dabei möglicherweise berücksichtigt, daß große Aktiengesellschaften die Durchführung von Hauptversammlungen trotz großer Aktionärszahlen bewältigen können. Hierbei spielt die Entwicklung der Präsenz auf den Hauptversammlungen der Aktiengesellschaften eine Rolle[17].

Andererseits wird auf den hohen Kosten-, Zeit- und Organisationsaufwand hingewiesen, der Publikumsaktiengesellschaften bei der Durchführung von Hauptversammlungen entsteht[18] und die Bildung einer Vertreterversammlung bei der Aktiengesellschaft diskutiert[19]. Von daher erscheint es unverändert sachgerecht, die Versicherungsvereine in eigener Satzungsautonomie entscheiden zu lassen, ob sie an der Mitgliederversammlung festhalten oder nicht.

II. Die Diskussion um die Mitgliedervertreterversammlung

1. Meinungsstand vor der gesetzlichen Einführung

Schon vor Inkrafttreten des Versicherungsaufsichtsgesetzes beanstandete *Sievers*[20] die geplante gesetzliche Zulassung der Mitgliedervertreterversammlung. Es enthalte immer eine „capitis diminutio" der Mitglieder, wenn ihnen grundsätzlich die persönliche Mitwirkung in den Angelegenheiten des Versicherungsvereins auf Gegenseitigkeit entzogen werde. Schaffe man eine Organisation, in der die höchste Gewalt nicht bei der Gesamtheit der Mitglieder liege, so streife man dem Gebilde den Vereinscharakter ab. Nach dem Vereinsrecht des Bürgerlichen Gesetzbuches sei die Mitgliederversammlung als absolut notwendiges Organ jedes rechtsfähigen Vereins gedacht.

---

[14] Vgl. *Karl Samwer,* ZVersWiss 1 (1901), 91, 93; *Sachsse,* Leipziger Zeitschrift 1911, Sp. 211 f.; *Goldberg/Müller,* 1980, § 29 VAG Rdn. 5; *Ludwig Raiser,* ZVersWiss 54 (1965), 466; *Brunn,* 1973, S. 96.

[15] *Sachsse,* Leipziger Zeitschrift 1911, Sp. 211; *Pfund,* 1925, S. 33.

[16] *Brunn,* 1973, S. 96: Die meisten Mitglieder werden die mit der Reise zum Sitz des VVaG verbundenen Mühen, Kosten und den Aufwand an Zeit scheuen.

[17] Vgl. hierzu *Grussendorf,* AG 1961, 276; *Uwe H. Schneider/Burgard,* in: Festschrift für Karl Beusch, 1993, S. 786.

[18] Vgl. *Großfeld,* AG 1985, 1, 3; *Beusch,* in: Festschrift für Winfried Werner, 1984, S. 19; *Martens,* 1992, S. 3.

[19] Ablehnend *Säcker,* Probleme der Repräsentation von Großvereinen, 1986, S. 8; zum Stand der Vorschläge vgl. *Wiedemann,* ZGR 1975, 393 f.

[20] Vgl. *Sievers,* ZHR 48 (1899), 553 f; zum damaligen Meinungsstand siehe *Weyl,* in: Verhandlungen des 25. Deutschen Juristentages, 1900, Band I, S. 20 ff.

Fuld[21] äußerte ebenfalls Bedenken gegen die Mitgliedervertreterversammlung. Es sei durch nichts gerechtfertigt, den Mitgliedern auch nur die theoretische Möglichkeit der direkten Teilnahme am Geschäftsgang des Unternehmens oder an der Verwaltung des Vereinsvermögens zu entziehen. Jedes Mitglied müsse, wie bei jeder anderen Gesellschaft auch, in die Lage versetzt werden, seinen Willen zu äußern.

Samwer[22] sah dagegen in der Mitgliedervertreterversammlung den Vorteil, daß sich die Mitglieder aufgrund ihres Mandats für verpflichtet hielten, in der Mitgliedervertreterversammlung zu erscheinen. Sie würden in die für einen Laien nicht leicht zu durchschauenden Fragen des Versicherungswesens eindringen und seien daher besonders geeignet, die Funktionen der obersten Vertretung wahrzunehmen.

2. Gesetzgebungsverfahren

Dem Gesetzgeber des Jahres 1901 war die auf langjähriger Satzungspraxis beruhende Mitgliedervertreterversammlung bekannt und entschied sich dafür, an dieser Rechtstradition nichts zu ändern. Denn in der amtlichen Begründung steht zu lesen[23]:

> „Die älteren Satzungen haben überhaupt keine Generalversammlung, sondern übertragen deren Befugnisse einem Vertretungsorgan ... Es empfiehlt sich, diese verschiedenartigen Bildungen auch künftig zu gestatten."

Und weiter heißt es in der amtlichen Begründung zur Normierung einer Mitgliedervertreterversammlung in § 29 VAG als fakultatives oberstes Beschlußorgan für den Versicherungsverein auf Gegenseitigkeit[24]:

> „... daß die Versammlung der Mitglieder nicht als notwendiges Organ vorgesehen ist, sondern die Art der Bildung des zur Vertretung der Gesamtinteressen der Mitglieder berufenen Organs in das Belieben der Satzung gestellt wird. Eine zweckmäßige Ausgestaltung des obersten Organs unterliegt hier besonderen Schwierigkeiten. Schon bei Aktiengesellschaften mit großem Kapitale pflegen die Generalversammlungen schlecht besucht zu sein. Bei größeren Gegenseitigkeitsanstalten tritt dies in erhöhtem Maße in Erscheinung. Die Versicherten fühlen sich hier mehr als Versicherte, denn als Mitglieder eines Vereins. Sie haben in der Regel ein zu geringes Interesse, um Zeit oder Geld behufs Wahrnehmung von Stimmrechten zu opfern, namentlich wo es sich regelmäßig nicht wie bei der Lebensversicherung, um langdauernde Versicherungen und hohe Beiträge handelt. Die Generalversammlung der Mitglieder erweist sich daher häufig bei einem Gegenseitigkeitsverein als noch bedeutungsloser wie bei einer Aktiengesellschaft. Tatsächlich ist damit oft die Gewalt in die Hände einer Minorität, nämlich der am Sitze des Vereins wohnenden Mitglieder gelegt und die Unabhängigkeit der Generalversammlung dem Vorstand und Aufsichtsrate gegenüber in Frage gestellt.
> (...) Hierzu hat auch der weitere Umstand beigetragen, daß angesichts der großen Anzahl der Mitglieder bei wirklicher Teilnahme der Berechtigten die Abhaltung einer Generalversammlung praktisch überhaupt nicht durchführar sein würde."

Auch die VII. Kommission, an die der Regierungsentwurf des Versicherungsaufsichtsgesetzes überwiesen wurde, äußerte sich zustimmend[25]:

---

[21] *Fuld*, in: Verhandlungen des 25. Deutschen Juristentages, 1900, Band III, S. 36–38.
[22] *Karl Samwer*, in: Verhandlungen des 25. Deutschen Juristentages, 1900, Band III, S. 28; *derselbe*, ZVersWiss 1 (1901), 91, 93.
[23] Motive zum VAG, S. 42.
[24] Vgl. RT-Drucksache X/5, S. 70f (Regierungsbegründung zu § 29 VAG).
[25] Bericht der VII. Kommission, RT-Drucksache X/244, S. 47.

„Bei großen Vereinen mit vielen Mitgliedern – die Gothaer Feuerversicherungsbank gebe die Zahl ihrer Mitglieder auf 375 000 an – sei eine Generalversammlung praktisch unmöglich. Die Versicherten solcher großen Vereine hätten auch gar nicht das Gefühl, daß sie Mitglieder seien; zum Bewußtsein komme ihnen zumeist nur ihre Stellung als Versicherte. Unter solchen Umständen bestehe die Gefahr, daß die allermeisten Mitglieder sich um die Generalversammlung nicht kümmerten und die oberste Kontrolle des Vereins in die Hände weniger Mitglieder komme, die es in ihrem Interesse fänden, die Generalversammlungen zu besuchen. Es sei das beste, in der Bildung des obersten Organs ein gewisse Freiheit zu lassen, um den praktischen Bedürfnissen gerecht werden zu können."

Die Haltung des Gesetzgebers hat sich später auch nicht geändert. Im Gegenteil führte er nach dem Vorbild der Mitgliedervertreterversammlung des Versicherungsvereins auf Gegenseitigkeit durch Gesetz vom 1. 7. 1922 (RGBl I S. 567) die Mitgliedervertreterversammlung auch bei den Genossenschaften ein (vgl. § 43a GenG). Danach war für Genossenschaften mit mehr als 10 000 Mitgliedern die Mitgliedervertreterversammlung anstatt der Mitgliederversammlung zwingend vorgesehen, während es Genossenschaften mit mehr als 3000 aber weniger als 10 000 Mitgliedern freigestellt war, sich für die Mitgliederversammlung oder die Mitgliedervertreterversammlung zu entscheiden. Bei Genossenschaften mit weniger als 3000 Mitgliedern war die Mitgliederversammlung obligatorisch.

Mit Gesetz vom 19. 1. 1926 (RGBl I S. 91) erhielt § 43a GenG seine heutige Fassung. Die Zahl der Mitglieder, bei deren Überschreitung die Generalversammlung in Form einer Vertreterversammlung abzuhalten ist, wurde von 10 000 auf 3000 und die Mitgliederzahl, bei deren Überschreitung das Statut eine Vertreterversammlung einführen kann, von 3000 auf 1500 herabgesetzt.

3. Haltung der Aufsichtsbehörde

Von Anbeginn seiner Tätigkeit hat sich das Reichsaufsichtsamt für das Versicherungswesen für die Mitgliedervertreterversammlung als oberstes Organ ausgesprochen. Das Reichsaufsichtsamt sah eine wirksame Kontrolle der Unternehmensführung besser durch eine Mitgliedervertreterversammlung gewährleistet als durch eine Mitgliederversammlung[26].

4. Meinungsstand nach der gesetzlichen Einführung

Nach der gesetzlichen Einführung ist die Mitgliedervertreterversammlung immer wieder als praktikable Lösung bezeichnet worden[27]. *Großfeld*[28] hat dies wie folgt dargelegt:

„Die Mitgliedervertretung kann Schwächen der Mitgliederversammlung vermeiden. Die Qualität der Entscheidungsfindung ist höher einzuschätzen, zumal eine Wahl nach fachlicher und persönlicher Qualifikation erfolgen kann. Die Mitgliedervertretung garantiert vor allem eine größere Konstanz bei den Teilnehmern; sie erhalten dadurch wiederum die Möglichkeit, durch die Arbeit in der Mitgliedervertretung ihre Kenntnisse zu vermehren. Die größere Homogenität der Gruppe sorgt dafür, daß die Verwaltung weniger Möglichkeiten hat, auf den Prozeß der Entscheidungsfindung Einfluß zu nehmen. Die Kosten der Organisation sind geringer als bei der Mitgliederversammlung.

Eine Repräsentation ist allerdings nur gewährleistet, wenn die Vertreter der Mitglieder selbst Mitglieder des Versicherungsvereins auf Gegenseitigkeit sind ...

---

[26] RAA, VA 1914, 114; VA 1922, 145.
[27] *Großfeld,* Versicherungsverein, 1985, S. 56, 57.
[28] *Großfeld,* Versicherungsverein, 1985, S. 57.

Die Repräsentation ist aber nur dann uneingeschränkt zu bejahen, wenn die Mitgliedervertretung in ihrer Zusammensetzung die Interessen der Versicherten einigermaßen proportional widerspiegelt."

Diese Auffassung wird auch im übrigen Schrifttum geteilt. *Coing*[29] weist zutreffend darauf hin, „daß an die Stelle der Versammlung aller Mitglieder eine bloße Delegiertenversammlung, dh eine Versammlung bloßer Vertreter" treten kann. Dazu könne „bei großen und weitverzweigten Vereinen zweifellos ein Bedürfnis bestehen".

Säcker sieht ebenfalls die „praktische Notwendigkeit einer repräsentativen Organisationsstruktur von Großvereinen"[30] und sagt dazu[31]:

„Die Notwendigkeit, eine Vertreter- oder Delegiertenversammlung als oberstes Vereinsorgan einzurichten, folgt in diesem Kontext bereits aus den für § 43 a GenG und § 29 VAG maßgebenden Gesichtpunkten. Mit zunehmender personeller Größe des Zusammenschlusses stößt die Durchführung einer Mitgliederversammlung auf praktisch-organisatorische Schwierigkeiten. Die Mitgliederversammlung gewährleistet mit steigender Verbandsgröße immer weniger eine korrekte Widerspiegelung der Mitgliederinteressen. Die nur noch von wenigen Prozent der Mitglieder besuchten Mitgliederversammlungen verlieren mit zunehmender Größe ihre Repräsentativität für den Gesamtverein und gewinnen eher den Charakter von Funktionsversammlungen, kombiniert mit eher zufällig zusammengesetzten lokalen Teilmitgliederversammlungen. Mit steigender Größe und dadurch bedingter geringerer faktischer Einflußmöglichkeit des einzelnen Mitgliedes auf der einen Seite und wachsendem Angebot an Serviceleistungen auf der anderen Seite wird die Identifizierung des Mitglieds mit dem Verein und seine Bereitschaft zum Engagement in den Organen des Vereins geringer; die Konsumentenmentalität tritt in den Vordergrund. Die geringe Teilnahmequote an einer Mitgliederversammlung macht deren Willensbildung zum Zufallsprodukt."

Turner[32] hebt für die Vertreterversammlung der eG hervor:

„Die Erfahrung hat jedoch gezeigt, daß von einer bestimmten Mitgliederzahl an die mittelbare Demokratie einer Vertreterversammlung den Gesamtwillen der Mitglieder oft zuverlässiger widerspiegelt als die unmittelbare Demokratie einer großen Mitgliederversammlung, deren Zusammensetzung und Meinungsbildung vielfach von Zufällen (z.B. Anwesenheit) und Stimmungen abhängt. Das Recht des einzelnen Genossen, an der Selbstverwaltung der Genossenschaft auch durch persönliche Meinungsäußerung in der Generalversammlung mitzuwirken, ist bei einer zu großen Teilnehmerzahl praktisch nicht mehr gewährleistet."

Auch *Reichert* erkennt an, daß Vereine eine Delegiertenversammlung bilden können, wenn hierfür vertretbare Gründe angeführt werden[33]. Die Zahl der Mitglieder muß nur so groß sein, daß eine Mitgliederversammlung nicht mehr abgehalten werden kann, weil eine solche so schwerfällig ist, daß eine Willensbildung unter möglicher Beteiligung aller Mitglieder nur unter erheblichem Aufwand an Zeit und Geld möglich ist, weil Raum- und Verständigungsprobleme entstehen[34].

Die Rechtsprechung folgt den in der Literatur angestellten Überlegungen und hat die Zulässigkeit der Mitgliedervertreterversammlung in einer zur Genossenschaft ergangenen Entscheidung bestätigt[35]:

---

[29] *Staudinger-Coing,* 1980, § 32 BGB Rz 6; ebenso *Erman – Harm Peter Westermann,* 1993, § 32 BGB Rdz. 1.

[30] Vgl. *Säcker,* Probleme der Repräsentation von Großvereinen, 1986, S. 4; für die Zulässigkeit der Repräsentativverfassung bei der Publikumspersonengesellschaft vgl. *Uwe H. Schneider,* ZGR 1978, 26f.

[31] *Säcker,* Probleme der Repräsentation von Großvereinen, 1986, S. 6 f.

[32] *Turner,* 1992, S. 56f; *derselbe,* GmbHR 1993, 396.

[33] *Reichert,* 1999, Rdn. 2783, S. 979.

[34] *Reichert,* 1999, Rdn. 2783, S. 979.

[35] BGH vom 22. 3. 1982, WM 1982, 582.

„Zweck, Aufgabe und Funktion der Vertreterversammlung besteht darin, aus Praktikabilitätsgründen an die Stelle der infolge ihrer großen Mitgliederzahlen zu schwerfälligen und zu einer Willensbildung nur unter erheblichem Aufwand an Zeit und Geld fähigen Generalversammlung zu treten. Sie ist mithin kein Exekutivorgan, bei dem es im Interesse der Handlungsfähigkeit auf Homogenität der Mitglieder ankommen könnte, sondern nur eine verkleinerte Generalversammlung, die ihren Zweck, deren Funktionen anstelle der Gesamtheit der Genossen wahrzunehmen, repräsentativgerecht nur zu erfüllen vermag, wenn sich in ihr die vielfältigen Mitgliederinteressen und Gruppierungen der Genossenschaft möglichst gut widerspiegeln."

Hieraus folgt aber nicht, daß bei der Einführung einer Mitgliedervertreterversammlung keinerlei Grenzen zu beachten wären. So hat schon der Rechtsausschuß des Bundestages bei der Novellierung des Genossenschaftsgesetzes 1973 zum Ausdruck gebracht, daß die statutarische Ersetzung der Mitgliederversammlung durch die Mitgliedervertreterversammlung nicht mit einer völligen Entrechtung der Mitglieder verbunden sein dürfe[36]. Heißt es doch im Bericht des Rechtsausschusses[37]:

„Wenn man schon aus Gründen der besseren Übersichtlichkeit bei großen Genossenschaften von der unmittelbaren zur repräsentativen Demokratie übergeht, so müssen geeignete Vorschriften dafür sorgen, daß mißbräuchliche Ausgestaltungen nach Möglichkeit verhindert werden. (...) Durch diese Vorschriften soll sichergestellt werden, daß die Vertreterversammlung künftig in allen Fällen dem genossenschaftlichen Demokratiegebot entspricht und insbesondere Zustandekommen und Zusammensetzung keinen Anlaß zu Beanstandungen geben."

Säcker[38] ist daher zu folgen, wenn er aus alledem folgenden Schluß zieht:

„Da mit der Mediatisierung der Vereinsmitglieder durch Schaffung einer Delegiertenversammlung als oberstes Vereinsorgan eine Entrechtung der Mitglieder verbunden ist, leiten sich die Grenzen der privatautonomen Gestaltungsbefugnis bereits aus dem Verständnis der Satzungsautonomie als Ausdruck der allgemeinen Privatautonomie ab. Die Vertretung der Mitgliederbasis in Form der Delegiertenversammlung bewegt sich daher nur so lange im Rahmen rechtlich zulässiger privatautonomer Satzungsgestaltung, wie durch diese nicht eine völlige Entrechtung der Mitglieder herbeigeführt wird. Die Mediatisierung der Vereinsmitglieder ist vor dem Hintergrund der Privatautonomie nur zulässig, wenn hierdurch nicht eine Neutralisierung der Vereinsmitglieder bewirkt wird."

III. Die Auseinandersetzung um die Wahlverfahren für die Mitgliedervertreterversammlung

Aufgrund der Entscheidung des Gesetzgebers, den Versicherungsvereinen auf Gegenseitigkeit ein Wahlrecht zwischen Mitgliederversammlung und Mitgliedervertreterversammlung einzuräumen (vgl. § 29 VAG), konzentriert sich die Auseinandersetzung um die Zulässigkeit und die Zweckmäßigkeit von Mitgliederversammlung und Mitgliedervertreterversammlung auf die in Kapitel 6 dargestellten Wahlsysteme für die Wahl der Mitgliedervertreter zur Mitgliedervertreterversammlung.

1. Urwahl

Gegen das Urwahlverfahren wendet *Hax*[39] ein, daß die Teilnahme an den Urwahlverfahren verschwindend gering sei, weil das Mitglied des Versicherungsvereins in der Regel nur an seiner Versicherung interessiert sei und kaum an der Ver-

---

[36] *Säcker*, Probleme der Repräsentation von Großvereinen, 1986, S. 22.

[37] BT-Drucksache VII/659, S. 7.

[38] *Säcker*, Probleme der Repräsentation von Großvereinen, 1986, S. 15.

[39] *Hax*, in: Festschrift für Paul Braeß, 1969, S. 153; ähnlich *v. Wick/Greve*, VerBAV 1993, 294; BAV, GB BAV 1991, 71.

einsverwaltung. Die Wahlvorschläge von Vorstand und Aufsichtsrat würden praktisch immer akzeptiert werden. Letztlich handele es sich um ein verdecktes Kooptationssystem.

Auch *Brunn*[40] hat sich gegen das Urwahlverfahren ausgesprochen und vor allem Kostengesichtspunkte angeführt. Da für den Versicherungsverein wirtschaftliche Gesichtspunkte von hervorragender Bedeutung seien, bestünden erhebliche Bedenken, ob sich die Kosten eines derartigen Wahlverfahrens noch rechtfertigen ließen, zumal wenn die Wahl letztlich dann eine Wahl durch den Wahlausschuß sei und die Wahl durch die Mitglieder eine reine Formalität.

Kritisch ist auch die Einstellung von *Großfeld*[41] zum Urwahlverfahren:

„Die Wahl der Mitgliedervertreter durch die Mitglieder scheint die Repräsentation am besten zu sichern. In der Praxis entstehen aber fast dieselben Probleme wie bei der Mitgliederversammlung. Bei den großen Versicherungsvereinen auf Gegenseitigkeit ist die Wahlbeteiligung gering. Die Wahlergebnisse sind so einerseits zufällig, andererseits können sie beeinflußt werden.

Das Wahlverfahren färbt den Inhalt der Wahlvorschläge. Es ist eine bekannte Tatsache, daß Persönlichkeiten, die kraft Sachkunde und Unabhängigkeit für die Mitgliedervertretung infrage kommen, sich einer Massenwahl nicht stellen wollen. Es ist daher schon schwierig, geeignete Personen zur Mitarbeit zu veranlassen. Eine Nichtwahl gefährdet aber auch die weitere Beziehung zu diesem Mitglied; es könnte die Nichtwahl als Affront verstehen – was sich auf die weitere Verbindung mit ihm nachteilig auswirken kann.

Die Kosten des Urwahlsystems sind beträchtlich, vor allem sind die organisatorischen Vorkehrungen hoch. Das stärkt aber die Stellung der Verwaltung, die über die Beherrschung des technischen Apparates stärkeren Einfluß auf die Wahlvorschläge bekommt. Tatsächlich werden die Weichen durch das Aufstellen der Kandidatenliste gestellt."

Und erst kürzlich wurde von *Klein*[42] betont, daß auch das BAV an praktischen Beispielen erkannt habe, „daß die Urwahl bei den großen VVaG mit hohen Mitgliederzahlen schon aus Kostengründen unzumutbar geworden" sei.

2. Einspruchssystem

Gegen das Einspruchsverfahren hat Thees mit der Begründung Bedenken angemeldet, die Vereinsrechte der Mitglieder würden nicht gewahrt[43]. Zwar könnten die Mitglieder des Versicherungsvereins auf Gegenseitigkeit theoretisch an der Wahl teilnehmen. Diese Möglichkeit reiche aber zur wirklichen Ausübung ihrer Rechte nicht aus. Dazu sei die Mindestzahl der Einspruchsberechtigten meistens zu hoch, so daß es praktisch nur ganz selten zu einem Einspruch komme. Wenn er dennoch zustande komme, habe das lediglich zur Folge, daß von der Verwaltung ein neuer Vorschlag vorgelegt werde.

Dwinger[44] und *Belser*[45] haben gegen diese Bedenken vorgebracht, daß das Einspruchsverfahren dem mangelnden Mitgliedschaftsbewußtsein der Versicherungsnehmer und dem notorischen Desinteresse der Vereinsmitglieder Rechnung trage[46]. Das Einspruchsverfahren lasse immerhin solchen Mitgliedern des Versi-

[40] *Brunn*, 1973, S. 98f.
[41] *Großfeld*, Versicherungsverein, 1985, S. 59.
[42] *Klein*, VW 1993, 686.
[43] *Thees*, VW 1949, 172.
[44] *Dwinger*, 1971, S. 91, 92.
[45] *Belser*, 1975, S. 165, 166.
[46] Siehe *Holmsen*, Mutualité 1971, 46ff, zu der Frage, welche Möglichkeiten bestehen, die Mitglieder zu aktivieren.

cherungsvereins auf Gegenseitigkeit, die ein gewisses Interesse an Vereinsangelegenheiten zeigen und eigene Kandidaten aufstellen bzw. gegen die vorgeschlagenen Kandidaten Einspruch erheben wollen, die Möglichkeit offen, ihre Wünsche oder Einwände geltend zu machen[47].

Für *Hax*[48] gelten gegenüber dem Einspruchssystem die Bedenken, die er schon gegen das Urwahlverfahren geäußert hat. Im Ergebnis ist für ihn das Einspruchssystem nur ein verdecktes Kooptationssystem.

Auch *Großfeld*[49] steht dem Einspruchssystem kritisch gegenüber:

„Das Einspruchssystem unterscheidet sich vom Urwahlsystem dadurch, daß die aus Desinteresse nicht abgegebenen Stimmen als Zustimmung gewertet werden. Die „demokratische Legitimation" wird also durch eine Fiktion hergestellt. Das Verfahren nach wirksamen Einspruch ist unterschiedlich. Manchmal ist der Wahlausschuß nur verpflichtet, einen abgeänderten Vorschlag vorzulegen, manchmal muß der Einspruch von einem eigenen Vorschlag begleitet sein. Im allgemeinen kommt es aber schließlich zu einer Urwahl mit all ihren Schwierigkeiten.

Das Einspruchssystem wird mitunter als dem Urwahlsystem überlegen bezeichnet. Es fehlen jedoch nicht kritische Stimmen. Eine nähere Betrachtung zeigt, daß das Einspruchssystem mit ähnlichen Schwierigkeiten zu kämpfen hat wie das Urwahlsystem, diese indes verdeckt werden. Im Ergebnis besteht kein Unterschied zum Urwahlsystem.

Aber auch theoretisch ist die demokratische Legitimatation nicht höher als beim Urwahlsystem. Sie wird ja dadurch begründet, daß die nicht abgegebenen Stimmen als Zustimmung gewertet werden. Dafür aber liegen keine tatsächlichen Anhaltspunkte vor. Es ist für ein einzelnes Mitglied kaum möglich, die erforderliche Zahl der Widersprüche zusammenzubringen. Es kommt fast nie zu einem voll wirksamen Einspruch.

Das Gesetz stellt dem Mitglied dazu kein besonderes Verfahren zur Verfügung; eine Mitwirkungshilfe durch den Versicherungsverein auf Gegenseitigkeit sieht das Gesetz nicht vor. Zudem ist der Einfluß des einzelnen Mitgliedes im allgemeinen zu marginal, der persönliche Anreiz zu gering, um Mühe und Kosten einer „Großaktion" zu tragen – und noch dazu in den Geruch eines „Wichtigtuers" zu geraten.

Das kann man nicht dadurch beseitigen, daß man die Zahl der für den Widerspruch notwendigen Mitglieder deutlich herabsetzt. Denn damit würde man einer – bezogen auf das Ganze – kleinen Gruppe einen großen Einfluß einräumen, was mit demokratischen Prinzipien unvereinbar ist. Das Unternehmen würde Zufälligkeiten ausgeliefert, ohne daß sich die Repräsentation verbesserte. Die Verwaltung erhielte namentlich die Möglichkeit, Widersprüche anzuregen, um so dem Einfluß eines von ihr unabhängigen Wahlausschusses entgegenzuwirken."

3. Kooptationsverfahren

a) Sicht des Gesetzgebers. Das Kooptationsverfahren wurde schon vor der Verabschiedung des Versicherungsaufsichtsgesetzes im Jahre 1901 praktiziert und war dem Gesetzgeber bekannt. Er entschied sich dafür, an dieser Praxis nichts zu ändern. Die Motive zum Versicherungsaufsichtsgesetz bestätigen dies. Heißt es doch dort[50]:

„Die älteren Satzungen haben überhaupt keine Generalversammlung, sondern übertragen deren Befugnisse einem Vertretungsorgan unter den verschiedensten Namen (Bankausschuß, Bankvorstand u. dergl.), dessen Mitglieder entweder ein- für allemal mit dem Rechte der Kooptation durch die Satzung ernannt sind oder durch die Versicherten oder gewisse Gruppen derselben gewählt werden, so daß den Vereinsmitgliedern als solchen weitere Rechte als dies Wahlrecht nicht zustehen. Es empfiehlt sich, diese verschiedenartigen Bildungen auch künftig zu gestatten."

---

[47] *Dwinger,* 1971, S. 91, 92.
[48] *Hax,* in: Festschrift für Paul Braeß, 1969, S. 153.
[49] *Großfeld,* Versicherungsverein, 1985, S. 60, 61.
[50] Motive zum VAG, S. 42.

Zutreffend wird hieraus geschlossen, daß der damalige Gesetzgeber die Kooptation als zulässig angesehen haben muß[51].

In der Folgezeit bis heute hat der Gesetzgeber das Kooptationsverfahren im Rahmen jeder Änderung des Versicherungsaufsichtsgesetzes nicht angetastet und seine Zulässigkeit damit mittelbar bestätigt[52]. Er hat andererseits aber davon abgesehen, das Kooptationsverfahren ausdrücklich gesetzlich zuzulassen und entsprechende Vorschläge nicht beachtet[53].

b) Haltung der Aufsichtsbehörde. Nach dem zweiten Weltkrieg äußerte das Zonenamt für die Britische Zone in Hamburg Bedenken gegen eine Beibehaltung des Kooptationssystems, da bei diesem System eine Beeinflussung der Wahl durch die Organe des Versicherungsvereins und eine einseitige Besetzung vorkommen könne[54]. Der vom Zonenamt errichtete besondere Ausschuß schlug deshalb Anfang 1949 vor, das Kooptationsverfahren bei Neugründungen nicht mehr zuzulassen[55]. Der Vorschlag wurde nicht umgesetzt.

Das Bundesaufsichtsamt erhob dagegen keine Einwendungen gegen das Kooptationsverfahren[56].

c) Kritische Stimmen. *Thees* und *Ewerling*[57] beanstanden das Kooptationsverfahren mit der Begründung, daß damit das demokratische Recht der Mitglieder auf persönliche Mitwirkung beim Zustandekommen des Vereinswillens beseitigt werde; die Kooptation sei mit dem Vereinscharakter des Versicherungsvereins auf Gegenseitigkeit auf keinen Fall vereinbar.

Diese Kritik hat eine gewisse Aktualität durch die Diskussion bei den Genossenschaften gewonnen. Für *Steding*[58] gehört die Demokratie „immanent zur genossenschaftlichen Rechtsform".

Dwinger[59] hebt hervor, daß an dem Prinzip der Kooptation der Makel hafte, daß die Masse der Mitglieder eines Versicherungsvereins auf Gegenseitigkeit von der Teilnahme an der Verwaltung des Vereins, mag sie auch nur eine indirekte sein, dauernd ausgeschlossen werde.

Spinnarke geht noch weiter und hält das tatsächliche Funktionieren des obersten Organs, weil das Kooptationsverfahren die Möglichkeit der Berufung sachkundiger Mitgliedervertreter biete, nicht für einen ausreichenden Rechtfertigungsgrund für das Kooptationsverfahren[60].

Hauth hält das Kooptationsverfahren gar für rechtwidrig[61]. Die entsprechende Satzungsbestimmung entziehe den Vereinsmitgliedern mit dem Stimmrecht ein wesentliches, dem Kernbereich zugehöriges Verwaltungsrecht, das ihnen ord-

---

[51] Vgl. *Großfeld,* Versicherungsverein, 1985, S. 68.
[52] Ähnlich *Lorenz,* ZVersWiss 1988, 673.
[53] Siehe den Vorschlag der Redaktion der ZfV 1954, 238.
[54] VW 1948, 240.
[55] VW 1950, 460.
[56] GB BAV 1954/55, 35; VerBAV 1962, 1, 18.
[57] *Thees,* VW 1949, 172; *Ewerling,* Fragen der Selbstverwaltung in der Privatversicherung, in: Versicherungswissenschaft, Versicherungspraxis und Versicherungsmedizin – Deutsche Versicherungszeitschrift, 1950, S. 12, 14; für die eG: *Zier,* 1968, S. 181.
[58] *Steding,* BB 1992, 938.
[59] *Dwinger,* 1971, S. 105.
[60] *Spinnarke,* 1972, S. 27; a. A. *Brenzel,* S. 44; *Brunn,* S. 103.
[61] *Hauth,* 1984, S. 87.

nungsrechtlich kraft ihrer Stellung als Mitglieder eines Unternehmensträgers zukomme und ihnen aus der Ordnungsfunktion des Eigentums zuwachse[62]. Dadurch sei die Körperschaft als Institution beeinträchtigt und könne nicht mehr als von ihren Mitgliedern getragener Verband angesehen werden[63].

In jüngster Zeit hat sich *Reichert* ablehnend zum Kooptationssystem geäußert[64]:

> „Ein großer Versicherungsverein auf Gegenseitigkeit hat seit Jahrzehnten die Mitglieder nicht an der Wahl von Delegierten beteiligt. Den Delegierten ist nach der Satzung das ständige Recht der Kooptation eingeräumt. Dies ist unzulässig, weil es Mindestanforderungen widerspricht, die an den insoweit geltenden Grundsatz innerverbandlicher Demokratie zu stellen sind (vgl. auch OLG Frankfurt WM 1985, 1466/1470). Gegen eine Kooptation bei vorzeitigem Ausscheiden aus dem Amt können Einwendungen nicht erhoben werden."

Die überwiegende Mehrheit im Schrifttum folgt indessen dieser Auffassung nicht.

IV. Die Zulässigkeit des Kooptationsverfahrens

Im überwiegenden Teil des Schrifttums wird das Kooptationsverfahren als rechtlich zulässig angesehen[65]. Das Kooptationsverfahren sei ehrlicher als die verschiedenen Formen des Urwahlsystems, die im Grunde nichts anderes darstellten als ein verdecktes Kooptationssystem[66]. Die Zulässigkeit und Zweckmäßigkeit des Kooptationsverfahrens ergibt sich aus nachstehenden Gründen.

1. Ausgangslage

Der Gesetzgeber hat im VAG das Gesellschaftsrecht des Versicherungsvereins auf Gegenseitigkeit nicht abschließend geregelt. Er hat insbesondere die Bildung der Mitgliedervertreterversammlung gesetzlich nicht näher beschrieben und die Ordnung der Wahlen zur Mitgliederversammlung und zur Mitgliedervertreterversammlung dem Satzungsrecht überlassen.

Die gesetzliche Lücke und deren Ausfüllung durch Satzungsrecht hat allerdings nicht zur Konsequenz, daß die Versicherungsvereine die Wahlordnungen im Rahmen ihrer Satzungsautonomie frei aufstellen können. Sie haben vielmehr bei ihrer Satzungstätigkeit das Vereinsrecht und die hierin enthaltenen allgemeinen Prinzipien zu berücksichtigen[67]. Auch die Aufsichtsbehörde achtet bei der Genehmigung der Satzung hierauf.

2. Anwendbarkeit vereinsrechtlicher Vorschriften

Zur Klärung der Frage der Zulässigkeit des Kooptationsverfahrens kann auf Vereinsvorschriften unmittelbar nicht zurückgegriffen werden.

---

[62] *Hauth,* 1984, S. 87, 143.

[63] *Hauth,* 1984, S. 115.

[64] *Reichert,* 1999, Rdn. 2789, S. 982.

[65] Statt vieler *Meyer-Blücher,* 1955, S. 110f; *Ludwig Raiser,* ZVersWiss 54 (1965), 480; *Franz Büchner,* ZVersWiss 54 (1965), 449; *Zier,* 1968, S. 181; *Großfeld,* Versicherungsverein, 1985, S. 87; *Baumann,* Versicherungsverein, 1986, S. 28; *v. Wick/Greve,* VerBAV 1993, 290; *Müller-Wiedenhorn,* 1993, S. 52; *Harro Frels,* in: Grundlagen des Versicherungsvereins auf Gegenseitigkeit, 1995, S. 130, 138.

[66] *Hax,* in: Festschrift für Paul Braeß, 1969, S. 153; *Gerrit Winter,* in: Festschrift für Reimer Schmidt, 1976, S. 133; *Lorenz,* ZVersWiss 75 (1986), 304.

[67] Siehe dazu *Gerrit Winter,* in: Festschrift für Reimer Schmidt, 1976, S. 127.

Aus § 40 BGB kann lediglich abgeleitet werden, daß die Satzung erhebliche Beschränkungen der Befugnisse der Mitglieder enthalten kann[68]. Als zulässige Beschränkung wird bei Vereinen mit großer Mitgliederzahl die mit der Einführung der Mitgliedervertreterversammlung verbundene Abschaffung des Stimmrechts und die Beschränkung der Rechte der Vereinsmitglieder auf das Wahlrecht für die Mitgliedervertreterversammlung angesehen[69]. Damit stellt sich die Frage, ob das Kooptationsverfahren mit den Grundprinzipien des Vereinsrechts im Einklang steht, wenn mit der Kooptation den Mitgliedern nicht nur das Stimmrecht, sondern auch das Wahlrecht genommen wird.

3. Vereinbarkeit mit den Grundprinzipien des Vereinsrechts

Zu den Grundprinzipien des Verbandsrechts gehört das Selbstverwaltungsrecht der Mitglieder[70]. Die Geltung dieses Prinzips für den Versicherungsverein auf Gegenseitigkeit ist uneingeschränkt anerkannt[71]. Von daher stellt sich die Frage, ob eine Kooptation überhaupt zulässig ist, „wenn die Mitgliedschaft aufgrund des Selbstverwaltungsprinzips mit gewissen Verwaltungsrechten, damit möglicherweise auch mit dem Wahlrecht, untrennbar verbunden ist, die Kooptation diese Rechte aber beseitigt“, wie es *Renate Neumann*[72] formuliert.

Welche Selbstverwaltungsrechte mit der Mitgliedschaft untrennbar verbunden sind sowie der Inhalt und der Umfang der Selbstverwaltungsrechte der Mitglieder eines Versicherungsvereins wird im Sinne einer umfassenden Beschreibung des unantastbaren Kernbereichs im Schrifttum jedoch nicht behandelt. Es wird vielmehr mit „vielen Zweckmäßigkeitsüberlegungen, die allerdings teilweise als Argumente zur Rechtmäßigkeit hingestellt werden“, die Kooptation befürwortet[73]. Mit diesen Erwägungen soll im Ergebnis gerechtfertigt werden, daß weder das Stimmrecht noch das Wahlrecht, die bei der Kooptation den Mitgliedern nicht zustehen, zu den unentziehbaren Kernrechten der Vereinsmitglieder rechnen.

a) Unübertragbarkeit des Demokratieprinzips. Einvernehmen besteht heute darüber, daß das Selbstverwaltungsrecht der Vereinsmitglieder nicht zwingend den Prinzipien der staatlichen Demokratie entsprechen muß.

So sieht *Ludwig Raiser*[74] keinen zwingenden Grund dafür, „das demokratische Prinzip der Volkswahl aus dem politischen auch in den gesellschaftlichen oder wirtschaftlichen Bereich als einziges Leitmotiv für die Bestellung der Repräsentanten der Mitglieder eines großen Personenverbandes zu übernehmen“. Das im Grundgesetz für die politische Lebensform unseres Gemeinwesens anerkannte

---

[68] *Gerrit Winter,* in: Festschrift für Reimer Schmidt, 1976, S. 128.

[69] Vgl. *Soergel/Schultze–v. Lasaulx,* Bürgerliches Gesetzbuch, Band 1, Allgemeiner Teil, 10. Auflage, Stuttgart-Berlin-Köln-Mainz, 1967, § 32 Bem. 3; *Staudinger/Coing,* Kommentar zum Bürgerlichen Gesetzbuch, Band 1, Allgemeiner Teil, 11. Auflage, Berlin, 1957, § 32 Anm. 5; *Gerrit Winter,* in: Festschrift für Reimer Schmidt, 1976, S. 125, 128.

[70] Vgl. *Gerrit Winter,* in: Festschrift für Reimer Schmidt, 1976, S. 127.

[71] Vgl. *Gerrit Winter,* in: Festschrift für Reimer Schmidt, 1976, S. 127.

[72] *Renate Neumann,* 1982, S. 56.

[73] *Renate Neumann,* 1982, S. 61.

[74] *Ludwig Raiser,* ZVersWiss 54 (1965), 478; ebenso *Ullrich,* 1951, S. 59; *Brenzel,* Versicherungsverein, 1975, S. 43; *Gerrit Winter,* in: Festschrift für Reimer Schmidt, 1976, S. 129.

„demokratische Prinzip“ bilde keinen zwingenden Rechtssatz unseres Vereinsrechts[75].

Auch *Renate Neumann*[76] steht auf dem Standpunkt, daß „weder das staatsverfassungsrechtliche Demokratiegebot selbst noch das damit verbundene Demokratieverständnis“ sich „ohne weiteres auf nicht staatliche, der Privatrechtsordnung unterliegende Organisationsformen übertragen“ lassen. Eine „Mitgliederherrschaft“ müsse sich nicht in derselben Weise wie eine „Volksherrschaft“ verwirklichen[77].

Großfeld[78] vertritt ebenfalls die Auffassung, daß es im Verbandsrecht kein allgemeines Demokratieerfordernis gebe. Entscheidend sei allein, daß „die Authentizität der vom Verband wahrgenommenen Interessen“ gesichert sei[79]. Das allein sei „der Maßstab der Rechtmäßigkeit“[80]. Und sagt ausdrücklich weiter[81]: „Es geht nicht um die Idee kollektiver Grundrechtsausübung, sondern um eine sachgerechte Zweckverfolgung, um eine angemessene Verbandsorganisation“. Das Kooptationssystem biete sich, so *Großfeld*[82], an, „um im Versicherungsverein auf Gegenseitigkeit Mitgliederinteressen zur Geltung zu bringen und eine Überwältigung des Vereins durch die Verwaltung und die Arbeitnehmer zu verhindern“.

Die herrschende Meinung findet Zustimmung. Das Verbandsrecht kennt keinen Grundsatz des Inhalts, daß die Verbandsorganisation den Prinzipien der staatlichen Demokratie entsprechen muß[83]. Nur ist damit noch nicht die Frage beantwortet, ob das Stimmrecht und das Wahlrecht zu den unentziehbaren Rechten der Vereinsmitglieder gehören.

b) Sachkundige Repräsentation. Die Wahrung des Selbstverwaltungsrechts der Vereinsmitglieder im Falle der Mitgliedervertreterversammlung mit Kooptationsverfahren wird heute überwiegend mit der Begründung bejaht, daß die Mitgliedervertreterversammlung die geeignete Institution sei, um die Selbstverwaltungsrechte der Mitglieder wahrzunehmen.

So sieht es *Ludwig Raiser*[84] als Vorzug des Kooptationsverfahrens an, daß „wirtschaftlich erfahrene“ und „urteilsfähige Männer“ berufen werden können. Die Bestellung solcher qualifizierter Personen, die zugleich eine „Visitenkarte“ des Versicherungsvereins und ein „Werbemittel“ sei, würden die Versicherungsvereine, die untereinander „in scharfen Wettbewerb“ stünden, schon in ihrem eigenen Interesse anstreben. Aufgrund ihrer Fachkenntnisse und Erfahrung würden solche Personen auch fähig sein, dem Vorstand und dem Aufsichtsrat gegenüber die Interessen der Mitglieder wahrzunehmen.

---

[75] *Ludwig Raiser*, ZVersWiss 54 (1965), 478.
[76] *Renate Neumann*, 1982, S. 56.
[77] *Renate Neumann*, 1982, S. 56.
[78] *Großfeld*, Versicherungsverein, 1985, S. 74; ähnlich *Mohr*, Mitgliedervertreter, 1986, S. 36.
[79] *Großfeld*, Versicherungsverein, 1985, S. 74.
[80] *Großfeld*, Versicherungsverein, 1985, S. 74.
[81] *Großfeld*, Versicherungsverein, 1985, S. 74.
[82] *Großfeld*, Versicherungsverein, 1985, S. 68.
[83] Vgl. hierzu *Uwe H. Schneider*, in: Festschrift für Robert Fischer, 1979, S. 734ff; ähnlich *Nicklisch*, in: Festschrift für Gerhard Schiedermair, 1976, S. 459, 473ff; *Bünge*, Gesellschafterklagen gegen Maßnahmen der Geschäftsführer in der GmbH, 1994, S. 2f.
[84] *Ludwig Raiser*, ZVersWiss 54 (1965), 479.

Seine Auffassung hat *Ludwig Raiser*[85] später noch einmal wie folgt unterstrichen:

„Da sie (die Mitgliedervertretungen) auf kontinuierliche Arbeit in einem übersehbaren Kreis angelegt sind, in dem Sachkunde erworben und zur Geltung gebracht werden kann, vermögen sie die Kontrolle ungleich wirksamer auszuüben als jede Hauptversammlung einer Publikums-AG."

Hax[86] hat sich mit der Begründung für das Kooptationsverfahren ausgesprochen, daß es eine sorgfältige Auswahl sichere, die dann einen wirklich repräsentativen Querschnitt des gesamten Mitgliederkreises darstelle.

Aus der Sicht von *Helmut Ullmann*[87] bietet das Kooptationsverfahren „die beste Gewähr dafür, daß eine handlungsfähige Vertretung von einigermaßen sachkundigen Mitgliedern entstehen kann".

Und *Loewenstein*[88] rühmt, daß die Rationalität des Verfahrens es mit sich bringe, „daß die Kooptation als sachbezogene Auswahltechnik einer pluralistischen Wahl, bei der in der Regel unberechenbare Faktoren den Ausschlag bestimmen, weit vorzuziehen ist ... Bei der Zuwahl dagegen sind Fehlentscheidungen weit seltener, weil ihr eine sachverständige Eignungsprüfung vorangegangen ist."

Auch *Großfeld*[89] sieht eine funktionsfähige Aufgabenwahrnehmung und Repräsentation der Mitgliederinteressen bei Versicherungsvereinen auf Gegenseitigkeit mit Kooptationsverfahren als gewährleistet an. Er führt hierzu u.a. an[90]:

„Angesichts der tatsächlichen Verhältnisse bei Urwahl- und Einspruchssystemen ist jedoch die Repräsentation der Mitgliederinteressen beim Kooptationssystem mindestens so stark wie beim Urwahl- und Einspruchssystem.

Beim Kooptationssystem bleibt die Zusammensetzung des Gremiums nicht dem Zufall überlassen, es besteht die Möglichkeit, interessierte und befähigte Persönlichkeiten zu gewinnen, ohne daß diese einen öffentlichen Gesichtsverlust befürchten müssen. Es ist auch leicht, die Mitgliedervertretung so zusammenzusetzen, daß sie die Gesamtmitgliedschaft widerspiegelt. Es entsteht eine homogene Gruppe, die von der Verwaltung nur schwer oder kaum aufzuspalten ist; die Kontinuität macht es möglich, sich in die Aufgaben einzuarbeiten. Das sorgt im Ganzen für eine qualitativ gute Repräsentation. Die Mitgliedervertreter stehen auch voll in der Verantwortung. Sie können sich nicht auf die – vom Wahlausschuß abhängige – zufällige Zusammensetzung der Mitgliedervertretung berufen.

Das Kooptationssystem bietet Gewähr für eine von der Verwaltung unabhängige Mitgliedervertretung. Eine Wahlbeeinflussung ist kaum möglich – (vom Einfluß auf die Kandidatenliste zunächst einmal abgesehen, ...)."

Farny[91] hat sich dieser Bewertung des Kooptationsverfahrens mit dem Bemerken angeschlossen, daß dessen „rechtliche Zulässigkeit nicht mehr bestritten" sei.

Aus der Sicht der Praxis ist nicht zu bezweifeln, daß die im Wege der Kooptation gebildete Mitgliedervertreterversammlung ein Gremium ist, in dem die Mitglieder und ihre Interessen im Rahmen der gesetzlichen Möglichkeiten vertreten werden können. Damit ist aber nur eine Aussage zur Praktikablität und Zweck-

---

[85] *Ludwig Raiser,* VW 1977, 1280f.
[86] *Hax,* in: Festschrift für Paul Braeß, 1969, S. 153.
[87] *Helmut Ullmann,* VW 1969, 99; ebenso *Kalwar,* Mutualité 1984/2, 92.
[88] *Loewenstein,* 1973, S. 190.
[89] *Großfeld,* Versicherungsverein, 1985, S. 61; ebenso *Mohr,* Mitgliedervertreter, 1986, S. 35.
[90] *Großfeld,* Versicherungsverein, 1985, S. 61.
[91] *Farny,* Versicherungsbetriebslehre, 2000, S. 197.

mäßigkeit getroffen, nicht aber zur rechtlichen Zulässigkeit der Entziehung des Stimm- und Wahlrechts und der Vereinbarkeit mit dem Selbstverwaltungsrecht der Mitglieder. Denn bei *Renate Neumann*[92] ist zu lesen:

„Die Legitimation eines Vertreterorgans kann für die Frage nach der Vereinbarkeit einer Selbstergänzung der Vertreterversammlung mit dem Gebot demokratischer Selbstverwaltung demnach nur dann von Bedeutung sein, wenn sie (die Legitimation) Ausdruck einer von allen Mitgliedern praktizierten Selbstverwaltung ist. Das ist aber nicht der Fall. Das Beispiel eines Mitgliedes, das erst nach Beseitigung des Wahlrechtes in die Genossenschaft eintritt, verdeutlicht diese Aussage: An dem entscheidenden Beschluß konnte jener Genossenschafter mangels Mitgliedschaft nicht teilnehmen; nach seinem Eintritt hat er keine Gelegenheit mehr, sein Selbstverwaltungsrecht aktiv auszuüben, um die Entscheidung zu bestätigen oder zu revidieren. Dennoch hat er durch den Erwerb der Mitgliedschaft den geltenden Bestellungsmodus und damit die Repräsentationsbefugnis des fraglichen Organs anerkannt.

Möglicherweise könnte aber in dieser im Beitritt enthaltenen Anerkennung das einmalige, dauerhafte Gebrauchmachen vom Recht zur Selbstverwaltung gesehen werden. Dies hieße jedoch ein Recht entwerten, bevor auch nur Gelegenheit gegeben wurde, es gestaltend auszuüben. Genossenschaftliche Selbstverwaltung kann demnach nicht allein in der Legitimation etwaiger Repräsentativorgane zu suchen sein. Sie verlangt vielmehr – und dies gilt nicht nur für die Bestellung der Vertreterversammlung – nach einer rechtlichen Organisation, die den Mitgliedern die ständige Möglichkeit zu einem echten Zusammenwirken eröffnet, ihnen also ihre Eigenschaft als Basis der Willensbildung in der Gesellschaft beläßt. Nur hierdurch kann sich die „genossenschaftlich verwaltende" Mitgliedschaft von einer als bloßes Vermögensrecht ausgestalteten Mitgliedschaft unterscheiden."

Nun bedeutet für *Renate Neumann*[93] „Basis der Willensbildung" nicht die Gleichstellung mit „Wahlbefugnis zu sämtlichen Organen". „Basis der Willensbildung" bedeutet, so *Renate Neumann*[94], „daß den Mitgliedern ein unentziehbarer Kern an Recht zur Willensbildung zusteht". In Anwendung dieses Rechtsgrundsatzes, den sie zutreffend aus dem Prinzip des Selbstverwaltungsrechts ableitet, gelangt *Renate Neumann*[95] zu dem Ergebnis, daß die Kooptation nicht „aus sich selbst heraus das notwendige Maß an Willensbildungsrechten" gewähre. Das Selbstverwaltungsrecht der Mitglieder sei nur dann in seiner Substanz unberührt, wenn die folgenden Bedingungen erfüllt seien[96]:

„Die Genossenschafter müssen die rechtliche Befugnis behalten, unmittelbar oder mittelbar durch ein von ihnen gewähltes oder nach den hier erarbeiteten Kriterien beeinflußtes Organ jederzeit über den Verbleib der kooptierten Organträger im Amt sowie über die Fortsetzung der Kooptation als Bestellungsmodus zu entscheiden. Nur unter dieser und der weiteren Voraussetzung, daß die maßgebliche Vollversammlung der Mitglieder durch eine Minderheit einberufen werden kann (ein faktischer Rechtsverlust wäre sonst die Folge), reduziert sich das Selbstverwaltungsrecht der Genossenschafter bei der Selbstergänzung eines Organs nicht auf bloß formale oder faktisch bedeutungslose Befugnisse.

Nicht ausreichend wäre hingegen allein das Recht, Kandidatenvorschläge zur Kooptation zu unterbreiten (zumal die engagierte Ausübung einer solchen Kompetenz zweifelhaft erscheint), Anträge zur Beschlußfassung kooptierter Organe zu stellen (soweit dies zulässig ist) und/oder Auskunft in Vereinsangeleigenheiten zu fordern. Auch hierdurch verblieben den Genossenschaftern zwar geringe Verwaltungsrechte, sie wären jedoch auf eine freiwillige oder faktisch erzwungene Berücksichtigung ihrer Vorschläge angewiesen, in rechtlich gesicherter Weise könnten sie an der Verwaltung ihrer Genossenschaft nicht teilnehmen. Sie fänden sich in der Position eines Geknebelten, der zwar versuchen kann sich zu artikulieren, aber nur zu verstehen ist, wenn ihm freiwillig der Knebel entfernt wird. Hier kann auch ein etwaiges Recht zur Anfechtung

[92] *Renate Neumann,* 1982, S. 58f.
[93] *Renate Neumann,* 1982, S. 59
[94] *Renate Neumann,* 1982, S. 59.
[95] *Renate Neumann,* 1982, S. 60.
[96] *Renate Neumann,* 1982, S. 60f.

rechtswidriger Generalversammlungsbeschlüsse keine Abhilfe schaffen, denn nur in den seltensten Fällen wird die Unzufriedenheit der Mitglieder auf einen gegen Gesetz oder Statut verstoßenden Beschluß zurückzuführen sein.

Entgegen einer im Schrifttum geäußerten Ansicht ist es somit nicht nur möglich, sondern auch erforderlich, ein ‚unerläßliches Minimum (an Verwaltungsrechten der Mitglieder) zu kennzeichnen'."

Die Sicherstellung eines Minimums an Verwaltungsrechten mit dem Ziel, ein Minimum an Stimm- und Wahlrechten den Vereinsmitgliedern zu erhalten[97], ist in der Satzungswirklichkeit der Versicherungsvereine auf Gegenseitigkeit erreicht. Denn Satzungen sehen vor, daß eine bestimmte Zahl von Mitgliedern Anträge einbringen und durch einen Vertreter begründen lassen kann[98].

4. Einschränkung des Selbstverwaltungsrechts

Im Laufe der Jahrzehnte hat sich das Kooptationssystem und damit der Entzug des Stimm- und Wahlrechts der Vereinsmitglieder im Satzungsrecht der Versicherungsvereine auf Gegenseitigkeit verfestigt. Aufgrund der ständigen Genehmigungspraxis der Aufsichtsbehörde ist es unangefochtenes gültiges Satzungsgewohnheitsrecht fast aller großen Versicherungsvereine auf Gegenseitigkeit[99]. Von daher ist festzustellen, daß das Kooptationsverfahren beim Versicherungsverein auf Gegenseitigkeit inzwischen typusbestimmend und damit zulässig ist. Hierzu hat sicher beigetragen, daß die Zweckmäßigkeit des Kooptationsverfahrens in der Praxis unbestritten ist. Schon *Ludwig Raiser*[100] wollte „Gesichtspunkten nüchterner Zweckmäßigkeit" Raum geben und verwies auf die hohen Kosten der Urwahl und das mangelnde Interesse der Wähler. *Brunn*[101] hebt hervor, daß gegenüber dem Urwahlsystem mit seinen hohen Kosten das Kooptationsverfahren organisatorisch einfacher und billiger sei.

Die Entwicklung hin zur Einschränkung des Selbstverwaltungsrechts der Vereinsmitglieder ist sicherlich auch dadurch begünstigt worden, daß die Aufsichtsbehörde wegen ihrer Genehmigungsbefugnis bei Satzungsänderungen und im Rahmen der laufenden Aufsicht etwaigen Mißständen entgegentreten kann[102]. Insoweit darf nicht unberücksichtigt bleiben, daß die Vereinsmitglieder aufgrund ihrer Stellung als Versicherungsnehmer über eine Beschwerde an die Aufsichtsbehörde auch auf die Satzung mittelbaren Einfluß nehmen können. Ein Anlaß, an der bestehenden gesetzlichen Regelung etwas zu ändern, besteht nach alledem nicht[103], zumal das System kritikfrei und ohne Reibungen funktioniert.

---

[97] Vgl. auch *Nicklisch,* in: Festschrift für Gerhard Schiedermair, 1976, S. 459, 474.

[98] Siehe hierzu Kapitel 10 VI 3 b) cc).

[99] Vgl. *Ludwig Raiser,* ZVersWiss 54 (1965), 471; zum Vereinsgewohnheitsrecht vgl. *Dieter Reuter,* ZHR 148 (1984), 523, 550ff.

[100] *Ludwig Raiser,* ZVersWiss 54 (1965), 478.

[101] *Brunn,* 1973, S. 99, 103; ähnlich *Gerrit Winter,* in Festschrift für Reimer Schmidt, 1976, S. 131f; *Renate Neumann,* 1982, S. 61; *Lorenz,* ZVersWiss 75 (1986), 304.

[102] Vgl. hierzu *Reimer Schmidt,* VersR 1954, 441, 442; *Ludwig Raiser,* ZVersWiss 54 (1965), 480, 484; *Baumann,* Versicherungsverein, 1986, S. 28.

[103] Ebenso *Harro Frels,* Mutualité 1/1966, 27.

Dritter Abschnitt
Die Entstehung des Versicherungsvereins auf Gegenseitigkeit

Kapitel 8
Die Gründung des Versicherungsvereins auf Gegenseitigkeit

I. Entstehung durch Neugründung

Der Versicherungsverein auf Gegenseitigkeit entsteht nur durch Gründung. Der Gesetzgeber hat nicht vorgesehen, daß der Versicherungsverein auf Gegenseitigkeit durch Umwandlung entstehen kann[1].

Die Gründung des Versicherungsvereins auf Gegenseitigkeit vollzieht sich in drei Stadien: das Vorgründungsstadium, das Gründungsstadium und die fertige Gesellschaft[2]. Vor der Errichtung des Versicherungsvereins auf Gegenseitigkeit kann unter den Gründern nur eine Vorgründungsgesellschaft bestehen; von der Errichtung bis zur Eintragung handelt es sich um eine Vorgesellschaft; aus dieser wird unter Wahrung ihrer Identität sodann der fertige Versicherungsverein auf Gegenseitigkeit[3].

II. Der Ablauf der Gründung

1. Feststellung der Satzung durch die Gründungsmitglieder

a) Form. Die Gründung des Versicherungsvereins auf Gegenseitigkeit beginnt mit der Feststellung der Satzung durch die Gründungsmitglieder. Für die Feststellung der Satzung schreibt das Gesetz die notarielle Form vor (§ 17 Abs. 2 VAG).

b) Anzahl der Gründer. Durch wieviele Gründungsmitglieder die Satzung festzustellen ist, ist dem VAG nicht zu entnehmen. Kraft gesetzlicher Verweisung sind die Vorschriften des Bürgerlichen Gesetzbuches nicht unmittelbar anwendbar. Hieraus kann man aber nicht schließen, daß eine bestimmte Gründermindestzahl, wie z.B. bei eingetragenen Vereinen und Aktiengesellschaften, nicht erforderlich sei[4] und eine „beliebige Vielzahl von natürlichen oder juristischen Personen" ausreiche[5].

Die Lücke in den Gründungsvorschriften für den Versicherungsverein auf Gegenseitigkeit ist wegen seiner Vereinseigenschaft und der fehlenden Verweisun-

[1] Anders bei der AG, vgl. *Karsten Schmidt,* Gesellschaftsrecht, 1997, § 27 I, S. 790.
[2] So wörtlich für die AG *Karsten Schmidt,* Gesellschaftsrecht, 1997, § 27 II 2, S. 793.
[3] So wörtlich für die AG *Karsten Schmidt,* Gesellschaftsrecht, 1997, § 27 II 2, S. 793.
[4] So aber *Wörner,* Versicherungsverein, 1904, S. 33; *Holthöfer,* 1906, S. 21; *Kisch,* Versicherungsverein, 1951, S. 51.
[5] So aber *Curt Schmidt,* 1922, S. 23; *Bannier,* 1936, S. 44.

gen auf Vorschriften des Aktiengesetzes nicht durch Rückgriff auf die Gründungsvorschriften des Aktiengesetzes zu schließen. Anzuwenden ist vielmehr das für die Vereine geltende Gründungsrecht des Bürgerlichen Gesetzbuches. Denn das Vereinsrecht regelt die „Grundstrukturen der Körperschaften“[6].

Das Vereinsrecht läßt für die Gründung eines nichtrechtsfähigen Vereins zwei Personen genügen (§ 54 Satz 1 BGB, § 705 BGB). Diese Gründungsvorschriften sind auf den Versicherungsverein auf Gegenseitigkeit nicht anwendbar. Denn der Versicherungsverein auf Gegenseitigkeit ist ein rechtsfähiger Verein. Und für die Gründung eines rechtsfähigen Vereins wird im Hinblick auf § 56 BGB das Vorhandensein von mindestens sieben Gründungsmitgliedern vorausgesetzt[7]. Auf den Versicherungsverein auf Gegenseitigkeit ist diese Regelung analog mit der Folge anzuwenden, daß seine Satzung von wenigstens sieben Gründungsmitgliedern festzustellen ist. Zwei Personen reichen für den Gründungsakt nicht aus[8], auch nicht drei Personen[9].

c) Rechtsnatur der Satzung. Die Rechtsnatur der Satzung hat *Hadding*[10] für das Vereinsrecht wie folgt dargestellt:

> „Die Satzung ist ein von den Gründern des Vereins geschlossener Vertrag, d. h. ein mehrseitiges Rechtsgeschäft, das durch den wechselseitigen Zugang der übereinstimmenden Willenserklärungen zustande kommt, in denen das Einverständnis mit dem Inhalt der Satzung ausgedrückt wird. Die Satzung ist in der Regel vorwiegend ein Organisationsvertrag, soweit die Organe des Vereins und ihre Zuständigkeiten geregelt werden. Sie ist aber zugleich auch ein schuldrechtlicher Vertrag, soweit z. B. Beitragspflichten der Mitglieder begründet werden.“

Hierin spiegelt sich die auch im Aktienrecht und im GmbH-Recht vertretene „Lehre von der Rechtsnatur der Satzung als körperschaftliches, organisationsrechtliches Rechtsgeschäft“ wieder[11]. Und *Bälz*[12] betont, daß Mitgliedschaft, organschaftliche Zuständigkeit und Haftungsordnung ihre alleinige Wurzel in der Satzung als personenrechtlichem Organisationsvertrag haben.

Auch beim Versicherungsverein auf Gegenseitigkeit verselbständigt sich der Organisationsvertrag gegenüber den Gründern als den ursprünglichen Vertragspartnern und nimmt die Funktion einer Quelle objektiven Rechts an, indem er die Rechtsgrundlage des Versicherungsvereins auf Gegenseitigkeit als eigenständiger juristischer Person bildet und die Beziehungen zu den jeweiligen Vereinsmitgliedern vor dem Hintergrund des VAG-Gesetzes mit abschließender Wirkung regelt[13].

---

[6] *Harry Westermann,* in: Festschrift für Wolfgang Hefermehl, 1976, S. 22.

[7] Vgl. *Kraft/Kreutz,* 1992, S. 200. Zur Sieben im Gesellschaftsrecht siehe *Großfeld/Lehmann,* AG 1992, 216 ff.

[8] So aber *Rehm,* 1911, S. 104; *Koenige-Petersen,* Privatversicherungsgesetz, 3. Auflage, 1927, § 17 VAG Anm. 1; *Fromm-Goldberg,* 1966, § 15 VAG Anm. 2; *Goldberg/Müller,* 1980, § 15 VAG Rdn. 5; *Farny,* Versicherungsbetriebslehre, 2000, S. 202; *Prölss/Schmidt/Frey,* 1989, § 15 VAG Rdn. 8; *König,* 1992, S. 129; *Merdausl,* 2000, S. 31.

[9] So aber *Reichert,* 1999, Rdn. 3, S. 1, andererseits aber Rdn. 66, S. 21: sieben Personen für wirtschaftlichen Verein.

[10] Vgl. *Hadding,* in: Festschrift für Robert Fischer, 1979, S. 193; ebenso *Harm Peter Westermann,* in: *Erman,* 1. Band, 1993, § 25 BGB Rdn. 12; a. A. *Steffen,* in: BGB-RGRK, 1982, Rdn. 32 vor § 21 BGB.

[11] *Ulmer,* in: Festschrift für Winfried Werner, 1984, S. 912; vgl. auch Wiedemann, Gesellschaftsrecht, 1980, § 3 II 1, S. 165; *Martin Winter,* 1988, S. 63 f; *van Look,* 1990, S. 92.

[12] *Bälz,* AG 1992, 310; ähnlich *Kraft/Kreutz,* 1992, S. 24.

[13] Diese Formulierung geht zurück auf *Ulmer,* in: Festschrift für Winfried Werner, 1984, S. 912, betreffend die GmbH-Satzung.

d) Gründungsmängel. Gründungsmängel sind bis zur Erteilung der Erlaubnis der Aufsichtsbehörde, die zugleich die Erlangung der Rechtsfähigkeit für den Versicherungsverein auf Gegenseitigkeit zur Folge hat, auszuräumen. Insoweit können Willenserklärungen der Gründer wegen Willensmängeln angefochten werden[14]. Umstritten ist indessen, wie lange Gründungsmängel geltend gemacht werden können.

Kisch[15] ist der Ansicht, daß selbst durch die Eintragung im Handelsregister Willensmängel nicht geheilt werden würden. Andere meinen, daß Gründungsmängel schon mit der Zulassung zum Geschäftsbetrieb und der damit verbundenen Erlangung der Rechtsfähigkeit geheilt sind[16].

Mehr spricht dafür auf die Eintragung im Handelsregister abzustellen. Mängel, die die Eintragung hätten hindern können, aber nicht gehindert haben, werden mit der Eintragung der Gesellschaft im Handelsregister grundsätzlich geheilt und bleiben dann für den Bestand der Gesellschaft ohne Folgen[17].

2. Zeichnung des Gründungsstocks

Zwingend ist die Bildung eines Gründungsstocks vorgesehen. Die Höhe des Gründungsstocks bestimmt sich nach den Vorschriften über die Kapitalausstattung von Versicherungsunternehmen[18]. Unabhängig hiervon besteht die Verpflichtung zur Bildung eines Organisationsfonds[19].

Den Gründungsstock müssen nicht die Gründungsmitglieder zeichnen[20]. Er kann auch von anderen Personen aufgebracht werden, wie sich aus § 22 Abs. 1 und 3 VAG ergibt. Dies gilt auch für den Organisationsfonds.

Zur Sicherstellung der Finanzierung des Gründungsstocks und des Organisationsfonds bietet es sich an, daß die Mittelgeber gegenüber dem Versicherungsverein auf Gegenseitigkeit in Gründung entsprechende Zahlungsversprechen abgeben. Zweckmäßigerweise erfolgt das Zahlungsversprechen im Rahmen einer umfassenden Vereinbarung, die auch die Einzelheiten der Tilgung des Gründungsstocks und der Mitwirkungsrechte der Mittelgeber an der Vereinsverwaltung regelt. Ausschließlich nach dieser Vereinbarung richten sich die Rechtsbeziehungen zwischen dem Mittelgeber (sog. Garanten) und dem Versicherungsverein auf Gegenseitigkeit[21].

Nach Auffassung von *Stiefel*[22] handelt es sich hierbei um „ein der stillen Gesellschaft ähnelndes, schuldrechtlich beherrschtes Rechtsverhältnis eigener Art,

---

[14] *Kisch*, Versicherungsverein, 1951, S. 53; *Zier*, 1968, S. 38; *Goldberg/Müller*, 1980, § 15 VAG Rdn. 5.

[15] *Kisch*, Versicherungsverein, 1951, S. 53 f.

[16] *Julius von Gierke*, Versicherungsverein, 1942, S. 18; *Starke*, VersR 1950, 46; *Zier*, 1968, S. 65, 258; Brunn, 1973, S. 41, 44.

[17] Vgl. *Holthöfer*, 1906, S. 89; *Karsten Schmidt*, Gesellschaftsrecht, 1997, § 27 III 1, S. 803; *Merdausl*, 2000, S. 32.

[18] Zu den Einzelheiten siehe § 53 c VAG und die hierzu ergangene Verordnung über die Kapitalausstattung von Versicherungsunternehmen.

[19] Siehe dazu § 5 Abs. 5 Nr. 3 VAG.

[20] Vgl. *Julius von Gierke*, Versicherungsverein, 1942, S. 52; *Imberg*, 1963, S. 93; *Goldberg/Müller*, 1980, § 15 VAG Rdn. 9; *Farny*, Versicherungsbetriebslehre, 2000, S. 202; *Prölss/Schmidt/Frey*, 1989, § 22 VAG Rdn. 7; *Mohr*, in: Grundlagen des Versicherungsvereins auf Gegenseitigkeit, 1995, S. 115, 129.

[21] *Stiefel*, 1958, S. 185.

[22] *Stiefel*, 1958, S. 188.

das durch die Publizität des Gründungsstocks, die Möglichkeit einer über die gesetzlichen Kontrollrechte der stillen Gesellschafter weit hinausgehenden satzungsmäßigen Beteiligung an der Vereinsverwaltung und die verschärfte Haftung im Falle der Auflösung und des Konkurses des Vereins einem Mitgliedschaftsverhältnis näher steht, als die stille Gesellschaft einer echten Teilhaberschaft".

3. Bestellung der Organe

Für die Bestellung der ersten Organe enthält das VAG, abgesehen von der Verweisung auf aktienrechtliche Vorschriften für die Bildung des ersten Aufsichtsrats, keine Regelung. Es müssen daher die Gründungsvorschriften des Bürgerlichen Gesetzbuches für rechtsfähige Vereine analog angewendet werden.

Danach wird der erste Aufsichtsrat und der erste Vorstand von den Gründungsmitgliedern bestellt[23]. Bei der Bestellung des ersten Aufsichtsrats sind aufgrund der Verweisung in § 35 Abs. 3 Satz 1 VAG die §§ 30 Abs. 2 und 3 AktG zu beachten[24]. Diese Vorschriften sehen bei der Bildung des ersten Aufsichtsrats keine Arbeitnehmerbeteiligung vor. Die Bestellung der Mitglieder des ersten Aufsichtsrats muß mit der Versammlung der obersten Vertretung enden, die über die Entlastung für das erste Voll- oder Rumpfgeschäftsjahr beschließt.

Eine erste Mitgliederversammlung oder Mitgliedervertreterversammlung müssen die Gründungsmitglieder nicht berufen[25]. Je nach Vereinstyp bilden die Gründungsmitglieder selbst die erste Mitgliederversammlung bzw. Mitgliedervertreterversammlung und haben die Kompetenzen der obersten Vertretung im Sinne von § 29 VAG inne.

4. Anmeldung der Gesellschaft

Der Versicherungsverein auf Gegenseitigkeit in Gründung ist zur Eintragung in das Handelsregister beim zuständigen Registergericht anzumelden. Vor Erlaß des Versicherungsaufsichtsgesetzes vom 12. Mai 1901 soll der Versicherungsverein auf Gegenseitigkeit im Handelsregister nicht eintragungsfähig gewesen sein[26].

Die Anmeldung ist von sämtlichen Vorstands- und Aufsichtsratsmitgliedern vorzunehmen (§ 30 Abs. 1 Satz 1 VAG). Diese haben zu erklären, „wieweit und in welcher Weise der Gründungsstock eingezahlt ist und daß der eingezahlte Betrag endgültig zur freien Verfügung des Vorstands steht" (§ 31 Abs. 1 Nr. 4 VAG).

In der Anmeldung ist ferner die Vertretungsregelung für den Vorstand anzugeben (§ 30 Abs. 1 Satz 2 VAG). Die Urkunde über die Erlaubnis zum Geschäftsbetrieb ist der Anmeldung beizufügen (§ 31 Abs. 1 Nr. 1 VAG), ferner die weiteren in § 31 Abs. 1 Nr. 2 ff. VAG bezeichneten Urkunden.

---

[23] Vgl. *Goldberg/Müller*, 1980, § 15 VAG Rdn. 8; *Farny*, Versicherungsbetriebslehre, 2000, S. 202; *Prölss/Schmidt/Frey*, 1989, § 15 VAG Rdn. 8.

[24] Zu den Einzelheiten siehe *Eckardt*, in: Festschrift für Wolfgang Hefermehl, 1976, S. 245 ff; *Röder/Gneiting*, DB 1993, 1618 ff.

[25] So aber *Goldberg/Müller*, 1980, § 15 VAG Rdn. 8; *Prölss/Schmidt/Frey*, 1989, § 15 VAG Rdn. 8.

[26] So *Curt Schmidt*, 1922, S. 36.

5. Gerichtliche Prüfung der Anmeldung

Das VAG sieht für Versicherungsvereine auf Gegenseitigkeit im Gegensatz zu der für die Aktiengesellschaften geltenden Regelung des § 38 Abs. 1 Satz 1 AktG keine gerichtliche Prüfung[27] dazu vor, „ob die Gesellschaft ordnungsgemäß errichtet und angemeldet ist". Der Gesetzgeber könnte dies deshalb als entbehrlich angesehen haben, weil der Versicherungsverein auf Gegenseitigkeit seine Rechtsfähigkeit mit Erteilung der Erlaubnis zum Geschäftsbetrieb erlangt. Die Eintragung des Versicherungsvereins auf Gegenseitigkeit im Handelsregister hat im Gegensatz zur Aktiengesellschaft keine konstitutive, sondern nur deklaratorische Bedeutung[28].

Nach *Hagen*[29] „steht dem Registerrichter die Befugnis nicht zu, die Satzung des VV. a.G nochmals zu prüfen und wegen vermeintlich vorhandener Mängel die Eintragung zu verweigern; seine Einsicht und Befugnis hat der überlegenen Sachkenntnis der Aufsichtsbehörde zu weichen." Ähnlich sehen es *Goldberg/Müller*[30]. Nach ihrer Meinung hat der Registerrichter „all das nicht zu prüfen, was die Aufsichtsbehörde im Genehmigungsverfahren vor Erteilung der Erlaubnis geprüft hat". Auch *Prölss/Schmidt/Frey*[31] wollen die Prüfung durch den Registerrichter auf die formelle Ordnungsmäßigkeit der Anmeldung beschränken:

> „Bei der Eintragung des großen VVaG ist der Richter nicht befugt zu prüfen, ob der VVaG wirksam zustande gekommen ist, ob die Satzung vollständig ist und dem Gesetz entspricht usw.; sein Prüfungsrecht beschränkt sich auf die Fragen, ob der Eintragungsantrag in der gehörigen Form vollständig und von dazu legitimierten Personen gestellt worden ist."

Holthöfer[32] ist sogar der Meinung, daß die erstmalige Anmeldung zur Eintragung die Eintragung zur notwendigen Folge habe, wenn nur die Urkunde über die Erlaubnis zum Geschäftsbetrieb beigebracht sei. Gelegentlich findet sich die Auffassung, daß der Registerrichter den Namen der Firma prüfen dürfe[33].

Im Hinblick darauf, daß der Versicherungsverein auf Gegenseitigkeit von Versicherungsnehmern getragen wird, deren Belange von der Versicherungsaufsicht zu schützen sind, ist es sachgerecht, der Aufsichtsbehörde die alleinige Prüfungskompetenz zuzubilligen. Dies schließt nicht aus, daß das Registergericht eine Rechtmäßigkeitskontrolle ausübt[34] und ggf. die Aufsichtsbehörde um Überprüfung ihrer Ansicht ersucht.

---

[27] Zur Prüfungskompetenz bei Kapitalgesellschaften vgl. *Säcker,* in: Festschrift für Walter Stimpel, 1985, S. 867ff; *Stumpf,* BB 1998, 2380ff.

[28] Vgl. *Sievers,* ZHR 48 (1899), 531; *Moldenhauer,* 1903, S. 114; *Wörner,* Versicherungsverein, 1904, S. 62; *Dittrich,* 1905, S. 29; *Holthöfer,* 1906, S. 28f; *Meerkatz,* 1910, S. 9; *Curt Schmidt,* 1922, S. 37; *Kremers,* 1925, S. 5; *Bruck,* 1930, S. 93; *Trabant,* 1935, S. 13; *Bannier,* 1936, S. 45; *Julius von Gierke,* Versicherungsverein, 1942, S. 17; *Kisch,* Versicherungsverein, 1951, S. 64; *Boss,* 1955, S. 64; *Harro Frels,* Mutualité 1/1966, 17; *Goldberg/Müller,* 1980, § 15 VAG Rdn. 13, § 30 VAG Rdn. 3; *Brunn,* 1973, S. 38; *Prölss/Schmidt/Frey,* 1989, § 32 VAG Rdn. 1; *Merdausl,* 2000, S. 32.

[29] *Hagen,* in: Handbuch des gesamten Handelsrechts, 1922, S. 105; ähnlich *Bruck,* 1930, S. 93.

[30] *Goldberg/Müller,* 1980, § 15 VAG Rdn. 13.

[31] *Prölss/Schmidt/Frey,* 1989, § 15 VAG Rdn. 13; ähnlich *Moldenhauer,* 1903, S. 113; *Holthöfer,* 1906, S. 27; *Meerkatz,* 1910, S. 9; *Julius von Gierke,* Versicherungsverein, 1942, S. 17; *Kisch,* Versicherungsverein, 1951, S. 64; *Zier,* 1968, S. 66; *Merdausl,* 2000, S. 32f.

[32] *Holthöfer,* 1906, S. 30.

[33] *Zier,* 1968, Fußnote 3, S. 43; *Goldberg/Müller,* 1980, § 18 VAG Rdn. 4.

[34] Vgl. *Reichert,* 1999, Rdn. 158, S. 48; siehe hierzu auch LG Stuttgart, VerBAV 1968, 167.

6. Eintragung und Bekanntmachung

Die Eintragung und ihre Bekanntmachung sind in den §§ 32, 33 VAG näher geregelt. Durch die Eintragung wird aus dem rechtsfähigen Verein eine „fertige juristische Person", um eine Formulierung von *Karsten Schmidt*[35] zu verwenden.

III. Die Rechtsverhältnisse des Vor-VVaG und die Kontinuität zwischen Vor-VVaG und Versicherungsverein auf Gegenseitigkeit

1. Vor-VVaG

Bis zur Feststellung der Satzung durch die Gründer liegt eine BGB-Gesellschaft vor, „deren Zweck auf die Errichtung eines VVaG bzw. primär auf die Erstellung der Satzung gerichtet ist"[36]. Der Vor-VVaG entsteht als noch nicht zugelassener Versicherungsverein auf Gegenseitigkeit mit seiner Errichtung.

Nach Feststellung der Satzung wird im Vor-VVaG ein nicht rechtsfähiger Verein gesehen[37]. Auf den Vor-VVaG sollen die für den nicht rechtsfähigen Verein gültigen Rechtsvorschriften angewendet werden. Für *Bruck*[38] handelt es sich um einen rechtsfähigen Verein, der nach Gesellschaftsrecht zu behandeln ist (§ 54 Satz 1 BGB).

2. Haftung der Handelnden

Für Rechtsgeschäfte, die bereits im Namen des Versicherungsvereins auf Gegenseitigkeit eingegangen werden, haften die Handelnden persönlich gemäß § 54 Satz 2 BGB[39] und sie haften gesamtschuldnerisch[40].

Die Haftung kann auf das Vermögen des Versicherungsvereins auf Gegenseitigkeit beschränkt werden, wobei ein entsprechender Wille zu unterstellen ist[41].

Die persönliche Haftung der Handelnden bleibt auch nach Erlangung der Rechtsfähigkeit bestehen, es sei denn, „man könnte denn annehmen, daß sie nach dem Willen der Beteiligten (also auch des Gläubigers) durch die eintretende Haftung des rechtsfähigen Vereins auflösend bedingt sein sollte"[42].

3. Identität zwischen Vor-VVaG und Versicherungsverein auf Gegenseitigkeit

Mit der Zulassung (§ 15 VAG) entsteht keine neue Gesellschaft, sondern der Vor-VVaG wird zur juristischen Person. Insofern besteht Identität zwischen der Vorgesellschaft und dem großen Versicherungsverein auf Gegenseitigkeit[43]. An-

---

[35] Vgl. *Karsten Schmidt,* Gesellschaftsrecht, 1997, § 27 II 3, S. 795.
[36] *Zier,* 1968, S. 69.
[37] *Bannier,* 1936, S. 44; *Julius von Gierke,* Versicherungsverein, 1942, S. 16; *Kisch,* Versicherungsverein, 1951, S. 54; *Zier,* 1968, S. 71; *Brunn,* 1973, S. 44; *Goldberg/ Müller,* 1980, § 15 VAG Rdn. 5.
[38] *Bruck,* 1930, S. 93.
[39] *Bannier,* 1936, S. 44; *Kisch,* Versicherungsverein, 1951, S. 55.
[40] *Kisch,* Versicherungsverein, 1951, S. 55.
[41] RGZ 143, 212, 216; *Kisch,* Versicherungsverein, 1951, S. 55; *Zier,* 1968, S. 75.
[42] *Kisch,* Versicherungsverein, 1951, S. 55.
[43] Vgl. für die AG: *Karsten Schmidt,* Gesellschaftsrecht, 1997, § 27 II 4 d), S. 797.

NVersZ

Neue Zeitschrift für Versicherung und Recht

Personen-, Haftpflicht-, Rechtsschutz-, Sachversicherung

In Zusammenarbeit mit der NJW herausgegeben von:

Vors. Richter am OLG Dr. Ulrich Knappmann · Rechtsanwalt Dr. Theo Langheid
Richter am BGH Wolfgang Römer · Vorstandsvors. Prof. Dr. Wolfram Wrabetz

Verlag C.H.Beck

g – unverzichtbar

- Allgemeines Versicherungsvertragsrecht
- Aufsichtsrecht
- Versicherungsunternehmensrecht
- Transportversicherungsrecht
- Verhältnis Allgemeine Versicherungsbedingungen/AGB-Gesetz
- Anspruchskonkurrenz beim Schadenersatz-Rechtsschutz
- Europäisierung des Versicherungsrechts

Verlässlich, weil unabhängig ...

Die NVersZ ist eine absolut neutrale Zeitschrift, bei der alle Seiten zu Wort kommen, wie die Versicherungsnehmer, die Versicherungswirtschaft, die Aufsichtsbehörden, die Anwaltschaft und die Gerichte.

Unverzichtbar ist die NVersZ

für alle, die mit der Bearbeitung versicherungsrechtlicher Fragen befasst sind, insbesondere für Rechtsanwälte und im Versicherungswesen tätige Juristen.

dere sehen eine Identität zwischen dem rechtsfähig gewordenen Verein und dem bisher nicht rechtsfähigen Verein[44]. Verbindlichkeiten, die schon das Vermögen des Vor-VVaG belastet haben, setzen sich als Verbindlichkeiten des fertigen Versicherungsvereins auf Gegenseitigkeit fort[45].

Kapitel 9
Erteilung der Konzession

I. Antrag

Der Versicherungsverein auf Gegenseitigkeit bedarf nach § 5 Abs. 1 VAG zum Beginn des Geschäftsbetriebes und zur Erlangung der Rechtsfähigkeit (vgl. § 15 VAG) der Erlaubnis der Aufsichtsbehörde.

Die Erteilung der Erlaubnis setzt einen Antrag des Versicherungsvereins auf Gegenseitigkeit voraus. Der Antrag muß auf Zulassung zum Geschäftsbetrieb in einer bestimmten Versicherungssparte gerichtet sein. Er hat den Geschäftsplan und die nach § 5 Abs. 5 VAG zusätzlich einzureichenden Unterlagen zu enthalten.

II. Geschäftsplan

Der Geschäftsplan[1] muß die rechtlichen, versicherungstechnischen und finanziellen Grundlagen des Versicherungsvereins auf Gegenseitigkeit so nachvollziehbar wiedergeben, daß die Aufsichtsbehörde in der Lage ist festzustellen, ob einer der in §§ 7 Abs. 1, 8 Abs. 1 Nr. 1 und Nr. 2 VAG vorgesehenen Versagungsgründe vorliegt, der Geschäftsbetrieb gegen die guten Sitten verstoßen würde und inwieweit Auflagen nach § 8 Abs. 2 VAG zu erteilen sind[2].

III. Antragsprüfung

Die Aufsichtsbehörde ist gemäß § 8 Abs. 1 Nr. 2 Alt. 1 VAG befugt zu prüfen, ob nach dem Geschäftsplan die Belange der Versicherten ausreichend gewahrt sind. Versicherte im Sinne dieser Vorschrift sind auch die Mitglieder des Versicherungsvereins auf Gegenseitigkeit[3].

Als Bestandteil des Geschäftsplans unterliegt insbesondere die Satzung des Versicherungsvereins auf Gegenseitigkeit der Prüfung durch die Aufsichtsbehörde (vgl. § 5 Abs. 3 Nr. 1 VAG). Die Aufsichtsbehörde hat sich danach zumindest darüber zu vergewissern, daß die Satzung weder zwingendem Versicherungsrecht widerspricht noch die Rechtsstellung der Versicherten in rechtswidriger Weise einschränkt[4]. Damit ist gewährleistet, daß nur solche Satzungen in Kraft treten,

---

[44] *Kisch,* Versicherungsverein, 1951, S. 55; *Wiedemann,* ZGR 1999, 568, 572.
[45] *Kisch,* Versicherungsverein, 1951, S. 55; *Zier,* 1968, S. 72, 75.
[1] Zur Begriffsbestimmung siehe *Dreger,* 1956, S. 2.
[2] Vgl. *Bühnemann,* VersR 1967, 302; *Mösbauer,* 1990, S. 379.
[3] Vgl. BeschlKE vom 3. 5. 1991, VerBAV 1991,299, 300; *Prölss/Schmidt/Frey,* 1989, § 8 VAG Rdn. 24.
[4] *Mösbauer,* 1990, Fußnote 57, S. 386.

die nach dem Urteil der Aufsichtsbehörde die Interessen der Mitglieder und Versicherungsnehmer ausreichend wahren[5].

IV. Erteilung der Erlaubnis und Erlangung der Rechtsfähigkeit

Die Erlaubnis zum Geschäftsbetrieb gilt nach Erteilung grundsätzlich ohne Zeitbeschränkung für den Geltungsbereich des Versicherungsaufsichtsgesetzes (vgl. § 6 Abs. 1 VAG). Sie wird gemäß § 6 Abs. 2 VAG für jede Versicherungssparte gesondert erteilt.

Bereits mit der Erteilung der Erlaubnis, als Versicherungsverein auf Gegenseitigkeit Geschäfte betreiben zu dürfen, erlangt der Versicherungsverein auf Gegenseitigkeit seine Rechtsfähigkeit (vgl. § 15 VAG). Demgegenüber erlangt die Versicherungs-Aktiengesellschaft gemäß §§ 39, 41 AktG die Rechtsfähigkeit erst durch Eintragung im Handelsregister und nicht wie der Versicherungsverein auf Gegenseitigkeit schon mit der Zulassung zum Geschäftsbetrieb[6].

---

[5] So wörtlich *Ludwig Raiser,* ZVersWiss 54 (1965), 466; vgl. auch *Reimer Schmidt,* VersR 1954, 441, 442; *Präve,* in: Festschrift 100 Jahre materielle Versicherungsaufsicht in Deutschland, 2001, S. 201, 205.

[6] Vgl. *Goldberg/Müller,* 1980, § 15 VAG Rdn. 12; *Prölss/Schmidt/Frey,* 1989, § 15 VAG Rdn. 12; *Mösbauer,* 1990, Fußnote 23, Seite 380.

Vierter Abschnitt
Die Entscheidungsorganisation des Versicherungsvereins auf Gegenseitigkeit

Kapitel 10
Die Rechts- und Pflichtenstellung des Mitglieds

I. Erwerb der Mitgliedschaft

1. Die Mitgliedschaft

Beim Versicherungsverein auf Gegenseitigkeit wird die Mitgliedschaft durch Beteiligung an der Gründung, nachträglichen Beitritt (Aufnahme) oder durch Rechtsnachfolge erworben[1]. Die Mitgliedschaft kennzeichnet die Stellung des Vereinsmitglieds als Mitglied im Rechtsverhältnis zum Verein und unter Umständen zu den anderen Vereinsmitgliedern[2]. Sie entsteht beim Versicherungsverein stets in der Person des Versicherungsnehmers[3]. Der Versicherungsnehmer kann zugleich die versicherte Person sein.

Der Erwerb der Mitgliedschaft führt zu einem Rechtsverhältnis zwischen Versicherungsverein und Mitglied[4], nicht aber mit der Gesamtheit der Versicherten[5]. Unter den Mitgliedern des Versicherungsvereins auf Gegenseitigkeit entsteht nach einer weit verbreiteten Ansicht grundsätzlich kein Rechtsverhältnis[6]. Vor dem Hintergrund der Auffassung zum Recht der Verbände sind Zweifel an dieser Meinung angebracht[7]. Nach neuerer Auffassung kann das mitgliedschaftliche Treueverhältnis auch im Verhältnis der Mitglieder zueinander gegeben sein[8].

---

[1] Vgl. *Karsten Schmidt,* Gesellschaftsrecht, 1997, § 19 II 1, S. 550.

[2] Dazu *Hadding,* in: Festschrift für Ernst Steindorff, 1990, S. 36f.

[3] Vgl. *Meerkatz,* 1910, S. 17, 25f; *H. Holzapfel,* 1915, S. 51; *Goldberg/Müller,* 1980, Vor § 15 VAG Rdn. 2 und § 20 VAG Rdn. 1.

[4] *Victor Ehrenberg,* 1893, S. 104; *Wörner,* Versicherungsverein, 1904, S. 4; *Holthöfer,* 1906, S. 16; *Fuld,* Leipziger Zeitschrift 1908, *Spalte* 194, 196; *Meerkatz,* 1910, S. 17; *Hagen,* in: Handbuch des gesamten Handelsrechts, 1922, S. 103; *Ruth,* ZHR 88 (1926), 460f; *Riesenfeld,* 1932, S. 13f; *Kisch,* Versicherungsverein, 1951, S. 142; *Flume,* Personengesellschaft, 1977, S. 95, 127; *Goldberg/Müller,* 1980, § 19 VAG Rdn. 1; *Reichert,* 1999, Rdn. 470, S. 151.

[5] Vgl. *Flume,* ZHR 148 (1984), 503, 504; a. A. *Predöhl,* ZHR 22 (1877), 453.

[6] *Victor Ehrenberg,* 1893, S. 104; *Wörner,* Versicherungsverein, 1904, S. 4; Holthöfer, 1906, S. 16; *Hagen,* in: Handbuch des gesamten Handelsrechts, 1922, S. 117f; *Riesenfeld,* 1932, S. 10; *Kisch,* Versicherungsverein, 1951, S. 142; *Schnepper,* 1957, S. 28; *Zier,* 1968, S. 105; *Flume,* Personengesellschaft, 1977, S. 128; *Goldberg/Müller,* 1980, § 19 VAG Rdn. 1; *Farny,* Versicherungsbetriebslehre, 2000, S. 190.

[7] Vgl. *Herbert Wiedemann,* Grundsätze, 1980, S. 95; *derselbe,* DB 1993, 145: „Wie in jedem Verband gibt es auch in der Kapitalgesellschaft neben dem Rechtsverhältnis zur Gesellschaft solche zu den übrigen Gesellschaftern – aber keine gegenüber den Organen der Gesellschaft".

[8] Vgl. *Reichert,* 1999, Rdn. 5, S. 2 und Rdn. 475, S. 152; *Großfeld/ Weber,* AG 1993, 201, 204; siehe ferner für die AG: *Uwe H. Schneider,* AG 1990, 60; *Dreher,* ZHR 157 (1993), 150, 153; *Schöne,* WM 1992, 209, 212; vgl. für die eG: *Beuthien,* in: Das Gesellschaftsrecht der Konzerne

2. Beteiligung an der Gründung

Durch Beteiligung an der Gründung wird die Mitgliedschaft von den Gründungsmitgliedern „originär und anfänglich" erworben[9].

Die Begründung eines Versicherungsverhältnisses ist zu diesem Zeitpunkt jedoch nicht Voraussetzung für den Erwerb der Mitgliedschaft[10]. Zwar sagt § 20 Satz 2 VAG: „Mitglied kann nur werden, wer ein Versicherungsverhältnis mit dem Verein begründet". Diese Voraussetzung kann aber im Zeitpunkt der Gründung des Versicherungsvereins auf Gegenseitigkeit von den Gründungsmitgliedern nicht erfüllt werden. Denn der Versicherungsverein auf Gegenseitigkeit in Gründung kann wegen fehlender Erlaubnis zum Geschäftsbetrieb mit den Gründungsmitgliedern keine Versicherungsverhältnisse begründen. Versicherungsverhältnisse könnten „nur unter der ausdrücklichen oder stillschweigenden Bedingung" geschlossen werden, daß der Versicherungsverein die Erlaubnis zum Geschäftsbetrieb und damit die Rechtsfähigkeit erlangt[11]. Wegen § 20 Satz 2 VAG ist aber zu fordern, daß Gründungsmitglieder nach Vorliegen der Erlaubnis zum Geschäftsbetrieb ein Versicherungsverhältnis zu begründen haben, andernfalls hat sie der Vorstand wegen der zwingenden Bestimmung des § 20 Satz 2 VAG aus dem Versicherungsverein auf Gegenseitigkeit auszuschließen.

3. Nachträglicher Beitritt

Der Erwerb der Mitgliedschaft durch nachträglichen Beitritt wird durch den Abschluß eines Vertrages zwischen dem Beitrittswilligen und dem Versicherungsverein bewirkt[12]. Der Beitrittswillige muß von daher „damit einverstanden sein, daß die Satzung für ihn gilt"[13]. Diesem Vertrag gehen regelmäßig Kontakte voraus. Je nach Vertriebsweg des Versicherungsvereins auf Gegenseitigkeit ist Gegenstand der unmittelbaren und mittelbaren Kontakte der Wunsch des Kunden, einen Versicherungsvertrag abzuschließen. Ist der Kontakt erfolgreich für den Versicherungsverein, stellt der Kunde einen Versicherungsantrag.

Der Versicherungsantrag verweist in der Regel auf die Satzung des Versicherungsvereins, die bestimmt, daß Mitglied ist, wer einen Versicherungsvertrag mit dem Versicherungsverein abgeschlossen hat.

4. Rechtsnachfolge

Der Grundsatz des § 38 BGB, nach welchem die Mitgliedschaft im Zweifel unübertragbar und unvererblich ist, findet schon mangels Verweisung auf diese Vorschrift im Versicherungsaufsichtsgesetz keine Anwendung. Im Hinblick darauf,

---

im internationalen Vergleich, 1991, S. 133, 134: „besonders enges wechselseitiges Treueverhältnis".

[9] So *Karsten Schmidt,* Gesellschaftsrecht, 1997, § 19 II 1, S. 550.

[10] Vgl. *Rehm,* 1911, S. 104; *Bruck,* 1930, Fußnote 16, S. 92; *Goldberg/Müller,* 1980, § 15 VAG Rdn. 5.

[11] *Goldberg/Müller,* 1980, § 15 VAG Rdn. 14.

[12] Vgl. *Zier,* 1968, S. 81; *Hadding,* in: Festschrift für Robert Fischer, 1979, S. 193; *Goldberg/Müller,* 1980, § 20 VAG Rdn. 2; *Lutter,* AcP 180 (1980), 84, 97; *van Look,* 1990, S. 102; *Karsten Schmidt,* Gesellschaftsrecht, 1997, § 24 IV 1, S. 707.

[13] *Van Look,* 1990, S. 85; vgl. auch *Fehns,* 1995, S. 101, die von einer Unterwerfung unter die Satzung ausgeht, wenn ein Arbeitgeber freiwillig die Mitgliedschaft im PSVaG erwirkt.

daß die Mitgliedschaft – jedenfalls im Mitgliedergeschäft – ohne Abschluß eines Versicherungsvertrages nicht erworben werden kann (vgl. § 20 Satz 2 VAG), sehen die Satzungen der Versicherungsvereine in der Regel zulässigerweise vor, daß die Mitgliedschaft übergeht, wenn das Versicherungsverhältnis auf einen anderen Versicherungsnehmer übertragen wird[14]. *Julius von Gierke*[15] hält dies auch dann für zulässig, wenn die Satzung den Übergang der Mitgliedschaft wegen Übertragung der Versicherungsnehmereigenschaft nicht ausdrücklich regelt.

II. Aufnahmeregelungen

1. Beitrittsvoraussetzungen

Der Versicherungsverein auf Gegenseitigkeit muß in der Satzung regeln, wer das Recht zum Beitritt hat[16]. Mitglied eines Versicherungsvereins auf Gegenseitigkeit kann jede natürliche oder juristische Person werden[17]. Voraussetzung wird in der Regel sein, daß diese Person einen Versicherungsvertrag abschließt, vgl. § 20 Satz 2 VAG. Weitere Voraussetzung für den Erwerb der Mitgliedschaft kann die Zugehörigkeit zu einem bestimmten Beruf, Verein, Betrieb, Wohnsitz an einem bestimmten Ort, ein bestimmtes Alter sein[18].

2. Aufnahmeanspruch

Die Versicherungsvereine auf Gegenseitigkeit können grundsätzlich die Aufnahme ablehnen, vor allem, wenn die Bedingungen der Satzung nicht erfüllt werden[19]. Die Satzungsautonomie findet ihre Grenze jedoch im Falle des Bestehens eines Aufnahmeanspruchs[20].

Eine Verpflichtung zur Aufnahme besteht nur bei der Kraftfahrzeughaftpflichtversicherung[21]. Eine Ablehnung ist dort nur möglich, wo sachliche und örtliche Beschränkungen der Aufnahme entgegenstehen oder besonders genannte Ausnahmefälle vorliegen, vgl. § 5 Abs. 1, 4 PflichtversG[22].

III. Ende der Mitgliedschaft

Die Mitgliedschaft endet in der Regel mit dem Ende des Versicherungsverhältnisses, ausgelöst durch den Eintritt des Versicherungsfalls, Kündigung, Zeitablauf oder durch den Wegfall des Risikos[23]. Sie erlischt ferner bei Austritt, Tod des Mitglieds und im Falle der Auflösung des Vereins[24].

---

[14] *Ruth,* ZHR 88 (1926), 469.
[15] *Julius von Gierke,* Versicherungsverein, 1942, S. 43.
[16] *Karsten Schmidt,* Gesellschaftsrecht, 1997, § 24 IV 1, S. 707.
[17] *Kisch,* Versicherungsverein, 1951, S. 113; *Brunn,* 1973, S. 104; *Goldberg/Müller,* 1980, § 20 VAG Rdn. 2.
[18] *Victor Ehrenberg,* 1893, S. 129; *Holthöfer,* 1906, S. 92; *Julius von Gierke,* Versicherungsverein, 1942, S. 43; *Kisch,* Versicherungsverein, 1951, S. 113; *Brunn,* 1973, S. 105.
[19] *Blanck,* ZVersWiss 28 (1928), 358; *Kisch,* Versicherungsverein, 1951, S. 115; *Brunn,* 1973, S. 107.
[20] Zur Problematik des Aufnahmeanspruchs siehe *Karsten Schmidt,* Gesellschaftsrecht, 1997, § 24 IV 1, S. 707.
[21] *Brunn,* 1973, S. 107.
[22] *Brunn,* 1973, S. 107.
[23] *Brunn,* 1973, S. 111.
[24] *Karsten Schmidt,* Gesellschaftsrecht, 1997, § 24 IV 1, S. 708.

Ob die Mitgliedschaft automatisch mit dem Fortfall der von der Satzung vorgeschriebenen persönlichen Eigenschaften und Verhältnisse endet, kann nicht einheitlich beantwortet werden[25]. Es kommt darauf an, ob diese Eigenschaften und Verhältnisse nur die Beitrittsvoraussetzungen festlegen oder die Dauer der Mitgliedschaft bestimmen sollen[26].

Soweit nicht eine versicherungsrechtliche Grundlage gegeben ist, kann ein Ausschluß nur aus ganz bestimmten Gründen, die in der Satzung bestimmt sein müssen, stattfinden[27]. Auch *Zöllner*[28] meint, man werde beim Versicherungsverein a. G. „die Befugnis zum Ausschluß ohne Grundlage in der Satzung generell verneinen müssen".

IV. Das Rechtsverhältnis zwischen dem Mitglied und dem Versicherungsverein auf Gegenseitigkeit

Mit der Beteiligung an der Gründung des Vereins, dem nachträglichen Beitritt oder aufgrund Rechtsnachfolge tritt das Mitglied zum Verein in ein Rechtsverhältnis, dessen Inhalt und Rechtsnatur seit Entstehen der Gegenseitigkeitsgesellschaften Gegenstand vieler Untersuchungen ist.

1. Mehrheitstheorie

Die Rechtsbeziehungen zwischen Versicherungsverein auf Gegenseitigkeit und Mitglied sah *Staudinger* 1858 wie folgt[29]:

> „Unser Rechtsverhältniß ist eine Gesellschaft, der Eintritt in dieselbe erfolgt durch einen Gesellschaftsvertrag, bei dem aber nach dem Zwecke der Gesellschaft die Eigenthümlichkeit obwaltet, daß er nur in Verbindung mit einem Versicherungsvertrag, den das einzelne Gesellschaftsglied als Versichernder mit der Gesammtheit der Theilnehmer als Versicherern abschließt, zur Existenz kommen kann. Hierauf gründet sich einerseits die Nothwendigkeit des Abschlusses eines Assecuranzvertrages als Vorbedingung für den gleichzeitig entstehenden Gesellschaftsvertrag, und andererseits die integrirende Vereinigung dieser beiden Verträge. Diese Verbindung führt jedoch nicht soweit, daß man jenes Verhältniß der gegenseitigen Versicherung schlechthin durch den Assecuranzvertrag entstehen lassen könnte. Wollte man es auf diesen allein reduciren, so bliebe vieles unerklärt, was sich nur als nothwendige Folge des mit dem Assecuranzvertrag stillschweigend zur Existenz gekommenen Gesellschaftsvertrages darstellt."

Die Rechtsbeziehungen des Mitglieds richten sich nach Ansicht von *Staudinger* – und auch *Victor Ehrenberg*[30], *Bütow*[31] und *Dittrich*[32] verstehen *Staudinger* in diesem Sinne – einerseits nach dem Gesellschaftsvertrag und andererseits nach dem Versicherungsvertrag. *Riesenfeld*[33] bezeichnet *Staudinger* wegen der Annahme eines Gesellschaftsvertrags einerseits und eines Versicherungsvertrags andererseits als den Begründer der Mehrheitstheorie. Die Mehrheitstheorie beruht

---

[25] *Karsten Schmidt,* Gesellschaftsrecht, 1997, § 24 IV 1, S. 708.
[26] *Karsten Schmidt,* Gesellschaftsrecht, 1997, § 24 IV 1, S. 708.
[27] *Julius von Gierke,* Versicherungsverein, 1942, S. 44; *Zier,* 1968, S. 98, a. A. *Sasse,* VersR 1956, 75 f; zur gerichtlichen Kontrolle von Vereinsausschlüssen siehe BGH vom 9. 6. 1997, ZIP 1997, 1591 („Hansa-Art"); dazu *Gehrlein,* ZIP 1997, 1912 ff.
[28] *Zöllner,* 1963, S. 244.
[29] *Staudinger,* 1858, S. 150 f.
[30] *Victor Ehrenberg,* 1893, S. 138.
[31] *Bütow,* 1883, Fußnote 4, S. 33.
[32] *Dittrich,* 1905, S. 38.
[33] *Riesenfeld,* 1932, S. 87.

von daher auf dem Abschluß zweier Verträge, was immer wieder auf Widerspruch gestoßen ist[34].

Auch *Victor Ehrenberg*[35] war wohl zunächst der Mehrheitstheorie zugeneigt, denn steht doch bei ihm zu lesen, daß die „Rechtssätze, welche die Entstehung, Verwaltung und Auflösung des Vereins (Societät oder Korporation) reguliren, von den auf das Versicherungsverhältniß der einzelnen Mitglieder bezüglichen Rechtssätzen vollständig zu trennen sind", und „daß dieses Versicherungsverhältniß dem mit einem anderen Assekuradeur eingegangenen in allen wesentlichen Punkten gänzlich gleicht."

Das Reichsoberhandelsgericht vertrat ebenfalls die Mehrheitstheorie[36]. In einem Urteil vom 10. Dezember 1872 wird das Verhältnis dahin gekennzeichnet, daß bei der Gegenseitigkeitsgesellschaft der Beitritt zu derselben mittels spezieller Versicherungsverträge geschehe, deren jeder einzelne zwar ein gesellschaftliches Recht, zugleich und vorwiegend aber einen auf besonderem Privatvertrag beruhenden Versicherungsanspruch erzeuge. Durch die Mitgliedschaft sei nicht mehr gegeben, als das abstrakte Vorhandensein eines solchen Anspruchs, während dessen konkreter Inhalt d.h. das wirkliche Recht des Mitglieds nicht ein gesellschaftliches, jedem Mitglied als solchem zustehendes Recht sei, sondern lediglich auf dem besonderen Versicherungsvertrag beruhe.

Auch das Reichsgericht[37] vertrat zunächst die Mehrheitstheorie: „Jeder der einen Versicherungsvertrag mit der Genossenschaft schließt, tritt dann regelmäßig in ein zwiefaches Rechtsverhältnis: er wird Versicherter gleichzeitig aber Mitglied der Gesellschaft".

2. Gesellschaftsvertragstheorie

Zur Mehrheitstheorie bildete sich sehr schnell als Gegensatz die Gesellschaftsvertragstheorie heraus. Zu den Begründern der Gesellschaftsvertragstheorie ist *Hinrichs* zu rechnen. Im Gegensatz zu *Staudinger* vertritt *Hinrichs*[38] die Auffassung, „daß es sich nur um einen Vertrag handeln kann und daß derselbe nur als Gesellschafts-, nicht als Versicherungsvertrag zu charakterisieren ist". Und weiter heißt es bei *Hinrichs*[39]:

> „Der Versicherungsvertrag, den der einzelne Versicherte abschließt, ist also materiell Nichts, als eine Beitrittserklärung zu dem Gesellschaftsvertrage, der in den Statuten der Gesellschaft vorliegt, unter Feststellung seines Theilnahmeverhältnisses."

Und für *Laband*[40] „ist auch in formell juristischer Hinsicht kein Zweifel möglich, dass das Rechtsverhältnis eine Societät und die Versicherung der Mitglieder

---

[34] So z.B. bei *Victor Ehrenberg*, 1893, S. 138; *Manes-Hagen*, 2. Auflage, 1909, § 20 Anm. 1; *Koenige-Petersen*, Privatversicherungsgesetz, 3. Auflage, 1927, § 20 Anm. 1; *Hoepfner*, 1928, S. 27.

[35] *Victor Ehrenberg*, ZHR 32 (1886), 433.

[36] Reichsoberhandelsgericht vom 10. 12. 1872, Sammlung 8, Nr. 48, S. 181, 190; dazu *Böhm*, VersR 1954, 475.

[37] Vgl. RG vom 29.1. und 5. 4. 1881 RGZ 3, 385 und 4, 394; RGZ 5, 397 und RGZ 25, 155; KG vom 14. 1. 1922, VA 1922 Anhang S. 7.

[38] *Hinrichs*, ZHR 20 (1875), 420.

[39] *Hinrichs*, ZHR 20 (1875), 425.

[40] *Laband*, in: Festgabe für *Heinrich Thöl*, 1879, S. 18; siehe auch *Laband*, ZHR 24 (1879), 66ff.

der Zweck derselben ist". Auch nach *Bütow*[41] schließt derjenige, „welcher sich bei einer gegenseitigen Gesellschaft versichert, einen Vertrag über die Aufnahme in einen, Versicherungszwecken dienenden gesellschaftlichen Verband".

3. Versicherungsvertragstheorie

Auf die Mehrheitstheorie und die Gesellschaftsvertragstheorie folgte die Versicherungsvertragstheorie, die schon mehr auf ein einheitliches Rechtsverhältnis zwischen Versicherungsverein und Mitglied abstellt.

Die ersten Ansätze für die Versicherungsvertragstheorie sind bei *Rüdiger*[42] zu finden. Er hebt hervor, daß die Gegenseitigkeitsgesellschaft gerade so wie die Aktien-Versicherungsgesellschaft dem einzelnen Versicherten als selbständige Rechtspersönlichkeit gegenüberstehe. Dadurch, daß der Versicherungsverband bei den Gegenseitigkeitsgesellschaften noch eine besondere rechtliche Bedeutung habe, entstünden zwar für jeden einzelnen Versicherungsnehmer bei Abschluß des Vertrages neben den selbständigen Rechten und Pflichten aus seinem Versicherungsvertrag zugleich besondere gesellschaftliche Rechte, allein diese könnten die Rechte und Pflichten aus dem einzelnen Versicherungsvertrag nicht mehr beeinflussen und stellten sich für diese als unerheblich dar, weil gegenüber dem in diesem Falle rechtlich selbständigen Versicherungsverbande der einzelne Versicherungsvertrag ein ebenso selbständiges Dasein habe und durch seinen Inhalt und durch die bei allen Versicherungen vorhandene wirtschaftliche Bedeutung der genossenschaftlichen Verbindung gerade so bestimmt werde, wie dies bei dem Vertrage mit einer Aktien-Versicherungsgesellschaft der Fall sei.

Ähnlich wie *Rüdiger* stellt *Victor Ehrenberg* den Versicherungsvertrag in den Mittelpunkt seiner Überlegungen zum Inhalt des Rechtsverhältnisses des Mitglieds zum Versicherungsverein. Er sagt[43]:

> „Meist jedoch muß der Inhalt der wichtigsten Rechte und Pflichten für jeden einzelnen Fall zwischen der Gesellschaft und dem Aufzunehmenden ausdrücklich vereinbart werden. Das geschieht durch Abschluß eines Versicherungsvertrages. Dieser Abschluß kann im Gefolge haben und hat regelmäßig im Gefolge eine Reihe von Rechten und Pflichten des Versicherten, welche über den Rahmen eines Versicherungsvertrages hinausgehen und sich auf das Funktionieren des Vereins beziehen; wir wollen sie im Gegensatz zu den Versicherungs-Rechten und -Pflichten als Gesellschafts-Rechte und Pflichten der Mitglieder bezeichnen."

Als „Individualrechte" bezeichnet *Victor Ehrenberg*[44] ausdrücklich „alle reinen Versicherungsrechte, die eben auf dem mit der Gesellschaft abgeschlossenen Versicherungsvertrage beruhen". Er hebt hervor, daß die Mitgliedschaft als solche eines wirksamen rechtlichen Schutzes entbehre, und weiter heißt es bei *Victor Ehrenberg*[45]:

> „Der Versicherte hat kein Recht auf Mitgliedschaft, die Mitgliedschaft kann ihm – soweit das Verhältnis nicht auf bestimmte Zeit oder lebenslänglich eingegangen ist – ohne jeden Grund, meist sogar einfach durch den Vorstand gekündigt werden: hier dominiert also vollständig der Versicherungsvertrag über das gesellschaftliche Element dieses eigentümlichen Rechts-

[41] *Bütow,* 1883, S. 33; Vivante, Baumgartners Zeitschrift für Versicherungsrecht und -wissenschaft, 1895, Band 1, S. 31ff; *derselbe,* Ehrenzweigs Jahrbuch XIV 1 S. 123.
[42] *Rüdiger,* 1885, S. 35f; *derselbe,* 1887, S. 35f.
[43] *Victor Ehrenberg,* 1893, S. 129f.
[44] *Victor Ehrenberg,* 1893, S. 134.
[45] *Victor Ehrenberg,* 1893, S. 139f; zustimmend *Hoepfner,* 1928, S. 27.

verhältnisses. Dazu kommt, daß der Versicherungsvertrag stets das Primäre ist, daß er allein für den Erwerb oder Nichterwerb der Mitgliedschaft entscheidet (oben S. 129f.), daß der Zweck der ganzen Mitgliedschaft sich in ihm erschöpft, endlich daß er in den wichtigsten Beziehungen sich überhaupt gar nicht von dem einseitigen Versicherungsvertrag unterscheidet."

Während *Victor Ehrenberg* auf das Rechtsverhältnis zwischen Mitglied und Versicherungsverein abstellt und dabei den Versicherungsvertrag als dominierend hinstellt[46], geht *Lehner*[47] einen Schritt weiter und nimmt konkret an, daß „nur ein Vertrag vorliegt und zwar nicht ein Mitgliedsvertrag, sondern ein Versicherungsvertrag", zu dem Elemente hinzukämen, die „genossenschaftliche oder gesellschaftliche" genannt werden könnten.

Und *Dittrich*[48] ist der Überzeugung, „daß das Versicherungsverhältnis zwischen dem Versicherungsverein a.G. und seinen Mitgliedern auf einem Versicherungsvertrag beruht, genau wie das Verhältnis zwischen einer Versicherungsaktiengesellschaft und den bei ihr Versicherten, daß aber jenes Versicherungsverhältnis durch die gleichzeitige Mitgliedschaft der Versicherten Modifikationen erleidet, die den rechtlichen Charakter des Versicherungsvertrages als solchen nicht beeinflussen". Er lehnt ausdrücklich die Ansicht derjenigen ab, „welche den Versicherungsvertrag durch einen Mitgliedsvertrag ersetzt wissen wollen, und welche auch die versicherungsrechtlichen Rechte und Pflichten nur als Ausfluß des abgeschlossenen Gesellschaftsvertrages auffassen". Und er spricht sich gegen die Meinung derjenigen aus, „welche zwei völlig getrennte Verträge zur Begründung des Versicherungsverhältnisses annehmen: einen Gesellschafts- und einen Versicherungsvertrag".

Die Versicherungsvertragstheorie hat sich nicht durchgesetzt. Zutreffend hat *Riesenfeld*[49] die Unhaltbarkeit der Versicherungsvertragstheorie mit dem Satz begründet: „Ein individualrechtliches Schuldverhältnis kann nie mitgliedschaftliche Bestandteile enthalten."

4. Mitgliedschaftstheorie

Zur Erklärung der Rechtsbeziehungen zwischen Versicherungsverein und Mitglied stellte die Mitgliedschaftstheorie das einheitliche Rechtsverhältnis vollends in den Mittelpunkt der Überlegungen. Die ersten Ansätze für eine Mitgliedschaftstheorie finden sich bei *Sievers*. *Sievers*[50] geht davon aus, „daß sich Mitgliedschaft und Versicherungsverhältnis gegenseitig bedingen und beide in einem einheitlichen Rechtsakte ihren Ursprung haben". Der Versicherte schließe nicht zwei Verträge mit dem Vereine ab, einen über die Versicherung und einen über seinen Beitritt, sondern einen einheitlichen Vertrag, der beide Elemente enthalte[51]. Ähnlich läßt sich auch *Wörner*[52] ein:

„Durch den Aufnahmevertrag werden alle Rechtsbeziehungen zwischen Verein und Mitglied geordnet, ein besonderer Versicherungsvertrag, auf dem die Versicherungsnahme des Mitglieds

[46] Vgl. nur *Victor Ehrenberg*, 1893, S. 139f.
[47] *Lehner*, 1897, S. 34.
[48] *Dittrich*, 1905, S. 44.
[49] *Riesenfeld*, 1932, S. 134.
[50] *Sievers*, ZHR 48 (1899), 566; ähnlich *R. Mueller*, ZVersWiss 11 (1911), 16; *Kerschbaum*, 1927, S. 58.
[51] *Sievers*, ZHR 48 (1899), 566.
[52] *Wörner*, Versicherungsverein, 1904, S. 81; ebenso *Curt Schmidt*, 1922, S. 40.

beim Verein beruht, wird neben ihm nicht noch geschlossen ... Einen Versicherungsvertrag im technischen Sinn, wie er mit Erwerbsversicherungsunternehmungen eingegangen wird, schließt das Mitglied eines V. a. G. mit dem Verein nicht ab, auch nicht einen besonders gearteten Versicherungsvertrag; die von ihm mit dem Verein getroffene Vereinbarung ist lediglich ein regelrechter Aufnahmevertrag. Die diesen Vertrag als eigenartigen Aufnahmevertrag charakterisierenden Merkmale bestehen, wie gesagt, darin, daß der Aufgenommene als Mitglied zugleich Versicherungsnehmer bei dem Verein wird, d. h. in ein Versicherungsverhältnis zum Verein tritt, auf das nach Inhalt und Wirkung die Grundsätze des Versicherungsvertragsrechts entsprechende Anwendung finden".

Und an anderer Stelle sagt *Wörner*[53] weiter:

„In der Regel pflegt dem Aufgenommenen über den Abschluß des Aufnahmevertrags eine Urkunde, der sog. Versicherungsschein (Police), ausgehändigt zu werden, der die zwischen dem Verein und dem einzelnen Mitglied geschaffene Rechtslage im einzelnen bekundet".

Mitgliedschaft und Versicherungsnahme werden nach Auffassung von *Wörner* durch einen „einzigen Rechtsakt" begründet[54]. Alle Rechte und Pflichten, die ein Vereinsmitglied hat, stellen sich nach seiner Meinung „als Ausfluß der Mitgliedschaft" dar[55].

Auch *Moldenhauer*[56] betont, daß „jedes Mitglied als solches in einem Versicherungsverhältnis zum Verein steht". Mitgliedschaft und Versicherungsverhältnis würden einander bedingen, kein Mitglied, das nicht Versicherter wäre.

Und *Leibl*[57] schreibt:

„Das VAG geht davon aus, daß die Mitglieder eines VVaG stets auch in einem Versicherungsverhältnis zu dem Verein stehen müssen. Der Erwerb der Mitgliedschaft setzt daher die Begründung eines Versicherungsverhältnisses mit dem Verein voraus (§ 20 Satz 2). Hierbei liegt aber nicht die Anschauung zugrunde, daß zwischen dem VVaG und seinen Mitgliedern ein doppeltes Vertragsverhältnis bestehe, in dem über die Mitgliedschaft und die Versicherung je ein besonderer Vertrag abgeschlossen werde, sondern das Gesetz betrachtet die Versicherungsrechte und -pflichten als einen Ausfluß aus dem Mitgliedschaftsverhältnis, legt also einen Rechtsakt dem gesamten Rechtsverhältnis zwischen Mitglied und VVaG zugrunde. Soweit es sich um das Vertragsverhältnis nach der Seite der Versicherung hin handelt, findet das VVG Anwendung (§ 1 Abs. 2 Satz 2 VVG).

Meerkatz[58] geht zwar im Ansatz von einem Versicherungsvertrag aus. Er lehnt es aber ab, „den Vertrag als Versicherungsvertrag, wie solcher auch bei der Spekulationsversicherung abgeschlossen wird", anzusehen. Er[59] sagt dann weiter:

„Die Wahrheit liegt zwischen dieser Ansicht und derjenigen, die den Vertrag als reinen Aufnahmevertrag betrachtet. Es ist weder ein bloßer Aufnahme- noch ein bloßer Versicherungsvertrag im technischen Sinne, sondern eine Kombination aus beiden, die einen contractus sui generis darstellt und den man vielleicht als „Versicherungsaufnahmevertrag" bezeichnen könnte. Zum Inhalt hat derselbe Versicherungs- und Mitgliedschaftsverhältnis in gleicher Weise. Jedoch ist zu bemerken, daß sich die Rechte und Pflichten einerseits aus dem Versicherungsverhältnis, andererseits aus dem Mitgliedschaftsverhältnis, zum Teil mit gleicher Berechtigung aus beiden herleiten lassen. Wenn dies letztere der Fall ist, wird man wohl mit Recht annehmen, daß sie aus dem Versicherungsverhältnis als dem überwiegenden Bestandteil des Vertrages herrühren. Unter Berücksichtigung dieser beiden Bestandteile läßt sich eine Definition des Vertrages folgendermaßen geben:

---

[53] *Wörner*, Versicherungsverein, 1904, S. 82.

[54] *Wörner*, Versicherungsverein, 1904, S. 21; ebenso *Curt Schmidt*, 1922, S. 40; ähnlich *Köbele*, 1965, S. 31.

[55] *Wörner*, Versicherungsverein, 1904, S. 22.

[56] *Moldenhauer*, 1903, S. 81.

[57] *Leibl*, 1913, S. 54.

[58] *Meerkatz*, 1910, S. 19.

[59] *Meerkatz*, 1910, S. 19f.

Der Versicherungsaufnahmevertrag ist ein gegenseitiger Konsensualvertrag im Sinne des B.G.B., durch den der Versicherer, der Verein, verpflichtet wird, seinen Versicherungsnehmern, den Vereinsmitgliedern, unter Gewährung gewisser Vereinsrechte vor den Folgen bestimmter wirtschaftlich nachteiliger Ereignisse Deckung zu gewähren, während der Versicherungsnehmer verpflichtet wird, für seinen Teil unter Uebernahme bestimmter Mitgliedschaftspflichten zur Ausgleichung der vom Versicherer gewährten Deckung durch Zahlung eines Entgelts beizutragen."

Auch *Hagen*[60] sieht das Rechtsverhältnis zwischen Versicherungsverein und Versicherungsnehmer „als reines Mitgliedsverhältnis und die Versicherungsrechte und -pflichten nur als Ausflüsse der Mitgliedschaft". Und Ruth[61] betont, daß es „einer Beitrittserklärung und der Aufnahme in den Verein als körperschaftlichen Gesamtwillensakts" bedürfe, „um die Mitgliedschaft entstehen zu lassen". Er sagt weiter:

„Nur bleibt dieser Rechtsakt ohne Wirkung, wenn nicht die Begründung eines Versicherungsvertrags als weiteres Element des die Mitgliedschaft zur Entstehung bringenden rechtsgeschäftlichen Gesamtvorgangs hinzutritt. Dabei kann der Versicherungsvertrag den übrigen Erklärungen auch nachfolgen. Der Wille zum Beitritt und zur Aufnahme muß auf Seiten der Beteiligten vorhanden und erklärt sein. Fehlt es daran überhaupt, so wird der Versicherungsnehmer durch Abschluß des Versicherungsvertrags nicht Mitglied. Andererseits bleibt aber auch der Versicherungsvertrag wirkungslos, wenn ihm der übrige zum Mitgliedschaftserwerb erforderliche Akt nicht nachfolgt. Nur in Ausnahmefällen kann in dem Abschluß des Versicherungsvertrags auch gleichzeitig die Beitrittserklärung und Aufnahme als damit schlüssig erklärt angenommen werden. Eine allgemeine Vermutung spricht dafür nur auf Seiten des Versicherers. Dieser wird sich der Tatsache, daß seine auf Abschluß des Versicherungsvertrags gerichtete Erklärung auch zugleich die Bereitwilligkeit zur Aufnahme des Kontrahenten als Mitglied ausdrückt, regelmäßig bewußt sein und mit seiner Erklärung auch den Willen zur Aufnahme zum Ausdruck bringen. Dagegen fehlt jeder Anhalt für eine gleiche Annahme auf Seiten des Versicherungsnehmers. Anders liegt die Sache lediglich dann, wenn die Satzung eine Bestimmung derart, daß jeder Versicherungsnehmer durch Abschluß des Versicherungsvertrags auch zugleich Mitglied wird, enthält und die Satzung zum Inhalt des Vertrags erklärt wird."

Auch in der Folgezeit setzt sich die Mitgliedschaftstheorie immer mehr durch. So beantworten *Koenige-Petersen*[62] die Frage nach der Art der Rechtsbeziehungen zwischen Versicherungsverein und Mitglied dahin, „daß ein Versicherungsvertrag vorliegt, der zugleich die Mitgliedschaft begründet und mit der Mitgliedschaft zugleich das Versicherungsverhältnis erlöschen läßt". Zur Begründung dieser Auffassung sind neben der Bestimmung des § 20 VAG noch § 26 VAG (Aufrechnungsverbot des Mitglieds gegen Beitragsforderung) und § 51 Abs. 1 Satz 2 VAG (Nachrang der Mitglieder im Konkursfall) angeführt worden[63].

Die Mitgliedschaftstheorie ist von Holzapfel in Frage gestellt worden. Zwar geht auch er von einem einheitlichen Vertrag zwischen Versicherungsverein auf Gegenseitigkeit und Mitglied aus[64]. Dieser Vertrag besteht aber nach seiner Überzeugung aus zwei sich gleichwertig gegenüberstehenden Teilen, nämlich dem Versicherungsvertrag und dem Aufnahmevertrag[65]. Er nennt den zwischen

---

[60] *Manes-Hagen,* 2. Auflage, 1909, § 20 Anm. 1; *Hagen,* in: Handbuch des gesamten Handelsrechts, 1922, S. 119; ebenso *R. Mueller,* ZVersWiss 11 (1911), 16; *Niethammer,* 1935, S. 16.

[61] *Ruth,* ZHR 88 (1926), 500.

[62] *Koenige-Petersen,* Privatversicherungsgesetz, 3. Auflage, 1927, § 20 Anm. 1.

[63] Siehe dazu *Holthöfer,* 1906, S. 93; *H. Holzapfel,* 1915, S. 27 f. m. w. Nw.

[64] *H. Holzapfel,* 1915, S. 13, 19; *Bruck,* 1930, S. 101; *Trabant,* 1935, S. 18; *Kremers,* 1925, S. 13.

[65] *H. Holzapfel,* 1915, S. 30; ebenso *Trabant,* 1935, S. 18; *Kremers,* 1925, S. 13; ablehnend *Riesenfeld,* 1932, S. 137 f.

Versicherungsverein und Mitglied bestehenden Vertrag in Anlehnung an Meerkatz[66] Versicherungs-Aufnahmevertrag[67]. Dieser Versicherungs-Aufnahmevertrag ist seiner Ansicht nach ein contractus sui generis[68], der auf § 20 VAG beruht[69]. Die Auffassung von *Meerscheidt-Hüllessen*[70], der einen gemischten Vertrag annimmt, lehnt *Holzapfel* ab[71].

Riesenfeld[72] hat dagegen wieder betont, „daß bei der Mitgliedschaft des Gegenseitigkeitsvereins nicht zwei verschiedene, bloß unorganisch verknüpfte Rechtsverhältnisse vorliegen, sondern nur ein einziges einheitliches, welches daher auch durch ein einheitliches Geschäft begründet wird". Beim Versicherungsverein auf Gegenseitigkeit handele es sich um eine „Mitgliedschaft mit eingekapseltem Versicherungsverhältnis"[73].

Auch *Julius von Gierke*[74] sah die Verbindung von Mitgliedschaft und Versicherungsverhältnis als so stark an, daß ein „eigenartiges, einheitliches Rechtsverhältnis" anzunehmen sei, das besonderen Rechtssätzen unterliege.

Müller-Erzbach[75] geht dagegen wohl von einem eigenen Rechtsverhältnis aus, „wenn ein Versicherungsverein a. G. einem Mitgliede eine Versicherung gewährt".

Und wie weiland Wörner nehmen *Fromm-Goldberg*[76] und *Goldberg/ Müller*[77] an, daß nicht zwei Verträge abgeschlossen werden, sondern Mitgliedschaft und Versicherungsverhältnis sich gegenseitig bedingen, und beide in einem „einheitlichen Rechtsakt" ihre Grundlage haben.

Auch *Haasen*[78] geht davon aus, daß „beim Eintritt in einen VVaG nicht zwei selbständige Verträge, ein Versicherungsvertrag und ein Gesellschaftsvertrag, abgeschlossen werden, sondern daß beide Verhältnisse in Entstehung und Fortbestand zu einem einheitlichen Ganzen verschmolzen sind".

Und vor noch nicht allzu langer Zeit stand bei *Eichler*[79] zu lesen:

> „Zwischen dem Verein und seinen Mitgliedern besteht neben der Mitgliedschaft ein Versicherungsverhältnis, die beide zusammen ein einheitliches Rechtsverhältnis darstellen, so daß jedes Mitglied Versicherungsnehmer ist."

Andere Autoren[80] heben hervor, daß den Versicherungsverein auf Gegenseitigkeit und seine Mitglieder ein einheitliches Mitgliedschaftsverhältnis verbin-

---

[66] *Meerkatz*, 1910, S. 19.

[67] *H. Holzapfel*, 1915, S. 30; ebenso *Kremers*, 1925, S. 13; dagegen *Hoepfner*, 1928, S. 27.

[68] So auch *Meerkatz*, 1910, S. 19; *Kremers*, 1925, S. 13; *Hoepfner*, 1928, S. 27; *Bruck*, 1930, S. 101; *Trabant*, 1935, S. 18.

[69] *H. Holzapfel*, 1915, S. 36f.

[70] *von Meerscheidt-Hüllessem*, Deutsche Juristen-Zeitung 1910, Sp. 854, 858.

[71] *H. Holzapfel*, 1915, S. 36.

[72] *Riesenfeld*, 1932, S. 97.

[73] *Riesenfeld*, 1932, S. 98; ebenso *Bannier*, 1936, S. 42; ähnlich *Möller*, in: Festschrift Karl Haff, 1950, S. 310; *Bruck-Möller* VVG I, 1961, § 1 VVG Anm. 36.

[74] *Julius von Gierke*, Versicherungsverein, 1942, S. 41; *derselbe*, Versicherungsrecht, 1947, § 15 a IV 1, S. 34.

[75] *Müller-Erzbach*, 1948, S. 52.

[76] *Fromm-Goldberg*, 1966, § 20 VAG Anm. 2.

[77] *Goldberg/Müller*, 1980, § 20 VAG Rdn. 1 und 9; ebenso Dreher, 1991, S. 51.

[78] *Haasen*, 1955, S. 38.

[79] *Eichler*, 1976, S. 69.

[80] *Krumbholz*, 1950, S. 60f; *Kisch*, Versicherungsverein, 1951, S. 167; *Peter Frey*, 1959, S. 34; *Imberg*, 1963, S. 65; *Stelkens*, 1965, S. 72f; *Zier*, 1968, S. 109; *Kraus*, 1971, S. 168; *Machek*, in:

de, das ein Versicherungsverhältnis und ein genossenschaftliches Verhältnis umfasse.

Für *Baumann*[81] ist das Rechtsverhältnis zwischen Versicherungsverein auf Gegenseitigkeit und Versicherungsnehmer ein einheitliches Rechtsverhältnis, das körperschaftsrechtliche und versicherungsrechtliche Elemente umschließt, jedenfalls wenn es um einen Versicherungsverein auf Gegenseitigkeit mit Kooptationsprinzip geht.

Betrachtet man diese Aussagen, ist festzustellen, daß die Mitgliedschaftstheorie die organisationsrechtlichen Beziehungen des Mitglieds aufgrund der Satzung des Versicherungsvereins auf Gegenseitigkeit weitgehend in den Hintergrund treten läßt.

5. Rückkehr zur Mehrheitstheorie?

Erste Ansätze zu einer Rückkehr zur Mehrheitstheorie sind bei *Farny* zu finden. Zwar gehört *Farny* zu den Vertretern der Mitgliedschaftstheorie. Bei *Farny*[82] ist aber auch zu lesen, daß die Beziehungen zwischen den Mitgliedern und dem Versicherungsverein doppelgleisig angelegt seien, „nämlich (1) als mitgliedschaftliche (körperschaftliche) Beziehung und (2) als versicherungsvertragsrechtliche und wirtschaftliche Beziehung als Folge einer autonomen marktwirtschaftlichen Entscheidung, ein bestimmtes Risiko gegen Zahlung eines Beitrags auf den VVaG zu übertragen und zu diesem Zweck ein Mitgliedschaftsverhältnis einzugehen".

Und erst kürzlich hat *Schüler*[83] darauf hingewiesen, daß der Versicherungsnehmer „in der Rechtsform des VVaG im Grunde eine Gesellschafterfunktion" habe. Er werde aber „hinsichtlich der Überschußbeteiligung ausschließlich als Gläubiger behandelt, denn das Unternehmen deklariert jede Zuweisung dieser Art als Aufwand". Und früher hat schon *Bruck*[84] gemeint, daß die gegen feste Prämie Versicherten Vereinsgläubiger seien, „deren Forderungen unter Umständen durch Nachschüsse der Vereinsmitglieder zu befriedigen sind".

Festschrift für *Walther Kastner,* 1972, S. 269, 277; *Jörns,* 1974, Fußnote 3, S. 20; *Brenzel,* 1975, S. 72; *Reckhenrich,* 1987, S. 109; *Farny,* Versicherungsbetriebslehre, 2000, S. 191.

[81] *Baumann,* Versicherungsverein, 1986, S. 33.

[82] *Farny,* Versicherungsbetriebslehre, 2000, S. 191; *derselbe,* ZVersWiss 73 (1984), 339; *Müller-Wiedenhorn,* S. 37, folgt zwar der Mitgliedschaftstheorie (auch Einheitstheorie genannt), sieht aber, daß in der weiteren Entwicklung die Mitgliedschaftsrechte und die Rechte aus dem Versicherungsverhältnis voneinander getrennt werden können. Nach *Mohr,* VW 1999, 150, verselbständigen sich die Mitgliedschaftsrechte aus neuerer Sicht mehr und mehr. Auch *Hübner,* in: Grundlagen des Versicherungsvereins auf Gegenseitigkeit, 1995, S. 158, 167 hält es für möglich und in Zukunft – im Hinblick auf die Deregulierung im EU-Binnenmarkt – für geboten, zwischen den Rechtsbeziehungen aus der Mitgliedschaft und den Rechtsbeziehungen aus dem Versicherungsverhältnis zu unterscheiden. Die Satzung könne eine Trennung von Versicherungsverhältnis und Mitgliedschaft vorsehen. *Hübner* wird deshalb als Vertreter der Mehrheitstheorie (auch Trennungstheorie genannt) bezeichnet (so bei *Lüer,* VersR 2000, 407, Fußnote 10, S. 408). Ebenfalls mit eingehender Begründung für die Mehrheitstheorie *Fahr,* in: Fahr/Kaulbach, 1997, § 15 VAG Rdn. 5; *Weigel,* in: Prölss/Schmidt, 1997, § 20 VAG Rdn. 9. Für die Einheitstheorie noch *Lüer,* VersR 2000, 407, 408 vor allem mit Verweis in Fußnote 10 auf die Motive zum VAG, Nachdruck Berlin 1963, Begründung zu § 20 VAG, Spalte 62.

[83] *Schüler,* ZVersWiss 81 (1992), 245.

[84] *Bruck,* 1930, S. 91.

Es ist von daher vor allem das Verdienst von *Farny und Schüler* ins Bewußtsein zurückgerufen zu haben, daß beim Versicherungsverein auf Gegenseitigkeit grundsätzlich zwei Beziehungen zu unterscheiden sind.

a) Gesellschaftsrechtliche Beziehung. Die eine Rechtsbeziehung betrifft die organisationsrechtlichen Regelungen der Satzung[85]. Zum organisationsrechtlichen Inhalt der Satzung rechnen vor allem die Festlegung des Vereinszwecks, die Wahl der Rechtsform sowie die Bestimmungen über Bildung, Verfahren der Willensbildung (Einberufung, Beschlußfassung) und Zuständigkeit der Organe[86]. Von daher geht es bei dieser Rechtsbeziehung letztlich um organisationsrechtliche Rechte und Pflichten, die aus der Satzung als Organisationsvertrag herrühren. Insoweit bestehen zwischen dem Mitglied eines Versicherungsvereins auf Gegenseitigkeit und einem Aktionär oder einem Gesellschafter einer GmbH oder einem Kommanditisten einer Publikums-KG grundsätzlich keine Unterschiede. Sie sind alle Mitglieder eines Verbandes, dem sie beitreten und wieder verlassen können. Während der Dauer ihrer Zugehörigkeit zum Verband haben sie Rechte und Pflichten, die den Verband in seiner Gesamtheit betreffen.

b) Schuldrechtliche Beziehung. Es ist eine Besonderheit des Versicherungsvereins auf Gegenseitigkeit, daß beitretende Mitglieder stets zugleich einen Versicherungsvertrag im Sinne des § 1 VVG mit der Gesellschaft abschließen. Daß der Versicherungsvertrag ein Austauschverhältnis ist und daß der Versicherungsbeitrag das Entgelt für die Leistung des Versicherers darstellt, ist gesicherte herrschende Meinung[87].

Äußerlich betrachtet, handelt es sich bei diesen Versicherungsgeschäften um Drittgeschäfte[88] zwischen der Korporation und ihren Mitgliedern. Charakteristisch für diese Art von Geschäften ist, daß das Mitglied dem Verein tatsächlich „wie ein Dritter" gegenübersteht[89].

Drittgeschäfte sollen jedoch grundsätzlich nur dann zu einer gesonderten schuldvertraglichen Austauschbeziehung führen, wenn korporative Rechte und Pflichten nicht berührt werden[90], d.h. das Drittgeschäft der körperschaftsfreien Sphäre des Vereins zugeordnet werden kann, was nicht der Fall sein soll, wenn der Zweck des Vereins gerade darin liegt, die in Rede stehenden Austauschbeziehungen einzugehen[91]. Und gerade beim Versicherungsverein auf Gegenseitigkeit liegt der Vereinszweck in der Begründung von Versicherungsverhältnissen (§§ 15, 20 VAG). Von daher ist verständlich, wenn *Rehm*[92] meint, daß das Mitglied des Versicherungsvereins „nicht zugleich Gläubiger und Drittschuldner sei".

---

[85] Vgl. *van Look,* 1990, S. 98.

[86] Vgl. *van Look,* 1990, S. 98.

[87] Vgl. *Opfermann,* 1911, S. 15; *Haymann,* 1933, S. 11ff; *Güldner,* 1939, S. 44ff; *Bruck-Möller* VVG I, 1961, § 1 VVG Anm. 36; *Schmidt-Rimpler,* 1968, S. 67; *Eichler,* 1976, S. 33f; *van Look,* 1990, Fußnote 76, S. 104 unter Berufung auf BVerwG NJW-RR 1987, 474; NJW 1987, 1900, 1901; *Gerrit Winter,* ZVersWiss 80 (1991), 216; *Präve,* ZVersWiss 80 (1991), 389; *Schulze,* ZRP 1991, 311, 312; BeschlKE vom 25. 2. 1986, VerBAV 1986, 262, 263f.

[88] Dazu *Kohler,* 1992, S. 192ff.

[89] Siehe zum Genossenschaftsrecht BGHZ 103, 219, 222 = NJW 1988, 1729, 1730; *Reichert,* 1999, Rdn. 522f, S. 167f.

[90] Vgl. *van Look,* 1990, S. 96f; *Kohler,* 1992, S. 194.

[91] Siehe dazu KG, MDR 1985, 230; ferner zur Problematik BGHZ 110, 156; BGHZ 109, 152; BGHZ 105, 306, 322 = NJW 1989, 1726.

[92] *Rehm,* 1911, S. 109.

Andererseits darf nicht übersehen werden, daß der Gesetzgeber das Versicherungsverhältnis und das Mitgliedschaftsverhältnis nicht als eine untrennbare Einheit ansieht. Er spricht einerseits von der Satzung (vgl. § 17 VAG) und andererseits vom Versicherungsvertrag (vgl. § 14 VAG). Der Gesetzgeber unterscheidet danach sehr wohl zwischen dem Organisationsvertrag (Satzung), also der gesellschaftsrechtlichen Beziehung, und dem Versicherungsvertrag, der schuldrechtlichen Beziehung.

Dies kommt vor allem darin zum Ausdruck, daß wie bei der Aktiengesellschaft auch beim Versicherungsverein auf Gegenseitigkeit der mit dem Mitglied abgeschlossene Versicherungsvertrag auf ein anderes Unternehmen übertragen werden kann (vgl. § 14 VAG). Auch das Reichsgericht nahm das Sein der Satzung und des Versicherungsvertrages als Tatbestand zur Kenntnis, ohne jedoch von einem einheitlichen Rechtsverhältnis im Sinne e i n e s Vertrages zu sprechen[93].

Bei näherer Betrachtung zeigt sich daher, daß auch beim Versicherungsverein auf Gegenseitigkeit Gläubigerrechte der Mitglieder, die aus der Mitgliedschaft erwachsen (z.B. ein gemäß § 38 VAG verteilter Überschuß), von den „reinen Gläubigerrechten (Drittgläubigerrechte), die etwa aus Darlehen, Kauf, Dienstvertrag" oder wie hier aus dem Versicherungsvertrag entstehen, zu unterscheiden sind[94]. Zutreffend führt *Rüdiger*[95] aus, daß beim großen Versicherungsverein auf Gegenseitigkeit jeder Versicherte zwei verschiedene Arten von Rechten besitze: „der Versicherte hat hier nämlich a) Vertragsrechte aus dem mit der Korporation abgeschlossenen Versicherungsvertrage, und b) er nimmt als Mitglied der Korporation theil an der Verwaltung derselben und an dem Nutzen, den die Korporation aus dem Betriebe des Versicherungsgeschäftes erzielt."

Staudinger ist nach alledem darin beizupflichten, daß zwei Vertragsverhältnisse zu sehen sind, nämlich nach heutigem Rechtsverständnis der Organisationsvertrag (also die Satzung des Versicherungsvereins auf Gegenseitigkeit) und der Versicherungsvertrag[96]. Außerdem wird im Falle des nachträglichen Beitritts zum Versicherungsverein auf Gegenseitigkeit die Einbeziehung in die Rechte und Pflichten des Organisationsvertrags durch den Beitrittsvertrag bewirkt.

V. Rechte und Pflichten des Mitglieds aus dem Versicherungsvertrag

1. Der Versicherungsvertrag

Der Versicherungsverein auf Gegenseitigkeit „gibt seinen Mitgliedern einen Anspruch darauf, gewisse Risiken unter Versicherung zu bringen und zu halten"[97]. Mit dem Abschluß eines Versicherungsvertrags und dem hiermit verbundenen Beitritt zum Versicherungsverein auf Gegenseitigkeit richten sich die Leistungsrechte und -pflichten des Vereinsmitglieds in der Regel nach dem von ihm

[93] RG, 29.12 1903, RGZ 56, 292 ff; RG, 27. 4. 1926, RGZ 113, 278 ff.
[94] Vgl. für die AG: *Meyer-Landrut*, in: Großkomm. AktG, 1973, § 1 Anm. 37.
[95] *Rüdiger*, ZVersWiss 1 (1901), 164, 171.
[96] Vgl. für den PSVaG *Fehns*, 1995, S. 16, die strikt das privatrechtliche Mitgliedschaftsverhältnis von dem daneben bestehenden Versicherungsverhältnis trennt.
[97] *Müller-Erzbach*, 1948, S. 257.

als Versicherungsnehmer abgeschlossenen Versicherungsvertrag und den diesem Vertrag zugrundeliegenden Vertragsbedingungen.

Der Versicherungsvertrag im Sinne von § 1 VVG regelt, welche Leistungen das Vereinsmitglied als Versicherungsnehmer für den Versicherungsschutz im voraus – sofort oder laufend – für die Dauer des Versicherungsvertrages zu erbringen hat und welche Leistungen der Versicherungsverein auf Gegenseitigkeit als Versicherer verspricht. Das Versprechen des Versicherers setzt Vertrauen in die Leistungsfähigkeit des Versicherers voraus und dieses Vertrauen ist die Grundlage jeder Versicherung. Dies gilt im besonderen Maße für die Lebensversicherung, weil dort die Leistung in der Regel erst viele Jahre, oft Jahrzehnte, nach dem Abschluß des Vertrages geschuldet wird[98].

Das Leistungsversprechen des Versicherers beurteilt sich in der Regel nach den dem Versicherungsvertrag zugrundeliegenden Vertragsbedingungen[99], die im Interesse großer Markttransparenz in der Branche sehr stark vereinheitlicht sind[100]. *Sievers*[101] war noch der Meinung, „daß die Allgemeinen Versicherungsbedingungen beim Gegenseitigkeitsvereine ihrer rechtlichen Natur nach Vereinssatzung (Sozialrecht) sind, einerlei ob sie äußerlich einen Bestandtheil der Satzung bilden oder getrennt von ihr aufgestellt sind".

Die Vertragsbedingungen unterliegen der AGB-Kontrolle[102]. Die AGB-Kontrolle ist auch dann zulässig, wenn die Allgemeinen Versicherungsbedingungen in der Satzung des Versicherungsvereins ganz oder teilweise enthalten sind[103].

Im Rahmen der AGB-Kontrolle ist das sog. Transparenzgebot von besonderer Bedeutung[104]. Nach Einrichtung des gemeinsamen europäischen Marktes und

---

[98] Vgl. *August Angerer,* in: Festschrift für Heinz Gehrhardt, 1975, S. 5; *derselbe,* ZfV 1982, 582.

[99] Zum Urheberschutz von Versicherungsbedingungen siehe *Emil Frey,* VersArch 1957, 21, 27; *Reimer Schmidt,* ZVersWiss 53 (1964), 319ff; *Brieger-Lutter,* ZfV 1992, 604ff; ZfV 1993, 8ff; ZfV 1993, 36ff; *Klingmüller,* in: Festschrift für Hans Carl Nipperdey, 1965, S. 471ff; *Nordemann,* ZVersWiss 84 (1995), 129ff; *Fricke,* VersR 1997, 162ff.

[100] Dazu *Rieger,* in: Festgabe für Wilhelm Seuß, 1981, S. 181ff. Zur Kartellaufsicht siehe *Klaue,* ZVersWiss 75 (1986), 1ff, und zur Gruppenfreistellung der EG-Kommission bei empfohlenen Allgemeinen Versicherungsbedingungen siehe *Georg Büchner,* in: Dieter Farny und die Versicherungswissenschaft, 1994, S. 45ff; *von Fürstenwerth,* WM 1994, 365ff; *derselbe,* in: Festschrift für Horst Baumann, 1999, S. 77, 82ff.

[101] *Sievers,* ZHR 48 (1899), 587f.

[102] Siehe hierzu *Brandner,* in: Festschrift für Fritz Hauß, 1978, S. 1ff.; *Pfeiffer,* in: Festschrift für Robert Schwebler, 1986, S. 399ff; *Schirmer,* in: Festschrift 125 Jahre CONCORDIA, 1989, S. 35ff.; *Benkel/Hirschberg,* 1990, Einl. Rdn. 1ff; *Schwintowski,* VersR 1994, 646, 649ff; *Präve,* Versicherungsbedingungen und AGB-Gesetz, München, Beck, 1998, S. 117ff; *Werber,* in: Festschrift für Horst Baumann, 1999, S. 359, 376f; OLG Hamburg, Urteil vom 16. 2. 1993, VersR 1993, 1344ff: Grundsätzlich auch der Unternehmenstarif.

[103] *Sieg,* VersR 1977, 489; *Horn,* in: Wolf/Horn/Lindacher, 4. Auflage, 1999, § 23 AGBG Rz 79; *Ulmer,* in: *Ulmer-Brandner-Hensen,* 9. Auflage, 2001, § 23 AGBG Rdn. 22; *Prölss-Schmidt-Frey,* 1989, § 17 VAG Rdn. 5; Kohler, 1992, S. 203; a. A. *von Westphalen,* in: Löwe/von Westphalen/Trinkner, § 23 AGBG Rdn. 15; *Goldberg/ Müller,* § 10 VAG Rdn. 2.

[104] Vgl. BGH 11. 2. 1992 – XI ZR 151/91 DB 1992, 678ff; ferner aus dem umfangreichen Schrifttum zu diesem Thema: *Canaris,* in: Festschrift für Ernst Steindorff, 1990, S. 547; *Hellner,* in: Festschrift für Ernst Steindorff, 1990, S. 573ff; *Köhler,* in: Festschrift für Ernst Steindorff, 1990, S. 639; *Koller,* in: Festschrift für Ernst Steindorff, 1990, S. 667ff; *Harm Peter Westermann,* in: Festschrift für Ernst Steindorff, 1990, S. 817ff; *derselbe,* in: Festschrift für Heinsius, 1991, S. 931ff; *Baumann,* in: Geburtstags-Schrift für Georg Büchner, 1991, S. 271; *Bernreuther,* BB 1993, 1823ff; *Sieg,* VersR 1993, 1305, 1307f; *Heinrichs,* NJW 1994, 1380, 1384.

dem damit verbundenen Wegfall der Bedingungskontrolle durch das Bundesaufsichtsamt für das Versicherungswesen wird die Bedeutung des Transparenzgebots für die Versicherungsbedingungen zunehmen[105].

Die Diskussion um das Transparenzgebot wird die Tendenz fördern, verbraucherfreundliche Versicherungsbedingungen auch in der Sach- und Krankenversicherung anzubieten[106]. In der Lebensversicherung sind verbraucherfreundliche Bedingungen bereits eingeführt[107].

2. Beitragspflicht

a) Preisgestaltung. Bei Versicherungsvereinen auf Gegenseitigkeit hat die Satzung zu bestimmen, „ob die Ausgaben gedeckt werden sollen durch einmalige oder wiederkehrende Beiträge, die im voraus erhoben werden, oder durch Beiträge, die umgelegt werden je nach Bedarf" (§ 24 Abs. 1 VAG). Dementsprechend sieht z.B. § 18 Abs. 1 der Satzung der Alte Leipziger vor, daß die Gesellschaft zur Erfüllung der Versicherungsverpflichtungen im voraus fällige, einmalige oder laufende Beiträge erhebt.

Die Beitragspflichten des Vereinsmitglieds sind im Regelfall abschließend im Versicherungsvertrag geregelt, den das Vereinsmitglied mit dem Versicherungsverein abgeschlossen hat. Insofern folgen aus dem Versicherungsverhältnis grundsätzlich dieselben Rechte und Pflichten wie aus einem Versicherungsvertrag mit einer Aktiengesellschaft[108]. Üblich ist heute – wie auch die Satzung der Alte Leipziger zeigt – die Erhebung eines im voraus fälligen, einmaligen oder laufenden Beitrags. Dieser Beitrag wird wie bei der Aktiengesellschaft berechnet[109]. Er orientiert sich an den Marktverhältnissen und spiegelt den „Wettbewerb um Preis und Produkt" wider[110].

b) Preiskontrolle. Der Versicherungsverein auf Gegenseitigkeit war in der Kalkulation des Versicherungsbeitrags nicht frei. Die Versicherungsaufsicht übte insbesondere in der Lebensversicherung und der privaten Krankenversicherung sowie in der Kraftfahrzeug-Haftpflichtversicherung eine Preiskontrolle aus[111]. „Die Gefahr einer totalen Preiskontrolle" besteht schon aufgrund der Ermächtigungsnorm des § 81 VAG[112]. Im Zuge der Deregulierung sind die staatlichen Kontrollmöglichkeiten weitgehend beseitigt worden[113]. Ziel der Preiskontrolle war die Sicherstellung der kollektiven und der individuellen Äquivalenz von Leistung und Gegenleistung im Versicherungsvertrag[114]. Durch ein angemessenes

---

[105] Vgl. *Bundschuh,* 1992, S. 7; ähnlich *Hübner,* ZVersWiss 81 (1992), 109f.

[106] Muster für die Sachversicherung siehe bei *Haller/Ackermann,* 1992, Kapitel 3, zwischen Seite 26 und 27.

[107] Siehe hierzu *Benkel/Hirschberg,* 1990, Einl. Rdn. 36.

[108] *Reckhenrich,* 1987, S. 109.

[109] *Reckhenrich,* 1987, S. 51.

[110] Vgl. *Karten,* in: Festschrift für Robert Schwebler, 1986, S. 284.

[111] Dazu *Hübner,* in: Festschrift für Ernst Steindorff, 1990, S. 603ff; *Helmut Müller,* ZfV 1991, 625ff und ZfV 1992, 4ff; *Dieter Schneider,* WPg 1981, 134, 135.

[112] *Jürgen Prölss,* in: Festschrift für Karl Larenz, 1983, S. 523.

[113] Siehe hierzu *Fahr,* VersR 1992, 1039ff, 1046; *Claus,* ZfV 1994, 110ff, 139ff; *Präve,* ZfV 1994, 168ff, 199ff, 227ff.

[114] Vgl. *Karl Bischoff,* VerBAV 1957, 284; *Nowak,* Die Versicherungspraxis 1971, 67, 68.

Verhältnis von Leistung und Gegenleistung sollte der Versicherungsnehmer zugleich vor zu hohen Versicherungsbeiträgen geschützt werden[115].

Ähnlich der Versicherungsaufsicht spricht die Versicherungsbetriebslehre vom „gerechten" Beitrag oder der „sog. fairen Prämie"[116]. Der Versicherungsbeitrag soll dem gedeckten Risiko äquivalent und grundsätzlich auf der Basis des Kostendeckungsprinzips so kalkuliert sein, daß das Risiko unerwartet hoher Schadens- oder Betriebskosten weitgehend von den Versicherungsnehmern getragen wird[117]. Dem Versicherer obliege es, „das Verhältnis der Versicherungsleistung zur Prämie im Sinne einer möglichst niedrigen Prämie zu optimieren"[118], was natürlich nicht bedeute, daß „die Optimierungfunktion die Erzielung von Gewinnen aus dem Versicherungsgeschäft" verbiete[119]. Nur in der Kraftfahrzeug-Haftpflichtversicherung wird den Versicherungsunternehmen ausdrücklich das Einkalkulieren eines Gewinns preisrechtlich zugestanden. § 14 TVO sieht vor, daß der Gewinn kalkulatorisch bis zu 3% des Versicherungsbeitrags erreichen darf.

VI. Organisationsvertragliche Pflichten und Rechte des Mitglieds

Mit Eintritt in den Versicherungsverein auf Gegenseitigkeit erwachsen dem Mitglied die organisationsvertraglichen Rechte und Pflichten, die sich aus Gesetz und Satzung ergeben.

1. Finanzierungspflicht

a) Ausgangslage. Eine Finanzierungspflicht in der Weise, daß die Mitglieder eine feste Einlage zu erbringen haben, um überhaupt Mitglied des Versicherungsvereins auf Gegenseitigkeit werden zu können, ist – und dies ist rechtsformtypisch – beim Versicherungsverein auf Gegenseitigkeit gesetzlich nicht vorgesehen. Insbesondere die Nichtausstattung mit einem festen Eigenkapital unterscheidet den Versicherungsverein auf Gegenseitigkeit von anderen Gesellschaftsformen. Der Gesetzgeber geht vielmehr davon aus, daß sich der Versicherungsverein auf Gegenseitigkeit aus einmaligen oder laufenden Beiträgen, die je nach Satzung und darauf beruhender versicherungsvertraglicher Vereinbarung fest, vor- oder nachschüssig zu zahlen sind, finanzieren kann (vgl. § 24 VAG).

Welche konkrete Beitragsleistung vom Mitglied zu erbringen ist, richtet sich nach dem mit dem Mitglied abgeschlossenen Versicherungsvertrag. Insoweit bestehen je nach der im Versicherungsvertrag getroffenen schuldrechtlichen Ver-

---

[115] *Bischoff,* 1960, S. 11; zur Rechtslage nach der Deregulierung *siehe Janotta-Simons,* ZfV 1992, 598 ff; *derselbe* ZfV 1993, 2 ff, 30 ff.

[116] Vgl. *Nowak,* VW 1966, 1358, 1359; *Jürgen Prölss,* in: Festschrift für Karl Larenz, 1983, S. 493; *Fritz,* VersArch 1958, 269 ff; *Braeß,* VersArch 1958, 257 ff; *Innami,* ZVersWiss 55 (1966), 17 ff; kritisch dazu *Seuß,* in: *Dieter Farny* und die Versicherungswissenschaft, 1994, S. 473 ff.

[117] Vgl. *Rohrbeck,* ZVersWiss 33 (1933), 207 ff; *Eisen/Müller/Zweifel,* 1990, S. 18; zum Äquivalenzprinzip siehe ferner *Emil Frey,* VersArch 1957, 21, 23; *Braeß,* VersArch 1958, 257 ff; *Kalwar/Stöhr,* VW 1976, 682; *Karten,* ZVersWiss 66 (1977), 186 ff; *Eisen,* ZVersWiss 69 (1980), 529, 538 ff; *Eichacker,* 1981, S. 90.

[118] *Jürgen Prölss,* in: Festschrift für Karl Larenz, 1983, S. 491; *Immani,* ZVersWiss 55 (1966), 17, 22 („ökonomisches Minimum").

[119] *Jürgen Prölss,* in: Festschrift für Karl Larenz, 1983, S. 493.

einbarung individuelle schuldrechtliche Zahlungsverpflichtungen der Vereinsmitglieder gegenüber dem Versicherungsverein auf Gegenseitigkeit.

b) Beschränkung der Finanzierungspflicht auf den Versicherungsbeitrag. Der Wettbewerb mit anderen Anbietern, insbesondere den Aktiengesellschaften, hat dazu geführt, daß Versicherungsvereine auf Gegenseitigkeit neue Mitglieder in erster Linie über den Abschluß von Versicherungsverträgen zu gewinnen versuchen, die die Zahlung eines festen, im voraus zu zahlenden Versicherungsbeitrages vorsehen.

Müssen sich große Versicherungsvereine auf Gegenseitigkeit im Wettbewerb wie Aktiengesellschaften verhalten und schließen sie, was die Regel ist, Versicherungsverträge zum „Festpreis" ab, beschränkt sich die Finanzierungspflicht des Mitglieds auf die Zahlung des versicherungsvertraglich vereinbarten Versicherungsbeitrags. Über den schuldrechtlich geschuldeten Versicherungsbeitrag hinaus kann der große Versicherungsverein auf Gegenseitigkeit, der sich satzungsgemäß für diese Finanzierungsform entschieden hat, dem Mitglied keine Finanzierungspflicht auferlegen. Denn die Satzung sieht in diesen Fällen keine Nachschußpflicht vor und schließt die Leistungskürzung aus (vgl. § 24 VAG).

c) Nachschußpflicht. Große Versicherungsvereine auf Gegenseitigkeit können sich aber auch für eine Finanzierung über „Beiträge, die im voraus erhoben werden" entscheiden (vgl. § 24 Abs. 1 VAG) und in der Satzung bestimmen, daß Nachschüsse vorbehalten sind (vgl. § 24 Abs. 2 VAG).

Finanzierungsformen, die eine Nachschußpflicht des Mitglieds vorsehen, sind heute vielfach aus Wettbewerbsgründen und wegen Erreichens der für eine dauerhafte Geschäftstätigkeit erforderlichen Betriebsgröße und Kapitalausstattung in der Satzungswirklichkeit vor allem der großen Lebensversicherungsvereine auf Gegenseitigkeit nicht mehr anzutreffen[120]. In der Sachversicherung finden sich aber auch heute noch zahlreiche große Versicherungsvereine auf Gegenseitigkeit, die sich die Erhebung von Nachschüssen vorbehalten[121]. Beispielhaft sei folgende Nachschußpflichtklausel einer Satzung zitiert:

> „Reichen die laufenden Einnahmen eines Geschäftsjahres und die verfügbaren Rücklagen zur Deckung der Ausgaben des Geschäftsjahres nicht aus, so haben die Mitglieder, auch die, die während dieses Geschäftsjahres ausgeschieden und eingetreten sind, den Fehlbetrag durch Nachschüsse bis zur Höhe eines Jahresbeitrages aufzubringen.
>
> Zur Zahlung des Nachschusses sind die Mitglieder schriftlich mit einer Frist von mindestens 2 Wochen aufzufordern.
>
> Die Verzugsfolgen richten sich nach § 39 VVG."

Teilweise ist in den Satzungen die Nachschußpflicht des Mitglieds nicht nur betragsmäßig begrenzt, wie folgende Nachschußklausel eines großen Sachversicherungsvereins zeigt:

> „Nachschüsse werden erst erhoben, wenn und soweit der nach Entnahme aus der Schwankungsrückstellung gemäß § .. verbleibende Fehlbetrag nicht aus der Verlustrücklage (gesetzliche

---

[120] Vgl. dazu *Kisch*, JRPV 1930, 69, 70; *Emil Frey*, VersArch 1957, 21, 24f; *Zöllner*, ZVersWiss 53 (1964), 295, 299; *Harro Frels*, VersR 1965, 205f; *Hax*, in: Festschrift für Paul Braeß, 1969, S. 151; *Brenzel*, 1975, S. 15; *Farny*, VW 1975, 90, 95; *Ludwig Raiser*, VW 1977, 1273; *Reckhenrich*, 1987, S. 52.

[121] Vgl. *Karl Bischoff*, VW 1960, 699f. Zur Errechnung der Höhe des Nachschusses siehe *Bachmann*, ZfV 2001, 116ff.

Rücklage) gemäß § .. oder aus der Rücklage für die Nichtmitgliederversicherung gemäß § .. gedeckt werden kann.

Durch Abschluß eines Vertrages mit einer Rückversicherungsgesellschaft kann den Mitgliedern auf besonderen Antrag und gegen Zahlung eines Zusatzbeitrages die Möglichkeit geboten werden, gegen die in § .. behandelte Verpflichtung zur Leistung von Nachschüssen in der Weise eine Sonderversicherung zu nehmen, daß die erforderlichen Nachschüsse von der Rückversicherungsgesellschaft geleistet werden; jedoch wird auch in diesen Fällen die Haftung der Mitglieder für den Nachschuß der „...versicherung Gesellschaft a. G." gegenüber nicht aufgehoben."

Es gibt aber auch große Versicherungsvereine, die eine unbegrenzte Nachschußpflicht kennen. Und nicht immer wird den Mitgliedern in diesen Fällen satzungsmäßig Versicherungsschutz gegen die Nachschußhaftung geboten.

In der Regel legen die Satzungen auch ausdrücklich die Kompetenz für die Beschließung der Finanzierungsmaßnahme in folgender Weise fest:

„Die Höhe des Nachschusses setzt der Vorstand fest; die Festsetzung bedarf der Zustimmung des Aufsichtsrats."

Mitunter gibt es aber auch Satzungen, die die Kompetenz des Vorstands für die Finanzierungsmaßnahme nicht ausdrücklich nennen. Dies ändert dann aber nichts an der Zuständigkeit des Vorstands, diese Maßnahme beschließen zu können, weil er der gesetzliche Vertreter der Gesellschaft ist und die Satzung den Mitgliedern die Nachschußpflicht auferlegt. Allerdings ist vorstellbar, daß die Zustimmung des Aufsichtsrats aufgrund einer vom Vorstand zu beachtenden Geschäftsordnung erforderlich ist.

Insgesamt zeigt sich, daß die großen Versicherungsvereine auf Gegenseitigkeit durchaus den ihnen gesetzlich gegebenen Spielraum bei der Regelung der Nachschußpflicht nach den jeweiligen Erfordernissen satzungsmäßig ausschöpfen. Diese Regelungskompetenz ist typisch für den Versicherungsverein auf Gegenseitigkeit.

Versicherungsvereine auf Gegenseitigkeit, deren Satzungen eine begrenzte oder gar unbegrenzte Nachschußpflicht vorsehen, müssen den beitrittswilligen Versicherungskunden auf diese Finanzierungspflicht hinweisen. Andernfalls besteht die Gefahr, daß das Mitglied versucht, sich im Wege der Anfechtung seiner Beitrittserklärung zum Verein der Nachschußverpflichtung zu entziehen.

Ein ausreichender Hinweis des Vereins wird in der Regel darin zu sehen sein, daß der Verein im Antrag auf Abschluß des Versicherungsvertrags auf die Satzung verweist, wobei es sich anbietet, auf die die Nachschußpflicht regelnden Bestimmungen besonders hinzuweisen. Denn es ist nicht auszuschließen, daß nach den Grundsätzen der AGB-Rechtsprechung eine lediglich in der Satzung im Wege der Verweisung angesprochene Nachschußpflicht, deren Erfüllung letztlich über den Versicherungsvertrag vom Verein gegenüber dem Mitglied geltend gemacht wird, als überraschend angesehen wird.

d) Umlage. Vereinzelt ist bei großen Sachversicherungsvereinen als Finanzierungsform das Umlageverfahren zu finden. Die entsprechende Satzungsklausel kann wie folgt lauten:

„§ ... Beitragsarten, ...

Die Mitglieder entrichten entweder

a) ...

b) Umlagen, die für jede Versicherungsart gesondert nach dem tatsächlichen Bedarf des abgelaufenen Jahres ermittelt und auf die Mitglieder umgelegt werden, die an der jeweiligen Versicherung beteiligt sind.

§ ... Umlagen

Der ... kann auf die Umlagen gemäß § . b) während des laufenden Jahres Teilumlagen erheben.

Mitglieder, die im Laufe des Jahres einer nach dem Umlageverfahren betriebenen Versicherung beitreten, entrichten die Umlage nur für die Zeit ihrer Teilnahme an dieser Versicherung. Ausscheidende Mitglieder nehmen noch an Umlagen und Erstattungen teil, die auf die Zeit ihrer Teilnahme an dieser Versicherung entfallen.

Die Mitglieder sind verpflichtet, die auf sie entfallenden Umlagen- und Teilumlagebeträge innerhalb von zwei Wochen nach schriftlicher Aufforderung durch den ... zu zahlen.

Können die auf einzelne Mitglieder entfallenden Umlagebeträge für ein Jahr nicht beigetrieben werden, werden sie nach dem für dieses Jahr geltenden Umlageschlüssel im nächsten Jahr auf die übrigen Teilnehmer an der entsprechenden Versicherung umgelegt."

Die Umsetzung des Umlageverfahrens erfolgt in der Regel über die einzelnen Versicherungsverträge. Insoweit besteht kein Unterschied zum Nachschußverfahren Der Vorstand hat organisationsvertraglich das Recht, das Umlageverfahren zu praktizieren und über die mit den Mitgliedern abgeschlossenen Versicherungsverträge umzusetzen. Die zum Nachschußverfahren angestellten Überlegungen zur Hinweispflicht gelten für das Umlageverfahren entsprechend. Im übrigen ist der Aussage von *Farny*[122] zu folgen, daß das nach § 24 VAG mögliche nachschüssige Umlageverfahren, das das gesamte versicherungstechnische Risiko auf die Mitglieder verteilt, in der Praxis weitgehend nur noch bei kleineren Versicherungsvereinen auf Gegenseitigkeit vorkommt. Wenn große Versicherungsvereine auf Gegenseitigkeit die Finanzierungsform des Umlageverfahrens einsetzen, wird es um die Deckung besonderer Risiken gehen, bei denen auch die Versicherungsbetriebslehre die Praktizierung des Umlageverfahrens als sinnvoll ansieht[123].

e) **Aufrechnungsverbot.** Um die Liquidität des Unternehmens durch vollständige Einzahlung aller Beiträge sicherzustellen[124], ist dem Mitglied die Aufrechnung „gegen eine Forderung des Vereins aus der Beitragspflicht" untersagt (vgl. § 26 VAG). Hierunter sind je nach praktizierter Finanzierungsform die über den Versicherungsvertrag konkretisierten und fällig gestellten Forderungen des Versicherungsvereins auf Gegenseitigkeit auf Zahlung von festen Versicherungsbeiträgen[125], Nachschüssen und Umlagen zu verstehen[126]. Da sich das Verbot nur gegen das Mitglied richtet, bleibt es dem Versicherungsverein unbenommen, die vom Mitglied angestrebte Aufrechnung im Ergebnis durch eine selbst erklärte Aufrechnung mit Beitragsforderungen zuzulassen[127].

Aus dem Normzweck des § 26 VAG wird darüber hinaus abgeleitet, daß das Mitglied gegenüber Forderungen im Sinne des § 26 VAG kein Zurückbehaltungsrecht ausüben kann[128]. Denn die Ausübung des Zurückbehaltungsrechts kommt in seiner unmittelbaren Wirkung einer Aufrechnung gleich[129].

f) **Ausschluß der Haftung für Verbindlichkeiten des Vereins.** Die Haftung des Mitglieds ist beschränkt auf die Leistungen, die das Mitglied aufgrund des

[122] *Farny,* Versicherungsbetriebslehre, 2000, S. 193.

[123] Vgl. hierzu *Farny,* VW 1975, 90, 95; *Brands,* in: Festschrift für Dieter Farny, 1994, S. 269; *derselbe,* in: Grundlagen des Versicherungsvereins auf Gegenseitigkeit, 1995, S. 261 ff.

[124] *Imberg,* 1963, S. 69; *Brunn,* 1973, S. 110; *Prölss/Schmidt/Frey,* 1989, § 26 VAG Rdn. 4.

[125] Mißverständlich insoweit *Prölss/Schmidt/Frey,* 1989, § 26 VAG Rdn. 1.

[126] *Imberg,* 1963, S. 69; *Brunn,* 1973, S. 110; *Prölss/Schmidt/Frey,* 1989, § 26 VAG Rdn. 1.

[127] *Julius von Gierke,* Versicherungsverein, 1942, S. 47; *Prölss/Schmidt/Frey,* 1989, § 26 VAG Rdn. 1.

[128] *Prölss/Schmidt/Frey,* 1989, § 26 VAG Rdn. 4.

[129] *Imberg,* 1963, S. 69.

Versicherungsvertrages dem Versicherungsverein schuldet. In der Regel ist dies der feste Versicherungsbeitrag.

Unterliegt das Mitglied dem Nachschuß- oder Umlageverfahren, sind die hiernach geschuldeten Leistungen vollständig zu erbringen.

Den Vereinsgläubigern haftet das Mitglied nicht persönlich (vgl. § 19 Satz 2 VAG). Für alle Verbindlichkeiten des Versicherungsvereins auf Gegenseitigkeit haftet den Vereinsgläubigern nur das Vereinsvermögen. Zu diesem Vermögen rechnen natürlich auch die Versicherungsbeitrags-, Nachschuß- und Umlageforderungen gegen die Mitglieder[130].

2. Recht auf Gleichbehandlung

Das gesamte Verbandsrecht kennt als beherrschendes Prinzip den allgemeinen Gleichbehandlungsgrundsatz des Vereins- und Gesellschaftsrechts[131]. Für den Versicherungsverein auf Gegenseitigkeit wird der Gleichbehandlungsgrundsatz durch § 21 Abs. 1 VAG für Mitgliederbeiträge und Vereinsbeiträge konkretisiert. Jedes Mitglied des Versicherungsvereins auf Gegenseitigkeit kann danach verlangen, daß die Mitgliederbeiträge und Vereinsleistungen an die Mitglieder bei gleichen Voraussetzungen nur nach gleichen Grundsätzen bemessen werden. Insoweit besteht eine organisationsvertragliche Pflicht des Vorstands, diesem gesetzlichen Gebot Folge zu leisten. Gerade auch im Hinblick auf die vorstehend unter VI.1 aufgezeigten Finanzierungspflichten des Mitglieds wird verständlich, warum der Gesetzgeber für den Versicherungsverein auf Gegenseitigkeit den Gleichbehandlungsgrundsatz ausdrücklich gesetzlich verankert hat. Die Umsetzung des Gleichbehandlungsgrundsatzes wirkt sich für die Mitglieder über die Versicherungsverträge erkennbar aus. Ob auch die Versicherungs-Aktiengesellschaft den Gleichbehandlungsgrundsatz beachten muß, ist seit langem umstritten[132]. Die Praxis folgt im Prinzip der Meinung von *Götz Hueck*[133]:

> „Mehrere Versicherte, die bei demselben Versicherungsunternehmen hinsichtlich des gleichen Risikos gegen feste Prämie versichert sind, bilden ungeachtet ihrer gleichartigen Rechtsbeziehungen gegenüber ein und demselben Versicherer weder untereinander noch mit dem Versicherer zusammen eine rechtlich anerkannte Gemeinschaft. Dennoch ist der Versicherer nach § 10 Abs. 3 VAG grundsätzlich zur gleichmäßigen Einhaltung der von ihm aufgestellten und von der Versicherungsaufsicht genehmigten allgemeinen Versicherungsbedingungen, somit also zu weitgehender Gleichbehandlung der Versicherten verpflichtet."

---

[130] *Prölss/Schmidt/Frey,* 1989, § 19 VAG Rdn. 1.

[131] Vgl. *Cohn,* AcP 132, 129 ff; *Müller-Erzbach,* AcP 154 (1955), 299, 325 f; *Ludwig Raiser,* ZHR 111, 82; *Möller,* in: Festschrift Karl Haff, 1950, S. 310; *Götz Hueck,* 1958, S. 51 ff, S. 86; *Teubner,* 1978, S. 28; *Lutter,* AcP 180 (1980), 84, 122; *Reichert/Dannecker,* 1993, Rdn. 543 ff, S. 163 ff. Kritisch dazu *Kaulbach,* in: Festschrift für Horst Baumann, 1999, S. 129, 131 f.

[132] Dafür: *Vetter,* 1947, S. 79 ff, S. 96 f; *Arnold,* VerBAV 1954, 146 ff; *Karl Bischoff,* VerBAV 1957, 284; *Gerlach,* VerBAV 1972, 149; BAV, VerBAV 1980, 312 f.; *Bruck/Möller,* Einl. Anm. 66; *Jürgen Prölss,* in: Festschrift für Karl Larenz, 1983, S. 531, 535. Auch der BGH spricht von der „pflichtgemäßen Gleichbehandlung aller Versicherungsnehmer", vgl. BGH, VersR 1982, 482, 484. Dagegen: *Emil Frey,* VersArch 1957, 21, 26; *Bühler,* 1959, S. 77 ff, 95; *P. Frey,* 1959, S. 28 ff; *derselbe,* VersR 1959, 88, 90; *Erich R. Prölss,* ZVersWiss 50 (1961), 122 ff; *Harald Bischoff,* 1969, S. 109; *Gärtner,* 1980, S. 322 f; *Lorenz,* in: 25 Jahre Karlsruher Forum, 1983, S. 167; *Prölss/Schmidt/Frey,* 1989, § 21 VAG Rdn. 2; *Lenz,* 1993, S. 116; *Reimer Schmidt,* in: Versicherungswissenschaftliches Studienwerk, 1991, S. 509 b/S. 510 a; *Dreher,* WuW 1994, 199.

[133] *Götz Hueck,* 1958, S. 158.

Die Gleichbehandlung erstreckt sich aber nicht nur auf die Bedingungsseite, sondern auch auf die Handhabung der Versicherungstechnik und der Schadenbearbeitung. Allerdings handelt es sich dabei „um eine verhältnismäßige, nicht um eine absolute Gleichstellung"[134]. Beispielhaft führt *Leibl*[135] hierzu aus: „Die Bildung besonderer Gefahrenklassen, die Überweisung von Sonderdividenden an einzelne Mitgliedergruppen auf Grund des Risikoverlaufs sind daher keineswegs ausgeschlossen, sie können vielmehr geradezu geboten sein." Und für *Gessner*[136] ist dem Prinzip der Gleichbehandlung dann genügt, wenn für alle Mitglieder der Versichertengemeinschaft mit den gleichen Rechnungsgrundlagen, z.B. mit dem gleichen Zins, gerechnet wird. Geht man davon aus, daß eine willkürliche Schlechterstellung einzelner Mitglieder verhindert werden soll, liegt eine Verletzung des Gleichbehandlungsgebots vor allem dann vor, „wenn vom Versicherer Zugeständnisse gemacht werden, ohne daß dies durch besondere Umstände (insbesondere durch günstigere Risiko- und Kostenlage) gerechtfertigt ist"[137]. Nur aus diesem Grund gestattet die Aufsichtsbehörde besondere Tarife in der Gruppen-Lebensversicherung[138].

Gegen das Gleichbehandlungsgebot verstoßen ferner „Entschädigungen, die der Versicherer ohne eine entsprechende Pflicht bezahlt und als Schadenzahlung bucht"[139]. Dies gilt auch für Kulanzleistungen an „wichtige" Versicherungsnehmer, sofern es sich um „eindeutig grundlose Zahlungen des Versicherers" handelt[140].

3. Teilhaberechte

Die Teilhaberechte des Mitglieds beruhen auf der Satzung, soweit diese den Organisationsvertrag verkörpert, nicht aber auf dem Versicherungsvertrag.

a) Ausgestaltung als Einzel- und Kollektivrechte. Teilhaberechte als Einzelrechte kommen vor allem beim Versicherungsverein auf Gegenseitigkeit mit Mitgliederversammlung vor.

Bei Versicherungsvereinen auf Gegenseitigkeit mit Mitgliedervertreterversammlung und ggf. mit Kooptationsprinzip sehen die Satzungen im allgemeinen Kollektivrechte, d.h. Minderheitsrechte vor[141]. *Großfeld*[142] kommentiert solche Regelungen wie folgt:

> „Satzungsbestimmungen solcher Art stützen die Repräsentation durch die Mitglieder ab und sind notwendiger Bestandteil der Satzung; auf das Vorhandensein solcher Minderheitsrechte haben Aufsichtsbehörde und Registerrichter bei Zulassung und Eintragung zu achten."

Die Einschränkung der Individualrechte der Mitglieder durch Kollektivrechte wird häufig unter dem Gesichtspunkt des Schutzes der Verwaltung vor querula-

---

[134] *Leibl,* 1913, S. 55.

[135] *Leibl,* 1913, S. 55.

[136] *Gessner,* in: Festgabe für Wilhelm Seuß, 1981, S. 40.

[137] *Werber,* in: Festschrift für Karl Sieg, 1976, S. 558; ähnlich *Scherer,* 1975, S. 223; *Jürgen Prölss,* in: Festschrift für Karl Larenz, 1983, S. 532; vgl. für die eG: *Großfeld/Aldejohann,* BB 1987, 2377, 2382.

[138] Siehe hierzu R 2/82 vom 25. 5. 1982 – Sondervergütungen und Begünstigungsverträge in der Lebensversicherung, VerBAV 1982, 306ff = Benkel/Hirschberg, 1990, S. 775ff.

[139] *Jürgen Prölss,* in: Festschrift für Karl Larenz, 1983, S. 533.

[140] *Jürgen Prölss,* in: Festschrift für Karl Larenz, 1983, S. 533f; a.A. *Vetter,* 1947, S. 127.

[141] *Brenzel,* 1975, S. 45; *Großfeld,* Versicherungsverein, 1985, S. 67.

[142] *Großfeld,* Versicherungsverein, 1985, S. 67; ähnlich *Raiser,* ZVersWiss 54 (1965), 482.

torischen Anträgen gesehen[143]. Einigkeit besteht aber darüber, daß die Mindestanzahl von Mitgliedern, die Minderheitsrechte wahrnehmen dürfen, nicht so hoch angesetzt werden darf, daß sie praktisch eine Rechtsverweigerung zur Folge hat[144].

b) Satzungsgemäße Rechte der Mitglieder. *aa) Teilnahmerecht an Sitzungen der obersten Vertretung.* An den Sitzungen der obersten Vertretung kann das Mitglied nur teilnehmen, wenn die Satzung die Mitgliederversammlung als oberstes Organ vorsieht. Die Satzung kann die Teilnahme eines Mitglieds an den Versammlungen des obersten Organs davon abhängig machen, daß das Mitglied eine bestimmte Zeit lang ununterbrochen dem Verein angehört hat[145].

Bei Versicherungsvereinen auf Gegenseitigkeit mit Mitgliedervertreterversammlung hat das einzelne Mitglied kein Teilnahmerecht an der Mitgliedervertreterversammlung, sondern nur der Mitgliedervertreter[146]. Die entsprechende Satzungsbestimmung ist unbedenklich. Beim Versicherungsverein auf Gegenseitigkeit ist das Teilnahmerecht des einzelnen Mitglieds an den Versammlungen des obersten Organs im Gegensatz zu der Regelung bei der Aktiengesellschaft und der Genossenschaft weder gesetzlich festgelegt noch unentziehbar[147]. Allein dadurch, daß der Gesetzgeber die Mitgliedervertreterversammlung als Alternative zur Mitgliederversammlung zugelassen hat, hat er die Voraussetzungen dafür geschaffen, daß bei Versicherungsvereinen auf Gegenseitigkeit mit Mitgliedervertreterversammlung als oberstem Organ dem einzelnen Mitglied, das nicht Mitgliedervertreter ist, die Teilnahme an den Versammlungen des obersten Organs verwehrt ist. Ordnet die Satzung mit der Entscheidung für die Mitgliedervertreterversammlung die Zwangsvertretung aller Mitglieder durch Mitgliedervertreter an, ist die rechtlich zulässige Folge dieser Zwangsrepräsentation, daß dem einzelnen Mitglied kein Teilnahmerecht zusteht[148]. Für die Zuerkennung eines Anwesenheitsrechts besteht kein Raum, es sei denn, die Satzung räumt es ein[149]. So gestattet z.B. die WWK Lebensversicherung a.G. den Mitgliedern des Unternehmens an der Mitgliedervertreterversammlung mit beratender Stimme teilzunehmen; auf Verlangen ist ihnen nach Maßgabe der gesetzlichen Bestimmungen über Angelegenheiten des Unternehmens, die mit dem Gegenstand der Verhandlung in Zusammenhang stehen, Auskunft zu geben[150].

bb) Stimmrecht in der obersten Vertretung. Ein Stimmrecht in der obersten Vertretung hat das einzelne Mitglied nur dann, wenn die Mitgliederversammlung die oberste Vertretung des Versicherungsvereins auf Gegenseitigkeit ist. Bei Versicherungsvereinen auf Gegenseitigkeit mit Mitgliedervertreterversammlung steht dagegen satzungsgemäß das Stimmrecht nur dem Mitgliedervertreter unentzieh-

---

[143] *Brenzel,* 1975, S. 46.
[144] *Brenzel,* 1975, S. 46; *Gerrit Winter,* in: Festschrift für Reimer Schmidt, 1976, S. 134.
[145] *Wörner,* Versicherungsverein, 1904, S. 83; *Holthöfer,* 1906, S. 47; *Brunn,* 1973, S. 82.
[146] Vgl. *Julius von Gierke,* Versicherungsverein, 1942, S. 33; *Goldberg/Müller,* 1980, § 36 VAG Rdn. 12.
[147] *Belser,* 1975, S. 156 unter Berufung auf RGZ 38, 99 und RGZ 41, 99; *Großfeld,* Versicherungsverein, 1985, S. 69.
[148] Vgl. dazu § 43a Abs. 1 GenG; *Saenger,* 1990, S. 124.
[149] Ebenso für die Situation bei der Genossenschaft: *Lang/Weidmüller/Metz,* § 43a GenG, Rdn. 88; offen lassend *Saenger,* 1990, S. 124.
[150] Vgl. Bundesanzeiger Nr. 100 vom 2. Juni 1993, S. 5058.

bar zu, nicht aber dem einzelnen Mitglied[151]. Die rechtliche Zulässigkeit dieser Regelung ist zu bejahen.

Grundsätzlich gehört das Stimmrecht zu den „unentziehbaren Mitverwaltungsrechten eines Mitglieds"[152]. *Roitzsch*[153] hält deshalb den Ausschluß aller Mitglieder vom Stimmrecht für bedenklich. Der Stimmrechtsausschluß kann nach seiner Ansicht „nur damit gerechtfertigt werden, daß dem anstaltsartigen Charakter dieser Verbandsform durch die staatliche Versicherungsaufsicht entsprochen wird"[154].

Meyer-Blücher[155] meint dagegen, daß das Stimmrecht „keinen wesensnotwendigen Bestandteil der Mitgliedschaft" darstelle. *Ludwig Raiser* und *Großfeld* heben hervor, daß im Gegensatz zu der Regelung bei der Aktiengesellschaft und der Genossenschaft das Stimmrecht des einzelnen Mitglieds in den Versammlungen des obersten Organs weder gesetzlich festgelegt sei noch zu den unentziehbaren Rechten gehöre[156]. Andere Autoren führen mit Recht an, daß mit der Zulassung der Mitgliedervertreterversammlung als Alternative zur Mitgliederversammlung für das einzelne Mitglied, das nicht Mitgliedervertreter sei, der im Falle der Nichtzugehörigkeit zum obersten Organ eintretende Entzug des Stimmrechts gesetzlich vorgezeichnet worden sei[157]. Und *Zöllner*[158] hält den gänzlichen Ausschluß des Stimmrechts für möglich, weil „für den großen Versicherungsverein a. G. in § 36 VAG unter den auf die oberste Vertretung entsprechend anzuwendenden Vorschriften des AktG der § 114 Abs. 1 nicht aufgeführt" sei. Zutreffend folgert *Zöllner*[159] hieraus, „daß ein Stimmrecht nicht mit jeder Mitgliedschaft verbunden sein muß". Das VAG stellt es vielmehr den Gegenseitigkeitsvereinen frei, wie es *Müller-Erzbach*[160] formuliert, den Mitgliedern „das Stimmrecht zu nehmen".

Das Stimmrecht kann in der Satzung an eine Mindestversicherungssumme geknüpft werden[161]. Es ist aber auch möglich, einem Mitglied der obersten Vertretung ein erhöhtes Stimmrecht einzuräumen, das z. B. von der Höhe der Versicherungssumme abhängig ist[162].

cc) Antragsrecht. Die Satzungen räumen im allgemeinen den Mitgliedern ein Antragsrecht ein, insbesondere Versicherungsvereine auf Gegenseitigkeit mit Mitgliedervertreterversammlung und Kooptationsverfahren.

---

[151] *Großfeld,* Versicherungsverein, 1985, S. 22.

[152] *Reichert/van Look,* 1995, Rdn. 895, S. 321; ähnlich *Roitzsch,* 1981, S. 111.

[153] *Roitzsch,* 1981, S. 111.

[154] *Roitzsch,* 1981, S. 111.

[155] *Meyer-Blücher,* 1955, S. 116; nach *Wiedemann,* in: Festschrift für Wolfgang Schilling, 1973, S. 114, muß nicht jedem Verbandsmitglied in allen Angelegenheiten der Gesellschaft ein Stimmrecht zustehen; vgl. auch *Großfeld/Spennemann,* AG 1979, 128, 129.

[156] *Ludwig Raiser,* ZVersWiss 54 (1965), 476f; *Großfeld,* Versicherungsverein, 1985, S. 69; ebenso *Belser,* 1975, S. 156, unter Berufung auf RGZ 38, 99 und RGZ 41, 99.

[157] *Brunn,* 1973, S. 100; *Spinnarke,* 1972, S. 25.

[158] *Zöllner,* 1963, S. 126 Fußnote 4.

[159] *Zöllner,* 1963, S. 126 Fußnote 4; vgl. auch *Zöllner,* in: Festschrift 100 Jahre GmbH-Gesetz, 1992, S. 121.

[160] *Müller-Erzbach,* 1948, S. 43; *Otto von Gierke,* Genossenschaftstheorie, 1887, Fußnote 5, S. 687.

[161] Vgl. *Julius von Gierke,* Versicherungsverein, 1942, S. 34.

[162] Vgl. *Holthöfer,* 1906, S. 47; *Kisch,* JRPV 1933, 213, 215; *Schloeßmann,* 1936, S. 61; *Kisch,* Versicherungsverein, 1951, S. 106; *Großfeld,* Versicherungsverein, 1985, S. 22, 23; *Goldberg/Müller,* 1980, § 21 VAG Rdn. 1; *Schirmer,* in: Dieter Farny und die Versicherungswissenschaft, 1994, S. 403. Zum Höchststimmrecht bei der AG siehe *Otto,* AG 1994, 167.

Dieses Antragsrecht ist in der Regel als Kollektivrecht ausgestaltet. Die zur Ausübung des Antragsrechts erforderliche Mindestzahl von den Antrag unterstützenden Mitgliedern bewegt sich zwischen 100 bis 500 antragsberechtigten Mitgliedern; nur in einem Fall gewährt ein Versicherungsverein auf Gegenseitigkeit dieses Recht jedem Mitglied[163].

So können z.B. die Mitglieder der WWK Lebensversicherung a.G. Vorschläge für die Wahlen zur Mitgliedervertretung sowie Anträge zur Behandlung und Beschlußfassung durch die Mitgliedervertretung einreichen und ein von ihnen zu benennendes Mitglied zur mündlichen Begründung in die Mitgliedervertreterversammlung entsenden, wenn die Vorschläge oder die Anträge von mindestens 200 Mitgliedern unterzeichnet und spätestens zwei Wochen vor Zusammentritt der Mitgliedervertreterversammlung beim Vorstand des Unternehmens eingereicht sind[164].

dd) Wahlvorschlagsrecht und Wahleinspruchsrecht. Zum Wahlvorschlagsrecht sagen *Reichert/Dannecker*[165]:

„Das Wahlvorschlagsrecht steht grundsätzlich jedem Vereinsmitglied zu. Es darf nicht auf Verbandsorgane beschränkt sein. Die Satzung kann aber zumutbare Ausübungsschranken festlegen. Sie kann bestimmen, daß das Vorschlagsrecht von einer bestimmten Anzahl von Mitgliedern unterstützt und innerhalb einer bestimmten Frist eingereicht werden muß."

Ähnlich *Reichert/Dannecker* vertritt *Spinnarke* die Auffassung, daß die Satzung den Mitgliedern die Befugnis einräumen müsse, Kandidaten für die Mitgliedervertreterversammlung vorschlagen zu können. Andernfalls müsse die Aufsichtsbehörde dem Versicherungsverein auf Gegenseitigkeit die Erlaubnis zum Geschäftsbetrieb versagen[166]. Das Recht des Mitglieds, Vorschläge für die Wahl der Mitgliedervertreter abzugeben, sei unentziehbar; auf diese Rechte könne auch nicht verzichtet werden[167].

Die Satzungen der Versicherungsvereine auf Gegenseitigkeit tragen diesen Überlegungen Rechnung. Sieht die Satzung eine Urwahl zur Mitgliedervertretung vor, ist jedem Mitglied ein Wahlvorschlagsrecht eingeräumt, wobei der Wahlvorschlag von einer Mindestzahl von Mitgliedern unterstützt werden muß, z.B. durch Unterzeichnung von mindestens 50 Mitgliedern[168]. Auch bei Wahlen zur Mitgliedervertreterversammlung kommt es vor, daß Wahlvorschläge von einer Mindestanzahl von Mitgliedern unterstützt werden müssen, z.B. durch Unterzeichnung von 200 Mitgliedern unter Angabe der Mitgliedsnummer, wobei die Wahlvorschläge spätestens zwei Wochen vor der Mitgliedervertreterversammlung eingereicht werden müssen[169].

---

[163] *Spinnarke,* 1972, S. 9f; zur Frage der Notwendigkeit einer Erlaubnis nach dem RBerG für Aktionärsvereinigungen siehe *Bork,* AG 1994, 159ff.

[164] Vgl. Bundesanzeiger Nr. 100 vom 2. Juni 1993, S. 5058.

[165] *Reichert/Dannecker,* 1993, Rdn. 2694, S. 851; *Reichert/van Look,* 1995, Rdn. 2694, S. 1020; *Reichert,* 1999, Rdn. 2790, S. 983.

[166] *Spinnarke,* 1972, S. 68.

[167] *Spinnarke,* 1972, S. 71.

[168] Vgl. Wahlaufruf der UNIVERSA Krankenversicherung a.G. und der UNIVERSA Lebensversicherung a.G., BAnz Nr. 34 vom 19. 2. 1992, S. 1133.

[169] Vgl. Einladung zur Mitgliedervertreterversammlung der Neuharlingersieler Versicherungs-Gesellschaft a.G., Bundesanzeiger Nr. 33 vom 18. 2. 1992, S. 1086/1087.

Beim Einspruchsverfahren sehen Satzungen vor, daß dem Mitglied ein Einspruchsrecht gegen den Wahlvorschlag der Verwaltung zusteht, wenn der Einspruch gegen den Wahlvorschlag der Verwaltung von einer Mindestanzahl von Mitgliedern unterstützt wird.

ee) Passives Wahlrecht. Das passive Wahlrecht steht grundsätzlich jedem Mitglied eines Großverbands zu[170]. Von daher kann jedes Mitglied als Mitgliedervertreter in die oberste Vertretung gewählt werden. Angestellte des Vereins werden häufig von der Wahl ausgeschlossen.

ff) Aktives Wahlrecht. Das aktive Wahlrecht steht grundsätzlich jedem Mitglied eines Großverbandes zu[171]. Beim Vereinstyp mit Mitgliederversammlung hat das Mitglied ein aktives Wahlrecht. Beim Vereinstyp mit Mitgliedervertreterversammlung ist dagegen dem Mitglied das aktive Wahlrecht entzogen, wenn die Satzung das Kooptationssystem festschreibt.

Spinnarke meint, daß der Entzug des aktiven Wahlrechts die Kontrollrechte des Mitglieds in unzulässiger Weise einschränke. Wegen Ausschlusses der Mitglieder von der Willensbildung durch Entzug des aktiven Wahlrechts könnten die Verwaltungen die Zusammensetzung der Mitgliedervertreterversammlung in so starkem Maße bestimmen, daß die Kontrollfunktionen des obersten Organs und damit auch die des von der Mitgliedervertreterversammlung zu wählenden Aufsichtsrats in Frage gestellt würden. Das aktive Wahlrecht dürfe als Bestandteil der Überwachungs- und Kontrollbefugnis den Mitgliedern nicht entzogen werden. Insoweit sei die Satzungsautonomie eingeschränkt[172]. Die immanente Schranke der Privatautonomie werde beim VVaG überschritten, wenn die Mitglieder vollkommen von der Wahl der Mitgliedervertreterversammlung ausgeschlossen würden[173]. Verweigere eine Satzung das aktive Wahlrecht, müsse die Aufsichtsbehörde dem Versicherungsverein auf Gegenseitigkeit die Erlaubnis zum Geschäftsbetrieb versagen[174].

Hauth sieht durch den Entzug des Wahlrechts den Körperschaftscharakter des Versicherungsvereins auf Gegenseitigkeit als beseitigt an. Die entsprechende Satzungsbestimmung entziehe den Vereinsmitgliedern mit dem Stimmrecht ein wesentliches, dem Kernbereich zugehöriges Verwaltungsrecht, das ihnen ordnungsrechtlich kraft ihrer Stellung als Mitglieder eines Unternehmensträgers zukomme und ihnen aus der Ordnungsfunktion des Eigentums zuwachse[175]. Dadurch sei die Körperschaft als Institution beeinträchtigt und könne nicht mehr als von ihren Mitgliedern getragener Verband angesehen werden[176].

Ludwig Raiser vertritt dagegen die Auffassung, daß der Entzug des aktiven Wahlrechts zur Mitgliedervertreterversammlung mit dem Vereinsrecht vereinbar sei, denn es bedürfe zur Legitimation der Mitgliedervertreter nicht notwendig ei-

---

[170] *Reichert/Dannecker,* 1993, Rdn. 2694, S. 851; *Reichert/van Look,* 1995, Rdn. 2694, S. 1020; *Reichert,* 1999, Rdn. 2790, S. 983.

[171] *Reichert/Dannecker,* 1993, Rdn. 2694, S. 851; *Reichert/van Look,* 1995, Rdn. 2694, S. 1020; *Reichert,* 1999, Rdn. 2790, S. 983.

[172] *Spinnarke,* 1972, S. 49.

[173] *Spinnarke,* 1972, S. 67.

[174] *Spinnarke,* 1972, S. 68.

[175] *Hauth,* 1984, S. 87, 143.

[176] *Hauth,* 1984, S. 115.

ner Wahl, an der alle Vereinsmitglieder beteiligt sein müssen[177]. Die der Satzungsautonomie gezogenen Grenzen seien nicht überschritten[178].

Brenzel[179] folgt der Auffassung von *Ludwig Raiser* und meint, daß der Grundsatz der Selbstverwaltung des Versicherungsvereins durch die Beseitigung des Wahlrechts der Mitglieder zur Mitgliedervertretung zwar beeinträchtigt, aber nicht beseitigt sei.

Großfeld ist gegen *Hauth* der Meinung, daß der durch das Kooptationsverfahren bewirkte Ausschluß des Wahlrechts den Körperschaftscharakter des Versicherungsvereins auf Gegenseitigkeit nicht aufhebe[180]. Zum Erhalt des Körperschaftscharakters reiche es aus, daß die Mitgliederinteressen von – wie üblich – 30 bis 50 Mitgliedervertretern repräsentiert würden[181]. Im übrigen rechtfertigt er den Entzug des Wahlrechts beim Kooptationsverfahren wie folgt[182]:

> „Anders als grundsätzlich bei der Aktiengesellschaft (§ 12 Abs. 1 Satz 1 AktG – Ausnahme § 139 Abs. 1 AktG) und bei Genossenschaften (§ 43 Abs. 3 Satz 1, § 43 a Abs. 4 GenG) schreibt das Versicherungsaufsichtsgesetz kein zwingendes ... Wahlrecht für ein Mitglied des Versicherungsvereins auf Gegenseitigkeit vor. Das individuelle ... Wahlrecht ist also aus der Sicht des Gesetzgebers nicht unumstößliche Basis der Organisation. Es ist vielmehr organisationsdisponibel. Daher verweist § 36 Abs. 1 Satz 1 VAG weder auf § 12 noch auf § 134 Abs. 1 AktG... Das allgemeine ... Wahlrecht war ... nie Grundpfeiler des Versicherungsvereins auf Gegenseitigkeit – anders als bei Genossenschaft und Aktiengesellschaft."

Dieser Auffassung ist zu folgen. Schon *Müller-Erzbach*[183] hebt zutreffend hervor, daß das VAG es den Gegenseitigkeitsvereinen freistelle, ihren Mitgliedern das Recht zu nehmen, „die Vereinsorgane zu wählen".

4. Informationsrecht

a) Versicherungsvertragliches Auskunftsrecht. Als Versicherungsnehmer hat jedes Mitglied eines Versicherungsvereins auf Gegenseitigkeit ein vertragliches Auskunftsrecht in seinen Versicherungsangelegenheiten[184]. Es kann vor allem Fragen zu seiner Beitragsverpflichtung, zum Leistungsanspruch und zur Beitragsrückerstattung stellen. Insoweit besteht kein Unterschied zu den Rechten des Versicherungsnehmers einer Aktiengesellschaft.

b) Mitgliedschaftsrechtliches Informationsrecht. *aa) Auskunftsrecht in Vereinsangelegenheiten.* Ein dem Aktionär vergleichbares Informationsrecht hat das Mitglied eines Versicherungsvereins auf Gegenseitigkeit, wenn oberstes Organ die Mitgliederversammlung ist. Es kann dann sein Fragerecht in der Mitgliederversammlung ausüben. Anders ist die Rechtsstellung des Mitglieds eines Versicherungsvereins auf Gegenseitigkeit mit Mitgliedervertreterversammlung. Bei diesem Vereinstyp steht das Fragerecht nur dem Mitgliedervertreter zu[185]. Das einfache

---

[177] *Ludwig Raiser*, ZVersWiss 54 (1965), 477.
[178] *Ludwig Raiser*, ZVersWiss 54 (1965), 481.
[179] *Brenzel*, Versicherungsverein, 1975, S. 44.
[180] *Großfeld*, Versicherungsverein, 1985, S. 81.
[181] *Großfeld*, Versicherungsverein, 1985, S. 81.
[182] *Großfeld*, Versicherungsverein, 1985, S. 69, 70.
[183] *Müller-Erzbach*, 1948, S. 43.
[184] *Meyer-Blücher*, 1955, S. 88.
[185] *Meyer-Blücher*, 1955, S. 88.

Mitglied hat kein Auskunftsrecht[186]. Informationsrechte des einzelnen Mitglieds sind im Vereinsrecht des BGB nicht geregelt[187]. *Gerrit Winter*[188] meint dazu: „Gerade im Hinblick auf das auch im Versicherungsbereich erwachende Verbraucherbewußtsein dürfte vor allem das Recht, Auskunft in Vereinsangelegenheiten zu fordern, gleichsam als Basisrecht für andere Rechte Bedeutung erlangen ...".

bb) Einsichtsrecht in die Mitgliederliste. Zur Wahrnehmung von Antrags-, Wahlvorschlags- und Wahleinspruchsrechten, die in der Regel als Kollektivrechte, d.h. als Minderheitsrechte ausgestaltet sind, ist das einzelne Mitglied des Versicherungsvereins auf Gegenseitigkeit auf Informationen über andere Vereinsmitglieder angewiesen. Insoweit ergibt sich das Problem, ob Mitglieder ein Einsichtsrecht in die Mitgliederliste haben, um andere Mitglieder zur Unterstützung eines Antrages, eines Wahlvorschlags oder eines Wahleinspruchs zu gewinnen.

Großfeld[189] spricht sich für ein solches Einsichtsrecht aus, da „Kollektivrechte sonst kaum ausgeübt werden können". *Brenzel* und *Götz Ullrich* bejahen ebenfalls ein Einsichtsrecht[190]. Gegen ein Einsichtsrecht sind *Wörner* und *Kisch*[191].

Wörner[192] weist darauf hin, daß für Versicherungsvereine auf Gegenseitigkeit keine mit § 13 Abs. 2 GenG vergleichbare Vorschrift bestehe und eine analoge Anwendung dieser Sondervorschrift, die Genossen ein Einsichtsrecht in die Liste der Genossen gibt, ausscheide. Aus § 37 Abs. 1 BGB lasse sich mittelbar nur folgern, daß ein Recht auf Angabe der Gesamtzahl der Mitglieder bestehe[193]. Da das einzelne Mitglied nur zum Versicherungsverein in unmittelbarer Rechts- und Geschäftsbeziehung stehe, sei der Verein weder rechtlich verpflichtet noch geschäftlich befugt, Dritten über diese Beziehung Auskunft zu erteilen[194]. Als Dritter sei auch jedes Mitglied im Verhältnis zu den anderen Mitgliedern zu betrachten[195]. Ohne ausdrückliche Satzungsermächtigung sei der Versicherungsverein zur Geheimhaltung der einzelnen Mitglieder nicht nur berechtigt, sondern sogar verpflichtet[196]. Auskunft dürfe nur erteilt werden, wenn die Einwilligung der Mitglieder hierzu vorliege[197].

Der Auffassung von *Wörner* ist zuzustimmen. Der Versicherungsverein auf Gegenseitigkeit ist datenschutzrechtlich vom Mitglied nicht ermächtigt, dessen Daten weiterzugeben. Das Mitglied hat auch gemäß § 203 Abs. 1 Nr. 6 StGB Anspruch darauf, daß die Tatsache versichert zu sein, geheimgehalten wird. Im übrigen sprechen auch Kostengründe gegen ein Einsichtsrecht. Es müßte eine Mit-

---

[186] *Mohr,* VersR 1965, 917, 922.

[187] *Wohlleben,* 1989, S. 8.

[188] *Gerrit Winter,* in: Festschrift für Reimer Schmidt, 1976, S. 134f.

[189] *Großfeld,* Versicherungsverein, 1985, S. 67; ebenso *Gerrit Winter,* in Festschrift für Reimer Schmidt, 1976, S. 134.

[190] *Brenzel,* Versicherungsverein, 1975, S. 46; *Götz Ullrich,* 1951, S. 93.

[191] *Kisch,* Versicherungsverein, 1951, Fußnote 9, S. 145; *Wörner,* Leipziger Zeitschrift 1908, Spalte 294.

[192] *Wörner,* Leipziger Zeitschrift 1908, Spalte 292, 293.

[193] *Wörner,* Leipziger Zeitschrift 1908, Spalte 293.

[194] *Wörner,* Leipziger Zeitschrift 1908, Spalte 292.

[195] *Wörner,* Leipziger Zeitschrift 1908, Spalte 295; vgl. aber *Wohlleben,* Informationsrechte des Gesellschafters, 1989, S. 180, der es als sehr fraglich ansieht, ob ein Gesellschafter im Verhältnis zur Gesellschaft als Dritter im Sinne des BDSG anzusehen ist.

[196] *Wörner,* Leipziger Zeitschrift 1908, Spalte 295.

[197] *Wörner,* Leipziger Zeitschrift 1908, Spalte 295.

gliederliste, die ggf. bis zu einer Million oder mehr Namen und Anschriften enthält, ausgedruckt werden und zur Einsicht bereit gehalten werden[198].

5. Sonderrechte (Vorzugsrechte)

Sonderrechte sind solche Rechte (Vorrechte bzw. Vorzugsrechte), „die nicht ohnehin allen Verbandsmitgliedern als allgemeine Mitgliedschaftsrechte zustehen“[199]. Im allgemeinen werden die Sonderrechte in der Satzung dem begünstigten Mitglied eingeräumt[200]. Vorstellbar sind auch Vereinbarungen mit den zuständigen Organen[201]. Das Recht auf ein Vereinsamt[202], insbesondere ein dauernder Sitz im Vorstand wäre ein Sonderrecht[203]. Keine Sonderrechte sind die Rechte aus dem Versicherungsverhältnis[204] oder das Recht auf Gleichbehandlung[205].

Sonderrechte können weder durch Beschluß der obersten Vertretung geändert noch entzogen werden, wenn das betroffene Mitglied nicht zustimmt, § 35 BGB[206].

6. Wertrechte

Das Vermögen des Versicherungsvereins auf Gegenseitigkeit gehört der Gesellschaft, nicht den Mitgliedern des Versicherungsvereins auf Gegenseitigkeit[207]. Dies findet seine Rechtfertigung in der Tatsache, daß beitretende Mitglieder anders als bei den Personen- und Kapitalgesellschaften sowie den Genossenschaften keine Kapitaleinlage leisten müssen.

Außerdem läßt sich das im Wege der Thesaurierung über Generationen hinweg angesammelte Vermögen nicht einzelnen Mitgliedern zuordnen[208]. Dies wird von

---

[198] Zur Lage bei den Genossenschaften vgl. *Schaffland,* NJW 1994, 503f; zum Recht des Aktionärs auf Einsicht in das Aktienbuch vgl. den Entwurf eines Gesetzes zur Namensaktie und zur Erleichterung der Stimmrechtsausübung (Namensaktiengesetz – NaStraG), abgedruckt ZIP 2000, 938ff, und erläutert von *Seibert,* ZIP 2000, 937f; siehe ferner *Leuering,* ZIP 1999, 1745, 1749f; *Noack,* DB 1999, 1306, 1307f; *derselbe,* ZIP 1999, 1993, 1997ff; *Delp,* BB 2000, 1765ff; *Happ,* WM 2000, 1795; *Huep,* WM 2000, 1623, 1626f; *Kölling,* NZG 2000, 631, 636; *Siems,* NZG 2000, 626, 629f. Das NaStraG vom 18. 1. 2001 (BGBl I 2000, 123) trat am 25. 1. 2001 in Kraft; dazu *Grumann/Soehlke,* DB 2001, 576ff; *Hanloser,* NZG 2001, 355ff; *Kindler,* NJW 2001, 1678ff; *Maul,* NZG 2001, 585; *Seibert,* in: Festschrift für Martin Peltzer, 2001, S. 469ff; *Weber,* NZG 2001, S. 337ff; *Werner,* ZIP 2001, 1403ff; *Wohlwend,* NJW 2001, 3170ff; *Zetzsche,* ZIP 2001, 682ff. Abweichend vom bisherigen Recht enthält § 67 Abs. 6 Satz 1 AktG kein Einsichtsrecht mehr bezüglich aller übrigen Aktionäre (vgl. § 67 Abs. 5 AktG a.F.).

[199] *Götz Hueck,* 1958, S. 89.

[200] *Hecking,* ZfV 1965, 106; *Goldberg/Müller,* 1980, § 17 VAG Rdn. 4.

[201] *Hecking,* ZfV 1965, 106.

[202] *Goldberg/Müller,* 1980, § 17 VAG Rdn. 4.

[203] *Brunn,* 1973, S. 108.

[204] *R. Mueller,* ZVersWiss 11 (1911), 16; *Vetter,* 1947, S. 48; *Kisch,* Versicherungsverein, 1951, S. 150; *Böhm,* VersR 1954, 475; *Zier,* 1968, S. 125; unentschieden BGH, Urteil vom 12. 3. 1964, VersR 1964, 497, 499; anders noch *Otto von Gierke,* Deutsches Privatrecht, 1895, Fußnote 42, S. 542.

[205] Vgl. *Götz Hueck,* 1958, S. 89.

[206] *Julius von Gierke,* Versicherungsverein, 1942, S. 45; *Brunn,* 1973, S. 109; *Steffen,* in: BGB-RGRK, 1982, § 35 BGB Rdn. 6.

[207] *Goldberg/Müller,* 1980, § 15 VAG Rdn. 2, § 19 VAG Rdn. 2; vgl. auch *Karsten Schmidt,* AcP 182 (1982), 1, 14.

[208] *Roitzsch,* 1981, S. 102. Siehe hierzu auch *Kaulbach,* in: Festschrift für Horst Baumann, 1999, S. 129, 132ff.

Schüler übersehen, wenn er meint, daß Unternehmen in der Rechtsform des Versicherungsvereins auf Gegenseitigkeit „ihren Versicherungsnehmer konsequenter wie einen Gesellschafter" behandeln und „ihm beim Ausscheiden Anteile an dann aufgelösten stillen Reserven in Aussicht stellen" könnten[209].

Scheidet das Mitglied aus dem Versicherungsverein auf Gegenseitigkeit wegen Beendigung des Versicherungsverhältnisses aus (§ 20 Satz 3 VAG), so erfolgt mit ihm keine Auseinandersetzung über das Vermögen des Versicherungsvereins auf Gegenseitigkeit. Denn das ausscheidende Mitglied hat keinen realisierungsfähigen Anspruch auf einen verhältnismäßigen Anteil am Vermögen des Versicherungsvereins auf Gegenseitigkeit[210].

Ein Auseinandersetzungsanspruch kann auch nicht durch die Satzung begründet werden[211]. Die Abwicklung geschieht vielmehr allein über die Versicherungsbeziehung[212].

Auch dies versteht sich vor dem Hintergrund, daß das Mitglied keine Kapitaleinlage geleistet hat. Es hat lediglich – wie der Versicherungsnehmer einer Versicherungs-Aktiengesellschaft auch – Versicherungsbeiträge geleistet, die im Wettbewerb mit anderen Marktteilnehmern berechnet und erhoben werden.

Im Falle der Auflösung des Versicherungsvereins auf Gegenseitigkeit wird das Vereinsvermögen an die Mitglieder ausgekehrt (§ 48 Abs. 2 Satz 1 VAG).

Maßgebend für die Teilhabe am Liquidationserlös bleibt bis zum Schluß die Versicherungsbeziehung, weil nach § 48 Abs. 2 Satz 2 VAG das Vermögen nach demselben Maßstab verteilt wird, „nach dem der Überschuß verteilt worden ist"[213]. Das Vereinsvermögen kann aber auch anderen Personen anfallen[214].

Allerdings kommen nicht erst bei der Auflösung des großen Versicherungsvereins auf Gegenseitigkeit, sondern vor allem bei Strukturänderungen – z.B. Bestandsübertragungen –, Ansprüche des Mitglieds auf Abfindung wegen Verlusts der Mitgliedschaftsrechte zum Zuge.

7. Schutzrechte

a) Einzel- und Minderheitsrechte. Für die Stellung der Mitglieder des Versicherungsvereins auf Gegenseitigkeit ist desweiteren von Bedeutung, welche Schutzrechte sie haben. Diese Rechte können als Einzel- oder Minderheitsrechte ausgestaltet sein. Grundsätzlich haben kraft der Verweisung in § 36 Satz 1 und 2 VAG die Mitglieder eines Versicherungsvereins auf Gegenseitigkeit dieselben Einzel- und Minderheitsrechte wie die Aktionäre[215].

Soweit eine Mitgliederversammlung besteht, muß gemäß § 36b VAG die Satzung bestimmen, welcher Minderheit von Mitgliedern das Recht eingeräumt

---

[209] Vgl. *Schüler*, ZVersWiss 81 (1992), 247.

[210] *Victor Ehrenberg*, 1893, S. 105; *Hagen*, in: Handbuch des gesamten Handelsrechts, 1922, S. 118; *Lutter*, AcP 180 (1980), 84, Fußnote 294 auf S. 149; *Goldberg/Müller*, 1980, § 20 VAG Rdn. 8; *Neye*, VersR 1983, 1001, 1002; *Großfeld*, Versicherungsverein, 1985, S. 44; *Baumann*, Versicherungsverein, 1986, S. 12; *Stuirbrink/Geib/Axer*, WPg 1991, 29, 34. Ebenso im schwedischen Recht, vgl. *Dotevall*, VersR 1991, 1106, 1107.

[211] *Goldberg/Müller*, 1980, § 20 VAG Rdn. 8; *Großfeld*, Versicherungsverein, 1985, S. 44.

[212] *Großfeld*, Versicherungsverein, 1985, S. 44.

[213] *Großfeld*, Versicherungsverein, 1985, S. 45.

[214] *Roitzsch*, 1981, S. 102.

[215] *Großfeld*, Versicherungsverein, 1985, S. 63, 64.

werden soll, Minderheitsrechte geltend zu machen[216]. Ist oberstes Organ eine Mitgliedervertretung, haben Mitglieder außerhalb der obersten Vertretung keine Minderheitsrechte[217]. *Großfeld* weist zutreffend darauf hin, daß § 36b VAG für die Minderheitenrechte nur von den „Mitgliedern der obersten Vertretung“ spricht und daß daraus folgt, daß die Minderheitsrechte nur von den Mitgliedern der Mitgliedervertretung beansprucht werden können und nicht von anderen Mitgliedern[218].

Bei den Einzelrechten geht es um das Recht jedes Mitglieds, die Beschlüsse der obersten Vertretung durch Erhebung der Nichtigkeitsklage oder der Anfechtungsklage gerichtlich überprüfen zu lassen[219]. Hierbei handelt es sich um Kontrollrechte zum Schutz der Korporation, die der Verteidigung eigener Interessen des Mitglieds und der des Versicherungsvereins dienen[220].

b) Nichtigkeitsklage. *aa) Nichtigkeit der Beschlüsse der obersten Vertretung.* Gemäß § 36 Satz 1 und 2 VAG gelten die §§ 241, 242, 249 AktG entsprechend. Bei Versicherungsvereinen mit Mitgliederversammlung hat jedes Mitglied ein Klagerecht. Hat der Versicherungsverein auf Gegenseitigkeit eine Mitgliedervertretung, dann soll das Klagerecht nur den Mitgliedervertretern zustehen[221].

bb) Nichtigkeit der Wahl von Aufsichtsratsmitgliedern. Gemäß § 36 Satz 1 und 2 VAG finden die §§ 250, 251 AktG entsprechende Anwendung. Auch hier soll nur der Mitgliedervertreter klagebefugt sein, es sei denn, oberstes Organ ist die Mitgliederversammlung[222]. In diesem Fall hat jedes Mitglied ein Klagerecht.

cc) Nichtigkeit der Beschlüsse über die Verwendung des Bilanzgewinns. Gemäß § 36 Satz 1 und 2 VAG gilt § 253 AktG entsprechend. Die Nichtigkeit von Beschlüssen über die Verwendung des Bilanzgewinns kann von jedem Mitglied nur geltend gemacht werden, wenn oberstes Organ die Mitgliederversammlung ist. Ist die oberste Vertretung die Mitgliedersvertreterversammlung, soll nur der Mitgliedervertreter klagebefugt sein[223].

dd) Nichtigkeit des festgestellten Jahresabschlusses. Gemäß § 36 Satz 1 und 2 VAG findet § 256 AktG entsprechend Anwendung. Auch hier gilt, daß bei Versicherungsvereinen mit Mitgliedervertretung nur der Mitgliedervertreter klagebefugt ist[224]. Ein Klagerecht steht jedem Mitglied nur zu, wenn oberstes Organ die Mitgliederversammlung ist.

c) Anfechtungsklage. Die Mitglieder haben das Recht, Beschlüsse der obersten Vertretung nach § 36 Satz 1 VAG, §§ 243, 245 AktG anzufechten[225]. Die An-

---

[216] *Großfeld,* Versicherungsverein, 1985, S. 64.
[217] *Großfeld,* Versicherungsverein, 1985, S. 64.
[218] *Großfeld,* Versicherungsverein, 1985, S. 64.
[219] Dazu *Karsten Schmidt,* AG 1977, 205ff, 243ff; *derselbe,* in: Festschrift für Walter Stimpel, 1985, S. 221ff; *Reichert/Dannecker,* 1993, Rdn. 518, S. 157; *van Look,* in: *Reichert/van Look,* 1995, Rdn. 518, S. 193; *Reichert,* 1999, Rdn. 518, S. 166f.
[220] Vgl. für die AG: *Uwe H. Schneider,* NJW 1971, 1110.
[221] Zweifelnd *Großfeld,* Versicherungsverein, 1985, S. 64; zur Nichtigkeitsklage bei der AG vgl. *Huber,* in Festschrift für Helmut Coing, 1982, Band II, S. 167ff.
[222] Zweifelnd *Großfeld,* Versicherungsverein, 1985, S. 64.
[223] Zweifelnd *Großfeld,* Versicherungsverein, 1985, S. 64.
[224] Vgl. *Lorenz,* 1983, S. 49; zweifelnd *Großfeld,* Versicherungsverein, 1985, S. 64.
[225] Dazu *Zöllner,* in: Festschrift für Karl Beusch, 1993, S. 973ff; *Baums/Vogel/Tacheva,* ZIP 2000, 1649ff; *Kindl,* ZGR 2000, 166ff. Zur Beschlußfeststellungsklage siehe *Stein,* ZGR 1994,

fechtungsrechte können als Kollektivrechte ausgestaltet sein, wenn die Mindestzahl nicht zu hoch ist[226].

aa) § 243 Abs. 1 AktG i.V.m. § 245 Nr. 1 AktG. Umstritten ist, ob ein Anfechtungsrecht gegen gesetz- oder satzungswidrige Beschlüsse gemäß § 243 Abs. 1 AktG i.V.m. § 245 Nr. 1 AktG jedem Mitglied des Versicherungsvereins auf Gegenseitigkeit zusteht. Voraussetzung ist hierbei, daß es sich um einen Beschluß handelt, der „unter Verstoß gegen elementare Rechtsgrundsätze gefaßt worden ist" und der, „wenn er unangefochten das Leben im Verband bestimmen könnte, in die Mitgliedschaftsrechte des anfechtenden Mitglieds eingreift"[227].

Eine Meinung sagt, daß dieses Anfechtungsrecht nur Mitglieder der obersten Vertretung hätten[228]. Ein Mitglied des Vereins, das nicht Mitglied der obersten Vertretung sei, könne die formellen Voraussetzungen des § 245 Nr. 1 AktG nicht erfüllen[229].

Brenzel[230] ist dagegen der Ansicht, daß jedes Mitglied gesetz- oder satzungswidrige Beschlüsse anfechten könne, wenn es seinen Widerspruch unverzüglich anmelde.

Großfeld[231] meint, daß eine größere Zurückhaltung bei Einzelklagen geboten erscheine, weil die Zahlenverhältnisse beim Versicherungsverein auf Gegenseitigkeit doch anders lägen als bei der Aktiengesellschaft – nämlich oft viel höher. Für gravierende Fälle stünden ja §§ 243 Abs. 2, 245 Nr. 3 AktG zur Verfügung.

Zustimmung verdient die Auffassung von Brenzel. Denn Karsten Schmidt[232] hat entwicklungsgeschichtlich belegt, daß „die Mitgliederklage gegenüber rechtswidrigen Mehrheitsbeschlüssen als ein der positivrechtlichen Anerkennung nicht bedürftiges allgemeines Rechtsinstitut anzuerkennen ist".

bb) § 245 Nr. 2 AktG. Beim Versicherungsverein auf Gegenseitigkeit mit Mitgliederversammlung kann jedes Mitglied gemäß § 36 Satz 1 VAG i.V.m. § 245 Nr. 2 AktG einen Beschluß der obersten Vertretung anfechten, wenn es von der Mitgliederversammlung rechtswidrig ausgeschlossen oder über ihre Abhaltung nicht ordentlich informiert wurde.

Für das Mitglied eines Versicherungsvereins auf Gegenseitigkeit mit Mitgliedervertretung wird dagegen ein Anfechtungsrecht gemäß § 245 Nr. 2 AktG verneint[233]. So wie nur der teilnahmeberechtigte Aktionär zur Anfechtung von Beschlüssen der Hauptversammlung befugt sei, könnten nur die an den Versammlungen der obersten Vertretung teilnahmeberechtigten Mitgliedervertreter

472, 473 f; *Rützel*, ZIP 1996, 1961 ff und zur Schiedsfähigkeit von Beschlußanfechtungsklagen siehe *Lüke/Blenske*, ZGR 1998, 254; *Trittmann*, ZGR 1999, 340, 350 ff.

[226] *Brenzel*, Versicherungsverein, 1975, S. 47.

[227] *Reichert/Dannecker*, 1993, Rdn. 2713, S. 855 unter Berufung auf BGH, NJW 1982, 2558 f; *van Look*, in: *Reichert/van Look*, 1995, Rdn. 2713, S. 1025; *Reichert*, 1999, Rdn. 2809, S. 988.

[228] *Wörner*, Versicherungsverein, 1904, S. 129; *Hagen*, in: Handbuch des gesamten Handelsrechts, 1922, S. 146; *Meyer-Blücher*, 1955, S. 86.

[229] *Götz Ullrich*, 1951, S. 119.

[230] *Brenzel*, Versicherungsverein, 1975, S. 47; ebenso *Gerrit Winter*, in: Festschrift für Reimer Schmidt, 1976, S. 136.

[231] *Großfeld*, Versicherungsverein, 1985, S. 65.

[232] Vgl. *Karsten Schmidt*, in: Festschrift für Walter Stimpel, 1985, S. 232 ff.

[233] *Brenzel*, Versicherungsverein, 1975, S. 46; *Gerrit Winter*, in: Festschrift für Reimer Schmidt, 1976, S. 135; *Großfeld*, Versicherungsverein, 1985, S. 66.

Beschlüsse der obersten Vertretung nach § 36 Satz 1 VAG i.V.m. § 245 Nr. 2 AktG anfechten[234].

cc) §§ 243 Abs. 2, 245 Nr. 3 AktG. Für den Fall der §§ 243 Abs. 2, 245 Nr. 3 AktG ist überwiegend anerkannt, daß jedes Mitglied des Versicherungsvereins auf Gegenseitigkeit zur Anfechtung wegen Gewährens gesellschaftswidriger Sondervorteile befugt ist[235]. Die Mitglieder von Versicherungsvereinen mit Mitgliedervertreterversammlung sind insoweit den Mitgliedern von Versicherungsvereinen mit Mitgliederversammlung rechtlich gleichgestellt. Als Sondervorteil ist jeder gleichheitswidrige Vorteil zu qualifizieren[236].

d) Schadensersatzklage. In Rechtsprechung und Literatur wird bislang nicht erörtert, ob das Mitglied eines Versicherungsvereins auf Gegenseitigkeit die Gesellschaft oder ein Vorstandsmitglied auf Schadensersatz wegen schuldhafter Verletzung eines Rechts aus dem Mitgliedschaftsverhältnis in Anspruch nehmen kann. *Reimer Schmidt*[237] hat das Problem nur im Zusammenhang mit dem Gleichbehandlungsgrundsatz angesprochen.

In seiner „Schärenkreuzer"-Entscheidung bejaht der Bundesgerichtshof die Zulässigkeit einer Schadensersatzklage gegen einen eingetragenen Verein[238]. Die Verletzung von Mitgliedschaftsrechten durch den Vorstand begründe – ähnlich der positiven Vertragsverletzung – Schadensersatzpflichten, für die der Verein nach § 31 BGB hafte. Grundlage eines quasi-vertraglichen Schadensersatzanspruches sei das zwischen dem Verein und dem Vereinsmitglied bestehende Mitgliedschaftsverhältnis mit den aus ihm entspringenden Treue- und Förderpflichten. Ein Schadensersatzanspruch gegen den Verein könne darüber hinaus auf §§ 823 Abs. 1, 31 BGB gestützt werden, weil bei einem jeden Verein die Mitgliedschaft in ihrem Kern als ein „sonstiges Recht" im Sinne des § 823 Abs. 1 BGB zu gelten habe und insoweit das Mitgliedschaftsrecht nicht nur durch außenstehende Dritte, sondern auch durch andere Vereinsmitglieder oder einzelne Vereinsorgane verletzt werden könne.

Die Möglichkeit einer persönlichen Schadensersatzpflicht von Vereinsorganen nach § 823 Abs. 1 BGB wegen Verletzung von „Rechten und Betätigungsmöglichkeiten", die zum „Kern" einer Vereinsmitgliedschaft gehören, wird vom Bundesgerichtshof in der „Schärenkreuzer"-Entscheidung ebenfalls bejaht[239]. *Hadding*[240] hat zur „Schärenkreuzer"-Entscheidung zutreffend bemerkt:

> „Welche Lawine mit der folgerichtigen Anwendbarkeit von § 31 BGB bei schuldhaften Beeinträchtigungen der „Mitgliedschaft" als „sonstiges Recht" im Sinne des § 823 Abs. 1 BGB ins

---

[234] *Brenzel,* Versicherungsverein, 1975, S. 46; *Großfeld,* Versicherungsverein, 1985, S. 66.

[235] *Baumann,* S. 27; *Brenzel,* Versicherungsverein, 1975, S. 47; *Gerrit Winter,* in: Festschrift für Reimer Schmidt, 1976, S. 135; *Großfeld,* Versicherungsverein, 1985, S. 65; a.A. *Mohr,* VersR 1965, 917, 922.

[236] *Martens,* in: Festschrift für Alfred Kellermann, 1991, S. 285.

[237] *Reimer Schmidt,* in: Festschrift für Ernst Klingmüller, 1974, S. 401, 402.

[238] BGHZ 110, 323 = NJW 1990, 2877 = WM 1990, 1539.

[239] BGH, aaO; kritisch dazu *Karsten Schmidt,* JZ 1991, 157ff; zur deliktischen Außenhaftung der Vorstandsmitglieder und Geschäftsführer siehe *Gross,* ZGR 1998, 551ff; *Medicus,* ZGR 1998, 570ff; *derselbe,* GmbHR 1998, 9ff; zur Verfolgung von Mitgliederansprüchen durch Mitgliedervereinigungen vgl. für die Aktionärsvereinigungen *Gehrlein,* NJW 1995, 487ff.

[240] *Hadding,* in: Festschrift für Alfred Kellermann, 1991, S. 106, 113; siehe auch *Grunewald,* ZHR 157 (1993), 451ff; *Lutter,* ZHR 157 (1993), 464ff; *Benecke,* WM 2000, 1173; *Emde,* ZIP 2000, 1753, 1755.

Rollen gebracht worden ist, wird sich erweisen, wenn bei allen Gesellschaften und Körperschaften, für die § 31 BGB entsprechend gilt, das vorliegende Urteil des Bundesgerichtshofs sich bei den Mitgliedern herumgesprochen hat ... In der Praxis steht zu befürchten, daß zunehmend Vereinsvorstände sich möglichst bei allen Entscheidungen gegenüber Mitgliedern durch Beschlüsse der Mitgliederversammlung abzusichern suchen."

Zu den Gesellschaften und Körperschaften, für die § 31 BGB entsprechend gilt[241], gehört auch der Versicherungsverein auf Gegenseitigkeit[242]. Die persönliche Inanspruchnahme des Vorstands nach § 823 Abs. 1 BGB hängt von der Rechtsform nicht ab.

e) Beschwerde bei der Aufsichtsbehörde. Eine nicht zu unterschätzende Bedeutung hat das Recht zur Beschwerde bei der Aufsichtsbehörde. Dieses Recht betrifft in erster Linie Angelegenheiten aus dem Versicherungsvertrag[243]. Im Hinblick auf das Beschwerderecht beim BAV ist die Einführung eines Ombudsmanns nach dem Vorbild der Banken in der Versicherungswirtschaft nicht erforderlich[244], aber vielleicht in einzelnen Unternehmen erwägenswert[245]. Mit Rücksicht auf die Aufsichtsfunktion des BAV in den organisationsrechtlichen Angelegenheiten der Versicherungsvereine auf Gegenseitigkeit kommt eine Beschwerde auch in gesellschaftsrechtlichen Angelegenheiten der Mitglieder in Betracht.

8. Treuepflicht des Mitglieds und Schädigungsverbot

a) Treuepflicht des Mitglieds. Anknüpfungspunkt für die Treupflicht des Mitglieds des Versicherungsvereins auf Gegenseitigkeit ist die Satzung als Organisationsvertrag. Denn, so *Hüffer*[246]: „Die Satzung bestimmt nicht nur das Rechtsverhältnis zwischen Verband Mitglied, sondern auch dasjenige der Mitglieder untereinander". Das Mitgliedschaftsverhältnis findet in § 15 VAG seine besondere Prägung darin, daß es unter dem Grundsatz der Gegenseitigkeit steht.

Bei der Aktiengesellschaft wird das in § 243 Abs. 2 AktG enthaltene Verbot des Strebens nach Sondervorteilen als Ausprägung einer allgemeinen Treuepflicht des Aktionärs angesehen[247]. Bedenkt man, daß § 36 Satz 1 VAG auf § 243 Abs. 2 AktG verweist, liegt es nahe, diese Betrachtung für den Versicherungsverein auf Gegenseitigkeit zu übernehmen und eine allgemeine Treuepflicht des Mitglieds des Versicherungsvereins zu bejahen[248]. Daß mitgliedschaftliche Treuepflichten nicht von der Rechtsform abhängig sind, hat der Bundesgerichtshof im „Lino-

---

[241] Vgl. *Dreher,* ZGR 1992, 23.

[242] *Hadding,* in: Festschrift für Alfred Kellermann, 1991, Fußnote 39, S. 106; *Prölss/Schmidt/Frey,* 1989, § 15 VAG Rdn. 4.

[243] Vgl. VG Berlin, VerBAV 1992, 195f; *Rieger,* VW 1976, 764, 766; *Abrahams/Lorsch,* in: Festschrift 100 Jahre materielle Versicherungsaufsicht in Deutschland, 2001, S. 413ff.

[244] Siehe hierzu für den Bankbereich *Hoeren,* NJW 1994, 362ff; *Scherpe,* WM 2001, 2321ff; für die Einführung *Hoeren,* ZVersWiss 81 (1992), 487, 498.

[245] Vgl. *Kuntz,* ZfV 1993, 104. Inzwischen ist die Diskussion zu einem Ende gekommen. Die deutsche Versicherungswirtschaft gründete mit dem Versicherungsombudsmann e.V. eine private Schlichtungsstelle. Herr Professor Wolfgang Römer nahm am 1. Oktober 2001 seine Tätigkeit als erster Versicherungsombudsmann auf, vgl. *Knauth,* WM 2001, 2325.

[246] Vgl. für AG und GmbH: *Hüffer,* in: Festschrift für Ernst Steindorff, 1990, S. 67 und zum Meinungsstand S. 60ff; siehe ferner *Henze,* in: Festschrift für Alfred Kellermann, 1991, S. 149.

[247] *Karsten Schmidt,* Gesellschaftsrecht, 1997, § 28 I 4, S. 808; *Henze,* in: Festschrift für Alfred Kellermann, 1991, S. 147.

[248] Ähnlich *Zier,* 1968, S. 133.

type"-Urteil klargestellt[249]. Und *Wiedemann*[250] weist zu Recht darauf hin, daß den Vereinsmitgliedern „die Pflicht zur Binnenloyalität (Treuepflicht) nicht mehr und nicht weniger wie den Personengesellschaftern obliegt, wenn der Vereinszweck dies erfordert."

Das Ausmaß der mitgliedschaftlichen Treupflicht richtet sich nach den Umständen in dem einzelnen Versicherungsverein und in der jeweiligen Situation[251]. Der Umfang der Treupflichten des Mitglieds wird mitunter auch nach der Formel von *Zöllner* bestimmt werden müssen, wonach dem Maß des Einflusses das Maß der Verantwortlichkeit entsprechen muß[252]. Überträgt man diese Überlegungen auf den Versicherungsverein auf Gegenseitigkeit, zeigt sich sehr schnell, daß die Treuepflichten des Mitglieds, das zugleich Mitgliedervertreter ist, eine größere Intensität haben werden als die des einfachen Mitglieds, das an der Beschlußfassung in der obersten Vertretung nicht beteiligt ist.

Die Treupflichten der Mitgliedervertreter können beim Versicherungsverein auf Gegenseitigkeit praktische Bedeutung erlangen, wenn Mitgliedervertreter zugleich Organmitglieder einer Kooperationsgesellschaft sind oder auf deren Vorschlag in die Mitgliedervertretung gewählt worden sind.

Haben diese Mitgliedervertreter eine Sperrminorität oder gar eine Mehrheit in der Mitgliedervertretung, sind Konstellationen denkbar wie bei der Aktiengesellschaft. Insoweit kann es auch beim Versicherungsverein auf Gegenseitigkeit einen „Mehrheitsaktionär" geben, der eine Treupflichtdiskussion auslösen kann.

b) Verbot des Strebens nach Sondervorteilen. Das Verbot des Strebens nach Sondervorteilen gemäß § 243 Abs. 2 AktG gilt wegen der Verweisung in § 36 Satz 1 VAG für jedes Mitglied des Versicherungsvereins auf Gegenseitigkeit.

Aufgrund der entsprechenden Anwendung des § 243 Abs. 2 AktG kann ein Beschluß der obersten Vertretung angefochten werden, wenn ein Mitglied mit der Ausübung des Stimmrechts für sich oder einen Dritten Sondervorteile zum Schaden der Gesellschaft oder der anderen Mitglieder des Versicherungsvereins auf Gegenseitigkeit zu erlangen sucht und der Beschluß geeignet ist, diesem Zweck zu dienen, es sei denn der Beschluß gibt den anderen Mitgliedern des Versicherungsvereins einen angemessenen Ausgleich. Als Sondervorteil wird der Vorteil angesehen, „der nicht allen zufließt, die sich in einer gleichartigen Situation befinden"[253].

c) Schädigungsverbot des § 117 AktG. Das Schädigungsverbot des § 117 AktG gilt gemäß § 35a VAG beim Versicherungsverein auf Gegenseitigkeit entsprechend und ist in der Anwendung nicht auf die Mitglieder beschränkt.

---

[249] BGHZ 103, 184 = JZ 1989, 443 m. Anm. *Wiedemann* = JR 1989, 505 m. Anm. *Bommert;* dazu *Lutter*, ZHR 153 (1989), 446 ff; *Brandes*, WM 1994, 2177, 2181; *Marsch-Barner*, ZIP 1996, 853, 854; *Brandes*, WM 1997, 2281 f; *Henze*, ZHR 162 (1998), 186 ff; *Lutter*, ZHR 162 (1998), 164, 168; krit. *Martens,* Die Treupflicht des Aktionärs, in: Rechtsdogmatik und Rechtspolitik, 1990, S. 2. Die Treupflicht des „kleinen" Aktionärs bestätigt das „Girmes"-Urteil des BGH vom 20. 3. 1995 NJW 1995, 1739 m. Anm. *Altmeppen* = AG 1995, 368 = ZIP 1995, 819 = BB 1995, 1201 = DB 1995, 1064 m. Anm. *Bungert,* DB 1995, 1749 = JZ 1995, 1064; dazu *Lutter*, JZ 1995, 1053 ff; *Henze*, BB 1996, 489 ff.

[250] *Wiedemann,* Gesellschaftsrecht, 1980, § 2 I 1, S. 95.

[251] Vgl. *Hadding,* in: Festschrift für Alfred Kellermann, 1991, S. 109.

[252] *Zöllner,* in: Kölner Kommentar, 1. Auflage, Einl. Rdn. 169; *Timm,* ZGR 1987, 403, 409.

[253] *Karsten Schmidt,* Gesellschaftsrecht, 1997, § 28 I 4, S. 810.

Nach § 35a VAG i.V.m. § 117 AktG kann der Versicherungsverein auf Gegenseitigkeit Schadensersatz von demjenigen verlangen, der vorsätzlich unter Benutzung seines Einflusses auf die Gesellschaft ein Mitglied des Vorstands oder des Aufsichtsrats, einen Prokuristen oder Handlungsbevollmächtigten dazu bestimmt, zum Schaden der Gesellschaft oder ihrer Mitglieder zu handeln.

Jedes Mitglied kann den Schädiger auf Zahlung von Schadensersatz an die Gesellschaft in Höhe des ihr entstandenen Vermögensschadens in Anspruch nehmen[254].

Kapitel 11
Der Vorstand

I. Die Pflichtenstellung

1. Leitungspflicht

Der Vorstand ist gemäß § 34 Satz 2 VAG i.V.m. §§ 76ff. AktG das Geschäftsführungs- und Vertretungsorgan des Versicherungsvereins auf Gegenseitigkeit[1]. Im älteren Schrifttum wird der Vorstand des Versicherungsvereins als Exekutivorgan[2], Verwaltungsorgan[3] oder als Vollzugs- und Handlungsorgan[4] bezeichnet.

Nach § 34 Satz 2 VAG i.V.m. § 76 Abs. 1 AktG hat der Vorstand die Gesellschaft unter eigener Verantwortung zu leiten[5]. Er hat danach das Recht und die Pflicht, „selbständig und umfassend alles zu tun, was erforderlich ist, um eine erfolgreiche Entwicklung des Unternehmens herbeizuführen“[6]. In Erfüllung der ihm obliegenden „Pflicht zur ordnungsgemäßen Unternehmensleitung“[7] hat sich der Vorstand in erster Linie der Geschäftspolitik und vor allem der Leitung des Unternehmens zu widmen und darf und sollte das Tagesgeschäft den nachgeordneten Führungsebenen überlassen[8]. Weder den ihm unterstellten Abteilungen noch einem außenstehenden Berater darf der Vorstand des Versicherungsvereins folgende Führungsaufgaben übertragen: Die Unternehmensplanung[9], die Unter-

---

[254] Siehe hierzu *Gerd Müller,* in: Festschrift für Alfred Kellermann, 1991, S. 317ff mit Rechtsprechungsüberblick.

[1] Vgl. *Karsten Schmidt,* Gesellschaftsrecht, 1997, § 42 II 3, S. 1276.

[2] *Holthöfer,* 1906, S. 34.

[3] *Curt Schmidt,* 1922, S. 52; *Imberg,* 1963, S. 41.

[4] *Kisch,* Versicherungsverein, 1951, S. 82; *Schnepper,* 1957, S. 13; *Brunn,* 1973, S. 57.

[5] Zur Tätigkeit des Vorstandes als Konzernvorstand und zur Konzernleitungspflicht vgl. für die AG: *Lutter/Schneider,* BB 1977, 557; *Uwe H. Schneider,* BB 1981, 250ff; *Hommelhoff,* Die Konzernleitungspflicht, 1982, S. 165ff; *Martens,* ZHR 147 (1983), 417; *Lutter,* in: Festschrift für Walter Stimpel, 1985, S. 830f, 832, 842; *Scheffler,* DB 1985, 2005ff, *derselbe,* in: Festschrift für Reinhard Goerdeler, 1987, S. 469ff; *Semler,* in: Festschrift für Ernst C. Stiefel, 1987, S. 727ff; *Wiedemann,* Unternehmensgruppe, 1988, S. 74ff; *Kleindiek,* 1991, S. 48ff; *Kessler,* AG 1995, 61ff, 120ff; *Altmeppen,* ZIP 1996, 693ff; *Buchner,* in: Festschrift für Otfried Wlotzke, 1996, S. 227, 235ff; *Heinrich Götz,* ZGR 1998, 524ff; vgl. ferner für die GmbH: *Uwe H. Schneider,* GmbHR 1993, 15.

[6] Vgl. für die AG: *Semler,* in: Festschrift für Ernst C. Stiefel, 1987, S. 726.

[7] Vgl. für die AG: *Uwe H. Schneider,* in: Festschrift für Winfried Werner, 1984, S. 810; ferner für die GmbH: *Scholz-Schneider,* 2000, § 43 GmbHG Anm. 42ff.

[8] Vgl. für die AG: *Semler,* in: Festschrift für Ernst C. Stiefel, 1987, S. 726; zur Haftung von Führungskräften siehe *Schmidt-Salzer,* BB 1992, 1866, 1869ff; *Thamm,* DB 1994, 1021ff; zur operativen Steuerung von Unternehmensbereichen durch Bereichsvorstände siehe *Endres,* ZHR 163 (1999), 441, 446f.

[9] Siehe dazu *Steinmann/Klaus,* AG 1987, 29, 33f; *Steinle/Eggers,* ZVersWiss 78 (1989), 691ff; *von Rechenberg,* BB 1990, 1356ff; *Lutter,* in: Festschrift für Horst Albach, 1991, S. 345ff; *Kallmeyer,* ZGR 1993, 104ff; *Feddersen,* ZGR 1993, 114ff.

nehmenskoordinierung, die Unternehmenskontrolle und die Besetzung der oberen und mittleren Führungsstellen[10]. Ferner fallen alle sozialen Maßnahmen unter die Leitungsmacht des Vorstands[11]. Darüber hinaus ist der Vorstand gehalten, eine eigene Sicherheits- oder Risikopolitik zu formulieren[12].

2. Aufsichtspflicht

Im Rahmen der Unternehmenskontrolle ist jedes Vorstandsmitglied gehalten, darüber zu wachen, daß die vom Vorstand beschlossene strategische Unternehmenspolitik in den einzelnen Vorstandsressorts umgesetzt wird[13]. Zur strategischen Unternehmenspolitik sind vor allem zu rechnen: Absatzpolitik[14], Beteiligungspolitik[15], Bilanzpolitik[16], Kapitalanlagepolitik[17], Personalpolitik[18], Produkt-

[10] So für die AG: *Semler,* in: Festschrift für Ernst C. Stiefel, 1987, S. 726f, *derselbe,* in: Festschrift für Georg Döllerer, 1988, S. 577f; *derselbe,* in: Festschrift für Walther Kastner, 1992, S. 400; *Altmeppen*, ZGR 1999, 291, 303ff.

[11] Vgl für die AG: *Mertens,* in: Festschrift für Reinhard Goerdeler, 1987, S. 359; zur Zulässigkeit unentgeltlicher Zuwendungen siehe *Uwe H. Schneider,* AG 1983, 205ff; ferner *Schlechtriem,* in: Die Haftung der Leitungsorgane von Kapitalgesellschaften, 1991, S. 39; *Fleischer,* AG 2001, 171, 173ff; zur Zulässigkeit von Parteispenden vgl. *Kind*, NZG 2000, 567ff; zur Neuordnung des Spendenrechts siehe *Jost*, DB 2000, 1248ff; *Thiel*, DB 2000, 392ff; *Wolsztynski/Hüsgen*, BB 2000, 1809ff; zum Social Sponsoring vgl. *Hollerbach/Kapp*, DB 1998, 1501ff; *Weiand*, BB 1998, 344ff; *Krome*, DB 1999, 2030ff; zum Thema Holocaust siehe *Präve*, VW 1997, 902 und zur Berechtigung des Vorstands Stiftungen zum Stiftungsfonds vorzunehmen vgl. *Doehring*, AG 2000, 69ff; *Mertens*, AG 2000, 157ff; *Philipp*, AG 2000, 62ff; *derselbe*, AG 2000, 353ff; Verfügung der OFD Frankfurt am Main vom 21. 8. 2000 – S 2110 A-1-St II 20 –, NJW 2000, 3552 = DB 2000, 1990f.

[12] Dazu *Haller,* in: Risiko und Wagnis, 1990, Erster Band, S. 238; *Günter Schmidt,* ZVersWiss 72 (1983), 307ff; *Gleißner*, DB 2000, 1625ff; zur Einrichtung eines Risikomanagementsystems siehe BAV, VerBAV 2001, 118.

[13] Vgl. für die AG: *Semler,* in: Festschrift für Ernst C. Stiefel, 1987, S. 724.

[14] Dazu *Farny,* VW 1973, 16; *August Angerer,* VW 1987, 418ff; *Delisle,* in: Handwörterbuch der Versicherung, 1988, S. 4ff; *Farny,* in: Festschrift für Walter Karten, 1994, S. 245, 248ff; zu den Gefahren des Cash Flow Underwriting siehe *Jannott,* in: Festschrift für Robert Schwebler, 1986, S. 269ff.

[15] Zur Konzernpolitik siehe *Martens,* ZHR 147 (1983), 417ff; zur Due Diligence bei Fusionen siehe *Meßmer/Keßler*, NVersZ 2000, 110ff und beim Beteiligungs- bzw. Unternehmenskauf siehe *Kiethe*, NZG 1999, 976ff; *Fleischer*, AG 2000, 309ff; *Klaus J. Müller*, NJW 2000, 3452ff; *Werner*, ZIP 2000, 989ff; *Stoffels,* ZHR 165 (2001), 362ff; zur Auskunftserteilung und Offenbarung von Unternehmensinterna siehe *Roschmann/Frey*, AG 1996, 449ff; *Schroeder*, DB 1997, 2161ff; *Meincke*, WM 1998, 749, 750f; *Götze*, ZGR 1999, 202ff; *Ziemons*, AG 1999, 492ff; *Oppenländer*, GmbHR 2000, 535ff; *Rozijn,* NZG 2001, 494ff; zur Neutralitäts- und Stillhaltepflicht bei Übernahmen siehe *Schander/Posten*, ZIP 1997, 1534ff; *Kirchner*, AG 1999, 481ff; *derselbe*, WM 2000, 1821, 1825; *Hopt,* in: Festschrift für Marcus Lutter, 2000, S. 1361ff; *Kort,* in: Festschrift für Marcus Lutter, 2000, S. 1421, 1432ff; *Krause*, AG 2000, 217ff; *Schanz*, NZG 2000, 337, 343; OLG Düsseldorf, Beschluß vom 31. 8. 2000, BB 2000, 1956f = DB 2000, 2210f; *Becker,* ZHR 165 (2001), 280ff; *Körner*, DB 2001, 367ff; *Maier/Reimer,* ZHR 165 (2001), 258ff; *Merkt,* ZHR 165 (2001), 224ff; zur Break Fee-Vereinbarung bei Unternehmenskäufen siehe *Sieger/Hasselbach*, DB 2000, 625ff; zur Bewertung von Versicherungsunternehmen vgl. *Küting/Eidel*, WPg 1999, 829ff; *Zielke*, VW 1999, 420ff; zur Abbildung von Unternehmenserwerben im Konzernabschluß siehe *Krawitz/Klotzbach*, WPg 2000, 1164ff; *Mujkanovic*, WPg 2000, 637ff.

[16] Dazu *Braeß*, ZVersWiss 54 (1965), 19ff; *Braeß/Karten,* ZVersWiss 56 (1967), 261ff; *Großfeld/Ebke,* AG 1977, 57, 61; *Kropff,* ZGR 1993, 41ff.

[17] Dazu *Kalbaum,* in: Festschrift für Robert Schwebler, 1986, S. 653ff; *Schinzler,* in: Festschrift für Robert Schwebler, 1986, S. 803ff; *Weigel,* in: Frankfurter Vorträge zum Versicherungswesen, Heft 25, 1993, S. 5ff; *derselbe,* in: Festschrift der Alte Leipziger Versicherung Aktiengesellschaft zum 175jährigen Jubiläum, 1994, S. 185ff; *Angermayer*, VW 1996, 683ff; *Angermayer/Dietz/Scharpf*, VW 1996, 107ff (I), 164ff (II).

[18] Siehe hierzu *Farny,* Versicherungsbetriebslehre, 2000, S. 228ff; zur Zielvereinbarung als Instrument der Personalführung vgl. *Geffken*, NZA 2000, 1033ff.

politik[19], Rückversicherungspolitik[20], Wahl der richtigen Unternehmensorganisation[21], insbesondere Festlegung des organisatorischen Aufbaus der Direktion und der Geschäftsstellen[22] sowie des Verwaltungssystems[23], Werbestrategie[24]. Darüber hinaus ist jedes Vorstandsmitglied verpflichtet, den Geschäftsbetrieb im ganzen zu beobachten[25], und hat die Geschäftsführungstätigkeit aller Vorstandsmitglieder „sorgfältig zu beobachten und sachgerecht zu überwachen"[26]. Insoweit trifft jedes Vorstandsmitglied „eine allgemeine Aufsichtspflicht hinsichtlich der Recht- und Zweckmäßigkeit der von den Kollegen getroffenen Maßnahmen"[27].

Der Vorsitzende des Vorstands, der „mehr als die übrigen Vorstandsmitglieder für die gesamte Geschäftsführung des Vorstands verantwortlich ist"[28], hat eine gesteigerte Aufsichtspflicht.

3. Interessenwahrnehmungs- und Treuepflicht

Der Gesetzgeber hat mit der Verweisung auf § 76 Abs. 1 AktG in § 34 Satz 2 VAG auch für den Versicherungsverein auf Gegenseitigkeit darauf verzichtet, in einer Generalklausel dem Vorstand des Versicherungsvereins auf Gegenseitigkeit ein Unternehmensziel vorzugeben. Dies bedeutet aber nicht, daß der Vorstand des Versicherungsvereins auf Gegenseitigkeit in der Ausübung seiner Leitungsmacht frei wäre. Der Vorstand des Versicherungsvereins auf Gegenseitigkeit hat wie der Vorstand der Aktiengesellschaft das Unternehmensinteresse zu beachten und muß das Gemeinwohl im Auge behalten[29]. Nach der einprägsamen Formel von *Thomas Raiser*[30] „ist das Unternehmensinteresse darauf gerichtet, die Selbsterhaltung und den Erfolg des Unternehmens zu sichern". Die Verpflichtung zur Kapitalerhaltung spielt dabei auch für Versicherungsvereine auf Gegenseitigkeit eine Rolle[31].

---

[19] Dazu *Farny*, Versicherungsbetriebslehre, 2000, S. 363ff; *Farny*, ZVersWiss 84 (1995), 79ff.

[20] Dazu *Horst K. Jannott*, in: Handwörterbuch der Versicherung, 1988, S. 715ff; *Gerathewohl*, VW 1984, 1281ff; *Prase*, VW 1996, 156ff; *Cornish*, ZfV 1998, 630ff.

[21] Vgl. *Timm*, NJW 1987, 977; dazu ferner *Raupach*, in: Festschrift für Georg Döllerer, 1988, S. 499ff; *Adams/Johannsen*, BB 1996, 1017ff.

[22] Dazu *Bachmann*, VW 1977, 1048ff; *Zech*, VW 1977, 1043ff; für eine kundenorientierte Unternehmensstruktur *Bremkamp*, in: Geburtstags-Schrift für Georg Büchner, 1991, S. 627ff; zur Profit Center-Organisation siehe *Lange*, 1995, S.106ff.

[23] Dazu von *Linsingen*, VW 1990, 834; *derselbe*, VW 1992, 1276ff; *Gessner/Weippert*, VW 1991, 1275ff.

[24] Siehe dazu *Eggers/Schmid*, ZVersWiss 81 (1992), 631ff; *Kasten*, ZVersWiss 86 (1997), 449, 454ff; zum Internet siehe *Schöffski/Samusch*, ZVersWiss 86 (1997), 171ff.

[25] Vgl. BGHZ 15, 71, 78; *Erle*, AG 1987, 9.

[26] *Semler*, in: Festschrift für Georg Döllerer, 1988, S. 579; ähnlich *Harro Frels*, ZHR 122 (1959), 28, 31, 40; *Fleck*, in: Festschrift für Marie Luise Hilger und Hermann Stumpf, 1983, S. 203; *Mielke*, 1990, S. 75; *Jula*, 1995, S. 34; siehe ferner *Hübner*, 1992, S. 10.

[27] *Großfeld/Stermann*, in: Freundesgabe für Erik Boettcher, 1984, S. 241; grundlegend hierzu *Uwe H. Schneider*, DB 1993, 1912; *Hoffmann-Becking*, ZGR 1998, 497, 512f; *Rieger*, in: Festschrift für Martin Peltzer, 2001, S. 339, 347.

[28] Vgl. *Harro Frels*, ZHR 122 (1959), 32; eingehend *Bezzenberger*, ZGR 1996, 661, 663, 673; *Semler*, in: Festschrift für Marcus Lutter, 2000, S. 721, 727ff.

[29] Vgl. *Großfeld/Ebke*, AG 1977, 92, 101f; *Rittner*, JZ 1980, 113ff; *Wiedemann*, ZGR 1980, 161; *Karsten Schmidt*, Gesellschaftsrecht, 1997, § 28 II 1 a), S. 814; *Klaus-Peter Martens*, in: Festschrift für Karl Beusch, 1993, S. 533; zum Konzerninteresse siehe *Rasch*, 1974, S. 114ff; *Semler*, in: Festschrift für Ernst C. Stiefel, 1987, S. 723f.

[30] *Thomas Raiser*, in: Festschrift für Reimer Schmidt, 1976, S. 105; ähnlich *Dieter Schneider*, ZVersWiss 73 (1984), 253; vgl. für die GmbH: *Priester*, ZGR 1993, 521.

[31] Vgl. für die AG: *Raisch*, in: Festschrift für Wolfgang Hefermehl, 1976, S. 361; *Uwe H. Schneider*, in: Festschrift für Winfried Werner, 1984, S. 809f.

Darüber hinaus muß sich die Leitung des Versicherungsvereins auf Gegenseitigkeit nach dem Gesellschaftszweck richten[32]. Von besonderer Bedeutung für den Vorstand eines Versicherungsvereins auf Gegenseitigkeit ist hierbei die Formel von *Wiedemann*[33]: „Die organschaftliche Treuepflicht gebietet den Geschäftsführern und anderen Organmitgliedern, die übertragenen Aufgaben nach besten Kräften zu erfüllen und ihre Tätigkeit ausschließlich am Gesellschaftszweck zu orientieren". Daraus erwächst wegen des zu beachtenden Prinzips der Gegenseitigkeit dem Vorstand des Versicherungsvereins auf Gegenseitigkeit die Verpflichtung, die Interessen der Vereinsmitglieder, zugleich der Versicherungsnehmer, im Rahmen seiner Unternehmenspolitik zu wahren und bei der Bestimmung der Unternehmensinteressen zu beachten[34]. Die Organmitglieder müssen sich stets bewußt sein, daß sie als Treuhänder das Vermögen des Versicherungsvereins und die Haftungsmasse der Gläubiger, in erster Linie sind dies die Vereinsmitglieder als Versicherungsnehmer selbst, verwalten[35]. Von daher ist es den Vorstandsmitgliedern aufgrund ihrer Treuepflicht untersagt, „Geschäftschancen, die der Gesellschaft gebühren, als Eigengeschäft wahrzunehmen"[36]. Die Satzung eines Versicherungsvereins bringt dies durch die Hervorhebung der Verpflichtung des Vorstands, „den Verein unter eigener Verantwortung so zu leiten, wie das Wohl der Versicherten es erfordert", zum Ausdruck.

Die Erfüllung der Interessenwahrungs- und Treuepflicht des Vorstands gegenüber den Vereinsmitgliedern/Versicherungsnehmern wird durch eine Vielzahl von aufsichtsrechtlichen Vorschriften gesichert. Diese Vorschriften sind zugleich geeignet, Anhaltspunkte dafür zu geben, was im Unternehmensinteresse liegt und was nicht. Eine besondere Bedeutung erlangt in diesem Zusammenhang § 54 VAG. Danach ist das Vermögen des Versicherungsvereins unter Berücksichtigung der Art der betriebenen Versicherungsgeschäfte sowie der Unternehmensstruktur so anzulegen, daß möglichst große Sicherheit und Rentabilität bei jederzeitiger Liquidität der Versicherungsunternehmung unter Wahrung angemessener Mischung und Streuung erreicht wird[37].

---

[32] Ähnlich *Julius von Gierke*, Versicherungsverein, 1942, S. 24; *Imberg*, 1963, S. 43; *Brunn*, 1973, S. 60; vgl. für die eG: *Beuthien/Ernst*, ZHR 156 (1992), 231.

[33] *Wiedemann*, in: Festschrift für Theodor Heinsius, 1991, S. 950.

[34] Vgl. *Gerhard Frels*, ZVersWiss 37 (1937), 355. Der Vorstand steht mithin nicht im Spannungsfeld verschiedener Interessenlagen wie der Vorstand einer AG, das im Rahmen des Shareholder-Value-Modells und der Stakeholder-Konzeption diskutiert wird, vgl. hierzu *v. Werder*, ZGR 1998, 69 ff. Zum Shareholder Value-Konzept siehe *Küting/Lorson*, BB Beilage 8 zu Heft 20, 1997, 18 ff; *Lorson*, DB 1999, 1329 ff; *Gleißner*, DB 2000, 1625 ff; *Groh*, DB 2000, 2153 ff; *Metzler*, ZfV 2000, 459 ff (I) und 509 ff (II); *Pape*, BB 2000, 711 ff; *Pellens/Tomaszewski/Weber*, DB 2000, 1825 ff.

[35] Vgl. für die AG: *Uwe H. Schneider*, in: Festschrift für Winfried Werner, 1984, S. 807; *Hopt*, ZGR 1993, 540 f.

[36] Vgl. *Kübler*, in: Festschrift für Winfried Werner, 1984, S. 438 f.

[37] Zur Kreditwürdigkeitsprüfung bei der Vergabe von Schuldscheindarlehen siehe *Linnhoff/Pellens*, DB 1994, 589 ff; zum Einsatz derivativer Finanzinstrumente siehe *Gebhard*, ZVersWiss 86 (1997), 627 ff; zum Einsatz von originären und derivativen financial instruments siehe *Prahl*, WPg 1996, 830 ff.

II. Die Geschäftsführungsaufgaben

1. Umfang der Aufgaben

Der Umfang der Geschäftsführungsaufgaben richtet sich danach, ob der Vorstand des Versicherungsvereins auf Gegenseitigkeit Leitungsfunktion für das Einzelunternehmen oder auch für einen Unternehmensverbund hat.

Die Geschäftsführungsaufgaben hat der Vorstand unter Beachtung der Satzung, aller gesetzlichen Vorschriften und aufsichtsbehördlichen Anordnungen sowie der Rechts- und Verwaltungsgrundsätze des BAV (§ 103 Abs. 2 VAG) wahrzunehmen.

Der Aufsichtsrat kann bestimmen, daß bestimmte Arten von Geschäften seiner Zustimmung bedürfen (§ 35 Abs. 3 VAG i.V.m. § 111 Abs. 4 Satz 1 und 2 AktG). Der Vorstand kann aber dem Aufsichtsrat keine Frage der Geschäftsführung zur Entscheidung vorlegen. Hingegen kann die oberste Vertretung über Fragen der Geschäftsführung entscheiden, wenn der Vorstand es verlangt (§ 36 VAG i.V.m. § 119 Abs. 2 AktG). Sie ist auch zuständig im Fall des § 111 Abs. 4 Satz 3 AktG.

2. Ständige Aufgaben

Als ständige Geschäftsführungsaufgaben nennt der Gesetzgeber neben der Erfüllung der Publizitätspflichten u.a. folgende Aufgaben:
- Berichterstattung an den Aufsichtsrat (§ 34 Satz 2 VAG i.V.m. § 90 AktG),
- Verbot der Kreditgewährung an leitende Angestellte ohne Zustimmung des Aufsichtsrats (§ 34 Satz 2 VAG i.V.m. § 89 AktG),
- Führung der Handelsbücher (§ 34 Satz 2 VAG i.V.m. § 91 AktG),
- Einberufung der Versammlung der obersten Vertretung (§ 36 VAG i.V.m. §§ 121 Abs. 2, 175 Abs. 1 AktG),
- Auskünfte an Mitglieder der obersten Vertretung (§ 36 VAG i.V.m. § 131 AktG) und Sonderprüfer (§ 36 VAG i.V.m. § 145 Abs. 1 und 2 AktG),
- Vorbereitung und Ausführung der Beschlüsse der obersten Vertretung (§ 36 VAG i.V.m. §§ 83, 124 Abs. 3 und 125 AktG).

Ferner gehört es zu den Aufgaben des Vorstands, das Vorschlagsrecht für die Wahl der Mitgliedervertreter und der Beiräte nach näherer Maßgabe der Satzung und einer evtl. Wahlordnung auszuüben.

3. Erfüllung der Publizitätspflichten

Der Vorstand des Versicherungsvereins auf Gegenseitigkeit hat für die Erfüllung der umfangreichen Publizitätspflichten zu sorgen, die gegenüber den Organen, den Mitgliedern, der Aufsichtsbehörde und der Öffentlichkeit bestehen.

a) Pflichten gemäß externer Rechnungslegung. Nach den Vorschriften über die externe Rechnungslegung sind vom Vorstand folgende Pflichten zu erfüllen:
- Aufstellung und Vorlegung des Jahresabschlusses und Lageberichts (§ 55 Abs. 2 VAG i.V.m. §§ 264, 341a Abs. 1 HGB),
- Vorlage eines Gewinnverteilungsvorschlages (§ 341a Abs. 4 HGB i.V.m. § 170 Abs. 2 AktG),
- Anzeige der Abschlußprüfer (§ 58 Abs. 2 VAG),
- Auskunft an Abschlußprüfer (§ 341k Abs. 1 Satz 1 HGB i.V.m. § 320 Abs. 2 HGB),

- Vorlage des Prüfungsberichts an den Aufsichtsrat und die Aufsichtsbehörde (§ 341 Abs. 4 HGB, § 59 Satz 1 VAG i. V. m. § 170 Abs. 1 AktG),
- Einreichung des Jahresabschlusses und weiterer Unterlagen zum Handelsregister und Bekanntmachung (§ 341 Abs. 1 HGB i. V. m. § 325 HGB),
- Anmeldungen zum Handelsregister (§§ 30, 31 Abs. 2, 40, 45 VAG i. V. m. §§ 81, 106 AktG),
- Abwicklung (§ 47 VAG).

b) Pflichten gemäß der internen Rechnungslegung. Über die externe Rechnungslegung hinaus sind nach den Bestimmungen zur internen Rechnungslegung folgende Unterlagen der Aufsichtsbehörde anzureichen:
- Aufstellung eines internen Berichts (§ 1 BerVersV),
- Berechnung der Solvabilitätsspanne an das BAV (§ 53 c Abs. 4 VAG),
- Vorlage eines Solvabilitätsplans (§ 81 b Abs. 1 VAG) oder eines Finanzierungsplans (§ 81 b Abs. 2 VAG),
- Anzeige des Erwerbs von Grundstücken und von Beteiligungen sowie von Vermögensanlagen bei verbundenen Unternehmen (§ 54 Abs. 2 VAG),
- Bericht über die gesamten Vermögensanlagen an die Aufsichtsbehörde (§ 54 d VAG),
- Eintragung ins Deckungsstockverzeichnis und Bericht darüber an das BAV (§ 66 Abs. 6 VAG),
- vorschriftmäßige Aufbewahrung der Deckungsstockwerte (§§ 66 Abs. 5, 72 ff VAG),
- Auskunft an die Aufsichtsbehörde (§ 83 VAG),
- Anzeige der Überschuldung oder Zahlungsunfähigkeit an die Aufsichtsbehörde (§ 88 Abs. 2 VAG).

4. Vertretung des Versicherungsvereins auf Gegenseitigkeit

Der Vorstand vertritt den Versicherungsverein auf Gegenseitigkeit gerichtlich und außergerichtlich (§ 34 Satz 2 VAG i. V. m. § 78 Abs. 1 AktG). Bei einem mehrgliedrigen Vorstand besteht Gesamtvertretungsmacht (§ 34 Satz 2 VAG i. V. m. § 78 Abs. 2 Satz 1 AktG). Die Gesamtvertretung ist „für die Unternehmensorganisation von erstrangiger Bedeutung", denn sie ist „ein Mittel zur Verringerung der mit der Ausübung von Vertretungsmacht verbundenen Gefahren für den Vertretenen"[38]. Von daher ist verständlich, daß die an sich aktienrechtlich zulässige Alleinvertretung durch ein Vorstandsmitglied durch § 34 Satz 1 VAG ausgeschlossen ist, wonach der Vorstand aus mindestens zwei Personen zu bestehen hat[39]. Der Gesetzgeber hat damit den Vorstand eines Versicherungsunternehmens zwingend als Kollegialorgan konzipiert[40].

Die Satzung – oder der Aufsichtsrat aufgrund einer Satzungsermächtigung – kann bestimmen, daß einzelne Vorstandsmitglieder in Gemeinschaft mit einem Prokuristen zur Vertretung der Gesellschaft befugt sind (§ 34 Satz 2 VAG i. V. m.

---

[38] *Kötter,* in: Festschrift für Wolfgang Hefermehl, 1976, S. 76.

[39] Siehe dazu VA 1919, 81; VA 1937, 39; VA 1939, 36; GB BAV 1939/1945, 59; GB BAV 1966, 22; GB BAV 1968, 52; GB BAV 1969, 37; GB BAV 1976, 50, 51, 59; GB BAV 1991, 71.

[40] Vgl. dazu *Karsten Schmidt,* Gesellschaftsrecht, 1997, § 28 II 3, S. 820.

§ 78 Abs. 3 AktG)[41]. Die gesamtvertretungsberechtigten Vorstandsmitglieder können einander zur Vornahme bestimmter Arten von Geschäften ermächtigen (§ 34 Satz 2 VAG i. V. m. § 78 Abs. 4 AktG). Sie können aber auch einem Dritten eine widerrufliche Generalvollmacht erteilen[42].

Inhaltlich kann die Vertretungsbefugnis des Vorstands nicht beschränkt werden (§ 34 Satz 2 VAG i. V. m. § 82 Abs. 1 AktG). Im Innenverhältnis sind die Vorstandsmitglieder allerdings verpflichtet, die Beschränkungen einzuhalten, die die Satzung, der Aufsichtsrat, die oberste Vertretung und die Geschäftsordnung anordnen (§ 34 Satz 2 VAG i. V. m. § 82 Abs. 2 AktG).

Ist eine Willenserklärung gegenüber dem VVaG abzugeben, so genügt die Abgabe gegenüber einem Vorstandsmitglied (§ 34 Satz 2 VAG i. V. m. § 78 Abs. 2 Satz 2 AktG).

5. Organisation der rechtlichen Beziehungen

Zu den Aufgaben des Vorstands und insbesondere der einzelnen Ressorts gehört die Ordnung und Fortentwicklung der rechtlichen Beziehungen zu den Versicherungsnehmern und Geschäftsfreunden sowie zu den anderen Unternehmen, insbesondere den Verbundgesellschaften.

Der Abschluß der die Rückversicherung in ihrer Gesamtheit ordnenden Verträge[43] sowie der Dienstleistungs- und Funktionsausgliederungsverträge[44] fällt in der Regel in die alleinige Kompetenz des Vorstands, wobei allerdings Funktionsausgliederungsverträge der Genehmigung des BAV bedürfen[45].

Die Einzel- und Gruppenversicherungsverträge mit den Privat- bzw. Firmenkunden[46] sowie die Verträge mit den Vertriebspartnern, also je nach Vertriebspolitik mit den Maklern, Mehrfachagenten sowie den haupt- und nebenberuflichen Ausschließlichkeitsvertretern[47] werden je nach Zeichnungsvollmacht von den nachgeordneten Unternehmensebenen abgeschlossen.

Kooperations- und Beteiligungsabkommen, Betriebsführungsverträge[48], Beherrschungs- und Gewinnabführungsverträge[49] oder Entherrschungsverträ-

---

[41] Hierzu *Bärwaldt,* NJW 1997, 1404 ff; *Bärwaldt/Hadding,* NJW 1998, 1103 ff; zur haftungsrechtlichen Verantwortlichkeit des Prokuristen bei gemischter Gesamtvertretung vgl. *Sandmann,* NZA 1999, 457 ff.

[42] Vgl. *Harro Frels,* ZHR 122 (1959), 186 ff; *derselbe,* VersR 1963, 898; a. A. *Joussen,* WM 1994, 281 f: unwiderrufliche Generalvollmacht zulässig.

[43] Siehe dazu *Vollenweider,* 1971, S. 136 ff; *Salzmann,* in: Festschrift für Reimer *Schmidt,* 1976, S. 937 ff; *Labes,* in: Handwörterbuch der Versicherung, 1988, S. 703 ff; *Altenburger,* ZVersWiss 1997, 157 ff.

[44] Vgl. § 53 d VAG und § 5 Abs. 3 Nr. 4 VAG; dazu *Doerry,* VersR 1989, 1133 ff; *August Angerer,* VW 1982, 1456 ff.

[45] Vgl. § 5 Abs. 3 Nr. 4 VAG i. V. m. §§ 8, 13 VAG.

[46] Siehe dazu *Farny,* Versicherungsbetriebslehre, 2000, S. 382 f.

[47] Einzelheiten siehe bei *Edgar Jannott,* in: Handwörterbuch der Versicherung, 1988, S. 1159 ff; *Zech,* in: Handwörterbuch der Versicherung, 1988, S. 25 ff.

[48] Dazu *Gessler,* in: Festschrift für Wolfgang Hefermehl, 1976, S. 263 ff.

[49] Dazu BGH vom 5. 4. 1993, ZIP 1993, 751 ff; *Werner,* AG 1967, 122, 124 ff; *Zöllner,* ZVersWiss 53 (1964), 309; *Rohde-Liebenau,* 1973, S. 52 ff; *Hengeler/Hoffmann-Becking,* in: Festschrift für Wolfgang Hefermehl, 1976, S. 283 ff; *Forster,* in: Festschrift für Walter Stimpel, 1985, S. 759 ff; *Dreher,* ZVersWiss 77 (1988), 619 ff; *Busch,* AG 1993, 1 ff; *Schirmer,* in: Dieter Farny und die Versicherungswissenschaft, 1994, S. 404 ff; *Riegger/Mutter,* DB 1997, 1603 ff; *Altmeppen,* ZIP 1998, 1853 ff; BAV, VerBAV 2001, 118.

ge[50] werden nach der Satzung und/oder der Geschäftsordnung des Vorstands in der Regel der Zustimmung des Aufsichtsrats bedürfen. Unberührt bleibt die Entscheidungskompetenz der obersten Vertretung nach Maßgabe der gesetzlichen Vorschriften.

III. Bestellung und Abberufung

1. Voraussetzungen

a) Gesetzliche und statutarische Voraussetzungen. Mitglied des Vorstands kann nur eine natürliche, unbeschränkt geschäftsfähige Person sein (§ 34 Satz 2 VAG i.V.m. § 76 Abs. 3 AktG). Vom Vorstandsamt ausgeschlossen sind verurteilte Konkursstraftäter sowie Personen, die einem Berufsverbot unterliegen (§ 34 Satz 2 VAG i.V.m. § 76 Abs. 3 AktG). Das Vorstandsmitglied muß nicht Mitglied des Versicherungsvereins auf Gegenseitigkeit sein[51]. Insoweit gilt das Prinzip der Fremdorganschaft. Ein Amt im Vorstand ist aber unvereinbar mit einem Amt im Aufsichtsrat. Ein zum Vorstand bestelltes Aufsichtsratsmitglied muß vorher aus dem Aufsichtsrat ausscheiden, vgl. § 34 Satz 2 VAG i.V.m. § 105 AktG. Nicht ausgeschlossen sind Personen, die bereits Mandate in derselben Unternehmensgruppe – etwa bei Tochtergesellschaften – innehaben[52]. Solche Doppelmandate können aber konzernrechtliche Folgen haben[53].

Die Satzung kann weitere Voraussetzungen vorschreiben[54]. Hierdurch soll ein hohes Maß an Interesse an der Vereinsführung erreicht werden[55]. Verlangt werden kann in der Satzung die Mitgliedschaft im Versicherungsverein auf Gegenseitigkeit[56] und/oder die Zugehörigkeit zu einem bestimmten Berufsstand[57]. Weitere Voraussetzungen sind bezüglich Vorbildung, Wohnsitz, Beteiligung an der Gründung u.ä. mehr denkbar[58]. Eine Satzung eines Versicherungsvereins sieht vor, daß der Vorstand aus hauptamtlichen und ehrenamtlichen Vorstandsmitgliedern besteht. Geschäftsleiter von Kreditinstituten müssen dagegen dem Kreditinstitut hauptberuflich zur Verfügung stehen[59]. Eine andere Satzung bestimmt ausdrücklich, daß zu Vorstandsmitgliedern nur fachlich qualifizierte Personen bestellt werden können.

---

[50] Für die Zulässigkeit von Entherrschungsverträgen bei der AG siehe LG Mainz, DB 1990, 2361, 2363 = AG 1991, 30 – Asko/Massa; LG Köln, DB 1992, 627 = AG 1992, 238 – Winterthur/Nordstern; *Barz*, in: Festschrift für Johannes Bärmann, 1975, S. 185ff.; *Hommelhoff*, Die Konzernleitungspflicht, 1982, S. 82ff.; *Emmerich/Sonnenschein*, Konzernrecht, 4. Aufl., 1990, S. 71; *Koppensteiner*, in: Kölner Kommentar AktG, 2. Aufl., 1988, § 17 AktG Rz. 89; *Krieger*, in: Münchener Hdb. AG, 1999, § 68 Rz. 58; Götz, 1991, S. 122ff; *Hentzen*, ZHR 157 (1993), 68; a.A. *Geßler/Hefermehl/Eckardt/Kropff*, § 17 AktG Rz. 106; *Hüttemann*, ZHR 156 (1992), 324ff.

[51] *Holthöfer*, 1906, S. 35; *Curt Schmidt*, 1922, S. 49; *Schloeßmann*, 1936, S. 53; *Kisch*, Versicherungsverein, 1951, S. 82; *Großfeld*, Versicherungsverein, 1985, S. 38.

[52] *Mertens*, in: Kölner Kommentar zum Aktiengesetz, § 76 Rdn. 112; *Karsten Schmidt*, Gesellschaftsrecht, 1997, § 28 II 2 b), S. 816.

[53] *Karsten Schmidt*, Gesellschaftsrecht, 1997, § 28 II 2 b), S. 816.

[54] *Prölss/Schmidt/Frey*, 1989, § 34 VAG Rdn. 2.

[55] *Brunn*, 1973, S. 58.

[56] *Wörner*, Versicherungsverein, 1904, S. 101; *Scheel*, 1911, S. 8; *Curt Schmidt*, 1922, S. 50; *Imberg*, 1963, S. 41; *Zier*, 1968, S. 136; *Brunn*, 1973, S. 58; *Goldberg/Müller*, 1980, § 34 VAG Rdn. 2; *Reckhenrich*, 1987, S. 101; *Prölss/Schmidt/Frey*, 1989, § 34 VAG Rdn. 2.

[57] *Reckhenrich*, 1987, S. 101.

[58] *Imberg*, 1963, S. 41.

[59] Vgl. *Bähre/Schneider*, 1986, A 6 zu § 33 KWG, S. 387.

b) Aufsichtsrechtliche Anforderungen. Nur für die Zulassung zum Geschäftsbetrieb verlangt das VAG, daß die Geschäftsleiter zuverlässig und fachlich geeignet sind (§ 7a Abs. 1 Satz 1 VAG). Fachliche Eignung setzt in ausreichendem Maße theoretische und praktische Kenntnisse in Versicherungsgeschäften sowie Leitungserfahrung voraus (§ 7a Abs. 1 Satz 2 VAG). Nach dem Gesetz ist das regelmäßig anzunehmen, wenn eine dreijährige leitende Tätigkeit bei einem Versicherungsunternehmen von vergleichbarer Größe und Geschäftsart nachgewiesen wird. Nach erfolgter Zulassung soll die Regelung bei einem Wechsel von Vorstandsmitgliedern keine Geltung haben[60].

Die Aufsichtsbehörde hat indessen weitgehend eine Praxis durchgesetzt, die der Aufsichtsbehörde die Prüfung ermöglichen soll, ob trotz einem Wechsel in einem Vorstandsressort immer noch die Zulassungsvoraussetzungen des § 8 Abs. 1 Nr. 1 VAG gegeben sind und von daher keine aufsichtsrechtlichen Maßnahmen im Rahmen der Mißstandsaufsicht erforderlich werden[61].

Nach der Aufsichtspraxis dürfen Vorstandsmitglieder weder als Treuhänder des Versicherungsvereins auf Gegenseitigkeit[62], noch als dessen Vertreter auf Provision tätig sein[63]. Für ein Vorstandsamt kommt ferner nicht in Frage, wer mit einem Mitglied des Aufsichtsrats näher verwandt ist[64]. Bedenken bestehen seitens der Aufsichtsbehörde ferner, wenn das Vorstandsmitglied zugleich der Alleinaktionär ist[65].

2. Bestellung

Der Vorstand wird vom Aufsichtsrat bestellt (§ 34 Satz 2 VAG i.V.m. § 84 Abs. 1 Satz 1 AktG). Bei der Bestellung handelt es sich um einen körperschaftlichen Akt[66], der zu seiner Wirksamkeit der Zustimmung des Bestellten bedarf[67]. Der Eintragung des bestellten Vorstandsmitglieds in das Handelsregister kommt keine konstitutive. sondern nur deklaratorische Wirkung zu[68].

Der Aufsichtsrat kann ein Mitglied des Kollegialorgans zum Vorsitzenden des Vorstands ernennen (§ 34 Satz 2 VAG i.V.m. § 84 Abs. 2 AktG). Dieses Vorstandsmitglied kann den Titel „Generaldirektor" führen[69], wenn dies der Aufsichtsrat beschließt. Diese Titulatur erinnert an das nach früherem Recht zulässige sogenannte Generaldirektorsystem gemäß § 70 Abs. 2 Satz 2 AktG a.F., wonach der Vorsitzende des Vorstands in jedem Fall einer Meinungsverschiedenheit

---

60 *Prölss/Schmidt/Frey,* 1989, § 34 VAG Rdn. 2 i.V.m. § 8 VAG Rdn. 22.

61 Verlautbarungen des BAV: R v. 23. 12. 1953, VerBAV 1954, 2; GB BAV 1968, 34; GB BAV 1972, 32; R 2/74, VerBAV 1974, 50; R 1/82, VerBAV 1982, 3; GB BAV 1982, 32; ferner BeschlußKE VerBAV 1975, 374ff; dazu *Kaulbach,* ZVersWiss 65 (1976), 697; *Klingmüller,* VersR 1977, 105, 590ff; *Sieg,* VersR 1978, 680; *von Puskás,* ZHR 143 (1979), 413ff; *Golz,* VerBAV 1984, 419; kritisch zur Aufsichtspraxis: *Prölss/Schmidt/Frey,* 1989, § 8 VAG Rdnr 14ff.

62 VA 1934, 109; VerBAV 1956, 38; R 2/81, VerBAV 1981, 247.

63 VerBAV 1978, 104; GB BAV 1978, 26.

64 R 2/74, VerBAV 1974, 50; bestätigt durch BeschlKE vom 14. 8. 1975, VerBAV 1975, 374; zustimmend *von Puskás,* ZHR 143 (1979), 414; ablehnend *Scholz,* ZVersWiss 73 (1984), 1, 30.

65 GB BAV 1968, 34.

66 *Peltzer,* BB 1976, 1249; *Henn,* 1991, S. 209; *Harro Frels,* ZHR 122 (1959), 19: Organisationsakt; zum Ganzen siehe *Baums,* ZGR 1993, 141ff.

67 *Willemer,* AG 1977, 130, Fußnote 26, S. 133; *Henn,* 1991, S. 212.

68 *Henn,* 1991, S. 212.

69 *Wörner,* Versicherungsverein, 1904, S. 101.

im Vorstand das Entscheidungsrecht hatte, während jetzt der Vorstandsvorsitzende nur noch primus inter pares ist[70].

Die Entscheidung des Aufsichtsrats über die Bestellung von Vorstandsmitgliedern kann gemäß § 35 Abs. 3 Satz 1 VAG i.V.m. § 111 Abs. 5 AktG weder durch die Satzung noch durch die oberste Vertretung an die Zustimmung Dritter gebunden werden[71]. Eine Kooptation oder Bestellung durch Dritte ist nichtig[72]. Das BAV genehmigt deshalb auch keine Satzungsbestimmung, die die Bestellung des Vorstands durch Dritte vorsieht[73]. Es kann in der Satzung lediglich bestimmt werden, daß die Meinung eines Dritten einzuholen ist; es muß aber klargestellt werden, daß der Aufsichtsrat nicht verpflichtet ist, der Auffassung des Dritten zu folgen[74]. Unberührt hiervon ist das aufsichtsrechtliche Erfordernis, daß vor der Bestellung eines Vorstandsmitglieds die Aufsichtsbehörde zu konsultieren ist und ihr die erfolgte Bestellung – ggf. die Ernennung eines Vorsitzenden des Vorstands – anzuzeigen ist[75].

Die Bestellung erfolgt durch den Aufsichtsrat auf höchstens fünf Jahre (§ 34 Satz 2 VAG i.V.m. § 84 Abs. 1 Satz 1 AktG). Eine wiederholte Bestellung oder eine Verlängerung der Amtszeit ist zulässig (§ 34 Satz 2 VAG i.V.m. § 84 Abs. 1 Satz 2 AktG). Sofern nicht eine kürzere Amtszeit vorgesehen war und die Amtszeit einschließlich der Verlängerung fünf Jahre nicht überschreitet, bedarf die Neubestellung oder Verlängerung eines Aufsichtsratsbeschlusses, der frühestens ein Jahr vor Ablauf der bisherigen Amtszeit gefaßt werden kann (§ 34 Satz 2 VAG i.V.m. § 84 Abs. 1 Satz 3 und 4 AktG). Eine stillschweigende Weiterbeschäftigung ist ausgeschlossen[76]. Alle Abreden, die die Entschließungsfreiheit des Aufsichtsrats bei der Bestellung des Vorstands in einer dem § 84 AktG zuwiderlaufenden Weise beschränken, sind unwirksam[77].

Um die Handlungsfähigkeit der Gesellschaft zu gewährleisten, ist das Registergericht ermächtigt, in dringenden Fällen vorübergehend ein Mitglied als Notvorstand zu bestellen, wenn ein erforderliches Vorstandsmitglied fehlt (§ 34 Satz 2 VAG i.V.m. § 85 AktG). Ferner kann ein Mitglied des Aufsichtsrats für längstens ein Jahr in den Vorstand wechseln (§ 35 Abs. 3 VAG i.V.m. § 105 Abs. 2 AktG).

3. Abberufung von Vorstandsmitgliedern

Die Abberufung von Mitgliedern des Vorstands ist ausschließlich dem Aufsichtsrat vorbehalten (§ 34 Satz 2 VAG i.V.m. § 84 Abs. 3 AktG).

Die Bestellung kann der Aufsichtsrat nur widerrufen, wenn ein wichtiger Grund gegeben ist. Als Hauptbeispiele nennt das Gesetz: die grobe Pflichtverletzung, die Unfähigkeit zur ordnungsmäßigen Geschäftsführung und den Vertrau-

---

[70] Vgl *Harro Frels*, ZHR 122 (1959), 34; *Nowak*, VW 1966, 1358, 1362.

[71] *Großfeld*, Versicherungsverein, 1985, S. 39; *Prölss/Schmidt/Frey*, 1989, § 34 VAG Rdn. 4; vgl. für die eG: *Frotz*, in: Festschrift Gerhard Frotz, 1993, S. 255.

[72] *Harro Frels*, VersR 1958, 430; *Brunn*, 1973, S. 60, vgl. für die AG: BGHZ 8, 364; BGHZ 15, 78. a.A. *Kisch*, 1951, S. 82.

[73] GB BAV 1978, 26.

[74] *Adler*, VersR 1953, 411; *Prölss/Schmidt/Frey*, 1989, § 34 VAG Rdn. 4.

[75] R 24/53, VerBAV 1954, 2; GB BAV 1968, 198; DB 1968, 34; GB BAV 1969, 60; R 2/74, VerBAV 1974, 50; VerBAV 1975, 374, 378; GB BAV 1974, 20; § 13 d Nr. 1 VAG.

[76] BGHZ 10, 187, 194; BGHZ 41, 282, 286.

[77] BGHZ 8, 348, 360; BGHZ 41, 282, 290; BGH, NJW 1957, 1278.

ensentzug durch die oberste Vertretung, es sei denn, daß das Vertrauen aus offenbar unsachgemäßen Gründen entzogen worden ist (§ 34 Satz 2 VAG i.V.m. § 84 Abs. 3 Satz 2 AktG)[78].

Hält das betroffene Vorstandsmitglied seine Abberufung für unrechtmäßig, so kann es auf Feststellung der Unwirksamkeit klagen[79]. Der Widerruf der Bestellung ist aber wirksam, bis seine Unwirksamkeit rechtskräftig festgestellt ist (§ 34 Satz 2 VAG i.V.m. § 84 Abs. 3 Satz 4 AktG). Bis dahin muß sich das betroffene Vorstandsmitglied aller Tätigkeit im Vorstandsamt enthalten.

Mitunter beschließt der Aufsichtsrat zunächst die vorläufige Amtsenthebung eines Vorstandsmitglieds. In diesem Fall ist das betroffene Vorstandsmitglied vom Dienst freigestellt und ist ihm die Ausübung der Dienstgeschäfte im Innen- und Außenverhältnis untersagt. Die Suspendierung ist allerdings nur zulässig, wenn ein wichtiger Grund im Sinne von § 84 Abs. 3 AktG vorliegt, wobei ein schwerwiegender Verdacht ausreicht[80]. Wirksam ist die Suspendierung bis zur rechtskräftigen Feststellung ihrer Unwirksamkeit[81].

Die Aufsichtsbehörde kann die Abberufung von Vorstandsmitgliedern verlangen und kann, wenn dem nicht Folge geleistet wird, die Befugnisse auf Sonderbeauftragte übertragen[82].

IV. Anstellung der Vorstandsmitglieder

1. Abgrenzung zur Bestellung

Von der organschaftlichen Bestellung ist die Anstellung der Vorstandsmitglieder zu unterscheiden[83]. Durch den Anstellungsvertrag – einen Dienstvertrag, bei unentgeltlicher Tätigkeit einen Auftrag – verpflichtet sich das Vorstandsmitglied zur Tätigkeit für den Versicherungsverein auf Gegenseitigkeit und erhält Ansprüche auf Vergütungen, Aufwandsentschädigungen usw.[84].

Mit Zustandekommens des Anstellungsvertrags wird das Vorstandsmitglied nicht Arbeitnehmer der Gesellschaft, denn es nimmt Arbeitgeberfunktionen wahr[85]. War das Vorstandsmitglied vor der Bestellung Arbeitnehmer der Gesellschaft – in der Regel als leitender Angestellter – kann das Anstellungsverhältnis in der Weise abgeschlossen werden, daß das bisherige Arbeitsverhältnis suspendiert und das Beschäftigungsverhältnis auf der Grundlage der Anstellungsregelung als Vorstandsmitglied fortgesetzt wird[86].

---

[78] Zum Vertrauensentzug durch die Hauptversammlung einer AG siehe *Klaus Zimmermann,* in: Festschrift für Heinz Rowedder, 1994, S. 593ff.

[79] Siehe hierzu *Reinecke,* ZIP 1997, 1525ff.

[80] *Meyer-Landrut,* in: Festschrift für Robert Fischer, 1979, S. 485.

[81] *Meyer-Landrut,* in: Festschrift für Robert Fischer, 1979, S. 485.

[82] § 81 Abs. 2 Satz 1 und Abs. 2a Satz 1 VAG; *Julius von Gierke,* Versicherungsverein, 1942, S. 22.

[83] *Brunn,* 1973, S. 61; *Harro Frels,* VersR 1958, 431; *Bauer/Diller,* GmbHR 1998, 809; *Karsten Schmidt,* Gesellschaftsrecht, 1997, § 28 II 2 d), S. 817.

[84] *Karsten Schmidt,* Gesellschaftsrecht, 1997, § 28 II 2 d), S. 817.

[85] BGHZ 61, 31, 35; *Mertens,* in: Kölner Kommentar zum Aktiengesetz, § 84 Rdnrn. 34ff.; *Fleck,* in: Festschrift für Marie Luise Hilger und Hermann Stumpf, 1983, S. 197ff; *Götz Hueck,* in: Festschrift für Marie Luise Hilger und Hermann Stumpf, 1983, S. 379; *Karsten Schmidt,* Gesellschaftsrecht, 1997, § 28 II 2 d), S. 818.

[86] Vgl. *Martens,* in: Festschrift für Marie Luise Hilger und Hermann Stumpf, 1983, Fußnote 21, S. 446; *Heussler,* RdA 1992, 298f; ausführlich zum Meinungsstand *Heyll,* 1994, S. 287ff; siehe

2. Abschluß und Beendigung

Der Anstellungsvertrag ist rechtsdogmatisch von der Organbestellung zu unterscheiden, muß aber mit der Organbestellung koordiniert werden[87].

Beim Vertragsabschluß wird der Versicherungsverein durch den Aufsichtsrat vertreten (§ 35 Abs. 3 VAG i.V.m. § 112 AktG). In der Regel hat der Aufsichtsrat insoweit jedoch seine Kompetenzen auf einen Personalausschuß übertragen.

Der Anstellungsvertrag kann nicht für eine längere Zeit als für die Dauer des Vorstandsamtes abgeschlossen werden; zulässig ist allerdings eine Vertragsregelung, wonach der Anstellungsvertrag bei Verlängerung der Amtszeit bis zu deren Ablauf weitergilt (§ 34 Satz 2 VAG i.V.m. § 84 Abs. 1 Satz 5 AktG).

Dagegen gibt es keine Regel, wonach der Dienstvertrag automatisch mit dem Vorstandsamt endet[88]. Das hängt damit zusammen, daß ein wichtiger Abberufungsgrund (§ 84 Abs. 3 AktG) nicht in jedem Fall ein wichtiger Kündigungsgrund im Sinne von § 626 BGB ist[89]. In der Praxis wird meist versucht, die Rechtsverhältnisse durch einvernehmliche Regelungen zwischen der Gesellschaft und dem scheidenden Vorstandsmitglied zu klären[90]. Diese Regelungen finden ihre Grenze in § 93 Abs. 4 Satz 3 AktG, soweit es um einen Verzicht auf Ersatzansprüche oder einen Vergleich über sie geht[91].

3. Bezüge der Vorstandsmitglieder

Die Vorstandsmitglieder erhalten für ihre Tätigkeit Bezüge, und zwar je nach Anstellungsvertrag neben dem Gehalt auch sonstige Bezüge wie Anteil am Überschuß, Aufwandsentschädigung, Beihilfen, Dienstwohnung, Dienstwagen etc. Die Gesamtbezüge, die betriebliche Altersversorgung[92] und verwandte Leistungen müssen in einem angemessenen Verhältnis zu den Aufgaben des Vorstandsmitglieds und zur Lage der Gesellschaft stehen (§ 34 Satz 2 VAG i.V.m. § 87 Abs. 1 AktG)[93]. Die Aufsichtsbehörde erwartet in diesem Zusammenhang, daß

---

hierzu BAG, Urteil vom 7. 10. 1993, GmbHR 1994, 243 = ZIP 1994, 319; BAG, Beschluß vom 21. 2. 1994, ZIP 1994, 1044; dazu *Hümmerich*, NJW 1995, 1177, 1181f; *Bauer/Gragert*, ZIP 1997, 2177, 2181f; *Weber/Burmester*, GmbHR 1997, 778, 780; zur Rückkehrklausel siehe *Niewiarra*, BB 1998, 1961f.

[87] Vgl. BGHZ 79, 38, 41f.; BGHZ 89, 48, 52; *Karsten Schmidt*, Gesellschaftsrecht, 1997, § 28 II 2 e), S. 818; VerBAV 1978, 104.

[88] *Karsten Schmidt*, Gesellschaftsrecht, 1997, § 28 II 2 e), S. 818.

[89] Vgl. BGHZ 15, 71; BGH, LM Nr. 5 zu § 75 AktG 1937; BGH, BB 1970, 1460, 1461; zur besonderen Problematik der Frist nach § 626 Abs. 2 BGB vgl. *Martens*, in: Festschrift für Winfried Werner, 1984, S. 495ff; *Karsten Schmidt*, Gesellschaftsrecht, 1997, § 28 II 2 e), S. 818; *Barbara Grunewald*, in: Festschrift für Karl Beusch, 1993, S. 314ff.

[90] Vgl. BGHZ 26, 236; BGHZ 47, 341; BGHZ 79, 38; *Hoffmann-Becking*, in: Festschrift für Walter Stimpel, 1985, S. 589; *Karsten Schmidt*, Gesellschaftsrecht, 1997, § 28 II 2 e), S. 819.

[91] Dazu *Klaus Zimmermann*, in: Festschrift für Konrad Duden, 1977, S. 773ff. Eine außerordentliche Hauptversammlung der Philipp Holzmann AG entschied am 18. 12. 2001 auf Beschlußvorschlag von Vorstand und Aufsichtsrat gemäß § 93 Abs. 4 Satz 3 AktG über eine Vereinbarung zwischen der Philipp Holzmann AG und der AIG Europe S. A. vom 29. 10. 2001 zur Regulierung versicherungsrechtlicher Ansprüche aus Pflichtverletzungen von Organmitgliedern der Philipp Holzmann AG, siehe zu den Einzelheiten der vorgenannten Vereinbarung Bundesanzeiger Nr. 210 vom 10. 11. 2001, S. 23179ff.

[92] Dazu *Fonk*, in: Festschrift für Johannes Semler, 1993, S. 139ff.

[93] Siehe dazu und zur Gestaltung von Leistungsanreizen für Manager *Hucke*, AG 1994, 397ff; *Hoffmann-Becking*, NZG 1999, 797ff; vgl. zu (virtuellen) Aktienoptionsmodellen *Peltzer*, AG

das gesamte Entgelt abschließend in einem schriftlichen Anstellungsvertrag geregelt wird[94]. Die Bezüge dürfen weder auf die Gesamtbeitragseinnahme noch auf das Neugeschäft oder auf die Vermittlung von Versicherungsverträgen abstellen[95]. Für die Vermittlung von Versicherungsverträgen dürfen keine Provisionen gezahlt werden[96].

Während der Dauer des Anstellungsvertrages besteht grundsätzlich kein Anspruch auf Erhöhung der Vergütung, wenn der Anstellungsvertrag eine Anpassungsregelung nicht enthält[97]. Bei einer wesentlichen Verschlechterung der Verhältnisse hat die Gesellschaft ein Recht zur angemessenen Herabsetzung der Bezüge (§ 34 Satz 2 VAG i.V.m. § 87 Abs. 2 AktG).

Eine Kreditgewährung an Vorstandsmitglieder, Prokuristen und Generalhandlungsbevollmächtigte ist nur unter den strengen Voraussetzungen des § 89 AktG zulässig[98].

1996, 307ff; *Uwe H. Schneider,* ZIP 1996, 1769ff; *Feddersen,* ZHR 161 (1997), 269ff; *Hüffer,* ZHR 161 (1997), 214ff; *Kohler,* ZHR 161 (1997), 246ff; *Baeck/Diller,* DB 1998, 1405ff; *Fürhoff,* AG 1998, 83ff; *Endres,* ZHR 163 (1999), 441, 450f; *Fischer,* DB 1999, 1702ff; *Kau/Kukat,* BB 1999, 2505ff; *Kühnberger/Keßler,* AG 1999, 453ff; *Zitzewitz,* NZG 1999, 698ff; *Bettin,* DB 2000, 263ff; *Busch,* BB 2000, 1294ff; *Dautel,* BB 2000, 1757ff; *Fröhlich/Hanke,* WPg 2000, 647ff; *Kroschel,* BB 2000, 176ff; *Lingemann/Diller/Mengel,* NZA 2000, 1191ff; *Mechlem/Melms,* DB 2000, 1614ff; *Peltzer,* in: Festschrift für Marcus Lutter, 2000, S. 571ff; *Schanz,* NZA 2000, 626ff; *Sigloch/Egner,* BB 2000, 1878ff; *Vater,* DB 2000, 2177ff; *Vogel,* BB 2000, 937ff; *Arnold,* NZG 2001, 215ff; *Bauer/Göpfert/v. Steinau-Steinrück,* ZIP 2001, 1129ff; *Buhr/Radtke,* DB 2001, 1882ff; *Eberhartinger/Engelsing,* WPg 2001, 99ff; *Feddersen/Pohl,* AG 2001, 26ff; *Fischer,* DB 2001, 1003ff; *Gelhausen/Hönsch,* WPg 2001, 69ff; *Herzig/Lochmann,* WPg 2001, 82ff; *dieselben,* DB 2001, 1436ff; *Lembke,* BB 2001, 1469ff; *Oser/Vater,* DB 2001, 1261ff; *Roß/Pommerening,* WPg 2001, 644ff; *Scholz,* ZIP 2001, 1341ff; *Simons,* WPg 2001, 90ff; LG Berlin, Urteil vom 15. 11. 1999, NJW-RR 2000, 1349f; BGH, Urteil vom 3. 7. 2000, AG 2000, 516ff; LG Stuttgart, Urteil vom 9. 10. 2000, ZIP 2000, 2110ff = AG 2001, 152ff = BB 2000, 2220ff = DB 2000, 2110ff („DaimlerChrysler"); LG München I, Urteil vom 7. 12. 2000–5HK O 14047/00, ZIP 2001, 289ff = EWiR 2001, 99f m. Anm. *Kort;* LG München I, Urteil vom 7. 12. 2000 – 5HK O 14099/00, ZIP 2001, 287ff = AG 2001, 376ff; OLG Stuttgart, Urteil vom 13. 6. 2001, AG 2001, 540ff = ZIP 2001,1367ff = DB 2001, 1604ff; BFH, Urteil vom 24. 1. 2001 – I R 119/98, ZIP 2001, 1325ff = BB2001, 1180ff = DB 2001, 1176ff = WPg 2001, 710ff; BFH, Urteil vom 24. 1. 2001 – I R 100/98, AG 2001, 471ff = NJW 2001, 2200 (LS) = DB 2001, 1173ff; BFH, Urteil vom 4. 4. 2001, DB 2001, 1912ff; BFH, Urteil vom 20. 6. 2001, DB 2001, 1861f = BB 2001, 1616f; dazu *Mutter/Mikus,* ZIP 2001, 1949ff; zur Geschäftsführervergütung in der GmbH siehe *Hoffmann,* GmbHR 1994, 239ff; *Tänzer,* GmbHR 2000, 596ff; zur Mitarbeiterbeteiligung an der GmbH vgl. *Fox/Hüttche/Lechner,* GmbHR 2000, 521ff; zum Gewinn-Management in den USA vgl. *Vorwold,* DB 1999, 2321ff; *Vagts,* in: Festschrift für Marcus Lutter, 2000, S. 767ff; zur Befreiung von der Angabepflicht zu den Gesamtbezügen von Organmitgliedern siehe *Feige/Ruffert,* DB 1999, 637ff.

[94] R 1/78, VerBAV 1978, 104; GB BAV 1970, 37; GB BAV 1978, 26.

[95] Siehe Fußnote 94.

[96] Siehe Fußnote 94.

[97] Zur Anpassung des Gehalts von Gesellschafter-Geschäftsführern einer GmbH siehe *Uwe H. Schneider,* in: Festschrift für Johannes Semler, 1993, S. 347ff.

[98] *Karsten Schmidt,* Gesellschaftsrecht, 1997, § 28 II 2 f), S. 819; rechtsvergleichend siehe *Peltzer,* in: Festschrift für Heinz Rowedder, 1994, S. 325, 326ff.

V. Innere Ordnung des Vorstands

1. Geschäftsordnung

Die Innere Ordnung des Vorstands bestimmt sich auch bei den Versicherungsvereinen auf Gegenseitigkeit nach der Geschäftsordnung für den Vorstand[99].

In der Regel ordnen die Satzungen der Versicherungsvereine auf Gegenseitigkeit entweder an, daß sich der Vorstand eine Geschäftsordnung gibt, die der Genehmigung durch den Aufsichtsrat bedarf, oder weisen die Kompetenz für den Erlaß der Geschäftsordnung dem Aufsichtsrat zu.

Enthält die Satzung hierzu keine Regelung oder hat der Aufsichtsrat von seiner Kompetenz keinen Gebrauch gemacht, auch ohne Satzungsermächtigung eine Geschäftsordnung erlassen zu können, kann sich der Vorstand eine Geschäftsordnung selbst geben, vgl. § 34 Satz 2 VAG i.V.m. § 77 Abs. 2 Satz 1 AktG. Beschlüsse des Vorstands zur Geschäftsordnung können allerdings nur einstimmig gefaßt werden, vgl. § 34 Satz 2 VAG i.V.m. § 77 Abs. 2 Satz 3 AktG, wobei an diesen Beschlüssen alle Mitglieder des Vorstands mitwirken müssen.

Durch die Geschäftsordnung wird geregelt, wer die Sitzungen des Vorstands einberuft, die Tagesordnung festlegt und die Sitzungen leitet. In der Regel ist diese Aufgabe beim Vorsitzenden des Vorstands oder dem Sprecher des Vorstands angesiedelt[100].

Der Vorstand berät und entscheidet in Anlehnung an § 28 Abs. 1 BGB i.V.m. §§ 32 und 34 BGB in beschlußfähigen Sitzungen oder mit Zustimmung aller Vorstandsmitglieder im schriftlichen, mündlichen oder fernmündlichen Verfahren[101].

Satzung oder Geschäftsordnung schreiben in der Regel vor, daß der Vorstand seine Beschlüsse mit einfacher Stimmenmehrheit faßt. Ist ein Vorstandsmitglied zum Vorsitzenden des Vorstands ernannt, wird ihm häufig bei Stimmengleichheit die ausschlaggebende Stimme zugebilligt, wenn der Vorstand aus mehr als zwei Personen besteht.

Darüber hinaus kann die Satzung oder die Geschäftsordnung dem Vorsitzenden des Vorstands oder einem Mitglied des Vorstands ein Vetorecht gegen Vorstandsbeschlüsse einräumen, zumal der Versicherungsverein auf Gegenseitigkeit nicht der erweiterten Mitbestimmung unterliegt[102]. Es kann jedoch nicht bestimmt werden, daß ein oder mehrere Vorstandsmitglieder Meinungsverschiedenheiten im Vorstand gegen den Willen der Mehrheit entscheiden[103].

Von daher ist bezweifelt worden, daß ein Stichentscheid des Vorstandsvorsitzenden oder eines bestimmten Vorstandsmitglieds auch im zweigliedrigen Vorstand möglich ist. Teile des Schrifttums meinen, ein Stichentscheid im zweiköpfigen Vorstand degradiere das Zweitmitglied zu einem ohnmächtigen Gehilfen und verstoße gegen das Kollegialprinzip[104]. Für die Zulässigkeit des Stichentscheides sprechen aber der Gesetzeswortlaut und auch die gesetzgeberische Wertung, wo-

---

[99] Muster einer Geschäftsordnung für den Vorstand: Siehe *Henn,* 1991, S. 729ff.

[100] Vgl. *Harro Frels,* ZHR 122 (1959), 42.

[101] BGH, WM 1960, 1248; OLG Frankfurt, AG 1986, 233; *Henn,* 1991, S. 232f.

[102] Vgl. für die AG: *Semler,* in: Festschrift für Georg Döllerer, 1988, S. 576; *Henn,* 1991, S. 232; *Hüffer,* 1999, § 77 AktG Rdn. 12; a.A. *Erle,* AG 1987, 11ff.

[103] *Karsten Schmidt,* Gesellschaftsrecht, 1997, § 28 II 3 a), S. 820.

[104] *Karsten Schmidt,* Gesellschaftsrecht, 1997, § 28 II 3 a), S. 821 mwNw zum Meinungsstand.

nach die Funktionsfähigkeit des Vorstands im Konfliktfall über die Gleichberechtigung der Vorstandsmitglieder gestellt ist[105].

2. Geschäftsverteilung

Die Mitglieder des Vorstands sind grundsätzlich nur gemeinsam zur Geschäftsführung befugt, wobei aber die Satzung oder die Geschäftsordnung des Vorstands Abweichendes bestimmen kann (§ 34 Satz 2 VAG i.V.m. § 77 Abs. 1 AktG). Von dieser Möglichkeit wird in der Praxis in der Regel Gebrauch gemacht und die Aufgabenverteilung durch eine Geschäftsverteilung geregelt. Diese Geschäftsverteilung muß vor allem zu eindeutigen Zuständigkeiten führen und bei ihrem Erlaß ist darauf zu achten, daß das zuständige Vorstandsmitglied die erforderliche persönliche und fachliche Qualifikation besitzt, um die ihn betreffenden Aufgaben zu erfüllen[106]. Die Kompetenz für die Regelung und Änderung der Geschäftsverteilung folgt den Regeln zur Geschäftsordnung.

Die Arbeitsteilung im Vorstand des Versicherungsvereins auf Gegenseitigkeit ist in der Regel mehr funktionell als funktionell-divisional organisiert[107]. Die funktionelle Gliederung sieht vor, daß für das ganze Unternehmen sachliche Zuständigkeitsbereiche auf der Vorstandsebene z.B. für

- Unternehmensplanung, Controlling, Datenschutz und Öffentlichkeitsarbeit,
- Vertrieb und Marketing,
- Betriebsorganisation und Datenverarbeitung,
- Betrieb und Schaden einer Versicherungssparte, ggf. unterteilt nach Privat- und Firmenkunden,
- Vermögensanlage und -verwaltung,
- Rechnungswesen und Steuern,
- Personal und Recht

geschaffen werden.

Die funktionell-divisionale Gliederung ist stärker bei Versicherungsgruppen anzutreffen[108]. Funktionsbezogene Ressorts werden bei dieser Organisationsform durch Ressorts ergänzt, die über alle Versicherungssparten hinweg für das Privatkundengeschäft und das Firmenkundengeschäft zuständig sind.

VI. Die Ersatzpflicht der Vorstandsmitglieder

1. Pflichtverletzung

Nach § 34 Satz 2 VAG i.V.m. § 93 Abs. 1 Satz 1 AktG haben die Vorstandsmitglieder bei ihrer Geschäftsführung die Sorgfalt eines ordentlichen und gewissenhaften Geschäftsleiters anzuwenden. Sie haben nach § 34 Satz 2 VAG i.V.m. § 93 Abs. 1 Satz 2 AktG Stillschweigen über vertrauliche Angaben und Geheimnisse der Gesellschaft zu wahren.

---

[105] *Karsten Schmidt,* Gesellschaftsrecht, 1997, § 28 II 3 a), S. 821.

[106] Vgl. hierzu grundlegend *Uwe H. Schneider,* in: Festschrift 100 Jahre GmbH-Gesetz, 1992, S. 484; *derselbe,* DB 1993, 1912; ferner *Harro Frels,* ZHR 122 (1959), 23.

[107] Vgl. dazu *Raupach,* in: Festschrift für Georg Döllerer, 1988, S. 500f; *Karsten Schmidt,* Gesellschaftsrecht, 1997, § 28 II 3 b), S. 821; *Schiessl,* ZGR 1992, 64ff; *Semler,* in: Festschrift für Karl Beusch, 1993, S. 805ff.

[108] Siehe hierzu *Schwark,* ZHR 142 (1978), 203ff.

Vorstandsmitglieder, die ihre Pflichten verletzen, sind der Gesellschaft zum Ersatz des daraus entstehenden Schadens als Gesamtschuldner verpflichtet (§ 34 Satz 2 VAG i.V.m. 93 Abs. 2 Satz 1 AktG), so daß kein Vorstandsmitglied auf ein Mitverschulden eines anderen verweisen kann. Gehaftet wird für jedes Verschulden, und zwar mit Exkulpationslast der Vorstandsmitglieder, § 34 Satz 2 VAG i.V.m. § 93 Abs. 2 Satz 2 AktG[109].

Gemäß § 34 Satz 4 VAG sind die Vorstandsmitglieder insbesondere dann zum Ersatz verpflichtet, wenn entgegen dem Gesetz
- der Gründungsstock verzinst oder getilgt wird,
- das Vereinsvermögen verteilt wird,
- Zahlungen geleistet werden, nachdem die Zahlungsunfähigkeit des Vereins eingetreten ist oder sich seine Überschuldung ergeben hat, wobei dies nicht für Zahlungen gilt, die auch nach diesem Zeitpunkt mit der Sorgfalt eines ordentlichen und gewissenhaften Geschäftsleiters vereinbar sind,
- Kredit gewährt wird.

Eine Haftungsbeschränkung wie bei Arbeitnehmern ist nach herrschender Auffassung nicht möglich[110], wird aber für den Fall der Verletzung von Obhutspflichten außerhalb der Leitungspflichten bejaht[111].

Allerdings tritt die Ersatzpflicht nicht ein, wenn die Handlung des Vorstands auf einem gesetzmäßigen Beschluß der obersten Vertretung beruht (§ 34 Satz 2 VAG i.V.m. § 93 Abs. 4 Satz 1 AktG). Eine – auch vorherige – Billigung durch den Aufsichtsrat genügt nicht für den Haftungsausschluß (§ 34 Satz 2 VAG i.V.m. § 93 Abs. 4 Satz 2 AktG).

Ist der Ersatzanspruch einmal entstanden, so kann die Gesellschaft nur unter den in § 93 Abs. 4 Satz 3 und 4 AktG genannten Voraussetzungen – nicht etwa durch bloße Entlastung (vgl. § 120 Abs. 2 Satz 2 AktG) – auf ihn verzichten[112].

2. Verstoß gegen das Wettbewerbsverbot

Nach § 34 Satz 2 VAG i.V.m. § 88 AktG unterliegen die Mitglieder des Vorstands einem Wettbewerbsverbot[113], das ihnen untersagt, ohne Einwilligung des Aufsichtsrats ein Handelsgewerbe zu betreiben oder im Geschäftszweig der Gesellschaft für eigene oder für fremde Rechnung Geschäfte zu machen oder Vorstand, Geschäftsführer oder persönlich haftender Gesellschafter einer anderen Handelsgesellschaft zu sein.

Verstößt ein Vorstandsmitglied gegen dieses Verbot, so kann die Gesellschaft nach § 34 Satz 2 VAG i.V.m. § 88 Abs. 2 AktG Schadensersatz fordern oder ver-

---

[109] Dazu *Harro Frels,* AG 1960, 296ff; *Goette,* ZGR 1995, 648ff; *Kiethe,* WM 2000, 1182, 1188.

[110] Vgl. für die AG: *Uwe H. Schneider,* in: Festschrift für Winfried Werner, 1984, S. 800 mwNw; zur Absicherung durch Versicherungsschutz siehe *Uwe H. Schneider/Ihlas,* DB 1994, 1123ff.

[111] Vgl. *Uwe H. Schneider,* in: Festschrift für Winfried Werner, 1984, S. 812ff.

[112] Dazu LG Düsseldorf, Urteil vom 14. 3. 1994, ZIP 1994, 628 = DB 1994, 828 = AG 1994, 328 (ARAG/Garmenbeck); *Hans-Joachim Mertens,* in: Festschrift für Hans-Joachim Fleck, 1988, S. 209ff.

[113] Zum nachvertraglichen Wettbewerbsverbot siehe *Hoffmann-Becking,* in: Festschrift für Karlheinz Quack, 1991, S. 273ff; *Kunz,* DB 1993, 2482ff; *Bauer/Diller,* DB 1995, 426ff; *dieselben,* BB 1995, 1134ff; *Bauer/Diller/Schnelle,* GmbHR 2000, 599ff; OLG Frankfurt, Urteil vom 5. 11. 1999, AG 2000, 518ff.

langen, daß die Geschäfte als für Rechnung der Gesellschaft eingegangen abgerechnet werden (sog. Eintrittsrecht).

Kapitel 12
Der Aufsichtsrat

I. Bildung des Aufsichtsrats

Die großen Versicherungsvereine auf Gegenseitigkeit haben kraft Gesetzes einen Aufsichtsrat zu bilden[1]. Nach § 35 Abs. 1 VAG besteht der Aufsichtsrat aus einer durch drei teilbaren Zahl von Aufsichtsratsmitgliedern (mindestens drei, höchstens 21).

Beschäftigt der große Versicherungsverein auf Gegenseitigkeit mehr als 500 Arbeitnehmer, so findet § 76 BetrVG 52 auf den Aufsichtsrat mit der Folge Anwendung, daß zwei Drittel der Aufsichtsratsmitglieder von der obersten Vertretung gewählt werden, ein Drittel der Aufsichtsratsmitglieder durch die Arbeitnehmer[2]. Liegt die Zahl der Beschäftigten unter 500 Arbeitnehmern, kann die Entsendung von Arbeitnehmervertretern nicht durch die Satzung eingeführt werden[3] oder die Drittelparität durch die Satzung erweitert werden[4].

Das Mitbestimmungsgesetz findet auf den Versicherungsverein auf Gegenseitigkeit keine Anwendung[5]. Vereinzelt ist die Meinung von Hauth[6] geblieben, der wegen der Geltung des Mitbestimmungsgesetzes für die eingetragene Genossenschaft den Gesetzgeber für verpflichtet hält, den großen Versicherungsverein auf Gegenseitigkeit umgehend in den Katalog des § 1 Abs. 1 Nr. 1 MitbestG aufzunehmen.

II. Aufgaben des Aufsichtsrats

1. Bestellung und Abberufung der Vorstandsmitglieder

Zu den Hauptaufgaben des Aufsichtsrats gehört die Bestellung und Abberufung der ordentlichen und stellvertretenden Vorstandsmitglieder (§ 34 Satz 2

[1] Zur Frage der Vorzugswürdigkeit des Aufsichtsratssystems gegenüber dem Verwaltungsratssystem siehe *Großfeld/Ebke,* AG 1977, 92ff; *Thomas Raiser,* in: Festschrift für Ernst Steindorff, 1990, S. 206ff.

[2] Dazu *Mohr,* VersR 1954, 44; kritisch zur Arbeitnehmerbeteiligung: *Zöllner,* ZVersWiss 53 (1964), 304; *Hanau,* in: Festschrift für Otto Rudolf Kissel, 1994, S. 347, 348; zum Wahlrecht der Konzernarbeitnehmer siehe *Meik,* BB 1991, 2441, 2444f; vgl. für die KGaA *Joost,* ZGR 1998, 334ff; zum Statusverfahren bei Änderungen in der Zusammensetzung des Aufsichtsrats siehe *Göz,* ZIP 1998, 1523ff; zum Verbleib im Aufsichtsrat bei Eintritt in die Freizeitphase der Altersteilzeit siehe LAG Hamburg, Urteil vom 1. 3. 2000, BB 2000, 1298; zur Verneinung der Arbeitnehmereigenschaft der selbständigen Handelsvertreter der MLP AG siehe LG Mannheim, Urteil vom 19. 10. 2001, ZIP 2001, 2149ff.

[3] *Dietz/Richardi,* Betriebsverfassungsgesetz, Band 2, 1982, § 77 BetrVG 1952 Rdn. 34; vgl. für die AG: *Thüsing,* in: Festschrift für Winfried Werner, 1984, S. 898.

[4] A. A. für die AG: *Fabricius,* in: Festschrift für Marie Luise Hilger und Hermann Stumpf, 1983, S. 158ff.

[5] *Fitting,* Mitbestimmungsgesetz, 1978, § 1 MitbestG Rdn. 11; *Dietz/Richardi,* Betriebsverfassungsgesetz, Band 2, 1982, § 77 BetrVG 1952 Rdn. 33; *Fitting,* Betriebsverfassungsgesetz, 1992, § 77 BetrVG 52 Rdn. 13; *Hanau,* in: Grundlagen des Versicherungsvereins auf Gegenseitigkeit, 1995, S. 220, 226.

[6] *Hauth,* 1984, S. 185; ausdrücklich ablehnend *Lorenz,* ZVersWiss 75 (1986), 304f.

VAG i.V.m. §§ 84, 94 AktG). Der Aufsichtsrat ist von daher nicht bloß Kontrollorgan, sondern auch und vor allem Besetzungsorgan[7]. Hieraus folgt zugleich, daß der Aufsichtsrat für die pflichtgemäße Auswahl des Vorstandes haftet[8].

Die Regelung des Anstellungsvertrags ist meist dem Personalausschuß des Aufsichtsrats übertragen. Faßt der Aufsichtsrat einen entsprechenden Beschluß, ist der Personalausschuß berechtigt, den Anstellungsvertrag abzuschließen, zu ändern oder zu beenden.

2. Vertretung der Gesellschaft

Weitere Hauptaufgabe des Aufsichtsrats ist die gerichtliche und außergerichtliche Vertretung des Versicherungsvereins auf Gegenseitigkeit gegenüber seinen Vorstandsmitgliedern (§ 35 Abs. 3 Satz 1 VAG i.V.m. § 112 AktG). Die Vertretungsbefugnis des Aufsichtsrats soll die „unbefangene Vertretung der Gesellschaft" sicherstellen[9]. Anerkannt ist, daß der Aufsichtsrat die Gesellschaft in allen Fällen vertritt, die sich auf das Vorstandsamt beziehen[10]. Betroffen sind alle Verträge mit amtierenden oder ehemaligen Vorstandsmitgliedern[11]. Die Gesellschaft, vertreten durch den Aufsichtsrat, können die Personen verklagen, die Vorstandsmitglieder sind[12] oder die Vorstandsmitglieder werden sollen[13] oder die Vorstandsmitglieder wegen Abberufung nicht mehr sind und hierum gestritten wird[14], und zwar auch dann, wenn die Organstellung erloschen ist[15]. Ebenso müssen ausgeschiedene Vorstandsmitglieder die Gesellschaft, vertreten durch den Aufsichtsrat, verklagen, wenn sie sich gegen die Entziehung einer Pensionszusage

[7] *Hommelhoff,* BB 1977, 324.

[8] Vgl. *Peltzer,* in: Festschrift für Johannes Semler, 1993, S. 267.

[9] Vgl. *Brandner,* in: Festschrift für Karlheinz Quack, 1991, S. 206; *Semler,* in: Festschrift für Heinz Rowedder, 1994, S. 441, 443 ff; BGH, WM 1988, 413; BGH, WM 1991, 941 mwNw; OLG Köln, AG 1993, 518; *Werner,* ZGR 1989, 371; *Fleck,* WM 1994, 1957. Kritisch zur Ausdehnung der Vertretungskompetenz des Aufsichtsrats: *Behr/Kindl,* DStR 1999, 119 ff; *Mertens,* in: Festschrift für Marcus Lutter, 2000, S. 523 ff. Zur Zulässigkeit der Genehmigung einer unbefugten Prozeßführung durch den Vorstand siehe *Stein,* AG 1999, 28 ff. Zur Kenntniserlangung durch Organmitglieder siehe BGH, NJW 1981, 166; *Wiesner,* BB 1981, 1533 ff; *Stein,* ZGR 1999, 264, 268 ff.

[10] *Karsten Schmidt,* Gesellschaftsrecht, 1997, § 28 III 1 a), S. 827; *Rellermeyer,* ZGR 1993, 81. Zum Klagerecht des Aufsichtsrats als Organ gegen den Vorstand siehe *Poseck,* DB 1996, 2165 f; zum Klagerecht des GmbH-Aufsichtsrats vgl. *Geißler,* GmbHR 1998, 1114 ff. Zur Einzelklagebefugnis von Aufsichtsratsmitgliedern siehe *Deckert,* AG 1994, 457 ff. Zur Pflicht des Aufsichtsrats zur Verfolgung von Schadensersatzansprüchen gegen Vorstandsmitglieder siehe „ARAG/Garmenbeck"-Urteil des BGH vom 21. 4. 1997 NJW 1997, 1926 m. Anm. Götz, NJW 1997, 3275 = BB 1997, 1169 = DB 1997, 1068 m. Anm. *Thümmel,* DB 1997, 1117 = ZIP 1997, 883 m. Anm. *Horn,* ZIP 1997, 1129 = JZ 1997, 1071 m. Anm. *Dreher* = WM 1997, 970; *Dreher,* ZHR 158 (1994), 614 ff; *derselbe,* ZIP 1995, 628 f; *Jaeger/Trölitzsch,* ZIP 1995, 1157 ff; *Lutter,* ZIP 1995, 441 f; *Fischer,* BB 1996, 225 ff; *Götz,* NJW 1997, 3275 ff; *Grunewald/Müller,* JZ 1997, 698,701; *Horn,* ZIP 1997, 1129 ff; *Heermann,* AG 1998, 201 ff; *derselbe,* ZIP 1998, 761 ff; *Hirte,* NJW 1998, 2943, 2950; *Kindler,* ZHR 162 (1998), 101 ff; *Grooterhorst,* ZIP 1999, 1117 ff.

[11] Vgl. BGH, Urteil vom 7. 7. 1993, AG 1994, 35 = WM 1993, 1630; *Brandes,* WM 2000, 53.

[12] Vgl. § 112 AktG. Zur Klage Dritter gegen Vorstandsmitglieder persönlich, z. B. wegen eines wettbewerbsrechtlichen Unterlassungs- und Beseitigungsanspruchs, siehe *Schrader,* DB 1994, 2221 ff.

[13] Vgl. für die AG: BGHZ 26, 236; *Schmidts,* AG 1992, 149, 150.

[14] Vgl. für die AG: BGHZ 26, 236; BGHZ 47, 341, 344; BGH, WM 1981, 759; BGH, WM 1986, 1411; *Bauer,* DB 1992, 1413 ff.

[15] Vgl. für die AG: BGH, WM 1988, 413.

wehren wollen[16] oder um die Höhe des Ruhegehalts gestritten wird[17]. Umgekehrt muß die Gesellschaft, vertreten durch den Aufsichtsrat klagen, wenn sie ein ausgeschiedenes Mitglied des Vorstands auf Schadenersatz verklagen will[18].

3. Kontroll- und Beratungspflicht des Aufsichtsrats

Die wohl wichtigste Aufgabe des Aufsichtsrats ist die laufende Kontrolle und Beratung des Vorstands (§ 34 Abs. 3 Satz 1 VAG i.V.m. § 111 Abs. 1 AktG).

a) Kontrolle des Vorstands. Die Überwachung der Geschäftsführung ist, so *Hommelhoff*[19], „die klassisch überkommene Aufgabe" des Aufsichtsrats und seiner Mitglieder und „ohne Überwachungsfunktion würde der Aufsichtsrat seinen Namen nicht verdienen". Die Kontrolle der Geschäftsführung erstreckt sich auf deren Ordnungsmäßigkeit, Rechtmäßigkeit, Zweckmäßigkeit und Wirtschaftlichkeit[20]. Treffend merkt *Karsten Schmidt*[21] hierzu an, daß „diese Überwachung in florierenden Unternehmen eher dem Bild kooperativer Beratung entspricht und nur ausnahmsweise in formellen Maßnahmen sichtbar wird". Beim VVaG kommt der Kontrolle des Managements durch den Aufsichtsrat mit Blick auf die den Mitgliedern zustehenden Verwaltungsrechte besondere Bedeutung zu[22].

In der Praxis fällt dem Aufsichtsratsvorsitzenden bei der Wahrnehmung der Kontrollaufgaben eine führende Rolle zu[23], die sich bis zu einer weitgehenden Alleinverantwortung des Aufsichtsratsvorsitzenden entwickeln kann[24]. Er ist „in praxi der erste Ratgeber für den Vorstand"[25].

Besondere Aufmerksamkeit wird der Aufsichtsrat der Entwicklung der Schaden- und Kostenquote und bei Lebensversicherungsvereinen außerdem der Verzinsung der Kapitalanlagen widmen[26].

---

[16] Vgl. für die GmbH: BGH, WM 1990, 630. Zum Widerruf der Versorgungszusage bei grober Pflichtverletzung vgl. *Bauer/von Steinau-Steinrück*, ZGR 1999, 314ff, 331.

[17] Vgl. BGH, NJW-RR 1991, 926 = WM 1991, 941 = ZIP 1991, 796; OLG Köln, AG 1993, 518f; *Hager*, NJW 1992, 352ff.

[18] Vgl. BGH, WM 1989, 637 = NJW 1989, 2055.

[19] *Hommelhoff, in:* Festschrift für Winfried Werner, 1984. S. 321; vgl. ferner *Harm Peter Westermann*, in: Festschrift für Harry Westermann, 1974, S. 574; *Frerk*, AG 1995, 212ff; *Scheffler*, AG 1995, 207ff; *Gach/Pfüller*, GmbHR 1998, 64, 72; *Schulze-Osterloh*, ZIP 1998, 2129ff; *Brandi*, ZIP 2000, 173ff; *Mülbert*, WM 2000, 1665.

[20] *Nowak*, VW 1978, 1154; *Semler*, in: Festschrift für Georg Döllerer, 1988, S. 591; *Fleck*, in: Festschrift für Theodor Heinsius, 1991, S. 90; *Hoffmann/Kirchhoff*, WPg 1991, 596; *Götz*, AG 1995, 337, 350; *Harder/Ruter*, GmbHR 1995, 813, 815f; *Henze*, NJW 1998, 3309, 3312; *Johannes Semler*, in: Festschrift für Martin Peltzer, 2001, S. 489, 515ff; zur „Konzernüberwachung" siehe *Uwe H. Schneider*, BB 1981, 252; *Schilling*, AG 1981, 341, 343f; *Martens*, ZHR 147 (1983), 417ff; *Lutter*, in: Festschrift für Walter Stimpel, 1985, S. 831f, 842; *Hommelhoff*, in: Das Gesellschaftsrecht der Konzerne im internationalen Vergleich, 1991, S. 108; *Scheffler*, DB 1994, 793ff; *Hoffmann-Becking*, ZHR 159 (1995), 325, 331ff; *Martens*, ZHR 159 (1995), 567ff; zur Anteils- und Beteiligungsüberwachung siehe *Hommelhoff*, in: Festschrift für Walter Stimpel, 1985, S. 603ff; *derselbe*, AG 1995, 225ff.

[21] *Karsten Schmidt*, Gesellschaftsrecht, 1997, § 28 III 1, S. 827; siehe ferner *Dreher*, JZ 1990, 896, 899; *Fleck*, in: Festschrift für Theodor Heinsius, 1991, S. 90; *Mertens*, in: Festschrift für Ernst Steindorff, 1990, S. 173, 175f; *Peltzer*, WM 1981, 346, 348.

[22] Siehe hierzu *Grunewald*, Gesellschaftsrecht, 1994, S. 390, Rdn. 11.

[23] Vgl. *Semler*, AG 1983, 141, 144; *von Rechenberg*, 1986, S. 29; *Servatius*, AG 1995, 223ff; *Frühauf*, ZGR 1998, 407, 414.

[24] Vgl. *Lüderitz*, in: Festschrift für Ernst Steindorff, 1990, S. 120f.

[25] *Hoffmann/Kirchhoff*, WPg 1991, 596.

[26] Vergleichszahlen zur Kostenquote und zur Verzinsung der Kapitalanlagen in 1990 und 1989 sind für 61 Lebensversicherer in Das Wertpapier 23/91, 31. Oktober 1991, S. 1288, aufgelistet.

Wenn nötig, muß der Aufsichtsrat auf den Vorstand einwirken, um Fehlentwicklungen zu verhindern[27].

b) Beratung des Vorstands. Nach *Mertens*[28] ist die Beratung des Vorstands „wesentlicher und unverzichtbarer Teil der dem Aufsichtsrat obliegenden Kontrolle des Vorstands". Die Beratung entspricht auch den Erwartungen des Vorstands, wenn die Aussage von *Schlaus*[29] auch heute noch Geltung beanspruchen kann:

„Entgegen dem Gesetzeswortlaut liegen die Schwerpunkte der Tätigkeit des Aufsichtsrats gleichmäßig auf der Überwachung und der Beratung des Vorstandes. Der Vorstand unterbreitet dem Aufsichtsrat nicht nur den Jahresabschluß und die nach Satzung oder Aufsichtsratsbeschluß zustimmungsbedürftigen Geschäfte, sondern auch sonstige Fragen, die für die Gesellschaft von einschneidender Bedeutung sind. Er erwartet vom Aufsichtsrat nicht nur eine Beurteilung und Stellungnahme zu seinen eigenen Vorschlägen, sondern die konstruktive Mitarbeit der Aufsichtsratsmitglieder, d. h. insbesondere Verbesserungs- und Alternativvorschläge, aber auch eigene Initiative in wichtigen Angelegenheiten. Dabei wird meist nicht der Gesamtaufsichtsrat, sondern ein Einzelmitglied – häufig der Aufsichtsratsvorsitzende – auf Grund seiner persönlichen Fähigkeiten und Erfahrungen tätig. Die Gesellschaft macht sich auf diese Weise die Kenntnisse ihrer Aufsichtsratsmitglieder auch außerhalb der Überwachungstätigkeit zunutze. Technische, kaufmännische, juristische und sonstige Beratung in diesem Rahmen ist also grundsätzlich noch Aufsichtsratstätigkeit ..."

Für *Mertens*[30] ist klar, daß „sich die Überwachungsaufgabe des Aufsichtsrats nicht nur auf abgeschlossenes, sondern auch auf laufendes und beabsichtigtes Verhalten des Vorstands" bezieht und „die Überwachung notwendig in die Diskussion mit dem Vorstand" übergeht. Er sieht sich darin in Übereinstimmung mit *Lutter*[31], der lehrt:

„Soll beabsichtigtes Verhalten überwacht werden, so kann die Aufgabe des Aufsichtsrats, der selber nicht geschäftsführend tätig werden kann und darf, vernünftigerweise nur in einer Erörterung des Komplexes mit dem Vorstand stehen. Und diese Erörterung, diesen Austausch von Argumenten, bezeichnet man üblicherweise als Beratung."

Und *Mertens*[32] ist zu folgen, wenn er die Funktion des Aufsichtsrats in Übereinstimmung mit *Lutter* wie folgt sieht: „Wenn er (der Aufsichtsrat) auch die Geschäftsführungsinitiative dem Vorstand zu überlassen hat, so muß seine Kontrolle doch bereits bei der Entscheidungsvorbereitung und nicht erst nach abgeschlossener Entscheidung einsetzen. Insofern ist der Aufsichtsrat nicht als Rechnungshof konzipiert, sondern als Forum kooperativer Kritik, das sich ein eigenes Urteil über die Gestaltung der Unternehmenspolitik zu bilden und seine Zielkonzeption mit dem Vorstand zu diskutieren hat."

4. Laufende Aufgaben

Neben den geschilderten Hauptaufgaben hat der Aufsichtsrat laufend folgende Aufgaben zu bewältigen:

---

[27] Vgl. *Lippert,* JuS 1978, 92; Potthoff/Trescher, 1993, S. 16.

[28] *Mertens,* in: Festschrift für Ernst Steindorff, 1990, S. 175; ebenso *Schreyögg,* AG 1983, 278, 280; *Vollmer/Maurer,* BB 1993, 591, 592; *Mülbert,* WM 2000, 1665; kritisch zur Beratungspflicht des Aufsichtsrats *Böhn,* GmbHR 1993, 777 ff.

[29] *Schlaus,* AG 1968, 376.

[30] *Mertens,* in: Festschrift für Ernst Steindorff, 1990, S. 176.

[31] *Lutter,* Information und Vertraulichkeit im Aufsichtsrat, 2. Auflage, 1984, S. 6.

[32] *Mertens,* in: Kölner Kommentar zum Aktiengesetz, 1985, § 95 Anm. 2; zustimmend *Claussen,* AG 1984, 20.

- Erlaß einer Geschäftsordnung für den Vorstand, § 35 Abs. 3 VAG i.V.m. § 77 Abs. 2 AktG,
- Zustimmung zur Kreditgewährung an Vorstands- und Aufsichtsratsmitglieder sowie leitende Angestellte, § 35 Abs. 3 VAG i.V.m. §§ 89, 115 AktG,
- Vertretung des Vereins gegenüber Vorstandsmitgliedern, § 35 Abs. 3 VAG i.V.m. § 112 AktG,
- Zustimmung zu bestimmten Geschäften, wenn die Satzung oder ein Aufsichtsratsbeschluß dies vorsehen, § 35 Abs. 3 VAG i.V.m. § 114 Abs. 4 Satz 2 AktG,
- Einberufung einer Versammlung der obersten Vertretung, § 35 Abs. 3 VAG i.V.m. § 111 Abs. 3 AktG, § 83 Abs. 3 VAG,
- Teilnahme an den Versammlungen der obersten Vertretung, § 36 VAG i.V.m. § 118 Abs. 2 AktG,
- Anhörung bei der Bestellung von Sonderprüfern, § 36 VAG i.V.m. § 142 Abs. 5 AktG,
- Prüfung und Feststellung des Jahresabschlusses, § 341a Abs. 4 HGB i.V.m. § 171 Abs. 1 und § 172 AktG,
- Legitimation zur Erhebung von Nichtigkeits- und Anfechtungsklagen, § 36 VAG i.V.m. § 245 Nr. 5, 250 Abs. 3 AktG,
- Antrag auf Entscheidung über die Zusammensetzung des Aufsichtsrats, § 98 Abs. 2 Nr. 2 AktG,
- Anmeldung des neugegründeten Vereins, § 30 Abs. 1 VAG,
- Bestimmung des Abschlußprüfers, § 341k Abs. 2 Satz 1 HGB,
- Änderung einer von der obersten Vertretung geänderten Satzungsbestimmung, wenn die Aufsichtsbehörde dies verlangt, § 39 Abs. 3 VAG,
- vorläufige Änderung von AVB bei dringendem Bedürfnis, § 41 Abs. 2 VAG.

5. Informationsrechte

Die ordnungsgemäße Überwachung der Unternehmensführung durch den Aufsichtsrat ist grundsätzlich durch die dem Aufsichtsrat eingeräumten Informationsrechte gewährleistet.

Danach kann der Aufsichtsrat z.B. die Aushändigung eines im Auftrag des Vorstands erstellten, externen Unternehmensgutachtens zur Möglichkeit der Kosteneinsparung im Gesamtunternehmen verlangen[33]. Auch kann jedes Aufsichtsratsmitglied verlangen, daß ihm der Bericht des Abschlußprüfers zeitlich uneingeschränkt zur Verfügung steht[34].

§ 90 AktG legt dem Vorstand eine gesetzlich näher geregelte Berichtspflicht gegenüber dem Aufsichtsrat auf[35].

Neben der Berichtspflicht des Vorstands besteht nach § 111 Abs. 2 AktG ein Einsichtsrecht des Aufsichtsrats. Dieser kann die Bücher, Schriften und Vermögensgegenstände der Gesellschaft einsehen und prüfen, und er kann hiermit auch einzelne Aufsichtsratsmitglieder beauftragen oder Einzelaufträge an Sachverständige vergeben.

---

[33] Vgl. *Theisen,* Grundsätze, 1991, S. 45.
[34] Vgl. *Theisen,* Grundsätze, 1991, S. 69f; *derselbe,* AG 1993, 56.
[35] Dazu *Lutter/Grossmann,* AG 1976, 203, 204f; *Mertens,* AG 1980, 67ff; *Sina,* NJW 1990, 1016ff; *Emde,* DB 1999, 1486ff.

6. Verschwiegenheitspflicht

Die Verschwiegenheitspflicht der Aufsichtsratsmitglieder ergibt sich aus der Verweisung des § 116 AktG auf § 93 Abs. 1 Satz 2 AktG i.V.m. § 34 Abs. 3 Satz 1 VAG. Sowohl die von den Arbeitnehmern als auch die von der Mitgliederversammlung bzw. Mitgliedervertreterversammlung gewählten Aufsichtsratsmitglieder haben die Geheimhaltungspflicht in gleicher Weise zu beachten[36].

Die aktienrechtliche Verschwiegenheitspflicht, die inhaltlich wesentlich weiter reicht als die den Betriebsratsmitgliedern auferlegte Verschwiegenheitspflicht (vgl. §§ 79, 82 Abs. 2 Satz 3, 83 Abs. 1 Satz 3, 99 Abs. 1 Satz 3, 102 Abs. 2 Satz 5 BetrVG), soll gewährleisten, daß Aufsichtsratsmitglieder über vertrauliche Angaben und Geheimnisse der Gesellschaft, namentlich Betriebs- oder Geschäftsgeheimnisse, die ihnen durch ihre Amtstätigkeit bekannt geworden sind, Stillschweigen bewahren[37]. Die Verschwiegenheitspflicht ist nach § 404 AktG strafbewehrt.

Maßgebend für die Geheimhaltungspflicht und für etwaige Offenbarungsrechte ist das objektiv festzustellende Interesse des Unternehmens an der Geheimhaltung[38]. Nicht ausschlaggebend ist die subjektive Schau der Verwaltung oder der Aufsichtsratsmitglieder[39].

Bei der Prüfung der Geheimhaltungspflicht durch das einzelne Aufsichtsratsmitglied spielt die Mitteilung des Vorstands oder die mehrheitliche Meinung des Aufsichtsrats über die Geheimhaltungsbedürftigkeit einer Tatsache eine Rolle[40].

Die Satzung oder die Geschäftsordnung des Aufsichtsrats kann die Verschwiegenheitspflicht nicht konkretisieren oder verschärfen[41]. Richtlinien zur Wahrung der Vertraulichkeit kann der Aufsichtsrat hingegen mit empfehlenden Inhalt beschließen[42].

III. Bestellung und Abberufung

1. Persönliche Voraussetzungen

Die Mitgliedschaft im Aufsichtsrat ist zunächst an eine Reihe von persönlichen Voraussetzungen geknüpft.

So kann nach §§ 35 Abs. 3 VAG, 100 Abs. 1 AktG nur eine natürliche, unbeschränkt geschäftsfähige Person Aufsichtsratsmitglied sein.

Nach §§ 35 Abs. 3 Satz 1 VAG, 100 Abs. 2 AktG ist nicht wählbar, wer bereits zehn Aufsichtsratsmandate hat, gesetzlicher Vertreter eines vom Versicherungs-

[36] BGHZ 64, 330; *Schwark,* in: Festschrift für Winfried Werner, 1984, S. 847.

[37] *Säcker,* in: Festschrift für Robert Fischer, 1979, S. 636.

[38] Vgl. grundlegend BGHZ 64, 325ff = NJW 1975, 1412ff = AG 1975, 219ff und das Urteil des Berufungsgerichts in derselben Sache: OLG Düsseldorf DB 1973, 2441ff = BB 1973, 1505ff = AG 1974, 51ff = WM 1973, 1425ff; zu den Einzelheiten siehe ferner *Rittner,* in: Festschrift für Wolfgang Hefermehl, 1976, S. 365ff; *Claussen,* AG 1981, 57ff; *Werner,* ZHR 145 (1981), 265f; *Flore,* BB 1993, 133f; *Hoffmann,* 1994, Rdn 267, S. 65.

[39] *Karsten Schmidt,* Gesellschaftsrecht, 1997, § 28 III 1 c), S. 831.

[40] *Karsten Schmidt,* Gesellschaftsrecht, 1997, § 28 III 1 c), S. 831.

[41] Vgl. OLG Düsseldorf, DB 1973, 2441ff; BGH, NJW 1975, 1412ff; *Theo Mayer-Maly,* in: Festschrift für Wolfgang Hefermehl, 1976, S. 109; *Säcker,* in: Festschrift für Robert Fischer, 1979, S. 642ff.

[42] *Karsten Schmidt,* Gesellschaftsrecht, 1997, § 28 III 1 c), S. 833.

verein auf Gegenseitigkeit abhängigen Unternehmens ist oder gesetzlicher Vertreter einer anderen Kapitalgesellschaft ist, in deren Aufsichtsrat ein Vorstandsmitglied der Gesellschaft sitzt[43]. Aufsichtsratsmandate bei anderen Versicherungsvereinen auf Gegenseitigkeit zählen nicht mit, da Versicherungsvereine auf Gegenseitigkeit keine Handelsgesellschaften sind[44]. Ferner werden bis zu fünf Konzern-Aufsichtsratssitze nicht angerechnet, vgl. §§ 35 Abs. 3 Satz 1 VAG, 100 Abs. 2 AktG. Bestrebungen, die absolute Zahl der Aufsichtsratsmandate zu beschränken, z.B. auf fünf Sitze[45], blieben bislang erfolglos.

Die Satzung kann weitere persönliche Voraussetzungen aufstellen, jedoch nur für die Aktionärsvertreter und nicht für Arbeitnehmervertreter im mitbestimmten Aufsichtsrat (§§ 35 Abs. 3 Satz 1 VAG, 100 Abs. 3 und 4 AktG).

So kann die Satzung bestimmen, daß ein Aufsichtsratsmitglied zugleich Mitglied des Versicherungsvereins auf Gegenseitigkeit sein muß[46] oder ein Amt bei einem Mitglied innehat[47]. Besteht keine derartige Satzungsregelung, ist die Mitgliedschaft im Versicherungsverein auf Gegenseitigkeit keine Voraussetzung für die Wählbarkeit. Denn es ist anerkannt, daß ein Aufsichtsratsmitglied grundsätzlich nicht zugleich Mitglied des Versicherungsvereins auf Gegenseitigkeit zu sein braucht[48].

Andere Satzungen von Versicherungsvereinen auf Gegenseitigkeit sehen vor, daß nur Mitglieder in den Aufsichtsrat wählbar sind, die das 64. Lebensjahr[49] oder das 70. Lebensjahr[50] noch nicht vollendet haben. Diese Satzungen greifen Vorstellungen der Aufsichtsbehörde zum Treuhänder (§§ 70ff VAG) auf, dessen Vertrag so abzuschließen ist, daß er spätestens mit Vollendung des 70. Lebensjahres endet[51].

Neben diesen persönlichen Qualifikationsmerkmalen gibt es nach § 35 Abs. 3 Satz 1 VAG i.V.m. § 105 AktG Inkompatibilitäten, die die Gewaltenteilung im

---

[43] Dazu *Konow*, DB 1966, 849ff.

[44] Ebenso *Mohr*, VersR 1965, 920; *Zier*, 1968, S. 151; *Goldberg/Müller*, 1980 § 35 VAG Rdn. 4; *Diehl*, zitiert nach *Lier*, VW 1999, 962; zur Berücksichtigung derartiger Mandate siehe *Gerhard Frels*, ZVersWiss 37 (1937), 262; *derselbe*, ZVersWiss 38 (1938), 48.

[45] So der Vorschlag von *Wiedemann*, Organverantwortung, 1989, S. 30; *derselbe*, ZIP 1997, 1565, 1568; ebenso *Lutter*, AG 1994, 177; *derselbe*, NJW 1995, 1133; *derselbe*, NJW 1995, 2766, 2767; *derselbe*, ZHR 159 (1995), 287, 302; *Thomas Raiser*, NJW 1996, 2257, 2260; *Scheffler*, ZGR 1993, 75: 7 Mandate. Nach dem Ergebnis einer empirischen Untersuchung liegt der Anteil der Personen, die mehr als fünf Aufsichtsratsmandate gleichzeitig wahrnehmen, unter 1%, vgl. *Leimkühler*, WPg 1996, 305, 312. Zu personellen Verflechtungen über Aufsichtsräte siehe *Schreyögg/Pappenheim-Tockhorn*, AG 1994, 381ff.

[46] Vgl. *Kisch*, Versicherungsverein, 1951, S. 96; *Mohr*, VersR 1961, 6; *derselbe*, VersR 1965, 920; *Brunn*, 1973, S. 73; *Goldberg/Müller*, 1980, § 35 VAG Rdn. 2.

[47] Vgl. TO des Versicherungsverbands für Gemeinden und Gemeindeverbände, Bundesanzeiger Nr. 93 vom 19. 5. 1993, S. 4653.

[48] Ebenso *Holthöfer*, 1906, S. 42; *Curt Schmidt*, 1922, S. 57; *Schloeßmann*, 1936, S. 56; *Kisch*, Versicherungsverein, 1951, S. 96; *Mohr*, VersR 1961, 6; *Goldberg/Müller*, 1980, § 35 VAG Rdn. 2; *Großfeld*, Versicherungsverein, 1985, S. 38.

[49] Vgl. TO der Sach- und Haftpflichtversicherung des Bäckerhandwerks VVaG, Bundesanzeiger Nr. 86 vom 8. 5. 1993, S. 4392.

[50] Vgl. TO der Concordia Versicherungs-Gesellschaft, Bundesanzeiger Nr. 96 vom 23. 5. 1990, S. 2753; TO der WWK Lebensversicherung a.G., Bundesanzeiger Nr. 98 vom 29. 5. 1990, S. 2806. In Großbritannien und Frankreich ist grundsätzlich ein Höchstalter von 70 und in den Niederlanden von 72 Lebensjahren festgelegt, vgl. *Siebel*, in: Festschrift für Martin Peltzer, 2001, S. 519, 524.

[51] R 2/81 Tz. 1.8, VerBAV 1981, 247 = *Prölss/Schmidt/Frey*, 1989, S. 752; siehe auch *Scheffler*, ZGR 1993, 74.

Versicherungsverein auf Gegenseitigkeit[52] und die Unabhängigkeit der Aufsichtsratsmitglieder sichern sollen.

Ein Aufsichtsratsmitglied kann danach nicht zugleich ordentliches oder stellvertretendes Vorstandsmitglied der eigenen Gesellschaft sein. Unvereinbar ist ebenso eine Prokuristenstellung oder eine Generalhandelsvollmacht.

Bei der Auswahl der Aufsichtsratsmitglieder ist darüber hinaus zu beachten, daß die Aufsichtsbehörde das Amt des Treuhänders mit dem Aufsichtsratsmandat für unvereinbar hält[53]. Inkompatibilität besteht des weiteren beim Abschlußprüfer oder Agent[54].

Mitunter sehen die Satzungen vor, daß Personen nicht wählbar sind, die bei anderen Versicherungsunternehmen schon ein Mandat haben[55]. Derartige Regelungen gehen mit der Ansicht konform, die „Aufsichtsratsmandate in Unternehmen, die im wesentlichen auf demselben Markt tätig werden“, gesetzlich untersagt wissen möchte[56].

Die Unvereinbarkeit des Aufsichtsratsmandats und des Mitgliedervertretermandats ist gesetzlich nicht angeordnet und von daher das Doppelmandat grundsätzlich zulässig. Mitunter sieht eine Satzung sogar ausdrücklich vor, daß eine bestimmte Anzahl von Doppelmandaten zulässig ist. Ob derartige Bestimmungen einem Versicherungsverein heute noch von der Aufsichtsbehörde genehmigt werden würden, ist zweifelhaft[57]. Auch heißt es bei *Goldberg/Müller*[58]:

> „Aufsichtsratsmitglieder können ferner nicht zu Mitgliedervertretern von VVaG gewählt werden. Die gleichzeitige Mitgliedschaft im Aufsichtsrat und in der obersten Vertretung eines VVaG kann zu Interessenkollisionen führen, da das Gesetz dem obersten Organ gewisse Kontrollfunktionen gegenüber dem Aufsichtsrat einräumt.“

2. Wahl der Aufsichtsratsmitglieder

Die Bestellung der Aufsichtsratsmitglieder erfolgt durch Wahl. Die Wahl kann unter einer aufschiebenden, nicht aber auflösenden Bedingung erfolgen, wobei der Wahlbeschluß durch eine solche Bedingung allenfalls bis zum Zeitpunkt der nächsten Versammlung der obersten Vertretung in der Schwebe gehalten werden kann[59]. Die Bestellung bedarf der ausdrücklichen oder konkludenten Annahme des Amtes durch das Aufsichtsratsmitglied[60].

Die Wahl ist unterschiedlich geregelt, je nachdem, ob es sich um Vertreter der Vereinsmitglieder oder der Arbeitnehmer handelt. Die Vertreter der Vereinsmitglieder werden von der obersten Vertretung gewählt, und zwar für eine begrenzte Amtszeit (§ 35 Abs. 3 VAG i.V.m. § 102 AktG). Die Satzung kann eine qualifi-

---

[52] Vgl. für die AG: *Karsten Schmidt,* Gesellschaftsrecht, 1997, § 28 III 3 a), S. 838.

[53] R 2/81 Tz. 1.3, VerBAV 1981, 247ff oder *Prölss/Schmidt/Frey,* 1989, S. 751; kritisch dazu *Helmers,* VersR 1958, 820ff.

[54] *Prölss/Schmidt/Frey,* 1989, § 35 VAG Rdn. 18.

[55] Vgl. TO der Sach- und Haftpflichtversicherung des Bäckerhandwerks VVaG, Bundesanzeiger Nr. 86 vom 8. 5. 1993, S. 4392; zum Mehrfachmandat siehe ausführlich *Lutter,* in: Festschrift für Karl Beusch, 1993, S. 509ff.

[56] *Wiedemann,* Organverantwortung, 1989, S. 30; ausführlich *Reichert/Schlitt,* AG 1995, 241ff, 254; ablehnend mit eingehender Begründung *Uwe H. Schneider,* BB 1995, 365ff.

[57] GB BAV 1967, 34.

[58] *Goldberg/Müller,* 1980, § 35 VAG Rdn. 6.

[59] Vgl. für die AG: *Lutter,* in: Festschrift für Karlheinz Quack, 1991, S. 304f.

[60] Vgl. für die AG: *Karsten Schmidt,* Gesellschaftsrecht, 1997, § 28 III 3 b), S. 840.

zierte Mehrheit vorschreiben[61]. Sie kann auch ein sog. Entsendungsrecht analog § 101 Abs. 2 AktG für höchstens ein Drittel der Vertreter einräumen[62].

Ferner kann die Satzung des Versicherungsvereins vorsehen, daß Personen, die das Kapital für den Gründungsstock zur Verfügung gestellt haben, in den Aufsichtsrat zu wählen sind, § 22 Abs. 1 Satz 2 VAG[63].

Ist der Aufsichtsrat beschlußunfähig oder zahlenmäßig unzureichend besetzt, so kann das Gericht, ähnlich wie beim Vorstand, eine Notbestellung vornehmen (§ 35 Abs. 3 VAG i.V.m. § 104 AktG).

3. Abberufung der Aufsichtsratsmitglieder

Die Abberufung der Aufsichtsratsmitglieder ist in § 35 Abs. 3 VAG i.V.m. § 103 AktG, § 76 Abs. 5 BetrVG 1952 geregelt[64].

Die Abberufung kann jederzeit mit qualifizierter Mehrheit geschehen (§ 35 Abs. 3 VAG i.V.m. § 103 Abs. 1 AktG). Die Satzung kann dies anders regeln (§ 35 Abs. 3 VAG i.V.m. § 103 Abs. 1 Satz 3 AktG).

Jedes Aufsichtsratsmitglied kann außerdem abberufen werden, wenn in seiner Person ein wichtiger Grund vorliegt (§ 35 Abs. 3 VAG i.V.m. § 103 Abs. 3 und 4 AktG).

IV. Rechtsverhältnis mit dem Versicherungsverein auf Gegenseitigkeit

1. Kraft Organbestellung

Mit der Bestellung zum Aufsichtsratsmitglied und der Annahme der Wahl kommt auch ohne besonderen Vertragsabschluß zwischen dem Versicherungsverein und dem Aufsichtsratsmitglied ein Schuldverhältnis zustande[65].

2. Vergütung

Die Vergütung für die Aufsichtsratsmitglieder wird in der Satzung oder durch Beschluß der obersten Vertretung bestimmt (§ 35 Abs. 3 VAG i.V.m. § 113 AktG). Üblicherweise erhält der Aufsichtsratsvorsitzende das Doppelte und der stellvertretende Vorsitzende das Eineinhalbfache der Vergütung für das ordentliche Mitglied[66].

---

[61] Vgl. für die AG: BGHZ 76, 191 = NJW 1980, 1465; *Karsten Schmidt,* Gesellschaftsrecht, 1997, § 28 III 3 b), S. 839.

[62] *Prölss/Schmidt/Frey,* 1989, § 35 VAG Rdn. 7; a.A. *Mohr,* Mitgliedervertreter, 1986, S. 38; zur Frage der Zulässigkeit einer Haftungsfreistellung siehe *Harm Peter Westermann,* in: Festschrift für Karl Beusch, 1993, S. 871ff.

[63] *Vgl. Prölss/Schmidt/Frey,* 1989, § 35 VAG Rdn. 7.

[64] Siehe dazu *Hoffmann/Kirchhoff,* in: Festschrift für Karl Beusch, 1993, S. 377ff; *Schwintowski,* NJW 1995, 1316, 1320f; *Singhof,* AG 1998, 318, 320.

[65] Vgl. für die AG: *Karsten Schmidt,* Gesellschaftsrecht, 1997, § 28 III 3 b), S. 840; a.A. *Singhof,* AG 1998, 318, 319, der nur ein korporationsrechtliches Rechtsverhältnis annimmt.

[66] *Hoffmann/Kirchhoff,* WPg 1991, 597; zur Zusammensetzung und Struktur der Vergütungen für den Aufsichtsrat umfassend *Theisen,* DB 1999, 1665ff; siehe ferner *Mäger,* BB 1999, 1389ff; *derselbe,* Aufsichtsratsvergütung nicht angemessen, FAZ Nr. 102 vom 3. 5. 2000, S. 29; *Zimmer,* DB 1999, 999ff; LG Memmingen, Urteil vom 31. 1. 2001, AG 2001, 375f; *Wellkamp,* WM 2001, 489ff. Zu Recht wird kritisiert, daß der Gesetzgeber in § 10 Nr. 4 KStG, Abschn. 45 III KStR nur den hälftigen Abzug der Aufsichtsratsvergütung als Betriebsausgabe erlaubt, obwohl Ver-

Bei einer variablen Aufsichtsratsvergütung ist § 35 Abs. 3 VAG zu beachten. Nach dieser Bestimmung treten an die Stelle des § 113 Abs. 3 AktG folgende Vorschriften: Wird den Aufsichtsratsmitgliedern eine Gewinnbeteiligung gewährt, so berechnet sich diese nach dem Jahresüberschuß abzüglich eines Verlustvortrags und der Einstellungen in die Gewinnrücklagen; der Anteil am Überschuß, der nach § 22 Abs. 3 VAG den Personen zugesichert ist, die den Gründungsstock zur Verfügung gestellt haben, ist abzusetzen. Entgegenstehende Festsetzungen sind nichtig.

3. Beratungsverträge

Nach § 35 Abs. 3 VAG i.V.m. § 114 AktG kann sich ein Aufsichtsratsmitglied außerhalb seiner Tätigkeit im Aufsichtsrat durch einen Dienstvertrag, durch den ein Arbeitsverhältnis nicht begründet wird, oder durch einen Werkvertrag gegenüber dem Versicherungsverein zu einer Tätigkeit höherrangiger Art verpflichten. Derartige Verträge, die in der Praxis eine gewisse Rolle spielen[67], bedürfen der Zustimmung des Aufsichtsrats. Als nicht zustimmungsfähig sind allgemeine Beratungsverträge zwischen dem Versicherungsverein und einem Aufsichtsratsmitglied anzusehen, die zwischen Tätigkeiten innerhalb und außerhalb des Aufsichtsrats nicht deutlich und konkret unterscheiden[68]. Mit Recht sagt *Mertens*[69]:

> „§ 114 AktG soll es der Gesellschaft ermöglichen, sich der spezifischen beruflichen Expertise eines Aufsichtsratsmitglieds zu bedienen, und muß so ausgelegt werden, daß er nicht Tür und Tor für eine Umgehung des § 113 AktG eröffnet. Ein Vertrag nach § 114 AktG muß daher eine eindeutige Feststellung darüber ermöglichen, daß die vertraglich zu erbringende Leistung jenseits des Bereichs der Aufsichtsratstätigkeit liegt, was die Vereinbarung eines bestimmten Leistungsprogramms voraussetzt."

Der BGH ist dieser Auffassung gefolgt und hat solche zusätzlichen Beraterverträge auch für den Fall für nichtig erklärt, daß der Vertragsabschluß schon vor der Annahme des Aufsichtsratsmandats erfolgte[70].

V. Organisation des Aufsichtsrats

1. Wahlen

Der Aufsichtsrat wählt nach § 35 Abs. 3 VAG i.V.m. § 107 Abs. 1 Satz 1 AktG einen Vorsitzenden und mindestens einen Stellvertreter, die in der Regel nebst einem weiteren Mitglied des Aufsichtsrats zu Mitgliedern des Personal- und des Kapitalanlageausschusses bestellt werden.

---

gütungen an Aufsichtsratsmitglieder eindeutig Betriebsausgaben darstellen, vgl. *Theisen*, AG 1998, 153, 168; *Wagner*, NZG 1999, 1092, 1094; *Clemm/Clemm*, BB 2001, 1873ff. Die Regierungskommission Corporate Governance empfiehlt, § 10 Nr. 4 KStG zu streichen, vgl. *Baums*, 2001, Rdn. 65, S. 105.

[67] Zur Typologie bei AG und GmbH: *Mertens*, in: Festschrift für Steindorff, 1990, S. 173.

[68] Vgl. für AG und GmbH: *Fleck*, in: Festschrift für Heinsius, 1991, S. 98.

[69] *Mertens*, in: Festschrift für Ernst Steindorff, 1990, S. 175.

[70] BGH vom 25. 3. 1991, NJW 1991, 1830ff; dazu *Hoffmann/Kirchhoff*, WPg 1991, 592ff; *Lutter/Kremer*, ZGR 1992, 87ff; *Beater*, ZHR 157 (1993), 420ff; *Rellermeyer*, ZGR 1993, 85ff; *Vollmer/Maurer*, BB 1993, 591ff; vgl. ferner BGH vom 4. 7. 1994, ZIP 1994, 1216; dazu *Jaeger*, ZIP 1994, 1759ff; *Krummel/Küttner*, DB 1996, 193ff; *Deckert*, AG 1997, 109ff; *Wissmann/Ost*, BB 1998, 1957ff; *Harnacke/Jorde*, BB 1999, 489f.

2. Sitzungen

Die Sitzungen des Aufsichtsrats sollen mindestens einmal im Kalendervierteljahr stattfinden. Zulässig ist es, wenn der Aufsichtsrat Anfang des Jahres zur Bilanzsitzung zusammentritt, im Anschluß an die Sitzung des obersten Organs in der Jahresmitte seine konstituierende Sitzung abhält und noch einmal am Jahresende zusammenkommt.

Die Sitzungen sind nicht öffentlich, aber es können Sachverständige und Auskunftspersonen zur Beratung einzelner Gegenstände zugezogen werden (§ 35 Abs. 3 VAG i.V.m. § 109 Abs. 1 AktG). Vorstandsmitglieder der Tochter- und Enkelgesellschaften können an Aufsichtsratssitzungen der Obergesellschaft nicht ständig teilnehmen und nur im Rahmen des § 109 Abs. 1 AktG zu einzelnen Tagesordnungspunkten aus konkretem Anlaß hinzugezogen werden[71].

3. Sitzungsniederschrift

Über die Sitzung des Aufsichtsrats ist eine Niederschrift anzufertigen, die vom Aufsichtsratsvorsitzenden zu unterzeichnen ist (§ 35 Abs. 3 VAG i.V.m. 107 Abs. 2 Satz 1 AktG). In die Niederschrift müssen der Ort und der Tag der Sitzung, die Teilnehmer, die Gegenstände der Tagesordnung, der wesentliche Inhalt der Verhandlungen und die Beschlüsse des Aufsichtsrats aufgenommen werden (§ 35 Abs. 3 VAG i.V.m. § 107 Abs. 2 Satz 2 AktG). Die Wiedergabe des wesentlichen Inhalts der Verhandlungen erfordert kein Wortprotokoll, sondern eine zusammenfassende Darstellung der tragenden Gesichtspunkte[72]. Hat zu einem Tagesordnungspunkt eine intensive Aussprache stattgefunden, muß nachvollzogen werden können, was konkret zu diesem Punkt ge- und besprochen wurde[73]. Jedes Aufsichtsratsmitglied hat das Recht, die wörtliche oder sinngemäße Aufnahme seiner abgegebenen Erklärungen in das Protokoll zu verlangen, soweit es hierfür einen sachlichen Grund gibt[74]. Weiterhin kann das Aufsichtsratsmitglied verlangen, daß sein Widerspruch zu einem bestimmten Beschluß protokolliert wird[75].

4. Beschlußfassung

Der Aufsichtsrat entscheidet als Kollegialorgan nach § 35 Abs. 3 VAG i.V.m. § 108 AktG in der Regel durch einen in offener Abstimmung gefaßten Beschluß, wobei mindestens drei Mitglieder mitwirken müssen[76]. Abwesende Aufsichtsratsmitglieder können nach § 35 Abs. 3 VAG i.V.m. § 108 Abs. 3 AktG schriftli-

[71] Vgl. aber *Janberg/Oesterlink*, AG 1960, 243, die die Teilnahme von Vorstandsmitgliedern der Muttergesellschaft an Aufsichtsratssitzungen der Untergesellschaften als zulässig ansehen. Zur Zulässigkeit der Hinzuziehung von Hilfspersonen durch das einzelne Aufsichtsratsmitglied bei der Vorbereitung von Aufsichtsratssitzungen siehe *Lutter/Krieger*, DB 1995, 257ff; *Heermann*, WM 1997, 1689, 1691; *Meincke*, WM 1998, 749, 752.

[72] *Lutter/Krieger,* 1993, Rdn. 240, S. 185.

[73] *Brinkschmidt,* 1992, S. 59.

[74] *Brinkschmidt,* 1992, S. 64; a.A. wohl *Lutter/Krieger,* 1993, Rdn. 240, S. 185.

[75] *Lutter/Krieger,* 1993, Rdn. 240, S. 185; *Köstler/Kittner/Zachert,* 1999, S. 161; a.A. *Mertens,* in: Kölner Kommentar zum Aktiengesetz, 1985, § 107 AktG Anm. 56; zur Anfechtbarkeit siehe *Kindl,* AG 1993, 153ff; *derselbe,* DB 1993, 2065ff; *Baums,* ZGR 1983, 300ff.

[76] Vgl. LG Karlsruhe, Urteil vom 5. 5. 1993, AG 1994, 87.

che Stimmabgaben überreichen lassen[77]. Auf Antrag eines Aufsichtsratsmitglieds ist geheim abzustimmen, wenn nur auf diese Weise das Ziel erreicht werden kann, „die Unabhängigkeit des einzelnen Aufsichtsratsmitglieds zu sichern und die Gefahr abzuwenden, daß die Stimmabgabe persönliche Nachteile zu Folge hat“[78]. Stimmverbote können sich ergeben, wenn ein Aufsichtsratsmitglied am Beschlußgegenstand selbst interessiert oder von einer zu beschließenden Maßnahme betroffen ist[79]. Bei einem erheblichen Interessenkonflikt sollte sich das Aufsichtsratsmitglied „aus Gründen des Anstands und der Optik“ der Stimme enthalten und gegebenenfalls auch der Beratung fernbleiben, selbst wenn sich sein Interesse mit dem der Gesellschaft deckt oder ihm jedenfalls nicht widerspricht[80].

5. Ausschüsse

Bildet der Aufsichtsrat einen Personal- und einen Kapitalanlageausschuß im Sinne des § 107 Abs. 3 Satz 2 AktG, dann müssen diese Ausschüsse mit mindestens drei Mitgliedern besetzt sein[81].

Hat der Aufsichtsrat auch aus Mitgliedern der Arbeitnehmer zu bestehen, so ist bei der Besetzung der Ausschüsse zu beachten, daß die Arbeitnehmervertreter im Aufsichtsrat nicht ohne sachlichen Grund von der Beteiligung an sämtlichen Aufsichtsratsausschüssen ausgeschlossen werden dürfen[82]. Ihre Beteiligung wird an solchen Ausschüssen für erforderlich oder zumindest geboten gehalten, die sich mit sozialpolitischen Fragen befassen[83]. In der Regel sind die Arbeitnehmervertreter am Personal- und Kapitalanlageausschuß zu beteiligen.

Durch Mehrheitsbeschluß kann der Aufsichtsrat jedwede Information von diesen Ausschüssen verlangen[84]. Das einzelne Aufsichtsratsmitglied hat keinen Anspruch z.B. gegen den Personalausschuß auf Mitteilung der Anstellungskonditionen, wenn der Aufsichtsrat diese Informationen nicht selbst erbeten hat[85].

---

[77] Dazu *Lutter,* in: Festschrift für Konrad Duden, 1977, S. 269ff; *Mertens,* AG 1977, 210ff.

[78] Vgl. *Uwe H. Schneider,* in: Festschrift für Robert Fischer, 1979, S. 745.

[79] Siehe dazu eingehend *Behr,* AG 1984, 281ff; *Fleck,* in: Festschrift für Theodor Heinsius, 1991, S. 95f.

[80] *Fleck,* in: Festschrift für Theodor Heinsius, 1991, S. 96.

[81] BGHZ 65, 190; *Semler,* AG 1988, 60, 66f.

[82] *Meyer-Landrut,* Großkomm. AktG, § 107 Anm. 13; *Hoffmann-Becking,* in: Münchener Hdb. AG, 1999, § 32 Rdn. 19 mwNw.; *Lutter/Krieger,* 1993, § 6 Rdn. 264, S. 205; BGH, Urteil vom 17. 5. 1993, AG 1993, 464 = DB 1993, 1609; zur instanzgerichtlichen Rechtsprechung nach der Grundsatzentscheidung des BGH vom 17. 5. 1993 vgl. OLG München vom 27. 1. 1995, AG 1995, 466 = ZIP 1995, 1753 = WM 1995, 978 = BB 1995, 1051 = DB 1995, 1173 = EWiR 1995, 605 *(Wank);* OLG Hamburg vom 15. 9. 1995, ZIP 1995, 1673; LG Frankfurt am Main vom 19. 12. 1995, ZIP 1996, 1161 = EWiR 1996, 1011 *(Dreher);* dazu *Jaeger,* ZIP 1995, 1735ff; *Oetker,* ZGR 2000, 19, 51ff. Siehe ferner *Köstler,* ZIP 2001, 1638, 1639.

[83] *Meyer-Landrut,* Großkomm. AktG, § 107 Anm. 13; *Rellermeyer,* 1986, S. 107; *Hoffmann-Becking,* in: Münchener Hdb. AG, 1999, § 32 Rdn. 19 mwNw; *Lutter/ Krieger,* 1993, § 6 Rdn. 264, S. 205; *Prölss/Schmidt/Frey,* 1989, § 35 VAG Rdn. 15.

[84] Vgl. *Hoffmann-Becking,* in: Festschrift für Walter Stimpel, 1985, S. 602.

[85] Siehe *Hoffmann-Becking,* in: Festschrift für Walter Stimpel, 1985, S. 602.

VI. Sorgfaltspflicht und Haftung

1. Die gesetzliche Regelung

Die Sorgfaltspflicht und Haftung der Aufsichtsratsmitglieder ergibt sich aus § 34 Abs. 3 Satz 1 VAG i.V.m. §§ 116, 93 AktG. Danach haben die Aufsichtsratsmitglieder bei ihrer Geschäftsführung die Sorgfalt eines ordentlichen und gewissenhaften Geschäftsleiters anzuwenden und sind, wenn sie ihre Pflichten schuldhaft verletzen, der Gesellschaft als Gesamtschuldner zum Schadensersatz verpflichtet[86]. Ist streitig, ob sie die Sorgfalt eines ordentlichen und gewissenhaften Geschäftsleiters angewandt haben, so trifft sie die Beweislast[87].

2. Sorgfalts- und Haftungsmaßstab

Vor dem Hintergrund der Geschäftstätigkeit der Versicherer mit ihren speziellen Risikolagen und der für die Führung und Kontrolle von Versicherern erforderlichen Spezialkenntnisse ist für die Haftung der Aufsichtsratsmitglieder von Bedeutung, inwieweit sie sich auf mangelnde Fähigkeiten und Erfahrungen berufen dürfen[88].

Grundsätzlich gilt für die Mindestqualifikation der Aufsichtsratsmitglieder, daß jedes Aufsichtsratsmitglied diejenigen Kenntnisse besitzen oder sich aneignen muß, die es braucht, um alle normalerweise anfallenden Geschäftsvorgänge auch ohne fremde Hilfe verstehen und sachgerecht beurteilen zu können[89]. Insoweit gilt für sämtliche Aufsichtsratsmitglieder ein einheitlicher Pflichten- und Haftungsmaßstab[90]. Soweit Aufsichtsratsmitglieder in Ausschüssen (z.B. im Kapitalanlageausschuß) Kontrollaufgaben und Entscheidungsbefugnisse des Gesamtaufsichtsrats wahrnehmen, sind bei der Tätigkeit dieser Ausschußmitglieder „höhere Pflichtmaßstäbe anzulegen als sie für Aufsichtsratsmitglieder im allgemeinen gelten“[91].

Wie jedes Vorstandsmitglied, so hat auch jedes Aufsichtsratsmitglied eine organschaftliche Treupflicht und muß grundsätzlich seine Tätigkeit auf das Unternehmensinteresse ausrichten[92]. Von daher ist das Aufsichtsratsmitglied „zu sorgfältiger, uneigennütziger Überwachung der Geschäftsführung“ verpflichtet[93] und darf den Vorstand nicht zu einem Handeln veranlassen, das das Aufsichtsratsmitglied aufgrund seines Amtes rügen müßte[94].

---

[86] Dazu *Claussen,* AG 1984, 20f; *Semler,* AG 1984, 21f; AG Nürtingen, Beschluß vom 14. 10. 1993, ZIP 1994, 785 = DB 1994, 1230 mit Anm. *Götz* S. 1231.

[87] Vgl. LG Dortmund, Urteil vom 1. 8. 2001, DB 2001, 2591.

[88] Ausführlich hierzu *Schwark,* in: Festschrift für Winfried Werner, 1984, S. 841ff.

[89] BGHZ 85, 293, 295; früher schon BGHZ 83, 106, 113; BGHZ 144, 147; *Höhn*, GmbHR 1995, 861; *Wiese*, DB 2000, 1901.

[90] So *Hommelhoff,* ZHR 143 (1979), 299; ebenso *Saage,* DB 1973, 115, 121; *Dreher,* JZ 1990, 896ff.

[91] *Schwark,* in Festschrift für Winfried Werner, 1984, S. 848; vgl. ferner *Möllers*, ZIP 1995, 1725, 1733; *Thümmel*, DB 1999, 1891, 1893.

[92] BGHZ 64, 329, 330f.; BGHZ 106, 54, 65; BGH NJW 1989, 979 zu 2; *Schwark,* in: Festschrift für Winfried Werner, 1984, S. 850; *Hübner*, 1992, S. 31f; *Edenfeld/Neufang*, AG 1999, 49, 51; *Wardenbach*, AG 1999, 74, 76.

[93] *Ulmer,* in: Festschrift für Walter Stimpel, 1985, S. 707.

[94] *Fleck,* in: Festschrift für Theodor Heinsius, 1991, S. 94; siehe ferner BGH NJW 1980, 1629; *Ulmer,* NJW 1980, 1603 zu I 1, 1607 zu III 3a; *Lutter,* ZHR 1981, 224, 240f.

Dies bedeutet aber nicht, daß das von der Hausbank oder einem wichtigen Geschäftspartner entsandte Aufsichtsratsmitglied keine eigenen Interessen im Aufsichtsrat des Versicherungsvereins auf Gegenseitigkeit verfolgen dürfte. Das Aufsichtsratsmitglied muß nur in der Verfolgung seiner beruflichen Eigeninteressen „gerade im Verhältnis zur Gesellschaft besonders gewissenhaft die Gebote des geschäftlichen Anstands und der Fairneß einhalten"[95]. Im Falle eines Konflikts mit Interessen der Mitglieder des Versicherungsvereins oder seiner Arbeitnehmer ist zwar dem Unternehmensinteresse der Vorrang zu geben[96]. Jedes Aufsichtsratsmitglied wird sich aber zu vergegenwärtigen haben, daß das Unternehmensinteresse aufgrund des Prinzips der Gegenseitigkeit seine Ausprägung durch die wohlverstandenen Interessen aller Mitglieder erfährt.

VII. Ersatzmitglieder des Aufsichtsrats

Nach § 35 Abs. 3 Satz 1 VAG i.V.m. § 101 Abs. 3 Satz 2 AktG kann für jedes Aufsichtsratsmitglied ein Ersatzmitglied bestellt werden[97]. Diese Wahl muß gleichzeitig mit der Wahl des Aufsichtsratsmitglieds erfolgen, das zu gegebener Zeit durch das Ersatzmitglied ersetzt werden soll (§ 35 Abs. 3 Satz 1 VAG i.V.m. § 101 Abs. 3 AktG).

Nimmt das Ersatzmitglied seine Wahl an, erklärt es nur das Einverständnis zur Übernahme der Rechte und Pflichten eines Ersatzmitglieds. Pflicht des Ersatzmitgliedes ist es, sich für die Übernahme des Aufsichtsratsmandats bereit zu halten und sich im Rahmen der Möglichkeiten informiert zu halten, insbesondere wenn die Satzung bestimmt, daß Ersatzmitglieder eine Vergütung erhalten können und die Vergütung gewährt wird.

Rückt das Ersatzmitglied in den Aufsichtsrat ein, muß es hiervon so schnell unterrichtet werden, daß es noch die Voraussetzungen für die Annahme des Aufsichtsratsmandats schaffen kann. Mitglied des Aufsichtsrats wird das Ersatzmitglied erst, wenn es das durch das Einrücken in den Aufsichtsrat zugewachsene Mandat ausdrücklich angenommen hat[98]. Insoweit besteht eine vergleichbare Situation mit dem Fall der gerichtlichen Bestellung gemäß § 104 AktG.

Eine ständige Teilnahme von Ersatzmitgliedern an den Sitzungen des Aufsichtsrats ist unzulässig[99]. Die Ersatzmitglieder können lediglich gemäß § 35 Abs. 3 Satz 1 VAG i.V.m. § 109 Abs. 1 AktG zur Beratung über einzelne Gegenstände hinzugezogen werden.

---

[95] *Fleck*, in: Festschrift für Theodor Heinsius, 1991, S. 91; siehe auch *Ulmer*, NJW 1980, 1603 ff.

[96] Zum Vorrang des Unternehmensinteresses gegenüber dem Anteilseignerinteresse und dem Arbeitnehmerinteresse vgl. *Schilling*, in: Festschrift für Robert Fischer, 1979, S. 682 f; *Brinkmann*, AG 1982, 122, 128.

[97] Siehe dazu *Heinsius*, ZGR 1982, 232 ff; *Roussos*, AG 1987, 239 ff; BayObLG, Beschluß vom 29. 3. 2000, BB 2000, 176 f.

[98] *Lehmann*, DB 1983, 487; *Lutter/Krieger*, 1993, Rdn. 322, S. 247.

[99] Vgl. *Henn*, 1991, S. 279; *Kindl*, 1993, S. 48.

Kapitel 13
Die oberste Vertretung

I. Das oberste Organ des Versicherungsvereins auf Gegenseitigkeit

Die oberste Vertretung wird in § 29 Abs. 1 VAG ausdrücklich auch als oberstes Organ bezeichnet und als „Versammlung von Mitgliedern oder von Vertretern der Mitglieder“ bestimmt.

Die der obersten Vertretung zugewiesenen Rechte, insbesondere ihr Einfluß auf die Zusammensetzung des Aufsichtsrats, der den Vorstand bestellt, die Befugnis zur Entlastung der Mitglieder des Vorstands und des Aufsichtsrats und zum Vertrauensentzug gegenüber Vorstandsmitgliedern rechtfertigen es, wenn der Gesetzgeber in § 29 VAG die oberste Vertretung als das oberste Organ der Gesellschaft bezeichnet.

Mit *Farny*[1] könnte man das oberste Organ auch den „Souverän“ des Versicherungsvereins auf Gegenseitigkeit nennen. Allerdings ändert dies nichts an der Tatsache, daß nach der gesetzgeberischen Konzeption des Versicherungsvereins auf Gegenseitigkeit die oberste Vertretung nicht „als oberstes, letztlich allzuständiges Grundorgan“ verfaßt ist[2]. Sie ist nicht „Vorgesetzter des Aufsichtsrats und des Vorstands“ und kann diesen Organen keine Weisungen erteilen[3].

Ist der Versicherungsverein auf Gegenseitigkeit zugleich Konzernobergesellschaft, ist die oberste Vertretung „auch Grundorgan in der Organisation Konzern“[4].

II. Willensbildungs- und Beschlußgremium der Mitglieder

Die Mitglieder bzw. die Mitgliedervertreter können ihr Teilnahmerecht, ihr Stimmrecht und ihr Fragerecht nur in der Mitgliederversammlung bzw. Mitgliedervertreterversammlung ausüben (vgl. §§ 36 Satz 1 VAG, 118 Abs. 1 AktG), die man damit als den Sitz der Mitgliederdemokratie ansehen und als das Mitgliederforum bezeichnen kann.[5]

Im Rahmen der gesetzlichen und satzungsmäßigen Grenzen findet in der obersten Vertretung die Willensbildung und Beschlußfassung der Mitglieder je nach Vereinstyp unmittelbar oder mittelbar statt. Ist oberste Vertretung des Versicherungsvereins auf Gegenseitigkeit die Mitgliedervertreterversammlung, hat sich die oberste Vertretung in gesteigertem Maße den Schutz der Mitglieder angelegen

---

[1] *Farny,* Versicherungsbetriebslehre, 2000, S. 195.

[2] Vgl. für die Hauptversammlung der AG: *Harm Peter Westermann,* ZHR 156 (1992), 210; ähnlich früher schon *Wiethölter,* 1961, S. 92.

[3] *Harro Frels,* Mutualité 1/1966, 27f.

[4] Vgl. für die Hauptversammlung der AG: *Lutter,* in: Festschrift für Walter Stimpel, 1985, S. 833 und 842: „Konzernorgan für Grundsatzfragen“.

[5] Vgl. für die AG: *Karsten Schmidt,* Gesellschaftsrecht, 1997, § 28 IV 1 a), S. 844; *Huber,* ZIP 1995, 1740; *Schaaf,* ZIP 1997, 1324.

sein zu lassen und die Mitgliederinteressen – vor allem die versicherungsrechtlichen Belange der Mitglieder – gegenüber dem Vorstand wahrzunehmen[6].

III. Wahrnehmung der Vereinsautonomie und Satzungshoheit

Die Vereinsautonomie steht grundsätzlich der obersten Vertretung zu[7]. Ausschließlich die oberste Vertretung übt die Satzungsautonomie als „Kernpunkt der Vereinsautonomie" aus[8]. Allerdings kann die oberste Vertretung die Satzungshoheit nur innerhalb der vom Versicherungsaufsichtsgesetz den Versicherungsvereinen auf Gegenseitigkeit gezogenen Grenzen ausüben. Die Satzungsbeschlüsse der obersten Vertretung stehen zudem unter dem Genehmigungsvorbehalt der Aufsichtsbehörde[9].

IV. Gesetzliche Entscheidungskompetenzen

1. Einflußentscheidungen

Die oberste Vertretung hat die gesetzliche Befugnis, Einfluß[10] auf die Entscheidungsorganisation zu nehmen, durch Entscheidung über

1. die Bestellung und Abberufung der Mitglieder des Aufsichtsrats[11],
2. die Entlastung der Mitglieder des Vorstands und des Aufsichtsrats (§ 36 VAG i.V.m. § 120 AktG)[12],
3. die Bestellung von Sonderprüfern (§ 36 VAG i.V.m. §§ 142, 258 AktG),
4. die Geltendmachung von Ersatzansprüchen gegen Vorstand und Aufsichtsrat, Verzicht auf solche Ansprüche oder Vergleich darüber.

Die Bestellung des Abschlußprüfers[13], des Treuhänders[14] und des Verantwortlichen Aktuars[15] fällt dagegen nicht in die Kompetenz der obersten Vertretung. Die oberste Vertretung kann dem Vorstand keine Weisungen erteilen, da er das Unternehmen unter eigener Verantwortung leitet, § 34 Satz 2 VAG i.V.m. § 76 Abs. 1 AktG[16].

---

[6] Ähnlich *Spinnarke*, 1972, S. 47.

[7] Vgl. *Flume*, in: Festschrift für Coing, 1982, Band II, S. 97.

[8] Vgl. *Flume*, in: Festschrift für Coing, 1982, Band II, S. 102.

[9] Vgl. § 5 Abs. 3 Nr 1 VAG i.V.m. §§ 8, 13 VAG.

[10] Die Bezeichnung „Einflußentscheidung" im Zusammenhang mit der Untersuchung der Zuständigkeiten der Hauptversammlung bei der AG findet sich bei *Lutter*, in: Festschrift für Walter Stimpel, 1985, S. 837.

[11] Zur Wiederwahl siehe *Quack*, in: Festschrift für Heinz Rowedder, 1994, S. 387ff; *Sethe*, ZIP 1996, 1321ff.

[12] Siehe dazu für die AG: LG Heidelberg, Urteil vom 1. 3. 1994, ZIP 1994, 780 mit Anm. Wenger S. 781; vgl. für die GmbH: *Priester*, in: Festschrift für Heinz Rowedder, 1994, S. 369, 370ff; *Nägele/Nestel*, BB 2000, 1253ff.

[13] Gemäß §§ 341k Abs. 2, 318 Abs. 1 Satz 1 HGB wird der Abschlußprüfer vom Aufsichtsrat bestimmt.

[14] Den Treuhänder bestellt der Aufsichtsrat, vgl. § 71 VAG.

[15] Gemäß § 11a Abs. 2a VAG erfolgt die Beauftragung des gemäß § 11a Abs. 1 VAG vom Lebensversicherungsunternehmen zu bestellenden Verantwortlichen Aktuars durch den Aufsichtsrat. Dies gilt auch für die Krankenversicherung.

[16] Vgl. für die AG: *Beuthien*, ZIP 1993, 1590; ebenso für die eG: § 27 Abs. 1 Satz 1 GenG; *Beuthien*, ZIP 1993, 1590.

2. Finanzentscheidungen

Die Entscheidung finanz- und bilanzpolitischer Fragen fällt nur eingeschränkt in die Kompetenz der obersten Vertretung[17]. So kann die oberste Vertretung über die Verwendung des Bilanzgewinns und die Feststellung des Jahresabschlusses nur entscheiden, wenn Vorstand und Aufsichtsrat der obersten Vertretung die Entscheidung überlassen. Relativ neu ist die Befugnis, über die Aufnahme von Genußscheinkapital entscheiden zu können[18].

Je nach Satzung entscheidet die oberste Vertretung nicht nur über die Verwendung des rechnungsmäßigen Überschusses, des Bilanzgewinns[19], sondern auch über

- die direkte Beitragsrückerstattung[20],
- Entnahmen von Einmalbeiträgen aus der Rückstellung für erfolgsabhängige Beitragsrückerstattung[21],
- die Verwendung von Mitteln aus der Rückstellung für Beitragsrückerstattung zur Limitierung notwendiger Beitragsanpassungen[22],
- die Ausschüttung aus der Rückstellung für satzungsgemäße Beitragsrückerstattung an die Mitglieder[23].

Stets entscheidet die oberste Vertretung über die Neueinführung und die Änderung von Versicherungsbedingungen, § 41 VAG. Je nach Satzungsregelung im Zustimmungsverfahren[24] oder im Wege des Nichtaußerkraftsetzens vom Aufsichtsrat vorläufig beschlossener Versicherungsbedingungen[25].

Besonders bedeutsam sind Entscheidungen der obersten Vertretung, neue Versicherungsbedingungen, Tarife und Beiträge, die für das Neugeschäft gelten, auch für den Bestand für anwendbar zu erklären[26]. In einem Fall wird die Beitragserhöhung für schon bestehende Versicherungsverträge der Hauptversammlung „auf der Grundlage von § 119 Abs. 2 AktG in Verbindung mit § 36 Satz 1 VAG" zur Beschlußfassung vorgeschlagen[27].

Entschieden wird ferner je nach Satzungsregelung über die Höhe der Tagegelder für die Mitgliedervertreter und über die Höhe der Aufwandsentschädigung für die Mitglieder des Aufsichtsrats[28] oder einfach über die Aufsichtsratsvergütung[29].

---

[17] Zur Verwendung der Bezeichnung „Finanzentscheidungen" siehe *Lutter,* in: Festschrift für Walter Stimpel, 1985, S. 837.

[18] Vgl. § 36 Satz 4–6 VAG.

[19] TO der Alte Oldenburger, BAnz. Nr. 71 vom 16. 4. 1993, S. 3668.

[20] TO der Alte Oldenburger, BAnz. Nr. 71 vom 16. 4. 1993, S. 3668.

[21] TO der Alte Oldenburger, BAnz. Nr. 71 vom 16. 4. 1993, S. 3668.

[22] TO der FAMILIENFÜRSORGE, BAnz. Nr. 87 vom 11. 5. 1993, S. 4418.

[23] TO der Fahrlehrer Versicherung, BAnz. Nr. 89 vom 13. 5. 1993, S. 4483.

[24] TO der ISSELHORSTER, BAnz. Nr. 134 vom 22. 7. 1993, S. 6691.

[25] Vgl. § 41 Abs. 2 VAG.

[26] TO der VHV, BAnz Nr. 113 vom 23. 6. 1993, S. 5759.

[27] TO des HDI, Bundesanzeiger Nr. 134 vom 22. 7. 1993, S. 6691.

[28] TO der INTER Kranken, BAnz. Nr. 91 vom 15. 5. 1993, S. 4556.

[29] TO der Alte Oldenburger, BAnz. Nr. 71 vom 16. 4. 1993, S. 3668. Bekannt sind ferner Beschlüsse zur D&O-Versicherung. Versicherungsbeiträge, die der VVaG im Rahmen einer von ihm abgeschlossenen D&O-Versicherung für seine Aufsichtsratsmitglieder bezahlt und sich nicht von seinen Aufsichtsratsmitgliedern erstatten läßt, sind anteilig als Vergütung i. S. d. § 113 Abs. 1 AktG anzusehen. Von daher bedarf der Abschluß einer D&O-Versicherung in bezug auf

3. Strukturentscheidungen

Als Strukturentscheidungen[30], die der Entscheidungskompetenz der obersten Vertretung unterfallen, sind anzusehen:
1. Satzungsänderungen (§ 39 VAG);
2. Bestandsübertragungen (§ 14 VAG);
3. Auflösung der Gesellschaft (§ 42 Nr. 2 VAG).
4. Umwandlung,
5. Verschmelzung[31],
6. Vermögensübertragung,
7. Unternehmensverträge[32].

Im Schrifttum wird angenommen, daß der Abschluß eines Gewinnabführungsvertrages mit einem Versicherungsverein auf Gegenseitigkeit als abhängigen Unternehmen im Hinblick auf § 38 VAG unzulässig sei[33].

Soweit der Vorstand die Zustimmung der obersten Vertretung zu Geschäftsführungsmaßnahmen einholt (vgl. §§ 36 Satz 1 VAG, 119 Abs. 2 AktG), wird es sich um solche Maßnahmen handeln, bei denen ohnehin nach den Rechtsgrundsätzen des „Holzmüller"- oder „Seehafenbetriebs"-Urteils des Bundesgerichtshofs vom Vorstand die Entscheidung der obersten Vertretung einzuholen ist[34]. Die Bildung eines Gleichordnungskonzerns[35] oder die Auflösung einer Konzern-

---

den Einschluß der Aufsichtsratsmitglieder in die D&O-Versicherung der Zustimmung der obersten Vertretung, vgl. für die AG: *Lutter/Krieger,* 1993, S. 226, Rz. 294 und S. 241, Rz. 313; *Hüfer,* 1999, § 113 AktG Rdn. 2; *Theisen,* DB 1999, 1665, 1668; *Kästner,* AG 2000, 113 ff; *Wellkamp,* 2000, S. 212, Rz. 718; *v. Westphalen,* 2000, S. 242; ebenso wohl auch *Potthoff/Trescher,* 2001, S. 370; *Krüger,* NVersZ 2001, 8 f; a. A. Mertens, AG 2000, 447 ff; *Vetter,* AG 2000, 453 ff; *Dreher,* ZHR 165 (2001), 293 ff; *Lange,* ZIP 2001, 1524, 1526 ff. Die Regierungskommission Corporate Governance empfiehlt lediglich, durch entsprechende Änderung der §§ 285, 314 HGB vorzusehen, daß im Anhang bzw. Konzernanhang der Betrag der für eine D&O-Versicherung für die Vorstands- und Aufsichtsratsmitglieder gezahlten Versicherungsprämien sowie die Höhe des jeweiligen Selbstbehalts der Organmitglieder anzugeben ist, vgl. *Baums* (Hrsg.), 2001, Rz. 75, S. 115. Die steuerliche Beurteilung der D&O-Versicherungsprämien durch die Finanzverwaltung ist noch nicht abschließend geklärt, siehe hierzu *Plück/Lattwein,* 2000, S. 200 f. Steuerrechtlich werden die Prämienzahlungen der Gesellschaft wohl nicht zu Einkünften beim einzelnen Aufsichtsratsmitglied führen, vgl. *Vetter,* AG 2000, 453, 458; Dreher, DB 2001, 996 ff; a. A. *Kästner,* DStR 2001, 195 ff; *dieselbe,* DStR 2001, 422 ff.

[30] In Anlehnung an *Lutter,* in: Festschrift für Walter Stimpel, 1985, S. 837.

[31] Über einen Verschmelzungsvertrag hatte die Hauptversammlung der Norddeutschen Hagel zu entscheiden, dessen vollständiger Wortlaut im Bundesanzeiger Nr. 67 vom 7. 4. 1993, S. 3440 f, veröffentlicht ist.

[32] Über die Änderung von Beherrschungsverträgen hatten z. B. die Hauptversammlungen der DEVK Leben und Sach zu entscheiden, vgl. Bundesanzeiger Nr. 62 vom 31. 3. 1993, S. 3198.

[33] Vgl. *Frels,* VersR 1966, 997; *Jörns,* 1974, S. 8; *Schirmer,* in: Dieter Farny und die Versicherungswissenschaft, 1994, S. 405.

[34] Siehe Kapitel 15.

[35] Vgl. für die AG: *Gromann,* 1979, S. 35; *Timm,* 1980, S. 151; *Thomas Raiser,* 1992, § 56 Rdn. 7, S. 645; *Emmerich/Sonnenschein,* 5. Auflage, 1993, § 4 III 3 a), S. 89 f; *Karsten Schmidt,* in: Festschrift für Fritz Rittner, 1991, S. 561, 576 f; *derselbe,* ZHR 155 (1991), 417, 427; *Wellkamp,* DB 1993, 2518 f; a. A. *Koppensteiner,* in: Kölner Kommentar zum AktG, 2. Auflage, 1987, Vorb. § 291 AktG Rdn. 28; *Krieger,* in: Münchener Hdb. AG, 1999, § 68 Rdn. 84; *Hüffer,* 1993, § 291 AktG Rdn. 35; *Müller-Wiedenhorn,* 1993, S. 202 f. Die Hauptversammlung der Hanse-Merkur Krankenversicherung a. G. hatte über die „Bildung eines Gleichordnungskonzerns mit der KRAVAG-SACH Versicherung des Deutschen Kraftverkehrs VAG" zu entscheiden, vgl. Bundesanzeiger Nr. 91 vom 15. 5. 1993, S. 4556. Zum Fall der qualifizierten Gleichordnung mit Risikoausgleichspflicht siehe *Karsten Schmidt,* ZHR 155 (1991), 417 ff.

gesellschaft bürgerlichen Rechts[36] ist danach der obersten Vertretung zur Entscheidung ebenso zu überantworten wie die Einbringung wesentlichen Beteiligungsbesitzes in eine Zwischenholding[37].

V. Verfahren der obersten Vertretung

1. Einberufung

Nach § 36 Satz 1 VAG i.V.m. §§ 121 Abs. 1 und Abs. 2 AktG ist vom Vorstand mindestens einmal jährlich eine Versammlung der obersten Vertretung einzuberufen, die gemäß § 36 Satz 1 VAG i.V.m. §§ 119, 120 AktG über die laufenden Angelegenheiten und über die Entlastung des Vorstands und des Aufsichtsrats beschließt.[38] Der Aufsichtsrat hat eine außerordentliche Versammlung der obersten Vertretung einzuberufen, wenn das Wohl des Versicherungsvereins auf Gegenseitigkeit dies fordert, vgl. § 35 Abs. 3 VAG i.V.m. § 111 Abs. 3 AktG. Die Aufsichtsbehörde hat gemäß § 83 Abs. 1 Nr. 6 VAG ein eigenes Einberufungsrecht.

Mitglieder des Versicherungsvereins können die Einberufung einer Versammlung nur fordern, wenn die oberste Vertretung eine Mitgliederversammlung ist und der Einberufungsantrag von der in der Satzung festzulegenden Anzahl von Mitgliedern unterstützt wird, vgl. §§ 36b, 36 Satz 1 VAG i.V.m. § 122 AktG. Im Falle der Mitgliederversammlung muß es einer bestimmten Mindestzahl von Mitgliedern stets möglich sein, die oberste Vertretung einzuberufen[39]. Eine Satzung eines Versicherungsvereins sieht insoweit vor, daß der Antrag von Mitgliedern ausgehen muß, „die eine Versicherungssumme von mindestens 1% des am Schlusse des abgelaufenen Geschäftsjahres vorhandenen Versicherungsbestandes der Mitglieder vertreten“. Nach einer anderen Satzung muß die Mitgliederversammlung einberufen werden, „wenn dies von Mitgliedern, die wenigstens den zwanzigsten Teil der Mitglieder des letzten Jahres vertreten, schriftlich unter Angabe des Zwecks und der Gründe verlangt wird“. Eine weitere Satzung stellt auf den zwanzigsten Teil der gesamten Versicherungssumme des letzten Geschäftsjahres ab.

Ist die oberste Vertretung eine Mitgliedervertreterversammlung, sehen die Satzungen der Versicherungsvereine unterschiedliche Regelungen vor, um den Minderheitsrechten gemäß §§ 36b, 36 Satz 1 VAG i.V.m. § 122 AktG zu genügen. Es wird verlangt, daß der Einberufungsantrag z.B. von mindestens fünf von 50 Mitgliedervertretern oder von sieben von bis zu 32 Mitgliedervertretern oder – und diese Regelung findet sich häufig – von einem Drittel der Mitgliedervertreter schriftlich unterstützt wird.

Bei der Einberufung der Versammlung ist zu berücksichtigen, daß die Mitglieder des Vorstands und des Aufsichtsrats nach § 36 Satz 1 VAG i.V.m. § 118

---

[36] Vgl. TO der Gothaer Leben, BAnz Nr. 100 vom 30. 5. 1992, S. 4417f und TO der Gothaer Sach, BAnz Nr. 100 vom 30. 5. 1992, S. 4418.

[37] Vgl. TO der Alte Leipziger Lebensversicherungsgesellschaft auf Gegenseitigkeit, BAnz Nr. 105 vom 6. 6. 1992, S. 4595. Zur Zustimmung beim Verkauf einer Beteiligung siehe *Lutter*, in: Festschrift für Martin Peltzer, 2001, S. 241, 258f.

[38] Zur Einberufung durch einen Rumpfvorstand siehe OLG Dresden, Urteil vom 31. 8. 1999, NZG 2000, 426 = ZIP 1999, 1632 = AG 2000, 43; *Rottnauer*, NZG 2000, 414ff.

[39] *Schloeßmann*, 1936, S. 72.

Abs. 2 AktG an der Versammlung teilnehmen sollen. Zur Beratung der Versammlung dürfen ferner analog § 109 Abs. 1 Satz 2 AktG Sachverständige und Auskunftspersonen hinzugezogen werden[40]. So sehen die Satzungen von Versicherungsvereinen, die zusammen einen Gleichordnungskonzern gebildet haben, mitunter vor, daß die Mitglieder der Organe des anderen Unternehmens beratend teilnehmen[41]. Eine andere Satzung bestimmt, daß als Ausdruck der Zusammengehörigkeit mit dem Versicherungsverein der Sprecher des Vorstands einer Bank mit beratender Stimme an der Versammlung des Versicherungsvereins teilnimmt.

2. Bekanntmachung der Einberufung

a) Formvorschriften. Die Versammlung der obersten Vertretung ist mindestens einen Monat vor dem Tage der Versammlung einzuberufen, § 36 Satz 1 VAG, § 123 Abs. 1 AktG[42]. Die Einberufung ist in den Gesellschaftsblättern bekanntzumachen (§ 36 Satz 1 VAG, § 121 Abs. 3 Satz 1 AktG). Die Satzungen bestimmen in der Regel den Bundesanzeiger als Gesellschaftsblatt. Die Firma, den Sitz der Gesellschaft, Zeit und Ort[43] der Versammlung der obersten Vertretung und die Bedingungen, von denen die Teilnahme an der Versammlung der obersten Vertretung und die Ausübung des Stimmrechts abhängen, muß die Einberufung angeben (§ 36 Satz 1 VAG, § 121 Abs. 3 Satz 2 AktG).

Die Tagesordnung der Versammlung der obersten Vertretung ist bei der Einberufung in den Gesellschaftsblättern bekanntzumachen (§ 36 Satz 1 VAG, § 124 Abs. 1 Satz 1 AktG). Zu jedem Gegenstand der Tagesordnung, über den die oberste Vertretung beschließen soll, haben der Vorstand und der Aufsichtsrat, zur Wahl von Aufsichtsratsmitgliedern und Prüfern nur der Aufsichtsrat, in der Bekanntmachung der Tagesordnung Vorschläge zur Beschlußfassung zu machen (§ 36 Satz 1 VAG, § 124 Abs. 3 Satz 1 AktG). Der Vorschlag zur Wahl von Aufsichtsratsmitgliedern oder Prüfern hat deren Namen, Beruf und Wohnort anzugeben (§ 36 Satz 1 VAG, § 124 Abs. 3 Satz 3 AktG). Über die Gegenstände der Tagesordnung, die nicht ordnungsgemäß bekanntgemacht sind[44], dürfen keine Beschlüsse gefaßt werden (§ 36 Satz 1 VAG, § 124 Abs. 4 Satz 1 AktG). Von daher erscheint es bedenklich, wenn bei Wahlvorschlägen nicht nur nicht der Name der zur Wahl vorgeschlagenen Mitgliedervertreter und Wahlausschußmitglie-

---

[40] *Samwer/Mohr/Frels/Pophal,* in: Festschrift für Gehrhardt, 1975, S. 357.

[41] *Mohr,* Mitgliedervertreter, 1986, S. 43.

[42] Dazu *Boetius,* DB 1968, 1845f; BGH, Urteil vom 17. 11. 1986, JZ 1987, 526; OLG Hamburg, Beschluß vom 7. 5. 1993, NJW-RR 1993, 1317 = AG 1993, 384; BGH, Urteil vom 8. 11. 1993, NJW 1994, 320 = DB 1994, 31 = WM 1993, 2244 = AG 1994, 177 = ZIP 1993, 1867. Inzwischen wird die Einberufung über Internet diskutiert, vgl. *Noack*, ZGR 1998, 592, 613; *derselbe*, BB 1998, 2533ff; *Riegger/Mutter*, ZIP 1998, 637ff; *Hasselbach/Schumacher*, ZGR 2000, 258ff; *Spindler*, ZGR 2000, 420, 441; Seibert, BB 1998, 2536ff; Claussen, AG 2001, 161ff; *Fleischhauer*, ZIP 2001, 1133ff; *Goedecke/Heuser*, BB 2001, 369, 372; *Hüther*, AG 2001, 68, 74; *Habersack*, ZHR 165 (2001), 172ff; *Riegger*, ZHR 165 (2001), 204ff; *Than,* in: Festschrift für Martin Peltzer, 2001, S. 577ff.

[43] Siehe dazu für die AG: BGH, Urteil vom 8. 11. 1993, MDR 1994, 675; zur Abhaltung der Hauptversammlung im Ausland vgl. für die AG *Bungert*, AG 1995, 26ff; *Biehler*, NJW 2000, 1243ff.

[44] Vgl. dazu OLG Düsseldorf, Urteil vom 9. 12. 1993, WM 1994, 337, 342 = AG 1994, 228, 231; OLG Oldenburg, Urteil vom 17. 3. 1994, DB 1994, 1024.

der nicht veröffentlicht wird, sondern auch der zur Wahl vorgesehenen Aufsichtsratsmitglieder[45]. Offenbare Unrichtigkeiten in der Bekanntmachung können berichtigt werden. Für *Winfried Werner*[46] gehört hierzu „nicht nur die Beseitigung reiner Schreibfehler, sondern auch die Berichtigung gedanklicher Fehler, wenn feststeht, daß ein bestimmter sachlicher Erfolg gewollt war, durch die Ankündigung oder aufgrund eines Denk- oder Rechenfehlers nicht erreicht wurde".

b) Bekanntmachung von Bedingungsangelegenheiten. Umstritten ist, ob auch bei Bedingungsangelegenheiten der Beschlußvorschlag der Verwaltung bekanntzumachen ist[47]. *Ullmann* und *Brenzel* vertreten für den Versicherungsverein mit Mitgliedervertretung die Auffassung, daß ein eingeschriebener Brief an alle Mitgliedervertreter reiche, mit dem der Vorschlag zur Änderung der Bedingungen mitgeteilt werde[48]. Teilweise wird in dieser Weise nicht nur in Bedingungsangelegenheiten verfahren, sondern auch bei anderen Tagesordnungspunkten[49].

Gegen diese Auffassung spricht, daß § 36 Satz 1 VAG uneingeschränkt auf § 124 AktG verweist. Anhaltspunkte für ein Verweisungsversehen des Gesetzgebers sind nicht ersichtlich. Auch werden in der Regel nur über die Bekanntmachung die Mitglieder in die Lage versetzt, eine Entscheidung dazu zu treffen, ob Minderheitsrechte wahrgenommen werden sollen.

Es läßt sich auch nicht geltend machen, daß eine Bekanntmachung des Beschlußvorschlags in Bedingungsangelegenheiten aus Wettbewerbsgründen belastend sei. Meistens werden neue Bedingungswerke oder Änderungen von Bedingungswerken per Aufsichtsratsbeschluß in Kraft gesetzt. Sie sind in der Regel am Markt schon eingeführt und bekannt, wenn sie in der Einberufung erwähnt werden. Ein etwaiger Wettbewerbsvorsprung wird mithin durch eine Veröffentlichung nicht genommen.

c) Verletzung der Einberufungsfrist. Die Nichteinhaltung der Einberufungsfrist für die Versammlung der obersten Vertretung und der in ihr liegende Verstoß gegen § 36 Satz 1 VAG, § 123 Abs. 1 AktG führt mangels fristgemäßer Bekanntmachung der Tagesordnungspunkte zur förmlichen Anfechtbarkeit aller in dieser Versammlung zu fassenden Beschlüsse, § 36 Satz 1 VAG, §§ 124 Abs. 4 Satz 1 AktG, 243 Abs. 1 AktG. Entschließt sich der Vorstand zur Durchführung der nicht fristgemäß einberufenen Versammlung der obersten Vertretung, wird ein Anspruch auf Nichtdurchführung der nicht fristgemäß einberufenen Versammlung oder ein Verbot der Beschlußfassung in dieser Versammlung „als rechtlich nicht begründbar" angesehen[50].

---

[45] Vgl. TO eines großen VVaG, BAnz. Nr. 94 vom 22. 5. 1993, S. 4714: „Die unter Punkt ... vorgeschlagenen Persönlichkeiten werden den Mitgliedervertretern durch besondere Mitteilung bekanntgegeben."

[46] *Winfried Werner,* in: Festschrift für Joachim Fleck, 1988, S. 416.

[47] Dafür *Spinnarke,* 1972, S. 38; *Jörns,* 1974, S. 8.

[48] *Helmut Ullmann,* VW 1969, 165; *Brenzel,* Versicherungsverein, 1975, S. 76.

[49] Vgl. TO eines großen VVaG, BAnz. Nr. 91 vom 15. 5. 1993, S. 4556: „Die Unterlagen zu den Tagesordnungspunkten mit den Vorschlägen von Vorstand und Aufsichtsrat werden fristgerecht den allein teilnahme- und stimmberechtigten Mitgliedervertretern gesondert per Einschreiben zugestellt."

[50] *Künzel,* in: Festschrift für Theodor Heinsius, 1991, S. 426.

3. Oppositionsanträge

Gegenanträge kann jedes Mitglied stellen, wenn oberste Vertretung die Mitgliederversammlung ist. Im Falle der Mitgliedervertreterversammlung sind nur Mitgliedervertreter antragsberechtigt. Wie der Aktionär bei der Aktiengesellschaft, muß das opponierende Mitglied bzw. Mitgliedervertreter seinen Gegenantrag mit Begründung binnen einer Woche nach der Einberufung der obersten Vertretung im Bundesanzeiger übersenden. Nur wenn diese Frist eingehalten wird, ist der Versicherungsverein gemäß § 36 Satz 1 VAG, §§ 125–127 AktG verpflichtet, den Gegenantrag mitzuteilen[51]. Diese Mitteilungspflicht besteht nicht gegenüber allen Mitgliedern, sondern nur gegenüber den Mitgliedern der obersten Vertretung[52]. Bei Versicherungsvereinen mit Mitgliedervertreterversammlung muß infolgedessen die Pflicht zur Erteilung von Sondermitteilungen nur gegenüber den Mitgliedervertretern, nicht aber gegenüber allen Vereinsmitgliedern erfüllt werden[53].

4. Ablauf der Versammlung

Die Satzungen der Versicherungsvereine sehen in der Regel vor, daß der Vorsitzende des Aufsichtsrats je nach Organisationstyp die Mitgliederversammlung bzw. Mitgliedervertreterversammlung leitet. Als Leiter der Mitgliederversammlung bzw. Mitgliedervertreterversammlung hat der Aufsichtsratsvorsitzende die Aufgabe, für die sachgemäße Erledigung der Geschäfte zu sorgen, wozu ihm alle Rechte zustehen, die er für die Herbeiführung eines ordnungsmäßigen Ablaufs der Versammlung braucht[54]. Dazu zählen die Eröffnung und die Schließung der Versammlung, die Entscheidung über Teilnahme- und Stimmberechtigung von Mitgliedern bzw. Mitgliedervertretern, der Aufruf der einzelnen Punkte der Tagesordnung, die Erteilung und der Entzug des Rederechts, die Beschränkung der Redezeit[55], die Bestimmung der Reihenfolge der Abstimmungen und ihrer technischen Durchführung[56]. Über die Versammlung muß ein notariell aufgenommenes Protokoll geführt werden, in dem vor allem Beschlüsse zu beurkunden sind (näher § 130 AktG). Seit dem NaStraG muß nicht mehr ein Teilnehmerverzeichnis in Papierform hergestellt und ausgelegt werden[57]. In die Niederschrift kann jedes Mitglied Einsicht nehmen[58].

---

[51] Dazu für die AG: *Jürgen Lehmann,* in: Festschrift für Karlheinz Quack, 1991, S. 287 ff.

[52] *Goldberg/Müller,* 1980, § 36 VAG Rdn. 6.

[53] *Mohr,* VersR 1965, 922; *Jörns,* 1974, S. 21; zur Auslegung des Jahresabschlusses vgl. für die AG *von Gleichenstein/Stallbaum,* Zum Informationsrecht des Aktionärs nach § 175 Abs. 2 AktG, AG 1970, 217 ff.

[54] Vgl. für die AG: BGHZ 44, 245, 248.

[55] Siehe hierzu LG Stuttgart, Urteil vom 27. 4. 1994, DB 1994, 1076 = ZIP 1994, 950; *Siepelt,* AG 1995, 254, 256 ff; *Grüner,* NZG 2000, 770 ff; *Happ/Freitag,* AG 1998, 493 ff.

[56] Siehe hierzu *Messer,* in: Festschrift für Alfred Kellermann, 1991, S. 299 f; *Ramm,* NJW 1991, 2753 ff; *Quack,* AG 1985, 145; *Trouet,* NJW 1986, 1302; zur Zulässigkeit einer geheimen Abstimmung siehe für die AG *Uwe H. Schneider,* in: Festschrift für Martin Peltzer, 2001, S. 425 ff.

[57] Siehe hierzu *Obermüller,* Einsichtnahme in das Teilnehmerverzeichnis durch Pressevertreter in der Hauptversammlung einer Aktiengesellschaft, NJW 1969, 265.

[58] Vgl. § 9 Abs. 1 HGB; *Zöllner,* in: Kölner Kommentar zum Aktiengesetz, 1985, § 130 Anm. 85; zum Einsichtsrecht des Aktionärs vgl. *Gehrlein,* WM 1994, 2054 ff.

VI. Das Auskunftsrecht der Mitglieder der obersten Vertretung

Den Mitgliedern der obersten Vertretung steht nach § 36 Satz 1 VAG, der auf § 131 AktG verweist, ein allgemeines Auskunftsrecht zu[59]. Ihnen ist auf Verlangen in der Versammlung vom Vorstand Auskunft über Angelegenheiten der Gesellschaft zu geben, soweit diese Auskunft zur sachgemäßen Beurteilung des Gegenstands der Tagesordnung erforderlich ist[60].

Eine Auskunftsverweigerung ist nach § 131 Abs. 3 AktG nur in folgenden, abschließend aufgezählten Fällen zulässig:

1. Soweit die Erteilung der Auskunft nach vernünftiger kaufmännischer Beurteilung geeignet ist, der Gesellschaft oder einem verbundenen Unternehmen einen nicht unerheblichen Nachteil zuzufügen;
2. soweit sie sich auf steuerliche Wertansätze oder die Höhe einzelner Steuern bezieht;
3. über den Unterschied zwischen dem Wert, mit dem Gegenstände in der Jahresbilanz angesetzt worden sind, und einem höheren Wert dieser Gegenstände, es sei denn, daß die oberste Vertretung den Jahresabschluß feststellt;
4. über die Bilanzierungs- und Bewertungsmethoden, soweit die Angabe dieser Methoden im Anhang ausreicht, um ein den tatsächlichen Verhältnissen entsprechendes Bild der Vermögens-, Finanz- und Ertragslage der Gesellschaft im Sinne des § 264 Abs. 2 des Handelsgesetzbuchs zu vermitteln; dies gilt nicht, wenn die oberste Vertretung den Jahresabschluß feststellt;
5. soweit sich der Vorstand durch die Erteilung der Auskunft strafbar machen würde.

Auskunft kann über die Gesamthöhe des Spendenaufkommens der Gesellschaft verlangt werden[61], ferner darüber, welche Unternehmen der Gesellschaft gehören und wie hoch die jeweilige Beteiligung ist[62], begrenzt allerdings auf Beteiligungen, an denen die Gesellschaft mindestens 10% der Stimmrechte hält[63].

---

[59] *Großfeld*, Versicherungsverein, 1985, S. 19; zur Ausübung des Auskunftsrechts durch Stellvertreter bei der AG siehe *Saenger*, NJW 1992, 348ff; zur Hinzuziehung eines Beraters siehe *Sina*, GmbHR 1993, 136ff.

[60] Zum Umfang und zu den Grenzen des Auskunftsrechts vgl. LG Frankfurt, Urteil vom 7. 6. 1993, WM 1994, 68 = AG 1993, 520 = ZIP 1994, 784; *Hefermehl*, in: Festschrift für Konrad Duden, 1977, S. 109ff; *Trouet*, NJW 1986, 1302ff; *Alexander Reuter*, DB 1988, 2615ff; *Wohlleben*, Informationsrechte des Gesellschafters, 1989, S. 149ff; *Burgard*, AG 1992, 41, 45f; *Quack*, in: Festschrift für Karl Beusch, 1993, S. 663ff; *Decher*, ZHR 158 (1994), 773ff; *Spitze/Diekmann*, ZHR 158 (1994), 447ff; *Benner-Heinacher*, DB 1995, 765f; *Kempter*, BB 1996, 419, 420; *Simon*, AG 1996, 540ff; *Groß*, AG 1997, 97ff; *Kallmeyer*, AG 1998, 123, 124; *Peter Joussen*, AG 2000, 241ff; *Uwe H. Schneider*, in: Festschrift für Marcus Lutter, 2000, S. 1193, 1195ff; zum Geschäftswert der Auskunftsklage siehe BayObLG, Beschluß vom 27. 5. 1993, ZIP 1993, 1617; zum erweiterten Auskunftsrecht nach § 131 Abs. 4 AktG siehe *Hoffmann-Becking*, in: Festschrift für Heinz Rowedder, 1994, S. 155ff; rechtsvergleichend *Witt*, AG 2000, 257ff.

[61] Vgl. OLG Frankfurt, Beschluß vom 4. 8. 1993, NJW-RR 1994, 104 = BB 1993, 2181 = DB 1993, 2274 = AG 1994, 39.

[62] Vgl. OLG München, Urteil vom 14. 1. 1994, DB 1994, 369 = BB 1994, 668 = ZIP 1994, 533; *Uwe H. Schneider*, WM 1986, 181, 183; *Burgard*, 1990, S. 77ff; *derselbe*, AG 1992, 41, 46.

[63] LG Berlin, Beschluß vom 22.4. 1993, AG 1994, 40ff; LG Berlin, Beschluß vom 24. 6. 1993, BB 1993, 1827 = WM 1994, 27 = ZIP 1993, 1632; KG, Beschluß vom 26. 8. 1993, NJW-RR 1994, 162 = BB 1993, 2036 = AG 1994, 83 = ZIP 1993, 1618; dazu *Ebenroth/Wilken*, BB 1993, 1818ff; KG, Beschluß vom 30. 6. 1994, WM 1994, 1479; *Großfeld/Möhlenkamp*, ZIP 1994, 1425ff; *Hüffer*, ZIP 1996, 401ff; krit. *Saenger*, DB 1997, 145ff.

Mitzuteilen sind auch die Jahresergebnisse der in den Konzernabschluß einbezogenen Unternehmen[64] und die Höhe der Konzernumlage[65], jedoch nicht konzernfremde Aufsichtsratsmandate einzelner Vorstandsmitglieder[66]. Verweigert werden darf die Auskunft auf die Frage nach dem Marktwert der Grundstücke und Gebäude[67] . Eine Pflicht, erteilte Auskünfte durch die Vorlage von Urkunden zu belegen, besteht nicht[68].

VII. Beschlußfassung durch die oberste Vertretung

1. Beschlußfähigkeit

Teilweise sehen die Satzungen vor, daß die Versammlung ohne Rücksicht auf die Zahl der anwesenden Mitglieder beschlußfähig ist[69]. Mitunter verlangen die Satzungen, daß eine Mindestanzahl von Mitgliedern anwesend sein muß[70]. Besteht keine Regelung, soll es genügen, daß ein zur Teilnahme berechtigtes Mitglied erschienen ist[71].

2. Abstimmung

Beschlüsse der obersten Vertretung werden durch Abstimmung in der Versammlung gefaßt[72]; eine Beschlußfassung im schriftlichem Verfahren ist selbst dann unzulässig, wenn ein Beschluß einstimmig gefaßt wird[73].

Für den Fall, daß oberste Vertretung die Mitgliederversammlung ist, kann gemäß § 36 Satz 3 VAG i.V.m. § 134 Abs. 3 AktG das Stimmrecht durch einen Bevollmächtigten ausgeübt werden. Die Satzung kann aber eine Beschränkung herbeiführen (§ 36 Satz 1 VAG, § 134 Abs. 4 AktG). Für die Vollmacht ist gemäß § 134 Abs. 3 Satz 2 AktG die schriftliche Form erforderlich[74]. Von daher könnte auch eine Bank das Mitglied vertreten. *Brenzel* weist aber zutreffend darauf hin, daß es nicht möglich sein werde, im Versicherungsverein auf Gegenseitigkeit wie in der Aktiengesellschaft eine auf rechtsgeschäftlicher Vollmacht basierende Vertretung durch die Banken zu etablieren, da dadurch den Mitgliedern zusätzliche Kosten entstehen würden[75]. Mangels Verweisung auf § 134 Abs. 3 AktG in § 36

---

[64] Vgl. LG Frankfurt, Urteil vom 15. 2. 1989, AG 1989, 331; OLG Hamburg, Beschluß vom 24. 2. 1994, NJW-RR 1994, 618 = BB 1994, 530 = DB 1994, 569 = WM 1994, 698 = ZIP 1994, 373.

[65] Vgl. LG Frankfurt, Beschluß vom 14. 10. 1993, DB 1993, 2371.

[66] Vgl. LG München I, Beschluß vom 24. 6. 1993, WM 1993, 1634 = AG 1993, 519 = ZIP 1993, 1630.

[67] Vgl. KG, Beschluß vom 30. 6. 1994, WM 1994, 1479, 1487.

[68] Vgl. OLG Frankfurt, Urteil vom 7. 6. 1988, AG 1989, 330; BGH, Urteil vom 5. 4. 1993, WM 1993, 1087, 1096.

[69] Vgl. Einladung zur Mitgliedervertreterversammlung der Neuharlingersieler Versicherungs-Gesellschaft auf Gegenseitigkeit, Bundesanzeiger Nr. 33 vom 18. 2. 1992, S. 1086.

[70] *Brunn,* 1973, Fußnote 459, S. 86.

[71] *Curt Schmidt,* 1922, S. 66 unter Hinweis auf RGZ 34, 116.

[72] Dazu BGH, Urteil vom 25. 1. 1982, BGHZ 83, 35 (zur Stimmenthaltung) ; zum Losentscheid als Entscheidungsmodus siehe *Depenheuer*, JZ 1993, 171 ff.

[73] Vgl. *Kisch,* JRPV 1933, 213, 214; *Julius von Gierke,* Versicherungsverein, 1942, S. 33; *Stuckert,* VW 1949, 421; *Kisch,* Versicherungsverein, 1951, S. 104; a. A. für den kleineren VVaG *Starke,* VersR 1950, 29.

[74] *Wörner,* Versicherungsverein, 1904, S. 126; *Holthöfer,* 1906, S. 48; *Julius von Gierke,* Versicherungsverein, 1942, S. 34.

[75] *Brenzel,* Versicherungsverein, 1975, S. 61.

Satz 1 VAG gibt es eine Vertretung in der Mitgliedervertretung nicht[76]. Der Mitgliedervertreter muß in der Versammlung erscheinen und sein Stimmrecht persönlich ausüben[77].

In den Fällen des § 136 Abs. 1 AktG ist das Mitglied der obersten Vertretung von der Abstimmung ausgeschlossen. Darüber hinaus wird vorgeschlagen, in der Satzung zu bestimmen, daß „ein Mitgliedervertreter, der erkennbar Eigeninteressen vertritt, sich bei Abstimmungen – abgesehen von Wahlen – über die betreffenden Fragen nicht beteiligen darf“[78]. Eine entsprechende Satzungsbestimmung halten *Samwer/Mohr/ Frels/Pophal*[79] für vereinsrechtlich zulässig.

Stimmbindungsverträge, durch die sich ein Mitglied bzw. ein Mitgliedervertreter zur Abstimmung in einem bestimmten Sinne verpflichtet, sind grundsätzlich zulässig und wirksam[80]. Derartige Verträge können praktische Bedeutung bei Stimmbindungen der Mitglieder bzw. der Mitgliedervertreter untereinander erlangen. Sie sind nichtig gemäß §§ 36 VAG, 136 Abs. 2 AktG, wenn sich ein Mitglied bzw. Mitgliedervertreter verpflichtet, nach den Weisungen des Versicherungsvereins auf Gegenseitigkeit, des Vorstands oder des Aufsichtsrats abzustimmen oder in der Versammlung des obersten Organs für die jeweiligen Vorschläge des Vorstands oder des Aufsichtsrats zu stimmen.

Ein Depotstimmrecht ist beim Versicherungsverein auf Gegenseitigkeit gesetzlich nicht vorgesehen. § 36 Satz 1 VAG verweist nicht auf die Bestimmung des § 135 AktG, die das Depotstimmrecht regelt. Damit entfallen beim Versicherungsverein auf Gegenseitigkeit „die mit dem Depotstimmrecht sich stellende Einflußmöglichkeit und Probleme fast ganz“[81].

Kapitel 14
Der Beirat, Treuhänder, Verantwortliche Aktuar, Abschlußprüfer, Ehrenämter

I. Beirat

Viele Satzungen von Versicherungsvereinen auf Gegenseitigkeit sehen vor, daß ein Beirat gebildet wird. Der Beirat ist kein Organ des Versicherungsvereins auf Gegenseitigkeit[1]. Seine Tätigkeit darf nur zu einer Unterstützung, nicht aber zu einer Ausschaltung des Aufsichtsrates führen[2]. An Sitzungen

---

[76] *Großfeld,* Versicherungsverein, 1985, S. 32; a.A. *Kisch,* Versicherungsverein, 1951, S. 107; *Brunn,* 1973, S. 83.

[77] *Wörner,* Versicherungsverein, 1904, S. 125; *Reichert,* 1999, Rdn. 2808, S. 987; vgl. für die eG § 43 Abs. 4 Satz 1 GenG und dazu *Großfeld/Spennemann,* AG 1979, 128, 134; a.A. *Kisch,* JRPV 1933, 213, 215, der eine Bevollmächtigung als zulässig ansieht, wenn es die Satzung gestattet.

[78] *Samwer/Mohr/Frels/Pophal,* in Festschrift für Gehrhardt, 1975, S. 359.

[79] *Samwer/Mohr/Frels/Pophal,* in Festschrift für Gehrhardt, 1975, S. 359.

[80] Vgl. für die AG: *Overrath,* 1973, S. 94; *Karsten Schmidt,* Gesellschaftsrecht, 1991, § 21 II 4, S. 507; *Martens,* AG 1993, 495ff; für den Verein: *Reichert,* 1999, Rdn. 2798, S. 985.

[81] *Großfeld,* Versicherungsverein, 1985, S. 32.

[1] *Rutenfranz,* NJW 1965, 238; *Goldberg/Müller,* 1980, § 29 VAG Rdn. 12; a.A. für die AG: *Emil Frey,* VersArch 1957, 21, 30; a.A. für die GmbH: *Bea/Scheurer,* DB 1996, 1193, 1195.

[2] LG Köln, AG 1976, 329, 330; *Harro Frels,* AG 1958, 79; *Konow,* DB 1966, 332ff; *Lippert,* JuS 1978, 90ff; *Voormann,* 1990, S. 24.

des Aufsichtsrats und des Vorstands dürfen die Beiratsmitglieder nicht teilnehmen[3].

In der Regel bestellt der Aufsichtsrat die Mitglieder des Beirats auf Vorschlag des Vorstands. Mit einem Beirat kann „gesellschaftsexternes Ansehen und gesellschaftsexterner Sachverstand" in das Unternehmen integriert werden[4]. So heißt es denn auch in einer Satzung: „Die Beiratsmitglieder sollen über Erfahrungen im Wirtschaftsleben verfügen oder in besonderem Maße mit den Belangen der privaten Versicherungswirtschaft vertraut sein. Sie sollen die Geschäfte des Unternehmens und seiner Tochtergesellschaften fördern."

Geben Versicherungsvereine auf Gegenseitigkeit Genußscheine aus, wird der Beirat von *Mohr*[5] als „geeignetes Organ zur Information und Wahrnehmung der Interessen von Genußscheininhabern" angesehen, insbesondere soweit Genußscheininhaber nicht Mitglieder des Versicherungsvereins auf Gegenseitigkeit sind. Bei der Bertelsmann AG ist es u. a. Aufgabe des Beirats, Änderungen des Genußrechtsvertrages zu prüfen, abzulehnen oder ihnen zuzustimmen und die vom Wirtschaftsprüfer testierte Gewinnermittlung, die der Ausschüttung an die Genußrechtsinhaber zugrunde liegt, zu prüfen[6].

II. Treuhänder

1. Treuhänder für den Deckungsstock

Große Versicherungsvereine auf Gegenseitigkeit, die die Lebensversicherung oder die Krankenversicherung betreiben, haben zur Überwachung des Deckungsstocks einen Treuhänder und einen Stellvertreter für ihn zu bestellen, vgl. §§ 70, 79 VAG[7]. In der Beurteilung der Rechtsnatur des Treuhänderamts besteht heute Einvernehmen darüber, daß der Treuhänder kein Organ im Sinne des Korporationsrechts ist[8]. Eine Organstellung erlangt der Treuhänder auch dann nicht, wenn das Amt des Treuhänders ausdrücklich in der Satzung geregelt ist. Im übrigen ist die Einordnung des Treuhänders als Rechtsfigur umstritten. Lobscheid[9] meint, daß der Treuhänder zwar „kein öffentliches, notwendig aber ein quasiöffentliches Amt" bekleide. *Zier*[10] sieht den Treuhänder als Geschäftsbesorger im Sinne der §§ 675, 611 BGB an. In jedem Fall ist der Treuhänder eine aufsichtsrechtlich vorgeschriebene Kontrollinstanz mit eingeschränktem Prüfauftrag[11].

---

[3] *Godin-Wilhelmi*, 1971, § 109 AktG Anm. 4; *Hommelhoff/Timm*, AG 1976, 331.

[4] *Dieter Reuter*, in: Festschrift für Ernst Steindorff, 1990, S. 229; vgl. ferner *Uwe H. Schneider*, DB 1973, 953; *derselbe*, BB 1973, 1465; *Rohleder*, 1991, S. 4, 6; *Lüer*, VersR 2000, 407, 410; eingehend unter Auswertung von Satzungen großer VVaG *Hoppmann*, Vorstandskontrolle, 2000, S. 355 ff.

[5] *Mohr*, VW 1990, 1118.

[6] Vgl. *Niewiarra*, BB 1984, 1652.

[7] Siehe hierzu *Erich R. Prölss*, VersR 1956, 669 ff; *Brendle*, VW 1993, 1498.

[8] Vgl. *Arnold*, VerBAV 1954, 171, 173; *derselbe*, VerBAV 1953, 272: „Gehilfe der Aufsichtsbehörde"; *Lobscheid*, 1963, S. 58; *Kaulbach*, in: Fahr/Kaulbach, 1997, § 72 VAG Rdn. 2; a. A. noch *Julius von Gierke*, Versicherungsrecht, 1947, § 15 a III 1 b), S. 26.

[9] *Lobscheid*, 1963, S. 132; für öffentliches Amt: *Kaulbach*, in: Fahr/Kaulbach, 1997, § 70 VAG Rdn. 1.

[10] *Zier*, 1968, S. 193; a. A. *Lobscheid*, VersR 1956, 462, 463.

[11] Mithin kein „legal auditor", dessen Aufgabe, wenn es ihn gäbe, es wäre „die Rechtsgeschäfte und Maßnahmen des Unternehmens darauf zu überprüfen, wie weit sie mit dem Unternehmens-

Zwischen den Versicherungsnehmern bzw. Versicherten und dem Treuhänder bestehen keine Vertragsbeziehungen. Es kommt von daher nur eine Haftung nach den Vorschriften über unerlaubte Handlungen gemäß §§ 823, 826 BGB in Frage. Hierbei haftet der Treuhänder, da die §§ 70 bis 76 VAG als Schutzgesetze anzusehen sind, schon aufgrund von § 823 Abs. 2 BGB[12].

2. Unabhängiger Treuhänder

a) Bestellung. In der Personenversicherung müssen die großen Versicherungsvereine auf Gegenseitigkeit unabhängige Treuhänder bestellen, um Bedingungs- und Prämienänderungen vornehmen zu können. Mangels ausdrücklicher gesetzlicher Regelung ist es zulässig, daß die Bestellung des unabhängigen Treuhänders durch den Vorstand erfolgt[13]. Der unabhängige Treuhänder ist kein Organ des großen Versicherungsvereins auf Gegenseitigkeit[14]. In der nach Art der Lebensversicherung betriebenen Krankenversicherung darf gemäß § 12b Abs. 3 Satz 1 VAG nur zum Treuhänder bestellt werden, wer zuverlässig, fachlich geeignet und von dem Versicherungsunternehmen unabhängig ist, insbesondere keinen Anstellungsvertrag oder sonstigen Dienstvertrag mit dem Versicherungsunternehmen oder einem mit diesem verbundenen Unternehmen abgeschlossen hat[15]. Die fachliche Eignung setzt ausreichende Kenntnisse auf dem Gebiet der Prämienkalkulation in der Krankenversicherung voraus (§ 12b Abs. 3 Satz 2 VAG). Vor der Bestellung ist der in Aussicht genommene Treuhänder der Aufsichtsbehörde zu benennen (§ 12b Abs. 4 Satz 1 VAG). Wenn Tatsachen vorliegen, aus denen sich ergibt, daß der in Aussicht genommene Treuhänder nicht zuverlässig oder fachlich nicht geeignet ist, kann die Aufsichtsbehörde gemäß § 12b Abs. 4 Satz 2 VAG verlangen, daß eine andere Person benannt wird. Erfüllt auch der in Aussicht genommene neue Treuhänder die Bestellungsvoraussetzungen nicht, ist die Aufsichtsbehörde gemäß § 12b Abs. 4 Satz 4 VAG befugt, den Treuhänder selbst zu bestellen. Gemäß § 11b Satz 2 VAG gelten in der Lebensversicherung für den Treuhänder § 12b Abs. 3 und 4 VAG entsprechend.

b) Funktion im Unternehmen. *aa) Aufgaben in der Lebensversicherung.* In der Lebensversicherung hängt es von der Zustimmung des unabhängigen Treuhänders ab, ob aufgrund der Versicherungsbedingungen Versicherungsbeiträge und die Bestimmungen zur Überschußbeteiligung mit Wirkung für bestehende Versicherungsverträge geändert und in Kraft gesetzt werden können (§ 172 Abs. 1 VVG, §§ 11b Satz 1, 11d VAG). Einer Treuhänderzustimmung bedarf

---

zweck übereinstimmen und darüber hinaus mit nationalen und internationalen Standards (zum Beispiel auch mit § 311 AktG) vereinbar sind", vgl. *Wiedemann,* in: Festschrift für Robert Fischer, 1979, S. 902.

[12] So *David,* ZVersWiss 36 (1936), 69; *Lipowsky,* in: Prölss/Schmidt, 1997, § 71 VAG Rdn. 10, bezeichnet die §§ 72, 73 VAG ausdrücklich als Schutzgesetze im Sinne von § 823 Abs. 2 BGB.

[13] Vgl. *Präve,* VersR 1995, 733, 739; *Kaulbach,* in: Fahr/Kaulbach, 1997, § 12b VAG Rdn. 22. Mit Blick auf die Funktion des unabhängigen Treuhänders sollte die Bestellung des sog. Bedingungs- und Prämienänderungstreuhänders die oberste Vertretung vornehmen, um die Unabhängigkeit des unabhängigen Treuhänders vom Vorstand zu unterstreichen, vgl. *Renger,* VersR 1994, 1257, 1259; *Präve,* VersR 1995, 733, 739.

[14] Ebenso *Reimer Schmidt,* in: Prölss/Schmidt, 1997, § 11b VAG Rdn. 1; *Hoppmann,* Vorstandskontrolle, 2000, S. 366.

[15] Eingehend hierzu *Renger,* VersR 1994, 1257, 1259; *Präve,* VersR 1995, 733, 738.

auch die Anpassung von AVB, wenn diese aufgrund einer unwirksamen Klausel ergänzt werden müssen (§ 172 Abs. 2 VVG). Für Lebensversicherungsverträge, die bis zum 31. 12. 1994 unter Verwendung genehmigter AVB abgeschlossen worden sind, bleibt es bei dem Erfordernis der Genehmigung von AVB-Änderungen durch die Aufsichtsbehörde[16].

bb) Aufgaben in der Krankenversicherung. In der nach Art der Lebensversicherung betriebenen Krankenversicherung ist der unabhängige Treuhänder bei Vorliegen der entsprechenden Voraussetzungen zur Mitwirkung bei Prämienänderungen und Änderungen von Versicherungsbedingungen bestellt. Seine Zustimmung ist Wirksamkeitsvoraussetzung für die vom Versicherer beabsichtigten Änderungen und ersetzt die nach allgemeinem Vertragsrecht notwendige Zustimmung der Versicherungsnehmer als Vertragspartner[17]. Gemäß § 178g Abs. 2 VVG i.V.m. § 12b Abs. 1 und 2 VAG muß der unabhängige Treuhänder die Berechnungsgrundlagen überprüfen und hängt von seiner Zustimmung die Prämienanpassung ab, wenn der Krankenversicherer bei einer als nicht nur vorübergehend anzusehenden Veränderung des tatsächlichen Schadenbedarfs gegenüber der technischen Berechnungsgrundlage und der daraus errechneten Prämie die Prämie entsprechend den berichtigten Berechnungsgrundlagen auch für bestehende Versicherungsverhältnisse neu festsetzen will[18]. Zur Prüfung der Angemessenheit der Prämienanpassung ist der unabhängige Treuhänder nicht berechtigt, da ihm eine entsprechende Befugnis gesetzlich nicht ausdrücklich eingeräumt ist[19]. Zur Erlangung der Zustimmungsentscheidung des unabhängigen Treuhänders muß der Krankenversicherer ihm vermitteln, daß die Prämienanpassung in der vorgesehenen Höhe erforderlich ist, um die kalkulierte Prämie zum Zwecke der dauernden Erfüllbarkeit der Versicherungsleistung dem tatsächlichen Schadenbedarf anzupassen[20]. Ist die Erforderlichkeit der Prämienanpassung vom Versicherer dargetan, so ergibt sich hieraus zugleich die Angemessenheit der Prämienanpassung[21]. Ferner muß der unabhängige Treuhänder gemäß § 178g Abs. 3 VVG die Voraussetzungen für die Änderungen von Versicherungsbedingungen und Tarifbestimmungen überprüfen und ist es seiner Entscheidung überlassen, die Angemessenheit der Änderungen zu bestätigen, wenn der Krankenversicherer bei einer nicht nur als vorübergehend anzusehenden Veränderung der Verhältnisse des Gesundheitswesens die Versicherungsbedingungen und die Tarifbestimmungen den veränderten Verhältnissen zur hinreichenden Wahrung der Belange der Versicherten anpassen und die Änderungen in Kraft setzen will. Entsprechendes gilt gemäß § 178g Abs. 3 Satz 2 VVG, wenn zur Fortführung des Versicherungsvertrages Ergänzungen notwendig sind, weil in den Versicherungsbedingungen eine Bestimmung unwirksam ist. Auch in diesem Fall muß der unabhängige Treuhänder zustimmen, wenn der Versicherer eine rechtswirksame Vertragänderung erreichen will.

---

[16] Vgl. *Präve*, VersR 1995, 733, 737.

[17] Vgl. *Renger*, VersR 1994, 1257, 1258; *Präve*, VersR 1995, 733, 737; *Wedler*, VW 1997, 447, 448.

[18] Siehe hierzu *Gerwins*, NVersZ 1999, 53, 54ff.

[19] Vgl. *Drews*, VersR 1996, 422ff; *Schramm*, VersR 1996, 424f; *Wedler*, VW 1997, 447, 449f; a.A. *Küntzel*, VersR 1996, 148, 149ff.

[20] Vgl. *Renger*, VersR 1994, 1257, 1259; *Präve*, VersR 1995, 733, 737; *Wedler*, VW 1997, 447, 450.

[21] Vgl. *Renger*, VersR 1994, 1257, 1259; *Wedler*, VW 1997, 447, 450.

III. Verantwortliche Aktuar

1. Bestellung

Große Versicherungsvereine auf Gegenseitigkeit, die bestimmte Sparten betreiben, haben seit dem Dritten Durchführungsgesetz/EWG zum VAG einen Verantwortlichen Aktuar zu bestellen[22], der u. a. unter der Bilanz zu bestätigen hat, daß die Deckungsrückstellung nach den gesetzlichen Vorschriften gebildet ist[23]. Mangels ausdrücklicher gesetzlicher Regelung war es zulässig, daß die Bestellung des Verantwortlichen Aktuars durch den Vorstand erfolgt[24]. Bei der Schaffung der Position des Verantwortlichen Aktuars hat sich der Gesetzgeber am britischen Vorbild des Appointed Actuary orientiert[25]. Nach deutschem Rechtsverständnis ist der Verantwortliche Aktuar kein Organ des großen Versicherungsvereins auf Gegenseitigkeit[26]. Der Verantwortliche Aktuar hat gegenüber dem bisherigen Mathematischen Sachverständigen eine deutlich erweiterte Aufgabenstellung mit einem höheren Maß an Verantwortung und trägt „unverkennbar Züge eines „Vorpostens" der Aufsicht"[27]. Dies kommt auch in der Strafandrohung des § 139 Abs. 1 VAG zum Ausdruck, der zufolge die falsche Abgabe einer versicherungsmathematischen Bestätigung durch den Verantwortlichen Aktuar strafbewehrt ist[28]. Der Gesetzgeber verlangt deshalb, daß der Verantwortliche Aktuar zuverlässig und fachlich geeignet sein muß, um seine Aufgabe wahrnehmen zu können (vgl. näher § 11 a Abs. 1 Satz 2 bis 4 VAG). Vor der Bestellung ist der Verantwortliche Aktuar der Aufsichtsbehörde zu benennen (§ 11 a Abs. 2 Satz 1 VAG). Im Rahmen des Bestellungsverfahrens wird die Aufsichtsbehörde nicht einwenden, daß ein Vorstandsmitglied nicht zum Verant-

---

[22] Siehe dazu *Janotta-Simons*, ZfV 1992, 598 ff; *derselbe*, ZfV 1993, 2 ff, 30, 34; *Heilmann*, VW 1993, 244; *Bode*, BetrAV 1993, 269 ff; *Albrecht*, VW 1997, 669 ff; *Präve*, ZfV 1997, 5, 6 f; *Radtke*, VW 1999, 221 ff; zum Vertrauensmann bei den Bausparkassen siehe *Lehmann-Schäfer-Cirpka*, 1992, § 12 BspKG Anm. 1 ff.

[23] Vgl. für die Lebensversicherungsunternehmen §§ 11 a Abs. 1 Satz 1, 11 a Abs. 3 Nr. 2 VAG; siehe für die Unfallversicherungsunternehmen, die Versicherungen mit Rückgewähr der Prämie übernehmen, § 11 d VAG, der auf die §§ 11 bis 11 c VAG verweist; vgl. für die Berechnung der Deckungsrückstellung von Renten in der Allgemeinen Haftpflichtversicherung, der Kraftfahrzeug-Haftpflichtversicherung, der Kraftfahrt-Unfallversicherung sowie der Allgemeinen Unfallversicherung ohne Rückgewähr der Prämie § 11 e VAG, wonach § 11 a VAG entsprechend gilt; vgl. für die substitutive Krankenversicherung § 12 Abs. 2 und 3 VAG. Die Abgabe einer falschen versicherungsmathematischen Bestätigung ist nach Maßgabe von § 139 Abs. 1 VAG unter Strafandrohung gestellt.

[24] Vgl. *Bode*, BetrAV 1995, 20, 21; *Präve*, VersR 1995, 733, 736; *Kaulbach*, in: Fahr/Kaulbach, 1997, § 11 a VAG Rdn. 3; *Hoppmann*, Vorstandskontrolle, 2000, S. 364. Mit Blick auf die Aufgabenstellung des Verantwortlichen Aktuars sollte allerdings die Bestellung durch den Aufsichtsrat erfolgen, vgl. *Präve*, VersR 1995, 733, 736; *Hoppmann*, Vorstandskontrolle, 2000, S. 365. Einzelheiten sollte die Satzung regeln, vgl. *Bode*, BetrAV 1995, 20, 21; *Rappich*, VersR 1996, 414, 415. Im Zuge der VAG-Novelle 2000 hat der Gesetzgeber die Bestellung und Entlassung des Verantwortlichen Aktuars an die Zustimmung des Aufsichtsrats geknüpft (vgl. § 11 a Abs. 2 a VAG).

[25] Vgl. *Präve*, VW 1994, 800, 804; *derselbe*, ZfV 1994, 199, 201; *Bode*, BetrAV 1995, 20; *Rappich*, VersR 1996, 413, 414; eingehend *Schroer*, 2000, S. 23, 43 ff; *Balleer*, in: Festschrift 100 Jahre materielle Versicherungsaufsicht in Deutschland, 2001, S. 941, 953.

[26] Ebenso *Hoppmann*, Vorstandskontrolle, 2000, S. 364.

[27] *Präve*, VW 1994, 800, 804; *derselbe*, ZfV 1994, 199, 201; *Farny*, Versicherungsbetriebslehre, 2000, S. 117; *Hoppmann*, Vorstandskontrolle, 2000, S. 364.

[28] Vgl. *Präve*, VW 1994, 800, 804.

wortlichen Aktuar bestellt werden könne[29]. Zwar wird die Auffassung vertreten, daß das VAG erkennbar davon ausgehe, daß der Aktuar nicht Vorstandsmitglied sei[30]. Die Funktion des Verantwortlichen Aktuars solle nicht durch ein Vorstandsmitglied ausgeübt werden[31]. Auch wird das Vorstandsamt als unvereinbar mit der Tätigkeit eines Verantwortlichen Aktuars angesehen[32]. Mangels einer ausdrücklichen gesetzlichen Regelung ist aber die Handhabung in der Praxis der Unternehmen als zulässig anzusehen, wonach ein Mitglied des Vorstands, das die Bestellungsvoraussetzungen erfüllt, zum Verantwortlichen Aktuar bestellt werden kann[33]. Wenn Tatsachen vorliegen, aus denen sich ergibt, daß der in Aussicht genommene Verantwortliche Aktuar nicht zuverlässig oder fachlich geeignet ist, kann die Aufsichtsbehörde gemäß § 11a Abs. 2 Satz 2 VAG verlangen, daß eine andere Person benannt wird. Erfüllt auch der in Aussicht genommene neue Verantwortliche Aktuar die Bestellungsvoraussetzungen nicht, ist die Aufsichtsbehörde gemäß § 11a Abs. 2 Satz 4 VAG befugt, den Verantwortlichen Aktuar selbst zu bestellen. Mit Blick auf die speziellen Anforderungen an den Verantwortlichen Aktuar ist die Schaffung eines besonderen Berufsrechts und die Errichtung entsprechender Institutionen zur Qualitätssicherung zu erwarten. Die künftige Ausrichtung am Berufsrecht der Wirtschaftsprüfer und deren Institutionen, wie z.B. der Wirtschaftsprüferkammer und dem Institut der Wirtschaftsprüfer[34], ist damit vorgezeichnet[35].

2. Funktion im Unternehmen

a) Aufgaben in der Lebensversicherung. In der Lebensversicherung hat der Verantwortliche Aktuar gemäß § 11a Abs. 3 Nr. 1 Satz 1 VAG sicherzustellen, daß bei der Berechnung der Prämien und der Deckungsrückstellungen die Grundsätze des § 11 VAG und der aufgrund des § 65 Abs. 1 VAG erlassenen Rechtsverordnungen[36] sowie die in § 341f HGB formulierten Grundsätze eingehalten werden. Des weiteren hat der Verantwortliche Aktuar gemäß § 11a Abs. 3 Nr. 1 Satz 2 VAG die Finanzlage des Versicherungsunternehmens im Hinblick auf die dauernde Erfüllbarkeit der Verpflichtungen und auf hinreichende Eigenmittel in Höhe der Solvabilitätsspanne zu überprüfen. Gemäß § 11a Abs. 3 Nr. 2 Satz 1 VAG hat der Verantwortliche Aktuar unter der Bilanz nach Maßgabe von § 1 AktuarV[37] zu bestätigen, daß bei der Berechnung der Dekkungsrückstellungen die Vorschriften des § 341f HGB eingehalten und die nach

---

[29] Vgl. *Bode*, BetrAV 1995, 20, 21.

[30] Vgl. *Präve*, VW 1994, 800, 804; *derselbe*, VersR 1995, 733, 735.

[31] Vgl. *Rappich*, VersR 1996, 414, 415.

[32] Vgl. *Kaulbach*, in: Fahr/Kaulbach, 1997, § 11a VAG Rdn. 3.

[33] Vgl. *Farny*, Versicherungsbetriebslehre, 2000, S. 117; *Hoppmann*, Vorstandskontrolle, 2000, S. 365.

[34] Siehe dazu *Biener*, in: Festschrift für Reinhard Goerdeler, 1987, S. 45ff.

[35] Seit 1993 besteht als Berufsverband der Aktuare die Deutsche Aktuarvereinigung e.V. (DAV), vgl. *Schroer*, 2000, S. 37.

[36] Verordnung über Rechnungsgrundlagen für die Deckungsrückstellungen (Deckungsrückstellungsverordnung – DeckRV) vom 6. 5. 1996, BGBl I 1996, 670 = VerBAV 1996, 139.

[37] Verordnung über die versicherungsmathematische Bestätigung und den Erläuterungsbericht des Verantwortlichen Aktuars (AktuarV) vom 6. 11. 1996, BGBl I 1996, 1681 = VerBAV 1996, 296.

§ 65 Abs. 1 VAG erlassenen Rechtsverordnungen beachtet wurden. In einem Erläuterungsbericht hat der Verantwortliche Aktuar dem Vorstand die Kalkulationsansätze und sonstigen Annahmen darzulegen, die seiner versicherungsmathematischen Bestätigung zugrunde liegen (§ 11a Abs. 3 Nr. 2 Satz 2 VAG). Wenn der Verantwortliche Aktuar diese Bestätigung unter der Bilanz voraussichtlich nicht oder nur mit Einschränkungen abgeben kann und der Vorstand der dafür ursächlichen Beanstandung nicht unverzüglich abhilft, hat der Verantwortliche Aktuar die Aufsichtsbehörde entsprechend zu unterrichten (§ 11a Abs. 3 Nr. 3 VAG). Für Versicherungsverträge mit Anspruch auf Überschußbeteiligung hat der Verantwortliche Aktuar dem Vorstand Vorschläge für eine angemessene Beteiligung der Versicherungsnehmer am Überschuß zu unterbreiten (§ 11a Abs. 3 Nr. 4 VAG).

b) Aufgaben in der Krankenversicherung. In der substitutiven Krankenversicherung hat der Verantwortliche Aktuar gemäß § 12 Abs. 3 Nr. 1 VAG sicherzustellen, daß bei der Berechnung der Prämien und der mathematischen Rückstellungen, namentlich der Alterungsrückstellung, die versicherungsmathematischen Methoden eingehalten und dabei die Regelungen der nach § 12c VAG erlassenen Rechtsverordnung[38] beachtet werden. Dabei muß der Verantwortliche Aktuar gemäß § 12 Abs. 3 Nr. 1 VAG die Finanzlage des Unternehmens insbesondere daraufhin überprüfen, ob die dauernde Erfüllbarkeit der sich aus den Versicherungsverträgen ergebenden Verpflichtungen jederzeit gewährleistet ist und das Unternehmen über ausreichende Mittel in Höhe der Solvabilitätsspanne verfügt. Ferner hat der Verantwortliche Aktuar gemäß § 12 Abs. 3 Nr. 2 VAG unter der Bilanz zu bestätigen, daß die Alterungsrückstellung nach § 12 Abs. 3 Nr. 1 VAG berechnet ist (versicherungsmathematische Bestätigung).

3. Haftung

Ein Versicherungsnehmer/Mitglied kann den Verantwortlichen Aktuar gemäß § 823 Abs. 2 BGB i.V.m. § 139 Abs. 1 VAG auf Ersatz von Vermögensschäden in Anspruch nehmen, die auf eine vorsätzlich falsche versicherungsmathematische Bestätigung des Verantwortlichen Aktuars zurückzuführen sind, da § 139 Abs. 1 VAG als Schutzgesetz im Sinne von § 823 Abs. 2 BGB anzusehen ist[39]. Zweifelhaft ist, ob bereits die Abgabe einer falschen versicherungsmathematischen Bestätigung zur Dritthaftung des Verantwortlichen Aktuars gegenüber einem Versicherungsnehmer/Mitglied führt. Bei Pflichtprüfungen wird eine Dritthaftung der Wirtschaftsprüfer trotz Bestätigungsvermerks und Siegels verneint[40]. Von daher scheidet auch eine Dritthaftung des Verantwortlichen Aktuars aus[41].

[38] Verordnung zur Ermittlung und Verteilung von Überzins und Überschuß in der Krankenversicherung (Überschußverordnung – ÜbschV) vom 8. 11. 1996, BGBl I 1996, 1687 = VerBAV 1996, 298. Siehe ferner die Verordnung über die versicherungsmathematischen Methoden zur Prämienkalkulation und zur Berechnung der Alterungsrückstellung in der privaten Krankenversicherung (Kalkulationsverordnung – KalV) vom 18. 11. 1996, BGBl I 1996, 1783 = VerBAV 1997, 19.

[39] Ebenso *Schroer*, 2000, S. 263.

[40] Vgl. *Wiegand*, 1991, S. 275; *Feik*, WPg 1981, 558; *Moxter*, WPg 1981, 583; *Hopt*, WPg 1986, 461; *Ebke/Fechtrup*, JZ 1986, 1112; *Schmitz*, DB 1989, 1909.

[41] Ebenso *Schroer*, 2000, S. 242ff; a.A. *Rappich*, VersR 1996, 413, 418f, der eine Haftung aus Vertrag mit Schutzwirkung zu Gunsten Dritter bejaht.

IV. Abschlußprüfer

Der Abschlußprüfer ist kein Organ im Sinne des Korporationsrechts[42]. *Julius von Gierke*[43] sah allerdings den Abschlußprüfer noch als ein „eigentümliches Zwangsorgan“ des Versicherungsvereins an, weshalb der Verein für den Abschlußprüfer nach § 31 BGB hafte.

Der Abschlußprüfer wird vom Aufsichtsrat bestimmt, und zwar vor Ablauf eines jeden Geschäftsjahres (vgl. §§ 341 k Abs. 2 Satz 1, 318 Abs. 1 Satz 3 HGB).

Die Bestimmung des Abschlußprüfers ist vom Vorstand der Aufsichtsbehörde anzuzeigen. Hat diese Bedenken, so kann sie die Bestimmung eines anderen, ihr genehmen Prüfers verlangen[44]. Kommt der Aufsichtsrat dem nicht nach, so kann die Aufsichtsbehörde selbst einen Prüfer bestimmen (§ 58 Abs. 2 VAG).

V. Ehrenämter

1. Ehrenvorsitzender

Die Verleihung des Titels eines „Ehrenvorsitzenden des Aufsichtsrats“ oder – in der Versicherungswirtschaft schon seltener – eines „Ehrenvorsitzenden der Gesellschaft“, zuerkannt auf Lebenszeit, ist in den Satzungen der Versicherungsvereine auf Gegenseitigkeit in der Regel nicht angesprochen. In der Satzung kann aber geregelt werden, welches Organ der Gesellschaft die Befugnis hat, Ehrentitel dieser Art zu vergeben[45] und einen angemessenen Ehrensold zu bewilligen. Auch die Höhe des Ehrensoldes kann bereits in der Satzung festgelegt werden[46]. Unbedenklich ist die Angabe des Ehrenvorsitzenden auf den Geschäftsbriefen der Gesellschaft[47].

2. Ernennungskompetenz

Legt die Satzung des Versicherungsvereins die Ernennungskompetenz nicht fest, kann sie nicht der Aufsichtsrat für sich beanspruchen[48]. Denn Art und Umfang seiner organisationsrechtlichen Aufgaben ist gesetzlich festgelegt. Der Aufsichtsrat kann diesen Aufgabenkatalog nicht kraft eigener Organisationsmacht erweitern. Der Vorstand kann Ehrenvorsitzende oder Ehrenmitglieder nur vor-

---

[42] *Lobscheid*, 1963, Fußnote 32, S. 58; a. A. *Julius von Gierke*, Versicherungsrecht, 1947, § 15 a III 1 b, S. 26.

[43] *Julius von Gierke*, Versicherungsverein, 1942, S. 39.

[44] Vgl. § 58 Abs. 2 Satz 2 VAG.

[45] Vgl. für die AG: *Lutter*, ZIP 1984, 648; *Lutter/Krieger*, 1993, § 6 Rdn. 227, S. 177.

[46] Siehe für die AG: *Hennerkes/Schiffer*, DB 1992, 877.

[47] Vgl. für die AG: *Obermüller/Werner/Winden*, DB 1964, 1327; mit Einschränkungen *Lutter*, ZIP 1984, 647.

[48] Wie hier für die AG: *Lutter*, ZIP 1984, 649; *Hennerkes/Schiffer*, DB 1992, 875; *Semler*, in: Arbeitshandbuch für Aufsichtsratsmitglieder, 1999, F 173, S. 285; a. A. für die Ernennung durch den Aufsichtsrat oder die Hauptversammlung: *Janberg/Oesterlink*, AG 1960, 242; *Obermüller/Werner/Winden*, DB 1964, 1327; *Hoffmann-Becking*, in: Münchener Hdb. AG, 1999, § 31 Rdn. 21; *Hoffmann/Preu*, 1999, Rdn. 714, S. 174; *Siebel*, in: Arbeitshandbuch für Aufsichtsratsmitglieder, 1999, D 52, S. 140 f; a. A. für die Ernennung durch den Aufsichtsrat: *Meyer-Landrut*, Großkomm. AktG, 1970 ff, § 107 AktG Anm. 8; *Geßler/Hefermehl/Eckardt/Kropff*, Komm. AktG, 1973 ff, § 107 AktG Rdn. 25; von *Braunbehrens*, BB 1981, 2100; *Jüngst*, BB 1984, 1584; *Siebel*, in: Festschrift für Martin Peltzer, 2001, S. 519, 528.

schlagen oder zu Vorschlägen aus anderen Gremien Stellung beziehen. Ernennungen kann er indes nicht vornehmen[49].

Die Verleihung des Ehrentitels ist vielmehr allein Sache des obersten Organs, also je nach Vereinstyp der Mitgliederversammlung oder der Mitgliedervertreterversammlung[50]. Dies gilt auch für die Bewilligung eines angemessenen Ehrensolds. Denn Maßnahmen, die nicht in die Kompetenz des Vorstands oder des Aufsichtsrats fallen, sind vom obersten Organ aufgrund seiner organisationsrechtlichen Stellung als Grundorgan, dem die sog. Lückenkompetenz zusteht, zu beschließen[51].

Auch wenn Aufsichtsrat und Vorstand Ehrentitel nicht verleihen können, so ist doch ihre Mitwirkung an der Maßnahme gesichert, soweit sie nicht ohnehin auf ihrer Initiative beruht. Denn eine Beschlußfassung durch das oberste Organ muß im Aufsichtsrat und im Vorstand anläßlich der Verabschiedung der Tagesordnung der Mitgliederversammlung bzw. Mitgliedervertreterversammlung vorberaten werden und beide Organe müssen sich zu Vorschlägen erklären.

3. Rechte und Pflichten des Ehrenvorsitzenden

Mit der Verleihung des Ehrentitels sind grundsätzlich Rechte und Pflichten nicht verbunden. Unberührt hiervon sind Rechte aufgrund der Bewilligung eines Ehrensoldes, der deutlich unter der Vergütung der Aufsichtsratsmitglieder liegen sollte[52].

Ein Rechtsanspruch auf Teilnahme an den Aufsichtsratssitzungen und auf Überlassung der Sitzungsunterlagen und Protokolle sowie auf Information über den Verlauf von Aufsichtsratssitzungen oder über die laufende Tätigkeit des Aufsichtsrats besteht nicht[53].

Der Aufsichtsrat kann aber seinen Ehrenvorsitzenden oder sein Ehrenmitglied oder den Ehrenvorsitzenden der Gesellschaft innerhalb der Grenzen an den Sitzungen und der laufenden Arbeit des Aufsichtsrats beteiligen, die bei Hinzuziehung sonstiger Dritter vom Aufsichtsrat gemäß § 109 Abs. 1 AktG zu beachten sind[54]. Dem Aufsichtsrat ist es danach allerdings verwehrt, diese Persönlichkeiten ständig an seinen Sitzungen teilnehmen zu lassen[55]. Auch gilt gegenüber solchen Personen die allgemeine aktienrechtliche Verschwiegenheitspflicht nach § 93

---

[49] Vgl. für die AG: *Lutter,* ZIP 1984, 649; *Lutter/Krieger,* 1993, § 6 Rdn. 227, S. 177.

[50] Vgl. für die Hauptversammlung der AG: *Hennerkes/Schiffer,* DB 1992, 875; *Lutter/Krieger,* 1993, § 6 Rdn. 227, S. 177; a. A. *Jüngst,* BB 1984, 1584: Alleinige Zuständigkeit des Aufsichtsrats.

[51] Siehe für die Hauptversammlung der AG: *Lutter,* ZIP 1984, 649; *Hennerkes/Schiffer,* DB 1992, 875; für den Verein: *Palandt/Heinrichs,* 2002, § 32 BGB Anm. 1.

[52] Vgl. für die AG: *Lutter,* ZIP 1984, 653; *Lutter,* in: Kölner Kommentar, § 58 AktG Rdn. 74ff.

[53] Vgl. für die AG: *Lutter,* ZIP 1984, 651 ff.

[54] *Geßler/Hefermehl/Eckardt/Kropff,* Komm. AktG, 1973ff, § 107 AktG Rdn. 25; *Lutter,* ZIP 1984, 651f; *Mertens,* in: Kölner Kommentar, 1986ff, § 107 AktG Rdn. 53; *Hoffmann-Becking,* in: Münchener Hdb. AG, 1999, § 31 Rdn. 21; *Hennerkes/Schiffer,* DB 1992, 876; *Lutter/Krieger,* 1993, § 6 Rdn. 227, S. 177f; *Kindl,* 1993, S. 46.

[55] *Janberg/Oesterlink,* AG 1960, 242; *Geßler/Hefermehl/Eckardt/Kropff,* Komm. AktG, 1973ff, § 109 AktG Rdn. 17; *von Braunbehrens,* BB 1981, 2100; *Lutter,* ZIP 1984, 652; *Mertens,* in: Kölner Kommentar, 1986ff, § 109 Rdn. 15f; *Hoffmann-Becking,* in: Münchener Hdb. AG, 1999, § 31 Rdn. 21; *Hennerkes/Schiffer,* DB 1992, 876; *Lutter/Krieger,* 1993, § 6 Rdn. 237, S. 183; *Kindl,* 1993, S. 46; a. A. *Jüngst,* BB 1984, 1584f.

Abs. 1 Satz 2 AktG im vollen Umfang[56], so daß sich die Erteilung von Auskünften auf die Informationen reduzieren wird, die der Öffentlichkeit ohnehin alsbald bekannt gegeben werden sollen.

Kapitel 15
Verhältnis von Entscheidung, Information und Kontrolle

I. Gewaltenteilung im Versicherungsverein auf Gegenseitigkeit

Das in den Kapiteln 10 bis 14 dargelegte Organisationsrecht des Versicherungsvereins auf Gegenseitigkeit läßt erkennen, daß der Gesetzgeber auch beim Versicherungsverein auf Gegenseitigkeit den Gedanken der Gewaltenteilung verwirklicht wissen will[1].

Den Gesellschaftsorganen Vorstand, Aufsichtsrat und oberster Vertretung sind deshalb voneinander getrennte Zuständigkeiten eingeräumt. Die Organe haben jedoch in zahlreichen Unternehmensangelegenheiten vertrauensvoll zusammenzuarbeiten, die für das Unternehmen von herausgehobener Bedeutung sind. Zur Ermöglichung dieser Zusammenarbeit und zur Herbeiführung angemessener Entscheidungen sieht das Gesetz die Erfüllung bestimmter Informationspflichten zwischen den Organen vor und weist Kontrollfunktionen zu.

II. Vorstand und oberste Vertretung

1. Abgrenzung der Kompetenzen

Durch die Verweisung auf § 76 Abs. 1 AktG in § 34 Satz 1 VAG ist für den Versicherungsverein auf Gegenseitigkeit verbindlich festgelegt, daß der Vorstand des Versicherungsvereins auf Gegenseitigkeit die in § 76 Abs. 1 AktG bestimmten Kompetenzen hat. Die Kompetenzen der obersten Vertretung sind durch Verweisung auf § 119 Abs. 1 Nr. 1–3, 5, 7 und 8 Abs. 2 AktG in § 36 Abs. 1 Satz 1 VAG geregelt. Die oberste Vertretung hat keine Kompetenz-Kompetenz[2]. Sie ist den anderen Organen nicht übergeordnet oder weisungsberechtigt[3].

Prölss/Schmidt/Frey drücken dies zutreffend wie folgt aus[4]:

> „Oberstes Organ ist die Mitgliederversammlung (Vertreterversammlung) nicht etwa in dem Sinne, daß sie dem Vorstand oder Aufsichtsrat übergeordnet wäre; auch für den (großen) VVaG bleibt es bei der strengen Teilung der Funktionen zwischen Vorstand, Aufsichtsrat und Versammlung des obersten Organs, das vom AktG für die AG (Vorstand, Aufsichtsrat, Hauptversammlung) eingeführt worden ist. Es kann also nicht etwa Angelegenheiten der Geschäftsführung an sich ziehen (vgl. § 119 II AktG). Nur insofern kann die Mitgliederversammlung (Vertreterversammlung) als oberstes Organ bezeichnet werden, als sie den Aufsichtsrat wählt, der seinerseits den Vorstand bestellt."

---

[56] *Lutter,* ZIP 1984, 652 f; *Hoffmann-Becking,* in: Münchener Hdb. AG, 1999, § 31 Rdn. 21; *Hennerkes/Schiffer,* DB 1992, 876; *Lutter/Krieger,* 1993, § 6 Rdn. 227, S. 178; a. A. *Jüngst,* BB 1984, 1585.

[1] Vgl. für die AG: *Wiedemann,* ZGR 1975, 417: „Verteilung der Macht zwischen den oberen Unternehmensorganen"; *Otto,* AG 1991, 369, 373; *v.Randow,* ZIP 1998, 1564, 1566.

[2] *Harro Frels,* VersR 1958, 430; *Brenzel,* Versicherungsverein, 1975, S. 36; *Großfeld,* Versicherungsverein, 1985, S. 72; *Raiser,* ZVersWiss 54 (1965), 472.

[3] *Großfeld,* Versicherungsverein, 1985, S. 72.

[4] *Prölss/Schmidt/Frey,* 1989, § 29 VAG Anm. 1.

Die Abgrenzung zwischen den Kompetenzen des Vorstands und der obersten Vertretung ist zwingend und nicht durch die Satzung abänderbar. § 17 Abs. 1 VAG läßt für abweichende Satzungsbestimmungen keinen Raum, wenn der Gesetzgeber – wie geschehen – die Kompetenzen verbindlich durch Verweisung auf die Kompetenzordnung der Aktiengesellschaft festgelegt hat. Der Gesetzgeber hat in § 17 Abs. 1 VAG die Satzungsautonomie beschränkt und vorgesehen, daß die Verfassung eines Versicherungsvereins auf Gegenseitigkeit nur insoweit durch die Satzung bestimmt wird, „soweit sie nicht auf den folgenden Vorschriften beruht". Durch die gesetzlichen Regelungen in den §§ 34, 36 VAG ist vorgezeichnet, daß die in der Satzung niedergelegte Kompetenzordnung auf diesen gesetzlichen Vorschriften „zu beruhen" hat. Überschreiten die Vorstandsmitglieder ihre Kompetenzen, begehen sie eine gegenüber der Gesellschaft gemäß § 93 Abs. 2 AktG zum Schadensersatz verpflichtende Pflichtverletzung[5].

2. Geschäftsführungsautonomie des Vorstands

§ 76 Abs. 1 AktG ist vom Gedanken der Geschäftsführungsautonomie des Vorstands bestimmt[6], der aufgrund der Verweisung in § 34 Satz 1 VAG auch für den Versicherungsverein auf Gegenseitigkeit gilt. Die Satzung kann infolgedessen Geschäftsführungsmaßnahmen nicht von der Zustimmung der obersten Vertretung abhängig machen. § 119 Abs. 2 AktG, auf den § 36 Satz 1 VAG verweist, gibt der obersten Vertretung keine Möglichkeit, von sich aus in Fragen der Geschäftsführung initiativ zu werden. Die Geschäftsführung des Vorstands kann nicht zum Gegenstand unverbindlicher Entschließungen gemacht werden[7]. Die oberste Vertretung kann über Fragen der Geschäftsführung nur entscheiden, „wenn der Vorstand es verlangt" (§ 119 Abs. 2 AktG).

3. Regelungen über das Unternehmensziel und den Unternehmensgegenstand

Die Geschäftsführung des Vorstands kann die oberste Vertretung allerdings durch Satzungsbeschluß beeinflussen. Geschäftsführungsrelevanz haben Regelungen über das Unternehmensziel und über den Unternehmensgegenstand[8]. Unter dem Unternehmensziel wird allgemein der Gesellschaftszweck verstanden[9].

a) Unternehmenszielregelung. Bei Versicherungsvereinen auf Gegenseitigkeit bestimmt § 15 VAG den Gesellschaftszweck dahin, daß die Versicherung der Mitglieder nach dem Grundsatz der Gegenseitigkeit betrieben wird. Der Unternehmensgegenstand ist nach § 9 VAG in der Satzung zu beschreiben. Angegeben werden sollen die einzelnen Versicherungszweige, auf die sich der Geschäftsbetrieb erstreckt, und ob das Versicherungsgeschäft nur unmittelbar oder zugleich auch mittelbar (durch Rückversicherung) betrieben werden soll.

---

[5] Vgl. für die AG: *Brandner,* in: Festschrift für Heinz Rowedder, 1994, S. 41.

[6] *Martens,* in: Festschrift für Alfred Kellermann, 1991, S. 273.

[7] *Mertens,* in: Kölner Kommentar zum Aktiengesetz, § 93 AktG Rdn. 117, im Anschluß an Zöllner, in: Kölner Kommentar zum Aktiengesetz, 1. Auflage, § 119 AktG Rdn. 32 ff.

[8] *Martens,* in: Festschrift für Alfred Kellermann, 1991, S. 273.

[9] Vgl. *Wiedemann,* Gesellschaftsrecht, 1980, § 3 I 3 a, S. 155; *Martens,* in: Festschrift für Alfred Kellermann, 1991, S. 273; *Brandner,* in: Festschrift für Heinz Rowedder, 1994, S. 41, 43.

Während für die Aktiengesellschaft anerkannt ist, daß über das Unternehmensziel ein Satzungsbeschluß gefaßt werden kann[10], ist dies für den Versicherungsverein auf Gegenseitigkeit zu verneinen. Im Gegensatz zur Aktiengesellschaft legt der Gesetzgeber in § 15 VAG verbindlich fest, daß Gesellschaftszweck der Betrieb der Gegenseitigkeitsversicherung ist[11]. Diese Bestimmung ist zwingend und läßt keinen Raum für Satzungsbeschlüsse, die den Gesellschaftszweck anders regeln wollen und sollen. Insoweit kann die oberste Vertretung die Geschäftsführung des Vorstands nicht auf eine andere Linie bringen, weil beide Organe verbindlich auf das Unternehmensziel der Gegenseitigkeitsversicherung festgelegt sind.

b) Unternehmensgegenstandsregelung. Hingegen besteht bei der Unternehmensgegenstandsregelung beim Versicherungsverein auf Gegenseitigkeit und der Aktiengesellschaft eine vergleichbare Situation. Hier wie dort ist der Unternehmensgegenstand in der Satzung zu bestimmen. Das Betätigungsfeld ist in der Unternehmensgegenstandsregelung in einer Weise anzugeben, die den interessierten Wirtschaftskreisen das Hauptgewicht der Geschäftstätigkeit offenbart[12]. Da der Vorstand an die Satzung gebunden ist, darf er nur solche Geschäfte betreiben, die mit dem in der Satzung niedergelegten Unternehmensgegenstand übereinstimmen[13].

Satzungsbeschlüsse können den Unternehmensgegenstand grundsätzlich weit oder eng fassen. Je enger der Unternehmensgegenstand formuliert wird, um so größer ist die Einschränkung der Geschäftsführungsautonomie des Vorstands. Dem Vorstand muß aber immer ein erheblicher Entscheidungsspielraum verbleiben, um sein unternehmenspolitisches Ermessen auszuüben[14].

Bei ihren Beschlüssen hat die oberste Vertretung darüber hinaus zu beachten, daß der Gesetzgeber hinsichtlich der Formulierung des Unternehmensgegenstandes Grenzen gesetzt hat. § 7 Abs. 2 VAG bestimmt ausdrücklich, daß Versicherungsunternehmen neben Versicherungsgeschäften nur solche Geschäfte betreiben dürfen, „die hiermit in unmittelbarem Zusammenhang stehen".

4. Faktische Satzungsänderung

Die oberste Vertretung kann – wie wir gesehen haben – den Unternehmensgegenstand in gewissen Grenzen konkretisieren und dadurch dem Vorstand über einen entsprechenden Satzungsbeschluß Vorgaben für die Unternehmensführung

---

[10] *Eckardt,* in: Geßler/Hefermehl/Eckardt/Kropff, § 3 AktG Rdn. 4; *U. Huber,* in: Die Bedeutung gesellschaftlicher Veränderungen für die Willensbildung im Unternehmen, Schriften des Vereins für Socialpolitik, NF Band 88, S. 139, 148; *H. Westermann,* in: Festschrift für L. Schnorr v. Carolsfeld, 1973, S. 517, 526ff; *H.P. Westermann,* ZGR 1977, 219, 226; *Martens,* AG 1980, 289, 293ff; *Wiedemann,* in: Großkommentar zum Aktiengesetz, § 179 Anm. 7; *derselbe,* in: Festschrift für C.H. Barz, 1974, S. 561, 573; *derselbe,* ZGR 1975, 429; *Zöllner,* in: Kommentar zum Aktiengesetz, § 179 Rdn. 16; *a.A. Grossmann,* Unternehmensziele im Aktienrecht, 1980, S. 246ff; *Mertens,* NJW 1970, 1718; *Brandner,* in: Festschrift für Heinz Rowedder, 1994, S. 41, 43f, der auf § 33 Abs. 1 Satz 2 BGB verweist und im übrigen danach unterscheidet, ob es sich um eine tief greifende Strukturänderung handelt, die ohne Zustimmung nicht hingenommen werden muß.

[11] Vgl. *Wiedemann,* ZGR 1975, 416; *derselbe,* Gesellschaftsrecht, 1980, § 3 I 3 a, S. 156.

[12] Vgl. *Ebenroth/Müller,* DNotZ 1994, 81 mwNw; *Meyer,* ZIP 1994, 1661, 1663; *Mertens,* AG 1997, 481, 488.

[13] Vgl. *Rohde-Liebenau,* 1973, S. 16; *Wiedemann,* ZGR 1975, 417.

[14] *Martens,* in: Festschrift für Alfred Kellermann, 1991, S. 276; *Brandner,* in: Festschrift für Heinz Rowedder, 1994, S. 41, 46.

machen. An diese Vorgaben hat sich der Vorstand zu halten. Er darf insbesondere nicht durch sog. „faktische Satzungsänderung“ den Unternehmensgegenstand ändern[15] und muß insoweit vielmehr die Kompetenz der obersten Vertretung beachten[16].

Eine zustimmungsbedürftige faktische Gegenstandsänderung ist z.B. anzunehmen, wenn „eine Obergesellschaft eine Untergesellschaft ausgründet oder erwirbt, deren Tätigkeitsbereich nicht von dem satzungsmäßigen Tätigkeitsbereich der Obergesellschaft gedeckt ist“[17].

Dies gilt selbst bei Vorliegen einer Konzernbildungsklausel in der Satzung, wenn der Schwerpunkt der Unternehmenstätigkeit in das Halten und Verwalten von Beteiligungen und die Ausübung der Konzernleitung verlagert[18] oder wenn die bestehende Beteiligungsstruktur in der Obergesellschaft mittelbar in nicht unerheblicher Weise verändert wird[19].

Anerkannt ist daher, daß der „statuarische Gegenstand der Obergesellschaft auch die in den Konzerngesellschaften rechtlich und faktisch verfolgten Gegenstände mit umfassen muß[20].

5. Befragung der obersten Vertretung

§ 119 Abs. 2 AktG i.V.m. § 36 Satz 1 VAG räumt dem Vorstand die Möglichkeit ein, Geschäftsführungsmaßnahmen durch die oberste Vertretung entscheiden zu lassen. Der Vorstand gibt in diesem Fall bei einzelnen Maßnahmen einen Teil seiner Geschäftsführungsautonomie freiwillig auf. An einer Befragung der obersten Vertretung „kann bei bedeutsamen – etwa strukturändernden oder risikoreichen – Maßnahmen aus der Sicht des Vorstands ein Interesse bestehen“[21].

Die oberste Vertretung kann die Entscheidungszuweisung des Vorstands durch Beschlußfassung akzeptieren. In diesem Fall ist der Vorstand gehalten, einen gesetzmäßig getroffenen Beschluß zu befolgen (§ 83 Abs. 2 AktG i.V.m. § 34 Abs. 1 Satz 1 VAG).

Die oberste Vertretung kann den Entscheidungsantrag des Vorstands aber auch zurückweisen und den Vorstand auf diese Weise zwingen, in eigener Verantwortung zu entscheiden. Für den Vorstand hat dies den Nachteil, daß ihm die in

---

[15] *Karsten Schmidt,* Gesellschaftsrecht, 1997, § 28 V 2, S. 877; *Zöllner,* in: Kölner Kommentar zum Aktiengesetz, § 179 AktG Rdn. 109, 119; *Hefermehl/Bungeroth,* in: Geßler/Hefermehl/Eckhard/Kropff, § 179 Rdn. 93: *Mertens,* AG 1978, 310f.

[16] Vgl. für die AG: *Gessler,* in: Festschrift für Walter Stimpel, 1985, S. 783. Von daher ist für die Errichtung eines Gleichordnungskonzerns ein den Unternehmensgegenstand ändernder Beschluß der obersten Vertretung erforderlich, vgl. für die AG: *Mülbert,* ZHR 163 (1999), 1, 42.

[17] Vgl. für die AG: *Rehbinder,* in: Festschrift für Helmut Coing, 1982, Band II, S. 430; *Uwe H. Schneider,* ZHR 143 (1979), 485, 517; *Timm,* AG 1980, 172 f; vgl. für die GmbH: *Binge,* Gesellschafterklagen gegen Maßnahmen der Geschäftsführer in der GmbH, 1994, S. 100.

[18] So für die AG: *Rehbinder,* in: Festschrift für Helmut Coing, 1982, Band II, S. 434f; siehe ferner *Duden/Schilling,* AG 1974, 202, 212; *Lutter,* Holdingprobleme, JZ 1981, 216ff.

[19] Vgl. für die AG: *Rehbinder,* in: Festschrift für Helmut Coing, 1982, Band II, S. 435.

[20] *Lutter,* in: Festschrift für Walter Stimpel, 1985, S. 846; ebenso *Uwe H. Schneider,* BB 1986, 1995; *derselbe,* BB 1989, 1987; *derselbe,* in: Das Gesellschaftsrecht der Konzerne im internationalen Vergleich, 1991, S. 574.

[21] *Karsten Schmidt,* Gesellschaftsrecht, 1997, § 28 V 2, S. 878; siehe auch LG München I, Urteil vom 10. 5. 1993, AG 1993, 435 (Übernahme der Wanderer GmbH durch die Deckel AG); OLG Düsseldorf, Urteil vom 9. 12. 1993, WM 1994, 337 = AG 1994, 228 (Übertragung des Bankgeschäfts).

§ 93 Abs. 4 Satz 1 AktG i.V.m. § 34 Abs. 1 Satz 1 VAG angeordnete Haftungsbefreiung versagt bleibt. Nach § 93 Abs. 4 Satz 1 AktG i.V.m. § 34 Abs. 1 Satz 1 VAG ist der Vorstand eines Versicherungsvereins auf Gegenseitigkeit für eine der Art nach rechtswidrige Maßnahme nicht schadensersatzpflichtig, wenn die Maßnahme auf einem gesetzmäßigen Beschluß der obersten Vertretung beruht.

6. Mitspracherecht der obersten Vertretung

Der Vorstand kann – wie wir gesehen haben – die oberste Vertretung zur Entscheidung über Geschäftsführungsmaßnahmen anrufen (§§ 119 Abs. 2 AktG, 36 Satz 1 VAG). Umstritten ist, ob der Vorstand bei bestimmten Geschäftsführungsmaßnahmen sogar verpflichtet ist, die oberste Vertretung um Entscheidung anzugehen. Die Diskussion um diese Frage hat bei der Aktiengesellschaft ihren Ausgangspunkt bei § 119 Abs. 2 AktG genommen, so daß die Ergebnisse mit Rücksicht auf die Verweisung auf diese Vorschrift in § 36 Satz 1 VAG auf den Versicherungsverein auf Gegenseitigkeit übertragbar sind[22]. Streitig ist, ob die Verpflichtung des Vorstands einer Aktiengesellschaft zur Befragung der Hauptversammlung aus § 119 Abs. 2 AktG hergeleitet werden kann[23]. Seit dem „Holzmüller"- oder „Seehafenbetriebs"-Urteil des Bundesgerichtshofs[24] ist die Vorlageverpflichtung des Vorstands Gegenstand zahlreicher Darstellungen, insbesondere das Anliegen des Bundesgerichtshofs „Leitungsmaßnahmen des Vorstandes im Aktienunternehmen gegen Strukturänderungsmaßnahmen abzugrenzen"[25].

Der Bundesgerichtshof[26] hat in seiner „Holzmüller"-Entscheidung der Hauptversammlung ein Mitspracherecht aus Anlaß strukturändernder Maßnahmen eingeräumt. Bei schwerwiegenden Eingriffen in die Rechte und Interessen der Aktionäre könne der Vorstand ausnahmsweise nicht nur berechtigt, sondern auch verpflichtet sein, gemäß § 119 Abs. 2 AktG eine Entscheidung der Hauptversammlung herbeizuführen. Es gebe grundlegende Entscheidungen, so der BGH[27], „die durch die Außenvertretungsmacht des Vorstands, seine gemäß § 82 Abs. 2 AktG begrenzte Geschäftsführungsbefugnis wie auch durch den Wortlaut der Satzung formal noch gedeckt sind, gleichwohl aber so tief in die Mitgliedsrechte der Aktionäre und deren im Anteilseigentum verkörpertes Vermögensinteresse

---

[22] Für die Anwendbarkeit auf die eG: *Holtkamp*, 1994, S. 94.

[23] Ablehnend *Gessler*, in: Festschrift für Walter Stimpel, 1985, S. 773ff; *Hübner*, in: Festschrift für Walter Stimpel, 1985, 794f; *von Rechenberg*, 1986, S. 70; *Karsten Schmidt*, in: Festschrift für Theodor Heinsius, 1991, S. 719; *Martens*, ZHR 147 (1983), 383; *Werner*, ZHR 147 (1983), 437ff; zustimmend *Großfeld/Brondics*, JZ 1982, 589, 591; *Lutter*, in: Festschrift für Walter Stimpel, 1985, S. 843, 853; *derselbe*, ZHR 151 (1987), 453; *Joost*, ZHR 163 (1999), 164, 169. Kritisch zu dieser Rechtsfortbildung durch den BGH: *Wank*, ZGR 1988, 364ff.

[24] BGHZ 83, 122 = AG 1982, 158; Vorinstanz OLG Hamburg, JZ 1981, 231ff; dazu *Großfeld*, JZ 1981, 234ff; *Teichmann*, in: Festschrift für Otto Mühl, 1981, S. 663ff; zu den Grundlagen der BGH-Entscheidung vgl. *Timm*, Die Aktiengesellschaft als Konzernspitze, 1980, S. 172ff; *derselbe*, AG 1980, 172 ff; *derselbe*, BB 1980, 1655, 1656f.

[25] *Karsten Schmidt*, in: Festschrift für Theodor Heinsius, 1991, 720; *E. Rehbinder*, ZGR 1983, 92ff; *Semler*, BB 1983, 1566ff, 1570–1573; *Lutter*, in: Festschrift für Hans-Joachim Fleck, 1988, S. 169; *Gross*, AG 1994, 266ff; *Bungert*, VersR 1997, 27ff; *Weißhaupt*, NZG 1999, 804ff; *Bernhardt*, DB 2000, 1873ff.

[26] BGHZ 83, 122; ebenso neuerdings LG Frankfurt vom 10. 3. 1993, AG 1993, 287ff.

[27] BGHZ 83, 131.

eingreifen, daß der Vorstand vernünftigerweise nicht annehmen kann, er dürfe sie in ausschließlich eigener Verantwortung treffen, ohne die Hauptversammlung zu beteiligen".

Das Urteil hat Kritik[28], aber auch Zustimmung[29] erfahren. *Gessler*[30] nimmt das Urteil zum Anlaß herauszuarbeiten, daß „der Hauptversammlung die Entscheidung über alle mit dem wirtschaftlichen und rechtlichen Aufbau der Gesellschaft zusammenhängenden Fragen zusteht". Eine „ungeschriebene Hauptversammlungszuständigkeit" komme „hauptsächlich in Betracht bei Ausgründungen unter Gründung einer Tochtergesellschaft, aber auch unter Erwerb einer Beteiligung, bei fusionsähnlichen Unternehmensverbindungen, bei Kapitalmaßnahmen[31] sowie der Bildung von freien Rücklagen bei Tochtergesellschaften"[32].

Martens[33] sieht die entscheidende Bedeutung der Holzmüller-Entscheidung darin, daß der Bundesgerichtshof der Hauptversammlung lediglich ein Mitsprache-, aber kein Initiativrecht zuerkannt habe. Dem Vorstand verbleibe damit auch weiterhin die Entscheidungsprärogative über die Planung und Ausführung der jeweiligen Strukturmaßnahme, die die Hauptversammlung nur akzeptieren oder ablehnen, von sich aus aber weder modifizieren noch initiieren könne.

Fragt man nach der praktischen Konsequenz des Holzmüller-Urteils, so ist festzustellen, daß der Aktionär vom Vorstand nicht die Befragung der Hauptversammlung verlangen kann und sie auch nicht durch Klage erzwingen kann[34]. Geklagt werden kann nur gegen die Maßnahme, die der Hauptversammlung zur Zustimmung hätte vorgelegt werden müssen[35]. Der Bundesgerichtshof gewährt in-

---

[28] *Martens,* ZHR 147 (1983), 384 ff; *Sünner,* AG 1983, 169 ff; *Werner,* ZHR 147 (1983), 429, 437 ff; *Semler,* BB 1983, 1566, 1573; *Beusch,* in: Festschrift für Werner, 1984, S. 1 ff; *Götz,* AG 1984, 85 ff, 94; *Heinsius,* ZGR 1984, 383, 393 ff; *Harm Peter Westermann,* ZGR 1984, 352, 363 ff; *Ebenroth,* AG 1988, 1 ff.

[29] *Großfeld/Brondics,* JZ 1982, 589, 591; *Harry Westermann,* in: Freundesgabe für Erik Boettcher, 1984, S. 214; *Lutter,* in: Festschrift für Walter Stimpel, 1985, S. 843, 854; *Timm,* ZHR 153 (1989), 60, 71 f; *Altmeppen,* DB 1998, 49, 50.

[30] *Gessler,* in: Festschrift für Walter Stimpel, 1985, S. 789.

[31] Dies betrifft folgenden Leitsatz der „Holzmüller"-Entscheidung: „Hat der Vorstand den wertvollsten Teil des Betriebsvermögens auf eine zu diesem Zweck errichtete hundertprozentige Tochtergesellschaft übertragen, so ist die Obergesellschaft jedem ihrer Aktionäre gegenüber verpflichtet, für Kapitalerhöhungen in der Tochtergesellschaft für die Zustimmung ihrer Hauptversammlung mit der Mehrheit einzuholen, die für eine entsprechende Maßnahme in der Obergesellschaft selbst erforderlich wäre. Ob dies auch dann gilt, wenn die Hauptversammlung der Ausgliederung vorher oder nachträglich mit satzungsändernder Mehrheit zugestimmt hat, bleibt offen." Eingehend hierzu *Lutter/Leinekugel,* ZIP 1998, 225 ff; *dieselben,* ZIP 1998, 805 ff; zur Mitwirkungskompetenz der Hauptversammlung einer Holding-AG bei der Veräußerung von Unternehmensbeteiligungen vgl. *Bohnet,* DB 1999, 2617 ff; zum Mitbestimmungsrecht der Hauptversammlung der Untergesellschaft bei der Veräußerung oder Übertragung von wesentlichen Bestandteilen des Vermögens der Untergesellschaft auf Weisung der beherrschenden Muttergesellschaft siehe *Sieger/Hasselbach,* AG 1999, 241 ff. Zur Vorlagepflicht des vollen Vertragstextes analog § 179 a Abs. 2 AktG im Falle der Einholung der Zustimmung der Hauptversammlung der Obergesellschaft zur Veräußerung des gesamten Vermögens und Geschäftsbetriebs der hundertprozentigen Untergesellschaft vgl. BGH, Urteil vom 15. 1. 2001, NZG 2001, 405, 407 (Altana/Milupa) = ZIP 2001, 416 ff; siehe hierzu *Drinkuth,* AG 2001, 256 ff; *Schockenhoff,* NZG 2001, 921 ff; *Tröger,* ZIP 2001, 2029 ff.

[32] *Gessler,* in: Festschrift für Walter Stimpel, 1985, S. 786 f.

[33] *Martens,* in: Festschrift für Alfred Kellermann, 1991, S. 282.

[34] *Karsten Schmidt,* Gesellschaftsrecht, 1997, § 28 V 2, S. 880.

[35] *Karsten Schmidt,* Gesellschaftsrecht, 1997, § 28 V 2, S. 880; siehe dazu auch BGH, Urteil vom 11. 10. 1993, WM 1993, 2123, 2125 f = AG 1994, 78, 80.

soweit dem einzelnen Aktionär die Befugnis, auf das kompetenzwidrige Verhalten des Vorstands mit einer Feststellungsklage sowie einer Klage auf Unterlassung oder Wiederherstellung zu reagieren[36], nicht aber einen Anspruch auf aktives Tun der Gesellschaft oder des Vorstands[37]. Beim Versicherungsverein auf Gegenseitigkeit mit Mitgliederversammlung als oberstem Organ kann das einfache Mitglied das Fehlen der Zustimmung der Mitgliederversammlung und bei Versicherungsvereinen auf Gegenseitigkeit mit Mitgliedervertreterversammlung der Mitgliedervertreter das Fehlen der Zustimmung gerichtlich geltend machen[38], wenn es um schwerwiegende Eingriffe in die Rechtssphären und Interessen der Mitglieder geht[39] und soweit die Geltendmachung des Anspruchs nicht satzungsmäßigen Beschränkungen unterliegt. In der Unternehmenspraxis der Versicherungsvereine auf Gegenseitigkeit ist von daher die Entscheidungskompetenz der obersten Vertretung für strukturelle Grundlagenentscheidungen anerkannt[40].

III. Aufsichtsrat und Vorstand

1. Zustimmungsvorbehalte

Nach der für den Versicherungsverein auf Gegenseitigkeit geltenden Kompetenzordnung können Maßnahmen der Geschäftsführung dem Aufsichtsrat nicht übertragen werden (§ 111 Abs. 4 Satz 1 AktG i.V.m. § 35 Abs. 3 Satz 1 VAG). Der obersten Vertretung steht jedoch als Satzungsgeberin die Befugnis zu anzuordnen, daß bestimmte Arten von Geschäften, die der Vorstand plant, nur mit Zustimmung des Aufsichtsrats verwirklicht werden dürfen (§ 111 Abs. 4 Satz 2 AktG i.V.m. § 35 Abs. 3 Satz 1 VAG). Auch der Aufsichtsrat kann durch einfachen Beschluß, der auch ad hoc[41] gefaßt werden kann, bestimmte Arten von Geschäften seiner Zustimmung unterstellen (§ 111 Abs. 4 Satz 2 AktG i.V.m. § 35 Abs. 3 Satz 1 VAG). Diese Befugnis kann dem Aufsichtsrat durch die Satzung nicht beschränkt oder gar entzogen werden[42]. Sie findet in den Satzungen der

---

[36] BGHZ 83, 122, 125ff, 133ff; zustimmend *Kimpler,* 1994, S. 216; *Karsten Schmidt,* NJW 2000, 2927, 2934.

[37] Ebenso OLG München vom 12. 5. 1993, AG 1994, 134, 135.

[38] Vgl. zur Aktionärsklage und zur actio pro societate *Großfeld/Ebke,* AG 1977, 92, 96ff; *Grunewald,* DB 1981, 407ff; *Lutter,* AcP 180 (1980), 84, 135ff; *Krieger,* ZHR 163 (1999), 343ff; *Ulmer,* ZHR 163 (1999), 290ff; *Schanbacher,* AG 1999, 21ff; *Sünner,* ZHR 163 (1999), 364ff; *Adams,* AG 2000, 396ff; *Baums,* Gutachten F zum 63. Deutschen Juristentag, 2000; *Bayer,* NJW 2000, 2609ff; *Lutter,* JZ 2000, 837ff; *Schwarz,* ZRP 2000, 330ff; *Zöllner,* AG 2000, 145ff; zur Lage bei der Genossenschaft siehe *Harry Westermann,* in: Freundesgabe für Erik Boettcher, 1984, S. 218f; *Hadding,* ZfgG 43 (1993), 306ff; zur Lage bei der Aktiengesellschaft siehe *Pflugradt,* 1990, S. 17ff; *Fillmann,* 1991, S. 226ff.

[39] Vgl. für die AG: OLG München vom 12. 5. 1993, AG 1994, 134, 135.

[40] Vgl. *Lüer,* VersR 2000, 407, 409. Die Mitgliedervertreterversammlung der Alte Leipziger Lebensversicherungsgesellschaft a. G. hatte über die Einbringung von Beteiligungen in die Alte Leipziger Holding AG zu entscheiden (vgl. Bundesanzeiger Nr. 105 vom 6. 6. 1992, S. 4595).

[41] Vgl. BGH vom 15. 11. 1993, NJW 1994, 520, 524 = WM 1994, 22, 27 = AG 1994, 124, 127 = ZIP 1993, 1862, 1867: Verhinderung einer gesetzwidrigen Geschäftsführungsmaßnahme. Zu Organklagen zwischen Aufsichtsrat und Vorstand siehe *Hommelhoff,* ZHR 143 (179), 288ff; *Bork,* ZGR 1989, 1ff; *Brücher,* AG 1989, 190ff; *Thomas Raiser,* AG 1989, 185ff.

[42] Vgl. für die AG: *Matthießen,* 1989, S. 297, 467ff; *Heinrich Götz,* ZGR 1990, 633, 636 f; *Karsten Schmidt,* Gesellschaftsrecht, 1997, § 28 V 1a, S. 876; a.A. *Wiedemann,* ZGR 1975, 426f; *Hölters,* BB 1978, 643. Die Regierungskommission Corporate Governance empfiehlt, § 111 Abs. 4 Satz 2 AktG wie folgt zu ändern und folgenden neuen Satz 3 einzufügen: „Die Satzung

Versicherungsvereine mitunter ebenso ausdrückliche Erwähnung wie die Befugnis des Vorstands, verlangen zu können, daß die Mitgliedervertretung über die Zustimmung beschließt, wenn der Aufsichtsrat seine Zustimmung zu zustimmungspflichtigen Geschäften verweigert. Eine Satzung sieht vor, daß der Beschluß, durch den die Mitgliedervertretung zustimmt, einer Mehrheit bedarf, die mindestens drei Viertel der abgegebenen Stimmen umfaßt.

2. Bestimmte Arten von Geschäften

Die Zustimmungsvorbehalte zugunsten des Aufsichtsrats dürfen, so die einprägsame Formel von *Lutter*[43], „nicht jegliches Vorstandshandeln umfassen, müssen sich auf gewichtige Geschäftsvorfälle beschränken und dürfen nicht in Fälle ausschließlicher Zuständigkeit des Vorstands eingreifen". Dem Vorstand muß mithin eine Mindestleitungsmacht verbleiben[44]. Von daher ist es rechtlich unbedenklich, wenn – so der Befund – Satzungen der Versicherungsvereine auf Gegenseitigkeit ausdrücklich vorsehen, daß der Vorstand der Zustimmung des Aufsichtsrates bedarf:

- zur Gründung, zum Erwerb und zur Veräußerung anderer Unternehmen oder wesentlicher Beteiligungen daran, ferner zu Kooperationsverträgen mit anderen Versicherungsunternehmen;
- zur Errichtung und Auflösung von Zeigniederlassungen;
- zum Erwerb, zur Belastung und zur Veräußerung von Grundstücken sowie zur Errichtung und Erweiterung von Gebäuden, sofern der Wert im Einzelfall DM 1 000 000,– übersteigt;
- zu Kapitalanlagen, die durch ihren Gegenstand, ihren Umfang oder das mit ihnen verbundene Risiko von besonderer Bedeutung sind;
- zur Löschung von Hypotheken und Grundschulden der Gesellschaft;
- zur Aufnahme langfristiger Verbindlichkeiten, insbesondere von Anleihen; ferner zur Eingehung von Wechselverbindlichkeiten und zur Übernahme von Bürgschaften;
- zum Abschluß von Verträgen, durch die der Versicherungsbestand einer anderen Unternehmung in seiner Gesamtheit oder in einzelnen Zweigen auf den Versicherungsverein übertragen wird;
- für Zuführungen zu und Entnahmen aus den Rücklagen;
- zur Festsetzung der Beiträge und Nachschüsse sowie der Sicherheitszuschläge;

---

oder der Aufsichtsrat hat jedoch zu bestimmen, daß bestimmte Arten von Geschäften nur mit seiner Zustimmung vorgenommen werden dürfen. Hierzu sollten in der Gesellschaft oder in abhängigen Unternehmen getroffene Entscheidungen oder Maßnahmen zählen, die die Ertragsaussichten der Gesellschaft oder ihre Risikoexposition grundlegend verändern." (vgl. *Baums,* (Hrsg.), 2001, Rz. 35, S. 79). Kritisch hierzu *Berrar,* DB 2001, 2181, 2184 ff. Das BMJ hat den Vorschlag der Regierungskommission Corporate Governance teilweise aufgegriffen und sieht vor, daß in § 111 Abs. 4 Satz 2 AktG die Wörter „kann jedoch" durch die Wörter „hat jedoch" ersetzt werden, vgl. Referentenentwurf eines Gesetzes zur weiteren Reform des Aktien- und Bilanzrechts, zu Transparenz und Publizität (TransPuG) mit einer Einführung von Seibert, abgedruckt in ZIP 2001, 2192, 2195.

[43] *Lutter,* in: Festschrift für Robert Fischer, 1979, S. 423; ähnlich *Harro Frels,* Mutualité 1/1966, 24; *Steinbeck,* 1992, S. 150 f; *Vollmer/Maurer,* BB 1993, 591, 593; *Bea/Scheurer,* DB 1994, 2145, 2147; *Höhn,* GmbHR 1994, 604.

[44] Vgl. für die AG: *Beuthien,* ZIP 1993, 1590.

- zur Gewährung einer Beitragsrückerstattung;
- zur Errichtung und Auflösung von Geschäftsstellen und Schadenaußenstellen;
- zur Ernennung der Geschäftsführer der Geschäftsstellen, ferner zu Ruhegeldregelungen sowie Erteilung von Prokuren und Handlungsvollmachten.

Die Zustimmungsvorbehalte zugunsten des Aufsichtsrats können auf Beteiligungsgesellschaften ausgeweitet werden[45].

Zuständig für den Antrag auf eine Mitentscheidung des Aufsichtsrats ist der Gesamtvorstand, niemals ein einzelnes Vorstandsmitglied[46].

---

[45] Dazu *Lutter*, in: Festschrift für Robert Fischer, 1979, S. 425 ff; *Boujong*, AG 1995, 203, 205.
[46] So *Semler*, in: Festschrift für Georg Döllerer, 1988, S. 591.

Fünfter Abschnitt
Die Finanzverfassung des Versicherungsvereins auf Gegenseitigkeit

Kapitel 16
Die Finanzierung durch Eigenkapital

I. Begriff des Eigenkapitals

Unter dem Eigenkapital eines Unternehmens wird bei formaler Abgrenzung „die positive Differenz zwischen dem gesamten Vermögen und der Summe aller von der Unternehmung eingegangenen Verbindlichkeiten" verstanden[1]. Will man bei dieser Betrachtungsweise das tatsächlich vorhandene Eigenkapital zu einem bestimmten Zeitpunkt ermitteln, steht man vor der Aufgabe, das Vermögen und die Verbindlichkeiten bewerten zu müssen. *Braeß* möchte deshalb nur auf das in der Bilanz offen ausgewiesene Eigenkapital abstellen[2]. Eine ähnliche Betrachtungsweise ist bei *Henning* zu finden. *Henning*[3] rechnet zum Eigenkapital das Grundkapital (Aktienkapital), die offenen Rücklagen, die gesetzlichen Rücklagen, die zweckgebundenen Rücklagen und die zweckgebundenen Rückstellungen. Er räumt dabei ein, daß zweckgebundene Rücklagen und zweckgebundene Rückstellungen nur eingeschränkt dem Eigenkapital zugeordnet werden können[4].

Der bilanzielle Ausweis stiller Reserven ist nicht als unüberwindliches Problem anzusehen. Hiervon ausgehend wird „das Eigenkapital als Summe aus Grundkapital und Rücklagen (zuzüglich Gewinnvortrag und abzüglich Verlustvortrag) und bewertbaren inneren Werten (innere Reservekraft – stille Reserven)" definiert[5]. Der nicht eingezahlte Teil des Grundkapitals ist bei dieser Definition ebenfalls Eigenkapital[6].

Nicht nur in letzterem Punkt unterscheidet sich die von *Karsten Schmidt* angebotene Definition. Denn *Karsten Schmidt*[7] rechnet zum Eigenkapital eines Unternehmens die bilanziell ausgewiesenen Anteile, die bilanziell ausgewiesenen Rücklagen, den bilanziell ausgewiesenen Gewinnvortrag und den Jahresüberschuß.

Erörtert wurde, ob Schwankungs- und Großrisikenrückstellungen dem Eigenkapital zuzuordnen sind[8]. Einvernehmen besteht heute darüber, daß diese Rück-

---

[1] Vgl. *Braeß*, ZVersWiss 53 (1964), 1; *Kalwar/Weigel*, ZVersWiss 69 (1980), 586; *Fuß*, 1971, S.50; *Moxter*, in: Eigenkapital und Kapitalmarkt, 1978, S. 83; *Harms/Küting*, DB 1983, 1449; *Klunzinger*, 1993, S. 111; *Herbert Wiedemann*, in: Festschrift für Karl Beusch, 1993, S. 894; *Zloch*, in: Festschrift für Dieter Farny, 1994, S. 183.

[2] *Braeß*, ZVersWiss 53 (1964), 1.

[3] *Friedrich-Wilhelm Henning*, 1990, S. 104.

[4] *Friedrich-Wilhelm Henning*, 1990, S. 104, 105.

[5] Vgl. *Horst K. Jannott*, in: Festschrift für Ernst Klingmüller, 1974, S. 187.

[6] Siehe *Horst K. Jannott*, in Festschrift für Ernst Klingmüller, 1974, S. 188.

[7] *Karsten Schmidt*, Gesellschaftsrecht, 1997, § 18 II 2, S. 515.

[8] Siehe dazu *Horst K. Jannott*, in: Festschrift für Ernst Klingmüller, 1974, S. 188 ff.

stellungen als versicherungstechnische Rückstellungen anzusehen sind und eine Zuordnung zum Eigenkapital ausscheidet[9].

II. Funktionen des Eigenkapitals

1. Finanzierungsfunktion

Eine Funktion des Eigenkapitals ist die Finanzierung von Betriebsmitteln und Beteiligungen[10]. Anders gesagt braucht auch der Versicherer in der Regel zur Eingehung von Versicherungsverträgen Betriebskapital[11], das häufig zum Teil über einen Organisationsfonds zur Verfügung gestellt wird[12]. Die Betriebsmittel eines Versicherungsvereins auf Gegenseitigkeit bestehen z.B. aus Betriebsgrundstücken und Gebäuden, Betriebseinrichtung, Büromaschinen, Kraftfahrzeugen und vor allem aus den EDV-Anlagen[13].

Mit dem Eigenkapital muß ferner der Auf- und Ausbau der Außenorganisation finanziert werden[14]. Zu nennen sind z.B. die „Investitionen für Zuschüsse an neuangestellte Vertreter, Reisekosten für die Organisatoren, Kosten der Schulung und Betreuung, Werbung", die nicht aktiviert werden können[15].

Bei der Finanzierung des Neugeschäfts[16] spielt Eigenkapital eine nicht unerhebliche Rolle. Die Abschlußkosten für langfristige Versicherungsverträge aus dem Neugeschäft muß der Versicherungsverein auf Gegenseitigkeit vorfinanzieren[17]. Dies liegt daran, daß in manchen Sparten diese Abschlußkosten 100% des Erstjahresbeitrages erreichen[18] oder sogar überschreiten[19]. In der Beitragskalkulation werden die Abschlußprovisionen jedoch rechnerisch auf die Laufzeit der Verträge verteilt[20]. Die Situation wäre anders, wenn die Aktivierung und spätere Abschreibung zulässig wäre. Dies war aber durch den inzwischen aufgehobenen § 56 Abs. 2 VAG untersagt[21]. Bei einer starken Geschäftsausweitung kann der Eigenmittelbedarf für vorausbezahlte Abschlußkosten erheblich sein[22].

---

[9] Vgl. *Horst K. Jannott,* in: Festschrift für Ernst Klingmüller, 1974, S. 190; *Karten,* in: Festschrift für Heinz Gehrhardt, 1975, S. 229ff, 239; *Weiler,* 1980, S. 99.

[10] *Braeß,* ZVersWiss 53 (1964), 3; *Weiler,* 1980, S. 100f; *Brenzel,* Frankfurter Vorträge zum Versicherungswesen, Heft 13, 1986, S. 28.

[11] *August,* 1902, S. 674; ähnlich *Becker-Laurich,* 1883, S. 15; a.A. *Theler,* ZVersWiss 31 (1931), 35, 36; *Reimer Schmidt,* VW 1978, 1150, 1153.

[12] Vgl. *Diel,* VW 1959, 508f.

[13] Vgl. *Horst K. Jannott,* in: Festschrift für Ernst Klingmüller, 1974, S. 195; *Farny,* ZVersWiss 53 (1964), 442; *Staat,* 1970, S. 66; *Fuß,* 1971, S. 58.

[14] Dazu *Mizushima,* ZVersWiss 55 (1966), 183; *Lothar Meyer,* 1975, Fußnote 113, S. 113; *Eichacker,* 1981, S. 85.

[15] *Horst K. Jannott,* in: Festschrift für Ernst Klingmüller, 1974, S. 195.

[16] Zur Problematik der Prognose des Neugeschäfts siehe *Utecht,* 1973, S. 116.

[17] Vgl. *Steffen,* 1970, S. 100; *Horst K. Jannott,* in: Festschrift für Ernst Klingmüller, 1974, S. 196; *Schucht,* 1991, S. 112.

[18] *Horst K. Jannott,* in: Festschrift für Ernst Klingmüller, 1974, S. 196.

[19] *Seuß,* 1979, S. 15; *Eichacker,* 1981, S. 56.

[20] *Horst K. Jannott,* in: Festschrift für Ernst Klingmüller, 1974, S. 196; siehe dazu ferner *Riepl,* ZfV 1962, 131ff.

[21] *Farny,* ZVersWiss 53 (1964), 442; *Erich R. Prölss,* VW 1966, 460; *Fuß,* 1971, S. 60; *Horst K. Jannott,* in: Festschrift für Ernst Klingmüller, 1974, S. 196.

[22] *Horst K. Jannott,* in: Festschrift für Ernst Klingmüller, 1974, S. 196.

2. Garantiefunktion

Zur Eingehung von Versicherungsverträgen benötigt der Versicherer in der Regel Garantiekapital[23]. Das eingezahlte Eigenkapital hat insoweit auch „eine Haftungsfunktion (Garantiefunktion) im Verlustfall“[24], mitunter schon dann, wenn „die Prämien nicht ausreichen zur Zahlung der Schäden und Versicherungskosten“[25]. Von daher muß das Eigenkapital in einem angemessenen Verhältnis zu den Gesamtverpflichtungen der Versicherungsunternehmung stehen[26]. Der Versicherer muß darüber hinaus bestrebt sein, das Eigenkapital auch in seiner Kaufkraft zu erhalten[27].

Nach *Jannott*[28] erstreckt sich die Garantiefunktion des Eigenkapitals in erster Linie auf das versicherungstechnische Risiko, das insbesondere durch folgende Risiken geprägt wird:

- das Zufallsrisiko: Es können zufällig besonders viele oder große Schäden eintreten,
- das Änderungsrisiko: Die Risikoverhältnisse können sich nach Vertragsabschluß ändern oder die Geldwertverhältnisse können nicht vorhergesehene Auswirkungen auf die bereits in der Schadenrückstellung passivierten Verpflichtungen haben,
- das Irrtumsrisiko[29]: Der Versicherer kann sich in der Wahl der Rechnungsgrundlagen, d.h. in der Bemessung der Risikoprämie, über den Zufallsfehler hinaus irren, oder ihm stehen bei der Bemessung der Rückstellungen keine ausreichenden Informationen zur Verfügung.

Die versicherungstechnischen Risiken sind je nach Art und Größe die bedeutendsten Risiken[30]. Besondere Bedeutung hat für den Versicherer das Änderungsrisiko, das *Gürtler* als ein „sehr schweres Risiko“ ansieht[31] und das zunimmt[32]. Langfristige Versicherungsverträge zu konstanten Beiträgen bürden dem Versicherer die „Änderungslast“ auf[33]. Die Änderungslast ist vor allem auf den Anstieg der Schaden- und Betriebskosten zurückzuführen[34]. Der Anstieg dieser Kosten beruht zu einem guten Teil auf einer „langlebigen Inflation“[35].

---

[23] Vgl. *Elster,* 1880, S. 60; *August,* 1902, S. 674; *Stratmann,* 1933, S. 3; *von Bargen,* in: Festschrift für Robert Schwebler, 1986, S. 588.

[24] *Farny,* Versicherungsbetriebslehre, 2000, S. 783; *Emil Frey,* VersArch 1957, 21, 39; *Braeß,* ZVersWiss 53 (1964), 3; *Emil Frey,* VW 1965, 1273, 1278; *Scherer,* 1975, S. 130f; *Ludwig Raiser,* VW 1977, 1274; *Weiler,* 1980, S. 101; *Mudrack,* Beilage Nr. 5/1986, S. 19; *Herbert Wiedemann,* in: Festschrift für Karl Beusch, 1993, S. 897f; zur Garantie- oder Haftungsfunktion des Eigenkapitals bei den Banken vgl. *Panowitz,* 1992, S. 4; *Reimnitz,* 1992, S. 5.

[25] *Fürst,* 1907, S. 15; ähnlich *Becker-Laurich,* 1883, S. 15.

[26] *Gürtler,* in: Festschrift für Braeß, 1969, S. 107.

[27] *Gürtler,* in: Festschrift für Braeß, 1969, S. 107f; Farny, VW 1974, 1240.

[28] *Horst K. Jannott,* in: Festschrift für Ernst Klingmüller, 1974, S. 197; ähnlich *Farny,* ZVersWiss 53 (1964), 443f; *Baumann,* ZHR 139 (1975), 313f.

[29] Vgl. hierzu auch *Karten,* 1966, S. 41ff.

[30] Ausführlich dazu *Fuß,* 1971, S. 18ff; *Wollmert,* 1992, S. 93; *Wolf,* ZVersWiss 61 (1972), 75, 92; *Lange,* 1995, S. 13.

[31] *Gürtler,* in: Festschrift für Paul Braeß, 1969, S. 117.

[32] *Horst K. Jannott,* in: Festschrift für Reimer Schmidt, 1976, S. 419.

[33] *Lipperheide,* ZVersWiss 62 (1973), 160.

[34] *Gürtler,* in: Festschrift für Paul Braeß, 1969, S. 117ff.

[35] Siehe dazu *Arps,* ZVersWiss 60 (1971), 421ff; *Lipperheide,* ZVersWiss 62 (1973), 159; *Ammeter,* ZVersWiss 62 (1973), 212.

Die Garantiefunktion des Eigenkapitals deckt ferner allgemeine unternehmerische Entscheidungen ab, insbesondere Investitionen in Vermögensanlagen und das Delkredere[36]. Um das Kapitalanlagerisiko[37] geht es vor allem in der Lebensversicherung, um das versicherungstechnische Risiko in der Schadenversicherung[38].

3. Sicherheitsfunktion

Das Eigenkapital erfüllt schließlich eine Sicherheitsfunktion für den Fall der Liquidation des Versicherungsunternehmens[39]. Es ist nicht auszuschließen, daß die weiterlaufenden Verwaltungskosten und zusätzlichen Kosten der Abwicklung nicht vollständig aus versicherungstechnischen und nichtversicherungstechnischen Erträgen gedeckt werden können[40]. Das Eigenkapital muß dann den Ausgleich schaffen.

III. Beaufsichtigung der Höhe des Eigenkapitals durch die Aufsichtsbehörde

1. Kontrolle der Eigenkapitalausstattung

Das von *Wiedemann*[41] für das Kapitalgesellschaftsrecht als im Vordringen bezeichnete Prinzip korrekter Eigenkapitalausstattung ist im Bereich der Versicherungswirtschaft weitgehend Realität. Die Bildung und Erhaltung der notwendigen Eigenkapitalausstattung wird im Wege der Versicherungsaufsicht überwacht.

Ziel der Versicherungsaufsicht ist vor allem der Schutz der Versicherungsnehmer, nicht die Wirtschaftslenkung[42]. Gläubigerschutz, so *Jannott*[43], „bedeutet in der Erstversicherung Schutz der Versicherungsnehmer als Gläubiger der vom Erstversicherer geschuldeten Leistungen vor dessen Insolvenz sowie vor Übervorteilung durch diesen". Im Schrifttum wird vor allem von *Mösbauer*[44] darauf hingewiesen, daß Versicherungsaufsicht heute längst nicht mehr nur Wirtschaftsaufsicht im materiellen Sinne sei, sondern „bereits die Versicherungswirt-

---

[36] *Fuß,* 1971, S. 15f; *Horst K. Jannott,* in: Festschrift für Ernst Klingmüller, 1974, S. 197.

[37] Dazu *Lukarsch,* 1959, S. 29ff; *Emil Frey,* VW 1965, 1273, 1277; *Gebhard,* 1995, S. 356ff; *Alexander König,* 1997, S. 42.

[38] *Farny,* Versicherungsbetriebslehre, 1989, S. 625.

[39] *Braeß,* ZVersWiss 53 (1964), 4; *Horst K. Jannott,* in: Festschrift für Ernst Klingmüller, 1974, S. 200.

[40] *Horst K. Jannott,* in: Festschrift für Ernst Klingmüller, 1974, S. 200.

[41] *Wiedemann,* in: Festschrift für Robert Fischer, 1979, S. 883.

[42] Vgl. *Peters,* in: Festschrift für Heinrich Lehmann, 1956, S. 897; *Werner Weber,* ZVersWiss 57 (1968), 243; *Nowak,* Die Versicherungspraxis 1971, 67; *Scholz,* NJW 1972, 1218; *Horst K. Jannott,* in: Festschrift für Ernst Klingmüller, 1974, Fußnote 63, S. 211; *Ipsen,* DÖV 1975, 807; *Gärtner,* BB 1980, 451; *August Angerer,* ZfV 1982, 582, 586; *Rittner,* VersR 1982, 205; *Mösbauer,* DÖV 1985, 813; *Burger,* 1988, S. 249; *Hohlfeld,* VW 1991, 1494; *Tormyn,* 1992, S. 151ff; *Neumayer,* 1993, S. 101; *Miersch,* 1996, S. 8, 11; *König,* 1997, S. 14f; zur künftigen Mißstandsaufsicht siehe *Dreher,* VersR 1993, 1443ff; zu den Erscheinungsformen der Wirtschaftslenkung vgl. *Kluth,* ZHR 162 (1998), 657ff.

[43] Vgl. *Horst K. Jannott,* in: Festschrift für Ernst Klingmüller, 1974, S. 211f; *Braeß,* Die Versicherungsrundschau 1968, 32ff.

[44] *Mösbauer,* 1990, S. 356; *derselbe,* RIW 1985, 862ff; *derselbe,* BB 1987, 1694.

schaft umfassend steuernde Wirtschaftslenkung". Nach *Scholz*[45] hat sich die Versicherungsaufsicht in der Realität schon weit der Wirtschaftslenkung angenähert.

Zur Verbesserung der Solvabilitätsmarge kann der Versicherer Rückversicherung als Ersatz für zu beschaffendes Eigenkapital in Anspruch nehmen[46], wie überhaupt über die Rückversicherung das Problem eines nicht ausreichenden Betriebskapitals angegangen werden kann[47].

2. Bildung und Nachweis freier unbelasteter Eigenmittel

Die Versicherungsunternehmen sind verpflichtet, „freie unbelastete Eigenmittel" in Relation zum Geschäftsumfang zu bilden (§ 53c Abs. 1 Satz 1 VAG) und jährlich nachzuweisen (§ 53c Abs. 4 VAG). Damit soll die „Sicherstellung der dauernden Erfüllbarkeit der Verträge" erreicht werden (§ 53c Abs. 1 Satz 1 VAG). Einzelheiten regeln § 53c VAG und die Verordnung über die Kapitalausstattung von Versicherungsunternehmen nebst den hierzu ergangenen Rundschreiben der Aufsichtsbehörde[48].

Beim Versicherungsverein auf Gegenseitigkeit gehören zu den Eigenmitteln neben den Eigenkapitalpositionen je nach Sparte u. a. auch Fremdkapitalpositionen und Zukunftsgewinne[49]. Stille Reserven können den Eigenmitteln zugerechnet werden, wenn die übrigen Eigenmittel für die Bedeckung der Solvabilitätsspanne nicht ausreichen, vgl. § 53c Abs. 3 Nr. 4 VAG[50].

Was in diesem Zusammenhang „frei und unbelastet" heißt, ist strittig. *Farny*[51] meint, diese Begriffe seien betriebswirtschaftlich „so zu interpretieren, daß Eigenmittel geeignet sein müssen, Verluste zu finanzieren und dadurch die Erhaltungssicherheit des Versicherungsunternehmens zu erhöhen".

Werden die vorgeschriebenen Eigenmittel nicht nachgewiesen, hat der Versicherungsverein auf Gegenseitigkeit „auf Verlangen der Aufsichtsbehörde dieser einen Plan zur Wiederherstellung gesunder Finanzverhältnisse (Solvabilitätsplan) zur Genehmigung vorzulegen", § 81b Abs. 1 VAG, oder sogar „einen Plan über die kurzfristige Beschaffung der erforderlichen Eigenmittel (Finanzierungsplan)", § 81b Abs. 2 Satz 1 VAG.

---

[45] *Scholz,* ZVersWiss 73 (1984), 33; ähnlich *Uwe H. Schneider,* Studie, 1987, S. 92; *Schwintowski,* 1987, S. 84.

[46] Vgl. *Peter Koch,* in: Handwörterbuch der Versicherung, 1988, S. 690; *Arnoldussen,* 1991, S. 37ff; *Schinzler,* in: Festschrift der Alte Leipziger Versicherung Aktiengesellschaft zum 175jährigen Jubiläum, 1994, S. 159.

[47] Vgl. *Vockeradt,* 1941, S. 131; *Karl Bischoff,* VersR 1956, 137; *Erich R. Prölss,* VersArch 1957, 407.

[48] Verordnung über die Kapitalausstattung von Versicherungsunternehmen vom 13. 12. 1983, BGBl I 1983, S. 1451ff = VerBAV 1984, 23ff; Rundschreiben R 2/88 für Lebensversicherer in VerBAV 1988, 135; Rundschreiben R 3/88 für Schaden – einschließlich Krankenversicherer in VerBAV 1988, 195. Zur Solvenzaufsicht in den USA siehe *Schradin/Telschow,* ZVersWiss 84 (1995), 363ff; *Schradin,* ZVersWiss 86 (1997), 269ff.

[49] Dazu *Farny,* Versicherungsbetriebslehre, 2000, S. 749ff; *Will,* in: Festschrift für Dieter Farny, 1994, S. 315.

[50] Dazu BAV, VerBAV 1988, 143; *August Angerer,* ZfV 1974, 326, 328ff; *Hesberg,* ZVersWiss 65 (1976), 379, 419ff; *Weimer-Hablitzel,* VW 1979, 236, 238; zur Solvabilitätssituation deutscher Lebensversicherer siehe *Ziegler/Hubert Müller,* VW 1997, 764ff.

[51] *Farny,* Versicherungsbetriebslehre, 2000, S. 757.

In der Versicherungswirtschaft besteht damit ein gesetzliches Regelsystem für eine angemessene Eigenkapitalausstattung, das – abgesehen von der Kreditwirtschaft – für andere Branchen als nicht realisierbar angesehen wird[52].

3. Eigenkapitalausstattung bei Konzernbildung

Bildet der Versicherungsverein auf Gegenseitigkeit einen Konzern, ist strittig, ob dieser Risikolage Rechnung zu tragen ist[53]. Die Aufsichtsbehörde vertritt die Auffassung, daß von den IST-Solvabilitätsmitteln[54] die Bilanzwerte von Beteiligungen an anderen Konzernversicherungsunternehmen abgezogen werden müßten[55]. Die Forderung von *Angerer*[56] und *Mudrack*[57] hat im Schrifttum keine Zustimmung gefunden[58]. Der Streit wurde durch die VAG-Novelle 2000 im Sinne der Forderungen der Aufsichtsbehörde entschieden[59].

4. Bewertung des Solvabilitätssystems

Farny[60] weist darauf hin, daß eine „umfassende Solvabilitätstheorie, die die Erhaltung von Versicherungsunternehmen mit Hilfe finanzwirtschaftlicher Maßnahmen erklären und gestalten könnte", bis heute nicht vorliegt. Das vorhandene Solvabilitätssystem bietet aber aus seiner Sicht trotz aller Mängel „ein Mindestmaß an Sicherheit des Versicherungsunternehmens und damit

---

[52] Vgl. *Eichholz,* 1993, S. 94f; ferner den Systemvergleich Banken/Versicherungen *von Süchting,* in: *Dieter Farny* und die Versicherungswissenschaft, 1994, S. 537ff.

[53] Siehe dazu schon *Stratmann,* 1933, S. 88; grundlegend zur Konzernfinanzierung *Uwe H. Schneider,* ZGR 1984, 497ff; vgl. ferner Vollmer, AG 1991, 94ff; *Jula/Breitbarth,* AG 1997, 256ff; zur Aufsicht über Finanzkonglomerate siehe *Häusele,* ZVersWiss 83 (1994), 563ff.

[54] Dazu *Farny,* Versicherungsbetriebslehre, 2000, S. 757.

[55] Vgl. R 2/88, Erläuterung 2.6, VerBAV 1988, 141f; R 3/88, Erläuterung 2.7, VerBAV 1988, 201; *Helmut Müller,* in: Festschrift für Horst Baumann, 1999, S. 229, 231f.

[56] Vgl. *August Angerer,* ZfV 1983, 134; dazu Bericht von *Thürmann,* VW 1983, 445f; *August Angerer,* in: Frankfurter Vorträge zum Versicherungswesen, Heft 7, 1984, S. 3, 14f.

[57] *Mudrack,* RIW 1992, Fußnote 69 am Ende, S. 1017; *derselbe,* ZfgesKW 1993, 560ff.

[58] Vgl. *Konrath,* VW 1979, 1512; *Sasse,* VW 1980, 660; *Farny,* ZVersWiss 73 (1984), 52ff; *Hertel,* ZVersWiss 73 (1984), 409, 413; *von Puskás,* VW 1984, 362f; *Peter Frey,* VW 1986, 756, 757f; *Farny,* Versicherungsbetriebslehre, 1989, S. 626.

[59] Zum Vorschlag für eine Richtlinie des Europäischen Parlaments über die zusätzliche Beaufsichtigung der Versicherungsunternehmen einer Versicherungsgruppe (KOM (95) 0406–C4–0464/95) siehe *Van den Berghe,* ZVersWiss 86 (1997), 251ff. Zum Gemeinsamen Standpunkt des Rates im Hinblick auf den Erlaß einer Richtlinie des Europäischen Parlaments und des Rates über die zusätzliche Beaufsichtigung der einer Versicherungsgruppe angehörenden Versicherungsunternehmen vom 30. 3. 1998 (AblEG C 204 vom 30. 6. 1998, S. 1) siehe *Tenora,* VW 1998, 870ff, 972ff. Die Richtlinie 98/78/EG des Europäischen Parlaments und des Rates vom 27. 10. 1998 über die zusätzliche Beaufsichtigung der einer Versicherungsgruppe angehörenden Versicherungsunternehmen (AblEG L 330 vom 5. 12. 1998, S. 1) sieht bei den Maßnahmen gegen das sog. „double-gearing" mehrere Methoden zur Berechnung der bereinigten Solvabilität vor (siehe hierzu *Helmut Müller,* in: Festschrift für Horst Baumann, 1999, S. 229, 232ff; *Gruschinske,* in: Festschrift 100 Jahre materielle Versicherungsaufsicht in Deutschland, 2001, S. 271, 279f.). Die Umsetzung der Versicherungsgruppenrichtlinie erfolgte durch das Gesetz zur Änderung des Versicherungsaufsichtsgesetzes, insbesondere zur Durchführung der EG-Richtlinien 98/78/EG vom 27. 10. 1998 über die zusätzliche Beaufsichtigung der einer Versicherungsgruppe angehörenden Versicherungsunternehmen sowie zur Umstellung von Vorschriften auf Euro vom 21. 12. 2000 (BGBl I 2000, 1857).

[60] *Farny,* Versicherungsbetriebslehre, 2000, S. 757; *Braeß,* ZVersWiss 53 (1964), 20; *Scheunemann,* 1999, S. 67.

der Gläubigerrechte der Versicherungsnehmer"[61]. Und darin ist ihm beizupflichten.

IV. Eigenkapitalausstattung der großen Versicherungsvereine auf Gegenseitigkeit

1. Einfluß des Prinzips der Gegenseitigkeit

In welcher Größenordnung ein Versicherungsverein auf Gegenseitigkeit ohne Verstoß gegen das Gegenseitigkeitsprinzip Vereinsvermögen bilden darf, wird kaum diskutiert. Ursprünglich war man wohl der Meinung, daß der Versicherungsverein auf Gegenseitigkeit im Prinzip weitgehend ohne Eigenkapital auskommen kann[62]. So liest man bei *Rehm*[63]:

„Seinem wirtschaftlichen Zweck und rechtlichen Wesen nach bedarf der VVaG keines eigenen Kapitals (Vermögensfonds), denn er ist nicht Erwerbs-, Kapitalgesellschaft, sondern sein Zweck ist Abwälzung gewisser Nachteile, die dem einzelnen Mitglied drohen, auf die Schulter aller Mitglieder."

Ähnlich läßt sich *Bruck*[64] ein:

„Der Versicherungsverein ist keine Kapitalgesellschaft, er bedarf weder begrifflich noch tatsächlich der Bereitstellung eines Kapitals. Auch die Rücksichtnahme auf das Interesse der Mitglieder in ihrer Eigenschaft als Versicherungsnehmer erfordert nicht unbedingt eine besondere finanzielle Ausrüstung. An und für sich sind die Ausgaben des Vereins aus den Mitgliederbeiträgen zu decken. Sind daher Vorkehrungen gegen eine Gefährdung des Unternehmens namentlich in den ersten Jahren getroffen, etwa durch Einführung einer Wartezeit, die die schnellere Ansammlung eines Kapitals aus den eingehenden Beiträgen erleichtert, oder durch Kürzungsmöglichkeit fälliger Versicherungsansprüche, so darf von der Bildung eines Gründungsfonds und sogar eines Reservefonds mit Genehmigung der Aufsichtsbehörde Abstand genommen werden (§§ 23, 37 Abs. 2 VAG)."

Auch für Versicherungs-Aktiengesellschaften scheint die Auffassung vertreten worden zu sein, daß Eigenkapital nicht erforderlich ist[65].

Die Ansicht zu den Erfordernissen einer ausreichenden Kapitalausstattung kommt bei den Versicherungsvereinen auf Gegenseitigkeit auch darin zum Ausdruck, daß zur Aufnahme und Aufrechterhaltung des Geschäftsbetriebs sowie für das Geschäftsbetriebsrisiko lediglich die vorübergehende Einrichtung eines Gründungsstocks als erforderlich angesehen wurde (vgl. § 22 VAG).

Anerkannt wird aber, daß das Gesetz die Bildung eines Vereinsvermögens vorsieht, hervorgehoben wird jedoch, daß dies nicht unbegrenzt geschehen dürfe[66]. So sagt *Wörner*[67]:

---

[61] *Farny*, Versicherungsbetriebslehre, 2000, S. 762; ähnlich *Scherer*, 1975, S. 135; *Baumann*, ZHR 139 (1975), 319; *Reimer Schmidt*, VersR 1990, 921, 923f; kritisch zu den Solvabilitätsnormen und -indices: *Braeß*, in: Ausblick und Rückblick, *Erich R. Prölss* zum 60. Geburtstag, 1967, S. 95ff; *Hertel*, VW 1981, 436ff; *Karten*, in: Festgabe für Wilhelm Seuß, 1981, S. 146f; *Peter Frey*, VW 1986, 898, 900.

[62] Ähnlich *Reckhenrich*, 1987, S. 138. Dieses Verständnis konnte sich herausbilden, weil seinerzeit keine mit den heutigen Solvabilitätsanforderungen bzw. Solvenzanforderungen vergleichbare Vorschriften bestanden, vgl. *Görg*, VW 2001, 1733.

[63] *Rehm*, 1911, S. 125.

[64] *Bruck*, 1930, S. 94.

[65] Vgl. den Hinweis von *Grossmann*, Rückversicherung und Fiskus, ZfV 1973, 597.

[66] *Wörner*, Versicherungsverein, 1904, S. 24.

[67] *Wörner*, Versicherungsverein, 1904, S. 24f.

„Der Umfang des Vermögens darf allerdings keine beliebige Höhe erreichen, er wird dadurch begrenzt, daß das Vereinsvermögen lediglich zur Befriedigung der Vereinsgläubiger zu dienen hat; ist das Vermögen stark genug, um nicht nur die fälligen, sondern auch die zu erwartenden Vereinsverpflichtungen zu decken, so muß von seiner Weiterbildung, soweit es sich nicht nur um die Erhaltung in dieser Höhe handelt, abgesehen werden. Zu den zu erwartenden Verpflichtungen gehören hierbei aber nicht nur die auf Grund der rechnerischen Unterlagen in einer Versicherungsperiode voraussichtlich eintretenden, sondern die Gesamtheit der für den Verein aus den Versicherungsverhältnissen sich ergebenden Versicherungsleistungen."

Die Größe des Vermögens des Versicherungsvereins auf Gegenseitigkeit soll, so *Wörner*[68], „sich lediglich nach dem Bedarf an Mitteln zur Durchführung des Versicherungsbetriebes richten".

Diese Auffassung hat die Bilanzpolitik der großen Versicherungsvereine auf Gegenseitigkeit zeitweise beeinflußt und hat bei vielen Versicherungsvereinen auf Gegenseitigkeit die Verstärkung der Eigenkapitalquote in den Hintergrund treten lassen[69].

2. Externe Eigenkapitalaufbringung

Eine externe Aufbringung von Eigenkapital ist beim Versicherungsverein auf Gegenseitigkeit gesetzlich nicht vorgesehen. Er kann sich extern nur Fremdkapital mit Eigenkapitalcharakter über den Gründungsstock und in Form von Genußrechtskapital beschaffen. Diese Finanzierungsformen sind in Kapitel 17 behandelt.

Nicht unter die externe Eigenkapitalaufbringung fällt die Erhebung von Umlagen oder Nachschüssen, die insbesondere in den Satzungen der Sachversicherungsvereine näher geregelt ist. Diese Finanzierungsformen dienen nur dem versicherungstechnischen Verlustausgleich. Die insoweit fließenden Mittel werden nicht zu dem Zweck eingebracht, dem Versicherungsverein auf Dauer Haftungskapital zur Verfügung zu stellen. Abgesehen davon können die Versicherungsvereine schon aus Wettbewerbsgründen von entsprechenden Satzungsmöglichkeiten praktisch keinen Gebrauch machen.

Im Rahmen des Beitritts könnten Versicherungsvereine gesellschaftliche Einlagen annehmen. Die Satzung könnte bestimmen, daß diese Einlagen aufgrund einer allgemeinen und für alle Mitglieder gleichen Pflicht ohne besondere Gegenleistung zu zahlen sind und für die Dauer der Mitgliedschaft nicht gekündigt werden können[70]. Aus Wettbewerbsgründen ist aber schon in der Vergangenheit von solchen Möglichkeiten kaum Gebrauch gemacht worden.

---

[68] *Wörner*, Versicherungsverein, 1904, S. 91.

[69] Vgl. für die Lebensversicherungsvereine *Schlüter*, Versicherungskaufmann 1994, 55ff. Jüngst erst verlautbarte der Vorstandsvorsitzende der Debeka Versicherungsgruppe, zitiert nach FAZ Nr. 127 vom 2. 6. 2000, S. 20: „Auch Vereine können aus eigener Kraft wachsen". Und weiter heißt es zur Verlautbarung im Bericht der FAZ: „Dafür brauche man keine Börsennotierung und auch keine Fusion. Die Debeka halte sich bewußt an die Mindestausstattung mit Eigenkapital, weil für jede Mark Eigenkapitalbildung eine Steuerbelastung von mehr als 100 Prozent entstehe". Im Schrifttum wird darauf hingewiesen, daß zumindest in der Vergangenheit Aktiengesellschaften und Gegenseitigkeitsvereine im gleichen Maße in der Lage waren, Eigenkapital zu bilden (vgl. *Ziegler/Hubert Müller*, VW 1997, 764).

[70] Vgl. hierzu *Bell*, VersR 1953, 128; *Braeß*, ZVersWiss 56 (1967), 1; RFH vom 6. 4. 1937, RStBl 1937, 900; RFH vom 11. 2. 1941, RStBl 1941, 380; BFH vom 21. 4. 1953, BStBl 1953 III,

3. Interne Eigenkapitalaufbringung

a) Verlustrücklage. Die Eigenkapitalbildung erfolgt zunächst im Zuge der Tilgung des Gründungsstocks. Der Versicherungsverein auf Gegenseitigkeit ist gehalten, eine Rücklage aus versteuerten Gewinnen zu bilden, die das Gesetz auch als Verlustrücklage oder Reservefonds bezeichnet (vgl. § 37 VAG). Soweit der Versicherungsverein auf Gegenseitigkeit schon am 1. Januar 1902 bestand, hatte er eine Verlustrücklage bis zum 31. Dezember 1983 zu bilden (vgl. § 128 VAG).

b) Andere Gewinnrücklagen. Sobald die Verlustrücklage den satzungsgemäßen Mindestbetrag erreicht hat, kann der Versicherungsverein auf Gegenseitigkeit durch die Thesaurierung versteuerter Gewinne andere Gewinnrücklagen bilden.

Die Eigenkapitalfinanzierung des Versicherungsvereins auf Gegenseitigkeit erfolgt auf Dauer durch die Thesaurierung versteuerter Überschüsse aus dem Versicherungsbetrieb. Überschüsse erzielt der Versicherungsverein auf Gegenseitigkeit ebenso wie eine Versicherungs-Aktiengesellschaft im laufenden Geschäftsjahr aus den nicht für Verwaltung, Vertrieb, Schäden und Rückstellungen verbrauchten Beiträgen und aus den Erträgen angelegter Beiträge.

Für den Versicherungsverein auf Gegenseitigkeit sind von daher die tatsächlichen Möglichkeiten der Eigenkapitalbildung begrenzt. Solange der Versicherungsverein auf Gegenseitigkeit sich auf sein operatives Kerngeschäft beschränkt und im Kerngeschäft organisch und ertragsorientiert wächst, reichen die Möglichkeiten der Eigenkapitalbildung durch Thesaurierung versteuerter Überschüsse in der Regel aus. Kapitalprobleme treten auf, wenn eine schnelle Expansion erfolgt und der Versicherungsverein auf Gegenseitigkeit über die Konzernbildung in andere Geschäftsfelder expandiert.

c) Steuerbelastung thesaurierter Gewinne. Für Versicherungsvereine auf Gegenseitigkeit gilt gemäß § 23 Abs. 2 KStG i.V.m. § 1 Abs. 1 Nr. 3 KStG für Thesaurierungen ein auf 40 % ermäßigter Körperschaftsteuersatz[71]. Durch das Gesetz zur Senkung der Steuersätze und zur Reform der Unternehmensbesteuerung (Steuersenkungsgesetz – StSenkG)[72] wurde der Körperschaftsteuersatz für die

---

1755 = VersR 1953, 296 mit Anm. *Bell*, VersR 1953, 328; FG Düsseldorf vom 12. 2. 1970, VerBAV 1971, 28 ff = VersR 1971, 1018 f.

[71] Seit dem KStG 1999. Bis 1989 betrug der Körperschaftsteuersatz 50%, bis 1993 46%, seit 1994 42%, vgl. *Streck*, 1997, § 23 KStG Anm. 4. Bei einem gewerbesteuerlichen Hebesatz von 400% mußte ein VVaG bei einem Körperschaftsteuersatz von 46% einen Überschuß von 2,4 Mio. DM erzielen, wenn er die Verlustrücklage oder die anderen Gewinnrücklagen mit 1,0 Mio. DM dotieren wollte, vgl. *Weigel*, VersR 1993, 1431. Zur Weiterentwicklung des deutschen Körperschaftsteuerrechts siehe *Willemsen*, in: Festschrift für Karl Beusch, 1993, S. 915 ff; zur Besteuerung der Unternehmen in Staaten der Europäischen Union siehe *Lang*, in: Unternehmensbesteuerung in EU-Staaten, 1994, S. 295 ff; *Kaufmann/Gebhardt*, GmbHR 2000, 1034 ff .

[72] Vgl. BT-Drucks. 14/3366; BT-Drucks. 14/3760. Zur Körperschaftsteuerreform und zu den wesentlichen Änderungen insbesondere aufgrund des Wechsels vom Anrechnungs- zum Halbeinkünfteverfahren (§ 3 Nr. 40 EStG) und der prinzipiellen Steuerbefreiung von Gewinnen aus der Veräußerung von Anteilen an Kapitalgesellschaften durch Kapitalgesellschaften (§ 8 b Abs. 2 KStG) siehe *Crezelius*, DB 2000, 1631 ff; *Dötsch/Pung*, Beilage Nr. 10/2000 zu DB Heft Nr. 34 vom 25. 8. 2000; *Eisolt/Verdenhalven*, NZG 2000, 527 ff; *Eisolt/Wickinger*, NZG 2000, 971 ff; *Frotscher*, BB 2000, 2280 ff; *Grotherr*, BB 2000, 849 ff; *Hammen*, WM 2000, 941 ff; *Hoffmann*, DB 2000, 1931 ff; *Neufang*, BB 2000, 1913 ff; *Raber*, DB 1999, 2596 ff; ferner die Stellungnahme des IDW vom 27. 1. 2000, abgedruckt WPg 2000, 243 ff.

Veranlagungszeiträume ab dem 1. 1. 2001 auf 25% abgesenkt, wobei die Gewerbesteuer und der Solidaritätszuschlag nicht verändert wurden. Bei einem unterstellten Gewerbesteuer-Hebesatz von 400% beträgt die Gesamtbelastung des thesaurierten Gewinns ab 1. 1. 2001 37,5% ohne Belastung mit Solidaritätszuschlag, mit Berücksichtigung des Solidaritätszuschlags von 5,5% beträgt die Gesamtbelastung 38,65%[73].

4. Eigenkapitalquote

a) Ermittlung der Durchschnittsquote nach Sparten. Treffend heißt es bei *Prölss*[74]: „Eigenkapital ist, was das Unternehmen hat, nicht, was es als Eigenkapital ausweist". Insoweit läßt sich aus den veröffentlichten Geschäftsberichten nicht immer eindeutig ersehen, ob und wieviel nicht ausgewiesenes Eigenkapital zusätzlich zu dem ausgewiesenen vorhanden ist[75]. Ein Eigenkapitalvergleich kann sich daher nur auf das ausgewiesene Eigenkapital der großen Versicherungsvereine auf Gegenseitigkeit beschränken. Wird an die Bilanzsumme angeknüpft, beträgt die Eigenkapitalquote (ohne Genußrechtskapital) der zehn größten großen Versicherungsvereine auf Gegenseitigkeit, ermittelt für 1998, bei den Lebensversicherungsvereinen: 0,60% bis 1,36%, Krankenversicherungsvereinen: 2,19% bis 6,39% und den Sachversicherungsvereinen: 6,11% bis 48,39%[76].

b) Durchschnittsquote über alle Sparten. Die Eigenkapitalquote der nach Bilanzsumme zehn größten Versicherungsvereine auf Gegenseitigkeit lag in 1990 bei allen Sparten zwischen 0,60% bis 48,39% der Bilanzsumme. Der Anteil des Eigenkapitals an der Bilanzsumme deutscher Industrieaktiengesellschaften betrug 1966 36 v.H.[77]. Nach einer Statistik der OECD aus dem Jahre 1988 stieg die Eigenkapitalquote der Unternehmen in der BRD 1988 auf 39 v.H.[78]. *Schieren*[79] beziffert den Anteil des Eigenkapitals an der Bilanzsumme im Durchschnitt aller Unternehmen auf 30% im Jahre 1967 und berichtet von einem Rückgang auf 18,5% bis 1983. Hierzu steht die Bemerkung von *Dieter Reuter*[80] im Raum: „Die Eigenkapitalausstattung der deutschen Wirtschaft leidet Not".

c) Kennzahlen des BAV zur Eigenkapitalausstattung. Für den Bereich der Lebensversicherung stellt das BAV auf das Verhältnis des verfügbaren Eigenkapitals zur Deckungsrückstellung ab, wobei die Deckungsrückstellung der Fondsgebundenen Lebensversicherungen nicht einbezogen wird. Danach betrug die Eigenkapitalquote aller deutschen Lebensversicherungsunternehmen (ohne deutsche Niederlassungen ausländischer Lebensversicherungsunternehmen) in v.H.

---

[73] Vgl. *Eisolt/Wickinger*, NZG 2000, 971, 972; *Grotherr*, BB 2000, 849.

[74] *Erich R. Prölss*, VersArch 1957, 409.

[75] *Erich R. Prölss*, VersArch 1957, 409f; *Braeß*, ZVersWiss 53 (1964), 1; *Horst K. Jannott*, in: Festschrift für Ernst Klingmüller, 1974, S. 208.

[76] Vgl. Anhänge.

[77] *Friedrich-Wilhelm Henning*, 1990, Tabelle 1, S. 105.

[78] *Friedrich-Wilhelm Henning*, 1990, S. 106, 107.

[79] *Schieren*, in: Festschrift für Robert Schwebler, 1986, S. 795f. In 1994 betrug der Anteil des Eigenkapitals sämtlicher Unternehmen in der BRD 17,8% der Bilanzsumme, vgl. *Hansen*, GmbHR 1996, 327, 328; *derselbe*, Der deutsche Aktienmarkt, 1996, S. 38.

[80] *Dieter Reuter*, in: Festschrift für Walter Stimpel, 1985, S. 645; siehe hierzu auch *Kübler*, AG 1981, 5, 6f; *Karsten Schmidt*, JZ 1984, 771ff.

der Deckungsrückstellung in 1994 1,34%, in 1995 1,39%, in 1996 1,43%, in 1997 1,40% und in 1998 1,46%[81]. In der Krankenversicherung stellt das BAV auf das Verhältnis des verfügbaren Eigenkapitals zur Beitragseinnahme ab. Das Eigenkapital betrug danach in v.H. der verdienten Brutto-Beiträge in 1994 11,8%, in 1995 11,6%, in 1996 12,2%, in 1997 12,8% und in 1998 13,7%[82]. Für die Schaden- und Unfall-Versicherungsunternehmen stellt das BAV wie in der Krankenversicherung auf die Beitragseinnahme ab und berücksichtigt hierbei sogar die Rechtsformen. Danach betrug das Eigenkapital in v.H. der gebuchten Brutto-Beiträge in 1996 38,2% (AG 29,9%/ö.r. VA 68,1%), in 1997 42,9% (AG 31,8%/ö.r. VA 72,7%) und in 1998 49,5% (AG 32,7%/ö.r. VA 76,5%), wobei in den Klammern die Vergleichszahlen für die Aktiengesellschaften und die öffentlichrechtlichen Versicherungsanstalten genannt sind[83].

V. Sicherung des Eigenkapitals

Das Eigenkapital des Versicherungsvereins auf Gegenseitigkeit ist über die Anlagevorschrift des § 54 VAG aufsichtsrechtlich besonders geschützt. Nach dieser Vorschrift ist das Vermögen des Versicherungsvereins auf Gegenseitigkeit „so anzulegen, daß möglichst große Sicherheit und Rentabilität bei jederzeitiger Liquidität der Versicherungsunternehmung unter Wahrung angemessener Mischung und Streuung erreicht wird“.

VI. Vorschläge zur dauerhaften Verbesserung der Eigenkapitalausstattung der Versicherungsvereine auf Gegenseitigkeit

1. Gesellschaftsrechtliche Lösungen

a) Eintrittszahlungen. In den Anfängen der Versicherungsvereine auf Gegenseitigkeit scheint die Erhebung von Eintrittszahlungen vorgekommen zu sein. So soll die Gothaer von ihren ersten Mitgliedern ein „Antrittsgeld“ erhoben haben, das zur Deckung der Einrichtungskosten und zur Bildung eines Rücklagefonds für die ersten Versicherungsverpflichtungen bestimmt gewesen sein soll[84]. *Victor Ehrenberg*[85] berichtet von einem sog. Lege- oder Sicherungsfonds, der sich bei zahlreichen, besonders kleineren Gesellschaften finde und dessen Kapitalbetrag eigentlich nicht zum Vermögen der Gesellschaft gehöre, und schreibt dazu weiter:

> „Er besteht aus den von jedem Mitgliede im Verhältnis zu seiner Versicherungssumme zu entrichtenden sog. Legegeldern, die als *Kaution* für die Erfüllung der Mitgliedschaftspflichten (Nachschüsse oder Umlagen) dienen, zwar ins Eigentum der Gesellschaft übergehen, aber jedem Mitgliede beim Austritt wieder zurückgezahlt werden. Dagegen fallen die Zinsen dieses Fonds als laufende Einnahmen der Gesellschaft zu.“

Erwogen wurde, an diese Handhabung wiederanzuknüpfen. Im Zuge der Diskussion um die Eigenkapitalausstattung der Versicherungsvereine auf Gegensei-

---

[81] GB BAV Teil B 1998, S. 19.
[82] GB BAV Teil B 1998, S. 25.
[83] GB BAV Teil B 1998, S. 47.
[84] Vgl. *Schloeßmann*, 1936, S. 45.
[85] *Victor Ehrenberg*, 1893, S. 127; vgl. *Bendix*, in: Ehrenzweigs Assekuranz-Jahrbuch 26 (1905), 112.

tigkeit wurde in den Raum gestellt, daß Versicherungsvereine auf Gegenseitigkeit bei Beginn des Mitgliedschaftsverhältnisses zweckgebundene Eintrittsgelder oder Aufnahmegebühren verlangen könnten, die unmittelbar den Eigenmitteln zuzuweisen wären[86]. Dieser Lösungsweg blieb jedoch chancenlos, weil er die Versicherungsvereine auf Gegenseitigkeit im Wettbewerb mit den Versicherungsaktiengesellschaften benachteiligt hätte[87]. Außerdem werden Eintritts- und Einkaufsgelder als Versicherungsentgelt, das der Versicherungssteuer unterliegt, angesehen, wenn es sich nicht um Beitragsleistungen handelt, die sachlich den Charakter von Einlagen haben und wirtschaftlich einer Gesellschafterleistung gleichstehen[88].

b) Tilgungsfreier Gründungsstock. Überlegt wurde auch, den Gründungsstock dem Versicherungsverein auf Gegenseitigkeit auf Dauer zur Verfügung zu stellen, indem man auf seine in § 22 Abs. 4 Satz 2 VAG vorgesehene Tilgung verzichtet[89].

Diese Lösung wird abgelehnt, weil sie dem vom Gesetzgeber zuerkannten Zweck widersprechen und in Konflikt mit dem Gegenseitigkeitsprinzip geraten würde[90]. Dem Gründungsstock sei neben seiner Sicherungsfunktion vor allem die Aufgabe zugedacht, die Anlaufkosten bilanztechnisch auf mehrere Jahre zu verteilen[91]. Seiner Natur nach soll er nur vorübergehend bestehen, bis er durch entsprechende Rücklagen in Eigenkapital „umgeschmolzen" sei und zurückgezahlt werden könne[92]. Nur unter dieser zeitlichen Prämisse seien die Mitverwaltungsrechte der Garanten zu sehen, da der Gesetzgeber erkennbar das Ziel verfolgt habe, den Versicherungsverein von fremdbestimmten Kapitaleinflüssen freizuhalten[93]. Dies sei einer der wesentlichen Strukturvorteile des Versicherungsvereins gegenüber der Versicherungsaktiengesellschaft[94]. Ein Verzicht auf die Tilgung des Gründungsstocks würde das Prinzip der genossenschaftlichen Selbstverwaltung auf Dauer durchbrechen[95]. Außerdem sei eine unkündbare Gründungsstockeinlage praktisch unverkäuflich[96]. Daher komme dieser Vorschlag nicht in Betracht[97].

c) Zeichnung von Geschäftsanteilen. Auf *Heinz Ullmann*[98] geht der Vorschlag zurück, Versicherungsvereine auf Gegenseitigkeit nach dem Vorbild der

---

86 Vgl. *Kalwar/Weigel,* ZVersWiss 69 (1980), 604.

87 *Reckhenrich,* 1987, S. 155; *Kalwar,* Frankfurter Vorträge zum Versicherungswesen, Heft 5, 1982, S. 14.

88 RFH vom 6. 4. 1937, RStBl 1937, 900; RFH vom 16. 2. 1934, RStBl 1934, 398; RFH vom 20. 12. 1940, RStBl 1941, 250; RFH vom 23. 9. 1941, RStBl 1942, 316; BFH vom 21. 4. 1953, BStBl 1953 II, 175; dazu *Riepl,* Deutsche Steuer-Rundschau 1951, 130 ff; *derselbe,* ZfV 1953, 323; vgl. für die eG: *Zülow/Schubert/Rosiny,* 1985, S. 67 f.

89 Vgl. *Kalwar/Weigel,* ZVersWiss 69 (1980), 604.

90 *Brenzel,* Versicherungsverein, 1975, S. 92; *Kalwar/Weigel,* ZVersWiss 69 (1980), 604; *Kastner,* VW 1986, 308; *Hübner,* Frankfurter Vorträge zum Versicherungswesen, Heft 13, 1986, S. 22; *Reckhenrich,* 1987, S. 155; *Schirmer,* in: Dieter Farny und die Versicherungswissenschaft, 1994, S. 392.

91 *Brenzel,* Versicherungsverein, 1975, S. 92; *Reckhenrich,* 1987, S. 155.

92 *Reckhenrich,* 1987, S. 155.

93 *Reckhenrich,* 1987, S. 155.

94 *Reckhenrich,* 1987, S. 155.

95 *Reckhenrich,* 1987, S. 156.

96 *Kalwar/Weigel,* ZVersWiss 69 (1980), 605.

97 *Brenzel,* Versicherungsverein, 1975, S. 93; *Kalwar/Weigel,* ZVersWiss 69 (1980), 583, 605; *Reckhenrich,* 1987, S. 156.

98 *Heinz Ullmann,* VW 1969, 168.

schweizerischen Versicherungsgenossenschaften Geschäftsanteile ausgeben zu lassen.

Das Schrifttum lehnt diese Lösung mit der Begründung ab, daß einen so weiterentwickelten Versicherungsverein auf Gegenseitigkeit praktisch nichts mehr von der Versicherungsaktiengesellschaft unterscheiden würde[99].

d) Ausgabe von Geschäftsanteilen an Vereinsmitglieder. Ein anderer Vorschlag sieht vor, daß Versicherungsvereine auf Gegenseitigkeit Geschäftsanteile an zeichnungswillige Vereinsmitglieder ausgeben[100]. Offen ist bei diesem Vorschlag, ob die Geschäftsanteile nur an Vereinsmitglieder vererbbar und veräußerbar sind.

Vorgesehen ist, daß die Anteilszeichner Stimmrecht in der obersten Vertretung erhalten. Der Umfang des Stimmrechts soll sich nach dem Verhältnis des Geschäftsanteilkapitals zum bisherigen Eigenkapital des Versicherungsvereins auf Gegenseitigkeit richten. Die Festsetzung der auf die Geschäftsanteile entfallenden Dividende fällt in die Kompetenz der obersten Vertretung. Mitglieder ohne und Mitglieder mit Geschäftsanteilen nehmen an der Beschlußfassung im Umfang ihrer Stimmberechtigung teil.

Gegen den Vorschlag wird eingewendet, daß hierdurch die Verknüpfung von korporativer und versicherungsvertraglicher Beziehung der Mitglieder gelockert werde[101]. Bedenklich sei die Beteiligung (rein) kapitalmäßig interessierter Mitglieder an der Willensbildung in der obersten Vertretung[102].

Befürchtet wird ferner, daß die Nur-Versicherungsmitglieder auf Dauer gesehen in ihrem Einfluß zurückgedrängt werden[103]. Darüber hinaus würde die Ausgabe der Geschäftsanteile nicht zu einer dauerhaften Verbesserung der Eigenmittelausstattung führen[104]. Bei Ende des Versicherungsvertrages oder bei Kündigung der genossenschaftlichen Mitgliedschaft wären die Anteile zurückzuvergüten[105]. Durch zahlreiche – unter Umständen kurzfristige – Kündigungen könnte sich das Eigenkapital dann drastisch verringern[106]. Der Zweck, die dauerhafte Erfüllbarkeit der Versicherungsverträge zu sichern, könne auf diese Weise nicht erreicht werden[107]. Auch werde der Gegenseitigkeitscharakter zerstört[108].

e) Einführung eines Grundkapital. *Brenzel*[109] möchte den Versicherungsverein auf Gegenseitigkeit mit einem festen, nicht rückzahlbaren Grundkapital nach dem Vorbild der Aktiengesellschaft ausstatten. Anteile dürfen nach seinem Vorschlag nur von den Mitgliedern erworben werden. Die Anteile sollen verzinst werden. Das zusätzliche Kapitalrisiko soll sich in einem erhöhten Stimmrecht der

---

[99] *Brenzel,* Versicherungsverein, 1975, S. 94; *Reckhenrich,* 1987, S. 156.

[100] *Geithe,* VW 1971, 456.

[101] *Reckhenrich,* 1987, S. 157.

[102] *Reckhenrich,* 1987, S. 157.

[103] *Brenzel,* Versicherungsverein, 1975, S. 95; *Reckhenrich,* 1987, S. 157.

[104] *Kalwar/Weigel,* ZVersWiss 69 (1980), 607; *Reckhenrich,* 1987, S. 157.

[105] *Brenzel,* Versicherungsverein, 1975, S. 97; *Kalwar/Weigel,* ZVersWiss 1980, 607f; *Reckhenrich,* 1987, S. 157.

[106] *Brenzel,* Versicherungsverein, 1975, S. 97; *Reckhenrich,* 1987, S. 157.

[107] *Vassel,* ZfV 1971, 501, 503; *Brenzel,* Versicherungsverein, 1975, S. 97; *Kastner,* VW 1986, 308; *Reckhenrich,* 1987, S. 157.

[108] *Brenzel,* Versicherungsverein, 1975, S. 96; ebenso *Harro Frels,* Mutualité 1979, 25.

[109] *Brenzel,* Versicherungsverein, 1975, S. 98ff.

Anteilseigner im obersten Organ niederschlagen können[110]. In der praktischen Durchführung könnte sich diese dauerhafte Kapitalbeteiligung insofern nachteilig auswirken, weil sie zahlreiche faktische Einflußmöglichkeiten auf die Willensbildung des Vereins eröffnete[111]. Dies könnte soweit gehen, daß Mitgliedschaften durch Abschluß eines Versicherungsvertrages tendenziell nur erworben werden, um Anteile erhalten zu können[112]. Der Vorschlag muß aber in erster Linie schon deshalb abgelehnt werden, weil er auf eine Umgestaltung des Versicherungsvereins auf Gegenseitigkeit in eine Kapitalgesellschaft hinauslaufen würde[113].

f) Auflegung eines Gewährsstocks. Ein anderer Vorschlag geht dahin, den Versicherungsvereinen auf Gegenseitigkeit im Falle eines Bedarfs das Auflegen eines eigenen Gewährsstocks zu erlauben. An diesem Gewährsstock sollen sich nur Mitglieder des Versicherungsvereins beteiligen dürfen, denen aber besondere Verwaltungsrechte nicht eingeräumt werden sollen. Dieser Gewährsstock soll wie der Gründungsstock aus Jahreseinnahmen in dem Maße getilgt werden, wie die Rücklagen angewachsen sind. In der obersten Vertretung soll der satzungsmäßige Anteil der Zeichner des Gewährsstocks ein Drittel der Mitglieder nicht überschreiten. Im Konkursfall sollen die Ansprüche auf Tilgung des Gewährsstocks wie die Forderungen der Garanten allen übrigen Konkursforderungen nachgehen[114].

Der Vorteil dieses Vorschlags wird von *Reckhenrich*[115] darin gesehen, daß er dem Versicherungsverein eine Finanzierung aus dem Kreis der Mitglieder ermögliche, gleichzeitig jedoch versuche, denkbare Einflußmöglichkeiten zumindest zeitlich zu begrenzen. Der Versicherungsverein auf Gegenseitigkeit befinde sich praktisch in einer ähnlichen Situation wie bei der Vereinsgründung. Das zu verzinsende vereinsfremde Kapital werde nach und nach in Eigenkapital umgeschmolzen. Der Vorschlag knüpfe an die Praxis des BAV an, in Ausnahmefällen, bei Sanierungsmaßnahmen und bei Aufnahme neuer Versicherungszweige durch bestehende Versicherer die neue Ausgabe eines Gründungsstocks zuzulassen[116]. Zu fragen sei allerdings, ob die Bildung eines tilgbaren Gewährsstocks geeignet sei, die Eigenkapitalausstattung nachhaltig und dauerhaft zu verbessern. Es liege in der Natur jeder Fremdfinanzierung, daß diese Mittel zu bedienen seien. Gleichzeitig müsse der Versicherungsverein auf Gegenseitigkeit jedoch noch die gesetzlichen und freien Rücklagen erhöhen, da andernfalls die Tilgung des Gewährsstocks nicht zulässig sei. Da dies wiederum nur aus versteuerten Gewinnen möglich sei, schließe sich der Kreis. Der Versicherungsverein auf Gegenseitigkeit müsse langfristig genügend hohe Gewinne erwirtschaften, um die Eigenkapitalbasis zu erhöhen. Ein tilgbarer Gewährsstock sei daher nur dazu geeignet, Solvabilitätsengpässe allenfalls mittelfristig zu überbrücken. Er verschaffe dem Versi-

---

110 *Brenzel,* Versicherungsverein, 1975, S. 101.

111 *Reckhenrich,* 1987, S. 157.

112 *Kalwar/Weigel,* ZVersWiss 69 (1980), 609.

113 Vgl. *Ludwig Raiser,* VW 1977, 1276.

114 *Kalwar/Weigel,* ZVersWiss 69 (1980), 610; *Kalwar,* Frankfurter Vorträge zum Versicherungswesen, Heft 5, 1982, S. 15.

115 *Reckhenrich,* 1987, S. 158.

116 Vgl. *Goldberg/Müller,* 1980, § 22 VAG Rdn. 8; GB BAV 1954/55, 30; GB BAV 1956/57, 28; GB BAV 1973, 43.

cherungsverein auf Gegenseitigkeit lediglich Zeit, Eigenkapital aus versteuerten Gewinnen zu bilden, entlaste ihn aber nicht dauerhaft. Mit der Möglichkeit der Aktiengesellschaft auf Kapitalerhöhungen zurückzugreifen, lasse sich dies nicht vergleichen. Zweifelhaft erscheine es auch, als Ausweg zeitlich nacheinander immer neue Gewährsstöcke aufzulegen. Der Grundgedanke dieses Vorschlags, den Einfluß der Fremdmittel zeitlich zu begrenzen, werde dadurch ausgehöhlt. Es könne sich dann doch ein dauerhafter Einfluß der Kapitaleigner durchsetzen.

Auch der Vorschlag auf Einführung eines Gewährsstocks wurde im Schrifttum nicht weiter aufgegriffen oder gar vom Gesetzgeber umgesetzt.

g) Gegenseitigkeitswertrecht. Neuere Überlegungen gehen dahin, den Mitgliedern des großen Versicherungsvereins auf Gegenseitigkeit den Bezug von Gegenseitigkeitswertrechten zu ermöglichen. Bei diesem Modell verzichtet der Kapitalgeber während einer fest umrissenen Laufzeit – etwa zehn Jahre – auf die Verzinsung des Kapitals ganz oder teilweise und bekommt dafür „im Gegenzug eine bestimmte Teilnahme am Wertzuwachs des Unternehmens in Aussicht gestellt“, die an „näher zu bestimmende Parameter aus der Gewinn- und Verlustrechnung anknüpft“[117].

2. Steuerrechtliche Lösungen

a) Steuerstundung. Zur steuerneutralen Bildung von Eigenkapital ist vorgeschlagen worden, einen Teil des Gewinns vor Steuern in einen Solvabilitätssonderposten mit Rücklagencharakter einzustellen, der erst zu einem späteren Zeitpunkt gewinnerhöhend aufzulösen ist und damit bis dahin zu einer Steuerstundung führt. Eine aufsichtsbehördliche Prüfung des öffentlichen Interesses an der ausreichenden Kapitalausstattung soll dieser Maßnahme vorgehen[118].

Die steuerliche Vergünstigung soll nur gewährt werden, wenn der Versicherungsverein auf Gegenseitigkeit mit seinen Eigenmitteln nur noch eine Überdeckung von 10% der maßgeblichen Solvabilitätsspanne aufweist, obwohl er in einer bestimmten Zahl vorangegangener Geschäftsjahre seine Eigenmittelversorgung wie ein ordentlicher Kaufmann vorgenommen hat[119].

In dem Geschäftsjahr, das auf das Geschäftsjahr folgt, in dem die Überdeckung der Solvabilitätsspanne 20% überschreitet, soll der Solvabilitätssonderposten wieder aufgelöst und der Steuerpflicht unterworfen werden. Unabhängig davon, ob der Schwellenwert erreicht wird, soll dieser Sonderposten spätestens nach sieben Jahren steuerpflichtig aufgelöst werden[120].

Der Gedanke einer Steuerstundung für Versicherungsvereine hat Zustimmung bei *Reckhenrich*[121] gefunden. Gegenüber einer Steuerbefreiung habe die Steuerstundung den Vorteil, nicht nachhaltig in das System der Steuergerechtigkeit und der Marktbedingungen aller Versicherungsunternehmen einzugreifen. Das Steu-

---

[117] Vgl. *Weigel*, VW 1993, 693ff; *derselbe*, VersR 1993, 1437ff; dazu *Schirmer*, in: Dieter Farny und die Versicherungswissenschaft, 1994, S. 396. Zu Genußscheinen mit Wertzuwachsvergütung siehe *Frantzen*, 1993, S. 120.

[118] *Kalwar/Weigel*, ZVersWiss 69 (1980), 618.

[119] *Kalwar/Weigel*, ZVersWiss 69 (1980), 620.

[120] *Kalwar/Weigel*, ZVersWiss 69 (1980), 620f.

[121] *Reckhenrich*, 1987, S. 165.

errecht könne hierdurch helfen, die rechtsformbedingten Nachteile des Versicherungsvereins auf Gegenseitigkeit zeitlich begrenzt auszugleichen, bis es ihm gelinge, die Solvabilitätsanforderungen aus eigener Kraft zu erfüllen. Das Steuerstundungsmodell wurde bis heute nicht weiterverfolgt. Denn wettbewerbsrechtlich diskriminierende Steuerpräferenzen bei der Eigenkapitalbildung kommen als Lösungsweg nicht in Frage[122].

b) Steuerbefreiung. Ein Vorschlag des Europäischen Versicherungsausschusses (CEA) an die EG-Kommission sah vor, den Versicherungsunternehmen aller Rechtsformen zu ermöglichen, Eigenmittel aus Gewinnen in Höhe des jeweiligen jährlichen Anstieges der Solvabilitätsmarge steuerfrei zu bilden. Die Steuerbefreiung sollte unabhängig davon eingeräumt werden, ob dem Unternehmen ausreichende eigene Mittel zur Verfügung stehen. Reichen die Gewinne eines Geschäftsjahres nicht aus, sollte der Fehlbetrag vorgetragen und aus den Gewinnen des Folgejahres gedeckt werden können. Nur wenn die Zweckbestimmung der so verwendeten Mittel geändert wird, sollten sie steuerpflichtig werden. Hierunter sollte aber nicht ihre Verwendung zur Verlustabdeckung fallen. Weiter sollte es möglich sein, die Mittel nach einer Frist von fünf bis zehn Jahren endgültig von der Steuerpflicht zu befreien[123]. Vorher hatte schon *Heinz Ullmann*[124] eine „Beseitigung oder doch wesentliche Senkung der Körperschaftsteuer auf den Teil der Überschüsse, die zur Auffüllung der Rücklage verwendet werden," gefordert.

Diesem Vorschlag wurde in der Frage der Durchsetzbarkeit schon damals eine geringe Chance eingeräumt, da er unter anderem die Unternehmen unabhängig von ihrer Finanzkraft pauschal gleich behandelt[125]. Zu bedenken sei ferner, daß Steuererleichterungen systemgerecht nur dann gerechtfertigt seien, wo ein vernünftiger wirtschaftlicher Grund eine solche Durchbrechung der Steuerpflicht zwingend nahelege[126]. Der Vorschlag, über einen Solvabilitätssonderposten zu einer Steuerstundung zu gelangen, sei daher dem einer pauschalen Steuerbefreiung vorzuziehen[127].

3. Ausblick

Die in der Literatur nicht zum Stillstand kommenden Überlegungen zeigen, wie schwierig es ist, geeignete Außenfinanzierungsmodelle für die großen Versicherungsvereine auf Gegenseitigkeit zu entwickeln[128]. Ob die Aufnahme der sog. Mitgliederkonten in den Katalog der Eigenmittel durch die Dritte Richtlinie Lebensversicherung[129] und die Dritte Richtlinie Schadenversicherung[130], die in den

---

[122] Ähnlich *Reimer Schmidt*, in: Festschrift für Ernst Klingmüller, 1974, S. 403.

[123] CEA, Dok. Nr. 10.929 C 6/79; vgl. hierzu *Konrath*, VW 1979, 1514.

[124] *Heinz Ullmann*, VW 1969, 166.

[125] *Reckhenrich*, 1987, S. 166.

[126] *Kalwar/Weigel*, ZVersWiss 69 (1980), 624.

[127] *Kalwar/Weigel*, ZVersWiss 69 (1980), 624; *Reckhenrich*, 1987, S. 166.

[128] Vgl. *Kastner*, VW 1986, 308.

[129] Vgl. Artikel 25 der Richtlinie 92/96/EWG des Rates vom 10. November 1992 zur Koordinierung der Rechts- und Verwaltungsvorschriften für die Direktversicherung (Lebensversicherung) sowie zur Änderung der Richtlinien 79/267/EWG und 90/619/ EWG (Dritte Richtlinie Lebensversicherung), ABlEG Nr. L 360/17 vom 9. 12. 1992.

[130] Vgl. Artikel 24 der Richtlinie 92/49/EWG DES RATES vom 18. Juni 1992 zur Koordinierung der Rechts- und Verwaltungsvorschriften für die Direktversicherung (mit Ausnahme der Lebensversicherung) sowie zur Änderung der Richtlinien 73/239/EWG und 88/357/EWG (Dritte Richtlinie Schadensversicherung), ABlEG Nr. L 228/15 vom 11. 8. 1992.

Niederlanden eine Rolle spielen[131], einen Ausweg weisen können, bleibt abzuwarten.

Kapitel 17
Die Finanzierung mit Fremdkapital

I. Die versicherungstechnischen Rückstellungen

Das bilanzielle Fremdkapital des Versicherungsvereins auf Gegenseitigkeit besteht in der Regel aus den versicherungstechnischen Rückstellungen[1]. Die versicherungstechnischen Rückstellungen[2] werden aus den Beitragseinnahmen gebildet[3]. Im einzelnen handelt es sich um folgende Posten:

- Beitragsüberträge als passive transistorische Rechnungsabgrenzungsposten für Prämieneinzahlungen, die in der Rechnungsperiode geleistet wurden, aber die Folgeperiode betreffen[4].
- Deckungsrückstellungen der Lebensversicherungsunternehmen, die verzinste Sparprämien und eine Rechnungsabgrenzung umfassen, da die Prämien mit steigendem Lebensalter der Versicherungsnehmer konstant bleiben, während das Risiko zunimmt.
  Bei den Alterungsrückstellungen der Krankenversicherungen handelt es sich ebenfalls um Rechnungsabgrenzungen aufgrund konstanter Prämien und zunehmendem Risiko mit erhöhtem Alter[5].
- Schadenrückstellungen für eingetretene, gemeldete, aber noch nicht regulierte Schadenfälle und für die sogenannten Spätschäden[6].
  Ferner um folgende Posten:
- Schwankungsrückstellungen der Schaden-, Unfall- und Rückversicherungsunternehmen als Risikoreserven zur Sicherung überdurchschnittlicher Schäden[7].
- Rückstellungen für Beitragsrückerstattungen in der Lebens-, Kranken- und Kraftfahrzeugversicherung. Die Versicherungsvereine auf Gegenseitigkeit bilden Rückstellungen für Beitragsrückerstattungen unabhängig von den betriebenen Versicherungssparten.

Die versicherungstechnischen Rückstellungen stehen dem Versicherer, je nach Sparte, für kurz-, mittel- und langfristige Anlagen zur Verfügung.

---

[131] Vgl. *Fahr,* VersR 1992, 1042; *Schirmer,* in: Dieter Farny und die Versicherungswissenschaft, 1994, S. 394.

[1] Vgl. *Welzel,* in: Handwörterbuch der Versicherung, 1988, S. 685; *Busch,* 1992, S. 31

[2] Dazu *Ziegler,* VW 1974, 1463 ff; *Biener,* in: Festschrift für Georg Döllerer, 1988, S. 49; *Lorch,* in: Handwörterbuch der Versicherung, 1988, S. 836 f; *Ziegler,* in: Festschrift 125 Jahre CONCORDIA, 1989, S. 205 ff; *Telgenbüscher,* WPg 1995, 582 ff; zu den Regelungen in den EG-Mitgliedstaaten siehe *Reimer Schmidt,* ZVersWiss 78 (1989), 513 ff.

[3] *Staat,* 1970, S. 64.

[4] Siehe hierzu *Jäger-v. Ehrenstein,* ZVersWiss 85 (1996), 443 ff.

[5] Siehe hierzu *Braeß,* VersArch 1958, 264 f.

[6] Siehe hierzu im einzelnen *Zimmermann,* ZVersWiss 80 (1991), 337 ff; *Jost Wiechmann/ Michael Will,* Steuerliche Behandlung der Schadenrückstellungen nach dem Steuerentlastungsgesetz 1999/2000/2002, ZfV 2000, 360 ff.

[7] Vgl. dazu *Braeß,* ZVersWiss 53 (1964), 9 f; *derselbe,* ZVersWiss 56 (1967), 1 ff; *Karten,* VW 1966, 1038 ff, 1089 ff; *Vassel,* VerBAV 1967, 112 ff; *Korn,* 1997, S. 208.

In der Schaden- und Unfallversicherung sind, worauf *Horst K. Jannott*[8] hinweist, die Erträge aus der Anlage der versicherungstechnischen Rückstellungen „vorrangig zur Deckung der Verwaltungskosten, der Abschreibungen und der Steuern sowie zur Aufrechterhaltung der Solvabilität notwendig, um bei wachsendem Versicherungsbestand und steigenden Risiken die erforderliche Reservekraft zu erhalten". Im Rahmen der Bilanzpolitik ist „der Substanzauszehrung durch die Inflation durch Wiederanlage eines Teils der Kapitalerträge" zu begegnen[9].

II. Aufnahme von Krediten

Weder das Bürgerliche Gesetzbuch noch das Versicherungsaufsichtsgesetz enthalten spezielle Vorschriften über die Kreditaufnahme durch Versicherungsvereine auf Gegenseitigkeit. Von daher stehen an sich den Versicherungsvereinen auf Gegenseitigkeit die mannigfaltigen Möglichkeiten der Finanzierung mit Fremdkapital zur Verfügung, die nicht mit einer bestimmten Rechtsform verbunden sind.

Allerdings leitet die Versicherungsaufsicht aus § 7 Abs. 2 VAG her, daß Versicherungsunternehmen die Aufnahme von Krediten nicht allenthalben gestattet sei[10]. Zustimmung hat diese Auffassung bei *Apel*[11] gefunden:

> „Ein Lebensversicherungsunternehmen braucht keinen Kredit. Es hat Kredit zu gewähren, hat Geld auszuleihen und Vermögenswerte anzuschaffen. Sollte eine Lebensversicherungsunternehmung in die unglückliche Lage kommen, Kredit zu brauchen, so würde das ein Zeichen dafür sein, daß sie versicherungsfremde Geschäfte betreibt, und es würde dringliche Aufgabe der Aufsichtsbehörde sein, hier sofort gründlichst nach dem Rechten zu sehen. Natürlich muß vorgesorgt werden, daß gegebenenfalls bei plötzlichem Bedarf aus Liquiditätsrücksichten Wertpapiere lombardiert werden können."

Die Aufsichtsbehörde zeigt jetzt eine liberalere Auffassung. In einer Verlautbarung des BAV[12] aus dem Jahre 1988 heißt es zwar weiterhin, daß „es mit dem Betrieb von Versicherungsgeschäften nicht vereinbar (§ 7 Abs. 2 VAG)" sei, „wenn VU Mittel der Finanzmärkte in Anspruch nehmen, um weitere, sonst nicht zu finanzierende Kapitalanlagen zu erwerben, auch wenn sie daraus zusätzliche Erträge erzielen könnten". Die Aufsichtsbehörde will ausweislich dieser Verlautbarung aber Finanzdispositionen hinnehmen, „die Kapitalanlagen vorbereiten oder sichern sollen, wenn und soweit sie auf der Grundlage einer kaufmännisch vernünftigen Finanzplanung erfolgen und einen nach Art, Umfang und Fristigkeit auch für VU vertretbaren Rahmen nicht überschreiten".

Gegen diese Auffassung der Aufsichtsbehörde ist einzuwenden, daß es sich bei der Aufnahme von Krediten um Geschäfte handelt, die grundsätzlich jedem Marktteilnehmer erlaubt sind. Es bedarf daher schon eines ausdrücklichen gesetzlichen Verbots, um zu dem Ergebnis zu gelangen, daß Versicherern grundsätzlich die Aufnahme von Krediten gemäß § 7 Abs. 2 VAG untersagt sei.

---

[8] *Horst K. Jannott,* in: Festschrift für Robert Schwebler, 1986, S. 255.
[9] *Horst K. Jannott,* in: Festschrift für Robert Schwebler, 1986, S. 255.
[10] Vgl. VerAfP 1930, 85; VerAfP 1935, 98; zustimmend *Mudrack,* BB 1988, 1270.
[11] *Apel,* ZVersWiss 36 (1936), 134.
[12] BAV, VerBAV 1988, 248.

Nicht unter das aufsichtsrechtliche Kreditaufnahmeverbot fällt die Aufnahme von Fremdkapital mit Eigenkapitalcharakter. Dazu gehört der Gründungsstock (§ 22 VAG).

Zulässig ist ferner die Aufnahme von Genußrechtskapital (§ 53c Abs. 3 Nr. 3a und Abs. 3a VAG), und zwar nicht nur, soweit nicht die 25%-Grenze des § 53c Abs. 3a Nr. 6 VAG überschritten wird[13], sondern auch über diese Grenze hinaus, wenn – so die Auffassung des BAV – dieses Genußrechtskapital nur in Vermögenswerten angelegt wird, deren Erwerb unternehmerischen Zwecken, z.B. Ergänzung eines Unternehmensvertrages durch eine Beteiligung, dient, für welche auch Eigenkapital verwendet werden könnte, begrenzt allerdings durch die Höhe der Eigenmittel gemäß § 53c Abs. 3 Satz 1 Nr. 1 bis 3 VAG[14]. Im Rahmen der Zulässigkeit der Kreditaufnahme darf der Versicherungsverein auf Gegenseitigkeit mit Fremdkapital Vermögen anlegen[15].

Die Gründungs- und Aufbaufinanzierung über entsprechend gestaltete Rückversicherungsverträge und -konditionen[16] verstößt in keinem Fall gegen das sogenannte aufsichtsrechtliche Kreditaufnahmeverbot. Derartige Finanzierungen sind mangels vertraglicher Absicherung z.B. vorfinanzierter Abschlußkosten nicht passivierungspflichtig und erscheinen damit nicht im Jahresabschluß[17].

Zulässig ist auch die Bildung eines Garantiefonds aus Darlehen der Mitglieder, die während der Dauer der Mitgliedschaft unkündbar sind[18].

III. Gründungsstock

Die Versicherungsvereine auf Gegenseitigkeit finanzieren ihren Geschäftsbetrieb mangels einem Grundkapital in der Anlaufphase über den Gründungsstock. Die im Gründungsstock gebundenen Mittel sind den Geldgebern zurückzugeben.

Zur Mittelart heißt es in einer Verlautbarung der Aufsichtsbehörde aus dem Jahre 1903[19]: „Der Gründungsfonds bildet ein dem Vereine gewährtes unkündbares Darlehen". *Friedlaender*[20], *Trabant*[21] und *Schloeßmann*[22] nennen den Gründungsfonds „eine Anleihe zur Beschaffung der anfänglich zum Geschäftsbetrieb erforderlichen Geldmittel". Und an anderer Stelle bezeichnen *Friedlaender*[23], *Platz*[24] und *Schloeßmann*[25] den Gründungsstock als „Darlehn", *Trabant*[26] als

---

[13] So aber VerBAV 1988, 248; *Angerer*, ZVersWiss 78 (1989), 120.

[14] Vgl. BAV, VerBAV 1992, 266; *Busch*, 1992, S. 61 ff, 71.

[15] Vgl. *Helmut Müller*, 1990, S. 23.

[16] Einzelheiten bei *Arnoldussen*, 1991, S. 147 ff; vgl. auch *Schinzler*, in: Festschrift der Alten Leipziger Versicherung Aktiengesellschaft zum 175jährigen Jubiläum, 1994, S. 159.

[17] Vgl. hierzu im einzelnen *Stefan Schneider*, ZVersWiss 81 (1992), 332 f; *Schwilling*, ZVersWiss 81 (1992), 279 f.

[18] Vgl. FG Düsseldorf vom 12. 2. 1970, VerBAV 1971, 28 f = VersR 1970, 1118 f.

[19] VerAfP 1903, 42.

[20] *Friedlaender*, 1904, S. 39.

[21] *Trabant*, 1935, S. 38; früher schon Platz, 1912, S. 46; ebenso *Kremers*, 1925, S. 28.

[22] *Schloeßmann*, 1936, S. 47.

[23] *Friedlaender*, 1904, S. 41, 43.

[24] *Platz*, 1912, S. 50.

[25] *Schloeßmann*, 1936, S. 48; ebenso *Holthöfer*, 1906, S. 57; *Curt Schmidt*, 1922, S. 25; *Zier*, 1968, S. 190 f; ablehnend *Stiefel*, 1958, S. 178.

[26] *Trabant*, 1935, S. 38.

„eine Schuld des Vereins". *Bruck*[27] geht ebenfalls von einem Darlehen aus, wenn keine Schenkungsabsicht vorliegt. *Friedlaender*[28] und *Köbele*[29] kommen deshalb zu dem Ergebnis, daß die Mittel des Gründungsstocks für das Unternehmen den Charakter von Fremdkapital haben.

Hesberg[30] ordnet dagegen den Gründungsstock trotz der „fremdkapitalähnlichen Befristung" „aufgrund der uneingeschränkten Haftungseigenschaft" als Eigenkapital ein.

Richtig ist sicher, daß der Gründungsstock eine „eigenartige Mittelstellung zwischen Fremd- und Eigenkapital" einnimmt[31]. Zu berücksichtigen ist aber in diesem Zusammenhang, daß der Gründungsstock nicht von den künftigen Mitgliedern herrührt[32], wenn man von einzelnen Ausnahmen absieht. Die Geldgeber haben damit in der Regel keine Mitgliedschaftsrechte, wenn sie nicht zufällig Mitglieder des Vereins sind. Die in den Gründungsstock geflossenen Mittel sind im Normalfall zurückzuzahlen und infolgedessen als Verbindlichkeiten zu betrachten. Von daher ist *Ludwig Raiser*[33] in der Aussage zu folgen, daß der Gründungsstock strenggenommen Fremd- und nicht Eigenkapital des Versicherungsvereins darstelle, wenn er verzinst und in absehbarer Zeit getilgt werden müsse. Die Haftung der Mittel im Konkursfall wie Eigenkapital und die Berücksichtigung bei der Solvabilität verleihen dem Fremdkapital nur Eigenkapitalcharakter.

IV. Finanzierung mit Genußrechtskapital

1. Zulässigkeit der Ausgabe von Genußrechten

Für Versicherungsvereine auf Gegenseitigkeit hat der Gesetzgeber durch das Gesetz zur Verbesserung der Rahmenbedingungen für institutionelle Anleger vom 16. Dezember 1986[34] Regelungen zur Gewährung von Genußrechten in das Versicherungsaufsichtsgesetz aufgenommen[35]. Nach dem Vorbild des § 221 Abs. 3 AktG in Verbindung mit § 221 Abs. 1 AktG sieht § 36 Satz 4 bis 6 VAG seit Inkrafttreten dieses Gesetzes vor, daß Genußrechte nur auf Grund eines Beschlusses der obersten Vertretung gewährt werden dürfen, der Beschluß einer Mehrheit von drei Vierteln der abgegebenen Stimmen bedarf und die Satzung eine andere Mehrheit und weitere Erfordernisse bestimmen kann.

---

[27] *Bruck,* 1930, S. 96; vgl. auch *Bendix,* in Ehrenzweigs Assekuranz-Jahrbuch 26 (1905), 119; *Kalwar,* VerBAV 1964, 209.

[28] *Friedlaender,* 1904, S. 46.

[29] *Köbele,* 1965, S. 33.

[30] *Hesberg,* in: Handwörterbuch der Versicherung, 1988, S. 201; ähnlich *Staat,* 1970, S. 159.

[31] *Braeß,* ZVersWiss 53 (1964), 4; *Farny,* ZVersWiss 53 (1964), 445; *Hertel,* 1984, S. 106; *Hemeling,* 1989, S. 62.

[32] Zu diesem Kriterium vgl. *Karsten Schmidt,* in: Festschrift für Reinhard Goerdeler, 1987, S. 491.

[33] *Ludwig Raiser,* VW 1977, 1274; ebenso *Farny,* ZVersWiss 53 (1964), 445.

[34] BGBl I, S. 2485, berichtigt BGBl I, S. 2289.

[35] Vgl. für Kreditinstitute § 10 Abs. 5 KWG und siehe dazu *Schick,* BB 1985, 2137 ff; *Hammen,* in: Recht und Praxis der Genußscheine, 1987, S. 69 ff, zum Partizipationskapital im schweizerischen Aktienrecht siehe *Scherrer,* AG 1984, 114 f; *Dieter Reuter,* AG 1985, 107; *Egmond Frommelt,* Der Partizipationsschein in der Schweiz und im Fürstentum Liechtenstein – benachbarte Erfahrungen, Der langfristige Kredit 1988, 634 ff; zum Partizipations- und Ergänzungskapital im österreichischen Recht siehe *Jud,* Die Versicherungsrundschau 1988, 65 ff.

Zahlreiche Versicherungsvereine haben aufgrund der Neuregelung ihre Satzungen ergänzt. Allerdings haben bisher nur wenige Versicherungsvereine auf Gegenseitigkeit die gesetzlichen Möglichkeiten zur Aufnahme von Genußrechtskapital genutzt. Bekannt sind Emissionen der Gothaer[36] und der VHV Vereinigte Haftpflichtversicherung V.a.G.[37]. Über den Erwerb von Genußrechtskapital können Rückversicherer ihre Rückversicherungsbeziehungen zum emittierenden Versicherungsverein auf Gegenseitigkeit unterstreichen[38]. Kooperationen können durch Überkreuzzeichnungen von Genußrechtskapital finanziell unterlegt werden[39].

Aus der gesetzlichen Regelung der Ausgabe von Genußrechten durch Kreditinstitute und Versicherer in 1986 ist nicht zwingend abzuleiten, daß die Versicherungsvereine auf Gegenseitigkeit bis zur Neufassung des § 36 VAG keine Genußrechte ausgeben durften.

Allein daraus, daß das Genußrecht zunächst nur in den aktienrechtlichen Vorschriften behandelt wird, folgt nicht, daß die Ausgabe von Genußrechten Unternehmen einer bestimmten Rechtsform vorbehalten ist, insbesondere nur Unternehmen in der Rechtsform der Aktiengesellschaft[40]. Überwiegend ist anerkannt, daß Kapitalgesellschaften[41], Personengesellschaften[42], öffentlich-rechtliche Institute[43] und Genossenschaften[44] Genußrechte emittieren können[45].

Für die großen Versicherungsvereine auf Gegenseitigkeit gilt dies aufgrund ihrer Satzungsautonomie gleichermaßen, zumal Unternehmen aller Rechtsformen Genußscheine ausgeben können[46]. Letzte Zweifel an der gesellschaftsrechtlichen Zulässigkeit sind durch die Neufassung des § 36 VAG beseitigt. Die Diskussion über das Verhältnis von Genußscheinen zu stimmrechtslosen Vorzugsaktien ist damit aber noch nicht beendet[47].

2. Zurechnung zu den Eigenmitteln

Das Genußrechtskapital kann so ausgestaltet werden, daß es den Eigenmitteln zugerechnet werden kann, die jedes Versicherungsunternehmen gemäß § 53c Abs. 1 VAG zu bilden hat. Für die Zurechenbarkeit müssen folgende Voraussetzungen gegeben sein, vgl. § 53c Abs. 3a VAG:

---

[36] Vgl. TO der Gothaer Sach, BAnz. Nr. 100 vom 30. 5. 1992, S. 4418; dazu *Scherzberg*, in: Grundlagen des Versicherungsvereins auf Gegenseitigkeit, 1995, S. 231, 232.

[37] Vgl. Kündigungsverlautbarung der VHV vom 22. 11. 1993, BAnz Nr. 222 vom 26. 11. 1993, S. 10336.

[38] *Arnoldussen*, 1991, S. 249; zum Begeben von Insurance linked-Bonds siehe *Wagner*, ZVersWiss 86 (1997), 511 ff.

[39] Vgl. *Peiner*, VW 1992, 924.

[40] Vgl. *Haas*, BB 1982, 1538; *Lutter*, in: Festschrift für Georg Döllerer, 1988, S. 384; *Ziebe*, BB 1988, 227; *Rid-Niebler*, 1989, S. 4.

[41] Vgl. *Haas*, BB 1982, 1538; *Ziebe*, BB 1988, 227.

[42] Vgl. *Haas*, BB 1982, 1538; *Ziebe*, BB 1988, 227.

[43] Dazu Fischer, in: Recht und Praxis der Genußscheine, 1987, S. 83 ff.

[44] Vgl. *Schudt*, 1974, S. 55 ff; *Hadding*, ZIP 1984, 1302; *Herrmann*, Der langfristige Kredit 1988, 625 ff; *Emde*, 1987, S. 55.

[45] Vgl. *Uwe H. Schneider*, in: Festschrift für Reinhard Goerdeler, 1987, S. 513; *Feddersen/Knauth*, 1992, S. 27.

[46] Vgl. *Dieter Reuter*, in: Festschrift für Robert Fischer, 1979, S. 610; *Drechsler*, ZfgesKW 1981, 347; *Reusch*, in: Recht und Praxis der Genußscheine, 1987, S. 23; *Sethe*, AG 1993, 308.

[47] Dazu *Reuter*, Gutachten B für den 55. Deutschen Juristentag, 1984, S. 24 ff; *Koch*, ZRP 1984, 238; *Hopt*, WM 1985, 803 f; *Möschel*, ZHR 149 (1985), 230 ff; *Hirte*, ZIP 1991, 1461 f.

- Teilnahme bis zur vollen Höhe am Verlust,
- Nachrangigkeit gegenüber sonstigen Gläubigern im Falle der Liquidation,
- Mindestlaufzeit von fünf Jahren,
- keine Fälligkeit des Rückzahlungsanspruchs vor Ablauf von zwei Jahren,
- das Genußrechtskapital darf 25% der eingezahlten Eigenmittel nach § 53c Abs. 3 Nr. 1 bis 3 VAG nicht übersteigen, wobei die Aufsichtsbehörde einen höheren Vomhundertsatz zulassen kann, wenn das Genußrechtskapital zur Erfüllung eines Solvabilitätsplanes oder eines Finanzierungsplanes (§ 81b VAG) geleistet wird,
- bei Vertragsabschluß muß ein ausdrücklicher und schriftlicher Hinweis des Versicherungsunternehmens gegeben worden sein, daß die Bestimmungen über die Teilnahme am Verlust, den Nachrang, die Laufzeit und die Kündigungsfristen nachträglich nicht beschränkt werden können, und daß vorzeitige, d.h. den zulässig vereinbarten Laufzeiten und Kündigungsfristen nicht entsprechende Rückzahlungen unzulässig sind.

Bedeutsam ist, daß das Versicherungsaufsichtsgesetz von Eigenmitteln spricht, und nicht von Eigenkapital. Hieraus folgt und dies ist auch praxisgerecht, daß aus der Sicht der Versicherungsaufsicht die Grenze zwischen Eigenkapital- und Fremdkapital ggf. anders zu ziehen ist als gesellschafts-, bilanz-, insolvenz- oder steuerrechtlich oder betriebswirtschaftlich betrachtet.

3. Eigenkapitalcharakter des Genußrechtskapitals

Genußrechtskapital wird in den Grenzen des § 53c Abs. 3a Nr. 6 VAG wie Eigenkapital behandelt[48]. Der Eigenkapitalcharakter zeigt sich besonders deutlich, wenn das Genußrechtskapital unbefristet und ohne Kündigungsrecht emittiert wird[49]. Gleichwohl ist Genußrechtskapital gesellschaftsrechtlich als Fremdkapital zu qualifizieren[50], und zwar auch soweit es von Versicherungsvereinen auf Gegenseitigkeit aufgenommen wird[51]. Denn die Zeichner von Genußrechtskapital haben nicht nur keine Mitwirkungs-, Kontroll- und Entscheidungsrechte wie ein Mitglied oder ein Mitgliedervertreter, sondern können vor allem die Rückzahlung des eingezahlten Betrags verlangen. Gerade das letzte Kriterium ist entscheidend für die Frage, ob Eigen- oder Fremdkapital vorliegt[52]. Auch steuerrechtlich ist das zurückzuzahlende Genußrechtskapital als Fremdkapital zu qualifizieren[53]. Denn es liegt eine Verbindlichkeit vor[54]. In diesem Zusammenhang ist

---

[48] *Angerer,* ZVersWiss 78 (1989), 120; BAV, VerBAV 1988, 248; kritisch dazu *Busch,* 1992, S. 71.

[49] Vgl. *Frank A. Schäfer,* WM 1991, 1943; *Knobbe-Keuk,* 1993, S. 105.

[50] Vgl. *Bürger,* 1987, S. 114; a. A. wohl *Vollmer,* GmbHR 1984, Fn. 63, S. 336.

[51] A. A. *Busch,* 1992, S. 72.

[52] Vgl. *Clemm/Nonnenmacher,* in: Beck'scher Bilanz-Kommentar, 1990, § 247 HGB Anm. 224; zu den Abgrenzungskriterien vgl. Entwurf einer Verlautbarung „Zur Bilanzierung von Genußrechten" des HFA des IDW, WPg 1993, 447. Nach anderer Ansicht kommt es auf die wirtschaftliche Funktion an, die das zur Verfügung gestellte Kapital zu erfüllen hat, vgl. Reusch, BB 1989, 2361; *Müller/Reinke,* WPg 1995, 569, 572.

[53] Vgl. *Thünnesen,* in: Recht und Praxis der Genußscheine, 1987, S. 10; *Willi Winter,* GmbHR 1993, 32; *Groh,* BB 1995, 559f.

[54] Vgl. *Mudrack,* BB 1986, Beilage 5 zu Heft 18 (Supplement Versicherung), S. 21; *Welter,* in: Recht und Praxis der Genußscheine, 1987, 50; *Knop,* in: *Küting/Weber,* Handbuch der Rechnungslegung, 3. Auflage, 1990, § 266 HGB Rdn. 149; *Groh,* BB 1995, 559f.

zu berücksichtigen, daß auch das eigenkapitalersetzende Darlehen[55] als Fremdkapital zu qualifizieren ist[56].

4. Bezugsrecht der Mitglieder des Versicherungsvereins auf Gegenseitigkeit

Ein gesetzliches Bezugsrecht steht den Mitgliedern des Versicherungsvereins auf Gegenseitigkeit bei der Ausgabe von Genußrechten nicht zu. Denn eine dem § 221 Abs. 4 AktG vergleichbare Bestimmung wurde auch nicht anläßlich der Regelung der Aufnahme von Genußrechtskapital nicht vom Gesetzgeber in das Versicherungsaufsichtsgesetz aufgenommen. So gesehen könnte sich eine analoge Anwendung des § 221 Abs. 4 AktG auf den Versicherungsverein auf Gegenseitigkeit verbieten. Diese Schlußfolgerung ist aber nicht zwingend. Das Gesetzgebungsverfahren läßt nicht erkennen, daß die Bezugsrechtsfrage behandelt worden wäre. Eine analoge Anwendung des § 221 Abs. 4 AktG ist daher nicht von vornherein ausgeschlossen. Sie wird bei Genußrechtsemissionen einer GmbH von *Lutter* befürwortet[57].

Reckhenrich[58] lehnt dagegen eine analoge Anwendung des § 221 Abs. 4 AktG auf den Versicherungsverein auf Gegenseitigkeit mit der Begründung ab, daß die dort vorgenommenen Wertungen zum Schutz der Altaktionäre sich nicht auf den Versicherungsverein auf Gegenseitigkeit übertragen ließen, da bei diesem nicht wie bei der Aktiengesellschaft Kapitalanteile und Herrschaftsbefugnisse miteinander verknüpft seien. Auch *Busch*[59] spricht sich gegen eine analoge Anwendung des § 221 Abs. 4 AktG aus. Die Mitglieder eines Versicherungsvereins auf Gegenseitigkeit seien in ihrer Leitungsmacht erheblich eingeschränkt und ihre vermögensrechtliche Mitgliedsstellung sei erheblich schwächer ausgestaltet als diejenige von Aktionären.

Sowohl *Reckhenrich* als auch *Busch* werden mit Ihrer Ansicht dem Normzweck des § 221 Abs. 4 AktG nicht gerecht. Mit dem Bezugsrecht für die Aktionäre soll sichergestellt werden, daß in die vermögensrechtliche Stellung der Aktionäre nicht sachwidrig eingegriffen wird[60].

Diese Überlegung läßt sich auch auf die Mitglieder eines Versicherungsvereins auf Gegenseitigkeit übertragen. Wie bei Genußrechtsemissionen einer GmbH oder AG ist bei Genußrechtsemissionen eines Versicherungsvereins auf Gegenseitigkeit den Mitgliedern ein Bezugsrecht analog § 221 Abs. 4 AktG einzuräumen.

5. Rechtsnatur des Genußrechtsvertrags

Genußrechtskapital wird in der Regel durch Ausgabe von Genußscheinen aufgenommen, wobei sich die näheren Einzelheiten aus dem Genußrechtsvertrag

---

[55] Dazu *Hommelhoff,* WM 1984, 1105 ff.

[56] Vgl. BFH-Urteil vom 5. 2. 1992 I R 127/90, BFHE 166, 356 = BStBl II 1992, 532; *Priester,* DB 1991, 1920; *Thiel,* GmbHR 1992, 22; *Wassermeyer,* ZGR 1992, 648; *Döllerer,* ZGR 1993, 576; *Bachem,* DB 1994, 1055; *Klaus,* BB 1994, 680 ff.

[57] Vgl. *Lutter,* in: Festschrift für Georg Döllerer, 1988, S. 385.

[58] So *Reckhenrich,* 1987, S. 163.

[59] *Busch,* 1992, S. 225; ebenso für den kleineren VVaG: *Heidelbach,* 1994, S. 160.

[60] Vgl. OLG München, Urteil vom 11. 8. 1993, DB 1993, 2073 = BB 1993, 1970 = WM 1994, 347.

und den in diesem Vertrag niedergelegten Genußscheinbedingungen[61] ergeben, bei denen ein weitreichender Spielraum in der Gestaltung und Ausstattung besteht[62].

Seiner Rechtsnatur nach ist der Genußrechtsvertrag ein schuldrechtlicher Austauschvertrag sui generis, in dem sich der Genußrechtsbegebende verpflichtet, dem Genußrechtsinhaber als Gegenleistung für die Zurverfügungstellung von Kapital die vereinbarten Leistungen zukommen zu lassen[63]. Die Rechte der Inhaber von Genußscheinen beruhen daher auf einer schuldrechtlichen und nicht auf einer gesellschaftsrechtlichen Beziehung[64].

Auf den Genußrechtsvertrag finden die Vorschriften über Teilgewinnabführungsverträge im Sinne von § 292 Abs. 1 Nr. 2 AktG im Hinblick auf die Sonderregelung des § 36 Satz 4 bis 6 VAG (bei der AG § 221 Abs. 3 AktG) keine Anwendung[65]. Der Genußrechtsvertrag bedarf daher nicht der Eintragung in das Handelsregister[66]. Der Aufsichtsbehörde ist der Genußrechtsvertrag nicht zur Genehmigung vorzulegen[67].

6. Rechte der Genußscheininhaber

Aufgrund eines Genußrechts bestehen keine mitgliedschaftlichen Rechte[68], insbesondere nicht das Stimmrecht, das Teilnahme- und Rederecht in der Sitzung der obersten Vertretung oder das Recht zur Anfechtung von Beschlüssen der obersten Vertretung[69]. Die Einräumung eines Stimmrechts wäre nichtig[70]. Aufgrund des Genußrechtsvertrags trifft jedoch den großen Versicherungsverein auf Gegenseitigkeit die Pflicht, für die Erhaltung und den Schutz der Genußrechte zu sorgen[71].

---

[61] Vgl. *Würdinger,* 1966, S. 88f; *Meilicke,* BB 1987, 1609ff; *Feddersen/Knauth,* 1992, S. 127ff.

[62] Eingehend zu den Gestaltungsmöglichkeiten *Gast/Wissmann,* BB Beilage 17/1987 zu Heft 26/1987; *Rid-Niebler,* 1989, S. 6ff, 36ff; *Hans-Peter Angerer,* 1993, S. 254ff; *Frantzen,* 1993, S. 295ff; zu den steuerrechtlichen Konsequenzen siehe *Linscheidt,* DB 1992, 1855f; zur AGB-Kontrolle vgl. *Hirte,* ZIP 1991, 1464ff; *Sethe,* AG 1993, 368ff.

[63] Vgl. *Knobbe-Keuk,* 1993, S. 589; *Habersack,* ZHR 155 (1991), 392; *Busch,* 1992, S. 103; *Wollmert,* BB 1992, 2106; *Busch,* AG 1993, 164.

[64] Vgl. *Haas,* BB 1982, 1538; *Krieger,* in: Münchener Hdb. AG, 1999, § 63 Rdn. 48; *Rid-Niebler,* 1989, S. 11; *Hammen,* BB 1990, 1918, 1920; *Lutter,* ZGR 1993, 305.

[65] Vgl. für die AG: *Krieger,* in: Münchener Hdb. AG, 1999, § 63 Rdn. 55; *Wollmert,* BB 1992, 2107; *Hirte,* ZIP 1988, 485; *Sethe,* AG 1993, 310; a.A. *Dieter Reuter,* in: Festschrift für Robert Fischer, 1979, Fußnote 50, S. 617; *Uwe H. Schneider,* in: Festschrift für Reinhard Goerdeler, 1987, S. 525, für den Fall, daß „der Umfang der bestellten Genußrechte so groß ist, daß dies als Teilgewinnabführung zu qualifizieren ist"; *Busch,* 1992, S. 214ff; *derselbe,* AG 1994, 97.

[66] Vgl. *Krieger,* in: Münchener Hdb. AG, 1999, § 63 Rdn. 55; *Hirte,* ZIP 1988, 485; *Busch,* 1992, S. 215; *derselbe,* AG 1994, 97.

[67] A.A. *Busch,* 1992, Fußnote 189 am Ende, S. 69; siehe auch GB BAV 1972, 31.

[68] Vgl. *Wünsch,* in: Festschrift Rudolf Strasser, 1983, S. 879; *Ziebe,* BB 1984, 2211; *Walter Hesberg,* Das Wertpapier 1985, 990; *Kastner,* VW 1986, 310; *Uwe H. Schneider,* in: Festschrift für Reinhard Goerdeler, 1987, S. 513; *Emde,* DB 1989, 211; *Langenberg,* 1991, S. 21; *van Look,* in: Recht und Praxis der Genußscheine, 1987, S. 41; *Ebenroth/ Müller,* BB 1993, 509; *Lutter,* ZGR 1993, 305; *Trost/Zwiesler,* ZVersWiss 85 (1996), 341, 349/350; *Sethe,* AG 1994, 342, 344.

[69] Vgl. für die AG und GmbH: *Knoppe,* BB 1966, 281; *Vollmer,* ZGR 1983, 451; *Lutter,* in: Festschrift für Georg Döllerer, 1988, S. 384; (für die AG) *Ernst,* 1967, 79; *Krieger,* in: Münchener Hdb. AG, 1999, § 63 Rdn. 48; *Hammen,* DB 1988, 2549; *Rid-Niebler,* 1989, S. 7; *Feddersen/Meyer-Landrut,* ZGR 1993, 313.

[70] *Pougin,* in: Festschrift für Walter Oppenhoff, 1985, S. 276.

[71] Vgl. für die AG: BGH vom 5. 10. 1992 *(Klöckner),* AG 1993, 125ff; *Busch,* AG 1993, 163ff; *Luttermann,* DB 1993, 1809ff.

7. Verwendung des Genußrechtskapitals

Das Genußrechtskapital hat der Versicherungsverein unter Wahrung der Grundsätze des § 54 Abs. 1 VAG anzulegen[72]. Hieraus folgt, daß das Genußrechtskapital sicher und rentabel angelegt werden muß[73]. Es sollte mindestens den Zinsdienst und die anteiligen Gemeinkosten erwirtschaften. Das angelegte Genußrechtskapital gehört zum freien Vermögen[74], sofern es nicht dem gebundenen Vermögen zugeführt werden kann und soll.

8. Geschäftsbericht und Bilanzierung des Genußrechtskapitals

Genußrechte sind stets im Geschäftsbericht zu erwähnen, vgl. § 160 Abs. 3 Nr. 6 AktG[75].

In der Bilanz des Versicherungsvereins auf Gegenseitigkeit wird das Genußrechtskapital nach der Position andere Gewinnrücklagen in einer eigenen Position vor den Sonderposten mit Rücklagenanteil ausgewiesen[76]. Die Ausschüttungen auf das Genußrechtskapital können in einem neuen Posten innerhalb des Zinsergebnisses in der Gewinn- und Verlustrechnung erfaßt werden[77].

9. Steuerliche Behandlung des Genußrechtskapitals

a) Versteuerung der Ausschüttungen an die Genußscheininhaber. Die Versteuerung der Ausschüttungen hängt von der Ausgestaltung der Genußscheine ab[78]. Um die Ausschüttungen auf Genußrechte als Betriebsausgabe behandeln zu können, sehen die Genußscheinbedingungen vor, daß die Genußscheininhaber nicht am Liquidationsüberschuß teilnehmen[79]. Bei dieser Gestaltung ist § 8 Abs. 3 Satz 2 KStG genügt, da nach dieser Vorschrift für die Erhaltung der körperschaftsteuerlichen Abzugsfähigkeit der Gewinnausschüttungen als Betriebsausgabe der Ausschluß der Genußscheininhaber am Liquidationsüberschuß ausreicht[80]. Die Abzugsfähigkeit der Gewinnausschüttung als Betriebsausgabe wird von der Finanzverwaltung dann jedoch verneint, wenn Genußrechte eine „lange Laufzeit"

---

[72] Ebenso *Busch,* 1992, Fußnote 202, S. 73.

[73] Ebenso *Busch,* 1992, Fußnote 202, S. 73.

[74] Ebenso *Busch,* 1992, Fußnote 202, S. 73.

[75] Siehe hierzu IDW (Stellungnahme HFA 1/1994): Zur Behandlung von Genußrechten im Jahresabschluß von Kapitalgesellschaften, WPg 1994, 419 ff; mit Ergänzung WPg 1998, 891.

[76] Vgl. *Claussen,* in: Festschrift für Winfried Werner, 1984, S. 87 f; *Vollmer,* GmbHR 1984, Fußnote 63, S. 336; *Werner,* ZHR 149 (1985), 247; *Emde,* 1987, S. 57; *Bürger,* 1987, S. 280; *Ziebe,* BB 1988, 228; *Knop,* in: Küting/Weber, Handbuch der Rechnungslegung, 3. Auflage, 1990, § 266 HGB Rdn. 153; *Lutter,* DB 1993, 2446; *Groh,* BB 1995, 559 f; zu den neuen Ausweisalternativen vgl. *Küting/Kessler/Harth,* BB Beilage 4 zu Heft 8/1996 S. 16.

[77] Vgl. *Wollmert,* BB 1992, 2106; zu den neuen Ausweisalternativen vgl. *Küting/ Kessler/Harth,* BB Beilage 4 zu Heft 8/1996 S. 20.

[78] Zur steuerlichen Abzugsfähigkeit von Verlusten des Genußscheininhabers vgl. *Fichtelmann,* BB 1989, 1461 ff, *Killinger,* BB 1989, 2376 ff; *Meilicke,* BB 1989, 465 ff.

[79] Vgl. *Claussen,* AG 1985, 78.

[80] Vgl. BFH, Urteil vom 19. 1. 1994, DB 1994, 859 = GmbHR 1994, 410; *Henke,* WM 1985, 44; *Kastner,* VW 1986, 310; *Claussen,* in: Festschrift für Winfried Werner, 1984, S. 89; *Sontheimer,* Beilage 19/1984 zu Heft 30/1984, S. 8; *Werner,* ZHR 149 (1985), 246; *Hübner,* Frankfurter Vorträge zum Versicherungswesen, Heft 13, 1986, S. 23; *Ziebe,* DStR 1991, 1594, 1596; *Linscheidt,* DB 1992, 1853; *Groh,* BB 1993, 1889.

haben, wobei die Grenze bei 30 Jahren gezogen wird[81]. Dies gilt gleichermaßen, wenn zu dem Nennwert der Genußscheine noch ein Teil des dann noch verbleibenden Vermögens ausgezahlt wird[82], insbesondere aus anteiligen stillen Reserven[83].

b) Steuerbelastung des Versicherungsvereins auf Gegenseitigkeit. Von der Ausgestaltung her wird Genußrechtskapital im allgemeinen steuerlich als Fremdkapital zu qualifizieren sein. Stellt das Genußrechtskapital infolgedessen eine Betriebsschuld im Sinne von §§ 98a Satz 1, 103 Abs. 1 BewG dar, fällt Vermögenssteuer nicht an[84]. Die Ausschüttungen an die Genußrechtsinhaber sind gewerbeertragsteuerlich abzugsfähig; allerdings ist das Hinzurechnungsgebot des § 8 Abs. 1 GewStG zu beachten, wonach die Hälfte des Ausschüttungsbetrags dem Gewinn aus Gewerbebetrieb wieder hinzuzurechnen ist[85]. Dies gilt entsprechend für die Gewerbekapitalsteuer[86]. Wird ein Genußrechtskapital von 2,0 Mio. DM zu 8% Zinsen aufgenommen, ergibt sich eine geschätzte Gewerbesteuerbelastung von 1,19% aus den 2,0 Mio. DM Genußrechtskapital[87].

Kapitel 18
Die Verwendung des Jahresergebnisses

I. Ermittlung und Verwendung des Jahresergebnisses

Die Ermittlung und Verwendung des Jahresergebnisses des Versicherungsvereins auf Gegenseitigkeit stimmt weitgehend mit dem Vorgehen bei der Versicherungsaktiengesellschaft überein.

1. Ermittlung des Rohüberschusses

Zunächst wird der Rohüberschuß des Geschäftsjahres als Summe aller Erträge abzüglich aller Aufwendungen des großen Versicherungsvereins auf Gegenseitigkeit, jedoch ohne die Aufwendungen für die erfolgsabhängige Beitragsrückerstattung und ohne Rücklagenzuweisungen, sowie abzüglich aller gesetzlich, geschäftsplanmäßig oder versicherungsvertraglich bestimmten Mindestbeträge für die Beitragsrückerstattung an die Mitglieder bzw. Versicherungsnehmer ermittelt[1]. Dieser Rohüberschuß hängt in seiner Höhe u. a. davon ab, inwieweit stille Reserven[2] durch
- Sonderabschreibungen auf Kapitalanlagen und Betriebsmittel,
- Überdotierung versicherungstechnischer Passiva, besonders der Schadenrückstellungen,

---

[81] BMF, BB 1987, 667.
[82] Vgl. *Ziebe*, BB 1988, 227.
[83] *Reckhenrich*, 1987, S. 163; *Willi Winter*, GmbHR 1993, 32.
[84] Vgl. *Linscheidt*, DB 1992, 1856.
[85] *Linscheidt*, DB 1992, 1856.
[86] *Linscheidt*, DB 1992, 1856.
[87] Vgl. *Giessmann*, VW 1987, 1165, mit weiteren Beispielen.
[1] Vgl. *Farny*, Versicherungsbetriebslehre, 2000, S. 201.
[2] Dazu *Hennrichs*, NVersZ 2002, 5 ff. Zu den Grenzen der Bildung stiller Rücklagen bei der Genossenschaft siehe *Großfeld/Reemann*, in: Festschrift für Reinhard Goerdeler, 1987, S. 161 ff.

gebildet worden sind und – z.B. bei Schadenversicherungsvereinen – Zuweisungen an Schwankungsrückstellungen (soweit disponierbar) und Drohverlustrückstellungen erfolgt sind[3]. Die Höhe des Rohüberschusses wird mithin davon beeinflußt, welche Rückstellungspolitik das Unternehmen verfolgt hat[4]. Auswirkung auf den Rohüberschuß hat ferner die Rückversicherungspolitik[5].

2. Verwendung des Rohüberschusses

Der Rohüberschuß vermindert sich des weiteren um den Aufwand für die gesetzlichen, versicherungsvertraglichen, geschäftsplan- oder satzungsmäßigen Mehrbeträge für die Beitragsrückerstattung an die Mitglieder bzw. Versicherungsnehmer gemäß Entscheidung der zuständigen Organe des großen Versicherungsvereins auf Gegenseitigkeit[6]. Die Beitragsrückerstattung ist nicht einheitlich für alle Versicherungszweige geregelt. Die Lebensversicherung, Krankenversicherung und die Kompositversicherung kennen jeweils eigene Beitragsrückerstattungssysteme. Der sich danach ergebende Jahresüberschuß vermindert sich um den Aufwand für die Dotierung der Rücklagen im Rahmen der satzungsmäßigen Mindest- und/oder Höchstbeträge gemäß Entscheidung der zuständigen Organe des großen Versicherungsvereins auf Gegenseitigkeit[7]. Es verbleibt gegebenenfalls ein Bilanzgewinn, der gemäß Beschluß des obersten Organs des großen Versicherungsvereins auf Gegenseitigkeit als weitere Beitragsrückerstattung an die Mitglieder bzw. Versicherungsnehmer oder als weitere Dotierung der Rücklagen verwendet werden kann (§ 38 Abs. 1 VAG)[8].

II. Verwendung des Jahresergebnisses für die Beitragsrückerstattung in der Lebensversicherung

1. Externe und interne Rechnungslegung

Lebensversicherungsunternehmen unterliegen strengen Rechnungslegungsvorschriften[9]. Der Vorstand der Lebensversicherungsunternehmen hat aufgrund dieser Vorschriften den Jahresabschluß und den Lagebericht nach näherer Maßgabe der §§ 341aff HGB aufzustellen. Hierzu gehört auch die Berechnung der Deckungsrückstellung gemäß § 66 VAG.

Im Rahmen der internen Berichterstattung gegenüber der Aufsichtsbehörde gemäß § 55a VAG hat das Lebensversicherungsunternehmen die Entwicklung der Rückstellung für Beitragsrückerstattung und die Ermittlung und Verwen-

---

[3] Vgl. *Farny,* Versicherungsbetriebslehre, 1989, S. 640ff. Drohverlustrückstellungen sind seit 1. 1. 1997 nicht mehr zulässig. Siehe hierzu Kapitel 19 I.2, S. 258.

[4] Vgl. *Harald Bischoff,* 1969, S. 62ff; *Scherer,* 1975, S. 216; *Gärtner,* 1980, S. 260f; *Jürgen Prölss,* in: Festschrift für Karl Larenz, 1983, S. 494.

[5] Vgl. *Vollenweider,* 1971, S. 137ff; *Sasse,* ZVersWiss 64 (1975), 565, 568.

[6] Vgl. *Karl Bischoff,* VerBAV 1953, 15f; *Sasse,* ZVersWiss 64 (1975), 565, 581f; *Knocks,* WPg 1979, 135; *dieselbe,* WPg 1980, 245; *Farny,* Versicherungsbetriebslehre, 2000, S. 201.

[7] Siehe dazu *Mohr,* VersR 1967, 202ff; *Farny,* Versicherungsbetriebslehre, 2000, S. 201.

[8] Vgl. *Farny,* Versicherungsbetriebslehre, 2000, S. 201.

[9] Zum Ganzen *August Angerer,* Rechnungslegung, in: Handwörterbuch der Versicherung, 1988, S. 593ff; *Förterer,* 2000, S. 281ff.

dung der Gewinnanteile zu erläutern[10]. Der Berichterstattung geht eine Zerlegung des Rohüberschusses nach Ergebnisquellen und seine Aufteilung auf die Abrechnungsverbände voraus[11]. Die Zerlegung ist zugleich für die Anwendung des § 21 KStG von Bedeutung[12].

2. Ermittlung des Rohüberschusses in der Lebensversicherung

In Anlehnung an *Ackermann*[13] soll der Rohüberschuß eines Lebensversicherungsunternehmens zum Verständnis des Themas definiert werden als Summe folgender Positionen der Gewinn- und Verlustrechnung:
(1) Jahresüberschuß/-fehlbetrag,
(2) Aufwendungen zur Erhöhung der Rückstellung für Beitragsrückerstattung,
(3) Aufwendungen für Beitragsrückerstattung, soweit sie als Direktgutschrift jährlicher Überschußanteile im Geschäftsplan festgelegt sind,
(4) Zinsen auf die Ansammlungsguthaben der Versicherten, soweit sie die rechnungsmäßige Verzinsung von 3,5% (bis 1987 3%) und eine Verzinsung aus der Direktgutschrift jährlicher Überschußanteile übersteigen.

Weitere Einzelheiten und Varianten der Rohüberschußermittlung sollen hier nicht vertieft werden[14].

3. Verwendung des Rohüberschusses in der Lebensversicherung

Im Rahmen der Entscheidung über die Verwendung des Rohüberschusses hat der Vorstand aufsichtsrechtlich zu beachten, daß vom Rohüberschuß mindestens 90% als Direktgutschrift verwendet oder der Rückstellung für Beitragsrückerstattung zugewiesen werden müssen[15]. Die der Rückstellung für Beitragsrückerstattung zugewiesenen Beträge sind gemäß § 56a Satz 4 VAG grundsätzlich ausschließlich für die Überschußbeteiligung der Versicherungsnehmer bestimmt[16].

Ein Entscheidungsspielraum verbleibt dem Vorstand demzufolge nur für den Teil des Rohüberschusses, der nicht nach den aufsichtsrechtlichen Vorgaben für

---

[10] Vgl. *Frey*, in: Prölss/Schmidt/Frey, Versicherungsaufsichtsgesetz, Nachtrag zur 10. Auflage, 1992, § 55a VAG Rdn. N 5. Zu den Einzelheiten siehe *Vogel/Lehmann*, VerBAV 1982, 328, 333ff; *Kurt Freytag*, VW 1972, 450ff; *Ebers*, 2001, S. 41ff; *Engeländer*, Der Aktuar 2001, 14ff.

[11] Siehe hierzu den Muster-Gesamtgeschäftsplan für die Überschußbeteiligung in der Fassung VerBAV 1988, 424ff, auch abgedruckt bei *Benkel/Hirschberg*, 1990, S. 727, 728; ferner *Stöffler*, Markttransparenz in der Lebensversicherung, 1984, S. 62ff; *Vogel*, VerBAV 1986, 450f; *Ebers*, 2001, S. 40ff, 69ff.

[12] Vgl. hierzu BVerwG, Urteil vom 12. 9. 1989, VersR 1990, 73, 75; *Kagelmacher*, VersR 1990, 805, 807; *Dollinger/Skopp*, DB 1988, 2381, 2382; *Streck*, 1997, § 21 KStG Anm. 3; *Müllereisert*, DB 2000, 2038ff; zur Behandlung der RfB im Gewerbesteuerrecht siehe *Flick*, VersR 1951, 252ff; *derselbe*, VersR 1955, 471f; *Vassel*, VW 1960, 631f; *Prölss-v. d. Thüsen-Ziegler*, 1973, S. 186ff.

[13] *Ackermann*, 1985, S. 61; *derselbe*, VW 1983, 1344ff; „Mawt", ZfV 1988, 239ff.

[14] Siehe hierzu *Ackermann*, 1985, S. 61ff; *Sieben*, in: Dieter Farny und die Versicherungswissenschaft, 1994, S. 496ff; *Ebers*, 2001, S. 40ff.

[15] Siehe hierzu für vor dem 29. 7. 1994 abgeschlossene Versicherungsverträge beispielhaft den Muster-Gesamtgeschäftsplan für die Überschußbeteiligung in der Fassung VerBAV 1988, 424ff = *Benkel/Hirschberg*, 1990, S. 727, 729; *Gruschinske*, VerBAV 1970, 260ff; *Häusele*, ZVersWiss 1997, 147; zu den Aufsichtszielen siehe *Bergsträßer*, VerBAV 1957, 211ff.

[16] Siehe dazu *Gessner*, VW 1977, 20ff; *derselbe*, WPg 1978, 474ff; derselbe, VW 1978, 479ff, 969ff; *Gießmann*, VW 1989, 1574; *Becker*, VW 1989, 1572ff; *Gruschinske*, ZfV 1989, 642ff; *Gose*, VW 1978, 660ff; *Kagelmacher*, VersR 1990, 805ff, *Lück*, DB 1981, 1049ff; *Surminski*, ZfV 1983, 146f; *derselbe*, ZfV 1987, 366f; *Ebers*, 2001, S. 72.

die Direktgutschrift und die Rückstellung für Beitragsrückerstattung verwendet worden ist. In dem aufsichtsrechtlich zulässigen Rahmen entscheidet der Vorstand darüber, welcher Betrag in andere Gewinnrücklagen eingestellt werden soll. Bei der Versicherungs-Aktiengesellschaft befindet er ferner darüber, welcher Betrag unter Beachtung des Anspruchs auf den Mindestbilanzgewinn an die Aktionäre ausgeschüttet werden soll, vgl. § 56a VAG[17].

Der Aufsichtsrat wirkt über die Feststellung des Jahresabschlusses an den Entscheidungen des Vorstands zur Höhe der Direktgutschrift und des Umfangs der Dotierung der Rückstellung für Beitragsrückerstattung und der anderen Gewinnrücklagen mit (vgl. für die AG: § 172 AktG). Soweit es um die Ausschüttung an die Aktionäre geht, liegt die Entscheidungskompetenz bei der Hauptversammlung (vgl. § 174 AktG).

4. Verwendung für die Überschußbeteiligung der Versicherten (Alt- und Zwischenbestand)

a) Ausgangslage. In der Lebensversicherung hat die Überschußbeteiligung der Versicherten, so die vom Gesetzgeber in § 56a VAG verwendete Bezeichnung für die Beitragsrückerstattung, einen besonderen Stellenwert, weil – wie schon aufgezeigt – ein bedeutender Teil des Rohüberschusses über die Rückstellung für Beitragsrückerstattung oder über die Direktgutschrift den Versicherungsnehmern gut gebracht wird.

Dieser Vorgang stellt sich aus der Sicht des Versicherungsnehmers als „Gewinnbeteiligung" oder „Beteiligung am Überschuß" dar, wenn er sich an den Überschriften der entsprechenden Klauseln orientiert, die sich in den für die kapitalbildende Lebensversicherung von der Aufsichtsbehörde verlautbarten Allgemeinen Versicherungsbedingungen finden, die die Aufsichtsbehörde 1932[18], 1957[19], 1975[20], 1981[21] und 1984[22] veröffentlicht hat.

Die Klausel findet sich – ggf. in auf das jeweilige Produkt angepaßter Form – auch in anderen Bedingungswerken der Lebensversicherung, z.B. in der Berufsunfähigkeits-Versicherung[23], Rentenversicherung[24] oder Risikoversicherung[25].

Gemeinsamer Inhalt der Überschußbeteiligungsklausel, die man auch Beitragsrückerstattungsklausel nennen könnte, ist bei vielen Bedingungswerken in der Lebensversicherung die Erklärung, daß die Versicherungsnehmer „an dem erwirtschafteten Überschuß" entsprechend dem „jeweiligen von der Aufsichtsbehörde genehmigten Geschäftsplan beteiligt" sind[26].

---

[17] Dazu *Erich R. Prölss*, VW 1965, 1279f.
[18] VerAfP 1932, 115ff = *Benkel/Hirschberg*, 1990, S. 565ff.
[19] VerBAV 1957, 58ff = *Benkel/Hirschberg*, 1990, S. 572ff.
[20] VerBAV 1975, 434ff = *Benkel/Hirschberg*, 1990, S. 575ff.
[21] VerBAV 1981, 118ff = *Benkel/Hirschberg*, 1990, S. 579ff.
[22] VerBAV 1984, 435ff = *Benkel/Hirschberg*, 1990, S. 583ff.
[23] VerBAV 1986, 474ff = *Benkel/Hirschberg*, 1990, S. 636ff.
[24] VerBAV 1987, 303ff = *Benkel/Hirschberg*, 1990, S. 662ff.
[25] VerBAV 1986, 301ff = *Benkel/Hirschberg*, 1990, S. 655ff.
[26] Vgl. beispielhaft § 21 BV in der Fassung VerBAV 1986, 474ff = *Benkel/Hirschberg*, 1990, S. 636ff, 643. Eine Darstellung der in der Schweiz, in Frankreich und Großbritannien üblichen Überschußbeteiligungssysteme findet sich bei *Schedlbauer*, 1995, S. 112f, 157, 206f.

Aufgrund der Genehmigungspraxis der Aufsichtsbehörde ist davon auszugehen, daß in der Vertragswirklichkeit die Überschußbeteiligungsklausel nach dem Muster der von der Aufsichtsbehörde verlautbarten Klauselmusterfassung Eingang in die den Lebensversicherungsverträgen zugrundeliegenden Allgemeinen Versicherungsbedingungen der einzelnen Lebensversicherer gefunden hat.

Beispielhaft sei die für die kapitalbildende Lebensversicherung zuletzt von der Aufsichtsbehörde verlautbarte Überschußbeteiligungsklausel erwähnt, die folgenden Wortlaut hat[27]:

*„**§ 16 Wie sind Sie an unseren Überschüssen beteiligt?***

(1) Um die zugesagten Versicherungsleistungen über die in der Regel lange Versicherungsdauer hinweg sicherzustellen, sind die vereinbarten Lebensversicherungsbeiträge besonders vorsichtig kalkuliert. An dem erwirtschafteten Überschuß sind unsere Versicherungsnehmer entsprechend unserem jeweiligen von der Aufsichtsbehörde genehmigten Geschäftsplan beteiligt.

(2) Ihre Versicherung gehört zum Abrechnungsverband ...

Anmerkung:

§ 16 ist nach Maßgabe des Geschäftsplanes durch folgende Angaben zu ergänzen:

1. *Voraussetzungen für die Fälligkeit der Überschußanteile (Wartezeit, Stichtag für die Zuteilung u. ä.).*
2. *Form und Verwendung der Überschußanteile (laufende Überschußanteile, Schlußüberschußanteile, Bonus, Ansammlung, Verrechnung, Barauszahlung).“*

Die Ansiedlung der Überschußbeteiligungsklausel in den Allgemeinen Versicherungsbedingungen läßt erkennen, daß die Überschußbeteiligung beim großen Versicherungsverein auf Gegenseitigkeit ebenso wie bei der Aktiengesellschaft oder dem öffentlich-rechtlichen Versicherer eine vor allem das Versicherungsvertragsverhältnis betreffende Angelegenheit ist[28].

Seit Inkrafttreten des 3. Durchführungsgesetz/EWG zum VAG vom 21. 7. 1994[29] gilt § 16 ALB 86 mit seiner auf den Geschäftsplan verweisenden Regelung für den sog. Altbestand weiter, d.h. für die kapitalbildenden Lebensversicherungsverträge, die vor dem Inkrafttreten des 3. Durchführungsgesetz/EWG zum VAG abgeschlossen worden sind und die noch einen Geschäftsplan voraussetzen, der vom BAV nach § 5 VAG a.F. genehmigt worden ist und nach § 11c VAG n.F. weitergilt[30]. Gemäß Art. 16 § 2 des 3. Durchführungsgesetz/EWG zum VAG gilt § 16 ALB 86 ferner für kapitalbildende Lebensversicherungsverträge, die nach dem 28. 7. 1994 und vor dem 1. 1. 1995 abgeschlossen worden sind (sog. Zwischenbestand), sofern LVU diesen Versicherungsverträgen noch AVB zu-

---

[27] VerBAV 1984, 435ff = *Benkel/Hirschberg*, 1990, S. 583ff, 589.

[28] Vgl. *Alther*, Die Überschußbeteiligung im Versicherungsvertrag. Unter besonderer Berücksichtigung der schweizerischen Lebensversicherung, Diss. Zürich 1946, Aarau, 1947, S. 73 und am Schluß der Fußnote 41 auf S. 74; *Köbele*, 1965, S. 105; *Stelkens*, Rechtsgrundlagen der Überschußbeteiligung in der privaten Lebensversicherung, Diss. Köln, 1965, S. 70, 74; *Lothar Meyer*, Die Gesamtbewertung von Versicherungsunternehmungen – Ein Beitrag zur Theorie der Gesamtbewertung, Karlsruhe, 1975, Fußnote 57, S. 98, ferner S. 130, 132; *Stuirbrink/Geib/Axer*, WPg 1991, Fußnote 15 auf S. 31; a.A. *Hoepfner*, Die Gewinnbeteiligung der Versicherungsnehmer bei der Prämienversicherung, Diss. Königsberg i. Pr., 1928, S. 26.

[29] BGBl. I 1994, 1630.

[30] *Schwintowski*, in: Berliner Kommentar VVG, 1999, § 172 VVG Rdn. 21; *Kolhosser*, in: Prölss/Martin, 1998, § 16 ALB 86 Rdn. 1; *Reimer Schmidt*, in: Prölss/Schmidt, 1997, § 11c VAG Rdn. 1; *Kaulbach*, in: *Fahr/Kaulbach*, 1997, § 11c VAG Rdn. 1; *Präve*, VW 1994, 800; *derselbe*, VersR 1995, 733, 737; *derselbe*, ZfV 1997, 5, 6.

grunde gelegt haben, die vom BAV vor dem 29. 7. 1994 genehmigt worden sind[31]. Änderungen des Geschäftsplans und damit der AVB können auch für diese Lebensversicherungsverträge nur mit Genehmigung des BAV vorgenommen werden[32].

Die Rechtsnatur des Lebensversicherungsvertrages wird vor allem in der kapitalbildenden Lebensversicherung von einem Teil des Schrifttums wegen eines vermeintlichen Anspruchs des Versicherungsnehmers auf eine höhere Gewinnbeteiligung problematisiert[33]. In diesem Zusammenhang wird auch die Frage nach der Kontrollfähigkeit der Überschußbeteiligungsklausel nach dem AGB-Gesetz kontrovers erörtert[34]. Zunächst soll auf die Rechtsnatur des Lebensversicherungsvertrages mit Überschußbeteiligungsklausel eingegangen werden.

b) Rechtsnatur des Lebensversicherungsvertrages mit Überschußbeteiligungsklausel. *aa) Treuhandverhältnis.* Der Lebensversicherungsvertrag mit seinen ihm zugrundeliegenden Allgemeinen Versicherungsbedingungen ist zwar zu keinem Zeitpunkt rechtlich als Treuhandverhältnis ausgestaltet worden. Gleichwohl kam vor 1945 in der Literatur der Gedanke auf, daß zwischen der Versichertengemeinschaft und dem Versicherer eine Art Treuhandverhältnis bestehe.

So will *Gottschalk*[35] den Unterschied der Versicherungsaktiengesellschaft zu anderen Aktiengesellschaften darin erkennen, daß bei ihr die Stellung eines Unternehmens, dem von den Versicherungsnehmern Gelder anvertraut werden würden, als eines Treuhänders im besonderen Maße hervortrete. Auch *Ernst von der Thüsen*[36] griff in einem Beitrag aus dem Jahre 1937 den Treuhandgedanken auf und betont, daß die Vermögensverwaltung des Versicherers im wesentlichen eine treuhänderische für fremde Rechnung sei.

Ganz auf dieser Linie liegt eine Verlautbarung der Aufsichtsbehörde aus dem Jahre 1938, in der es heißt, daß „die Versicherungsunternehmung – gleich, in welcher Rechtsform – nur Treuhänder der ihr von der Versicherungsgemeinschaft anvertrauten Mittel" sei[37].

Der Treuhandgedanke wurde nach 1945 von *Vetter* und von *Krumbholz* aufgegriffen. *Vetter*[38] spricht von einer treuhänderischen Bindung im Zusammenhang mit dem Versicherungsgeschäft. Aus dem Versicherungsgeschäft ergäben sich besonders geartete Treueverpflichtungen zwischen beiden Parteien, weil die

---

[31] *Schwintowski,* in: Berliner Kommentar VVG, 1999, § 172 VVG Rdn. 21; *Claus,* ZfV 1994, 658.

[32] *Schwintowski,* in: Berliner Kommentar VVG, 1999, § 172 VVG Rdn. 21; *Claus,* ZfV 1994, 658; *Präve,* VW 1994, 800; *derselbe,* VersR 1995, 733, 737; *derselbe,* ZfV 1997, 5, 6.

[33] Vgl. *Basedow,* ZVersWiss 81 (1992), 419 ff; *Donath,* AcP 193 (1993), 279 ff; *von Hippel,* Gewinnbeteiligung und Verbraucherschutz in der Lebensversicherung, JZ 1989, 663 ff; *derselbe,* Fortschritte beim Verbraucherschutz im Versicherungswesen, JZ 1990, 730 ff; *Hans Dieter Meyer,* ZRP 1990, 424 ff.

[34] Siehe dazu *Basedow,* ZVersWiss 81 (1992), 419 ff; *Lorenz,* ZVersWiss 82 (1993), 283 ff; *Gerrit Winter,* ZVersWiss 80 (1991), 203 ff.

[35] *Gottschalk,* Bedeutung der deutschen Aktienrechtsreform für die Versicherung, ZVersWiss 31 (1931), 14, 15.

[36] *Von der Thüsen,* Aktienrechtsreform und Versicherungsaktiengesellschaften, ZVersWiss 37 (1937), 234, 235.

[37] RAA, VA 1938, 44.

[38] *Vetter,* Der Grundsatz der Gleichbehandlung in den privaten Versicherungsunternehmungen, Diss. Hamburg, 1947, S. 11.

Unternehmung den größten Teil ihres Vermögens für ihre Versicherungsnehmer, also im fremden Interesse zu verwalten habe. Und nach *Krumbholz*[39] ist der Versicherer letzten Endes nichts anderes „als ein Treuhänder der ihm vertrauensvoll überlassenen Prämien, welche zwar in sein Eigentum übergehen, jedoch schuldrechtlich weitgehend gebunden bleiben und welche er im Interesse der von allen Versicherungsnehmern gebildeten Gemeinschaft zu verwalten hat".

Auch in der Folgezeit wurde – wohl mehr im Sinne einer Idee gemeint – vom Versicherer als dem „Sachwalter der Versichertengemeinschaft"[40] oder dem „Verwalter der Gefahrengemeinschaften"[41] gesprochen. Und wenn *Reimer Schmidt*[42] die Lebensversicherer „in erster Linie eine Rolle als Treuhänder des angesparten Vermögens ihrer Kunden" spielen sieht oder *Braeß*[43] meint, daß die Leistung des Versicherers deutlich in Richtung auf eine „treuhänderisch verwaltende Tätigkeit" tendiere, so haben beide Autoren sicherlich mehr eine Idee vor Augen als einen Treuhandvertrag (Geschäftsbesorgungsvertrag) im zivilrechtlichen Sinne zwischen Versicherungsnehmer und Versicherer. *Schmidt-Rimpler*[44] bringt es auf den Punkt, wenn er es als Frage des „unternehmerischen Ethos" ansieht, ob sich der „Unternehmer als Treuhänder der Versicherten fühlt und sein Unternehmen als Hilfe für die vom Schicksal bedrohten Versicherten auffaßt".

Andere Autoren haben diese Ideen als sog. Treuhandmodell aufgegriffen und versucht, den Lebensversicherungsvertrag in ein Treuhandverhältnis im zivilrechtlichen Sinne umzudeuten[45].

Sowohl die Idee vom Treuhänder, Sachwalter oder Organisator und Geschäftsführer einer Gefahrengemeinschaft als auch vor allem die Umdeutung des Lebensversicherungsvertrages in ein Treuhandverhältnis haben im Schrifttum überwiegend Ablehnung erfahren[46]. Denn die Versicherer haben durch ihr Ver-

---

[39] *Krumbholz,* Der Dividendenanspruch des Versicherungsnehmers in der privaten Lebensversicherung, Diss. Hamburg, 1950, S. 41.

[40] *Bühler,* Der Grundsatz der gleichmäßigen Behandlung der Versicherten – Seine Bedeutung für die Prämienpolitik und die Prämienkalkulation in der modernen Individualversicherung, Diss. Tübingen, 1959, S. 34, 53.

[41] *Möller,* Allgemeine Grundlagen, Versicherungsaufsichts- und Versicherungsvertragsrecht, ZVersWiss 63 (1974), 9ff, 21.

[42] *Reimer Schmidt,* Zur Niederlassungsfreiheit der Lebensversicherer im Gemeinsamen Markt, ZVersWiss 55 (1966), 219ff, 250.

[43] *Braeß,* Über die Wettbewerbskonzeption der Versicherungswirtschaft, Die Versicherungsrundschau 1968, 29, 36.

[44] *Schmidt-Rimpler,* Zum Begriff der Versicherung, VersR 1963, 493, 504f.

[45] *Von Hippel,* JZ 1989, 663, 664f; *derselbe,* JZ 1990, 730ff.

[46] *Peter Frey,* Gibt es eine Rechtspflicht zur Gleichbehandlung der bei einer Versicherungsaktiengesellschaft Versicherten, Diss. Heidelberg 1958, Stuttgart, 1959, S. 30; *Stelkens,* 1965, S. 42; *Kühlmann,* Die Beteiligung der Versicherungsnehmer an der Ertrags- und Wertentwicklung der Vermögensanlagen in der gemischten Lebensversicherung, Diss. Hohenheim, 1975, S. 7; *Lothar Meyer,* 1975, S. 132; *Gärtner,* Privatversicherungsrecht, 2. Auflage, Darmstadt, 1980, S. 331f; *Karten,* Versicherung – Gefahrengemeinschaft oder Marktleistung ?, VW 1981, 1604, 1605; *Lorenz,* Gefahrengemeinschaft und Beitragsgerechtigkeit aus rechtlicher Sicht, in: 25 Jahre Karlsruher Forum, Jubiläumsausgabe 1983, Beiträge zum Haftungs- und Versicherungsrecht, Karlsruhe, 1983, S. 162, 166; *Jürgen Prölss,* Der Versicherer als „Treuhänder der Gefahrengemeinschaft" – Zur Wahrnehmung kollektiver Belange der Versicherungsnehmer durch den Privatversicherer, in: Festschrift für Karl Larenz, 1983, S. 487, 534; *Scholz,* Verfassungsrechtliche Strukturfragen der Versicherungsaufsicht, ZVersWiss 73 (1984), 1, 16; Sieg, Bemerkungen zur „Gefahrengemeinschaft", ZVersWiss 74 (1985), 321, 324; *Bruck/Möller/Winter* VVG, 1988, Anm. G 345ff; *Dreher,* Die Versicherung als Rechtsprodukt, Tübingen, 1991, S. 133ff; *Gerrit Winter,* ZVers-

halten niemals den Rechtsschein einer treuhänderischen Bindung aufkommen lassen[47].

Entscheidend ist, daß der Treuhandgedanke zu keinem Zeitpunkt Eingang in die rechtliche Ausgestaltung der Lebensversicherungsverträge, insbesondere der ihnen zugrundeliegenden Allgemeinen Versicherungsbedingungen, gefunden hat. Schon der Wortlaut der Überschußbeteiligungsklausel zeigt, daß Rechtsmerkmale, die auf ein Treuhandverhältnis[48] hindeuten könnten, nicht vorhanden sind[49].

Von daher ist nur zu verständlich, daß der Bundesgerichtshof[50] schon in seinem Urteil vom 8. 6. 1983 die Frage, „ob im Rahmen einer Lebensversicherung mit Gewinnbeteiligung des Versicherungsnehmers der Versicherer hinsichtlich der Nutzung der aus Sicherheitsgründen vorsorglich hoch bemessenen, später voraussichtlich über die Gewinnbeteiligung zurückzugewährenden Prämienanteile eine Stellung hat, die dem Beauftragten eines Geschäftsbesorgungsvertrags oder einem Geschäftsführer ohne Auftrag zumindest rechtlich ähnlich ist", nicht problematisiert hat. Allerdings konnte der Bundesgerichtshof die Entscheidung der Frage dahingestellt sein lassen, da er Auskunfts- und Rechnungslegungsansprüche des Versicherungsnehmers schon aus anderen Gründen verneinen konnte.

Zu einer weiteren Klärung der Rechtslage hat aber inzwischen das Urteil des Oberlandesgerichts Hamburg vom 2. 3. 1990 geführt, das zutreffend das Treuhandmodell mit folgenden Erwägungen verworfen hat[51]:

> „Der Versicherungsvertrag mag Elemente der entgeltlichen Geschäftsbesorgung aufweisen. Er ist jedoch ein Vertrag eigener Art, der weder mit dem zwischen einer Kapitalanlagegesellschaft und ihren Anlegern bestehenden Verhältnis noch mit dem Verhältnis zwischen Sparkasse oder Bank und Sparern vergleichbar ist. Insbesondere können die Pflichten der Versicherer bezüglich der Überschußbeteiligung der Versicherten schon angesichts des unstreitig durch versicherungsaufsichtsrechtliche Gründe bedingten Entstehens der Überschüsse nicht einfach nach den für die entgeltliche Geschäftsführung geltenden Grundsätzen oder jedenfalls entsprechend diesen Grundsätzen beurteilt werden. Anderenfalls würde außer acht gelassen, daß nach dem geltenden Recht die Kapitallebensversicherung eine einheitliche Figur ist, die eben nicht, wie dies die Kläger für wünschenswert halten, rechtlich unterschiedlich zu bewerten ist, je nachdem, welches ihrer Elemente gerade betrachtet wird."

In einem Urteil vom 23. 5. 1991 hat demgegenüber das Oberlandesgericht Nürnberg zur Unfallversicherung mit Prämienrückgewähr die Auffassung vertreten, daß hinsichtlich erzielter Prämienüberschüsse die Anwendung des Treuhandmodells in Betracht komme. Der Versicherungsnehmer dürfe bei Abschluß des Versicherungsvertrages davon ausgehen, daß die von ihm mit der Prämie bezahlten Risikoanteile zunächst nur der Sicherheit dienen und deshalb vom Lebensversicherer treuhänderisch zu verwalten und nach Erreichen des Sicherungszwecks in Gestalt der Überschüsse zurückzuzahlen seien. Aufgrund des Sicherungscharakters dieser Prämienanteile sei deshalb zwischen den Vertragsparteien

---

Wiss 80 (1991), 218ff; *Jürgen Prölss,* in: Prölss/Martin, VVG, 1992, Vorbem. II 1; *Nicolaysen,* Die Veräußerung der Hamburger Feuerkasse und die Verwendung des Erlöses, VersR 1994, 645.

[47] Vgl. *Lorenz,* in: 25 Jahre Karlsruher Forum, 1983, S. 162, 166.

[48] Zu den Voraussetzungen der Verwaltungstreuhand bzw. der Sicherungstreuhand siehe statt vieler *Soergel-Leptien,* 1988, Rz. 58ff vor § 164 BGB.

[49] Siehe hierzu ausführlich *Gerrit Winter,* ZVersWiss 80 (1991), 221.

[50] BGH, VersR 1983, 746, 747; ebenfalls unentschieden LG Köln, VersR 1994, 296f.

[51] OLG Hamburg, VersR 1990, 475, 477.

von einem Treuhandverhältnis in Form der sog. Sicherungstreuhand auszugehen[52].

Bundschuh[53] hat die Anwendung des Treuhandmodells als nicht unproblematisch bezeichnet.

In der Tat wird vom OLG Nürnberg übersehen, daß der Versicherer die Prämienzahlungen der Versicherungsnehmer nur zum eigenverantwortlichen Betrieb der Versicherung nach Maßgabe der Gesetze erhält[54].

Der Kapitallebensversicherungsvertrag ist schon seinem Wortlaut nach nicht als Treuhandvertrag konzipiert und es sind keine Anhaltspunkte vorhanden, die auf den Versicherungsnehmer als Treugeber und den Versicherer als Treunehmer hindeuten könnten. Abgesehen davon fehlt es sowohl auf Seiten des Versicherers als auch des Versicherungsnehmers am rechtsgeschäftlichen Willen, einen Treuhandvertrag abschließen zu wollen. Soweit der Versicherungsnehmer Zahlungen leistet, erfüllt er seine Verpflichtungen aus dem Versicherungsvertrag als Schuldner der Prämie. Diese geht uneingeschränkt in das Eigentum des Versicherers über[55]. Die herrschende Meinung sieht deshalb von daher zu Recht den Versicherungsvertrag nicht als Geschäftsbesorgungsvertrag an[56].

Die Verfechter des Treuhandmodells übersehen ferner, daß der Gesetzgeber die Lebensversicherung, insbesondere die kapitalbildende Lebensversicherung, nicht ähnlich den für Kapitalanlagegesellschaften geltenden Vorschriften in der Weise geregelt hat, daß der Versicherer für Rechnung und Risiko der Versicherungsnehmer die nicht ge- und verbrauchten Beiträge als Sondervermögen anlegt und verwaltet und er selbst nur einen Anspruch auf bestimmte Vergütungen für die Anlage- und Verwaltungstätigkeit hat[57].

Abweichendes gilt auch nicht in der Fondsgebundenen Lebensversicherung. Zwar sieht z.B. § 2 Absatz 1 der von der Aufsichtsbehörde verlautbarten Allgemeinen Bedingungen für die Fondsgebundene Lebensversicherung[58] vor, daß Versicherungsschutz unter unmittelbarer Beteiligung an der Wertentwicklung eines Sondervermögens (Anlagestock) geboten wird. Des weiteren, daß der Anlagestock gesondert vom übrigen Vermögen überwiegend in Wertpapieren angelegt und in Anteileinheiten aufgeteilt wird.

Vor allem aus § 3 der vorgenannten Musterbedingungen wird aber deutlich, daß auch in der Fondsgebundenen Lebensversicherung der Versicherer uneingeschränkter Eigentümer des gezahlten Beitrags wird. § 3 Absatz 1 dieser Musterbedingungen bestimmt ausdrücklich, daß der Beitrag, soweit er nicht zur Dekkung des Todesfallrisikos und der Kosten bestimmt ist, nach dem aufsichtsbe-

---

[52] OLG Nürnberg, VuR 1991, 274, 277ff; dazu *Bundschuh/Estel,* Die Überprüfung von Allgemeinen Versicherungsbedingungen durch die höchstrichterliche Rechtsprechung, in: Symposion AGBG und AVB, Schriftenreihe Versicherungsforum, Heft 12, Karlsruhe, 1993, S. 3, 22f.

[53] *Bundschuh,* Versicherung im Wandel, ZVersWiss 82 (1993), 39, 54.

[54] Vgl. *Dreher,* 1991, S. 135.

[55] BeschlKE BAV vom 22.2. und 11. 5. 1989, VerBAV 1989, 235, 239.

[56] Vgl. statt vieler *Kaulbach,* VersR 1990, 257, 258; *Voit,* Die Bewertung der Kapitallebensversicherung im Zugewinnausgleich, Berlin, 1992, S. 61; *Gerrit Winter,* in: Festschrift für Horst Baumann, 1999, S. 379, 392.

[57] Ausführlich dazu *Gerrit Winter,* ZVersWiss 80 (1991), 203, 219ff, siehe hierzu ferner *von Hippel,* JZ 1990, 445, 446 sowie *derselbe,* JZ 1990, 730, 733, der diesen Aspekt inzwischen auch sieht.

[58] VerBAV 1988, 147ff = *Benkel/Hirschberg,* 1990, S. 684, 685.

hördlich genehmigten Geschäftsplan dem Anlagestock zugeführt wird und in Anteileinheiten umgerechnet wird[59].

Ferner sieht § 20 der Musterbedingungen für die fondsgebundene Lebensversicherung vor, daß die Versicherungsnehmer an den Überschüssen entsprechend dem jeweiligen von der Aufsichtsbehörde genehmigten Geschäftsplan beteiligt sind[60]. Wir haben damit auch hier eine Bedingungssituation wie bei anderen Tarifen in der Lebensversicherung, insbesondere in der Kapitallebensversicherung.

Festgestellt werden kann nach alledem mit der herrschenden Meinung in Schrifttum und Rechtsprechung, daß Lebensversicherungsverträge, insbesondere Kapitallebensversicherungsverträge, im rechtlichen Sinne keine Treuhandverträge (Geschäftsbesorgungsverträge) sind.

bb) Partiarisches Rechtsverhältnis. Während das Treuhandmodell im Schrifttum und in der Rechtsprechung zu Recht als überwunden angesehen werden kann, vorbehaltlich der noch ausstehenden ausdrücklichen Verwerfung durch den Bundesgerichtshof, ist die Diskussion noch nicht zu der Frage beendet, ob der Kapitallebensversicherungsvertrag mit Rücksicht auf die Überschußbeteiligungsklausel als partiarisches Rechtsverhältnis zu qualifizieren ist.

Die Zuordnung des Kapitallebensversicherungsvertrages zu den partiarischen Rechtsverhältnissen wurde von einem Teil des älteren Schrifttums mit dem Bemerken in den Raum gestellt, aber nicht weiter problematisiert, daß im Hinblick auf die Überschußbeteiligungsklausel dem Lebensversicherungsvertrag ein „partiarisches Element" anhafte[61].

Eine andere ältere Meinung[62] meint aufgrund der Überschußbeteiligungsklausel eine „gesellschaftstypische Erscheinung" zu erkennen. Sie kommt zu dem Ergebnis, daß man dem „gesellschaftlichen Einschlag" nur dadurch Rechnung tragen könne, „daß man in dem Versicherungsvertrag mit Überschußbeteiligung ein partiarisches Rechtsverhältnis sieht". Diese Auffassung konnte sich auch auf *Moser*[63] abstützen, der die Ansicht vertritt, daß beim System der Altersrente die Versicherung mit Gewinnbeteiligung als partiarisches Rechtsgeschäft anzusehen sei.

Die angedachte Zuordnung der Versicherungsverträge mit Überschußbeteiligung zu den partiarischen Rechtsverhältnissen blieb schon seinerzeit nicht ohne Widerspruch und stieß auf Ablehnung[64].

Soweit sich das übrige Schrifttum mit Begriff und Wesen der partiarischen Verträge befaßte, blieb unerörtert, ob Lebensversicherungsverträge mit Überschußbeteiligungsklausel den partiarischen Rechtsverhältnissen zuzurechnen sind[65].

---

[59] VerBAV 1988, 147ff = *Benkel/Hirschberg,* 1990, S. 684, 685f.

[60] VerBAV 1988, 147ff = *Benkel/Hirschberg,* 1990, S. 684, 692.

[61] *Riesenfeld,* Das Problem des gemischten Rechtsverhältnisses im Körperschaftsrecht unter besonderer Berücksichtigung der Versicherungsvereine auf Gegenseitigkeit, Berlin, 1932, S. 135; für die AG: *Alther,* 1947, S. 61; *Emil Frey,* VersArch 1957, 21, 37; *Köbele,* Die Versicherungsaktiengesellschaft zwischen Aktiengesellschaft und Versicherungsverein auf Gegenseitigkeit, Diss. Freiburg, 1965, S. 106.

[62] Vgl. für die AG: *Haasen,* Das Recht auf den Überschuß bei den privaten Versicherungsgesellschaften, Stuttgart, 1955, S. 65f; ebenso *Köbele,* 1965, S. 106.

[63] *Moser,* Der Versicherungsvertrag mit Gewinnbeteiligung, Diss. Bern, Berlin, 1928, S. 19.

[64] Vgl. *Schloeßmann,* 1936, S. 75; *Stelkens,* 1965, S. 69; *Bruck-Möller-Winter* VVG, 1988, Anm. G 359: Kein partiarisches Darlehn; ebenso *Präve,* ZfV 1992, 334, 338.

[65] Vgl. beispielhaft *Paulick/Blaurock,* 1988, § 8 III, S. 110ff.

Auch in der bisher zur Lebensversicherung bekannten Rechtsprechung findet sich der Gedanke vom partiarischen Rechtsverhältnis nicht, insbesondere auch nicht im schon erwähnten Urteil des Bundesgerichtshofs vom 8. 6. 1983[66].

Baumann[67] hat die Diskussion im Schrifttum mit der Fragestellung wiederbelebt, ob der Lebensversicherungsvertrag als partiarisches Rechtsverhältnis mit Geschäftsbesorgungselementen unter prinzipieller Heranziehung der §§ 315ff BGB zu qualifizieren sei.

Basedow[68] hat sich der Fragestellung angenommen und den Kapitallebensversicherungsvertrag den partiarischen Rechtsverhältnissen zugeordnet. Auch *Lorenz*[69] kommt zu dem Ergebnis, daß der Kapitallebensversicherungsvertrag ein partiarisches Rechtsverhältnis sei.

Welche Rechtsansprüche den Versicherungsnehmern aufgrund der Qualifizierung des Kapitallebensversicherungsvertrages als partiarisches Rechtsverhältnis erwachsen oder erwachsen können, ist höchst umstritten.

Basedow[70] sieht einen versicherungsvertraglichen Anspruch auf Auskunft und Rechnungslegung. Ferner hält er den Versicherer für verpflichtet, „sich um die Steigerung des Geschäftserfolges zu bemühen, also das gemeinsame Interesse an einem möglichst hohen Ertrag oder Gewinn zu fördern". *Lorenz*[71] ist dieser Auffassung zu Recht entgegengetreten.

Zu bezweifeln ist aber, ob der Kapitallebensversicherungsvertrag überhaupt ein partiarisches Rechtsverhältnis ist.

Als partiarische Rechtsverhältnisse werden auch solche Austauschverträge angesehen, die nicht auf die Errichtung einer Gesellschaft gerichtet sind und bei denen für die Leistung des einen als Gegenleistung auch ein Anteil am Gewinn versprochen wird[72]. Die partiarisch Beteiligten haben keinen Anteil am Unternehmen, sondern sind nur Teilhaber am Gewinn[73]. Einfluß auf die Herbeiführung des erstrebten wirtschaftlichen Erfolgs hat der Partiar nicht[74]. Dem Partiar wird aber zugebilligt, „sich durch Ausübung gewisser Kontrollbefugnisse über die bestimmungsgemäße Verwendung seiner Leistung und über die Umstände zu informieren, die für die Feststellung seines Gewinnanteils maßgeblich sind"[75]. Von daher soll er sogar das Überwachungsrecht nach § 233 HGB (früher § 338 HGB) ausüben dürfen[76]. Hervorgehoben wird, daß eine partiarische Beteiligung nur anzuerkennen sei, wenn zu selbständigen Verträgen – wie z.B. Darlehns-, Miet-, Pacht- und Dienstverträgen – das Merkmal der Gewinnbeteiligung trete[77].

---

[66] BGH, VersR 1983, 746ff.

[67] *Horst Baumann,* in: Handwörterbuch der Versicherung, 1988, S. 895, 897; *derselbe,* VersR 1992, 905, Fußnote 20, S. 906.

[68] *Basedow,* ZVersWiss 81 (1992), 437ff.

[69] *Lorenz,* ZVersWiss 82 (1993), 296f.

[70] *Basedow,* ZVersWiss 81 (1992), 437.

[71] *Lorenz,* ZVersWiss 82 (1993), 297ff; ebenso *Präve,* ZfV 1992, 334, 339.

[72] Siehe hierzu *Paulick/Blaurock,* 1988, § 8 III, S. 110ff; *Schlegelberger/Karsten Schmidt,* § 335 HGB (§ 230 n.F.) Anm. 48.

[73] Vgl. *Tassilo Ernst,* AG 1967, 78.

[74] *Paulick/Blaurock,* 1988, § 8 III 1, S. 111.

[75] *Huffer,* 1970, S. 81.

[76] *Huffer,* 1970, S. 81; *Schön,* ZGR 1993, 232f; zu Recht ablehnend *Paulick/Blaurock,* 1988, § 8 III 1, S. 111f.

[77] Vgl. *Crome,* 1897, S. 25; *Ernst,* AG 1967, 78; *Huffer,* 1970, S. 3ff.

Ob diese Beschreibung von Begriff und Wesen des partiarischen Rechtsverhältnisses Zustimmung verdient, soll an dieser Stelle nicht betrachtet werden. Entscheidend ist, daß sich zum partiarischen Rechtsverhältnis keine allgemein gültigen Regeln aufstellen lassen, sondern es auf den im Wege der Auslegung zu ermittelnden Willen der Vertragsschließenden, die wirtschaftlichen Ziele und auf das Gesamtbild aller Umstände im Einzelfall ankommt[78].

Insoweit ist für die Frage, ob ein partiarisches Rechtsverhältnis vorliegt oder nicht, von entscheidender Bedeutung, daß die Überschußbeteiligungsklausel eine Beteiligung der Versicherungsnehmer am erwirtschafteten Überschuß entsprechend dem jeweiligen von der Aufsichtsbehörde genehmigten Geschäftsplan vorsieht[79].

Mit der Verweisung in der Überschußbeteiligungsklausel auf den Geschäftsplan ist der Geschäftsplan im Sinne von § 5 VAG angesprochen. Der Geschäftsplan im Sinne von § 5 VAG umfaßt die „Geschäftsgrundlagen eines Versicherungsunternehmens in rechtlicher, versicherungstechnischer und finanzieller Hinsicht“[80]. Schon von daher ist verständlich, daß es vor allem auf den dem einzelnen Tarif jeweils zugrundeliegenden gültigen Geschäftsplan und den jeweils gültigen Gesamtgeschäftsplan für die Überschußbeteiligung ankommt[81].

Auch der übrige Inhalt der Überschußbeteiligungsklausel gibt nur wieder, was der Versicherer aufsichtsrechtlich gesehen zu befolgen hat und in allen Einzelheiten in dem von der Aufsichtsbehörde zu genehmigenden Geschäftsplan geregelt ist. Dort ist bestimmt, ob, wie und in welchem Umfang die Versicherungsnehmer am Überschuß beteiligt sind. Der einzelne Versicherungsnehmer hat keinerlei Möglichkeit, auf den Inhalt des Geschäftsplans und seine einzelnen Bestandteile, wie z. B. den Gesamtgeschäftsplan für die Überschußbeteiligung Einfluß zu nehmen. Der Versicherer ist wiederum davon abhängig, ob die Aufsichtsbehörde seinen Vorstellungen zur Produktgestaltung folgt und die Genehmigung erteilt.

Bei der Erteilung der Genehmigung hat allerdings die Aufsichtsbehörde nicht darüber zu wachen, daß – positiv – die Interessen der Versicherten die denkbar beste oder auch nur eine möglichst gute Berücksichtigung erfahren. Sie hat – negativ – eine unangemessene Beeinträchtigung der Belange der Versicherten zu verhüten[82].

Die Überschußbeteiligungsklausel macht insoweit deutlich, daß die Beteiligung der Versicherungsnehmer am Überschuß nicht alleiniger Gegenstand privatautonomer Vereinbarungen der Parteien des Kapitallebensversicherungsvertrages ist, sondern aufgrund des Geschäftsplans hoheitlich, also öffentlichrechtlich, geregelt ist. Der Geschäftsplan entfaltet aber Rechtswirkungen nur in der durch Verwaltungsakt vermittelten individuellen Rechtsbindung von Versicherungsunternehmen und Aufsichtsbehörde[83]. Dritte, vor allem die Versicherungsnehmer werden in das vom Geschäftsplan geprägte, aufsichtsrechtliche Verhältnis nicht einbezogen[84].

---

[78] Vgl. *Paulick/Blaurock,* 1988, § 8 III 2, S. 113.
[79] Vgl. z. B. § 16 ALB.
[80] *Michaels,* 1967, S. 116.
[81] GB BAV 1984, 56; *Benkel/Hirschberg,* 1990, § 16 ALB Rdn. 36.
[82] Vgl. BVerwG vom 14. 10. 1980, VersR 1981, 221, 223.
[83] *Kirchhof,* 1987, S. 329.
[84] *Kirchhof,* 1987, S. 329; *Manssen,* 1994, S. 42.

Von daher regelt die Überschußbeteiligungsklausel im Verhältnis zwischen Versicherungsnehmer und Versicherer keine privatrechtlichen Rechte und Pflichten bezüglich der Beteiligung der Versicherungsnehmer am Überschuß, soweit der Geschäftsplan betroffen ist. Die Überschußbeteiligungsklausel erschöpft sich in der Darlegung der aufsichtsrechtlich geregelten Überschußbeteiligung. Ihr kommt hinsichtlich des Geschäftsplans nur deklaratorische Bedeutung zu und bewirkt keine private Rechtsetzung.

Enthält die Überschußbeteiligungsklausel, wie aufgezeigt, keine privatrechtliche Abrede über den die Beteiligung der Versicherungsnehmer am Überschuß regelnden Geschäftsplan, sondern weist sie in erster Linie auf die Tatsache hin, daß die Überschußbeteiligung der Versicherungsnehmer hoheitlich geregelt ist, dann fehlt es an einem wesentlichen Merkmal für die Annahme eines partiarischen Rechtsverhältnisses, nämlich einer privatrechtlichen Abrede über Grund und Höhe der Beteiligung am Überschuß, so wie sie durch den Geschäftsplan öffentlichrechtlich festgelegt ist.

Von daher ist auch verständlich, daß das OLG Düsseldorf in seiner Entscheidung vom 9. 2. 1993 im Zusammenhang mit der Überschußbeteiligungsklausel das Vorliegen einer privatrechtlichen Abrede verneint und von einer „offenen" Regelung spricht[85] und das OLG Hamburg darauf hinweist, daß es „keine direkte Verknüpfung zwischen den einzelnen Versicherungsverträgen und ihnen zuzuordnenden Anteilen am Überschuß" gibt[86].

Aus diesen Erwägungen ist eine Qualifizierung des Lebensversicherungsvertrages als partiarisches Rechtsverhältnis in Frage zu stellen und die weitere Entwicklung in der Rechtsprechung und der Literatur abzuwarten.

Mit der Infragestellung des partiarischen Rechtsverhältnisses ist nicht die Aussage verbunden, daß der Versicherungsnehmer keine Rechtsansprüche im Zusammenhang mit der öffentlichrechtlich geregelten und kontrollierten Überschußbeteiligung hätte. Es wird im Gegenteil noch aufgezeigt, daß die Ansprüche des Versicherungsnehmers auf Beteiligung am Überschuß sich aus dem Kapitallebensversicherungsvertrag als eigenständiger Rechtsfigur selbst ergeben, so daß es der Rechtsfigur des partiarischen Rechtsverhältnisses nicht bedarf.

cc) Geschäftsplanmäßige Erklärung. Ob die Überschußbeteiligungsklausel als solche als geschäftsplanmäßige Erklärung zu qualifizieren ist, der Drittwirkung zukommt, wird – soweit ersichtlich – bislang nicht erörtert.

Geschäftsplanmäßige Erklärungen sind einseitige, verpflichtende Erklärungen des Unternehmens an die Aufsichtsbehörde und gehören inhaltlich-materiell zum Geschäftsplan[87]. Von daher begründen geschäftsplanmäßige Erklärungen für Dritte grundsätzlich keine Rechte und Pflichten[88].

Bei veröffentlichten geschäftsplanmäßigen Erklärungen hat der Bundesgerichtshof geprüft, ob sie Rückwirkungen auf das private Versicherungsverhältnis haben. Er hat dies für den in der geschäftsplanmäßigen Erklärung der Kfz-Haftpflichtversicherer ausgesprochenen Rückgriffsverzicht bejaht. Nach dieser

---

[85] OLG Düsseldorf, VersR 1993, 556.

[86] OLG Hamburg, VersR 1990, 475, 477.

[87] Vgl. BGH, Urteil vom 13. 7. 1988, VerBAV 1990, 161, 165; OLG Hamm, Urteil vom 17. 3. 1993, VersR 1994, 37, 38; *Kirchhof,* 1987, S. 331; *Glauber,* VersR 1993, 12, 13.

[88] *Kirchhof,* 1987, S. 331.

Erklärung verzichtet der Versicherer auf den 5000,– DM übersteigenden Regreßanspruch gegen den Versicherungsnehmer und mitversicherte Personen[89]. Der Bundesgerichtshof hat es genügen lassen, daß diese geschäftsplanmäßige Erklärung im Amtsblatt der Aufsichtsbehörde (VerBAV) veröffentlicht worden war[90].

Der vom Bundesgerichtshof entschiedene Fall zeigt, daß Gegenstand der geschäftsplanmäßigen Erklärung eine Verpflichtung des Versicherers war, die die Erhebung konkreter Einwendungen des Versicherungsnehmers ermöglichte.

Nun gibt es – soweit bekannt – keine die Überschußbeteiligungsklausel betreffende Veröffentlichungen von geschäftsplanmäßigen Erklärungen der Lebensversicherer, die mit dem vom BGH entschiedenen Fall vergleichbar wären.

Die Überschußbeteiligungsklausel als solche kann auch deshalb keine geschäftsplanmäßige Erklärung in dem aufgezeigten Sinn darstellen, da die Allgemeinen Versicherungsbedingungen und damit auch die Überschußbeteiligungsklausel schon in ihrer Gesamtheit Bestandteil des genehmigten Geschäftsplans für den jeweiligen Tarif sind.

Eine andere Frage ist, ob die Deklaration der Überschußanteilsätze als veröffentlichte geschäftsplanmäßige Erklärung anzusehen ist[91]. Dafür könnte sprechen, daß die Überschußanteilsätze für die in einem Kalenderjahr fälligen Überschußanteile rechtzeitig vor Beginn dieses Kalenderjahres durch Vorstandsbeschluß festzusetzen und im nächstfolgenden Druckbericht zu veröffentlichen sind[92].

Selbst wenn man in der Deklaration der Überschußanteile nicht eine veröffentlichte geschäftsplanmäßigen Erklärung erblickt, kommt der Deklaration der Überschußanteilsätze anspruchsbegründende und leistungsausfüllende Wirkung im Rahmen des Kapitallebensversicherungsvertrages selbst zu.

dd) Versicherungsvertrag gemäß § 1 VVG. (1) Inhalt des Vertrages. Der Lebensversicherungsvertrag ist ein gegenseitiger Vertrag, der ein Austauschverhältnis begründet[93]. Das Oberlandesgericht Hamburg bezeichnet ihn als einen Vertrag eigener Art[94]. Der Lebensversicherer ist verpflichtet, nach Eintritt des Versicherungsfalls den vereinbarten Betrag an Kapital oder Rente zu zahlen (§ 1 Absatz 1 VVG). Der Versicherungsnehmer hat die vereinbarte Prämie zu entrichten (§ 1 Absatz 2 VVG). Die Prämie geht mit der Zahlung in das uneingeschränkte Eigentum des Lebensversicherers über[95].

(2) Umfang des Leistungsversprechens. Die Überschußbeteiligungsklausel ist ein besonderes Merkmal des Lebensversicherungsvertrages. Sie verdeutlicht dem Versicherungsnehmer, daß er am erwirtschafteten Überschuß entsprechend dem jeweiligen von der Aufsichtsbehörde genehmigten Geschäftsplan beteiligt ist. Insoweit wird über die Überschußbeteiligungsklausel der Anspruch des Versiche-

---

[89] Vgl. VerBAV 1975, 157.

[90] BGH, VerBAV 1990, 161, 165.

[91] Unklar *Prölss/Schmidt/Frey,* 1989, § 56 a VAG Rdn. 6.

[92] Vgl. Abschnitt 3.1 des Muster-Gesamtgeschäftsplans für die Überschußbeteiligung in der Fassung VerBAV 1988, 424 ff = *Benkel/Hirschberg,* 1990, S. 727, 730.

[93] BeschlKE BAV vom 22.2. und 11. 5. 1989, VerBAV 1989, 235, 239; *Benkel/Hirschberg,* 1990, § 2 ALB Rdn. 4.

[94] OLG Hamburg, VersR 1990, 475, 477.

[95] Vgl. BeschlKE BAV vom 22.2. und 11. 5. 1989 VerBAV 1989, 235, 239; *Harro Frels,* VersR 1965, 202, 204; *August Angerer,* Geld der Versicherten ?, ZfV 1983, 353; *Benkel/Hirschberg,* 1990, § 2 ALB Rdn. 4; *Bruck-Möller-Winter* VVG 1988, Anm. G 344.

rungsnehmers auf die vereinbarte und garantierte Versicherungssumme um einen Anspruch auf Überschußanteile ergänzt[96]. Der Überschuß ist Teil des Austauschverhältnisses und in seiner Entstehung und seinem Umfang selbst ungewiß, da er von der tatsächlichen Laufzeit des Lebensversicherungsvertrages, der während dieser Zeit nicht vorhersehbaren Kapitalmarktentwicklung, den Kosten und der allgemeinen Entwicklung des Lebensversicherungsunternehmens abhängt. Von daher ist der Feststellung des Bundesgerichtshofs zuzustimmen, daß der Lebensversicherungsvertrag die Höhe der Ansprüche der Versicherungsnehmer auf Überschußbeteiligung nicht festlege. Eine solche Festlegung, so der Bundesgerichtshof, wäre auch nicht möglich, ohne den Zweck der vorsorglich hohen Bemessung der Prämien zu gefährden. Der Versicherungsnehmer müsse vielmehr im ungünstigsten Fall mit der Möglichkeit rechnen, nur die fest vereinbarte Versicherungsleistung, aber keine Gewinnbeteiligung zu erhalten, wenn der Versicherer keine verteilungsfähigen Gewinne erziele[97]. Die Rechtsprechung hat daher ein der Höhe nach unbestimmtes Leistungsversprechen[98] im Rahmen einer offenen Regelung angenommen[99].

Anerkannt hat der Bundesgerichtshof des weiteren, daß für die Beteiligung der einzelnen Versicherungsnehmer am Überschuß die Festlegungen des von der Aufsichtsbehörde genehmigten Geschäftsplans maßgeblich sind und dieser auch die interne Verteilung des ausgeschütteten Überschusses regelt[100]. Der Bundesgerichtshof hat weiterhin bestätigt, daß über die Höhe der Ausschüttungen und ihre interne Verteilung der jeweilige Vorstand des Lebensversicherungsunternehmens auf der Grundlage des genehmigten Geschäftsplans entscheidet und der Versicherungsnehmer diese unternehmerische Entscheidung grundsätzlich hinnehmen muß[101].

(3) Der Geschäftsplan als Entscheidungsgrundlage. Entsprechend der aus dem Muster-Gesamtgeschäftsplan für die Überschußbeteiligung zu ersehenden Genehmigungspraxis der Aufsichtsbehörde bestimmen die Geschäftspläne der Versicherer insoweit, daß mindestens 90% des Rohüberschusses für die Überschußbeteiligung unter Beachtung der geschäftsplanmäßigen Überschußverteilungssysteme einzusetzen sind[102].

Damit soll dem Umstand Rechnung getragen werden, daß in der Lebensversicherung aus Sicherheitsgründen im Interesse der dauernden Erfüllbarkeit der Lebensversicherungsverträge Prämien erhoben werden, die von ihren Rechnungsgrundlagen her so vorsichtig kalkuliert sind, daß es zwangsläufig zu Überschüssen kommt[103]. Die 90%-Regelung kann auf eine Praxis der Gesellschaften

---

[96] *Benkel/Hirschberg,* 1990, § 16 ALB Rdn. 35*; Bruck-Möller-Winter* VVG, 1988, Anm. G 361; vgl. ferner *Schulz,* ZfV 1963, 843.

[97] BGH, VersR 1983, 746, 747; BeschlKE BAV vom 22.2. und 11. 5. 1989, VerBAV 1989, 235, 239.

[98] BeschlKE BAV vom 22.2. und 11. 5. 1989, VerBAV 1989, 235, 239.

[99] OLG Düsseldorf, VersR 1993, 556.

[100] BGH, VersR 1983, 746, 747.

[101] BGH, VersR 1983, 746, 747; BeschlKE BAV vom 22.2. und 11. 5. 1989, VerBAV 1989, 235, 239.

[102] Vgl. Abschnitt 2.3.1 des Muster-Geschäftsplans für die Überschußbeteiligung in der Fassung VerBAV 1988, 424ff = *Benkel/Hirschberg,* 1990, S. 727, 729; BeschlKE BAV vom 22.2. und 11. 5. 1989, VerBAV 1989, 235, 239; BVerwG, Urteil vom 12. 9. 1989, VersR 1990, 73, 74; *Bergsträßer,* VerBAV 1957, 212f.

[103] Vgl. BeschlKE BAV vom 22.2. und 11. 5. 1989, VerBAV 1989, 235, 239; BVerwG, VersR 1990, 73, 74; OLG Hamburg, VersR 1990, 475, 476; *Bergsträßer,* VerBAV 1957, 211; *Kurt Frey-*

aus den Anfängen der Lebensversicherung zurückgeführt werden, 50–90% des Rohüberschusses den Versicherungsnehmern zu überlassen[104].

Die 90%-Regelung beläßt den Lebensversicherern noch einen Spielraum, in dem sie frei darüber entscheiden können, welche Beträge für die anderen Gewinnrücklagen oder – bei Versicherungsvereinen auf Gegenseitigkeit und Aktiengesellschaften – zur Ausschüttung an die Mitglieder oder die Aktionäre verwendet werden sollen, vgl. § 38 VAG bzw. § 56a VAG[105].

Die Geschäftstätigkeit als solche ist nicht Gegenstand von Regelungen des Geschäftsplans. Insoweit hat der Versicherer bei der Ausübung seiner Geschäftstätigkeit die gesetzlichen Vorschriften zu beachten[106]. Diese überlassen die alleinige Kompetenz für die Entscheidung über die Realisierung stiller Reserven dem pflichtgemäßen Ermessen des Vorstands des Versicherers[107]. So liegt z.B. „beim Grundbesitz eine Realisierung ganz im Ermessen des Versicherungsunternehmens“[108]. Dabei ist zu berücksichtigen, daß stille Reserven die „Unternehmenssicherheit“ erhöhen und „die Wahrscheinlichkeit für das Eintreten der in Aussicht gestellten Gewinnbeteiligungen“ stärken[109]. Auch hat der Bundesgerichtshof dem Versicherer ausdrücklich zugestanden, auf eine gewisse Stetigkeit der Höhe der Ausschüttungen an die Versicherungsnehmer über mehrere Geschäftsjahre hinweg achten zu können[110].

(4) Fälligwerden der Überschußanteile. Ansprüche der Versicherungsnehmer auf bestimmte Überschußanteile entstehen mit der sog. Deklaration der Überschußanteile durch den Vorstand, mit der die Höhe der in einem bestimmten Geschäftsjahr fällig werdenden Überschußanteile festgelegt wird[111].

Solche Überschußanteile werden Bestandteil der vom Versicherer versprochenen Versicherungsleistung, die sich aus der eigentlichen Versicherungssumme und der im voraus nicht bestimmbaren Überschußbeteiligung zusammensetzt[112].

Hieraus folgt, daß der Versicherungsnehmer mit der Zuteilung der Überschußanteile einen unmittelbaren unwiderruflichen Vermögenszuwachs erwirbt und eine unwiderrufliche Erhöhung seines Versicherungsguthabens erfolgt[113].

---

tag, ZfV 1964, 324; *Janotta-Simons,* VerBAV 1985, 427; *Doherty,* ZVersWiss 74 (1985), 21f; *Sax,* VerBAV 1987, 531; *Kaulbach,* VersR 1990, 257.

[104] *Krüger,* Die Gewinnverteilung in der Lebensversicherung, Frankfurt a. Main, 1904, S. 44 unter Berufung auf die Verfahrensweise der Victoria zu Berlin; *Goldberg/Müller,* 1980, § 10 VAG Rdn. 57: 75–90%.

[105] *Blaesius,* Die Bewertung von Lebensversicherungsverträgen aus der Sicht der Nachfrager, Berlin, 1988, S. 150.

[106] Beispielhaft seien die §§ 53 d ff VAG erwähnt.

[107] R 6/60, VerBAV 1960, 259; BeschlKE BAV vom 22.2. und 11. 5. 1989, VerBAV 1989, 235, 240; *Surminski,* ZfV 1980, 117; *Stuirbrink/Geib/Axer,* WPg 1991, 31; *Präve,* ZfV 1992, 334, 341.

[108] Vgl. *Weiler,* Grundprobleme einer Finanzierungstheorie der Versicherungsaktiengesellschaft, Diss. Köln, 1980, S. 62; *Kühlmann,* 1975, S. 90.

[109] Vgl. *Weiler,* 1980, S. 63; ähnlich *Gerrit Winter,* ZVersWiss 80 (1991), S. 226f.

[110] BGH, VersR 1983, 746, 747.

[111] BeschlKE BAV vom 4. 3. 1987, VerBAV 1987, 255, 257; *Benkel/Hirschberg,* 1990, § 16 ALB Rdn. 36.

[112] Vgl. *Dieckmann,* Der Anspruch auf die Gewinnanteile in der Lebensversicherung, VersR 1963, 1005, 1006.

[113] Vgl. BVerwG, Urteil vom 12. 9. 1989, VersR 1990, 73, 74.

Auskunft über die Deklaration der Überschußanteile gibt der Geschäftsbericht des Versicherers, der gemäß § 55 Absatz 7 Satz 1 VAG jedem Versicherten auf Verlangen zu übersenden ist.

(5) Kontrolle und Sicherstellung einer angemessenen Überschußbeteiligung. Von besonderer Bedeutung ist, daß der Bundesgerichtshof aufgrund der von ihm vorgenommenen Auslegung des Lebensversicherungsvertrags und der Überschußklausel die Aufsichtsbehörde als die vertraglich bestimmte Kontrollinstanz und den vertraglich bestimmten Auskunftsempfänger zugunsten aller Versicherungsnehmer gegenüber den Versicherern ansieht, soweit es um die Frage geht, ob der einzelne Versicherer den ihm genehmigten Geschäftsplan eingehalten und auf dieser Grundlage die Ausschüttungen an die Versicherungsnehmer vorgenommen hat[114].

Mit Rücksicht auf die Kontrollaufgabe der Aufsichtsbehörde verneint der Bundesgerichtshof Auskunfts- und Rechnungslegungsansprüche des Versicherungsnehmers und bestätigt nur den Anspruch auf Übersendung des Geschäftsberichts[115].

Dieses Ergebnis findet seine Rechtfertigung auch in der Vorschrift des § 81c VAG, die die Ansprüche der Versicherungsnehmer auf Beteiligung am Überschuß über den der Genehmigung der Aufsichtsbehörde unterliegenden Geschäftsplan hinaus schützt. Diese Vorschrift gibt der Aufsichtsbehörde die Möglichkeit des Einschreitens, wenn die Rückgewährquote eines Lebensversicherungsunternehmens im Durchschnitt der letzten drei Geschäftsjahre nicht dem anhand des Durchschnitts aller Lebensversicherungsunternehmen festgelegten Rückgewährrichtsatz entspricht[116]. Hieraus wird deutlich, daß die Aufsichtsbehörde „auf eine größenordnungsmäßig und zeitlich angemessene Überschußbeteiligung der Versicherten in ihrer Gesamtheit" hinzuwirken hat, nicht aber auf Einzelfallgerechtigkeit[117].

Für eine angemessene Überschußbeteiligung sorgt des weiteren der Wettbewerb, der dem Spielraum der Versicherer enge Grenzen zieht[118]. Viele Versicherer werben mit der Höhe ihrer Überschußbeteiligung und mit der in den Geschäftsberichten veröffentlichten Durchschnittsverzinsung ihrer Kapitalanlagen[119]. Bei

---

[114] BGH, VersR 1983, 746, 748; OLG Hamburg, VersR 1990, 475, 476. Siehe hierzu auch § 8a MB/KK und die Kommentierung bei *Bach/Moser,* Private Krankenversicherung, 2. Auflage, 1993, § 8a MB/KK Rdn. 5.

[115] BGH, VersR 1983, 746, 748; LG Hamburg, JZ 1989, 689, 690; OLG Hamburg, VersR 1990, 475, 476; *Benkel/Hirschberg,* 1990, § 16 ALB Rdn. 53.

[116] Dazu *Claus,* VerBAV 1980, 22ff; *derselbe,* VerBAV 1980, 111ff; *Braa,* VerBAV 1980, 298ff; *Ackermann,* 1985, S. 102ff; *Claus,* VerBAV 1986, 239ff, 283ff; *derselbe,* VerBAV 1988, 259ff; *derselbe,* VerBAV 1989, 225ff, 262ff.

[117] OLG Hamburg, VersR 1990, 475, 477.

[118] Vgl. BGH, VersR 1983, 746, 747; *Lothar Meyer,* 1975, S. 133f, 294; kritisch dazu *Finsinger,* ZfB 1982, 186, 188.

[119] Siehe hierzu *Tröbliger,* ZfV 1983, 658ff; *Schwebler,* in: Geburtstags-Schrift für Georg Büchner, 1991, S. 533ff; *Weigel,* in: Geburtstags-Schrift für Georg Büchner, 1991, S. 539ff; zum Beispiel eines Ratings von Versicherungsunternehmen in den USA siehe *Sönnichsen,* 1992, S. 284ff; zum Vergleich von Versicherungs-Ratingagenturen und –verfahren in den USA vgl. *Schedlbauer/Scully,* VW 1997, 664ff; zum Rating in Deutschland siehe *Finsinger,* VW 1997, 208ff; *derselbe,* VW 1998, 1042ff; zum Rating siehe ferner *Wenning,* 1995, S. 158f; *Schütt,* in: Festschrift 100 Jahre materielle Versicherungsaufsicht in Deutschland, 2001, S. 813ff. *Görg,* VW 2001, 1733 spricht von einer weltweit operierenden Maklerschaft, deren Vermittlungsentschei-

ihrer Werbung haben die Lebensversicherer die aufsichtsrechtlichen Vorgaben zu beachten. Danach müssen schriftliche und bildliche Zahlenangaben zur künftigen Überschußbeteiligung z.B. bei kapitalbildenden Versicherungen den Hinweis enthalten, daß die angegebenen Leistungen aus der Überschußbeteiligung nicht garantiert werden können[120]. Der Wettbewerb hat dazu geführt, daß in der Vergangenheit in einzelnen Geschäftsjahren immerhin bis zu 100% der Überschüsse den Versicherten zuflossen[121]. Hierin liegt die Bestätigung, daß die Versicherer im Rahmen ihrer Geschäftspolitik die Überschußbeteiligung verantwortungsvoll gestalten[122]. Zutreffend weisen daher *Balleer/Claaßen*[123] darauf hin, „daß die Mitglieder eines Gegenseitigkeitsvereins ihre Anteile am Gewinn des Unternehmens in ihrer Eigenschaft als Policeninhaber und nicht als Mitglieder des Vereins erhalten".

(6) Rechtsmißbräuchliches Verhalten. Für den Fall eines Mißbrauchs des unternehmerischen Entscheidungsrechts des Vorstandes zu Lasten der Versicherungsnehmer stellt der Bundesgerichtshof einen Anspruch auf Ausschüttung eines höheren Gewinnanteils in den Raum, ohne jedoch die Anspruchsgrundlage zu erörtern[124]. Daß ein derartiges Verhalten nicht anzunehmen ist, wenn die Zahlung zu hoher Provisionen behauptet wird, hat inzwischen das OLG Düsseldorf entschieden. Die Wahl der Geschäftsstrategie – Umsatzsteigerungen durch hohe Erfolgsprovision – sei eine unternehmerische Entscheidung, die der Versicherungsnehmer hinzunehmen habe[125].

(7) Kontrolle des Lebensversicherungsvertrages nach dem AGB-Gesetz. Im Hinblick auf den gesetzlichen Auftrag der Aufsichtsbehörde, eine unangemessene Benachteiligung der Belange der Versicherungsnehmer zu verhüten, hat der Bundesgerichtshof den Lebensversicherungsvertrag und insbesondere die Überschußbeteiligungsklausel nicht ausdrücklich der Kontrolle nach dem AGB-Gesetz unterworfen[126]. Ob und in welchem Umfang Allgemeine Versicherungsbedingungen der Kontrolle nach dem AGB-Gesetz unterliegen, wird im Schrifttum intensiv

---

dung sich heute ganz überwiegend an einer durch Rating dokumentierten Performance des Versicherungsunternehmens orientiere.

[120] Vgl. beispielhaft Ziffer 3.4 des R 5/88 vom 6. 10. 1988 – Darstellung und Erläuterung der Überschußbeteiligung in der Lebensversicherung – in der Fassung VerBAV 1988, 411 ff = *Benkel/Hirschberg*, 1990, S. 804, 808; siehe hierzu ferner *Storck*, VW 1978, 598 ff; *Kakies*, VW 1978, 912 ff; ZfV 2000, 506 f: Gütesiegel für Beispielrechnungen? Assekurata-Studie zu Renditeprognosen der Lebensversicherer.

[121] Vgl. *von Denffer*, ZVersWiss 62 (1973), 195, 201; *Balleer/Claaßen*, 1979, S. 5; Gessner, 1978, S. 5: etwa 97% der Überschüsse; ebenso *Berzel/Gugumus*, ZfV 1981, 34; *Hans Dieter Meyer*, in: Festschrift 100 Jahre materielle Versicherungsaufsicht in Deutschland, 2001, S. 827, 847: etwa 98% der Überschüsse; *Ebers*, 2001, S. 70: Seit 1971 wurden im Branchendurchschnitt zwischen 97 bis 98% der Rohüberschüsse an die Versicherungsnehmer ausgeschüttet.

[122] Vgl. *Arps*, VW 1966, 569, 576; siehe ferner *Rauhut*, ZfB 1984, 894 ff; *Breith*, VW 1978, 928.

[123] Vgl. *Balleer/Claaßen*, 1979, S. 5; *Brenzel*, Frankfurter Vorträge zum Versicherungswesen, Heft 13, 1986, S. 33; zur seinerzeit geplanten Quellensteuer siehe *Dollinger/Skopp*, DB 1988, 2381 ff; *Neubeck*, BB 1988, 455 ff; *Sax*, VerBAV 1989, 47 ff; zur steuerlichen Behandlung von Gewinnanteilen siehe *Ament*, ZfV 1960, 56; *Geilhardt*, BB 1960, 583 ff; *Hicks*, DB 1992, 1374 ff; *Horlemann*, DB 1993, 2096 ff; *derselbe*, BB 1993, 2129 ff, 2201 ff, 2273 ff; *Pfalzgraf/Meyer*, DB 1993, 2353 ff.

[124] Vgl. BGH, VersR 1983, 746, 747; siehe hierzu aber *von Hippel*, JZ 1990, 445 f.

[125] OLG Düsseldorf, VersR 1993, 556, 557.

[126] Vgl. BGH, VersR 1983, 746 ff.

erörtert[127]. Für den Bereich der Lebensversicherung ist die Diskussion in Gang gekommen[128].

Die Kontrollfähigkeit der Überschußbeteiligungsklausel nach dem AGB-Gesetz ist wegen des in dieser Klausel angesprochenen aufsichtsbehördlich genehmigten Geschäftsplans problematisch. Denn der Geschäftsplan eines Versicherungsunternehmens – und damit auch die in ihm enthaltenen geschäftsplanmäßigen Erklärungen – beruhen auf öffentlichem Recht[129]. Dies wirft die Frage auf, ob unter diesen Umständen der Geschäftsplan im Sinne des AGB-Gesetzes als in den Versicherungsvertrag einbezogen angesehen werden kann und mit welcher Wirkung.

Das OLG Düsseldorf verneint in seinem Urteil vom 9. 2. 1993 eine Einbeziehung des Geschäftsplans in den Versicherungsvertrag und rechnet den Geschäftsplan nicht zu den Geschäftsbedingungen[130]. In der Begründung heißt es, daß die Einbeziehung schon deshalb ausscheide, weil der Geschäftsplan als Unternehmensinternum der Geheimhaltung unterliege und nicht dazu bestimmt sei, dem Versicherungsnehmer zur Kenntnis gebracht zu werden, zumal der Versicherungsnehmer selbst auf sein Verlangen keinen Einblick in den Geschäftsplan erhalte. Regelungen, in die der Versicherungsnehmer planmäßig keinen Einblick haben solle, könnten schlechterdings nicht als Gegenstand der wechselseitigen Vereinbarungen betrachtet werden. Unter diesen Umständen komme eine privatrechtliche Abrede über die Höhe der Überschußbeteiligung nicht zustande.

Dieser Auffassung ist zu folgen. Die Überschußbeteiligungsklausel beinhaltet ein der Höhe nach unbestimmtes Leistungsversprechen[131]. Dieses Leistungsversprechen wird durch die Verweisung auf den von der Aufsichtsbehörde genehmigten Geschäftsplan näher ausgestaltet. Die Regelung in § 16 ALB 86 ist von daher nicht als eine Leistungsbeschreibung anzusehen, die schon nach Inhalt und Zweck des § 8 AGBG der gerichtlichen Kontrolle nach dem AGBG entzogen ist[132]. Gleichwohl unterliegt die Überschußbeteiligungsklausel nicht der Kontrolle nach dem AGBG, da der Geschäftsplan öffentlich-rechtlicher Natur ist und der Lebensversicherer demzufolge keine einseitige Gestaltungsmacht ausüben kann[133]. Ein Geschäftsplan entfaltet Rechtswirkungen nur in der durch Verwaltungsakt vermittelten individuellen Rechtsbindung von Versicherungsunternehmen und Aufsichtsbehörde, wobei Dritte, vor allem die Versicherungsnehmer, in

[127] Siehe *Bach/Geiger,* Die Entwicklung der Rechtsprechung bei der Anwendung des AGBG auf AVB, VersR 1993, 659ff; *Baumann,* Zur Inhaltskontrolle von Produktbestimmungen in AGB und Versicherungsbedingungen, VersR 1991, 490ff; *Dehner,* Inhaltskontrolle allgemeiner Versicherungsbedingungen, NJW 1993, 2961ff.

[128] Vgl. nur *Lorenz,* ZVersWiss 82 (1993), 283, 306ff; *Präve,* ZfV 1992, 334, 339ff.

[129] BGH, Urteil vom 13. 7. 1988, VerBAV 1990, 161, 165; OLG Düsseldorf, VersR 1993, 556.

[130] OLG Düsseldorf, VersR 1993, 556 unter Berufung auf BGH, VersR 1988, 1062, 1065.

[131] BeschlKE BAV vom 22. 2. und 11. 5. 1989, VerBAV 1989, 235, 239; *Präve,* ZfV 1992, 334, 336.

[132] BGH vom 23. 11. 1994 – IV ZR 124/93, BGHZ 128, 54 = NJW 1995, 589, 590 = VersR 1995, 77, 78 = VerBAV 1995, 223, 225 = RuS 1997, 169, 170; OLG Hamburg vom 16. 2. 1993, VersR 1993, 1344, 1345; *Präve,* Versicherungsbedingungen und AGB-Gesetz, 1998, Rdn 386, S. 130/131.

[133] *Lorenz,* ZVersWiss 82 (1993), 283, 308; *Benkel,* VersR 1994, 509, 517; BAV, VerBAV 2001, 251 = NVersZ 2002, 9.

das vom Geschäftsplan geprägte, aufsichtsrechtliche Verhältnis nicht einbezogen werden[134]. Hieraus folgt, daß der Geschäftsplan[135] durch die Verweisung nicht Bestandteil des Versicherungsvertrages wird und seine Regelungen nicht als Geschäftsbedingungen anzusehen sind[136]. Die Verweisung in § 16 ALB 86 auf den Geschäftsplan verstößt auch nicht gegen das Transparenzgebot, da eine Verweisung in AGB auf ein anderes Regelungswerk grundsätzlich zulässig ist[137]. Soweit der Versicherungsnehmer wegen der Verweisung auf den Geschäftsplan den Allgemeinen Versicherungsbedingungen keine Regelungen über die Feststellung des Überschusses entnehmen kann, ist er nicht unangemessen im Sinne des § 9 AGBG benachteiligt, da der Versicherer an gesetzliche und aufsichtsrechtliche Vorgaben gebunden ist und den Überschuß nicht willkürlich festsetzen kann[138].

c) **Reform des VVG.** Ein Gesetzentwurf der SPD zur Reform des VVG[139] bezweckt schwerwiegende Eingriffe in das Versicherungsaufsichts- und -vertragsrecht sowie das Unternehmens- und Rechnungslegungsrecht der LVU und damit auch in die Regelung der Überschußbeteiligung der Versicherungsnehmer gemäß § 16 ALB 86, die europarechtlich fragwürdig und verfassungsrechtlich bedenklich sind[140]. Der Gesetzentwurf greift Gedanken aus einem Teil des Schrifttums auf[141], das den kapitalbildenden Lebensversicherungsvertrag als Geschäftsbesorgungsvertrag mit Treuhandcharakter[142], dem Hedge-Geschäft nahestehenden Sicherungsvertrag mit Geschäftsbesorgungselementen[143], partiarisches Rechtsverhältnis mit der Folge von Optimierungspflichten des Versicherers[144] oder als partiarisches

[134] OLG Frankfurt am Main vom 14. 10. 1998–7 U 99/97, NVersZ 1999, 469, 470 = VersR 1999, 1097, 1098; *Benkel*, VersR 1994, 509, 514 m. w. Nachw.

[135] Ebenso im Regelfall die geschäftsplanmäßige Erklärung gegenüber dem BAV, vgl. BGH vom 13. 7. 1988, VerBAV 1990, 161, 165; *Duge/Berg*, ZfV 1990, 440, 445; *Prölss*, in: Prölss/Martin, 1998, Vorbem. I, Rdn. 119.

[136] OLG Düsseldorf vom 9. 2. 1993, NJW-RR 1993, 801 = VersR 1993, 556; BGH vom 23. 11. 1994, BGHZ 128, 54 = NJW 1995, 589, 591 = VersR 1995, 77, 79 = VerBAV 1995, 223, 226 = RuS 1997, 169, 171; *Kollhosser*, in: Prölss/Martin, 1998, § 16 ALB 86 Rdn. 3; *Baroch Castellvi*, NVersZ 2001, 529, 532; a. A. OLG Nürnberg vom 23. 5. 1991–8 U 1687/90 - VuR 1991, 274, 276; Basedow, ZVersWiss 81 (1992), 419, 442.

[137] BGH vom 21. 6. 1990 -VII ZR 308/89, BGHZ 111, 388, 390 = NJW 1990, 3197, 3198 = NJW-RR 1991, 372 L; BGH vom 15. 10. 1991 – XI ZR 192/90, NJW 1992, 179, 180; BGH vom 5. 11. 1991 -XI ZR 246/90, NJW 1992, 180, 181; BGH vom 23. 11. 1994, BGHZ 128, 54 = NJW 1995, 589, 590 = VersR 1995, 77, 79 = VerBAV 1995, 223, 225 = RuS 1997, 169, 170f; AG Bad Schwalbach vom 24. 9. 1996, VersR 1997, 606; LG Hamburg vom 15. 5. 1998, VersR 1998, 877, 879; OLG Stuttgart vom 28. 5. 1999 – 2 U 219/98, NVersZ 1999, 366, 367.

[138] OLG Hamburg vom 2. 3. 1990, VersR 1990, 475, 476 = JZ 1990, 442, 443; BGH vom 23. 11. 1994, NJW 1995, 589, 591 = VersR 1995, 77, 80 = VerBAV 1995, 223, 226 = RuS 1997, 169, 172; AG Bad Schwalbach vom 24. 9. 1996, VersR 1997, 606, 607; *Präve*, ZfV 1992, 334, 341.

[139] BT-Drucks. 13/8163 vom 2. 7. 1997, auszugsw. abgedr. in NVersZ 1999, 23 = ZIP 1997, 1258 = VersR 1997, 945 m. Anm. *Lorenz;* kritisch *Schlechtriem*, BB 1999, 593.

[140] Siehe dazu *Gerrit Winter*, in: Karten/Werber/Winter, Lebensversicherung und Geschäftsbesorgung, 1998, S. 87 ff.

[141] Siehe bei *Adams*, ZIP 1994, 1434 ff; *derselbe*, ZIP 1997, 1224 ff; *derselbe*, ZIP 1997, 1857 ff; *derselbe*, ZIP 1999, 1386 ff; *Donath*, VersR 1995, 965 ff; *von Hippel*, JZ 1989, 663 ff; *derselbe*, JZ 1990, 445 ff; *derselbe*, NJW 1995, 566 ff; *Schwintowski*, NVersZ 1998, 97, 99 f.

[142] *Meyer*, ZRP 1990, 424, 425 ff; *Schünemann*, BB 1995, 417, 418 f; *derselbe*, JZ 1995, 430, 432 ff; *derselbe*, JuS 1995, 1062, 1065 f; *derselbe*, in: Karten/Werber/Winter, Lebensversicherung und Geschäftsbesorgung, 1998, S. 26, 33 ff; Modellvergleich siehe bei *Eszler*, VW 1997,150.

[143] *Schwintowski*, JZ 1996, 702, 704 ff.

[144] *Basedow*, ZVersWiss 81 (1992), 419, 439 f, 450; zu Recht ablehnend *Baumann*, S. 11.

Rechtsverhältnis mit einer gewissen Ähnlichkeit mit der stillen Gesellschaft im Sinne der §§ 230ff HGB[145] oder als Austauschvertrag mit Optimierungspflichten[146] begreift oder einen bereicherungsrechtlichen Anspruch auf Rückerstattung überhobener Prämienteile konstruiert[147], um dem Versicherungsnehmer insbesondere einen rechtlichen Anspruch auf die stillen Reserven des Lebensversicherungsunternehmens zu eröffnen[148]. Im Ergebnis erhebt der Gesetzentwurf der SPD-Fraktion die fondsgebundene Lebensversicherung zum einzig möglichen Produkt und beabsichtigt damit eine unzulässige Inländerdiskriminierung[149].

Die Gesetzesinitiative der SPD hat die Frage nach der Rechtsnatur des kapitalbildenden Lebensversicherungsvertrages erneut aufgeworfen[150], zumal der BGH diese Frage ausdrücklich offen gelassen hat[151]. Die dem Gesetzentwurf der SPD zugrundeliegenden Auffassungen zur Rechtsnatur der kapitalbildenden Lebensversicherung haben im Schrifttum aus zivil-, versicherungs- und aufsichtsrechtlicher Sicht keine Zustimmung gefunden[152] und werden zu Recht auch aus wirtschaftswissenschaftlicher und ordnungspolitischer Sicht als mit dem geltenden Recht nicht vereinbar angesehen[153]. Die kapitalbildende Lebensversicherung ist gemäß § 1 VVG ein synallagmatischer Vertrag sui generis[154]. Weder obliegen dem LVU gegenüber dem Versicherungsnehmer Optimierungspflichten[155], noch liegt ein partiarisches Rechtsverhältnis oder ein Geschäftsbesorgungs- bzw. Treuhandverhältnis oder gar ein Hedge-ähnliches Geschäft vor[156]. Im Gegensatz zu anderen Vertragstypen des Zivilrechts ist die vom LVU als Vertragspartner zu erbringende Leistung durch spezielle und umfassende Regelungen des VAG und den hierauf fußenden Verordnungen (z.B. ZRQuotenV), des HGB und des VVG geregelt und damit auch als Altersvorsorgeprodukt langfristig für den Versicherungskunden vor allem über das Aufsichtsrecht mit Blick auf Sicherheit, Stetigkeit und Rentabilität geschützt[157]. Für eine angemessene Überschußbeteiligung

---

[145] *Baumann,* 1993, S. 11.

[146] *Prölss,* in: Prölss/Martin, 1998, § 1 VVG Rdn. 22ff.

[147] *Donath,* AcP 1993, 279, 303f.

[148] Siehe nur *Donath,* BB 1993, 1839ff; *Adams,* NVersZ 2000, 49, 59ff.

[149] *Farny,* zitiert in NVersZ 1999, 63.

[150] Zum Meinungsstand siehe *Dörner,* in: Berliner Kommentar VVG, 1999, Einleitung Rdn. 48ff, insb. Rdn. 49–59; *Prölss,* in: Prölss/Martin, 1998, § 1 VVG Rdn. 20ff, insb. Rdn. 23–24.

[151] BGHZ 128, 54, 66.

[152] *Benkel,* VersR 1994, 509, 511ff; *Ebers,* 2001, S. 289; *Leverenz,* VersR 1997, 652, 655ff; *Präve,* ZfV 1992, 334, 338.

[153] Siehe dazu *Karten,* VW 1981, 1604; *derselbe,* in: Karten/Werber/Winter, Lebensversicherung und Geschäftsbesorgung, 1998, S. 44ff; *Kaulbach,* VersR 1990, 645, 646; *derselbe,* in: Karten/Werber/Winter, Lebensversicherung und Geschäftsbesorgung, 1998, S. 112ff; *Sieg,* VersR 1990,1215; *Hesberg,* in: Karten/Werber/Winter, Lebensversicherung und Geschäftsbesorgung, 1998, S. 122ff; *Hesberg/Karten,* NVersZ 1999, 1.

[154] *Dörner,* in: Berliner Kommentar VVG, 1999, Einleitung Rn 49; *Benkel,* VersR 1994, 509, 515; *Leverenz,* VersR 1997, 652, 655; *Michaels,* in: Karten/Werber/Winter, Lebensversicherung und Geschäftsbesorgung, 1998, S. 93, 94f; *Pataki,* 1998, S. 213ff; *Schulze,* ZRP 1991, 311, 312.

[155] So schon *Baumann,* 1993, S. 11.

[156] Siehe hierzu im einzelnen *Benkel,* VersR 1994, 509, 511ff; *Dreher,* 1991, S. 75; *Leverenz,* VersR 1997, 652, 655ff; ausführlich zum Ganzen *Pataki,* 1998, Ergebniszusammenfassung S. 223ff; *derselbe,* in: Karten/Werber/Winter, Lebensversicherung und Geschäftsbesorgung, 1998, S. 145ff; *Präve,* ZfV 1992, 334, 338; *Gerrit Winter,* ZVersWiss 80 (1991), 203, 216ff; *derselbe,* in: Karten/Werber/Winter, Lebensversicherung und Geschäftsbesorgung, 1998, S. 58ff.

[157] Siehe dazu *Kollhosser,* in: Prölss/Schmidt, 1997, § 81c VAG Rdn. 1ff; *Holzwarth,* ZVersWiss 78 (1989), 613, 615; *Müller,* Versicherungsbinnenmarkt, 1995, Rdn. 815, S. 294/295.

sorgt desweiteren der Wettbewerb, der dem Spielraum der Versicherer enge Grenzen zieht[158] und der in der Vergangenheit dazu geführt hat, daß in einzelnen Geschäftsjahren immerhin bis zu 100% der Überschüsse den Versicherungsnehmern zuflossen[159].

5. Verwendung für die Überschußbeteiligung der Versicherten (Neubestand)

Die für den Alt- und Zwischenbestand in der Vertragspraxis anzutreffende Überschußbeteiligungsklausel für die kapitalbildende Lebensversicherung (§ 16 ALB 86) wurde nach dem Inkrafttreten des 3. Durchführungsgesetzes/EWG zum VAG vom 21. Juli 1994 für den Neubestand, also für die seit dem 29. Juli 1994 abgeschlossenen Lebensversicherungsverträge, denen nur noch nicht mehr vom BAV genehmigte Allgemeine Versicherungsbedingungen zugrundeliegen, durch eine neue Überschußbeteiligungsklausel auf der Grundlage einer unverbindlichen Empfehlung des GDV ersetzt, die beispielhaften Charakter für sämliche überschußberechtigten Lebensversicherungen hat und die von den Lebensversicherungsunternehmen unabhängig von der Rechtsform in auf die eigenen Tarife angepaßter Form verwendet wird. Eine in der Vertragspraxis anzutreffende und auf die Tarife des verwendenden Unternehmens angepaßte Fassung der vom GDV verlautbarten Überschußbeteiligungsklausel für die kapitalbildende Lebensversicherung (§ 17 ALB 94) lautet wie folgt[160]:

„§ 17 Wie sind Sie an den Überschüssen beteiligt?

(1) Um zu jedem Zeitpunkt der Versicherungsdauer den vereinbarten Versicherungsschutz zu gewährleisten, bilden wir Rückstellungen. Die zur Deckung dieser Rückstellungen erforderlichen Mittel werden angelegt und erbringen Kapitalerträge. Aus diesen Kapitalerträgen, den Beiträgen und den angelegten Mitteln werden die zugesagten Versicherungsleistungen erbracht sowie die Kosten für Abschluß und Verwaltung des Vertrages gedeckt. Je größer die Erträge aus den Kapitalanlagen sind, je weniger vorzeitige Versicherungsfälle eintreten und je kostengünstiger wir arbeiten, umso größer sind dann entstehende Überschüsse, an denen wir Sie und die anderen Versicherungsnehmer beteiligen. Die Überschußermittlung erfolgt nach den Vorschriften des Versicherungsaufsichtsgesetzes (VAG) und des Handelsgesetzbuches (HGB) und den zu diesen Gesetzen erlassenen Rechtsverordnungen.

Überschußbeteiligung

(2) Die Überschußbeteiligung nehmen wir nach Grundsätzen vor, die § 81c des Versicherungsaufsichtsgesetzes (VAG) und der dazu erlassenen Rechtsverordnung entsprechen und deren Einhaltung die Aufsichtsbehörde überwacht.

(3) Nach diesen Grundsätzen sind von uns gleichartige Versicherungen in einem Abrechnungsverband und zum Teil innerhalb eines Abrechnungsverbandes nach zusätzlichen Kriterien in einem Gewinnverband zusammengefaßt worden. Von den Kapitalerträgen kommt den Versicherungsnehmern als Überschußbeteiligung mindestens der in der Rechtsverordnung zu § 81c VAG festgelegte Anteil zugute, abzüglich der Beträge, die für die zugesagten Versicherungsleistungen benötigt werden. Bei günstiger Sterblichkeitsentwicklung und Kostensituation können weitere Überschüsse hinzukommen. Der so ermittelte Überschuß wird – soweit er den Verträgen nicht

[158] Vgl. BGH, VersR 1983, 746, 747; *Lothar Meyer,* 1975, S. 133f, 294; zum Gütezeichen für Versicherungsprodukte siehe *Präve,* ZfV 1992, 168, 173; *Zischka,* 1997, Rdn 279, S. 128/129; zum Rating von LVU siehe *Sönnichsen,* 1992, S. 103ff, der die Errichtung einer unabhängigen Rating-Agentur vorschlägt, vgl. S. 184ff.

[159] Siehe Fn. 121.

[160] Vgl. die dem Urteil des BGH vom 9. 5. 2001 – IV ZR 121/00 – zugrundeliegende und hier wiedergegebene Überschußbeteiligungsklausel, die in ZIP 2001, 1052/1053 = VersR 2001, 841, 842, abgedr. ist.

direkt gutgeschrieben wird – in die Rückstellung für Beitragsrückerstattung (RfB) eingestellt. Die in die RfB eingestellten Mittel dürfen wir grundsätzlich nur für die Überschußbeteiligung der Versicherungsnehmer verwenden. Mit Zustimmung der Aufsichtsbehörde können wir die RfB ausnahmsweise zur Abwendung eines Notstandes (z. B. Verlustabdeckung) heranziehen (§ 56a VAG) oder bei sehr ungünstigem Risikoverlauf bzw. einem eventuellen Solvabilitätsbedarf den in der Rechtsverordnung zu § 81 c VAG genannten Prozentsatz der für die Überschußbeteiligung zu verwendenden Erträge unterschreiten.

(4) Ihre Versicherung gehört zum Gewinnverband N-Tarife (bei Einmalbeitragsversicherungen zum Gewinnverband Kapitalbildende N-Tarife gegen Einmalbeitrag) im Abrechnungsverband Einzel-Kapitalversicherung. Jede einzelne Versicherung innerhalb dieser Gewinnverbände erhält Anteile an den Überschüssen des Abrechnungsverbandes Einzel-Kapitalversicherung. Die Höhe dieser Anteile wird vom Vorstand unseres Unternehmens auf Vorschlag des Verantwortlichen Aktuars unter Beachtung der gesetzlichen und aufsichtsrechtlichen Bestimmungen jährlich festgelegt und im Geschäftsbericht veröffentlicht. Die Mittel für diese Überschußanteile werden den Überschüssen des Geschäftsjahres oder der Rückstellung für Beitragsrückerstattung entnommen. In einzelnen Versicherungsjahren, insbesondere etwa im ersten Versicherungsjahr, kann eine Zuteilung von Überschüssen entfallen, sofern dies sachlich gerechtfertigt ist.

Vorausberechnungen

(5) Die Überschußanteile, die sich für den Anspruchsberechtigten ergeben, hängen in ihrer Höhe vor allem von den Kapitalerträgen, aber auch vom Verlauf der Sterblichkeit und von der Entwicklung der Kosten ab. Die Höhe der Überschußanteile, die von Jahr zu Jahr ermittelt und zugesagt werden, kann sich daher ändern. Verbindliche Angaben über die Höhe der künftigen Überschußbeteiligung sind nicht möglich.

(6) Über den Verlauf der Überschußbeteiligung unter der Voraussetzung, daß die heute gültigen Überschußanteile unverändert bleiben, können Sie sich anhand unserer Beispielrechnungen informieren, die wir Ihnen auf Wunsch zur Verfügung stellen.“

Der BGH entschied mit Urteilen vom 9. Mai 2001 über die Wirksamkeit von Klauseln in der kapitalbildenden Lebensversicherung[161]. Soweit der BGH die Klauseln zum Rückkaufswert und zu den Abschlußkosten für unwirksam erklärte, können die Lebensversicherer hierauf im Wege der Bedingungsanpassung gemäß § 172 Abs. 2 VVG reagieren, da diese Vorschrift auf alle Arten der Lebensversicherung, und damit auch auf die kapitalbildende Lebensversicherung, Anwendung findet[162]. Entgegen der Auffassung von *Schünemann*[163] setzt das Klauselersetzungsverfahren des § 172 Abs. 2 VVG nicht voraus, daß sich der Lebensversicherer durch eine Änderungsklausel in den Allgemeinen Versicherungsbedingungen vorbehalten hat, den Austausch einer unwirksamen Klausel durch eine wirksame Klausel mit Zustimmung eines Treuhänders vorzunehmen. Auch eine Mitwirkung des Versicherungsnehmers sieht die gesetzliche Ermächtigungsnorm des § 172 Abs. 2 VVG nicht vor, so daß für ein von *Schünemann*[164] analog § 5 a VVG vorgeschlagenes Widerspruchsrecht des Versicherungsnehmers die gesetzliche Rechtsgrundlage fehlt. Die auf der Grundlage der unverbindlichen Empfehlung des GDV von den Unternehmen in angepaßter Form verwendete

---

[161] BGH vom 9. 5. 2001 – IV ZR 121/00, NJW 2001, 2014 = NVersZ 2001, 308 = VersR 2001, 841 = ZIP 2001, 1052 = BB 2001, 1427 = DB 2001, 2186 = MDR 2001, 1055 (Revisionsentscheidung zum Urteil des OLG Nürnberg vom 29. 2. 2000 – 3 U 3127/99, NVersZ 2000, 320); BGH vom 9. 5. 2001 – IV ZR 138/99, NJW 2001, 2012 = NVersZ 2001, 313 = VersR 2001, 839 = ZIP 2001, 1061 = MDR 2001, 1057 (Revisionsentscheidung zum Urteil des OLG Stuttgart vom 28. 5. 1999 – 2 U 219/98 –, NVersZ 1999, 366 = VersR 1999, 832 = ZIP 1999, 1970).

[162] OLG Stuttgart vom 6. 4. 2001 – 2 U 175/00, VersR 2001, 1141; *Lorenz*, VersR 2001, 1146 ff; *Baroch Castellvi*, NVersZ 2001, 529, 534; BAV, VerBAV2001, 174; Rundschreiben R 1/2001 des BAV vom 10. 10. 2001, VerBAV 2001, 251, 252 = NVersZ 2002, 9, 10.

[163] *Schünemann*, JZ 2002, 134, 135 f.

[164] *Schünemann*, JZ 2002, 134, 136 f.

Überschußbeteiligungsklausel für die kapitalbildende Lebensversicherung (§ 17 ALB 94) hielt in beiden Urteilen des BGH vom 9. Mai 2001 der richterlichen Kontrolle stand[165], so daß insoweit kein Änderungsbedarf besteht[166]. Dadurch, daß sich die Überschussbeteiligung der Versicherungsnehmer am handelsrechtlichen Jahresabschluß orientiert und – wie der Wortlaut der Überschußbeteiligungsklausel zeigt – die jeweils beschriebenen Überschußbeteiligungssysteme Anwendung finden, „partizipiert jeder Versicherungsnehmer fortlaufend an den hohen und stabilisierten Renditen, die weitgehend unabhängig von Kapitalmarktschwankungen sind“[167].

III. Beitragsrückerstattung in der Krankenversicherung

In der Krankenversicherung entstehen Überschüsse hauptsächlich aus dem in die Kalkulation der Tarifbeiträge einbezogenen Sicherheitszuschlag und aus den mit den Kapitalanlagen erwirtschafteten Zinserträgen[168]. Im möglichen Umfang werden Überschüsse an die Mitglieder (Versicherungsnehmer) entweder im Wege der erfolgsunabhängigen Beitragsrückerstattung oder der erfolgsabhängigen Beitragsrückerstattung zurückgegeben[169]. Zu beachten sind insoweit die Vorschriften des § 21 KStG, der die Zuführungen zur Rückstellung für Beitragsrückerstattung und deren Auflösung regelt.

Die erfolgsunabhängige Beitragsrückerstattung kommt zum Tragen, wenn der Versicherungsvertrag eine Beitragsrückerstattung schon für den Fall vorsieht, daß innerhalb eines bestimmten Zeitraums keine Leistungen in Anspruch genommen worden sind und der Versicherungsvertrag ungekündigt fortbesteht[170].

Bei der erfolgsabhängigen Beitragsrückerstattung wird auf das Geschäftsergebnis abgestellt. Überschüsse werden zur Rückerstattung von Monatsbeiträgen an leistungsfrei gebliebene Versicherte verwendet[171]. Bedeutung erlangt die Verwendung von Überschüssen zum teilweisen Auffangen von Beitragsanpassungen, insbesondere bei älteren Versicherten[172].

Damit dem Gleichbehandlungsgrundsatz Rechnung getragen wird, sind die Überschüsse an die Mitglieder (Versicherungsnehmer) verursachungsgerecht zu verteilen[173].

---

[165] Hierzu *Littbarski,* NJW 2001, 3315 ff; *Präve,* VersR 2001, 846 ff; *Reif,* ZIP 2001, 1058, 1060; *Rosenow/Schaffelhuber,* ZIP 2001, 2211 ff; *Schwintowski,* NVersZ 2001, 337 ff; *derselbe,* EWiR 2001, 649 f.

[166] Zutreffend *Präve,* VersR 2001, 846, 848.

[167] Vgl. *Albrecht/Maurer/Schradin,* ZIP 1999, 1381, 1384; hierzu *Adams,* ZIP 1999, 1386 ff.

[168] Vgl. *Bohn,* VW 1986, 151; *Baumann,* in: Handwörterbuch der Versicherung, 1988, S. 897; *Timmer,* in: Handwörterbuch der Versicherung, 1988, S. 397.

[169] Vgl. *Gerwins,* VW 1982, 1311.

[170] Vgl. *Gerwins,* VW 1982, 1311.

[171] Vgl. *Gerwins,* VW 1982, 1311.

[172] Vgl. *Seyfert,* Die Rückstellungen in der privaten Krankenversicherung, in: *Prölss–v. d. Thüsen-Ziegler,* Die versicherungstechnischen Rückstellungen im Steuerrecht, 1973, S. 195, 197; *Gerwins,* VW 1982, 1311 f; BGH, Urteil vom 1. 7. 1992, NJW 1992, 2356, 2357; *Gerwins,* NVersZ 2000, 353 ff.

[173] Vgl. *Bohn,* VW 1986, 152.

IV. Beitragsrückerstattung in der Sachversicherung

In einzelnen Versicherungszweigen der Sachversicherung wird eine erfolgsabhängige Beitragsrückerstattung praktiziert. Danach erhält das Mitglied (Versicherungsnehmer) einen bestimmten Prozentsatz des Versicherungsbeitrags zurück, wenn sein Versicherungsvertrag im abgelaufenen Geschäftsjahr schadenfrei war.

Nach der KH-Tarifverordnung sind KH-Versicherer bei Vorliegen bestimmter Voraussetzungen sogar gesetzlich verpflichtet, Teile der technischen Brutto-Überschüsse sowie Anteile an den Netto-Reinzinserträgen in Form einer Beitragsrückerstattung an die Versicherungsnehmer auszuschütten[174].

In der Vergangenheit hat die Mehrzahl der deutschen KH-Versicherer aus Akquisitionsgründen derartige Beitragsrückerstattungen vorgenommen, nicht zuletzt um in den Preisvergleichen einiger Verbraucherzeitschriften positiv vermerkt zu werden[175].

Bei der freiwilligen Beitragsrückerstattung haben die Schadenversicherungsvereine die von § 21 Abs. 1 Nr. 2 KStG gezogenen steuerlichen Grenzen zu beachten[176]. Aufgrund dieser Vorschrift sind Beitragsrückerstattungen steuerlich nur abziehbar bis zur Höhe des Überschusses, der sich aus der Beitragseinnahme nach Abzug aller anteiligen abziehbaren und nichtabziehbaren Betriebsausgaben einschließlich der Versicherungsleistungen, Rückstellungen und Rechnungsabgrenzungsposten ergibt.

Beitragsrückerstattungen, die ohne Rücksicht auf das Jahresergebnis bzw. einen versicherungstechnischen Überschuß vertraglich zu zahlen sind, fallen nicht unter § 21 KStG[177].

Im Wettbewerb mit anderen Versicherern kann der große Versicherungsverein auf Gegenseitigkeit in die Situation kommen, auf eine ausreichende Deckung seines versicherungstechnischen Aufwandes durch Erhebung kosten- und schadendeckender Beiträge seiner Mitglieder verzichten zu müssen. Entstehen versicherungstechnische Verluste, die mit Erträgen aus dem nichtversicherungstechnischen Geschäft ausgeglichen werden, stellt sich die Frage der verdeckten Gewinnausschüttung. Unter einer verdeckten Gewinnausschüttung ist jeder Vorteil zu verstehen, den eine Gesellschaft ihren Gesellschaftern oder diesen nahestehenden Personen zuwendet, den sie aber Dritten, der Gesellschaft fremd gegenüberstehenden Personen, nicht einräumen würde[178].

Der RFH und später der BFH haben die Verrechnung versicherungstechnischer Verluste mit nichtversicherungstechnischen Erträgen als Vorteile zugun-

---

[174] Siehe hierzu *Baumann,* in: Handwörterbuch der Versicherung, 1988, S. 898f; *Prölss/Schmidt/Frey,* 1989, Zusatz zu § 12 VAG, Rdn. 2ff; BFH vom 21. 10. 1999, VersR 2000, 744, 746.

[175] So wörtlich *Schwilling,* ZVersWiss 81 (1992), 270. Inzwischen ist auch das Unternehmensrating, vgl. hierzu *Weidenfeld/Will,* VW 1998, 361ff, im Wettbewerb von Bedeutung.

[176] Vgl. *Mies,* WPg 1980, 215ff; *Rader,* BB 1977, 1442f; BFH vom 21. 10. 1999 – I R 36/95, VersR 2000, 744ff.

[177] *Streck,* 1991, § 21 KStG Anm. 3.

[178] RFH, RStBl. 1936, 252 Hr. 232; BFH vom 11. 2. 1987, BStBl. II 1987, 461; BFH vom 7. 12. 1988, BStBl. II 1989, 248; *Strohn,* 1977, S. 24; *Wassermeyer,* DB 1987, 1113, 1118; *Litfin/App,* 1994, S. 359f, Rz. 710; *Kahlert,* 1994, S. 14; *Görg,* VW 2001, 1733.

sten der Mitglieder qualifiziert[179]. In Umsetzung dieser Rechtsprechung läßt die Finanzverwaltung für einen Zeitraum von drei Jahren den Ausgleich versicherungstechnischer Verluste durch Erträge aus dem allgemeinen Geschäft zu[180]. In einer neueren Entscheidung stellt der BFH darauf ab, ob mit den Mitgliedern (Versicherungsnehmern) Versicherungsbeiträge vereinbart worden sind, die unter Beachtung des Ziels, zu kostendeckenden Beiträgen zu kommen, von einem ordentlichen und gewissenhaften Unternehmensleiter so kalkuliert und erhoben worden wären[181].

Die Auffassung, daß Erträge aus dem nichtversicherungstechnischen Geschäft nicht mit Verlusten aus dem versicherungstechnischen Geschäft verrechnet werden dürften, sondern daß nach Überschreiten der von der Finanzverwaltung tolerierten Übergangszeit Verrechnungen als verdeckte Gewinnausschüttung zu betrachten seien, stieß immer wieder auf Kritik[182]. Dies zu Recht. Denn eine verdeckte Gewinnausschüttung setzt voraus, daß der zugewendete Vermögensvorteil seine Ursache im Gesellschaftsverhältnis hat[183]. Und erforderlich ist die Absicht, den Vorteil zuzuwenden[184]. Diese Voraussetzungen liegen aber nicht vor.

Zunächst einmal beruht die Beitragszahlung auf dem Versicherungsvertrag, nicht aber auf dem Organisationsvertrag. Sind die erhobenen Beiträge nicht ausreichend, um ein ausgeglichenes versicherungstechnisches Geschäft zu erreichen, so ist die Ursache hierfür nicht im Gesellschaftsverhältnis zu suchen. Vielmehr sind dann in der Regel versicherungsvertraglich Versicherungsbeiträge vereinbart worden, die sich später als untertarifiert herausgestellt haben und aus Wettbewerbsgründen oder vertraglichen Gründen nicht oder nicht so angehoben werden können, daß versicherungstechnische Verluste vermieden werden können. Hieraus ist auch zu ersehen, daß der Versicherungsverein auf Gegenseitigkeit nicht die Absicht hat, einen Vorteil zuzuwenden. Außerdem ist zu bedenken, daß die Zinserträge aus den nicht für Schäden und Kosten verbrauchten Finanzmitteln, die aus den Beitragszahlungen stammen, grundsätzlich kalkulatorisch berücksichtigt werden können. Sachliche Gründe, den großen Versicherungsverein auf

---

[179] RFH vom 21. 4. 1937, RStBl. 1937, 911; RFH vom 31. 5. 1938, RStBl. 1938, 821; RFH vom 19. 11. 1940, RStBl. 1941, 75; BFH vom 13. 3. 1963, BStBl. III 1963, 244, 246: Beitragsrückerstattung wäre ohne § 6 Abs. 2 KStG a. F. verdeckte Gewinnausschüttung; BFH, BStBl. II 1969, 12, 14; BFH, BStBl. II 1976, 731, 732; zur Steuersituation bei den Genossenschaften siehe *Kirchhof,* in: Freundesgabe für Erik Boettcher, 1984, S. 119ff.

[180] BMF-Schreiben vom 24. 11. 1981 – IV B 7 – S 2775 – 30/81 – DB 1981, 2517f; im einzelnen und kritisch dazu *Maasjost,* 1987, S. 100ff; *Schwilling,* ZVersWiss 81 (1992), 267f, 290ff. Inzwischen wurde von der Finanzverwaltung der Ausgleichszeitraum auf fünf Jahre verlängert, vgl. *Görg,* VW 2001, 1733, 1735 unter Hinweis auf ein Schreiben der OFD Frankfurt vom 29. 4. 1997 – S 2775 A-12-St II 10.

[181] BFH vom 13. 11. 1991, BStBl. II 1992, 429, 431; vgl. auch BFH vom 19. 1. 1994, DB 1994, 859, 860; dazu *Wassermeyer,* DB 1994, 1105ff; vgl. ferner BFH vom 5. 10. 1994 – I R 50/94, BStBl. II 1995, 549, 550; dazu *Michael Streck/Burkhard Binnewies,* Sonderbedingungen im (Steuer-)Recht der verdeckten Gewinnausschüttungen auch für den beherrschenden Aktionär?, AG 1998, 26.

[182] Vgl. *Riepl,* ZfV 1962, 38ff; *Knocks,* WPg 1979, 128ff; *Görg,* in: Grundlagen des Versicherungsvereins auf Gegenseitigkeit, 1995, S. 235ff; *Schloßmacher,* DB 1999, 1573ff; *Görg,* VW 2001, 1733, 1734.

[183] Vgl. BFH vom 6. 11. 1991, BStBl. II 1992, 415; siehe ferner *Welf Müller,* in: Grundfragen der Unternehmensbesteuerung, DStJG 17 (1994), 298, 304ff; *Wichmann,* BB 1995, 433; *Frotscher,* GmbHR 1998, 23, 24; *Schwedhelm,* BB 2000, 693.

[184] Vgl. *Döllerer,* BB 1990, 2030, 2031; *derselbe,* ZGR 1993, 573.

Gegenseitigkeit insoweit nicht mit der Versicherungs-Aktiengesellschaft gleichzustellen, sind von daher nicht ersichtlich.

V. Dotierung der Rücklagen

Ob und in welcher Höhe die anderen Gewinnrücklagen dotiert werden, ist eine grundsätzlich in das freie Ermessen gestellte Entscheidung von Vorstand und Aufsichtsrat, soweit sie nicht auf das oberste Organ übertragen wird[185]. Dieses Ermessen ist nicht in der Weise beschränkt, daß Vorstand und Aufsichtsrat nur zur Einstellung von höchstens der Hälfte des Jahresüberschusses befugt wären und über die andere Hälfte das oberste Organ zu entscheiden hätte. § 58 Abs. 2 AktG findet keine analoge Anwendung[186]. Rücklagen dürfen daher vom Versicherungsverein auf Gegenseitigkeit im Rahmen der bilanziellen Erfordernisse gebildet werden[187]. Für die Dotierung der Rücklagen hat der Vorstand den vom Geschäftsplan eingeräumten Spielraum. Aus Wettbewerbsgründen wird er meist nicht voll ausgenutzt.

Welche Höhe die Verlustrücklage zu erreichen hat, muß die Satzung bestimmen[188]. Auch hier nimmt die Aufsichtsbehörde bei der Zulassung ihren Einfluß, damit ein nach ihrem Ermessen ausreichender Fonds zur Verfügung steht[189].

Ein Verbot, über den satzungsmäßig festgesetzten Mindestbetrag hinaus Mittel in der Verlustrücklage festzulegen, besteht grundsätzlich nicht; doch kann auch hier die Satzung eine Grenze ziehen[190]. Allerdings muß sich die Bildung der Verlustrücklage wie auch aller anderen Reserven an der Grundidee der Gegenseitigkeitsversicherung orientieren, daß nach Möglichkeit nur der Bedarf des Vereins gedeckt und gesichert werden soll, während überbedarfsmäßiges Vermögen den Mitgliedern auszuschütten ist[191]. Eine Thesaurierungspolitik, die sich nicht nach dem Unternehmensinteresse und den Interessen der Mitglieder richtet, ist unzulässig[192].

VI. Verwendung des Bilanzgewinns

Eine Entscheidung über die Verwendung eines Bilanzgewinns hat die oberste Vertretung in der Regel nicht zu treffen. Die Vorstand und Aufsichtsrat vorbehaltene Entscheidung über die Verwendung des Rohüberschusses für Beitragsrückerstattung und Rücklagendotierung läßt „die formal schwache Mitwirkung der Mitglieder bei der Verwendung der periodischen Gewinne“ offenbar wer-

---

[185] *Mehring,* 1989, S. 161.
[186] *Mehring,* 1989, S. 92.
[187] Dazu *Domizlaff,* ZVersWiss 7 (1907), 30, 40; *Minz/Koll,* WPg 1968, 146; zur Rücklagenbildung, Gewinnverwendung und Gewinnentziehung (Gewinnabsaugung) im Konzern siehe *Thomas,* ZGR 1985, 365 ff; *Werner,* in: Festschrift für Walter Stimpel, 1985, S. 935 ff; *Beusch,* in: Festschrift für Reinhard Goerdeler, 1987, S. 25 ff; *von Colbe,* in: Festschrift für Reinhard Goerdeler, 1987, S. 61 ff; *Lutter,* in: Festschrift für Reinhard Goerdeler, 1987, S. 327 ff; *Hans-Peter Müller,* in: Festschrift für Karlheinz Quack, 1991, S. 345 ff; *Löffler,* 1991, S. 189 f; *Theisen,* ZHR 156 (1992), 174 ff; *Schildbach,* WPg 1993, 53 ff, 94 ff; *Zöllner,* ZHR 162 (1998), 235, 246.
[188] *Imberg,* 1963, S. 95.
[189] *Imberg,* 1963, S. 95.
[190] *Imberg,* 1963, S. 95.
[191] Vgl. *Imberg,* 1963, S. 96; *Jud,* in: Festschrift für Walther *Kastner,* 1992, S. 201.
[192] Vgl. *Imberg,* 1963, S. 96.

den[193]. Wenn die gesamte Gewinnbeteiligung der Mitglieder als Aufwand, d.h. „vor dem Strich" des Bilanzgewinns, ausgewiesen wird, gelangt in die Disposition des obersten Organs ein Gewinn von Null[194]. Eine mitgliedschaftliche Überschußbeteiligung wird damit praktisch gegenstandslos und § 38 VAG zu einer leerlaufenden Norm[195].

Kapitel 19
Die Rechnungslegung

I. Rechtsentwicklung

1. EG-Richtlinien

Die für die großen Versicherungsvereine auf Gegenseitigkeit geltenden Rechnungslegungsvorschriften haben ihren Ausgangspunkt in der EG-Versicherungsbilanzrichtlinie vom 19. Dezember 1991[1]. Die EG-Versicherungsbilanzrichtlinie ergänzt die Bilanzrichtlinie[2] und die Konzernbilanzrichtlinie[3] um versicherungsspezifische Regelungen. Danach gelten für die großen Versicherungsvereine auf Gegenseitigkeit nicht nur dieselben Einzelrechnungslegungs-, sondern auch dieselben Konzernrechnungslegungsvorschriften wie für Aktiengesellschaften[4]. Den Schwerpunkt der Regelungen der EG-Versicherungsbilanzrichtlinie bilden Vorschriften über die Gliederung von Bilanz und Gewinn- und Verlustrechnung, den Inhalt der einzelnen Posten, in den Anhang aufzunehmende Angaben und Bewertungsverfahren. Von besonderer Be-

---

[193] *Farny,* Versicherungsbetriebslehre, 2000, S. 201; ähnlich *Sasse,* ZVersWiss 64 (1975), 565, 588; *Ebers,* 2001, S. 282: Ein verteilungsfähiger Bilanzüberschuß entsteht daher in den wenigsten Fällen.

[194] So wörtlich *Farny,* Versicherungsbetriebslehre, 2000, S. 201; ebenso *Knocks,* WPg 1980, 246; *Hübner,* Frankfurter Vorträge zum Versicherungswesen, Heft 13, 1986, S. 18.

[195] So wörtlich *Gärtner,* in: Münsteraner Reihe, Heft 9, 1991, S. 22; ähnlich *Maasjost,* 1987, S. 98: „Recht ohne wesentlichen materiellen Inhalt".

[1] Richtlinie des Rates vom 19. 12. 1991 über den Jahresabschluß und den konsolidierten Abschluß von Versicherungsunternehmen (91/674/EWG), ABlEG Nr. L 374 vom 31. 12. 1991, S. 7–31; dazu *Geib/Ellenbürger/Kölschbach,* WPg 1992, 221 ff; *Donath,* BB 1993, 1839 ff; *Altenburger,* ZVersWiss 82 (1993), 545 ff; *derselbe,* in: Dieter Farny und die Versicherungswissenschaft, 1994, S. 19 ff; *August Angerer,* in: Dieter Farny und die Versicherungswissenschaft, 1994, S. 35 ff; *Welzel,* in: Festschrift für Walter Karten, 1994, S. 501, 509 ff. Zur Rechtsentwicklung bis zur Versicherungsbilanzrichtlinie siehe *Welzel,* ZVersWiss 77 (1988), 597 ff; *Budde,* Frankfurter Vorträge zum Versicherungswesen, Heft 23, 1990, S. 24 ff; *Richter,* in: Festschrift 125 Jahre CONCORDIA, 1989, S. 197 ff; *Laaß,* WPg 1991, 582 ff

[2] Vierte Richtlinie des Rates vom 25. 7. 1978 aufgrund von Artikel 54 Absatz 3 Buchstabe g) des Vertrages über den Jahresabschluß von Gesellschaften bestimmter Rechtsformen (78/660/EWG), ABlEG Nr. L 222 vom 14. 8. 1978, S. 11–31; dazu *Welzel,* in: Festschrift für Walter Karten, 1994, S. 501, 502 ff.

[3] Siebente Richtlinie des Rates vom 13. 6. 1983 aufgrund von Artikel 54 Absatz 3 Buchstabe g) des Vertrages über den konsolidierten Abschluß (83/349/EWG), AblEG Nr. L 193 vom 18. 7. 1983, S. 1–17.

[4] Gleichordnungskonzerne müssen keinen Konzernabschluß aufstellen, vgl. *Theisen,* Der Konzern, 1991, S. 76 f; *Eisolt,* WPg 1993, 351; *Geib/Ellenbürger/Kölschbach,* WPg 1992, Fußnote 151, S. 229; zur Erstellung einer Konzernrichtlinie für die Konzernabschlußerstellung siehe *Ruhnke,* DB 1994, 893 ff; zur Darstellung der Erfolgsverwendung im Konzernabschluß vgl. *Küting,* BB 1998, 887 ff, 938 ff.

deutung ist Art. 46 Abs. 3 der EG-Versicherungsbilanzrichtlinie, der die Versicherer verpflichtet, im Falle der Bewertung der Kapitalanlagen nach dem Anschaffungswertprinzip im Anhang die korrespondierenden Zeitwerte anzugeben[5]. Die Zeitwerte für Grundstücke und Bauten sind erstmals für 1999, für alle übrigen Kapitalanlagen ab 1997 zu nennen (Art. 46 Abs. 3 Satz 2 der EG-Versicherungsbilanzrichtlinie).

2. Anpassung der deutschen Rechnungslegung

Die EG-Versicherungsbilanzrichtlinie vom 19. 12. 1991[6] wurde durch das Versicherungsbilanzrichtlinie-Gesetz vom 24. 6. 1994[7] umgesetzt. Seit der Umsetzung der EG-Versicherungsbilanzrichtlinie durch das Versicherungsbilanzrichtlinie-Gesetz findet sich das branchenspezifische Rechnungslegungsrecht für Versicherungsunternehmen im Dritten Buch des HGB (§§ 341 bis 341 o HGB) und in dem aufgrund der Ermächtigung gemäß § 330 Abs. 4 HGB entstandenen Verordnungsrecht[8]. Für die Versicherungsvereine auf Gegenseitigkeit bestimmt § 16 Satz 2 VAG ausdrücklich, daß für die Rechnungslegung die Vorschriften des Zweiten Unterabschnitts des Vierten Abschnitts in Verbindung mit den Vorschriften des Ersten und Zweiten Abschnitts des Dritten Buchs des Handelsgesetzbuchs entsprechend gelten.

Aufgrund der Neuregelung des § 5 Abs. 4 a EStG in der Fassung des Gesetzes zur Fortsetzung der Unternehmenssteuerreform vom 29. 10. 1997[9] dürfen Rückstellungen für drohende Verluste aus schwebenden Geschäften nicht mehr gebildet werden. Drohverlustrückstellungen, die am Schluß des letzten vor dem 1. 1. 1997 endenden Wirtschaftsjahres gebildet worden sind, sind stufenweise innerhalb von maximal sechs Geschäftsjahren gewinnerhöhend aufzulösen.

3. Internationalisierung der Rechnungslegung

Die zunehmend zu beobachtende Internationalisierung der Unternehmensaktivitäten führt zu einer Globalisierung der Kapitalmärkte, was zu verstärkten Internationalisierungstendenzen in der Rechnungslegung führt[10]. Aufgrund dieser Entwicklung steigt das Interesse an einer Rechnungslegung nach International Ac-

---

[5] Kritisch hierzu *Horst K. Jannott,* ZVersWiss 80 (1991), 93 ff. Vgl. ferner die Verlautbarung der Joint Working Group of Standard Setters (JWG)zum Entwurf eines Rechnungslegungsstandards zur Zeitwertbilanzierung von Finanzinstrumenten, WPg 2001, 52 ff.

[6] AblEG Nr. L 374 vom 31. 12. 1991, S. 7.

[7] BGBl I 1994, 1377.

[8] Siehe die Verordnung über die Rechnungslegung von Versicherungsunternehmen (RechVersV) vom 8. 11. 1994, BGBl I 1994, 3378, i.d.F. vom 9. 6. 1998, BGBl I 1998, 1249; ferner *Trakies,* in: 100 Jahre materielle Versicherungsaufsicht in Deutschland, 2001, S. 307 ff.

[9] BGBl I 1997, 928, 2590; dazu *Herzig/Rieck,* BB 1998, 311 ff; IDW: Auswirkungen der steuerlichen Nichtanerkennung von Rückstellungen für drohende Verluste aus schwebenden Geschäften auf den handelsrechtlichen Jahresabschluß, WPg 1998, 113 f.

[10] Vgl. *Franz W. Wagner,* DB 1998, 2073; *Budde/Steuber,* BB 2000, 971, 975; *Glaum/Förschle,* DB 2000, 1525; *Budde/Steuber,* in: Festschrift für Martin Peltzer, 2001, S. 39 ff; *Großfeld,* WPg 2001, 129 ff; *Jacob,* WPg 2001, 237 ff.

counting Standards (IAS)[11] oder Generally Accepted Accounting Principles in den USA (US-GAAP)[12] bei deutschen Unternehmen[13]. § 292a HGB trägt diesem Interesse Rechnung[14]. Welche der bestehenden IAS und US-GAAP Regelungen in Deutschland anwendbar sind, untersucht laufend das Deutsche Rechnungslegungs Standards Committee (DRSC)[15]. Inzwischen hat der Deutsche Standardisierungsrat (DSR) des DRSC die ersten Entwürfe Deutscher Rechnungslegungs Standards veröffentlicht[16] und hat das Bundesministerium der Justiz die ersten vom DSR verabschiedeten Rechnungslegungs Standards verlautbart[17]. Das IDW untersuchte, inwieweit Abweichungen zwischen den EG-Richtlinien und den Standards des IASC bestehen[18]. Die Europäische Kommission strebt eine Harmonisierung der Rechnungslegung nach dem Vorbild der Standards (IAS) des International Ac-

---

[11] Dazu *Weber-Grellet*, BB 1999, 2659, 2663; *Fuchs*, DB 2000, 1925ff; *Wohlgemuth/Radde*, WPg 2000, 903ff; *Kley*, DB 2001, 2257ff; *Niehus*, WPg 2001, 737ff; *Moxter*, DB 2001, 605ff; *Ruhnke/Schmidt/Seidel*, DB 2001, 657ff; *Watrin*, DB 2001, 933ff.

[12] Eingehend zur Rechnungslegung nach US-GAAP *Schildbach*, BB 1999, 359ff (I), 411ff (II); siehe ferner *Budde/Steuber*, BB 2000, 971, 974f; *Burger/Buchhart*, BB 2000, 2197ff; *Peemöller/Weichert*, DB 2000, 1973ff; *Busse von Colbe*, DB 2001, 877ff; *Fischer/Vielmeyer*, BB 2001, 1294ff; *Gruber/Kühnberger*, DB 2001, 1733ff; *Hommel*, BB 2001, 1943ff; *Pellens/Sellhorn*, DB 2001, 713ff; *dieselben*, DB 2001,1681ff.

[13] Vgl. *Küting/Lorson*, BB 1998, 2251, 2256; *Zitzelsberger*, WPg 1998, 799ff; *Großfeld*, AG 1999, 155, 156; *Baetge/Beermann*, BB 2000, 2088; *Heurung*, DB 2000, 1773ff; *Sellhorn*, DB 2000, 885; *Fischer/Wenzel*, WPg 2001, 597.

[14] Siehe hierzu *Küting/Lorson*, BB 1998, 2303ff; *Baetge/Beermann*, BB 2000, 2088ff; *Havermann*, WPg 2000, 121ff; *Hellermann*, NZG 2000, 1097ff; *Krawitz/Albrecht/Büttgen*, WPg 2000, 541ff; *Andreßen*, DB 2001, 2561ff.

[15] Vgl. *Wiedmann*, Bilanzrecht, 1999, § 342 HGB Rz. 4; *Schwab*, BB 1999, 731ff (I), 783ff (II); zu dem Rückstellungssachverhalte regelnden IAS 37 siehe *Moxter*, BB 1999, 519ff. Inzwischen wird eine Ausweitung der Aufgabenstellung des DRSC nach anglo-amerikanischem Vorbild vorgeschlagen, vgl. *Böckem*, DB 2000, 1185, 1190f. Für die Versicherungswirtschaft sind die Untersuchungen des GDV von besonderer Bedeutung. Im einzelnen siehe in: GDV, Intemationalisierung der Rechnungslegung, 2001, folgende Beiträge: *Säglitz/Schädlich*, Zur Anwendung international anerkannter Rechnungslegungsstandards durch Versicherungsunternehmen, S. 5ff; *Krüger*, Zur Bedeutung der IAS Regelungen für die Kapitalanlagen, S. 24ff; *Wagner*, Zu den Auswirkungen auf die Besteuerung, S. 18ff; *Bartenwerfer/Palm*, Zu den Auswirkungen auf die Schaden- und Unfallunternehmen, S. 33ff.

[16] Eingehend *Ebke*, ZIP 1999, 1193ff, siehe ferner *Budde/Steuber*, BB 2000, 971; *Busse von Colbe*, BB 2000, 2194ff; *derselbe*, BB 2000, 2405ff; *Fülbier*, DB 2000, 1341ff; *Spanheimer*, WPg 2000, 997ff; *Kajüter*, DB 2001, 105ff; *Krawitz*, BB 2001, 668ff; IDW Stellungnahme zu E-DRS 5 „Risikoberichterstattung“, WPg 2001, 296ff; ferner hierzu *Kajüter*, WPg 2001, 205ff; IDW Stellungnahme zu E-DRS 10 „Aufstellung des Konzemabschlusses und Konsolidierungskreises“, WPg 2001, 917ff; ferner hierzu *Ebeling*, BB 2001, 1399ff; IDW Stellungnahme zu E-DRS 11 „Bilanzierung von Aktienoptionsplänen und ähnlichen Entlohnungsformen“, WPg 2001, 1342ff; ferner hierzu *Eschbach*, DB 2001,1373ff; IDW Stellungnahme zu E-DRS 12 „Latente Steuern im Konzernabschluß“, WPg 2001,1087ff; ferner hierzu *Heurung*, AG 2000, 538ff; *Schmidbauer*, DB 2001, 1569ff; *Sauter/Heurung/Fischer*, BB 2001, 1783ff; IDW Stellungnahme zu E-DRS 13 „Angaben zu nahe stehenden Personen“, WPg 2001, 1093ff; ferner hierzu *Kudert*, BB 2001, 1891ff.

[17] DRS 4 Unternehmenserwerbe im Konzernabschluß, BAnz. Nr. 245b vom 30. 12. 2000; DRS 5–10 Risikoberichterstattung von Kredit- und Finanzdienstleistungsinstituten, BAnz. Nr. 245c vom 30. 12. 2000; DRS 6 Zwischenberichterstattung, BAnz. Nr. 30a vom 13. 2. 2001; DRS 7 Konzemeigenkapital und Konzerngesamtergebnis, BAnz. Nr. 79a vom 26. 4. 2001; hierzu *Schwab*, DB 2001, 880ff. Siehe ferner die Übersicht bei *Niehus*, DB 2001, 53, 54; *Baetge/Krumnow/Noelle*, DB 2001, 769ff..

[18] Vgl. IDW: Praktisch relevante Abweichungen zwischen den Rechnungslegungsstandards des IASC und der 4. und 7. EG-Richtlinie, WPg 1998, 183ff.

counting Standards Committee (IASC) auf internationaler Ebene an[19]. Ziel der Europäischen Kommission ist es dabei, den Anforderungen der Kapitalmärkte sowie denen der Rechnungslegungsrichtlinien mit nur einem einzigen Abschluß gerecht zu werden[20].

4. Verlautbarungen des IDW

In der Rechnungslegungspraxis haben die Verlautbarungen des IDW großes Gewicht. Das IDW veröffentlicht neben IDW Rechnungslegungsstandards (IDW RS)[21] und IDW Prüfungsstandards (IDW PS)[22] außerdem IDW Rechnungsle-

---

[19] Zur Mitteilung der EU-Kommission vom 13. 6. 2000 an den Rat und das Europäische Parlament über eine neue Rechnungslegungsstrategie der EU und das künftige Vorgehen (KOMM (2000) 359 endg.) siehe die Stellungnahme des IDW vom 18. 8. 2000, WPg 2000, 881 ff; vgl. ferner *Luttermann,* ZIP 2000, 1318 ff; *Wiesner,* ZIP 2000, 1792, 1794. Zum inzwischen von der EU-Kommission beschlossenen Vorschlag für eine Verordnung des Europäischen Parlaments und des Rates betreffend die Anwendung internationaler Rechnungslegungsgrundsätze vom 13. 2. 2001, AblEG Nr. C 154 E vom 29. 5. 2001, S. 285–289, siehe IDW Stellungnahme zu den Vorschlägen des DSR zur Reform der Rechnungslegungsvorschriften der 4. und der 7. EU-Richtlinie, WPg 2001, 620 ff; IDW Stellungnahme zum Vorschlag der EU-Kommission für eine Verordnung des Europäischen Parlaments und des Rates über die Anwendung internationaler Rechnungslegungsgrundsätze, WPg 2001, 664 ff; IDW Stellungnahme zum vom DSR vorgelegten Entwurf eines Gesetzes zur Internationalisierung der Rechnungslegung, WPg 2001, 1338 ff; ferner *Böcking,* WPg 2001, 1433 ff; *Ekkenga,* BB 2001, 2362 ff; *Ernst,* BB 2001, 823 ff; *derselbe,* WPg 2001,1440 ff; *Göthel,* DB 2001, 2057 ff; *Heintzen,* BB 2001, 825 ff; *Naumann/Tielmann,* WPg 2001,1445 ff; *Niehues,* WPg 2001, 1209 ff.

[20] Vgl. Vorschlag der Kommission zur Änderung der Richtlinien 78/660/EWG und 83/349/EWG im Hinblick auf die im Jahresabschluß bzw. im konsolidierten Abschluß von Gesellschaften bestimmter Rechtsformen zulässigen Wertansätze, S. 4; dazu *Hommel/Berndt,* BB 2000, 1184 ff.

[21] Vgl. IDW RS HFA 1, Stand 26. 6. 1998: Aufstellung des Lageberichts, WPg 1998, 653 ff; dazu *Fey,* WPg 2000, 1097, 1098 f; IDW RS VFA 1, Stand 17. 12. 1999: Bewertung und Ausweis von Wertpapieren und Namensschuldverschreibungen im Jahresabschluß der Versicherungsunternehmen, WPg 2000, 380 ff; siehe dazu *Geib/Kölschbach,* WPg 1999, 54 ff; IDW RS HFA 4, Stand 28. 6. 2000: Zweifelsfragen zum Ansatz und zur Bewertung von Drohverlustrückstellungen, WPg 2000, 716 ff; IDW RS HFA 2, Stand 2. 7. 2001: Einzelfragen zur Anwendung von IAS, WPg 2001, 913 ff; IDW RS HFA 6, Stand 4. 9. 2001: Änderung von Jahresabschlüssen und Anpassung der Handelsbilanz an die Steuerbilanz, WPg 2001, 1084 ff.

[22] Vgl. IDW PS 350, Stand: 26. 6. 1998: Prüfung des Lageberichts, WPg 1998, 663 ff; IDW PS 380, Stand 26. 6. 1998: Prüfung der EDV-Anpassung an den Jahrtausendwechsel, WPg 1998, 666 ff; IDW PS 450, Stand 24. 6. 1999: Grundsätze ordnungsmäßiger Berichterstattung bei Abschlußprüfungen, WPg 1999, 601 ff; IDW PS 200, Stand 28. 6. 2000: Ziele und allgemeine Grundsätze der Durchführung von Abschlußprüfungen, WPg 2000, 706 ff; IDW PS 201, Stand 28. 6. 2000: Rechnungslegungs- und Prüfungsgrundsätze für die Abschlußprüfung, WPg 2000, 710 ff; IDW PS 230, Stand 28. 6. 2000: Kenntnisse über die Geschäftstätigkeit sowie das wirtschaftliche und rechtliche Umfeld des zu prüfenden Unternehmens im Rahmen der Abschlußprüfung, WPg 2000, 842 ff; IDW PS 240, Stand 28. 6. 2000: Grundsätze der Planung von Abschlußprüfungen, WPg 2000, 846 ff; IDW PS 460, Stand 28. 6. 2000: Arbeitspapiere des Abschlußprüfers, WPg 2000, 916 ff; IDW PS 202, Stand 17. 11. 2000: Die Beurteilung von zusätzlichen Informationen, die von Unternehmen zusammen mit dem Jahresabschluß veröffentlicht werden, WPg 2001, 121 ff; IDW PS 203, Stand 2. 7. 2001: Ereignisse nach dem Abschlußstichtag, WPg 2001, 891 ff; IDW PS 220, Stand 2. 7. 2001: Beauftragung des Abschlußprüfers, WPg 2001, 895 ff; IDW PS 260, Stand 2. 7. 2001: Das interne Kontrollsystem im Rahmen der Abschlußprüfung, WPg 2001, 821 ff; IDW PS 300, Stand 2. 7. 2001: Prüfungsnachweise im Rahmen der Abschlußprüfung, WPg 2001, 898 ff; IDW PS 312, Stand 2. 7. 2001: Analytische Prüfungshandlungen WPg 2001, 903 ff; IDW PS 314, Stand 2. 7. 2001: Die Prüfung von geschätzten Werten in der Rechnungslegung, WPg 2001, 906 ff; IDW PS 318, Stand 2. 7. 2001: Prüfung von Vergleichsangaben über Vorjahre, WPg 2001, 909 ff; IDW

gungshinweise (IDW RH)[23] und IDW Prüfungshinweise (IDW PH)[24], die bisherige Fachgutachten und Stellungnahmen bzw. Entwürfe von Stellungnahmen[25] ablösen[26], wobei Stellungnahmen nunmehr als IDW Standards (IDW S) verlautbart werden[27]. Der Feststellung und anschließenden Verlautbarung geht die Veröffentlichung von Entwürfen der IDW Rechnungslegungsstandards (IDW ERS)[28] und der IDW Prüfungsstandards (IDW EPS)[29] voraus.

PS 900, Stand 4. 9. 2001: Grundsätze für die prüferische Durchsicht von Abschlüssen, WPg 2001, 1078ff.

[23] Vgl. IDW RH HFA 1001, Stand 25. 2. 2000: Ende des Wertaufhellungszeitraums bei der Aufstellung und Prüfung eines erstmaligen IAS-Abschlusses, WPg 2000, 380; siehe hierzu ferner *Kropff,* WPg 2000, 1137ff; IDW RH VFA 1001, Stand 24. 3. 2000: Angabe von Zeitwerten gemäß §§ 54ff RechVersV bei sogenannten „Zero-Schuldscheindarlehen" oder „Zero-Namensschuldverschreibungen", WPg 2000, 440f; IDW RH HFA 1002, Stand 1. 9. 2000: Auswirkungen des gespaltenen Körperschaftsteuersatzes auf die Bilanzierung latenter Steuern nach IAS 12, WPg 2000, 937f.

[24] Vgl. IDW PH 9380: Prüfungscheckliste zur EDV-Anpassung an den Jahrtausendwechsel, WPg 1998, 670ff; IDW PH 9450.2, Stand 22. 3. 2000: Zur Wiedergabe des Vermerks über die Abschlußprüfung im Prüfungsbericht, WPg 2000, 439; IDW PH 9200.1, Stand 22. 11. 1999: Pflichten des Abschlußprüfers des Tochterunternehmens und des Konzernabschlußprüfers im Zusammenhang mit § 264 Abs. 3 HGB, WPg 2000, 283ff.

[25] Vgl. WPg 1996, 476ff: Zur Aufdeckung von Fehlern, Täuschungen, Vermögensschädigungen und sonstigen Gesetzesverstößen im Rahmen der Abschlußprüfung; WPg 1998, 29ff: Zur Aufdeckung von Unregelmäßigkeiten im Rahmen der Abschlußprüfung; WPg 1998, 381ff: Die EDV-Anpassung an den Jahrtausendwechsel; WPg 1998, 549ff: Zur Währungsumrechnung im Konzernabschluß; WPg 1998, 555ff: Erteilung und Verwendung von Software-Bescheinigungen.

[26] Vgl. WPg 1998, 652: Benennung der künftigen Verlautbarungen des IDW.

[27] Vgl. IDW S 1, Stand 28. 6. 2000: Grundsätze zur Durchführung von Unternehmensbewertungen, WPg 2000, 825ff, 826; dazu *Feldhoff,* DB 2000, 1237ff; *Hötzel/Beckmann,* WPg 2000, 696ff; *Kohl/Schulte,* WPg 2000, 1147ff; *Reuter,* BB 2000, 2298ff; *Siepe/Dörschell/Schulte,* WPg 2000, 946ff; *Hommel/Braun/Schmotz,* DB 2001, 341ff; *Westerfelhaus,* NZG 2001, 673ff. IDW S 4, Stand 1. 9. 2000: Grundsätze ordnungsmäßiger Beurteilung von Prospekten über öffentlich angebotene Kapitalanlagen, WPg 2000, 922ff.

[28] Vgl. IDW ERS HFA 2, Stand 19. 8. 1998: Einzelfragen zur Anwendung von IAS, WPg 1998, 877ff; IDW ERS BFA 1, Stand 13. 4. 2000: Bilanzierung von Kreditderivaten, WPg 2000, 721ff; IDW ERS HFA 6, Stand 29. 6. 2000: Änderung von Jahresabschlüssen und Anpassung der Handelsbilanz an die Steuerbilanz, WPg 2000, 713ff; IDW ERS FAIT 1, Stand 8. 3. 2001: Grundsätze ordnungsmäßiger Buchführung bei Einsatz von Informationstechnologie, WPg 2001, 512ff; IDW ERS WFA 1, Stand 25. 5. 2001: Berücksichtigung von strukturellem Leerstand bei zur Vermietung vorgesehenen Wohngebäuden, WPg 2001, 716ff; IDW ERS VFA 2, Stand 5. 11. 2001: Leitlinie zur Auslegung des § 341 b HGB (neu), WPg 2001, 1403ff.

[29] Vgl. IDW EPS 400, Stand 26. 6. 1998: Grundsätze für die ordnungsmäßige Erteilung von Bestätigungsvermerken bei Abschlußprüfungen, WPg 1998, 724ff; IDW EPS 450, Stand 19. 8. 1998: Grundsätze ordnungsmäßiger Berichterstattung bei Abschlußprüfungen, WPg 1998, 866ff; IDW EPS 340, Stand 22. 9. 1998: Die Prüfung des Risikofrüherkennungssystems nach § 317 Abs. 4 HGB, WPg 1998, 927ff; IDW EPS 202, Stand 22. 11. 1999: Die Beurteilung von zusätzlichen Informationen, die von Unternehmen zusammen mit dem Jahresabschluß veröffentlicht werden, WPg 2000, 196ff; IDW EPS 205, Stand 25. 2. 2000: Prüfung von Eröffnungsbilanzwerten im Rahmen von Erstprüfungen, WPg 2000, 436ff; IDW EPS 140, Stand 28. 6. 2000: Die Durchführung von Qualitätskontrollen in der Wirtschaftsprüferpraxis, WPg 2000, 762ff; IDW EPS 300, Stand 28. 6. 2000: Prüfungsnachweise im Rahmen der Abschlußprüfung, WPg 2000, 754ff; IDW EPS 312, Stand 28. 6. 2000: Analytische Prüfungshandlungen, WPg 2000, 759ff; IDW EPS 220, Stand 28. 6. 2000: Vereinbarungen zur Beauftragung des Abschlußprüfers; IDW EPS 318, Stand 28. 6. 2000: Prüfung von Vergleichsangaben über Vorjahre, WPg 2000, 918ff; IDW EPS 203, Stand 17. 11. 2000: Ergebnisse nach dem Abschlußstichtag, WPg 2001, 48ff; IDW EPS 260, Stand 17. 11. 2000: Das interne Kontrollsystem im Rahmen der Abschlußprüfung, WPg 2001, 39ff; IDW EPS 314, Stand 7. 12. 2000: Die Prüfung von geschätzten Werten in der Rechnungslegung, WPg 2001, 153ff; IDW EPS 303, Stand 8. 3. 2001: Erklärungen der gesetzlichen Vertreter gegen-

II. Aufstellung des Jahresabschlusses und des Lageberichts

1. Pflicht zur Aufstellung

Der große Versicherungsverein auf Gegenseitigkeit hat gemäß § 341a Abs. 1 HGB einen Jahresabschluß, bestehend aus der Bilanz und der Gewinn- und Verlustrechnung und um einen Bilanzanhang erweitert, und einen Lagebericht nach den für die großen Kapitalgesellschaften geltenden Vorschriften des Ersten Unterabschnitts des Zweiten Abschnitts des Dritten Buchs des HGB (§§ 264 bis 289 HGB) und den speziellen Vorschriften der Verordnung über die Rechnungslegung von Versicherungsunternehmen (RechVersV) vom 8. November 1994[30] aufzustellen und dem Abschlußprüfer zur Durchführung der Prüfung vorzulegen[31]. Der Jahresabschluß ist von den Organmitgliedern unter Angabe des Datums persönlich zu unterzeichnen, die im Zeitpunkt der Feststellung des Jahresabschlusses Mitglied des Vorstands und damit zur Unterzeichnung berechtigt sind[32].

Die Adressaten der externen Rechnungslegung sind die Gläubiger – dazu gehören stets die Mitglieder des großen Versicherungsvereins auf Gegenseitigkeit – und die Öffentlichkeit[33]. Die rechtzeitige Information über die finanzielle Lage der Versicherungsunternehmen liegt im allgemeinen Interesse[34]. Zunehmend geben Unternehmen in ihren Geschäftsberichten freiwillig zusätzliche Informationen über ihre aktuelle und künftige wirtschaftliche Lage und legen von daher dem Abschlußprüfer einen kapitalmarktorientierten Unternehmensbericht vor[35].

Gemäß § 341a Abs. 1 HGB i.V.m. § 264 Abs. 2 Satz 1 HGB hat der Jahresabschluß unter Beachtung der Grundsätze ordnungsmäßiger Buchführung ein den tatsächlichen Verhältnissen entsprechendes Bild der Vermögens-, Finanz- und Ertragslage der Gesellschaft zu vermitteln; sog. Grundsatz des true and fair view. Zu diesen Grundsätzen der Bilanzklarheit und der Bilanzwahrheit[36] tritt der Grundsatz der Bilanzkontinuität hinzu, der für die Verknüpfung jeder Jahresbi-

---

über dem Abschlußprüfer, WPg 2001, 661ff; IDW EPS 321, Stand 8. 3. 2001: Interne Revision und Abschlußprüfung, WPg 2001, 570ff; IDW EPS 330, Stand 3. 7. 2001: Abschlußprüfung bei Einsatz von Informationstechnologie, WPg 2001, 831ff; IDW EPS 320, Stand 4. 9. 2001: Verwendung der Arbeit eines anderen externen Prüfers, WPg 2001, 1070ff; IDW EPS 322, Stand 4. 9. 2001: Verwertung der Arbeit von Sachverständigen, WPg 2001, 1075ff.

[30] BGBl. I 1994, 3378, i.d.F. vom 9. 6. 1998, BGBl. I 1998, 1249.

[31] Eingehend *Kropff,* WPg 2000, 1137ff.

[32] Vgl. *Wiedmann,* Bilanzrecht, 1999, § 245 HGB Rz. 10ff; *Strieder,* DB 1998, 1677f; eingehend *Kropff,* in: Festschrift für Martin Peltzer, 2001, S. 219, 234ff.

[33] Ebenso *Hoppmann,* Vorstandskontrolle, 2000, S. 358; zum Zweck der Rechnungslegung siehe ausführlich *August Angerer,* in: Handwörterbuch der Versicherung, 1988, S. 594; *Dieter Hesberg,* in: Festschrift für Walter Karten, 1994, S. 523, 525ff; siehe ferner *Bresser/Kirchner,* AG 1977, 145, 154; *Gross,* in: 100 Jahre materielle Versicherungsaufsicht in Deutschland, 2001, S. 961, 963.

[34] Vgl. *August Angerer,* in: Handwörterbuch der Versicherung, 1988, S. 594; *Watermeyer,* 1991, S. 55; *Moxter,* BB 2000, 2143, 2148.

[35] Vgl. *Fey,* WPg 2000, 1097ff; *Günther/Beyer,* BB 2001, 1623ff; *Rodewald,* BB 2001, 2155ff. Zur Berichterstattung über Schlüsselfaktoren des Unternehmenswerts (sog. „Intellectual Property Statement") siehe *Küting/Dawo/Heiden,* BB 2001, 615ff; *Scheffler,* in: Festschrift für Marcus Lutter, 2000, S. 1613, 1630.

[36] Siehe dazu *Claussen,* in: Festschrift für Reinhard Goerdeler, 1987, S. 79ff; *Leffson,* in: Festschrift für Reinhard Goerdeler, 1987, S. 315ff; *Großfeld,* Bilanzrecht, 1990, S. 164f; *Kleindiek,* ZGR 1998, 466ff.

lanz mit der vorausgegangenen und der folgenden Jahresbilanz sorgt (vgl. § 252 Abs. 1 Nr. 1 HGB)[37].

2. Bilanz

Der große Versicherungsverein auf Gegenseitigkeit hat in Abweichung von § 266 HGB, der gemäß § 341a Abs. 2 Satz 2 HGB auf Versicherungsunternehmen keine Anwendung findet, die Bilanz gemäß § 2 Satz 1 RechVersV nach Formblatt 1 RechVersV aufzustellen.

3. Gewinn- und Verlustrechnung

In Abweichung von § 275 HGB, der gemäß § 341a Abs. 2 Satz 2 HGB auf Versicherungsunternehmen keine Anwendung findet, haben die Gewinn- und Verlustrechnung Versicherungsvereine auf Gegenseitigkeit als

- Schaden- und Unfallversicherungsunternehmen und Rückversicherungsunternehmen gemäß § 2 Satz 1 Nr. 1 RechVersV nach Formblatt 2 RechVersV[38],
- Lebensversicherungsunternehmen, Pensions- und Sterbekassen und Krankenversicherungsunternehmen gemäß § 2 Satz 1 Nr. 2 RechVersV nach Formblatt 3 RechVersV,
- Lebensversicherungsunternehmen, die auch das selbst abgeschlossene Unfallversicherungsgeschäft betreiben, gemäß § 2 Satz 1 Nr. 3 RechVersV nach Formblatt 4 RechVersV,
- Schaden- und Unfallversicherungsunternehmen, die auch das selbst abgeschlossene Krankenversicherungsgeschäft nach Art der Lebensversicherung im größerem Umfang betreiben, gemäß § 2 Satz 1 Nr. 4 RechVersV nach Formblatt 4 RechVersV

aufzustellen. Die Gewinn- und Verlustrechnung ist stets in Staffelform aufzustellen, wobei kennzeichnend die Untergliederung in einen versicherungstechnischen und einen nichtversicherungstechnischen Teil ist[39]. Als reine Erfolgsrechnung gliedert die Gewinn- und Verlustrechnung das Jahresergebnis so auf, daß die Quellen des erzielten Gewinns oder Verlusts erkennbar werden[40].

4. Bilanzanhang

Gemäß § 51 Abs. 1 RechVersV sind in den Anhang zur Bilanz neben den nach § 341a HGB i.V.m. § 284 HGB und § 285 Nr. 1 bis 3, 5 bis 7 sowie 9 bis 14 HGB die in der RechVersV zu den einzelnen Posten der Bilanz oder der Gewinn- und Verlustrechnung vorgeschriebenen Angaben aufzunehmen. Außerdem sind die in Abschnitt 5 der RechVersV vorgeschriebenen Erläuterungen in den Bilanzanhang aufzunehmen[41].

---

[37] Siehe hierzu *Lück*, DB 2001, 1945 ff.

[38] Zur Gewinn- und Verlustrechnung von Schaden- und Unfallversicherungsunternehmen siehe *Will/Weidenfeld*, WPg 1996, 431 ff.

[39] *August Angerer*, in: Handwörterbuch der Versicherung, 1988, S. 600.

[40] Siehe hierzu *Fricke*, WPg 1984, 540 ff.

[41] Zur Aufstellung, Prüfung und Offenlegung des Anhangs im Jahresabschluß siehe für die AG *Farr*, AG 2000, 1 ff; zur Angabe von Aufsichtsratsmandaten im Anhang siehe *Schröer*, ZIP 1999, 1163 ff; *Farr*, AG 2000, 1, 4 f.

5. Lagebericht

Im Lagebericht ist der Geschäftsverlauf und die Lage des großen Versicherungsvereins auf Gegenseitigkeit darzustellen (§ 341 a HGB i.V.m. § 289 HGB). Die in § 57 RechVersV vorgeschriebenen Angaben sind zusätzlich in den Lagebericht aufzunehmen. Der Lagebericht muß ein den tatsächlichen Verhältnissen entsprechendes Bild vermitteln und soll auch eingehen auf Vorgänge von besonderer Bedeutung, die nach dem Schluß des Geschäftsjahrs eingetreten sind. Dabei ist auch auf die Risiken der künftigen Entwicklung der Gesellschaft einzugehen[42]. Der Lagebericht hat damit gegenüber externen Adressaten eine wesentliche Informationsfunktion[43].

III. Prüfung des Jahresabschlusses und des Lageberichts

1. Bestellung des Abschlußprüfers

Gemäß § 341 k Abs. 1 Satz 1 HGB unterliegt der Jahresabschluß (Bilanz, Gewinn- und Verlustrechnung, Anhang) unter Einbeziehung der Buchführung (§ 317 Abs. 1 Satz 1 HGB) und des Lageberichts unabhängig von der Größe des Versicherungsunternehmens der Prüfung[44]. Die Vorschrift ist lex specialis gegenüber § 316 Abs. 1 HGB[45]. Die allgemeinen Regelungen des HGB über die Prüfung (§§ 316 bis 324) gelten gemäß § 341 k Abs. 1 HGB auch für Versicherungsunternehmen[46].

Durch die generelle Gleichstellung der Versicherungsunternehmen mit den großen Kapitalgesellschaften (vgl. § 341 a Abs. 1 HGB) können zu Abschlußprüfern gemäß § 341 k Abs. 1 HGB i.V.m. § 319 Abs. 1 Satz 1 HGB nur Wirtschaftsprüfer oder Wirtschaftsprüfungsgesellschaften bestellt werden. § 319 Abs. 1 Satz 2 HGB, der für mittelgroße Gesellschaften auch vereidigte Buchprüfer und Buchprüfungsgesellschaften zuläßt, ist gemäß § 341 k Abs. 1 Satz 2 HGB nicht anzuwenden. Abschlußprüfer darf nicht sein, wer mit dem zu prüfenden Unternehmen in einer Interessenverbindung steht (siehe hierzu die Ausschlußtatbestände in § 319 Abs. 2 und 3 HGB)[47].

---

[42] Siehe dazu *Dörner/Bischof,* WPg 1999, 445 ff; *Lange,* BB 1999, 2447, 2449; *Selch,* WPg 2000, 357, 362 f.

[43] Vgl. *Kupsch,* DB 1993, 494.

[44] Bei der Genossenschaft erstreckt sich gemäß § 53 Abs. 1 Satz 1 GenG die Prüfung durch den Prüfungsverband auch auf die Feststellung der wirtschaftlichen Verhältnisse und die Ordnungsmäßigkeit der Geschäftsführung, vgl. hierzu *Ohlmeyer/Rau,* WPg 1985, 453 ff; *Binz/Freudenberg,* DB 1991, 2474 f; *Spanier,* WPg 2001, 767 ff.

[45] Vgl. zu § 57 Abs. 1 VAG a.F. *Minz/Richter,* in: Handwörterbuch der Versicherung, 1988, S. 581.

[46] Zum Ersetzungsverfahren nach § 318 Abs. 3 HGB siehe *Rittner,* in: Festschrift für Heinz Rowedder, 1994, S. 411 ff; *Marten,* RIW 1994, 749, 753 ff; *Ebke/Jurisch,* AG 2000, 208 ff.

[47] Zur Vereinbarkeit der Tätigkeit als Abschlußprüfer und zugleich als Berater, insbesondere Steuerberater, siehe BGHZ 135, 260 = NJW 1997, 2178 = ZIP 1997, 1162 = DB 1997, 1394 („Allweiler"); *Moxter,* BB 1996, 683 ff; *Hommelhoff,* ZGR 1997, 550 ff; *Löcke,* GmbHR 1997, 1052 ff; *Neumann,* ZIP 1998, 1338 ff; *Röhricht,* WPg 1998, 153 ff; *Schmidtmeier,* DB 1998, 1625 ff; *Hellwig,* ZIP 1999, 2117. Zu den Vorstellungen der Securities and Exchange Commission (SEC) siehe bei *Lenz,* BB 2001, 299 ff.

Die Wirtschaftsprüfer unterliegen einem strengen Berufsrecht, das in der Wirtschaftsprüferordnung (WPO) niedergelegt ist[48]. Nach § 323 HGB gelten für sie strenge gesetzliche Haftungsvorschriften[49].

Ohne vorangegangene Wahl des Abschlußprüfers, die gemäß § 341k Abs. 2 Satz 1 HGB durch den Aufsichtsrat erfolgt, ist eine wirksame Prüfung nicht denkbar[50]. Überwiegend anerkannt ist, daß die Gesellschaft zwei Abschlußprüfer bestellen kann, „die unabhängig und selbständig nebeneinander handeln und jeweils für sich und autonom prüfen und testieren“[51].

2. Prüfungsbericht

Über das Ergebnis der Prüfung wird vom Abschlußprüfer ein schriftlicher Prüfungsbericht erstellt, in dem nicht nur der Jahresabschluß erläutert, sondern auch über sich abzeichnende Gefahren für das Unternehmen berichtet wird, vgl. § 341k Abs. 1 i.V.m. § 321 HGB[52]. Der Prüfbericht muß nicht nur den handelsrechtlichen Erfordernissen entsprechen, sondern auch den Anforderungen der Verordnung über den Inhalt der Prüfungsberichte zu den Jahresabschlüssen von Versicherungsunternehmen (Prüfungsberichteverordnung – PrüfV) vom 3. 6. 1998[53] und den übrigen aufsichtsrechtlichen Vorgaben des VAG genügen.

a) PrüfV. Von besonderer Bedeutung für die Durchführung der Abschlußprüfung war das Rundschreiben R 3/82 des BAV vom 25. 6. 1982[54]. Das BAV legte in diesem Rundschreiben dar, welche Grundsätze bei der Durchführung von und der Berichterstattung über Abschlußprüfungen bei Versicherungsunternehmen zu beachten sind[55]. Dabei hatte der Abschlußprüfer zu erläutern, ob die hierzu von der Aufsichtsbehörde ergangenen Richtlinien und verlautbarten Grundsätze beachtet worden sind[56]. Das Rundschreiben R 3/82 wurde nach Inkrafttreten der Verordnung über den Inhalt der Prüfungsberichte zu den Jahresabschlüssen von Versicherungsunternehmen (Prüfungsberichteverord-

---

[48] Zur Einführung einer externen Qualitätskontrolle (Peer Review) und zur 4. WPO-Novelle siehe *Hammers-Strizek*, WPg 1999, 911ff; *Marten, Kai-Uwe*, BB 1999, 1594ff; *Marten/Köhler*, BB 2000, 867ff; *Niehus*, DB 2000, 1133ff; *Stefan Schmidt*, WPg 2000, 793ff. Zur Verbesserung der Rechnungslegung durch Schaffung einer privatwirtschaftlich getragenen und organisierten enforcement-Einrichtung nach dem Vorbild des britischen Financial Reporting Review Panel siehe These 8 des Arbeitskreises Externe Unternehmensrechnung der Schmalenbach-Gesellschaft für Betriebswirtschaft, DB 2001, 160, 161; eingehend hierzu *Tielmann*, DB 2001, 1625ff.

[49] Dazu im einzelnen *Quick*, BB 1992, 1675ff; *Canaris*, ZHR 163 (1999), 206ff; BGH, Urteil vom 28. 10. 1993, DB 1994, 926 = VersR 1994, 223 = AG 1994, 81.

[50] Vgl. LG Köln, DB 1992, 265, 266; *Forster*, in: Festschrift für Johannes Semler, 1993, S. 820.

[51] Vgl. *Lutter*, in: Festschrift für Johannes Semler, 1993, S. 835, 850; ebenso *Budde/Steuber*, in: Beck'scher Bilanz-Kommentar, 1999, § 318 HGB Anm. 12.

[52] Siehe dazu *Schulze-Osterloh*, in: Festschrift für Wolfgang Hefermehl, 1976, S. 408; *Clemm*, in: Festschrift für Reinhard Goerdeler, 1987, S. 110f; *Großfeld/Reemann*, in: Festschrift für Reinhard Goerdeler, 1987, S. 157ff; zur Prüfung des Lageberichts siehe *Sieben*, in: Festschrift für Reinhard Goerdeler, 1987, S. 581ff; zum Konzernprüfungsbericht siehe *Weirich*, in: Festschrift für Reinhard Goerdeler, 1997, S. 649ff; zur „Redepflicht des Abschlußprüfers“ siehe *Lück*, BB 2001, 404ff.

[53] BGBl. I 1998, 1209ff; dazu eingehend *Graf von Treuberg/Angermayer*, WPg 1998, 839ff.

[54] VerBAV 1982, 409.

[55] Siehe dazu auch *Minz/Richter*, in Handwörterbuch der Versicherung, 1988, S. 581ff.

[56] Vgl. VerBAV 1982, 409.

nung – PrüfV) vom 3. Juni 1998[57] aufgehoben[58]. Die Prüfungsberichteverordnung, die auf § 55a VAG beruht, greift die Vorgaben des R 3/82 auf und trägt den zwischenzeitlich zu verzeichnenden Entwicklungen in der Versicherungswirtschaft Rechnung. Hervorzuheben sind die folgenden Vorgaben der Aufsichtsbehörde.

Gemäß § 1 Abs. 1 PrüfV muß der Prüfungsbericht über die Prüfung des Jahresabschlusses und Lageberichts sowie des Konzernabschlusses und Konzernlageberichts nach den §§ 321 und 341k HGB so übersichtlich und vollständig sein, daß aus ihm die Vermögens-, Finanz- und Ertragslage des Versicherungsunternehmens mit hinreichender Klarheit ersichtlich ist. Nach § 9 PrüfV ist bei Unternehmensverbindungen die Kostenverteilung auf die einzelnen Unternehmen sowie innerhalb des zu prüfenden Versicherungsunternehmens auf die einzelnen Funktionsbereiche, namentlich Leistungsbearbeitung (Regulierung von Versicherungsfällen, Rückkäufen und Rückgewährbeträgen), Abschluß von Versicherungsverträgen, Verwaltung von Versicherungsverträgen, Verwaltung von Kapitalanlagen sowie auf die sonstigen Aufwendungen unter Aufteilung auf die einzelnen Versicherungszweige und gegebenenfalls -arten darzustellen. Bei Geschäften mit derivativen Finanzinstrumenten (Derivaten) sind gemäß § 11 Abs. 2 PrüfV Risiken, insbesondere Bonitäts-, Zinsänderungs- und Währungsrisiken für alle Gruppen von Derivaten getrennt darzulegen. Das Kontrollsystem für den Abschluß, die Abwicklung und die Erfassung der Derivate, insbesondere das Buchungssystem sowie die Kompetenz- und Zeichnungsbefugnisse sind darzustellen (§ 11 Abs. 3 Satz 1 PrüfV). Dabei ist insbesondere auf die Befolgung von Arbeitsanweisungen der Geschäftsleitung zu diesen Geschäften sowie die Berichterstattung gegenüber dem Vorstand und dem Aufsichtsrat einzugehen (§ 11 Abs. 3 Satz 2 PrüfV). Es ist zu erläutern, ob das Kontrollsystem jederzeit einen Überblick über diese Geschäfte erlaubt (§ 11 Abs. 3 Satz 3 PrüfV).

b) VAG. Gemäß § 57 Abs. 1 Satz 1 VAG hat der Abschlußprüfer festzustellen und in seinen Prüfungsbericht gemäß § 57 Abs. 1 Satz 2 VAG aufzunehmen, ob der Versicherungsverein auf Gegenseitigkeit die Pflichten nach § 13b Abs. 1 und 4 VAG (Anzeigepflicht bei Niederlassung), § 13c Abs. 1 und 4 VAG (Anzeigepflicht bei Dienstleistungsverkehr), § 13d Nr. 1 bis 5 VAG (Sonstige Anzeigepflichten, z.B. bei Bestellung und Ausscheiden eines Geschäftsleiters) sowie die Verpflichtungen nach § 15 GWG erfüllt hat. Auf Verlangen der Aufsichtsbehörde hat der Abschlußprüfer auch sonstige bei der Prüfung bekanntgewordene Tatsachen mitzuteilen, die gegen eine ordnungsgemäße Durchführung der Geschäfte des Versicherungsunternehmens sprechen (vgl. § 57 Abs. 1 Satz 3 VAG). Die Pflicht zur Berichterstattung gemäß § 321 Abs. 1 Satz 3 HGB über den Bestand des Versicherungsunternehmens gefährdende oder seine Entwicklung wesentlich beeinträchtigende Tatsachen oder schwerwiegende Verstöße der gesetzlichen Vertreter oder von Arbeitnehmern gegen Gesetz, Gesellschaftsvertrag oder Satzung besteht gemäß § 341k Abs. 3 HGB auch gegenüber der Aufsichtsbehörde.

[57] BGBl. I 1998, 1209 = VerBAV 1998, 174; dazu eingehend *Graf von Treuberg/Angermayer*, WPg 1998, 839ff.
[58] Vgl. VerBAV 1998, 271.

3. Bestätigungsvermerk

Gibt das Prüfungsergebnis keinen Anlaß zur Erhebung von Einwendungen, so ist dies durch einen im Wortlaut gesetzlich vorgeschriebenen Vermerk zu bestätigen (§ 341k Abs. 1 HGB i.V.m. § 322 Abs. 1 HGB)[59]. Sind Einwendungen zu erheben, so müssen die Abschlußprüfer die Bestätigung einschränken oder versagen (§ 322 Abs. 4 HGB). Der Bestätigungsvermerk ist zu ergänzen, wenn zusätzliche Bemerkungen erforderlich sind (§ 322 Abs. 2 HGB).

4. Vorlage des Prüfungsberichts an den Aufsichtsrat

Bei der Vorlage seines Berichtes und der Erörterung seiner Prüfungsergebnisse in der Bilanzsitzung des Aufsichtsrats hat der Abschlußprüfer anwesend zu sein und hat auf Verlangen dem Aufsichtsrat einen Erläuterungsbericht zu erstatten und dabei insbesondere auch über die Lage des Unternehmens zu berichten[60].

IV. Feststellung des Jahresabschlusses

1. Vorlage des Jahresabschlusses an den Aufsichtsrat

Unverzüglich nach Aufstellung hat der Vorstand gemäß § 341a Abs. 4 HGB i.V.m. § 170 Abs. 1 und 2 AktG den Jahresabschluß – Bilanz, Gewinn- und Verlustrechnung und Anhang – und den Lagebericht sowie einen Vorschlag über die Gewinnverwendung dem Aufsichtsrat vorzulegen. Jedes Aufsichtsratsmitglied ist gemäß § 341a Abs. 4 HGB i.V.m. § 170 Abs. 3 AktG berechtigt, von den Vorlagen Kenntnis zu nehmen und kann die Aushändigung der Vorlagen verlangen, soweit nicht durch Beschluß des Aufsichtsrats eine andere Regelung getroffen ist. Das einzelne Aufsichtsratsmitglied kann sein Recht auf Kenntnisnahme und Aushändigung der Vorlagen des Vorstands durch Klage gegen die Gesellschaft, vertreten durch den Vorstand, geltend machen[61].

2. Prüfung des Jahresabschlusses durch den Aufsichtsrat

Der Aufsichtsrat hat gemäß § 341a Abs. 4 HGB i.V.m. § 171 Abs. 1 AktG den Jahresabschluß, den Lagebericht und den Vorschlag für die Verwendung des Bilanzgewinns zu prüfen. Das Plenum des Aufsichtsrats hat nicht nur die Rechtmäßigkeit und Ordnungsmäßigkeit, sondern auch die Zweckmäßigkeit des Abschlusses zu prüfen[62], wobei eine Delegation der Prüfungsaufgabe an einen Ausschuß mit Entscheidungskompetenz auch beim Versicherungsverein auf Gegenseitigkeit nicht zulässig ist, vgl. § 35 VAG i.V.m. § 107 Abs. 3 Satz 2 AktG[63].

---

59 Zur Haftung des Abschlußprüfers gegenüber Dritten vgl. BGH vom 2. 4. 1998 ZIP 1998, 826 = DB 1998, 1073 = BB 1998, 1152 = JZ 1998, 991; dazu *Ebke,* JZ 1998, 991ff; *derselbe,* BB 1997, 1731ff; *Feddersen,* WM 1999, 105ff; *Grunewald,* ZGR 1999, 583ff; *Weber,* NZG 1999, 1ff; *von Westphalen,* DB 2000, 861ff; *Zugehör,* NJW 2000, 1601ff. Zum Widerruf eines Bestätigungsvermerks siehe KG Berlin, WPg 2001, 617ff; hierzu *Hirsch,* WPg 2001, 606ff.

60 Vgl. *Theisen,* Grundsätze, 1991, S. 70.

61 Siehe dazu BGHZ 85, 293, 295 = NJW 1983, 991; *Hüffer,* 1999, § 170 AktG Rn 15.

62 Vgl. *Hüffer,* 1999, § 171 AktG Rn 3ff.

63 *Prölss/Schmidt/Frey,* 1989, § 35 VAG Rdn. 14; *Weigel,* in: Prölss/Schmidt, 1997, § 35 VAG Rdn. 18.

Der Zweckmäßigkeitsprüfung unterliegen die bilanzpolitischen Ermessensentscheidungen sowie die Ausschüttungs- und Thesaurierungspolitik[64]. Insoweit hat der Aufsichtsrat Entscheidungen über die Bildung und Auflösung stiller Reserven sowie die Dotierung der anderen Gewinnrücklagen seiner selbständigen Prüfung und Urteilsbildung zu unterwerfen[65].

Über das Ergebnis seiner Prüfung hat der Aufsichtsrat der Versammlung der obersten Vertretung gemäß § 341 a Abs. 4 HGB i.V.m. § 171 Abs. 2 AktG schriftlich zu berichten. In dem Bericht hat der Aufsichtsrat die Art und den Umfang seiner Prüfung mitzuteilen, wobei die in der Praxis üblichen formularmäßigen Wendungen von der herrschenden Meinung[66] als genügend angesehen werden[67].

3. Feststellung des Jahresabschlusses durch den Aufsichtsrat

Billigt der Aufsichtsrat den Jahresabschluß, so ist dieser gemäß § 341 a HGB i.V.m. § 172 Satz 1 HGB festgestellt, sofern nicht Vorstand und Aufsichtsrat beschließen, die Feststellung des Jahresabschlusses der Versammlung der obersten Vertretung zu überlassen. Den einmal festgestellten Jahresabschluß können Vorstand und Aufsichtsrat nicht willkürlich ändern[68].

4. Feststellung des Jahresabschlusses durch die oberste Vertretung

Haben Vorstand und Aufsichtsrat beschlossen, die Feststellung des Jahresabschlusses der Versammlung der obersten Vertretung zu überlassen oder hat der Aufsichtsrat den Jahresabschluß nicht gebilligt, stellt gemäß §§ 341 a Abs. 4 HGB i.V.m. §§ 172 Satz 1, 173 Abs. 1 AktG die Versammlung der obersten Vertretung den Jahresabschluß fest.

V. Offenlegung des Jahresabschlusses

1. Offenlegung gegenüber der Aufsichtsbehörde

a) Externe Rechnungslegung. Gemäß § 55 Abs. 2 Satz 1 VAG haben Versicherungsunternehmen den von den gesetzlichen Vertretern aufgestellten sowie später den festgestellten Jahresabschluß und den Lagebericht der Aufsichtsbehörde jeweils unverzüglich einzureichen. Den Bericht des Abschlußprüfers hat der Vorstand gemäß § 59 Satz 1 VAG unverzüglich nach der Feststellung des Jahresabschlusses dem BAV vorzulegen. Die Aufsichtsbehörde kann den Bericht des Abschlußprüfers mit diesem erörtern und erforderlichenfalls Ergänzungen der Prüfung und des Berichts veranlassen (§ 59 Satz 2 VAG).

b) Interne Rechnungslegung. Um die jederzeitige Leistungsfähigkeit der Versicherungsunternehmen überwachen zu können[69], haben die der Versicherungs-

[64] Vgl. *Hüffer,* 1999, § 171 AktG Rn 7.
[65] Vgl. *Hüffer,* 1999, § 171 AktG Rn 7–8.
[66] Statt vieler *Hüffer,* 1999, § 171 AktG Rn 13.
[67] Kritisch dazu *Theisen,* BB 1988, 705 ff.
[68] BGHZ 23, 150, 152; zu den Möglichkeiten und Grenzen einer Änderung siehe *Welf Müller,* in: Festschrift für Karlheinz Quack, 1991, S. 359 ff; *Hüffer,* 1999, § 172 AktG Rn 10.
[69] Vgl. *August Angerer,* in: Handwörterbuch der Versicherung, 1988, S. 602.

aufsicht unterliegenden Unternehmen gemäß § 55a Abs. 1 VAG der Aufsichtsbehörde interne Berichte vorzulegen. Die Anforderungen an die vierteljährlich einzureichenden Zwischenberichte und an den Jahresbericht sind in der Verordnung über die Berichterstattung von Versicherungsunternehmen gegenüber dem Bundesaufsichtsamt für das Versicherungswesen (BerVersV) vom 14. Juni 1995[70] geregelt.

Die interne Berichterstattung erleichtert der Aufsichtsbehörde die Erfüllung der ihr nach § 81 Abs. 1 VAG übertragenen Aufgabe, den gesamten Geschäftsbetrieb der Versicherungsunternehmen im Rahmen einer rechtlichen Aufsicht allgemein und einer Finanzaufsicht im besonderen zu überwachen. Durch die Beaufsichtigung der Rechnungslegung durch die Aufsichtsbehörde erhalten die Mitglieder des Versicherungsvereins auf Gegenseitigkeit, die zugleich wegen der mit dem Versicherungsverein auf Gegenseitigkeit bestehenden Versicherungsverträge die Hauptgläubiger des Versicherungsvereins auf Gegenseitigkeit sind, über die Schutzfunktion der Abschlußprüfung hinaus zusätzlichen Gläubigerschutz gewährleistet, der wegen der Doppelstellung der Vereinsmitglieder als Gläubiger und Unternehmensträger zugleich als Gesellschafterschutz wirkt.

Hervorzuheben ist allerdings, daß die Aufsichtsbehörde insoweit keinerlei Sachwalterfunktion innehat, die Ansprüche der Vereinsmitglieder auslösen könnte. Überdies ist seit Einführung des § 81 Abs. 1 Satz 2 VAG[71], der zusammen mit § 6 Abs. 3 KWG[72] aus Anlaß der Hubmann-Entscheidung[73] und des Herstatt-Falls[74] in Kraft trat, gesetzlich klargestellt, daß die Aufsichtsbehörde die ihr nach dem Versicherungsaufsichtsgesetz und nach anderen Gesetzen zugewiesenen Aufgaben nur im öffentlichen Interesse wahrnimmt[75]. Von daher ist die Erhebung von Amtshaftungsansprüchen durch Vereinsmitglieder im Regelfall ausgeschlossen.

2. Publizität des Jahresabschlusses

Gemäß § 341l Abs. 1 HGB unterliegt die Rechnungslegung des großen Versicherungsvereins auf Gegenseitigkeit der Publizität[76]. Als Versicherungsunternehmen hat der große Versicherungsverein auf Gegenseitigkeit gemäß § 341l HGB den Jahresabschluß und den Lagebericht sowie die anderen in § 325 HGB bezeichneten Unterlagen nach § 325 Abs. 2 bis 5 HGB, §§ 328, 329 Abs. 1 HGB im Bundesanzeiger bekanntzumachen und beim Handelsregister einzureichen.

Für den Einzelabschluß des großen Versicherungsvereins auf Gegenseitigkeit ergeben sich hieraus folgende Offenlegungspflichten[77]:

---

[70] BGBl I 1995, 858 = VerBAV 1995, 237.

[71] Dazu Regierungsbegründung BT-Drucksache 10/1441, S. 56; VersR 1985, 126.

[72] Dazu Regierungsbegründung BT-Drucksache 10/1441, S. 20.

[73] BGHZ 74, 144.

[74] BGHZ 75, 120; dazu *Kaulbach,* VersR 1981, 702, 704f.

[75] BGHZ 58, 96 = VersR 1972, 361; BVerwGE 61, 59, 65; VG Berlin, VerBAV 1992, 196.

[76] Zur europarechtlich unzureichenden Regelung der Offenlegungsvorschriften im HGB vgl. Urteil des EuGH vom 4. 12. 1997 („Daihatsu"), DB 1997, 2598; dazu *Leible,* ZHR 162 (1998), 594ff; *Crezelius,* ZGR 1999, 252ff; *Hirte,* NJW 2000, 3321, 3322.

[77] Vgl. *Wiedmann,* Bilanzrecht, 1999, § 341l HGB Rz. 7.

a) Bekanntmachung im Bundesanzeiger:
- der Jahresabschluß und Lagebericht einschließlich Anhang, wobei die Aufstellung des Anteilbesitzes i.S.d. § 287 HGB, die Bestandteil des Anhangs ist, gemäß § 325 Abs. 2 Satz 2 HGB nicht im Bundesanzeiger bekannt gemacht werden muß.
- Bericht des Aufsichtsrats
- Bestätigungsvermerk oder Vermerk über dessen Versagung und, soweit nicht aus dem Jahresabschluß ersichtlich
- Angabe des Jahresergebnisses
- Vorschlag für die Verwendung des Jahresergebnisses.

b) Einreichung beim Handelsregister:
- die Unterlagen, die beim Bundesanzeiger bekanntzumachen sind, und zwar einschließlich der Aufstellung des Anteilbesitzes i.S.d. § 287 HGB
- die Bekanntmachung im Bundesanzeiger.

Gemäß § 341l Abs. 1 Satz 1 HGB i.V.m. § 325 Abs. 1 HGB sind die Offenlegungspflichten vom großen Versicherungsverein auf Gegenseitigkeit unverzüglich nach der Vorlage des Jahresabschlusses an die Versammlung der obersten Vertretung, jedoch spätestens vor Ablauf des neunten Monats des dem Abschlußstichtag nachfolgenden Geschäftsjahrs zu erfüllen. Die Frist erhöht sich gemäß § 341l Abs. 1 Satz 2 HGB i.V.m. § 341a Abs. 5 HGB von neun auf fünfzehn Monate für Versicherungsunternehmen, die ausschließlich die Rückversicherung betreiben oder deren Beiträge aus dem in Rückdeckung übernommenen Versicherungsgeschäft die übrigen Beiträge übersteigen.

3. Offenlegung des Jahresabschlusses gegenüber den Versicherten

Gemäß der für Versicherungsunternehmen geltenden Regelung des § 55 Abs. 3 VAG hat der Versicherungsverein auf Gegenseitigkeit in dem Geschäftsjahr, das dem Berichtsjahr folgt, jedem seiner Versicherten auf Verlangen den Jahresabschluß und den Lagebericht zu übersenden[78].

VI. Rechtsbehelfe

1. Nichtigkeit des Jahresabschlusses

Die Nichtigkeit und Anfechtbarkeit des Beschlusses über die Feststellung des Jahresabschlusses ist in den §§ 256f AktG geregelt. Diese Vorschriften finden beim Versicherungsverein auf Gegenseitigkeit gemäß § 36 VAG entsprechende Anwendung. Aus Gründen der Rechtssicherheit ist die Aufzählung der Gründe, die nach § 256 AktG zur Nichtigkeit des Jahresabschlusses führen, abschließend[79]. Eine Nichtigkeitsklage kommt z.B. in Betracht, wenn Posten überbewertet oder unterbewertet sind (vgl. § 256 Abs. 5 Satz 1 AktG). Für den Fall der Unterbewertung ist zusätzliche Voraussetzung, daß dadurch die Vermögens- und Ertragslage der Gesellschaft vorsätzlich unrichtig wiedergegeben oder verschleiert wird (vgl. § 256 Abs. 5 Satz 1 Nr. 2 AktG). Eine Unterbewertung liegt immer dann vor, wenn ein Vermögensgegenstand pflichtwidrig gar nicht aktiviert oder entgegen einem Bilanzierungsverbot passiviert wurde[80]. Wenn in einem Unter-

[78] Eine Kostenerstattung sieht § 55 Abs. 3 VAG nicht vor. Der Versicherer hat daher dem Versicherten den Geschäftsbericht auf seine Kosten zu übermitteln, a.A. *Kaulbach,* in: Fahr/Kaulbach, 1997, § 55 VAG Rdn. 3.

[79] Vgl. *Hoffmann-Becking,* in: Münchener Hdb. AG, 1999, § 47 Rdn. 2.

[80] Vgl. *Hoffmann-Becking,* in: Münchener Hdb. AG, 1999, § 47 Rdn. 8

nehmensverbund Kosten zu Unrecht beherrschten Verbundgesellschaften angelastet werden, die zur Beitragsrückerstattung verpflichtet sind, um dadurch Gewinne bei solchen Gesellschaften zu konzentrieren, die derartigen Pflichten nicht unterliegen, kann dies zur Nichtigkeit des gesamten festgestellten Abschlusses der zu Unrecht belasteten Gesellschaft nach § 256 Abs. 5 Satz 1 Nr. 2 AktG führen[81].

2. Sonderprüfung wegen Unterbewertung

Daneben besteht die Möglichkeit einer Sonderprüfung nach §§ 258ff. AktG i.V.m. § 36 VAG. Danach hat das Gericht auf Antrag Sonderprüfer zu bestellen, wenn Anlaß zu der Annahme besteht, daß bestimmte Posten nicht unwesentlich unterbewertet sind oder daß der Bilanzanhang unvollständig ist.

---

[81] Vgl. den eine Versicherungsgruppe betreffenden Fall BGH vom 15. 11. 1993, NJW 1994, 520, 522 = WM 1994, 22, 24 = ZIP 1993, 1862, 1864f; dazu *Müller,* AG 1994, 410f. Zur Quersubventionierung siehe *Dreher,* ZVersWiss 85 (1996), 499ff.

Sechster Abschnitt
Die Satzung des Versicherungsvereins auf Gegenseitigkeit

Kapitel 20
Die Satzung

I. Inhalt und Grenzen der Satzungsautonomie

Das Wesen der Satzungsautonomie besteht darin, daß sich die Mitglieder der Körperschaft ihr Organisationsrecht selbst in Form der Satzung geben[1]. Die Satzungsautonomie als Kernpunkt der Vereinsautonomie wird ausschließlich durch die Mitgliederversammlung als „das oberste Vertretungsorgan der Körperschaft überhaupt" ausgeübt[2]. Stehen die an sich der Mitgliederversammlung zustehenden Kompetenzen nach der Satzung der Mitgliedervertreterversammlung zu, verbleibt der Mitgliederversammlung die statutarische „Einführungs- und Abschaffungskompetenz"[3]. Die Autonomie der Körperschaft und damit auch deren Satzungsautonomie kann durch den Gesetzgeber begrenzt werden[4].

Von dieser Möglichkeit hat der Gesetzgeber Gebrauch gemacht und die Satzungshoheit des großen Versicherungsvereins auf Gegenseitigkeit durch die Verweisung auf aktienrechtliche Vorschriften eingeschränkt. Aufgrund dieser Verweisung ist dem Versicherungsverein auf Gegenseitigkeit die Kompetenzordnung für die Ausübung seiner Selbstverwaltung vorgegeben. Die Satzung kann von daher diese Kompetenzordnung nicht ändern[5] und – anders als beim Verein des BGB[6] – nicht die Ausübung von Befugnissen der Mitgliederversammlung oder der Mitgliedervertreterversammlung auf andere Personen – zum Beispiel auf die Mitglieder eines Beirats – übertragen und diesen Personen damit eine Organstellung einräumen.

II. Einräumung von Sonderrechten an Mitglieder und von Rechten an Dritte

1. Besetzung des Leitungsorgans und des Kontrollorgans

Flume[7] lehrt, daß durch die Satzung eines Vereins des BGB und der Körperschaften, für die insoweit Satzungsautonomie bestehe, bestimmt werden könne,

---

[1] Vgl. *Nicklisch,* 1982, S. 24; *Priester,* in: Festschrift für Winfried Werner, 1984, S. 663; *Beuthien/Gätsch,* ZHR 156 (1992), 473; *Bär,* 1996, S. 158ff; *Hüffer,* Gesellschaftsrecht, 1998, S. 25; *Eisenhardt,* Gesellschaftsrecht, 1999, Rdn. 123, S. 73.
[2] *Flume,* in: Festschrift für Helmut Coing, 1982, Band II, S. 102.
[3] *Säcker,* Probleme der Repräsentation von Großvereinen, 1986, S. 67.
[4] Vgl. *Flume,* in: Festschrift für Helmut Coing, 1982, Band II, S. 110; *Nicklisch,* 1982, S. 25.
[5] Ähnlich *Harro Frels,* Mutualité 1/1966, 24.
[6] Vgl. dazu *Flume,* in: Festschrift für Helmut Coing, 1982, Band II, S. 98.
[7] *Flume,* in: Festschrift für Helmut Coing, 1982, Band II, S. 99.

daß Organpersonen anderer privatrechtlicher oder öffentlichrechtlicher juristischer Personen oder Inhaber eines bestimmten Amtes „geborene" Organmitglieder, insbesondere Mitglieder des Vorstands, sind. Es könne des weiteren für Mitglieder der juristischen Person (als Sonderrecht) und für Dritte ein Entsendungsrecht für Organe der juristischen Person, insbesondere für Vorstand und Aufsichtsrat, begründet werden. Die Satzung könne sich in diesen Angelegenheiten auch dafür entscheiden, Beschlüsse der Mitgliederversammlung von der Zustimmung anderer Personen oder bei Stimmengleichheit von der Entscheidung eines Dritten abhängig zu machen.

In allen diesen Fällen der Fremdbestimmung bezüglich der Bestellung und Abberufung von Organmitgliedern sieht *Flume*[8] die Autonomie des Vereins nur dann als gewahrt an, wenn die Satzung der Mitgliederversammlung „das letzte Wort" lasse. Die Mitgliederversammlung müsse zur Abberufung der fremdbestimmten Organmitglieder aus wichtigem Grunde berechtigt sein und die Fremdbestimmung durch Satzungsänderung beseitigen können[9]. Soweit es um Sonderrechte eines Mitglieds gehe, habe das betroffene Mitglied kein Stimmrecht[10]. Die Beschlußfassung dürfe satzungsmäßig nicht so erschwert werden, daß praktisch die Handlungshoheit der Mitgliederversammlung beseitigt werde[11].

Von daher ist die Satzung eines Versicherungsvereins von Bedeutung, die bestimmt, daß jede der Personen, die den Gründungsstock mit zur Verfügung gestellt hat (Garant), Anspruch darauf hat, daß eine von ihr vorgeschlagene Person in den Aufsichtsrat gewählt wird. Im konkreten Fall wurde darüber hinaus den Garanten in der Satzung zugebilligt, so viele Personen in den Aufsichtsrat wählen zu lassen, daß sie insgesamt mindestens eine Stimme mehr als die Hälfte des gesamten Aufsichtsrates haben. Die Abschaffungskompetenz bezüglich dieser Rechte ist der obersten Vertretung ebenso verblieben wie das Abberufungsrecht, so daß an der Zulässigkeit derartiger Sonderrechtsklauseln nicht zu zweifeln ist.

2. Satzungsänderung

Für die Praxis ist im Hinblick auf die Möglichkeit der Erlangung eines beherrschenden Einflusses auf den Versicherungsverein auf Gegenseitigkeit von erheblicher Bedeutung, ob Mitgliedern oder Dritten Rechte im Zusammenhang mit Satzungsänderungen eingeräumt werden können.

Flume[12] vertritt hierzu die Ansicht, daß sich der Verein nicht der Autonomie der Satzungsgestaltung in der Weise begeben könne, daß die Satzungsänderung der ausschließlichen Zuständigkeit der Mitgliederversammlung entzogen und entweder die Zuständigkeit ganz auf Dritte übertragen oder die Satzungsänderung von der Zustimmung Dritter abhängig gemacht werde oder durch schuldrechtliche Vereinbarungen für Dritte ein Recht zum Eingriff in die Vereinsautonomie betreffs der Satzungsgestaltung begründet werde. Der Verein könne seine

[8] *Flume,* in: Festschrift für Helmut Coing, 1982, Band II, S. 100.
[9] *Flume,* in: Festschrift für Helmut Coing, 1982, Band II, S. 99, 100.
[10] *Flume,* in: Festschrift für Helmut Coing, 1982, Band II, S. 100.
[11] *Flume,* in: Festschrift für Helmut Coing, 1982, Band II, S. 101.
[12] *Flume,* in: Festschrift für Helmut Coing, 1982, Band II, S. 102, 107; *derselbe,* JZ 1992, 238, 239; nach *Wiedemann,* in: Festschrift für Wolfgang Schilling, 1973, S. 112, ist den Mitgliedern aller Verbandsformen die Alleinzuständigkeit zur Vertrags- oder Satzungsgestaltung vorbehalten.

Satzungsautonomie auch nicht in der Weise aufgeben, daß in der Satzung die Unveränderlichkeit derselben bestimmt werde[13]. Zulässig sei es, wenn in der Satzung einzelnen Mitgliedern ein Sonderrecht eingeräumt werde, daß die Satzungsänderung von ihrer Zustimmung abhängig mache[14]. Unverzichtbar sei aber das Mehrheitsprinzip als solches, indem nicht einer Minderheit Satzungshoheit, d.h. das Recht zur Satzungsänderung eingeräumt werden könne[15]. *Flume* verlangt mithin, daß das Sonderrecht des Mitglieds im Wege der Satzungsänderung beseitigbar bleibt.

Auch *Eisenhardt*[16] betont, daß die durch den Grundsatz von Treu und Glauben der Privatautonomie gezogene Grenze überschritten ist, „wenn die Satzung den Verein so stark unter fremden Einfluß bringt, daß er zu einer eigenen selbständigen Willensbildung nicht mehr in der Lage ist".

Diese Auffassung verdient Zustimmung. Zum Leitbild des Versicherungsvereins auf Gegenseitigkeit gehört, daß er von Dritten nicht überwältigt werden kann. Diesem Gedanken würde eine Satzungsbestimmung nicht gerecht werden, die die Abschaffungskompetenz der obersten Vertretung in Frage stellt. Soweit ersichtlich, hat die Aufsichtsbehörde auch keine Satzungen mit derartigen „ewigen" Sonderrechten genehmigt.

III. Genehmigungsvorbehalt und Änderungsrecht der Aufsichtsbehörde

Die Satzung ist, soweit sie sich nicht auf allgemeine Versicherungsbedingungen bezieht, gemäß § 5 Abs. 3 Nr. 1 VAG Bestandteil des Geschäftsplans. Jede Änderung des Geschäftsplans muß der Aufsichtsbehörde angezeigt und darf erst in Kraft gesetzt werden, wenn eine entsprechende Genehmigung dazu erteilt worden ist (§ 13 Abs. 1 Satz 1 VAG).

Die Aufsichtsbehörde ist gemäß § 81a Satz 2 VAG befugt, den Geschäftsplan und damit auch die Satzung als Bestandteil des Geschäftsplans zu ändern, wenn es zur Wahrung der Belange der Versicherten notwendig erscheint. Da diese Maßnahme ausweislich § 81a Satz 2 VAG nur mit Wirkung für bestehende oder noch nicht abgewickelte Versicherungsverhältnisse erfolgt, ist der organisationsrechtliche Teil der Satzung vom Abänderungsrecht der Aufsichtsbehörde nicht betroffen, sondern nur der Teil der Satzung, der Allgemeine Versicherungsbedingungen enthält oder betrifft[17].

Diese Vorschrift hat aber nur noch Bedeutung für die Allgemeinen Versicherungsbedingungen, die noch Bestandteil eines genehmigungspflichtigen Geschäftsplans sind, mithin für die Allgemeinen Versicherungsbedingungen der Sterbe- und der nicht deregulierten Pensionskassen (vgl. § 5 Abs. 3 Nr. 2 Halbsatz 2 i.V.m. § 156a Abs. 3 Satz 1 VAG)[18] sowie für die Allgemeinen Versiche-

---

[13] *Flume*, in: Festschrift für Helmut Coing, 1982, Band II, S. 102.

[14] *Flume*, in: Festschrift für Helmut Coing, 1982, Band II, S. 103; KG vom 12. 10. 1973, OLGZ 1974, 385 = MDR 1975, 140; vgl. ferner BayOLG vom 23. 8. 1979, NJW 1980, 1756.

[15] *Flume*, in: Festschrift für Helmut Coing, 1982, Band II, S. 103f.

[16] *Eisenhardt*, Gesellschaftsrecht, 1999, Rdn. 124, S. 74; OLG Frankfurt, OLGZ 1982, 309f.

[17] Ebenso *Weigel*, in: Prölss/Schmidt, 1997, § 39 VAG Rdn. 7; a. A. früher Prölss/Schmidt/Frey, 1989, § 39 VAG Rdn. 4; zum Verfahren siehe *Arnold*, VerBAV 1955, 79f.

[18] Vgl. *Präve*, Versicherungsbedingungen und AGB-Gesetz, 1998, Rdn. 34, S. 17.

rungsbedingungen der Lebensversicherungsverträge des sog. Alt- und Zwischenbestandes[19]. Zum Altbestand gehören die vor dem 29. Juli 1994 abgeschlossenen Lebensversicherungsverträge und zum Zwischenbestand die Lebensversicherungsverträge, die nach dem 28. Juli 1994 und vor dem 1. Januar 1995 abgeschlossen wurden, sofern Lebensversicherungsunternehmen diesen Lebensversicherungsverträgen Allgemeine Versicherungsbedingungen zugrundegelegt haben, die vom BAV vor dem 29. Juli 1994 genehmigt worden sind[20]. Seit Inkrafttreten des 3. Durchführungsgesetz/EWG zum VAG vom 21. Juli 1994 am 29. Juli 1994[21] ist das BAV im Rahmen der Mißstandsaufsicht gemäß § 81 VAG befugt, für den Neubestand die Verwendung rechtlich nicht zulässiger Versicherungsbedingungen in der Lebensversicherung (und weiteren Sparten) zu untersagen und auf eine Änderung hinzuwirken[22]. Das BAV hat aber den Grundsatz der Verhältnismäßigkeit zu beachten und es wird von daher die Kontrolle nach dem AGB-Gesetz in der Regel den Zivilgerichten überantwortet werden[23].

IV. Organisationsrechtlicher Inhalt der Satzung

1. Bedeutung der Versicherungssparte

Für den Inhalt der Satzungen[24] der Versicherungsvereine auf Gegenseitigkeit ist von Bedeutung, in welcher Versicherungssparte der Versicherungsverein tätig ist. So kennen die Satzungen der Krankenversicherungsvereine andere Schwerpunkte als die Satzungen der Lebensversicherungsvereine oder der Sach- und Unfallversicherungsvereine. Im wesentlichen geht es hierbei um die Beitragsrückerstattung, die sich von Sparte zu Sparte unterschiedlich darstellt. Im folgenden werden nur die wichtigsten Punkte der Satzungen aller Versicherungsvereine angesprochen, soweit diese nicht schon an anderer Stelle behandelt worden sind.

2. Firma und Sitz

Nur noch die Gothaer Gesellschaften dürfen „Versicherungsbank“ als Namensbestandteil führen[25]. Einige Versicherungsvereine bezeichnen sich als Versicherungs-Gesellschaft auf Gegenseitigkeit und machen damit deutlich, daß Versicherungsvereine mehr dem Gesellschafts- als dem Vereinsrecht zuzurechnen sind.

---

[19] Vgl. für den Altbestand *Kollhosser,* in: Prölss/Schmidt, 1997, § 81 a VAG Rdn. 8; *Kollhosser,* in: Prölss/Martin, 1998, § 17 ALB 86 Rdn. 4; für den Alt- und Zwischenbestand siehe *Präve,* Versicherungsbedingungen und AGB-Gesetz, 1998, Rdn. 474, S. 165.

[20] Vgl. *Schwintowski,* in: Berliner Kommentar VVG, 1999, § 172 VVG Rn 21.

[21] BGBl I 1994,1630.

[22] Vgl. *Prölss,* in: Prölss/Martin, 1998, Vorbem. I Rdn. 18; *Freund,* 1998, S. 236 f; *Hohlfeld,* in: Festschrift für Egon Lorenz, 1994, S. 295, 298; *Präve,* VW 1994, 800, 806; *derselbe,* Versicherungsbedingungen und AGB-Gesetz, 1998, Rdn. 45 ff, S. 22 ff.

[23] Vgl. *Kollhosser,* in: Prölss/Schmidt, 1997, § 81 VAG Rdn. 51.

[24] Einen guten Überblick geben folgende veröffentlichten Satzungen von Lebens-, Kranken- und Sachversicherungsvereinen: ISSELHORSTER Versicherung V. a. G., BAnz Nr. 134 vom 22. 7. 1993, S. 6691 ff; Vereinigte Hagelversicherung VVaG, BAnz Nr. 67 vom 7. 4. 1993, S. 3441 f; UNIVERSA Krankenversicherung a. G., BAnz Nr. 110 vom 16. 6. 1992, S. 4789 f; UNIVERSA Lebensversicherung a. G., BAnz Nr. 110 vom 16. 6. 1992, S. 4790 f.

[25] Vgl. § 39 Abs. 1 Nr. 2 KWG; siehe hierzu ferner *David,* ZVersWiss 31 (1931), 194 ff.

Manche Versicherungsvereine auf Gegenseitigkeit haben noch einen Doppelsitz, was heute nicht mehr zulässig ist. Die Zulässigkeit eines Doppelsitzes wurde nur bis zur Wiedervereinigung bejaht[26].

3. Unternehmenszweck und Unternehmensgegenstand

In der Regel werden der Unternehmenszweck und der Unternehmensgegenstand in den Satzungen der Versicherungsvereine nicht getrennt angesprochen. Es gibt aber auch Gegenbeispiele. Aus einer Satzung eines Versicherungsvereins ist bekannt, daß der Zweck des Vereins und der Unternehmensgegenstand ausdrücklich erwähnt werden: „Der Verein verfolgt das Ziel, den Angehörigen des öffentlichen Dienstes einen günstigen Versicherungsschutz zu bieten. Er betreibt die Schaden- und Unfallversicherung einschließlich der Rückversicherung." Eine derartige Regelung genügt §§ 9, 15 VAG.

Versicherungsunternehmen dürfen neben Versicherungsgeschäften nur solche Geschäfte betreiben, die hiermit in unmittelbarem Zusammenhang stehen (§ 7 Abs. 2 VAG). Mit Blick hierauf bestimmen die Satzungen in der Regel, daß der Verein berechtigt ist, Versicherungsverträge in allen Versicherungszweigen, die er nicht selbst betreibt, sowie Bausparverträge und andere Sparverträge zu vermitteln.

4. Organe

Die Bildung von Aufsichtsrat und Vorstand ist gesetzlich weitgehend durch die Verweisung auf das Aktienrecht geregelt. Gestaltungsraum besteht für die Regelung der obersten Vertretung, den *Kaulbach*[27] wie folgt beschreibt:

> „Hier läßt der Gesetzgeber der Phantasie freien Lauf: das oberste Organ kann eine Versammlung aller Vereinsmitglieder sein, eine solche von einem nach welchen Kriterien auch immer ausgesuchten Teil der Vereinsmitglieder, es braucht sich aber nicht unbedingt aus Mitgliedern zusammenzusetzen, noch sich durch Wahl der Mitglieder zu erneuern, Kooptation ist ebenfalls zu-

---

[26] Vgl. *Zier*, 1968, S. 44; *Goldberg/Müller*, 1980, § 18 VAG Rdn. 3; *Kögel*, GmbHR 1998, 1108, 1111 f; *König*, AG 2000, 18, 19 f. Zur Weiterentwicklung des Sitzverlegungsrechts siehe den von der Europäischen Kommission mit Stand vom 22. 4. 1997 vorgelegten Vorentwurf zu einer Richtlinie über die Verlegung des Gesellschaftssitzes innerhalb der EU, abgedruckt in ZIP 1997, 1721 ff; ZGR 1999, 157 ff; eingehend hierzu *Meilicke*, GmbHR 1998, 1053 ff; *derselbe*, GmbHR 1999, 896 f; *Hoffmann*, ZHR 164 (2000), 43 ff; *Steding*, NZG 2000, 913 ff; siehe ferner das 10. Bonner Europa-Symposion vom 24. 4. 1998 zum Thema Grenzüberschreitende Sitzverlegung von Gesellschaften in Europa", ZGR 1999, 3 ff. Zum Stand der europarechtlichen Niederlassungsfreiheit seit dem Urteil des EuGH vom 9. 3. 1999 („Centros"), AG 1999, 226 = GmbHR 1999, 474 = DB 1999, 625 – Hinweis auf die steuerlichen Konsequenzen in AG 2000, 128 f – siehe *Bungert*, DB 1999, 1841 ff; *Ebke*, JZ 1999, 656 ff; *Grundmann*, ZHR 163 (1999), 635, 639 (Fn. 14); *Hammen*, WM 1999, 2487 ff; *Hoor*, NZG 1999, 984 ff; *Kieninger*, ZGR 1999, 724 ff; *Sandrock*, BB 1999, 1337 ff; *Sörgel*, DB 1999, 2236 ff; *Ulmer*, JZ 1999, 662 ff; *Dreissig*, DB 2000, 893; *Forsthoff*, DB 2000, 1109 ff; *Freitag*, NZG 2000, 357 ff; *Hartmann*, WM 2000, 1530, 1533 f; *Hirte*, NJW 2000, 3321, 3323; *Roth*, ZGR 2000, 311 ff; *derselbe*, ZIP 2000, 1597 ff; *Zimmer*, ZHR 164 (2000), 23; *derselbe*, BB 2000, 1361 ff. Siehe ferner die Vorlagebeschlüsse des BGH vom 30. 3. 2000, NZG 2000, 926 f m. Anm. *Bous*, NZG 2000, 1025 f = AG 2000, 473 ff = ZIP 2000, 967 ff = DB 2000, 1114 ff m. Anm. *Forsthoff*, DB 2000, 1109 ff, dazu auch *Henze*, GmbHR 2000, 1069, 1071; *derselbe*, BB 2000, 2053 f; *Meilicke*, GmbHR 2000, 693 ff, und des AG Heidelberg vom 3. 3. 2000, NZG 2000, 927 ff = RIW 2000, 557 ff; dazu *Jaeger*, NZG 2000, 918 ff.

[27] *Kaulbach*, 1988, S. 69.

lässig. Das oberste Organ kann aus mehreren Gremien bestehen. Für all dies und für eine Fülle anderer denkbarer Konstruktionen ist § 29 offen ..."

Erforderlich ist aber, daß die Zusammensetzung und Bestellung der Mitgliedervertreterversammlung in der Satzung festgelegt ist, wenn eine Mitgliedervertreterversammlung die Funktion der Mitgliederversammlung als oberstes Organ übernimmt[28]. Dazu gehört „neben einer statutarischen Fixierung der Amtszeit und des Wahlkörpers auch eine Regelung der Delegiertenquote in der Vereinssatzung"[29].

V. Einführung und Änderung von Allgemeinen Versicherungsbedingungen

1. Satzungsbestandteil

Bei den großen Versicherungsvereinen auf Gegenseitigkeit sind die Allgemeinen Versicherungsbedingungen nicht Bestandteil der Satzung in dem Sinne, daß die viele Bestimmungen umfassenden Bedingungswerke in die Satzung integriert wären. Es wird lediglich davon Gebrauch gemacht, die in § 10 Abs. 1 VAG genannten Bestimmungen in der Satzung zu behandeln, was den Versicherungsvereinen in § 10 Abs. 2 VAG ausdrücklich gestattet ist.

2. Grundsatzkompetenz der obersten Vertretung

Die Einführung und Änderung von Allgemeinen Versicherungsbedingungen fällt in die Kompetenz der obersten Vertretung. Für die Änderung von Allgemeinen Versicherungsbedingungen bestimmt dies § 41 Abs. 1 VAG durch Verweisung auf § 39 Abs. 1 VAG. Soweit es der Gesetzgeber unterlassen hat, die Einführung Allgemeiner Versicherungsbedingungen ausdrücklich anzusprechen, so ist hieraus nicht zu schließen, daß er dieses Geschäft der alleinigen Kompetenz des Vorstands zuweisen wollte. Zutreffend wird daher überwiegend angenommen, daß die Einführung neuer Bedingungswerke als Änderung im Sinne von § 41 Abs. 1 VAG anzusehen sei und in die Kompetenz der obersten Vertretung falle[30].

3. Eilzuständigkeit des Aufsichtsrats

Bei dringendem Bedürfnis kann die oberste Vertretung den Aufsichtsrat ermächtigen, die Allgemeinen Versicherungsbedingungen vorläufig zu ändern (§ 41 Abs. 2 Satz 2 VAG). Dies gilt auch für die Einführung Allgemeiner Versicherungsbedingungen[31].

Eine entsprechende Eilzuständigkeit des Aufsichtsrats findet sich heute in allen Satzungen der großen Versicherungsvereine. Mitunter enthalten Satzungen die klarstellende Regelung, daß die Eilkompetenz des Aufsichtsrats auch bei der Neueinführung von Allgemeinen Versicherungsbedingungen besteht.

---

[28] *Erman-Harm Peter Westermann,* 1993, § 32 BGB Rdz. 1; *Sauter-Schweyer,* 1997, Rdz. 216ff; näher *Soergel-Hadding,* § 32 BGB Rdz. 3.

[29] *Säcker,* 1986, S. 27.

[30] *Mohr,* VersR 1961, 964; *Brenzel,* Versicherungsverein, 1975, S. 73; *Goldberg/Müller,* 1980, § 41 VAG Rdn. 1; GB BAV 1981, 30; *Weigel,* in: Prölss/Schmidt, 1997, § 41 VAG Rdn. 1; a.A. *Deisenhofer,* VersR 1969, 1059ff; *Köppen,* VersR 1970, 293; *Jörns,* 1974, S. 10.

[31] Vgl. *Weigel,* in: Prölss/Schmidt, 1997, § 41 VAG Rdn. 1.

Mit Rücksicht darauf, daß die oberste Vertretung in der Regel nur eine ordentliche Versammlung im Jahr abhält, ist für die Zeit zwischen den Sitzungen dieses Organs die Eilkompetenz des Aufsichtsrats grundsätzlich gegeben[32]. Die vom Aufsichtsrat vorgenommenen Änderungen sind der obersten Vertretung bei ihrem nächsten Zusammentritt vorzulegen und außer Kraft zu setzen, wenn es diese verlangt (§ 41 Abs. 2 Satz 2 VAG).

4. Kompetenzänderung

Vor der Deregulierung der Versicherungsmärkte wurde die Frage diskutiert, ob die Kompetenzen zwischen den Organen geändert werden sollten.

Mohr[33] wollte die Kompetenzen des Vorstands des Versicherungsvereins auf Gegenseitigkeit den Kompetenzen des Vorstands einer Versicherungsaktiengesellschaft angleichen. Er sprach sich dafür aus, daß dem Vorstand durch die Satzung die Befugnis eingeräumt werden kann, die Allgemeinen Versicherungsbedingungen mit Genehmigung der Aufsichtsbehörde festzusetzen und zu ändern. Zumindest sollte die Eilzuständigkeit des Aufsichtsrats auf den Vorstand übergehen.

Auch *Köbele*[34] wollte bei einer Reform des Versicherungsaufsichtsgesetzes dem Vorstand die Befugnis zur Änderung der Allgemeinen Versicherungsbedingungen zubilligen und insoweit eine Gleichstellung mit der Kompetenz des Vorstands einer Versicherungsaktiengesellschaft erreichen. Hierin erblickte er die Abschaffung eines umständlichen und zeitraubenden Verfahrens, das die Versicherungsvereine auf Gegenseitigkeit gegenüber den Aktiengesellschaften benachteiligt und für das ein „einleuchtender Grund" nicht ersichtlich sei[35].

Brenzel[36] sah dagegen eine Zuweisung der Kompetenz zur Änderung der Allgemeinen Versicherungsbedingungen an den Vorstand wegen der inneren Struktur des Versicherungsvereins auf Gegenseitigkeit als nicht zulässig an. Und *Spinnarke*[37] wies darauf hin, daß die Mitwirkungsbefugnis der Mitglieder bei Änderungen der Allgemeinen Versicherungsbedingungen sicherstellen soll, daß das Versicherungsunternehmen im ausschließlichen Interesse der Mitglieder betrieben wird und die Erwartungen der Mitglieder auf möglichst vorteilhafte Befriedigung ihrer Versicherungsbedürfnisse nicht enttäuscht werden.

Die Auffassung von *Brenzel* und *Spinnarke* entsprach den Vorstellungen des historischen Gesetzgebers. Sie ist aber im Hinblick auf die Deregulierung der Versicherungsmärkte nicht mehr zeitgemäß. Zur Erhaltung der Wettbewerbsfähigkeit der Versicherungsvereine auf Gegenseitigkeit ist die Einführung und Änderung von AVB dem Vorstand, ggf. im Zusammenwirken mit dem Aufsichtsrat, zu überantworten.

Der Gesetzgeber hat dieser Forderung entsprochen. Die Satzung kann nunmehr den Vorstand ermächtigen, mit Zustimmung des Aufsichtsrats Allgemeine Versicherungsbedingungen einzuführen oder zu ändern (§ 41 Abs. 2 Satz 1 VAG).

---

[32] Bezweifelnd für den Fall der Marktreaktion *Fahr/Kaulbach*, 1993, § 41 VAG Rdn. 2.
[33] *Mohr*, VersR 1961, 965; ebenso Redaktion der ZfV 1954, 238.
[34] *Köbele*, 1965, S. 39; ähnlich *Helmut Ullmann*, VW 1969, 165.
[35] *Harro Frels*, Mutualité 1/1966, 28.
[36] *Brenzel*, Versicherungsverein, 1975, S. 75.
[37] *Spinnarke*, 1972, S. 40.

VI. Befugnis zur einseitigen Änderung bestehender Versicherungsverträge

1. Änderungskompetenz

Die Einführung und die Änderung von Allgemeinen Versicherungsbedingungen hat zur Folge, daß die insoweit betroffenen Bedingungswerke im Neugeschäft mit Zustimmung des dem Versicherungsverein beitretenden Mitglieds dem Versicherungsvertrag zugrunde gelegt werden.

Für den Altbestand hat der Gesetzgeber der obersten Vertretung die Kompetenz eingeräumt, die mit den Mitgliedern bestehenden Versicherungsverträge auch ohne deren Zustimmung ändern zu können[38], wobei der Gleichbehandlungsgrundsatz des § 21 VAG zu beachten ist[39] und die Änderungsklausel der Prüfung nach § 315 BGB unterliegt[40]. Auf die Zustimmung der Mitglieder als Versicherungsnehmer kommt es insoweit dann nicht an, wenn Bestimmungen geändert werden, wofür die Satzung ausdrücklich vorsieht, daß sie auch mit Wirkung für die bestehenden Versicherungsverträge geändert werden können (§ 41 Abs. 3 Satz 2 VAG)[41].

2. Ausformung des Änderungsrechts in den Satzungen

Diese Änderungskompetenz haben die Versicherungsvereine in ihren Satzungen unterschiedlich geregelt.

Bei Lebensversicherungsvereinen sind vereinzelt Bestimmungen anzutreffen, wonach Änderungen der Satzung und der Allgemeinen Versicherungsbedingungen mit Genehmigung der Aufsichtsbehörde auch mit Wirkung für die bestehenden Versicherungsverhältnisse erfolgen können, soweit sie die Bestimmungen in der Satzung über die Deckung der Aufwendungen, das Geschäftsjahr, die Rechnungslegung, Rücklagen, Rückstellungen, Verwendung eines Überschusses, Dekkung eines Verlustes und die Auflösung des Vereins sowie die Bestimmungen in den Versicherungsbedingungen über

- den Gegenstand und Umfang des Versicherungsschutzes,
- die Erhöhung des Versicherungsschutzes,
- die Berechnung und Zahlung der Beiträge,
- die Kosten und Gebühren,
- die Leistungspflicht des Versicherers,
- die Nachweise im Leistungsfall,
- die Vorauszahlung auf die Versicherungsleistung (Darlehen),
- den Rückkaufswert,
- die beitragsfreie Versicherung,

---

[38] Vgl. *Böhm,* VersR 1954, 473ff; *Präve,* ZfV 1993, 216; kritisch dazu *Surminski,* Versicherungsvereine und Aktiengesellschaften, ZfV 1994, 66f. Zur Frage des Charakters der Ermächtigung, insbesondere zur Unterscheidung von Zulassungsnormen einerseits und Erlaubnis- oder Rechtfertigungsnormen andererseits vgl. *Brandner,* in: Ulmer/Brandner/Hensen, 2001, § 8 AGBG Rdn. 34.

[39] Vgl. *Böhm,* VersR 1954, 475.

[40] Vgl. *Böhm,* VersR 1954, 477ff.

[41] Siehe hierzu OLG Hamm vom 25. 6. 1993, NJW-RR 1993, 1501 und NJW-RR 1994, 448 = VersR 1993, 1342; OLG Hamm, VersR 1987, 145; OLG Hamm, VersR 1982, 989; BGH, VersR 1977, 446; BGH, VersR 1971, 1116.

- die Beteiligung am Überschuß,
- die Obliegenheiten und ihre Verletzung,
- die Willenserklärungen und Anschriftenänderungen,
- die Inhaberklausel,
- die Rechte dritter Personen,
- den Leistungsort,
- das Verfahren bei Meinungsverschiedenheiten,
- den Gerichtsstand,
- den Umtausch einer Risikoversicherung und das Verhältnis einer Zusatzversicherung zur Grundversicherung,
- die Kriegsgefahr,
- die Selbsttötung,
- die Kündigung des Versicherungsverhältnisses

betreffen.

Bei den Krankenversicherungsvereinen ist häufig bestimmt, daß mit Wirkung für bestehende Versicherungsverhältnisse geändert werden können:

- die Bestimmungen der Satzung über Name, Sitz, Zweck, Geschäftsgebiet, Bekanntmachungen, Gerichtsstand, Mitgliedschaft, Deckung der Aufwendungen, Verwaltung, Vermögensanlagen und Rechnungswesen,
- die Bestimmungen der Versicherungsbedingungen und Tarife nebst Tarifbedingungen für die Versicherung der Mitglieder, soweit sie Bestimmungen über Leistungen des Versicherungsnehmers und des Versicherers, Obliegenheiten im Versicherungsfall, Willenserklärungen und Anzeigen, Mehrfachversicherung, Ansprüche gegen Dritte, Abtretung, Aufrechnung und Verpfändung betreffen.

Mitunter sehen die Satzungen der Lebens- und Krankenversicherungsvereine darüber hinaus ausdrücklich vor, daß Änderungen der Allgemeinen Versicherungsbedingungen zu Beginn des zweiten Monats wirksam werden, der auf die Benachrichtigung des Versicherungsnehmers folgt, sofern nicht mit Zustimmung der Aufsichtsbehörde ein anderer Zeitpunkt gewählt wird. Änderungen der Satzung werden mit dem Zeitpunkt ihrer Eintragung in das Handelsregister wirksam.

Die Sachversicherungsvereine sehen in ihren Satzungen mitunter vor, daß mit Wirkung für bestehende Mitgliedschaftsverhältnisse alle Bestimmungen der Satzung geändert werden können. Manche Satzung bestimmt des weiteren, daß die Tarife, die Tarifbestimmungen sowie die nachstehenden Bestimmungen der Allgemeinen Versicherungsbedingungen auch mit Wirkung für bestehende Versicherungsverhältnisse geändert werden können:

- Gegenstand der Versicherung,
- Dauer der Versicherung,
- Beginn und Ende des Versicherungsschutzes,
- Versicherungsbeitrag,
- Verhalten bei Erkrankungen, Unfällen und Nottötung versicherter Tiere,
- Verhalten nach Eintritt eines Schadenfalles,
- Pflichten des Versicherungsnehmers,
- Entschädigung,
- Willenserklärungen und Anzeigen,
- Gerichtsstand.

Die Satzung eines Sachversicherers räumt dem Mitglied ein Kündigungsrecht ein, wenn Änderungen zu Ungunsten der Mitglieder vorgenommen werden, und zwar binnen vier Wochen nach Bekanntmachung oder nach Zugang der Mitteilung von der Änderung. Eine andere Satzung sieht ein außerordentliches Kündigungsrecht für Versicherungsnehmer vor, deren Beitrag sich durch die Änderung von Tarifbestimmungen und Tarifen ändert.

Zur Verdeutlichung des Verfahrens und der Änderungskompetenz der obersten Vertretung sei in diesem Zusammenhang folgender Beschlußvorschlag an die oberste Vertretung eines Sachversicherers über die Anwendung des in der Fahrzeugversicherung am 1. 1. 1993 geltenden Beitragstarifs auf die vor dem 1. 1. 1993 abgeschlossenen Versicherungsverträge zitiert[42]:

„Mit Wirkung vom 1. 1. 1994 wird in der Fahrzeugversicherung der am 1. 1. 1993 für das Neugeschäft geltende Beitragstarif nach Maßgabe des § 10 Abs. 2 Satz 2 der Satzung auf die vor dem 1. 1. 1993 abgeschlossenen Versicherungsverträge angewandt.

Soweit der am 1. 1. 1993 bestehende Tarif Bestimmungen und Positionen des alten Tarifs nicht übernommen hat oder sich die Bemessungsgrundlagen für bestimmte Risiken geändert haben, wird der Beitrag für diese Risiken prozentual im dem Verhältnis erhöht, das sich aus dem Vergleich des alten und des ab 1. 1. 1993 geltenden Tarifs für ein entsprechendes Wagnis ergibt.

Der neue Beitrag wird für vor dem 1. 1. 1993 bestehende Versicherungsverträge ab der auf den 31. 12. 1993 folgenden Beitragsfälligkeit des jeweiligen Vertrags wirksam. Den betroffenen Mitgliedern wird über § 31 VVG hinaus ein außerordentliches Kündigungsrecht zu dem Tag eingeräumt, an dem die Beitragsänderung für ihren Versicherungsvertrag wirksam wird. Die Kündigungsfrist beträgt zwei Wochen ab Zugang der schriftlichen Mitteilung über die Beitragsänderung."

3. Änderungsklausel in den Allgemeinen Versicherungsbedingungen

In der Satzung eines Krankenversicherers ist geregelt, inwieweit das Änderungsrecht der obersten Vertretung in die Versicherungsverträge Eingang findet. Die entsprechende Satzungsbestimmung lautet:

„Auch die Versicherungsbedingungen und die Tarife können mit Wirkung für bestehende Versicherungsverhältnisse geändert werden, soweit dies in den Versicherungsbedingungen ausdrücklich vorgesehen ist. Die Änderungen werden, sofern in den Allgemeinen Versicherungsbedingungen oder mit Zustimmung der Aufsichtsbehörde nichts anderes bestimmt ist, zu Beginn des 2. Monats wirksam, der auf die schriftliche Benachrichtigung der Mitglieder folgt."

Aus dieser Satzungsbestimmung darf jedoch nicht der Schluß gezogen werden, daß die durch die Satzung der obersten Vertretung eingeräumten Änderungsrechte sämtlich auch in den Allgemeinen Versicherungsbedingungen abgebildet werden müßten. Es reicht aus, wenn der beitrittswillige Versicherungsnehmer anläßlich des Abschlusses des Versicherungsvertrages von den einschlägigen Vorschriften der Satzung Kenntnis nehmen kann, die seinen Versicherungsvertrag und dessen Schicksal betreffen, so daß er nicht überrascht werden kann, wenn die oberste Vertretung ihre Änderungskompetenz ausübt.

In der Regel enthalten aber bereits die Allgemeinen Versicherungsbedingungen einen für das Mitglied/Versicherungsnehmer erkennbaren Änderungsvorbehalt. Allgemeine Versicherungsbedingungen können in einem vertretbaren Umfang vorsehen, daß die Änderung von Bestimmungen Wirkung auch für bestehende

---

[42] Vgl. TO der VHV, BAnz Nr. 113 vom 23.6. 1993, S. 5759. Zur Vereinbarkeit von Beitragsanpassungsklauseln mit dem AGBG siehe *Marlow,* in: Festschrift für Horst Baumann, 1999, S. 209ff.

Versicherungsverhältnisse haben soll[43]. Ein Änderungsvorbehalt muß jedoch, um wirksam zu sein, eindeutig für den Versicherungsnehmer erkennen lassen, bei welchen Vertragsbestimmungen er mit einer möglichen Änderung zu rechnen hat[44]. Ein genereller Vorbehalt, durch den der Versicherungsnehmer jeder einseitigen Umgestaltung des gesamten Vertragsverhältnisses durch den Versicherer unterworfen würde, kann mangels Bestimmtheit nicht als Gegenstand eines vorweg erklärten Einverständnisses aufgefaßt werden[45]. Änderungsvorbehalte müssen nicht nur dem in den vorgenannten Entscheidungen angesprochenen Bestimmtheitsgebot entsprechen. Sie müssen in den tatbestandlichen Voraussetzungen und den Rechtsfolgen für den Versicherungsnehmer aus der Sicht eines durchschnittlichen Betrachters nachprüfbar sein und dürfen ihn nicht irreführen[46]. In Übereinstimmung mit diesen Rechtsgrundsätzen enthält z. B. in der Lebensversicherung § 17 ALB 86 eine im voraus erteilte zulässige Ermächtigung an den Versicherer, die Bestimmungen über die Rückvergütung und die beitragsfreie Versicherung (vgl. § 4 ALB 86), den Wehrdienst, die Unruhen oder den Krieg (vgl. § 7 ALB 86), die Selbsttötung (vgl. § 8 ALB 86) und die Überschußbeteiligung (vgl. § 16 ALB 86) auch für bestehende Versicherungen zu ändern[47]. Allerdings setzt eine Änderung dieser Bestimmungen bedingungsgemäß die Zustimmung der Aufsichtsbehörde voraus, um Wirksamkeit für den Bestand zu erlangen[48]. Die Genehmigung darf das BAV erteilen, wenn sich das BAV als Aufsichtsbehörde davon überzeugt hat, daß bei der Änderung der AVB für den Bestand der Altverträge die Belange der Gesamtheit der Versicherten ausreichend gewahrt bleibt und die Versicherungsnehmer nicht unangemessen benachteiligt werden[49]. Eine Anfechtung der Genehmigung durch den Versicherungsnehmer ist nicht zulässig[50]. Der Versicherungsnehmer kann jedoch die einseitige Ände-

---

[43] BGH vom 22. 9. 1971, VersR 1971, 1117; BGH vom 23. 2. 1977, VersR 1977, 446.

[44] BGH vom 22. 9. 1971, VersR 1971, 1117; BGH vom 23. 2. 1977, VersR 1977, 446; OLG Hamm, VersR 1987, 145, 146; BGH, NJW-RR 1988, 819, 821; LG München vom 26. 10. 1998, NVersZ 1999, 74, 75; *Fricke*, VersR 1996, 1449, 1452; *Präve*, ZfV 1992, 221, 222; *derselbe*, VersR 1995, 733, 736; *derselbe*, Versicherungsbedingungen und AGB-Gesetz, 1998, Rdn. 451, S. 154.

[45] BGH vom 22. 9. 1971, VersR 1971, 1117, 1118.

[46] Vgl. OLG Düsseldorf vom 4. 9. 1997, NVersZ 1998, 69 = VersR 1997, 1272 = RuS 1998, 25 = EWiR § 9 AGBG 15/97, 961 *(Reiff)* = ZIP 1997, 1845 und BGH vom 17. 3. 1999, ZIP 1999, 804 zu einer Bedingungsanpassungsklausel gemäß Muster BAV in VerBAV 1994, 58; vgl ferner zu einer Beitragsanpassungsklausel in der Krankenversicherung BGH vom 1. 7. 1992, NJW 1992, 2356 = VersR 1992, 1211; OLG Hamm vom 25. 6. 1993, NJW-RR 1993, 1501 = VersR 1993, 1342 = RuS 1994, 270; OLG Köln vom 27. 5. 1998, NVersZ 1999, 167 = RuS 1999, 164; zu einer Prämienanpassungsklausel in der Rechtsschutzversicherung siehe LG Lüneburg vom 14. 3. 1997, VersR 1998, 449; BGH vom 26. 3. 1997, NJW 1997, 1849 = VersR 1997, 685 = VerBAV 1997, 331 = EWiR § 9 AGBG 6/97, 481 *(Littbarski)*, zu einer Beitragsanpassungsklausel in der Kfz-Versicherung LG Hannover vom 17. 2. 1998, NJW-RR 1998, 847; AG Langen vom 29. 5. 1998, RuS 1998, 316, und zu einer Tarifänderungsklausel in der Kfz-Haftpflichtversicherung siehe BGH vom 31. 1. 2001 – IV ZR 185/99, NVersZ 2001, 284 = NJW-RR 2001, 743 = MDR 2001, 805 = VersR 2001, 493 m. Anm. *Feyock* und *Wandt* = RuS 2001, 230 (Revisionsentscheidung zu OLG Celle vom 22. 7. 1999 – 8 U 82/98, NVersZ 2000, 43 = VersR 2000, 47).

[47] Vgl. *Kollhosser*, in: Prölss/Martin, 1998, § 17 ALB 86 Rdn. 6; *Böhm*, VersR 1954, 473, 474.

[48] *Präve*, ZfV 1992, 221.

[49] Vgl. BVerwG vom 14. 10. 1980, VersR 1981, 221, 223; OLG Hamm vom 25. 6. 1993, VersR 1993, 1343; *Kollhosser*, in: Prölss/Martin, 1998, § 17 ALB 86 Rdn. 6.

[50] Vgl. BGH vom 15. 12. 1955, VersR 1956, 89; BVerwG vom 21. 12. 1961, VersR 1962, 437; BVerwG vom 16. 7. 1968, DB 1968, 1902; BVerwG vom 14. 12. 1995, VersR 1996, 1133; *Kollhosser*, in: Prölss/Martin, 1998, § 17 ALB 86 Rdn. 7.

rung der AVB in analoger Anwendung des § 315 BGB auf dem Klagewege zur Überprüfung stellen[51]. Für den Nachweis der Billigkeit reicht dabei die Genehmigung des BAV nicht aus[52]. Für den Neubestand können die LVU die Allgemeinen Versicherungsbedingungen um Bedingungsänderungsklauseln ergänzen[53].

VII. Inhaltskontrolle der Satzung

1. Inhaltskontrolle gemäß § 242 BGB

Ob die Satzungen von Körperschaften einer inhaltlichen Kontrolle durch die Gerichte unterliegen, ist umstritten. Werden Gesellschaftsverträge nicht individuell ausgehandelt, sondern wegen des Bedürfnisses nach Einheitlichkeit vom Unternehmen einseitig vorweg festgelegt, unterliegen sie analog § 9 AGB-Gesetz der gerichtlichen Kontrolle auf Vereinbarkeit mit den Geboten von Treu und Glauben[54]. Der Bundesgerichtshof ist dieser Ansicht gefolgt und hat eine Satzungskontrolle gemäß § 242 BGB bislang ausdrücklich für die Publikums-KG bejaht[55].

Im Schrifttum finden sich Stimmen, die Vereins- und Verbandsnormen und damit auch Satzungen von Vereinen der Inhaltskontrolle gemäß §§ 242, 315 BGB unterwerfen wollen[56], insbesondere „wenn und soweit bei Schaffung dieser Normen die Selbstbestimmungsmöglichkeit als Funktionsvoraussetzung der Privatautonomie typischerweise nicht gegeben ist“[57].

So tritt *Baumann*[58] für eine Satzungskontrolle gemäß § 242 BGB bei Versicherungsvereinen auf Gegenseitigkeit ein, die sich für das Kooptationsverfahren entschieden haben, weil bei diesem Vereinstyp die Mitwirkungsmöglichkeiten des einzelnen Mitglieds beschränkt seien. *Hauth*[59] lehnt dagegen eine Inhaltskontrolle nach § 242 BGB der Satzungsbestimmungen ab, die die korporative Selbstergänzung der Vertreterversammlung anordnen.

Für *Fastrich*[60] erübrigt sich eine Inhaltskontrolle der Satzung des Versicherungsvereins, da das Recht des Versicherungsvereins auf Gegenseitigkeit in ent-

---

[51] Vgl. OLG Hamburg vom 16. 2. 1993, VersR 1993, 1344; OLG Hamm vom 25. 6. 1993, VersR 1993, 1343; AG Hannover vom 8. 8. 1997 VersR 1997, 1219 m. Anm. *Wandt; Kollhosser*, in: Prölss/Martin, 1998, § 17 ALB 86 Rdn. 7; *Wriede*, VersR 1969, 195; *Wriede*, VersR 1992, 420, 422; Renger, VersR 1995, 866, 875; a. A. OLG Köln vom 27. 5. 1998, VersR 1999, 87, 88.

[52] OLG Hamm vom 25. 6. 1993, VersR 1993, 1343; *Kollhosser*, in: Prölss/Martin, 1998, § 17 ALB 86 Rdn. 7; *Wriede*, VersR 1992, 420, 422.

[53] Vgl. *Kollhosser*, in: Prölss/Martin, 1998, § 19 ALB 94 Rdn. 1; *Präve*, *ZfV* 1994, 255, 259 f; *derselbe*, Versicherungsbedingungen und AGB-Gesetz, 1998, Rdn. 478, S. 266 f; *Römer*, VersR 1994, 125, 127; *Wedler*, VW 1996, 369, 371 ff.

[54] *Dieter Reuter*, NJW 1984, 1850 f.

[55] Vgl. BGHZ 64, 238 = NJW 1975, 1318; *Drygala*, ZIP 1997, 968, 971; auch das BAG unterzieht Satzungsänderungen von Versorgungseinrichtungen einer Billigkeitskontrolle, vgl. BAG vom 4. 5. 1993, VersR 1994, 334 = ZIP 1994, 148; kritisch zur Inhaltskontrolle nach § 242 BGB *Tönnies*, VersR 1989, 1023, 1029 ff.

[56] *Flume*, Die juristische Person, 1983, S. 321; *Säcker*, 1986, S. 72; *van Look*, 1990, S. 181; *Ulmer*, in: Ulmer/Brandner/Hensen, 2001, § 23 AGBG Rdn. 29; *Reuter*, in: Münchener Kommentar, 2001, vor § 21 BGB Rdn. 125; *Grunewald*, Gesellschaftsrecht, 2000, S. 408, Rdn. 11; siehe ferner *Vollmer/Lorch*, DB 1991, 1313.

[57] *Nicklisch*, 1982, S. 35, 47.

[58] *Baumann*, Versicherungsverein, 1986, S. 54.

[59] *Hauth*, 1984, S. 99.

[60] *Fastrich*, 1992, S. 149.

scheidenden Bereichen dem Aktiengesetz nachgebildet sei oder unmittelbar auf das Aktiengesetz verweise. Die Verweisung auf das Recht der Aktiengesellschaft läßt in der Tat für einen Mißbrauch der Satzungsautonomie wenig Raum[61].

Andererseits ist zu bedenken, daß Versicherungsvereine auf Gegenseitigkeit in der Regel Massengesellschaften sind[62], die Mitglieder den Zugang zum Versicherungsverein auf Gegenseitigkeit über den Versicherungsvertrag finden und auf den Inhalt der Satzung des Versicherungsvereins keinen Einfluß haben, da sie im Wege des Beitritts Mitglied des Versicherungsvereins werden. Auch die Einwirkungsmöglichkeiten des Versicherungsvereins auf die mit den Mitgliedern bestehenden Versicherungsverträge legen die Notwendigkeit einer Inhaltskontrolle ähnlich wie bei den Publikumspersonengesellschaften nahe. Welcher Kontrollmaßstab Verwendung findet, hat *van Look*[63] dargelegt:

„Kontrollmaßstab sind – entsprechend den Besonderheiten körperschaftlich strukturierter Personenvereinigungen – die Gesichtspunkte des Minderheiten- und des individuellen Mitgliederschutzes. Zu prüfen ist jeweils, ob durch eine Regelung in der Vereinssatzung oder einer Nebenordnung das einzelne Mitglied oder eine Minderheit unangemessen benachteiligt wird, d. h. ob die Regelung bei Abwägung der Interessen des Vereins gegen die der Mitglieder unbillig ist."

Insoweit sind solche Bestimmungen der Satzungen der Versicherungsvereine auf Gegenseitigkeit von Bedeutung, die der obersten Vertretung die Kompetenz einräumen, in die Versicherungsverhältnisse mit den Mitgliedern über den Rahmen des § 41 Abs. 3 VAG hinaus einzuwirken, sei es mit einer Beitragserhöhung oder einer Verschlechterung des Versicherungsschutzes aufgrund einer Bedingungsänderung.

2. Anwendung des AGB-Gesetzes

Versicherungsvereinen auf Gegenseitigkeit und öffentlich-rechtlichen Versicherungsunternehmen ist es gemäß § 10 Abs. 2 VAG gestattet, Allgemeine Versicherungsbedingungen in die Satzung aufzunehmen[64]. Die Satzung enthält in diesem Fall nicht nur organisationsrechtliche Bestimmungen, sondern auch versicherungsvertragliche Regelungen, die das vertragliche Austauschverhältnis zwischen dem Versicherungsverein auf Gegenseitigkeit als Versicherer und dem Mitglied des Versicherungsvereins auf Gegenseitigkeit als Versicherungsnehmer betreffen. Während die organisationsrechtlichen Regelungen grundsätzlich nur der eingeschränkten Inhaltskontrolle gemäß §§ 242, 315 BGB unterliegen[65], sind die in der Satzung enthaltenen Versicherungsbedingungen der richterlichen Inhaltskontrolle nach dem AGB-Gesetz unterworfen[66], da § 23 Abs. 1 AGBG nur körper-

---

[61] *Wiedemann*, Gesellschaftsrecht, 1980, § 3 II 3, S. 172.

[62] Vgl. zu diesem Kriterium *Uwe H. Schneider*, ZGR 1978, 9.

[63] *Van Look*, 1990, S. 183; vgl.auch BGH, WM 1989, 184.

[64] Dazu *Reimer Schmidt*, in: Prölss/Schmidt, 1997, § 10 VAG Rdn. 30.

[65] Vgl. *Heinrichs*, in: Palandt/Heinrichs, 2002, § 25 BGB Rn 9; *Horn*, in: Wolf/Horn/Lindacher, 1999, § 23 AGBG Rdn. 88; *Weigel*, in: Prölss/Schmidt, 1997, § 17 VAG Rdn. 11; *Ulmer*, in: Ulmer/Brandner/Hensen, 2001, § 23 AGBG Rdn. 29; *van Look*, 1990, S. 181; *Nicklisch*, 1982, S. 35, 47; *Säcker*, 1986, S. 72.

[66] Siehe für AVB in Satzungen von Zusatzversorgungskassen OLG Hamm vom 17. 6. 1994, NJW-RR 1995, 1527, 1528 = VersR 1996, 392 = RuS 1995, 155; vgl für AVB in Satzungen von VVaG BGH vom 23. 11. 1994, VersR 1995, 77, 78; BGH vom 8. 10. 1997, NJW 1998, 454 = VersR 1997, 1517 = VerBAV 1998, 103 = RuS 1998, 4 = EWiR § 9 AGBG 1/98, 1 *(Hensen); Hom*, in:

schaftsrechtliche, also die Mitgliedschaftsstellung betreffende Vorschriften der Satzung von der Anwendung des AGB-Gesetzes ausnimmt, nicht aber die das Versicherungsvertragsverhältnis betreffenden Bestimmungen[67]. Es wäre im übrigen als eine rechtlich unzulässige Umgehung des AGB-Gesetzes anzusehen, wenn sich Versicherungsvereine auf Gegenseitigkeit dem AGB-Gesetz dadurch entziehen könnten, daß sie die Allgemeinen Versicherungsbedingungen in die Satzung integrieren[68]. Von der Inhaltskontrolle nach dem AGB-Gesetz werden allerdings nach Auffassung des BGH bei Versicherungsvereinen auf Gegenseitigkeit auch solche Satzungsbestimmungen unmittelbar erfaßt, die den Organen des Versicherungsvereins auf Gegenseitigkeit das uneingeschränkte Recht einräumen, Tarifbestimmungen, Beiträge oder sonstige versicherungsvertragliche Rechte oder Pflichten anzupassen, sog. Änderungsvorbehalte[69]. Hiergegen ist einzuwenden, daß satzungsrechtlich verankerte Änderungsvorbehalte stets dem Bereich der Satzungsautonomie zuzurechnen sind[70] und als organisationsrechtliche Regelungen nur der eingeschränkten Inhaltskontrolle gemäß §§ 242, 315 BGB unterliegen[71]. Dies hat zur Folge, daß nur das einzelne Mitglied des Versicherungsvereins auf Gegenseitigkeit die richterliche Satzungskontrolle zu Bedingungs- und Beitragsanpassungsklauseln in Gang setzen kann, nicht aber Verbände im Verbandsverfahren nach § 13 AGBG[72]. Im Rahmen der Satzungskontrolle ist zu prüfen, ob durch eine Regelung in der Satzung das einzelne Mitglied unangemessen benachteiligt wird, d.h., ob die Regelung bei Abwägung des Interesses des Versicherungsvereins auf Gegenseitigkeit gegen das der Mitglieder unbillig ist[73]. Änderungsvorbehalte in Satzungen eines Versicherungsvereins auf Gegenseitigkeit sind mit Blick auf die gesellschaftsrechtliche Organisation der Versiche-

---

Wolf/Horn/Lindacher, 1999, § 23 AGBG Rdn. 79; *Kollhosser*, in: Prölss/Martin, 1998, § 17 ALB 86 Rdn. 5; *Weigel*, in: Prölss/Schmidt, 1997, § 17 VAG Rdn. 14; *Basedow*, in: Münchener Kommentar, 2001, § 23 AGBG Rdn. 13; *Ulmer*, in: Ulmer/Brandner/Hensen, 2001, § 23 AGBG Rdn. 22; *Fastrich*, 1992, S. 152; *Freund*, 1998, S. 222; *Fricke*, VersR 1996, 1449, 1450; *Helm*, NJW 1978, 129; *Hoeren*, 1995, S. 105; *Lorenz*, VersR 1996, 1206, 1207; *Präve*, ZfV 1994, 260; *derselbe*, Versicherungsbedingungen und AGB-Gesetz, 1998, Rdn. 124, S. 50; *Roth*, 1985, S. 217; *Sieg*, VersR 1977, 489; a. A. *Löwe/Graf* von *Westphalen/Trinkner* § 23 AGBG Rdn. 15; *Reichert*, Rdn. 300.

[67] *Ulmer*, in: Ulmer/Brandner/Hensen, 2001, § 23 AGBG Rdn. 22; *Roth*, 1985, S. 216f. Bei der Genossenschaft bejaht der BGH die Unanwendbarkeit des AGBG nur für solche Rechtsverhältnisse zwischen der Genossenschaft und den Genossen, die unmittelbar auf der Satzung beruhen, mitgliedschaftlicher Natur sind und der Verwirklichung des Förderzwecks dienen, vgl. BGHZ 103, 219, 224ff = NJW 1988, 1729; siehe auch BGH, WM 1992, 99, 100.

[68] Vgl. *Horn*, in: Wolf/Horn/Lindacher, 1999, § 23 AGBG Rdn. 79; *Präve*, RuS 1996, 249, 251; *derselbe*, Versicherungsbedingungen und AGB-Gesetz, 1998, Rdn. 125, S. 50.

[69] BGH vom 8. 10. 1997, NJW 1998, 454 = VersR 1997, 1517 = VerBAV 1998, 103 = RuS 1998, 4 = EWiR § 9 AGBG 1/98, 1 *(Hensen)*; ebenso BAV, GB BAV 1994, 20; *Kaulbach*, in: Fahr/Kaulbach, 1997, § 41 VAG Rdn. 4; *Kollhosser*, in: Prölss/Martin, 1998, § 17 ALB 86 Rdn. 5; *Freund*, 1998, S. 223f; *Präve*, ZfV 1994, 255, 260; *derselbe*, RuS 1996, 249, 250; *derselbe*, Versicherungsbedingungen und AGB-Gesetz, 1998, Rdn. 126, S. 50; *Rohde-Liebenau*, ZfV 1997, 685; a. A. *Lorenz*, VersR 1996, 1206, 1207.

[70] Vgl. § 41 VAG; dazu im einzelnen *Lorenz*, VersR 1996, 1206ff; a. A. *Präve*, Versicherungsbedingungen und AGB-Gesetz, 1998, Rdn. 468, S. 162/163.

[71] Vgl. BGH vom 22. 9. 1971, VersR 1971, 1116, 1118; OLG Hamm vom 12. 3. 1982, VersR 1982, 989, 990; *Reichert*, Handbuch des Vereins- und Verbandsrechts, 1999, Rdn. 300, S. 94; *Römer*, VersR 1994, 125, 127.

[72] A. A. BGH vom 8. 10. 1997, NJW 1998, 454 = VersR 1997, 1517 = VerBAV 1998, 103 = RuS 1998, 4 = EWiR § 9 AGBG 1/98, 1 *(Hensen)*.

[73] *van Look*, 1990, S. 183.

rungsvereine auf Gegenseitigkeit grundsätzlich nicht unbillig (vgl. § 41 Abs. 3 Satz 2 VAG). Sie wurden seinerzeit im Rahmen der vom BAV ausgeübten Satzungskontrolle als genehmigungsfähig angesehen, wenn die Belange der Versicherten ausreichend gewahrt sind[74]. Änderungsvorbehalte müssen danach eindeutig erkennen lassen, unter welchen Voraussetzungen und in welchem Umfang die Organe des Versicherungsvereins auf Gegenseitigkeit befugt sein sollen, in die Rechte und Pflichten des Mitglieds aus dem Versicherungsverhältnis einzugreifen[75]. Die Anforderungen an Satzungsvorbehalte dürfen dabei aber nicht überspannt werden[76]. Enthalten satzungsmäßige Änderungsvorbehalte keinerlei Grenzen für die Anpassung von Tarifbestimmungen, Beiträgen und sonstigen versicherungsvertraglichen Rechten und Pflichten, ist nach Auffassung des BGH ein so weitgehendes Bestimmungsrecht der zuständigen Organe des Versicherungsvereins auf Gegenseitigkeit unbillig und auch nicht wegen etwaiger Besonderheiten eines Versicherungsvereins auf Gegenseitigkeit gerechtfertigt[77]. Der richterlichen Billigkeitskontrolle hält auch eine Satzungsbestimmung nicht Stand, die vorsieht, daß Leistungen mit Wirkung für bestehende Versicherungsverhältnisse in Zukunft wegfallen können[78]. Wirksam ist dagegen ein Änderungsvorbehalt, der hinsichtlich der Änderungsmöglichkeiten auf die Allgemeinen Versicherungsbedingungen verweist, wenn der Versicherungsnehmer aus den Allgemeinen Versicherungsbedingungen eindeutig erkennen kann, bei welchen Vertragsbestimmungen er mit einer Änderung rechnen muß[79]. Unabhängig von der Satzungskontrolle kann das Mitglied des Versicherungsvereins auf Gegenseitigkeit auch bei Wirksamkeit des satzungsmäßigen Änderungsvorbehaltes die von den Organen des Versicherungsvereins auf Gegenseitigkeit getroffene Änderung seiner versicherungsvertraglichen Rechte und Pflichten im Wege der Beschlußkontrolle auf Billigkeit analog § 315 BGB und bei Prämienanpassungen unmittelbar gemäß § 315 BGB gerichtlich überprüfen lassen[80].

---

[74] Vgl. BAV, GB BAV 1976, 74 und GB BAV 1978, 35.

[75] Vgl. OLG Hamm vom 25. 6. 1993, NJW-RR 1993, 1501 = VersR 1993, 1342 = RuS 1994, 270; *Prölss*, in: Prölss/Martin, 1998, Vorbem. I Rdn. 32.

[76] Dazu im einzelnen *Weigel*, in: Prölss/Schmidt, 1997, § 41 VAG Rdn. 16ff; *Fricke*, VersR 1996, 1449, 1454ff.

[77] BGH vom 8. 10. 1997, NJW 1998, 454 = VersR 1997, 1517 = VerBAV 1998, 103 = RuS 1998, 4 = EWiR § 9 AGBG 1/98, 1 *(Hensen)*.

[78] Vgl. OLG Nürnberg vom 27. 3. 1980, VersR 1980, 1137.

[79] OLG Hamm vom 25. 6. 1993, NJW-RR 1993, 1501 = VersR 1993, 1342 = RuS 1994, 270 zu einer Beitragsanpassungsklausel in der Krankenversicherung.

[80] Vgl. OLG Hamm vom 25. 6. 1993, aaO (Fn. 79); *Kollhosser*, in: Prölss/Martin, 1998, § 17 ALB 86 Rdn. 7; *Fricke*, VersR 1996, 1449, 1456; *Wriede*, VersR 1969, 105.

Siebenter Abschnitt
Strukturänderungen und Auflösung des Versicherungsvereins auf Gegenseitigkeit

Kapitel 21
Umwandlung des Versicherungsvereins auf Gegenseitigkeit in eine Aktiengesellschaft

I. Rechtsentwicklung

Durch das Umwandlungsgesetz vom 15. 8. 1969 wurde dem Versicherungsverein auf Gegenseitigkeit ermöglicht, sich aufgrund eines Beschlusses der obersten Vertretung formwechselnd in eine Aktiengesellschaft umzuwandeln[1]. Besondere praktische Bedeutung hat das Gesetz für den großen Versicherungsverein auf Gegenseitigkeit als Gesellschaft mit teilweise über eine Million Mitgliedern nicht erlangt. Die Weiterentwicklung des Umwandlungsrechts[2], die mit dem Umwandlungsgesetz von 1994 einen ersten Abschluß gefunden hat[3], führte nicht zu Umwandlungen bei den großen Versicherungsvereinen auf Gegenseitigkeit[4].

II. Form der Umwandlung

Der Wechsel in die Rechtsform einer Aktiengesellschaft ist nur dem großen Versicherungsverein auf Gegenseitigkeit erlaubt (§ 291 Abs. 1 UmwG). Der

---

[1] BGBl. I 1969, 1171; Neubekanntmachung BGBl. I 1969, 2081; dazu *Gessler,* BB 1968, 717; *Wels,* VW 1969, 977ff; zum Umwandlungsrecht im Ganzen siehe *Karsten Schmidt,* Gesellschaftsrecht, 1991, § 12, S. 288ff; *Karsten Schmidt,* Gesellschaftsrecht, 1997, § 12, S. 342ff.

[2] Zur Reform des Umwandlungsrechts siehe *Karsten Schmidt,* Gesellschaftsrecht, 1991, § 12 V, S. 315ff; *Ganske,* DB 1992, 125f; *Kiem,* AG 1992, 430ff; ferner die Stellungnahme des Handelsrechtsausschusses des Deutschen Anwaltvereins e.V. zum Referentenentwurf eines Gesetzes zur Bereinigung des Umwandlungsrechts, WM Sonderbeilage Nr. 2/1993 zu Nr. 10 vom 13. 3. 1993; die Vorschläge des Arbeitskreises Umwandlungsrecht, ZGR 1993, 321ff; *Bork,* ZGR 1993, 343ff; *Ganske,* WM 1993, 1117ff; *Hommelhoff,* ZGR 1993, 452ff; *Karsten Schmidt,* ZGR 1993, 366ff; *Schulze-Osterloh,* ZGR 1993, 420ff; *Teichmann,* ZGR 1993, 396ff; *Zöllner,* ZGR 1993, 334ff; *Bartodziej,* ZIP 1994, 580ff; *Mertens,* AG 1994, 66ff; *Neye,* ZIP 1994, 165ff.

[3] BGBl I 1994, 3210, ber. BGBl I 1995, 428. Dazu *Karsten Schmidt,* Gesellschaftsrecht, 1997, § 13, S. 368ff; *Entzian/Schleifenbaum,* ZVersWiss 85 (1996), 521ff.

[4] Von daher haben sich bisher bestimmte Prognosen als falsch erwiesen, vgl. nur FAZ Nr. 226 vom 29. 9. 1999 S. W 1: „Die Demutualisierung kommt"; *Zielke,* VW 2000, 1466: „Demutualisierung erhöht die Rentabilität von Versicherungsunternehmen". Zur Demutualisierung von VVaG vor allem im angelsächsischen Raum siehe *Weber,* VW 1998, 1274; *Palmberger/Seoane/Verkhovskoy/de Voghel/Trip,* VW 1999, 920ff, 1012ff. Aufsehen erregte der Versuch, die Standard Life in eine Aktiengesellschaft umzuwandeln; siehe hierzu FAZ Nr. 128 vom 3. 6. 2000, S. 26: Ankündigung einer Außerordentlichen Mitgliederversammlung der The Standard Life Assurance Company; FAZ Nr. 148 vom 29. 6. 2000, S. 24: Standard Life gewinnt Kampf um Rechtsreform; ZfV 2000, 348: Demutualisierung auf englisch; *Arno Surminski,* Die Schlacht um Standard Life: Der spektakuläre Demutualisierungsversuch beim größten Lebensversicherungs-VVaG Europas, ZfV 2000, 495ff; Machtkampf in Europas größtem Gegenseitigkeitsverein: Postalische Abstimmung über Demutualisierung, VW 2000, 699f.

Formwechsel ist möglich, wenn auf jedes Mitglied des Versicherungsvereins auf Gegenseitigkeit, das künftig an der Aktiengesellschaft beteiligt sein soll, mindestens eine volle Aktie entfällt (§ 291 Abs. 2 UmwG). Aktien können auf einen höheren Betrag als den Mindestbetrag nach § 8 Abs. 2 und 3 AktG nur gestellt werden, soweit volle Aktien mit dem höheren Betrag auf die Mitglieder entfallen (§§ 294 Abs. 1 Satz 1, 263 Abs. 3 Satz 2 UmwG). Gemäß § 294 Abs. 3 UmwG darf die Beteiligung der Mitglieder am Grundkapital der Aktiengesellschaft nur nach einem oder mehreren der folgenden Maßstäbe festgesetzt werden, wenn nicht alle Mitglieder einen gleich hohen Anteil erhalten sollen:
1. die Höhe der Versicherungssumme,
2. die Höhe der Beiträge,
3. die Höhe der Deckungsrückstellung in der Lebensversicherung,
4. der in der Satzung bestimmte Maßstab für die Verteilung des Überschusses,
5. ein in der Satzung bestimmter Maßstab für die Verteilung des Vermögens,
6. die Dauer der Mitgliedschaft.

III. Umwandlungsbericht

Der Vorstand des die Rechtsform wechselnden Versicherungsvereins auf Gegenseitigkeit hat einen ausführlichen schriftlichen Bericht zu erstatten, in dem der Formwechsel und insbesondere die künftige Beteiligung der Mitglieder an dem neuen Rechtsträger Aktiengesellschaft rechtlich und wirtschaftlich erläutert und begründet werden (§ 192 Abs. 1 Satz 1 UmwG).

Dieser Umwandlungsbericht muß einen Entwurf des Umwandlungsbeschlusses enthalten (§ 192 Abs. 1 Satz 3 UmwG). Bestandteil des Umwandlungsbeschlusses ist auch die Satzung der Aktiengesellschaft (§§ 294 Abs. 1 Satz 1, 218 Abs. 1 UmwG)[5]. Die Satzung des Versicherungsvereins auf Gegenseitigkeit muß nach der Satzungsänderung der Satzung einer Aktiengesellschaft entsprechen[6]. In dem Umwandlungsbeschluß kann bestimmt werden, daß Mitglieder, die dem formwechselnden Versicherungsverein auf Gegenseitigkeit weniger als drei Jahre vor der Beschlußfassung über den Formwechsel angehören, von der Beteiligung an der Aktiengesellschaft ausgeschlossen sind (§ 294 Abs. 1 Satz 2 UmwG).

Bestandteil des Umwandlungsberichts ist ferner die Vermögensaufstellung gemäß den gesetzlichen Vorgaben (§§ 292 Abs. 1, 229, 192 Abs. 2 UmwG).

Der Umwandlungsbericht des Versicherungsvereins auf Gegenseitigkeit ist von der Einberufung der Versammlung der obersten Vertretung an, die den Formwechsel beschließen soll, in den Geschäftsräumen des Versicherungsvereins auf Gegenseitigkeit auszulegen (§§ 292 Abs. 1, 230 Abs. 2 Satz 1 UmwG). Auf Verlangen ist jedem Mitglied unverzüglich und kostenlos eine Abschrift des Umwandlungsberichts zu erteilen (§§ 292 Abs. 1, 230 Abs. 2 Satz 2 UmwG)[7].

Auch in der Versammlung der obersten Vertretung des Versicherungsvereins auf Gegenseitigkeit, die den Formwechsel beschließen soll, ist der Umwandlungsbericht auszulegen (§§ 292 Abs. 2, 239 Absatz 1 UmwG).

[5] Zur alten Rechtslage siehe bei *Meyer-Ladewig*, BB 1969, 1005; *Wilke*, VW 1969, 912.
[6] Einzelheiten zu den in Frage kommenden Satzungsänderungen siehe bei *Jörns*, 1974, S. 27ff.
[7] *Leuering*, ZIP 2000, 2053.

IV. Einberufung der Versammlung der obersten Vertretung

Gemäß §§ 292 Abs. 1, 260 Abs. 1 UmwG hat der Vorstand des die Rechtsform wechselnden Versicherungsvereins auf Gegenseitigkeit allen Mitgliedern des Versicherungsvereins auf Gegenseitigkeit spätestens mit der Einberufung der Versammlung der obersten Vertretung, die den Formwechsel beschließen soll, diesen Formwechsel als Gegenstand der Beschlußfassung schriftlich anzukündigen. In der Ankündigung ist auf die für die Beschlußfassung nach § 262 Abs. 1 UmwG erforderlichen Mehrheiten sowie auf die Möglichkeit der Erhebung eines Widerspruchs und die sich daraus ergebenden Rechte hinzuweisen. Ferner hat der Vorstand spätestens zusammen mit der Einberufung der Versammlung der obersten Vertretung, die den Formwechsel zur Aktiengesellschaft beschließen soll, das Abfindungsangebot nach § 207 UmwG zu übersenden (§§ 292 Abs. 1, 231 Satz 1 UmwG). Die Erleichterung nach § 231 Satz 2 UmwG (statt Übersendung Veröffentlichung im Bundesanzeiger und den sonst bestimmten Gesellschaftsblättern) gilt mangels Verweisung auf diese Vorschrift für Versicherungsvereine auf Gegenseitigkeit nicht.

Die genannten Regelungen beziehen sich auf alle Mitglieder des Versicherungsvereins auf Gegenseitigkeit, auch soweit sie nicht der obersten Vertretung angehören, und ist von einer ausdrücklichen Anforderung der Tagesordnung und des Beschlußvorschlags über die Umwandlung unabhängig[8]. Die gegen diese Verfahrensweise aus Kostengründen von der Versicherungswirtschaft erhobenen Bedenken hat der Gesetzgeber schon bei der Novellierung in 1969 nicht berücksichtigt[9]. Praktische Probleme bei der Zustellung der Mitteilungen sollen über eine analoge Anwendung des § 10 VVG gelöst werden[10].

V. Umwandlungsbeschluß

Zu Beginn der Verhandlung ist der Entwurf des Umwandlungsbeschlusses der Versammlung der obersten Vertretung mündlich zu erläutern (§§ 292 Abs. 2, 239 Abs. 2 UmwG).

Der Umwandlungsbeschluß ist von der obersten Vertretung mit einer Dreiviertelmehrheit der abgegebenen Stimmen zu fassen (§ 293 Satz 1 UmwG). Eine Mehrheit von neun Zehnteln der abgegebenen Stimmen ist erforderlich, wenn spätestens bis zum Ablauf des dritten Tages vor der Versammlung der obersten Vertretung wenigstens hundert Mitglieder des Versicherungsvereins auf Gegenseitigkeit durch eingeschriebenen Brief Widerspruch gegen den Formwechsel erhoben haben (§ 293 Satz 2 UmwG). Die Satzung kann aber größere Mehrheiten und weitere Erfordernisse bestimmen (§ 293 Satz 3 UmwG).

VI. Widerspruch gegen den Umwandlungsbeschluß

Der Versicherungsverein auf Gegenseitigkeit hat jedem Mitglied, das dem Formwechsel bis zum Ablauf des dritten Tages vor dem Tage, an dem der Umwandlungsbeschluß gefaßt worden ist, durch eingeschriebenen Brief widerspro-

[8] *Jörns,* 1974, S. 21.
[9] Siehe dazu *Wilke,* VW 1969, 914.
[10] *Jörns,* 1974, S. 23ff.

chen hat, den Erwerb seiner umgewandelten Anteile oder Mitgliedschaften gegen eine angemessene Barabfindung anzubieten (§§ 300, 270, 207 Abs. 1 Satz 1 UmwG). Auf Antrag hat das Gericht die angemessene Barabfindung zu bestimmen, wenn ein Mitglied geltend macht, daß die Barabfindung zu niedrig bemessen sei (§ 212 Satz 1 UmwG) oder daß die Barabfindung nicht oder nicht ordnungsgemäß angeboten worden sei (§ 212 Satz 2 UmwG).

VII. Prüfung der Umwandlung

Gemäß §§ 295, 264 Abs. 3 UmwG sind die §§ 33, 34, 35 Abs. 3 AktG über die Gründungsprüfung auf die Umwandlung eines Versicherungsvereins auf Gegenseitigkeit in eine Aktiengesellschaft sinngemäß anzuwenden[11]. Die Mitglieder des Vorstands und des Aufsichtsrats haben den Hergang der Umwandlung zu prüfen (§§ 295, 264 Abs. 3 UmwG, § 33 Abs. 1 AktG).

VIII. Genehmigung der Aufsichtsbehörde

Der Beschluß der obersten Vertretung des Versicherungsvereins auf Gegenseitigkeit, den Versicherungsverein auf Gegenseitigkeit in eine Aktiengesellschaft umzuwandeln, bedarf gemäß § 14a Satz 1 VAG der Genehmigung der Aufsichtsbehörde. Die Vorschrift räumt der Aufsichtsbehörde ausdrücklich das Recht ein, im Falle eines Verstoßes gegen die Umwandlungsvorschriften die Genehmigung versagen zu können (§ 14a Satz 3 VAG). Unberührt bleibt die Befugnis der Aufsichtsbehörde, eine Umwandlung unter Heranziehung der Vorschriften der §§ 8 Abs. 1 VAG, 81 VAG zu beurteilen.

Die Aufsichtsbehörde muß daher vor Erteilung der Genehmigung insbesondere prüfen, ob der Umwandlungsbeschluß unter Berücksichtigung etwaiger Widersprüche der Mitglieder mit der erforderlichen Mehrheit getroffen wurde[12]. Sie muß sich ferner davon überzeugen, daß das Grundkapital der Aktiengesellschaft den Bestimmungen des § 294 Abs. 2 UmwG entsprechend festgesetzt wurde[13]. In diesem Zusammenhang hat die Aufsichtsbehörde gemäß §§ 14a Satz 2, 14 Abs. 1 Satz 2 VAG zu prüfen, ob die durch den Formwechsel entstehende Aktiengesellschaft Eigenmittel in Höhe der Solvabilitätsspanne besitzt[14].

Bei der Prüfung der Frage, ob die rechtlichen Belange der Mitglieder (zugleich der Versicherungsnehmer) im Umwandlungsbeschluß ausreichend gewahrt wurden, hat die Aufsichtsbehörde festzustellen, ob der für die Beteiligung der Mitglieder am Grundkapital der Gesellschaft gemäß § 294 Abs. 3 UmwG gewählte Maßstab als angemessen angesehen werden kann[15], insbesondere eine Berechnungsmethode gewählt ist, „die nach den besonderen Verhältnissen des Unternehmens und der von ihm betriebenen Versicherungszweige zu einer gerechten Verteilung führt“[16]. Dem Beurteilungsspielraum der Aufsichtsbehörde sind allerdings durch § 294 Abs. 3 UmwG Grenzen gesetzt, denn das Gesetz enthält in

[11] Vgl. *Biewer,* 1998, S. 131.
[12] Ebenso *Jörns,* 1974, S. 67.
[13] *Jörns,* 1974, S. 67.
[14] Dazu *Sasse,* ZVersWiss 64 (1975), 68.
[15] Vgl. Begründung zur abgelösten Vorschrift des § 385e AktG, BT-Drucksache V/4253 S. 5.
[16] *Meyer-Ladewig,* BB 1969, 1011; *Horst Schmitz,* ZfV 1968, 110f.

dieser Vorschrift schon Maßstäbe für die Beteiligung der Mitglieder am Grundkapital der Aktiengesellschaft.

Die Genehmigung des Umwandlungsbeschlusses kann gemäß §§ 14a Satz 2, 14 Abs. 1 Satz 3, 8 Abs. 2, 13 Satz 2 VAG mit einer Auflage verbunden werden. Voraussetzung hierfür ist, daß Versagungsgründe vorliegen, die ein subjektives öffentliches Recht auf Erteilung einer uneingeschränkten Genehmigung ausschließen[17]. In den Fällen der Umwandlung eines Versicherungsvereins auf Gegenseitigkeit in eine Aktiengesellschaft ist eine Auflage vor allem dann zulässig, wenn sich das Eigenkapital trotz ordnungsmäßiger Bestimmung der Höhe des Grundkapitals gemäß § 294 Abs. 2 UmwG als unzureichend erweist[18]. In diesen Fällen kann die Genehmigung des Umwandlungsbeschlusses mit der Auflage verbunden werden, das Grundkapital innerhalb einer bestimmten Zeit nach der Umwandlung zu erhöhen[19].

IX. Anmeldung und Eintragung der Umwandlung

Die durch Formwechsel entstandene Aktiengesellschaft ist zur Eintragung in das Handelsregister anzumelden, in dem der die Rechtsform wechselnde Versicherungsverein auf Gegenseitigkeit eingetragen ist (§§ 296, 198 Abs. 1 UmwG). Die Anmeldung ist vom Vorstand des die Rechtsform wechselnden Versicherungsvereins auf Gegenseitigkeit vorzunehmen (§§ 296, 246 Abs. 1 UmwG). Zugleich mit der Anmeldung der Aktiengesellschaft sind die Vorstandsmitglieder der Aktiengesellschaft zur Eintragung in das Register anzumelden (§§ 296, 246 Abs. 2 UmwG). Außerdem hat der Vorstand zu erklären, daß eine Klage gegen die Wirksamkeit des Umwandlungsbeschlusses nicht oder nicht fristgemäß erhoben oder eine solche Klage rechtskräftig abgewiesen oder zurückgenommen worden ist (§ 198 Abs. 3, § 16 Abs. 2 Satz 1 UmwG). Ohne diese Erklärung darf die Umwandlung grundsätzlich nicht in das Register eingetragen werden (§§ 198 Abs. 3, 16 Abs. 2 Satz 2 UmwG)[20]. Die Eintragung ist aber zulässig, wenn das Prozeßgericht in einem Zwischenverfahren auf Antrag festgestellt hat, daß die Erhebung der Klage der Eintragung nicht entgegensteht (§§ 198 Abs. 3, 16 Abs. 3 UmwG)[21].

Das Registergericht hat zu prüfen, ob die Aktiengesellschaft ordnungsgemäß im Wege der Umwandlung errichtet und angemeldet ist (§§ 295, 264 Abs. 3, 197 UmwG i.V.m. § 38 Abs. 1 AktG). Erforderlichenfalls kann das Gericht feststellen, ob die in den Urkunden bezeugten Tatsachen der Wahrheit entsprechen[22].

Von der Eintragung der Umwandlung an besteht der Versicherungsverein auf Gegenseitigkeit als Aktiengesellschaft weiter (§ 202 Abs. 1 Nr. 1 UmwG). Die Mitglieder des Versicherungsvereins sind nach Maßgabe des Umwandlungsbeschlusses Aktionäre geworden (§§ 298, 266, 202 Abs. 1 Nr. 2 UmwG) und erhalten nicht nur ein Bezugsrecht[23].

---

[17] Vgl. *Jörns*, 1974, S. 68.
[18] Begründung zu § 385d AktG, BT-Drucksache V/4253 S. 4.
[19] *Meyer-Ladewig*, BB 1969, 1011; *E. Schneider/Schlaus*, DB 1970, 622.
[20] *Karsten Schmidt*, Gesellschaftsrecht, 1997, § 13 II 2 b), S. 378.
[21] *Karsten Schmidt*, Gesellschaftsrecht, 1997, § 13 II 2 b), S. 378f.
[22] *Meyer-Landrut*, in: Großkommentar AktG, 1973, § 379 AktG Anm. 4.
[23] So der Vorschlag von *Fleischmann*, ZfV 1968, 362; dazu *Meyer-Ladewig*, BB 1969, 1010.

X. Bekanntmachung der Umwandlung

Gemäß §§ 297, 201 Satz 1 UmwG hat das Registergericht die Eintragung der durch Formwechsel entstandenen Aktiengesellschaft in das Handelsregister durch den Bundesanzeiger und durch mindestens ein anderes Blatt ihrem ganzen Inhalt nach bekanntzumachen. In der Bekanntmachung der Eintragung der Umwandlung ist auch anzugeben, nach welchen Maßstäben die Mitglieder des die Rechtsform wechselnden Versicherungsvereins auf Gegenseitigkeit an der Aktiengesellschaft beteiligt sind (§ 297 UmwG).

XI. Rechtsbehelfe der Vereinsmitglieder

Die Umwandlungsvorschriften belassen es bei den gesetzlichen Regelungen zur Nichtigkeit und Anfechtbarkeit von Beschlüssen der obersten Vertretung. § 36 Satz 1 VAG verweist insoweit auf die §§ 241 bis 253 AktG. Von daher ist jedes Mitglied der obersten Vertretung zur Geltendmachung der Rechtsbehelfe befugt. Ist die oberste Vertretung eine Mitgliedervertreterversammlung, stehen die Rechtsbehelfe jedem Mitglied des Versicherungsvereins auf Gegenseitigkeit vor allem dann zu, wenn es um rechtswidrige Beschlüsse oder um den Fall der Anfechtung wegen Gewährens von gleichheitswidrigen Vorteilen geht[24]. Die Klage gegen die Wirksamkeit des Umwandlungsbeschlusses kann jedoch nicht darauf gestützt werden, daß das Umtauschverhältnis der Anteile zu niedrig bemessen ist oder daß die Mitgliedschaft bei dem durch Formwechsel entstandenen Rechtsträger kein ausreichender Gegenwert für die Anteile oder die Mitgliedschaft bei dem formwechselnden Rechtsträger ist (§ 195 Abs. 2 UmwG)[25]. Statt dessen kann jedes Mitglied, dessen Recht gegen die Wirksamkeit des Umwandlungsbeschlusses Klage zu erheben, nach § 195 Abs. 2 UmwG ausgeschlossen ist, vom Rechtsträger einen Ausgleich durch bare Zuzahlung verlangen (§ 196 Satz 1 UmwG), wobei im Streitfall gemäß § 212 UmwG, §§ 305–312 UmwG das Spruchverfahren offensteht[26].

XII. Fortbestand der Versicherungsverhältnisse

Die Umwandlung des Versicherungsvereins auf Gegenseitigkeit in eine Aktiengesellschaft bewirkt, daß dem früheren Vereinsmitglied und nunmehrigen Aktionär die Aktiengesellschaft als Vertragspartner gegenübersteht[27]. Dieses Versicherungsverhältnis unterscheidet sich nicht von dem mit einer Versicherungsaktiengesellschaft bestehenden Versicherungsverhältnis[28]. Nicht anders verhält es sich bei den Mitgliedern des Versicherungsvereins auf Gegenseitigkeit, die von der Beteiligung an der Aktiengesellschaft ausgeschlossen worden sind, weil sie dem Verein weniger als drei Jahre vor dem Tage der Fassung des Umwandlungsbeschlusses angehörten (§ 294 Abs. 1 Satz 2 UmwG).

---

[24] Vgl. Kapitel 10 Abschnitt VI Ziffer 7 c) aa), S. 143; ebenso *Biewer*, 1998, S. 154.
[25] So früher schon *Jörns*, 1974, S. 35; *Mohr*, VersR 1965, 922.
[26] Zur Reform des Spruchverfahrens vgl. *Lutter/Bezzenberger*, AG 2000, 433 ff.
[27] Vgl. *Entzian/Schleifenbaum*, ZVersWiss 85 (1996), 521, 537.
[28] Vgl. *Jörns*, 1974, S. 20, 80.

XIII. Umwandlung aus steuerrechtlicher Sicht

Die formwechselnde Umwandlung eines Versicherungsvereins auf Gegenseitigkeit in eine Aktiengesellschaft hat insbesondere im Bereich der Körperschaftsteuer, der Umsatzsteuer und der Grunderwerbsteuer keine Auswirkungen[29]. Dies findet seine Rechtfertigung in dem Umstand, daß bei der formwechselnden Umwandlung die Identität des Rechtsträgers gewahrt ist[30].

Kapitel 22
Verschmelzung von Versicherungsvereinen auf Gegenseitigkeit

I. Rechtsentwicklung

1. Die Rechtslage bis 1969

Für die Fusion zweier Versicherungsvereine auf Gegenseitigkeit gab es bis zum Jahre 1969 keine gesetzliche Regelung. Es wurde bis dahin die liquidationslose Verschmelzung praktiziert, die in Analogie zu den entsprechenden Vorschriften des Aktien- und Genossenschaftsrechts für zulässig gehalten wurde[1].

2. Gesetz vom 15. 8. 1969

Mit Gesetz vom 15. 8. 1969[2] hat der Gesetzgeber die Forderung nach einer gesetzlichen Regelung für die liquidationslose Verschmelzung von Versicherungsvereinen auf Gegenseitigkeit mit der Einfügung des § 44a VAG erfüllt. Nach dieser Vorschrift konnte die Verschmelzung von Versicherungsvereinen auf Gegenseitigkeit durch Aufnahme und durch Neubildung erfolgen (vgl. § 44a Abs. 1 Nr. 1 bzw. Nr. 2 VAG). Durch Art. 8 Nr. 2 des Gesetzes zur Bereinigung des Umwandlungsrechts (UmwG) vom 28. 10. 1994 (BGBl I 1994 S. 3210, ber. BGBl I 1995 S. 428) wurde § 44a VAG aufgehoben.

3. Fusionsbesteuerungsrichtlinie vom 23. 7. 1990

Der Rat der Europäischen Gemeinschaften erließ am 23. Juli 1990 die Richtlinie 90/434/EWG über das gemeinsame Steuersystem für Fusionen, Spaltungen, die Einbringung von Unternehmensteilen und den Austausch von Anteilen, die Gesellschaften verschiedener Mitgliedstaaten betreffen[3]. Anliegen dieser Richtli-

---

[29] Vgl. *Meyer-Landrut*, in: Großkommentar AktG, 1973, § 385h AktG Anm. 1.

[30] BFH BStBl. III 1958, 468; *Henn*, 1991, S. 569; *Stuirbrink/Geib/Axer*, WPg 1991, 29, 31; *Raiser*, Kapitalgesellschaften, 2001, § 46 Rdn. 21, S. 733f.

[1] Beschlußkammerentscheidung BAV, VerBAV 1954, 64ff; BayObLG, Beschluß vom 15. 3. 1966, VersR 1966, 553 = VerBAV 1966, 171 = NJW 1967, 52; OLG Bremen, Beschluß vom 10. 3. 1966, VersR 1967, 1165 = VerBAV 1968, 41; *Raiser*, VersR 1952, 329ff; *Jäger*, VW 1954, 287ff; *Kassner*, VersR 1954, 339ff; *Riepl*, WPg 1956, 76; *Geithe*, VersR 1958, 503; *Stiefel*, VersArch 1959, 75ff.

[2] BGBl. I 1969, 1171; *Widhofer-Mohnen*, VersR 1972, 236ff.

[3] ABlEG Nr. L 225 vom 20. 8. 1990, S. 1; dazu *Herzig/Dautzenberg/Heyeres*, BB Beilage Nr. 12/91 zu Heft Nr. 41 vom 11. 10. 1991, S. 3ff; *Herzig/Förster*, DB 1992, 916ff, 959ff; *Lutter*, Europäisches Unternehmensrecht, 1996, S. 806ff; *Merdausl*, 2000, S. 134.

nie ist es, innerhalb der EG grenzüberschreitende Umwandlungen der genannten Art körperschaftssteuerneutral, also ohne Realisierung und Besteuerung der in den übertragenen Vermögensgegenständen enthaltenen Bewertungsreserven zu ermöglichen. Auf deutsche Versicherungsvereine auf Gegenseitigkeit ist die Richtlinie allerdings nicht anwendbar[4]. Demgegenüber gilt die Richtlinie in Großbritannien für die „nach dem Recht des Vereinigten Königreichs gegründeten Gesellschaften", also qua Rechtsform auch für in Großbritannien gegründete Versicherungsvereine auf Gegenseitigkeit[5].

Rechtspolitisch ist zu fordern, daß zur Vermeidung von Wettbewerbsnachteilen der deutschen Versicherungsvereine auf Gegenseitigkeit gegenüber Versicherungsvereinen auf Gegenseitigkeit anderer EG-Mitgliedstaaten der Anwendungsbereich der Richtlinie auch in Deutschland auf Versicherungsvereine auf Gegenseitigkeit ausgeweitet wird.

4. Umwandlungsgesetz (UmwG) vom 28. 10. 1994

Durch das Gesetz zur Bereinigung des Umwandlungsrechts vom 28. 10. 1994 wurde das Umwandlungsrecht umfassend reformiert und das mit Wirkung vom 1. 1. 1995 geltende Umwandlungsgesetz (UmwG) eingeführt[6]. § 3 Abs. 1 Nr. 6 UmwG bezeichnet Versicherungsvereine auf Gegenseitigkeit als verschmelzungsfähige Rechtsträger, die an Verschmelzungen als übertragende, übernehmende oder neue Rechtsträger beteiligt sein können. Allerdings schreibt § 109 Satz 1 UmwG vor, daß Versicherungsvereine auf Gegenseitigkeit nur miteinander verschmolzen werden können. Sie können ferner im Wege der Verschmelzung durch eine Aktiengesellschaft, die den Betrieb von Versicherungsgeschäften zum Gegenstand hat (Versicherungs-Aktiengesellschaft), aufgenommen werden (§ 109 Satz 2 UmwG).

II. Arten der Verschmelzung

Das Umwandlungsgesetz kennt zwei Arten der Verschmelzung ohne Liquidationsverfahren, die in § 2 UmwG geregelt sind.

1. Verschmelzung durch Aufnahme

Bei der Verschmelzung durch Aufnahme (§ 2 Nr. 1 UmwG) übernimmt ein schon bestehender Versicherungsverein auf Gegenseitigkeit das Vermögen des übertragenden Versicherungsvereins auf Gegenseitigkeit als Ganzes, was zum Erlöschen des übertragenden Versicherungsvereins auf Gegenseitigkeit führt[7].

---

[4] Vgl. Buchstabe c) des Anhangs der Richtlinie aaO.

[5] Vgl. Buchstabe l) des Anhangs der Richtlinie aaO.

[6] BGBl I 1994, 3210, ber. BGBl I 1995, 428. Dazu mit Blick auf § 14 VAG *Entzian/Schleifenbaum*, ZVersWiss 85 (1996), 521 ff. Zur Entwicklung des Umwandlungsrechts siehe *Heckschen*, DB 1998, 1385 ff. Zum Umwandlungsänderungsgesetz vom 22. 7. 1998, BGBl I 1998, 1878, siehe *Neye*, DB 1998, 1649 ff.

[7] Vgl. *Karsten Schmidt*, Gesellschaftsrecht, 1997, § 13 III 1 a), S. 390.

2. Verschmelzung durch Neugründung

Bei der Verschmelzung durch Neugründung (§ 2 Nr. 2 UmwG) überführt jeder übertragende Versicherungsverein auf Gegenseitigkeit sein Vermögen jeweils als Ganzes auf den übernehmenden, neu gegründeten Versicherungsverein auf Gegenseitigkeit als übernehmenden Rechtsträger, was die Auflösung der übertragenden Versicherungsvereine auf Gegenseitigkeit zur Folge hat[8].

III. Verschmelzungsvertrag

Der Verschmelzungsvertrag oder dessen Entwurf (§ 4 UmwG) muß gemäß § 5 Abs. 1 UmwG, § 110 UmwG u. a. mindestens folgende Angaben enthalten:
- den Namen oder die Firma und den Sitz[9] der an der Verschmelzung beteiligten Versicherungsvereine auf Gegenseitigkeit;
- die Vereinbarung über die Übertragung des Vermögens jedes übertragenden Versicherungsvereins auf Gegenseitigkeit als Ganzes;
- den Zeitpunkt, von dem an die Handlungen der übertragenden Versicherungsvereine auf Gegenseitigkeit als für Rechnung der übernehmenden Versicherungsvereine auf Gegenseitigkeit vorgenommen gelten[10];
- jeden besonderen Vorteil, der einem Mitglied des Vorstands oder des Aufsichtsrats der an der Verschmelzung beteiligten Versicherungsvereine auf Gegenseitigkeit oder einem Abschlußprüfer oder einem Verschmelzungsprüfer gewährt wird;
- die Folgen der Verschmelzung für die Arbeitnehmer und ihre Vertretungen sowie die insoweit vorgesehenen Maßnahmen[11].

Der Verschmelzungsvertrag muß notariell beurkundet werden (§ 6 UmwG). Er kann gemäß § 7 UmwG unter einer Bedingung geschlossen werden[12]. Eine Verschmelzungsprüfung nach §§ 9ff UmwG ist gesetzlich nicht vorgeschrieben[13], kann aber auf freiwilliger Basis vorgesehen werden[14].

IV. Verschmelzungsbericht

Die Vorstände der an der Verschmelzung beteiligten Versicherungsvereine haben einen ausführlichen schriftlichen Verschmelzungsbericht zu erstatten, in dem der Verschmelzungsvertrag oder dessen Entwurf rechtlich und wirtschaftlich erläutert und begründet werden (vgl. § 8 UmwG). Die Vorstände der Versicherungsvereine stehen bei dieser Aufgabe vor dem Problem, daß das Gesetz nicht sagt, welche konkreten Informationen in diesen Verschmelzungsbericht aufzu-

---

[8] Vgl. *Karsten Schmidt*, Gesellschaftsrecht, 1997, § 13 III 1 a), S. 390.

[9] Zur Begründung eines Doppelsitzes bei der Verschmelzung siehe *Katschinski*, ZIP 1997, 620ff.

[10] Zum Verschmelzungsstichtag und zur Bilanzierung bei schwebender Verschmelzung siehe *Priester*, BB 1992, 1594ff.

[11] Dazu OLG Düsseldorf, Beschluß vom 15. 5. 1998 – 3 Wx 156/98, NJW-RR 1999, 188f; *Hjort*, NJW 1999, 750ff. Zur Frage der Fortgeltung von Gesamtbetriebsvereinbarungen siehe *Röder/Haußmann*, DB 1999, 1754ff.

[12] Zu den Einzelheiten siehe *Marsch-Barner*, in: Kallmeyer, 2001, § 7 UmwG Rdn. 1ff.

[13] Vgl. *Müller*, in: Kallmeyer, 2001, § 9 UmwG Rdn. 9.

[14] Vgl. *Müller*, in: Kallmeyer, 2001, § 9 UmwG Rdn. 8.

nehmen sind[15]. Will der Vorstand bei Fusionsentscheidungen nicht die Hauptverantwortung tragen, wird er dieses Ziel erreichen, wenn er „die Risikobereiche und die Arten der Risiken" aufzeigt und im Sinne einer „worst case-Analyse" die Auswirkungen der Verschmelzung der obersten Vertretung nachvollziehbar darstellt[16].

V. Einberufung der Versammlung der obersten Vertretung

Vor der Einberufung der Versammlung der obersten Vertretung muß der Verschmelzungsvertrag oder dessen Entwurf dem Register vorgelegt werden (§ 111 Satz 1 UmwG). Das Gericht hat bekanntzumachen, daß der Vertrag oder sein Entwurf beim Handelsregister eingereicht worden ist (§ 111 Satz 2 UmwG).

Von der Einberufung der Versammlung der obersten Vertretung an sind in den Geschäftsräumen und in der Versammlung der obersten Vertretung die in § 63 Abs. 1 UmwG[17] bezeichneten Unterlagen auszulegen (§ 112 Abs. 1 Satz 1 UmwG, § 112 Abs. 2 Satz 1 UmwG). Zu den auszulegenden Unterlagen gehören der Verschmelzungsvertrag oder sein Entwurf (§ 63 Abs. 1 Nr. 1 UmwG), die Jahresabschlüsse und die Lageberichte für die letzten drei Geschäftsjahre (§ 63 Abs. 1 Nr. 2 UmwG), ggf. die Zwischenbilanz (§ 63 Abs. 1 Nr. 3 UmwG) und die Verschmelzungsberichte der an der Verschmelzung beteiligten Versicherungsvereine auf Gegenseitigkeit (§ 63 Abs. 1 Nr. 4 UmwG).

VI. Verschmelzungsbeschluß

Der Verschmelzungsvertrag bedarf zur Erlangung der Wirksamkeit der Bestätigung durch einen Beschluß der obersten Vertretung (§ 13 Abs. 1 Satz 1 UmwG), der nur in einer Versammlung der obersten Vertretung gefaßt werden kann (§ 13 Abs. 1 Satz 2 UmwG). Dieser Beschluß ist mit einer Dreiviertelmehrheit der abgegebenen Stimmen zu fassen (§ 112 Abs. 3 Satz 1 UmwG). Die Satzung kann ei-

---

[15] So schon zur bisherigen Rechtslage *Nirk,* in: Festschrift für Ernst Steindorff, 1990, S. 187.

[16] Vgl. für die AG nach der bisherigen Rechtslage *Nowotny,* in: Festschrift für Walther Kastner, 1992, S. 329, 344; ähnlich *Harm Peter Westermann,* in: Festschrift für Johannes Semler, 1993, S. 651, 654. Siehe nunmehr hierzu *Marsch-Barner,* in: Kallmeyer, 2001, § 8 UmwG Rdn. 7; *Ross,* 1997, S. 17; OLG Hamm, Beschluß vom 4. 3. 1999 – 8 W 11/99, NJW-RR 1999, 973, 975 f = ZIP 1999, 798, 800 ff; OLG Düsseldorf, Beschluß vom 15. 3. 1999 – 17 W 18/99, ZIP 1999, 793 ff. Zur Due-Diligence-Prüfung siehe *Bihr,* BB 1998, 1198 ff; *Kreuz/Diedrichs,* FAZ Nr. 296 vom 21. 12. 1998, S. 29. Zur Cultural Due Diligence siehe *Simon,* managermagazin 1999, 96 f. Zu Fragen der Unternehmensbewertung siehe Entwurf IDW Standard: Grundsätze zur Durchführung von Unternehmensbewertungen (IDW ES 1; Stand: 27. 1. 1999), WPg 1999, 200 ff; *Niehues,* BB 1993, 2241 ff; *Barthel,* DB 1996, 1349 ff; *Günther,* BB 1998, 1834 ff; *Hüttemann,* ZHR 162 (1998), 563 ff; *Schwetzler,* WPg 1998, 695 ff; *Beine,* BB 1999, 1967 ff; *Matschke/Hering,* DB 1999, 920 ff; *Rosenbaum,* DB 1999, 1613 ff; IDW Standard: Grundsätze zur Durchführung von Unternehmensbewertungen (IDW S. 1), WPg 2000, 825 ff; *Kohl/Schulte,* WPg 2000, 1147 ff; *Luttermann,* AG 2000, 459 ff *Hommel/Braun/Schmotz,* DB 2001, 341 ff; *Alexander Reuter,* DB 2001, 2483 ff; *Weiler/Meyer,* ZIP 2001, 2153 ff; *Westerfelhaus,* NZG 2001, 673 ff; zum Discounted Cash-flow-Verfahren im Rahmen von Unternehmensbewertungen siehe *Habersack/Lüssow,* NZG 1999, 629, 632 ff; kritisch zum DCF-Verfahren *Großfeld,* AG 1996, 302, 303. Zur Bilanzierung der Verschmelzung siehe *Küting/Zündorf,* BB 1994, 1383, 1385 ff.

[17] Gemeint ist nur § 63 Abs. 1 Nr. 1 bis 4 UmwG, da eine Verschmelzungsprüfung gesetzlich nicht vorgeschrieben ist.

ne größere Mehrheit und weitere Erfordernisse bestimmen (§ 112 Abs. 3 Satz 2 UmwG).

VII. Genehmigung der Aufsichtsbehörde

Die Verschmelzung bedarf der Genehmigung der Aufsichtsbehörde (§ 14a VAG). Vor Erteilung der Genehmigung hat die Aufsichtsbehörde u.a. gemäß § 14a Satz 2 VAG i.V.m. § 14 Abs. 1 Satz 2 VAG zu prüfen, ob der übernehmende Versicherungsverein auf Gegenseitigkeit bzw. der neu gegründete Versicherungsverein auf Gegenseitigkeit nach der Verschmelzung Eigenmittel in Höhe der Solvabilitätsspanne besitzt[18].

VIII. Anmeldung und Eintragung der Verschmelzung

Die Verschmelzung ist durch die Vorstände der beteiligten Versicherungsvereine auf Gegenseitigkeit zur Eintragung in das Handelsregister anzumelden (§ 16 Abs. 1 UmwG). Mit der Eintragung der Verschmelzung im Handelsregister des übernehmenden Versicherungsvereins auf Gegenseitigkeit bzw. des neu gegründeten Versicherungsvereins auf Gegenseitigkeit gehen alle Aktiven und Passiven und damit auch ganze Rechtsverhältnisse der übertragenden Rechtsträger im Wege der Gesamtrechtsnachfolge auf den übernehmenden Rechtsträger über (§ 20 Abs. 1 Nr. 1 UmwG)[19]. Der übertragende Versicherungsverein auf Gegenseitigkeit bzw. die sich vereinigenden Versicherungsvereine auf Gegenseitigkeit erlöschen, ohne daß es einer Abwicklung oder einer besonderen Löschung bedarf (§ 20 Abs. 1 Nr. 2 UmwG)[20]. Die Mitglieder des übertragenden Versicherungsvereins auf Gegenseitigkeit werden Mitglieder des übernehmenden Versicherungsvereins auf Gegenseitigkeit und die Mitglieder der sich vereinigenden Versicherungsvereine auf Gegenseitigkeit werden Mitglieder des neu gegründeten Versicherungsvereins auf Gegenseitigkeit (§ 20 Abs. 1 Nr. 3 UmwG).

IX. Übergang der Anstellungsverträge der Vorstandsmitglieder

Mit dem Eintritt der Rechtswirksamkeit des Verschmelzungsvertrags gehen trotz des Wegfalls der Organbestellung die Anstellungsverträge der Vorstandsmitglieder über, die mit dem das Vermögen übertragenden Versicherungsverein auf Gegenseitigkeit bestanden (§ 20 Abs. 1 Nr. 1 UmwG)[21]. Die betroffenen Vorstandsmitglieder haben allerdings keinen Anspruch auf Bestellung oder Wiederbestellung durch den Aufsichtsrat des aufnehmenden Versicherungsvereins auf Gegenseitigkeit. Aus dem übergegangenen Anstellungsvertrag läßt sich ein Anspruch auf Einräumung einer Organstellung nicht herleiten[22]. Wegen der Alleinzuständigkeit des Aufsichtsrats (§ 34 Abs. 1 Satz 1 VAG, § 84 Abs. 1 AktG) kann

---

[18] Zur Rechtslage vor Einfügung des § 14a VAG siehe *Sasse*, ZVersWiss 64 (1975), 68.

[19] Vgl. *Karsten Schmidt*, Gesellschaftsrecht, 1997, § 13 III 7 b), S. 398.

[20] Vgl. *Karsten Schmidt*, Gesellschaftsrecht, 1997, § 13 III 7 b), S. 399.

[21] Vgl. für die AG: *Hockemeier*, 1990, S. 28f; *Baums*, ZHR 156 (1992), 249; *Röder/Lingemann*, DB 1993, 1345; *Marsch-Barner*, in: Kallmeyer, 2001, § 20 UmwG Rdn. 13; für den VVaG: *Prölss/Schmidt/Frey*, 1989, § 44a VAG Rdn. 19.

[22] Vgl. für die AG: BGHZ 8, 358, 364; *Baums*, ZHR 156 (1992), 253.

die Bestellung oder Wiederbestellung auch nicht durch eine entsprechende Abrede im Verschmelzungsvertrag oder durch eine Zusatzvereinbarung zum Verschmelzungsvertrag abgesichert werden[23].

X. Anfechtungsklage gegen den Verschmelzungsbeschluß

1. Frist

Sowohl bei der Verschmelzung durch Aufnahme als auch bei der Verschmelzung durch Neugründung kann gegen die gemäß § 13 Abs. 1 UmwG, § 112 Abs. 3 UmwG gefaßten Zustimmungsbeschlüsse der obersten Vertretungen der beteiligten Versicherungsvereine auf Gegenseitigkeit Klage nur innerhalb eines Monats nach Beschlußfassung erhoben werden (§ 14 Abs. 1 UmwG). Hierunter fallen alle Klagen, die auf die Feststellung der Unwirksamkeit des angegriffenen Verschmelzungsbeschlusses gerichtet sind[24].

2. Anfechtungsgründe

Als Anfechtungsgrund kommt vor allem eine Anfechtung wegen Verletzung des Gesetzes oder der Satzung in Frage (§ 36 VAG, § 243 Abs. 1 AktG)[25]. Entspricht z.B. der von dem Vorstand des beklagten Versicherungsvereins auf Gegenseitigkeit vorgelegte Verschmelzungsbericht nicht den Anforderungen des § 8 UmwG ist eine Anfechtung wegen Gesetzesverstoßes möglich[26]. Ferner kann eine Nichtigkeitsanfechtung wegen Verletzung von Einzelvorschriften praktische Bedeutung gemäß § 36 VAG, § 241 AktG erlangen.

3. Anfechtungsbefugnis

Zur Anfechtung des Verschmelzungsbeschlusses ist jedes Mitglied befugt, wenn es sich um einen Versicherungsverein auf Gegenseitigkeit mit Mitgliederversammlung als oberstem Organ handelt und das Anfechtungsrecht nicht als Kollektivrecht ausgestaltet ist. Voraussetzung ist ferner, daß das Mitglied gegen den Beschluß Widerspruch zur Niederschrift erklärt hat (§ 36 VAG, § 245 Nr. 1 AktG)[27] oder daß einer der seltenen Fälle des § 245 Nr. 2 AktG, § 36 VAG vorliegt (Nichtzulassung zur Versammlung der obersten Vertretung, keine ordnungsgemäße Einberufung oder Bekanntmachung). Dies gilt gleichermaßen für jeden Mitgliedervertreter beim Versicherungsverein auf Gegenseitigkeit mit Mitgliedervertreterversammlung als oberstem Organ. Ob das einzelne Mitglied beim Versicherungsverein auf Gegenseitigkeit mit Mitgliedervertreterversammlung Anfechtungsklage erheben kann, ist umstritten (siehe hierzu Kap. 10 Abschnitt VI Ziffer 7c) aa).

---

[23] *Hockemeier,* 1990, S. 26f; zustimmend *Baums,* ZHR 156 (1992), 253.

[24] Vgl. *Marsch-Barner,* in: Kallmeyer, 2001, § 14 UmwG Rdn. 6.

[25] Vgl. *Marsch-Barner,* in: Kallmeyer, 2001, § 14 UmwG Rdn. 7.

[26] Vgl. für die AG nach der früheren Rechtslage: *Messer,* in: Festschrift für Karlheinz Quack, 1991, S. 328f; siehe hierzu ferner *Becker,* AG 1988, 223ff; *Beyer,* AG 1988, 323; *Heckschen,* ZIP 1989, 1168ff; *derselbe,* WM 1990, 377, 381ff; *Mertens,* AG 1990, 20; *Nirk,* in: Festschrift für Steindorf, 1990, S. 187ff; *Timm,* ZIP 1990, 270 mit Abdruck eines gemeinsamen Verschmelzungsberichts; *Henze,* AG 1993, 346.

[27] Vgl. für die AG: OLG Düsseldorf, Beschluß vom 4. 1. 1994, DB 1994, 419.

4. Registersperre

Wird fristgerecht Anfechtungsklage gegen den Verschmelzungsbeschluß erhoben, besteht bis zur rechtskräftigen Abweisung dieser Klage grundsätzlich ein aus § 16 Abs. 2 UmwG abzuleitendes Eintragungshindernis. Die Vertretungsorgane haben nämlich bei der Registeranmeldung zu erklären, daß eine Klage gegen die Wirksamkeit des Verschmelzungsbeschlusses nicht oder nicht fristgemäß erhoben oder rechtskräftig abgewiesen oder zurückgenommen worden ist (§ 16 Abs. 2 Satz 1 UmwG). Liegt die Erklärung nicht vor, darf die Verschmelzung nicht eingetragen werden (§ 16 Abs. 2 Satz 2 UmwG).

Diese Registersperre kann durch einen Beschluß des Prozeßgerichts beseitigt werden[28]. Der Beschluß wird erlassen, wenn das Prozeßgericht aufgrund glaubhaft zu machender Tatsachen zu dem Ergebnis gelangt, daß die Anfechtungsklage unzulässig oder offensichtlich unbegründet ist oder wenn das alsbaldige Wirksamwerden der Verschmelzung nach freier Überzeugung des Gerichts unter Berücksichtigung der Schwere der mit der Klage geltend gemachten Rechtsverletzung zur Abwendung der vom Antragsteller dargelegten Nachteile für die beteiligten Rechtsträger und ihre Mitglieder vorrangig erscheint (§ 16 Abs. 3 Satz 2 und 4 UmwG)[29]. Erweist sich die Anfechtungsklage dann allerdings doch als begründet, so muß der Rechtsträger der den Beschluß erwirkt hat, dem Antragsgegner den aus der Überwindung der Eintragungssperre entstandenen Schaden ersetzen (§ 16 Abs. 3 Satz 6 UmwG)[30].

Dieses „etwas perfektionistisch anmutende Zwischenverfahren beim Prozeßgericht“ hat die seit dem BGH-Beschluß vom 2. 7. 1990[31] zulässige „provisorische, jedoch nützliche Inzidentprüfungslösung“ ersetzt[32]. Der gesetzlichen Regelung gingen Hinweise aus der Praxis voraus, daß ein mit einer Eintragungssperre verbundener Zeitverlust für die beteiligten Rechtsträger schwerwiegende Nachteile mit sich bringt[33]. Ein Referentenentwurf des Bundesminsteriums der Justiz für ein Gesetz zur Reform des Umwandlungsrechts befaßte sich mit der Situation[34] und entwickelte Lösungsansätze für das Problem der langen Dauer der Verfahren[35].

---

[28] Zum Unbedenklichkeitsverfahren nach § 16 Abs. 3 UmwG vgl. *Schmid,* ZGR 1997, 493ff; *Kösters,* WM 2000, 1921ff; *Noack,* ZHR 164 (2000), 274ff.

[29] *Karsten Schmidt,* Gesellschaftsrecht, 1997, § 12 III 2 b), S. 361; *Schmid,* ZGR 1997, 493ff.

[30] Kritisch *Karsten Schmidt,* Gesellschaftsrecht, 1997, § 12 III 2 c), S. 361f; *Schmid,* ZGR 1997, 493, 504ff.

[31] BGH, WM 1990, 1372ff, ergangen auf Vorlagebeschluß des OLG Frankfurt, WM 1990, 596; ausführlich dazu *Bokelmann,* DB 1994, 1341ff.

[32] *Karsten Schmidt,* Gesellschaftsrecht, 1997, § 12 III 2 b), S. 361.

[33] Siehe zur Situation bei Aktiengesellschaften: *Martens,* AG 1986, 57; *Lutter,* in: Festschrift 40 Jahre Der Betrieb, 1988, S. 193, 194ff; *Schlaus,* AG 1988, 113, 114f; *Werner,* in: Festschrift für Theodor Heinsius, 1991, S. 914; *Kiem,* 1991, S. 2ff; *Kühn,* BB 1992, 291ff; *Radu,* ZIP 1992, 303ff.

[34] Vgl. Referentenentwurf eines Gesetzes zur Bereinigung des Umwandlungsrechts, Bundesanzeiger Nr. 112a vom 20. 6. 1992; vgl. hierzu DB 1992, 1079.

[35] Siehe dazu ausführlich *Hirte,* DB 1993, 77ff; kritisch zum Referentenentwurf *Kallmeyer,* DB 1993, 367ff.

5. Einwand des Rechtsmißbrauchs

Einer an sich sachlich begründeten Anfechtungsklage kann der Einwand des Rechtsmißbrauchs entgegengehalten werden. Der Bundesgerichtshof hat dies in den Fällen „Kochs Adler" und „DAT/Altana" ausdrücklich bestätigt[36] und sich damit der im Schrifttum herrschenden Meinung angeschlossen[37].

Ein rechtsmißbräuchliches Verhalten kann nach Auffassung des Bundesgerichtshofs bereits dann vorliegen, wenn die Anfechtungsklage mit dem Ziel erhoben wird, die beklagte Gesellschaft in grob eigennütziger Weise zu einer Leistung zu veranlassen, auf die kein Anspruch besteht und der billigerweise auch nicht erhoben werden kann[38]. Erforderlich ist hierzu eine einzelfallbezogene Beurteilung[39]. Dabei wird vielfach nur aus Indizien auf ein rechtsmißbräuchliches Verhalten des Anfechtungsklägers geschlossen werden können[40]. Die Bereitschaft, sich die Anfechtungsbefugnis zu völlig unangemessenen Bedingungen abkaufen zu lassen, ist stets ein gewichtiges Indiz für einen Rechtsmißbrauch[41].

XI. Fortbestand der Versicherungsverhältnisse

Mit Übergang des Vermögens und der Verbindlichkeiten auf den übernehmenden Versicherungsverein auf Gegenseitigkeit gehen auch die Versicherungsverträge über (§ 20 Abs. 1 Nr. 1 UmwG)[42].

XII. Verschmelzung aus steuerrechtlicher Sicht

Für Vorgänge, die Verkehrssteuern auslösen, sieht das UmwStG keine Steuerbefreiung vor[43]. Die Verschmelzung hat im übrigen steuerrechtlich keine Auswirkungen, da bei den Verschmelzungsvorgängen die Identität des Rechtsträgers gewahrt bleibt[44].

---

[36] BGHZ 107, 296 („Kochs Adler"); BGH ZIP 1990, 168 = WM 1990, 140 („DAT/Altana"); ebenso OLG Karlsruhe, WM 1992, 654, 656; *Bayer,* ZGR 1995, 613, 621 f; *Marsch-Barner,* in: Kallmeyer, 2001, § 16 UmwG Rdn. 41.

[37] Vgl. etwa *Zöllner,* in: Kölner Kommentar, 1985, § 245 Rdn. 78–82; *Hüffer,* in: Geßler/-Hefermehl/Eckardt/Kropff, 1984, § 245 Rdn. 50–53; *Lutter,* in: Festschrift 40 Jahre Der Betrieb, 1988, S. 208 f; *Hirte,* BB 1988, 1471 ff.

[38] Zu den strafrechtlichen Aspekten siehe *Lüderssen,* in: Festschrift für Heinsius, 1991, S. 457, insbesondere S. 461 ff.

[39] *Boujong,* in: Festschrift für Kellermann, 1991, S. 7; *Windbichler,* in: Timm (Hrsg.), Mißbräuchliches Aktionärsverhalten, 1990, S. 40.

[40] *Boujong,* in: Festschrift für Kellermann, 1991, S. 8.

[41] *Boujong,* in: Festschrift für Kellermann, 1991, S. 9, weitere Beispiele für Indizienbeweise S. 8 und 9; siehe auch *Wardenbach,* ZGR 1992, 568; *Schmid,* ZGR 1997, 493, 495.

[42] *Weigel,* in: Prölss/Schmidt, 1997, vor § 15 VAG Rdn. 44 l; *Entzian/Schleifenbaum,* ZVersWiss 85 (1996), 521, 537.

[43] *Fleischmann,* DB 1998, 1883, 1885.

[44] Vgl. BFH, Urteil vom 25. 5. 1962, BStBl III 1962, 351; dazu *Grieger,* BB 1962, 1363, 1364.

Kapitel 23 Vermögensübertragung auf Aktiengesellschaften

I. Arten der Vermögensübertragung

Ein Versicherungsverein auf Gegenseitigkeit kann unter Auflösung ohne Abwicklung sein Vermögen im Wege der Vollübertragung (§§ 180, 174 Abs. 1 UmwG) oder der Teilübertragung (§§ 184, 174 Abs. 2 UmwG) auf eine Aktiengesellschaft oder ein öffentlich-rechtliches Unternehmen übertragen (§ 175 Nr. 2 Buchstabe b UmwG)[1]. Bei einer Vollübertragung nach § 175 Nr. 2 Buchstabe b UmwG sind auf die beteiligten Rechtsträger die für die Verschmelzung durch Aufnahme eines Versicherungsvereins auf Gegenseitigkeit und die für eine übernehmende Aktiengesellschaft im Falle der Verschmelzung jeweils geltenden Vorschriften des Zweiten Buches des UmwG entsprechend anzuwenden, soweit sich aus den Vorschriften der §§ 180 Abs. 2 bis 183 UmwG nichts anderes ergibt (§ 180 Abs. 1 UmwG)[2]. Behandelt wird im weiteren Verlauf mit Blick auf die Bedeutung für die Praxis nur die Vollübertragung auf eine Aktiengesellschaft.

II. Gewährung und Verteilung der Gegenleistung

1. Bestimmung der Gegenleistung

§ 181 Abs. 1 UmwG ordnet an, daß die Aktiengesellschaft, die das Vermögen eines Versicherungsvereins auf Gegenseitigkeit übernimmt, zur Gewährung einer angemessenen Gegenleistung verpflichtet ist, wenn dies unter Berücksichtigung der Vermögens- und Ertragslage des übertragenden Versicherungsvereins auf Gegenseitigkeit im Zeitpunkt der Beschlußfassung der obersten Vertretung gerechtfertigt ist. Ist eine Gegenleistung entgegen § 181 Abs. 1 UmwG nicht vereinbart worden, so ist sie auf Antrag vom Gericht zu bestimmen (§ 181 Abs. 4 UmwG).

2. Art der Gegenleistung

Die speziellen Regelungen des Umwandlungsgesetzes für die Übertragung des Vermögens eines Versicherungsvereins auf Gegenseitigkeit nennen die Art der Gegenleistung nicht. Nach den allgemeinen für die Vermögensübertragung geltenden Bestimmungen ist gemäß § 174 Abs. 1 UmwG eine Gegenleistung zu gewähren, die nicht in Anteilen oder Mitgliedschaften am übernehmenden Rechtsträger besteht. Von daher ist es zulässig, die Gegenleistung im Wege der Barzahlung zu erbringen und dies wird in der Praxis die Regel sein[3].

---

[1] Siehe hierzu *Ruhe*, VW 1972, 104ff; *Novotny/Besold/Gründler-Mundt/Haß*, DB 1974, 448ff; *Windbichler*, AG 1981, 169ff; *Entzian/Schleifenbaum*, ZVersWiss 85 (1996), 521ff. Zur Frage der analogen Anwendung des § 44b VAG a.F. bei Verkauf einer öffentlichen Versicherungsanstalt siehe BVerfG, Beschluß vom 30. 6. 1994, NJW 1995, 514 = VersR 1994, 841 m. Anm. *Thode*, VersR 1994, 844; siehe ferner *Nicolaysen*, VersR 1994, 633ff.

[2] *Schwedhelm*, 1999, Tz. 2222, S. 435.

[3] Vgl. *Hübner*, in: Lutter, UmwG, 2000, § 181 UmwG Rdn. 7; *H. Schmidt*, in: Lutter, UmwG, 2000, § 174 UmwG Rdn. 8.

3. Angemessene Gegenleistung

Die angemessene Gegenleistung ist unter Anwendung betriebswirtschaftlicher Bewertungsgrundsätze zu ermitteln und die im Einzelfall gerechtfertigte Bewertungsmethode ist anzuwenden[4]. In der Praxis hat sich für die Berechnung des Unternehmenswertes weitgehend das Ertragswertverfahren durchgesetzt[5]. Danach wird der Unternehmenswert als der Barwert der künftigen anfallenden nachhaltig erzielbaren, verfügbaren Einnahmeüberschüsse definiert[6]. Die Bewertungsgrundsätze und die Bewertungsmethode unterliegen der rechtlichen Überprüfung, insbesondere ob der Ertrags-, der Substanz- oder ein Mittelwert der Schätzung zugrundezulegen ist[7]. Diskutiert wird in diesem Zusammenhang, ob bei der Unternehmensbewertung die sog. Verbundeffekte zu berücksichtigen sind[8]. Welche Bewertungsmethode bei Versicherungsunternehmen anzuwenden ist, hängt vom Einzelfall ab. Es sind Konstellationen denkbar, nach denen ein Versicherer einen hohen Substanzwert, aber einen niedrigen Ertragswert hat. Man wird daher immer beide Werte zu ermitteln haben[9]. In besonderer Weise wird der Unternehmenswert eines Versicherers davon abhängen, inwieweit er über eine Ausschließlichkeitsorganisation[10] verfügen kann und er in der Lage ist, aufgrund leistungsfähiger DV-Systeme und DV-Programme kostengünstig das Alt- und Neugeschäft zu verwalten. Im Grundbesitz oder in Aktienportefeuilles gebundene Bewertungsreserven werden in der Regel nur Versicherungsunternehmen aufweisen, die schon länger am Markt operieren.

4. Treuhänder

Die gemäß § 181 Abs. 1 UmwG vereinbarte Gegenleistung ist einem Treuhänder zu übergeben, der vom übertragenden Versicherungsverein auf Gegenseitigkeit zu bestellen ist (§ 183 Abs. 1 Satz 1 UmwG). Bestimmt das Gericht nach § 181 Abs. 4 UmwG die Gegenleistung, so hat es von Amts wegen einen Treuhänder für deren Empfang zu bestellen (§ 183 Abs. 2 Satz 1 UmwG). Der Treuhänder hat Anspruch auf Ersatz angemessener barer Auslagen und auf Vergütung für seine Tätigkeit (§§ 183 Abs. 2 Satz 3, 26 Abs. 4 Satz 1 UmwG). Bestellt der übertragende Versicherungsverein auf Gegenseitigkeit den Treuhänder, regelt der

---

[4] Vgl. BGHZ 71, 40 = NJW 1978, 1316 = WM 1978, 401 = DB 1978, 974 = BB 1978, 776 = AG 1978, 196; Seetzen-Schiedsgutachten, ZIP 1994, 331, 334; *Entzian/Schleifenbaum,* ZVersWiss 85 (1996), 521, 535.

[5] Vgl. OLG Düsseldorf, ZIP 1990, 1336 (DAB/Hansa); *Gansweid,* AG 1977, 334, 336 ff; *Stuirbrink/Geib/Axer,* WPg 1991, 68, 69 ff; Baran, Die Versicherungsrundschau 1992, 78; *Rodewald,* BB 1992, 238; *Niehues,* BB 1993, 2247; *Hübner,* in: Lutter, UmwG, 2000, § 181 UmwG Rdn. 5. Zum Anrechnungsverfahren siehe *Stuirbrink/Geib/Axer,* WPg 1991, 242 f gegen *Ketzscher,* WPg 1991, 241 f.

[6] Vgl. Grundsätze zur Durchführung von Unternehmensbewertungen, Stellungnahme 2/1983 des HFA des IdW, WPg 1983, 468, 470, und dazu *Maul,* DB 1992, 1253 ff; zur Angemessenheit eines Kapitalisierungszinsfußes von 8% vgl. LG Stuttgart, Beschluß vom 28. 6. 1993, AG 1994, 136.

[7] Vgl. *Lutter,* ZGR 1979, 401 ff, 415 ff; *Ränsch,* AG 1984, 202 ff.

[8] Siehe hierzu *Werner,* in: Festschrift für Ernst Steindorff, 1990, S. 305 ff; *Valcárcel,* DB 1992, 589 ff; *Mertens,* AG 1992, 321, 329 ff; *Hügel,* Verschmelzung und Einbringung, 1993, S. 202 ff; *Piltz,* 1994, S. 159 f; *Seetzen,* WM 1994, 49 f.

[9] Zur Ermittlung des Substanz- und Ertragswerts eines Versicherers siehe im einzelnen *Vollenweider,* 1971, S. 109 ff; *Lothar Meyer,* 1975, S. 260 ff, 262 ff.

[10] Dazu *Lothar Meyer,* 1975, S. 271 ff.

mit ihm geschlossene Vertrag, der als Geschäftsbesorgungsvertrag bzw. Auftragsverhältnis anzusehen ist, den Anspruch auf Auslagenersatz und Tätigkeitsvergütung[11]. Das Vertragsverhältnis geht auf den übernehmenden Rechtsträger mit der Folge über, daß die Aktiengesellschaft als übernehmender Rechtsträger und Rechtsnachfolger des Versicherungsvereins auf Gegenseitigkeit dem Treuhänder auf Erfüllung seiner Ansprüche haftet[12]. Im Falle der Bestellung durch das Gericht setzt das Gericht die Auslagen und die Vergütung fest (§§ 183 Abs. 2 Satz 3, 26 Abs. 4 Satz 2 UmwG). Das Gericht bestimmt nach den gesamten Verhältnissen des einzelnen Falles nach freiem Ermessen, in welchem Umfang die Auslagen und die Vergütung von den beteiligten Rechtsträgern zu tragen sind (§§ 183 Abs. 2 Satz 3, 26 Abs. 4 Satz 3 UmwG).

5. Verteilung der Gegenleistung

Jedes Mitglied, das dem Versicherungsverein auf Gegenseitigkeit seit mindestens drei Monaten vor dem Beschluß der obersten Vertretung über die Vermögensübertragung angehört hat, erhält eine Gegenleistung in gleicher Höhe (§§ 181 Abs. 3 Satz 1, 181 Abs. 2 Satz 1, 183 Abs. 2 Satz 2 UmwG). Eine andere Verteilung kann gemäß § 181 Abs. 3 Satz 2 UmwG nur nach einem oder mehreren der folgenden Maßstäbe festgesetzt werden:

1. die Höhe der Versicherungssumme,
2. die Höhe der Beiträge,
3. die Höhe der Deckungsrückstellung in der Lebensversicherung,
4. der in der Satzung des Versicherungsvereins auf Gegenseitigkeit bestimmte Maßstab für die Verteilung des Überschusses,
5. der in der Satzung des Versicherungsvereins auf Gegenseitigkeit bestimmte Maßstab für die Verteilung des Vermögens,
6. die Dauer der Mitgliedschaft.

Zur Verteilung kommt die Gegenleistung an die Mitglieder, sobald der Treuhänder dem Gericht angezeigt hat, daß er im Besitz der zu verteilenden Gegenleistung ist und aufgrund der Anmeldung der Vermögensübertragung durch die Vorstände der beteiligten Rechtsträger die Eintragung der Vermögensübertragung im Handelsregister der jeweiligen beteiligten Gesellschaft erfolgt ist[13]. Zur Vermeidung einer Auseinandersetzung über die Fälligkeit des Anspruchs auf Zahlung der Gegenleistung an das einzelne Mitglied sollte der Übertragungsvertrag den Fälligkeitszeitpunkt regeln.

6. Gerichtliche Überprüfung

Gemäß §§ 181 Abs. 4, 34 UmwG kann das von der Vermögensübertragung betroffene Mitglied die Angemessenheit der Gegenleistung gerichtlich überprüfen lassen und auf diesem Wege das Gericht veranlassen, auf seinen Antrag eine angemessene Barabfindung zu bestimmen[14].

---

[11] Vgl. *Hübner,* in: Lutter, UmwG, 2000, § 183 UmwG Rdn. 7.
[12] Vgl. *Hübner,* in: Lutter, UmwG, 2000, § 183 UmwG Rdn. 7.
[13] Nach a. A. tritt Fälligkeit schon mit der Anmeldung der Vermögensübertragung zum Handelsregister ein, vgl. *Hübner,* in: Lutter, UmwG, 2000, § 181 UmwG Rdn. 4.
[14] Vgl. *Hübner,* in: Lutter, UmwG, 2000, § 181 UmwG Rdn. 6, 11.

III. Übertragungsvertrag

Der Übertragungsvertrag oder dessen Entwurf (§§ 180 Abs. 1, 4 UmwG) muß gemäß §§ 180 Abs. 2, 176 Abs. 2, 5 Abs. 1 Nr. 1 bis 3, 6, 8 bis 9 UmwG mindestens folgende Angaben enthalten:
- den Namen oder die Firma und den Sitz der an der Vermögensübertragung beteiligten Rechtsträger,
- die Vereinbarung über die Übertragung des Vermögens des übertragenden Versicherungsvereins auf Gegenseitigkeit als Ganzes,
- Art und Höhe der Gegenleistung,
- den Zeitpunkt, von dem an die Handlungen der übertragenden Gesellschaft als für Rechnung der übernehmenden Gesellschaft vorgenommen gelten (Übertragungsstichtag),
- jeden besonderen Vorteil, der einem Mitglied des Vorstands oder des Aufsichtsrats der an der Vermögensübertragung beteiligten Gesellschaften, einem Abschlußprüfer oder einem freiwillig bestellten Übertragungsprüfer[15] gewährt wird,
- die Folgen der Vermögensübertragung für die Arbeitnehmer und ihre Vertretungen sowie die insoweit vorgesehenen Maßnahmen.

Der Übertragungsvertrag muß notariell beurkundet werden (§§ 180 Abs. 1, 6 UmwG).

IV. Vermögensübertragungsbericht

Die Vorstände der an der Vermögensübertragung beteiligten Gesellschaften haben einen ausführlichen schriftlichen Bericht zu erstatten, in dem der Übertragungsvertrag oder dessen Entwurf und insbesondere Art und Höhe der Gegenleistung rechtlich und wirtschaftlich erläutert und begründet werden (vgl. §§ 180 Abs. 1, 180 Abs. 2, 176 Abs. 2, 8 Abs. 1 UmwG). Der Bericht kann auch als gemeinsamer Bericht der Vorstände der beteiligten Gesellschaften erstattet werden[16].

V. Einberufung der Versammlung der obersten Vertretung

Vor der Einberufung der Versammlung der obersten Vertretung muß der Übertragungsvertrag oder dessen Entwurf dem Register vorgelegt werden (§§ 180 Abs. 1, 111 Satz 1 UmwG). Das Gericht hat bekanntzumachen, daß der Vertrag oder sein Entwurf beim Handelsregister eingereicht worden ist (§§ 180 Abs. 1, 111 Satz 2 UmwG).

Von der Einberufung der Versammlung der obersten Vertretung an sind in den Geschäftsräumen und in der Versammlung der obersten Vertretung die in § 63 Abs. 1 UmwG bezeichneten Unterlagen auszulegen (§§ 180 Abs. 1, 112 Abs. 1 Satz 1, 112 Abs. 2 Satz 1 UmwG). Zu den auszulegenden Unterlagen gehören der

---

[15] Eine Prüfung ist für die Vermögensübertragung im UmwG nicht vorgeschrieben, vgl. *Biewer,* 1998, S. 131. Möglich ist aber die Vereinbarung einer freiwilligen Prüfung, vgl. *Müller,* in: Kallmeyer, 2001, § 9 UmwG Rdn. 8.

[16] *Neye,* VersR 1983, 1001, 1002; *Dehmer,* Umwandlungsrecht, 1994, § 340a AktG Anm. 4, S. 633.

Umwandlungsvertrag oder sein Entwurf (§ 63 Abs. 1 Nr. 1 UmwG), die Jahresabschlüsse und die Lageberichte für die letzten drei Geschäftsjahre (§ 63 Abs. 1 Nr. 2 UmwG), ggf. die Zwischenbilanz (§ 63 Abs. 1 Nr. 3 UmwG) und die Übertragungsberichte der an der Vermögensübertragung beteiligten Gesellschaften (§ 63 Abs. 1 Nr. 4 UmwG).

VI. Zustimmungsbeschluß der obersten Vertretung des Versicherungsvereins auf Gegenseitigkeit

Der Übertragungsvertrag bedarf zur Erlangung der Wirksamkeit der Bestätigung durch einen Beschluß der obersten Vertretung (§§ 180 Abs. 1, 13 Abs. 1 Satz 1 UmwG), der nur in einer Versammlung der obersten Vertretung gefaßt werden kann (§§ 180 Abs. 1, 13 Abs. 1 Satz 2 UmwG). Im Zustimmungsbeschluß ist zu bestimmen, daß bei der Verteilung der Gegenleistung für die Vermögensübertragung jedes Mitglied zu berücksichtigen ist, das dem Versicherungsverein auf Gegenseitigkeit seit mindestens drei Monaten vor dem Beschluß angehört hat (§§ 180 Abs. 1, 181 Abs. 2 Satz 1 UmwG). Dieser Beschluß ist mit einer Dreiviertelmehrheit der abgegebenen Stimmen zu fassen (§§ 180 Abs. 1, 112 Abs. 3 Satz 1 UmwG). Die Satzung kann eine größere Mehrheit und weitere Erfordernisse bestimmen (§§ 180 Abs. 1, 112 Abs. 3 Satz 2 UmwG).

VII. Zustimmungsbeschluß der Hauptversammlung der übernehmenden Aktiengesellschaft

Der Übertragungsvertrag wird nur wirksam, wenn ihm auch die Aktionäre der Aktiengesellschaft zugestimmt haben (§§ 180 Abs. 1, 13 Abs. 1 Satz 1 UmwG). Der Beschluß kann nur in einer Hauptversammlung der Aktionäre gefaßt werden (§§ 180 Abs. 1, 13 Abs. 1 Satz 2 UmwG). Der Beschluß bedarf einer Mehrheit, die mindestens drei Viertel des bei der Beschlußfassung vertretenen Grundkapitals umfaßt (§§ 180 Abs. 1, 65 Abs. 1 Satz 1 UmwG). Die Satzung kann eine größere Kapitalmehrheit und weitere Erfordernisse bestimmen (§§ 180 Abs. 1, 65 Abs. 1 Satz 2 UmwG).

VIII. Genehmigung der Aufsichtsbehörde

Die Vermögensübertragung bedarf der Genehmigung der Aufsichtsbehörde (§ 14a VAG). Vor Erteilung der Genehmigung hat die Aufsichtsbehörde u.a. gemäß § 14a Satz 2 VAG i.V.m. § 14 Abs. 1 Satz 2 VAG zu prüfen, ob das übernehmende Unternehmen nach der Vermögensübertragung Eigenmittel in Höhe der Solvabilitätsspanne besitzt[17]. Da die Aufsichtsbehörde die Genehmigung versagen darf, wenn die Vorschriften des Umwandlungsgesetzes zur Vermögensübertragung nicht beachtet worden sind (vgl. § 14a Satz 2 VAG), unterliegt der Prüfungskompetenz der Aufsichtsbehörde auch die Angemessenheit der Gegenleistung[18].

---

[17] Dazu *Sasse*, ZVersWiss 64 (1975), 68.

[18] Vgl. *Präve*, ZfV 1991, 495; *Baumann*, VersR 1992, 906; *Müller-Wiedenhorn*, 1993, S. 95f, 97; *Biewer*, 1998, S. 141ff; a.A. Prölss/Schmidt/Frey, 1989, § 44b VAG Rdn. 10, 23; *Hübner*, in: Lutter, UmwG, 2000, § 181 UmwG Rdn. 14.

IX. Anmeldung und Eintragung der Vermögensübertragung

Die Vermögensübertragung ist durch den Vorstand des Versicherungsvereins auf Gegenseitigkeit zur Eintragung in das Handelsregister seiner Gesellschaft anzumelden (§§ 180 Abs. 1, 16 Abs. 1 Satz 1 UmwG). Auch der Vorstand der übernehmenden Aktiengesellschaft hat die Vermögensübertragung zur Eintragung in das Handelsregister seiner Gesellschaft anzumelden (§§ 180 Abs. 2, 16 Abs. 1 Satz 1 UmwG) und ist ebenfalls berechtigt, die Anmeldung der Vermögensübertragung zum Handelsregister der übertragenden Gesellschaft vorzunehmen (§§ 180 Abs. 1, 16 Abs. 1 Satz 2 UmwG). Die Vermögensübertragung darf aber erst eingetragen werden, wenn der Treuhänder dem Gericht angezeigt hat, daß er im Besitz der Gegenleistung ist (§ 183 Abs. 1 Satz 2 UmwG). Mit der Eintragung der Vermögensübertragung in das Handelsregister des Sitzes des übertragenden Versicherungsvereins auf Gegenseitigkeit geht dessen Vermögen einschließlich der Verbindlichkeiten auf die übernehmende Aktiengesellschaft über und erlischt der übertragende Versicherungsverein auf Gegenseitigkeit, ohne daß es einer besonderen Löschung bedarf (§§ 180 Abs. 2, 176 Abs. 3 UmwG).

X. Unterrichtung der Mitglieder

Der Vorstand der übernehmenden Aktiengesellschaft hat allen Mitgliedern, die dem Versicherungsverein auf Gegenseitigkeit seit mindestens drei Monaten vor dem Beschluß der obersten Vertretung über die Vermögensübertragung angehört haben, den Wortlaut des Übertragungsvertrages schriftlich mitzuteilen, sobald die Vermögensübertragung wirksam geworden ist (§ 182 Satz 1 UmwG). In der Mitteilung hat der Vorstand darauf hinzuweisen, daß das Mitglied die Möglichkeit hat, die gerichtliche Bestimmung der angemessenen Gegenleistung zu verlangen (§ 182 Satz 2 UmwG). Die Angemessenheit der Gegenleistung kann im Spruchverfahren gemäß §§ 305 ff UmwG überprüft werden[19]. Der Antrag auf gerichtliche Entscheidung kann nur binnen zwei Monaten nach dem Tag gestellt werden, an dem die Eintragung der Vermögensübertragung nach den Vorschriften des UmwG als bekanntgemacht gilt (§ 305 UmwG). Für den Fristbeginn ist nicht von Bedeutung, ob der Antragsberechtigte die Bekanntmachung über die Eintragung der Vermögensübertragung kennt[20].

XI. Fortbestand der Versicherungsverhältnisse

Mit Übergang des Vermögens und der Verbindlichkeiten auf die übernehmende Aktiengesellschaft gehen auch die Versicherungsverträge über[21]. Hieraus ist zu erkennen, daß das Versicherungsverhältnis auch ohne die Mitgliedschaft des Versicherungsnehmers weiterbestehen kann und von daher die organisationsrechtlichen Beziehungen von den versicherungsrechtlichen Beziehungen zu unterscheiden sind.

---

[19] Vgl. *Entzian/Schleifenbaum,* ZVersWiss 85 (1996), 521, 542.
[20] Vgl. *Krieger,* in: Lutter, UmwG, 2000, § 305 UmwG Rdn. 9.
[21] Vgl. *Entzian/Schleifenbaum,* ZVersWiss 85 (1996), 521, 537.

XII. Vermögensübertragung aus steuerrechtlicher Sicht

Bei der Vollübertragung finden gemäß § 1 Abs. 2 UmwStG die §§ 11–13, 19 UmwStG Anwendung[22].

Kapitel 24
Bestandsübertragung

I. Abgrenzung zum UmwG

Seit 1901 ist durch § 14 VAG die Möglichkeit eröffnet, den Versicherungsbestand eines Unternehmens ganz oder teilweise auf ein anderes Unternehmen zu übertragen[1]. Die Bestandsübertragung ergänzt als durch Bundesgesetz immer wieder bestätigte Strukturänderungsmaßnahme die im UmwG geregelten Umwandlungsarten und wird durch Vorschriften des UmwG nicht eingeschränkt (§ 1 Abs. 2 UmwG)[2].

II. Zweck der Übertragung eines Versicherungsbestandes

1. Sanierungsmaßnahme

Die Übertragung eines Versicherungsbestandes ist ein Weg, das Versicherungsgeschäft ganz oder teilweise aufzugeben. Eine entsprechende Maßnahme kann ihre Ursache darin haben, daß bestimmte Versicherungsgeschäfte „nicht mehr rentabel betrieben" werden können[3] oder „mit einem wenig günstigen Ergebnis abschließen und es daher ratsam erscheint, zum Schutze der Versicherten und der Gläubiger den Betrieb dieser Versicherungszweige aufzugeben"[4]. In erster Linie ist die Bestandsübertragung ein Sanierungsmittel[5]. Die Bestandsübertragung ist denn auch „in der Vergangenheit in vielen Fällen zur Sanierung notleidender oder zur Abgabe nicht mehr ausgleichsfähiger Bestände" durchgeführt worden[6].

---

[22] Siehe hierzu eingehend *Schaumburg,* in: Lutter, UmwG, 2000, Anh. 3 § 189 UmwG, S. 1866ff.

22

[1] Zur Rechtsentwicklung eingehend *Robert Weber,* ZVersWiss 84 (1995), 429ff.

[2] Ebenso *Entzian/Schleifenbaum,* ZVersWiss 85 (1996), 521, 541; *Kaulbach,* in: Fahr/Kaulbach, 1997, § 14a VAG Rdn. 1; *Weigel,* in: Prölss/Schmidt, 1997, § 44 VAG Rdn. 1.

[3] Vgl. *Scharping,* 1964, S. 34; ähnlich *Gottschalk,* 1930, S. 7; *Müller-Magdeburg,* 1996, S. 5.

[4] Vgl. *Imberg,* 1963, S. 107.

[5] Siehe dazu *Petersen,* ZVersWiss 31 (1931), 11; *Sieg,* in: Festgabe für Hans Möller, 1972, S. 468; *Jud,* in: Festschrift für Walther Kastner, 1992, S. 205; *Mudrack,* BB 1989, Beilage 14 (Supplement Finanz-Berater), S. 26, 30; *Müller-Magdeburg,* 1996, S. 7; *Kaulbach,* in: Fahr/Kaulbach, 1997, § 14 VAG Rdn. 2; *Farny,* Versicherungsbetriebslehre, 2000, S. 526; *Helmut Müller,* Zur aktuellen wirtschaftlichen Lage der deutschen Versicherungsunternehmen aus aufsichtsbehördlicher Sicht, 1999, S. 31.

[6] Vgl. *Nowak,* in: Ausblick und Rückblick, Erich R. Prölss zum 60. Geburtstag, 1957, S. 252; *Präve,* ZfV 1992, 334, 342; zum Ursprung und zur Herausbildung der Bestandsübertragung als Rechtsinstitut siehe *Robert Weber,* ZVersWiss 84 (1995), 429ff.

2. Strukturmaßnahme

Die Bestandsübertragung ist aber auch ein rechtlich zulässiger Weg zur Umstrukturierung von Versicherungsunternehmen und Versicherungsgruppen[7]. In der Praxis ist die Übertragung von Versicherungsbeständen eines Versicherungsvereins auf Gegenseitigkeit auf eine Aktiengesellschaft von besonderer Bedeutung[8] und häufig anzutreffen[9].

III. Bestandsübertragungsvertrag

1. Form

Der „Vertrag, durch den der Versicherungsbestand eines Unternehmens ganz oder teilweise auf ein anderes Unternehmen übertragen werden soll" (§ 14 Abs. 1 Satz 1 VAG), bedarf der Schriftform (§ 14 Abs. 2 VAG). Von daher genügt die einfache Schriftform des § 126 Abs. 2 BGB[10]. Die Anwendung des § 311 BGB ist gemäß § 14 Abs. 2 VAG ausdrücklich ausgeschlossen. Nicht ausdrücklich ausgeschlossen hat der Gesetzgeber § 313 BGB. Sieht der Bestandsübertragungsvertrag zur Bedeckung der übertragenen Passiva die Übertragung von Grundstücken vor, ist der Bestandsübertragungsvertrag notariell zu beurkunden. Einfache Schriftform genügt in diesem Fall nicht[11].

---

[7] Siehe dazu VerBAV 1984, 22; 1985, 351; 1986, 230; BVerwG vom 30. 1. 1990, VersR 1990, 473, 474; BeschlKE BAV vom 22.2. und 11. 5. 1989, VerBAV 1989, 235, 238; BeschlKE BAV vom 15. 8. 1990 und 16. 4. 1991, VerBAV 1992, 3, 6; BVerwG vom 11. 1. 1994 – 1 A 72.89 –, NJW 1994, 2561 = VersR 1994, 541 = VerBAV 1994, 178 = ZIP 1994, 705 = MDR 1994, 671 = JZ 1995, 455 („Deutscher Herold"); BeschlKE BAV vom 17. 8. 1995, VerBAV 1995, 379; *Surminski*, ZfV 1984, 70; *Kaulbach*, VersR 1990, 645; *derselbe*, ZfV 1992, 200; *Präve*, ZfV 1992, 334, 342; *Dageförde*, NJW 1994, 2528; *Donath*, VersR 1994, 965; *Hübner*, in Dieter Farny und die Versicherungswissenschaft, 1994, Fn. 1, S. 239; *Lorenz*, VersR 1994, 967; *Entzian/Schleifenbaum*, ZVersWiss 85 (1996), 521, 522; *Kaulbach*, in: Fahr/Kaulbach, 1997, § 14 VAG Rdn. 2; *Hoppmann*, Vorstandskontrolle, 2000, S. 236.

[8] Vgl. BeschlKE BAV vom 3. 5. 1991, VerBAV 1991, 299; BeschlKE BAV vom 15. 8. 1990 und 16. 4. 1991, VerBAV 1992, 3; BVerwG vom 12. 12. 1995–1 A 1.92 –, NJW 1996, 2521 = VersR 1996, 569 = VerBAV 1996, 141; dazu *Baumann*, VersR 1992, 905; *Präve*, ZfV 1991, 494; zur Frage der Nachgründung im Sinne von § 52 AktG siehe *Nowak*, in: Ausblick und Rückblick, Erich R. Prölss zum 60. Geburtstag, 1967, S. 252.

[9] Nach einer Auswertung von *Entzian/Schleifenbaum* erfolgten zwischen 1980 und 1994 über 200 Bestandsübertragungen (ZVersWiss 85 (1996)), Fn. 2, S. 521). Eine außerordentliche Delegiertenversammlung hatte am 27. 10. 1999 über einen Bestandsübertragungs- und Teilbetriebseinbringungsvertrag zwischen der KRAVAG-LOGISTIC Versicherungs-AG als übernehmender Gesellschaft und KRAVAG-SACH Versicherung des Deutschen Kraftverkehrs VaG als übertragender Gesellschaft und über einen Bestandsübertragungs- und Teilbetriebseinbringungsvertrag zwischen der KRAVAG-ALLGEMEINE Versicherungs-Aktiengesellschaft als übernehmender Gesellschaft und KRAVAG-SACH Versicherung des Deutschen Kraftverkehrs VaG als übertragender Gesellschaft zu beschließen, vgl. Bundesanzeiger Nr. 180 vom 24. 9. 1999, S. 16485.

[10] Vgl. *Scharping*, 1964, S. 46; *Kaulbach*, 1988, S. 67; *Prölss/Schmidt/Frey*, 1989, § 14 VAG Rdn. 11; *Müller-Wiedenhorn*, 1993, S. 105 f; *Müller-Magdeburg*, 1996, S. 30; *Reimer Schmidt*, in: Prölss/Schmidt, 1997, § 14 VAG Rdn. 23.

[11] So aber die hM, vgl. *Scharping*, 1964, S. 47; *Zier*, 1968, S. 240; *Prölss/Schmidt/Frey*, 1989, § 14 VAG Rdn. 11; *Entzian/Schleifenbaum*, ZVersWiss 85 (1996), 521, 530; *Müller-Magdeburg*, 1996, S. 32; *Reimer Schmidt*, in: Prölss/Schmidt, 1997, § 14 VAG Rdn. 23; *Scholz*, VersR 1997, 1070, 1071.

2. Inhalt des Vertrages

Der Gesetzgeber überläßt die Vertragsgestaltung den Vertragsparteien[12]. Ob für die Bestandsübertragung eine Gegenleistung gewährt wird, steht den vertragschließenden Unternehmen mangels gesetzlicher Regelung weitgehend frei[13]. Zum Zwecke der Erlangung der Genehmigung der Aufsichtsbehörde haben die Vertragsparteien jedoch darauf zu achten, daß das übernehmende Unternehmen, das auch eine Konzerngesellschaft sein kann, spätestens mit der Bestandsübertragung als Versicherungsunternehmen zugelassen ist[14]. Der Bestandsübertragungsvertrag muß ferner den Anforderungen des § 8 VAG genügen, der gemäß § 14 Abs. 1 Satz 3 VAG entsprechend gilt. Von daher muß der Bestandsübernahmevertrag erkennen lassen, daß die Belange der Versicherten ausreichend gewahrt sind, und den Schluß zulassen, daß auch nach der Bestandsübertragung die Verpflichtungen aus den Versicherungsverträgen in genügender Weise dauernd erfüllbar sind. Darüber hinaus muß der Bestandsübertragungsvertrag auch die mitgliedschaftlichen Belange der Versicherungsnehmer berücksichtigen. Liegt ein Fall der Teilbestandsübertragung vor, ist die Frage der Gewährung einer Abfindung für den Verlust der Mitgliedschaft zu regeln[15].

3. Eintritt der Rechtswirksamkeit

Der Eintritt der Rechtswirksamkeit des Bestandsübertragungsvertrags hängt zunächst von der Zustimmung der obersten Vertretung ab (§ 44 VAG).

Ferner ist erforderlich, daß die Genehmigung der Aufsichtsbehörde bestandskräftig erteilt ist. Dies hat zur Folge, daß im Falle der Durchführung von Rechtsmittelverfahren die Rechtswirksamkeit nicht vor Abschluß dieser Verfahren eintritt[16]. Eine Rückwirkung scheidet aus.

Die Kautelarpraxis wird diesen Gegebenheiten dadurch Rechnung tragen, daß der Bestandsübertragungsvertrag unter aufschiebenden Bedingungen geschlossen wird.

4. Rechtsübergang der Versicherungsverhältnisse

Mit Eintritt der Rechtswirksamkeit des Bestandsübertragungsvertrags geht der Versicherungsbestand mit allen Rechten und Pflichten aus den übertragenen Versicherungen auf das übernehmende Unternehmen über (§ 14 Abs. 1 Satz 4 1. Halbsatz VAG)[17]. § 14 Abs. 1 Satz 4 2. Halbsatz VAG stellt ausdrücklich klar, daß

[12] Vgl. BeschlKE BAV vom 25. 2. 1986, VerBAV 1986, 262; BeschlKE BAV vom 22. 2. und 11. 5. 1989, VerBAV 1989, 235, 239; *Dethier,* VW 1962, 839 ff; *Müller-Magdeburg,* 1996, S. 21 ff; *Kaulbach,* in: Fahr/Kaulbach, 1997, § 14 VAG Rdn. 5. Musterverträge siehe bei *Scharping,* 1964, S. 141 ff.

[13] Vgl. *Entzian/Schleifenbaum,* ZVersWiss 85 (1996), 521, 536.

[14] Vgl. BeschlKE BAV vom 25. 2. 1986, VerBAV 1986, 262 ff; BVerwG vom 30. 1. 1990, VersR 1990, 473 ff; *Müller-Wiedenhorn,* 1993, S. 106 ff.

[15] Vgl. BeschlKE BAV vom 3. 5. 1991, VerBAV 1991, 299, 300; BeschlKE BAV vom 15. 8. 1990 und 16. 4. 1991, VerBAV 1992, 3, 6; BVerwG vom 12. 12. 1995 – 1 A 1.92 –, NJW 1996, 2521 = VersR 1996, 569 = VerBAV 1996, 141; *Präve,* ZfV 1991, 494; *Farny,* Versicherungsbetriebslehre, 2000, S. 236: Ausgleichsanspruch in Analogie zu § 291 UmwG.

[16] Ebenso *Bannier,* 1936, S. 30; *Prölss/Schmidt/Frey,* 1989, § 14 VAG Rdn. 22; *Reimer Schmidt,* in: Prölss/Schmidt, 1997, § 14 VAG Rdn. 30.

[17] Vgl. BeschlKE BAV vom 3. 5. 1991, VerBAV 1991, 299, 300; zu den Einzelheiten *Sieg,* VersR 1979, 485 ff.

die Zustimmung der Versicherungsnehmer zum Übergang ihrer Versicherungsverträge nicht erforderlich ist[18].

Bis zur Rechtswirksamkeit des Bestandsübertragungsvertrags ist der Versicherungsnehmer wegen „Unsicherwerdens" des Versicherers berechtigt, seinen Versicherungsvertrag fristlos zu kündigen[19]. Insoweit ist aber Voraussetzung, daß der Versicherer ein echter Sanierungsfall ist. Sobald der Genehmigungsbescheid der Aufsichtsbehörde rechtskräftig ist, erlischt das außerordentliche Kündigungsrecht[20].

IV. Zustimmung der obersten Vertretung des übertragenden Versicherungsvereins auf Gegenseitigkeit

1. Beschluß

Der Bestandsübertragungsvertrag bedarf zu seiner Wirksamkeit der Zustimmung der obersten Vertretung des übertragenden Versicherungsvereins auf Gegenseitigkeit (§ 44 Satz 1 VAG). Vor Erteilung der Zustimmung hat sich die oberste Vertretung davon zu überzeugen, daß der Bestandsübertragungsvertrag gemäß § 14 VAG genehmigungsfähig ist.

2. Abstimmungsmodus

Wenn die Satzung des übertragenden Versicherungsvereins auf Gegenseitigkeit keine andere Bestimmung trifft, muß der Zustimmungsbeschluß von seiner obersten Vertretung mit einer Mehrheit von drei Vierteln der abgegebenen Stimmen gefaßt werden (§ 44 Satz 2 VAG). Es soll zulässig sein, daß die Satzung eine Beschlußfassung mit einfacher Mehrheit zuläßt[21].

3. Rechtswirkung des Beschlusses

Der Zustimmungsbeschluß der obersten Vertretung greift in die Mitgliedschaftsrechte der Mitglieder ein und bringt sie zum Erlöschen[22]. Er hat den Charakter eines Ausschlußbeschlusses. Die Satzung kann jedoch bestimmen, daß die Mitgliedschaft trotz Übertragung des Versicherungsvertrages fortbesteht[23].

---

[18] Dazu und zur früheren Gesetzeslage vgl. *von Puskás,* VersR 1980, 205; *Sieg,* ZVersWiss 69 (1980), 1; *Thode,* ZfV 1994, 322, 324; BeschlKE BAV vom 9. 1. 1979, VerBAV 1979, 98, 101.

[19] Vgl. *Bannier,* 1936, S. 35; *Braeß,* Die Versicherungsrundschau 1968, 32f; *Prölss/Schmidt/Frey,* 1989, § 14 VAG Rdn. 26; *Prölss,* in: Prölss/Martin, 1998, § 13 VVG Rdn. 10; *Hofmann,* Privatversicherungsrecht, 1998, § 6 Rdz. 52, S. 106.

[20] Vgl. *Julius von Gierke,* Versicherungsverein, 1942, S. 66; *Leister,* 1930, S. 25; *Sieg,* VersR 1979, 485, 486; *Prölss/Schmidt/Frey,* 1989, § 14 VAG Rdn. 26; *Reimer Schmidt,* in: Prölss/Schmidt, 1997, § 14 VAG Rdn. 31.

[21] Vgl. *Julius von Gierke,* Versicherungsverein, 1942, S. 65.

[22] Siehe BeschlKE BAV vom 3. 5. 1991, VerBAV 1991, 299, 300; *Jud,* in: Festschrift für Walther Kastner, 1992, S. 205; *Müller-Magdeburg,* 1996, 86, 89, 145.

[23] Vgl. BVerwG vom 21. 12. 1993, VerBAV 1994, 169, 171; *Scherzberg,* in: Grundlagen des Versicherungsvereins auf Gegenseitigkeit, 1995, S. 231, 233; *Müller-Magdeburg,* 1996, S. 89; *Biewer,* 1998, S. 114; a. A. BeschlKE BAV vom 3. 5. 1991, VerBAV 1991, 299.

V. Zustimmung der obersten Vertretung des übernehmenden Versicherungsvereins auf Gegenseitigkeit

1. Anwendbarkeit des § 44 VAG

Ist Vertragspartner des übertragenden Versicherungsvereins auf Gegenseitigkeit ebenfalls ein Versicherungsverein auf Gegenseitigkeit, stellt sich die Frage, ob auch dessen oberste Vertretung dem Bestandsübertragungsvertrag zustimmen muß. Das Gesetz schreibt die Zustimmung der obersten Vertretung des übernehmenden Versicherungsvereins auf Gegenseitigkeit nicht ausdrücklich vor. Von daher könnte die Zustimmung der obersten Vertretung des übernehmenden Versicherungsvereins auf Gegenseitigkeit nicht erforderlich sein[24].

Nicht übersehen werden darf aber, daß bei Sanierungsübertragungen die Mitglieder des aufnehmenden Versicherungsvereins auf Gegenseitigkeit Nachteile erleiden können. Nachteile können entstehen, wenn zum Beispiel in der Krankenversicherung der aufnehmende Versicherungsverein auf Gegenseitigkeit einen „überalteten, notleidenden Bestand" übernimmt[25]. Insofern berührt eine Bestandsübertragung die mitgliedschaftlichen Rechte der Vereinsmitglieder des aufnehmenden Versicherungsvereins auf Gegenseitigkeit so stark, daß grundsätzlich die Zustimmung der obersten Vertretung des aufnehmenden Versicherungsvereins auf Gegenseitigkeit erteilt sein muß, um dem Bestandsübertragungsvertrag die Wirksamkeit zu verschaffen[26].

2. Satzungsmäßiger Zustimmungsvorbehalt

Das Zustimmungserfordernis kann sich aus der Satzung des übernehmenden Versicherungsvereins auf Gegenseitigkeit ergeben. In diesem Fall darf der Bestandsübertragungsvertrag vom Vorstand des übernehmenden Versicherungsvereins auf Gegenseitigkeit nur unter dem Vorbehalt der Zustimmung der obersten Vertretung oder nach Erhalt deren Zustimmung rechtswirksam abgeschlossen werden[27].

3. Aufnahme eines neuen Versicherungszweigs

Auch wenn die Satzung die Zustimmung der obersten Vertretung des übernehmenden Versicherungsvereins auf Gegenseitigkeit zum Bestandsübertragungsvertrag nicht verlangt, kann die Kompetenz der obersten Vertretung gegeben sein. Die beabsichtigte Übernahme des Versicherungsbestandes kann zur Aufnahme eines neuen Versicherungszweiges führen. Für diesen Fall schreibt § 39 Abs. 4 VAG vor, daß hierüber die oberste Vertretung mit einer Mehrheit von drei Vierteln der abgegebenen Stimmen zu entscheiden hat[28].

---

[24] So *Bannier,* 1936, S. 49; *Prölss/Schmidt/Frey,* 1989, § 14 VAG Rdn. 12; *Entzian/Schleifenbaum,* ZVersWiss 85 (1996), 521, 532; *Müller-Magdeburg,* 1996, S. 29; *Reimer Schmidt,* in: Prölss/Schmidt, 1997, § 14 VAG Rdn. 24; *Weigel,* in: Prölss/Schmidt, 1997, § 44 VAG Rdn. 2; *Scholz,* VersR 1997, 1070, 1071/1072.

[25] Ohne Verfasserangabe, Bestandsübertragung nach unten, ZfV 1984, 70.

[26] Ebenso *Hoppmann,* Vorstandskontrolle, 2000, S. 236.

[27] Ebenso *Hoppmann,* Vorstandskontrolle, 2000, S. 236 f.

[28] Ebenso *Hoppmann,* Vorstandskontrolle, 2000, S. 237.

4. Begründung von Mitgliedschaftsverhältnissen

Werden Versicherungsbestände auf einen Versicherungsverein auf Gegenseitigkeit übertragen, stellt sich die Frage, ob die Übertragung der Versicherungsverträge die Aufnahme der Versicherungsnehmer in den Versicherungsverein auf Gegenseitigkeit als neue Mitglieder zur Folge hat[29]. Unerheblich ist insoweit, ob die Versicherungsnehmer früher bei einer Versicherungs-Aktiengesellschaft oder bei einem Versicherungsverein auf Gegenseitigkeit versichert waren.

Eine Zwangsmitgliedschaft ist gesetzlich nicht vorgesehen. Von daher ist zur Begründung der Mitgliedschaft die Beitrittserklärung der Versicherungsnehmer erforderlich[30]. Ein Einverständnis mit der Mitgliedschaft ist zu unterstellen, wenn das Mitgliedschaftsverhältnis keine über den Versicherungsvertrag hinausgehenden Pflichten enthält und der Versicherungsvertrag fortgeführt wird. Sieht die Satzung des aufnehmenden Versicherungsvereins auf Gegenseitigkeit z. B. eine Nachschußpflicht vor, muß der Versicherungsnehmer hierüber genau und vollständig unterrichtet werden und muß die Beitrittserklärung in Kenntnis dieser Umstände abgegeben werden, um die Mitgliedschaft begründen zu können.

VI. Genehmigung der Aufsichtsbehörde

1. Wahrung der Belange der Versicherten

a) Gesetzliche Ausgangslage. Der Bestandsübertragungsvertrag bedarf der Genehmigung der Aufsichtsbehörden, die für die beteiligten Unternehmen zuständig sind (§ 14 Abs. 1 Satz 1 VAG). Wenn ein inländisches Versicherungsunternehmen ganz oder teilweise seinen Bestand an Versicherungsverträgen, die es nach § 13a VAG durch eine Niederlassung oder im Dienstleistungsverkehr abgeschlossen hat, auf ein Unternehmen mit Sitz in der Europäischen Gemeinschaft oder einem anderen Vertragsstaat des EWR-Abkommens überträgt, ist gemäß § 14 Abs. 1a Satz 1 VAG lediglich die Genehmigung der Aufsichtsbehörde erforderlich, die für das übertragende Unternehmen zuständig ist.

§ 14 VAG ist in allen Fällen von Bestandsübertragungen Rechtsgrundlage für die aufsichtsbehördliche Genehmigung[31]. Weder der Wortlaut noch die Entstehungsgeschichte der Vorschrift bieten einen Anhaltspunkt für eine Einschränkung des Anwendungsbereiches auf Sanierungs- und Rationalisierungsfälle oder für einen Ausschluß von Bestandsübertragungen zwischen verbundenen Unternehmen[32].

Die Genehmigung ist zu erteilen, wenn die in § 14 VAG und § 8 VAG, auf den § 14 Abs. 1 Satz 3 VAG ausdrücklich verweist, aufgezeigten Voraussetzungen erfüllt sind[33]. Sie darf danach nur erteilt werden, wenn die Belange der Versicherten ausreichend gewahrt sind und die dauernde Erfüllbarkeit der Verpflich-

[29] So *Müller-Magdeburg*, 1996, S. 259.

[30] Ähnlich Schrage, ZfV 1992, 87.

[31] Vgl. BeschlKE BAV vom 15. 8. 1990 und 16. 4. 1991, VerBAV 1992, 3, 6; *Diehl*, VersR 2000, 268, 269; *Weber-Rey/Krecek*, NVersZ 2000, 105, 109.

[32] Vgl. BeschlKE BAV vom 11. 5. 1989, VerBAV 1989, 235, 238; BVerwG vom 30. 10. 1990, VerBAV 1990, 209, 211; BeschlKE BAV vom 17. 8. 1995, VerBAV 1995, 379, 380; BVerwG vom 12. 12. 1995 – 1 A 1.92 –, VerBAV 1996, 141, 143.

[33] Vgl. BeschlKE BAV vom 25. 2. 1986, VerBAV 1986, 262; BVerwG vom 12. 12. 1995 – 1 A 1.92 –, VerBAV 1995, 141, 143.

tungen aus den Versicherungen genügend dargetan ist (§ 8 Abs. 1 Nr. 3 VAG). Die Generalklausel des § 8 Abs. 1 Nr. 3 VAG findet Anwendung bei allen Bestandsübertragungen[34]. Eine einschränkende Auslegung bei Bestandsübertragungen ist nicht geboten[35]. Das BAV hat bei seiner Genehmigung darauf zu achten, daß bei Bestandsübertragungen gesetzliche oder vertragliche Ansprüche der Versicherungsnehmer auf Beteiligung an den durch Sicherheitszuschläge entstandenen Überschüssen des übertragenden Versicherungsunternehmens nicht entwertet oder ausgehöhlt werden[36].

b) Gesamtbestandsübertragung. Sieht der Bestandsübertragungsvertrag die Übertragung des gesamten Versicherungsbestandes vor und wird der Versicherungsverein auf Gegenseitigkeit wegen Wegfalls der Mitglieder aufgelöst, sind die Belange der Versicherten regelmäßig schon deshalb gewahrt, weil die ehemaligen Mitglieder das nach Berichtigung der Schulden verbleibende Vereinsvermögen erhalten (§ 48 Abs. 2 VAG)[37].

c) Teilbestandsübertragung. Handelt es sich um eine Teilbestandsübertragung, die einen Restversicherungs- und einen Restvermögensbestand beim übertragenden Versicherungsverein auf Gegenseitigkeit beläßt, ist ein Abfindungsanspruch der Mitglieder für den Verlust der Mitgliedschaftsrechte nicht ausdrücklich gesetzlich geregelt. Die Teilbestandsübertragung entspricht der Lage, in der sich die Versicherungsnehmer (Mitglieder) eines Versicherungsvereins auf Gegenseitigkeit nach einer Vermögensübertragung nach § 44b VAG a.F. oder einer Umwandlung nach § 385e AktG a.F. befinden. Im Wege des § 14 VAG aufgrund einer Teilbestandsübertragung unfreiwillig ausgeschiedenen Mitgliedern ist daher ein Abfindungsanspruch zuzubilligen, der bei der Übertragung von Lebensversicherungsbeständen von besonderer Bedeutung ist, da hier die Versicherungsnehmer (Mitglieder) einen Anspruch auf Beteiligung an den durch Sicherheitszuschläge entstandenen Überschüssen des übertragenden Versicherers haben[38]. Der Abfindungsanspruch entfällt, wenn zwar der Versicherungsvertrag des Mitglieds übertragen wird, der Versicherungsnehmer aber gemäß der Satzung des übertragenden Versicherungsvereins auf Gegenseitigkeit Mitglied bleibt und seine Mitgliedschaftsrechte am Vereinsvermögen behält[39].

Der für die Abfindung maßgebende Unternehmenswert ist unter Zugrundelegung des Ertragswertverfahrens zu ermitteln, wobei im Hinblick auf Bewertungsreserven auch der Substanzwert zum Vergleich heranzuziehen ist[40]. Bei der

---

[34] Davon gehen die BeschlKE BAV vom 15. 8. 1990 und 16. 4. 1991, VerBAV 1992, 3, 6, auch aus: „Rechte der Widerspruchsführer sind nicht verletzt, ihre Belange sind ausreichend gewahrt worden (§§ 14 Abs. 1 Satz 3, 8 Abs. 1 Nr. 2 VAG)“. Siehe ferner BVerwG vom 11. 1. 1994, NJW 1994, 2561 = VersR 1994, 541, 542.

[35] Vgl. BeschlKE BAV vom 17. 8. 1995, VerBAV 1995, 379, 381.

[36] Vgl. BVerfG vom 11. 7. 1990, NJW 1991, 1167 = VersR 1991, 757 = VerBAV 1991, 339; BeschlKE BAV vom 17. 8. 1995, VerBAV 1995, 379, 383.

[37] Vgl. *Müller-Wiedenhorn,* 1993, S. 117; *Müller-Magdeburg,* 1996, S. 91; *Weigel,* in: Prölss/Schmidt, 1997, § 44 VAG Rdn. 8; *Biewer,* 1998, S. 12.

[38] Vgl. BeschlKE BAV vom 15. 8. 1990 und 16. 4. 1991, VerBAV 1992, 3, 6ff; BVerwG vom 12. 12. 1995 –1 A 1.92–, VerBAV 1996, 141, 144ff; *Mudrack,* Beilage zu BB 32/1991 (Supplement Finanz-Berater), S. 10, 12; *Müller-Magdeburg,* 1996, 132.

[39] Vgl. BVerwG vom 21. 12. 1993–1 A 35.91 –, NJW 1994, 2559 = VersR 1994, 797 = VerBAV 1994, 169 = ZIP 1994, 709 = MDR 1994, 672 („VHV“).

[40] Vgl. BeschlKE BAV vom 15. 8. 1990 und 16. 4. 1991, VerBAV 1992, 3, 7.

Ermittlung des Abfindungsbetrags müssen die Vermögenswerte außer Ansatz bleiben, die zur Erfüllung der versicherungsvertraglich und geschäftsplanmäßig geschuldeten Leistungen benötigt werden[41].

Die Prüfungsbefugnis der Aufsichtsbehörde beschränkt sich darauf, ob die vom Versicherungsunternehmen gewählten Bemessungsgrundlagen zu unangemessenen Ergebnissen führen, mithin ob das gewährte Entgelt unangemessen niedrig ist und deswegen die Belange der versicherten Mitglieder beeinträchtigt sind[42]. Es ist nicht die Aufgabe der Aufsichtsbehörde, „die denkbar beste Abfindung der ausscheidenden Vereinsmitglieder durchzusetzen"[43].

Die Aufsichtsbehörde[44] und das BVerwG[45] sehen die Belange der Versicherten im Falle einer Teilbestandsübertragung auch dann noch als ausreichend gewahrt an, wenn sich das übertragende Unternehmen, ggf. befristet, verpflichtet, die von der Übertragung betroffenen Versicherungsnehmer weiterhin an den Überschüssen teilhaben zu lassen, die durch die Realisierung derjenigen Bewertungsreserven erzielt werden, die in den nicht übertragenen Vermögenswerten enthalten sind[46]. Diese Entscheidungspraxis hat Zustimmung[47], aber zu Unrecht auch Ablehnung[48] und Kritik[49] erfahren. Denn das BAV ist im Rahmen der Rechts- und Finanzaufsicht nach § 81 VAG gehalten, auf die Einhaltung der übernommenen Verpflichtungen zu achten[50].

d) Sanierung. Erfolgt die Bestandsübertragung zum Zwecke der Sanierung, kann es vorkommen, daß die dem Versicherungsbestand zuzuordnenden und mit ihm zu übertragenden versicherungstechnischen Rückstellungen und Beitragsüberträge nicht ausreichen. Zweifelhaft ist, ob die Aufsichtsbehörde in diesem Fall den Bestandsübertragungsvertrag genehmigen darf. Prölss/Schmidt/Frey[51] halten die Genehmigungsfähigkeit für gegeben, auch wenn technische Reserven und Beitragsüberträge nicht vorhanden bzw. in angemessener Höhe gestellt sind. Dieser Auffassung ist zuzustimmen, da andernfalls Bestandsübertragungen zum Zwecke der Sanierung und Erhaltung des Versicherungsschutzes häufig nicht möglich wären. Derartige Sanierungsmaßnahmen zu ermöglichen, ist aber gerade der Zweck des § 14 VAG. Die Aufsichtsbehörde muß aber darauf achten, ob das übernehmende Unternehmen wirtschaftlich stark genug ist, um eine vorhandene Unterdeckung verkraften zu können.

---

[41] Vgl. BeschlKE BAV vom 15. 8. 1990 und 16. 4. 1991, VerBAV 1992, 3, 7.

[42] Vgl. BVerwG vom 12. 12. 1995–1 A 1.92 –, VerBAV 1996, 141, 145.

[43] Vgl. BeschlKE BAV vom 15. 8. 1990 und 16. 4. 1991, VerBAV 1992, 3, 8; früher schon BVerwG, VersR 1961, 145; vgl. auch BVerwG vom 11.1.1994 – BVerwG 1 A 72.89 –, VersR 1994, 541 = VerBAV 1994, 178 = ZIP 1994, 705 = MDR 1994, 671 („Deutscher Herold").

[44] Vgl. BeschlKE BAV vom 22.2. und 11. 5. 1989, VerBAV 1989, 235, 240; BeschlKE BAV vom 15. 8. 1990 und 16. 4. 1991, VerBAV 1992, 3, 7ff; BeschlKE BAV vom 17. 8. 1995, VerBAV 1995, 379, 382f.

[45] Vgl. BVerwG vom 11. 1. 1994, VersR 1994, 541, 543 = NJW 1994, 2561.

[46] Ein entsprechender Verpflichtungsvertrag ist in den BeschlKE BAV vom 15. 8. 1990 und 16. 4. 1991, VerBAV 1992, 3, 7ff, enthalten.

[47] Siehe hierzu *Entzian/Schleifenbaum*, ZVersWiss 85 (1996), 521, Fn. 50, S. 540.

[48] Siehe hierzu *Entzian/Schleifenbaum*, ZVersWiss 85 (1996), 521, Fn. 50, S. 540.

[49] Vgl. *Entzian/Schleifenbaum*, ZVersWiss 85 (1996), 521, 540.

[50] Vgl. BVerwG vom 30. 1. 1990, VersR 1990, 473, 474.

[51] Vgl. *Prölss/Schmidt/Frey*, 1989, § 14 VAG Rdn. 9; *Müller-Wiedenhorn*, 1993, S. 113; *Müller-Magdeburg*, 1996, S. 16; *Reimer Schmidt*, in: Prölss/Schmidt, 1997, § 14 VAG Rdn. 21.

2. Solvabilitätsnachweis

Im Rahmen des Genehmigungsverfahrens muß das übernehmende Versicherungsunternehmen nachweisen, daß es „nach der Übertragung Eigenmittel in Höhe der Solvabilitätsspanne besitzt" (§ 14 Abs. 1 Satz 2 VAG). Zum Nachweis muß der Aufsichtsbehörde mit dem Genehmigungsantrag eine Solvabilitätsberechnung vorgelegt werden, die die maßgeblichen versicherungstechnischen Daten des zu übernehmenden Versicherungsbestandes berücksichtigt[52].

Kann das übernehmende Versicherungsunternehmen diesen Nachweis nicht führen, ist die Genehmigung des Bestandsübertragungsvertrages zu verweigern[53]. Eine Genehmigung unter Auflagen ist gemäß § 8 Abs. 2 VAG von der Aufsichtsbehörde zu erwägen. Sie erscheint nur in besonderen Ausnahmefällen vorstellbar. Ein solcher Ausnahmefall ist gegeben, wenn das übernehmende Versicherungsunternehmen im laufenden oder folgenden Geschäftsjahr Bewertungsreserven so auflöst und verwendet, daß Eigenmittel in Höhe der Solvabilitätsspanne nach der Bestandsübertragung nachgewiesen werden können.

3. Wahrung der sozialen Belange der Beschäftigten

Der Gesetzgeber hat die Aufsichtsbehörde ursprünglich ausdrücklich verpflichtet, „darauf zu achten, daß die sozialen Belange der Beschäftigten des übertragenden Unternehmens ausreichend gewahrt sind" (§ 14 Abs. 1 Satz 4 VAG a.F.). Wurde der gesamte Versicherungsbestand übertragen, hatte die Aufsichtsbehörde zu berücksichtigen, daß die Bestandsübertragung zugleich einen rechtsgeschäftlichen Betriebsübergang gemäß § 613a BGB darstellt[54]. Zum Schutzbereich des § 14 VAG a.F. rechneten die leitenden Angestellten[55]. Den Beschäftigten im Sinne der Schutzvorschrift waren ferner die arbeitnehmerähnlichen selbständigen Vertreter gleichgestellt[56]. Nicht zu den Beschäftigten gehörten die Vorstandsmitglieder[57] oder die selbständigen Versicherungsvertreter[58]. In welchen Fällen eine Genehmigung zu versagen war, hing von den Umständen des Einzelfalls ab. Abzuwägen waren die Interessen der Beschäftigten und der Versicherungsnehmer. In Sanierungsfällen war es vertretbar, den Interessen der Versicherungsnehmer den Vorrang einzuräumen[59]. Durch das Dritte Durchführungsgesetz/EWG zum VAG vom 21. 7. 1994[60] wurde § 14 Abs. 1 Satz 4 VAG ersatzlos gestrichen[61]. Der Gesetzgeber folgte damit der im Schrifttum vertrete-

---

[52] Ähnlich *Prölss/Schmidt/Frey,* 1989, § 14 VAG Rdn. 13; *Reimer Schmidt,* in: Prölss/Schmidt, 1997, § 14 VAG Rdn. 13.

[53] Ebenso *Prölss/Schmidt/Frey,*1989, § 14 VAG Rdn. 18; *Reimer Schmidt,* in: Prölss/Schmidt, 1997, § 14 VAG Rdn. 28.

[54] Ebenso *Thode,* VersR 1994, 793.

[55] Vgl. *Prölss/Schmidt/Frey,* 1989, § 14 VAG Rdn. 19. Die handelsrechtlichen Vollmachten erlöschen bei Betriebsübergang, vgl. *Köhler,* BB 1979, 912ff; *Schaub,* in: Münchener Kommentar, 2. Auflage, 1988, § 613a BGB Rdn. 66 a.

[56] Ebenso *Sieg,* VersR 1979, 485.

[57] Vgl. *Prölss/Schmidt/Frey,* 1989, § 14 VAG Rdn. 19.

[58] Vgl. *Müller-Wiedenhorn,* 1993, S. 115.

[59] Vgl. *Sieg,* ZVersWiss 68 (1979), 91, 97.

[60] BGBl I 1994, 1630.

[61] Übersehen bei *Deutsch,* Versicherungsvertragsrecht, 2000, Rdn. 87, S. 63.

nen Auffassung, daß die gestrichene Bestimmung schon immer bedeutungslos gewesen sei[62].

4. Rechtsmittel gegen die Genehmigung der Aufsichtsbehörde

a) Rechtsmittel der Mitglieder. Gegen die Genehmigung der Bestandsübertragung können die Versicherungsnehmer (Mitglieder) des übertragenden Versicherungsvereins auf Gegenseitigkeit Widerspruch einlegen, weil die Genehmigung einer Bestandsübertragung unmittelbar rechtsgestaltend in das Versicherungsverhältnis eingreift und den Versicherungsnehmern einen neuen Vertragspartner aufzwingt[63]. Die Zulässigkeit des Widerspruchs ist insbesondere dann zu bejahen, wenn das übernehmende Unternehmen wirtschaftlich schwächer ist[64] oder wenn nicht auszuschließen ist, daß rechtlich geschützte (vermögenswerte) Positionen der Versicherungsnehmer verletzt sind[65], z.B. das vertragliche Recht auf Beteiligung an den Überschüssen[66]. Über den Widerspruch hat eine Beschlußkammer des BAV zu entscheiden. Gegen die Entscheidung der Beschlußkammer ist ein Rechtsmittel zum Bundesverwaltungsgericht zulässig[67].

b) Rechtsmittel der Versicherten. Die Genehmigung des Bestandsübertragungsvertrages können die Versicherten eines Versicherungsvereins auf Gegenseitigkeit nicht anfechten[68]. Sie sind nicht Beteiligte im Sinne des § 42 Abs. 2 VwGO[69].

c) Rechtsmittel der Arbeitnehmer. Eigene Rechte räumte schon § 14 VAG a.F. den Arbeitnehmern nicht ein. Eine Beteiligtenstellung der Arbeitnehmer wird daher abgelehnt[70]. Infolgedessen können sie die Genehmigung des Bestandsübertragungsvertrages nicht anfechten.

VII. Die Bestandsübertragung aus steuerrechtlicher Sicht

Das UmwStG findet auf Bestandsübertragungen Anwendung[71].

---

[62] Vgl. *Kaulbach,* in: Fahr/Kaulbach, 1994, § 14 VAG Rdn. 15.

[63] Vgl. BVerwG vom 16. 7. 1968, VerBAV 1968, 278, 280; BeschlKE BAV vom 22.2. und 11. 5. 1989, VerBAV 1989, 235, 237; BVerwG vom 30. 1. 1990, VersR 1990, 473 = VerBAV 1990, 209ff; BeschlKE BAV vom 15. 8. 1990 und 16. 4. 1991, VerBAV 1992, 3, 5; BVerwG vom 11. 1. 1994 – 1 A 72.89 –, NJW 1994, 2561 = VersR 1994, 541 = VerBAV 1994, 178; *Kaulbach,* in: Fahr/Kaulbach, 1997, § 14 VAG Rdn. 15; Biewer, 1998, S. 149, 150f; a.A. BeschlKE BAV vom 9. 1. 1979, VerBAV 1979, 98; *Prölss/Schmidt/Frey,* 1989, § 14 VAG Rdn. 12; *Reimer Schmidt,* in: Prölss/Schmidt, 1997, § 14 VAG Rdn. 24.

[64] Vgl. BVerwG vom 30. 1. 1990, VersR 1990, 473, 474.

[65] Vgl. BVerwG vom 12. 12. 1995–1 A 1.92 –, VerBAV 1996, 141, 143.

[66] Vgl. BVerwG vom 11. 1. 1994–1 A 72.98 –, VersR 1994, 541, 542 = VerBAV 1994, 178, 179 = NJW 1994, 2561; BeschlKE BAV vom 17. 8. 1995, VerBAV 1995, 379, 380.

[67] Siehe zum Verfahren *Sasse,* VW 1960, 187f.

[68] Vgl. BVerwG vom 29. 10. 1962, VersR 1963, 177; BeschlKE BAV vom 25. 2. 1986, VerBAV 1986, 262.

[69] Vgl. *Prölss/Schmidt/Frey,* 1989, § 14 VAG Rdn. 17; *Reimer Schmidt,* in: Prölss/Schmidt, 1997, § 14 VAG Rdn. 30.

[70] Vgl. BVerwG, VerBAV 1970, 337 = VersR 1971, 1053; *Stöhr,* VerBAV 1970, 345, 346; Prölss/Schmidt/Frey, 1989, § 14 VAG Rdn. 16.

[71] Vgl. *Entzian/Schleifenbaum,* ZVersWiss 85 (1996), 521, 543.

Kapitel 25
Die Auflösung des Versicherungsvereins auf Gegenseitigkeit

I. Auflösungstatbestände

Der Versicherungsverein auf Gegenseitigkeit wird aufgelöst, wenn einer der Auflösungstatbestände des § 42 VAG vorliegt. Danach wird der Versicherungsverein aufgelöst, wenn die in der Satzung bestimmte Zeit abgelaufen ist (§ 42 Nr. 1 VAG) oder wenn das Konkursverfahren über das Vereinsvermögen eröffnet (§ 42 Nr. 3 VAG) oder rechtskräftig abgelehnt ist (§ 42 Nr. 4 VAG). Ferner wird der Verein gemäß § 42 Nr. 2 VAG durch Beschluß der obersten Vertretung aufgelöst, der einer Mehrheit von drei Vierteln der abgegebenen Stimmen bedarf, wenn die Satzung nichts anderes bestimmt (vgl. § 43 Abs. 1 Satz 1 VAG).

Wie ein Auflösungsbeschluß wirkt beim Versicherungsverein auf Gegenseitigkeit der Widerruf der Erlaubnis für den gesamten Geschäftsbetrieb (vgl. § 87 Abs. 5 VAG). Die Auflösung des Versicherungsvereins auf Gegenseitigkeit kann ferner durch den Verlust sämtlicher Mitglieder, z.B. aufgrund einer Bestandsübertragung, ausgelöst werden[1].

Zur Diskussion wird gestellt, ob die Auflösungsvorschriften Anwendung finden, wenn der Versicherungsverein auf Gegenseitigkeit Neugeschäft nur noch über eine Tochtergesellschaft plaziert, selbst also kein Geschäft mehr zeichnet, sondern nur noch den vorhandenen Versicherungsbestand verwaltet, ohne daß eine Bestandsübertragung vom Versicherungsverein auf Gegenseitigkeit auf eine neu gegründete Aktiengesellschaft erfolgt[2].

II. Anmeldung der Auflösung

Wird das Konkursverfahren eröffnet oder wird seine Eröffnung abgelehnt, erfolgt die Anmeldung der Auflösung des Versicherungsvereins auf Gegenseitigkeit von Amts wegen (vgl. § 45 Satz 2 und 3 VAG). Der Vorstand ist verpflichtet, die Auflösung des Versicherungsvereins zur Eintragung in das Handelsregister gemäß § 45 Satz 1 VAG anzumelden, wenn der Verein durch Zeitablauf oder Beschluß der obersten Vertretung aufgelöst ist oder wegen Eintritts satzungsgemäßer Auflösungsgründe und beim Verlust sämtlicher Mitglieder[3].

III. Verteilung des Vermögens

Das Vermögen des Versicherungsvereins auf Gegenseitigkeit ist an die zur Zeit der Auflösung vorhandenen Mitglieder zu verteilen (vgl. § 48 Abs. 2 Satz 1 VAG). An die Mitglieder wird das Vermögen verteilt, das nach Berichtigung der Schulden verbleibt (vgl. § 48 Abs. 2 Satz 1 VAG). Die Verteilung des Vermögens erfolgt nach dem Maßstab, nach dem der Überschuß verteilt worden ist (vgl. § 48

[1] Vgl. *Weigel,* in: Prölss/Schmidt, 1997, § 44 VAG Rdn. 8, § 42 VAG Rdn. 7; *Merdausl,* 2000, S. 42; siehe hierzu ferner *Karsten Schmidt,* JZ 1987, 394ff.
[2] Siehe dazu *Schirmer,* in: Dieter Farny und die Versicherungswissenschaft, 1994, S. 391, 396f.
[3] Vgl. *Weigel,* in: Prölss/Schmidt, 1997, § 45 VAG Rdn. 1.

Abs. 2 Satz 2 VAG). Die Satzung kann einen anderen Verteilungsmaßstab bestimmen (vgl. § 48 Abs. 3 VAG). Darüber hinaus kann die Satzung der obersten Vertretung die Kompetenz einräumen, andere Personen zu bestimmen, denen das zu verteilende Vermögen zufließen soll (vgl. § 48 Abs. 3 VAG).

IV. Konkurs

1. Konkursantrag

Im Konkursfall kann gemäß § 88 Abs. 1 Satz 2 VAG der Konkursantrag über das Vermögen eines Versicherungsunternehmens nur vom Bundesaufsichtsamt für das Versicherungswesen gestellt werden[4]. Ansprüche aus einem Versicherungsverhältnis, die den bei Konkurseröffnung dem Versicherungsverein auf Gegenseitigkeit angehörenden oder den im letzten Jahr vorher ausgeschiedenen Mitgliedern zustehen, werden im Range nach den Ansprüchen der anderen Konkursgläubiger befriedigt (vgl. § 51 Abs. 1 Satz 2 VAG). Für Ansprüche aus Lebensversicherungsverträgen kommt den Mitgliedern das Recht auf bevorzugte Befriedigung des § 77 Abs. 3 und 4 VAG zugute[5].

2. Konkurssicherungsfonds

Zur Optimierung des Schutzes der Versicherungsnehmer im Konkursfall stehen auch für die Versicherungswirtschaft Sicherungseinrichtungen zur Diskussion[6]. Im Bereich der privaten Kreditwirtschaft schützt der seit 1. 5. 1976 bestehende Einlagensicherungsfonds des Bundesverbandes deutscher Banken e. V. Bankkunden gegen Einlagen-Verluste[7]. Nach diesem Vorbild sollen Garantiefonds ähnlich dem Einlagensicherungsfonds der Banken eingerichtet werden[8]. Gegen einen Konkurssicherungsfonds hat sich *Farny*[9] ausgesprochen:

---

[4] Dazu und zur Insolvenzrechtsreform siehe *Sieg*, BB 1971, 1536 ff; *Großfeld/Schemmann*, ZIP 1985, 1180 ff.

[5] Siehe dazu *Riebesell*, ZVersWiss 17 (1917), 224 ff; *Mueller*, VW 1971, 522 ff.

[6] Zur Insolvenz von Versicherungsunternehmungen und deren Ursachen siehe *Fuß*, 1971, S. 119 ff. Siehe ferner den Richtlinienvorschlag betreffend die Zwangsliquidation von Direktversicherungsunternehmen, AblEG Nr. C 71 vom 19. 3. 1987, S. 5; Geänderter Vorschlag für eine Richtlinie des Rates zur Koordinierung der Rechts- und Verwaltungsvorschriften betreffend die Zwangsliquidation der Direktversicherungsunternehmen, AblEG Nr. C 253 vom 6. 10. 1989, S. 3; dazu *Kühlein*, VW 1994, 102 ff. Inzwischen liegt die Richtlinie 2001/17/EG des Europäischen Parlaments und des Rates vom 19. 3. 2001 über die Sanierung und Liquidation von Versicherungsunternehmen vor, AblEG Nr. L 110 vom 20. 4. 2001, S. 28. Die Richtlinie ist bis zum 20. 4. 2001 in nationales Recht umzusetzen. Zum Solvent Scheme of Arrangement, worunter die solvente Liquidation einer Versicherungs- bzw. Rückversicherungsgesellschaft unter Berücksichtigung der Interessen der Versicherer, der Shareholder, der Aufsichtsbehörde und der Rückversicherer verstanden wird, vgl. *Eilers/Labes*, ZfV 1998, 625 ff.

[7] Dazu *Uwe H. Schneider*, in: Festschrift für Ernst Steindorff, 1990, S. 1399 ff; *Vogelsang*, 1990, S. 29; *Dreher*, ZIP 1992, 1597 ff; *Möschel*, in: Festschrift für Peter Raisch, 1995, S. 469, 474 f. Zum Erfordernis nationaler Einlagensicherungssysteme siehe *Uwe H. Schneider*, EuZW 12/1990, Editorial. Inzwischen ist seit 1. 8. 1998 das Einlagensicherungs- und Anlegerentschädigungsgesetz (EAG) in Kraft (BGBl. 1998 I, 1842). Siehe dazu *Dreher*, ZIP 1998, 1777 ff; *Steuer*, WM 1998, 2449 ff; *Herdegen*, WM 1999, 1541 ff; *Sethe*, ZIP 1999, 1461 ff; *Dreher*, in: Festschrift für Martin Peltzer, 2001, S. 69 ff.

[8] Einzelheiten siehe bei *Dreher*, in: Festschrift für Fritz Rittner, 1991, S. 93 ff.

[9] *Farny*, Versicherungsbetriebslehre, 2000, S. 110; ähnlich *derselbe*, Versicherungsbetriebslehre, 1989, S. 94; *derselbe*, Ein Konkurssicherungsfonds in der Versicherungswirtschaft, Ei des Kolumbus oder Windei?, 1990, S. 1 ff, 33.

„Radikalere Vorschläge, insbesondere die Einführung eines Konkurssicherungsfonds für die Gläubigeransprüche der Versicherungsnehmer bei grundsätzlicher Akzeptanz von Versicherungskonkursen, widersprechen der Marktwirtschaft; denn durch einen Konkurssicherungsfonds wird das Prinzip gestört, wonach Risiken und Chancen aus Versicherungsentscheidungen ungeteilt auf die einzelnen autonom entscheidenden Wirtschaftssubjekte, also die Versicherungsnehmer und die Versicherer, dezentral zugeordnet werden. Es ist marktwirtschaftlich verfehlt, wenn Versicherungskunden die Chancen guter Entscheidungen für sich behalten, die Risiken schlechter Entscheidungen dagegen bei einem Konkurssicherungsfonds „entsorgen". Gleiche Überlegungen gelten für Versicherungsunternehmen, wenn diese die Chancen aus bestimmten Entscheidungen behalten, die Risiken aber (ganz oder teilweise) an einen Konkurssicherungsfonds abgeben, der von der Gesamtheit aller Versicherer finanziert wird."

Die Auffassung von *Farny* wird vom Schrifttum mit überwältigender Mehrheit geteilt[10]. Diese durchaus berechtigte Kritik schließt jedoch nicht aus, daß die Versicherer wie die Banken zu einer freiwilligen Lösung kommen. *Reimer Schmidt*[11] sieht es allerdings als sehr schwierig an, „die Versicherer für einen freiwilligen Fondsbeitritt zu gewinnen". *Hohlfeld*[12] hält es dagegen für denkbar, daß „die Versicherungswirtschaft selbst einen Sicherungsfonds einrichtet, zu dessen Beitritt bestimmte Kriterien erfüllt sein müssen, beispielsweise Überprüfung der Tarifkalkulation durch unabhängige Aktuare". *Baumann*[13] sieht in einer kollektiven Solidareinrichtung „eine Aufwertung der Privatversicherung, ihrer Leistungsfähigkeit und ihrer Solidität."

---

[10] Vgl. *Scherer,* 1975, S. 236; *Starke,* VW 1976, 155 ff; *Hertel,* 1984, S. 52; *Angerer,* Versicherungsrundschau 1984, 314; *Hertel,* 1984, S. 52; *Reimer Schmidt,* VW 1984, 350, 352 f; *Angerer,* ZVersWiss 74 (1985), 234; *Georg Büchner,* ZVersWiss 74 (1985), 611, 627; *Peter Frey,* VW 1986, 819; *Angerer,* in: Festschrift 125 Jahre CONCORDIA, 1989, S. 30; *Oehmke,* 1990, S. 228 ff; *Bäumer,* in: Geburtstags-Schrift für Georg Büchner, 1991, S. 240; *Hetmeier,* VW 1991, 1199; *Günther Köhler,* in: Geburtstags-Schrift für Georg Büchner, 1991, S. 73; *Hermann Geiger,* 1992, S. 315 f; *Hohlfeld,* Versicherungsaufsicht, 1992, S. 19 f; *Weigel,* in: Prölss/Schmidt, 1997, vor § 50 VAG Rdn. 1; *Peter Henning,* 1998, S. 30; *Knospe,* VW 1998, 986. Dafür *Finsinger,* in: Geld, Banken und Versicherungen, 1987/Band II, S. 1218 ff.

[11] *Reimer Schmidt,* in: Festschrift für Robert Schwebler, 1986, S. 431.

[12] *Hohlfeld,* Versicherungsaufsicht, 1992, S. 20; *derselbe,* in: Dieter Farny und die Versicherungswissenschaft, 1994, S. 234 ff; vgl. auch *Kühlein,* VW 1994, 109; *Helmut Müller,* VW 1993, 548, 554 f; *Hanekopf,* 1998, S. 170 ff.

[13] *Baumann,* ZHR 13 (1975), 339.

Achter Abschnitt
Die Weiterentwicklung des Versicherungsvereins auf Gegenseitigkeit

Kapitel 26
Die Europäische Gegenseitigkeitsgesellschaft

I. Die Vorgeschichte

Seit Gründung der Europäischen Wirtschaftsgemeinschaft gibt es Bestrebungen, zu supranationalen Gesellschaftsformen des Gemeinschaftsrechts zu kommen. Die Verordnungsvorschläge der EG-Kommission von 1970[1], 1975[2], 1989[3] und 1991[4] zur Schaffung einer Europäischen Aktiengesellschaft, der Société Européenne (SE), blieben jedoch erfolglos[5]. Vor allem die in den Mitgliedstaaten bestehenden unterschiedlichen Regelungen zu den Beteiligungsrechten der Arbeitnehmer erschweren die Vereinheitlichung der Rechtsformen in Europa[6]. Für die kleinen und mittleren Unternehmen, denen für die Prosperität der einzelnen Volkswirtschaften zentrale Bedeutung zukommt, ist diese Situation unbefriedigend, weil sie zur Wahrnehmung ihrer Marktchancen darauf angewiesen sind, daß sie auf eine im gesamten Europäischen Binnenmarkt verfügbare Gesellschaftsform zurückgreifen können[7]. Die Europäische Wirtschaftliche Interessenvereinigung (EWIV), die auf eine Verordnung vom 25. 7. 1985 zurückgeht[8], regelt nur grenzüberschreitende Kooperationen in Teilbereichen wie Forschung, Vertrieb oder Werbung[9] und hat deshalb in der Rechtspraxis wenig Beachtung gefunden[10]. Von daher ist es als Fortschritt anzusehen, daß sich der Rat der Europäischen Gemeinschaften auf einer Tagung des Ausschusses der Ständigen Vertreter am 15. Dezember 2000 auf einen Geänderten Vorschlag für eine

---

[1] Vorschlag einer Verordnung über das Statut der Europäischen Aktiengesellschaft vom 30. 6. 1970, AblEG Nr. C 124 vom 10. 10. 1970, S. 1.

[2] Erster geänderter Vorschlag vom 30. 4. 1975, DOK.KOM (75) 150 endg.

[3] Zweiter geänderter Vorschlag vom 25. 8. 1989, AblEG Nr. C 263 vom 16. 10. 1989, S. 41. Dazu *Lutter,* Europäisches Unternehmensrecht, 1991, S. 130ff.

[4] Dritter geänderter Vorschlag vom 16. 5. 1991, AblEG Nr. C 176 vom 8. 7. 1991, S. 1. Eingehend *Trojan-Limmer,* RIW 1991, 1010, 1011ff; *Thomas Raiser,* in: Festschrift für Semler, 1993, S. 277ff; *Lutter,* Europäisches Unternehmensrecht, 1996, S. 715, 717ff.

[5] Zur „Krise des europäischen Gesellschaftsrechts" siehe *Hopt,* ZIP 1998, 96ff.

[6] Vgl. *Heinze,* AG 1997, 289; *Hommelhoff,* WM 1997, 2101, 2102; *Monti,* WM 1997, 607; *Ebke,* in: Festschrift für Bernhard Großfeld, 1999, S. 189, 191; *Hopt,* ZGR 2000, 779, 802; *Lutter,* ZGR 2000, 1, 16; *Wiesner,* ZIP 2000, 1792, 1793.

[7] Eingehend *Hommelhoff,* WM 1997, 2101, 2102f.

[8] Verordnung (EWG) Nr. 2137/85 des Rates vom 25. 7. 1985 über die Schaffung einer Europäischen wirtschaftlichen Interessenvereinigung (EWIV), AblEG Nr. L 199 vom 31. 7. 1985, S. 1. Dazu *Lutter,* Europäisches Unternehmensrecht, 1996, S. 746ff; *Klunzinger,* Grundzüge des Gesellschaftsrechts, 1999, S. 337ff.

[9] Vgl. *Lutter,* Europäisches Unternehmensrecht, 1996, S. 746, 747; *Heinze,* AG 1997, 289 Fn. 3; *Klunzinger,* Grundzüge des Gesellschaftsrechts, 1999, S. 337.

[10] Vgl. *Heinze,* AG 1997, 289; *Hommelhoff,* WM 1997, 2101 Fn. 8.

Verordnung des Rates über das Statut der Europäischen Aktiengesellschaft[11] und auf den Entwurf einer Richtlinie des Rates über die Beteiligung der Arbeitnehmer in der Europäische Aktiengesellschaft[12] geeinigt hat, die am 8. Oktober 2001 vom Europäischen Rat angenommen wurden[13].

Weitere Vorschläge des Rates der Europäischen Gemeinschaften befassen sich mit dem Europäischen Verein[14], der Europäischen Genossenschaft[15] und der hier näher zu betrachtenden Europäischen Gegenseitigkeitsgesellschaft (EUGGES)[16]. Der Vorschlag zur EUGGES vom 6. Juli 1993 sah ein Inkrafttreten der entsprechenden Verordnung bereits zum 1. Januar 1994 vor. Dieses zeitliche Vorhaben fand keine Zustimmung, weil die Schaffung einer neuen Rechtsform der breiten Diskussion bedarf[17], die noch nicht richtig in Gang gekommen ist[18]. Die Notwendigkeit der Erörterung besteht, auch wenn sich die Arbeiten der EG-Kommission am Statut der EUGGES bis zu einem Memorandum des internationalen Verbandes der Gegenseitigkeitsvereine (AISAM) vom Januar 1972 an das CEA zurückverfolgen lassen. Zu diesem Memorandum sah sich die AISAM seinerzeit aufgrund des Verordnungsvorschlags der EG-Kommission zur Europäi-

---

[11] Verordnung (EG) Nr. 2157/2001 des Rates vom 8. 10. 2001 über das Statut der Europäischen Gesellschaft (SE), AblEG Nr. L 294 vom 10. 11. 2001, S. 1

[12] Richtlinie 2001/86/EG des Rates vom 8. 10. 2001 zur Ergänzung des Statuts der Europäischen Gesellschaft hinsichtlich der Beteiligung der Arbeitnehmer, AblEG Nr. L 294 vom 10. 11. 2001, S. 22.

[13] Siehe hierzu *Herfs-Röttgen,* NZA 2001, 424ff; *Hommelhoff,* AG 2001, 279ff; *Jahn/Herfs-Röttgen,* DB 2001, 631ff; *Kersting,* DB 2001, 2079ff; *Schwarz,* ZIP 2001, 1847ff; *Wiesner,* BB Beilage zu Heft 44/2001, S. 1, 10; *Förster/Lange,* DB 2002, 288ff; *Lutter,* DB 2002, 1ff.

[14] Vorschlag für eine Verordnung (EWG) des Rates über das Statut des Europäischen Vereins vom 6. 3. 1992, AblEG Nr. C 99 vom 21. 4. 1992, S. 1, und Vorschlag für eine Richtlinie des Rates zur Ergänzung des Statuts des Europäischen Vereins hinsichtlich der Rolle der Arbeitnehmer vom 6. 3. 1992, AblEG Nr. C 99 vom 21. 4. 1992, S. 14; Geänderter Vorschlag für eine Verordnung (EWG) des Rates über das Statut des Europäischen Vereins vom 6. 7. 1993, AblEG Nr. C 236 vom 31. 8. 1993, S. 1, und Geänderter Vorschlag für eine Richtlinie des Rates zur Ergänzung des Statuts des Europäischen Vereins hinsichtlich der Rolle der Arbeitnehmer vom 6. 7. 1993, AblEG Nr. C 236 vom 31. 8. 1993, S. 14. Dazu *Vollmer,* ZHR 157 (1993), 373ff.

[15] Vorschlag für eine Verordnung (EWG)des Rates über das Statut der Europäischen Genossenschaft vom 6. 3. 1992, AblEG Nr. C 99 vom 21. 4. 1992, S. 17, und Vorschlag für eine Richtlinie des Rates zur Ergänzung des Statuts der Europäischen Genossenschaft hinsichtlich der Rolle der Arbeitnehmer vom 6. 3. 1992, AblEG Nr. C 99 vom 21. 4. 1992, S. 37; Geänderter Vorschlag für eine Verordnung (EWG) des Rates über das Statut der Europäischen Genossenschaft vom 6. 7. 1993, AblEG Nr. C 236 vom 31. 8. 1993, S. 17, und Geänderter Vorschlag für eine Richtlinie des Rates zur Ergänzung des Statuts der Europäischen Genossenschaft hinsichtlich der Rolle der Arbeitnehmer vom 6. 7. 1993, AblEG Nr. C 236 vom 31. 8. 1993, S. 36. Zur Entstehungsgeschichte und zur Konzeption siehe *Schaffland,* DWiR 1991, 18ff; *Blomeyer,* BB 2000, 1741ff; zum Ganzen siehe *Müller,* Versicherungsbinnenmarkt, 1995, Rdn. 203ff, S. 213ff; vgl. ferner die Nachweise bei *Hopt,* ZIP 1998, 96, 98 Fn. 34.

[16] Vorschlag für eine Verordnung des Rates über das Statut der Europäischen Gegenseitigkeitsgesellschaft vom 6. 3. 1992, AblEG Nr. C 99 vom 21. 4. 1992, S. 40, und Vorschlag für eine Richtlinie des Rates zur Ergänzung des Statuts der Europäischen Gegenseitigkeitsgesellschaft hinsichtlich der Rolle der Arbeitnehmer vom 6. 3. 1992, AblEG Nr. C 99 vom 21. 4. 1992, S. 57; Geänderter Vorschlag für eine Verordnung (EWG) des Rates über das Statut der Europäischen Gegenseitigkeitsgesellschaft vom 6. 7. 1993, AblEG Nr. C 236 vom 31. 8. 1993, S. 40, und Geänderter Vorschlag für eine Richtlinie des Rates zur Ergänzung des Statuts der Europäischen Gegenseitigkeitsgesellschaft hinsichtlich der Rolle der Arbeitnehmer vom 6. 7. 1993, AblEG Nr. C 236 vom 31. 8. 1993, S. 56.

[17] Vgl. *Uwe H. Schneider,* Editorial, EuZW 7/1992.

[18] Bisher nur *Präve,* ZfV 1992, 466ff, 554ff, 577ff.

schen Aktiengesellschaft veranlaßt. Mit dem Memorandum verlangte die AISAM die Schaffung eines Statuts für einen Europäischen Versicherungsverein auf Gegenseitigkeit und sah die Notwendigkeit, selbst einen Statutenentwurf zu erarbeiten[19].

Die Europäische Gegenseitigkeitsgesellschaft kann im Rahmen dieser Arbeit nicht in allen Einzelheiten dargestellt werden. Die folgende Darstellung konzentriert sich auf die wesentlichen Merkmale der Europäischen Gegenseitigkeitsgesellschaft in der Fassung des Statutsentwurfs vom 6. 7. 1993[20].

II. Die Grundzüge der Europäischen Gegenseitigkeitsgesellschaft

Der Zweck der Europäischen Gegenseitigkeitsgesellschaft kann auf eine Tätigkeit auf dem Sektor der sozialen Fürsorge oder auf andere Wirtschaftstätigkeiten, insbesondere auf dem Gebiet der Versicherungen, ausgerichtet sein (Artikel 1 Absatz 1 und Erwägungsgrund hierzu). Sie wird definiert als eine Vereinigung von Personen, die ihren Mitgliedern gegen Entrichtung eines Beitrags die vollständige Begleichung der im Rahmen ihrer satzungsmäßigen Tätigkeiten eingegangenen Verpflichtungen garantiert (Artikel 1 Absatz 2 erster Spiegelstrich).

Die Europäische Gegenseitigkeitsgesellschaft kann durch 500 natürliche Personen oder von mindestens zwei juristischen Personen (Deutschland: Versicherungsverein auf Gegenseitigkeit) gegründet werden, die ihren Sitz und ihre Hauptverwaltung in zwei verschiedenen Mitgliedstaaten haben (Artikel 2 Absatz 1). Bei Niederlassung in einem anderen Mitgliedstaat kann eine Europäische Gegenseitigkeitsgesellschaft auch durch Umwandlung gegründet werden (Artikel 2 Absatz 2).

Die Gesellschaft muß über einen Betriebsfonds von mindestens 100000 ECU oder den Gegenwert in Landeswährung verfügen (Artikel 4 Absatz 1).

Als oberste Vertretung der Europäischen Gegenseitigkeitsgesellschaft sieht der Vorschlag nur eine Mitgliederversammlung, die Generalversammlung, vor (Artikel 12ff). In der Generalversammlung hat jedes Mitglied grundsätzlich eine Stimme (Artikel 20). Die Satzung kann jedoch ein Mehrstimmenwahlrecht vorsehen (Artikel 21).

Bei den Organen können die Mitgliedstaaten zwischen dem dualistischen System (Artikel 27ff) und dem monoistischen System (Artikel 32ff) wählen. Beim dualistischen System gibt es ein Leitungs- und ein Aufsichtsorgan, beim monoistischen System nur ein Verwaltungsorgan.

Den Organmitgliedern kann weder eine Arbeitsvergütung noch eine Überschußbeteiligung gewährt werden (Artikel 1 Absatz 2 Zweiter Spiegelstrich). Sie können nur eine Entschädigung für die Unkosten erhalten, die ihnen bei der Ausübung ihres Amtes entstanden sind (Artikel 1 Absatz 2 Zweiter Spiegelstrich).

---

[19] Zu den Einzelheiten siehe *Samwer/Mohr/Frels/Pophal,* in: Festschrift für Gehrhardt, 1975, S. 365.

[20] Siehe Fn. 16. Eingehend *von Maydell,* in: Festschrift für Peter Raisch, 1995, S. 433ff; *von Moltke,* in: Grundlagen des Versicherungsvereins auf Gegenseitigkeit, 1995, S. 285ff; *Müller,* Versicherungsbinnenmarkt, 1995, Rdn. 203ff, S. 207ff; *Biewer,* 1998, S. 174ff; *Merdausl,* 2000, S. 66ff.

Die Vorstands- und Aufsichtsratsmitglieder haften, wenn infolge einer Verletzung der ihnen obliegenden Pflichten der Gesellschaft ein Schaden entstanden ist (Artikel 42 Absatz 1). Das Mitglied des betreffenden Organs trifft die Beweislast dafür, daß es keine Pflichtverletzung begangen hat (Artikel 42 Absatz 2 Satz 2).

Die Finanzierung der Europäischen Gegenseitigkeitsgesellschaft richtet sich nach nationalem Recht (Artikel 45).

Für den Jahresabschluß und dessen Offenlegung und Prüfung gilt ebenfalls das nationale Recht (Artikel 46ff).

III. Berücksichtigung der Belange der großen Versicherungsvereine auf Gegenseitigkeit

Der Vorschlag der Kommission trägt den Belangen der großen Versicherungsvereine auf Gegenseitigkeit weitgehend nicht Rechnung. Hervorzuheben sind vor allem folgende Kritikpunkte[21]:

1. Der Gesellschaft wird nicht der Betrieb des Nicht-Mitgliedergeschäfts ermöglicht.
2. Den Organmitgliedern können nicht im üblichen Umfang Vergütungen gewährt werden.
3. Es kann keine Mitgliedervertreterversammlung mit den üblichen Wahlverfahren, insbesondere der Kooptation, vorgesehen werden.
4. Das Statut sieht keine neuen Finanzierungsformen vor, insbesondere zur Aufnahme externen Kapitals.
5. Es fehlen Vorschriften zur Konzernbildung.

Es bleibt abzuwarten, ob die Kommission sich zu einer erneuten Änderung ihres Vorschlags entschließen kann, damit den berechtigten Belangen der großen Versicherungsvereine auf Gegenseitigkeit entsprochen wird[22].

Kapitel 27
Die österreichische VAG-Novelle 1991

I. Inhalt der Novelle

Die österreichische VAG-Novelle 1991[1], die hier nicht in allen Einzelheiten vorgestellt werden soll[2], ermöglicht die Einbringung des gesamten Versicherungsbetriebes oder sämtlicher Versicherungsteilbetriebe großer Versicherungsvereine auf Gegenseitigkeit in eine oder mehrere Aktiengesellschaften im Wege der Gesamtrechtsnachfolge (§ 61a Abs. 1 öVAG).

---

[21] Vgl. *Uwe H. Schneider,* Editorial, EuZW 7/1992; *Müller-Wiedenhorn,* 1993, S. 252ff; *Weigel,* in: Prölss/Schmidt, 1997, vor § 15 VAG Rdn. 129; *Merdausl,* 2000, S. 147.

[22] Zu den Aussichten siehe von *Moltke,* VW 1992, 359f.

[1] 411. Bundesgesetz, mit dem das Versicherungsaufsichtsgesetz geändert wird (VAG-Novelle 1991), Bundesgesetzblatt für die Republik Österreich, ausgegeben am 2. August 1991, S. 1909ff.

[2] Eingehend *Jud,* in: Festschrift für Walther Kastner, 1992, S. 199ff; *Baran,* Die Versicherungsrundschau 1992, 76ff; *Peiner,* VW 1992, 920, 925ff; *Eckert,* VersR 1993, 392ff; *Schimetschek,* VW 1993, 701ff; *Schirmer,* in: Dieter Farny und die Versicherungswissenschaft, 1994, S. 391, 398ff; *Schimetschek/Weiser,* in: Grundlagen des Versicherungsvereins auf Gegenseitigkeit, 1995, S. 316ff; *Weigel,* VW 1996, 1472,1474; *Weigel,* in: Prölss/Schmidt, 1997, vor § 15 VAG Rdn. 111; *Biewer,* 1998, S. 161ff; *Merdausl,* 2000, S. 124f.

Der Versicherungsverein auf Gegenseitigkeit bleibt als juristische Person bestehen. Seine Tätigkeit beschränkt sich jedoch auf die Beteiligungsverwaltung (§ 61 b Abs. 3 öVAG).

An der Aktiengesellschaft muß der Versicherungsverein auf Gegenseitigkeit lediglich noch 26% der Stimmrechte halten. Wird dieser Stimmenanteil unterschritten, muß der Versicherungsverein auf Gegenseitigkeit aufgelöst werden (§ 61 b Abs. 6 Satz 1 öVAG).

Wer sich bei der dem Versicherungsverein auf Gegenseitigkeit vorgeschalteten Aktiengesellschaft versichert, wird automatisch Mitglied im Versicherungsverein auf Gegenseitigkeit (§ 61 b Abs. 4 Satz 2 öVAG). Im Versicherungsverein auf Gegenseitigkeit kann nur Mitglied sein, wer bei der Aktiengesellschaft versichert ist (§ 61 b Abs. 4 Satz 1 öVAG).

Die Einbringung des Versicherungsbetriebs bedarf der Genehmigung der Aufsichtsbehörde. Die Genehmigung ist zu versagen, „wenn die Interessen der Mitglieder aus dem Mitgliedschaftsverhältnis nicht ausreichend gewahrt sind" (§ 61 a Abs. 4 Satz 3 öVAG).

Soll das Kapital der Aktiengesellschaft erhöht werden oder will der Versicherungsverein auf Gegenseitigkeit von ihm an der Aktiengesellschaft gehaltene Aktien veräußern, so ist dies von der Aufsichtsbehörde zu genehmigen. Die Genehmigung ist zu versagen, wenn diese Vorgänge geeignet sind, die Interessen der Mitglieder zu gefährden (so § 61 b Abs. 5 Satz 2 öVAG).

Der Einfluß der Mitglieder des Versicherungsvereins auf Gegenseitigkeit auf die Aktiengesellschaft soll dadurch sichergestellt werden, daß der Vorstand des Versicherungsvereins auf Gegenseitigkeit in allen Fragen, in denen er Aktionärsrechte in der Hauptversammlung der Aktiengesellschaft ausübt, eine Entscheidung des obersten Organs des Versicherungsvereins auf Gegenseitigkeit herbeiführen muß (§ 61 c Abs. 1 Nr. 1 Satz 1 öVAG). Der Vorstand ist insoweit auch dem obersten Organ zur Auskunftserteilung über die Angelegenheiten der Aktiengesellschaft verpflichtet (§ 61 c Abs. 1 Nr. 1 Satz 2 öVAG). Darüber hinaus kann das oberste Organ zur Prüfung von Vorgängen bei der Gründung oder der Geschäftsführung der Aktiengesellschaft Prüfer mit einfacher Stimmenmehrheit bestellen (§ 61 c Abs. 1 Nr. 2 Satz 1 öVAG) und verlangen, daß die Ansprüche der Aktiengesellschaft aus der Geschäftsführung gegen die Mitglieder ihres Vorstandes oder ihres Aufsichtsrates geltend gemacht werden (§ 61 c Abs. 1 Nr. 3 Satz 1 öVAG).

Diese Regelungen, so der Vortrag an den Ministerrat[3], sollen einen Wandel der Rechtsform vom Versicherungsverein auf Gegenseitigkeit zur Aktiengesellschaft ermöglichen, wobei auf die Kapitalmarktverhältnisse flexibler eingegangen werden kann, als es die bereits vorhandenen rechtlichen Instrumente für die Fortführung des Betriebes eines Versicherungsvereines durch eine Aktiengesellschaft erlauben.

II. Konsequenzen der Reform

Das österreichische Reformmodell erleichtert Strukturänderungen. Dem Versicherungsverein wird ermöglicht, seine Geschäftstätigkeit als „Vermögensver-

---

[3] Bundesministerium für Finanzen GZ 9000100/9-V/12/91 vom 13. Juni 1991.

waltungsverein auf Gegenseitigkeit" fortzusetzen[4]. Dieses Modell wird deshalb als „interessante Herausforderung für den deutschen Gesetzgeber" angesehen[5].

Von besonderer Bedeutung ist für die Versicherungsvereine auf Gegenseitigkeit, daß der Zwang zur sofortigen Abfindung der Mitglieder bei Strukturänderungsmaßnahmen entfällt[6]. Die österreichischen Versicherungsvereine auf Gegenseitigkeit behalten vielmehr die volle Verfügungsgewalt über das von ihnen angesammelte Eigenkapital.

Die Funktion des Eigenkapitals ändert sich allerdings. Es hat die dem Beteiligungskapital eigentümlichen Funktionen zu erfüllen, wenn Versicherungsvereine auf Gegenseitigkeit von den gesetzlichen Möglichkeiten Gebrauch machen.

Die Reform läßt darauf schließen, daß die Möglichkeit der Aufnahme von Partizipationskapital[7] als nicht ausreichend angesehen wurde[8]. Aufgrund der Reform haben die österreichischen Versicherungsvereine auf Gegenseitigkeit nunmehr über die Aufnahme von Partizipationskapital hinaus über die Aktiengesellschaft Zugang zum Kapitalmarkt und können im Rahmen der Aktiengesellschaft die aktienrechtlichen Kapitalbeschaffungsmöglichkeiten in vollem Umfange nutzen. Dies ist deshalb von Bedeutung, weil in Österreich nur ein Unternehmen Partizipationskapital aufgenommen hat[9].

III. Chancen eines deutschen Reformmodells

Mit der VAG-Novelle 1991 hat der österreichische Gesetzgeber den Versicherungsvereinen auf Gegenseitigkeit eine Alternative zur Gründung von Tochtergesellschaften für das Neugeschäft oder von Zwischenholdinggesellschaften eröffnet.

Das österreichische Modell wird unter dem Stichwort „Ausstieg aus der Rechtsform des VVaG" diskutiert. Denn es ist kaum anzunehmen, daß der Versicherungsverein auf Gegenseitigkeit auf Dauer in der Lage sein wird, aus den Ausschüttungen der Aktiengesellschaft Kapitalerhöhungen zu finanzieren. Mit der Zeit kann der Anteil so sinken, daß der Versicherungsverein auf Gegenseitigkeit keine maßgebliche Beteiligungsquote mehr hält.

Rechtspolitisch stellt sich die Frage, ob ein Versicherungsverein auf Gegenseitigkeit noch Versicherungsverein auf Gegenseitigkeit sein kann, wenn er nicht mehr seine Mitglieder versichert. Darüber hinaus stellt sich die Frage, ob bei Versicherungsvereinen auf Gegenseitigkeit mit Mitgliedervertreterversammlung wei-

---

[4] *Peiner,* VW 1992, 920, 926. Ein neues Modell sieht vor, daß der VVaG als Konzernspitzengesellschaft z.B. Schutzbriefversicherungen anbietet und damit in den Strukturen dem ADAC-Konzern ähnelt, vgl. *Peiner,* VW 2000, 1844, 1848.

[5] So *Müller-Wiedenhorn,* 1993, S. 247; ähnlich schon *Baumann,* VersR 1992, 905, 917; ablehnend *Weigel,* in: Grundlagen des Versicherungsvereins auf Gegenseitigkeit, 1995, S. 141, 146. Inzwischen ist die Diskussion, ob der VVaG eine neue Rechtsform braucht, wieder aufgelebt, vgl. hierzu *Mohr,* VW 1999, 150f; *Giessmann,* VW 1999, 426ff; *Schlossmacher,* VW 1999, 1758ff; *Diehl,* VW 2000, 110ff; *Müller,* VW 2000, 110; *Schlossmacher,* VW 2000, 179; *Mohr,* VW 2000, 546f; *Baumann,* VW 2000, 1117ff.

[6] Vgl. *Weigel,* VersR 1993,1429, 1435.

[7] Dazu *Jud,* Die Versicherungsrundschau 1988, 65.

[8] Zu den Motiven ausführlich *Schimetschek/Weiser,* in: Grundlagen des Versicherungsvereins auf Gegenseitigkeit, 1995, S. 316, 318ff.

[9] *Schimetschek,* VW 1993, 702.

terhin die staatliche Beaufsichtigung notwendig ist, wenn diese Versicherungsvereine auf Gegenseitigkeit nur noch eine vermögensverwaltende Tätigkeit ausüben. Schließlich kann durch das österreichische Reformmodell eine Diskussion darüber ausgelöst werden, ob eine nur noch beteiligungsverwaltende Tätigkeit des großen Versicherungsvereins auf Gegenseitigkeit sich im Rahmen der wirtschaftlichen Vereinen erlaubten Tätigkeiten hält[10].

---

[10] Siehe hierzu *Adams,* AG 1994, 148, 154, nach dessen Auffassung kein Bedürfnis nach vereinsrechtlich betriebenen Wirtschaftsunternehmen besteht. Wirtschaftliche Vereine hätten sich nach dem allgemeinen Gesellschaftsrecht zu organisieren. Im Falle einer Teilbestandsübertragung wird die Diskussion eine andere Richtung nehmen, vgl. *Schirmer,* in: Dieter Farny und die Versicherungswissenschaft, 1994, S. 391, 400. Zur Abgrenzung des nichtwirtschaftlichen vom wirtschaftlichen Verein siehe BayObLG vom 8. 4. 1998, NJW-RR 1999, 765; OLG Schleswig, NZG 2001, 768; *Eyles,* NJW 1996, 1994 ff; *Hopt,* Gesellschaftsrecht, 1996, Rdn. 108–111, S. 38 ff; *Segna,* ZIP 1997, 1901,1903 ff; *Stöber,* Handbuch zum Vereinsrecht, 1997, Rdn. 48 ff, S. 31 ff; *Schad,* NJW 1998, 2411 ff; *Karsten Schmidt,* NJW 1998, 1124, 1125; *Lettl,* DB 2000, 1449 ff; *Steding,* NZG 2001, 721, 725 ff.

Anhang

Übersicht Anhänge

I. Große Krankenversicherungsvereine

A. Typen und Ursprungsdaten der Krankenversicherungsvereine
B. Nach Rangfolge der gebuchten Brutto-Beitragseinnahme in TDM per 31. 12. 1998
C. Nach Rangfolge der Höhe des Eigenkapitals in TDM per 31. 12. 1998
D. Nach Rangfolge der Höhe der Bilanzsumme in TDM per 31. 12. 1998
E. Marktanteile der 15 größten Unternehmen in der Krankenversicherung in 1998

II. Große Lebensversicherungsvereine

A. Typen und Ursprungsdaten der Lebensversicherungsvereine
B. Nach Rangfolge der gebuchten Brutto-Beitragseinnahme in TDM per 31. 12. 1998
C. Nach Rangfolge der Höhe des Eigenkapitals in TDM per 31. 12. 1998
D. Nach Rangfolge der Höhe der Bilanzsumme in TDM per 31. 12. 1998
E. Marktanteile der 15 größten Unternehmen in der Lebensversicherung in 1998

III. Große Schaden- und Unfallversicherungsvereine

A. Typen und Ursprungsdaten der Schaden- und Unfallversicherungsvereine
B. Nach Rangfolge der gebuchten Brutto-Beitragseinnahme in TDM per 31. 12. 1998
C. Nach Rangfolge der Höhe des Eigenkapitals in TDM per 31. 12. 1998
D. Nach Rangfolge der Höhe der Bilanzsumme in TDM per 31. 12. 1998
E. Marktanteile der 15 größten Unternehmen in der Schaden- und Unfallversicherung in 1998

IV. Große Rückversicherungsvereine

A. Typ und Ursprung
B. Gebuchte Brutto-Beitragseinnahme in TDM per 31. 12. 1998
C. Höhe des Eigenkapitals in TDM per 31. 12. 1998
D. Höhe der Bilanzsumme in TDM per 31. 12. 1998
E. Marktanteile der 15 größten Unternehmen in der Rückversicherung in 1998

V. Anordnungen und Verwaltungsgrundsätze des BAV

A. Kreditaufnahme durch Versicherungsunternehmen
B. Aufnahme von Genußrechtskapital
C. Betrieb versicherungsfremder Geschäfte

VI. Ausländische Gesetze

A. (Österreichisches) 411. Bundesgesetz (VAG-Novelle 1991)

I. Große Krankenversicherungsvereine auf Gegenseitigkeit

A. Typen und Ursprungsdaten der Krankenversicherungsvereine

VVaG mit Mitgliedervertreterversammlung	Ursprung
1. uniVersa Krankenversicherung a. G.	1843
2. PAX KRANKENVERSICHERUNG im Bereich der Katholischen Kirche, Versicherungsverein auf Gegenseitigkeit	1882
3. Barmenia Krankenversicherung a. G.	1904
4. Debeka Krankenversicherungsverein a. G.	1905
5. Signal Krankenversicherung a. G.	1907
6. Freie Arzt- und Medizinkasse der Angehörigen der Berufsfeuerwehr und der Polizei VVaG	1911
7. MUNCHENER VEREIN Krankenversicherung a. G.	1922
8. Familienfürsorge Krankenversicherung auf Gegenseitigkeit im Raum der Kirchen vormals Pfarrerkrankenkasse V. a. G.	1924
9. DEUTSCHER RING Krankenversicherungsverein auf Gegenseitigkeit	1925
10. Continentale Krankenversicherung a. G.	1926
11. INTER Krankenversicherung aG	1926
12. Landeskrankenhilfe V. V. a.G.	1926
13. Süddeutsche Krankenversicherung a. G.	1926
14. ALTE OLDENBURGER Krankenversicherung VVaG	1927
15. Hallesche-Nationale Krankenversicherung auf Gegenseitigkeit	1934
16. Berlin-Kölnische Krankenversicherung auf Gegenseitigkeit	1936
17. HanseMerkur Krankenversicherung a. G.	1936

Quellen: Bundesanzeiger bis zum 31. 12. 2000, Versicherungsreport 1998, Wegweiser 2000 der Kölnischen Rück.

B. Nach Rangfolge der gebuchten Brutto-Beitragseinnahme in TDM per 31. 12. 1998

VVaG	TDM
1. Debeka Krankenversicherungsverein a. G.	5 033 470
2. Signal Krankenversicherung a. G.	1 863 603
3. Continentale Krankenversicherung a. G.	1 804 687
4. Barmenia Krankenversicherung a. G.	1 505 625
5. Hallesche-Nationale Krankenversicherung auf Gegenseitigkeit	1 045 564
6. Landeskrankenhilfe V. V. a.G.	950 253
7. DEUTSCHER RING Krankenversicherungsverein auf Gegenseitigkeit	927 693
8. INTER Krankenversicherung aG	920 580
9. Berlin-Kölnische Krankenversicherung auf Gegenseitigkeit	888 419
10. MUNCHENER VEREIN Krankenversicherung a. G.	600 057
11. Süddeutsche Krankenversicherung a. G.	598 150
12. HanseMerkur Krankenversicherung a. G.	541 489
13. uniVersa Krankenversicherung a. G.	426 270
14. ALTE OLDENBURGER Krankenversicherung VVaG	100 528
15. Familienfürsorge Krankenversicherung auf Gegenseitigkeit im Raum der Kirchen vormals Pfarrerkrankenkasse V. a. G.	99 340
16. PAX KRANKENVERSICHERUNG im Bereich der Katholischen Kirche, Versicherungsverein auf Gegenseitigkeit	57 514
17. Freie Arzt- und Medizinkasse der Angehörigen der Berufsfeuerwehr und der Polizei VVaG	40 304

Quelle: Geschäftsbericht BAV Teil B 1998 Tabelle 010.

C. Nach Rangfolge der Höhe des Eigenkapital in TDM per 31. 12. 1998

VVaG	TDM
1. Debeka Krankenversicherungsverein a. G.	311 170
2. Continentale Krankenversicherung a. G.	290 000
3. Signal Krankenversicherung a. G.	253 370
4. Barmenia Krankenversicherung a. G.	221 009
5. INTER Krankenversicherung aG	165 000
6. DEUTSCHER RING Krankenversicherungsverein auf Gegenseitigkeit	147 945
7. Hallesche-Nationale Krankenversicherung auf Gegenseitigkeit	143 200
8. HanseMerkur Krankenversicherung a. G.	140 000
9. MUNCHENER VEREIN Krankenversicherung a. G.	101 420
10. Berlin-Kölnische Krankenversicherung auf Gegenseitigkeit	95 000
11. Landeskrankenhilfe V. V. a.G.	94 057
12. Süddeutsche Krankenversicherung a. G.	82 000
13. uniVersa Krankenversicherung a. G.	80 000
14. ALTE OLDENBURGER Krankenversicherung VVaG	12 000
15. Familienfürsorge Krankenversicherung auf Gegenseitigkeit im Raum der Kirchen vormals Pfarrerkrankenkasse V. a. G.	11 000
16. PAX KRANKENVERSICHERUNG im Bereich der Katholischen Kirche, Versicherungsverein auf Gegenseitigkeit	10 750
17. Freie Arzt- und Medizinkasse der Angehörigen der Berufsfeuerwehr und der Polizei VVaG	6000

Quelle: Versicherungs-Jahrbuch 2001.

D. Nach Rangfolge der Höhe der Bilanzsumme in TDM per 31. 12. 1998

VVaG	TDM
1. Debeka Krankenversicherungsverein a. G.	14 183 365
2. Continentale Krankenversicherung a. G.	6 428 823
3. Signal Krankenversicherung a. G.	6 101 023
4. Barmenia Krankenversicherung a. G.	4 352 731
5. DEUTSCHER RING Krankenversicherungsverein auf Gegenseitigkeit	3 626 187
6. Hallesche-Nationale Krankenversicherung auf Gegenseitigkeit	3 129 995
7. Landeskrankenhilfe V. V. a.G.	2 794 647
8. INTER Krankenversicherung aG	2 773 709
9. Berlin-Kölnische Krankenversicherung auf Gegenseitigkeit	2 218 810
10. HanseMerkur Krankenversicherung a. G.	2 188 296
11. Süddeutsche Krankenversicherung a. G.	2 079 189
12. MUNCHENER VEREIN Krankenversicherung a. G.	1 996 918
13. uniVersa Krankenversicherung a. G.	1 119 022
14. Familienfürsorge Krankenversicherung auf Gegenseitigkeit im Raum der Kirchen vormals Pfarrerkrankenkasse V. a. G.	279 926
15. ALTE OLDENBURGER Krankenversicherung VVaG	248 804
16. PAX KRANKENVERSICHERUNG im Bereich der Katholischen Kirche, Versicherungsverein auf Gegenseitigkeit	221 320
17. Freie Arzt- und Medizinkasse der Angehörigen der Berufsfeuerwehr und der Polizei VVaG	128 036

Quelle: Versicherungs-Jahrbuch 2001.

E. Marktanteile der 15 größten Unternehmen in der Krankenversicherung in 1998

VU	Anteil
1. Deutsche Krankenversicherung Aktiengesellschaft	14,04%
2. Debeka Krankenversicherungsverein a. G.	13,28%
3. Vereinte Krankenversicherung AG	12,59%

VU	Anteil
4. Central Krankenversicherung AG	5,20%
5. Signal Krankenversicherung a. G.	4,92%
6. Continentale Krankenversicherung a. G.	4,76%
7. Bayerische Beamtenkrankenkasse Aktiengesellschaft	4,71%
8. Barmenia Krankenversicherung a. G.	3,97%
9. DBV-Winterthur Krankenversicherung Aktiengesellschaft	3,72%
10. Nova Krankenversicherung a. G.	2,85%
11. Hallesche-Nationale Krankenversicherung auf Gegenseitigkeit	2,76%
12. Landeskrankenhilfe V. V. a.G.	2,51%
13. Deutscher Ring Krankenversicherungsverein auf Gegenseitigkeit	2,44%
14. Inter Krankenversicherung aG	2,43%
15. Berlin-Kölnische Krankenversicherung auf Gegenseitigkeit	2,34%

Quelle: Geschäftsbericht BAV Teil B 1998, S. 10.

II. Große Lebensversicherungsvereine auf Gegenseitigkeit

A. Typen und Ursprungsdaten der Lebensversicherungsvereine

VVaG mit Mitgliedervertreterversammlung	**Ursprung**
1. Landeslebenshilfe V. V. a.G.	1784
2. Gothaer Lebensversicherung a. G.	1827
3. Alte Leipziger Lebensversicherungsgesellschaft a. G.	1830
4. DEVK Deutsche Eisenbahn Versicherung Lebensversicherungsverein a. G.	1847
5. uniVersa Lebensversicherung a. G.	1857
6. Lebensversicherung von 1871 auf Gegenseitigkeit München	1871
7. WWK Lebensversicherung a. G.	1884
8. Continentale Lebensversicherung a. G.	1892
9. ASSTEL Lebensversicherung a. G.	1895
10. Bayerische Beamten Lebensversicherung a. G.	1902
11. Stuttgarter Lebensversicherung a. G.	1908
12. INTER Lebensversicherung a. G.	1910
13. IDEAL Lebensversicherung a. G.	1913
14. IDUNA Vereinigte Lebensversicherung a. G für Handwerk, Handel und Gewerbe	1914
15. VOLKSWOHL-BUND Lebensversicherung a. G.	1914
16. R + V Lebensversicherung a. G.	1922
17. Familienfürsorge Lebensversicherung auf Gegenseitigkeit im Raum der Kirchen	1923
18. Süddeutsche Lebensversicherung a. G.	1926
19. MÜNCHENER VEREIN Lebensversicherung a. G.	1927
20. Barmenia Lebensversicherung a. G.	1928
21. Debeka Lebensversicherungsverein a. G.	1947
22. Vereinigte Postversicherung Versicherungsverein auf Gegenseitigkeit	1959

VVaG mit Mitgliederversammlung	**Ursprung**
1. Hannoversche Lebensversicherung a. G.	1875

Quellen: Bundesanzeiger bis zum 31. 12. 2000, Versicherungs-Jahrbuch 2001, Versicherungsreport 1998, Wegweiser 2000 der Kölnischen Rück.

B. Nach Rangfolge der gebuchten Brutto-Beitragseinnahme in TDM per 31. 12. 1998

VVaG	**TDM**
1. Debeka Lebensversicherungsverein a. G.	2 822 874
2. IDUNA Vereinigte Lebensversicherung aG für Handwerk, Handel und Gewerbe	2 179 228
3. Alte Leipziger Lebensversicherungsgesellschaft a G.	1 810 392
4. Hannoversche Lebensversicherung a. G.	1 681 294
5. Gothaer Lebensversicherung auf Gegenseitigkeit	1 655 233
6. Vereinigte Postversicherung Versicherungsverein a. G.	1 100 663
7. WWK Lebensversicherung a. G.	1 086 178
8. Stuttgarter Lebensversicherung a. G.	871 132
9. Bayerische Beamten Lebensversicherung a. G.	725 635
10. VOLKSWOHL-BUND Lebensversicherung a. G.	721 160
11. Continentale Lebensversicherung a. G.	617 252
12. DEVK Deutsche Eisenbahn Versicherung Lebensversicherungsverein a. G.	529 642
13. Barmenia Lebensversicherung a. G.	328 185
14. Familienfürsorge Lebensversicherung auf Gegenseitigkeit im Raum der Kirchen	308 528
15. Lebensversicherung von 1871 auf Gegenseitigkeit München	306 037
16. MÜNCHENER VEREIN Lebensversicherung a. G.	292 220
17. ASSTEL Lebensversicherung a. G.	282 126
18. INTER Lebensversicherung a. G.	230 251
19. uniVersa Lebensversicherung a. G.	220 555
20. R + V Lebensversicherung a. G.	196 769
21. IDEAL Lebensversicherung a. G.	166 715

VVaG	TDM
22. Süddeutsche Lebensversicherung auf Gegenseitigkeit	40 969
23. Landeslebenshilfe V. V. a.G.	27 528

Quelle: Versicherungs-Jahrbuch 2001.

C. Nach Rangfolge der Höhe des Eigenkapitals in TDM per 31. 12. 1998

VVaG	TDM
1. IDUNA Vereinigte Lebensversicherung aG für Handwerk, Handel und Gewerbe	265 000
2. Alte Leipziger Lebensversicherungsgesellschaft a G.	206 500
3. Debeka Lebensversicherungsverein a. G.	190 000
4. Gothaer Lebensversicherung auf Gegenseitigkeit	180 000
5. WWK Lebensversicherung a. G.	171 000
6. Hannoversche Lebensversicherung a. G.	165 000
7. Bayerische Beamten Lebensversicherung a. G.	93 300
8. Stuttgarter Lebensversicherung a. G.	83 000
9. Vereinigte Postversicherung Versicherungsverein a. G.	76 029
10. DEVK Deutsche Eisenbahn Versicherung Lebensversicherungsverein a. G.	72 333
11. uniVersa Lebensversicherung a. G.	70 800
12. Lebensversicherung von 1871 auf Gegenseitigkeit München	66 500
13. Continentale Lebensversicherung a. G.	57 500
14. MÜNCHENER VEREIN Lebensversicherung a. G.	48 778
15. VOLKSWOHL-BUND Lebensversicherung a. G.	46 653
16. Barmenia Lebensversicherung a. G.	43 028
17. ASSTEL Lebensversicherung a. G.	36 900
18. IDEAL Lebensversicherung a. G.	26 849
19. Familienfürsorge Lebensversicherung auf Gegenseitigkeit im Raum der Kirchen	15 300
20. INTER Lebensversicherung a. G.	14 000
21. R + V Lebensversicherung a. G.	12 200
22. Landeslebenshilfe V. V. a.G.	8086
23. Süddeutsche Lebensversicherung auf Gegenseitigkeit	6200

Quelle: Versicherungs-Jahrbuch 2001.

D. Nach Rangfolge der Höhe der Bilanzsumme in TDM per 31. 12. 1998

VVaG	TDM
1. IDUNA Vereinigte Lebensversicherung aG für Handwerk, Handel und Gewerbe	26 885 301
2. Alte Leipziger Lebensversicherungsgesellschaft a G.	22 145 159
3. Debeka Lebensversicherungsverein a. G.	21 058 229
4. Gothaer Lebensversicherung auf Gegenseitigkeit	15 691 746
5. Hannoversche Lebensversicherung a. G.	14 464 540
6. Vereinigte Postversicherung Versicherungsverein a. G.	12 645 172
7. WWK Lebensversicherung a. G.	12 568 299
8. Bayerische Beamten Lebensversicherung a. G.	9 579 826
9. Stuttgarter Lebensversicherung a. G.	7 743 551
10. DEVK Deutsche Eisenbahn Versicherung Lebensversicherungsverein a. G.	7 522 038
11. Continentale Lebensversicherung a. G.	5 685 645
12. VOLKSWOHL-BUND Lebensversicherung a. G.	4 400 984
13. ASSTEL Lebensversicherung a. G.	4 124 403
14. Barmenia Lebensversicherung a. G.	3 856 228
15. Lebensversicherung von 1871 auf Gegenseitigkeit München	3 125 405
16. MÜNCHENER VEREIN Lebensversicherung a. G.	3 070 237
17. Familienfürsorge Lebensversicherung auf Gegenseitigkeit im Raum der Kirchen	3 050 999
18. uniVersa Lebensversicherung a. G.	2 857 567
19. INTER Lebensversicherung a. G.	2 155 233
20. IDEAL Lebensversicherung a. G.	1 870 246
21. R + V Lebensversicherung a. G.	1 089 014

VVaG	TDM
22. Süddeutsche Lebensversicherung auf Gegenseitigkeit	432 305
23. Landeslebenshilfe V. V. a.G.	407 906

Quelle: Versicherungs-Jahrbuch 2001.

E. Marktanteile der 15 größten Unternehmen in der Lebensversicherung in 1998

VU	Anteil
1. Allianz Lebensversicherungs-AG	13,91%
2. Hamburg-Mannheimer Versicherung-Aktiengesellschaft	5,09%
3. R+V Lebensversicherung AG	4,20%
4. Deutscher Herold Lebensversicherungs-Aktiengesellschaft der DB	3,93%
5. Aachener und Münchener Lebensversicherung Aktiengesellschaft	3,85%
6. Volksfürsorge Deutsche Lebensversicherung Aktiengesellschaft	3,67%
7. Victoria Lebensversicherung Aktiengesellschaft	3,46%
8. Debeka Lebensversicherung a. G.	2,75%
9. DBV-Winterthur Lebensversicherung Aktiengesellschaft	2,70%
10. Bayern-Versicherung Lebensversicherung Aktiengesellschaft	2,60%
11. Nürnberger Lebensversicherung AG	2,54%
12. GERLING-KONZERN Lebensversicherungs-Aktiengesellschaft	2,48%
13. IDUNA Vereinigte Lebensversicherung aG für Handwerk, Handel und Gewerbe	2,12%
14. Karlsruher Lebensversicherung AG	1,78%
15. Alte Leipziger Lebensversicherungsgesellschaft auf Gegenseitigkeit	1,76%

Quelle: Geschäftsbericht BAV Teil B 1998, S. 9.

III. Große Schaden- und Unfallversicherungsvereine

A. Typen und Ursprungsdaten der großen Schaden- und Unfallversicherungsvereine

VVaG mit Mitgliedervertreterversammlung	**Ursprung**
1. Itzehoer Versicherung/Brandgilde von 1691 Versicherungsverein auf Gegenseitigkeit	1691
2. Mecklenburgische Versicherungs-Gesellschaft a. G.	1797
3. Schleswig-Holsteinische Hagelgilde	1811
4. NV–Versicherungen VVaG	1818
5. Gothaer Versicherungsbank VVaG	1820
6. VEREINIGTE HAGELVERSICHERUNG VVaG	1824
7. Gartenbau-Versicherung VVaG	1847
8. Assekuranz-Verein Niederelbe VVaG	1856
9. CONCORDIA Versicherungs-Gesellschaft auf Gegenseitigkeit	1864
10. Häger Versicherungsverein a. G.	1869
11. GEGENSEITIGKEIT Versicherung Oldenburg	1870
12. Uelzener Allgemeine Versicherungs-Gesellschaft a. G.	1873
13. Vereinigte Tierversicherung Gesellschaft a. G.	1875
14. ISSELHORSTER Versicherung V. a. G.	1883
15. DEVK Deutsche Eisenbahn Versicherung Sach- und HUK-Versicherungsverein a. G. Betriebliche Sozialeinrichtung der Deutschen Bahn AG	1889
16. GRUNDEIGENTÜMER-VERSICHERUNG VVaG	1891
17. HDI Haftpflichtverband der Deutschen Industrie Versicherungsverein auf Gegenseitigkeit	1903
18. DOCURA Brandkasse Deutscher Lehrer VVaG	1911
19. Sach- und Haftpflichtversicherung des Bäckerhandwerks VVaG	1921
20. Bruderhilfe Sachversicherung auf Gegenseitigkeit im Raum der Kirchen	1926
21. Haftpflicht-Unterstützungs-Kasse kraftfahrender Beamter Deutschlands a. G. in Coburg (HUK-Coburg)	1933
22. SIGNAL Unfallversicherung a. G.	1937
23. KRAVAG-SACH Versicherung des Deutschen Kraftverkehrs VaG	1950
24. FAHRLEHRERVERSICHERUNG Verein auf Gegenseitigkeit	1952
25. Deutscher Reisepreis-Sicherungsverein VVaG	1997

VVaG mit Mitgliederversammlung	**Ursprung**
1. Ostangler Brandgilde Versicherungsverein auf Gegenseitigkeit (VVaG)	1788
2. Neuendorfer Brand-Bau-Gilde Versicherungsverein auf Gegenseitigkeit	1813
3. Schleswiger Versicherungsverein auf Gegenseitigkeit	1847
4. Vereinigte Schiffs-Versicherung V. a. G.	1856
5. LVM Landwirtschaftlicher Versicherungsverein Münster a. G.	1896
6. Haftpflichtkasse Darmstadt – Haftpflichtversicherung des Deutschen Hotel- und Gaststättengewerbes VVaG	1898
7. Medien-Versicherung a. G. Karlsruhe vorm. Buchgewerbe-Feuerversicherung	1899
8. VVDE Versicherungsverband Deutscher Eisenbahnen Versicherungsverein auf Gegenseitigkeit	1904
9. Landesschadenhilfe Versicherung VaG	1904
10. GVV-Kommunalversicherung, Versicherungsverein auf Gegenseitigkeit	1911
11. Bayerische Hausbesitzer-Versicherungs-Gesellschaft a. G.	1911
12. VHV Vereinigte Haftpflichtversicherung Versicherungsverein auf Gegenseitigkeit in Hannover	1919
13. Württembergische Gemeinde-Versicherung auf Gegenseitigkeit	1921
14. Feuer- und Einbruchschadenkasse der BBBank VVaG	1925
15. PENSIONS-SICHERUNGS-VEREIN Versicherungsverein auf Gegenseitigkeit	1974
16. Thüga Schadenausgleichskasse München VVaG	1989
17. OKV – Ostdeutsche Kommunalversicherung auf Gegenseitigkeit	1991

VVaG mit Mitgliederversammlung	Ursprung
18. Haftpflichtgemeinschaft Deutscher Nahverkehrs- und Versorgungsunternehmen Allgemein (HDNA) VVaG	1995

Quellen: Bundesanzeiger bis 31. 12. 2000, Versicherungs-Jahrbuch 2001, Versicherungsreport 1998, Wegweiser 2000 der Kölnischen Rück

B. Nach Rangfolge der gebuchten Bruttobeitragseinnahme in TDM per 31. 12. 1998

VVaG	TDM
1. HDI Haftpflichtverband der Deutschen Industrie	2 728 708
2. Haftpflicht-Unterstützungs-Kasse kraftfahrender Beamter	2 665 158
3. Gothaer Versicherungsbank VVaG	2 526 271
4. LVM Landwirtschaftlicher Versicherungsverein Münster a. G.	2 396 411
5. SIGNAL-Unfallversicherung a. G.	647 816
6. CONCORDIA Versicherungs-Gesellschaft auf Gegenseitigkeit	641 327
7. KRAVAG-SACH Versicherung des Deutschen Kraftverkehrs VaG	638 329
8. DEVK Deutsche Eisenbahn Versicherung Sach- und HUK	549 505
9. VHV Vereinigte Haftpflichtversicherung VVaG in Hannover	496 454
10. Mecklenburgische Versicherungs-Gesellschaft a. G.	439 673
11. Württembergische Gemeinde-Versicherung auf Gegenseitigkeit	439 437
12. PENSIONS-SICHERUNGS-VEREIN Versicherungsverein auf Gegenseitigkeit	437 349
13. Itzehoer Versicherung/Brandgilde von 1691 VVaG	294 206
14. Bruderhilfe Sachversicherung auf Gegenseitigkeit	289 722
15. GVV-Kommunalversicherung, Versicherungsverein a. G.	216 137
16. VEREINIGTE HAGELVERSICHERUNG VVaG	131 221
17. FAHRLEHRERVERSICHERUNG Verein auf Gegenseitigkeit	95 301
18. Vereinigte Tierversicherung Gesellschaft a. G.	62 280
19. Gartenbau-Versicherung VVaG	59 871
20. GEGENSEITIGKEIT Versicherung Oldenburg	45 145
21. Assekuranz-Verein Niederelbe VVaG	43 733
22. GRUNDEIGENTÜMER-VERSICHERUNG VVaG	39 832
23. Ulzener Allgemeine Versicherungs-Gesellschaft a. G.	38 787
24. Haftpflichtkasse Darmstadt	34 730
25. OKV – Ostdeutsche Kommunalversicherung auf Gegenseitigkeit	30 092
26. Medien-Versicherung a. G.	27 216
27. Landesschadenhilfe Versicherung VaG	20 686
28. Bayerische Hausbesitzer-Versicherungs-Gesellschaft a. G.	16 855
29. Ostangler Brandgilde Versicherungsverein auf Gegenseitigkeit	15 944
30. Neuendorfer Brand-Bau-Gilde Versicherungsverein a. G.	15 530
31. Schleswiger Versicherungsverein auf Gegenseitigkeit	15 271
32. Vereinigte Schiffs-Versicherung V. a. G.	11 099
33. Sach- und Haftpflichtversicherung des Bäckerhandwerks VVaG	10 771
34. VVDE Versicherungsverband Deutscher Eisenbahnen VVaG	10 586
35. NV–Versicherungen VVaG	10 399
36. ISSELHORSTER Versicherung V. a. G.	8862
37. Häger Versicherungsverein a. G.	8266
38. DOCURA Brandkasse Deutscher Lehrer VVaG	8094
39. Thüga Schadenausgleichskasse München VVaG	7039
40. Haftpflichtgemeinschaft Deutscher Nahverkehrs- und Versorgungsunternehmen Allgemein (HDNA) VVaG	3502
41. Schleswig-Holsteinische Hagelgilde	2004
42. Deutscher Reisepreis-Sicherungsverein VVaG	1614
43. Feuer- und Einbruchschadenkasse der BBBank VVaG	539

Quelle: Versicherungs-Jahrbuch 2001

C. Nach Rangfolge der Höhe des Eigenkapitals in TDM per 31. 12. 1998

VVaG	TDM
1. Haftpflicht-Unterstützungs-Kasse kraftfahrender Beamter	2 015 303
2. HDI Haftpflichtverband der Deutschen Industrie	1 029 000
3. LVM Landwirtschaftlicher Versicherungsverein Münster a. G.	1 017 000
4. DEVK Deutsche Eisenbahn Versicherung Sach- und HUK	761 540
5. VHV Vereinigte Haftpflichtversicherung VVaG in Hannover	712 000
6. Gothaer Versicherungsbank VVaG	492 721
7. SIGNAL-Unfallversicherung a. G.	404 269
8. Württembergische Gemeinde-Versicherung auf Gegenseitigkeit	386 514
9. CONCORDIA Versicherungs-Gesellschaft auf Gegenseitigkeit	235 000
10. KRAVAG-SACH Versicherung des Deutschen Kraftverkehrs VaG	163 810
11. GVV-Kommunalversicherung, Versicherungsverein a. G.	121 322
12. Mecklenburgische Versicherungs-Gesellschaft a. G.	120 000
13. Itzehoer Versicherung/Brandgilde von 1691 VVaG	92 190
14. PENSIONS-SICHERUNGS-VEREIN Versicherungsverein a. G.	90 511
15. VEREINIGTE HAGELVERSICHERUNG VVaG	46 995
16. Bruderhilfe Sachversicherung auf Gegenseitigkeit	44 707
17. FAHRLEHRERVERSICHERUNG Verein auf Gegenseitigkeit	32 858
18. Gartenbau-Versicherung VVaG	27 606
19. GEGENSEITIGKEIT Versicherung Oldenburg	24 421
20. Vereinigte Tierversicherung Gesellschaft a. G.	20 029
21. Medien-Versicherung a. G.	17 808
22. Haftpflichtkasse Darmstadt	16 359
23. GRUNDEIGENTÜMER-VERSICHERUNG VVaG	14 000
24. Ulzener Allgemeine Versicherungs-Gesellschaft a. G.	10 700
25. Bayerische Hausbesitzer-Versicherungs-Gesellschaft a. G.	9470
26. Landesschadenhilfe Versicherung VaG	8900
27. OKV – Ostdeutsche Kommunalversicherung auf Gegenseitigkeit	7343
28. DOCURA Brandkasse Deutscher Lehrer VVaG	7220
29. Sach- und Haftpflichtversicherung des Bäckerhandwerks VVaG	6962
30. Deutscher Reisepreis-Sicherungsverein VVaG	6189
31. Neuendorfer Brand-Bau-Gilde Versicherungsverein a. G.	6000
32. Ostangler Brandgilde Versicherungsverein auf Gegenseitigkeit	5096
33. ISSELHORSTER Versicherung V. a. G.	5084
24. NV–Versicherungen VVaG	4550
35. Assekuranz-Verein Niederelbe VVaG	4008
36. Schleswiger Versicherungsverein auf Gegenseitigkeit	3846
37. Haftpflichtgemeinschaft Deutscher Nahverkehrs- und Versorgungsunternehmen Allgemein (HDNA) VVaG	3639
38. Vereinigte Schiffs-Versicherung V. a. G.	3350
39. Feuer- und Einbruchschadenkasse der BBBank VVaG	2239
40. Thüga Schadenausgleichskasse München VVaG	1965
41. Häger Versicherungsverein a. G.	1794
42. Schleswig-Holsteinische Hagelgilde	1594
43. VVDE Versicherungsverband Deutscher Eisenbahnen VVaG	756

Quelle: Versicherungs-Jahrbuch 2001

D. Nach Rangfolge der Höhe der Bilanzsumme in TDM per 31. 12. 1998

VVaG	TDM
1. Haftpflicht-Unterstützungs-Kasse kraftfahrender Beamter	6 966 870
2. HDI Haftpflichtverband der Deutschen Industrie	5 641 506
3. LVM Landwirtschaftlicher Versicherungsverein Münster a. G.	5 386 323
4. Gothaer Versicherungsbank VVaG	4 550 026
5. DEVK Deutsche Eisenbahn Versicherung Sach- und HUK	1 573 597
6. VHV Vereinigte Haftpflichtversicherung VVaG in Hannover	1 546 942
7. SIGNAL-Unfallversicherung a. G.	1 550 704

VVaG	TDM
8. PENSIONS-SICHERUNGS-VEREIN Versicherungsverein a. G.	1 481 208
9. CONCORDIA Versicherungs-Gesellschaft auf Gegenseitigkeit	1 168 049
10. Württembergische Gemeinde-Versicherung auf Gegenseitigkeit	1 084 169
11. KRAVAG-SACH Versicherung des Deutschen Kraftverkehrs VaG	1 079 459
12. Mecklenburgische Versicherungs-Gesellschaft a. G.	643 293
13. GVV-Kommunalversicherung, Versicherungsverein a. G.	616 478
14. Itzehoer Versicherung/Brandgilde von 1691 VVaG	553 553
15. Bruderhilfe Sachversicherung auf Gegenseitigkeit Raum der Kirchen	305 182
16. VEREINIGTE HAGELVERSICHERUNG VVaG	118 642
17. FAHRLEHRERVERSICHERUNG Verein auf Gegenseitigkeit	112 818
18. Gartenbau-Versicherung VVaG	101 479
19. Haftpflichtkasse Darmstadt – Haftpflichtversicherung des Deutschen Hotel- und Gaststättengewerbes – VVaG	71 593
20. GEGENSEITIGKEIT Versicherung Oldenburg	71 375
21. Vereinigte Tierversicherung Gesellschaft a. G.	64 076
22. VVDE Versicherungsverband Deutscher Eisenbahnen VVaG	53 698
23. GRUNDEIGENTÜMER-VERSICHERUNG VVaG	53 391
24. Ulzener Allgemeine Versicherungs-Gesellschaft a. G.	42 194
25. Bayerische Hausbesitzer-Versicherungs-Gesellschaft a. G.	32 120
26. OKV – Ostdeutsche Kommunalversicherung auf Gegenseitigkeit	30 429
27. Medien-Versicherung a. G. Karlsruhe vorm. Buchgewerbe-Feuerversicherung gegr. 1899	29 808
28. Landesschadenhilfe Versicherung VaG	26 701
29. Assekuranz-Verein Niederelbe VVaG	21 770
30. Neuendorfer Brand-Bau-Gilde Versicherungsverein a. G.	19 294
31. ISSELHORSTER Versicherung V. a. G.	14 175
32. Ostangler Brandgilde Versicherungsverein auf Gegenseitigkeit	13 395
33. Vereinigte Schiffs-Versicherung V. a. G.	12 503
34. Sach- und Haftpflichtversicherung des Bäckerhandwerks VVaG	12 469
35. DOCURA Brandkasse Deutscher Lehrer VVaG	12 004
36. Deutscher Reisepreis-Sicherungsverein VVaG	10 735
37. Schleswiger Versicherungsverein auf Gegenseitigkeit	10 677
38. NV–Versicherungen VVaG	10 543
39. Feuer- und Einbruchschadenkasse der BBBank VVaG	9927
40. Haftpflichtgemeinschaft Deutscher Nahverkehrs- und Versorgungsunternehmen Allgemein (HDNA) VVaG	7164
41. Häger Versicherungsverein a. G.	5462
42. Thüga Schadenausgleichskasse München VVaG	3599
43. Schleswig-Holsteinische Hagelgilde	3595

Quelle: Versicherungs-Jahrbuch 2001

E. Marktanteile der 15 größten Unternehmen in der Schaden- und Unfallversicherung in 1998

VU	Anteil
1. Allianz Versicherungs-Aktiengesellschaft	12,49%
2. GERLING-KONZERN Allgemeine Versicherungs-Aktiengesellschaft	4,06%
3. R + V Allgemeine Versicherung AG	3,57%
4. AXA Colonia Versicherung Aktiengesellschaft	2,92%
5. HDI Haftpflichtverband der Deutschen Industrie Versicherungsverein auf Gegenseitigkeit	2,62%
6. Haftpflicht-Unterstützungs-Kasse kraftfahrender Beamter Deutschlands a. G. in Coburg (HUK-COBURG)	2,56%
7. Gothaer Versicherungsbank VVaG	2,42%
8. VICTORIA Versicherung Aktiengesellschaft	2,32%
9. LVM Landwirtschaftlicher Versicherungsverein Münster a. G.	2,29%
10. Württembergische Versicherung Aktiengesellschaft	2,13%
11. Frankfurter Versicherungs-Aktiengesellschaft	2,04%

VU	Anteil
12. Aachener und Münchener Versicherung Aktiengesellschaft	1,98%
13. HUK-COBURG-Allgemeine Versicherungs-Aktiengesellschaft	1,91%
14. Provinzial-Feuerversicherungsanstalt der Rheinprovinz	1,82%
15. Vereinte Versicherung AG	1,78%

Quelle: Geschäftsbericht BAV Teil B 1998, S. 10f.

IV. Große Rückversicherungsvereine

A. Typ und Ursprung

VVaG mit Mitgliederversammlung

Kieler Rückversicherungsverein a. G.	1922

B. Gebuchte Brutto-Beitragseinnahme in TDM per 31. 12. 1998

Kieler Rückversicherungsverein a. G.	21 642

C. Höhe des Eigenkapitals in TDM per 31. 12. 1998

Kieler Rückversicherungsverein a. G.	2137

D. Höhe der Bilanzsumme in TDM per 31. 12. 1998

Kieler Rückversicherungsverein a. G.	5504

E. Marktanteile der 15 größten Unternehmen in der Rückversicherung in 1998

1.	Münchener Rückversicherungs-Gesellschaft Aktiengesellschaft in München	31,75%
2.	Allianz Aktiengesellschaft	15,72%
3.	Hannover Rückversicherungs-Aktiengesellschaft	8,15%
4.	Kölnische Rückversicherungs-Gesellschaft AG	7,61%
5.	GERLING-KONZERN Globale Rückversicherungs-Aktiengesellschaft	7,13%
6.	ERC Frankona Rückversicherungs-Aktien-Gesellschaft	6,17%
7.	Bayerische Rückversicherung Aktiengesellschaft	4,25%
8.	E+S Rückversicherungs-Aktiengesellschaft	3,62%
9.	R+V Versicherung AG	2,40%
10.	Deutsche Rückversicherung Aktiengesellschaft	1,92%
11.	Gothaer Rückversicherung AG	1,50%
12.	Württembergische Aktiengesellschaft Versicherungs-Beteiligungsgesellschaft	1,45%
13.	AMB Aachener und Münchener Beteiligungs-Aktiengesellschaft	1,01%
14.	ERC Aachener Rückversicherungs-Gesellschaft AG	0,95%
15.	Victoria Rückversicherung Aktiengesellschaft	0,90%

Quelle: Versicherungs-Jahrbuch 2001

V. Anordnungen und Verwaltungsgrundsätze des BAV

A. Kreditaufnahme durch Versicherungsunternehmen – in der Fassung VerBAV 1988, 248

Das BAV hat in den letzten Jahren wiederholt festgestellt, daß VU bei Kreditinstituten oder Konzernunternehmen Fremdmittel mit unterschiedlichen Laufzeiten aufgenommen haben. Dies gibt Anlaß auf folgendes hinzuweisen:

1. Versicherungsunternehmen gehören zu den Kapitalsammelbecken der deutschen Volkswirtschaft. Sie haben ihre im wesentlichen aus Beiträgen und Kapitalerträgen stammenden Finanzmittel, soweit sie nicht für die laufenden Ausgaben des Versicherungsbetriebes und zur Liquiditätshaltung benötigt werden, in – je nach der Struktur ihres Geschäftsbetriebes – mehr oder weniger langfristige Kapitalanlagen zu überführen; diese werden bei Bedarf in flüssige Mittel zurückverwandelt. Derartige Geschäfte sind dem Versicherungsbetrieb eigentümlich.

Dagegen ist es mit dem Betrieb von Versicherungsgeschäften nicht vereinbar (§ 7 Abs. 2 VAG), wenn VU Mittel der Finanzmärkte in Anspruch nehmen, um weitere, sonst nicht zu finanzierende Kapitalanlagen zu erwerben, auch wenn sie daraus zusätzliche Erträge erzielen könnten.

2. Unberührt bleiben Finanzdispositionen, die Kapitalanlagen vorbereiten oder sichern sollen, wenn und soweit sie auf der Grundlage einer kaufmännisch vernünftigen Finanzplanung erfolgen und einen nach Art, Umfang und Fristigkeit auch für VU vertretbaren Rahmen nicht überschreiten. Die Aufsichtsbehörde behält sich vor, die Üblichkeit und Vertretbarkeit derartiger Dispositionen im Einzelfall zu überprüfen.

3. Unberührt bleibt ferner die gesetzlich erlaubte Aufnahme von Fremdmitteln in der Form von Genußrechtskapital gem. § 53c Abs. 3 Nr. 3a und Abs. 3a VAG.

V 4a – Allg. – 54/88

B. Aufnahme von Genußrechtskapital – in der Fassung VerBAV 1992, 266

Nach Auffassung des Bundesaufsichtsamtes ist es mit § 7 Abs. 2 VAG vereinbar, wenn ein Versicherungsunternehmen über die in § 53c Abs. 3a Satz 1 Nr. 6 VAG genannte Grenze hinaus Kapital gegen Gewährung von Genußrechten (Genußrechtskapital) aufnimmt, und zwar einschließlich der gemäß § 53c Abs. 3 Nr. 3a VAG nach Maßgabe des Absatzes 3a den Eigenmitteln zuzurechnenden Beträge bis zur Höhe der Eigenmittel gemäß § 53c Abs. 3 Satz 1 Nr. 1 bis 3 VAG.

Dieses Genußrechtskapital muß die Voraussetzungen des § 53c Abs. 3a VAG erfüllen und darf nur in Vermögenswerten angelegt werden, deren Erwerb unternehmerischen Zwecken, z.B. Ergänzung eines Unternehmensvertrages durch eine Beteiligung dient, für welche auch Eigenkapital verwendet werden könnte. Die Aufnahme von Genußrechtskapital lediglich zur Beschaffung zusätzlicher Kapitalanlagen bleibt ausgeschlossen.

Die beabsichtigte Aufnahme von Genußrechtskapital ist dem Bundesaufsichtsamt unter Erläuterung des Verwendungszwecks jeweils rechtzeitig mitzuteilen.

V 1 – A – 72/92

C. Betrieb versicherungsfremder Geschäfte – in der Fassung VerBAV 1994, 126

Das Bundesaufsichtsamt hat festgestellt, daß die Hauptgeschäftstätigkeit einer 100%igen Tochtergesellschaft (Nicht-VU) eines Versicherungsunternehmens darin bestand, Kredite aufzunehmen. Die Kreditaufnahme diente allein dem Zweck, durch Ausnutzung eines günstigen Zinssatzes zusätzliche Erträge zu erwirtschaften. Der Versicherer hat für diese Tochter eine Patronatserklärung abgegeben, um die Kreditaufnahme erst zu ermöglichen, da das Tochterunternehmen im Verhältnis zur Höhe der Kreditaufnahme unterkapitalisiert war.

Beide Fälle stellen sich als „versicherungsfremde“ Geschäfte dar und sind daher unzulässig. § 7 Abs. 2 VAG verbietet den Versicherungsunternehmen solche Geschäfte, die nicht in unmittelbarem Zusammenhang mit Versicherungsgeschäften stehen. Das gilt auch für die Aufnahme von Krediten, wenn sie dem genannten Ziel dienen.

Das Verbot des Betriebes von versicherungsfremden Geschäften soll verhindern, daß die Leistungsansprüche der Versicherten dadurch gefährdet werden, daß der Versicherer zusätzliche, nicht in unmittelbaren Zusammenhang mit dem Versicherungsgeschäft dienende Risiken übernimmt. Läßt nun ein Versicherungsunternehmen, die ihm verbotenen Geschäfte durch eine 100%ige Tochtergesellschaft durchführen, um das Verbot zu umgehen, so ist das Umgehungsgeschäft selbst auch unzulässig. Der Schutzzweck des § 7 Abs. 2 VAG würde ansonsten ausgehöhlt. Dies gilt in besonderem Maße für den Fall, daß die Tochtergesellschaft finanziell nicht in der Lage ist, etwaige Verluste aus den eingegangenen Geschäften selbst zu tragen.

In diesem Zusammenhang wird daran erinnert, daß Versicherungsunternehmen schon zur Vermeidung moralischer Haftung dafür zu sorgen haben, daß Tochterunternehmen (Nicht-VU) keine ihre Finanzkraft übersteigenden Kreditengagements eingehen (GB BAV 1990 S. 57 (58).

Die dargelegten Argumente gelten auch für die Abgabe von Bürgschaften (Patronatserklärungen) der Versicherungsunternehmen für diese Töchter. Solche Gewährleistungszusagen widersprechen dem genannten Gesetzeszweck und stellen eine Umgehung der Vorlage- und Genehmigungspflicht von Gewinnabführungs- bzw. Verlustübernahmeverträgen dar. Dabei ist es gleichgültig, ob es sich um sog. weiche oder harte (berichtspflichtige) Erklärungen handelt.

IV 3 – 02204 – 1/94

IV. Ausländische Gesetze

A. (Österreichisches) 411. Bundesgesetz, mit dem das Versicherungsaufsichtsgesetz geändert wird (VAG-Novelle 1991) – in der Fassung Bundesgesetzblatt für die Republik Österreich Jahrgang 1991, ausgegeben am 2. August 1991, 152. Stück, S. 1909

- Auszug –

8. Nach dem § 61 werden folgende Bestimmungen eingefügt:

„Einbringung in eine Aktiengesellschaft

§ 61 a. (1) Ein Versicherungsverein auf Gegenseitigkeit kann seinen gesamten Versicherungsbetrieb oder sämtliche Versicherungsteilbetriebe im Weg der Gesamtrechtsnachfolge nach den folgenden Bestimmungen in eine oder mehrere Aktiengesellschaften einbringen.

(2) Die Einbringung hat zum Ende eines Geschäftsjahres als Sacheinlage zu Buchwerten zu erfolgen. Mehrere Einbringungsvorgänge zum gleichen Stichtag gelten als einheitlich erfolgt. Mit dem Antrag auf Eintragung in das Firmenbuch des Sitzes der Aktiengesellschaft ist eine vom Abschlußprüfer des Vereins geprüfte und bestätigte Einbringungsbilanz vorzulegen. Der eingebrachte Versicherungsbetrieb ist in der Satzung, im Sacheinlagevertrag oder in einer Anlage zu diesem so zu beschreiben, daß die übergehenden Gläubiger- und Schuldnerpositionen erkennbar sind. Die der Einbringung zugrunde zu legende Bilanz muß auf einen Zeitpunkt erstellt sein, der höchstens neun Monate vor der Anmeldung zur Eintragung in das Firmenbuch liegt. Die sich anläßlich der Einbringung ergebenden Eigenmittel sind mit Ausnahme eines Zusatzkapitals oder unversteuerter Rücklagen dem Grundkapital oder der gebundenen Kapitalrücklage (§ 130 Abs. 2 AktG 1965) zuzuführen.

(3) Die Einbringung ist nur zulässig

1. in eine oder mehrere zu diesem Zweck errichtete Aktiengesellschaften als deren alleiniger Aktionär;
2. in eine oder mehrere zu diesem Zweck errichtete Aktiengesellschaften gemeinsam mit anderen Vereinen,
3. in eine oder mehrere bestehende Versicherungsaktiengesellschaften allein oder gemeinsam mit anderen Vereinen.

(4) Die Einbringung bedarf der Zustimmung des obersten Organs. Der Beschluß des obersten Organs bedarf einer Mehrheit von mindestens drei Vierteln der abgegebenen Stimmen. Die Genehmigung der Einbringung durch die Versicherungsaufsichtsbehörde gemäß § 13 Abs. 2 ist auch zu versagen, wenn die Interessen der Mitglieder aus dem Mitgliedschaftsverhältnis nicht ausreichend gewahrt sind.

(5) Die Einbringung gilt als Gründung mit Sacheinlagen (§ 20 Abs. 1 AktG 1965). Für den Gläubigerschutz gilt § 227 AktG 1965 in der jeweils geltenden Fassung.

Wirkungen der Einbringung

§ 61 b. (1) Die mit der Einbringung gemäß § 61 a verbundene Gesamtrechtsnachfolge tritt durch die Eintragung der Aktiengesellschaft oder der Kapitalerhöhung in das Firmenbuch ein. Der Übergang im Weg der Gesamtrechtsnachfolge ist in das Firmenbuch einzutragen. Der Anmeldung zur Eintragung ist der Bescheid der Versicherungsaufsichtsbehörde, mit dem die Einbringung genehmigt wurde, beizufügen.

(2) Der Rechtsübergang im Weg der Gesamtrechtsnachfolge umfaßt das gesamte zum eingebrachten Versicherungsbetrieb gehörende Vermögen und alle mit dem eingebrachten Versicherungsbetrieb verbundenen Rechte und Pflichten. Insbesondere gehen mit der Einbringung die Konzession zum Betrieb der Vertragsversicherung und die für den eingebrachten Versicherungsbetrieb erteilten Genehmigungen über.

(3) Der einbringende Versicherungsverein bleibt bestehen. Sein Gegenstand ist auf die Vermögensverwaltung beschränkt. Änderungen der Satzung bedürfen der Genehmigung durch die Versicherungsaufsichtsbehörde. Die Tätigkeit der Mitglieder des Vorstandes gilt nicht als hauptbe-

rufliche Tätigkeit (§ 11 Abs. 3). § 11 Abs. 1, § 17b, § 27, die §§ 29 und 30, § 33 Abs. 1, die §§ 42 bis 55, § 56 Abs. 1 bis 3 und 5, § 57 Abs. 1 und 2, 5 und 6, § 80 Abs. 1 bis 3, § 81 Abs. 1 bis 6, 8 und 9, die §§ 81a bis 85, § 89, § 95, § 99, § 100 Abs. 1, § 103, § 104 Abs. 1, § 105, § 108a, § 109, § 111 und die §§ 113 und 114 dieses Bundesgesetzes sind weiter anzuwenden.

(4) Die Mitgliedschaft beim Versicherungsverein ist an das Bestehen eines Versicherungsverhältnisses bei einer Aktiengesellschaft gebunden, in die der Versicherungsbetrieb eingebracht wurde. Der Abschluß eines Versicherungsvertrages bei der Aktiengesellschaft begründet die Mitgliedschaft beim Versicherungsverein, im Fall der Beteiligung mehrerer Vereine die Mitgliedschaft bei allen Vereinen. Die Mitgliedschaft kann auch durch die Übernahme des Versicherungsbestandes eines anderen Versicherungsvereins oder einer Aktiengesellschaft, in die der Versicherungsbetrieb eines Versicherungsvereins gemäß § 61a eingebracht wurde, durch die Aktiengesellschaft begründet werden. Die Aktiengesellschaft darf, soweit dies in der Satzung ausdrücklich vorgesehen ist, Versicherungsverträge auch ohne Begründung einer Mitgliedschaft abschließen.

(5) Eine Veräußerung von Aktien einer Aktiengesellschaft, in die der Versicherungsbetrieb gemäß § 61a eingebracht wurde, sowie die Durchführung einer Kapitalerhöhung bedarf der Genehmigung durch die Versicherungsaufsichtsbehörde. Die Genehmigung ist zu versagen, wenn diese Vorgänge geeignet sind, die Interessen der Mitglieder zu gefährden.

(6) Sinkt der Anteil des Vereins an einer Aktiengesellschaft, in die er seinen Versicherungsbetrieb eingebracht hat, unter 26 vH der stimmberechtigten Aktien, so bewirkt dies die Auflösung des Vereins. Haben mehrere Vereine ihren Versicherungsbetrieb in eine Aktiengesellschaft eingebracht, so wird die Auflösung aller Vereine bewirkt, wenn die Summe ihrer Anteile unter 26 vH sinkt.

(7) Die Auflösung gemäß Abs. 6 unterbleibt, wenn die bei einer Aktiengesellschaft versicherten Mitglieder eine Abfindung in voller Höhe ihrer Rechte gemäß § 57 Abs. 5 erhalten und andere gemäß § 61a begründete Beteiligungen weiterhin in der Hohe von mindestens 26 vH bestehen. Eine solche Abfindung der Mitglieder bedarf der Genehmigung durch die Versicherungsaufsichtsbehörde. Die Genehmigung ist zu versagen, wenn die Interessen der Mitglieder aus dem Mitgliedschaftsverhältnis nicht ausreichend gewahrt sind.

Rechte des obersten Organs

§ 61 c. (1) Nach einer Einbringung gemäß § 61a gelten für das oberste Organ des Vereins neben den §§ 49 und 50 folgende Bestimmungen:

1. Der Vorstand des Vereins muß in allen Angelegenheiten, die in die Zuständigkeit der Hauptversammlung einer Aktiengesellschaft fallen, auch die Entscheidung des obersten Organs verlangen. Das Auskunftsrecht der Mitglieder erstreckt sich auch auf die Angelegenheiten der Aktiengesellschaft, die mit dem Gegenstand der Entscheidung in Zusammenhang stehen.
2. Zur Prüfung von Vorgängen bei der Gründung oder der Geschäftsführung der Aktiengesellschaft kann das oberste Organ mit einfacher Stimmenmehrheit Prüfer bestellen. Im übrigen gilt § 51.
3. Die Ansprüche der Aktiengesellschaft aus der Geschäftsführung gegen die Mitglieder ihres Vorstandes oder ihres Aufsichtsrates müssen geltend gemacht werden, wenn es das oberste Organ beschließt. Im übrigen gilt § 52.

(2) Auf die Beschlußfassung gemäß Abs. 1 ist § 50 Abs. 5 anzuwenden.“

Sachregister

Abgrenzung der Kompetenzen im VVaG Kap. 15, S. 196
- Aufsichtsrat und Vorstand Kap. 15, S. 202
- Vorstand und oberste Vertretung Kap. 15, S. 196
- Kompetenz-Kompetenz Kap. 15, S. 196

Abgrenzung des nichtwirtschaftlichen vom wirtschaftlichen Verein Kap. 27, S. 326
Abschlußprüfer Kap. 14, S. 194
Aktienoptionsmodelle Kap. 11, S. 158
Aktionärsklage Kap. 15, S. 202
Aktionärskontrolle Kap. 4, S. 66
Aktuarvereinigung Kap. 14, S. 192
Aktuarverordnung Kap. 14, S. 192
Allfinanz-Konzern Kap. 1, S. 15
Änderung von Allgemeinen Versicherungsbedingungen Kap. 20, S. 277
- Änderungskompetenz Kap. 20, S. 279
- Änderungsklausel in den AVB Kap. 20, S. 281
- Eilzuständigkeit des Aufsichtsrats Kap. 20, S. 277
- Grundsatzkompetenz der obersten Vertretung Kap. 20, S. 277

Anfechtungsklage gegen Hauptversammlungsbeschluß Kap. 10, S. 143
- gegen Umwandlungsbeschluß Kap. 21, S. 292
- gegen Verschmelzungsbeschluß Kap. 22, S. 298
- Einwand des Rechtsmißbrauchs Kap. 22, S. 300

Angemessene Gegenleistung
- bei Vermögensübertragung Kap. 23, S. 302

Anreizsysteme Kap. 11, S. 158
Antragsrecht der Mitglieder in der Mitgliedervertreterversammlung Kap. 7, S. 104
Appointed Actuary Kap. 14, S. 191
ARAG/Garmenbeck-Urteil des BGH Kap. 12, S. 164
Auflösung des VVaG Kap. 25, S. 317
- Anmeldung der Auflösung Kap. 25, S. 317
- Auflösungstatbestände Kap. 25, S. 317
- Konkurs Kap. 25, S. 318
- Verteilung des Vermögens Kap. 25, S. 317

Aufsichtsrat Kap. 12, S. 163
- Abberufung Kap. 12, S. 171
- Audit Committee Kap. 2, S. 32
- Aufgaben Kap. 12, S. 163
- Ausschüsse Kap. 12, S. 174
- Beratung des Vorstands Kap. 12, S. 166
- Beratungsverträge Kap. 12, S. 172
- Beschlußfassung Kap. 12, S. 173
- Bestellung Kap. 12, S. 168
- Bildung Kap. 12, S. 163
- Corporate Governance Kap. 2, S. 32
- Ersatzmitglieder Kap. 12, S. 176
- Grundsätze ordnungsmäßiger Aufsichtsratstätigkeit Kap. 2, S. 32
- Haftung Kap. 12, S. 175
- Informationsrechte Kap. 12, S. 167
- Kontrolle des Vorstands Kap. 12, S. 165
- Sitzungen Kap. 12, S. 173
- Sitzungsniederschrift Kap. 12, S. 173
- Sorgfaltspflicht Kap. 12, S. 175
- Organisation Kap. 12, S. 172
- Vergütung Kap. 12, S. 171
- Verschwiegenheitspflicht Kap. 12, S. 168
- –Vertretung der Gesellschaft Kap. 12, S. 164
- Wahl Kap. 12, S. 170
- Zustimmungsvorbehalte Kap. 15, S. 202

Auskunftsrecht der Mitglieder der obersten Vertretung Kap. 13, S. 185
Ausstieg aus der Rechtsform des VVaG Kap. 27, S. 325

Bedingungs- und Prämienänderungstreuhänder Kap. 14, S. 189
Befragung der obersten Vertretung Kap. 15, S. 199
Begriff des VVaG Kap. 3, S. 42
Beirat Kap. 14, S. 187
Beitragsrückerstattung in der Krankenversicherung Kap. 18, S. 253
- in der Lebensversicherung Kap. 18, S. 231
- in der Sachversicherung Kap. 18, S. 254

Bereichsvorstand Kap. 11, S. 147
Berliner Initiativkreis German Code of Corporate Governance Kap. 2, S. 32
Beschlußfeststellungsklage Kap. 10, S. 142
Beschlußmängelklage Kap. 10, S. 143
Beschlußnichtigkeitsklage Kap. 10, S. 142
Beschlußunwirksamkeitsfeststellungsklage Kap. 10, S. 142
Beschwerde bei der Aufsichtsbehörde Kap. 10, S. 145
Bestandsübertragung Kap. 24, S. 307
- Abfindungsanspruch bei Teilbestandsübertragung Kap. 24, S. 313
- Abgrenzung zum UmwG Kap. 24, S. 307
- Angemessene Gegenleistung Kap. 24, S. 314
- Anspruch auf Überschußbeteiligung Kap. 24, S. 313
- Bestandsübertragungsvertrag Kap. 24, S. 308
- Ertragswertverfahren Kap. 24, S. 313

- Form des Bestandsübertragungsvertrags Kap. 24, S. 308
- Gegenleistung Kap. 24, S. 309
- Genehmigung der Aufsichtsbehörde Kap. 24, S. 312
- Gesamtbestandsübertragung Kap. 24, S. 313
- Rechtsübergang der Versicherungsverhältnisse Kap. 24, S. 309
- Rechtsmittel gegen die Genehmigung des BAV Kap. 24, S. 316
- Sanierungsmaßnahme Kap. 24, S. 307
- Solvabilitätsnachweis Kap. 24, S. 315
- Strukturmaßnahme Kap. 24, S. 308
- Teilbestandsübertragung Kap. 24, S. 313
- Überschußbeteiligung Kap. 24, S. 313
- Unternehmenswert Kap. 24, S. 313
- Wahrung der Belange der Versicherten Kap. 24, S. 312
- Zustimmung der obersten Vertretung Kap. 24, S. 310

Bestandsübertragungsvertrag Kap. 24, S. 308
Bildung von Versicherungsgruppen Kap. 1, S. 9

Centros-Urteil des EuGH Kap. 20, S. 276
Corporate Governance Kap. 2, S. 31
Cultural Due Diligence Kap. 22, S. 296

Daihatsu-Urteil des EuGH Kap. 19, S. 269
Deckungsrückstellungsverordnung Kap. 14, S. 192
Demokratieprinzip Kap. 7, S. 100
Demutualisierung Kap. 21, S. 287
Depotstimmrecht Kap. 13, S. 187
Deutsche Aktuarvereinigung e. V. Kap. 14, S. 192
Dienstleistungsverträge Kap. 11, S. 153
Discounted Cash-flow-Verfahren Kap. 22, S. 296
Doppelmandate bei Vorständen Kap. 1, S. 12
double-gearing Kap. 16, S. 210
Dritthaftung des Abschlußprüfers Kap. 19, S. 267, Kap. 14, S. 194
Dritthaftung des Verantwortlichen Aktuars Kap. 14, S. 193
Due-Diligence-Prüfung
- beim Beteiligungs- und Unternehmenskauf Kap. 11, S. 148
- bei Verschmelzungen Kap. 11, S. 148, Kap. 22, S. 296

Ehrenvorsitzender Kap. 14, S. 194
- des Aufsichtsrats Kap. 14, S. 194
- der Gesellschaft Kap. 14, S. 194
- Ehrensold Kap. 14, S. 195
- Ernennungskompetenz Kap. 14, S. 194
- Rechte und Pflichten Kap. 14, S. 195

Eigenkapital Kap. 16, S. 205
- Andere Gewinnrücklagen Kap. 16, S. 213
- Begriff Kap. 16, S. 205
- Eigenkapitalausstattung bei Konzernbildung Kap. 16, S. 210
- Eigenkapitalquote Kap. 16, S. 214
- Einfluß des Prinzips der Gegenseitigkeit Kap. 16, S. 211
- Externe Eigenkapitalaufbringung Kap. 16, S. 212
- Funktionen Kap. 16, S. 206
  - Finanzierungsfunktion Kap. 16, S. 206
  - Garantiefunktion Kap. 16, S. 207
  - Sicherheitsfunktion Kap. 16, S. 208
- Gegenseitigkeitswertrecht Kap. 16, S. 219
- Gründungsstock Kap. 16, S. 216
- Interne Eigenkapitalaufbringung Kap. 16, S. 213
- Kontrolle der Eigenkapitalausstattung Kap. 16, S. 208
- Steuerbelastung Kap. 16, S. 230
- Verlustrücklage Kap. 16, S. 213

Eigenkapitalersetzende Darlehen Kap. 17, S. 227
Einführung von Allgemeinen Versicherungsbedingungen Kap. 20, S. 277
Einlagensicherungsfonds Kap. 25, S. 318
Einlagensicherungs- und Anlegerentschädigungsgesetz (EAG) Kap. 25, S. 318
Entstehung der Gegenseitigkeitsgesellschaften Kap. 2, S. 21
Entwicklung der Rechtsform des VVaG Kap. 2, S. 24
Entscheidungsorganisation des VVaG
- Vorbild der AG Kap. 5, S. 71

Ermittlung des Rohüberschusses Kap. 18, S. 230
Ertragswertverfahren bei Verschmelzung Kap. 22, S. 296
- bei Bestandsübertragung Kap. 24, S. 313

Euro-Einführungsgesetz Kap. 2, S. 35
Europäische Aktiengesellschaft Kap. 26, S. 320
Europäische Gegenseitigkeitsgesellschaft Kap. 26, S. 320
Europäische Genossenschaft Kap. 26, S. 321
Europäischer Verein Kap. 26, S. 321
Europäische Wirtschaftliche Interessenvereinigung Kap. 26, S. 320

Faktische Satzungsänderung Kap. 15, S. 198
Faktischer Konzern Kap. 1, S. 12
Finanzierung durch Eigenkapital Kap. 16, S. 205
Finanzierungsplan Kap. 16, S. 209
Finanzkonglomerate Kap. 4, S. 68
Fremdkapital Kap. 17, S. 221
- Aufnahme von Krediten Kap. 17, S. 222
- Genußrechtskapital Kap. 17, S. 224
- Gründungsstock Kap. 17, S. 223

Frühwarnsystem Kap. 2, S. 33

Funktionsausgliederungsverträge Kap. 11, S. 153
Fusionsbesteuerungsrichtlinie Kap. 22, S. 293

Garantiefonds Kap. 25, S. 318
Gegenseitigkeitswertrecht Kap. 16, S. 219
Genossenschaften im Konzern Kap. 1, S. 12
Genußrechtskapital Kap. 17, S. 224
- Bezugsrecht der Mitglieder des VVaG Kap. 17, S. 227
- Bilanzierung Kap. 17, S. 229
- Eigenkapitalcharakter Kap. 17, S. 226
- Geschäftsbericht Kap. 17, S. 229
- Steuerliche Behandlung Kap. 17, S. 229
- Zulässigkeit der Ausgabe Kap. 17, S. 224
- Zurechnung zu den Eigenmitteln Kap. 17, S. 225
Genußrechtsvertrag Kap. 17, S. 227
- Rechtsnatur Kap. 17, S. 227
Gerichtliche Kontrolle von Vereinsausschlüssen Kap. 10, S. 116
German Code of Corporate Governance (GCCG) Kap. 2, S. 32
Geschäftsführungsautonomie des Vorstands Kap. 15, S. 197
Gesellschaftszweck des VVaG Kap. 15, S. 198
- Begrenzung Kap. 4, S. 66
- Verbot versicherungsfremder Geschäfte Kap. 4, S. 66
Gewährsstock Kap. 16, S. 218
Gewaltenteilung im VVaG Kap. 15, S. 196
Gewinnabführungsvertrag Kap. 13, S. 180
Gewinnerzielungsabsicht Kap. 3, S. 62
Gewinnmanagement Kap. 11, S. 159
Gleichbehandlungsgrundsatz Kap. 5, S. 73
Gleichordnungskonzern Kap. 1, S. 10
Gründung Kap. 8, S. 105
- Anmeldung der Gesellschaft Kap. 8, S. 108
- Anzahl der Gründer Kap. 8, S. 105
- Bekanntmachung Kap. 8, S. 110
- Bestellung der Organe Kap. 8, S. 108
- Eintragung Kap. 8, S. 110
- Feststellung der Satzung Kap. 8, S. 105
- Garanten Kap. 8, S. 107
- Gerichtliche Prüfung der Anmeldung Kap. 8, S. 109
- Gründungsmängel Kap. 8, S. 107
- Haftung der Handelnden Kap. 8, S. 110
- Rechtsnatur der Satzung Kap. 8, S. 106
- Vor-VVaG Kap. 8, S. 110
- Zeichnung des Gründungsstocks Kap. 8, S. 107
Gründungsstock Kap. 16, S. 216, Kap. 17, S. 223
- Garanten Kap. 8, S. 107
- Zeichnung Kap. 8, S. 107
Grundsatz der Gegenseitigkeit Kap. 3, S. 42
- Bestimmung des Hauptzwecks und Kennzeichnung der Rechtsform Kap. 3, S. 57
- Beziehungstheorie Kap. 3, S. 57
- Gegenseitigkeitsprinzip contra Erwerbsprinzip Kap. 3, S. 51
- Gleichsetzung mit dem genossenschaftlichen Prinzip Kap. 3, S. 47
- Gleichsetzung mit der Versicherungsbedarfsdeckung Kap. 3, S. 54
- Leitbildtheorie Kap. 3, S. 56
- Schadentragungstheorie Kap. 3, S. 44
- Unternehmertheorie Kap. 3, S. 43
- Theorie der Risiko- oder Gefahrengemeinschaft Kap. 3, S. 49
- Theorie von der Solidargemeinschaft Kap. 3, S. 46
- Zweckvermögenstheorie Kap. 3, S. 45
Grundsatzkommission Corporate Governance Kap. 2, S. 32
Grundtypen des VVaG Kap. 6, S. 75
Gruppenaufsichtsrichtlinie Kap. 16, S. 210

Handelsrechtsreformgesetz (HRefG) Kap. 3, S. 63
Hansa-Art-Urteil des BGH Kap. 10, S. 116
Hauptzweck des VVaG Kap. 4, S. 65
Historische Entwicklung des VVaG Kap. 1, S. 20
Holdingbildungen Kap. 1, S. 18
Holocaust Kap. 11, S. 148
Holzmüller-Urteil des BGH Kap. 13, S. 180, Kap. 15, S. 200

Insolvenz von Versicherungsunternehmen Kap. 25, S. 318
Insolvenzrechtsreform Kap. 25, S. 318

Jahr-2000-Problem Kap. 2, S. 33

Kalkulationsverordnung Kap. 14, S. 193
Kapitalaufnahmeerleichterungsgesetz Kap. 2, S. 34
Kapitalflußrechnung Kap. 2, S. 33
Kapitalgesellschaften- und Co-Richtlinie-Gesetz Kap. 2, S. 34
Kapitallebensversicherungsvertrag Kap. 18, S. 234
- Rechtsnatur des Lebensversicherungsvertrages mit Überschußbeteiligungsklausel Kap. 18, S. 235
- Geschäftsplanmäßige Erklärung Kap. 18,S. 242
- Partiarisches Rechtsverhältnis Kap. 18, S. 239
- Treuhandverhältnis Kap. 18, S. 235
- Versicherungsvertrag gemäß § 1 VVG Kap. 18,S. 243
Kommanditgesellschaft auf Aktien Kap. 5, S. 69
- formelle Satzungsstrenge Kap. 5, S. 69
Konkurs Kap. 25, S. 318
- Konkursantrag Kap. 25, S. 318
Konkurssicherungsfonds Kap. 25, S. 318
KonTraG Kap. 2, S. 31

Konzentrationstendenzen Kap. 1, S. 19
Konzernbildungsklausel Kap. 15, S. 199
– siehe Konzerngründungsklausel 74
Konzernfestigkeit des VVaG Kap. 5, S. 73
Konzernfinanzierung Kap. 16, S. 210
Konzerngründungsklausel Kap. 5, S. 74
– siehe Konzernbildungsklausel
Konzession Kap. 9, S. 111
– Antrag Kap. 9, S. 111
– Antragsprüfung Kap. 9, S. 111
– Erlangung der Rechtsfähigkeit Kap. 9, S. 112
– Erlaubnis Kap. 9, S. 112
– Geschäftsplan Kap. 9, S. 111
Konzessionszwang Kap. 4, S. 64
Kooptationsverfahren Kap. 7, S. 97
– Antragsrecht der Mitglieder Kap. 7, S. 104
– Einschränkung des Selbstverwaltungsrechts Kap. 7, S. 104
– sachkundige Repräsentation Kap. 7, S. 101
– Satzungsgewohnheitsrecht Kap. 7, S. 104
– Unübertragbarkeit des Demokratieprinzips Kap. 7, S. 100
– Vereinbarkeit mit den Grundprinzipien des Vereinsrechts Kap. 7, S. 100
– Zulässigkeit Kap. 7, S. 99
– Zweckmäßigkeit Kap. 7, S. 104
Kreditaufnahme Kap. 17, S. 222

Legal auditor Kap. 14, S. 188
Legaldefinition des VVaG Kap. 3, S. 42
Leistungsanreize für Manager Kap. 11, S. 158
Leitbild des VVaG 71
– gesetzliche Leitbild des VVaG Kap. 5, S. 71
Losentscheid Kap. 13, S. 186

Markstellung der VVaG Kap. 1, S. 5
Mitglied
– siehe Mitgliedschaft
Mitglieder als Unternehmensträger Kap. 5, S. 72
Mitgliederversammlung Kap. 6, S. 88
– Bevollmächtigung Kap. 6, S. 89
– Stimmrecht Kap. 6, S. 89
– Teilnahme Kap. 6, S. 89
Mitgliederversicherung als Hauptzweck Kap. 4, S. 65
Mitgliedervertreterversammlung Kap. 6, S. 75
– Amtsdauer Kap. 6, S. 78
– Anzahl Kap. 6, S. 76
– Bezeichnung Kap. 6, S. 75
– Rechtsstellung der Mitgliedervertreter Kap. 6, S. 86
  – Anstellung Kap. 6, S. 87
  – Bestellung Kap. 6, S. 86
  – Haftung Kap. 6, S. 87
– Wählbarkeit Kap. 6, S. 77
– Wahlverfahren Kap. 6, S. 79
  – Benennung durch Nichtvereinsmitglieder Kap. 6, S. 85
  – Einspruchssystem Kap. 6, S. 81
  – gemischte System Kap. 6, S. 84
  – Kooptation Kap. 6, S. 84
  – Losverfahren Kap. 6, S. 86
  – Urwahlverfahren Kap. 6, S. 80
  – Wahl- und Wahlvorschlagsverfahren Kap. 6, S. 79
– Zusammensetzung Kap. 6, S. 76
Mitgliedervertreter
– siehe Mitgliedervertreterversammlung
Mitgliedschaft Kap. 10, S. 113
– Anfechtungsklage Kap. 10, S. 142
– Antragsrecht Kap. 10, S. 135
– Aufnahmeanspruch Kap. 10, S. 115
– Aufrechnungsverbot Kap. 10, S. 131
– Ausschluß der Haftung für Vereinsverbindlichkeiten Kap. 10, S. 131
– Beitrittsvoraussetzungen Kap. 10, S. 115
– Beschwerde bei der Aufsichtsbehörde Kap. 10, S. 145
– Einsichtsrecht in die Mitgliederliste Kap. 10, S. 139
– Einzel- und Minderheitsrechte Kap. 10, S. 141
– Ende Kap. 10, S. 115
– Erwerb Kap. 10, S. 113
– Finanzierungspflicht Kap. 10, S. 128
– Gesellschaftsvertragstheorie Kap. 10, S. 117
– Gesellschaftsrechtliche Beziehung Kap. 10, S. 124
– Gleichbehandlungsgrundsatz Kap. 10, S. 132
– Informationsrecht Kap. 10, S. 138
– Mehrheitstheorie Kap. 10, S. 116
– Mitgliedschaftstheorie Kap. 10, S. 119
– Nachschußpflicht Kap. 10, S. 129
– Nichtigkeitsklage Kap. 10, S. 142
– organisationsvertragliche Pflichten und Rechte Kap. 10, S. 128
– Rechtsnachfolge Kap. 10, S. 114
– Rechtsverhältnis Kap. 10, S. 116
– Recht zur Willensbildung Kap. 7, S. 103
– Schadenersatzklage Kap. 10, S. 144
– Schädigungsverbot Kap. 10, S. 145, 146
– Schärenkreuzer-Urteil des BGH Kap. 10, S. 144
– schuldrechtliche Beziehung Kap. 10, S. 124
– Schutzrechte Kap. 10, S. 141
– Selbstverwaltungsrecht Kap. 7, S. 104
– Sonderrechte Kap. 10, S. 140
– sonstiges Recht gemäß § 823 Abs. 1 BGB Kap. 10, S. 144
– Stimmrecht Kap. 10, S. 134
– Teilhaberechte Kap. 10, S. 133
– Treuepflicht Kap. 10, S. 145
– Umlage Kap. 10, S. 130

- Verbot des Strebens nach Sondervorteilen Kap. 10, S. 146
- versicherungsvertragliche Rechte und Pflichten Kap. 10, S. 125
- Versicherungsvertragstheorie Kap. 10, S. 118
- Vorzugsrechte Kap. 10, S. 140
- Wahleinspruchsrecht Kap. 10, S. 136
- Wahlrecht Kap. 10, S. 137
- Wahlvorschlagsrecht Kap. 10, S. 136
- Wertrechte Kap. 10, S. 140

Mitspracherecht der obersten Vertretung Kap. 15, S. 200

Namensaktiengesetz Kap. 10, S. 140
Nichtmitgliederversicherung Kap. 4, S. 65
Nichtwirtschaftlicher Verein Kap. 27, S. 326
- Abgrenzung zum wirtschaftlichen Verein Kap. 27, S. 326

Oberste Organ 177
- siehe oberste Vertretung 177

Oberste Vertretung Kap. 13, S. 177
- Ablauf der Versammlung Kap. 13, S. 184
- Abstimmung Kap. 13, S. 186
- Auskunftsrecht der Mitglieder der obersten Vertretung Kap. 13, S. 185
- Auskunftsverweigerung Kap. 13, S. 185
- Befragung Kap. 15, S. 199
- Bekanntmachung der Einberufung Kap. 13, S. 182
- Beschlußfähigkeit Kap. 13, S. 186
- Beschlußfassung Kap. 13, S. 186
- Einberufung Kap. 13, S. 181
- Einberufungsfrist Kap. 13, S. 182
- Gesetzliche Entscheidungskompetenzen Kap. 13, S. 178
  - Einflußentscheidungen Kap. 13, S. 178
  - Finanzentscheidungen Kap. 13, S. 179
  - Strukturentscheidungen Kap. 13, S. 180
- Losentscheid Kap. 13, S. 186
- Mitspracherecht Kap. 15, S. 200
- Oppositionsanträge Kap. 13, S. 184
- Stimmbindungsvertrag Kap. 13, S. 187
- Stimmrechtsvertretung Kap. 13, S. 186
- Stimmverbot Kap. 13, S. 187
- Verfahren Kap. 13, S. 181

Organisationstypen des VVaG Kap. 6, S. 75
- Auseinandersetzung um die Organisationstypen Kap. 7, S. 89
- Mitgliederversammlung Kap. 6, S. 88
- Mitgliedervertreterversammlung Kap. 6, S. 75

Österreichische VAG-Novelle 1991 Kap. 27, S. 323
Outsourcing von Service-Abteilungen Kap. 1, S. 19

Parteispenden Kap. 11, S. 148
Partiarisches Rechtsverhältnis Kap. 18, S. 239
Partizipationskapital Kap. 27, S. 325
Patronatserklärung Kap. 4, S. 66
Persönlichkeitsrecht des VVaG Kap. 3, S. 59
Phasengleiche Aktivierung von Gewinnen der Tochter-Gesellschaften Kap. 1, S. 19

Qualifizierter faktischer Konzern Kap. 1, S. 12
Quersubventionierung Kap. 19, S. 271

Rechte und Pflichten des Mitglieds Kap. 10, S. 125
- siehe Mitgliedschaft

Rechnungslegung Kap. 19, S. 257
- Anpassung der deutschen Rechnungslegung Kap. 19, S. 258
- Aufstellung des Jahresabschlusses und des Lageberichts Kap. 19, S. 262
- Aufstellungspflicht Kap. 19, S. 262
- Bestellung des Abschlußprüfers Kap. 19, S. 264
- Bestätigungsvermerk des Abschlußprüfers Kap. 19, S. 267
- Bilanz Kap. 19, S. 263
- Bilanzanhang Kap. 19, S. 263
- Feststellung des Jahresabschlusses Kap. 19, S. 267
  - durch den Aufsichtsrat Kap. 19, S. 268
  - durch die oberste Vertretung Kap. 19, S. 268
- Gewinn- und Verlustrechnung Kap. 19, S. 263
- Internationalisierung Kap. 19, S. 258
- Kapitalflußrechnung Kap. 2, S. 33
- Lagebericht Kap. 19, S. 264
- Nichtigkeit des Jahresabschlusses Kap. 19, S. 270
- Offenlegung des Jahresabschlusses Kap. 19, S. 268
  - gegenüber der Aufsichtsbehörde Kap. 19, S. 268
  - gegenüber den Versicherten Kap. 19, S. 270
  - Prüfungsbericht Kap. 19, S. 268
- Publizität des Jahresabschlusses Kap. 19, S. 269
- Prüfung des Jahresabschlusses durch den Aufsichtsrat Kap. 19, S. 267
- Prüfung des Jahresabschlusses und des Lageberichts Kap. 19, S. 264
- Prüfungsberichteverordnung Kap. 19, S. 265
- Rechtsbehelfe Kap. 19, S. 270
- Segmentberichterstattung Kap. 2, S. 33
- Sonderprüfung wegen Unterbewertung Kap. 19, S. 271
- Verlautbarungen des IDW Kap. 19, S. 260
- Vorlage des Jahresabschlusses an den Aufsichtsrat Kap. 19, S. 267

Rechtsformzwang Kap. 4, S. 65
Rechtsnatur des VVaG Kap. 3, S. 58
- Abgrenzung zu anderen Rechtsformen Kap. 3, S. 59
- Gesellschaft im weiteren Sinne Kap. 3, S. 58
- Handelsgesellschaft Kap. 3, S. 60
- juristische Person Kap. 3, S. 58
- Kaufmann Kap. 3, S. 60
- Körperschaft Kap. 3, S. 58
- wirtschaftlicher Verein Kap. 3, S. 59
Registersperre
- bei Verschmelzung Kap. 22, S. 299
Risikomangement Kap. 2, S. 33

Satzung Kap. 20, S. 272
- Bedeutung der Verweisung auf das Aktiengesetz Kap. 5, S. 71
- Einräumung von Rechten an Dritte Kap. 20, S. 272
- Einräumung von Sonderrechten an Mitglieder Kap. 20, S. 272
- Feststellung durch die Gründer Kap. 8, S. 105
- gesetzliche Leitbild Kap. 5, S. 71
  - Entscheidungsorganisation nach dem Vorbild der AG Kap. 5, S. 71
  - Konzernfestigkeit Kap. 5, S. 73
  - Mitglieder als Unternehmensträger Kap. 5, S. 72
- Inhalt und Grenzen der Satzungsautonomie Kap. 20, S. 272
- Inhaltskontrolle Kap. 20, S. 283
- Konzerngründungsklausel Kap. 5, S. 74
- Rechtmäßigkeitskontrolle durch Registergericht Kap. 8, S. 109
- Rechtsnatur Kap. 8, S. 106
- Satzungsfreiheit Kap. 5, S. 68
- Satzungsinhalt Kap. 20, S. 275
  - Mußvorschriften Kap. 5, S. 70
  - Soll- und Kann-Vorschriften Kap. 5, S. 70
- Satzungskontrolle durch die Aufsichtsbehörde Kap. 5, S. 70
Satzungsänderung 273
- Änderungsrecht der Aufsichtsbehörde Kap. 20, S. 274
- faktische Satzungsänderung Kap. 15, S. 198
- Genehmigung durch die Aufsichtsbehörde Kap. 20, S. 274
Satzungsautonomie Kap. 20, S. 272
- Ausübung durch die oberste Vertretung Kap. 13, S. 178
- Autonome Regelung des Organisationsrechts Kap. 5, S. 68
- Inhalt und Grenzen Kap. 20, S. 272
Satzungskontrolle Kap. 20, S. 283
Schärenkreuzer-Urteil des BGH Kap. 10, S. 144
Schütt-aus-hol-zurück-Verfahren Kap. 1, S. 19
Seehafenbetriebs-Urteil des BGH Kap. 13, S. 180, Kap. 15, S. 200
Segmentberichterstattung Kap. 2, S. 33
Selbstverwaltungsrecht der Mitglieder Kap. 7, S. 104
Sicherungsfonds Kap. 25, S. 319
Sitzverlegungs-Richtlinie Kap. 20, S. 276
Shareholder Value-Konzept Kap. 11, S. 150
Social Sponsoring Kap. 11, S. 148
Société Européenne Kap. 26, S. 320
Solvabilität
- Neuordnung der europäischen Solvabilitätsanforderungen Kap. 4, S. 68
- von Finanzkonglomeraten Kap. 4, S. 68
Solvabilitätsplan Kap. 16, S. 209
Sonderbeauftragter des BAV Kap. 4, S. 67
Souverän
- oberste Vertretung als Souverän Kap. 13, S. 177
Spartentrennung Kap. 1, S. 9
Spenden Kap. 11, S. 148
Spruchverfahren Kap. 21, S. 292
- Reform des Spruchverfahrens Kap. 21, S. 292
Squeeze-out-Verfahren Kap. 5, S. 74
Stakeholder-Konzeption Kap. 11, S. 150
Stimmbindungsvertrag Kap. 13, S. 187
Stimmrechtsvertretung bei der AG Kap. 6, S. 87
Stimmrechtsvertretung beim VVaG Kap. 13, S. 187
Stock Options Kap. 11, S. 158

Teilbestandsübertragung Kap. 24, S. 313
Teilbetriebseinbringungsvertrag Kap. 24, S. 308
Treuepflicht des Mitglieds Kap. 10, S. 145
Treuhänder für den Deckungsstock Kap. 14, S. 188

Übernahmegesetz Kap. 5, S. 74
Übernahmekodex Kap. 5, S. 74
Übernahmerichtlinie Kap. 5, S. 74
Überschußbeteiligung der Versicherten Kap. 18, S. 233
- Beitragsrückerstattung Kap. 18, S. 232
- Direktgutschrift Kap. 18, S. 232
- Kontrolle und Sicherstellung einer angemessenen Überschußbeteiligung Kap. 18, S. 246
Überschußverordnung Kap. 14, S. 193
Übertragung von Versicherungsbeständen Kap. 24, S. 307
Umstrukturierung von Versicherungsunternehmen Kap. 24, S. 308
Umwandlung Kap. 21, S. 287
- Anmeldung und Eintragung Kap. 21, S. 291
- aus steuerrechtlicher Sicht Kap. 21, S. 293

- Bekanntmachung Kap. 21, S. 292
- Fortbestand der Versicherungsverhältnisse Kap. 21, S. 292
- Genehmigung der Aufsichtsbehörde Kap. 21, S. 290
- Rechtsbehelfe der Vereinsmitglieder Kap. 21, S. 292
- Umwandlungsbericht Kap. 21, S. 288
- Umwandlungsbeschluß Kap. 21, S. 289
- Widerspruch gegen Umwandlungsbeschluß Kap. 21, S. 289

Unabhängiger Treuhänder Kap. 14, S. 189
- Aufgaben in der Krankenversicherung Kap. 14, S. 190
- Aufgaben in der Lebensversicherung Kap. 14, S. 189
- Bestellung Kap. 14, S. 189
- Funktion im Unternehmen Kap. 14, S. 189
- Haftung Kap. 14, S. 189

Unternehmensbewertung Kap. 22, S. 296
- bei der Bestandsübertragung Kap. 24, S. 313
- bei der Vermögensübertragung Kap. 23, S. 302
- Berücksichtigung der sog. Verbundeffekte Kap. 23, S. 302
- Bewertungsgrundsätze Kap. 23, S. 302
- Discounted Cash-Flow-Verfahren Kap. 22, S. 296
- Ertragswertverfahren Kap. 22, S. 296

Unternehmensträger 72
- Mitglieder als Unternehmensträger Kap. 5, S. 72

Unternehmensübernahmen Kap. 5, S. 74
- Abbildung von Unternehmenserwerben im Konzernabschluß Kap. 11, S. 148
- Auskunftserteilung Kap. 11, S. 148
- Break Fee-Vereinbarung bei Unternehmenskäufen Kap. 11, S. 148
- Due-Diligence
  - bei Fusionen Kap. 11, S. 148
  - beim Beteiligungs- und Unternehmenskauf Kap. 11, S. 148
- Neutralitäts- und Stillhaltepflicht Kap. 11, S. 148
- Offenbarung von Unternehmensinterna Kap. 11, S. 148

Unternehmensverträge Kap. 13, S. 180

Unternehmensgegenstand Kap. 15, S. 197
- Bestimmung in der Satzung Kap. 15, S. 197
- Faktische Satzungsänderung Kap. 15, S. 198

Unternehmensziel Kap. 13, S. 197
- Gesellschaftszweck Kap. 15, S. 197

Urwahlverfahren Kap. 6, S. 80
- Kosten des Urwahlsystems Kap. 7, S. 96

VAG-Novelle 2000/2001 Kap. 2, S. 36

Verantwortlicher Aktuar Kap. 14, S. 191
- Aufgaben in der Krankenversicherung Kap. 14, S. 193
- Aufgaben in der Lebensversicherung Kap. 14, S. 192
- Bestellung Kap. 14, S. 191
- Funktion im Unternehmen Kap. 14, S. 192
- Haftung Kap. 14, S. 193
  - Dritthaftung Kap. 14, S. 193

Verbot versicherungsfremder Geschäfte Kap. 4, S. 66

Verdeckte Gewinnausschüttung Kap. 18, S. 254

Vereinsautonomie Kap. 20, S. 272
- Wahrnehmung durch die oberste Vertretung Kap. 13, S. 178

Verfassungsmäßigkeit der Euro-Einführung Kap. 2, S. 35

Verhältnis von Entscheidung, Information und Kontrolle Kap. 15, S. 196
- Abgrenzung der Kompetenzen Kap. 15, S. 196
  - Aufsichtsrat und Vorstand Kap. 15, S. 202
  - Vorstand und oberste Vertretung Kap. 15, S. 196
- Befragung der obersten Vertretung Kap. 15, S. 199
- Geschäftsführungsautonomie des Vorstands Kap. 15, S. 197
- Gewaltenteilung im VVaG Kap. 15, S. 196
- Mitspracherecht der obersten Vertretung Kap. 15, S. 200

Verhältnis von Gesetz und Satzung Kap. 5, S. 68
- Bedeutung der Verweisung auf das Aktiengesetz Kap. 5, S. 71
- Entscheidungsorganisation nach dem Vorbild der AG Kap. 5, S. 71
- gesetzliche Leitbild Kap. 5, S. 71
- Konzernfestigkeit Kap. 5, S. 73
- Mitglieder als Unternehmensträger Kap. 5, S. 72
- notwendiger Inhalt der Satzung Kap. 5, S. 70
- Satzungsfreiheit Kap. 5, S. 68
- Satzungskontrolle durch die Aufsichtsbehörde Kap. 5, S. 70

Verhältnis von Organisationsrecht und Aufsichtsrecht Kap. 4, S. 64
- Begrenzung des Gesellschaftszwecks Kap. 4, S. 66
- Beschränkung der organisatorischen Unternehmensautonomie Kap. 4, S. 67
- Bestellung eines Sonderbeauftragten zur Wahrung der Belange der Versicherten Kap. 4, S. 67

Verordnung über die Einführung des Euro Kap. 2, S. 35

Vermögensübertragung auf Aktiengesellschaften Kap. 23, S. 301
- Angemessene Gegenleistung Kap. 23, S. 302
- Anmeldung und Eintragung der Vermögensübertragung Kap. 23, S. 306
- Art der Gegenleistung Kap. 23, S. 301
- Arten der Vermögensübertragung Kap. 23, S. 301
- Bestimmung der Gegenleistung Kap. 23, S. 301
- Einberufung der Versammlung der obersten Vertretung Kap. 23, S. 304
- Fortbestand der Versicherungsverhältnisse Kap. 23, S. 306
- Genehmigung der Aufsichtsbehörde Kap. 23, S. 305
- Gerichtliche Überprüfung Kap. 23, S. 303
- Gewährung und Verteilung der Gegenleistung Kap. 23, S. 303
- Prüfungskompetenz der Aufsichtsbehörde Kap. 23, S. 305
- Treuhänder für die Gegenleistung Kap. 23, S. 302
- Übertragungsstichtag Kap. 23, S. 304
- Übertragungsvertrag Kap. 23, S. 304
- Unterrichtung der Mitglieder Kap. 23, S. 306
- Vermögensübertragung aus steuerrechtlicher Sicht Kap. 23, S. 307
- Vermögensübertragungsbericht Kap. 23, S. 304
- Verteilung der Gegenleistung Kap. 23, S. 303
- Zustimmungsbeschluß der Hauptversammlung Kap. 23, S. 305
- Zustimmungsbeschluß der obersten Vertretung Kap. 23, S. 305

Vermögensverwaltungsverein auf Gegenseitigkeit Kap. 27, S. 324

Verschmelzung Kap. 22, S. 293
- Anfechtungsklage Kap. 22, S. 298
- Anmeldung und Eintragung Kap. 22, S. 297
- durch Aufnahme Kap. 22, S. 294
- durch Neugründung Kap. 22, S. 295
- Genehmigung der Aufsichtsbehörde Kap. 22, S. 297
- Registersperre Kap. 22, S. 299
- Übergang der Anstellungsverträge der Vorstandsmitglieder Kap. 22, S. 297
- Verschmelzungsbericht Kap. 22, S. 295
- Verschmelzungsbeschluß Kap. 22, S. 296
- Verschmelzungsvertrag Kap. 22, S. 295

Versicherungsfremde Geschäfte Kap. 4, S. 66

Verwendung des Jahresergebnisses Kap. 18, S. 230
- Beitragsrückerstattung in der Krankenversicherung Kap. 18, S. 253
- Beitragsrückerstattung in der Lebensversicherung Kap. 18, S. 231
- Beitragsrückerstattung in der Sachversicherung Kap. 18, S. 254
- Dotierung der Rücklagen Kap. 18, S. 256
- Ermittlung des Rohüberschusses Kap. 18, S. 230
- Verwendung des Bilanzgewinns Kap. 18, S. 256
- Verwendung des Rohüberschusses Kap. 18, S. 231

Virtuelle Aktienoptionsmodelle Kap. 11, S. 158

Vorstand Kap. 11, S. 147
- Abberufung Kap. 11, S. 156
- Abberufungsrecht der Aufsichtsbehörde Kap. 11, S. 157
- Abgrenzung Anstellung/Bestellung Kap. 11, S. 157
- Abgrenzung Kompetenzen Organe Kap. 15, S. 196
- Anstellung Kap. 11, S. 157
- Anstellungsvertrag Kap. 11, S. 157
- Allgemeine Aufsichtspflicht Kap. 11, S. 149
- Beschlußfassung Kap. 11, S. 160
- Bestellung Kap. 11, S. 155
  - aufsichtsrechtliche Anforderungen Kap. 11, S. 155
  - gesetzliche Voraussetzungen Kap. 11, S. 154
  - statutarische Voraussetzungen Kap. 11, S. 154
- Besetzung der oberen und mittleren Führungsstellen Kap. 11, S. 148
- Bezüge Kap. 11, S. 158
  - Herabsetzung Kap. 11, S. 159
- D&O-Versicherung Kap. 2, S. 32
- Doppelmandat Kap. 11, S. 154
- Ersatzpflicht Kap. 11, S. 161
- Generalvollmacht an Dritten Kap. 11, S. 153
- Geschäftsführungsaufgaben Kap. 11, S. 151
- Geschäftsführung Kap. 11, S. 149
- Geschäftsführungsautonomie Kap. 15, S. 197
- Geschäftsführungs- und Vertretungsorgan Kap. 11, S. 147
- Geschäftsordnung Kap. 11, S. 160
- Geschäftsverteilung Kap. 11, S. 161
- Grundsätze ordnungsmäßiger Unternehmensführung Kap. 2, S. 31
- Innere Ordnung Kap. 11, S. 160
- Interessenwahrnehmungs- und Treuepflicht Kap. 11, S. 149
- Kollegialorgan Kap. 11, S. 152
- Kreditgewährung Kap. 11, S. 159
- Leitungspflicht Kap. 11, S. 147
- Notvorstand Kap. 11, S. 156
- ordnungsgemäße Unternehmensleitung Kap. 11, S. 147

- Organisation der rechtlichen Beziehungen Kap. 11, S. 153
  - Beherrschungs- und Gewinnabführungsverträge Kap. 11, S. 153
  - Beteiligungsabkommen Kap. 11, S. 153
  - Betriebsführungsverträge Kap. 11, S. 153
  - Dienstleistungsverträge Kap. 11, S. 153
  - Entherrschungsverträge Kap. 11, S. 153
  - Funktionsausgliederungsverträge Kap. 11, S. 153
  - Kooperationsabkommen Kap. 11, S. 153
  - Rückversicherungsverträge Kap. 11, S. 153
  - Vermittlerverträge mit Großverbindungen Kap. 11, S. 153
  - Versicherungsverträge von besonderer Bedeutung Kap. 11, S. 153
- Pflichten gemäß externer Rechnungslegung Kap. 11, S. 151
- Pflichten gemäß interner Rechnungslegung Kap. 11, S. 152
- Publizitätspflichten Kap. 11, S. 151
- Risikopolitik Kap. 11, S. 148
- Sicherheitspolitik Kap. 11, S. 148
- Sonderbeauftragter der Aufsichtsbehörde Kap. 11, S. 157
- Sorgfaltspflicht Kap. 11, S. 161
- Ständige Aufgaben Kap. 11, S. 151
- Suspendierung Kap. 11, S. 157
- Umfang der Aufgaben Kap. 11, S. 151
- Unternehmenskontrolle Kap. 11, S. 148
- Unternehmensleitung Kap. 11, S. 147
- Unternehmenskoordinierung Kap. 11, S. 147
- Unternehmensplanung Kap. 11, S. 147
- Vertretung Kap. 11, S. 152
- Vorsitzender des Vorstands Kap. 11, S. 155
- Wettbewerbsverbot Kap. 11, S. 162

Weiterentwicklung des VVaG
- Europäische Gegenseitigkeitsgesellschaft Kap. 26, S. 320
- Österreichische VAG-Novelle 1991 Kap. 27, S. 323

Wettbewerbsverbot der Vorstände Kap. 11, S. 162

Wirtschaftliche Bedeutung des VVaG Kap. 1, S. 5

Wirtschaftlicher Verein Kap. 27, S. 326
- Abgrenzung zum nichtwirtschaftlichen Verein Kap. 27, S. 326

Wirtschaftslenkung Kap. 16, S. 208

Zielvereinbarung als Instrument der Unternehmensführung Kap. 11, S. 148

Zustimmungsvorbehalte des Aufsichtsrats Kap. 15, S. 202

Zwangsliquidation von Direktversicherungsunternehmen Kap. 25, S. 318
- Richtlinienvorschlag Kap. 25, S. 318